Rainer A. Roth/Peter Steinbach

Zeitgeschichte

Athenäum Taschenbücher

Der „Grundkurs Geschichte", herausgegeben von Pedro Barceló, ist auf fünf Bände angelegt:

Band 1
Pedro Barceló, Altertum
Athenäum Taschenbuch 7245 – bereits erschienen

Band 2
Mittelalter (in Vorbereitung)

Band 3
Johannes Burkhardt, Frühe Neuzeit. 16.–18. Jahrhundert
Athenäum Taschenbuch 7249 – bereits erschienen

Band 4
Wolfgang Zollitsch/Bernhard Gutmann,
Neuere Geschichte. 1789–1945 (in Vorbereitung)

Rainer A. Roth/Peter Steinbach

Zeitgeschichte

Grundkurs Geschichte 5

Athenäum

Erwin Vogl, Passau, erstellte die Karten zu den Abbildungen 1, 2, 6, 9, 11, 12, 13, 14, 15.
Lektorat: Horst Linder

CIP-Kurztitelaufnahme der Deutschen Bibliothek
Grundkurs Geschichte / hrsg. von Pedro Barceló. – Königstein/Ts.: Athenäum
(Athenäum-Taschenbücher; ...)
Bd. 1 im Athenäum-Verl., Königstein/Ts., u.
im Droste-Verl., Düsseldorf

NE: Barceló, Pedro [Hrsg.]

5. Roth, Rainer A.: Zeitgeschichte. – 1985
Roth, Rainer A.:
Zeitgeschichte / Rainer A. Roth; Peter Steinbach. – Königstein/Ts.: Athenäum, 1985.
(Grundkurs Geschichte; 5)
(Athenäum-Taschenbücher; 7253)
ISBN 3-7610-7253-8

NE: Steinbach, Peter:, 2. GT

Satz: Computersatz Bonn GmbH, Bonn
Druck und Bindung: Clausen & Bosse, Leck
Printed in West-Germany
ISBN 3-7610-7253-8

Inhalt

Verzeichnis der Karten und Schaubilder

Vorwort des Herausgebers

Der vorliegende 5. Band unserer Reihe ‚Grundkurs Geschichte‘ befaßt sich mit den historischen Entwicklungen und Ereignissen unserer Tage, für deren Kennzeichnung sich der Begriff Zeitgeschichte eingebürgert hat.

Zeitgeschichte widmet sich der wissenschaftlichen Analyse der unmittelbar erlebten und über unsere Tage auf die Zukunft hin wirkenden geschichtlichen Prozesse der Gegenwart. Doch nicht allein Gegenwartsbezug und Zukunftsprojektion bestimmen ihre Thematik. Jeder zeitgeschichtliche Ausgangspunkt ergibt sich durch Anknüpfung an die jüngste Vergangenheit. Denn das, was in unserer heutigen Sicht charakteristisches Merkmal der zeitgeschichtlichen Erfahrung geworden ist, basiert auf der rückgewandten Suche nach den historischen Situationen, von denen die am stärksten prägenden Einflüsse ausgegangen sind. Daher beginnt jede wissenschaftliche Beschäftigung mit Zeitgeschichte mit der Bestimmung einer Epochengrenze in der neueren Geschichte, die zugleich Ausgangs- und Bezugspunkt wird.

Während unter den Historikern weitgehend Einigkeit bei der Auslegung der bestimmenden Faktoren des Arbeitsfeldes Zeitgeschichte erzielt werden kann, gibt es – wie in anderen Epochen auch – höchst unterschiedliche Auffassungen hinsichtlich seiner Periodisierung. Die Schwierigkeiten hängen mit den verschiedenen Konzeptionen oder Betrachtungsweisen von Zeitgeschichte zusammen. Wenn man Zeitgeschichte als organische Fortsetzung der maßgeblichen historischen Zusammenhänge des 19. und frühen 20. Jhs. sieht, die ihren Ausgang durch nahtlose Anbindung an die unmittelbar vorausgehenden Epochen nimmt, so wird deren Eigenwert und Profil stets am Ausmaß der Veränderungen gegenüber der Vergangenheit gemessen. Wenn man aber Zeitgeschichte von der Gegenwart in die jüngste Vergangenheit projiziert, so zeigt sich ihre eigenständige Dynamik allerdings weniger durch Herstellung eines Vergangenheitsbezuges als durch die Betonung ihres unverwechselbaren historischen Eigengewichts. Womit nicht die bloße Konstatierung von Veränderungen oder Neuentwicklungen zum Epochenmaßstab wird, sondern die für die Zukunft noch nicht abzuschätzende Tragweite der in der Gegenwart wirkenden historischen Prozesse in den Mittelpunkt rückt. Beide Einschätzungen wirken gleichsam bei der Standortbestimmung des zeitgeschichtlichen Selbstverständnisses mit.

Die Auffindung eines Fixpunktes, von dem aus sich die darauf folgenden Ereignisse als zu einer gemeinsamen, halbwegs einheitlichen zeitgeschichtlichen Epoche dazugehörig darstellen lassen, gestaltet sich zu einem der schwierigsten Probleme der zeitgeschichtlichen Forschung. Ausgehend vom Wandel der politischen Geschichte, den Strukturveränderungen im Wirtschafts- und Sozialgefüge der modernen Welt, den umwälzenden Entwicklungen in Technik und Wissenschaft haben Historiker – je nach der gewählten Perspektive – verschiedene Optionen zur Periodisierung und Deutung zeitgeschichtlicher Ereignisse vorgelegt.

Während H. Rothfels das Jahr 1914 als Epochengrenze anvisierte, die ihren Durchbruch freilich erst 1917 durch das Zusammentreffen zweier weltgeschichtlich bedeutsamer Konstellationen (amerikanischer Kriegseintritt und Oktoberrevolution) erleben sollte, sah L. Dehio, ausgehend von der Wandlung des politischen Bewußtseins, im II. Weltkrieg als letztem Glied in einer Reihe europäischer Hegemonialauseinandersetzungen die entscheidende Zäsur.

Und in der Tat hat sich seit dem Jahr 1945 die weltpolitische Szenerie entscheidend gewandelt. Nicht nur die politische Landkarte Europas, sondern ebenso jene Asiens und Afrikas haben tiefgreifende Modifizierungen erfahren. Stichworte wie Entkolonialisierung, Entwicklungsländerproblematik, Ost-West-Gegensatz, Blockbildung, Friedenssicherung und Weltwirtschaftsordnung sind nicht nur gängige Schlagworte, sondern auch prägende historisch-politische Themen unserer Zeit geworden. Aus diesen Gründen haben wir das Jahr 1945 zum Ausgangspunkt unserer zeitgeschichtlichen Darstellung gewählt. Hinzu kommt, daß eine direkte Anknüpfung an das Kriegsende die Gelegenheit bietet, die deutsche Frage aus weltpolitischer, aber auch aus spezifisch deutscher Sicht gebührend zu behandeln. Gewiß kann man diesem Ansatz eine Aussparung der Zeit ab 1917 ankreiden, aber zum einen wird diese Zeitspanne in dem kurz vor dem Abschluß stehenden 4. Band unserer Reihe bearbeitet, und zum anderen erlaubt gerade diese Konzentrierung auf die Nachkriegszeit eine ausgiebigere Erörterung der zentralen Fragen der heutigen politischen Diskussion.

Wie die bereits erschienenen Bände 1 und 3 beabsichtigt der vorliegende 5. Band keine vollständige Erfassung, geschweige denn erschöpfende Behandlung aller zeitgeschichtlich relevanten Themen. Unsere Intention beschränkt sich vielmehr auf die Darstellung und Dokumentation jener politischen, sozialen und wirtschaftlichen Phänomene und Entwicklungen, die im gegenwärtigen (zeitgeschichtlichen) Bewußtsein verankert sind, sich im Fluß befinden, daher auch keine definitiven Lösungen erfahren haben und unser alltägliches Leben prägen. Das didaktische Ziel bleibt also – gemäß dem Prinzip unserer Reihe –, mit Hilfe einer repräsentativen Quellenauswahl wichtige zeitgeschichtliche Fragestellungen zu vermitteln, die vor allem die Bedürfnisse von Schülern, Anfangssemestern oder interessierten Laien berücksichtigen.

Während in den übrigen geschichtlichen Epochen die „res gestae" (abgeschlossene Ereignisketten) im Mittelpunkt des forschenden Interesses stehen, hat es die Zeitgeschichte überwiegend mit den „res gerendae" (unentschiedene historische Prozesse) zu tun. Trotz der verhältnismäßig kurzen Zeitspanne von vier Jahrzehnten, bereitet die Fülle der sich oftmals überstürzenden und einander überlagernden Ereignisse ein kaum zu bewältigendes Problem hinsichtlich der Auswahl, Gewichtung und Präsentation des verfügbaren Dokumentationsmaterials.

Da wegen der kurzen Zeitintervalle Akten oder Archivalien kaum zur Verfügung stehen, überwiegen bei der Erstellung der Quellenauswahl Urkunden, Verträge, Statistiken, Entschließungen, offizielle Verlautbarungen, Ansprachen, Notenwechsel, aber auch Presseberichte und Kommentare. Hier muß man betonen, daß die teilweise bewußt erlebte Zeitgeschichte sowie die mittelbare (etwa über Medien) oder unmittelbare Teilnahme am aktuellen Zeitgeschehen Ereignisse zwar ungemein lebendig, aber auch sehr subjektiv erleben läßt, andererseits verkürzt gerade diese Nähe nur allzu leicht die kritische Perspektive.

Blicken wir auf den konkreten Geschichtsablauf, so setzt die Behandlung der deutschen Geschichte mit dem 9. Mai 1945 ein, als die Kapitulation der deutschen Wehrmacht wirksam wurde. Bezüglich dieses Datums hat man, vornehmlich in der deutschen Nachkriegsgeschichte, immer wieder von einer „Stunde Null" gesprochen. Abgesehen davon, daß die Geschichte solche Einschnitte nicht kennt, wäre eine solche Betrachtungsweise selbst für die deutsche Geschichte gänzlich unrealistisch. Ohne jeden Zweifel markiert das Ende des Zweiten Weltkriegs einen gewichtigen Wendepunkt im Bewußtsein der meisten Völker der Welt, insbesondere aber des deutschen Volkes. Von einer „Tabula-rasa-Situation", wie dies jene Metapher der „Stunde Null" impliziert, kann jedoch nicht die Rede sein. Zu drückend und nachhaltig wirkten die unmittelbaren Folgen und Hypotheken der Vergangenheit, zu tief griffen die Planungen der Siegermächte (Konferenzen von Teheran, Jalta, Potsdam) in die künftige historische Entwicklung der Welt ein.

In der Erklärung von Jalta (12. Februar 1945) beschlossen die Großen Drei (Churchill, Roosevelt und Stalin), „dafür Sorge zu tragen, daß Deutschland nie wieder imstande sein wird, den Weltfrieden zu stören", gleichzeitig aber boten sie den Deutschen die Hoffnung nach der „Ausrottung des Militarismus und Nationalsozialismus auf ein würdiges Leben und einen Platz in der Völkergemeinschaft".

Angesichts dieser Prämissen wäre es gewiß vermessen, die Zeit nach 1945 schwerpunktmäßig als *deutsche* Geschichte betrachten zu wollen, wenngleich die deutsche Frage immer wieder die Weltpolitik bewegte.

Aber auch eine europäische Dimension erweist sich für die Darstellung des historischen Geschehens nach 1945 allein als nicht hinreichend.

Ein wesentliches Merkmal der Zeitgeschichte liegt offenkundig darin, daß mit dem Ende des Zweiten Weltkriegs der nationalstaatlichen Geschichtsbetrachtung weitgehend der Boden entzogen wurde. Internationale Zusammenschlüsse, Organisationen, Systeme und Blöcke überlagern und absorbieren nationalstaatliche Kompetenzen und Strukturen. Ein Zweites ist ebenso augenscheinlich: Lag das Schwergewicht der weltpolitischen Entscheidungen bis 1945 vorrangig in Europa, so brachte der Zweite Weltkrieg eine Verlagerung von Europa zu den neuen Machtzentren USA und UdSSR. Die ideologische Gegensätzlichkeit und unterschiedliche Zielsetzung zwischen den USA samt ihren europäischen Verbündeten und der UdSSR einschließlich ihrer osteuropäischen Partner führte zur Herausbildung globaler Bündnissysteme und einander drohend gegenüberstehender Machtblöcke. Durch die neuesten Entwicklungen in der atomaren und nuklearen Technik erhält dieser Antagonismus eine besondere Sprengkraft; die Folgen sind unübersehbar geworden.

Der internationalen Friedenssicherung kommt somit eine Schlüsselfunktion zu, um die Existenz unseres Planeten auf Dauer zu gewährleisten. Ferner beschleunigte der weltpolitische Machtverlust Europas die Emanzipationsbewegungen der einstigen Kolonien von ihren jeweiligen Mutterländern. Eine stetig wachsende Zahl unabhängiger Staaten, vor allem in Afrika und Asien, ließ neben der Alten und Neuen eine Dritte Welt mit ungeheueren humanen, politischen, ökonomischen, sozialen und strategischen Problemen entstehen, von deren Lösung das Wohl aller Völker unserer Welt abhängt.

In Anbetracht dieser Überlegungen gliedern wir die folgende Darlegung in fünf Problemkreise, die allerdings von unterschiedlichem Umfang und unterschiedlicher Gewichtung sind. Unter der Überschrift „Die deutsche Frage und ihre weltpolitische Problematik" wird eine historische Skizze gezeichnet, die von der Lage im besiegten Deutschland über das Zerbrechen der Anti-Hitler-Koalition bis zur Gründung der Bundesrepublik Deutschland und der Deutschen Demokratischen Republik reicht. Besonderer Beachtung kommt dabei der Entwicklung der Bundesrepublik von der Adenauer-Ära bis in die jüngste Vergangenheit zu. Der Raum, der diesem Thema gewährt wurde, erklärt sich einerseits aus dem historischen Interesse an der Entwicklung beider deutscher Teilstaaten, andererseits aus der politischen Rolle Nachkriegsdeutschlands im Ost-West-Konflikt. Der Ost-West-Konflikt wird anschließend in seinen unterschiedlichen Phasen untersucht. Die Zeiten des Kalten Krieges und der Entspannung stehen im Mittelpunkt der Betrachtung. Ein eigenständiges Kapitel über die Berlin-Frage, das sich für die Verdeutlichung der Ost-

West-Konfrontation als sehr instruktiv erwiesen hätte, war ursprünglich ausgearbeitet, mußte aber aus Platzmangel schließlich geopfert werden.

Zur Thematik der (west)europäischen Integration bieten neben den verschiedenen, meist erfolglosen Einigungsbewegungen zwischen den Weltkriegen vor allem die nach 1945 unternommenen Schritte zur Überwindung der europäischen Spaltung geeignetes Anschauungsmaterial, deren sinnfälligster Ausdruck die Schaffung der europäischen Wirtschaftsgemeinschaft ist.

Die Problematik der Dritten Welt verfolgen wir von der Entkolonisation bis zur Errichtung supranationaler Zusammenschlüsse zwischen den neuen unabhängigen Staaten. Dabei wird auch die Frage einer neuen Weltwirtschaftsordnung als Möglichkeit zur Lösung des Nord-Süd-Gefälles eingehend erörtert.

Der letzte große Themenbereich befaßt sich mit der internationalen Friedenssicherung. Genese und Funktion der Vereinten Nationen, Krisenherde der Weltpolitik, Blockbildung und Zusammenarbeit und schließlich Abrüstungsverhandlungen und internationale Kooperation sind die Stichworte, um die die historische Erörterung und Deutung kreisen.

Kapitel 1 bis 15 verfaßte Rainer Roth (Universität Passau), Kapitel 16 bis 18 bearbeitete Peter Steinbach (Universität Passau). Ihnen gilt mein besonderer Dank für die reibungslose und angenehme Zusammenarbeit, ebenso wie Horst Linder vom Athenäum Verlag für die tatkräftige Unterstützung.

Eichstätt, im August 1985 *Pedro Barceló*

Die deutsche Frage und die Weltpolitik

1. Zur Situation im besiegten Deutschland

Mit der bedingungslosen Kapitulation der Deutschen Wehrmacht, die am 7. Mai 1945 im Hauptquartier der Westalliierten zu Reims sowie tags darauf am 8. Mai 1945 im Hauptquartier der Roten Armee in Berlin-Karlshorst unterzeichnet wurde, waren zumindest die Kampfhandlungen des Zweiten Weltkriegs formell eingestellt. Am 23. Mai 1945 wurde die geschäftsführende Reichsregierung Dönitz in Flensburg auf Druck der Russen und in Übereinstimmung mit den USA von einem englischen Kommando verhaftet; damit gab es definitiv keine oberste deutsche Zentralgewalt mehr.

In dieses politische Vakuum stießen nun die Alliierten (zu denen gemäß den Beschlüssen von Jalta nunmehr auch Frankreich zählte) am 5. Juni 1945, indem sie 1) die offizielle Übernahme der obersten Regierungsgewalt durch die alliierten Regierungen (vertreten durch die jeweiligen Oberbefehlshaber) erklärten, 2) die Einsetzung eines Kontrollrates für alle Deutschland als Ganzes betreffenden Angelegenheiten sowie einer interalliierten Behörde (russisch: Kommandatura) für die gemeinsame Verwaltung von Groß-Berlin verkündeten und 3) die Errichtung von vier Besatzungszonen für Deutschland innerhalb der Grenzen von 1937 sowie die Aufteilung Groß-Berlins in vier Sektoren bekanntgaben.

Zunehmende Differenzen zwischen den angelsächsischen Mächten und der Sowjetunion (Ausweitung des sowjetischen Einflusses, sowjetische Reparationsforderungen, polnische Frage) ließen insbesondere W. Churchill bei H. Truman (Präsident F. D. Roosevelt war am 12. 4. 1945 gestorben) darauf dringen, in einer neuerlichen Konferenz der „Großen Drei" die anstehenden Probleme zu beraten. Churchill gelang es dabei im Vorfeld weder Truman für eine gemeinsame Strategie gegenüber der Sowjetunion zu gewinnen, noch konnte er den Präsidenten bewegen, die eroberten Gebiete Deutschlands als Faustpfänder gegen das Vordringen des Sowjetkommunismus zu behalten.

Da die Amerikaner eine baldige Aufnahme der Tätigkeit des Kontrollrates wünschten, die Russen indes auf der vereinbarten Räumung der eroberten Gebiete von Mecklenburg, Sachsen und Thüringen im Austausch gegen die Sektoren Groß-Berlins bestanden, konnte sich der Kontrollrat erst am 30. Juli konstituieren. Inzwischen waren die Großen Drei (ohne Frankreich) zur Konferenz von Potsdam (17. Juli – 2. August 1945) zusammengetroffen. In diese Konferenzphase hinein fielen die britischen Parlamentswahlen, die eine Ablösung der konserativen Regierung unter Churchill (und Außenminister Eden) durch ein Labour-Kabinett unter C. R. Attlee (und Außenminister E. L. Bevin) brachten. Wenngleich sich dadurch die englische Position nicht grundsätzlich änderte, haben wir jedoch fortan die Tatsache zu berücksichtigen, daß die politische Kontinuität nunmehr einzig bei der sowjetischen Siegermacht (J. Stalin, Außenminister Molotow) ungebrochen war.

Die Verhandlungen wurden insbesondere dadurch schwer belastet, daß die Sowjetunion die östlich der Oder-Neiße-Linie gelegenen deutschen Gebiete bereits Polen zur Verwaltung übergeben hatte, zudem Reparationsforderungen in Höhe von 10 Milliarden Reichsmark erhob und eine Internationalisierung des Ruhrgebietes (als der „Waffenkammer des Reiches“) verlangte. Da die Meinungsunterschiede mittlerweile weithin unüberbrückbar geworden waren, kam es in Potsdam schließlich nur zu einem Minimalkonsens, der seinen Niederschlag auch nur in einem Regierungsabkommen ohne Ratifikation fand. Diese Tatsache hinderte jedoch die Sowjetunion und ihre osteuropäischen Verbündeten (unter Einschluß der DDR) seither nicht, das Abkommen als völkerrechtlichen Vertrag anzusehen, demzufolge für die „Nachfolgestaaten des 1945 untergegangenen Deutschen Reiches, die DDR und die Bundesrepublik“, eine neue Rechtsgrundlage und Legitimationsbasis geschaffen wurde. Diese Ansicht wird von westlicher Seite entschieden zurückgewiesen; danach handelt es sich beim Potsdamer Abkommen lediglich um Vereinbarungen der Siegermächte, die den deutschen Souverän nicht binden können.

Die „Großen Drei“ kamen überein, Anstrengungen zu unternehmen, um den deutschen Militarismus und Nationalsozialismus auszurotten. Insbesondere verständigten sie sich darüber, „Deutschland während der Besatzungszeit als eine wirtschaftliche Einheit zu betrachten“. Gleichzeitig sanktionierten die Westalliierten die Verwaltungshoheit der Sowjetunion und Polens über die deutschen Ostgebiete jenseits von Oder und westlicher Neiße, wenn auch unter dem Vorbehalt „der endgültigen Bestimmung der territorialen Fragen bei der Friedensregelung“. Ferner kam man überein, „in ordnungsgemäßer und humaner Weise“ die „deutsche Bevölkerung oder Bestandteile derselben, die in Polen, der Tschechoslowakei und Ungarn zurückgeblieben sind, nach Deutschland“ zu überführen. Und schließlich wurden die Reparationsansprüche der Sowjetunion zwar grundsätzlich anerkannt, ohne jedoch eine konkrete Höhe zu vereinbaren. Zugestanden wurde der Sowjetunion allerdings, daß sie innerhalb von fünf Jahren „15 % der vollständigen, verwendbaren maschinellen Anlagen“ im Austausch gegen Lieferung von Nahrungsmitteln und anderen Gebrauchsgütern sowie „10 % der maschinellen Anlagen, die für die deutsche Wirtschaft im Frieden nicht notwendig sind“, ohne entsprechende Gegenleistung aus den Westzonen deportieren dürfe.

Frankreich, das auf der Konferenz von Potsdam nicht vertreten war, erklärte zwar am 7. August seine grundsätzliche Zustimmung zu allen Maßnahmen, die eine dauerhafte Dezentralisierung Deutschlands bewirkten, gleichzeitig signalisierte es aber seine Ablehnung aller Absichten, die geeignet wären, „die deutschen Einheitsbestrebungen neu zu beleben“. Zudem erklärte Frankreich unter de Gaulle, daß es die Abtrennung der deutschen Ostgebiete für endgültig erachte und durch eine Sonderstellung des rheinisch-westfälischen Gebietes eine ähnliche Sicherheitszone für sich beanspruche. Was Frankreich im Hinblick auf diese Territorien nicht durchzusetzen vermochte, vollzog es allerdings sofort (7. Juli 1945) beim Saargebiet, das es offiziell aus seiner Besatzungszone ausgliederte und dem französischen Zoll- und Wirtschaftsgebiet einverleibte. – Hieraus erklärt sich die harte und widerstrebende Politik Frankreichs, wie sie in der Besatzungszeit immer wieder deutlich hervortrat.

Mit der Potsdamer Konferenz waren nun einerseits die Weichen für die weitere Entwicklung in Deutschland gestellt, andererseits aber viele Belastungen der Nachkriegszeit – nicht nur im besiegten Deutschland – vorgezeichnet. Einigkeit herrschte unter den Siegermächten nur darüber, daß Deutschland völlig entnazifiziert und entmilitarisiert werden sollte; auch über Demontagen, um die Reparationsansprüche zu befriedigen, kam es zu einer gewissen Verständigung; schließlich bekundete man auch die Absicht, in Deutschland demokratische Verhältnisse zu schaffen. Betrachtet man diese Ziele näher, springen sogleich die unterschiedlichen Vorstellungen ins Auge, die man damit verwirklichte bzw. zu verwirklichen suchte. Aus diesem Grunde konnte von einer einheitlichen Verwaltung dessen, „was von Deutschland übrig war“ (Stalin), schon bald nicht mehr die Rede sein.

Wie sah es nun in diesem Rumpf-Deutschland selbst aus? Die Unterstellung der deutschen Ostgebiete unter polnische und sowjetische Verwaltung bedeutete definitiv nicht nur die Abtrennung eines Viertels des ehemaligen Reichsgebietes (in den Grenzen von 1937), sondern auch – was in der unmittelbaren Nachkriegszeit weit schwerer wog – den Verlust von ca. 25 % der landwirtschaftlichen Nutzfläche. Die wirtschaftliche Gesamtproduktion im Jahre 1945 sank auf etwa 15 % der Quote des Jahres 1939 ab; die Versorgung der Bevölkerung mit Lebensmitteln und Brennstoffen brach zusammen. Vorübergehend kam auch das Kommunikationssystem (Post- und Fernmeldewesen) zum Erliegen; dies hatte vor allem für die Familienzusammenführung katastrophale Folgen. Das deutsche Wirtschaftsleben geriet außer Kontrolle: Schwarzmärkte, Hamsterei, Organisieren, „Fringsen".

In dieses wirtschaftliche Chaos brach eine Sturzflut menschlicher Probleme. Der Zweite Weltkrieg hatte nach amtlichen Angaben 4 Millionen deutschen Soldaten das Leben gekostet, eine halbe Million Toter waren unter der Zivilbevölkerung zu beklagen, zwei Millionen Menschen kamen bei der Flucht aus ihrer Heimat ums Leben. Nimmt man alle deutschen Verluste zusammen (manche Angaben sprechen von 8 Millionen Toten), so wurde etwa ein Zehntel der Bevölkerung Opfer des Krieges. Neben dem menschlichen Leid riß dieser Verlust auch eine kaum zu schließende Lücke in das gesamte öffentliche, politische und wirtschaftliche Leben.

Seit 1945 strömten etwa 12 Millionen Menschen aus den osteuropäischen Staaten und den deutschen Ostgebieten nach Deutschland. Nachdem sich Frankreich lange geweigert hatte, in seiner Zone Heimatvertriebene und Flüchtlinge aufzunehmen, spitzte sich die Lage in den anderen Besatzungszonen bedrohlich zu. Bedenkt man ferner, daß fast ein Fünftel aller Wohnungen zerstört waren, zudem etwa 1,5 Millionen befreite KZ-Häftlinge und ausländische Zwangsarbeiter vor der Rückkehr in ihre Heimat unterzubringen waren, so kann man die ungeheuren Probleme in jener Zeit ermessen. Nahezu 25 Millionen (Flüchtlinge, Evakuierte, Ausgebombte, entlassene Soldaten, ausländische Zwangsarbeiter (displaced persons) u. a.) waren auf der Suche nach ihren Angehörigen oder einer neuen, zumindest notdürftigen Unterkunft. Dies machte nicht nur eine rigorose Einquartierungspolitik durch die Besatzungsmächte erforderlich, sondern führte auch zu einer sozialen Umschichtung und Binnenwanderung von bislang in Deutschland nicht gekannten Ausmaßen.

Neben den unverhohlenen Feindseligkeiten und Aggressionen zwischen eingesessener Bevölkerung und Flüchtlingen brachen in dieser drangvollen Enge auch andere Probleme auf: Zerstörung familiärer Bindungen und geschlossener Siedlungsräume, materieller und sozialer Abstieg, Korrumpierung durch Opportunismus gegenüber den Besatzungsmächten, aber auch bislang ungewohnte Rollenwechsel (Trümmerfrauen, Frauen als Ernährerin ihrer Familien). Daneben kam es auch zu Erscheinungen, wie wir sie heute nur noch in unterentwickelten Ländern kennen: Versorgungsprobleme, Unterernährung, unzureichende hygienische und medizinische Betreuung, Seuchengefahren.

Obwohl sich in jener unmittelbaren Nachkriegsphase unübersehbare Bevölkerungsbewegungen vollzogen, schien über dem besiegten Volk eine stumme Lähmung zu liegen, die allenfalls die nackte Existenzsicherung zuließ, während man alles andere Geschehen zunächst mit völliger Apathie hinnahm. Betroffenheit stellte sich erst ein, als man nach und nach vom Ausmaß der Greueltaten der nationalsozialistischen Herrschaft erfuhr; dies war indes eine Erschütterung, die wegen ihrer ungeahnten Ausmaße nahezu unglaubwürdig erschien.

Tiefe Betroffenheit lösten bald aber auch jene Maßnahmen der Siegermächte aus, die darauf zielten, mit der nationalsozialistischen Vergangenheit abzurechnen. So hatte es im Potsdamer Abkommen geheißen: „Das deutsche Volk muß überzeugt werden, ... daß es sich nicht der Verantwortung entziehen kann für das, was es selbst dadurch auf sich geladen hat, daß seine eigene mitleidlose Kriegführung und der fanatische Widerstand der Nazis ... Chaos und Elend unvermeidlich gemacht haben". Damit war die Diskussion um die Kollektivschuld des deutschen Volkes angesprochen, ohne daß man auf seiten der Alliierten sich differenziertere Gedanken über das Leben unter einer totalitären Herrschaft gemacht hätte.

Um in Deutschland eine demokratische Ordnung aufbauen zu können, hielten es die Besatzungsmächte zunächst für erforderlich, wie sie dies immer wieder (Jalta, Potsdam) angekündigt hatten, die Kriegsverbrecher zu bestrafen, Nationalsozialisten aus allen Schlüsselpositionen zu entfernen, das Volk insgesamt zu entnazifizieren und sodann durch ein groß angelegtes Umerziehungsprogramm (Re-education) zur Demokratie zu führen.

Für die Durchführung der Kriegsverbrecherprozesse wählten die Alliierten bewußt Nürnberg, die Stadt der NS-Parteitage. Insgesamt wurden durch das eigens dazu bestellte internationale Gericht 117 Personen (NS-Führer sowie regionale NS-Funktionäre wie Gauleiter und Kommandanten von Konzentrationslagern) angeklagt, davon 24 zum Tode verurteilt und 12 hingerichtet. Unter den Hauptangeklagten befanden sich Göring, Heß, Ribbentrop, Speer, Keitel, Jodl und Dönitz. Anklagepunkte waren: Verbrechen gegen die Menschlichkeit, Verbrechen gegen den Frieden und Kriegsverbrechen. Trotz der Offenkundigkeit dieser Verbrechen lag die Problematik des Verfahrens darin, daß Tatbestände zur Aburteilung gelangten, für die es bis dahin keine gesetzlichen Grundlagen gab. – In weiteren Kriegsverbrecherprozessen vor Besatzungsgerichten wurden insgesamt 5025 Personen verurteilt und 146 davon hingerichtet. Deutsche Gerichte in der Bundesrepublik und in der DDR haben bis zum Jahre 1965 insgesamt 24 000 Personen verurteilt.

Deutliche Unterschiede zeigten sich in den Entnazifizierungsmaßnahmen zwischen dem sowjetischen Vorgehen und dem der Westalliierten. Kam es den Westmächten insbesondere darauf an, die Verantwortlichen des NS-Regimes aus ihren Ämtern und Positionen in Staat und Gesellschaft zu entfernen, sie zu verhaften und ggf. in Internierungslagern festzusetzen, so ging es der Sowjetunion mit der Vernichtung des Militarismus und Nationalsozialismus, d. h. der planmäßigen und entschädigungslosen Enteignung von Großgrundbesitz und Kriegsbetrieben, um eine gesellschaftsstrukturelle Umwälzung als Basis für eine gezielte Sowjetisierung ihrer Zone. Aus diesem Grunde nahm die DDR fortan für sich in Anspruch, auf ihrem Gebiet Faschismus und Militarismus ausgerottet zu haben.

Problematisch wirkten sich die Entnazifizierungsbemühungen aber auch in anderer Hinsicht aus. Zum einen stand dadurch eine große Zahl von potentiellen Arbeitskräften, die für den Wiederaufbau dringend benötigt wurden, über lange Zeit nicht zur Verfügung. Zum anderen bedeutete die Entnazifizierung politisch weithin die Ersetzung des Konformismus gegenüber dem nationalsozialistischen Regime durch den Konformismus gegenüber der Besatzungsmacht. Damit wurde der Grundstein für eine politische Kultur der Nachkriegszeit gelegt, die durch Tendenzen zu politischer Apathie und überstarke ökonomische Aktivitäten gekennzeichnet erscheint und der eine Bewältigung der Vergangenheit letztlich nicht gelang. Gegen diese Entwicklung vermochte auch die gezielte Re-educations-Politik relativ wenig zu bewirken, zumal die Westalliierten, ebenso wie bei der Entnazifizierung, angesichts der zunehmenden weltweiten Spannungen an der Weiterführung dieser Maßnahmen schon etwa seit 1947 kein ernsthaftes Interesse mehr zeigten.

Quellen

Erklärung von Jalta vom 12. Februar 1945

„Wir sind über die gemeinsame Politik und Planlegung zur Durchführung der Bestimmungen der bedingungslosen Kapitulation übereingekommen, die wir gemeinsam dem nationalsozialistischen Deutschland auferlegen werden, nachdem der bewaffnete deutsche Widerstand endgültig gebrochen ist...

Gemäß dem in gegenseitigem Einvernehmen festgelegten Plan werden die Streitkräfte der drei Mächte je eine besondere Zone Deutschlands besetzen. Der Plan sieht eine koordinierte Verwaltung und Kontrolle durch eine Zentralkontrollkommission mit Sitz in Berlin vor...

Es ist beschlossen worden, daß Frankreich von den drei Mächten aufgefordert werden soll, eine Besatzungszone zu übernehmen und als viertes Mitglied an der Kontrollkommission teilzunehmen, falls es dies wünschen sollte...

Es ist unser unbeugsamer Wille, den deutschen Militarismus und Nationalsozialismus zu zerstören und dafür Sorge zu tragen, daß Deutschland nie wieder imstande ist, den Weltfrieden zu stören...

Es ist nicht unsere Absicht, das deutsche Volk zu vernichten; aber nur dann, wenn der Nationalsozialismus und der Militarismus ausgerottet sind, wird für die Deutschen Hoffnung auf ein würdiges Leben und einen Platz in der Völkergemeinschaft bestehen..."

Aus: Europa-Archiv 1946, S. 211 f.

Kapitulations-Urkunde vom 7./8. Mai 1945

„Wir, die hier Unterzeichneten, die wir im Auftrage des Oberkommandos der Deutschen Wehrmacht handeln, übergeben hiermit bedingungslos dem Obersten Befehlshaber der Alliierten Expeditionsstreitkräfte und gleichzeitig dem Oberkommando der Roten Armee alle gegenwärtig unter deutschem Befehl stehenden Streitkräfte zu Lande, zu Wasser und in der Luft...

Das Oberkommando der deutschen Wehrmacht wird unverzüglich ... allen unter deutschem Befehl stehenden Streitkräften den Befehl geben, die Kampfhandlungen um 23.01 Uhr mitteleuropäischer Zeit am 8. Mai 1945 einzustellen ... und sich vollständig zu entwaffnen..."

Aus: Europa-Archiv 1946, S. 212 f.

Übernahme der deutschen Staatsgewalt durch die Alliierten vom 5. Juni 1945

a) Erklärung in Anbetracht der Niederlage Deutschlands und der Übernahme der obersten Regierungsgewalt hinsichtlich Deutschlands durch die Regierungen ... (Großbritanniens, der USA, der UdSSR und Frankreichs – Vier-Mächte-Erklärung)

„Die deutschen Streitkräfte ... sind vollständig geschlagen und haben bedingungslos kapituliert, und Deutschland, das für den Krieg verantwortlich ist, ist nicht mehr fähig, sich dem Willen der siegreichen Mächte zu widersetzen...

Es gibt in Deutschland keine zentrale Regierung oder Behörde mehr, die fähig wäre, die Verantwortung für die Aufrechterhaltung der Ordnung, für die Verwaltung des Landes und für die Ausführung der Forderungen der siegreichen Mächte zu übernehmen...

Die Regierungen ... (der vier Mächte) übernehmen hiermit die oberste Regierungsgewalt in Deutschland..."

b) Feststellung seitens der Regierungen ... (der vier Mächte) über das Kontrollverfahren in Deutschland (Einsetzung des Kontrollrates)

„Während der Zeit, in der Deutschland die sich aus der bedingungslosen Kapitulation ergebenden grundlegenden Forderungen erfüllt, wird in Deutschland die oberste Gewalt von den Oberbefehlshabern ... (der vier Mächte) auf Weisung ihrer Regierungen ausgeübt, von jedem in seiner eigenen Besatzungszone und gemeinsam in allen Deutschland als Ganzes betreffenden Angelegenheiten. Die vier Oberbefehlshaber bilden zusammen einen Kontrollrat ..., dessen Entscheidungen einstimmig getroffen werden müssen...

Die Verwaltung des Gebietes Groß-Berlin wird von einer Interalliierten Behörde geleitet, die unter der Leitung des Kontrollrates arbeitet und aus vier Kommandanten besteht, deren jeder abwechselnd als Hauptkommandant fungiert...

c) Feststellung seitens der Regierungen ... (der vier Mächte) über die Besatzungszonen in Deutschland (Errichtung der Besatzungszonen)
„Deutschland wird innerhalb seiner Grenzen, wie sie am 31. Dezember 1937 bestanden, für Besatzungszwecke in vier Zonen aufgeteilt...
Das Gebiet von Groß-Berlin wird von Truppen einer jeder der vier Mächte besetzt..."

Aus: Europa-Archiv 1946, S. 213

Potsdamer Abkommen vom 2. August 1945

„III. Über Deutschland ...

A. Politische Grundsätze ...

3. Ziele der Besetzung Deutschlands ...
   (I) Völlige Abrüstung und Entmilitarisierung Deutschlands...
   (II) Das deutsche Volk muß überzeugt werden, daß es eine totale militärische Niederlage erlitten hat und daß es sich nicht der Verantwortung entziehen kann, was es selbst dadurch auf sich geladen hat, daß seine eigene mitleidlose Kriegsführung und der fanatische Widerstand der Nazis die deutsche Wirtschaft zerstört und Chaos und Elend unvermeidlich gemacht haben.
   (III) Die Nationalsozialistische Partei mit ihren angeschlossenen Gliederungen und Unterorganisationen ist zu vernichten; ...
   (IV) Die endgültige Umgestaltung des deutschen politischen Lebens auf demokratischer Grundlage und eine eventuelle friedliche Mitarbeit Deutschlands am internationalen Leben sind vorzubereiten...
9. Die Verwaltung Deutschlands muß in Richtung auf eine Dezentralisierung der politischen Struktur und der Entwicklung einer örtlichen Selbstverwaltung durchgeführt werden...
   (I) Die lokale Selbstverwaltung wird in ganz Deutschland nach demokratischen Grundsätzen, und zwar durch Wahlausschüsse (Räte), ... wiederhergestellt.
   (II) In ganz Deutschland sind alle demokratischen politischen Parteien zu erlauben und zu fördern...
   (IV) Bis auf weiteres wird keine zentrale deutsche Regierung errichtet werden. Jedoch werden einige wichtige zentrale deutsche Verwaltungsabteilungen errichtet werden, an deren Spitze Staatssekretäre (Finanzwesen, Transport, Verkehr, Außenhandel, Industrie) stehen ...

B. Wirtschaftliche Grundsätze ...

12. In praktisch kürzester Frist ist das deutsche Wirtschaftsleben zu dezentralisieren mit dem Ziel der Vernichtung der bestehenden übermäßigen Konzentration der Wirtschaftskraft...
13. Bei der Organisation des deutschen Wirtschaftslebens ist das Hauptgewicht

auf die Entwicklung der Landwirtschaft und der Friedensindustrie für den inneren Bedarf (Verbrauch) zu richten.

14. Während der Besatzungszeit ist Deutschland als eine wirtschaftliche Einheit zu betrachten...
16. Zur Einführung und Unterstützung der wirtschaftlichen Kontrolle ... ist ein deutscher Verwaltungsapparat zu schaffen... So ist dem deutschen Volk klarzumachen, daß die Verantwortung für diese Verwaltung und deren Versagen auf ihm ruhen wird...
19. Die Bezahlung der Reparationen soll dem deutschen Volke genügend Mittel belassen, um ohne eine Hilfe von außen zu existieren...

VI. Stadt Königsberg und das anliegende Gebiet:
Vorbehaltlich der endgültigen Bestimmungen der territorialen Fragen bei der Friedensregelung ist grundsätzlich zugestimmt worden, Königsberg und das anliegende Gebiet an die UdSSR zu übergeben ... (Truman und Attlee erklärten aber, „daß sie den Vorschlag der Konferenz bei der bevorstehenden Friedensregelung unterstützen werden.")

IX. Polen:
... Die Häupter der drei Regierungen bekräftigen ihre Auffassung, daß die endgültige Festlegung der Westgrenze Polens bis zur Friedenskonferenz zurückgestellt werden soll ... (sie stimmten aber darin überein, daß die früher deutschen Gebiete östlich der Oder und westlichen Neiße einschließlich des Gebietes der früheren Freien Stadt Danzig) unter die Verwaltung des polnischen Staates kommen und in dieser Hinsicht nicht als Teil der sowjetischen Besatzungszone in Deutschland betrachtet werden soll...

XIII. Ordnungsgemäße Überführung deutscher Bevölkerungsteile:
... Die drei Regierungen ... erkennen an, daß die Überführung der deutschen Bevölkerung ..., die in Polen, der Tschechoslowakei und Ungarn zurückgeblieben (ist), nach Deutschland durchgeführt werden muß. Sie stimmen darin überein, daß jede derartige Überführung ... in ordnungsgemäßer und humaner Weise erfolgen soll...

XIV. Reparationen aus Deutschland ...

4. In Ergänzung der Reparationen, die die UdSSR aus ihrer eigenen Besatzungszone erhält, wird die UdSSR zusätzlich aus den westlichen Zonen erhalten:
   a) 15 % derjenigen verwaltungsfähigen und vollständigen industriellen Ausrüstungen ..., soweit sie für die deutsche Friedenswirtschaft unnötig ... sind, im Austausch für einen entsprechenden Wert an Nahrungsmitteln, Kohle, Kali ... Holz, ... Petroleumprodukten...
   b) 10 % derjenigen industriellen Ausrüstung, die für die deutsche Friedenswirtschaft unnötig ist ..., ohne Bezahlung oder Gegenleistung...

(Die gesamte Festsetzung der Mengen sollte innerhalb von zwei Monaten erfolgen; mit den Überführungen sollte alsbald begonnen werden; Dauer für Reparationsleistungen nach Vereinbarung a) fünf Jahre, nach Vereinbarung b) zwei Jahre.)

Aus: Europa Archiv 1946, S. 213 ff.

Gesetz des Alliierten Kontrollrats über die Bestrafung von Kriegsverbrechern vom 20. 12. 1945

Einleitung

Um die Bestimmungen der Moskauer Deklaration vom 30. Oktober 1943 und des Londoner Abkommens vom 8. August 1945 ... zur Ausführung zu bringen und um in Deutschland eine einheitliche Rechtsgrundlage zu schaffen, welche die Strafverfolgung von Kriegsverbrechern ... – mit Ausnahme derer, die vor dem Internationalen Militärgerichtshof (Nürnberg) abgeurteilt werden – ermöglicht, erläßt der Kontrollrat das folgende Gesetz: ...

Artikel II

1. Jeder der folgenden Tatbestände stellt ein Verbrechen dar:
   a) Verbrechen gegen den Frieden. Das Unternehmen des Einfalls in andere Länder und des Angriffskrieges als Verletzung des Völkerrechts und internationaler Verträge...
   b) Kriegsverbrechen. Gewalttaten oder Vergehen gegen Leib, Leben oder Eigentum, begangen unter Verletzung der Kriegsgesetze oder -gebräuche...
   c) Verbrechen gegen die Menschlichkeit. Gewalttaten oder Vergehen ... (wie) Mord, Ausrottung, Versklavung, Zwangsverschleppung ... oder andere an der Zivilbevölkerung begangene unmenschliche Handlungen...
   d) Zugehörigkeit zu gewissen Kategorien von Verbrechervereinigungen oder Organisationen, deren verbrecherischer Charakter vom Internationalen Militärgerichtshof festgestellt worden ist...

3. ... Die folgenden Strafen können ... verhängt werden:
   a) Todesstrafe,
   b) lebenslängliche oder zeitlich begrenzte Freiheitsstrafe mit oder ohne Zwangsarbeit,
   c) Geldstrafe ...,
   d) Vermögenseinziehung,
   e) Rückgabe unrechtmäßig erworbenen Vermögens,
   f) völlige oder teilweise Aberkennung der bürgerlichen Ehrenrechte...

Aus: Amtsblatt des Kontrollrats in Deutschland 1946, S. 71 ff.

Fragen und Aufgaben

- Warum ist es nicht gerechtfertigt, mit dem Inkrafttreten der bedingungslosen Kapitulation am 9. Mai 1945 von einer „Stunde Null" in der deutschen Geschichte zu sprechen?
- Vergleichen Sie die Situation in Deutschland nach dem Ende des Zweiten Weltkrieges mit jener nach dem Ersten Weltkrieg.
- Welche politische Bedeutung kommt dem Potsdamer Abkommen vom 2. August 1945 zu?
- Nehmen Sie Stellung zur Problematik der Kriegsverbrecherprozesse, wie sie nach 1945 von den Alliierten durchgeführt wurden.

○ Entnazifizierung und Re-education sollten die Grundlagen für den demokratischen Wiederaufbau in Deutschland schaffen. Beurteilen Sie deren Auswirkungen auf die deutsche politische Kultur der Nachkriegszeit.

Wichtige Daten

7./8. Mai 1945
Unterzeichnung der bedingungslosen Kapitulation der deutschen Wehrmacht gegenüber Westalliierten in Reims und der Roten Armee in Berlin-Karlshorst

5. Juni 1945
Mit der Vier-Mächte-Erklärung von Berlin übernehmen die Alliierten die Oberste Regierungsgewalt in Deutschland; gleichzeitig verkünden sie die Errichtung eines Kontrollrates für ganz Deutschland und einer alliierten Kommandantur für Groß-Berlin; Deutschland wird in vier Besatzungszonen, Berlin in vier Sektoren aufgeteilt.

17. Juli – 2. August 1945
Potsdamer Konferenz: Das Potsdamer Abkommen sanktioniert die durch Stalin geschaffenen Tatsachen, allerdings unter dem Vorbehalt einer friedensvertraglichen Vereinbarung. – Deutschland soll als einheitliches Wirtschaftsgebiet behandelt werden.

8. August 1945
Londoner Vier-Mächte-Vereinbarung: Schaffung eines internationalen Gerichtes zur Aburteilung nationalsozialistischer Hauptkriegsverbrecher in Nürnberg.

Wichtige Begriffe

Bedingungslose Kapitulation

interalliierte Kommandantur

alliierter Kontrollrat

Vier-Mächte-Erklärung

Potsdamer Abkommen

Nürnberger Prozesse

Entnazifizierung

Re-education

Reparation

Grenzen von 1937

Besatzungsmächte

Oder-Neiße-Linie

Besatzungszonen

Sektoren

deutsche Ostgebiete

Heimatvertriebene

Auswahlbibliographie

Allgemeine Darstellungen

Becker, Josef/Stammen, Theo/Waldmann, Peter (Hrsg.): Vorgeschichte der Bundesrepublik Deutschland. Zwischen Kapitulation und Grundgesetz. München 1979.

Binder, Gerhart: Deutschland seit 1945. Eine dokumentierte gesamtdeutsche Geschichte in der Zeit der Teilung. Stuttgart 1969.

Bracher, Karl Dietrich/Eschenburg, Theodor u. a. (Hrsg.): Geschichte der Bundesrepublik Deutschland. 5 Bände. Band 1: Theodor Eschenburg: Jahre der Besatzungszeit 1945–1949. Stuttgart 1983.

Cornides, Wilhelm: Die Weltmächte und Deutschland. Geschichte der jüngsten Vergangenheit 1945–1955. Tübingen 1957.

Hillgruber, Andreas: Deutsche Geschichte 1945–1982. Die „deutsche Frage" in der Weltpolitik. Stuttgart [4]1983.

Krautkrämer, Elmar: Deutsche Geschichte nach dem Zweiten Weltkrieg. Eine Darstellung der Entwicklung von 1945 bis 1949 mit Dokumenten. Hildesheim 1962.

Noack, Paul: Die deutsche Nachkriegszeit mit den wichtigsten Dokumenten im Anhang. München 1966.

Reichelt, Paul: Deutsche Chronik 1945 bis 1970. Daten und Fakten aus beiden Teilen Deutschlands. Bd. 1 (1945–1957). Freudenstadt 1970.

Vogelsang, Thilo: Das geteilte Deutschland. München [5]1973.

Weber, Jürgen (Hrsg.): 30 Jahre Bundesrepublik Deutschland. 3 Bände (Bayerische Landeszentrale für politische Bildungsarbeit). München 1978/79.

Zusammenbruch und Kapitulation

Deuerlein, Ernst: Die Einheit Deutschlands. Bd. I: Die Erörterungen und Entscheidungen der Kriegs- und Nachkriegskonferenzen 1941–1949. Darstellungen und Dokumente. Frankfurt/Main [2]1961.

Hansen, Reimer: Das Ende des Dritten Reiches. Die deutsche Kapitulation 1945. Stuttgart 1966.

Meinicke, Friedrich: Die deutsche Katastrophe. Zürich 1946.

Schumacher, Kurt: Nach dem Zusammenbruch. Reden und Aufsätze. Hamburg 1948.

Stolper, Gustav: Die deutsche Wirklichkeit. Hamburg 1949.

Zentner, Kurt (Hrsg.): Aufstieg aus dem Nichts. Deutschland 1945 bis 1953. Köln 1954.

Das Potsdamer Abkommen

Abendroth, Wolfgang: Die gegenwärtige Völkerrechtliche Bedeutung des Potsdamer Abkommens vom 2. August 1945. In: Europa-Archiv, Heft 7/1952, S. 4943–4955.

Bracht, Hans Werner: Potsdam heute. Die gegenwärtige Bedeutung des Potsdamer Abkommens. In: Deutschland Studien, Heft 6/1968, S. 341— 354.
Deuerlein, Ernst: Deklamation oder Ersatzfrieden? Die Konferenz von Potsdam 1945. Stuttgart 1970.
Ders. (Hrsg.): Potsdam 1945. Quellen zur Konferenz der Großen Drei. München 1963.
Faust, Fritz: Die wirtschaftliche und politische Einheit Deutschlands. Zum dreißigsten Jahrestag des Potsdamer Abkommens. In: Aus Politik und Zeitgeschichte, Heft 31/1975, S. 3–20.
Hacker, Jens: Sowjetunion und DDR zum Potsdamer Abkommen. Köln 1968.
Kegel, Gerhard: Ein Vierteljahrhundert danach. Das Potsdamer Abkommen und was aus ihm geworden ist. Berlin-Ost 1970.

Die Oder-Neiße-Linie

Kraus, Herbert: Die Oder-Neiße-Linie. Eine völkerrechtliche Studie. Köln 1954.
Lehmann, Hans Georg: Der Oder-Neiße-Konflikt. München 1979.
Rohde, Gotthold/Wagner, Wolfgang: Quellen zur Entstehung der Oder-Neiße-Linie. Stuttgart 1959.
Wagner, Wolfgang: Die Entstehung der Oder-Neiße-Linie in den diplomatischen Verhandlungen während des Zweiten Weltkrieges. Marburg ^{3}1968.

Flucht und Vertreibung

Adler, Hans G.: Aufzeichnung einer Displaced person. In: Merkur, Heft 6/1952, S. 1040–1049.
Dokumentation der Vertreibung der Deutschen aus Ost-Mittel-Europa. In Verbindung mit Werner Conze u. a. bearbeitet von Theodor Schieder. Hrsg. vom Bundesministerium für Vertriebene, Flüchtlinge und Kriegsgeschädigte. 2 Bde. Bonn 1957/1960.
Edding, Friedrich: Die Flüchtlinge als Belastung und Antrieb der westdeutschen Wirtschaft. Kiel 1952.
Lemberg, Eugen/Edding, Friedrich: Die Vertriebenen in Westdeutschland. 3 Bände. Kiel 1959.
Reichling, Gerhard: Die Heimatvertriebenen im Spiegel der Statistik. Berlin 1958.

Entnazifizierung und Nürnberger Prozeß

Fürstenau, Justus: Entnazifizierung. Ein Kapitel deutscher Nachkriegspolitik. Neuwied 1969.
Henke, Klaus-Dietmar: Politische Säuberung unter französischer Besatzung. Die Entnazifizierung in Württemberg-Hohenzollern. Stuttgart 1981.
Maser, Werner: Nürnberg. Tribunal der Sieger. Düsseldorf 1977.
Niethammer, Lutz: Entnazifizierung in Bayern. Säuberung und Rehabilitierung unter amerikanischer Besatzung. Frankfurt a. M. 1972 (Neuauflage: „Die Mitläufer-Fabrik". Berlin 1982).

Der Prozeß gegen die Hauptkriegsverbrecher vor dem Internationalen Militärgerichtshof. 42 Bände. Nürnberg 1947.

Smith, Bradly F.: Der Jahrhundertprozeß. Die Motive der Richter von Nürnberg. Anatomie einer Urteilsfindung. Frankfurt a. M. 1977.

Re-education

Borchers, Hans/Vowe, Klaus W.: Die zarte Pflanze Demokratie: Amerikanische Re-education in Deutschland im Spiegel ausgewählter politischer und literarischer Zeitschriften. (1945–1949) Tübingen 1979.

Bungenstab, Karl-Ernst: Umerziehung zur Demokratie? Re-education-Politik im Bildungswesen der US-Zone 1945–1949. Düsseldorf 1970.

Halbritter, Maria: Schulreformpolitik in der britischen Zone von 1945–1949. Weinheim 1979.

Koszyk, Kurt: „Umerziehung" der Deutschen aus britischer Sicht. Konzepte und Wirklichkeit der „Re-education" in der Kriegs- und Besatzungsära. In: Aus Politik und Zeitgeschichte, Heft 29/1978, S. 3–12.

Lange-Quassowski, Jutta-B.: Neuordnung oder Restauration? Das Demokrationskonzept der amerikanischen Besatzungsmacht und die politische Sozialisation der Westdeutschen: Wirtschaftsordnung – Sozialstruktur – Politische Bildung. Opladen 1979.

Pakschises, Günter: Umerziehung in der Britischen Zone 1945–1949. Untersuchungen zur britischen Re-education-Politik. Weinheim 1979.

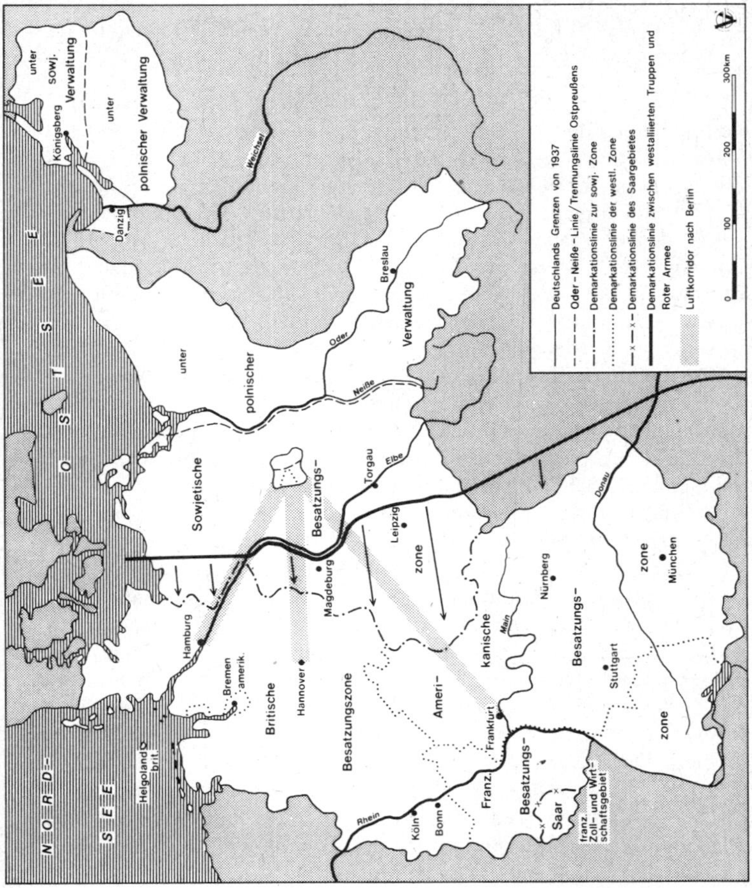

Deutschland nach 1945

2. Deutschland unter alliierter Kontrolle

In der Direktive JCS 1067 vom 26. 4. 1945 an D. Eisenhower, den Oberkommandierenden der amerikanischen Streitkräfte, hieß es: „... Deutschland wird nicht besetzt zum Zwecke seiner Befreiung, sondern als besiegter Feindstaat ...“ Dabei erklärten die Kriegsalliierten wiederholt, es sei nicht ihre Absicht, das deutsche Volk zu vernichten oder zu versklaven (Jalta, Potsdam). Andererseits ließen sie jedoch keinen Zweifel daran, daß sie alles daran setzten wollten, in Deutschland Militarismus und Nazismus auszurotten sowie geeignete Maßnahmen zu ergreifen, „damit Deutschland niemals mehr seine Nachbarn oder die Erhaltung des Friedens in der ganzen Welt bedrohen kann“ (Potsdam).

Die bedinungslose Kapitulation Deutschlands, verbunden mit der Übernahme der obersten Regierungsgewalt durch die Alliierten, warf weitreichende völkerrechtliche Probleme auf; denn gemäß der Haager Landkriegsordnung von 1907 hätten den Besatzungsmächten nur Maßnahmen zum Schutze ihrer Truppen sowie zur Aufrechterhaltung von Ruhe und Ordnung unter möglichster Beachtung der Landesgesetze zugestanden. Über die militärische Kapitulation hinaus, zielte die von Präsident Roosevelt angestrebte „unconditional surrender“ aber auch auf die staatlich-politische Kapitulation Deutschlands, um gleichsam von einer „Tabula-rasa-“ Situation aus eine unbelastete neue Friedensordnung organisieren und durchsetzen zu können. Für die Alliierten kam nun eine Annektierung Deutschlands als Ganzes zweifellos nicht in Frage; insofern bedeutete die Ausübung der obersten Regierungsgewalt ein Koimperium (d. h. eine gemeinsame Herrschaft über ein souveränitätsfremdes Gebiet). Die Siegermächte dachten aber ebensowenig daran, den Deutschen eine Mitsprache bei ihren Entscheidungen zuzugestehen (vgl. Viermächte-Erklärung vom 5. Juni 1945). Die Alliierten betrachteten und behandelten Deutschland faktisch als ein Kondomium (d. h. als Gebiet unter alliierter Souveranität). Es ist nun oft darüber gestritten worden, ob mit der bedingungslosen Kapitulation und der Regierungsübernahme durch die Alliierten das Deutsche Reich zu existieren aufgehört habe. Wenngleich vom Faktischen her vieles für diese These zu sprechen scheint, wird doch in der nationalen und internationalen Rechtsauffassung überwiegend die Ansicht vertreten, Deutschland müsse durchaus weiterhin als Völkerrechtssubjekt angesehen werden, seine Handlungsfähigkeit sei nur vorübergehend eingeschränkt gewesen.

Zur gemeinsamen Ausübung der obersten Regierungsgewalt hatten sich die Alliierten am 5. Juni 1945 bereits auf die Errichtung eines Kontrollrates verständigt. Dieser sollte von den vier Oberbefehlshabern gebildet werden und in allen „Deutschland als ein Ganzes betreffenden Angelegenheiten" nur aufgrund einstimmiger Entscheidungen entsprechende Maßnahmen ergreifen können. In ihren jeweiligen Besatzungszonen hingegen unterstanden die Oberbefehlshaber einzig den Weisungen ihrer Regierungen. Die Verwaltung Groß-Berlins wurde vier Stadtkommandanten übertragen, die in der interalliierten Behörde unter der Leitung des Kontrollrates arbeiten sollten.

Bereits durch diese institutionellen Vorgaben waren künftige Konflikte bei der Durchführung einer gemeinsamen Besatzungspolitik vorgezeichnet. Die Schwierigkeiten nahmen zu, als es galt, die auf der Potsdamer Konferenz vereinbarten „politischen und wirtschaftlichen Grundsätze, deren man sich bei der Behandlung Deutschlands in der Anfangsperiode der Kontrolle bedienen muß", umzusetzen und durchzuführen. Dieser „gleichgeschalteten Politik der Alliierten" war indes bald die Grundlage entzogen: Der Rat der Außenminister konnte sich ebensowenig über eine gemeinsame Vorgehensweise gegenüber Deutschland verständigen, wie dies dem Kontrollrat gelang. Deutschland während der Besatzungszeit als wirtschaftliche Einheit zu betrachten, scheiterte letztlich an den unvereinbaren Reparationsvorstellungen. Die „Umgestaltung des politischen Lebens auf demokratischer Grundlage" kollidierte mit dem grundsätzlichen Veto Frankreichs, keine überzonalen Zentralinstanzen zuzulassen, und mit den unterschiedlichen Demokratievorstellungen der Siegermächte insgesamt.

Insofern steht das Potsdamer Abkommen an einem Scheitelpunkt der Geschichte: Es markiert den letzten Versuch der Anti-Hitler-Koalition, eine gemeinsame Strategie ihrer Deutschlandspolitik zu formulieren. Gleichzeitig finden sich gerade in diesen Formulierungen die unterschiedlichen und unvereinbaren Interpretationen und Standpunkte zur Deutschlandpolitik grundgelegt. Dies hat in der unmittelbaren Folgezeit dazu geführt, daß jede Besatzungsmacht jene Maßnahmen ergriff, die sie speziell in ihrer Zone für dringlich und geboten hielt.

Am zielstrebigsten erfolgte die Neuorientierung des politischen und gesellschaftlichen Lebens in der sowjetischen Besatzungszone. Alle Maßnahmen standen dabei erklärtermaßen unter dem Anspruch, die notwendigen „Voraussetzungen für die antifaschistisch-demokratische Umwälzung" zu schaffen. So gestattete der Befehl Nr. 2 der Sowjetischen Militäradministration (SMAD) vom 10. Juni 1945 die Bildung und Tätigkeit antifaschistisch-demokratischer Parteien. Es erfolgte demnach bereits tags darauf (11. 6. 1945) die Gründung der KPD; am 15. 6. 1945 wurde die SPD gegründet; CDUD und LDPD (Liberaldemokratische Partei Deutschlands) folgten am 26. Juni bzw. 5. Juli 1945. Durch Befehl der SMAD mußten sich diese vier Parteien am 14. 7. 1945 bereits zum „antifaschistisch-demokratischen Block" zusammenschließen. Am 22. April 1946 erfolgte sodann die zwangsweise Verschmelzung von KPD und SPD zur SED (Sozialistischen Einheitspartei Deutschlands). Das Blocksystem mit seinem Prinzip der Einstimmigkeit und der Einbindung kommunistisch gelenkter Massenorganisationen sicherte der SED von Anfang an den dominierenden Einfluß.

Nachdem im Juni 1945 der Aufbau der Kommunal- und Kreisverwaltungen im wesentlichen abgeschlossen war, erfolgte bereits vor dem Ende der Potsdamer Konferenz im Juli 1945 die Errichtung von fünf Landes- (Mecklenburg, Brandenburg, Sachsen-Anhalt, Thüringen und Sachsen) sowie 12 Provinzialverwaltungen. Schließlich wurden durch Befehl Nr. 17 vom 27. Juli 1945 elf Zentralverwaltungsbereiche (Verkehr, Nachrichtenwesen, Handel, Finanzen, Arbeit, Volksbildung, Justiz u. a.) auf Zonenebene geschaffen, die nach und nach das zentralistische Gefüge erheblich verstärkten und die Landesebene entmachteten.

Daneben veranlaßte die sowjetische Besatzungsmacht eine rigorose Bodenreform („Junkerland in Bauernhand") und eine umfangreiche Enteignung. Dabei wurden die Landparzellen so knapp bemessen (5–8 ha), daß ein Zusammenschluß in Landwirtschaftlichen Produktionsgenossenschaften (LPG) später relativ leicht erzwungen werden konnte. Auch im Bereich des enteigneten Industrievermögens wurde die Verstaatlichung zügig vorangetrieben (1948: 45 %). Im gesellschaftlichen Leben kam es ebenfalls zu umfangreichen Änderungen: Etwa vier Fünftel aller Richter und Lehrer wurden entlassen und alle geistig-kulturellen Bereiche auf die Ziele des Marxismus-Leninismus ausgerichtet bzw. diesen unterstellt.

Die westlichen Alliierten waren sich darin einig, daß in ihren Zonen ein Aufbau des demokratisch-politischen Lebens von unten nach oben, ein differenziertes Parteiwesen geschaffen, vorstaatliche Grundrechte gesichert und pluralistische Gesellschaftsstrukturen ermöglicht werden müßten. Während Frankreich durch sein ausgeprägtes Sicherheitsdenken sich möglichst lange der Schaffung von deutschen Zentralinstanzen zu widersetzen gedachte und grundsätzlich nur einem lockeren föderalen Aufbau zuzustimmen bereit war, sah sich Großbritannien bald durch seine außenpolitischen Verpflichtungen (Indien, Palästina) so in Anspruch genommen, daß die Militärregierung weithin eigenverantwortlich handeln mußte.

Insofern kam der amerikanischen Besatzungsmacht zwangsläufig die Führungsrolle zu, die sie ab Herbst 1946 (Byrnes Stuttgarter Rede) auch gezielt weiter verfolgte. Zunächst ging die amerikanische Militärregierung daran, in ihrer Zone vorrangig Bürgermeister und Landräte einzusetzen; gleichzeitig wurde allerdings bereits am 28. Mai 1945 unter Fritz

Schäffer eine erste bayerische Landesregierung berufen. Mit der Proklamation Nr. 2 erfolgte dann schon am 19. September 1945 die Bildung von Verwaltungsgebieten, „die von jetzt ab als Staaten bezeichnet werden" mit eigenen „Staatsregierungen", und zwar für Großhessen, Württemberg-Baden und Bayern. Diese Staaten erhielten vorbehaltlich der Machtbefugnisse der Militärregierung die „volle gesetzgebende, richterliche und vollziehende Gewalt". Zu diesen drei Staaten kam aufgrund einer Übereinkunft mit der britischen Militärverwaltung durch die Proklamation Nr. 3 vom 21. Januar 1947 noch der Stadtstaat Bremen hinzu.

Wohl fehlte den Länderregierungen noch die demokratische Legitimation, doch spielten andererseits die Parteien bereits eine wichtige Rolle. Primär oblag den deutschen Landesbehörden allerdings die Sorge um die wirtschaftlichen und sozialen Bereiche; doch erkannte die amerikanische Militärregierung, daß es darüber hinaus auch länderübergreifende Probleme zu lösen galt. Zu diesem Zweck errichtete sie einen „Länderrat des amerikanischen Besatzungsgebietes" (17. 10. 1945) mit Sitz in Stuttgart; es war dies ein Kollegium der Ministerpräsidenten zunächst ohne parlamentarische Kontrolle, das als übergeordnete Koordinationsinstanz innerhalb der amerikanischen Besatzungszone diente. Im März 1947 wurde dann auch mit der Institution eines „Parlamentarischen Rates" ein 24köpfiges parlamentähnliches Beratungsorgan aus Delegierten der einzelnen Länder ins Leben gerufen. Die Bedeutung dieses Koordinationsprozesses muß vor allem darin gesehen werden, daß hierdurch eine gewisse föderalistische Kooperationsbereitschaft angebahnt und eine Vereinheitlichung der Lebensverhältnisse im zerrissenen Deutschland erleichtert wurde.

Zudem hatten die Amerikaner bereits im Frühjahr 1946 den Auftrag erteilt, verfassungsgebende Landesversammlungen einzuberufen. Über diese Landesverfassungen kam es sodann zum Jahresende zu Volksabstimmungen und unmittelbar darauf zu den ersten Landtagswahlen. Damit war die Einrichtung der Demokratie von unten in der amerikanischen Zone zum Abschluß gebracht, nachdem seit Beginn des Jahres 1946 auch Gemeinde- und Kreistagswahlen stattgefunden hatten.

Die britische Militärregierung besaß nicht nur andere Ordnungsvorstellungen (föderalistisch, aber stärker einheitsstaatlich) als die amerikanische Besatzungsmacht, sondern hatte auch von gänzlich anderen politischen Strukturen auszugehen. Ihre Zone war weitaus inhomogener, zudem lagen preußische Provinzen auf ihrem Besatzungsgebiet. Am 23. August 1946 löste die britische Militärregierung die Provinzen des Landes Preußen auf und schuf bis zum Frühjahr 1947 die späteren Länder Schleswig-Holstein, Hamburg, Niedersachsen und Nordrhein-Westfalen. Diesen Ländern gestanden die Briten keine koordinierende Beratungsfunktion zu, wie sie der Länderrat in der amerikanischen Zone besaß, sodern sie erhielten nur einen „Zonenbeirat“ mit Sitz in Hamburg (März 1946), der der Militärverwaltung Empfehlungen unterbreiten bzw. die deutschen Länderregierungen von bevorstehenden Maßnahmen der Besatzungsmacht unterrichten durfte. Ende 1947 willigte die britische Militärbehörde ein, die Konferenz der Ministerpräsidenten zu einer ständigen Einrichtung zu machen und die Mitglieder des Zonenbeirates durch Delegation aus den Länderparlamenten zu bestimmen. Zur Ausbildung wirklich koordinierender deutscher Zentralinstanzen kam es in der britischen Zone nicht.

Von größerer Wirksamkeit und Tragweite waren zwei andere Einrichtungen der britischen Militärregierung: Zum einen bildete sie eine Reihe (zeitweilig mehr als 50) von Zonenzentralämtern, die z. T. mit recht umfangreichen Zuständigkeiten als deutsche Hilfsorgane an der Verwaltung der britischen Besatzungszone mitwirkten. Zum anderen gingen die Briten systematisch daran, die demokratischen Grundlagen gemäß den Potsdamer Vereinbarungen zu schaffen.

Am restriktivsten betrieb die französische Besatzungsmacht den demokratischen Aufbau in ihrer Zone. Frankreich sträubte sich lange gegen überregionale oder gar überzonale deutsche Zentralinstanzen; selbst jedoch führte es ein streng kontrollierendes zentralistisches Besatzungssystem durch. Auch die Länderverwaltungen besaßen als Länderregierungen nur beratende Kompetenz; darüber hinaus unterstanden die nur schwach ausgebildeten Zentralinstanzen als „Hilfsbüros“ der Besatzungsmacht französischen Direktoren. Dennoch fanden auch in der französischen Zone bereits im Jahre 1946 Gemeinde- und Kreistagswahlen statt. Zum Erlaß von Landesverfassungen und darauffolgenden Landtagswahlen kam es erst im Jahre 1947.

Die Abschottung der französischen Zone hat zweifellos die wirtschaftliche und soziale Entwicklung Deutschlands erheblich beträchttigt; zudem wurde dadurch die deutsch-französische Aussöhnung schwer belastet; dies um so mehr, da Frankreich von Anfang an eine massive Reparationspolitik betrieb und auf eine Herauslösung des Saarlandes aus dem deutschen Staatsgebiet hinarbeitete, die es 1947 auch einseitig vollzog.

Die politische Neuordnung war ohne die Zulassung von Parteien nicht durchführbar. Zu den ersten Parteigründungen kam es in der britischen Zone: SPD (April 1945 in Hannover), CDU (Juni 1945 in Köln). Die Briten förderten hierbei auch den sozialen Aufbau der Parteiorganisation, was die dominierendere Rolle der Parteien der britischen Zone im politischen Leben der jungen Bundesrepublik erklärt. Nachdem im Juni/Juli auch die sowjetische Militärregierung Parteigründungen zugelassen hatte, schufen die Amerikaner in ihrer Zone ab Ende August die Voraussetzungen für Parteigründungen auf Kreis-, ab November 1945 auf Länder- und ab dem Frühjahr 1946 auf Zonenebene. Am retardierendsten verfuhren bei der Lizenzierung der Parteigründungen die Franzosen. Sie schufen die rechtlichen Voraussetzungen dafür erst im Jahre 1946, gleichzeitig aber untersagten sie eine zonale Organisation wie auch überzonale Kontakte. Da die Nachkriegsparteien ihre offizielle Gründung dem „Wohlwollen" der Besatzungsmächte verdankten, hat man sie lange Zeit als „Lizenz-Parteien" apostrophiert. Man muß jedoch bedenken, daß die Sammlung politisch Gleichgesinnter zum Teil beträchtlich vor der offiziellen Gründung von Parteien lag. Dabei läßt sich das Bemühen erkennen, die parteipolitische Zersplitterung der Weimarer Zeit zu vermeiden bzw. zu überwinden; die sprechendsten Beispiele hierfür sind die Einebnung der konfessionellen Gegensätze durch die Gründung der Unionsparteien sowie die Zusammenfassung der unterschiedlichsten liberalen Strömungen. Nicht übersehen darf man auch die teilweise sehr massiven Bemühungen, die Arbeiterschaft in einer einzigen Partei zu repräsentieren. Daß dies in den Westzonen letztlich scheiterte, lag sicherlich an den Vorgängen in der Sowjetzone, denen insbesondere Kurt Schumacher eine scharfe Absage erteilte.

Die Existenz von Parteien und Landesregierungen machte zumindest Ansätze für Initiativen von deutscher Seite möglich, an der Behebung der katastrophalen Nachkriegssituation mitzuwirken. Diesem Ziel sollte auch die Münchner Ministerpräsidentenkonferenz (5.–7. Juni 1947) dienen. Der bayerische Ministerpräsident Hans Ehard hatte dazu eingeladen, um den „Weg zu ebnen ... für eine Zusammenarbeit aller Länder Deutschlands im Sinne wirtschaftlicher Einheit und künftiger politischer Zusammenfassung". In erster Linie mußte es bei dieser Konferenz aber um wirtschaftliche Probleme gehen, denn die täglichen Verpflegungsrationen waren teilweise bis auf 650 Kalorien gesunken, die Industrieproduktion war durch Reparationsleistungen und Demontagen derart gelähmt, daß sich an Lebensmitteleinfuhren durch Industrieexporte nicht denken ließ. Die wichtigste Sorge galt der Frage, wie der bevorstehende Winter 47/48 gemeistert werden könnte.

Zur Konferenz reisten alle Ministerpräsidenten, auch jene der sowjetischen Besatzungszone an. Dennoch zeigte sich schon vor dem eigentlichen Beginn, daß die jeweiligen Besatzungsmächte unterschiedliche Direktiven erteilt hatten. So hatte Frankreich nur zugestanden, daß über wirtschaftliche Versorgungsprobleme gesprochen werde, während die Ministerpräsidenten der Sowjetzone als ersten Tagesordnungspunkt die „Bildung einer deutschen Zentralverwaltung unter Beteiligung der Parteien und Gewerkschaften" verlangten. Da man sich über die Tagesordnung am Vorabend nicht einigen konnte, reisten die Ministerpräsidenten der Sowjetzone vor Eröffnung der Konferenz ab. Die Rumpf-Konferenz hat in ihren Beratungen eine umfassende Analyse der Ernährungs- und Wirtschaftslage erarbeitet und diese Ergebnisse den Militärregierungen der Westzonen sowie dem Alliierten Kontrollrat in Berlin zugeleitet. Trotz ihres Scheiterns dokumentierte die Münchner Ministerpräsidentenkonferenz das Gefühl der Zusammengehörigkeit und der Bereitschaft zur Zusammenarbeit über die Zonengrenzen hinweg. Daß es allerdings den Ministerpräsidenten nicht gelungen war, die gesamtdeutsche Einheit ein Stück weit voranzubringen, unterstrich deutlich, wie sehr sich der Prozeß der Spaltung Deutschlands schon vertieft hatte.

Quellen

Direktive JCS 1067 des Generalstabs der Streitkräfte der USA an den Oberbefehlshaber der USA in Deutschland vom 26. April 1945

„... 4. Grundlegende Ziele der Militärregierung in Deutschland:

a.) Es muß den Deutschen klargemacht werden, daß Deutschlands rücksichtslose Kriegsführung und der fanatische Widerstand der Nazis die deutsche Wirtschaft zerstört und Chaos und Leiden unvermeidlich gemacht haben, und daß sie nicht der Verantwortung für das entgehen können, was sie selbst auf sich geladen haben.

b.) Deutschland wird nicht besetzt zum Zwecke seiner Befreiung, sondern als besiegter Feindstaat. Ihr Ziel ist nicht die Unterdrückung, sondern die Besetzung Deutschlands, um gewisse wichtige alliierte Absichten zu verwirklichen. Bei der Durchsetzung und Verwaltung müssen sie gerecht, aber fest und unnahbar sein. Die Verbindung mit deutschen Beamten und der Bevölkerung werden sie streng unterbinden.

c.) Das Hauptziel der Alliierten ist es, Deutschland daran zu hindern, je wieder eine Bedrohung des Weltfriedens zu werden. Wichtige Schritte zur Erreichung dieses Ziels sind die Ausschaltung des Nazismus und des Militarismus ..., die sofortige Verhaftung der Kriegsverbrecher ..., die industrielle Abrüstung und Entmilitarisierung Deutschlands mit langfristiger Kontrolle ... und die Vorbereitung zu einem späteren Wiederaufbau des deutschen Lebens auf demokratischer Grundlage..."

Aus: Ursachen und Folgen, Bd. 24, S. 26 ff.

Befehl Nr. 2 des Obersten Chefs der Sowjetischen Militärverwaltung in Deutschland über die Zulassung antifaschistischer Parteien und Organisationen vom 10. Juni 1945

„... 1. Auf dem Territorium der sowjetischen Besatzungszone in Deutschland ist die Bildung und Tätigkeit aller antifaschistischen Parteien zu erlauben, die sich der endgültigen Ausrottung der Überreste des Faschismus und die Festigung der bürgerlichen Freiheiten in Deutschland ... zum Ziele zu setzen.

2. Der werktätigen Bevölkerung ... ist das Recht zur Vereinigung in freien Gewerkschaften und Organisationen zum Zweck der Wahrung der Interessen und Rechte ... zu gewähren..."

Aus: Ursachen und Folgen, Bd. 24, S. 254 ff.

Aufruf der Kommunistischen Partei Deutschlands in der sowjetischen Zone vom 11. Juni 1945

„... Eine Katastrophe unvorstellbaren Ausmaßes ist über Deutschland hereingebrochen...

Die Schuld und Verantwortung tragen die gewissenlosen Ausbeuter und Verbrecher, die die Schuld am Krieg tragen ... die aktiven Anhänger und Helfer der Nazipartei...

Jetzt gilt es, gründlich und für immer die Lehren aus der Vergangenheit zu ziehen ... Mit der Vernichtung des Hitlerismus gilt es gleichzeitig, die Sache der Demokratisierung Deutschlands, die Sache der bürgerlich-demokratischen Umbildung, die 1848 begonnen wurde, zu Ende zu führen ... Wir sind der Auffassung, daß der Weg, Deutschland das Sowjetsystem aufzuzwingen, falsch wäre ... Wir sind vielmehr der Auffassung, daß die entscheidenden Interessen ... für Deutschland ... den Weg der Aufrichtung eines antifaschistischen, demokratischen Regimes, einer parlamentarisch-demokratischen Republik mit allen demokratischen Rechten und Freiheiten für das Volk ... (vorschreiben)..."

Aus: Dokumente zur parteipolitischen Entwicklung in Deutschland seit 1945, Bd. 3, Berlin 1963, S. 313 ff.

Die Kölner Leitsätze der Christlichen Demokraten vom Juni 1945

„... Der Nationalsozialismus hat Deutschland in ein Unglück gestürzt, das in seiner langen Geschichte ohne Beispiel ist. Er bedeckte den deutschen Namen vor aller Welt mit Schmach und Schande ... Was uns in dieser Stunde der Not allein noch retten kann, ist eine ehrliche Besinnung auf die christlichen und abendländischen Lebenswerte...

Ein freies Volk soll wiedererstehen, dessen Grundgesetz die Achtung menschlicher Würde ist.

Ein neues Deutschland soll geschaffen werden, das auf Recht und Frieden gegründet ist...

Soziale Gerechtigkeit und soziale Liebe sollen eine neue Volksgemeinschaft beschirmen...

So vertreten wir einen wahren christlichen Sozialismus, der nichts gemein hat mit falschen kollektivistischen Zielsetzungen, die dem Wesen des Menschen von Grund auf widersprechen..."

Aus: Dokumente zur parteipolitischen Entwicklung in Deutschland seit 1945. Bd. 2, Berlin 1963, S. 30 ff.

Programmatische Erklärung Kurt Schumachers vom 5. Oktober 1945

„... Bei einer Auseinandersetzung, die uns durch das Verhalten einer Partei aufgezwungen wird, können wir nicht zurückweichen, wenn diese ... Frontstellung die zwangsläufige Aufdeckung der außenpolitischen Abhängigkeit dieser Partei bedeutet. Im Grundsatz bekennen wir uns zur Einheitspartei aller Schaffenden. Aber wir sehen auch, daß nirgends sonst in der Welt sich dieser Gedanke durchgesetzt hat ... Das hat ... seinen Grund darin, daß die Kommunistische Partei sich nicht nach den Bedürfnissen und Erkenntnissen ihres Landes richtet ... Im Sinne der deutschen Politik ist die Kommunistische Partei überflüssig ... Nachdem ihre Hoffnung, sich als führende Arbeiterpartei etablieren und zur einzigen Arbeiterpartei entwickeln zu können, von den Tatsachen so völlig unmöglich gemacht wird, muß sie nach dem großen Blutspender suchen. Das Rezept ist die Einheitspartei, die einen Versuch darstellt, der Sozialdemokratischen Partei eine kommunistische Führung aufzuzwingen. Eine sozialdemokratische Partei unter kommunistischer Führung wäre aber eine kommunistische Partei..."

Aus: Dokumente zur parteipolitischen Entwicklung in Deutschland seit 1945. Bd. 3, Berlin 1963, S. 4 ff.

Proklamation Nr. 2 der Militärregierung für die amerikanische Zone in Deutschland vom 19. September 1945

„... Artikel I:

Innerhalb der amerikanischen Besatzungszone werden hiermit Verwaltungsgebiete gebildet, die von jetzt ab als Staaten bezeichnet werden; jeder Staat wird eine Staatsregierung haben...

Artikel III:

1. Jeder der hierdurch gebildeten Staaten hat unter Vorbehalt der übergeordneten Machtbefugnis der Militärregierung volle gesetzgeberische, richterliche und vollziehende Gewalt...

2. Bis zu dem Zeitpunkt, an dem die Schaffung demokratischer Einrichtungen möglich sein wird, genügt es für die Gültigkeit staatlicher Gesetzgebung, daß sie von dem Ministerpräsidenten genehmigt und verkündet wird...

Aus: Ursachen und Folgen, Bd. 24, S. 46 ff.

Befehl Nr. 17 des Obersten Chefs der Sowjetischen Militärverwaltung zur Bildung von Zentralverwaltungen in der sowjetischen Besatzungszone vom 27. Juli 1945

„... Zwecks Entwicklung der Wirtschaft und Wiederherstellung des Verkehrs- und Nachrichtenwesens, der Gesundheitsfürsorge und der Volkserziehung ... befehle ich:

1. Folgende deutsche Zentralverwaltungen sind in der sowjetischen Besatzungszone zum 10. August 1945 zu bilden...

(Nachrichtenwesen, Industrie, Landwirtschaft, Finanzen, Arbeit und Sozialfürsorge, Volksbildung, Verkehrswesen, Handel und Versorgung, Brennstoffindustrie, Gesundheitswesen und Justiz)

Aus: Ursachen und Folgen, Bd. 24, S. 282 ff.

Erklärung der Ministerpräsidenten der sowjetisch besetzten Zone anläßlich des Scheiterns der Münchner Ministerpräsidentenkonferenz vom 6. Juni 1947

„... Wir stehen auf dem Standpunkt, daß eine Lösung der Not in Deutschland nicht auf dem Weg der Verständigung zwischen den Ministerpräsidenten möglich ist, in keinem Fall durch eine bundesstaatliche Regelung des neuen deutschen Staatswesens, sondern nur durch den Einheitsstaat. Eine bundesstaatliche Regelung würde, wie auch der Zusammenschluß von Zonen, lediglich die Dinge verschärfen und Deutschland vom Monopolkapital abhängig machen ... Die Hauptursachen der Not liegen darin, daß noch Nazielemente in der Wirtschaft sind, daß die Konzerne fortbestehen und daß die Großgrundbesitzer noch nicht enteignet sind. Die zentrale deutsche Verwaltung kann nur durch Parteien und Gewerkschaften gebildet werden, und ihre Hauptaufgaben sind einheitliche Wirtschaftsplanung, umfassender Export- und Importplan, Wirtschaftsrechnung, Verstaatlichung der Kohleproduktion, zentrale Erfassung und Ablieferung der Ernte, Enteignung aller Konzernherrn und Nazis, Volkskontrolle der Wirtschaft ... Nur darüber hätte in München beraten werden dürfen..."

Aus: Albert Wucher: Wie kam es zur Bundesrepublik? Freiburg i. Br. 1968, S. 91 ff.

Zwei Erklärungen der Münchner Ministerpräsidentenkonferenz vom 7. Juni 1947

„... 1. Die in München versammelten Regierungschefs ... geben folgende feierliche Erklärung ab:

Seit zwei Jahren wartet das deutsche Volk vergeblich auf eine Klärung seines Schicksals ... Wenn es gegen das Völkerrecht war, daß Hitler die Welt mit einem verbrecherischen Krieg überzog, so widerspricht es ebenso den gültigen Grundsätzen des Völkerrechts, einem demokratischen Deutschland Frieden und ausreichende Lebensmöglichkeiten zu versagen. Das zerstörte und abgerüstete Deutschland ist keine Gefahr für die Welt, wohl aber ein Deutschland, das verelendet und damit den Wiederaufbau Europas gefährdet...

2. Die in München versammelten Chefs der deutschen Länderregierungen können ihre Beratungen zur Steuerung der unmittelbaren Not des deutschen Volkes im kommenden Winter nicht schließen, ohne vor der ganzen Welt das große Ziel der wirtschaftlichen und politischen Einheit Deutschlands aufzustellen und den Willen zu friedlicher Zusammenarbeit mit allen Völkern ausdrücklich zu bekunden..."

Aus: Paul Noack: Die deutsche Nachkriegszeit. München 1966, S. 183 ff.

Fragen und Aufgaben

○ Beurteilen Sie die Ernsthaftigkeit der Absichten auf seiten der Alliierten, Deutschland als wirtschaftliche und politische Einheit zu behandeln.

- ○ Welche Auffassungen und welche Unterschiede zeigten sich in der Besatzungspolitik der Siegermächte?
- ○ Wie verlief der Aufbau des politischen Lebens in den einzelnen Besatzungszonen? Weisen Sie Gemeinsamkeiten und Unterschiede auf.
- ○ Skizzieren Sie die Entwicklung des Parteiensystems in den Westzonen und in der sowjetischen Besatzungszone; heben Sie die Unterschiede und ihre Konsequenzen hervor.
- ○ Weshalb war die Münchner Ministerpräsidentenkonferenz zum Scheitern verurteilt? Welche Bedeutung kommt ihr dennoch im Rahmen der deutschen Nachkriegsgeschichte zu?

Wichtige Daten	**Wichtige Begriffe**
28. Mai 1945 Die US-Militärregierung setzt in Bayern die erste provisorische Landesregierung unter Fritz Schäffer ein.	Feindstaat Koimperium Kondomium
10. Juni 1945 In der sowjetischen Zone werden antifaschistische Parteien und Gewerkschaften zugelassen. (Es folgen rasch aufeinander die Gründung von KPD (11. 6.), SPD (15. 6.), CDUD (26. 6.) und LDPD (5. 7.) sowie des FDGB)	Völkerrechtssubjekt Anti-Hitler-Koalition antifaschistisch-demokratische Blockparteien
14. Juli 1945 Zwangsweise Zusammenfassung der Parteien in der sowjetischen Zone zum „antifaschistisch-demokratischen Block“	Lizenz-Parteien
19. September 1945 Proklamation der Länder Bayern, Großhessen und Württemberg-Baden in der amerikanischen Zone	Münchner Ministerpräsidentenkonferenz
20. November 1945 Beginn des Nürnberger Prozesses	

Wichtige Daten

20./27. Januar 1946
Kommunalwahlen in der amerikanischen Besatzungszone

23. April 1946
Zwangsvereinigung von SPD und KPD zur SED in der sowjetischen Zone

23. August 1946
Auflösung der preußischen Provinzen in der britischen Zone; nachfolgende Bildung der Länder: Schleswig-Holstein, Hamburg, Niedersachsen und Nordrhein-Westfalen

30. September/1. Oktober 1946
Urteilsverkündungen des Nürnberger Prozesses
5./7. Juni 1947
Münchner Ministerpräsidentenkonferenz

Auswahlbibliographie

Quellendarstellungen

Bodensieck, Heinrich: Die deutsche Frage seit dem Zweiten Weltkrieg. Stuttgart [3]1972.

Dokumente der deutschen Politik und Geschichte von 1948 bis zur Gegenwart. Ein Quellenwerk für die Politische Bildung und Staatsbürgerliche Erziehung. Hrsg. von Johannes Hohlfeld. Band 6: Deutschland nach dem Zusammenbruch 1945. Berlin 1953.

Grünert, Horst/Siegert, Ernst: Die DDR. Staat, Gesellschaft, Wirtschaft. Frankfurt a. M. [8]1976.

Hartwig, Klaus/Stoll, Klaus H.: Die Bundesrepublik Deutschland. Bd. 2: Wirtschaft und Gesellschaft. Frankfurt a. M. [4]1977.

Krautkrämer, Elmar: Die Bundesrepublik Deutschland. Bd. 1: Ihre Entstehung und Entwicklung. Frankfurt a. M. [3]1980.

Ursachen und Folgen. Vom deutschen Zusammenbruch 1918 und 1945 bis zur staatlichen Neuordnung Deutschlands in der Gegenwart. Hrsg. von Herbert Michaelis und Ernst Sekraepler. Bde. 20 ff. Berlin 1974 ff.

Besatzungszeit und Besatzungspolitik

Balfour, Michael: Vier-Mächte-Kontrolle in Deutschland 1945–1946. Düsseldorf 1959.

Deuerlein, Ernst: Frankreichs Obstruktion deutscher Zentralverwaltungen 1945. In: Deutschland-Archiv. Heft 4/1971, S. 455–491.

Dorendorf, Anneliese: Der Zonenbeirat der britischen Zone. Göttingen 1953.

Gimbel, John: Amerikanische Besatzungspolitik in Deutschland. Frankfurt 1971.

Grewe, Wilhelm: Ein Besatzungsstatut für Deutschland. Die Rechtsform der Besetzung. Stuttgart 1948.

Härtel, Lia (Hrsg.): Der Länderrat des amerikanischen Besatzungsgebietes. Stuttgart 1951.

Kaufmann, Erich: Deutschlands Rechtsfrage unter der Besatzung. Stuttgart 1948.

Rothe, Peter: Der völkerrechtliche Status Deutschlands vom 7. 5. 1945 bis 23. 5. 1949. Diss. Erlangen 1950.

Rudizio, Wolfgang: Die Neuordnung des Kommunalwesens in der Britischen Zone. Zur Demokratisierung und Dezentralisierung der politischen Struktur. Stuttgart 1968.

Schwarz, Hans-Peter: Vom Reich zur Bundesrepublik Deutschland im Widerstreit der außenpolitischen Konzeptionen in den Jahren der Besatzungsherrschaft 1945–1949. Neuwied 1966.

Stammen, Theo (Hrsg.): Einigkeit und Recht und Freiheit – westdeutsche Innenpolitik 1945–1955. München 1965.

Vogel, Walter: Westdeutschland 1945–1950. Der Aufbau von Verfassungs- und Verwaltungseinrichtungen über den Ländern der drei westlichen Besatzungszonen. 2 Bde. Koblenz 1956/1964.

Die sowjetische Besatzungszone

Barthel, Horst: Die wirtschaftlichen Ausgangsbedingungen der DDR. Zur Wirtschaftsentwicklung auf dem Gebiet der DDR 1945–1949/50. Berlin 1979.

Doernberg, Stefan: Die Geburt eines neuen Deutschland 1945–1949. Die antifaschistisch-demokratische Umwälzung und die Entstehung der DDR. Berlin 1959.

König, Karl: Die staatsrechtliche Entwicklung der sowjetischen Besatzungszone. Diss. München 1951.

Ministerium für Auswärtige Angelegenheiten (Hrsg.): Um ein antifaschistisch-demokratisches Deutschland. Dokumente aus den Jahren 1945–1949. Berlin 1968.

Nettl, J. Peter: Die deutsche Sowjetzone bis heute. (Aus dem Engl.) Frankfurt a. M. 1953.

Rabl, Kurt: Die Durchführung der Demokratisierungsbestimmungen der Potsdamer Protokolle in der Sowjetrussischen Besatzungszone Deutschlands und später in der DDR. In: Zeitschrift für Politik. Heft 17/1970, S. 246–319.

Zur Entwicklung der Parteien

Almond, Gabriel A. (Hrsg.): The struggle for democracy in Germany. Chapel Hill 1949.

Gradl, Johann B.: Anfang unterm Sowjetstern. Die CDU 1945–1948 in der sowjetischen Besatzungszone Deutschlands. Köln 1981.

Gurland A. R. L.: Die CDU/CSU. Ursprünge und Entwicklung bis 1953. Frankfurt 1980.

Gutscher, Jörg Michael: Die Entwicklung der FDP von ihren Anfängen bis 1961. Meisenheim 1967. Neuauflage Königstein/Ts. 1984.

Mattedi, Norbert: Gründung und Entwicklung der Parteien in der sowjetischen Besatzungszone 1945–1949. Bonn 1966.

Uertz, Rudolf: Christentum und Sozialismus in der frühen CDU – Grundlagen und Wirkungen der christlich-sozialen Ideen in der Union 1945–1949. Stuttgart 1981.

Weber, Hermann (Hrsg.): Parteiensystem zwischen Demokratie und Volksdemokratie. Dokumente und Materialien zum Funktionswandel der Parteien und Massenorganisationen in der SBZ/DDR 1945–1950. Köln 1982.

Wiek, Hans Georg: Die Entstehung der CDU und die Wiederbegründung des Zentrums 1945. Düsseldorf 1953.

Wuige, Sören: Die Wirtschaftliche Aufbauvereinigung (WAV) 1945–1953. Uppsala 1976.

Münchner Ministerpräsidenten-Konferenz

Deuerlein, Ernst: Das erste gesamtdeutsche Gespräch. Zur Beurteilung der Ministerpräsidenten-Konferenz in München 6./7. Juni 1947. In: Aus Politik und Zeitgeschichte. Nr. 23/1967, S. 3–22.

Die Deutsche Ministerpräsidenten-Konferenz in München vom 6.–8. Juni 1947. Hrsg. von der Bay. Staatskanzlei. München 1947.

Eschenburg, Theodor: Erinnerungen an die Münchner Ministerpräsidentenkonferenz 1947. In: Vierteljahreshefte für Zeitgeschichte, 20/1972, S. 411–417.

Grünewald, Wilhard: Die Münchner Ministerpräsidentenkonferenz 1947. Anlaß und Scheitern eines gesamtdeutschen Unternehmens. Meisenheim 1971.

Gruner, Wolf D.: Die Münchner Ministerpräsidentenkonferenz 1947. Letzte gesamtdeutsche Chance die Spaltung zu verhindern. In: Zeitschrift für bayerische Landesgeschichte. 38/1975, S. 760–776.

Krautkrämer, Elmar: Der innerdeutsche Konflikt um die Münchner Ministerpräsidentenkonferenz 1947. In: Vierteljahreshefte für Zeitgeschichte, 20/1972, S. 154–174.

Steiniger, Rolf: Zur Geschichte der Münchner Ministerpräsidentenkonferenz 1947. In: Vierteljahreshefte für Zeitgeschichte, 23/1975, S. 375 ff.

Die deutschen Länder nach 1945

3. Die Uneinigkeit unter den Siegern und die Folgen für Deutschland

Zur praktischen Durchführung der Besatzung Deutschlands hatten die Alliierten drei Entscheidungsebenen geschaffen: (1) Vom ständigen Rat der Außenminister, der viermal im Jahr tagte, sollten die politischen Ziele und Richtlinien für eine gemeinsame Besatzungspolitik erarbeitet und schließlich auch eine „friedliche Regelung für Deutschland" vorbereitet werden. (2) Dem alliierten Kontrollrat oblag die treuhänderische Ausübung der Regierungsgewalt über Deutschland als Ganzes, indem er über die Einheitlichkeit der Durchführung jener Beschlüsse zu wachen hatte. (3) Die jeweilige Militärregierung sollte für die Ausführung der erlassenen Maßgaben und Direktiven Sorge tragen.

Dieses Besatzungssystem erwies sich aber schon bald als brüchig, da die Sowjetunion zügig daran ging, radikale gesellschaftspolitische Umwälzungen ohne Absprache mit den alliierten Partnern durchzuführen, und Frankreich sich weigerte, Deutschland als Ganzes betreffende Maßnahmen zu unterstützen bzw. überhaupt zuzulassen. Aus diesen Gründen sah sich der Kontrollrat bald in seiner Handlungsfähigkeit lahmgelegt, und die einzelnen Militärregierungen waren zu eigenen, unkoordinierten Maßnahmen gezwungen, während der Rat der Außenminister zu keiner gemeinsamen Konzeption für Deutschland mehr finden konnte.

Die erste dieser Außenministerkonferenzen fand vom 10. September bis zum 2. Oktober 1945 in London statt. Sie endete in einer derartigen Mißstimmung, daß zur Folgekonferenz vom 16. bis 26. Dezember 1945 in Moskau Frankreich nicht eingeladen wurde. Die deutsche Frage kam erst auf der Außenministerkonferenz in Paris (25. April bis 16. Mai/ 15. Juni bis 12. Juli 1946) auf die Tagesordnung. Frankreich wiederholte seine Forderungen: Festlegung der deutschen Westgrenze vor Errichtung einer deutschen Zentralverwaltung, Internationalisierung des Ruhrgebietes, dauernde Besetzung des Rheinlandes. Molotow lehnte entschieden ab, sprach sich aber für eine Vier-Mächte-Kontrolle über die Ruhr aus. Byrnes plädierte dafür, die vier Besatzungszonen wirtschaftlich zu verschmelzen, damit es zu keinem Chaos in Deutschland käme. Die Ansichten divergierten so sehr, daß man sich nur darauf verständigen konnte, die deutsche Frage auf einer Sonderkonferenz zu behandeln.

Dies geschah auf der Konferenz von Moskau vom 10. März bis 24. April 1947. Inzwischen hatte George C. Marshall als Außenminister der USA James F. Byrnes abgelöst; die Spannungen zwischen Ost und West hielten aber unverändert an, zumal Präsident Truman am 12. März eine Politik der Eindämmung der sowjetischen Expansion als künftige Strategie der amerikanischen Außenpolitik verkündet hatte. Der Konferenz lag eine umfangreiche Tagesordnung vor, die kontroverse Diskussionen heraufbeschwor. Auf seiten der Westalliierten hatte sich mittlerweile die Ansicht durchgesetzt, die Bildung einer gesamtdeutschen Regierung anzustreben. Doch auch hierbei gab es erhebliche Meinungsunterschiede. So unterbreitete der französische Außenminister Georges Bidault ein extrem föderatives Konzept, nach dem eine gesamtdeutsche Regierung keine souveränen Rechte besitzen dürfe, unter der Aufsicht des Alliierten Kontrollrates stehen müsse und den einzelnen Ländern eine eigenständige Außenpolitik zuzubilligen sei. Die gesamtdeutsche Regierung sollte als Kollegialorgan durch Vertreter der Länder gebildet werden. Ferner beharrte Frankreich auf der Eingliederung der Saar, der dauernden Besetzung des linken Rheinufers und der Internationalisierung des Ruhrgebietes.

Die USA und Großbritannien unterstützten weithin Frankreichs Vorstellungen, nachdem Bidault seine Forderungen nach einer eigenständigen Außenpolitik der Länder fallengelassen hatte. Molotow jedoch verwarf die französischen Pläne und forderte statt dessen einen zentralisierten Einheitsstaat nach Weimarer Vorbild; zugleich verlangte er eine Abstimmung des deutschen Volkes unter alliierter Kontrolle darüber, ob die künftige Verfassungsordnung mehr föderalistisch oder zentralistisch sein solle. Bevin und Marshall sprachen sich gegen diesen Vorschlag aus und plädierten dafür, die Deutschen allenfalls über die Annahme bzw. Ablehnung einer von den Alliierten ausgearbeiteten Verfassung abstimmen zu lassen. In dieser Frage konnte man keine Einigung erzielen. Ebenso gingen die Auffassungen hinsichtlich der Oder-Neiße-Linie und der wirtschaftlichen Einheit Deutschlands auseinander. Molotow erklärte die Oder-Neiße-Linie als endgültige Westgrenze Polens; den USA und Großbritannien warf er einen Bruch des Potsdamer Abkommens vor, weil sie ihre Zonen zu einem separaten Wirtschaftsgebiet vereinigt hätten, und Frankreich gegenüber unterstrich Molotow, daß die Sowjetunion die Abtrennung der Saar nicht billige. Molotow verlangte die wirtschaftliche Einheit Deutschlands, weil unter anderem auch nur so die sowjetischen Reparationsansprüche befriedigt werden könnten. Auch in dieser Frage konnte man sich nicht einigen. Einzig beim Problem der Kriegsgefangenen verständigte man sich dahingehend, diese bis Ende 1948 in die Heimat zu entlassen.

Vom 25. November bis zum 15. Dezember 1947 trafen sich die Außenminister zu einer neuerlichen Konferenz in London. Mittlerweile hatten die USA den Marshall-Plan verkündet. Die UdSSR verurteilte dieses Vorhaben, weil es die Souveränität der einzelnen Empfängerstaaten gefährde. Neben den politischen Gegensätzen zeichnete sich bereits deutlich eine wirtschaftliche Spaltung in Ost und West ab. Die USA verteidigten ihre Initiative sowie ihr Vorgehen in Deutschland, indem sie darauf hinwiesen, daß den anderen Zonen der wirtschaftliche Anschluß an die Bizone offenstünde und sie damit zur Lösung des Problems der wirtschaftlichen und politischen Einheit Deutschlands einen praktischen Beitrag geleistet hätten. Im übrigen traten die bestehenden Gegensätze erneut deutlich zutage. Als Molotow darauf hinwies, daß Reparationen, wirtschaftliche Einheit und die Bildung einer deutschen Zentralregierung für die Sowjetunion eine unteilbare Ganzheit darstellten, schlug Marshall vor, die Konferenz zu vertagen. Man ging in London auseinander, ohne sich auf einen neuen Ort oder einen neuen Zeitpunkt für ein weiteres Außenministertreffen geeinigt zu haben. Damit war die gemeinsame Vier-Mächte-Politik gegenüber Deutschland gescheitert.

Diese Situation forcierte nun auf Seiten der Westmächte die vorab bereits initiierten Maßnahmen zur Eindämmung von wirtschaftlicher Not und politischen Zerfallserscheinungen; andererseits eskalierte dieser Konflikt zwischen den Alliierten des Zweiten Weltkrieges zum „Kalten Krieg".

Der Sowjetunion war nach dem Zweiten Weltkrieg daran gelegen, ihren Herrschaftsbereich dadurch abzusichern, daß sie ihr Gebiet arrondierte, indem sie sich die baltischen Staaten und weite Gebiete der osteuropäischen Staaten eingliederte, sich im westlichen Vorfeld einen Gürtel von Satellitenstaaten schuf und die Einflußsphären zwischen Kapitalismus und Sozialismus durch eine Zone von Pufferstaaten abzusichern suchte.

Hierbei spielte die machtpolitische Ausschaltung und die wirtschaftspolitische Niederhaltung Deutschlands eine wichtige Rolle. Dieses Konzept wurde entscheidend gestört, als die amerikanische Politik von der Strategie Roosevelts, der „one world", abging und eine aktive containment-Politik zu betreiben begann (Truman-Doktrin). Dazu sahen sich die USA veranlaßt, weil sie insbesondere im asiatischen und südosteuropäischen Raum ein ständiges Ausweiten des sowjetischen Einflusses beobachteten. In dieser Konzeption sollte Deutschland zum Bollwerk gegen das Vordringen des Kommunismus nach Westeuropa ausgebaut werden. Selbst auf die Gefahr der Spaltung hin war man auf amerikanischer Seite bereit, für die westlichen Besatzungszonen eine wirtschaftliche und politische Stabilität möglichst rasch herbeizuführen. Als sich bereits auf der Pariser Außenministerkonferenz (1946) die Unvereinbarkeit der Standpunkte abzeichnete, kündigte der damalige amerikanische Außenminister Byrnes eine „Antwort an anderer Stelle" an.

Eine erste Antwort erfolgte zunächst im Kontrollrat (20. Juli 1946), als der amerikanische Militärgouverneur McNarney vorschlug, eine „einheitliche Wirtschaftspolitik in allen Zonen" einzuführen. Allerdings wurde diese Anregung nur von den Briten positiv aufgenommen und, als man den Widerstand Frankreichs und der Sowjetunion erkennen mußte, weiter konkretisiert. So vereinbarten die USA und Großbritannien am 9. August die Schaffung eines Zwei-Zonen-Amtes, unter dem deutsche Verwaltungsstellen zur wirtschaftlichen Zusammenarbeit über beide Besatzungszonen hinweg erreicht werden sollten. Es kam am 5. September zu einem Fusionsabkommen für beide Zonen, dem sich Folgeabkommen zur Regelung weiterer Politikbereiche anschließen sollten.

Die demonstrative zweite Antwort stellte die Rede Byrnes vor Repräsentanten der amerikanischen Zone in Stuttgart am 6. September 1946 dar. Man hat in dieser Rede nicht zu Unrecht das Schlüsseldokument für die Wende der amerikanischen Deutschlandpolitik gesehen. Byrnes kündigte darin an, daß die USA keine weitere Schwächung Deutschlands mehr hinnehmen wollten, sei es durch überzogene Gebietsabtretungen, Reparationsansprüche oder Föderalisierungspläne; die USA dächten vielmehr daran, den Neuaufbau Deutschlands aktiv voranzutreiben. Damit dies geschehen könne, schlug Byrnes „eine größtmögliche Vereinigung" deutscher Gebiete vor. Damit war sowohl allen Vorstellungen des einstigen Morgenthau-Plans abgeschworen als auch der Sowjetunion und z. T. Frankreich gegenüber eine deutschlandpolitische Offensive angekündigt.

Diese Absichten wurden durch das New Yorker Abkommen vom 2. Dezember weiter vorangetrieben, in dem die USA und Großbritannien die Errichtung einer Bizone vereinbarten und zum 1. Januar 1947 auch in Kraft setzten. Erklärtes Ziel war dabei, die im Potsdamer Abkommen vereinbarte wirtschaftliche Einheit Deutschlands wiederherzustellen; ein Anschluß der anderen Besatzungszonen sollte jederzeit möglich sein. Um zu dokumentieren, daß damit politische Zentralstellen keineswegs vorweggenommen seien, wurden die einzelnen Verwaltungsämter auf verschiedene Städte verteilt (Stuttgart: Ernährung und Landwirtschaft; Frankfurt: Post- und Fernmeldewesen; Bad Homburg: Finanzen; Minden: Wirtschaft; Bielefeld: Verkehr).

Bald stellte sich jedoch heraus, daß diese Dezentralisierung äußerst ineffektiv funktionierte. Nach dem Scheitern der Moskauer Außenministerkonferenz (1947) suchte man diesen Mangel zu beheben. Am 29. Mai erfolgte die Proklamation zur Neugestaltung der Bizone, die die Einsetzung eines „Wirtschaftsrates für das vereinigte Wirtschaftsgebiet" vorsah. Dieser Wirtschaftsrat sollte das oberste Leitungs- und Koordinationsorgan für den wirtschaftlichen Wiederaufbau unter deutscher Leitung sein. Dabei gilt es, drei Ebenen zu unterscheiden: Der Wirtschaftsrat im engeren Sinne stellte eine parlamentarische Versammlung nach dem Parteienproporz dar; ihm oblag die gesetzgeberische und vollziehende Arbeit. Daneben gab es einen Exekutivrat, in dem je ein Vertreter der Landesregierungen saß, dem auch das Gesetzesinitiativrecht zukam. Und schließlich waren fünf Verwaltungen gebildet worden, an deren Spitze deutsche Direktoren standen; diese durften aber nur über den Exekutivrat zusammenarbeiten. Zum Sitz aller Institutionen des Wirtschaftsrates war Frankfurt bestimmt worden; die Konstituierung erfolgte am 25. Juni 1947.

Nach der Ablehnung des Marshall-Plans (verkündet am 5. Juni 1947) durch die Sowjetunion auf der Londoner Außenministerkonferenz (Nov./Dez. 1947) kündigten der amerikanische und der britische Militärgouverneur, Clay und Robertson, den weiteren Ausbau der Bizone an (2. Januar 1948). Durch eine gemeinsame Proklamation (9. Februar) erfolgte eine Neustrukturierung der nunmehrigen „Verwaltung des Vereinigten Wirtschaftsgebietes". Dem Wirtschaftsrat gehörten fortan 104 Delegierte an. Der Exekutivrat wurde offiziell zum Länderrat umgewandelt (23. Februar). Die Verwaltungsämter erweiterte man um eines für Arbeit und faßte sie zum Verwaltungsrat zusammen, dem ein Oberdirektor vorstand (2. März). Zudem schufen die zwei Westmächte ein deutsches Obergericht mit Sitz in Köln (9. Februar) sowie ferner, als weitere wichtige Weichenstellung, am 1. März die „Bank deutscher Länder" mit Sitz in Frankfurt.

Noch standen die Franzosen dem wiederholten Werben zur Vereinigung ihrer Zone mit der Bizone ablehnend gegenüber; es drohte die Gefahr, daß sich auf deutschem Boden drei voneinander isolierte Wirtschaftsräume entwickeln würden. Eine deutliche Annäherung zeichnete sich auf der Londoner-Sechs-Mächte-Konferenz ab, die unter Ausschluß der Sowjetunion, aber unter Heranziehung der drei Beneluxstaaten von den drei Westmächten abgehalten wurde. Man einigte sich am 6. März 1948 auf ein Kommuniqué, das vorsah, die drei westlichen Zonen Deutschlands in die Marshallplan-Hilfe mit einzubeziehen, für die Westzonen die Erarbeitung einer gemeinsamen föderalistischen Grundordnung zu ermöglichen und das Ruhrgebiet (unter deutscher Beteiligung) einer internationalen Kontrolle zu unterstellen.

Aus Protest sowohl gegen das Londoner Kommuniqué wie auch gegen den (erstmals gegen die sowjetische Expansion gerichteten) Brüsseler-Vertrag (17. März 1948) verließ der sowjetische Vertreter am 20. März 1948 den Kontrollrat, der damit faktisch seine Arbeit einstellte. Am 16. April wurden die drei Westzonen, vertreten durch ihre Besatzungsmächte, als Gründungsmitglieder in die „Europäische Organisation für wirtschaftliche Zusammenarbeit" (OEEC) aufgenommen und gelangten dadurch in den Genuß der Hilfen durch den Marshall-Plan. Mit der Unterzeichnung des Londoner Abkommens (1. Juni 1948), das die Vereinbarungen des Kommuniqués vom 6. März bekräftigte, stellte nunmehr (16. Juni 1948) die sowjetische Delegation ihre Mitarbeit auch in der alliierten Kommandantur für Groß-Berlin ein.

Diese Vorgänge und Ereignisse bewogen zweifellos Frankreich, seine restriktive Besatzungspolitik zu ändern und zusammen mit den Amerikanern und Briten für die drei Westzonen gemeinsam eine Währungsreform (20./21. Juni 1948) durchzuführen. Der Einschnitt, der dabei vollzogen wurde, traf viele Deutsche hart, insbesondere die Sparer, deren Guthaben im Verhältnis 100 : 6,5 umgewertet wurden, weswegen die Alliierten, die die Vorbereitung hierfür weitgehend alleine trafen, die Verantwortung für einen eventuellen Lastenausgleich den Deutschen selbst übertrugen. Durch die Währungsreform wurde jedoch einerseits der immense Geldüberhang, der aus der Kriegswirtschaft herrührte, mit einem Schlag abgebaut, andererseits bislang gehortete Waren und Produkte in Umlauf gebracht, so daß durch das Vertrauen in das neue Zahlungsmittel ein entscheidender Beitrag zur Gesundung der deutschen Volkswirtschaft geleistet wurde.

Dem allgemeinen Bewußtsein prägte sich die Währungsreform als das entscheidende Datum der Nachkriegszeit ein; es überlagerte weithin das politische Faktum der Verabschiedung des Grundgesetzes. Für die deutsche politische Kultur bedeutete dies erneut den Vorrang ökonomisch ausgerichteter Einstellungen vor spezifisch politischen.

Flankiert wurde die Währungsreform durch die zielstrebige Aufhebung von Preis- und Bewirtschaftungsvorschriften, die der damalige Wirtschaftsdirektor Erhard initiierte und wozu er durch das sog. „Leitsätze-Gesetz" vom 18. Juni 1948 ermächtigt worden war. Erhard stellte damit die Weichen von der Zwangsbewirtschaftung hin zur Marktwirtschaft. Dennoch blieben Einbrüche in den Folgemonaten nicht aus, so gab es teilweise einen enormen Preisauftrieb, die Arbeitslosenzahlen stiegen, in der Güterproduktion zeigten sich Engpässe. Diese krisenhaften Erscheinungen erfuhren indes durch das Anlaufen der Marshallplan-Hilfen (Dezember 1948) eine Eindämmung; die deutsche Wirtschaft stabilisierte sich.

Deutschlandpolitisch hatte die Währungsreform allerdings einen hohen Preis. Die Sowjetunion drohte in ihrer Zone unter Einschluß von Groß-Berlin eine eigene Währungsreform durchzuführen; dies geschah auch am 24. Juni 1948. Gleichzeitig erklärten die Westmächte die DM-West als einziges Zahlungsmittel in ihren Sektoren. Die Sowjetunion sperrte daraufhin am gleichen Tag die Zufahrtswege nach Berlin zu Lande und zu Wasser und schnitt die Westsektoren Berlins von der Stromversorgung ab. Die Westmächte richteten infolgedessen (26. Juni 1948) zur Versorgung West-Berlins eine Luftbrücke ein. Zehn Monate lang versorgten Amerikaner und Briten West-Berlin über die Luftkorridore, bis durch die Unterhändler Jessup und Malik am 4. Mai 1949 endlich ein Abkommen zur Aufhebung der Blockade unterzeichnet werden konnte, das am 12. Mai in Kraft trat. Berlin war damit ein erstes Mal zum Testfall im Ost-West-Konflikt geworden. Die Sowjetunion hatte zwar ihre Absichten nicht durchsetzen können, gleichzeitig aber erkannt, daß die Westalliierten, wenngleich sie sich aus Berlin nicht verdrängen ließen, doch eine militärische Intervention scheuten. Der Status Berlins erwies sich damit als eine Achillesferse der Weltpolitik, aber auch als ein Symbol des Freiheitswillens.

Durch die Währungsreform konnte die wirtschaftliche Stabilisierung der Westzonen herbeigeführt werden (Frankreich hatte am 8. April 1949 seine Zone der Bizone auch formell angeschlossen – Trizone). Gleichzeitig brachte sie aber die ökonomische Spaltung Deutschlands und verschärfte die politischen Gegensätze, wodurch die staatliche Organisation der beiden Teile Deutschlands nach unterschiedlichen politischen Ordnungsvorstellungen unaufschiebbar erschien.

Quellen

George F. Kennan, 1944–1947 Berater der amerikanischen Botschaft in Moskau, Initiator der containment-Politik, Sommer 1945

„... Die Idee, Deutschland gemeinsam mit den Russen regieren zu wollen, ist ein Wahn. Ein ebensolcher Wahn ist es, zu glauben, die Russen und wir könnten uns eines schönen Tages höflich zurückziehen, und aus dem Vakuum werde ein gesundes und friedliches, stabiles und freundliches Deutschland steigen.

Wir haben keine andere Wahl, als unseren Teil von Deutschland – den Teil, für den wir und die Briten die Verantwortung übernommen haben – zu einer Form von Unabhängigkeit zu führen, die so befriedigend, so gesichert, so überlegen ist, daß der Osten sie nicht gefährden kann...

Zugegeben, daß das Zerstückelung bedeutet ... Besser ein zerstückeltes Deutschland, von dem wenigstens der westliche Teil als Prellbock für die Kräfte des Totalitarismus wirkt, als ein geeintes Deutschland, das diese Kräfte wieder bis an die Nordsee vorläßt..."

Aus: George F. Kennan: Memoiren eines Diplomaten. Stuttgart 1968, S. 262 f.

Erklärung Molotows über „Deutschland als wirtschaftliches Ganzes" auf der Moskauer Außenministerkonferenz vom 31. März 1947

„... Es ist nicht verwunderlich, daß die Sowjetdelegation an Reparationen seitens Deutschland erinnert. Ohne die Lösung der Reparationsfrage kann es für die Sowjetunion keine Lösung des deutschen Problems geben...

Wir müssen danach streben, daß in Deutschland die wirtschaftliche Einheit und eine entsprechende Entwicklung der deutschen Friedensindustrie unter der gemeinsamen Kontrolle der verbündeten Mächte gewährleistet werden...

Wenn aber die Regierungen der USA und Englands die Verschmelzung ihrer beiden Zonen vornehmen, unter Ignorierung des Kontrollrates und unter Ignorierung der Tatsache, daß das der wirtschaftlichen Einheit Deutschlands zuwiderläuft, dann erklären wir: dieser Separatbeschluß muß annulliert werden, denn er läuft faktisch darauf hinaus, die Politik der Lostrennung Westdeutschlands vom übrigen Deutschland zu verwirklichen ... Treten wir alle wirklich für die wirtschaftliche Einheit Deutschlands ein, so darf keiner von uns derartige separate Maßnahmen durchführen, die zu einer Spaltung Deutschlands in zwei Teile führen..."

Aus: Dokumente zur Deutschlandpolitik der Sowjetunion. Bd. 1. Berlin (Ost) 1957, S. 79 ff.

Rede des amerikanischen Außenministers James F. Byrnes vor Repräsentanten der amerikanischen Zone in Stuttgart vom 6. September 1946

„... Die jetzigen Verhältnisse in Deutschland machen es unmöglich, den Stand der industriellen Erzeugung zu erreichen, auf den sich die Besatzungsmächte als absolutes Mindestmaß einer deutschen Friedenswirtschaft geeinigt hatten ... Die Schranken zwischen den vier Zonen Deutschlands sind weit schwieriger zu überwinden als die zwischen normalen unabhängigen Staaten ... Wir treten für die wirtschaftliche Vereinigung Deutschlands ein. Wenn eine völlige Vereinigung nicht erreicht werden kann, werden wir alles tun, was in unseren Kräften steht, um eine größtmögliche Vereinigung zu sichern...

Die Vereinigten Staaten treten für die baldige Bildung einer vorläufigen deutschen Regierung ein...

Die amerikanische Regierung steht auf dem Standpunkt, daß die vorläufige Regierung nicht von anderen Regierungen ausgesucht werden soll, sondern daß sie aus einem deutschen Nationalrat bestehen soll ... Der deutsche Nationalrat sollte auch mit der Vorbereitung des Entwurfs einer Bundesverfassung für Deutschland beauftragt werden ..., (die) nach grundsätzlicher Genehmigung durch den Alliierten Kontrollrat ... sodann dem deutschen Volk zur Ratifizierung zu unterbreiten (wäre)."

Aus: Dokumente der Deutschen Politik und Geschichte. Bd. 6: Deutschland nach dem Zusammenbruch. Berlin 1953, S. 130 ff.

Abkommen über die Zusammenlegung der britischen und amerikanischen Besatzungszone, New York 2. Dezember 1946

„... Vertreter der beiden Regierungen sind in Washington zusammengekommen, um die Fragen zu besprechen, die sich aus der wirtschaftlichen Vereinigung ihrer Besatzungszonen in Deutschland ergeben ... Die im folgenden für die Zonen der Vereinigten Staaten und Großbritanniens getroffenen Vereinbarungen sollten als der erste Schritt in der Richtung auf die wirtschaftliche Vereinigung ganz Deutschlands entsprechend jenem (= Potsdamer) Abkommen betrachtet werden. Die beiden Regierungen sind jederzeit bereit, mit jeder der anderen Besatzungsmächte in Verhandlungen einzutreten, die auf eine Ausdehnung dieser Vereinbarungen auf ihre Besatzungszonen hinzielen ... Dieses Übereinkommen ... soll am 1. Januar 1947 wirksam werden ... Der amerikanische und der britische Oberbefehlshaber sind verantwortlich dafür, daß unter ihrer gemeinsamen Kontrolle deutsche Verwaltungsbehörden eingesetzt werden, die zur wirtschaftlichen Vereinigung der beiden Zonen notwendig sind ... Das Ziel der beiden Regierungen ist es, die wirtschaftliche Selbständigkeit dieses Gebietes bis Ende 1949 zu erreichen..."

Aus: Ursachen und Folgen. Bd. 25. Berlin 1978, S. 98 ff.

Erstes Gesetz zur Neuordnung des Geldwesens in den Westzonen Deutschlands vom 20. Juni 1948

„... Die Militärgouverneure und Obersten Befehlshaber der amerikanischen, der britischen und der französischen Zone sind zu dem Zwecke, die Folgen der durch den Nationalsozialismus herbeigeführten Währungszerrüttung zu beseitigen, dahin übereingekommen ..., einheitliche Gesetze zur Neuordnung des Geldwesens zu erlassen...

Das folgende Gesetz ... (ersetz(t) die Reichsmarkwährung durch eine neue Währung, ordne(t) die Ablieferung der außer Kraft gesetzten Zahlungsmittel und die Anmeldung der bei den Geldinstituten unterhaltenen Reichsmarkguthaben an und (sieht) ... eine Erstausstattung der Bevölkerung ... mit neuem Geld vor ... Den deutschen gesetzgebenden Stellen wird die Regelung des Lastenausgleichs als vordringliche, bis zum 31. Dezember 1948 zu lösende Aufgabe übertragen...

§ 1. Mit Wirkung vom 21. Juni 1948 gilt die Deutsche-Mark-Währung...

Ein Teil des Kopfbetrages von nicht mehr als vierzig Deutsche Mark wird sofort ausgezahlt, der Rest innerhalb von zwei Monaten...

Das am Tage des Inkrafttretens dieses Gesetzes im Währungsgebiet vorhandene Altgeld ist ... bis zum 26. Juni 1948 abzuliefern..."

Aus: Gesetz- und Verordnungsblatt des Wirtschaftsrates des Vereinigten Wirtschaftsgebietes. Jg. 1948, Beilage 5, S. 1 ff.

Fragen und Aufgaben

○ Stellen Sie die unterschiedlichen Positionen der Alliierten zur Deutschlandpolitik dar und erläutern Sie, weshalb diese trotz anscheinend übereinstimmender Begrifflichkeiten zu unvereinbaren Bewertungen der deutschen Frage gelangten.

- Welche Gründe veranlaßten die Vereinigten Staaten, den Aufbau eines Weststaates in Deutschland zu forcieren?
- Skizzieren Sie das allmähliche Zusammenwachsen der drei Westzonen zur Trizone.
- Beurteilen Sie Truman-Doktrin und Marshallplan aus der Sicht der Westmächte, der Sowjetunion und in ihren Konsequenzen für Deutschland.
- Die Währungsreform stellte eines der einschneidendsten politischen Ereignisse der deutschen Nachriegszeit dar. Erörtern Sie die Ausgangslage, Durchführung und Konsequenzen dieser Maßnahme.
- Die Berlin-Blockade wurde zu einem ersten Testfall der alliierten (und deutschen) Nachkriegspolitik. Welche Erkenntnisse können daraus gezogen werden?

Wichtige Daten

10. 9.–2. 10. 1945
Erste Tagung des Rates der Außenminister in London

6. 9. 1946
Rede des amerikanischen Außenministers in Stuttgart

1. 1. 1947
Errichtung der Bizone aus amerikanischer und britischer Besatzungszone

12. 3. 1947
Botschaft des amerikanischen Präsidenten Truman an den Kongreß zur Eindämmung des Weltkommunismus (Containment; Truman-Doktrin)

5. 6. 1947
Der amerikanische Außenminister G. Marshall verkündet das European Recovery Program (Marshall-Plan).

Wichtige Begriffe

Rat der Außenminister

One-world-Politik

Truman-Doktrin

Containment-Politik

Marshall-Plan/European Recovery Program

Byrnes-Rede in Stuttgart

Bizone

Londoner-Sechs-Mächte-Konferenz

Währungsreform

Berlin-Blockade

Luftbrücke

Wichtige Daten	Wichtige Begriffe
23. 2.–2. 6. 1948 Sechsmächtekonferenz in London: Westalliierte und Beneluxstaaten	Jessup-Malik-Abkommen Trizone
20./21. 6. 1948 Durchführung der Währungsreform in den Westzonen	
24. 6. 1948 Durchführung der Währungsreform in der SBZ – Einführung der DM-West in den Westsektoren von Berlin; Beginn der Berlin-Blockade	
26. 6. 1948 Amerikaner und Briten richten zur Versorgung Berlins die Luftbrücke ein	
8. 4. 1949 Washingtoner Abkommen zur Fusion der drei Westzonen (Trizone)	
4. 5. 1949 Die nach ihren Unterhändlern als Jessup-Malik-Abkommen benannte Übereinkunft beendet die Berlin-Blockade.	

Auswahlbibliographie

Das Auseinanderbrechen der Anti-Hitler-Koalition

Anhelm, Fritz Erich: Die Deutschlandpolitik der USA und UdSSR im Kontext der Aktualisierung des Ost-West-Konflikts 1945–1948. Diss. Göttingen 1975.

Clay, Lucius D.: Entscheidung in Deutschland. Frankfurt 1950.

Czempiel, Ernst-Otto: Das amerikanische Sicherheitssystem. 1945–1949. Berlin 1966.

Gimbel, John: Byrnes' Stuttgarter Rede und die amerikanische Nachkriegspolitik in Deutschland. In: Vierteljahreshefte für Zeitgeschichte, 20/1972, S. 39–62.

Hänsch, Klaus: Frankreich zwischen Ost und West. Die Reaktion auf den Ausbruch des Ost-West-Konflikts 1946–1948. Berlin 1972.

Henke, Klaus-Dietmar: Politik der Widersprüche. Zur Charakteristik der französischen Militärregierung in Deutschland nach dem Zweiten Weltkrieg. In: Vierteljahreshefte für Zeitgeschichte, 30/1982, S. 500 ff.

Kennan, George F.: Memoiren eines Diplomaten. Stuttgart 1968.

Marienfeld, Werner: Konferenzen über Deutschland – Die alliierte Deutschlandplanung und Politik 1941 bis 1949. Hannover 1962.

Nolte, Ernst: Deutschland und der Kalte Krieg. München 1974.

Ruffmann, Karl-Heinz: Sowjet-Rußland. Struktur und Entfaltung einer Weltmacht. München 1967.

Vogel, Walter: Deutschland, Europa und die Umgestaltung der amerikanischen Sicherheitspolitik 1945–1949. In: Vierteljahreshefte für Zeitgeschichte, 19/1971, S. 64 ff.

Bizone/Trizone

Abelshauser, Werner: Probleme des Wiederaufbaus der westdeutschen Wirtschaft 1945–1953. In: Heinrich A. Winkler (Hrsg.): Politische Weichenstellung im Nachkriegsdeutschland 1945–1953. Göttingen 1979.

Erhard, Ludwig: Deutsche Wirtschaftspolitik. Der Weg der Sozialen Marktwirtschaft. Düsseldorf 1962.

Pünder, Tilman: Das Bizonale Interregnum. Die Geschichte des Vereinigten Wirtschaftsgebietes 1946–1949. Waiblingen 1966.

Strauß, Walter: Länderrat – Wirtschaftsrat – Bundestag. In: L. Erhard. Beiträge zu seiner politischen Biographie. Hrsg. v. Gerhard Schröder. Berlin 1972. S. 244 ff.

Vogel, Walter: Westdeutschland 1945–1950. Der Aufbau von Verfassungs- und Verwaltungseinrichtungen über den Ländern der drei westlichen Besatzungszonen. Teil I. Koblenz 1956.

Wörtliche Berichte und Drucksachen des Wirtschaftsrates des Vereinigten Wirtschaftsgebietes 1947–1949. Hrsg. vom Institut für Zeitgeschichte. München 1977.

Währungsreform

Ambrosius, Gerold: Die Durchsetzung der sozialen Marktwirtschaft in Westdeutschland 1945–1949. Stuttgart 1977.

Erhard, Ludwig: Kriegsfinanzierung und Schuldenkonsolidierung (Denkschrift 1943/44). Frankfurt a. M. 1977.

Ders.: Wohlstand für alle. Düsseldorf 1957.

Müller, Georg: Die Grundlegung der westdeutschen Wirtschaftsordnung. Frankfurt 1982.

Müller-Armack, Alfred: Wirtschaftslenkung und Marktwirtschaft. In: Wirtschaftsordnung und Wirtschaftspolitik. Freiburg 1966.

Roeper, Hans: Die D-Mark. Vom Besatzungskind zum Weltstar. Eine deutsche Wirtschaftsgeschichte der Gegenwart. Frankfurt a. M. 1978.

Röpke, Wilhelm: Civitas Humana. Grundlagen der Gesellschafts- und der Wirtschaftsreform. Bern [4]1979.
Schickling, Willi: Entscheidung in Frankfurt. Ludwig Erhards Durchbruch zur Freiheit. Stuttgart 1978.

Berlin-Blockade

Berlin. Quellen und Dokumente 1945–1951. 2 Bde. Berlin 1964.
Dokumente zur Berlin-Frage 1944–1966. München [3]1967.
Davison, W. Ph.: Die Blockade von Berlin. Modellfall des Kalten Krieges. Frankfurt a. M. 1959.
Morris, Eric: Blockade. Berlin and the cold war. London 1973.
Reuter, Ernst: Schriften, Reden. 4 Bde. Hrsg. v. Hans Hirschfeld und Hans J. Reichhardt. Berlin 1972/75.
Scherf, Klaus: Luftbrücke Berlin. Die Dokumentation des größten Lufttransportunternehmens aller Zeiten. Stuttgart 1976.
Schulz, Klaus-Peter: Berlin zwischen Freiheit und Diktatur. Berlin 1962.

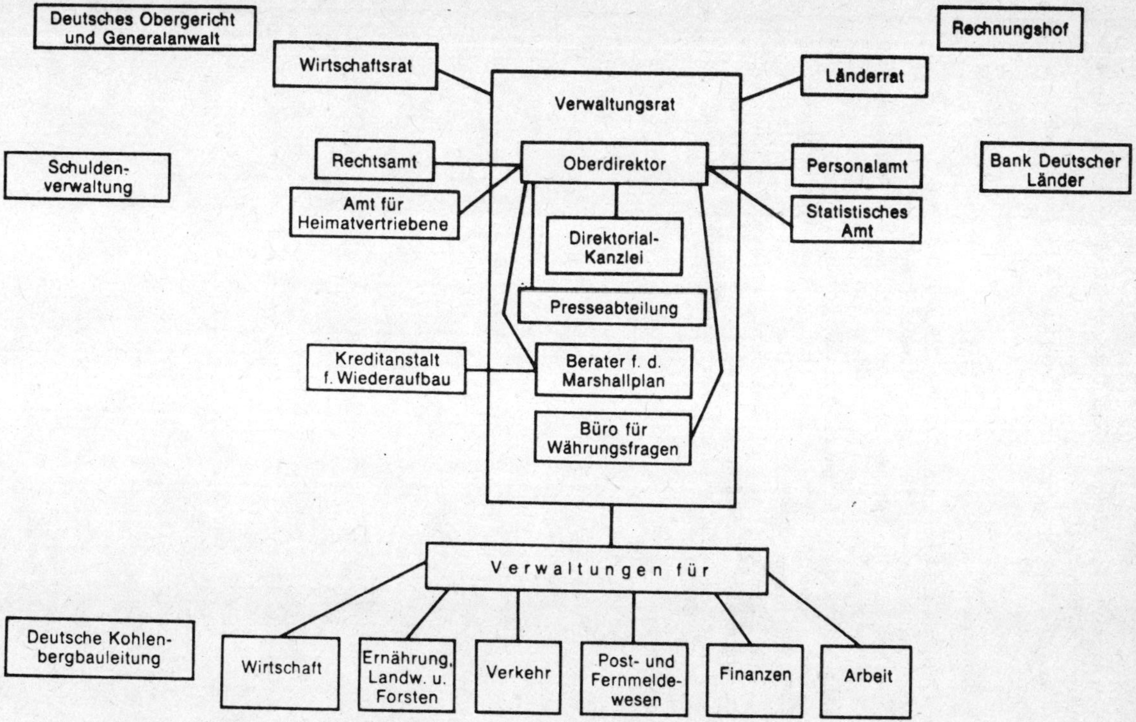

Institutionen und Organisation des Vereinigten Wirtschaftsgebiets 1948/49) (aus: Walter Vogel: Westdeutschland 1945–1950. Koblenz 1956. © Bundesarchiv)

4. Die Konstituierung der Bundesrepublik Deutschland

Auf dem Weg zur Konstituierung der Bundesrepublik Deutschland galt es eine Vielzahl von Problemen zu bewältigen. Die Interessenlagen der Beteiligten, der Besatzungsmächte und der Deutschen, stellten sich teilweise als derart unvereinbar dar, daß es keineswegs von Anfang an gesichert war, überhaupt zu einer Übereinkunft zu gelangen. Insbesondere drei Problemkreise lassen sich erkennen: 1) In Frankreich herrschte nach dem Ende des Zweiten Weltkriegs noch eine beträchtliche Furcht und Sorge vor einem neuen (wenn auch beträchtlich verkleinerten) deutschen (Teil-) Staat. Man wollte dieses potentielle Staatswesen deshalb wirtschaftlich möglichst schwach (Abtrennung des Saargebietes, Internationalisierung der Ruhr) und politisch möglichst dezentral organisiert sehen. 2) Diese Ziele kollidierten aber unvermeidlich mit den Vorstellungen der angelsächsischen Mächte, insbesondere mit denen der Vereinigten Staaten. Die USA suchten eine deutsche Weststaat-Lösung, die eine wirtschaftliche Eigenständigkeit ermöglichte und die politisch auf absehbare Zukunft die Chance bot, daß dieses Staatsgefüge ein weiteres Vordringen des sowjet-kommunistischen Einflusses nach Westeuropa aufhalten könnte. 3) Auf Seiten der deutschen Politiker (Ministerpräsidenten und Parteiführer) befürchtete man, daß durch eine Weststaat-Lösung die deutsche Teilung vertieft und eine Wiedervereinigung auf unabsehbare Zeit unmöglich würde. Zudem fühlte man sich durch die Vorgehensweise der Westmächte brüskiert, die den Deutschen vorschrieben, daß und wie sie dieses neue Staatswesen zu konzipieren und auszubauen hätten.

Die Ängste und Bedenken Frankreichs nun hatte man zum einen durch den Vertrag von Dünkirchen (Beistandspakt mit Großbritannien zur Abwehr einer deutschen Aggression) vom 4. März 1947 auszuräumen versucht. Zum anderen war man Frankreich in der Saarfrage entgegengekommen. Schließlich wurde durch den Brüsseler Vertrag vom 17. März 1948 der kollektiven Sicherheit Frankreichs zusätzlich Rechnung getragen. Auch das Abschlußkommuniqué der Londoner Sechs-Mächte-Konferenz (am 7. Juni 1948 veröffentlicht) nahm auf die französischen Empfindlichkeiten Rücksicht, indem vor allem die vereinbarte internationale Kontrolle der Ruhr und das noch auszuhandelnde Besatzungsstatut in den Vordergrund gerückt wurden. Nur dadurch gelang es, daß die französische Nationalversammlung am 16. Juni 1948 mit knapper Mehrheit den Londoner Empfehlungen zustimmte.

Aber auch um die Befürchtungen, den Mißmut und die Enttäuschungen auf deutscher Seite auszuräumen, mußten die beiden Militärgouverneure für die britische und amerikanische Zone, Robertson und Clay, viel Mühe aufwenden. Sie wiesen darauf hin, daß in den Londoner Empfehlungen letztlich doch „ein einigermaßen gerechtes Gleichgewicht (der unterschiedlichen Interessen) gefunden wurde" (Robertson) bzw. daß die Dokumente in ihrem Inhalt wesentlich „deutschfreundlicher" (Clay) seien als in ihrem politischen Tenor.

Dennoch erfolgte die Übergabe jener Londoner Empfehlungen als Frankfurter Dokumente an die westdeutschen Ministerpräsidenten am 1. Juli 1948 in Frankfurt in einer „sehr steifen und betont formellen Atmosphäre" (Wilhelm Kaisen). Bei den Frankfurter Dokumenten handelte es sich um drei Schriftstücke, die verfassungsrechtliche Bestimmungen, die Neugliederung der Länder sowie die Grundzüge eines Besatzungsstatuts zum Inhalt hatten. Zu den Inhalten dieser Dokumente sollten die Ministerpräsidenten Stellung nehmen. Man war sich dabei im klaren, daß es sich hier um die bislang tiefgreifendsten Vorschläge und Weichenstellungen der Westalliierten seit dem Potsdamer Abkommen handelte. Offensichtlich unterlag man aber auf seiten der Ministerpräsidenten einer Fehlinterpretation im Hinblick auf die Verbindlichkeit dieser alliierten Ermächtigungen; man hielt sie z. T. für noch verhandlungsfähig und verfuhr dementsprechend.

Deshalb beschlossen die deutschen Ministerpräsidenten nach kurzer Besprechung, zur eigentlichen Beratung ihrer Antwort an die Militärgouverneure erst in der Zeit vom 8.–10. Juli 1948 zusammenzutreten. Damit signalisierten sie zumindest, daß sie sich als Verhandlungspartner verstanden und nicht als Empfänger von Direktiven behandeln lassen wollten.

Worin bestanden nun die Maßgaben der Frankfurter Dokumente? Nach Dokument I sollte bis spätestens 1. September 1948 eine verfassunggebende Versammlung gewählt und einberufen werden. Sie sollte eine demokratische Verfassung ausarbeiten, „die für die beteiligten Länder eine Regierungsform des föderalistischen Typs schafft, die am besten geeignet ist, die gegenwärtig zerrissene deutsche Einheit schließlich wiederherzustellen, und die Rechte der beteiligten Länder schützt, eine angemessene Zentralinstanz schafft und die Garantien der individuellen Rechte und Freiheiten enthält". Die Genehmigung der Verfassung war den Militärgouverneuren vorbehalten; die darauffolgende Ratifikation sollte durch Volksentscheid in den einzelnen Ländern erfolgen; sobald die Verfassung (mit einfacher Mehrheit) in zwei Dritteln der Länder ratifiziert wäre, sollte sie verbindlich für alle in Kraft treten. Innerhalb von 30 Tagen hätten sich dann die entsprechenden politischen Organe zu konstituieren.

Dokument II beauftragte die Ministerpräsidenten, die nach dem Krieg von den Alliierten geschaffenen Ländergrenzen zu überprüfen. Dabei sollten überlieferte Formen berücksichtigt und die Größenverhältnisse bedacht werden. Die Neuordnung – ebenfalls durch die Militärgouverneure zu sanktionieren – hätte vor Verabschiedung der Verfassung abgewickelt werden müssen.

Dokument III enthielt die Grundzüge eines Besatzungsstatuts. Es sollte die künftigen Beziehungen zwischen den Besatzungsmächten und einer verfassungsmäßig legitimierten deutschen Regierung regeln. Danach wollten die Besatzungsmächte sich u. a. die Befugnisse über die auswärtigen Angelegenheiten, Kontrollen über den Außenhandel, die Kontrolle des Ruhrgebiets, Maßnahmen zum Schutz ihrer Streitkräfte, Sicherung der Verfassungen, Befugnisse im Falle eines Notstandes sowie die Zustimmung zu Verfassungsänderungen vorbehalten.

Zu diesen Vorgaben erarbeitete die Ministerpräsidentenkonferenz (8./10. Juli) Gegenvorschläge; sie legte dabei jedoch den größten Wert darauf, durch die als notwendig angesehene Neuordnung der drei Westzonen alles zu vermeiden, was einen Staat im eigentlichen Sinne schaffen und dadurch die Möglichkeit einer späteren Einheit Deutschlands verhindern könnte. In diesem Sinne suchte man einen „Zweckverband (von) administrativer Qualität“ (Carlo Schmid), ein politisches und staatsrechtliches Provisorium zu errichten. Im einzelnen drängten die Ministerpräsidenten auf folgende Alternativen:

- Es sollte keine verfassunggebende Versammlung, sondern nur ein von den Landtagen beschickter Parlamentarischer Rat eingesetzt werden, der zudem keine Verfassung, sondern nur ein Grundgesetz für die einheitliche Verwaltung der drei Westzonen auszuarbeiten hätte.
- Sodann sollte kein Volksentscheid über die Annahme des Grundgesetzes stattfinden, sondern die Landtage sollten darüber befinden, weil die Entscheidung durch das Volk einzig einer gesamtdeutschen Verfassung zukäme.
- Ferner sollte das Besatzungsstatut den Grundgesetzberatungen vorausgeschickt und klarer gefaßt werden.
- Schließlich bestand man darauf, die Neugliederung der Länder bis auf weiteres zurückzustellen.

Insbesondere der amerikanische Militärgouverneur L. D. Clay fühlte sich von den Vorstellungen der westdeutschen Ministerpräsidenten enttäuscht, brüskiert und gegenüber der retardierenden Haltung Frankreichs im Stich gelassen. Es kam in der Folgezeit zu zahlreichen Konsultationen, die allesamt auch unter der Zuspitzung der Berlin-Blockade standen. In dieser Situation war das leidenschaftliche Plädoyer des Berliner Oberbürgermeisters Ernst Reuter wohl mitentscheidend für eine kompromißbereitere Haltung der Ministerpräsidenten. Reuter sprach sich für eine politische und ökonomische Konsolidierung des westlichen Teiles Deutschlands aus, weil nur dadurch, wenn auch erst auf lange Sicht, eine Rückkehr des deutschen Ostens zum gemeinsamen Mutterland möglich werde bzw. offen bliebe. Zudem hatten die Militärgouverneure erkennen lassen, daß eine Aufgliederung des Paktes der Frankfurter Dokumente nicht in Frage käme und eine Revision sicher nicht zum Vorteil der Deutschen ausfiele.

In ihrer Schlußkonferenz am 26. Juli 1948 in Frankfurt verständigten sich deshalb die deutschen Ministerpräsidenten mit den alliierten Militärgouverneuren darüber, die Aufträge der Frankfurter Dokumente entgegenzunehmen und „sofort die Arbeit zu beginnen" (Hess. Ministerpräsident Ch. Stock), nachdem die Militärgouverneure im Hinblick auf die Bezeichnung Grundgesetz, die Bestellung des Parlamentarischen Rates und die Ratifikation Entgegenkommen singalisiert und zugesagt hatten, ihren Regierungen alle übrigen Bedenken vorzutragen. Die Regierungen der Westmächte erhoben keine Einwände dagegen.

Die deutschen Ministerpräsidenten beriefen sodann einen Sachverständigen Ausschuß für Verfassungsfragen, der sich aus je einem Bevollmächtigten der elf Länder und 18 weiteren Mitgliedern, ausschließlich Verfassungsrechtlern, zusammensetzte. Da dieser Ausschuß auf Einladung des bayerischen Ministerpräsidenten vom 10. bis 23. August 1948 im alten Schloß auf Herrenchiemsee tagte, hat sich dafür bald die Bezeichnung „Herrenchiemseer Konvent" eingebürgert. Aufgabe dieses Gremiums war es, einen Entwurf für ein zukünftiges Grundgesetz zu erarbeiten, indem die Fragen der Grundrechte, der Staatsorganisation, der föderalistischen Strukturen, der Finanzverfassung, der Zuständigkeiten von Exekutive, Judikative und Legislative abgeklärt und als Arbeitsgrundlage für die Beratungen des Parlamentarischen Rates ausgearbeitet werden sollten.

In der Zwischenzeit (August 1948) wählten die Länderparlamente ihre Delegierten für den Parlamentarischen Rat; dieser trat am 1. September 1948 in Bonn zur konstituierenden Sitzung zusammen, wählte Konrad Adenauer (CDU) zu seinem Präsidenten sowie Carlo Schmid (SPD) zum Vorsitzenden des Hauptausschusses.

Die Beratungen des Parlamentarischen Rates verliefen nun z. T. sowohl zwischen den einzelnen Fraktionen als auch zwischen ihnen und den alliierten Militärgouverneuren recht kontrovers. Konnte man sich relativ rasch darauf einigen, die individuellen Grundrechte als vorstaatliche unveräußerliche Menschenrechte und unmittelbar geltendes Recht zu erklären und auf deren Schutz und Förderung Gesetzgebung, Verwaltung und Rechtsprechung zu verpflichten, so kam es im Hinblick auf die verfassungsrechtliche Verankerung des Elternrechtes, die religiöse Erziehung in den Schulen, den Schutz von Ehe und Familie sowie die Stellung der Kirchen im Staat insbesondere zwischen SPD und CDU/CSU zu heftigen Auseinandersetzungen. Die SPD hatte dabei auf ein Entgegenkommen gehofft, da sie ihrerseits darauf verzichtet hatte, in das Grundgesetz, ähnlich wie in der Weimarer Verfassung, soziale Grundrechte aufzunehmen (Recht auf Arbeit und Streikrecht, wie dies von den Gewerkschaften an die SPD herangetragen worden war). In dieser Frage gab schließlich die FDP den Ausschlag zugunsten der von CDU/CSU vertretenen Vorstellungen.

Einigkeit herrschte ferner darüber, die Freiheitsrechte vor ihrer Aushöhlung und die gesamte politische Ordnung vor Mißbrauch zu sichern, indem man bestrebt war, dem „substanzlosen Positivismus der Vergangenheit entschieden abzuschwören“ (Carlo Schmid). Dies hoffte man, im Sinne der streitbaren Demokratie, durch stabile politische Strukturen, aber auch durch eine dezidierte Verfassungsgerichtsbarkeit zu erreichen. Gleichzeitig bestand weitgehend Konsens darüber, die Rechtsstaatlichkeit mit der Sozialstaatlichkeit zu verknüpfen, um das staatliche Handeln auf das Streben nach sozialer Gerechtigkeit zu verpflichten. Und schließlich suchte man – trotz der alliierten Rahmenbedingungen und der Notwendigkeit, ein „stabiles Provisorium“ schaffen zu müssen – gemeinsam nach Wegen, das Recht auf Eigenverantwortlichkeit und Selbstbestimmung für die zu gestaltende politische Ordnung wie auch für eine künftige nationale Einheit deutlich herauszustellen.

Die Hauptstreitpunkte entzündeten sich an der Ausgestaltung der föderalistischen Strukturen, d. h. den Kompetenzen von Bund und Ländern, sowie der Regelung der Finanzfragen. Hierbei kam es auch zu den nachdrücklichsten Interventionen von seiten der Alliierten, die allerdings ihre Vorstellungen mit unterschiedlicher Stärke verfochten. Die Denkschrift vom 22. November 1948 unterstrich die alliierte Forderung nach einem Zwei-Kammer-System, das den Ländern eine entsprechende Wahrung ihrer Interessen in der Bundespolitik ermöglichen sollte, und führte bei den Parteien des Parlamentarischen Rates zu intensiven Auseinandersetzungen, die schließlich in einem ausbalancierten Kompromiß endeten. Er sah eine starke Bundesfinanzverwaltung und umfassende Steuerbefugnisse des Bundes bei einem ausgewogenen Finanzausgleich der Länder (Position der SPD) vor; die Interessen der Länder sollten, entsprechend den Vorstellungen der CSU, in einem Bundesrat wahrgenommen werden.

Die Übereinkunft fand indes nicht die Zustimmung der Militärgouverneure (2. März 1949). Insbesondere L. Clay leistete diesen Vorstellungen heftigen Widerstand und beschwor dadurch einen deutsch-alliierten Verfassungskonflikt herauf. Da die britische Regierung die Absicht der SPD stützte und die amerikanische Regierung auf die Position der Briten einschwenkte, mußte Clay schließlich nachgeben. So konnte das Grundgesetz am 8. Mai 1949 in dritter Lesung mit 53 gegen 12 Stimmen im Parlamentarischen Rat verabschiedet werden; am 12. Mai erklärten die Militärgouverneure ihre Zustimmung; danach folgten die Abstimmungen in den Länderparlamenten. Einzig der bayerische Landtag lehnte das Grundgesetz mit 101 : 64 Stimmen ab, weil ihm darin die föderalistischen Mindestforderungen und das Finanzwesen nicht hinreichend gesichert erschienen; in einem zweiten Beschluß wurde aber unterstrichen, daß Bayern das Grundgesetz akzeptieren werde, sobald es von der Zweidrittelmehrheit der übrigen Länderparlamente ratifiziert sei. Am 23. Mai 1949 wurde das Grundgesetz feierlich verkündet und trat tags darauf in Kraft.

Das Grundgesetz kann in zweifacher Hinsicht als wehrhafte Verfassung angesehen werden. Zum einen richtete sich das Augenmerk gegen eine Aushöhlung seiner politischen Grundentscheidungen durch eine legalistische (positivistische) Rechtsauffassung, wie sie im Dritten Reich zum Zwecke der Aufrichtung der nationalsozialistischen Diktatur pervertierte. Zum anderen suchte man von vornherein instabilen politischen Strukturen entgegenzutreten, welche die Weimarer Verfassung schwer belastet und schließlich zerstört hatten.

Deutlich erkennen wir das Bemühen, für die politischen Verhältnisse in den deutschen Ländern der drei Westzonen während einer Übergangszeit eine tragfähige Grundlage zu schaffen. Damit sollte der Charakter des Provisorischen ausgedrückt und die Chance der Wiedervereinigung offen gehalten werden. Diese neue politische Ordnung fühlte sich aber vor allem dem Schutz der Menschenwürde und vorstaatlichen Grundrechten verpflichtet. Diese Grundrechte sowie die Strukturprinzipien des Staates, die insbesondere deren Sicherung gewährleisten sollen, nämlich Volkssouveränität, Repräsentative Demokratie, Föderalismus, Gewaltenteilung, Rechtsstaatlichkeit und Sozialstaatlichkeit, wurden im Art. 79 Abs. 3 zum unveränderlichen Verfassungskern erklärt. Das Verfassungssystem selbst hat wesentlich stabilere Strukturen als das Weimarer System erhalten: Das Amt des Bundespräsidenten wurde auf relativ wenige politische Eingriffsmöglichkeiten beschränkt, er hat überwiegend repräsentative Funktionen. Die politische Verantwortung kommt dem Bundeskanzler zu; er soll nur durch ein konstruktives Mißtrauensvotum gestürzt werden können. Das Auflösungsrecht des Parlaments wurde eingeschränkt. Die obersten Bundesorgane sind in hohem Maße auf Kooperation und weniger auf Konfrontation ausgerichtet. Eine starke Verfassungsgerichtsbarkeit soll als Hüterin des Grundgesetzes wirken. Aus dem Prozeß sowohl der politischen Willensbildung wie auch der demokratischen Herrschaftsbestellung wurden alle plebizitären Elemente (Volkswahl des Präsidenten, Volksentscheid) eliminiert; für das einzig direkt vom Volk zu wählende Bundesorgan, den Bundestag, legte man ein allgemeines, gleiches, geheimes, direktes und freies Wahlrecht fest. Zugleich wurden erstmals in einer deutschen Verfassung Parteien als legitime Mittler im politischen Willensbildungsprozeß anerkannt.

Am 14. 8. 1949 fanden die ersten Wahlen zum Deutschen Bundestag statt, dessen Zugang durch Sperrklauseln – mindestens 5 % der Zweitstimmen in einem Bundesland bzw. ein Direktmandat – erschwert ist. 10 Parteien und drei direkt gewählte parteilose Abgeordnete zogen damals in den Bundestag ein; die CDU/CSU wurde mit 139 Mandaten (31,0 %) stärkste Fraktion vor der SPD (29,2 % – 131 Mandate). Am 7. 9. 1949 konstituierte sich der Bundestag; am gleichen Tag folgte auch die Konstituierung des Bundesrates; am 12. 9. wurde Theodor Heuss (FDP) von der Bundesversammlung zum ersten Bundespräsidenten der Bundesrepublik Deutschland gewählt; am 15. 9. kam es zur Wahl Konrad Adenauers (CDU) zum Bundeskanzler (202 von 402 Stimmen); Adenauer bildete eine Koalitionsregierung aus CDU/CSU, FDP und DP, die am 20. 9. vereidigt wurde. (Das Bundesverfassungsgericht konstituierte sich erst am 28. 9. 1951 in Karlsruhe.)

Parallel zur Gründung der Bundesrepublik verlief der Abbau der zonalen Behörden; am 8. August 1949 fand die letzte Volksversammlung des Wirtschaftsrates statt; am 16. Sept. erfolgte die Auflösung. Daneben trafen die drei Westalliierten Vorbereitungen für die Ablösung bzw. Umwandlung der Besatzungsherrschaft. So brachten sie dem Parlamentarischen Rat am 10. April 1949 die Inhalte des künftigen Besatzungsstatuts zur Kenntnis, verkündeten es offiziell am 12. Mai und setzten es dann am 21. September in Kraft. In der Zwischenzeit hatten sie ihre Militärregierungen in Hohe Kommissionen umgewandelt.

Die Bundesrepublik Deutschland war zwar im September 1949 verfassungsrechtlich organisiert, die Alliierten jedoch hatten sich im Besatzungsstatut erhebliche Rechte vorbehalten, insbesondere alle außenpolitischen Angelegenheiten, ferner die Zustimmung zu den Bundesgesetzen und schließlich ein umfassendes Notstandsrecht. Dennoch hatte der westliche Teil Deutschlands die Chance erhalten, seine Geschicke wieder selbst bestimmen zu können sowie nach und nach seine Souveränität zurückzugewinnen.

Quellen

Schlußkommuniqué der Londoner Sechs-Mächte-Konferenz vom 7. Juni 1948

„... III Entwicklung der politischen und wirtschaftlichen Organisation Deutschlands.

... Die Delegierten erkennen an, daß es bei Berücksichtigung der augenblicklichen Lage notwendig ist, dem deutschen Volk Gelegenheit zu geben, die gemeinsame Grundlage für eine freie und demokratische Regierungsform zu schaffen, um dadurch die Wiedererrichtung der deutschen Einheit zu ermöglichen ... Aufgrund dieser Sachlage sind die Delegationen zu dem Schluß gekommen, daß das deutsche Volk jetzt in den verschiedenen Ländern die Freiheit erhalten soll, für sich die politischen Organisationen und Institutionen zu errichten, die es ihm ermöglichen werden, eine regierungsmäßige Verantwortung soweit zu übernehmen, wie es mit den Mindesterfordernissen der Besetzung und Kontrolle vereinbar ist, und die es ihm schließlich auch ermöglichen werden, die volle Verantwortung zu übernehmen...

Die Delegationen sind daher übereingekommen, ihren Regierungen zu empfehlen, daß die Militärgouverneure eine gemeinsame Sitzung mit den Ministerpräsidenten der Westzonen Deutschlands abhalten sollen. Auf dieser Sitzung werden die Ministerpräsidenten Vollmacht erhalten, eine Verfassunggebende Versammlung zur Ausarbeitung einer Verfassung einzuberufen...

Diese Verfassung soll ... allerdings (so beschaffen sein, daß sie) nicht ... die Wiedererrichtung eines zentralistischen Reiches (ermöglicht), sondern mittels einer föderativen Regierungsform ... die Rechte der einzelnen Staaten angemessen schützt und gleichzeitig eine angemessene zentrale Gewalt vorsieht und die Rechte und Freiheiten des Individuums garantiert..."

Aus: Dokumente der Deutschen Politik und Geschichte von 1848 bis zur Gegenwart. Bd. 6. S. 276 ff.

Frankfurter Dokumente vom 1. Juli 1948

„Dokument I (Verfassungsrechtliche Bestimmungen):

In Übereinstimmung mit den Beschlüssen ihrer Regierungen autorisieren die Militärgouverneure ... die Ministerpräsidenten der Länder ihrer Zonen, eine Verfassunggebende Versammlung einzuberufen, die spätestens am 1. September 1948 zusammentreten sollte...

Die Verfassunggebende Versammlung wird eine demokratische Verfassung ausarbeiten, die für die beteiligten Länder eine Regierungsform des föderalistischen Typs schafft, die am besten geeignet ist, die gegenwärtig zerrissene deutsche Einheit schließlich wieder herzustellen, und die Rechte der beteiligten Länder schützt, eine angemessene Zentralinstanz schafft und die Garantien der individuellen Rechte und Freiheiten enthält.

Wenn die Verfassung ... mit diesen allgemeinen Grundsätzen nicht in Widerspruch steht, werden die Militärgouverneure ihre Vorlage zur Ratifizierung genehmigen ... Die Ratifizierung in jedem beteiligten Land erfolgt durch ein Referendum ... sobald die Verfassung von zwei Drittel der Länder ratifiziert ist, tritt sie in Kraft und ist für alle Länder bindend. Jede Änderung der Verfassung muß künftig von einer gleichen Mehrheit der Länder ratifiziert werden. Innerhalb von 30 Tagen nach dem Inkrafttreten der Verfassung sollen die darin vorgesehenen Einrichtungen geschaffen sein.

Dokument II (Länderneugliederung):

Die Ministerpräsidenten sind ersucht, die Grenzen der einzelnen Länder zu überprüfen, um zu bestimmen, welche Änderungen sie etwa vorzuschlagen wünschen...

Wenn diese Empfehlungen von den Militärgouverneuren nicht mißbilligt werden, sollten sie zur Annahme durch die Bevölkerung der betroffenen Gebiete spätestens zur Zeit der Auswahl der Mitglieder der Verfassunggebenden Versammlung vorgelegt werden...

Dokument III (Grundzüge eines Besatzungsstatuts):

Die Schaffung einer verfassungsmäßigen deutschen Regierung macht eine sorgfältige Definition der Beziehungen zwischen dieser Regierung und den Alliierten Behörden notwendig...

A. Die Militärgouverneure werden den deutschen Regierungen Befugnisse der Gesetzgebung, der Verwaltung und der Rechtsprechung gewähren und sich solche Zuständigkeiten vorbehalten, die nötig sind, um die Erfüllung des grundsätzlichen Zwecks der Beratung sicherzustellen...
B. Die Militärgouverneure werden die Ausübung ihrer vollen Machtbefugnisse wieder aufnehmen, falls ein Notstand die Sicherheit bedroht und um nötigenfalls die Beachtung der Verfassungen und des Besatzungsstatuts zu sichern..."

Aus: Dokumente der Deutschen Politik und Gesellschaft von 1848 bis zur Gegenwart. Band 6. S. 320 ff.

Antwort der westdeutschen Ministerpräsidenten auf die Frankfurter Dokumente vom 10. Juli 1948

„... Die Ministerpräsidenten glauben jedoch, daß ... alles vermieden werden müßte, was dem zu schaffenden Gebilde den Charakter eines Staates verleihen würde; sie sind darum der Ansicht, daß auch durch das hierfür einzuschlagende Verfahren zum Ausdruck kommen müßte, daß es sich lediglich um ein Provisorium handelt...

In Anbetracht der bisherigen Unmöglichkeit einer Einigung der vier Besatzungsmächte über Deutschland müssen die Ministerpräsidenten besonderen Wert darauf legen, daß bei der bevorstehenden Neuregelung alles vermieden wird, was geeignet sein könnte, die Spaltung zwischen Ost und West weiter zu vertiefen...

Für den Vorschlag der Ministerpräsidenten, von einem Volksentscheid Abstand zu nehmen, waren die gleichen Erwägungen maßgebend. Ein Volksentscheid würde dem Grundgesetz ein Gewicht verleihen, das nur einer endgültigen Verfassung zukommen sollte...

In der Frage der Änderung der Ländergrenzen sind die Ministerpräsidenten einmütig der Ansicht geworden, daß eine grundsätzliche und endgültige Lösung geboten ist und eingehender Prüfung bedarf...

Eine solche Prüfung und Gestaltung der Länder ... ist eine deutsche Aufgabe. Sie setzt das Vorhandensein gemeinsamer Organe demokratisch parlamentarischen Charakters voraus. Sie kann daher nicht in kurzer Zeit gelöst werden...

Mit besonderem Ernst haben die Ministerpräsidenten die Probleme geprüft, die mit der Ordnung und Ausübung der Besatzungsherrschaft zusammenhängen. Sie ... sind jedoch der Ansicht, daß der Erlaß eines Besatzungsstatuts ... schon vor der Aufnahme der Tätigkeit der mit der Beratung des Grundgesetzes ... beauftragten Körperschaften eine dringende Notwendigkeit ist; nur dann wird diese eine sichere Arbeitsgrundlage haben..."

Aus: Johannes V. Wagner: Der Parlamentarische Rat 1948–1949. Bd. 1. Boppard 1975, S. 143 ff.

Denkschrift der drei Militärgouverneure vom 22. November 1948

„... Angesichts des fortgeschrittenen Stadiums der Arbeit des Parlamentarischen Rates ... halten es die Militärgouverneure für ratsam, dem Rat jetzt einen Hinweis zu geben, hinsichtlich der Auslegung der im Dokument Nr. I aufgestellten allgemeinen Grundsätze ... (Die Militärgouverneure) sind der Ansicht, daß das Grundgesetz (die vorläufige Verfassung) in möglichst hohem Grade vorsehen sollte,

a) ein Zweikammersystem, bei dem die eine Kammer die einzelnen Länder vertreten und genügend Befugnisse haben muß, um die Interessen der Länder wahren zu können.
b) daß die Exekutive lediglich die Befugnisse haben darf, die in der Verfassung genau vorgeschrieben sind...
d) daß die Befugnisse der Bundesregierung auf dem Gebiet der öffentlichen Finanzen so eingeschränkt sind, daß sie über Gelder einschließlich des Steueraufkommens nur für Zwecke verfügen darf, für die sie verantwortlich ist...
e) daß die Verfassung für eine unabhängige Gerichtsbarkeit sorgt, deren Aufgabe es ist, die Bundesgesetzgebung zu überprüfen, die Ausübung der Vollziehungsgewalt des Bundes und der Länder ... zu entscheiden und die bürgerlichen Rechte und Freiheiten des einzelnen zu schützen...

Die Militärgouverneure werden sich bei der endgültigen Prüfung des Grundgesetzes (der vorläufigen Verfassung) und aller etwaigen späteren Änderungen derselben von diesen Grundsätzen leiten lassen ..., um festzustellen, ob die allgemeinen Forderungen des Dokuments Nr. I erfüllt worden sind oder nicht."

Aus: B. Dennewitz/H. J. Abraham u. a. (Hrsg.): Kommentar zum Bonner Grundgesetz (Bonner Kommentar). Hamburg 1950, S. 100 ff.

Genehmigungsschreiben der drei Militärgouverneure zur Ratifizierung des Grundgesetzes vom 12. Mai 1949

„... 1) Das am 8. Mai vom Parlamentarischen Rat verabschiedete Grundgesetz ist von uns sorgfältig und mit beachtlichem Interesse zur Kenntnis genommen worden. Nach unserer Auffassung verbindet es sehr glücklich deutsche demokratische Überlieferung mit den Auffassungen über eine repräsentative Regierung und über die Herrschaft des Rechts, wie sie in der Welt als Erfordernisse für das Leben eines freien Volkes anerkannt worden sind.

2) Indem wir unsere Genehmigung dazu erteilen, daß diese Verfassung dem deutschen Volke in Übereinstimmung mit den Bestimmungen des Artikels 144 (1) zur Ratifizierung vorgelegt wird, nehmen wir an, daß Sie (das Schreiben war an Konrad Adenauer, den Präsidenten des Parlamentarischen Rates gerichtet) Verständnis dafür aufbringen werden, daß wir verschiedene Vorbehalte machen müssen. Erstens unterliegen die dem Bund durch das Grundgesetz übertragenen Vollmachten ebenso wie die von den Ländern und Selbstverwaltungskörperschaften ausgeübten Machtbefugnisse den Vorschriften des Besatzungsstatuts, das wir Ihnen bereits übermittelt haben (10. April 1949) und das mit dem heutigen Datum verkündet wird. (12. Mai 1949)...

9) Wir möchten es auch klar verstanden wissen, daß nach Zusammentritt der im Grundgesetz vorgesehenen ... (Organe) das Besatzungsstatut daraufhin in Kraft tritt (21. Sept. 1949)..."

Aus: B. Dennewitz/H. J. Abraham u. a. (Hrsg.): Kommentar zum Bonner Grundgesetz (Bonner Kommentar). Hamburg 1950 ff. S. 129 ff.

Grundgesetz für die Bundesrepublik Deutschland vom 23. Mai 1949

„Präambel

Im Bewußtsein seiner Verantwortung vor Gott und den Menschen, von dem Willen beseelt, seine nationale und staatliche Einheit zu wahren und als gleichberechtigtes Glied in einem vereinten Europa dem Frieden der Welt zu dienen, hat das deutsche Volk in den Ländern Baden, Bayern, Bremen, Hamburg, Hessen, Niedersachsen, Nordrhein-Westfalen, Rheinland-Pfalz, Schleswig-Holstein, Württemberg-Baden und Württemberg-Hohenzollern,

um dem staatlichen Leben für eine Übergangszeit eine neue Ordnung zu geben,

kraft seiner verfassunggebenden Gewalt dieses Grundgesetz der Bundesrepublik Deutschland beschlossen.

Es hat auch für jene Deutschen gehandelt, denen mitzuwirken versagt war.

Das gesamte deutsche Volk bleibt aufgefordert, in freier Selbstbestimmung die Einheit und Freiheit Deutschlands zu vollenden.

Artikel 1

(1) Die Würde des Menschen ist unantastbar. Sie zu achten und zu schützen ist Verpflichtung aller staatlichen Gewalt

(2) Das deutsche Volk bekennt sich darum zu unverletzlichen und unveräußerlichen Menschenrechten als Grundlage jeder menschlichen Gemeinschaft..."

(3) Die nachfolgenden Grundrechte binden Gesetzgebung, vollziehende Gewalt und Rechtssprechung als unmittelbar geltendes Recht...

Artikel 20
(1) Die Bundesrepublik ist ein demokratischer und sozialer Bundesstaat.
(2) Alle Staatsgewalt geht vom Volke aus. Sie wird vom Volke in Wahlen und Abstimmungen und durch besondere Organe der Gesetzgebung, der vollziehenden Gewalt und der Rechtsprechung ausgeübt.
(3) Die Gesetzgebung ist an die verfassungsmäßige Ordnung, die vollziehende Gewalt und die Rechtsprechung sind an Gesetz und Recht gebunden...

Artikel 79
(3) Eine Änderung dieses Grundgesetzes, durch welche die Gliederung des Bundes in Länder, die grundsätzliche Mitwirkung der Länder bei der Gesetzgebung oder die in den Artikeln 1 und 20 niedergelegten Grundsätze berührt werden, ist unzulässig."

Fragen und Aufgaben

- Wo trafen sich nach 1945 die politischen und verfassungsrechtlichen Vorstellungen der Alliierten und der Deutschen? Wo standen diese im Gegensatz zueinander?
- Welche Ziele verfolgten die Frankfurter Dokumente? Vergleichen Sie diese Forderungen mit den Bedenken insbesondere auf seiten der deutschen Ministerpräsidenten.
- Wo lagen die Übereinstimmungen und wo die gegensätzlichen Standpunkte innerhalb des Parlamentarischen Rates sowie zwischen diesem und den Alliierten?
- Grundgesetz und Besatzungsstatut bestimmten ab September 1949 das Handeln der deutschen Politik. Zeigen Sie deren Möglichkeiten und Grenzen auf.
- Das Grundgesetz versteht sich als freiheitlich demokratische Grundordnung. Was besagt dieser Anspruch; welche Grundentscheidungen und Vorkehrungen zur Sicherung dieser Ordnung haben die Verfassungsväter dafür vorgenommen?

Wichtige Daten	Wichtige Begriffe
7. Juni 1948 Schlußkommuniqué der Londoner Sechs-Mächte-Konferenz über Deutschland („Londoner Empfehlungen")	Londoner Sechs-Mächte-Konferenz Londoner Empfehlungen
8.–10. Juli 1948 Konferenz der Ministerpräsidenten in Koblenz über die Frankfurter Dokumente	Frankfurter Dokumente Besatzungsstatut
10.–23. Aug. 1948 Beratungen des Herrenchiemseer Konvents. Aufgabe: Entwurf für eine Verfassungsordnung	Verfassunggebende Versammlung Parlamentarischer Rat
1. September 1948 Der Parlamentarische Rat tritt in Bonn zusammen. Konrad Adenauer wird zum Präsidenten, Carlo Schmid zum Vorsitzenden des Hauptausschusses gewählt.	Grundgesetz Herrenchiemseer Konvent vorstaatliche Grundrechte
8. Mai 1949 Dritte Lesung des Grundgesetzes im Plenum; namentliche Abstimmung; mit 53 zu 12 Stimmen wird das Grundgesetz angenommen.	Menschenwürde Rechtspositivismus Zwei-Kammer-System
12. Mai 1949 Genehmigung des Grundgesetzes durch die Militärgouverneure	Finanzverfassung „Anti-Verfassung"
23. Mai 1949 Verkündung des Grundgesetzes	Verfassungskern
14. August 1949 Wahlen zum Ersten Deutschen Bundestag. Zehn Parteien ziehen in den Bundestag ein.	

Wichtige Daten

7. Sept. 1949
Bundestag und Bundesrat konstituieren sich.

12. Sept. 1949
Theodor Heuss wird von der Bundesversammlung zum Bundespräsidenten gewählt.

15. Sept. 1949
Konrad Adenauer wird mit 202 von 402 Stimmen zum Bundeskanzler gewählt; er bildet eine Koalitionsregierung aus CDU/CSU, FDP und DP.

Auswahlbibliographie

Entscheidung für den Weststaat

Adenauer, Konrad: Erinnerungen 1945–1953. Bd. 1. Stuttgart 1965.

Badstübner, Rolf/Thomas, Siegfried: Die Spaltung Deutschlands 1945–1949, Berlin (Ost) 1966.

Bericht über den Verfassungskonvent auf Herrenchiemsee vom 10.–23. August 1948. München 1948.

Clay, Lucius D.: Entscheidung in Deutschland. Frankfurt 1950.

Hrbek, Rudolf: Die Politik der Besatzungsmächte und die Bildung des Weststaates. In: Politische Bildung. 1976 Heft 1, S. 3 ff.

Morsey, Rudolf: Entscheidung für den Westen. Die Rolle der Ministerpräsidenten in den drei Westzonen im Vorfeld der Bundesrepublik Deutschland 1947–1949. In: Westfälische Forschungen. Bd. 24. 1974, S. 1 ff.

Niclauß, Karlheinz: Demokratiegründung in Westdeutschland. Die Entstehung der Bundesrepublik 1945–1949. München 1974.

Rothstein, Sigmar: Gab es eine Alternative? Zur Vorgeschichte der Gründung der Bundesrepublik Deutschland. In: Aus Politik und Zeitgeschichte. B 20/1969, S. 311.

Vogelsang, Thilo: Koblenz, Berlin, Rüdesheim. Die Optionen für den westdeutschen Staat im Juli 1948. In: Festschrift für Hermann Heimpel. Bd. 1. Göttingen 1971, S. 161 ff.

Weber, Jürgen: 30 Jahre Bundesrepublik Deutschland. Band 2: Entscheidungsjahr 1948. München 1979.

Wiesemann, Falk: Die Gründung des deutschen Weststaates und die Entstehung des Grundgesetzes. In: Westdeutschlands Weg zur Bundesrepublik 1945–1949. München 1976, S. 118 ff.
Zündorf, Dieter: Der föderalistische und der unitaristische Gedanke beim Herrenchiemseer Verfassungskonvent und beim Bonner Parlamentarischen Rat. Köln 1967.

Der Parlamentarische Rat

Altendorf, Hans: SPD und Parlamentarischer Rat – Exemplarische Berichte der Verfassungsdiskussion. In: Zeitschrift für Parlamentsfragen. 1979, Heft 3, S. 405 ff.
Benz, Wolfgang: Grundgesetz der Alliierten? Die Entscheidung für die Staatsgründung im Sommer 1948. In: Die politische Meinung. 1979, Heft 184, S. 6–17.
Grabbe, Hans-Jürgen: Die deutsch-alliierte Kontroverse um den Grundgesetzentwurf. In: Vierteljahreshefte für die Zeitgeschichte. 1978, Heft 3, S. 393 ff.
Lange, Erhard H. M.: Bestimmungsfaktoren der Föderalismusdiskussion vor Gründung der Bundesrepublik. In: Aus Politik und Zeitgeschichte. B 2–3/1976, S. 9 ff.
Ders.: Entstehung des Grundgesetzes und Öffentlichkeit. Zustimmung erst nach Jahren. In: Zeitschrift für Parlamentsfragen. 1979, Heft 3, S. 378 ff.
Ley, Richard: Die Mitglieder des Parlamentarischen Rates. Ihre Wahl, Zugehörigkeit zu den Parlamenten und Regierungen. Eine Bilanz nach 25 Jahren. In: Zeitschrift für Parlamentsfragen. 1973, Heft 3, S. 373 ff.
Morsey, Rudolf: Die Rolle Konrad Adenauers im Parlamentarischen Rat. In: Aus Politik und Zeitgeschichte, B 8/1970, S. 25 ff.
Ders.: Die Entstehung des Bundesrates im Parlamentarischen Rat. In: Der Bundesrat als Verfassungsorgan und politische Kraft. Bad Honnef 1974, S. 63 ff.
Otto, Volker: Das Staatsverständnis des Parlamentarischen Rates. Ein Beitrag zur Entstehungsgeschichte des Grundgesetzes für die Bundesrepublik Deutschland. Düsseldorf 1971.
Schmid, Carlo: Erinnerungen. Bern 1979.
Sörgel, Werner: Konsens und Interessen. Eine Studie zur Entstehung des Grundgesetzes für die Bundesrepublik Deutschland. Stuttgart ^{2}1984.
Stammen, Theo/Maier, Gerold: Der Prozeß der Verfassunggebung. In: Vorgeschichte der Bundesrepublik Deutschland, hrsg. von J. Becker, P. Waldmann, Th. Stammen. München 1979, S. 381 ff.
Wagner, Johann V.: Der Parlamentarische Rat 1948–1949. Akten und Protokolle. Boppard 1975.
Weber, Jürgen (Hrsg.): 30 Jahre Bundesrepublik Deutschland. Band 3: Gründung des neuen Staates 1949. München 1981.

Grundgesetz und Bundesrepublik

Alt, Franz: Es begann mit Adenauer. Der Weg zur Kanzlerdemokratie. Freiburg 1975.

Dreher, Klaus: Der Weg zum Kanzler. Adenauers Griff nach der Macht. Düsseldorf 1972.
Fromme, Friedrich K.: Von der Weimarer Verfassung zum Bonner Grundgesetz. Tübingen 1960.
Grewe, Wilhelm G.: Ein Besatzungsstatut für Deutschland. Die Rechtsformen der Besatzung. Stuttgart 1954.
Morsey, Rudolf (Hrsg.): Konrad Adenauer und die Gründung der Bundesrepublik Deutschland. Stuttgart 1979.
Winkler, Heinrich A. (Hrsg.): Politische Weichenstellungen im Nachkriegsdeutschland 1945–1953. Göttingen 1979.

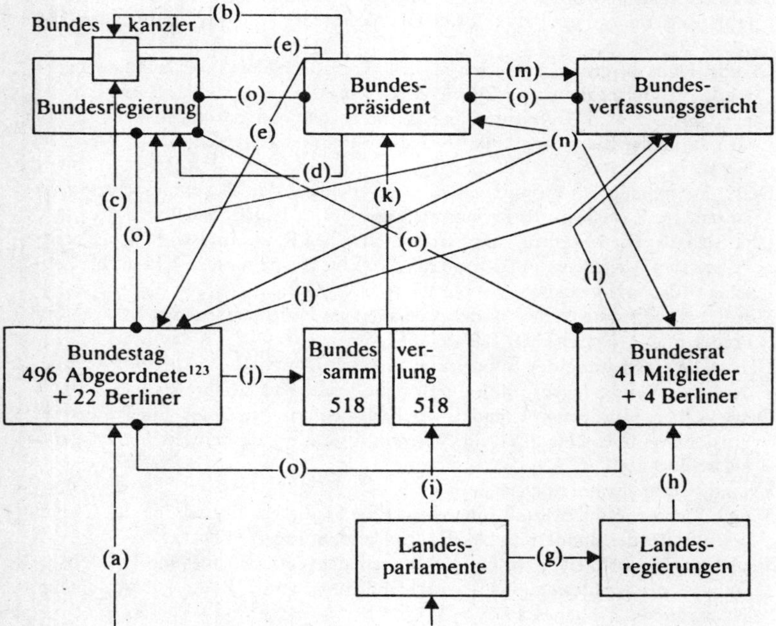

Das politische System der Bundesrepublik Deutschland nach dem Grundgesetz (aus: Rainer A. Roth: Grundfragen der staatsbürgerlichen Bildung. Donauwörth 1983, S. 58. © Verlag Ludwig Auer)

Legende der Pfeile und Verbindungen:

a) Die wahlberechtigte Bevölkerung wählt in direkter, geheimer, allgemeiner, freier und gleicher Wahl die Abgeordneten des Deutschen Bundestages auf vier Jahre (Art. 38 und Art. 39 GG).

b) Der Bundespräsident hat für die Wahl des Bundeskanzlers ein Vorschlagsrecht (Art. 63, Abs. 1 GG), er *muß* den Gewählten ernennen (Art. 63, Abs. 2, Satz 2 GG),
er *kann* den mit relativer Mehrheit Gewählten ernennen oder den Bundestag auflösen (Art. 63, Abs. 4 GG).

c) Der Bundestag wählt den Bundeskanzler (Art. 63 GG); der Bundestag kann durch ein konstruktives Mißtrauensvotum den Kanzler stürzen (Art. 67 GG); der Bundestag kann dem Kanzler das Vertrauen entziehen, muß dann jedoch seine Auflösung gewärtigen (Art. 68 GG).

d) Der Bundespräsident ernennt und entläßt auf Vorschlag des Kanzlers die Bundesminister (Art. 64, Abs. 2 GG).

e) Der Bundespräsident löst auf Vorschlag des Kanzlers – nach einer negativen Vertrauensfrage – den Bundestag auf (Art. 68 GG).

f) Die wahlberechtigte Bevölkerung in den Ländern wählt die Abgeordneten ihrer jeweiligen Landesparlamente.

g) Die Landesparlamente wählen die jeweiligen Landesregierungen.

h) Die Landesregierungen entsenden die den jeweiligen Ländern zustehende Anzahl von Delegierten in den Bundesrat.

i) Die Landesparlamente entsenden in die Bundesversammlung die den Ländern jeweils zustehende Anzahl von Delegierten.

j) Alle Abgeordneten (einschließlich der Berliner mit vollem Stimmrecht) sind Mitglieder der Bundesversammlung.

k) Die Bundesversammlung wählt den Bundespräsidenten auf Dauer von 5 Jahren (Art. 54 GG).

l) Die Richter des Bundesverfassungsgerichtes werden je zur Hälfte vom Bundestag und Bundesrat gewählt (Art. 94, Abs. 1, Satz 2).

m) Die Bundesverfassungsrichter (sowie alle übrigen Bundesrichter) werden vom Bundespräsidenten ernannt (Art. 60, Abs. 1 GG).

n) Das Bundesverfassungsgericht kann bei Normenkontrollklagen, Organstreitigkeiten, Verfassungsbeschwerden, aber u. a. auch bezüglich der Präsidentenanklage angerufen werden (Art. 92 GG).

o) Beim Gesetzgebungsprozeß müssen Bundesregierung, Bundestag, Bundesrat und Bundespräsident zusammenwirken (Art. 76, Art. 77 und 78); über Zweifel an der Verfassungsgemäßheit von Gesetzen entscheidet das Bundesverfassungsgericht (Art. 93, Abs. 1, Satz 2 GG).

5. Entstehung und Entwicklung der DDR

Von Anfang an haben in der sowjetischen Besatzungszone unter der Anleitung der Sowjetischen Militäradministration (SMAD) deutsche Kommunisten („Gruppe Ulbricht") systematisch daran gearbeitet, die sozialen, kulturellen, ökonomischen und politischen Verhältnisse zu verändern. In der offiziellen Gliederung ihrer politischen Entwicklung, die in Anlehnung an die Lehre des Marxismus-Leninismus als Abfolge einzelner Perioden gedacht wird, bezeichnet die DDR heute jene Zeitspanne von 1945 bis 1949 als die Phase der antifaschistisch-demokratischen Umwälzungen.

So ging man noch vor Abschluß der Potsdamer Konferenz daran, die Gründung von Parteien zuzulassen, die sich aber am 14. 7. 1945 zum antifaschistischen Block zusammenschließen mußten. Mit der Zwangsvereinigung von KPD und SPD zur SED (22. 4. 1946) fand eine Verbreiterung des kommunistischen Einflusses statt. Durch die Umgestaltung der SED im Jahre 1948 von einer sozialistischen Massenpartei zu einer marxistisch-leninistischen Kaderpartei mit straffer Führung entstand eine Partei neuen Typs. Damit besaß die SED die dominierende Rolle nicht nur im Block der antifaschistisch-demokratischen Parteien (wo das Prinzip der Einstimmigkeit galt), sondern auch bei der Gestaltung des politischen Lebens in der sowjetischen Zone insgesamt (soweit sie von der SMAD dazu ermächtigt wurde). Mit der Schaffung der „Nationalen Front des demokratischen Deutschland" im Jahre 1949, in der fortan alle Parteien und Massenorganisationen zusammengeschlossen waren und seit 1950 nur mehr auf einer Einheitsliste kandidieren konnten, war diese Monopolisierung des politischen Willensbildungsprozesses formell abgeschlossen.

Nicht weniger zielstrebig und einschneidend liefen die gesellschaftsverändernden Maßnahmen ab. Obwohl man beteuerte, Deutschland kein Sowjetsystem aufzwingen (KPD-Aufruf vom 11. 6. 45), sondern einen eigenen deutschen Weg zum Sozialismus einschlagen zu wollen, stand unverkennbar stets das Vorbild der Sowjetunion Pate. Durch eine rigorose Bodenreform wurden alle landwirtschaftlichen Betriebe über 100 ha sowie jene Güter, deren Besitzer als Nationalsozialisten oder Militaristen galten, entschädigungslos enteignet und in bäuerliche Kleinstbetriebe von 5–10 ha aufgeteilt, die letztlich unrentabel wirtschafteten.

Ähnlich tiefgreifend verlief die Reform der industriellen Wirtschaft. Es fand eine Verstaatlichung aller Großbetriebe und deren Überführung in volkseigene Betriebe (VEB) statt, wobei 1949 eine Quote von nahezu 50 % erreicht war. Fast ein Viertel allen Industriebesitzes wurde in „Sowjetische Aktiengesellschaften“ (SAG) umgewandelt, die ausschließlich für die Wirtschaft der UdSSR produzierten. Der Anteil privatwirtschaftlicher Industriebetriebe sank beständig ab.

Neben dieser strukturellen Veränderung des gesamten Wirtschaftsgefüges hin auf eine weitgehende Sozialisierung erfolgte der planmäßige Aufbau eines zentralistischen Wirtschaftsapparates. Schon früh (Juli 1945) hatte die SMAD damit begonnen, Zentralverwaltungen für einzelne Wirtschaftszweige zu errichten. Sie wurden den Länderregierungen übergeordnet und mit der Gründung der Deutschen Wirtschaftskommission (4. Juni 1947) zu einer Art „Wirtschaftsregierung“ zusammengefaßt und ausgebaut (27. 11. 1948). Diese wirtschaftliche Planungsbehörde stellte bereits am 21. Juli 1948 den ersten Zweijahresplan für die landwirtschaftliche und industrielle Produktion auf.

Auch in den wichtigen Bereichen Justiz und Bildungswesen fanden umfangreiche Entlassungen und „Demokratisierungen“ statt. Die neuen, speziell geschulten „Volksrichter“ ersetzten etwa 80 % der NS-belasteten Juristen und bereiteten so der sozialistischen Rechtsauffassung den Weg. Nicht minder radikal lief der Austausch der Führungseliten im Bildungsbereich und in den übrigen kulturellen Sektoren ab. So überrascht es nicht, wenn die SMAD am 27. 2. 1948 die Entnazifizierung in der sowjetischen Besatzungszone für beendet erklärte.

Nachdem die strukturellen Umwälzungen so weit vorangetrieben waren, konnte man in der SBZ mit Nachdruck an die Lösung der staatlichen Organisationsfragen gehen. Dabei läßt sich eine eigentümliche Doppelstrategie erkennen: Die Sowjetunion schien bei ihren politischen Entscheidungen zwar erklärtermaßen stets Deutschland als Ganzes im Auge zu haben, führte aber dennoch bald jene Maßnahmen durch, die sie den Westalliierten als separatistisch und vertragswidrig vorgehalten hatte (Währungsreform, Verfassung).

Das wichtigste Instrumentarium hierfür bot die Bewegung der Volkskongresse, zu deren erstem die SED am 26. November 1947, unmittelbar nach dem Zusammentreten des Rates der Außenminister in London, unter dem Motto „für Einheit und gerechten Frieden“ aufrief. Von erheblich größerer Bedeutung war der zweite Deutsche Volkskongreß, der zur hundertsten Wiederkehr der Revolution von 1848 für den 17./18. März 1948 nach Ost-Berlin einberufen wurde. Dieser Kongreß beschloß, in allen Besatzungszonen in der Zeit vom 23. Mai bis zum 13. Juni 1948 ein „Volksbegehren für Einheit und gerechten Frieden“ durchzuführen, um eine „unteilbare deutsche demokratische Republik“ zu schaffen. Weitreichender als diese Deklamation war die gleichzeitige Wahl eines ständigen Deutschen Volksrates, der seinerseits auch einen Ausschuß für Verfassungsfragen bestellte. Dessen Vorsitz hatte Otto Grotewohl inne. Grotewohl legte am 22. Oktober 1948 den „Entwurf einer Verfassung für die Deutsche Demokratische Republik“ vor, der dem SED-Entwurf von 1946 sehr ähnlich war und sich insgesamt stark, wenn auch mit Ausnahme einiger wesentlicher Punkte, an die Weimarer Reichsverfassung anlehnte.

Ein Novum gegenüber dem Weimarer Verfassungskonzept war insbesondere die Einrichtung einer Volkskammer, die zum wichtigsten Machtorgan erklärt wurde. Ferner sollten alle Parteien zur Mitarbeit in der Regierung herangezogen werden. Da es keine Macht neben der Volksvertretung geben durfte, konnte auch die Rechtsprechung nicht als unabhängiges, sondern nur als untergeordnetes Organ institutionalisiert werden. Damit war auch das Prinzip der Gewaltenteilung zugunsten der Einheit aller Staatsgewalt verworfen. Schließlich gedachte man, keine unbeschränkten politischen Freiheiten mehr zuzulassen, sondern nur noch „sozialistische Persönlichkeitsrechte“ zu gewähren, weil die Interessen des einzelnen nach den tiefgreifenden Wandlungen in der SBZ mit jenen des künftigen Staates identisch seien (H. Benjamin). Am 19. März 1949 verabschiedete der Deutsche Volksrat diesen Verfassungsentwurf einstimmig.

In ihrer Note vom 1. Oktober 1949 an die Westmächte erklärte die Sowjetunion, daß durch die „Bildung der volksfeindlichen Separatregierung in Bonn in Deutschland eine neue Lage entstanden“ sei. Aufgrund dieser neuen Situation trat der Deutsche Volksrat, wie er aus dem dritten Volkskongreß hervorgegangen war, am 7. Oktober 1949 erneut zusammen und erklärte sich (auf der Basis der am 30. Mai 1949 vom 3. Deutschen Volkskongreß verabschiedeten Verfassung der DDR) zur Provisorischen Volkskammer. Erst nachdem man sich sodann über die Vorgehensweise zur Errichtung einer Länderkammer, der Bestellung der Regierung und des Präsidenten verständigt hatte, wurde die Verfassung der DDR offiziell in Kraft gesetzt. Am 11. Oktober 1949 fand die Wahl Wilhelm Piecks zum Präsidenten der DDR statt; am 12. 10.1949 stellte Otto Grotewohl die erste Regierung vor. Bereits am 10. Oktober hatte die SMAD angekündigt, ihre Verwaltungsfunktion einer kommenden Regierung zu übertragen, und gleichzeitig die Bildung einer Sowjetischen Kontrollkommission (SKK) zur Kontrolle der Potsdamer und anderer Deutschland betreffender Viermächtebeschlüsse in Aussicht gestellt.

Obwohl Artikel 1 der Verfassung der DDR von 1949 festhielt: „Deutschland ist eine unteilbare demokratische Republik ... Es gibt nur eine deutsche Staatsangehörigkeit“, sind die Folgejahre von einem beständigen Abgrenzungsprozeß und einem schier unaufhaltsamen Entfremdungsprozeß der beiden Staaten in Deutschland gekennzeichnet.

Nach ihrer Staatsgründung trat die DDR in die zweite Phase ihrer Entwicklung ein und ging nun zügig daran, die Grundlagen des Sozialismus zu schaffen (1949–1955). Unübersehbar zeigte sich dabei die Absicht, die etablierte kommunistische Herrschaft ohne Rücksicht auf die bestehende Verfassung zu stabilisieren. Dies begann damit, daß die SED für die ersten Wahlen zur Volkskammer im Jahre 1950 alle übrigen Parteien in eine Einheitsliste zwang. Sie verletzte damit sowohl Art. 13, der den Parteien zubilligte, eigenständige Wahlvorschläge einzureichen, als auch Art. 51 der Verfassung von 1949, der die Wahl der Abgeordneten für die Volkskammer nach dem Verhältniswahlrecht vorsah.

Ein weiteres Mal setzte man sich im Jahre 1952 über die Verfassung hinweg: Nach der SED-Parteikonferenz, die den „planmäßige(n) Aufbau der Grundlagen des Sozialismus" förmlich beschloß, wurde die – wenn auch nur formal geltende – föderalistische Struktur des Staates beseitigt. Mit Gesetz vom 23. 7. 1952 wurden die fünf Länder aufgelöst und in 15 Verwaltungsbezirke überführt, obwohl Art. 1, Satz 1 die DDR auch weiterhin als eine Republik bezeichnete, die „sich auf den Ländern" aufbaut. Eigenartigerweise wurde bei diesem Vorgang die Länderkammer noch nicht abgeschafft, obwohl sie ihre Funktion verloren hatte; ihre Beseitigung erfolgte erst 1958. Durch diese Korrektur wurde die DDR nun auch formal, was sie praktisch von Anfang an war – ein zentralistischer Einheitsstaat.

Diese Einheitlichkeit praktizierte man auf wirtschaftlichem Gebiet bereits seit langem; dem ersten Zweijahresplan 1949/50 folgte am 31. 10. 1951 der erste Fünfjahresplan für die Jahre 1951 bis 1955. Bereits die Anfänge der Zwangskollektivierung der Landwirtschaft und die zunehmend sich verschlechternde Versorgung hatten zu erheblichem Unmut und steigenden Versorgungsengpässen geführt. Bald kam es durch die Anstrengungen der DDR für den weiteren Aufbau des Sozialismus, der die Schwerindustrie auf Kosten der Konsumgüterindustrie stärkte, zum Beinahe-Zusammenbruch des Systems.

Zweifellos trug der Tod Stalins (5. März 1953) erheblich zur Verunsicherung und zur Fehleinschätzung dieser kritischen Situation bei. Durch eine drastische Erhöhung der Arbeitsnormen bei unveränderten Löhnen glaubte die DDR-Führung die Krise meistern zu können, verursachte jedoch statt dessen ihren abrupten Ausbruch. Es kam zum Aufstand des 16./17. Juni 1953, bei dem arbeitsrechtliche Fragen sofort in grundsätzliche gesellschaftliche und politische Forderungen umschlugen. Nur mit Hilfe sowjetischer Panzer gelang es, die Unruhen niederzuschlagen, die sich sehr rasch auf das gesamte Gebiet der DDR ausgeweitet hatten. – Dieser Aufstand, den die DDR-Propaganda als Konterrevolution und imperialistisch gelenkten Umsturzversuch von außen zu erklären versuchte, zeigte zum einen die mangelnde Legitimation des Systems nach innen, zum anderen die enorme Existenzabhängigkeit der DDR von der Sowjetunion.

Die Sowjetunion hat in jener Phase alles unternommen, um die noch relativ instabile DDR in sich zu festigen und nach außen in ihren Machtbereich zu integrieren. So erfolgte bereits am 15. Oktober 1949 die diplomatische Anerkennung durch die Sowjetunion, der sich die übrigen Ostblockstaaten, die Volksrepublik China und Nord-Korea bald anschlossen. Am 6. Juli 1950 erkannte die DDR im Görlitzer Vertrag die Oder-Neiße-Linie als Friedensgrenze zu Polen an. (Gleichzeitig wurden die Grenzbefestigungen an der Demarkationslinie zu den Westzonen forciert ausgebaut.)

Ebenfalls im Jahre 1950 (29. September) wurde die DDR in den „Rat für gegenseitige Wirtschaftshilfe" (RGW) aufgenommen. In der Folgezeit erklärte die UdSSR ihre Reparationsforderungen an die DDR teils als getilgt, teils als beträchtlich (um 50 %) reduziert; ab 1. Januar 1954 verzichtete sie gänzlich auf weitere Reparationsleistungen. Nachdem mit der Berliner Außenministerkonferenz (25. Januar bis 18. Februar 1954) das Scheitern der sowjetischen Deutschlandpläne (Stalin-Note 1952) offenkundig geworden war, erklärte die UdSSR die DDR als souveränen Staat (25. März 1954). Im Jahr darauf erfolgte mit der Gründung des Warschauer Paktes (14. Mai 1955) über die ökonomische Integration hinaus die militärische Einbindung der DDR in den sowjetischen Hegemonialbereich. Die schrittweise erweiterte Eigenständigkeit, insbesondere aber die Entlastung von den immensen Reparationsleistungen setzte in den Jahren – trotz deutlich ungünstigerer Bedingungen (keine Auslandkredite, straffe Planwirtschaft, Integration in den RGW) – erhebliche Kräfte für einen wirtschaftlichen Aufschwung frei. Es ist deshalb durchaus gerechtfertigt, wenn die Bürger der DDR auf ihre Leistungen und Errungenschaften stolz sind.

Deutschlandpolitisch entwickelte die DDR in Zusammenarbeit mit der UdSSR einige Initiativen. So bot Otto Grotewohl am 30. November 1950 in einem Brief an Bundeskanzler Adenauer die Bildung eines paritätisch besetzten „Gesamtdeutschen Konstituierenden Rates" zur „Bildung einer gesamtdeutschen souveränen demokratischen und friedliebenden Provisorischen Regierung" an. Ähnliche Vorstellungen entwickelte Wilhelm Pieck in seinem Schreiben vom 2. November 1951 an Bundespräsident Theodor Heuss. Beide Initiativen wurden von der Bundesrepublik abgelehnt, weil eine Wiedervereinigung nur auf der Basis freier Wahlen herbeigeführt werden könnte.

In der vermeintlichen Endphase der Beratungen über den Vertrag zur Europäischen Verteidigungsgemeinschaft (EVG) – der dann allerdings am Widerstand der französischen Nationalversammlung scheiterte –

sorgte indes die sogenannte „Stalin-Note“ vom 10. März 1952, die einen Friedensvertrag für ein neutrales Deutschland anbot, für erhebliche politische Beachtung; noch dazu, als eine weitere Note der Sowjetunion an die drei Westmächte vom 9. 4. 1952 freie gesamtdeutsche Wahlen zugestand. Als jedoch eine UNO-Kommission, gegen den Widerstand des Ostblocks gebildet, die Voraussetzungen für derartige freie Wahlen in Deutschland prüfen sollte, erhielt sie keine Einreisegenehmigung in die DDR (16. Januar 1952). Man hat oft über die Ernsthaftigkeit solcher Wiedervereinigungsangebote seitens der DDR und insbesondere der UdSSR gestritten; angesichts der fehlenden legitimatorischen Voraussetzungen und der Weigerung, sich einer internationalen Kontrolle zu stellen, müssen diese Initiativen eher als Maßnahmen interpretiert werden, die Integration der Bundesrepublik in den Westen aufzuhalten oder zu verhindern. Insgesamt läßt sich in der Phase bis 1955 eine feste Verankerung beider deutscher Staaten in den zwei Machtblöcken und damit eine erhebliche Vertiefung der deutschen Spaltung konstatieren.

In der dritten Phase der DDR-Entwicklung von 1955 bis 1961 kommt es zum Ausbau und zur Vollendung der sozialistischen Produktionsverhältnisse. Diese Zeit war außenpolitisch gekennzeichnet von der massiven Vertretung der Zwei-Staaten-Theorie, die davon ausging, daß das Deutsche Reich mit der bedingungslosen Kapitulation untergegangen sei und sich auf dessen Gebiet zwei unabhängige Staaten mit unterschiedlichen Gesellschaftssystemen ebenso wie zwei qualitativ unterschiedliche Nationen entwickelt hätten. Diese Theorie wurde von der Sowjetunion durch bilaterale Verträge unterstrichen (z. B. 20. September 1955) und auf den verschiedensten internationalen Konferenzen (z. B. durch Zulassung der DDR-Delegationen) nachhaltig vorgetragen. Zu dieser Strategie gehörte schließlich auch das von Chruschtschow verkündete Berlin-Ultimatum im Jahre 1958, das den Rückzug der Westalliierten aus Berlin und die Bildung einer „freien Stadt“ erzwingen sollte. In dieses Gesamtkonzept integriert verstand sich auch der Vorschlag Ulbrichts vom 30. Januar 1957, eine Konföderation der beiden deutschen Staaten anzustreben. Die Westmächte und die Bundesrepublik lehnten alle diese Vorstöße ab, weil für sie aufgrund des Alleinvertretungsanspruchs eine Anerkennung der DDR als gleichwertiger zweiter deutscher Staat nicht in Frage kam.

Gerade weil sich außenpolitisch in jener Phase kaum noch etwas bewegen ließ, konnte die DDR ihre innenpolitische Stabilisierung ungehindert vorantreiben. Eine wichtige Entscheidung war dabei die Überführung der seit 1952 bestehenden Kasernierten Volkspolizei in die Nationale Volksarmee (NVA) im Jahre 1956. Neben diesen regulären militärischen Verbänden wurden angesichts der Ereignisse vom 17. Juni 1953 paramilitärische Kampfgruppen innerhalb der Betriebe geschaffen.

Ferner verabschiedete man den zweiten Fünfjahresplan (1956–1960). Er sah vor, das wirtschaftliche Wachstum zu forcieren, kulturelle Umwälzungen und Leistungen zu fördern und die sozialistische Demokratie weiter zu vertiefen. Deshalb wurde die Kollektivierung der Landwirtschaft gegen alle Widerstände zum Abschluß gebracht, die Sozialisierung der mittelständischen Betriebe ausgeweitet und der Staatsapparat den veränderten Strukturbedingungen angepaßt. Mit diesen Reformen setzte sich das Leninsche Prinzip des „Demokratischen Zentralismus" nun auch im Staatsapparat durch. Als Leitungs- und Organisationsprinzip besagt es: Leitung und Führung von der Spitze aus (Staat und Partei), Wahl der Organe von unten bei Vorbehalt der Delegation auf höherer Ebene, Rechenschaftspflicht der Leitungsorgane, kollektive Führungspflicht, Unterordnung der Minderheiten, Verbindlichkeit der Beschlüsse und einheitliches Handeln.

Hinter all diesen Anstrengungen stand die Absicht, die Überlegenheit des sozialistischen Systems vor allem gegenüber jenem in der Bundesrepublik sichtbar werden zu lassen. Dieser Beweis ließ sich jedoch letztlich nicht überzeugend erbringen, vor allem wenn man die Fluchtbewegung in jenen Jahren von Ost nach West betrachtet. Bis zur Mitte des Jahres 1961 haben etwa drei Millionen Menschen die DDR verlassen. Nachdem der Fluchtweg über die Demarkationslinie immer schwieriger geworden war, wälzte sich der Flüchtlingsstrom über Berlin. Im Monat Juli 1961 stieg die Zahl der Flüchtlinge auf 30 000 an; in der ersten Augusthälfte schnellte sie auf nahezu 50 000 Flüchtlinge hoch. Dies bewog die DDR-Führung, vom 13. August 1961 an den sowjetisch besetzten Sektor von Berlin durch den Bau einer Mauer von den Westsektoren abzutrennen. Das hatte zur Folge, daß den Bewohnern der DDR fortan die Möglichkeit der „Abstimmung mit den Füßen" genommen war und sie sich notgedrungen mit dem Regime abfinden mußten. Die Spaltung Deutschlands war damit durch die Mauer und Stacheldraht sinnbildlich und tatsächlich besiegelt worden.

Das dem Berliner Mauerbau folgende Jahrzehnt (1961–1971) brachte aus der Sicht der DDR endlich eine Phase der Konsolidierung; man konnte nun darangehen, den umfassenden Aufbau des Sozialismus in Angriff zu nehmen. In ihrem Parteiprogramm von 1963 hat die SED das deutlich zum Ausdruck gebracht, indem sie den Eintritt der DDR in das Zeitalter des Sozialismus propagierte. Dieses Zeitalter sollte den Menschen Frieden und soziale Sicherheit, Menschenwürde und Brüderlichkeit, Freiheit und Gerechtigkeit, Menschlichkeit und Lebensfreude bringen. Zur Erreichung dieser Ziele müsse man sich vom „ökonomischen Grundgesetz des Sozialismus" leiten lassen, d. h. einer ständigen Vervollkommnung der Produktion und einer zunehmenden Verbesserung der

Bedürfnisse der Werktätigen. Deutlich erkennbar wird hierbei die Unterordnung des einzelnen unter die Ansprüche der Gesellschaft.

Diese grundlegenden Veränderungen gipfelten schließlich in der Neukonzeption und Verabschiedung einer „sozialistischen Verfassung", die am 6. April 1968 erfolgte. Damit sollten die seit 1949 vollzogenen gesellschaftlichen, ökonomischen und politischen Veränderungen sanktioniert, aber auch Perspektiven für künftige Entwicklungen aufgezeigt werden. Noch hielt allerdings die DDR an der gemeinsamen deutschen Nation (Art. 1) fest und bekundete ihr Interesse an einer Überwindung der deutschen Spaltung (Art. 8 Abs. 2), wenn auch „auf der Grundlage der Demokratie und des Sozialismus".

Mit den siebziger Jahren trat die DDR in die Phase der entwickelten sozialistischen Gesellschaft ein. Diesen Einschnitt markiert am deutlichsten die Ablösung Walter Ulbrichts als Erster Sekretär der SED durch Erich Honecker (31. März 1971).

Die außenpolitisch und zugleich deutschlandpolitisch wichtigsten Entscheidungen dieser Phase fielen ebenfalls in den frühen 70er Jahren. Dabei ebnete der Moskauer Vertrag zwischen der Bundesrepublik und der UdSSR vom 12. August 1970, in dem ein gegenseitiger Gewaltverzicht und die Anerkennung der in Europa bestehenden Grenzen ausgesprochen wurde, den Weg für eine Reihe weiterer Abkommen. Deren wichtigste in diesem Zusammenhang sind das Vier-Mächte-Abkommen über Berlin vom 3. September 1971 und der Vertrag über die Grundlagen der Beziehungen zwischen der Bundesrepublik Deutschland und der Deutschen Demokratischen Republik von 1972, der am 21. Juni 1973 in Kraft trat.

Im Grundlagenvertrag vereinbarten die beiden deutschen Staaten u. a., „gut nachbarliche Beziehungen" zu entwickeln, eine Reihe von Folgeverträgen auszuarbeiten, ständige Vertretungen einzurichten, die bestehenden Bündnisverpflichtungen zu respektieren und die Prinzipien der UN-Charta zu achten. Von besonderer Bedeutung waren darüber hinaus der Verzicht auf den Alleinvertretungsanspruch (Art. 4) und der Brief zur deutschen Einheit auf seiten der Bundesrepublik, ferner die Bekundung der DDR, dieser Vertrag möge die Staatsbürgerfrage erleichtern, und schließlich die Verständigung darauf, sich gemeinsam um die Aufnahme in die Vereinten Nationen zu bemühen (am 18. September 1973 erfolgt).

Teilweise konnte die DDR aus dieser Entwicklung außenpolitisches Kapital schlagen – so erkannte Österreich z. B. in einem Konsularabkommen vom 26. März 1975 als erster westlicher Staat eine eigene DDR-Staatsbürgerschaft an. Gleichwohl blieb die starke Abhängigkeit von der UdSSR, mit der die DDR am 7. Oktober 1975 einen neuen „Vertrag über

Freundschaft, Zusammenarbeit und Beistand" abschloß, weiterhin unangetastet. Wie sehr die deutsch-deutschen Beziehungen schließlich auch von globalpolitischen Ereignissen abhängig waren, geht z. B. aus der Verschiebung des Treffens zwischen Bundeskanzler H. Schmidt und Staatsratsvorsitzendem E. Honecker hervor, das – bedingt durch den Einmarsch der Sowjetunion in Afghanistan und die sich zuspitzende Situation in Polen – vom 30. 1. 1980 auf den 10.–13. 12. 1981 verlegt wurde. Auch die vorläufige Absage (4. 9. 1984) des lange geplanten Besuches von Honecker in der Bundesrepublik ist in diesem globalen Rahmen zu sehen.

Die DDR hat die außenpolitische Anerkennung zu einer Betonung ihrer Eigenständigkeit insbesondere gegenüber der Bundesrepublik genutzt. Markantestes Faktum hierfür stellte zweifellos die Verfassungsänderung vom 27. September 1974 dar, die am 7. Oktober (also zum 35. Jahrestag der Gründung der DDR) in Kraft trat. Alle Hinweise auf eine gemeinsame deutsche Nation wurden gestrichen. Art. 8 (2), der die Überwindung der deutschen Spaltung beinhaltet hatte, fiel ersatzlos weg, und in Art. 1 definierte sich die DDR nunmehr als sozialistischer Staat der Arbeiter und Bauern ohne nationale Angabe. Für das Selbstverständnis nach innen sind jene Aussagen noch gewichtiger, in denen sich die DDR sowohl im Hinblick auf ihre Gesellschaftsformation als auch auf ihre internationalen Bindungen der Forderung nach der „sozialistischen Integration" (vgl. Art. 6 und Art. 9) unterwirft. Auf der Grundlage der marxistisch-leninistischen Ideologie entstand demnach in der DDR inzwischen eine qualitativ andere Nation, die mit der bürgerlichen deutschen Nation zu Beginn der 50er Jahre ebenso wenig gemein hat wie mit jener in der Bundesrepublik. Deswegen kann man in diese Gesellschaft aufgenommen und auch von ihr ausgestoßen werden (Art. 19) – die Aberkennung der Staatsbürgerschaft von Wolf Biermann (16. 11. 1976) und die Abschiebung Rudolf Bahros (11. 10. 1979) belegen das.

Die DDR sah sich infolge der Konferenz über Sicherheit und Zusammenarbeit in Europa (KSZE), deren Schlußakte sie am 1. 8. 1975 mit unterzeichnete, innenpolitisch unter starken Druck gestellt, weil die Diskussion der Menschen- und Bürgerrechte (Schießbefehl, Reisebeschränkungen, Republikflucht, Familienzusammenführung) dadurch neue Nahrung erhielt. Deshalb, aber auch durch die Öffnung für den Austausch von Meinungen und Informationen aufgrund der dem Grundlagenvertrag folgenden Verträge sah sich die DDR immer wieder zu restriktiven Maßnahmen gezwungen, um die angebahnte Liberalisierung unter Kontrolle zu halten (Ausweisung von Korrespondenten, Hausarrest für Systemkritiker, Verhaftung von Anhängern der Friedensbewegung). Diese Maßnahmen schädigten das außenpolitische Ansehen der DDR beträchtlich.

Das Dilemma zwischen Abgrenzung, Entspannungsbemühungen und Kooperation unterwirft insbesondere die deutsch-deutschen Beziehungen einer spürbaren Unstetigkeit, bei der Verhandlungsangebote und vertragliche Regelungen immer wieder durch Verhärtungen und Schikanen (Transitwege, Umtauschbestimmungen) gestört und blockiert werden. Daß von deutschem Boden kein Krieg mehr ausgehen dürfe (Treffen Kohl-Honecker in Moskau 12. 3. 1985), erscheint zwar gelegentlich als der kleinste gemeinsame Nenner, gilt aber doch als wichtige gemeinsame Überzeugung.

Quellen

Mitteilung von ADN vom 7. Oktober 1949

„... Am 7. Oktober 1949 wurde in der deutschen Hauptstadt Berlin die Grundlage eines neuen, unabhängigen und freien gesamtdeutschen Staates geschaffen. Eine neue Ära deutscher Geschichte hat damit begonnen.

Der Deutsche Volksrat, in dem alle Parteien und Massenorganisationen vertreten sind, hat das Schicksal Deutschlands in seine Hand genommen ... (und) sich ... auf seiner 9. Tagung als Provisorische Deutsche Volkskammer konstituiert. Er hat gleichzeitig die vom Dritten Volkskongreß beschlossene Verfassung der Deutschen Demokratischen Republik in Kraft gesetzt und Otto Grotewohl mit der Bildung einer demokratischen deutschen Regierung beauftragt, die frei ist von der Bevormundung irgendwelcher Kommissare, frei von den drückenden Fesseln eines Besatzungsstatuts ..."

Aus: Dokumente zur Außenpolitik der Deutschen Demokratischen Republik. Bd. I. Berlin 1959, S. 11.

Verfassung der Deutschen Demokratischen Republik vom 7. Oktober 1949

„Präambel

Von dem Willen erfüllt, die Freiheit und Rechte der Menschen zu verbürgen, ... hat sich das deutsche Volk diese Verfassung gegeben.

Artikel 1

Deutschland ist eine unteilbare deutsche Republik; sie baut sich auf den deutschen Ländern auf...

Es gibt nur eine deutsche Staatsangehörigkeit.

Artikel 4

Alle Maßnahmen der Staatsgewalt müssen den Grundsätzen entsprechen, die in der Verfassung zum Inhalt der Staatsgewalt erklärt sind...

Artikel 5
Der Dienst zum Schutze des Vaterlandes und der Errungenschaften der Werktätigen ist eine ehrenvolle Pflicht der Bürger der Deutschen Demokratischen Republik.

Artikel 13
Vereinigungen, die die demokratische Gestaltung des öffentlichen Lebens auf der Grundlage dieser Verfassung satzungsgemäß erstreben und deren Organe durch ihre Mitglieder bestimmt werden, sind berechtigt, Wahlvorschläge ... einzureichen.

Artikel 27
Private wirtschaftliche Unternehmungen, die für die Vergesellschaftung geeignet sind, können durch Gesetz ... in Gemeineigentum übergeführt werden...

Artikel 31
Die Erziehung der Kinder zu geistig und körperlich tüchtigen Menschen im Geiste der Demokratie ist das natürliche Recht der Eltern und deren oberste Pflicht gegenüber der Gesellschaft.

Artikel 38
Allgemeine Schulpflicht besteht bis zum vollendeten 18. Lebensjahr... Privatschulen als Ersatz für öffentliche Schulen sind unzulässig...

Artikel 49
Soweit diese Verfassung die Beschränkung eines der vorstehenden Grundrechte durch Gesetz zuläßt oder die nähere Ausgestaltung einem Gesetz vorbehält, muß das Grundrecht als solches unangetastet bleiben.

Artikel 50
Höchstes Organ der Republik ist die Volkskammer.

Artikel 83
Die Verfassung kann im Wege der Gesetzgebung geändert werden."

Nach: S. Mampel: Die Verfassung der Sowjetischen Besatzungszone Deutschlands. Frankfurt a. M. 1962.

Entschließung der 15. Tagung des Zentralkomitees der SED vom 26. Juli 1953 (Beurteilung der Ereignisse des 17. Juni 1953)

„Trotz (der) ... richtigen Generallinie hat die Partei ... eine Reihe Fehler begangen...

a) Die Partei ... beschritt den falschen Weg der beschleunigten Lösung dieser Aufgabe (= Aufbau der Grundlagen des Sozialismus) ohne entsprechende Berücksichtigung der realen inneren und äußeren Voraussetzungen. Das führte zu einem überspitzten Entwicklungstempo der Wirtschaft, besonders in der Schwerindustrie, zu falschen Versuchen der Verdrängung und Liquidierung des städtischen Mittel- und Kleinbürgertums sowie der Großbauernschaft auf dem Lande, was nachteilige Folgen für die Versorgung der Bevölkerung hatte und in gewissem Maße zur Störung der richtigen Beziehungen zwischen der Partei und den werktätigen Massen ... führte.

b) Es war richtig, daß die Parteiorganisationen die in der DDR auf Initiative der werktätigen Bauern entstandene Bewegung zur Bildung von Landwirtschaftlichen Produktionsgenossenschaften unterstützten. Die Parteiorganisationen haben jedoch in einigen Kreisen die Verletzung des Prinzips der strengsten Freiwilligkeit bei der Bildung solcher Produktionsgenossenschaften geduldet, haben versucht, ihr zahlenmäßiges Wachstum zu forcieren...

Die Politik der Partei in der DDR muß deshalb einfach und klar, offen und zielstrebig sein, damit sie von den einfachen Menschen verstanden wird. Eine solche Politik ist der neue Kurs der Partei ..."

Aus: Dokumente der SED. Bd. IV. Berlin 1954, S. 449 ff.

Vorschläge von Walter Ulbricht zur Bildung einer Konföderation der beiden deutschen Staaten vor dem Plenum des ZK der SED vom 3. Februar 1957

„... Die Vorbereitung der friedlichen und demokratischen Wiedervereinigung Deutschlands erfordert (in der Bundesrepublik Deutschland – R. R.), daß die Arbeiterklasse ... selbst das Fundament schafft, auf dem das neue Gebäude des einigen, friedliebenden und demokratischen Deutschland errichtet wird. Das erste ist die Aufhebung des Betriebsverfassungsgesetzes... Es sind alle Vorrechte der Großgrundbesitzer zu beseitigen... Deshalb ist es notwendig, eine Volksabstimmung über die Überführung der Schlüsselindustrie in Volkseigentum, eine demokratische Bodenreform und eine Schulreform durchzuführen...

Wenn solche Verhältnisse geschaffen werden, die eine friedliche Lösung der deutschen Frage ermöglichen, dann würde es auch gelingen, einen gesamtdeutschen Rat, der sich paritätisch aus Vertretern der beiden deutschen Staaten zusammensetzt, zu bilden. Die Mitglieder des Rates sollten in beiden Teilen Deutschlands auf Grund der geltenden Wahlgesetze gewählt werden... Der gesamtdeutsche Rat würde die Funktion einer Regierung der deutschen Konföderation ausüben und Maßnahmen vorbereiten wie die Herstellung einer einheitlichen Verwaltung in Deutschland ... (er) würde ferner auf der Grundlage gleichberechtigter Verhandlungen die Maßnahmen für die Durchführung von freien gesamtdeutschen Wahlen zur Nationalversammlung ausarbeiten..."

Aus: Heinrich v. Siegler (Hrsg.): Wiedervereinigung und Sicherheit Deutschlands. 2 Bde. Bonn 1967/68, S. 64.

Beschluß des Ministerrates der DDR zum Bau der Berliner Mauer vom 12. August 1961

„... Zur Unterbindung der feindlichen Tätigkeit der revanchistischen und militaristischen Kräfte Westdeutschlands und Westberlins wird eine solche Kontrolle an den Grenzen der DDR, einschließlich der Grenze zu den Westsektoren von Großberlin eingeführt, wie sie an den Grenzen jedes souveränen Staates üblich ist. Es ist an den Westberliner Grenzen eine verläßliche Bewachung und eine wirksame Kontrolle zu gewährleisten, um der Wühltätigkeit den Weg zu verlegen. Diese Grenzen dürfen von Bürgern der DDR nur noch mit besonderer Genehmigung passiert werden... Dieser Beschluß über Maßnahmen zur Sicherung des Friedens, zum Schutz der DDR, insbesondere ihrer Hauptstadt, und zur Gewährleistung der Sicherheit anderer sozialistischer Staaten bleibt bis zum Abschluß eines Friedensvertrages in Kraft ..."

Aus: Heinrich v. Siegler (Hrsg.): Wiedervereinigung und Sicherheit Deutschlands. 2 Bde. Bonn 1967/68, S. 205 f.

Das Prinzip des „Demokratischen Zentralismus" nach dem Statut der SED vom 19. Januar 1963

„... 23. Der Organisationsaufbau der Partei beruht auf dem Prinzip des demokratischen Zentralismus. Dieser Grundsatz besagt:

a) daß alle Parteiorgane von unten bis oben demokratisch gewählt werden;
b) daß die gewählten Parteiorgane zur regelmäßigen Berichterstattung über ihre Tätigkeit vor den Organisationen verpflichtet sind, durch die sie gewählt wurden;
c) daß alle Beschlüsse der höheren Parteiorgane verbindlich sind, straffe Parteidisziplin zu üben ist und die Minderheit sowie der einzelne sich den Beschlüssen der Mehrheit diszipliniert unterordnet.

„24. Das höchste Prinzip der Arbeit der leitenden Parteiorgane ist die Kollektivität..."

Aus: Protokoll der Verhandlungen des VI. Parteitages der SED. Band IV. Beschlüsse und Dokumente. Berlin 1963, S. 406 ff.

Programm der Sozialistischen Einheitspartei Deutschlands vom 18. Januar 1963

„... Ein neues Zeitalter in der Geschichte des deutschen Volkes hat begonnen, das Zeitalter des Sozialismus. Es ist das Zeitalter des Friedens und der sozialen Sicherheit, der Menschenwürde und der Brüderlichkeit, der Freiheit und Gerechtigkeit, der Menschlichkeit und der Lebensfreude... Die Deutsche Demokratische Republik ist in dieses neue, das sozialistische Zeitalter in Deutschland bereits eingetreten... Das große Ziel dieses Programms ist der vollständige und umfassende Aufbau des Sozialismus in der Deutschen Demokratischen Republik...

Beim umfassenden Aufbau des Sozialismus auf dem Gebiet der Volkswirtschaft läßt sich die Sozialistische Einheitspartei Deutschlands vom ökonomischen Grundsatz des Sozialismus leiten... Die Sozialistische Einheitspartei Deutschlands geht davon aus, daß die vollständige Übereinstimmung zwischen den gesellschaftlichen Erfordernissen und den Interessen der einzelnen Werktätigen und Kollektive die wichtigste Triebkraft unserer ökonomischen und gesellschaftlichen Entwicklung ist. Indem die Werktätigen für den gesellschaftlichen Nutzen arbeiten, dienen sie zugleich ihrem eigenen persönlichen Interesse...

Mit dem umfassenden Aufbau des Sozialismus verändern die Werktätigen der Deutschen Demokratischen Republik nicht nur ihre materiellen und kulturellen Lebensbedingungen, sondern auch sich selbst...

Der Mensch der sozialistischen Gesellschaft läßt sich von den Grundsätzen der sozialistischen Ethik und Moral leiten... Mit der Herausbildung der sozialistischen Nationalkultur wird unsere Nation die bisher höchste Stufe ihrer kulturellen Entwicklung erreichen. Die sozialistische Nationalkultur ist die Kultur des realen Humanismus, eine echte Volkskultur. Sie stellt damit eine neue historische Qualität dar...

Für den Sieg des Sozialismus im Weltmaßstab ... ist die maximale Ausnutzung der großen Vorzüge des sozialistischen Weltsystems durch die internationale ökonomische Zusammenarbeit und Arbeitsteilung und die Entwicklung des sozialistischen Weltmarktes von hervorragender Bedeutung...

Durch den Sieg der sozialistischen Produktionsverhältnisse ist die Deutsche Demokratische Republik Westdeutschland um eine ganze Epoche voraus... Der Sozialismus ist die Zukunft des ganzen deutschen Volkes..."

Aus: Protokoll der Verhandlungen des VI. Parteitages der SED. Bd. IV, Beschlüsse und Dokumente. Berlin 1963, S. 297 ff.

Verfassung der Deutschen Demokratischen Republik vom 6. April 1968 in synoptischer Gegenüberstellung mit einigen der Veränderungen, die am 7. Oktober 1974 vorgenommen wurden

Verfassung 1968	Revision 1974
Präambel	
„Getragen von der Verantwortung, der ganzen deutschen Nation den Weg in eine Zukunft des Friedens und des Sozialismus zu weisen, ... hat sich das Volk der Deutschen Demokratischen Republik ... diese sozialistische Verfassung gegeben.	„In Fortsetzung der revolutionären Tradition der deutschen Arbeiterklasse ... hat das Volk der Deutschen Demokratischen Republik ... sein Recht auf sozialökonomische, staatliche und nationale Selbstbestimmung verwirklicht und gestaltet die entwickelte sozialistische Gesellschaft.
Artikel 1	
Die Deutsche Demokratische Republik ist ein sozialistischer Staat deutscher Nation...	Die Deutsche Demokratische Republik ist ein sozialistischer Staat der Arbeiter und Bauern...
Artikel 6	
... (2) Die Deutsche Demokratische Republik entwickelt entsprechend den Prinzipien des sozialistischen Internationalismus die allseitige Zusammenarbeit und Freundschaft mit der Union der Sozialistischen Sowjetrepubliken	... (2) Die Deutsche Demokratische Republik ist für immer unwiderruflich mit der Union der Sozialistischen Sowjetrepubliken verbündet... Die Deutsche Demokratische Republik ist untrennbar Bestandteil

Verfassung 1968	Revision 1974
und den anderen sozialistischen Staaten...	der sozialistischen Staatengemeinschaft. Sie trägt getreu den Prinzipien des sozialistischen Internationalismus zu ihrer Stärkung bei...
Artikel 8	
(1) Die allgemein anerkannten, dem Frieden und der friedlichen Zusammenarbeit der Völker dienenden Regeln des Völkerrechts sind für die Staatsmacht und jeden Bürger verbindlich. Die Deutsche Demokratische Republik wird niemals einen Eroberungskrieg unternehmen oder ihre Streitkräfte gegen die Freiheit eines anderen Volkes einsetzen.	(1) Die allgemein anerkannten, dem Frieden und der friedlichen Zusammenarbeit der Völker dienenden Regeln des Völkerrechts sind für die Staatsmacht und jeden Bürger verbindlich. (2) Die Deutsche Demokratische Republik wird niemals einen Eroberungskrieg unternehmen oder ihre Streitkräfte gegen die Freiheit eines anderen Volkes einsetzen.
(2) Die Herstellung und Pflege normaler Beziehungen und die Zusammenarbeit der beiden deutschen Staaten auf der Grundlage der Gleichberechtigung sind nationales Anliegen der Deutschen Demokratischen Republik. Die Deutsche Demokratische Republik und ihre Bürger erstreben darüber hinaus die Überwindung der vom Imperialismus der deutschen Nation aufgezwungenen Spaltung Deutschlands, die schrittweise Annäherung der beiden deutschen Staaten bis zu ihrer Wiedervereinigung auf der Grundlage der Demokratie und des Sozialismus.	
Artikel 14	
(1) Die Nutzung und der Betrieb privater Wirtschaftsunternehmungen und -einrichtungen zu Erwerbszwecken müssen gesellschaftliche Bedürfnisse befriedigen..."	(1) Privatwirtschaftliche Vereinigungen zur Begründung wirtschaftlicher Macht sind nicht gestattet..."

Aus: Gesetzblatt der Deutschen Demokratischen Republik. Teil I: Gesetze und Beschlüsse der Volkskammer. (Verfassung vom 6. April 1968 – GBL. I, S. 199 ff) – Verfassungsänderungen vom 7. Oktober 1974 – GBL. I, S. 429 ff).

Fragen und Aufgaben

- Dem Potsdamer Abkommen kommt im Hinblick auf die politische, ökonomische und soziale Entwicklung in Deutschland eine entscheidende Bedeutung zu. Erläutern Sie dies insbesondere aus der Sicht der DDR.
- Welche politischen und ökonomischen Weichenstellungen führten zur Gründung der DDR?
- Beurteilen Sie die Chancen einer deutschen Wiedervereinigung in den Jahren 1945–1955.
- Untersuchen Sie die Legitimationsprobleme für den Alleinvertretungsanspruch der Bundesrepublik. Reflektieren Sie dabei die Voraussetzungen auf Seiten der DDR mit.
- Skizzieren Sie die Entwicklung der DDR. Nehmen Sie dabei insbesondere zur „Periodisierung" historischer Prozesse Stellung.
- Beurteilen Sie die Ereignisse des 17. Juni 1953 und des 13. August 1961 aus der Sicht der DDR und der Bundesrepublik.
- Welche Bedeutung kommt der Verfassung im sozialistischen Staat der DDR zu?
- Wie beurteilen Sie die Frage der Wiedervereinigung und der deutschen Nation nach der Verfassungsreform von 1974 in der DDR?
- Der Grundlagenvertrag – eine neue Basis für das gedeihliche Neben- und Miteinander der beiden deutschen Staaten sowie ein Garant für den Frieden in Europa?

Wichtige Daten	Wichtige Begriffe
22. April 1946 Gründung der Sozialistischen Einheitspartei Deutschlands (SED)	Gruppe Ulbricht Partei neuen Typs
23./24. Juni 1948 Beginn der Berlin-Blockade; Konferenz von Warschau; Beginn der Währungsreform in der DDR	Nationale Front Blocksystem

Wichtige Daten

7. Oktober 1949
Gründung der Deutschen Demokratischen Republik. Inkraftsetzen der Verfassung durch die aus dem Deutschen Volksrat hervorgeg. Provisorische Volkskammer

10. März 1952
Die UdSSR unterbreitet den Westmächten den Entwurf für einen Friedensvertrag mit Deutschland (Stalin-Note).

16./17. Juni 1953
Streik der Bauarbeiter in der Ost-Berliner Stalin-Allee weitet sich zum allgemeinen Volksaufstand aus; Niederschlagung durch Rote Armee.

11./14. Mai 1955
Abschluß des Warschauer Paktes (DDR ist Gründungsmitglied)

12. September 1960
Walter Ulbricht wird nach dem Tode von Wilhelm Pieck Vorsitzender des neugebildeten Staatsrates (Organ der kollektiven Staatsführung).

13. August 1961
Beginn des Baus der Berliner Mauer zwischen West- und Ost-Berlin

20./21. August 1968
DDR-Truppen beteiligen sich am Einmarsch in die Tschechoslowakei.

3. Mai 1971
Erich Honecker wird zum Ersten Sekretär der SED gewählt.

Wichtige Begriffe

Volkseigene Betriebe (VEB)

Sowjetische Militäradministration (SMAD)

Volkskongreß-Bewegung

Sowjetische Kontroll-Kommission (SKK)

Landwirtschaftliche Produktionsgenossenschaften (LPG)

Aufstand des 17. Juni 1953

Rat für gegenseitige Wirtschaftshilfe (RGW)

Görlitzer Vertrag

Stalin-Note 1952

Warschauer Pakt

Zwei-Staaten-Theorie

Zwei-Nationen-Theorie

Berlin-Ultimatum

Demokratischer Zentralismus

Berliner Mauerbau 1961

Neues Ökonomisches System

Wichtige Daten	Wichtige Begriffe
21. Dezember 1972 Unterzeichnung des Grundlagenvertrages	Grundlagenvertrag
18. September 1973 DDR und Bundesrepublik Deutschland werden in die UNO aufgenommen.	Berliner Viermächte-Abkommen
27. September 1974 Volkskammer beschließt Verfassungsänderungen, die zum 7. 10. 1974 in Kraft treten; Streichung aller Hinweise auf gemeinsame deutsche Nation.	

Auswahlbibliographie

Allgemeine Darstellungen

Albrecht, Günter: Zur gesellschaftlichen Entwicklung und zum Staatsaufbau der Deutschen Demokratischen Republik. Materialiensammlung. Berlin (Ost) 1954.

DDR-Handbuch. Wiss.Leitung Peter Chr. Ludz. Köln ²1979.

Deuerlein, Ernst (Hrsg.): DDR. Geschichte und Bestandsaufnahme. München 1966.

Doernberg, Stefan: Kurze Geschichte der DDR. Berlin (Ost) ²1965.

Duhnke, Horst: Stalinismus in Deutschland. Die Geschichte der sowjetischen Besatzungszone. Berlin 1955.

Ludz, Peter Chr.: Die DDR zwischen Ost und West. Politische Analysen 1961 bis 1976. München 1977.

Neef, Helmut: Entscheidende Tage im Oktober 1949. Die Gründung der Deutschen Demokratischen Republik. Berlin (Ost) 1979.

Pfeiler, Wolfgang: Zum Nationalbewußtsein in der DDR. In: Politik und Kultur, Heft 1/1977, S. 52–60.

Rausch, Heinz/Stammen, Theo (Hrsg): DDR. Das politische, wirtschaftliche und soziale System. München ⁴1978.

Roller, Walter: Staatsgründung DDR. In: Jürgen Weber (Hrsg): 30 Jahre Bundesrepublik Deutschland. Bd. III: Die Gründung des neuen Staates 1949. München 1981, S. 265–298.

Schweigler, Gerhard: Nationalbewußtsein der Bundesrepublik Deutschland und der DDR. Düsseldorf 1973.

Sontheimer, Kurt/Bleeck, Kurt: Die DDR. Politik, Gesellschaft, Wirtschaft. Hamburg [5]1979.
Thomas, Rüdiger: Modell DDR. Die kalkulierte Emanzipation. München [6]1977.
Weber, Hermann: Von der SBZ zur DDR. 2 Bände. Hannover 1966/67.

Verfassung und politisches System

Bärwald, Helmut/Maerker, Rudolf: Der SED-Staat. Das kommunistische Herrschaftssystem in der Sowjetzone. Köln 1963.
Blumenwitz, Dieter: Die deutsche Staatsangehörigkeit und die Konsularverträge der DDR mit dritten Staaten. In: Politische Studien, 26/1975, S. 283–292.
Büchner-Uhder, Willi u. a.: Grundrechte und Grundpflichten der Bürger in der DDR. In: Staat und Recht, 15/1966, S. 563–577.
Draht, Martin: Verfassungsrecht und Verfassungswirklichkeit in der sowjetischen Besatzungszone. Untersuchungen über Legalität, Loyalität und Legitimität. Bonn 1954.
Glaeßner, Gert-Joachim: Herrschaft durch Kader. Leitung der Gesellschaft und Kaderpolitik in der DDR am Beispiel des Staatsapparats. Opladen 1977.
Grasemann, Hans-Jürgen: Deutsche Staatsangehörigkeit und DDR-Staatsbürgerschaft. Eine Problemskizze. In: Deutsche Studien. 16/1978, S. 331–339.
Kiera, Hans-Georg: Partei und Staat im Planungssystem der DDR. Die Planung in der Ära Ulbricht. Düsseldorf 1975.
Kirchheimer, Otto: Die Rechtspflege und der Begriff der Gesetzlichkeit in der DDR. In: Archiv des öffentlichen Rechts, 85/1960, S. 1–65.
Lapp, Peter Joachim: Der Staatsrat im politischen System der DDR (1960–1971). Opladen 1972.
Mampel, Siegfried: Die Verfassung der Sowjetischen Besatzungszone Deutschlands. Text und Kommentar. Frankfurt a. M. 1962.
Ders.: Die sozialistische Verfassung der Deutschen Demokratischen Republik. Text und Kommentar. Frankfurt a. M. [2]1982.
Müller-Römer, Dietrich: Die neue Verfassung der DDR. Köln [3]1974.
Rost, Rudi: Der demokratische Zentralismus unseres Staates. Berlin (Ost) 1962.
Schneider, Eberhard: Die Volksvertretungen in der DDR. In: Zeitschrift für Politik, 22/1975, S. 183–201.
Türke, Joachim: Demokratischer Zentralismus und kommunale Selbstverwaltung in der sowjetischen Besatzungszone Deutschlands. Göttingen 1960.
Zieger, Gottfried: Das Staatsbürgerschaftsrecht der DDR. Seine Auswirkungen auf die Rechtsordnung der Bundesrepublik. Frankfurt a. M. 1969.

Parteiensysteme/SED

Doernberg, Stefan: Die Gründung der Sozialistischen Einheitspartei Deutschlands und ihre historische Bedeutung. In: Zeitschrift für Geschichtswissenschaft, 4/1956, S. 213–229.
Graf, Herbert/Poppe, Eberhard: Wähler, Wahlen, Wahlrecht, Wahlleitung in der DDR. Berlin (Ost) 1965.

Heel, Heinrich: Die Nationale Front des demokratischen Deutschland. Zeittafel. Berlin (Ost) 1962.
Kulbach, Roderich/Weber, Helmut: Parteien im Blocksystem der DDR. Funktion und Aufbau der LDPD und der NDPD. Köln 1969.
Ludz, Peter Chr.: Zur Neuorientierung des Staats-, Partei- und Wirtschaftsapparates der „DDR". Die Stellung der SED im neuen System der Wirtschaftsplanung. In: Europa-Archiv, 18/1963, S. 795–810.
Weber, Hermann: Die Sozialistische Einheitspartei Deutschlands 1946–1971. Hannover 1971.
Ders.: SED. Chronik einer Partei, 1971–1976. Köln 1976.

Der 17. Juni 1953

Baring, Arnulf: Der 17. Juni 1953. Köln 1965.
Brant, Stefan: Der Aufstand. Vorgeschichte, Geschichte und Deutung des 17. Juni 1953. Stuttgart 1954.
Cornides, Wilhelm/H. Löschhorn: Materialien zu den Ereignissen des 16. und 17. Juni in Berlin und der SBZ mit dokumentarischem Anhang. In: Europa-Archiv, 8/1953, S. 5829–5835.
Scholz, Arno/Nieke, Werner (Hrsg): Der 17. Juni. Der Tag der Volkserhebung. Dokumente, Berichte, Fotos. Berlin 1953.

Außenpolitik der DDR

Bruns, Wilhelm: Die Außenpolitik der DDR. Berlin 1985.
Dokumente zur Außenpolitik der Regierung der DDR. Hrsg. vom Deutschen Institut für Zeitgeschichte. Bde. 1–13. Berlin (Ost) 1954–1969.
Dokumente zur Außenpolitik der Deutschen Demokratischen Republik. Bd. 14 ff. Berlin (Ost) 1970 ff.
Kregel, Bernd: Außenpolitik und Systemstabilisierung in der DDR. Opladen 1979.
Osten, Walter: Die Außenpolitik der DDR. Im Spannungsfeld zwischen Moskau und Bonn. Opladen 1969.

Innenpolitik

Das System der sozialistischen Gesellschafts- und Staatsordnung in der Deutschen Demokratischen Republik. Dokumente. Berlin (Ost) 1970.
Forster, Thomas M.: Die NVA. Kernstück der Landesverteidigung der DDR. Köln [5]1979.
Glaeßner, Gert-Joachim/Rudolph, Irmhild: Macht durch Wissen. Zum Zusammenhang von Bildungspolitik, Bildungssystem und Kaderqualifizierung in der DDR. Opladen 1978.
Hager, Kurt: Die entwickelte sozialistische Gesellschaft. Aufgaben der Gesellschaftswissenschaften nach dem VIII. Parteitag der SED. Berlin (Ost) 1970.
Hettwer, Hubert: Das Bildungswesen in der DDR. Strukturelle und inhaltliche Entwicklung seit 1945. Köln 1976.

Hücking, Hans: Wehrdienstverweigerung in der DDR. In: Frankfurter Hefte, 31/1976, S. 22–28.

Maerker, Rudolf: Jugend im anderen Teil Deutschlands. Schrittmacher oder Mitmacher? München 1969.

Müller, Hans/Reissig, Karl: Wirtschaftswunder DDR. Ein Beitrag zur Geschichte der ökonomischen Politik der SED. Berlin (Ost) 1968.

Nawrocki, Joachim: Bewaffnete Organe der DDR. Nationale Volksarmee und andere militärische und paramilitärische Verbände. Aufbau, Bewaffnung, Aufgaben. Berlin 1979.

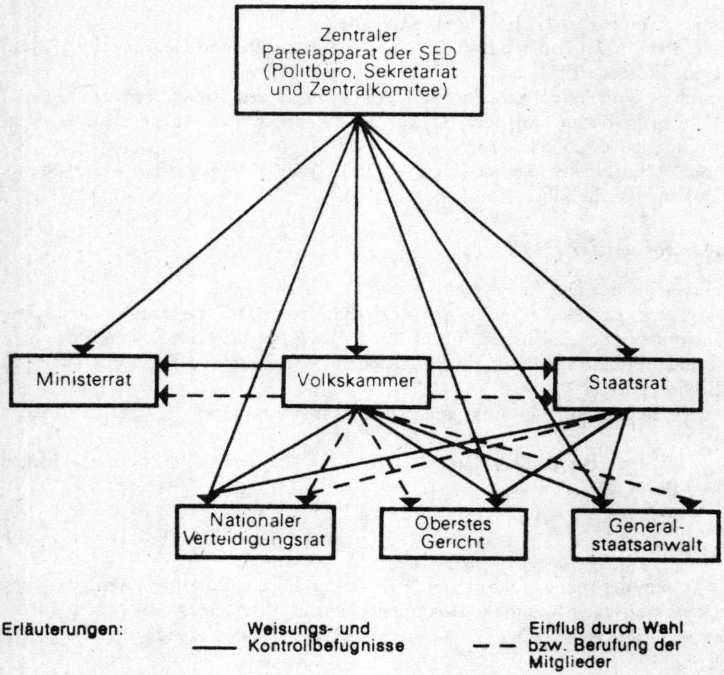

Das politische System der DDR (aus: Dietrich Müller-Römer: Die neue Verfassung der DDR. Köln [3]1974, S. 57. © Verlag Wissenschaft und Politik)

6. Die Entwicklung der Bundesrepublik Deutschland

Trotz aller strukturellen Weichenstellungen und machtpolitischen Konstellationen, die als Rahmen- und Entwicklungsbedingungen maßgeblich waren, ist die Epoche der jungen Bundesrepublik Deutschland zweifellos von politischen Persönlichkeiten wie Konrad Adenauer, Ludwig Erhard, Theodor Heuss und Kurt Schumacher entscheidend geprägt worden. Daneben darf man allerdings nicht übersehen, wie sehr der Aufbauwille der Bevölkerung dazu beigetragen hat, die wirtschaftlichen Verhältnisse so zu entwickeln und zu stabilisieren, daß man bald vom „deutschen Wirtschaftswunder" sprechen konnte. Dieser Primat des Ökonomischen gegenüber dem Politischen beeinflußte in starkem Maße die politische Kultur in der Bundesrepublik und nährte Befürchtungen, das politische System könnte nur eine „Schönwetter-Demokratie" sein. Trotz mancher Krisen zeigte die Bundesrepublik aber eine erstaunliche Stabilität und einen überzeugenden Behauptungswillen, so daß die berechtigte Hoffnung bestand: „Bonn ist nicht Weimar" (R. Allemann). Dieser historisch-politische Prozeß lief indes nicht ohne kritische Phasen ab. Wenngleich bei der Entwicklung der Bundesrepublik eine ähnliche Periodisierung, wie sie aus ideologischen Gründen für die Geschichte der DDR reklamiert wird, nicht angebracht ist, so sind doch – auch um einer überschaubaren Darstellung willen – bestimmte Einschnitte zu erkennen.

Als erste Epoche ließen sich die Jahre 1949 bis 1957 bestimmen, also die Zeit von der Konstituierung der Bundesrepublik bis zur Erlangung der (relativen) Souveränität und der weithin abgeschlossenen Westintegration. Angesichts der zunehmenden weltpolitischen Spannungen (Korea-Krieg) waren hier insbesondere zwei Entwicklungen kennzeichnend: Zum einen erlangte die Bundesrepublik schrittweise die Souveränität; zum anderen konnten sich gerade dadurch die wirtschaftliche Hilfe des Marshallplans und der enorme Aufbauwille der deutschen Bevölkerung voll entfalten.

Mit der Konstituierung der Bundesrepublik trat am 21. 9. 1949 das Besatzungsstatut in Kraft. Es bedeutete das Ende der Militärregierungen und weitgehende Souveränität in den inneren Angelegenheiten. Die Besatzungsmächte ernannten Hohe Kommissare, denen u. a. auch die Vertretung der deutschen Außenpolitik vorbehalten blieb. Eine erste Lockerung des Besatzungsregimes brachte das „Petersberger Abkommen" (22. Nov. 1949), das der Bundesrepublik das Recht einräumte, ihre Außenhandelsbeziehungen selbstverantwortlich zu gestalten, konsularische Vertretungen bei ausländischen Mächten einzurichten sowie internationalen Organisationen beizutreten. Im Gegenzug willigte Konrad Adenauer ein, die Bundesrepublik zum Mitglied der internationalen Ruhrbehörde zu machen. Dies führte im Bundestag zu heftigen Auseinandersetzungen, die in dem Vorwurf Kurt Schumachers gipfelten, Adenauer sei „Bundeskanzler der Alliierten" statt Vertreter der deutschen Interessen.

Zweifellos gab die Bundesrepublik mit dem Beitritt zum Ruhrstatut deutsche Hoheitsrechte preis, die sie als assoziiertes Mitglied bis dahin de facto allerdings ebensowenig besessen hatte, aber sie eröffnete sich dadurch auch die Möglichkeit der schrittweisen Einbindung in die westliche Staatengemeinschaft: So folgte der vertragsrechtliche Beitritt zum ERP (Marshall-Plan 15. 12. 1949) und die Aufnahme zunächst als assoziiertes, dann als Voll-Mitglied in den Europarat (31. 3. 1950/2. Mai 1951). Ebenso ermutigte dieser politische Schritt auch den französischen Außenminister R. Schuman, eine Europäische Gemeinschaft für Kohle und Stahl (Montan-Union) vorzuschlagen, in der die Bundesrepublik voll- und gleichberechtigtes Mitglied sein und wodurch das Ruhrstatut hinfällig werden sollte. Während das Ratifikationsverfahren für den Montanunion-Vertrag (in Kraft getreten am 27. Juli 1952) noch im Gange war, erfolgte am 21. Dezember 1951 bereits die Aufhebung des Ruhrstatuts.

Churchill, der bereits sehr früh vor der Ausbreitung des Sowjetkommunismus gewarnt hatte, schlug als erster maßgeblicher Politiker des Westens einen deutschen Beitrag zur Verteidigung Westeuropas vor (16. 3. 1950); am 11. Juli 1950 äußerte sich mit General de Gaulle erstmals ein führender französischer Politiker in ähnlichem Sinne. Am 11. August 1950 griff der Europarat diese Vorstellungen auf und sprach sich für eine gemeinsame europäische Armee mit deutschen Kontingenten aus. Bundeskanzler Adenauer hat aufgrund seiner stark antikommunistischen Einstellung nie einen Hehl aus der seiner Ansicht nach notwendigen deutschen Wiederbewaffnung gemacht; in einem Memorandum (19. August 1950) an die Alliierten Hohen Kommissare forderte er deshalb als Gegengewicht zur Kasernierten Volkspolizei in der DDR ebenfalls Verteidigungstruppen für die Bundesrepublik. Diese Wiederaufrüstungspolitik führte nicht nur innerhalb der deutschen Bevölkerung und des Parlaments zu heftigen Auseinandersetzungen, sondern auch zum Rücktritt von Innenminister Gustav Heinemann (9. 10. 1950), der diese Politik nicht mittragen wollte. – Die Veröffentlichung des französischen Pleven-Plans, der den Aufbau einer westeuropäischen Armee unter deutscher Beteiligung vorsah (26. Oktober 1950), bestärkte Adenauer jedoch in seiner Politik und ließ ihn am gleichen Tag die „Dienststelle Blank" als Vorläufer des späteren Verteidigungsministeriums einrichten. Adenauer wollte die Bundesrepublik vor einer kommunistischen Aggression schützen und sah hier die Chance, ein entscheidendes Stück deutscher Souveränität zurückzugewinnen.

Am 9. Juli 1951 erklärten die drei Westmächte den Kriegszustand mit Deutschland für beendet. Diese Tatsache brachte zunächst keine unmittelbaren Erleichterungen für die Bundesrepublik, stellte aber die Voraussetzung für die Washingtoner Außenministerkonferenz der drei Westmächte dar (10./14. September 1951), auf der sie sich grundsätzlich darauf einigten, das Besatzungsstatut durch einen Deutschlandvertrag abzulösen, der die künftigen Beziehungen zwischen den Westmächten und der Bundesrepublik regeln sollte. Gleichzeitig kam man jedoch überein, diesen Vertrag an die deutsche Bereitschaft zu binden, einen Beitrag für die gemeinsame Verteidigung Westeuropas zu leisten.

Um die vorgezeichnete Westintegration der Bundesrepublik zu verhindern und die Tendenzen eines Neo-Isolationismus bei den anstehenden Präsidentenwahlen in den USA zu stärken, legte die Sowjetunion am 10. März 1952 den Entwurf eines Friedensvertrages mit Deutschland vor, der eine Wiedervereinigung bei gleichzeitiger bewaffneter Neutralität anbot (Stalin-Note). Im Einvernehmen mit Adenauer lehnten die Westmächte die sowjetischen Vorschläge jedoch mit der Begründung ab, dem Abschluß eines Friedensvertrages müßten freie Wahlen in ganz Deutschland vorausgehen. Es ist oft darüber gestritten worden, ob mit der Zurückweisung dieses sowjetischen Angebots nicht eine unwiederbringbare Chance zur deutschen Wiedervereinigung verspielt wurde. Während maßgebliche Kreise der Opposition, insbesondere Kurt Schumacher, dafür plädierten, die Westverträge so lange offen zu halten, bis geklärt sei, ob die Sowjetnote eine Wiedervereinigung in Freiheit eröffne, gedachte Adenauer gerade den umgekehrten Weg einzuschlagen, also den Abschluß der Westverträge zu forcieren. Er war davon überzeugt, daß nur ein starkes Westeuropa im Bündnis mit den USA der Sowjetunion Konzessionen in der deutschen Frage und zur Sicherung des Friedens in Europa abringen könnte.

Deshalb kam es am 26. Mai 1952 zur Unterzeichnung des Deutschlandvertrages, dessen Inkrafttreten jedoch an das Zustandekommen des Vertrages über die Europäische Verteidigungsgemeinschaft (EVG) gebunden war. Angesichts des ungewissen Ausgangs der Ratifizierungsverfahren hatte Adenauer von den Westmächten die Zusicherung erwirkt, über das Inkrafttreten des Deutschlandvertrages ggf. auf einer Sonderkonferenz zu beraten und zu entscheiden. So vereinbarten die Westmächte unter Einschluß Kanadas und der übrigen EVG-Staaten auf der Londoner Neun-Mächte-Konferenz (28. 9./3. 10. 1954) in der „Londoner Akte“, das Besatzungsstatut so bald wie möglich abzulösen und die Aufnahme der Bundesrepublik in die NATO sowie in den Brüsseler Pakt vorzusehen, der zur Westeuropäischen Union erweitert werden sollte.

Nach dem Scheitern des EVG-Vertrages fanden diese politischen Zielsetzungen ihren Niederschlag in den Pariser Verträgen (19./23. Oktober 1954). Es kam zur Einladung an die Bundesrepublik, der WEU und der NATO beizutreten; beide Mitgliedschaften sollten mit dem Beitritt zur NATO wirksam werden. Entscheidender für die Bundesrepublik war das dritte Vertragspaket, das die Beendigung des Besatzungssystems, die Wiederherstellung der deutschen Souveränität und die Berlingarantien vorsah. Schließlich einigten sich Frankreich und die Bundesrepublik noch auf ein europäisches Statut für die Saar, das allerdings der Billigung einer Volksabstimmung unterworfen werden sollte. (Die Saarbevölkerung hat dieses Statut am 23. Oktober 1955 mit 67,7 % der abgegebenen Stimmen abgelehnt und damit ihren Willen zur Wiedereingliederung in den deutschen Staatsverband bekundet.) Die Pariser Verträge traten am 5. Mai 1955 in Kraft. Damit erhielt die Bundesrepublik weitgehende Souveränität nach innen und außen. Dies unterstrich sie mit der Umwandlung ihrer diplomatischen Vertretungen in Paris, London und Washington in Botschaften (1. Mai 1955), mit dem Beitritt zur NATO und zur WEU (9. Mai) sowie der Berufung Theodor Blanks zum Verteidigungsminister und Heinrich von Brentanos zum Außenminister (8. Juli).

Ebenfalls als Konsequenz der Pariser Verträge muß schließlich auch die Verkündung der Hallstein-Doktrin (benannt nach dem damaligen Staatssekretär im Auswärtigen Amt, Walter Hallstein) gesehen werden, wie sie in der Regierungserklärung Adenauers vom 22. 9. 1955 öffentlich vorgetragen und auf der Berliner Botschafterkonferenz (8./9. 12. 1955) durch Heinrich von Brentano unterstrichen wurde. Danach machte die Bundesrepublik den Alleinvertretungsanspruch für ganz Deutschland geltend und drohte jedem anderen Staat mit Konsequenzen bis hin zum Abbruch der diplomatischen Beziehungen, falls er die DDR anerkenne (gegenüber Jugoslawien 1957 und Kuba 1963 angewandt). Dieser Grundsatz sollte einzig gegenüber der Sowjetunion eine Ausnahme zulassen. Mit der UdSSR hatte Adenauer bei seinem Moskaubesuch (8./14. Sept. 1955) als Gegenleistung zur Aufnahme diplomatischer Beziehungen die Rückkehr aller deutschen Kriegsgefangenen ausgehandelt.

Nachdem Großbritannien bereits am 1. März 1952 die Insel Helgoland, die es bis dahin als militärisches Übungsgelände besetzt hielt, an die Bundesrepublik zurückgegeben hatte, einigten sich Frankreich und die Bundesrepublik, auch angesichts des überwältigenden Votums der Saarbevölkerung, im Luxemburger Abkommen vom 4. Juni 1956, das Saarland am 1. Juni 1957 politisch und am 1. Januar 1960 auch wirtschaftlich in die Bundesrepublik zu integrieren (später auf den 5. Juli 1959 vorgezogen). Damit wurde der Weg zu einer noch engeren wirtschaftlichen Zusammenarbeit der sechs Staaten der Montanunion frei. Am 25. März 1957 unterzeichneten sie deshalb die Römischen Verträge, die eine Europäische Wirtschaftsgemeinschaft (EWG) und eine Europäische Atomgemeinschaft (Euratom) vorsahen und die zum 1. Januar 1958 in Kraft traten. Die Einbindung der Bundesrepublik als anerkannter und gleichberechtigter Partner in die Gemeinschaft der westeuropäischen Völker war damit abgeschlossen. Es bleibt offen, ob diese forcierte Westintegration nicht gänzlich zu Lasten der Wiedervereinigung erfolgte; ferner stellt sich die Frage, ob nicht unter dem Primat der Außenpolitik die Entwicklung der Demokratie und innenpolitische Probleme vernachlässigt wurden.

Die Wahlen zum dritten Deutschen Bundestag (15. Sept. 1957) brachten zwar der CDU/CSU die absolute Mehrheit und schienen damit die Erfolge und den Kurs der Politik Adenauers zu honorieren. Diese Tatsache kann indes nicht darüber hinwegtäuschen, daß in den ersten Jahren der jungen Republik auch Entscheidungen fielen, die langfristig erhebliche Probleme aufwarfen und die politische Kultur der Bundesrepublik belasteten. Dies gilt von der Wiederaufrüstung und den damit verbundenen Grundgesetzänderungen (26. 8. 1954 bzw. 19. März 1956), die zu einem Zeitpunkt erfolgten, als noch nicht einmal die letzten Kriegsgefangenen heimgekehrt waren. Kontrovers verliefen auch die Debatten um die Ausrüstung der Bundeswehr mit Atomwaffen, die in der Mitte der 50er Jahre einsetzten und immer wieder, insbesondere in den 80er Jahren, zu heftigen Auseinandersetzungen führten. Ebenso verhielt es sich mit der Wiedervereinigung. Viele Deutsche (unter den Parteien vor allem die SPD) hielten damals die Westintegration der Bundesrepublik für ein zunehmend unüberwindlicher werdendes Hindernis auf dem Weg zur Wiederherstellung der deutschen Einheit.

All diese Probleme und Defizite wurden zweifellos weitgehend durch eine unerwartet erfolgreiche Wirtschaftspolitik kompensiert. Die von Ludwig Erhard vertretene soziale Marktwirtschaft verhalf nach etlichen Anfangsschwierigkeiten den Deutschen in der Bundesrepublik zu einem derart steilen wirtschaftlichen Aufschwung, daß die Arbeitslosigkeit (1950: 2 Millionen) relativ rasch abgebaut, der soziale Wohnungsbau vorangetrieben und der Lastenausgleich finanziert werden konnten. Ein erstes Signal des wirtschaftspolitischen Erfolges war sicher die Beendigung der Lebensmittelrationierung (31. März 1950). Die positive Wirtschaftsentwicklung ließ ferner die Verbesserung sozialer Leistungen zu, wobei vor allem die Schaffung der dynamischen, bruttolohnbezogenen Rente hervorzuheben ist (23. 2. 1957). Sie ermöglichte schließlich auch die Übernahme der deutschen Vor- und Nachkriegsschulden (Londoner Schuldenabkommen vom 27. 2. 1953) sowie die Bereitschaft zur Wiedergutmachung gegenüber Israel (27. 9. 1951/10. Sept. 1952 erstes Abkommen). Beides stützte sich auf das Verständnis und den Anspruch, Rechtsnachfolger des Deutschen Reiches zu sein.

Zwei zunächst eher marginal erscheinende Fakten aus jener Epoche haben zweifellos auch zur Prägung der deutschen Nachkriegs-Identität beigetragen: die Erklärung der dritten Strophe des Deutschlandliedes Hoffmann von Fallerslebens zur deutschen Nationalhymne (2. Mai 1952) sowie der Gewinn der Fußballweltmeisterschaft in Bern (4. Juli 1954). Gerade weil die Anlässe dafür ökonomischer („Wirtschaftswunder") und sportlicher Art („Wir sind wieder wer") waren, also primär einen unpolitischen Charakter besaßen, trat die Identifikation mit den politischen Errungenschaften (politische Freiheiten des Grundgesetzes) unübersehbar in den Hintergrund. Vielleicht auch wegen dieser euphorischen unpolitischen Einstellungen verhallten die Warnungen Ludwig Erhards (Maßhalte-Appelle erstmals 22. Juni 1956), den konjunkturellen Aufschwung nicht zu überfordern, ungehört, oder sie wurden gar bespöttelt. Nach dem raschen Aufschwung kündigte sich indes in den 60er Jahren eine Phase des Umbruchs an.

Man hat die Jahre von 1958–1963 im nachhinein als „Epochenwechsel" (H. P. Schwarz) bezeichnet; nimmt man die Zeit bis 1969 hinzu, so durchlief die Bundesrepublik in diesen Jahren in der Tat eine Epoche von Wechseln und Umbrüchen. Dafür war eine Reihe von Ursachen maßgebend: Einmal gab es in dieser Zeitspanne ungleich weniger außenpolitische Entscheidungen zu treffen, die ähnlich weitreichend oder umstritten gewesen wären wie in der Anfangsphase der Bundesrepublik; zum anderen wurden wichtige außenpolitische Maßnahmen „nur" auf wirtschaftlichem Gebiet getroffen; ferner lösten Ereignisse wie die Berlin-Krise und die Aufnahme diplomatischer Beziehungen zu Israel (13. Mai 1965) eher national-humanitäre Betroffenheit aus; schließlich führte die Entwicklung in der Bundesrepublik selbst nach einer Phase der Konsolidierung zu krisenhaften Erschütterungen (Spiegel-Affäre, Kanzlerwechsel, wirtschaftliche Rezession, Große Koalition, Außerparlamentarische Opposition, Notstandsgesetze, erste Neukonzeptionen der Gesellschafts- und Außenpolitik).

Am 1. Januar 1958 traten die Römischen Verträge in Kraft, durch welche die Europäische Wirtschaftsgemeinschaft und die Europäische Atomgemeinschaft gegründet wurden. Da die Bundesrepublik hierbei stets auch West-Berlin mit einbezog, führte dieser Umstand zu Protesten der UdSSR, die Berlin zur Hauptstadt der DDR erklärte. Im Zuge dieser Politik forderte der sowjetische Ministerpräsident Nikita Chruschtschow eine Revision der im Potsdamer Abkommen (1945) getroffenen Absprachen und löste damit (10. Nov. 1958) die Berlin-Krise aus. Die Sowjetunion kündigte (27. 11. 1958) an, sich aus ihrer Verantwortung für Deutschland und Berlin zurückzuziehen und Berlin zu einer „freien entmilitarisierten Stadt" zu machen. Die Westmächte und die Bundesrepublik betonten ihrerseits, die Rechte Berlins wahren zu wollen, und verlangten eine umfassende Klärung der deutschen Frage.

In diese Phase hinein veröffentlichte die SPD ihren Deutschland-Plan (18. März 1959), der eine schrittweise Annäherung der beiden Teile Deutschlands vorsah. Dieses Dokument fand allerdings in der deutschen Öffentlichkeit wenig Beachtung und Zustimmung. Am 19. März 1959 anerkannte Chruschtschow die Rechte der Westmächte in Berlin, was zur Entspannung der Situation führte. Die vom 1. Mai bis 5. August 1959 (unter Einbeziehung zweier deutscher Delegationen) tagende Außenministerkonferenz der Großmächte in Genf erzielte jedoch keine Annäherung der Standpunkte in der deutschen Frage bzw. einer Friedensregelung. Ebensowenig gelang auf dem amerikanisch-sowjetischen Gipfeltreffen in Wien (3./4. Juni 1961) eine Übereinkunft in der Deutschland- bzw. Berlin-Frage. Chruschtschow fordert danach ultimativ, die beiden deutschen Staaten hätten sich binnen sechs Monaten auf einen Friedensvertrag zu einigen. In dieses Ultimatum, das die Westalliierten letztlich nicht zum Nachgeben zu zwingen vermochte, fiel am 13. August 1961 der Beginn des Mauerbaus zwischen den Westsektoren und dem Ostteil Berlins. Zweck dieser Berliner Mauer war und ist, den Flüchtlingsstrom aus der DDR einzudämmen und die dann forciert vorgetragene These von Westberlin als selbständiger politischer Einheit zu unterstreichen.

Der Deutschland- und Ostpolitik blieben trotz des historischen Berlin-Besuchs von J. F. Kennedy („Auch ich bin ein Berliner") weiterhin enge Grenzen gezogen. Neue Impulse, wenngleich seinerzeit (15. Juli 1963) noch nicht absehbar, gingen von Egon Bahr aus (SPD, damals Senatsdirektor in Berlin), mit seiner in der politischen Akademie Tutzing vorgetragenen Konzeption des „Wandels durch Annäherung". Diese Politik machte sich die SPD erst auf ihrem Parteitag (1./3. Juni 1966) in Dortmund zu eigen.

In der Mitte der 60er Jahre zeichnete sich durch die Abkühlung der Beziehungen zu Frankreich und zu den USA eine drohende Isolation der Bundesrepublik ab – dies um so mehr, als sie die globale Entspannungspolitik stets mit der Forderung nach der Lösung der deutschen Frage verband. Die Strategie der Umgehung Ost-Berlins und Moskaus durch die Aufnahme wirtschaftlicher Kontakte zu den übrigen Ostblock-Staaten verhalf den politischen Zielen aber nicht zum Durchbruch, sondern trug der Bundesrepublik vielmehr den Vorwurf des Störenfrieds und Bremsklotzes für einen allgemeinen Entspannungswillen ein. Um aus dieser politischen Sackgasse herauszufinden, richtete die Regierung Erhard deshalb eine Note zur Abrüstung und Sicherung des Friedens an alle Staaten, die unter maßgeblicher Beteiligung der Opposition zustande gekommen war (25. März 1966). In dieser „Friedensnote" bekräftigte sie zwar, an den politischen Zielen der Wiedervereinigung, der Nicht-Anerkennung der DDR und den Grenzen von 1937 festhalten zu wollen, signalisierte aber auch das Verständnis der Bundesrepublik für das Sicherheitsbedürfnis der osteuropäischen Staaten, indem sie den Verzicht auf Gewalt und die Nichtweiterverbreitung von Atomwaffen anbot. Die wichtigste Aussage bildete jedoch die Aufhebung des Junktims zwischen einer Entspannungspolitik und Fortschritten bei der Lösung der deutschen Frage. Wenngleich diese Note nur von den westlichen Staaten positiv aufgenommen, von den Ländern des Ostblocks dagegen als unzureichend zurückgewiesen wurde, trug sie doch zur Auflockerung in der Ostpolitik bei.

Als einen der außenpolitischen Höhepunkte dieser Epoche von 1957–1969 und zugleich als Abschluß der von Adenauer betriebenen Westintegration muß der am 22. Januar 1963 in Paris unterzeichnete Vertrag über die deutsch-französische Zusammenarbeit hervorgehoben werden. Dem Abschluß dieses Vertrages, der die deutsch-französische Aussöhnung besiegeln sollte, gingen eindrucksvolle gegenseitige Staatsbesuche Adenauers in Frankreich (2.–8. Juli 1962) sowie de Gaulles in der Bundesrepublik (29. 8.–9. 9. 1962) voraus.

Klar erkennbar wurde jedoch, daß Adenauer in dieser Phase nur noch „Kanzler auf Abruf" war. So eindrucksvoll die Wahlen zum dritten Deutschen Bundestag seine Politik auch bestätigt hatten – Adenauer war bei Antritt seiner dritten Kanzlerschaft 81 Jahre alt und sollte nach Ansicht vieler in der CDU/CSU-Fraktion einem jüngeren, Ludwig Erhard, Platz machen. Da Adenauer jedoch Erhard nicht für einen geeigneten Nachfolger hielt, litt darunter zwangsläufig die gesamte Regierungsarbeit.

Zu einer ersten ernsthaften Krise kam es, als Adenauer seine Kandidatur für das Amt des Bundespräsidenten anmeldete, dann aber am 5. Juli 1959 seine Bewerbung wieder zurückzog, als er erkennen mußte, daß der politische Einfluß, den das Grundgesetz dem Staatsoberhaupt einräumte, nicht ausreichen würde, um Erhard den Weg zum Kanzleramt zu verwehren. Von Anfang an war das vierte Kabinett Adenauer Belastungen ausgesetzt. Die CDU/CSU hatte bei den Wahlen (17. Sept. 1961) zum vierten Deutschen Bundestag die absolute Mehrheit verloren und war auf eine Koalition mit der FDP angewiesen.

Die angeschlagene Autorität wurde durch die Spiegel-Affäre (Herbst 1962) noch weiter in Mitleidenschaft gezogen. Ein Bericht des Spiegels über das NATO-Manöver „Fallex 62" trug dem Herausgeber Rudolf Augstein und leitenden Redakteuren, u. a. Conrad Ahlers, den Vorwurf des Landesverrats ein. Aus Protest gegen die Mitverantwortung von Verteidigungsminister Strauß bei der Verhaftung Ahlers verließen die FDP-Mitglieder das Kabinett. Auch die CDU/CSU-Minister traten zurück, um Adenauer, der Strauß halten wollte, freie Hand für eine Kabinettsumbildung zu geben und weil der Versuch zur Bildung einer großen Koalition gescheitert war. Der neuen Regierung gehörte Strauß nicht mehr an. Adenauer selbst stellte seinen Rücktritt definitiv für den Herbst 1963 in Aussicht, der am 15. Oktober auch erfolgte.

Am 16. Oktober 1963 wurde Ludwig Erhard zum Bundeskanzler gewählt; der FDP-Vorsitzende Erich Mende trat in die Regierung ein und wurde Vizekanzler. Obwohl Erhard, den man meist als „Vater des Wirtschaftswunders" betrachtete und der sich gerne in der Rolle des „Volkskanzlers" sah, bei den Wahlen zum fünften Deutschen Bundestag (19. September 1965) im Verein mit der FDP die Mehrheit der bürgerlichen Parteien eindrucksvoll behaupten konnte, gelang es ihm nicht, den sich ankündigenden Herausforderungen gerecht zu werden.

So war seiner Außenpolitik der Atlantischen Partnerschaft, bei gleichzeitiger Abkühlung des Verhältnisses zu Frankreich, kein durchschlagender Erfolg beschieden. Als „Volkskanzler" beachtete er zu wenig die Mechanik parlamentarischer Prozesse, was ihm den permanenten Vorwurf der Führungsschwäche eintrug. Zudem kam es zu einer Krise mit der Bundeswehr, die zum Rücktritt einer Reihe hoher Offiziere führte. Letztlich zeichneten sich in Erhards Amtszeit sozioökonomische Normalisierungstendenzen ab, die in den anderen Industriestaaten seit jeher gang und gäbe waren, im Land des Wirtschaftswunders aber zu erheblicher Unruhe führten. Erhards Appelle an Vernunft und Maßhalten konnten die Verunsicherten nicht beruhigen, seine Erklärung über das „Ende der Nachkriegszeit" und seine Konzeption der „formierten Gesellschaft" vermochten die Suchenden und zum Aufbruch Entschlossenen nicht zu begeistern.

Das Ende der Regierung Erhard kündigte sich an, als es mißlang, einen ausgeglichenen Haushalt vorzulegen. Am 27. Oktober 1966 traten die FDP-Minister zurück, weil ihre Partei sich weigerte, das Haushaltsdefizit durch Steuererhöhung auszugleichen. Aber auch in der CDU/CSU-Fraktion war der Unmut über Erhard und die nicht unbegründete Sorge vor möglichen Wahlniederlagen gewachsen. Als Erhard nicht freiwillig zurücktreten wollte, beantragte die SPD (8. November 1966), er möge im Bundestag die Vertrauensfrage stellen. Ein solcher Antrag war zwar im Grundgesetz nicht vorgesehen, half damals aber die politische Szenerie zu klären, denn als er eine deutliche Mehrheit fand, war offensichtlich, daß Erhard nicht mehr das notwendige Vertrauen des Parlamentes besaß. Um die politische Initiative wiederzugewinnen, einigte sich die CDU/CSU-Fraktion am 10. November 1966 auf den baden-württembergischen

Ministerpräsidenten Kurt Georg Kiesinger als Kanzlerkandidaten. Daraufhin trat Erhard am 30. November schließlich zurück.

Am 1. Dezember 1966 wurde unter Kiesinger eine große Koalition aus CDU/CSU und SPD gebildet, in der Willy Brandt als Vizekanzler das Außenministerium bekleidete. Die Regierung der Großen Koalition vermochte einige politische Probleme zu lösen, wofür zuvor der politische Mut oder die parlamentarischen Mehrheiten gefehlt hatten. Politische Signale setzten die Aufnahme diplomatischer Beziehungen zu Rumänien und die Wiederaufnahme der Beziehungen zu Jugoslawien, ebenso die Lockerung der Hallstein-Doktrin gegenüber Ländern der Dritten Welt. Wirtschaftspolitisch am einschneidendsten wirkte sich die Einrichtung der „Konzertierten Aktion" durch den damaligen Wirtschaftsminister Karl Schiller aus, eine Gesprächs- und Koordinationsrunde von Arbeitgeber-, Arbeitnehmerverbänden, Wissenschaft und politischer Exekutive zur Behebung der Rezession. Es folgte eine Reihe von Programmen zur Belebung der Konjunktur. In diesen Rahmen gehört auch das Gesetz zur Förderung der Stabilität und des Wachstums der Wirtschaft (10. Mai 1967), durch das Bund und Länder zu einer konjunkturgerechten Haushaltspolitik mit dem Ziel eines gesamtwirtschaftlichen Gleichgewichtes (Preisstabilität, hohes Beschäftigungsniveau, ausgeglichene Zahlungsbilanz und Wirtschaftswachstum) verpflichtet werden. Dieses Gesetz wurde durch die Grundgesetzänderung zur Finanzreform abgestützt (12. Mai 1969), die das Zusammenwirken von Bund, Ländern und Gemeinden auf der Basis des „kooperativen Föderalismus" verankerte. All diese Maßnahmen zeigten deutliche Tendenzen einer enger werdenden Verflechtung staatlicher und gesellschaftlicher Verantwortung, die man fortan als Neo-Korporatismus bezeichnete. Daneben brachte die Strafrechtsreform (9. Mai 1969) eine deutliche Liberalisierung der Rechtspflege, zumal sie die Wiedereingliederung des Straffälligen in die Gesellschaft statt dessen Bestrafung zum vorrangigen Prinzip erhob.

Die wohl einschneidendste und umstrittenste Reform stellte zweifellos die Verabschiedung der Notstandsverfassung (30. Mai 1968 mit 384 gegen 100 Stimmen) dar. Mit ihrem Inkrafttreten (28. Juni 1968) erloschen zwar die Vorbehaltsrechte der Alliierten aus dem Deutschlandvertrag, und die Bundesrepublik erhielt ihre volle Souveränität (wobei die Viermächte-Verantwortung für Deutschland als Ganzes und Berlin unangetastet blieb), der politische Preis war indes hoch. So kam es um die Notstandsverfassung zu heftigen Auseinandersetzungen und zu einem bislang nicht gekannten Anwachsen der außerparlamentarischen Opposition (APO). Eine Vielzahl von Gründen mag hier verstärkend gewirkt haben: die Perspektivlosigkeit vieler Menschen in der Agonie der Erhard-Ära, die Diskussion um die Verjährungsfrist für NS-Verbrechen, der Tod des

Studenten Benno Ohnesorg durch eine Polizeikugel beim Schah-Besuch in Berlin, das Attentat auf Rudi Dutschke, aber auch die schwache Rolle, welche die FDP als Oppositionspartei im Bundestag spielte.

So sehr es der Großen Koalition gelungen ist, vor allem wirtschaftliche Probleme zu lösen, so zeigte doch auch das Fehlen einer wirkungsvollen parlamentarischen Opposition die Kehrseite eines solchen politischen Krisenmanagements. Die APO, das Anwachsen des Rechtsradikalismus (die NPD, gegründet 28. November 1964, zog in eine Reihe von Landtagen ein) und des Linksradikalismus (26. September 1968: Gründung der DKP) waren Indizien für eine Krise. Es zeigte sich, daß die politische Kultur in der Bundesrepublik keineswegs gefestigt war und nicht allseits auf demokratischen Fundamenten ruhte.

Aus dieser krisenreichen Phase der bundesdeutschen Geschichte von 1957 bis 1969 ging augenscheinlich nur die SPD gestärkt hervor, was an den Ergebnissen der Bundestagswahlen zunächst noch keineswegs ablesbar war (1957: 31,8 %; 1961: 36,2 %). Nach und nach verstand es aber die SPD unter der strategischen Regie von Herbert Wehner, sich von der ins Oppositionsgetto gedrängten Klassen- und Weltanschauungspartei zur Volks- und regierungsfähigen Integrationspartei zu entwickeln. Ein erster Schritt hierzu war die Verabschiedung des Godesberger Programms (13./15. November 1959). Darin bekundete die SPD mit ihren Prinzipien „Freiheit – Gerechtigkeit – Solidarität" ihre Offenheit als Volkspartei; gleichzeitig lehnte sie die durch Adenauers Politik geschaffenen Tatsachen nicht mehr kategorisch ab. Herbert Wehner unterstrich dies durch eine Rede vor dem Deutschen Bundestag (30. Juni 1960), in der er ein Bekenntnis der SPD zu den europäischen und atlantischen Bündnis- und Vertragsverpflichtungen sowie zur Bundeswehr ablegte. Sinnfälligen Ausdruck erhielt diese gewandelte politische Einstellung, als die SPD am 21. Juni 1963 erstmals nicht gegen den Verteidigungshaushalt stimmte.

Mit dem Führungswechsel (Erich Ollenhauer war am 14. Dezember 1963 gestorben) zu Willy Brandt, dessen Popularität und Ausstrahlung als Regierender Bürgermeister von Berlin sich umso dynamischer entfalten konnte, je mehr der Mythos des „Volkskanzlers" Erhard demontiert wurde, gelang es der SPD, einen Politiker zu präsentieren, der sich in der Regierungsverantwortung an entscheidender Stelle profiliert und bewährt hatte. Bei den Wahlen zum fünften Deutschen Bundestag (1965) lag die SPD nur noch knapp unter 40 % der Wählerstimmen. Dennoch schaffte sie erst über die Regierungsbeteiligung in der Großen Koalition (1966) den Durchbruch zur Regierungsführung (1969). Neben ihrem erwiesenen politischen Verantwortungsbewußtsein und der Problemlösungskompetenz, die ihr in Meinungsumfragen mehr und mehr zugesprochen wurde, waren der SPD das damals bereits weit verbreitete Bedürfnis nach Ablösung der verbrauchten bürgerlichen Regierung (CDU-Staat) und der Wunsch nach neuen Orientierungen des politischen und gesellschaftlichen Daseins zugute gekommen. Man kann für die damalige Zeit durchaus einen Einstellungswandel von materialistischen zu postmaterialistischen Werthaltungen feststellen, der insbesondere bei der jungen Generation, aber auch in anderen Altersgruppen quer durch die Schichten der Bevölkerung anzutreffen war. Die Chance zur Übernahme der Regierungsverantwortung in einer Koalition mit der FDP, einem Bündnis, das sich bereits seit dem 8. November 1966 in Nordrhein-Westfalen bewährt hatte und das bei der Wahl Gustav Heinemanns (5. März 1969) zum Bundespräsidenten gefestigt worden war, bot sich nach den Wahlen zum 6. Deutschen Bundestag (28. Sept. 1969): Sie brachten für SPD und FDP eine Mehrheit von 12 Mandaten gegenüber der CDU/CSU.

Die Bildung der sozial-liberalen Koalition unter Willy Brandt und Walter Scheel als Vizekanzler und Außenminister (21./22. Oktober 1969) bedeutete nicht nur einen Regierungswechsel, sondern leitete zweifellos auch einen neuen politischen Kurs ein. Dieser Wechsel stellte auch die Funktionstüchtigkeit des politischen Systems der Bundesrepublik unter Beweis, wenngleich die CDU/CSU, nun als Opposition, der neuen Regierung von Anfang an den Kampf ansagte.

Unter der Parole „Mehr Demokratie wagen" wollte die neue Regierung innenpolitische Reformen durchsetzen. Mit dem Motto „Wandel durch Annäherung" beabsichtigte sie eine Verständigung und Aussöhnung mit den Staaten Osteuropas. Mit Elan ging die Regierung Brandt/Scheel daran, ihre deutschland- und ostpolitischen Vorstellungen in die Tat umzusetzen. Durch die Unterzeichnung des Atomwaffensperrvertrages (28. November 1969/Ratifikation: 20. Februar 1974) setzte sie ein erstes Zeichen des Gewaltverzichts. Ende Januar 1970 begannen die vertraulichen Gespräche zwischen dem nunmehrigen Staatssekretär im Bundeskanzleramt Egon Bahr, der Schlüsselfigur der Ostpolitik, und dem sowjetischen Außenminister Gromyko. Sie entkrampften die politische Atmosphäre, und die Bundesregierung konnte der Regierung der DDR direkt einen gegenseitigen Gewaltverzicht vorschlagen. Die DDR nahm dieses Angebot positiv auf und erweiterte es um den Vorschlag eines baldigen Treffens der beiden Regierungschefs (1970 in Erfurt und Kassel).

Im Moskauer (12. August 1970) bzw. Warschauer Vertrag (7. Dezember 1970) sicherte man sich bei allen bilateralen Fragen zu, auf die Anwendung bzw. Androhung von Gewalt zu verzichten, die gegenwärtig in Europa bestehenden Grenzen (insbesondere die Oder-Neiße-Grenze und die Westgrenze der DDR) zu respektieren und auch künftig keine Gebietsansprüche gegeneinander zu stellen, die gegenseitigen Beziehungen zu normalisieren und vor allem auf wirtschaftlichem, technischem und kulturellem Gebiet auszubauen (Ratifizierung am 10. Mai 1972). Die Vier-Mächte-Verhandlungen über Berlin konnten nun zügig vorangetrieben und das Abkommen am 3. September 1971 unterzeichnet werden. Dieses Abkommen legte fest, daß die Westsektoren von Berlin keinen konstitutiven Bestandteil der Bundesrepublik darstellen und von ihr auch nicht regiert (seine Interessen im Ausland allerdings mitvertreten) werden dürften; dafür gestand die Sowjetunion zu, daß die Bindungen Westberlins zur Bundesrepublik aufrechterhalten und weiterentwickelt werden könnten und die Verbindungswege künftig nicht behindert würden.

Nach der Unterzeichnung des Vier-Mächte-Abkommens war der Weg frei für weitere deutsch-deutsche Verhandlungen. Sie führten zunächst zur Paraphierung des Verkehrsvertrages (12. Mai 1972). Von zentraler Bedeutung für das Verhältnis zwischen der Bundesrepublik und der DDR sollte schließlich der Abschluß des Grundlagenvertrages werden, dessen Ziel es war, auf der Basis der Gleichberechtigung, der Achtung der jeweiligen Souveränität nach innen und außen sowie der Zusicherung des Gewaltverzichts die beiderseitigen Beziehungen zu normalisieren und gutnachbarschaftlich zu entwickeln (am 21. 6. 1973 in Kraft getreten).

Die CDU/CSU-Opposition erhob gegenüber den Ostverträgen allgemein und dem Grundlagenvertrag im besonderen den Vorwurf, diese Abmachungen verstießen gegen das Wiedervereinigungsgebot des Grundgesetzes und verzichteten auf deutsche Rechtstitel. Zur Klärung der Verfassungsgemäßheit des Grundlagenvertrages rief die bayerische Staatsregierung das Bundesverfassungsgericht an (28. Mai 1973); es befand jedoch in seinem Urteil vom 31. 7. 1973 den Grundlagenvertrag im Einklang mit dem Grundgesetz, stellte indes einige wesentliche Interpretationen heraus, u. a. daß das Deutsche Reich den Zusammenbruch überdauert habe, weshalb mit der Gründung der Bundesrepublik kein neuer Staat geschaffen, sondern nur ein Teil neu organisiert worden sei, der deshalb „teil-identisch" mit dem ehemaligen Deutschen Reich wäre. In diesem Sinne gehöre auch die DDR zu Deutschland und könne im Verhältnis zur Bundesrepublik „nicht als Ausland angesehen werden".

Die Ost- und Deutschlandpolitik war sowohl in der Bevölkerung wie auch im Parlament heftig umstritten. Die CDU/CSU-Opposition betonte, daß sie den Ostverträgen „so nicht" zustimmen könnte; eine überzeugende, realistische Gegenposition vermochte sie indes nicht aufzuzeigen. Dennoch war nicht zu übersehen, daß die sozial-liberale Koalitionsregierung an Grenzen stieß; zu den Kontroversen um die Außenpolitik kamen innenpolitische Erosionserscheinungen, die zunehmend Zweifel an der politischen Führungsqualität des Kanzlers im wirtschafts-, sozial- und sicherheitspolitischen Bereich aufkommen ließen.

So trat 1971 (13. Mai) Bundesfinanzminister Alex Möller aus Protest gegen die Konjunkturpolitik von Wirtschaftsminister Schiller zurück. Im gleichen Jahr (16. 11.) schied der Staatssekretär Rosenthal aus dem Bundesfinanz- und -wirtschaftsministerium aus; seinem Schritt folgte (28. 2. 1972) der zweite Staatssekretär, Heinz Haller, wegen Differenzen mit Schillers Steuerreformpolitik; zu Beginn des Jahres 1972 (27. 1.) verließ der parteilose Wissenschaftsminister Hans Leussink die Regierung; schließlich schied auch der bis dahin als Superminister geltende, weil die Ressorts Wirtschaft und Finanzen leitende Bundesminister Karl Schiller aus dem Kabinett aus (7. Juli 1972). – Neben diesen Kabinettskrisen lief auch ein parlamentarischer Erosionsprozeß ab, als eine Reihe von SPD- und FDP-Abgeordneten zur CDU/CSU übertraten, so daß sich rein rechnerisch eine Oppositionsmehrheit im Bundestag ergab.

Dies veranlaßte die CDU/CSU-Opposition am 25. April 1972, ein konstruktives Mißtrauensvotum gegen Bundeskanzler Brandt einzubringen. Bei der Abstimmung am 27. 4. verfehlte der CDU/CSU-Kanzlerkandidat Rainer Barzel jedoch um zwei Stimmen die erforderliche Mehrheit von 249 Stimmen. Das Mißtrauensvotum gegen Brandt war damit gescheitert. Dennoch war es tags darauf für Brandt unmöglich, mit einer parlamentarischen Mehrheit weiterzuregieren, da der Haushaltsentwurf des Bundeskanzleramts mit 247 : 247 Stimmen nicht verabschiedet werden konnte.

Während die Opposition den Rücktritt des Kanzlers forderte, um den Weg zu Neuwahlen frei zu machen, wollte Brandt mit dem Amtsbonus in einen evt. Wahlkampf ziehen. Er stellte deshalb am 20. September 1972 von sich aus die Vertrauensfrage; bei der Abstimmung zeigte sich, daß Brandt das Vertrauen des Parlamentes nicht mehr besaß (233 : 248), wenngleich sich etliche Abgeordnete demonstrativ an dieser Abstimmung nicht beteiligten. Damit war der Weg für Neuwahlen frei. Sie führten zu einem eindrucksvollen Sieg der sozial-liberalen Koalition (271 : 225 Mandate); die SPD wurde stärkste Fraktion im Bundestag; mit Annemarie Renger (SPD) übernahm erstmals eine Frau das Amt des Bundestagspräsidenten. Zweifellos gab damals die weitverbreitete Zustimmung zum Reformkurs sowie zur Ostpolitik der sozial-liberalen Koalition innerhalb der Bevölkerung den Ausschlag für die nachdrückliche Bestätigung dieser Politik; nicht zu gering darf man dabei auch die internationale Anerkennung dieser Politik veranschlagen, die durch die Verleihung des Friedensnobelpreises an Bundeskanzler Willy Brandt am 20. Oktober 1971 zum Ausdruck gekommen war.

Angesichts der krisenhaften Erschütterungen um die parlamentarischen Vertrauensvoten bedeutete die Meisterung dieses politischen Problems mit den Instrumentarien, die das Grundgesetz dafür vorgesehen hatte, einen Beweis für die Funktionstüchtigkeit des parlamentarischen Systems als ganzem. Indem es gelang, die Ausweitung einer Regierungskrise zu einer Systemkrise zu verhindern, trug diese Bewährungsprobe zweifellos auch zur Vertiefung der demokratischen politischen Kultur in der Bundesrepublik bei.

Die sozial-liberale Koalition war 1969 mit dem Anspruch angetreten, auch überkommene gesellschaftliche und soziale Strukturen zu reformieren. So wurden das System der sozialen Sicherung ausgeweitet, das Bildungswesen verbessert, zum Schutz der Umwelt entsprechende Gesetze erlassen, das Ehe- und Familienrecht vom Verschuldungs- auf das Zerrüttungsprinzip umgestellt, die betriebliche Mitbestimmung erweitert, der Strafvollzug liberalisiert, das aktive Wahlalter und die Volljährigkeit auf 18 Jahre herabgesetzt (in Kraft getreten: 1. Januar 1975), der Grundwehrdienst verkürzt, Wehr- und Ersatzdienst für gleichwertig erklärt und schließlich auch der Schwangerschaftsabbruch (§ 218) neu geregelt.

Gerade im Ehe- und Familienrecht, bei der Reform des Strafvollzugs, in der Mitbestimmungsgesetzgebung und im Rahmen der Bildungsreform kam es zu heftig geführten innenpolitischen Auseinandersetzungen, in denen von unterschiedlicher Seite auch das Bundesverfassungsgericht angerufen wurde. Wenngleich etwa seit 1972 mit dem Motto mehr „Lebensqualität" eine zündende politische Formel gefunden schien, verstärkte sich doch zunehmend der Eindruck, daß der Bevölkerung in der Bundesrepublik der politische Konsens in den Grundfragen und Grundwerten verlorenging und daß sich eine unversöhnliche politische Polarisierung anbahnte. Dem Kanzler schienen dabei mehr und mehr die Zügel zu entgleiten: Die wirtschaftlichen Probleme (überhitzte Konjunktur, Preisauftrieb, Energieeinschränkungen, Anstieg der Arbeitslosenzahlen, wilde Streiks) verschärften sich durch die Einschränkung bzw. Verteuerung der Erdöllieferungen drastisch; Anschläge von Terroristen nahmen zu und verunsicherten die Bevölkerung. Die Übereinkunft mit den Ministerpräsidenten der Länder, Radikale vom öffentlichen Dienst fernzuhalten, und die z. T. sehr restriktiv geübte Praxis dieses Erlasses verstörte insbesondere die junge Generation. Schließlich kam es auch zu Kritik an außenpolitischen Entscheidungen aus dem Kreise der engsten Vertrauten.

Die Demontage des „Friedenskanzlers" bedurfte nur noch eines auslösenden Momentes, um den Sturz herbeizuführen. Die Enttarnung des DDR-Spions Günter Guillaume (24. 4. 1974), der als persönlicher Referent Brandts im Bundeskanzleramt saß, bewog Willy Brandt, die politische Verantwortung für die offenkundig vernachlässigten Sicherheitsvorkehrungen zu übernehmen und seinen Rücktritt zu erklären (7. Mai 1974). Am 16. Mai 1974 wurde Helmut Schmidt, der bisherige Bundesfinanzminister, zum neuen Bundeskanzler gewählt.

Der Abschluß der Ostverträge hatte 1973 (18. Sept.) den Weg für die Aufnahme der beiden Staaten in die Vereinten Nationen geebnet; drei Jahre später (1. Januar 1977) wurde die Bundesrepublik für zwei Jahre als nichtständiges Mitglied in den Sicherheitsrat der UNO gewählt. Die Ostverträge ermöglichten auch die Aufnahme diplomatischer Beziehungen zu den restlichen osteuropäischen Staaten: Tschechoslowakei (11. 12. 1973), Bulgarien und Ungarn (21. 12. 1973). Im Rahmen der Entspannungspolitik kam es schließlich auch zur Konferenz über Sicherheit und Zusammenarbeit in Europa (KSZE). – Durch ihre Ostpolitik gelang es der sozial-liberalen Koalition, nicht nur zur Entspannung in Europa beizutragen, sondern der Bundesrepublik auch weltweit einen größeren außenpolitischen Handlungsraum zu verschaffen.

Die größten außenpolitischen Probleme stellten sich aber in den 70er Jahren weltweit auf wirtschaftlichem Gebiet. Die Erdölpolitik der OPEC löste eine globale Energiekrise aus, die neben den Entwicklungsländern auch die Industriestaaten und damit den ganzen Welthandel in schwere Bedrängnis brachte. Auf den Weltwirtschaftsgipfeln der westlichen Industrienationen (u. a. Rambouillet November 1975 und Bonn Juli 1978) fiel der Bundesrepublik, trotz eigener interner Probleme, eine Initialfunktion zu; dies zweifellos auch wegen der allgemein anerkannten Fachkompetenz des Bundeskanzlers Helmut Schmidt. Dabei wurde immer deutlicher, daß die wirtschaftspolitischen Probleme nicht mehr allein mit den herkömmlichen Maßnahmen des freien Welthandels gelöst werden konnten, da es sich um strukturelle Wandlungsprozesse handelte.

Helmut Schmidt war es auch, der in London (28. Okt. 1977) als erster auf das rüstungsstrategische Ungleichgewicht hinwies, das durch die Aufstellung sowjetischer Mittelstreckenraketen (SS 20) in Europa entstanden sei. Die Forderung nach Beseitigung dieser Rüstungsdisparität mündete schließlich in den NATO-Doppelbeschluß (12. Dez. 1979), mit dem die NATO die Stationierung amerikanischer Mittelstreckenraketen für den Fall ankündigte, daß die UdSSR ihre auf Europa gerichteten Mittelstreckenraketen nicht innerhalb von zwei Jahren abbauen würde. Schmidt konnte diesen Beschluß, der in der Bevölkerung der Bundesrepublik große Besorgnis auslöste, selbst in seiner Fraktion nur mit Mühe durchsetzen. (Nach dem Sturz Schmidts rückte die SPD von diesem NATO-Doppelbeschluß deutlich ab.)

Innenpolitisch sah sich die Regierung Schmidt/Genscher zunächst damit konfrontiert, die Reformpolitik angesichts größerer Schwierigkeiten im Hinblick auf die gesellschaftliche Durchsetzung und die staatliche Finanzierbarkeit fortzusetzen. In den Vordergrund drängten sich jedoch mehr und mehr die wirtschaftlichen und sozialen Probleme, die z. T.

infolge der Energiekrisen 1973 bzw. 1978/80 zu Preissteigerungen und einer strukturbedingten Arbeitslosigkeit von bislang unbekanntem Ausmaß führten (Januar 1976 wird die 5 % Marke erreicht). Gesetzgeberische Maßnahmen zur Kostendämpfung oder zur Stabilisierung des Arbeitsmarkts brachten keinen durchgreifenden Erfolg. Hinzu kamen Schwierigkeiten bei der Rentenfinanzierung, die vor allem die ältere Generation verunsicherten. Am 16. Juli 1976 überstieg der Benzinpreis bundesweit die Ein-DM-Grenze. All das waren sozioökonomische Krisensymptome, die man, im Gegensatz zu anderen Industrienationen, in der Bundesrepublik bis dahin nicht gekannt hatte.

Kennzeichnend für jene Jahre waren zudem die terroristischen Anschläge, Entführungen und Morde überwiegend von links, aber auch von rechts, die die Bundesrepublik und die Bevölkerung weithin unvorbereitet heimsuchten. Zweifellos stellten diese Terrorakte eine Herausforderung für den Rechtsstaat dar. Die EG-Staaten haben sich deshalb darauf verständigt (Juli 1976), angesichts der internationalen Verflechtung des Terrorismus ihre Maßnahmen zur Terrorismusbekämpfung zu koordinieren. Dennoch verursachten staatliche Initiativen wie die Anti-Terror-Gesetze (24. Juni 1976/16. Februar 1978), die rechtsstaatliche Grundsätze einschränkten (Verteidigerausschluß, Rasterfahndung), weithin auch Unbehagen in der Bevölkerung, zumal bei Beobachtung der Sympathisantenszene auch beängstigende Fehlgriffe unterliefen – Beispiele dafür sind die Abhöraffäre um den Atomwissenschaftler Traube (27. Februar 1977) oder die Observierung bayerischer Schüler durch bayerische Verfassungsschutzorgane (24. Juli 1978). Derartige Fehlentwicklungen steigerten gerade in der jungen Generation Staatsentfremdung und Staatsverdrossenheit.

Diese Einstellungen wurden insbesondere durch zwei einschneidende Veränderungen in der politischen Kultur der Bundesrepublik verstärkt. Zum einen wuchsen die Zweifel am Primat des Ökonomischen zur Erlangung von mehr Lebensqualität: die Sorge vor der Atomkraft, der ungeklärten Problematik der Wiederaufbereitung bzw. der Endlagerung verbrauchter Brennelemente, der damit verbundene Eingriff in den Naturhaushalt und auch der Widerstand gegen technische Großprojekte (Startbahn West; Rhein-Main-Donau-Kanal; Autobahntrassen) förderten ein steigendes Umweltbewußtsein. Bedingt u. a. durch den NATO-Doppelbeschluß, trat zum anderen die Rüstungs- und Sicherheitsproblematik in den Brennpunkt der innenpolitischen Diskussion, so daß die Friedensbewegung eine enorme Breitenwirkung erfuhr.

Weil viele gerade in diesen Politikfeldern den etablierten Parteien die politische Problemlösungskompetenz weithin nicht mehr zutrauten, kam es zu einer politischen Sammlungsbewegung ökologischer, pazifistischer und alternativer Strömungen, die sich schließlich als „Die Grünen" einen partei-organisatorisch-parlamentarischen Aktionsrahmen schufen. „Die Grünen" zogen in der Folgezeit in zahlreiche Kommunal- und Landesparlamente ein; bei den Bundestagswahlen 1983 schafften sie erstmals den Sprung in den Bundestag und verwiesen bei den Europawahlen 1984 die FDP (die zudem an der 5 %-Hürde scheiterte) auf den vierten Platz.

Obwohl die CDU/CSU weder bei den Bundestagswahlen 1976 (Kanzlerkandidat Helmut Kohl: 48,6 %) noch 1980 (Kanzlerkandidat Franz-Josef Strauß: 44,5 %) die sozial-liberale Koalition abzulösen vermochte, zeigten sich doch deutliche Verschleißerscheinungen jenes Bündnisses. So gingen der SPD beispielsweise wichtige Hochburgen verloren (Frankfurt, München, Berlin). Die SPD-Fraktion trug nur noch widerwillig die Wirtschafts- und Verteidigungspolitik des Kanzlers (der SPD-Parteitag in München hatte am 19. April 1982 eine stärkere Betonung sozialdemokratischer Wirtschaftsprinzipien gefordert). Die FDP plädierte unter ihrem Wirtschaftsminister Graf Lambsdorff für ein neues Konzept der Wirtschafts- und Sozialpolitik. Am 17. September 1982 traten die vier FDP-Minister zurück; die FDP kündigte damit die Koalition auf, was allerdings zu einer heftigen innerparteilichen Zerreißprobe führte.

Durch ein konstruktives Mißtrauensvotum wurde am 1. Oktober 1982 Helmut Schmidt als Bundeskanzler von Helmut Kohl abgelöst. Kohl bildete eine bürgerlich-liberale Koalition aus CDU/CSU und FDP. Ein gezielt herbeigeführtes negatives Mißtrauensvotum (wie es das Grundgesetz nicht kennt! – 17. Dez. 1982) ebnete den Weg für Neuwahlen zum 10. Deutschen Bundestag am 6. März 1983; dabei erzielte die neue Koalition eine deutliche Mehrheit (55,8 %), während die SPD mit ihrem neuen Kanzlerkandidaten Hans-Jochen Vogel auf 38,2 % zurückfiel.

Die CDU/CSU wollte eine „Wende" und eine „Erneuerung" auf geistig-moralischer und wirtschaftlich-finanzieller Ebene herbeiführen, weil ihrer Einschätzung nach während der sozial-liberalen Regierungszeit erhebliche Verunsicherungen und Destabilisierungen eingetreten waren. Gestützt auf die FDP, stellte Bundeskanzler Kohl am 4. Mai 1983 in seiner Regierungserklärung folgende Ziele als „Programm der Erneuerung" heraus: Erneuerung der sozialen Marktwirtschaft, Schaffung einer Gesellschaft „mit menschlichem Gesicht", Errichtung einer leistungs- und wandlungsfähigen Industriegesellschaft, Eindämmung der Ansprüche an den Staat, Pflege des westlichen Bündnisses und der Verständigung mit dem Osten, Weiterführung der politischen Union Europas und schließlich friedliches Streben nach der deutschen Einheit.

Zweifellos hat die neue Regierung manches in diesem Sinne geordnet, so etwa die Sanierung der Staatsfinanzen; in der Europapolitik hat sie sich meist als Motor verstanden (Ausnahme: Getreidepreis-Veto 1985); auch in der Deutschland- und Ostpolitik hat sie durch behutsame Schritte Vertrauen geschaffen. Dennoch blieb vieles noch unerledigt. Manche Probleme (Umweltschutz) zeigen, daß internationale Verflechtungen auch Hemmnisse darstellen können (Katalysatorkompromiß der EG). Die strukturelle Arbeitslosigkeit (Frühjahr 1985 ca. 9 %) konnte auch die neue Regierung bisher nicht beheben. Bei manchen Vorhaben in der Ausländerpolitik, beim Asylrecht, in der Rechtspflege oder der Sicherheitspolitik gibt es erhebliche Bewertungsunterschiede innerhalb der Koalition, wobei sich zweifellos die Tatsache bemerkbar macht, daß der CSU-Vorsitzende Strauß der Regierung nicht angehört.

Auch dieser Regierung blieben Krisen nicht erspart, so etwa um den Verteidigungsminister Wörner, ausgelöst durch die Entlassung und erzwungene Rehabilitierung von General Kiesling; oder die Verstrickung führender Politiker der Koalition, so des Bundeswirtschaftsministers Lambsdorff und des Bundestagspräsidenten Barzel, in die Flick-Spendenaffäre. In solchen und ähnlichen Fällen bewährt sich gerade in einer hochindustriellen Massendemokratie die Kontrolle der staatlichen Gewalt durch die öffentliche Meinung. Ihr kann und muß in diesem Zusammenhang zu recht, vor allem angesichts der Komplexität der Politik, die für den einzelnen Staatsbürger nur noch schwer durchschaubar ist, die Rolle und Funktion einer „vierten Gewalt" zugesprochen werden. Die freiheitliche Demokratie, auch die der Bundesrepublik Deutschland, wird auch um ihrer selbst willen auf diese kontrollierende Partizipation stets angewiesen bleiben.

Quellen

Regierungserklärung des Bundeskanzlers Konrad Adenauer vom 20. Sept. 1949

„... Das Werden des neuen Deutschlands hat sich nach den langen Verhandlungen ... mit großer Schnelligkeit vollzogen ... Wenn auch die Zuständigkeit ... durch das Besatzungsstatut beschränkt ist, so darf uns doch ... dieses Werden des deutschen Kernstaates mit Freude erfüllen ... Zwar müssen wir uns immer bewußt sein, daß Deutschland und das deutsche Volk noch nicht frei sind, daß es noch nicht gleichberechtigt neben den anderen Völkern steht, daß es – und das ist besonders schmerzlich – in zwei Teile zerrissen ist. Aber wir erfreuen uns doch einer wenigstens relativen staatlichen Freiheit...

Es harrt aber eine ... sehr große Zahl von Aufgaben ... Das Streben nach Linderung der Not, nach sozialer Gerechtigkeit, wird der oberste Leitstern bei unserer gesamten Arbeit sein ... Die Vertriebenen werden gleichmäßiger als bisher auf die verschiedenen Länder verteilt werden müssen...

Wir wollen mit allen Mitteln den Wohnungsbau energisch fördern ... Bei der Durchführung des Prinzips der sozialen Marktwirtschaft wird man sich ... davor hüten müssen, einem starren Doktrinarismus zu verfallen ... Die Zwangswirtschaft werden wir überall dort, wo wir es irgendwie verantworten können, beseitigen ... Die Demontagefrage ist ... von großer psychologischer Bedeutung ... Man glaubt im deutschen Volke, daß damit die auch von ausländischen Staatsministern wiederholt abgegebene Erklärung schwer zu vereinbaren ist, daß Deutschland zum Wiederaufbau Europas notwendig ist...

Die Rechtsbeziehungen zwischen Arbeitnehmern und Arbeitgebern müssen zeitgemäß neugeordnet werden. Die Selbstverwaltung der Sozialpartner muß an die Stelle der staatlichen Bevormundung treten...

Durch die Denazifizierung ist viel Unglück und Unheil angerichtet worden ... Aber im übrigen dürften wir nicht mehr zwei Klassen von Menschen in Deutschland unterscheiden: die politisch Einwandfreien und die Nichteinwandfreien. Diese Unterscheidung muß baldigst verschwinden...

Deutschland wird nunmehr durch seine Neugestaltung in die Lage versetzt, sich der Frage der deutschen Kriegsgefangenen und Verschleppten mit größerer Stärke anzunehmen als bisher ... das bittere Los der Gefangenschaft ... das Leid ihrer Angehörigen ist groß, daß alle Völker mithelfen müssen, diese Gefangenen und Verschleppten endlich ihrer Heimat und ihrer Familie zurückzugeben...

Und nun ... lassen Sie mich ein Wort über unsere Stellung zum Besatzungsstatut sagen! Das Besatzungsstatut ist alles andere als ein Ideal. Es ist ein Fortschritt gegenüber dem rechtlosen Zustand, in dem wir bis zum Inkrafttreten des Besatzungsstatuts gelebt haben ... Der einzige Weg zur Freiheit ist der, daß wir im Einvernehmen mit der Hohen Alliierten Kommission unsere Freiheiten und Zuständigkeiten Stück für Stück zu erweitern versuchen. Es besteht für uns kein Zweifel, daß wir nach unserer Herkunft und nach unserer Gesinnung zur westeuropäischen Welt gehören ... Der deutsch-französische Gegensatz, der Hunderte von Jahren die europäische Politik beherrscht hat ..., muß endgültig aus der Welt geschafft werden...

Alle diese Interessen sollen in eine Ordnung und Übereinstimmung gebracht werden, die sich im Rahmen der Europäischen Union, deren Mitglied wir möglichst bald zu werden wünschen, finden lassen ... Wir werden gerne und freudig an dem großen Ziel dieser Union mitarbeiten...

Wir sind fest entschlossen, alles zu tun ..., um den ... Weg zur Sicherung des Friedens in Europa und in der Welt zu gehen! Wenn ich vom Frieden ... spreche, dann ... muß ich auf die Teilung Deutschlands zurückkommen ... Diese Teilung Deutschlands ist durch Spannungen herbeigeführt worden, die zwischen den Siegermächten entstanden sind. Auch diese Spannungen werden vorübergehen. Wir hoffen, daß dann der Wiedervereinigung ... nichts mehr im Wege steht..."

Nach: Hans Ulrich Behn: Die Regierungserklärungen der Bundesrepublik Deutschland. München 1971, S. 11–33.

Memorandum von Bundesinnenminister Gustav Heinemann vom 13. Oktober 1950

„Sicherheit gegen Umsturz im Innern und gegen Angriff von außen ist ein Anliegen jeden Volkes. Für die Sicherheit gegen inneren Umsturz haben wir selbst zu sorgen. Die Sicherheit gegen Angriffe von außen liegt nicht in unserer Hand. Sie ist Sache der Besatzungsmächte ... Die Westmächte haben sich ... zu ihrer Schutzpflicht bekannt und gesagt: Sie werden jeglichen Angriff gegen die Bundesrepublik und Berlin ... als einen gegen sich selbst gerichteten Angriff behandeln...

Die Bundesrepublik hat somit durchaus nichts Unbilliges gefordert, wenn sie die Westmächte um ein Verteidigungsversprechen anging. Die Westmächte haben es gegeben, das sei mit Befriedigung festgestellt ... Es ist nicht unsere Sache, eine deutsche Beteiligung an militärischen Maßnahmen nachzusuchen oder anzubieten ... Nachdem es eines der vornehmsten Kriegsziele der Alliierten gewesen ist, uns zu entwaffnen und auch für die Zukunft waffenlos zu halten, nachdem die Alliierten ... alles darauf angelegt haben, das deutsche Militär verächtlich zu machen, unsere Wehrmöglichkeiten ... zu zerstören und das deutsche Volk zu einer jedem Militärwesen abholden Gesinnung zu erziehen, haben wir allen Anlaß, auf gegenteilige Aufforderungen so zurückhaltend wie möglich zu reagieren...

Wenn wir anders handeln, kann nur der alte Verdacht gegen unseren Militarismus ... verhängnisvoll belebt werden ... Erst dann, wenn eine Aufforderung der Westmächte an uns vorliegen wird, uns militärisch zu beteiligen, ist der Zeitpunkt der Entscheidung gekommen...

Die Aufstellung deutscher Truppen bedeutet eine schwere Belastung unserer sozialen Gestaltungsmöglichkeiten ... Die andere Belastung erwächst unserer jungen Demokratie. Die militärische Macht wird nahezu unvermeidlich wieder eine eigene politische Willensbildung entfalten...

Besonders bedeutungsvoll ist die Frage, ob eine westdeutsche militärische Beteiligung auf Rußland provozierend wirken würde. Der Marxist glaubt ... an den Endsieg des Kommunismus ... Deshalb ist ihm gegenüber die innere Immunisierung durch beispielhafte Ordnung der Gerechtigkeit und Freiheit mindestens ebenso wichtig wie die äußere Panzerung...

Es gibt viele Überlegungen, die wir ... anzustellen haben ... Ein europäischer Krieg unter unserer Beteiligung wird für uns nicht nur ein nationaler Krieg sein ..., sondern obendrein ein Krieg von Deutschen gegen Deutsche...

Angesichts dieser Situation haben wir natürlich bis zum Äußersten ein Lebensinteresse daran, daß eine friedliche Lösung gefunden wird ... Wir legitimieren unser Deutschland selbst als Schlachtfeld, wenn wir uns in die Aufrüstung einbeziehen ... Es kommt darauf an, daß die Chance für eine friedliche Lösung nicht verlorengeht. Unsere Beteiligung an der Aufrüstung würde das Aufkommen einer solchen Chance kaum mehr offenlassen ..."

Aus: Johannes Hohlfeld (Hrsg.): Dokumente zur deutschen Politik und Geschichte von 1848 bis zur Gegenwart. Band 6. Berlin 1953, S. 542 ff.

Vertrag über die Beziehungen zwischen der Bundesrepublik Deutschland und den Drei Mächten vom 26. Mai 1952 (Deutschlandvertrag – Generalvertrag)

„... *Art. 1:* 1. Die Bundesrepublik hat volle Macht über ihre inneren und äußeren Angelegenheiten, vorbehaltlich der Bestimmungen dieses Vertrages.

2. Mit Inkrafttreten dieses Vertrages ... werden die Drei Mächte das Besatzungsstatut aufheben und die Alliierte Hohe Kommission ... auflösen.

3. Die Drei Mächte werden künftig ihre Beziehungen mit der Bundesrepublik durch Botschafter unterhalten...

Art. 2: 1. Die Drei Mächte behalten im Hinblick auf die internationale Lage die bisher von ihnen ausgeübten oder innegehabten Rechte auf a) Stationierung von Streitkräften ... b) Berlin und c) Deutschland als Ganzes einschließlich der Wiedervereinigung Deutschlands und einer friedensvertraglichen Regelung...

Art. 4: 1. Die Aufgabe der von den drei Mächten im Bundesgebiet stationierten Streitkräfte wird die Verteidigung der freien Welt sein, zu der die Bundesrepublik und Berlin gehören...

4. Die Bundesrepublik wird sich an der Europäischen Verteidigungsgemeinschaft beteiligen, um zur Verteidigung der feien Welt beizutragen.

Art. 5: ... 2. Wenn die Bundesrepublik und die Europäische Verteidigungsgemeinschaft außerstande sind, einer Lage Herr zu werden, die entstanden ist

durch einen Angriff auf die Bundesrepublik oder Berlin,

durch eine umstürzlerische Störung der freiheitlich-demokratischen Grundordnung, durch eine schwere Störung der öffentlichen Sicherheit und Ordnung, oder durch den ernstlich drohenden Eintritt eines dieser Ereignisse ... können die Drei Mächte, nachdem sie die Bundesregierung im weitestgehenden Maße konsultiert haben, in der gesamten Bundesrepublik oder einem Teil der Bundesrepublik einen Notstand erklären...

Art. 7: 1. Die Bundesregierung und die Drei Mächte sind darüber einig, daß ein wesentliches Ziel ihrer gemeinsamen Politik eine zwischen Deutschland und seinen ehemaligen Gegnern frei vereinbarte friedensvertragliche Regelung für ganz Deutschland ist ..., daß die endgültige Festlegung der Grenzen Deutschlands bis zu dieser Regelung aufgeschoben werden muß...

2. ... (Sie werden auf das Ziel hinwirken): ein wiedervereinigtes Deutschland, das eine freiheitlich demokratische Verfassung ähnlich wie die Bundesrepublik besitzt und das in die europäische Gemeinschaft integriert ist ...“

Aus: Europa-Archiv 1952, S. 5041 ff.

Der sowjetische Entwurf eines Friedensvertrages mit Deutschland vom 10. März 1952 (Stalin-Note)

„... Die Notwendigkeit, den Abschluß eines Friedensvertrages mit Deutschland zu beschleunigen, wird dadurch diktiert, daß die Gefahr einer Wiederherstellung des deutschen Militarismus, der zwei Weltkriege entfesselt hat, nicht beseitigt ist, weil die entsprechenden Beschlüsse der Potsdamer Konferenz immer noch nicht durchgeführt sind...

Politische Leitsätze

1. Deutschland wird als einheitlicher Staat wiederhergestellt...

2. Sämtliche Streitkräfte der Besatzungsmächte müssen spätestens ein Jahr nach Inkrafttreten des Friedensvertrages aus Deutschland abgezogen werden...

3. Dem deutschen Volk müssen demokratische Rechte gewährleistet sein...

4. In Deutschland muß den demokratischen Parteien und Organisationen freie Betätigung gewährleistet sein...

7. Deutschland verpflichtet sich, keinerlei Koalitionen oder Militärbündnisse einzugehen, die sich gegen irgendeinen Staat richten, der mit seinen Streitkräften am Krieg gegen Deutschland teilgenommen hat...

Das Territorium um Deutschland ist durch Grenzen bestimmt, die durch die Beschlüsse der Potsdamer Konferenz der Großmächte festgelegt wurden...

Militärische Leitsätze

1. Es wird Deutschland gestattet sein, eigene nationale Streitkräfte ... zu besitzen, die für die Verteidigung des Landes notwendig sind...

Die Staaten, die den Friedensvertrag mit Deutschland abgeschlossen haben, werden das Ersuchen Deutschlands um Aufnahme in die Organisation der Vereinten Nationen unterstützen ..."

Aus: Heinrich v. Siegler (Hrsg.): Wiedervereinigung und Sicherheit Deutschlands. 2 Bde. Bonn 1967/68, S. 35 f.

Vertragliche Vereinbarungen der Pariser Konferenz vom 19./23. Oktober 1954 (Pariser Verträge)

I. Protokoll zur Änderung des Brüsseler Vertrages:

„... Art. 1: Die Bundesrepublik Deutschland und die Italienische Republik treten hiermit dem Vertrag in der durch dieses Protokoll geänderten und ergänzten Fassung bei ..."

II. Protokoll über die Streitkräfte der Westeuropäischen Union:

(legt die Stärke und Verteilung der Streitkräfte der WEU fest)

III. Protokoll über die Rüstungskontrolle

„Art. 1. Die Bundesrepublik Deutschland verpflichtet sich, in ihrem Gebiet keine Atomwaffen, biologischen und chemischen Waffen herzustellen ..."

IV. Protokoll über den Beitritt der Bundesrepublik zur NATO:

„Art. 1: Die USA werden im Auftrag der übrigen Staaten der NATO der Bundesrepublik Deutschland eine Einladung übermitteln, dem Nordatlantikvertrag beizutreten ..."

V. Protokoll über die Beendigung des Besatzungsregimes in der Bundesrepublik Deutschland:

(hier werden im wesentlichen die Vereinbarungen aus dem Deutschlandvertrag, insbesondere auch Art. 5 (Notstandsvorbehalt) festgeschrieben).

VI. Erklärung Großbritanniens, Frankreichs und der USA über Berlin;

(Gewährleistung der Autonomie Berlins)

VII. Erklärung der Bundesrepublik über Berlin:

(Bekräftigung der Bundesrepublik, das ihrige zur Lebensfähigkeit der Stadt und ihrer Verbundenheit mit der Bundesrepublik beizutragen)

VIII. Abkommen über den Aufenthalt ausländischer Streitkräfte in der Bundesrepublik Deutschland:

(Zustimmung der Bundesrepublik zur Stationierung von NATO-Truppen auf dem Gebiet der Bundesrepublik)

IX. Deutsch-französisches Abkommen über die Saar:

(Der Saar sollte – falls die Saarbevölkerung zustimmte – bis zum Abschluß eines Friedensvertrages mit Deutschland ein europäisches Statut gegeben werden.)

Aus: Europa-Archiv 1954, S. 7019 ff.

Hallstein-Doktrin: Aus der Regierungserklärung von Konrad Adenauer vom 22. September 1955

„... Die Aufnahme diplomatischer Beziehungen (zur Sowjetunion) machte völkerrechtliche Vorbehalte notwendig, um den deutschen Standpunkt in lebenswichtigen Fragen unseres Volkes zu wahren und die Entscheidungsfreiheit einer zukünftigen gesamtdeutschen Regierung nicht zu präjudizieren. Diese Vorbehalte sollten sicherstellen, daß in der Erklärung über die Aufnahme diplomatischer Beziehungen nicht ein Verzicht auf den bisherigen Rechtsstandpunkt der Bundesregierung bezüglich erstens der Grenzfragen, zweitens des Rechts der Bundesregierung, Sprecher des ganzen deutschen Volkes zu sein, drittens der Nichtanerkennung der sogenannten Deutschen Demokratischen Republik gesehen werden ... Auch dritten Staaten gegenüber halten wir unseren bisherigen Standpunkt ... aufrecht. Ich muß unzweideutig feststellen, daß die Bundesregierung auch künftig die Aufnahme diplomatischer Beziehungen mit der DDR durch dritte Staaten, mit denen sie offizielle Beziehungen unterhält, als einen unfreundlichen Akt ansehen würde ..."

Aus: Verhandlungen des Deutschen Bundestages. 2. Wahlperiode. Stenographische Berichte, Band 26. Bonn 1955, S. 5643 ff.

Grundsatzprogramm der Sozialdemokratischen Partei Deutschlands (Godesberger Programm) vom 13./15. November 1959

„... Grundwerte des Sozialismus

... Freiheit, Gerechtigkeit und Solidarität, die aus der gemeinsamen Verbundenheit folgende gegenseitige Verpflichtung sind die Grundwerte des sozialistischen Willens.

Der demokratische Sozialismus, der in Europa in christlicher Ethik, im Humanismus und in der klassischen Philosophie verwurzelt ist, will keine letzten Wahrheiten verkünden – nicht aus Verständnislosigkeit ..., sondern aus der Achtung vor den Glaubensentscheidungen des Menschen, über deren Inhalt weder eine politische Partei noch der Staat zu bestimmen haben.

... Die Sozialisten wollen Freiheit und Gerechtigkeit verwirklichen, während die Kommunisten die Zerrissenheit der Gesellschaft ausnützen, um die Diktatur ihrer Partei zu errichten...

Die staatliche Ordnung

Die Sozialdemokratische Partei Deutschlands lebt und wirkt im ganzen deutschen Volke. Sie steht zum Grundgesetz der Bundesrepublik Deutschland. In seinem Sinne erstrebt sie die Einheit Deutschlands in gesicherter Freiheit...

Landesverteidigung

Die Sozialdemokratische Partei Deutschlands bekennt sich zur Verteidigung der freiheitlich-demokratischen Grundordnung. Sie bejaht die Landesverteidigung...

Die Sozialdemokratische Partei erstrebt die Einbeziehung ganz Deutschlands in eine europäische Zone der Entspannung und der kontrollierten Begrenzung der Rüstung, die im Zuge der Wiederherstellung der Einheit Deutschlands in Freiheit von fremden Truppen geräumt wird und in der Atomwaffen und andere Massenvernichtungsmittel weder hergestellt noch gelagert oder verwendet werden dürfen...

Wirtschafts- und Sozialordnung

... Totalitäre Zwangswirtschaft zerstört die Freiheit. Deshalb bejaht die Sozialdemokratische Partei den freien Markt, wo immer wirklich Wettbewerb herrscht...

Aus: R. Kunz/H. Maier/Th. Stammen (Hrsg.): Programme der politischen Parteien in der Bundesrepublik. München 1975, S. 77 ff.

Regierungserklärung von Bundeskanzler Ludwig Erhard vom 10. November 1965

„... Die Bezugspunkte in der Arbeit des Fünften Deutschen Bundestages und der Politik der Bundesregierung dürfen ... nicht mehr der Krieg und die Nachkriegszeit sein ... Die Nachkriegszeit ist zu Ende! ... Die uns gezollte Achtung und Anerkennung der Welt gilt neben der gesellschaftlichen Ordnung, die wir aus dem Chaos schufen, dem erstaunlich raschen und erfolgreichen Wiederaufbau. Auf diese Weise sind wir – ich sage es ohne Überheblichkeit – wieder etwas geworden...

Nach den geschichtlichen Erfahrungen unseres Volkes ... hat die deutsche Gesellschaft den Charakter einer Klassengesellschaft verloren. An ihre Stelle ist eine Leistungsgesellschaft getreten. Trotzdem dürfen wir nicht verkennen, daß diese noch von innen bedroht ist ... Wollen wir auf dem Weg des bisherigen Erfolges, des Fortschritts, des politischen und sozialen Friedens bleiben, so muß die deutsche Gesellschaft weitere Schritte in jene moderne Ordnung tun, die ich als Formierte Gesellschaft charakterisiere ... Die Formierte Gesellschaft ist ... alles andere als eine philantropische Vision. Sie geht ... nicht von einem weltfremden idealtypischen Menschenbild aus ... Diese neue Ordnung ist die gesellschaftspolitische Konsequenz der Sozialen Marktwirtschaft ... Die Formierte Gesellschaft ist ihrem Wesen nach eine friedliche Gesellschaft, die auf der dynamischen Kraft des innen- und außenpolitischen Interessenausgleichs beruht ..."

Aus: H. U. Behn (Hrsg): Die Regierungserklärungen der Bundesrepublik Deutschland. München 1971, S. 149 ff.

Einführung der „Konzertierten Aktion" durch Karl Schiller vom 14. Februar 1967

„... Eine an den gesamtwirtschaftlichen Notwendigkeiten orientierte Lohnpolitik ist für das Ziel eines ‚Aufschwungs nach Maß' ... notwendig. Daher unser Versuch der ‚konzertierten Aktion', in dem man sich im sozialen Dialog mit den autonomen Tarifpartnern um gesamtwirtschaftliche Orientierungsdaten bemüht...

Daher ist der Begriff der ‚konzertierten Aktion' weit mehr als ein Schlagwort. Er bedeutet erstmal: gegenseitiger Austausch von Informationen zwischen allen für den Wirtschaftsprozeß verantwortlichen Interessen...

Da geht es einmal um die Abstimmung zwischen No-Notenbankpolitik und staatlicher Wirtschafts- und Finanzpolitik, aber zum anderen auch um die Koordination der aufgegliederten staatlichen Instanzen selbst ... "

Aus: Bulletin der Bundesregierung Nr. 15 vom 14. 2.1967, Bonn 1967, S. 120.

Siebzehntes Gesetz zur Ergänzung des Grundgesetzes vom 24. Juni 1968 (Notstands-Verfassung)

„...1. Artikel 9 Abs. 3 wird ... ergänzt: Maßnahmen nach den Artikeln 12a, 35 Abs. 2 und 3, Artikel 87a Abs. 4 und Artikel 91 dürfen sich nicht gegen Arbeitskämpfe richten...

2. Artikel 10 erhält folgende Fassung:

... (1) Das Briefgeheimnis, sowie das Post- und Fernmeldegeheimnis sind unverletztlich.

(2) Beschränkungen dürfen nur aufgrund eines Gesetzes angeordnet werden. Dient diese Beschränkung dem Schutz der freiheitlich demokratischen Grundordnung ... so kann das Gesetz bestimmen, daß sie dem Betroffenen nicht mitgeteilt wird...

5. ... Artikel 12 a ...

(3) Wehrpflichtige, die nicht zu einem Dienst nach Absatz 1 oder 2 herangezogen sind, können im Verteidigungsfalle durch Gesetze ... zu zivilen Dienstleistungen für Zwecke der Verteidigung ... in Arbeitsverhältnisse verpflichtet werden...

(4) Kann im Verteidigungsfalle der Bedarf an zivilen Dienstleistungen ... nicht auf freiwilliger Grundlage gedeckt werden, so können Frauen vom vollendeten achzehnten bis zum vollendeten fünfundzwanzigsten Lebensjahr durch Gesetz ... zu derartigen Dienstleistungen herangezogen werden. Sie dürfen auf keinen Fall Dienst mit der Waffe leisten...

7. Artikel 20 wird folgender Absatz 4 angefügt:

(4) Gegen jeden, der es unternimmt, diese Ordnung zu beseitigen, haben alle Deutschen das Recht zum Widerstand, wenn andere Abhilfe nicht möglich ist.

9. ... IV a. Gemeinsamer Ausschuß

Artikel 53 a

(1) Der Gemeinsame Ausschuß besteht zu zwei Dritteln aus Abgeordneten des Bundestages, zu einem Drittel aus Mitgliedern des Bundesrates ...; diese Mitglieder sind nicht an Weisungen gebunden...

14. ... Artikel 87 a

(4) Zur Abwehr einer drohenden Gefahr für den Bestand oder die freiheitlich demokratische Grundordnung des Bundes ... kann die Bundesregierung ... Streitkräfte zur Unterstützung der Polizei und des Bundesgrenzschutzes zum Schutz von zivilen Objekten und bei der Bekämpfung organisierter und militärisch bewaffneter Aufständischer einsetzen. Der Einsatz von Streitkräften ist einzustellen, wenn der Bundestag oder der Bundesrat es verlangen...

16. ... X a Verteidigungsfall

Artikel 115a

(1) Die Feststellung, daß das Bundesgebiet mit Waffengewalt angegriffen wird oder ein solcher Angriff unmittelbar droht (Verteidigungsfall), trifft der Bundestag mit Zustimmung des Bundesrates. Die Feststellung erfolgt auf Antrag der Bundesregierung und bedarf einer Mehrheit von zwei Dritteln der abgegebenen Stimmen, mindestens der Mehrheit der Mitglieder des Bundestages.

(2) Erfordert die Lage unabweisbar ein sofortiges Handeln und stehen dem Zusammentritt des Bundestages unüberwindliche Hindernisse entgegen ..., so trifft der Gemeinsame Ausschuß diese Feststellung ...

Artikel 115 e

(1) (Bei Beschlußunfähigkeit des Bundestages) ... hat der Gemeinsame Ausschuß die Stellung von Bundestag und Bundesrat und nimmt deren Rechte wahr.

(2) Durch ein Gesetz des Gemeinsamen Ausschusses darf das Grundgesetz weder geändert noch ganz oder teilweise außer Kraft oder außer Anwendung gesetzt werden ..."

Aus: Bundesgesetzblatt I, S. 709 ff.

Regierungserklärung von Bundeskanzler Willy Brandt vom 28. Oktober 1969

„... Die Politik der Regierung wird ... im Zeichen der Kontinuität und im Zeichen der Erneuerung stehen...

Unsere parlamentarische Demokratie hat 20 Jahre nach ihrer Gründung ihre Fähigkeit zum Wandel bewiesen und damit ihre Probe bestanden...

Unser Volk braucht, wie jedes andere, seine innere Ordnung. In den siebziger Jahren werden wir aber in diesem Lande nur soviel Ordnung haben, wie wir an Mitverantwortung ermutigen ... Wir wollen mehr Demokratie wagen ... Mitbestimmung, Mitverantwortung in den verschiedensten Bereichen unserer Gesellschaft wird eine bewegende Kraft der kommenden Jahre sein...

Aufgabe der praktischen Politik in den jetzt vor uns liegenden Jahren ist es, die Einheit der Nation dadurch zu wahren, daß das Verhältnis zwischen den Teilen Deutschlands aus der gegenwärtigen Verkrampfung gelöst wird ... Eine völkerrechtliche Anerkennung der DDR durch die Bundesregierung kann nicht in Betracht kommen. Auch wenn zwei Staaten in Deutschland existieren, sind sie doch füreinander nicht Ausland; ihre Beziehungen zueinander können nur von besonderer Art sein...

... in unserer Bundesrepublik stehen wir vor der Notwendigkeit umfassender Reformen ...

Bei alledem dürfen wir nicht vergessen: Nur der Friede macht unsere Welt sicher; ... Die Bundesregierung ist entschlossen, dazu den deutschen Anteil zu leisten im Bewußtsein ihrer besonderen Verantwortung in Europa ..."

Aus: H. U. Behn (Hrsg.): Die Regierungserklärungen der Bundesrepublik Deutschland. München 1971, S. 205 ff.

Vertrag über die Grundlagen der Beziehungen zwischen der Bundesrepublik Deutschland und der Deutschen Demokratischen Republik vom 21. Dezember 1972

„... Die Hohen Vertragschließenden Seiten ...

in dem Bewußtsein, daß die Unverletzlichkeit der Grenzen und die Achtung der territorialen Integrität und der Souveränität aller Staaten in Europa in ihren gegenwärtigen Grenzen eine grundlegende Bedingung für den Frieden sind,

in der Erkenntnis, daß sich daher die beiden deutschen Staaten in ihren Beziehungen der Androhung oder Anwendung von Gewalt zu enthalten haben,

ausgehend von den historischen Gegebenheiten und unbeschadet der unterschiedlichen Auffassungen ... zu grundsätzlichen Fragen, darunter zur nationalen Frage,

geleitet von dem Wunsch, zum Wohle der Menschen in den beiden deutschen Staaten die Voraussetzungen für ... Zusammenarbeit ... zu schaffen,

sind wie folgt übereingekommen:

Artikel 1

Die Bundesrepublik Deutschland und die Deutsche Demokratische Republik entwicklen normale, gutnachbarliche Beziehungen zueinander auf der Grundlage der Gleichberechtigung.

Artikel 2

(Sie)... werden sich von den Zielen der Prinzipien leiten lassen, die in der Charta der Vereinten Nationen niedergelegt sind...

Artikel 3

Entsprechend der Charta der Vereinten Nationen werden ... (sie) ihre Streitfragen ausschließlich mit friedlichen Mitteln lösen und sich der Drohung mit Gewalt oder der Anwendung von Gewalt enthalten. Sie bekräftigen die Unverletzlichkeit der zwischen ihnen bestehenden Grenzen jetzt und in der Zukunft und verpflichten sich zur uneingeschränkten Achtung ihrer territorialen Integrität.

Artikel 4

(Sie)... gehen davon aus, daß keiner der beiden Staaten den anderen international vertreten oder in seinem Namen handeln kann...

Artikel 6

... (Sie) gehen von dem Grundsatz aus, daß die Hoheitsgewalt jedes der beiden Staaten sich auf sein Staatsgebiet beschränkt. Sie respektieren die Unabhängigkeit und Selbständigkeit jedes der beiden Staaten in seinen inneren und äußeren Angelegenheiten.

Artikel 7

...(Sie) erklären ihre Bereitschaft, im Zuge der Normalisierung ihrer Beziehungen praktische und humanitäre Fragen zu regeln...

Artikel 8
...(Sie) werden ständige Vertretungen austauschen...

Artikel 9
...(Sie) stimmen darin überein, daß durch diesen Vertrag die von ihnen früher abgeschlossenen oder sie betreffenden zweiseitigen oder mehrseitigen internationalen Verträge und Vereinbarungen nicht berührt werden ..."

Aus: Der Streit um den Grundvertrag. München 1973, S. 328 ff.

Urteil des Bundesverfassungsgerichtes zur verfassungsrechtlichen Prüfung des Grundlagenvertrages vom 31. Juli 1973

„... Urteil:
Das Gesetz zu dem Vertrag vom 21. Dezember 1973 zwischen der Bundesrepublik Deutschland und der Deutschen Demokratischen Republik über die Grundlagen der Beziehungen ... ist ... mit dem Grundgesetz vereinbar...

Gründe: ...
III. ... 1. Das Grundgesetz ... geht davon aus, daß das Deutsche Reich den Zusammenbruch 1945 überdauert hat und weder mit der Kapitulation noch durch Ausübung fremder Staatsgewalt in Deutschland durch die alliierten Okkupationsmächte noch später untergegangen ist...

Mit der Errichtung der Bundesrepublik Deutschland wurde nicht ein neuer westdeutscher Staat gegründet, sondern ein Teil Deutschlands neu organisiert ... Die Deutsche Demokratische Republik gehört zu Deutschland und kann im Verhältnis zur Bundesrepublik Deutschland nicht als Ausland angesehen werden...

2. ... Die Wiedervereinigung ist ein verfassungsrechtliches Gebot. Es muß jedoch den zu politischem Handeln berufenen Organen der Bundesrepublik überlassen bleiben zu entscheiden, welche Wege sie zur Herbeiführung der Wiedervereinigung als politisch richtig und zweckmäßig ansehen...

... die Verfassung verbietet, daß die Bundesrepublik auf einen Rechtstitel ... aus dem Grundgesetz verzichtet ... Wenn heute von der ‚deutschen Nation' gesprochen wird ..., so ist dagegen nichts einzuwenden, wenn darunter auch ein Synonym für das ‚deutsche Staatsvolk' verstanden wird ... Versteckte sich dagegen hinter dieser neuen Formel ‚deutsche Nation' *nur* noch der Begriff einer im Bewußtsein der Bevölkerung vorhandenen Sprach- und Kultureinheit, dann wäre das *rechtlich* die Aufgabe einer unverzichtbaren Rechtsposition...

3. Der Vertrag kann so interpretiert werden, daß er mit keiner der dargestellten Aussagen des Grundgesetzes in Widerspruch gerät...

IV. ...

3. ... Das Besondere dieses Vertrages ist, daß er zwar ein bilateraler Vertrag zwischen zwei Staaten ist, für den die Regeln des Völkerrechts gelten ..., aber zwischen zwei Staaten, die Teil eines noch immer existierenden, wenn auch handlungsunfähigen, weil noch nicht reorganisierten umfassenden Staates Gesamtdeutschland mit einem einheitlichen Staatsvolk sind ... Der Vertrag hat also einen *Doppel*charakter; er ist seiner Art nach ein völkerrechtlicher Vertrag, seinem spezifischen Inhalt nach ein Vertrag, der vor allem inter-se-Beziehungen regelt...

V. . . .

2. . . . Für die Frage, ob die Anerkennung der Grenze zwischen den beiden Staaten als *Staats*grenze mit dem Grundgesetz vereinbar ist, ist entscheidend die Qualifizierung als staatsrechtliche Grenze zwischen zwei Staaten, deren ‚Besonderheit' ist, daß sie auf dem Fundament des noch existierenden Staates ‚Deutschland als Ganzes' existieren, daß es sich also um eine staatsrechtliche Grenze handelt, ähnlich denen, die zwischen den Ländern der Bundesrepublik verlaufen. . .

VI. . . .

3. Die Deutsche Demokratische Republik hatte vor Inkrafttreten des Vertrages . . . volle Kenntnis von dem beim Bundesverfassungsgericht anhängenden Verfahren . . . (Die DDR ist) immer wieder darauf hingewiesen worden, daß sie (= die Bundesregierung) den Vertrag nur abschließen könne, so wie er mit dem Grundgesetz vereinbar ist . . ."

Aus: E. Ciesler/J. Hampel/F.Chr. Zeitler (Hrsg.): Der Streit um den Grundvertrag. Eine Dokumentation. München 1973, S. 283 ff.

Die Regelung des parlamentarischen Vertrauens nach dem Grundgesetz

a) Das konstruktive Mißtrauensvotum

„Artikel 67

(1) Der Bundestag kann dem Bundeskanzler das Mißtrauen nur dadurch aussprechen, daß er mit der Mehrheit seiner Mitglieder einen Nachfolger wählt und den Bundespräsidenten ersucht, den Bundeskanzler zu entlassen. Der Bundespräsident muß dem Ersuchen entsprechen und den Gewählten ernennen.

(2) Zwischen dem Antrage und der Wahl müssen achtundvierzig Stunden liegen."

b) Vertrauensfrage und Auflösung des Bundestages

„Artikel 68

(1) Findet ein Antrag des Bundeskanzlers, ihm das Vertrauen auszusprechen, nicht die Zustimmung der Mehrheit der Mitglieder des Bundestages, so kann der Bundespräsident auf Vorschlag des Bundeskanzlers binnen einundzwanzig Tagen den Bundestag auflösen. Das Recht zur Auflösung erlischt, sobald der Bundestag mit der Mehrheit seiner Mitglieder einen anderen Bundeskanzler wählt.

(2) Zwischen dem Antrage und der Abstimmung müssen achtundvierzig Stunden liegen."

Das Bundesprogramm „Die Grünen" vom 22./23. März 1980

„. . . Wir sind die Alternative zu den herkömmlichen Parteien. . .
Die in Bonn etablierten Parteien verhalten sich, als sei auf dem endlichen Planeten Erde eine unendliche industrielle Produktionssteigerung möglich . . . Die ökologische Weltkrise verschärft sich von Tag zu Tag . . . Die Zerstörung der Lebens- und Arbeitsgrundlagen und der Abbau demokratischer Rechte haben ein so bedrohliches Ausmaß erreicht, daß es einer grundlegenden Alternative für Wirtschaft, Politik und Gesellschaft bedarf. . .

Ein völliger Umbruch unseres kurzfristig orientierten wirtschaftlichen Zweckdenkens ist notwendig. Wir halten es für einen Irrtum, daß die jetzige Verschwendungswirtschaft noch das Glück und die Lebenserfüllung fördere ... Unsere Politik wird von langfristigen Zukunftsaspekten geleitet und orientiert sich an vier Grundsätzen: sie ist ökologisch, sozial, basisdemokratisch und gewaltfrei ..."

Aus: H. Heppel/G. Hirscher/R. Kunz/Th. Stammen (Hrsg.): Programme der politischen Parteien in der Bundesrepublik Deutschland. Ergänzungsband 1983. München 1983, S. 157 ff.

Fragen und Aufgaben

- Stellen Sie die Bedingungsfaktoren und die Etappen der Wiedererlangung der deutschen Souveränität dar.
- Beurteilen Sie die Westintegration der Bundesrepublik unter dem Aspekt der Wiedervereinigung.
- Wie begründet sich die Hallsteindoktrin? Zu welchen Konsequenzen führte sie?
- Nehmen sie kritisch zu Erhards politischem Ziel der „Formierten Gesellschaft" Stellung.
- Können zwischen der Bildung der Großen Koalition und dem Aufkommen der außerparlamentarischen Opposition Zusammenhänge hergestellt werden? Begründen Sie ihre Ansicht.
- Erörtern Sie die Bedeutung des Godesberger Programms für die SPD und für das politische System der Bundesrepublik insgesamt.
- Stellen Sie die politischen Zusammenhänge der Ost-Verträge mit dem Vier-Mächte-Abkommen über Berlin und dem Grundlagenvertrag dar, und beurteilen Sie diese Verträge im Hinblick auf die Entspannung in Europa.
- Erörtern Sie die Problematik des Grundlagenvertrages unter dem Aspekt des Urteils des Bundesverfassungsgerichts.
- Das Grundgesetz kennt auch das Instrument des parlamentarischen Mißtrauensvotums. Führen Sie die verschiedenen politischen Anstrengungen auf, die im Laufe der Geschichte der Bundesrepublik unternommen wurden, einen Kanzler zu stürzen bzw. zu Neuwahlen zu gelangen. Beurteilen Sie diese Vorgänge im einzelnen.
- Können die Bildung der sozial-liberalen Koalition, das Erstarken der „Grünen" und der Wechsel zur bürgerlich-liberalen Koalition in einem Zusammenhang mit dem Übergang von materialistischen zu postmaterialistischen Werthaltungen gesehen werden? Begründen Sie Ihr Urteil.

Wichtige Daten

22. November 1949
Petersberger Abkommen. Die Bundesrepublik erhält das Recht, konsularische und Handelsbeziehungen aufzunehmen. Sie tritt dafür der internationalen Ruhrbehörde bei.

26. Mai 1952
Unterzeichnung des Deutschlandvertrages. Er bringt eine Suspendierung des Besatzungsstatus; allerdings bleiben einige Vorbehalte (Notstand). Sein Inkrafttreten ist mit dem Zustandekommen der Europäischen Verteidigungsgemeinschaft gekoppelt.

19./23. Oktober 1954
Pariser Verträge: Beendigung des Besatzungsregimes; Berlin-Garantie der Westmächte; Anerkennung des Alleinvertretungsanspruchs der Bundesrepublik; Gründung der WEU und Aufnahme der Bundesrepublik; Empfehlung zur Aufnahme in die NATO; Saarstatut

5. Mai 1955
Proklamation der Souveränität der Bundesrepublik Deutschland

1. Januar 1958
Die Römischen Verträge treten in Kraft: Bildung der Europäischen Wirtschaftsgemeinschaft (EWG) und der Europäischen Atomgemeinschaft (EURATOM)

13./15. November 1959
Verabschiedung des „Godesberger Programms" durch die SPD

Wichtige Begriffe

Besatzungsstatut

Petersberger Abkommen

Deutschlandvertrag

Stalin-Note

Europäische Verteidigungsgemeinschaft (EVG)

Pariser Verträge

Westeuropäische Union (WEU)

Hallstein-Doktrin

Römische Verträge

Europäische Gemeinschaft (EG)

„Formierte Gesellschaft"

konstruktives Mißtrauensvotum

„Konzertierte Aktion"

Notstandsverfassung

Godesberger Programm

Große Koalition

Außerparlamentarische Opposition (APO)

Wichtige Daten	**Wichtige Begriffe**
16. Oktober 1963 Der Bundestag wählt Ludwig Erhard zum Bundeskanzler; Erich Mende (FDP) wird Vizekanzler.	sozial-liberale Koalition Moskauer Vertrag Grundlagenvertrag
1. Dezember 1966 Bildung der Großen Koalition aus CDU/CSU und SPD unter Bundeskanzler Kurt Georg Kiesinger (CDU) und Willy Brandt (SPD) als Vizekanzler und Außenminister	Viermächte-Abkommen über Berlin NATO-Doppelbeschluß
30. Mai 1968 Der Bundestag verabschiedet die Notstandsverfassung (28. Juni in Kraft getreten).	„vierte Gewalt“
28. September 1969 Die Wahlen zum 6. Deutschen Bundestag machen die Bildung der sozial-liberalen Koalition möglich. Willy Brandt wird Bundeskanzler, Walter Scheel (FDP) Vizekanzler und Außenminister.	
3. Juni 1972 Ostverträge und Vier-Mächte-Abkommen über Berlin treten in Kraft.	
31. Juli 1973 Bundesverfassungsgericht bestätigt die Vereinbarkeit des Grundlagenvertrages mit dem Grundgesetz.	
18. September 1973 Aufnahme der Bundesrepublik in die UNO	
16. Mai 1974 Der Bundestag wählt Helmut Schmidt zum	

Wichtige Daten

neuen Bundeskanzler; Hans-Dietrich Genscher (FDP) wird Vizekanzler und Außenminister.

12. Dezember 1979
Der NATO-Doppelbeschluß wird verabschiedet.

1. Oktober 1982
Mit Hilfe eines konstruktiven Mißtrauensvotums wird Helmut Kohl (CDU) als Nachfolger von Helmut Schmidt zum Bundeskanzler gewählt. Kohl bildet eine Koalitionsregierung aus CDU/CSU und FDP; Genscher (FDP) wird abermals Vizekanzler und Außenminister.

Auswahlbibliographie

Allgemeine Darstellungen

Allemann, Fritz René: Bonn ist nicht Weimar. Köln 1956.
Behn, Hans Ulrich: Die Bundesrepublik Deutschland. Handbuch zur staatspolitischen Landeskunde. München 1974.
Benz, Wolfgang (Hrsg.): Die Bundesrepublik Deutschland. Geschichte in drei Bänden. Frankfurt a. M. 1983
Ellwein, Thomas/Bruder, Wolfgang (Hrsg.): PLOETZ. Die Bundesrepublik Deutschland. Daten, Fakten, Analysen. Freiburg 1984.
Greiffenhagen, Martin/Greiffenhagen, Sylvia: Ein schwieriges Vaterland. Zur politischen Kultur Deutschlands. München 1979.
Grosser, Alfred: Geschichte Deutschlands seit 1945. Eine Bilanz. München 1978.
Jaspers, Karl: Wohin treibt die Bundesrepublik? Tatsachen, Gefahren, Chancen. München 1966.
Kriele, Martin: Legitimationsprobleme der Bundesrepublik. München 1977.
Löwenthal, Richard/Schwarz, Hans Peter (Hrsg.): Die zweite Republik. 25 Jahre Bundesrepublik Deutschland – eine Bilanz. Stuttgart 1974.
Rupp, Hans Karl: Politische Geschichte der Bundesrepublik Deutschland. Entstehung und Entwicklung. Eine Einführung. Stuttgart ^{2}1982.

Die Adenauer-Ära

Adenauer, Konrad: Erinnerungen. 4 Bände. Stuttgart 1965 ff.
Badstüber, Rolf/Thomas, Siegfried: Restauration und Spaltung. Entstehung und Entwicklung der BRD 1945–1955. Köln 1975.
Baring, Arnulf: Außenpolitik in Adenauers Kanzlerdemokratie. Bonns Beitrag zur Europäischen Verteidigungsgemeinschaft. München 1969.
Dohse, Rainer: Der Dritte Weg. Neutralitätsbestrebungen in Westdeutschland zwischen 1945 und 1955. Hamburg 1974.
Edinger, Lewis Joachim: Kurt Schumacher. Persönlichkeit und politisches Verhalten. Köln 1967.
Fischer, E. J./Fischer H.-D.: John J. McCloy und die Frühgeschichte der Bundesrepublik. Presseberichte und Dokumente über den Amerikanischen Hochkommissar für Deutschland, 1949–1952. Köln 1985.
Fischer, Per: Die Saar zwischen Deutschland und Frankreich. Politische Entwicklung von 1945–1959. Frankfurt a. M. 1959.
Fritsch-Bournazel, Renata: Die Sowjetunion und die deutsche Teilung. Die sowjetische Deutschlandpolitik 1945–1979. Opladen 1979.
Grewe, Wilhelm G.: Deutsche Außenpolitik der Nachkriegszeit. Stuttgart 1960.
Meissner, Boris (Hrsg.): Moskau – Bonn. Die Beziehungen zwischen der Sowjetunion und der Bundesrepublik Deutschland 1955–1973. Dokumentation. 2 Bände. Köln 1975.
Noack, Paul: Das Scheitern der Europäischen Verteidigungsgemeinschaft. Entscheidungsprozesse vor und nach dem 30. August 1954. Düsseldorf 1974.
Nolte, Ernst: Deutschland und der Kalte Krieg. München 1974.
Pikart, Eberhard: Theodor Heuss und Konrad Adenauer. Die Rolle des Bundespräsidenten in der Kanzlerdemokratie. Stuttgart 1976.
Richardson, James L.: Deutschland und die NATO. Strategie und Politik im Spannungsfeld zwischen Ost und West. Opladen 1967.
Schmid, Carlo: Erinnerungen. Bern 1979.
Schubert, Klaus v.: Wiederbewaffnung und Westintegration. Die innere Auseinandersetzung um die militärische und außenpolitische Orientierung der Bundesrepublik 1950–1952. Stuttgart ^{2}1972.
Schwarz, Hans-Peter: Die Ära Adenauer. Gründerjahre der Republik. 1949–1957. Stuttgart 1981.
Ders.: Die Ära Adenauer. Epochenwechsel. 1957–1963. Stuttgart 1983.
Siegler, Heinrich v. (Hrsg.): Wiedervereinigung und Sicherheit Deutschlands. Eine dokumentarische Diskussionsgrundlage. Bonn ^{4}1960.

Von Erhard zur Großen Koalition

Adam, Hermann: Die konzertierte Aktion in der Bundesrepublik. Köln 1972.
Altmann, Rüdiger: Das Erbe Adenauers. Stuttgart 1960.
Caro, Michael K.: Der Volkskanzler Ludwig Erhard. Köln 1969.
Deuerlein, Ernst: Deutschland 1963–1970. Hannover ^{7}1972.
Deutsche Gesellschaft für Auswärtige Politik (Hrsg.): Außenpolitische Perspektiven des Westdeutschen Staates. 3 Bände. München 1971/72.

Erhard, Ludwig: Deutsche Wirtschaftspolitik. Der Weg zur sozialen Marktwirtschaft. Frankfurt a. M. 1962.

Günther, Klaus: Der Kanzlerwechsel in der Bundesrepublik. Adenauer, Erhard, Kiesinger. Eine Analyse zum Problem der intraparteilichen De-Normierung eines Kanzlerkandidaten am Beispiel des Streits um Adenauers und Erhards Nachfolge. Hannover 1970.

Hanrieder, Wolfram F.: Die stabile Krise. Ziele und Entscheidungen der bundesrepublikanischen Außenpolitik 1949 bis 1969. Düsseldorf 1971.

Hennis, Wilhelm: Große Koalition ohne Ende? Die Zukunft des parlamentarischen Regierungssystems und die Hinauszögerung der Wahlrechtsreform. München 1968.

Hohmann, Karl (Hrsg.): Ludwig Erhard. Erbe und Auftrag. Aussagen und Zeugnisse. Düsseldorf ^{2}1978.

Krüger, Herbert: Die deutsche Friedensnote. Würdigung, Widerhall, Einordnung in die weltpolitische Großlage. In: Moderne Welt 7/1966, S. 349–367.

Maier, Hans/Boldt, Hermann: Die NPD – Struktur und Ideologie einer „nationalen Rechtspartei“. München ^{2}1968.

Meissner, Borris (Hrsg.): Die deutsche Ostpolitik 1961–1970. Kontinuität und Wandel. Dokumentation. Köln 1970.

Opitz, Reinhard: Der große Plan der CDU: die „Formierte Gesellschaft“. Köln 1965.

Otto, Karl A.: Vom Ostermarsch zur APO. Geschichte der außerparlamentarischen Opposition in der Bundesrepublik 1960–1970. Frankfurt a. M. 1977.

Rummel, Alois (Red.): Die Große Koalition 1966 bis 1969. Eine kritische Bestandsaufnahme. Freudenstadt 1969.

Schäfer, Gert/Nedelmann, Carl (Hrsg.): Der CDU-Staat. Studien zur Verfassungswirklichkeit der Bundesrepublik. München 1967.

Schlecht, Otto: Konzertierte Aktion als Instrument der Wirtschaftspolitik. Tübingen 1968.

Schneider, Franz: Große Koalition. Ende oder Neubeginn? München 1969.

Sontheimer, Kurt u. a. (Hrsg.): Der Überdruß an der Demokratie. Neue Linke und alte Rechte – Unterschiede und Gemeinsamkeiten. Köln 1970.

Die sozial-liberale Koalition

Becker, Jillian: Hitlers Kinder? Der Baader-Meinhof-Terrorismus. Frankfurt a. M. 1978.

Bickerich, Wolfram (Hrsg.): Die 13 Jahre. Bilanz der sozialliberalen Koalition. Reinbek 1982.

Brand, Karl-Werner/Büsser, Detlev/Rucht, Dieter: Aufbruch in eine andere Gesellschaft. Neue soziale Bewegungen in der Bundesrepublik. Frankfurt a. M. 1984.

Bruns, Wilhelm: Deutsch-deutsche Beziehungen. Prämissen – Probleme – Perspektiven. Opladen ^{3}1982.

Cieslar, Eve/Hammpel, Johannes/Zeitler, Franz-Christoph (Hrsg.): Der Streit um den Grundvertrag. Eine Dokumentation. München 1973.

Donat, Helmut/Holl, Karl (Hrsg.): Die Friedensbewegung. Düsseldorf 1983.

Glastetter, Werner/Paulert, Rüdiger/Spörel, Ulrich: Die wirtschaftliche Entwicklung in der Bundesrepublik 1950–1980. Frankfurt a. M. ²1983.

Gotto, Klaus/Veen, Hans-Joachim: Die Grünen. Partei wider Willen. Mainz 1984.

Haftendorn, Helga: Sicherheit und Entspannung. Zur Außenpolitik der Bundesrepublik Deutschland 1955–1982. Baden-Baden 1983.

Niclauß, Karlheinz: Kontroverse Deutschlandpolitik. Die innenpolitische Auseinandersetzung in der Bundesrepublik über den Grundlagenvertrag mit der DDR. Frankfurt a. M. 1977.

Presse- und Informationsamt der Bundesregierung (Hrsg.): Die Berlin-Regelung. Das Viermächte-Abkommen über Berlin und die ergänzenden Vereinbarungen. Bonn 1971.

Dass.: (Hrsg.): Die Verträge der Bundesrepublik Deutschland mit der Union der Sozialistischen Sowjetrepubliken vom 12. August 1970 und mit der Volksrepublik Polen vom 7. Dezember 1970. Bonn 1972.

Schmidt, Helmut: Strategie des Gleichgewichts. Deutsche Friedenspolitik und die Weltmächte. Stuttgart 1969.

Zundorf, Benno: Die Ostverträge. Moskau, Warschau, Prag; Das Berlin-Abkommen; Die Verträge mit der DDR. München 1979.

Die bürgerlich-liberale Koalition

Albers, Detlev: Der 6. März 1983, seine Ursachen und Folgen. In: Die neue Gesellschaft 30/1983, S. 459–463.

Bruns, Wilhelm: Zehn Jahre Vollmitgliedschaft der beiden deutschen Staaten in den Vereinten Nationen. In: Aus Politik und Zeitgeschichte, B 36/1983, S. 17–30.

Güllner, Manfred: Zwischen Stabilität und Wandel, das politische System nach dem 6. März 1983. In: Aus Politik und Zeitgeschichte, B 14/1983, S. 19–30.

Hartwich, Hans-Hermann: Regierungswechsel und Parlamentsauflösung im Verfassungssystem der Bundesrepbulik Deutschland. In: Gegenwartskunde, 31/1982, S. 429–440.

Rothe, Klaus: Regierung ohne Legitimation. In: Die neue Gesellschaft, 29/1982, S. 917–920.

Wagner, Wolfgang: Der Regierungswechsel in Bonn. Außenpolitische Kontinuität nach Kanzlersturz und vorzeitigen Neuwahlen. In: Europa-Archiv, 38/1983, S. 157–164.

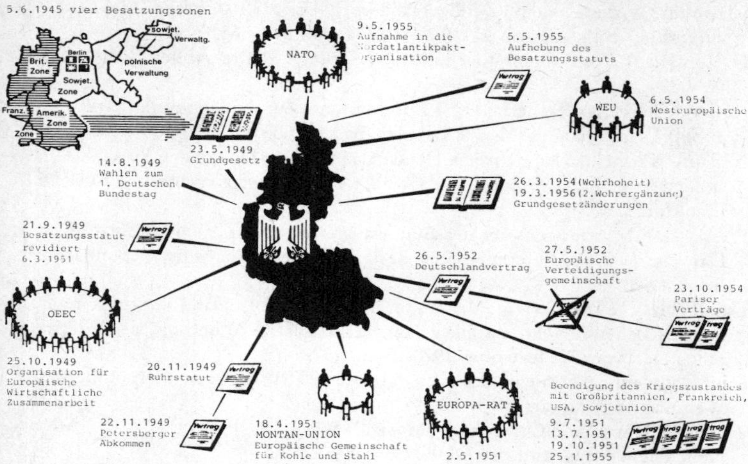

Die Bundesrepublik Deutschland – vom Besatzungsgebiet zum souveränen Staat (nach: Staatsbürgerliche Arbeitsmappe. Erich Schmidt Verlag, Berlin)

Die innerdeutschen Beziehungen nach 1972 (aus: Staatsbürgerliche Arbeitsmappe. Berlin 1981, 9. Ausgabe. © Erich Schmidt Verlag)

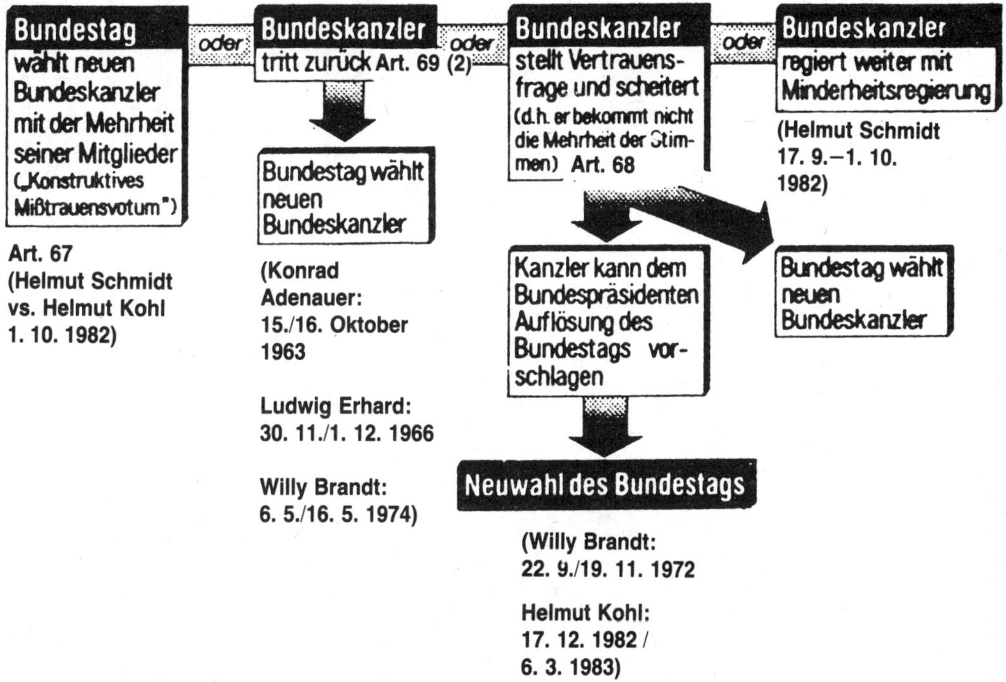

Möglichkeiten des Regierungswechsels nach dem Grundgesetz (nach: Globus-Kartendienst, 37. Jg., 6. Sept. 1982)

Der Ost-West-Konflikt

7. Das Zerbrechen der Anti-Hitler-Kriegskoalition

Nach dem Niederwerfen des nationalsozialistischen Deutschlands und dem Sieg über Japan plante Präsident Roosevelt, eine befriedete Weltordnung (One World) zu errichten. Die konzeptionelle Voraussetzung dafür hatte er zusammen mit Churchill im Jahre 1941 entworfen, als sie sich über die Atlantik-Charta verständigten. Als Prinzipien dieser künftigen Welt-Friedens-Gesellschaft hatte man herausgestellt: Keine territorialen Ausweitungen; Verwirklichung des Rechtes auf nationale Selbstbestimmung; gerechter Anteil aller Völker am Welthandel und an den Rohstoffen der Erde; internationale Kooperation zur Verbesserung der ökonomischen und sozialen Lebensbedingungen; Errichtung einer allgemeinen Friedensordnung durch Gewaltverzicht und Entwaffnung aller Aggressor-Staaten.

Da Roosevelt glaubte, für die Niederringung Japans auf die Hilfe der Sowjetunion nicht verzichten zu können, gestand er Stalin die Annexion der baltischen Staaten und weiterer Gebiete in Osteuropa sowie eine geostrategische Ausweitung der sowjetischen Einflußsphäre zu. Roosevelt ging dabei von der Überzeugung aus, daß ein saturiertes Rußland ein verläßlicherer Garant für die künftige gemeinsame Weltfriedensordnung wäre und eine wohlwollende Suprematie durch die USA dulden würde. Dabei setzte er jedoch das ideologische Konfliktpotential zwischen kommunistischem und kapitalistischen Herrschaftsanspruch bzw. -system zu gering an. Die Sowjetunion stand unter dem Trauma des Überfalls (1941) durch das nationalsozialistische Deutschland; sie hatte riesige Verluste zu beklagen, die sie auf Kosten des besiegten Deutschlands begleichen wollte. In dieser Konzeption erschien es ihr existentiell notwendig, den eigenen Lebensraum auszuweiten und einen Gürtel von vorgelagerten „sowjetfreundlichen Staaten" zu schaffen. Innerhalb dieses Sicherheitsringes verfolgte Stalin den systematischen Aufbau des Sozialismus im eigenen Land. – Die USA hingegen betrieben eine „missionarische" Politik in dem Sinne, daß sie die darniederliegende Weltwirtschaft aufzurichten und damit gleichzeitig ihre freiheitliche politische Weltordnung weltweit auszubreiten suchten. Diesem Ziel diente auch die internationale Finanz- und Währungskonferenz von Bretton Woods im Jahre 1944, an der die Sowjetunion nur als Beobachter teilnahm: Man erklärte den US-Dollar zur Welt-Leitwährung, vereinbarte feste Wechselkurse und eine freie Konvertibilität der Währungen. Im Oktober 1947 unterzeichneten 23 Staaten auf diesen Grundlagen das sog. GATT-Abkommen (General Agreement on Tariffs and Trade): Es brachte einen allgemeinen Abbau von Zöllen und Handelsbeschränkungen und eine weitgehende Liberalisierung des Welthandels.

Nachdem die Sowjetunion diesem Übereinkommen nicht beitreten wollte, stand fest, daß es für eine künftige Weltfriedensordnung keine gemeinsame ökonomische Basis geben konnte; allenfalls ließ sich dieses Ziel noch über eine institutionelle Lösung erreichen. Sie sollte durch die Errichtung der Vereinten Nationen (Juni 1945) und eine entsprechende Organisation des Interessenausgleiches der Großmächte bewirkt werden. Dieser freiwillige Zusammenschluß souveräner Nationalstaaten unter einer Oligarchie von Großmächten konnte indes aus den verschiedensten Gründen nicht zu jenem Instrument der weltweiten Friedenssicherung werden, das sich seine Initiatoren erhofft hatten.

Die wachsende Entfremdung der Großmächte führte zwangsläufig auch in Europa und im Hinblick auf die deutsche Frage zu neuen Problemen. Hatten die Westmächte in Teheran (1943) schon erste Zugeständnisse an den sowjetischen Expansionismus gemacht, so mußten sie in Jalta (1945) den russischen Hegemonialbereich anerkennen, wenngleich sie die Etablierung sowjetfreundlicher Regierungen in den Ländern Osteuropas als einen Bruch früherer Übereinkünfte verurteilten. Die weitere Entwicklung in diesen Ländern erfolgte unter Ausschluß der Weltöffentlichkeit, gemäß einem Worte Stalins: „Wer immer ein Gebiet besetzt, erlegt ihm auch sein eigenes gesellschaftliches System auf". Unter diesen Umständen sprach Churchill im Mai 1945 bereits vom „Eisernen Vorhang", der Ost- und Westeuropa getrennt und gegensätzliche Entwicklungen eingeleitet habe.

Auf der Potsdamer Konferenz (August 1945) traten Truman (nach dem Tode Roosevelts) und Attlee (nach dem Labour-Wahlsieg) als neue Verhandlungspartner Stalins auf. Die Großen Drei konnten sich im Hinblick auf die Behandlung Deutschlands nur noch über ein Regierungsabkommen verständigen, das in der Folgezeit zu erheblichen Interpretationsdifferenzen Anlaß gab. Die Schwierigkeiten vergrößerten sich noch, als Frankreich im Juni 1945 als vierte Besatzungsmacht hinzukam. Die Anti-Hitler-Koalition zerbrach schließlich an der Unmöglichkeit einer gemeinsamen Besatzung und an der Unvereinbarkeit der Ansichten über das, was künftig als Deutschland zu verstehen sei bzw. was aus ihm werden solle. Als „coalition of necessity" für eine gemeinsame Kriegsführung gebildet, erwies sich das Bündnis als untauglich für eine gemeinsame Sicherung des Friedens.

Quellen

Gemeinsame Verlautbarung der USA und Großbritanniens über die Ziele ihrer Politik (Atlantik-Charta) vom 14. August 1941.

„... Der Präsident der Vereinigten Staaten von Amerika und der Premierminister Mr. Churchill ... erachten es für richtig, gewisse gemeinsame Grundsätze ..., auf die sie ihre Hoffnungen für eine bessere Zukunft der Welt setzen, bekanntzugeben...

2. Sie wünschen, daß keine territorialen Veränderungen zustande kommen, die nicht mit den frei geäußerten Wünschen der betroffenen Völker übereinstimmen.

3. Sie achten das Recht aller Völker, sich diejenige Regierungsform zu wählen, unter der sie leben wollen; und sie wünschen, daß Souveränitätsrechte und Selbstregierung denen zurückgegeben werden, denen sie gewaltsam entrissen wurden.

4. Sie werden sich ... bemühen, allen Staaten ..., Siegern und Besiegten, zu gleichen Bedingungen den Zugang zum Welthandel und zu den Weltrohstoffen ... zu ermöglichen.

5. Sie wünschen, die vollste Zusammenarbeit zwischen allen Nationen auf wirtschaftlichem Gebiet herzustellen...

6. Nach der endgültigen Vernichtung der nationalsozialistischen Tyrannei hoffen sie einen Frieden aufgerichtet zu sehen, ... daß alle Menschen frei von Furcht und Not leben können...

8. Sie glauben, daß alle Völker der Erde sowohl aus realistischen als auch aus geistigen Gründen dahinkommen müssen, die Anwendung von Gewalt aufzugeben ..."

Aus: Europa Archiv 1947, S. 343.

Freundschafts- und Beistandspakt der UdSSR mit der Tschechoslowakei vom 12. Dezember 1943

„... *Art. 1:* Beide Parteien verpflichten sich, während und nach dem Kriege freundschaftlich zusammenzuarbeiten...

Art. 3: Sollte nach dem Kriege Deutschland oder ein anderer ... Staat einen der Vertragspartner angreifen, so leistet ihm der andere unverzüglich Hilfe.

Art. 4: Freundschaftliche Zusammenarbeit nach dem Kriege, die vor allem die größte wirtschaftliche Unterstützung betrifft...

Art. 5: Keine Partei schließt ein gegen den Partner gerichtetes Bündnis ab ..."

Aus: Vertrags-Ploetz, Band 4 a, S. 221 f.

Winston Churchill an Präsident Truman vom 12. Mai 1945

„... Die Lage in Europa beunruhigt mich zutiefst...

Ein eiserner Vorhang ist vor ihrer (der Sowjetunion, R. R.) Front niedergegangen. Was dahinter vorgeht, wissen wir nicht. Es ist kaum zu bezweifeln, daß der gesamte Raum östlich der Linie Lübeck-Triest-Korfu schon binnen kurzem völlig in ihrer Hand sein wird. Zu alldem kommen noch die weiten Gebiete, die die amerikanischen Armeen zwischen Eisenach und der Elbe erobert haben, die aber, wie ich annehmen muß, nach der Räumung durch Ihre Truppen in ein paar Wochen gleichfalls der russischen Machtsphäre einverleibt sein werden...

Das Problem, mit Rußland zu einer Regelung zu kommen, ehe unsere Kraft geschwunden ist, scheint mir jedes andere in den Schatten zu stellen..."

Aus: Winston Churchill: Der Zweite Weltkrieg. Bd. VI, 2: Der Eiserne Vorhang. Stuttgart 1954, S. 261 f.

Präsident Truman an Außenminister Byrnes vom 5. Januar 1946

„... In Potsdam sahen wir uns fertigen Tatsachen gegenüber und waren durch die Umstände geradezu gezwungen, die Besetzung Ostpolens durch die Russen und die Besetzung Schlesiens östlich der Oder durch Polen gutzuheißen. Es war ein glatter Gewaltakt. Damals lag uns noch an der russischen Kriegsbeteiligung gegen Japan. Erst nachher stellten wir fest, daß wir Rußland gar nicht gebraucht hätten...

Ich glaube, wir sollten uns jetzt auf keine Kompromisse mehr einlassen ... Ich habe es satt, die Sowjets in Watte zu packen...

Aus: Harry S. Truman: Memoiren. Band I. Bern 1955, S. 600 ff.

Fragen und Aufgaben

- Welche Umstände führten zur Entfremdung zwischen den Alliierten der Anti-Hitler-Koalition?
- Welche Vorstellungen verfolgten die USA bzw. die Sowjetunion für die Zeit nach der Niederwerfung des nationalsozialistischen Deutschlands?
- Skizzieren Sie die Konzeption der „One-World"-Politik der USA.
- Welche Auswirkungen hatte das Zerbrechen der Kriegskoalition für Deutschland, Europa und die Welt?

Wichtige Daten	**Wichtige Begriffe**
12. August 1941 Verkündung der Atlantik-Charta durch Roosevelt und Churchill	One-World-Politik Atlantik-Charta
19./30. Oktober 1943 Konferenz der Außenminister der USA, Großbritanniens und der UdSSR beschließt Gründung einer „Europäischen	Ost-West-Konflikt Konferenz von Bretton Woods

Wichtige Daten	Wichtige Begriffe
Beratenden Kommission“, die der Anti-Hitler-Koalition eine Konzeption für das Nachkriegsdeutschland vorlegen soll.	GATT-Abkommen Anti-Hitler-Koalition
28. 11./1. 12. 1943 Konferenz der Großen Drei in Teheran; Aufteilung Deutschlands; Verständigung über sowjetische Gebietsausweitungen	coalition of necessity United Nations Organization (UNO)
4./11. Februar 1945 Konferenz der Großen Drei in Jalta: Kompromiß über die Vereinten Nationen: Frankreich soll vierte Besatzungsmacht werden. Sowjetische Reparationsforderungen auf 20 Millionen Dollar angemeldet	
26. Juni 1945 Unterzeichnung der Gründungsurkunde der „United Nations Organization“ (UNO) in San Francisco	

Auswahlbibliographie

Churchill, Winston S.: Der Zweite Weltkrieg. Band VI/2: Der Eiserne Vorhang. Stuttgart 1954.

Baker, John H.: Die Entscheidung zur Teilung Deutschlands. Amerikas Deutschlandpolitik. München 1981.

Buchholz, Arnold: Der Kampf um die bessere Welt. Ansätze zum Durchdenken der geistigen Ost-West-Probleme. Stuttgart 1961.

Daris, Lynn E.: The Cold War begins. Soviet-American conflict over Eastern Europe. Princeton 1974.

Gardner, Lloyd u. a.: The origins of the cold war. Waltham/Mass. 1970.

Hermens, Ferdinand A.: Der Ost-West-Konflikt. Gründe und Scheingründe. Frankfurt a. M. 1961.

Herzburg, Günther: Die große Kontroverse. Studien zum Ost-West-Problem. Meisenheim 1953.

Kennan, George F.: Memoiren eines Diplomaten. Stuttgart 1968.

Link, Werner: Das Konzept der friedlichen Kooperation und der Beginn des Kalten Krieges. Düsseldorf 1971.
Lafeber, Walter (Hrsg.): The origins of cold war, 1941–1947. A historical problem with interpretations and documents. New York 1971.
Loth, Wilfried: Die Teilung der Welt 1941–1955. München 1980.
Schröder, Hans-Jürgen: Zur Genesis des Kalten Krieges. In: Neue politische Literatur, 21/1976, S. 488–506.
Truman, Harry S.: Memoiren. Bern 1955.

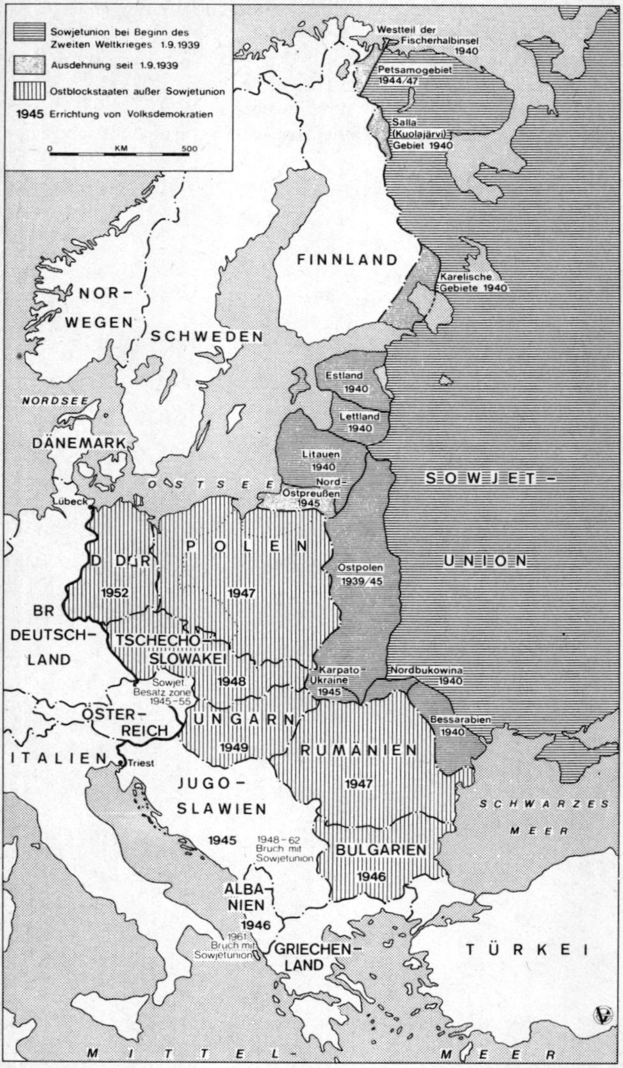

Die Ausdehnung des sowjetischen Einflusses nach Westen seit 1940
(aus: Informationen zur politischen Bildung, 189, 1981, S. 5.)

8. Der Weg in den Kalten Krieg

Für die amerikanische Konzeption der befriedeten „Einen Welt" erwiesen sich die Gemeinsamkeiten der Kriegskoalition bald als nicht mehr tragfähig. Die Spannungen unter den Alliierten wuchsen, als sich die UdSSR anschickte, ihren Einfluß in Südosteuropa, im Nahen wie im Fernen Osten auszudehnen. Den Weltfrieden durch Einbindung der Sowjetunion in die Verantwortung der Vereinten Nationen bzw. des Sicherheitsrates zu gewährleisten – diese Erwartung stellte sich für die Amerikaner bald als Trugschluß heraus: Allein in den Jahren 1946–1949 blokkierte die UdSSR durch ihr Veto 47 mal gemeinsame Aktionen. Einerseits betrachtete die Sowjetunion die Ablehnung ihres Wunsches nach einem amerikanischen Wiederaufbau-Kredit (6 Mrd. US-Dollar), die Reduzierung ihrer Forderungen (10 Mrd. US-Dollar) nach deutschen Reparationsleistungen und das massive Zurückweisen ihres Vordringens in der Türkei, in Persien und Korea als kapitalistisch-imperialistische Einkreisungspolitik der USA. Andererseits setzte sich in den Vereinigten Staaten angesichts der sowjetischen Politik die Auffassung durch, daß die UdSSR ihre Hegemonie in Europa und Asien zur alleinigen Weltherrschaft gemäß der marxistisch-leninistischen Ideologie ausbauen wollte. Dem suchten die USA politisch und wirtschaftlich zu begegnen. Am 12. März 1947 verkündete Präsident Truman die nach ihm benannte Maxime der künftigen amerikanischen Außenpolitik („Truman-Doktrin"), wonach die USA allen bedrohten Völkern wirtschaftliche und militärische Unterstützung anboten, um kommunistische Bedrohungen von innen wie von außen abwehren zu können.

Diese Politik des „containments" (der Eindämmung) des sowjet-kommunistischen Einflusses sollte durch die ökonomische Konzeption des „Marshall-Plans" abgestützt werden. Mit diesem Konzept wollten die USA die darniederliegende europäische Wirtschaft wieder aufrichten. Das Angebot schloß auch die Staaten Osteuropas und selbst die Sowjetunion mit ein. Nach anfänglichem Interesse an diesem Wiederaufbauprogramm lehnte die UdSSR schließlich eine Beteiligung ab und zwang die Staaten in ihrem Einflußbereich (Polen und die Tschechoslowakei), ihre Zusage zurückzuziehen. Zur Begründung wurde angeführt, daß es sich um eine Einmischung in innere Angelegenheiten handle und die Gefahr bestünde, in wirtschaftliche und politische Abhängigkeit zu geraten. Daß eine Lockerung des sowjetischen Einflusses auf die osteuropäischen Staaten dabei durchaus zu erwarten gewesen wäre, kann kaum bestritten werden. Offensichtlich ging es aber der UdSSR langfristig darum, diese Staaten stärker an sich zu binden, weswegen sie schließlich für ihren Machtbereich den Rat für gegenseitige Wirtschaftshilfe schuf (RGW/COMECON, 1949), in den sie 1950 auch die DDR einbezog.

Die Ablehnung der Kooperation, die der Marshall-Plan angeboten hatte, signalisierte die Wende zum „Kalten Krieg“: Von nun an bestimmte die unvereinbare Rivalität zweier konträrer weltpolitischer Ordnungskonzeptionen die weitere Entwicklung. Sichtbarer Ausdruck dafür war auch die Gründung der Kominform (Kommunistisches Informationsbüro) im September 1947, ein organisatorisches Instrument zur Koordination der kommunistischen Parteien unter Führung der KPdSU. Währenddessen schritt die Sowjetisierung Osteuropas weiter voran; ebenso verstärkten sich die Bindungen dieser Länder an die UdSSR durch den Abschluß zweiseitiger Freundschafts- und Beistandspakte – ein Prozeß, dem sich nur Jugoslawien 1948 entziehen konnte.

Angesichts dieser globalen Entwicklungen blieb es nicht aus, daß die beiden Weltmächte jene Teile Deutschlands, die ihrem Einfluß unterlagen, in ihr Gesamtkonzept einzubeziehen suchten. Schließlich war offenkundig geworden, daß ein vereinigtes Deutschland keiner der Siegermächte allein zufallen würde. Folgerichtig löste die Einbeziehung der Westzonen in die Marshallplan-Hilfe und die Ankündigung der Weststaatlösung das Ende der Viermächte-Verwaltung in Deutschland aus, und der Ost-West-Konflikt eskalierte anläßlich der Währungsreform mit der Blockade Berlins (1948/49) weiter.

In diesem Zusammenhang gilt es auch, die fortschreitende militärische Integration in beiden Lagern zu beachten. Während die Sowjetunion in den Jahren 1945–1949 zweiseitige Beistandsverträge abschloß bzw. deren Abschluß anregte, so daß die osteuropäischen Staaten durch ein vielschichtiges Vertragssystem miteinander verbunden sind, initiierten und organisierten die USA neben Regionalpakten vor allem ein globales Verteidigungssystem, dessen Kernstück die am 4. April 1949 gegründete „North Atlantic Treaty Organization“ (NATO) darstellt. In diesem Vertrag verpflichteten sich die Partner zur gemeinsamen Abwehr eines Angriffes, auch wenn dieser nur gegen einen Mitgliedsstaat erfolgen sollte; sie gingen dabei von der Überzeugung aus, daß sie damit die Freiheit, das Kulturerbe und die demokratische Ordnung ihrer Völker ebenso wie die politischen Rechte und Freiheiten der einzelnen Bürger verteidigen und dadurch den Frieden sichern würden.

Einen direkten Konfliktherd in den Ost-West-Beziehungen hatten sich die USA und die Sowjetunion nach der Kapitulation Japans auch mit der Besetzung Koreas geschaffen: Nördlich des 38. Breitengrades waren sowjetische Truppen, südlich davon amerikanische eingerückt, um die Japaner zu entwaffnen. Nachdem unter Kim Il-sung der Nordteil zur Volksdemokratischen Republik Korea (9. September 1948) ausgerufen worden war, fielen Mitte des Jahres 1950 (25. Juni) nordkoreanische Truppen in den Süden ein. Nach heftigen Kämpfen begannen schließlich im Juli 1951 in Panmunjon Waffenstillstandsverhandlungen, die mit einer vertraglichen Regelung (27. Juli 1953) endeten und den ursprünglichen Grenzverlauf (38. Breitengrad) bestätigten. Im Korea-Krieg hatte es sich gezeigt, daß beiden Großmächten daran gelegen war, ihre Gegensätze nicht auf nuklearer Ebene auszutragen, sondern sie möglichst begrenzt zu halten. Es ist äußerst zweifelhaft, ob das, was im Fernen Osten gelang, im europäischen Raum bei einem ähnlichen Konflikt ebenfalls möglich gewesen wäre.

Die Gewichte in der Weltpolitik schienen sich indes erheblich zu ungunsten des Westens verlagert zu haben, als es Mao Tse-tung gelang, am 1. Oktober 1949 die Volksrepublik China zu proklamieren und seinen Widersacher Chiang Kai-Shek auf die Insel Formosa zu verdrängen. Der Bündnisvertrag, den China (Febr. 1950) mit der Sowjetunion schloß und der eine Wirtschafts- und Militärhilfe umfaßte, ließ das kommunistische Potential in der Welt sprunghaft anwachsen. Erst die Entfremdung der beiden kommunistischen Mächte UdSSR und China in der Ära Chruschtschow durch den Streit über den einzuschlagenden Weg zur Weltrevolution und die blutigen Grenzstreitigkeiten (Ussuri) ließen die Differenzen im kommunistischen Lager zutage treten und unterhöhlten den alleinigen Führungsanspruch von KPdSU und Sowjetunion.

Unter dem Eindruck des Korea-Krieges kam es in Westeuropa zu einem weiteren Ausbau der NATO. Es folgte eine erhebliche Aufrüstung ebenso wie die Aufnahme Griechenlands und der Türkei in die NATO. Der wohl folgenreichste Schritt war indes die Weichenstellung für eine Wiederbewaffnung der Bundesrepublik Deutschland. Nachdem eine „Europäische Verteidigungsgemeinschaft“ (EVG) am Widerstand der Französischen Nationalversammlung gescheitert war (30. 8. 1954), lud man die Bundesrepublik ein, der NATO beizutreten. Mit der Erlangung ihrer Souveranität (5. Mai 1955) erwarb sie dann auch die Mitgliedschaft der NATO (9. Mai). Um die Befürchtungen eines wiederauflebenden deutschen Militarismus zu bannen, unterstellte die Bundesrepublik alle militärischen Verbände dem Oberbefehl der NATO.

Die Sowjetunion antwortete auf diese Verstärkung des westlichen Bündnisses mit der Gründung des Warschauer Pakts (1955 – am 26. April 1985 um 20 Jahre verlängert), in dem sie die militärischen Potentiale aller osteuropäischen Staaten zusammenzufassen suchte. Damit standen sich mitten in Europa zwei feindliche Militärblöcke gegenüber, die von unvereinbaren politischen Ordnungsprinzipien ausgingen und auf unterschiedlichen Wirtschaftssystemen beruhten. Noch sah sich die Sowjetunion allerdings auf den europäischen Raum beschränkt, zumal die USA weltweit einen Ring von bilateralen (Japan 1951; Südkorea 1953; Taiwan 1954) und multilateralen Bündnissystemen und Stützpunkten schufen (z. B. ANZUS-Pakt 1951: Irak, Türkei, Iran, Pakistan, Großbritannien – USA als Beobachter). Mit dieser Politik wollten die USA den Sowjetkommunismus nicht nur eindämmen (containment), sondern aus einer Position der Stärke heraus möglichst zurückdrängen (roll back), insbesondere als John F. Dulles die US-Außenpolitik ab 1954 leitete. Dem entsprach auch die militärstrategische Konzeption, mit der „massiven Vergeltung" zu drohen, d. h. jeder Angriff sollte mit einem atomaren Gegenschlag beantwortet werden. Diese massive nukleare Strategie führte indes zu verstärkten atomaren Rüstungsanstrengungen der Sowjetunion, um den Vorsprung der USA auszugleichen.

Vor allem nach dem Tode Stalins (5. März 1953) hatte man allgemein auf eine gewisse Entspannung im Ost-West-Konflikt gehofft. Wohl konnten (Juli 1953) der Korea-Krieg beigelegt werden, ein Rückzug der Franzosen aus Indochina (1954) mit der Teilung Vietnams bei gleichzeitigen Neutralitätsvereinbarungen für Kambodscha und Laos erreicht sowie insbesondere der Staatsvertrag mit Österreich (1955) abgeschlossen werden. Die eigentliche „Entspannungs-Konferenz" in Genf 17./23. Juli 1955 brachte jedoch keine Fortschritte im Hinblick auf die Abrüstung der Blöcke und die Deutschlandfrage. Indes trug diese Zusammenkunft der Großmächte zumindest zu einer gewissen atmosphärischen Lockerung bei, so daß man sich in der Folgezeit oft und gerne auf den „Geist von Genf" berief.

Nachdem Nikita Chruschtschow (am 17. Sept. 1953 zum Generalsekretär der KPdSU gewählt) sich als neuer Führer der Sowjetunion allmählich durchgesetzt hatte, kam es auf dem XX. Parteitag der KPdSU (14./25. 2. 1956) zur Abrechnung mit der Stalin-Ära sowie zur Ankündigung einer Politik der „friedlichen Koexistenz" zwischen den Staaten mit unterschiedlichen Gesellschaftssystemen. Der Sowjetunion ging es zweifellos auch darum, den Ring der Einkreisung und Isolierung zu lockern, im Inneren einen kontinuierlichen Aufbau zu ermöglichen und sich auf internationaler Ebene einen größeren Handlungsspielraum zu eröffnen. Begründet wurde das Konzept der „friedlichen Koexistenz" mit dem Vorhandensein des atomaren Zerstörungspotentials, weswegen sich nicht die militärische Stärke, sondern die wirtschaftliche Leistungsfähigkeit der beiden gegensätzlichen Systeme bewähren mußte; ausgegrenzt aus der Koexistenz blieb jedoch der ideologische Bereich. Ebenso war klar, daß es friedliche Koexistenz nur auf der direkten Konfrontationsebene des Ost-West-Gegensatzes geben konnte, während der gesamte Bereich der Dritten Welt davon ausgenommen war.

Zweifellos hat gerade dieses Konzept der „friedlichen Koexistenz" erheblich zum Bruch zwischen der UdSSR und China beigetragen. China sah darin einen Verrat an der Durchsetzung der kommunistischen Weltrevolution ggf. auch mit militärischen Mitteln. Demgegenüber argwöhnten westliche Kreise, es handle sich nur um eine taktische Variante auf dem Weg zur nach wie vor angestrebten kommunistischen Weltherrschaft. Letztlich war jedoch in den 50er Jahren immer deutlicher geworden, daß weder die Strategie der massiven Vergeltung noch ein starres Behaupten des Status quo innerhalb des Ost-West-Konflikts etwas zu bewegen vermochte, sondern die politische Situation nur verschärfte. Augenfällig zeigte sich diese Unbeweglichkeit insbesondere beim Aufstand des 17. Juni 1953 wie auch bei den Erhebungen in Ungarn und den Unruhen in Polen Oktober 1956, als sowjetische Truppen die Revolten gewaltsam unterdrückten, ohne daß die Westmächte irgendwelche Gegenmaßnahmen ergriffen. Dies konnte man als Zeichen dafür werten, daß die Einflußsphären gegenseitig abgegrenzt und stillschweigend respektiert wurden, weil eine Intervention zu einer Eskalation mit unabsehbaren Folgen geführt hätte.

Insofern brachte die „friedliche Koexistenz“ keine wirksame Entspannung, keinerlei Auseinanderrücken der Militärpotentiale (disengagement), keine neutrale oder atomwaffenfreie Zone (Rapacki-Plan), ebensowenig einen Truppenabbau. Die Sowjetunion schaltete auch sofort auf einen weltweiten Offensivkurs um, als es ihr am 4. Oktober 1957 gelang, den ersten Satelliten in den Weltraum zu schießen. Sie wertete dieses Ereignis als Zeichen für die Überlegenheit des kommunistischen Systems und startete gleichzeitig eine großangelegte Initiative mit wirtschaftlichen und militärischen Hilfsangeboten an die Länder der Dritten Welt, der der Erfolg nicht versagt blieb. Aus dieser Position der Überlegenheit heraus erklärt sich auch das im November 1958 von Chruschtschow gestellte Berlin-Ultimatum, durch das er die Schaffung einer entmilitarisierten freien Stadt West-Berlin forderte und mit dem Abschluß eines separaten Friedensvertrages mit der DDR drohte.

Obwohl es in den USA und den anderen Staaten des Westens nur allmählich gelang, den „Sputnik-Schock“ zu überwinden, blieben die Westmächte in der Berlin-Frage hart. Als abzusehen war, daß die Sowjetunion ihr Ziel nicht erreichen würde, gleichzeitig aber der Flüchtlingsstrom aus der DDR bedrohlich anschwoll, entschloß sich die DDR mit Rückendeckung durch die Staaten des Warschauer Paktes, die Berliner Sektorengrenze durch eine Mauer abzuriegeln (13. August 1961). Der Kalte Krieg hatte in Europa seinen sichtbaren Höhepunkt erreicht. Gleichzeitig war jedoch allgemein erkennbar geworden, daß der Ost-West-Konflikt die regionale Begrenzung gesprengt und eine interkontinentale Dimension angenommen hatte.

Quellen

Truman-Doktrin vom 12. März 1947

„... Eines der ersten Ziele der Außenpolitik der Vereinigten Staaten ist es, Bedingungen zu schaffen, unter denen wir und andere Nationen uns ein Leben aufbauen können, das frei von Zwang ist ... Wir werden unser Ziel jedoch nicht verwirklichen, wenn wir nicht bereit sind, den freien Völkern zu helfen, ihre freien Einrichtungen und ihre nationale Integrität gegenüber aggressiven Bewegungen zu erhalten, die ihnen totalitäre Regime aufzwingen wollen ... Ich bin der Ansicht, daß es die Politik der Vereinigten Staaten sein muß, die freien Völker zu unterstützen, die sich der Unterwerfung durch bewaffnete Minderheiten oder durch Druck von außen widersetzen ... Ich bin der Ansicht, daß unsere Hilfe in erster Linie in Form wirtschaftlicher und finanzieller Unterstützung gegeben werden sollte, die für eine wirtschaftliche Stabilität und geordnete politische Vorgänge wesentlich ist...

Aus: Europa-Archiv 1947, S. 819 ff.

Verkündigung des „European-Recovery Program" (Marshall-Plan) durch den amerikanischen Außenminister G. Marshall vom 5. Juni 1947

„... In Wahrheit liegt die Sache so, daß Europas Bedarf an ausländischen Nahrungsmitteln und anderen wichtigen Gütern ... so viel höher liegt als seine gegenwärtige Zahlungsfähigkeit, daß beträchtliche zusätzliche Hilfeleistungen notwendig sind, wenn es nicht in einen wirtschaftlichen, sozialen und politischen Verfall sehr ernster Art geraten soll.

Die Lösung liegt in einer Durchbrechung des Circulus vitiosus und in der Wiederherstellung des Vertrauens bei den europäischen Völkern auf die wirtschaftliche Zukunft ihrer Länder und ganz Europas ... Abgesehen von der demoralisierenden Wirkung auf die ganze Welt und von der Möglichkeit, daß aus der Verzweiflung der betroffenen Völker sich Unruheherde ergeben könnten, dürfte es auch offensichtlich sein, welche Folgen dieser Zustand auf die Wirtschaft der Vereinigten Staaten haben muß.

Es ist nur logisch, daß die Vereinigten Staaten alles tun, was in ihrer Macht steht, um die Wiederherstellung gesunder wirtschaftlicher Verhältnisse in der Welt zu fördern, ohne die es keine politische Stabilität und keinen sicheren Frieden geben kann. Unsere Politik richtet sich nicht gegen irgendein Land oder irgendeine Doktrin, sondern gegen Hunger, Armut, Verzweiflung und Chaos...

Aber eine Regierung, die durch Machenschaften versucht, die Gesundung der anderen Länder zu hemmen, kann von uns keine Hilfe erwarten..."

Aus: Europa-Archiv 1947, S. 821.

Rede des sowjetischen Chef-Delegierten Alexejew A. Shdanow anläßlich der Gründung des Kommunistischen Informationsbüros (Kominform) vom September 1947

„... Die als Folge des Krieges eingetretenen grundlegenden Änderungen in der internationalen Lage ... haben das gesamte politische Bild der Welt umgestaltet.

Es entstand eine neue Gruppierung politischer Kräfte ...: das imperialistische und antidemokratische Lager einerseits und das antiimperialistische und demokratische Lager andererseits ... Das Hauptziel des imperialistischen Lagers stellt die Festigung des Imperialismus dar, die Vorbereitung eines neuen imperialistischen Krieges, der Kampf gegen Sozialismus und Demokratie sowie die Unterstützung reaktionärer und antidemokratischer profanistischer Regime und Bewegungen.

Bei der Lösung dieser Aufgabe ist das imperialistische Lager bereit, ... seine militärischen Gegner von gestern gegen seine militärischen Verbündeten zu unterstützen...

Das antiimperialistische Lager stützt sich auf die Arbeiterbewegung und auf die demokratische Bewegung in allen Ländern ... Das Ziel dieses Lagers ist der Kampf gegen die Gefahr neuer Kriege und gegen imperialistische Expansion, die Festigung der Demokratie sowie die Ausrottung der Überbleibsel des Faschismus...

Die von der amerikanischen Reaktion inspirierte und durchgeführte expansionistische Außenpolitik sieht ... vor:

1. militär-strategische Maßnahmen,
2. die wirtschaftliche Expansion und
3. den ideologischen Kampf...

Konkrete Ausdrucksformen der expansionistischen Bestrebungen in den USA stellen gegenwärtig die ‚Truman-Doktrin' und der ‚Marshall-Plan' dar. Diese beiden Dokumente sind im Grunde genommen der Ausdruck der gleichen Politik, ... in der (der) amerikanische Anspruch auf die Versklavung Europas serviert wird..."

Aus: Otto Freundl (Hrsg.): Dokumente zur Friedens- und Sicherheitspolitik der Bundesrepublik Deutschland. München 1984, S. 33ff.

Kommuniqué zur Gründung des Rates für gegenseitige Wirtschaftshilfe (COMECON/RGW) vom 25. Januar 1949

„... Die Konferenz hat ... festgestellt, daß die Regierungen der Vereinigten Staaten und Englands ... einen wirtschaftlichen Boykott gegen die Volksdemokratischen Länder und gegen die Sowjetunion verhängt haben, weil diese Länder als unmöglich erachten, sich dem Diktat des Marshallplans zu unterwerfen, und zwar deswegen, weil der Marshallplan gleichzeitig deren Souveränitätsrechte sowie deren nationalökonomische Interessen verletzen würde. In Anbetracht dieser Umstände hat die Konferenz über die Frage der Schaffung einer Organisation beraten, welche die weitgehende wirtschaftliche Zusammenarbeit mit der Sowjetunion zum Ziel hat.

Zum Zwecke der Verwirklichung ... hat die Konferenz die Einsetzung eines Rates für gegenseitige Wirtschaftshilfe als notwendig erachtet ... Der Zweck dieses Rates wird im Austausch von wirtschaftlichen Erfahrungen, gegenseitiger Gewährung von technischer Hilfe und im Austausch von Rohmaterialien, Nahrungsmitteln, Maschinen und Ausrüstungsgegenständen für die Industrie bestehen..."

Aus: Europa-Archiv 1949, S. 2115 ff.

Der chinesisch-sowjetische Bündnisvertrag vom 14. Februar 1950

„... Art. 1: Beide vertragschließenden Parteien verpflichten sich, gemeinsam alle ihnen zu Gebote stehenden Maßnahmen zu treffen, um eine Wiederholung der Aggression und des Friedensvertrages seitens Japans oder irgendeines anderen Staates, der sich mit Japan direkt oder indirekt zu Aggressionspakten verbinden würde, zu verhindern. Falls eine der vertragschließenden Parteien ... in den Kriegszustand versetzt werden sollte, so wird die andere vertragschließende Partei sofort mit allen ihr zu Gebote stehenden Mitteln militärischen und anderweitigen Beistand leisten...

Art. 5: Beide vertragschließenden Parteien verpflichten sich ... die wirtschaftlichen und kulturellen Beziehungen ... zu entwickeln und zu festigen, einander jeden nur möglichen wirtschaftlichen Beistand zu leisten und die erforderliche wirtschaftliche Zusammenarbeit zu pflegen..."

Aus: Vertrags-Ploetz, Band 4 A, S. 384 ff.

George F. Kennan zur Politik der „Eindämmung" Juli 1947

„... Wir werden ... noch lange Schwierigkeiten mit den Russen haben ... Unter diesen Umständen liegt es auf der Hand, daß die Politik der Vereinigten Staaten der Sowjetunion gegenüber in erster Linie und auf lange Zeit hinaus darauf gerichtet sein muß, Rußlands Expansionstendenzen geduldig, aber wachsam und fest in Schranken zu halten...

Amerika wird die Sowjetunion auch weiterhin nicht als Partner, sondern als Rivalen in der politischen Arena betrachten müssen ... Es steht durchaus in der Macht der Vereinigten Staaten, die sachlichen Schwierigkeiten, unter denen die Sowjetpolitik arbeiten muß, ganz außerordentlich zu steigern und so dem Kreml ein weit größeres Maß von Zurückhaltung und Vorsicht aufzuzwingen, als es in den letzten Jahren zu beobachten war..."

Aus: George F. Kennan: Memoiren eines Diplomaten. Stuttgart 1968, S. 357 ff.

Chruschtschow auf dem XX. Parteitag der KPdSU vom 14. bis 25. 2. 1956

„... Unsere Epoche ist hauptsächlich dadurch gekennzeichnet, daß der Sozialismus über den Rahmen eines Landes hinausgegangen ist und sich in ein Weltsystem verwandelt hat ... Das gleichzeitige Bestehen zweier gegensätzlicher Weltwirtschaftssysteme ... ist zu einer unumstößlichen Tatsache geworden...

Das sozialistische System, das weder Krisen noch Erschütterungen kennt, schreitet siegreich voran ... Die allgemeine Krise des Kapitalismus vertieft sich auch weiterhin...

Der Zerfall, der im Kolonialsystem des Imperialismus vor sich geht, ist ein welthistorisches Ereignis der Nachkriegszeit ... Jetzt versuchen manche Leute, den ‚Geist von Genf' zu Grabe zu tragen...

Die Gewährleistung der kollektiven Sicherheit in Europa, die Gewährleistung der kollektiven Sicherheit in Asien und die Abrüstung – das sind die drei wichtigsten Probleme, deren Lösung die Grundlage für einen beständigen dauerhaften Frieden schaffen kann...

Ich möchte auf einige Grundlagen der gegenwärtigen internationalen Entwicklung eingehen, die ... auch die weiteren Perspektiven bestimmen.

Das sind die Fragen der friedlichen Koexistenz der zwei Systeme, die Möglichkeit der Verhütung der Kriege in der gegenwärtigen Epoche sowie der Formen des Übergangs verschiedener Länder zum Sozialismus...

Es gibt tatsächlich nur zwei Wege: entweder friedliche Koexistenz oder den furchtbarsten Vernichtungskrieg der Geschichte. Einen direkten Weg gibt es nicht...

Die Leninsche These, daß die ökonomische Grundlage von Kriegen erhalten bleibt, solange der Imperialismus existiert, behält natürlich ... ihre Gültigkeit. Eben deshalb ist für uns höchste Wachsamkeit erforderlich. Solange es auf der Erde noch einen Kapitalisten gibt, werden die reaktionären Kräfte bemüht sein, einen Krieg zu entfesseln. Aber eine verhängnisvolle Unvermeidbarkeit der Kriege gibt es nicht...

Im Zusammenhang mit den grundlegenden Veränderungen in der internationalen Arena eröffnen sich auch für den Übergang der Länder und Nationen zum Sozialismus neue Perspektiven...

Es ist durchaus wahrscheinlich, daß die Formen des Übergangs zum Sozialismus immer mannigfaltiger sein werden. Dabei ist es nicht unbedingt notwendig, daß die Verwirklichung dieser Formen unter allen Umständen mit dem Bürgerkrieg verbunden sein wird...

Bei allen Formen des Übergangs zum Sozialismus ist die politische Führung durch die Arbeiterklasse mit ihrem Vortrupp an der Spitze die unerläßliche und entscheidende Bedingung. Ohne dies ist der Übergang zum Sozialismus unmöglich..."

Aus: Ost-Probleme 10/1956, S. 328 ff.

Erklärung der Warschauer Pakt-Staaten (undatiert, am 13. August 1961 veröffentlicht mit dem Beschluß des Ministerrats der DDR vom 12. August 1961)

„... Die Regierungen der Teilnehmerstaaten des Warschauer Paktes streben bereits seit mehreren Jahren nach einer Friedensregelung mit Deutschland...

Die Regierungen der Westmächte haben sich bisher nicht bereit gezeigt, durch Verhandlungen aller interessierten Länder zu einer vereinbarten Lösung zu kommen...

Die Westmächte haben sich nicht um eine Normalisierung der Lage in West-Berlin bemüht, sondern fahren fort, es verstärkt zum Zentrum der Wühlarbeit gegen die DDR und andere Länder der sozialistischen Gemeinschaft zu mißbrauchen...

Die herrschenden Kreise der Bundesrepublik und die Spionageorgane der NATO-Länder benutzen die gegenwärtige Verkehrslage an der West-Berliner Grenze, um die Wirtschaft der Deutschen Demokratischen Republik zu unterhöhlen. Auch durch Betrug, Korruption und Erpressung veranlassen Regierungsorgane und Rüstungskonzerne der Bundesrepublik einen gewissen labilen Teil von Einwohnern der DDR, nach Westdeutschland zu gehen ... Diese Wühltätigkeit schädigt nicht nur die Deutsche Demokratische Republik, sondern berührt auch die Interessen der anderen Länder des sozialistischen Lagers...

Die Regierungen der Warschauer-Pakt-Staaten wenden sich an die Volkskammer und an die Regierung der DDR, an alle Werktätigen der Deutschen Demokratischen Republik mit dem Vorschlag, an der West-Berliner Grenze eine solche Ordnung einzuführen, durch die der Wühltätigkeit gegen die Länder des sozialistischen Lagers zuverlässig der Weg verlegt und rings um das ganze Gebiet West-Berlins einschließlich seiner Grenze mit dem demokratischen Berlin eine verläßliche Bewachung und eine wirksame Kontrolle gewährleistet wird...

Die Regierungen der Warschauer-Pakt-Staaten verstehen natürlich, daß die Ergreifung von Schutzmaßnahmen an der Grenze West-Berlins für die Bevölkerung gewisse Unannehmlichkeiten schafft ... Der jetzigen anormalen Lage muß durch eine verstärkte Bewachung und Kontrolle an der West-Berliner Grenze ein Ende gesetzt werden..."

Aus: Europa-Archiv, 1961, S. D 533 ff.

Fragen und Aufgaben

- Woran scheiterte das Konzept der „One-World"? Legen Sie das Ziel und die Schwierigkeiten dar.
- Wie kam es zur „Truman-Doktrin"? Auf welche Weise wurde dadurch künftig der Ost-West-Gegensatz bestimmt?
- Erörtern Sie die Konsequenzen des Marshall-Plans und der Gründung des Rates für gegenseitige Wirtschaftshilfe für die Vertiefung des Ost-West-Konflikts.
- Diskutieren Sie die deutsche Frage und das Berlin-Problem im Hinblick auf die zunehmende Verschärfung des Kalten Krieges.
- Wie unterscheiden sich die militärischen Zusammenschlüsse des westlichen und östlichen Bündnisses? Welchen Zwecken dienen sie vorrangig? Wie würde sich eine Auflösung ggf. auswirken?
- Stellen Sie die Auseinandersetzungen um Korea in ihren Auswirkungen auf den Ost-West-Gegensatz dar.
- Mit der Volksrepublik China betrat eine weitere kommunistische Großmacht die politische Weltbühne. Welche Erwartungen und welche Auswirkungen waren damit bis Anfang der 60er Jahre verbunden?
- Welche geopolitischen Strategien sind mit den Konzeptionen des „containment", des „roll back" und der „friedlichen Koexistenz" verbunden?
- Wie stellte sich die Weltlage am Beginn der 60er Jahre insbesondere unter dem Aspekt des Ost-West-Gegensatzes dar?

Wichtige Daten

12. März 1947
Erklärung der Truman-Doktrin

5. Juni 1947
Bekanntgabe des Marshall-Plans zum wirtschaftlichen Aufbau Europas

17./22. September 1947
Gründung des Kommunistischen Informationsbüros (KOMINFORM)

4. April 1949
Unterzeichnung des NATO-Vertrages

23. September 1949
Erster sowjetischer Atombombenversuch

1. Oktober 1949
Proklamation der Volksrepublik China

25. Juni 1950
Truppen Nordkoreas fallen in Südkorea ein; Ausbruch des Korea-Kriegs

27. Juli 1953
Ende des Korea-Kriegs; Waffenstillstand von Panmunjon

8. September 1954
SEATO-Pakt gegründet

14. Mai 1955
Gründung des Warschauer Paktes

15. Mai 1955
Unterzeichnung des Österreichischen Staatsvertrages

Wichtige Begriffe

„Containment-Politik“

Rat für gegenseitige Wirtschaftshilfe (RGW/-COMECON)

Kommunistisches Informationsbüro (KOMINFORM)

Zwei-Lager-Theorie

NATO

Korea-Krieg

Warschauer Pakt

„Friedliche Koexistenz“

Rapacki-Plan

Berlin-Ultimatum

Berliner Mauer

Wichtige Daten

14./25. Februar 1956
XX. Parteitag der KPdSU; Entstalinisierung; friedliche Koexistenz

4. Oktober 1957
Die UdSSR startet ersten künstlichen Satelliten (‚Sputnik')

14. Februar 1958
Vorlage des Rapacki-Plans für eine atomwaffenfreie Zone in Mitteleuropa

27. November 1958
Chruschtschows Berlin-Ultimatum

13. August 1961
Bau der Berliner Mauer

Auswahlbibliographie

Allgemeine Darstellungen

Czempiel, Ernst-Otto/Schweizer, Carl-Christoph: Weltpolitik der USA nach 1945. Einführung und Dokumente. Leverkusen 1984.
Görtemaker, Manfred: Die unheilige Allianz. Die Geschichte der Entspannungspolitik 1943–1979. München 1979.
Hanrieder, Wolfram/Rühle, Hans (Hrsg.): Zum Spannungsfeld der Weltpolitik. 30 Jahre deutsche Außenpolitik. Stuttgart 1981.
Hillgruber, Andreas: Europa in der Weltpolitik der Nachkriegszeit (1945–1963). München 1979.
Hölzl, Erwin: Amerika und Rußland. Göttingen 1980.
Link, Werner: Der Ost-West-Konflikt. Die Organisation der internationalen Beziehungen im 20. Jahrhundert. Stuttgart 1980.
Lukas, John: Konflikte der Weltpolitik nach 1945. München 1970.
Schreder, Theodor (Hrsg.): Europa im Zeitalter der Weltmächte. Stuttgart 1979.
Willms, Bernhard: Politische Koexistenz. Zur Theorie des Ost-West-Konflikts. Paderborn 1982.

Die europäische Dimension

Bödigheimer, Walter: Die Verhandlungen über das Sicherheitsproblem auf der Berliner Konferenz von 1954. In: Europa-Archiv 9/1954, S. 6496–6513.
Braune-Steininger, Franz: Die Bedeutung des XX. Parteitags der KPdSU für die sowjetische Außenpolitik. München 1981.
Davis, Lynn E.: The Cold War begins. Soviet-American conflikt over Eastern Europa. Princeton 1974.
Dokumente der Berliner Viermächtekonferenz 1954. In: Europa-Archiv, 9/1954, S. 6525–6534.
Griffith, William E.: Die Vereinigten Staaten und die Sowjetunion in Europa, In: Moderne Welt, 8/1967, S. 362–374.
Herzberg, Günther: Die große Kontroverse. Studien zum Ost-West-Problem. Meisenheim 1953.
Hesse, Fritz: Weltpolitik 1945–1954. Westblock gegen Ostblock. Laupheim 1954.
Ingram, Kenneth: History of the cold war. A study of the relations of the Soviet Union and the Western democracies between 1945 and the death of Stalin. London 1955.
Lüthy, Herbert: Der Geist von Genf. Unverbindlichkeiten auf allerhöchster Ebene. In: Monat 7/1954, S. 483–487.
Mastny, Vojtech: Moskaus Weg zum Kalten Krieg. Von der Kriegsallianz zur sowjetischen Vormachtstellung in Osteuropa. München 1980.
Royen, Christoph: Die sowjetische Koexistenz gegenüber Westeuropa. Voraussetzungen, Ziele, Dokumente. Baden-Baden 1978.
Von der Berliner Konferenz (1954) zur Genfer Konferenz (1955). Die wichtigsten Ereignisse und Erklärungen. In: Europa-Archiv, 10/1955, S. 8053–8064.
Wegmann, Bernhard: Die europäische und atlantische Gemeinschaft in der Ost-West-Spannung. Bonn 1953.

Die globale Dimension

Ahlberg, René: Weltrevolution durch Koexistenz. Berlin 1962.
Antoni, C.: Die freie Welt im kalten Krieg. Erlenbach-Zürich 1955.
Cornides, Wilhelm/Haftendorn, Helga: Zwischenbilanz der Besuchsdiplomatie nach der Amerikareise Chruschtschows. In: Europa-Archiv, 14/1959, S. 653–664.
Dodd, Thomas J.: Das Risiko der Koexistenz. Die Auswirkungen des Chruschtschow-Besuches in den USA. Freiburg i. Br. 1960.
Domes, Alfred (Hrsg.): Ost-West-Polarität. Köln 1972.
Fleming, D. F.: Is coexistence with communism impractical? In: Zeitschrift für Politik, 9/1962, S. 301–336.
Hastings, Paul: The cold war, 1945–1969. London 1969.
Heyke, Hans-Eberhard: Die Prinzipien der friedlichen Koexistenz. Zu ihrem Ursprung und ihrer Entwicklung. In: Politische Vierteljahresschrift, 7/1966, S. 574–630.
Hirsch, H. E.: Koexistenz. In: Archiv für Rechts- und Sozialphilosophie, 49/1963, S. 145–168.

Kennan, George F.: Peaceful coexistence. In: Foreign Affairs, 38/1959, S. 171–190.

Link, Werner: Das Konzept der friedlichen Koexistenz und der Beginn des Kalten Krieges. Düsseldorf 1971.

Löwenthal, Richard: Der Einfluß Chinas auf die Entwicklung des Ost-West-Konfliktes in Europa. In: Europa-Archiv, 22/1967, S. 339–350.

Lukas, John: A history of the cold war. New York 1962.

Meissner, Boris: Die „friedliche Koexistenz" in sowjetischer Sicht. In: Europäische Rundschau, 2/1974, S. 57–68.

Rees, David: The age of containment. The cold war 1945–1965. London 1971.

Riklin, Aloys: Weltrevolution durch Koexistenz. Die sowjetische Konzeption der „friedlichen Koexistenz". In: Schweizer Rundschau, 65/1966, S. 257–267.

Rottfels, Hans: Gesellschaftsordnung und Koexistenz. In: Vierteljahresschrift für Zeitgeschichte, 4/1956, S. 333–345.

Ulam, Adam B.: The revals. America and Russia since world war II. New York 1971.

Bündnisverträge der Ostblockstaaten

Verträge über Freundschaft, Zusammenarbeit und gegenseitigen Beistand:

	Vertragspartner	Jahr des Abschlusses
①	UdSSR – DDR	1964, erneuert 1975
②	UdSSR – Polen	1945, erneuert 1965
③	UdSSR – Tschechosl.	1943, erneuert 1963
④	UdSSR – Ungarn	1948, erneuert 1967
⑤	UdSSR – Rumänien	1948, erneuert 1970
⑥	UdSSR – Bulgarien	1948, erneuert 1967
⑦	Polen – DDR	1967, erneuert 1970
⑧	Polen – Tschechosl.	1947, erneuert 1967
⑨	Polen – Ungarn	1948, erneuert 1968
⑩	Polen – Bulgarien	1948, erneuert 1967
⑪	Polen – Rumänien	1949, erneuert 1970
⑫	Tschechosl. – DDR	1967, erneuert 1977
⑬	Tschechosl. – Bulgar.	1948, erneuert 1968
⑭	Tschechosl. – Ungarn	1949, erneuert 1968
⑮	Tschechosl. – Rumän.	1948, erneuert 1968
⑯	Ungarn – DDR	1967, erneuert 1977
⑰	Ungarn – Bulgarien	1948, erneuert 1969
⑱	Ungarn – Rumänien	1948, erneuert 1972
⑲	Rumänien – Bulgarien	1948, erneuert 1970
⑳	Bulgarien – DDR	1967, erneuert 1977
㉑	Bulgarien – Albanien	1947
㉒	DDR – Rumänien	1972

Truppenstationierungsverträge der UdSSR
mit Polen, der DDR und Ungarn (1956/57) und der Tschechoslowakei (1968).

Warschauer Vertrag
1955 Albanien (die Mitgliedschaft Albaniens ruhte seit dem 1. 2. 1962. Albanien trat aus Protest gegen den Einmarsch in die Tschechoslowakei aus dem Pakt aus; dies wurde allerdings vom Pakt nicht anerkannt), Bulgarien, DDR, Polen, Rumänien, Tschechoslowakei, UdSSR, Ungarn.

Rat für gegenseitige Wirtschaftshilfe (COMECON)
1949 Bulgarien, Polen, Rumänien, Tschechoslowakei, UdSSR, Ungarn, Albanien
1950 DDR
1962 Mongolische VR
1972 Kuba
1978 Vietnam

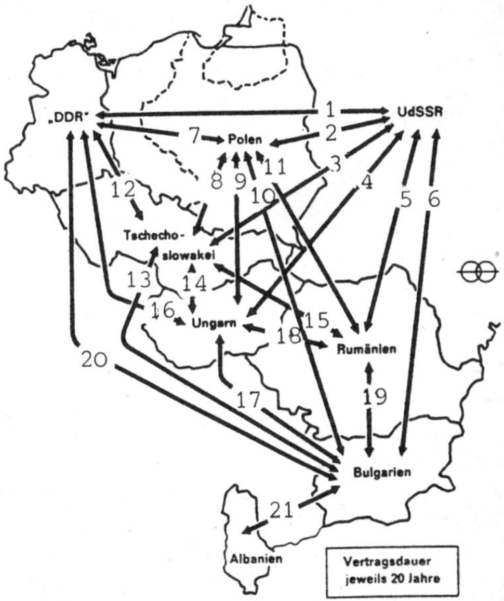

Bündnisverträge der Ostblockstaaten seit 1945 (nach: Informationen zur politischen Bildung, 189, 1981, S. 9)

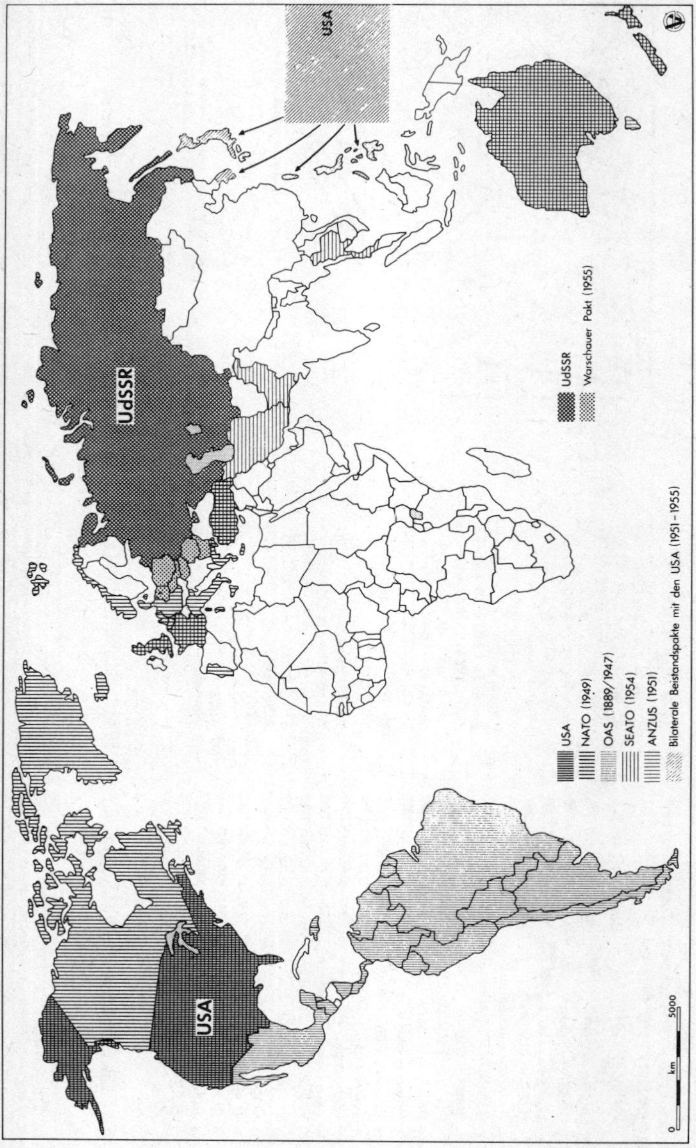

Politik der militärischen Einkreisung der kommunistischen Welt durch die USA (1945–1961)

9. Der Ost-West-Gegensatz: Von der Konfrontation zur Kooperation

Die Berlin-Krise zu Beginn der 60er Jahre hatte deutlich gemacht, daß die Supermächte zumindest in Europa den Kalten Krieg nicht zu einer militärischen Auseinandersetzung eskalieren lassen wollten. Insofern war damit auch die Unbrauchbarkeit der Strategie der massiven Vergeltung erwiesen worden. Anders schienen jedoch die Verhältnisse bei der Kuba-Krise zu liegen.

Nachdem der kubanische Diktator Batista durch den Guerillaführer Fidel Castro Anfang des Jahres 1959 gestürzt worden war, bemühte sich Kuba zunächst um amerikanische Unterstützung für seine sozial-reformerischen Pläne. Da sich die USA jedoch sehr distanziert verhielten, wandte sich Kuba verstärkt der Sowjetunion zu, mit der es im Februar 1960 ein erstes Handelsabkommen schloß. Das daraufhin verhängte Handelsembargo (1960) und der mißglückte – von den USA unterstützte – Invasionsversuch von Exilkubanern (1961), verschlechterten die Beziehungen mit der USA derart, daß sich Kuba nun gänzlich dem kommunistischen Lager anschloß. (Am 2. Dezember 1961 erfolgte die Proklamation zur sozialistischen Republik.)

Im September des Jahres 1962 entdeckten US-Aufklärer sowjetische Raketenstellungen auf Kuba, durch die sich die USA direkt bedroht fühlen mußten. Präsident Kennedy forderte deshalb die Sowjetunion zur Demontage dieser Abschußrampen sowie zum Abtransport der Raketen auf; gleichzeitig verhängten die USA eine totale Seeblockade um Kuba. Die US-Streitkräfte wurden in höchste Alarmbereitschaft versetzt und amerikanische Interkontinentalraketen in Stellung gebracht; die Welt sah sich am Rande eines Atomkriegs.

Obwohl an der Entschlossenheit der Vereinigten Staaten zu einer militärischen Auseinandersetzung kein Zweifel bestehen konnte, signalisierten sie Verhandlungsbereitschaft. Dieses Angebot griff Chruschtschow auf; die Sowjetunion erklärte sich schließlich bereit, im Gegenzug zur Respektierung der territorialen Integrität Kubas und zum gleichzeitigen Abbau von amerikanischen Raketenstellungen in der Türkei, ihre Raketen aus Kuba zurückzuziehen (21. November 1962). In einem gemeinsamen Schreiben an den UN-Generalsekretär erklärten die USA und die UdSSR (Januar 1963) die Kuba-Krise für beendet.

Die Konfrontation der Supermächte um Kuba zeitigte eine Reihe von Konsequenzen. Deutlich erkannte man, daß die bisherige militärische Maxime der „massiven Vergeltung" angesichts der nuklearen Potentiale entweder zur gegenseitigen Vernichtung führen müsse oder – wenn sie nur angedroht und nicht vollzogen würde – ihre Glaubwürdigkeit verlöre. Dies führte im Ost-West-Konflikt zu einem Umdenken in mehrfacher Hinsicht: Einmal setzte sich die Überzeugung durch, aus der Konfrontation heraus müsse man den Dialog suchen. Abrüstungs- bzw. Rüstungskontrollverhandlungen wurden unabdingbar, um das Überleben zu sichern. (Äußeres Zeichen hierfür stellte die Einrichtung des „heißen Drahtes" zwischen Moskau und Washington dar – eine direkte, am 20. Juni 1963 fertiggestellte Telephonleitung für ein künftiges globales Krisenmanagement). Zum anderen paßte die NATO ihre Verteidigungskonzeption insbesondere in den Jahren 1967 („Harmel-Bericht") und 1968 („Signal von Reykjavik") den neuen Erkenntnissen an, als die Strategie der „flexible response" und die „Zwei-Säulen-Theorie" entwickelt wurden. Danach beruhte die Sicherheit des Westens fortan zwar weiterhin auf der Abschreckung; sie sollte aber durch einen beiderseitig ausgewogenen Abbau der militärischen Potentiale, mit dem Ziel eines vertrauensvollen und friedlichen Zusammenlebens in Europa, abgestützt werden. In diesem Rahmen wollten die NATO-Staaten mit einer Strategie der „flexible response", die auf der Grundlage eines Berichtes des belgischen Verteidigungsministers Harmel erarbeitet worden war, fortan durch abgestufte militärische Gegenmaßnahmen eventuellen Angriffen angemessen kalkulierbar begegnen können und damit den nuklearen Gegenschlag möglichst weit hinausschieben, wenn nicht gar entbehrlich machen.

In der Folgezeit kam es zu einer Reihe von bi- und multilateralen Rüstungsbegrenzungsvereinbarungen: 1963 Atomtestvertrag; 1967 Weltraum-Vertrag; 1968 Atomwaffensperrvertrag; 1971 Meeresboden-Vertrag; 1972 SALT-I-Vertrag; 1974 Atomtest-stopp-Verträge; 1979 SALT-II-Vertrag. Dennoch ging das gegenseitige Wettrüsten weiter, so daß gegen Ende der 60er Jahre beide Supermächte Waffenarsenale besaßen, mit denen sich ein atomarer Zweitschlag androhen ließ. Damit konnte zwar im Rahmen des Ost-West-Gegensatzes der Ausbruch eines Krieges bislang verhindert werden; eine beständige Sicherung des Friedens wurde dadurch aber nicht erreicht. Kennzeichnend für diese Situation eines „Gleichgewichts des Schreckens" war ferner, daß ein „Friede als Abwesenheit von Krieg" (J. Galtung) nur in der nördlichen Hemisphäre erhalten blieb. In den übrigen Teilen der Welt kam es dagegen teilweise zu massiven Verwicklungen der Großmächte in regionale Konflikte, teilweise auch zu sog. „Stellvertreterkriegen".

Am nachdrücklichsten für das Weltbewußtsein eskalierte dabei zweifellos der Vietnamkrieg. Nachdem sich Frankreich aus Indochina zurückgezogen hatte – die Genfer Indochina-Konferenz 1954 endete mit der Neutralisierung von Laos und Kambodscha und mit der Teilung Vietnams –, begannen die USA nach und nach das südvietnamesische Regime Ngo-Dinh Diem gegen die von der Sowjetunion und anfänglich auch von China mitgetragenen Guerillaübergriffe aus Nordvietnam zu unterstützen. Den Angriff eines angeblich nordvietnamesischen Torpedobootes auf den US-Zerstörer Maddox nahmen die USA am 30. Juli 1964 zum Anlaß, fortan in Vietnam massiv militärisch zu intervenieren. Die Grundlage hierfür schuf eine Resolution vom 7. August 1964; dennoch handelte es sich bis zuletzt in Vietnam um einen nicht erklärten Krieg. Trotz der übermächtigen konventionellen Mittel, die die USA im Laufe der Auseinandersetzungen einsetzten (ca. eine halbe Million Soldaten und 13 Mill. t Sprengstoff), gelang es nicht, die vietnamesische Guerilla-Armee entscheidend zu besiegen. Von 1968 an (10. Mai Beginn der Gespräche) versuchten die USA sich deshalb aus der Vietnam-Verstrikkung zu lösen. Anfang 1973 (27. Januar) konnte ein Waffenstillstand geschlossen werden; die USA zogen daraufhin ihre Truppen ab. Die Auseinandersetzungen zwischen dem Norden und Süden Vietnams setzten sich fort und endeten erst mit dem Fall Saigons (30. 4. 1975). Am 2. Juli 1976 wurden beide Teile Vietnams vereint und zur Sozialistischen Republik Vietnam ausgerufen.

Die USA hatten sich seinerzeit aus Sorge um das weitere Vordringen des Kommunismus in Südost-Asien zur Unterstützung Süd-Vietnams entschlossen. Maßgeblich dafür war die sog. Domino-Theorie, wonach zu befürchten stand, daß mit dem Fall Vietnams auch andere Staaten in dieser Weltregion (vor allem Laos und Kambodscha) unter kommunistische Herrschaft gerieten. Darüber hinaus legitimierten die Vereinigten Staaten ihre Intervention mit der Sorge um den Fortbestand der Freiheit (J. F. Kennedy). Beide Ziele konnten letztlich nicht erreicht werden, was zu einer tiefgreifenden Identitätskrise in den USA, aber auch zu einer gewissen Neuorientierung der amerikanischen Außenpolitik führte.

Die Vereinigten Staaten mußten einsehen, daß sie angesichts der Weltlage ihre globale Verantwortung nicht mehr im herkömmlichen Sinne wahrnehmen konnten. Dies bedeutete einmal eine stärkere Beteiligung ihrer Verbündeten an den Verteidigungslasten, zum anderen aber auch den Zwang, mit der kommunistischen Hegemonialmacht nach Möglichkeiten der Entspannung zu suchen, ohne dabei den fortdauernden Gegensatz zwischen den Systemen zu leugnen. Sichtbaren Ausdruck fand diese Politik im Abschluß der „Ostverträge" (Moskauer Vertrag 1970; Warschauer Vertrag 1970, Grundlagenvertrag 1972, Prager Vertrag 1973), im Viermächte-Abkommen über Berlin (1971) und in der Einberufung der „Konferenz über Sicherheit und Zusammenarbeit in Europa" (KSZE), die in den Jahren 1973–1975 in Helsinki tagte und zu einer Reihe von Folgekonferenzen führte, denen die Aufgabe zufiel, über die Verwirklichung der „Schlußakte von Helsinki“ (1. August 1975) zu wachen. Damit konnten zumindest im europäischen Raum einige permanente Konflikte und Spannungen abgebaut werden.

Trotz einer Reihe von Entspannungs- und Abrüstungsvereinbarungen, die zwischen den USA und der UdSSR wie auch zwischen der NATO und dem Warschauer Pakt getroffen wurden, zeigten sich auch Grenzen dieser Entspannungspolitik. Beide Weltmächte achteten streng auf den ungeschmälerten Einfluß in ihrem Hegemonialbereich. So konnte die Sowjetunion, angesichts der Verstrickungen der USA in Vietnam, die Liberalisierungstendenzen des „Prager Frühlings“ in der Tschechoslowakei durch den Einmarsch von Truppen der Warschauer Pakt-Staaten (21. August 1968) gefahrlos unterdrücken. Unwidersprochen blieb dabei auch die vom Parteichef Breschnew verkündete Doktrin, wonach den sozialistischen Staaten im Interesse der sozialistischen Weltrevolution nur eine eingeschränkte Souveränität zukäme.

Andererseits verhinderten die USA im Nahostkonflikt, insbesondere nach dem Yom-Kippur-Krieg (Oktober 1973), eine direkte Intervention der Sowjetunion zugunsten Syriens und Ägyptens. Allerdings gelang es den USA und der Sowjetunion nur im Zusammenwirken, die kämpfenden Parteien zu einem Waffenstillstand zu veranlassen: Die beiden Großmächte hatten sich anläßlich des Breschnew-Besuches in den USA (22. Juni 1973) dazu verpflichtet, im Falle eines drohenden militärischen Konfliktes gegenseitige Konsultationen aufzunehmen. Die anschließenden Befriedungsaktionen zeigten hingegen wiederum deutlich die amerikanische Dominanz. So sah sich die Sowjetunion vom Zustandekommen des israelisch-ägyptischen Friedensvertrages (26. März 1979) gänzlich ausgeschlossen.

Durch diesen Frieden hatte sich Ägypten zwar den USA wieder angenähert, mußte dafür aber mit seiner Isolation in der arabischen Welt bezahlen. Als schließlich die arabischen Staaten die Ölförderung rapide drosselten und den Ölpreis drastisch erhöhten, damit das Erdöl als strategische Waffe einsetzten (1973 und 1978), stürzten sie insbesondere die westlichen Industriestaaten und die Länder der Dritten Welt in eine tiefgreifende Wirtschaftskrise.

War es den USA in Ägypten gelungen, den sowjetischen Einfluß zurückzudrängen bzw. gänzlich auszuschalten, so hatte die Sowjetunion die Lähmung der US-Außenpolitik durch das Vietnam-Trauma planmäßig dazu genutzt, ihren Einfluß im Nahen Osten durch Militärbündnisse mit Syrien und dem Irak (1972) sowie in Südostasien nach der Machtübernahme der „Roten Khmer“ in Kambodscha und der „Pathet Lao“ in Laos (1975) auszudehnen. Aber auch in einer Reihe afrikanischer Staaten konnten insbesondere mit Hilfe Kubas und der DDR kommunistische und damit prosowjetische Regime errichtet bzw. gestützt werden: So in Angola, Moçambique, Somalia und Äthiopien, darüber hinaus auch im Südjemen. Ferner baute die Sowjetunion in den 70er Jahren ihre Seestreitkräfte systematisch aus, wodurch sie sich in die Lage versetzte, die Versorgungswege der westlich orientierten Industrieländer (vor allem Japans) bei Bedarf empfindlich zu stören.

Allerdings versuchten auch die USA, den Ost-West-Gegensatz auf andere Weltregionen auszudehnen bzw. zu verlagern. Der entscheidende Durchbruch gelang der amerikanischen Außenpolitik wohl mit der Aufnahme diplomatischer Beziehungen zur Volksrepublik China. Die diesem Schritt vorausgegangene Annäherung hatte im Jahre 1978 bereits einen Friedens- und Freundschaftsvertrag zwischen China und Japan ebenso wie ein Handelsabkommen der Europäischen Gemeinschaft mit China ermöglicht. Diese Öffnung nach Westen wurde schließlich noch unterstrichen, als China im April 1979 den Freundschaftsvertrag mit der Sowjetunion aus dem Jahre 1950 kündigte. Dadurch mußte sich die Sowjetunion an einem neuralgischen Punkt ihrer geostrategischen Lage bedroht fühlen.

Zur Verunsicherung der UdSSR hatten allerdings bereits Mitte der 70er Jahre andauernde Unruhen und Liberalisierungstendenzen in Polen beigetragen. Versuchte man diese Tendenzen durch eine Abschottung Polens nach außen, engste Kontakte auf Regierungsebene und subtilen Druck aus dem Warschauer Pakt unter Kontrolle zu halten, so trachtete man der neuerlichen militärischen Einkreisung durch eine gezielte Aufrüstung insbesondere im konventionellen Bereich, aber auch auf dem Gebiet der Mittelstreckenraketen (SS 20) zu begegnen. So erzielte die Sowjetunion im Verein mit den Warschauer Pakt-Staaten gegen Ende der 70er Jahre ein deutliches militärisches Übergewicht, das vor allem Westeuropa bedrohte, ein Umstand, auf den 1977 erstmals Bundeskanzler Schmidt hingewiesen hatte und der im Dezember 1979 zum sog. „NATO-Doppelbeschluß“ führte. Dieser Beschluß bot der Sowjetunion Verhandlungen über den Abbau ihrer Mittelstreckenraketen mit der Drohung an, andernfalls eine entsprechende Nachrüstung auf Seiten der NATO vorzunehmen.

Der Ost-West-Konflikt verschärfte sich, als die Sowjetunion auf dieses Angebot nicht ernsthaft einging und darüber hinaus im blockfreien Afghanistan das kommunistische Regime gegen moslemische Aufständische militärisch unterstützte (seit Dezember 1979). Damit war den Entspannungsbemühungen der 60er und 70er Jahre schwerer Schaden zugefügt worden. Die USA verhängten ein Getreideembargo gegen die Sowjetunion, der US-Senat verweigerte die Ratifizierung des SALT-II-Abkommens, und gleichzeitig wurden die Rüstungsausgaben drastisch erhöht. Die Verhärtung der Fronten griff schließlich auch auf die sportlichen Beziehungen über, denn die beiden Weltmächte boykottierten gegenseitig die Olympiaden von Moskau (1980) und Los Angeles (1984).

Die nach dem Tode Breschnews (1982) nur kurz amtierenden Sowjetführer Andropow (gest. 9. 2. 1984) und Tschernenko (gest. 11. März 1985) vermochten keine entscheidenden Weichenstellungen zu einer neuerlichen Entspannungspolitik vorzunehmen; dies änderte sich erst, als Michail Gorbatschow die Führung der Sowjetunion übernahm. Allerdings war mit dem Amtsantritt Ronald Reagans (1981) die Außenpolitik der Vereinigten Staaten auf eine Position der Stärke eingeschworen worden, die es sich zum Ziele setzte, Amerikas Vormachtstellung (Eindämmung des sowjetkommunistischen Einflusses und Rüstungsüberlegenheit durch weltraumstationierte Systeme SDI) und den Schutz seiner Interessen erneut zur Geltung zu bringen (insbesondere in Mittelamerika: militärische Intervention in Grenada am 25. Oktober 1983 – Unterstützung der Kontras in Nicaragua; aber auch im Nahen Osten/Golfregion: Lieferung von AWACS-Frühwarnsystemen für Saudi-Arabien).

Dennoch signalisierten beide Seiten auch eine gewisse Bereitschaft, den Ost-West-Dialog wieder aufzunehmen. Aus diesem Grunde trat man in neue Verhandlungsrunden über Vertrauensbildende Maßnahmen und Abrüstung in Europa (Stockholm, Januar 1985), über einen gegenseitigen Truppenabbau (Wien, Januar 1985) und über die amerikanisch-sowjetischen Abrüstungsbemühungen (Genf, März 1985) ein. Zudem deuteten Washington und Moskau anläßlich des 40. Jahrestages der bedingungslosen Kapitulation Deutschlands (8. Mai 1985) eine Erweiterung des „Heißen Drahtes“ in Form einer direkten Fernsprechleitung zwischen den beiden Generalstäben der Supermächte an, um militärische Konflikte aufgrund von Mißverständnissen und Fehlreaktionen zu vermeiden.

Ein Ausgleich des Ost-West-Gegensatzes ist damit noch lange nicht in Sicht. Doch läßt sich eine deutliche Veränderung der globalen Dimension erkennen. Die beiden Blöcke stehen einander zweifellos nicht mehr in monolithischer Geschlossenheit gegenüber. Um die Volksrepublik China bildete sich ein Subzentrum innerhalb der kommunistischen Welt; mit der Europäischen Gemeinschaft und Japan kristallisierten sich wirtschaftliche Potentiale mit zunehmender Eigenständigkeit innerhalb der westlichen Welt heraus.

Dennoch bleibt der Ost-West-Gegensatz weiterhin konfliktträchtig. Eine Eruption könnte die ganze Welt leicht in den Abgrund reißen. Trotz der ideologischen Gegensätze muß deshalb beständig nach Wegen und Möglichkeiten eines friedlichen Nebeneinanders gesucht werden, solange ein ausgeglichenes Miteinander nicht möglich ist.

Quellen

Kommuniqué der Tagung des NATO-Ministerrates in Brüssel vom 13./14. Dezember 1967

„... 5. Die Minister betonten die Bedeutung der Förderung des Fortschritts in der Abrüstung und der Rüstungskontrolle einschließlich konkreter Maßnahmen zur Verhinderung der Weiterverbreitung von Kernwaffen. Sie bekräftigten ihre Auffassung, daß eine ausgewogene Verringerung der Streitkräfte auf beiden Seiten, wenn die Umstände es zulassen, einen bedeutsamen Schritt in Richtung auf die europäische Sicherheit darstellen könnte...

11. Die Minister waren sich darin einig, daß eine der Grundlagen für die Herbeiführung einer Verbesserung in den Ost-West-Beziehungen und eine friedliche Regelung in Europa darin bestehen muß, daß die NATO ihre militärische Stärke und ihre Fähigkeit zur Abschreckung eines Angreifers aufrechterhält...

12. Die Minister ... billigten die neue strategische Konzeption ... Diese Konzeption... beruht auf einer flexiblen und ausgewogenen Skala geeigneter konventioneller und nuklearer Reaktionen auf alle Arten von Angriffen und Angriffsdrohungen. Diese Reaktionen ... sollen zunächst von einem Angriff abschrecken und dadurch den Frieden wahren; sollte es aber dennoch bedauerlicherweise zu einem Angriff kommen, sollen sie die Sicherung des Nordatlantik-Vertragsgebietes im Sinne der Vorwärtsverteidigung gewährleisten..."

Aus: Vertrags-Ploetz, Band 5, S. 159 f.

Das „Signal von Reykjavik", Anhang zum Kommuniqué der NATO-Ministertagung vom 25. Juni 1968

„... 2. Die Minister gehen davon aus, daß die ungelösten Probleme, die noch immer den europäischen Kontinent spalten, durch friedliche Mittel geregelt werden müssen. Sie sind überzeugt, daß das Endziel einer dauerhaften Friedensordnung in Europa eine Atmosphäre des Vertrauens voraussetzt und nur schrittweise erreicht werden kann. Im Bewußtsein des offensichtlichen und beträchtlichen Interesses aller europäischen Staaten an diesem Ziel sind die Minister der Auffassung, daß Maßnahmen auf diesem Gebiet einschließlich ausgewogener und beiderseitiger Truppenverminderungen beträchtlich zu einer Verminderung der Spannung und einer weiteren Verringerung der Kriegsgefahr beitragen können..."

Aus: Otto Freundl: Dokumente zur Friedens- und Sicherheitspolitik. München 1984, S. 162 f.

Botschaft von Präsident Richard Nixon an den Nordatlantikrat vom 7. Dezember 1972

„Wenn wir jetzt dem Jahre 1973 entgegengehen, stehen wir am Beginn von Verhandlungen, die uns dem dauerhaften Frieden näherbringen können...

Diese Aussichten auf Frieden müssen jedoch auf einer Grundlage fortdauernder militärischer Bereitschaft basieren...

Unsere Völker geben immer mehr den berechtigten innenpolitischen Erfordernissen einer demokratischen und modernen Gesellschaft nach, während gleichzeitig die Kosten einer modernen und verbesserten Verteidigung steigen...

Wir erwarten von Ihnen – Ihnen allen –, daß Sie die beachtlichen Anstrengungen fortsetzen, die Sie unternommen haben, um einen größeren Teil der Lasten der gemeinsamen Verteidigung zu übernehmen..."

Aus: Europa-Archiv 1973, S. D 72.

Schlußakte der Konferenz über Sicherheit und Zusammenarbeit in Europa vom 1. August 1975

„... Von dem politischen Willen getragen, im Interesse der Völker ihre Beziehungen zu verbessern und zu verstärken, in Europa zum Frieden, zur Sicherheit, zur Gerechtigkeit und zur Zusammenarbeit, sowie zur Annäherung zwischen ihnen und zu den anderen Staaten der Welt beizutragen ... haben die Hohen Vertreter der Teilnehmerstaaten feierlich folgendes angenommen:

(A) Fragen der Sicherheit in Europa...
1. Erklärung über die Prinzipien, die die Beziehungen der Teilnehmerstaaten leiten...
I. Souveräne Gleichheit, Achtung der der Souveränität innewohnenden Rechte...
II. Enthaltung von der Androhung oder Anwendung von Gewalt...
III. Unverletzlichkeit der Grenzen...
IV. Territoriale Integrität der Staaten...
V. Friedliche Regelung von Streitfällen...
VI. Nichteinmischung in innere Angelegenheiten...
VII. Achtung der Menschenrechte und Grundfreiheiten, einschließlich der Gedanken-, Gewissens-, Religions- oder Überzeugungsfreiheit. –
VIII. Gleichberechtigung und Selbstbestimmungsrecht der Völker...
IX. Zusammenarbeit zwischen den Staaten...
X. Erfüllung völkerrechtlicher Verpflichtungen nach Treu und Glauben...
2. Dokument über vertrauensbildende Maßnahmen und bestimmte Aspekte der Sicherheit und Abrüstung...
I. Vorherige Ankündigung von größeren militärischen Manövern...
II. Fragen im Zusammenhang mit der Abrüstung...
III. Allgemeine Erwägungen...

(B) Zusammenarbeit in den Bereichen der Wirtschaft, der Wissenschaft und der Technik sowie der Umwelt...

(C) Zusammenarbeit in humanitären und anderen Bereichen...

Die Teilnehmerstaaten ... erklären ihre Entschlossenheit, in der Folgezeit die Bestimmungen der Schlußakte der Konferenz gebührend zu berücksichtigen und sie anzuwenden...

Aus: Europa-Archiv 1975, S. D 437ff.

Artikel der Prawda: „Souveränität" und internationale Pflichten der sozialistischen Länder (Breschnew-Doktrin) vom 26. September 1968

„... Die Völker der sozialistischen Länder ... haben die uneingeschränkte Freiheit, ... die Entwicklungswege ihres Landes zu bestimmen. Jedoch darf keine Entscheidung von ihrer Seite entweder dem Sozialismus in ihrem Land oder den Grundinteressen der anderen sozialistischen Länder... Schaden zufügen...

Man kann die Souveränität einzelner sozialistischer Länder nicht den Interessen des Weltsozialismus ... entgegenstellen...

... die Realisierung der „Selbstbestimmung", d. h. die Abtrennung der Tschechoslowakei von der sozialistischen Gemeinschaft, widerspräche den Grundinteressen dieses Landes und würde den anderen sozialistischen Ländern schaden...

Die Kommunisten der Bruderländer konnten natürlich nicht zulassen, daß im Namen einer abstrakt verstandenen Souveränität die sozialistischen Staaten zusehen, wie ein Land der Gefahr einer antisozialistischen Umwälzung ausgesetzt wird... Die Hilfe, die andere sozialistische Länder den Werktätigen der CSSR erwiesen ... ist praktischer Kampf um die Souveränität der CSSR gegen diejenigen, die sie dieser Souveränität berauben und das Land den Imperialisten ausliefern wollten..."

Aus: Europa-Archiv 1968, S. D580 ff.

Abkommen der Vereinigten Staaten und der Sowjetunion zur Verhinderung eines Atomkrieges vom 22. Juni 1973

„... *Artikel 1:* Die Vereinigten Staaten und die Sowjetunion stimmen darin überein, daß es ein Ziel ihrer Politik ist, die Gefahr eines Atomkrieges und die Anwendung von Kernwaffen zu beseitigen.

Dementsprechend vereinbaren die Vertragsparteien, sich so zu verhalten, daß die Entstehung von Situationen, die eine gefährliche Verschlechterung ihrer Beziehungen verursachen könnten, verhindert wird...

Artikel IV: Wenn zu irgendeinem Zeitpunkt die Beziehungen zwischen den Vertragspartnern oder zwischen einer der beiden Vertragsparteien und anderen Ländern das Risiko eines nuklearen Konflikts heraufzubeschwören scheinen ..., werden die Vereinigten Staaten und die Sowjetunion ... sofort in dringende Konsultationen miteinander eintreten und alles unternehmen, um ein solches Risiko abzuwenden..."

Aus: Europa-Archiv 1973, S. D418 f.

Erklärung des amerikanischen Verteidigungsministers Harold Brown vor dem Auswärtigen Ausschuß des Senats zu den sicherheitspolitischen Aspekten nach der Normalisierung der Beziehungen zu China vom 5. Februar 1979

„... China ist eine aufsteigende Macht ... Das Asien, mit dem wir es heute zu tun haben, ist für die Vereinigten Staaten viel weniger bedrohlich, als es in den fünfziger Jahren ... war, als die Russen und Chinesen gemeinschaftlich handelten...

Wir haben nichts zur Vertiefung der Spaltung zwischen Moskau und Peking getan ... Auf der anderen Seite müssen die Sowjets jetzt für eine Sicherheitslage planen, die aus ihrer Sicht ein Zwei-Fronten-Problem ist...

Das alles ist vorteilhaft für die Sicherheit vieler unserer Verbündeter und für unsere eigene Sicherheit..."

Aus: Europa-Archiv 1979, S. D153 ff.

Kommuniqué der Sondersitzung der Außen- und Verteidigungsminister des Nordatlantikpakts (NATO-Doppelbeschluß) vom 12. Dezember 1979

„... 3. Im Laufe der Jahre hat der Warschauer Pakt ein großes und ständig weiter wachsendes Potential von Nuklearsystemen entwickelt, das Westeuropa unmittelbar bedroht ... Insbesondere hat die Sowjetunion die SS-20-Raketen disloziert ... und ... den ‚Backfire-Bomber' eingeführt...

6. Die Minister stellten fest, daß diese Entwicklungen konkrete Maßnahmen des Bündnisses erfordern, wenn die NATO-Strategie der flexiblen Reaktion glaubwürdig bleiben soll ... (Sie) kamen ... überein, daß dem Gesamtinteresse der Allianz am besten dadurch entsprochen wird, daß die zwei parallelen und sich ergänzenden Ansätze LRTNF-Modernisierung (= nukleare Mittelstreckenraketen – R. R.) und Rüstungskontrolle verfolgt werden.

7. Die Minister haben daher beschlossen, das LRTNF-Potential der NATO durch die Dislozierung von amerikanischen bodengestützten Systemen in Europa zu modernisieren...

9. Die Minister sind der Auffassung, daß auf der Grundlage des mit SALT II Erreichten und unter Berücksichtigung der die NATO beunruhigenden Vergrößerung des sowjetischen LRTNF-Potentials nun auch bestimmte amerikanische und sowjetische LRTNF in die Bemühungen einbezogen werden sollten, durch Rüstungskontrolle ein stabileres umfassenderes Gleichgewicht bei geringeren Beständen an Nuklearwaffen auf beiden Seiten zu erzielen...

11. Die Minister haben sich zu diesen beiden parallel laufenden und komplementären Vorgehensweisen entschlossen, um einen durch den sowjetischen TNF-Aufwuchs verursachten Rüstungswettlauf in Europa abzuwenden, dabei jedoch die Funktionsfähigkeit der Abschreckungs- und Verteidigungsstrategie der NATO weiterhin zu erhalten und damit die Sicherheit ihrer Mitgliedstaaten weiterhin zu gewährleisten..."

Aus: Europa-Archiv 1980, S. D 35 ff.

Erklärung des amerikanischen Außenministers George P. Shultz vor dem außenpolitischen Ausschuß des Senats vom 31. Januar 1985

„... Die Beziehungen zwischen den Supermächten sind und bleiben von entscheidender Bedeutung ... Wirkliche Freundschaft und Zusammenarbeit werden solange unerreichbar bleiben, wie das sowjetische System von der Ideologie und dem nationalen Streben nach Ausweitung seiner Macht und der Untergrabung der Interessen der Demokratien getrieben wird.

Wir müssen diesem sowjetischen Machtstreben mit Nachdruck begegnen ...

Auf der anderen Seite gibt im Zeitalter der Wasserstoffbombe das gemeinsame Interesse am Überleben beiden Seiten einen Anreiz, die Rivalität zu mäßigen und vor allem Mittel und Wege zu finden, um die Kernwaffen unter Kontrolle zu bringen und das Risiko eines Krieges zu vermindern...

Heute ist der Westen einiger denn je. Die Vereinigten Staaten sind dabei, ihre militärische Stärke und ihre wirtschaftliche Kraft wieder herzustellen, und haben neues Selbstbewußtsein gewonnen ... Wir haben berechtigten Grund zu der Annahme, daß sich die ‚Korrelation der Kräfte' wieder zu unseren Gunsten verschiebt.

Aber trotzdem können wir nicht erwarten, daß die Geschichte uns die Arbeit abnehmen wird ... Wir dürfen niemals zulassen, daß wir so sehr mit den Verbesserungen der Beziehungen zu den Sowjets verhaftet sind, daß wir gegen Handlungen blind werden, die die Grundlage stabiler Beziehungen selbst untergraben...

Wir müssen lernen, eine Strategie zu verfolgen, die auf langfristiges Denken ausgerichtet ist und auf Verhandlungen und Stärke gleichzeitig basiert...

Wir setzen die SDI-Forschung (Initiative zur Strategischen Verteidigung weltraum-gestützter Systeme – R. R.) fort, weil wir hier ein positives, ja revolutionäres Potential erkennen: Hier stehen uns möglicherweise Defensivmaßnahmen zur Verfügung, die die Drohung eines offensiven Erstschlags vielleicht gegenstandslos machen..."

Aus: Europa-Archiv, Folge 5/1985, S. D 117 ff.

Fragen und Aufgaben

- Legen Sie die Bedeutung der Kuba-Krise für das Umdenken in den Ost-West-Beziehungen dar.
- Durch die Verstrickung der USA in den Vietnamkrieg wurde das Ost-West-Verhältnis beträchtlich verändert. Zeigen Sie diese Konsequenzen sowohl für die Supermächte wie auch für die Stabilität der Blöcke.
- Erörtern Sie die „Befriedungen" des „Prager Frühlings" und des Nahost-Konfliktes unter dem Aspekt des Ost-West-Gegensatzes.
- Welche Bedeutung hatte das Auftreten der Volksrepublik China auf der Weltbühne für die Entwicklung des Ost-West-Konflikts?
- Kann durch „Entspannung" und/oder „Abschreckung" der Ost-West-Gegensatz gelöst werden?

Wichtige Daten

22. Oktober 1962
Präsident Kennedy fordert den Abbau und den Abtransport sowjetischer Raketen von Kuba; Beginn der Kuba-Krise.

7. August 1964
Resolution des US-Kongresses ermöglicht den USA ein militärisches Eingreifen im Vietnam-Konflikt.

1. Juli 1968
Unterzeichnung des Vertrages über die Nichtweiterverbreitung von Atomwaffen durch die USA, UdSSR und Großbritannien

21. August 1968
Warschauer-Pakt-Staaten marschieren in der Tschechoslowakei ein. – „Breschnew-Doktrin"

26. Mai 1972
Unterzeichnung des SALT-I-Abkommens

2. März 1973
Abschluß des Vietnam-Abkommens

22. Juni 1973
Abkommen zwischen den USA und der UdSSR zur Verhinderung eines Atomkriegs

1. August 1975
Unterzeichnung der Schlußakte der KSZE-Konferenz von Helsinki

5. Februar 1979
Normalisierung der Beziehungen zwischen den USA und China

Wichtige Begriffe

Kuba-Krise

Strategie der „massiven Vergeltung"

Strategie der „flexible response"

„Zwei-Säulen-Theorie"

Zweitschlag-Kapazität

Entspannung

Abschreckung

„Gleichgewicht des Schreckens"

Domino-Theorie

Konferenz über Sicherheit und Zusammenarbeit in Europa (KSZE)

„Prager Frühling"

Breschnew-Doktrin

NATO-Doppelbeschluß

weltraumstationiertes strategisches Verteidigungssystem (SDI)

Wichtige Daten

26. März 1979
Israel und Ägypten unterzeichnen in Washington einen Friedensvertrag (Camp David).

18. Juni 1979
SALT-II-Abkommen in Wien unterzeichnet

12. Dezember 1979
NATO-Doppelbeschluß

27. Dezember 1979
Einmarsch sowjetischer Truppen in das blockfreie Afghanistan

11. März 1985
Wiederaufnahme der amerikanisch-sowjetischen Abrüstungsgespräche in Genf

Auswahlbibliographie

Die europäische Dimension

Alten, Jürgen v.: Sinn und Funktion der Entspannung im Ost-West-Verhältnis. In: Europa-Archiv, 26/1971, S. 639–644.

Bodensieck, Heinrich: Urteilsbildung zum Zeitgeschehen. Der Fall CSSR 1968/69. Stuttgart 1970.

Bredow, Wilfried v.: Vom Antagonismus zur Konvergenz. Studien zum Ost-West-Problem. Frankfurt 1972.

Dahm, Helmut: Demokratischer Sozialismus. Das tschechoslowakische Modell. Opladen 1971.

Delbrück, J. /Ropers, N. u. a. (Hrsg.): Grünbuch zu den Folgewirkungen der KSZE. Köln 1977.

Deutsche Gesellschaft für Friedens- und Konfliktforschung (Hrsg.): DGFK-Jahrbuch 1982/83. Zur Lage Europas im globalen Spannungsfeld. Baden-Baden 1983.

Fuchs, Vilém: Nach zehn Jahren – Rückblick auf den Prager Frühling. In: Aus Politik und Zeitgeschichte, B 31/1978, S. 3–23.

Görtemaker, Manfred: Der gebändigte Kontinent. Verteidigung und Entspannung in Europa. Analyse und Dokumente. Bonn 1979.
Hessische Stiftung Friedens- und Konfliktforschung (Hrsg.): Europa zwischen Konfrontation und Kooperation. Entspannungspolitik für die achtziger Jahre. Frankfurt a. M. 1982.
Rotermundt, Rainer/Schmiederer, Ursula u. a.: Die Sowjetunion und Europa. Gesellschaftsform und Außenpolitik der UdSSR. Frankfurt a. M. 1979.
Schüssler, Jacob: Symbolische Sicherheitspolitik. Die Bedeutung der KSZE-Schlußakte für die Sicherheit der Bundesrepublik Deutschland. München 1980.
Schwarz, Hans-Peter/Meissner, Boris (Hrsg.): Entspannungspolitik in Ost und West. Köln 1979.
Simma, Bruno/Blenk-Knocke, Edda (Hrsg.): Zwischen Intervention und Zusammenarbeit. Interdisziplinäre Arbeitsergebnisse zu Grundfragen der KSZE. Berlin 1979.
Stratmann, Klaus-Peter: NATO-Strategie in der Krise? Militärische Optionen von NATO und Warschauer Pakt in Mitteleuropa. Baden-Baden 1981.
Tiedtke, Stephan: Die Warschauer Vertragsorganisation. Zum Verhältnis von Militär und Entspannungspolitik in Osteuropa. München 1978.
Walpuski, Günter: Verteidigung + Entspannung = Sicherheit. Texte und Materialien zur Außen- und Sicherheitspolitik. Bonn [4]1980.
Wettig, Gerhard: Konflikt und Kooperation zwischen Ost und West. Entspannung in Theorie und Praxis. Bonn 1981.
Zündorf, Benno: Die Ostverträge. Die Verträge von Moskau, Warschau, Prag, das Berlin-Abkommen und die Verträge mit der DDR. München 1979.

Die weltpolitische Dimension

Abel, Elie: 13 Tage vor dem 3. Weltkrieg. Dokumentation und Hintergründe der Krise, die die Welt an den Rand der atomaren Vernichtung führten. Wien 1966.
Arbeitskreis für Wehrforschung (Hrsg.): Die USA und das strategische Gleichgewicht. München 1980.
Astor, David/Yorke, Valerie: Frieden in Nahost? Eine grundlegende Analyse der Friedensmöglichkeiten vor und nach Camp David. München 1978.
Czempiel, Ernst-Otto/Schweitzer, Carl-Christoph: Weltpolitik der USA nach 1945. Leverkusen 1984.
Daniel, James/Hubbell, John G.: Als der Westen schlief. Die Geschichte der Kuba-Krise. Bern [2]1963.
Dirnecker, Rupert: Sowjetische Weltpolitik unter Breschnew. Berlin 1981.
Furtak, Robert K.: Internationale Dependenzverhältnisse in Ost und West. Funktionen und Wirkungen der Monroe-Doktrin und der Breschnew-Doktrin. In: Aus Politik und Zeitgeschichte, B 30–31/1974, S. 3–17.
Göttinger Arbeitskreis (Hrsg.): China und die Ost-West-Beziehungen. Berlin 1981.
Grobe, Karl: Chinas Weg nach Westen. Pekings neue Außenpolitik und ihre Hintergründe. Frankfurt 1980.

Gruber, Karl: Die Welt im Konflikt. Leben zwischen zwei Supermächten im ausgehenden XX. Jahrhundert. München 1982.
Haerdter, Robert: Das Spiel der Giganten. Der Nahe Osten zwischen Washington und Moskau. In: Gegenwart 13/1958, S. 454–458.
Hassner, Pierre: Von der ‚Détente' zum Argwohn. Ost-West-Beziehungen in einer neuen Phase. In: Schweizer Monatsheft 56/1976/77, S. 11–22.
Hökle, Erwin: Amerika und Rußland. Göttingen 1980.
Hottinger, Arnold: Die arabische Welt zwischen der Israel-Front und der „Erdölwaffe". In: Europa-Archiv 28/1973, S. 247–254.
Larson, Thomas B.: Soviet-American rivalry. An expert analysis of the economic, political and military competition which dominantes foreign relations. New York 1978.
Lüders, Carl H.: Ideologie und Machtdenken in der Außen- und Sicherheitspolitik der Sowjetunion. Breschnew denkt anders. Baden-Baden 1981.
Luther, Hans Ulrich: Der Vietnam-Konflikt. Darstellung und Dokumentation. Berlin 1969.
Meissner, Boris: Sowjetische Kurskorrekturen. Breschnew und seine Erben. Osnabrück 1984.
Ders./Seeberg, Axel: Kontinuität und Wandel in den Ost-West-Beziehungen. Köln 1983.
Opitz, Peter J. (Hrsg.): China zwischen Weltrevolution und Realpolitik. Ursachen und internationale Konsequenzen der amerikanisch-chinesischen Annäherung. München 1979.
Pächter, Heinz: Chruschtschow, Kennedy, Castro. – Die Oktoberkrise und ihre Folgen. Köln 1963.
Schellhorn, Kai: Vietnam ohne Amerika. Die Strategie Hanois. München 1975.
Schulz, Hermann: Nicaragua. Eine amerikanische Vision. Reinbek 1983.
Steinecke, Dietrich: Quellentexte zur Cubakrise. Hamburg 1964.
Vogel, Heinrich (Hrsg.): Die sowjetische Intervention in Afghanistan. Entstehung und Hintergründe einer weltpolitischen Krise. Baden-Baden 1980.
Wettig, Gerhard: Die sowjetischen Sicherheitsvorstellungen und die Möglichkeiten eines Ost-West-Einvernehmens. Baden-Baden 1981.

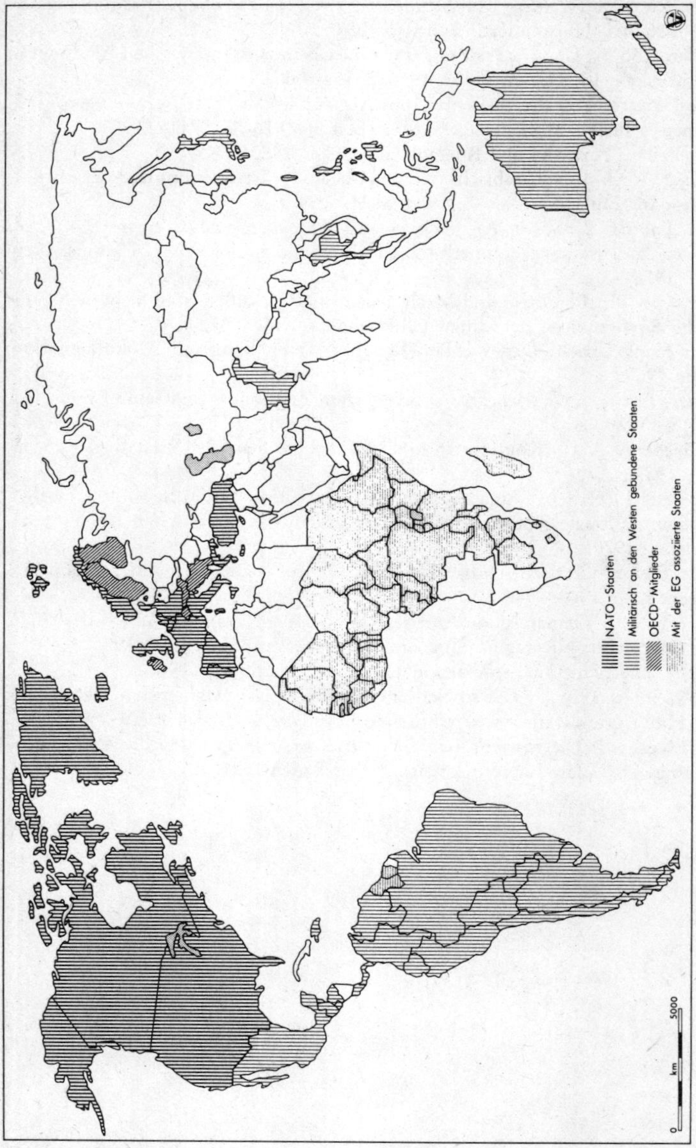

Die „westliche" Welt

Die „kommunistische“ Welt

Die (west-) europäische Integration

10. Die europäische Einigungsbewegung zwischen den Weltkriegen

Nicht zu Unrecht hat man die beiden Weltkriege auch als „europäische Bürgerkriege" bezeichnet; wobei die weltweite Vormachtstellung Europas und die globalen Bindungen der europäischen Mächte zwangsläufig nahezu die gesamte Welt in ihre Auseinandersetzungen mit hineinziehen mußten. Hatte der Erste Weltkrieg das System der europäischen Nationalstaaten noch unangetastet gelassen, so zeigte sich doch sehr bald, daß dieses Europa der Zwischenkriegszeit seine weltbeherrschende Stellung deutlich eingebüßt hatte, wirtschaftlich selbst von den Vereinigten Staaten abhängig geworden war (Weltwirtschaftskrise) und sich nicht mehr in der Lage sah, auf seinem Kontinent aus eigener Kraft den Frieden zu sichern.

Weitsichtige Zeitgenossen hatten deshalb schon während des Ersten Weltkriegs eine Abkehr von übersteigertem nationalen Souveränitätsdenken und die Schaffung eines europäischen Staatenbundes gefordert, um dadurch in einem friedlichen Wettbewerb das europäische Kulturerbe zu bewahren und ein gedeihliches Zusammenleben der Völker Europas zu sichern. Die „Vereinigten Staaten von Europa" (Cesare Battisti, 1915) sollten die „zwischenstaatliche Anarchie", wie Walter Rathenau es 1918 formulierte, überwinden helfen. Diesen Zielen wollte ohne Zweifel auch der Völkerbund dienen, der auf eine Anregung des amerikanischen Präsidenten W. Wilson zurückging. Nicht nur die Tatsache, daß die USA dem Völkerbund nicht beitraten, sondern auch die Einbindung der Völkerbundsatzung in den Versailler Friedensvertrag verhinderte, daß der Völkerbund zu einem Integrationsorgan der europäischen Einigung werden konnte. Obwohl das Deutsche Reich im Jahre 1926 (8. Sept.) in den Völkerbund aufgenommen wurde, gelang es letztlich nicht, die nationalen Egoismen, Feindschaften und Mißtrauenspotentiale abzubauen und die Bereitschaft zur Zusammenarbeit so zu entwickeln, daß in der Zwischenkriegszeit ein Fundament des Vertrauens entstanden wäre.

Dennoch hatte sich der Gedanke der europäischen Einigung zumindest in Kreisen europäischer Intellektueller wie Carl Jacob Burckhardt oder José Ortega y Gasset fest verankert, wenngleich breitere Bevölkerungsschichten davon noch relativ unberührt blieben. Ihren entschiedensten

Verfechter fand die Idee der europäischen Integration im Gründer der „Pan-Europa-Bewegung", dem österreichischen Grafen Richard von Coudenhove-Kalergi. Er wollte Europa vor der „Skylla der russischen Militärdiktatur" genauso bewahren wie vor der „Charybdis der amerikanischen Finanzdiktatur"; Europa sollte sich deshalb zu einem „politisch-wirtschaftlichen Zweckverband auf politischer Basis" zusammenfinden und zusammenschließen.

Zweifellos haben diese Gedanken allmählich auch eine Breiten- und Tiefenwirkung bei den maßgeblichen Politikern erzielt; insbesondere die Außenminister Frankreichs und Deutschlands, Aristide Briand und Gustav Stresemann, versuchten in den 20er Jahren, über eine Aussöhnung der beiden Nachbarvölker (Locarno-Vertrag Okt. 1925 und Konzeption einer europäischen Zollunion) die Grundsteine für den Aufbau eines vereinten Europas zu legen. In diesem Sinne äußerten sich wiederholt G. Stresemann, so etwa in seiner letzten Rede vor dem Völkerbund (9. 9. 1929), und A. Briand, der diesen Gedanken in seinem Memorandum vom 17. Mai 1930 konkretere Formen geben wollte. Der Tod Stresemanns (3. 10. 1929), die Agonie der Weimarer Republik, die Machtergreifung des Nationalsozialismus (30. 1.1933), das Ausscheiden Deutschlands aus dem Völkerbund (14. 10. 1933) und der Ausbruch des Zweiten Weltkriegs (1. 9. 1939) zerstörten diese Hoffnungen und Ansätze schließlich.

Dennoch lebte die Idee der europäischen Einigung auch während des Zweiten Weltkriegs fort; bezeichnenderweise artikulierten sich hierzu immer wieder Stimmen aus Ost- und Westeuropa. Insbesondere fühlten sich dem europäischen Gedanken einzelne Widerstandsbewegungen verpflichtet, die dadurch auch eine wesentliche Klammer ihrer internationalen Verbundenheit erhielten. Dieses Streben gipfelte in der Deklaration der Genfer Konferenz der Widerstandsbewegungen vom 20. Mai 1944. Darin forderte man für die Zeit nach dem Krieg eine „förderale Union für die europäischen Völker"; die Föderation sollte allerdings eine von den nationalen Regierungen unabhängige Exekutive, eine dieser unterstehende gemeinsame Streitmacht und einen obersten Gerichtshof erhalten. In der Endphase des Zweiten Weltkriegs zeichnete sich jedoch ab, daß die europäischen Staaten nicht mehr die Kraft besaßen, eine Neugestaltung Europas nach dem Krieg allein zu übernehmen. Europa hatte nach 1945 seine weltpolitische Bedeutung verloren. Die globalen Macht- und Entscheidungszentren (USA und Sowjetunion) hatten sich an der Peripherie gebildet, und es stellte sich bald heraus, daß die neuen Weltmächte im Hinblick auf Europa je eigene, miteinander unvereinbare Strategien verfolgten.

Quellen

Die Völkerbund-Satzung vom 28. April 1919

„... *Art. 8:* Die Mitglieder des Völkerbundes anerkennen, daß die Aufrechterhaltung des Friedens die nationale Abrüstung fordert bis zu dem Minimum, das mit der nationalen Sicherheit und der Ausführung internationaler Aufgaben, die ein gemeinsames Vorgehen auferlegt, vereinbar ist...

Art. 10: Die Mitglieder verpflichten sich, die territorale Integrität und gegenwärtige politische Unabhängigkeit aller Mitglieder zu achten und gegen jede Aggression von außen aufrechtzuerhalten..."

Aus: Vertrags-Ploetz, Band 4 A, S. 37 ff.

Die Idee der Paneuropa-Union von Richard Graf Coudenhove-Kalergi vom Jahre 1923

„... Der Weltkrieg hat die politische Landkarte Europas verändert – nicht dessen politisches System. Nach wie vor herrscht in Europa internationale Anarchie, Vergewaltigung des Schwächeren durch den Stärkeren, latenter Kriegszustand, wirtschaftliche Zersplitterung, politische Intrige ... Durch die Skylla der russischen Militärdiktatur und die Charybdis der amerikanischen Finanzdiktatur führt nur ein schmaler Weg in eine bessere Zukunft. Dieser Weg heißt Pan-Europa und bedeutet: Selbsthilfe durch Zusammenschluß Europas zu einem politisch-wirtschaftlichen Zweckverband ... Der erste Schritt zu Pan-Europa wäre die Einberufung einer paneuropäischen Konferenz ... (Sie) muß ... (eine) Zentrale der Einigungsbewegung ... gründen ... Der zweite Schritt ... ist der Abschluß eines obligatorischen Schieds- und Garantievertrages zwischen allen demokratischen Staaten Kontinentaleuropas ... Der dritte Schritt ... ist die Bildung einer paneuropäischen Zollunion ... Die Krönung ... wäre die Konstitutierung der Vereinigten Staaten von Europa..."

Aus: Richard Coudenhove-Kalergi: Paneuropa. Wien 1923, S. VIII ff.

Gustav Stresemann beim Presse-Tee (Stresemann-Vermächtnis) vom 1. Oktober 1929

„... Warum sollte die Idee der Vereinigung der europäischen Staaten unmöglich oder widernatürlich sein? ... Briands Vorschlag einer wirtschaftlichen Vereinigung Europas im Rahmen des Völkerbundes erscheint mir vollkommen durchführbar ... Laßt uns mit der Europäischen Zollunion einen Anfang machen ... Nationales Prestige wird zum Vorwand genommen, um unseren eigenen Landsleuten die Begegnungen billigerer Erzeugnisse und reichlicherer und besserer Güter zu versagen, während wir zugleich Lippenbekenntnisse zu einem angeblichen Fortschritt ablegen ... durch Pässe und andere Tricks ... hindern wir die Europäer daran, zusammenzukommen und Ideen auszutauschen ... Ich sehe nicht ein, warum ... dieser klare und vernünftige Weg zu einem wahren Frieden nicht freigemacht werden sollte..."

Aus: Vertrags-Ploetz, Band 4 A, S. 607 ff.

Briands Memorandum über die Organisation einer europäischen Bundesordnung vom 1. Mai 1930

„... Die Notwendigkeit, ein ständiges System vertraglich festgelegter Solidarität für die rationelle Gestaltung Europas zu schaffen, ergibt sich schon allein aus den Bedingungen für die Sicherheit und das Wohl der Völker, die durch die geographische Lage berufen sind, in diesem Erdteil in tatsächlicher Solidarität miteinander zu stehen...

Die Verständigung zwischen europäischen Staaten muß auf dem Boden unbedingter Souveränität und völliger politischer Unabhängigkeit erfolgen...

I. Notwendigkeit eines allgemeinen, wenn auch noch so elementaren Vertrages zur Aufstellung des Grundsatzes der moralischen Einheit Europas und zur feierlichen Bekräftigung der zwischen europäischen Staaten geschaffenen Solidarität...

II. Notwendigkeit einer Organisation, um der europäischen Union die zur Erfüllung ihrer Aufgabe erforderlichen Organe zur Verfügung zu stellen.

A. Notwendigkeit eines repräsentativen und verantwortlichen Organs in Gestalt einer ordnungsgemäßen Einrichtung der ‚Europäischen Konferenz', die aus den Vertretern aller dem Völkerbund angehörenden Regierungen bestehen ... würde...

B. Notwendigkeit eines Vollzugsorganes in Gestalt eines ständigen politischen Ausschusses...

C. Notwendigkeit eines Sekretariats...

III. Notwendigkeit der vorherigen Festlegung der wesentlichen Leitgedanken...

A. Allgemeine Unterordnung des Wirtschaftsproblems unter das politische Problem...

B. Gedanke des europäischen Zusammenwirkens...

C. Gedanke der wirtschaftlichen Organisation Europas...

Nie war die Stunde günstiger und nie war es dringender, ein Werk des Aufbaus in Europa zu schaffen..."

Aus: Europa-Archiv 1949, S. 2435 ff.

Deklaration II der Genfer Konferenz von Widerstandskämpfern vom 20. Mai 1944

„... I. Der Widerstand gegen die nationalsozialistische Unterdrückung, der die Völker Europas in einem gemeinsamen Kampf verbindet, hat zwischen ihnen eine Solidarität sowie eine Gemeinschaft der Ziele und Interessen geschaffen...

II. ... Der Mangel an Einheit und Zusammenhalt ... gestattet es nicht, unverzüglich zur Schaffung einer Organisation zu gelangen, die alle Kulturen unter einer einzigen Bundesregierung zusammenfaßt. Am Ende des Krieges wird man sich darauf beschränken müssen, eine universale Organisation ... zu schaffen, die jedoch in sich den Kern ... enthalten muß, sich in Richtung auf eine föderale Einheit zu entwickeln...

III. Der Frieden in Europa stellt den Schlüssel für den Frieden in der Welt dar. Tatsächlich ist Europa ... das Auslösezentrum zweier Weltkriege geworden ... (weil) auf diesem Kontinent 30 souveräne Staaten existieren. Es ist unerläßlich gegen diese Anarchie anzugehen, indem eine föderale Union für die europäischen Völker geschaffen wird...

IV ... Die Föderation muß sich auf eine Deklaration der Menschenrechte ... gründen ... Die Staaten (werden), in Erinnerung an die Erfahrungen und Fehlschläge des Völkerbundes, unwiderruflich an den Bund diejenigen Kompetenzen ihrer Souveränität abtreten müssen, die die Verteidigung des Territoriums, die Beziehungen mit Mächten außerhalb des Bundes, die Wirtschaftsbeziehungen und die internationalen Verbindungswege zum Gegenstand haben.

Die Föderation muß vornehmlich verfügen über:

1. eine Regierung, die nicht den Regierungen der einzelnen Mitgliedstaaten verantwortlich ist, sondern deren Völkern...
2. eine Streitmacht, die den Befehlen dieser Bundesregierung untersteht, wobei jede nationale Streitmacht ausgeschlossen ist;
3. einen obersten Gerichtshof, der für die Auslegung aller Fragen zuständig ist, die sich auf die Bundesverfassung beziehen, sowie für Streitfälle ... zwischen den Mitgliedstaaten oder zwischen einem Mitgliedstaat und dem Bunde..."
   Aus: Walter Lipgens: Europa-Föderationspläne. München 1968, S. 393 ff.

Fragen und Aufgaben

- Nennen Sie die Gründe, weshalb der Völkerbund keine dauerhafte Friedensordnung für Europa zu gewährleisten vermochte.
- Welche Motive sprachen bereits in der Zwischenkriegszeit für eine europäische Einigung?
- Beurteilen Sie die Ideen und Konzeptionen, die in der Zeit zwischen 1918 und 1945 mit dem Ziel eines Zusammenschlusses Europas verfolgt wurden.
- Welche Rolle spielte das „Problem Deutschland" im Rahmen der Überlegungen und Bemühungen um einen europäischen Zusammenschluß vor und nach 1933/1939?
- Welche Gründe lassen sich anführen, daß die Idee des vereinten Europas in der Zwischenkriegszeit letzlich erfolglos blieb?
- Stellen Sie jene Gedanken und Elemente für ein vereintes Europa heraus, die man nach 1945 ganz bewußt aufgriff und zu verwirklichen suchte bzw. realisierte.

Wichtige Daten

15. November 1920
In Genf tritt die Versammlung des Völkerbundes erstmals zusammen.

5./16. Oktober 1925
Abschluß des Locarno-Vertrages: wichtiger Schritt zu einer europäischen Friedenssicherung sowie zur politischen Verständigung zwischen Frankreich und Deutschland

8. September 1926
Das Deutsche Reich wird ohne Gegenstimme in den Völkerbund aufgenommen.

1926
Aristide Briand und Gustav Stresemann erhalten gemeinsam den Friedensnobelpreis.

5. September 1929
Der Vollversammlung des Völkerbundes legt Briand den Plan der „Vereinten Staaten von Europa" als Zoll- und Wirtschaftsunion vor.

25. Oktober 1929.
Schwarzer Freitag in New York leitet Weltwirtschaftskrise ein.

1./17. Mai 1930
Memorandum der französischen Regierung über die Organisation eines Systems eines europäischen Staatenbundes

14. Oktober 1933
Hitler erklärt den Austritt des Deutschen Reiches aus dem Völkerbund; gleichzeitig erfolgt auch das Ausscheiden aus der Abrüstungskonferenz.

Wichtige Begriffe

„Vereinigte Staaten von Europa"

Völkerbund

Paneuropa-Bewegung

Locarno-Vertrag

Briand-Memorandum

Genfer Deklaration europäischer Widerstandsbewegungen

europäische Föderation

Wichtige Daten

20. Mai 1944
Deklaration europäischer Widerstandsgruppen in Genf zur Föderation Europas nach dem Krieg

Auswahlbibliographie

Albonetti, Achille: Vorgeschichte der Vereinigten Staaten von Europa. Baden-Baden 1961.

Auswärtiges Amt (Hrsg.): Das Werden Europas. Zeittafel der europäischen Einigungsbestrebungen. Frankfurt a. M. 1958.

Brugmans, Henri: L'idée européenne 1920–1970. Bruges 1970.

Coudenhove-Kalergi, Richard v.: Paneuropa. Wien 1923.

Forschungsinstitut der Deutschen Gesellschaft für Auswärtige Politik (Hrsg.): Europa. Dokumente zur Frage der europäischen Einigung. 3 Bände. München 1962.

Friedlaender, Ernst: Wie Europa begann. Köln 1965.

Guglia, Otto: Kampf um Europa. Föderationen und Föderationsversuche in Europa im 19. und 20. Jahrhundert und ihre historischen Grundlagen. Wien 1954.

Lipgens, Walter: Europäische Einigungsidee 1923–1930 und Briands Europaplan im Urteil der deutschen Akten. In: Historische Zeitschrift, 203/1966, S. 46–89 und S. 316–363.

Ders.: (Hrsg.): Europa-Föderationspläne der Widerstandsbewegungen 1940–1945, München 1968.

Peeg, Carl H.: Der Gedanke der europäischen Einigung während des Ersten Weltkrieges und zu Beginn der zwanziger Jahre. In: Europa-Archiv, 17/1962, S. 749–758.

Ders.: Vorstellungen und Pläne der Befürworter eines europäischen Staatenbundes in den Jahren 1925–1930. In: Europa-Archiv, 17/1962, S. 783–790.

Ders.: Die wachsende Bedeutung der europäischen Einigungsbewegung in den zwanziger Jahren. In Europa-Archiv, 17/1962, S. 865–874.

11. Europa 1945–1961: Integration oder Spaltung?

Der Zweite Weltkrieg hat die politische Landkarte Europas gravierend verändert bzw. Entwicklungsprozesse in Gang gesetzt, die sehr bald eine völlig neue weltpolitische Kräftekonstellation erkennen ließen. Keiner der europäischen Staaten zählte fortan mehr zu den Weltmächten (als letzter mußte dies Großbritannien in der Suez-Krise (1956) zur Kenntnis nehmen). Ebensowenig gab es jene europäische Kulturgemeinschaft mehr, in der grenzübergreifende Ideen und gegenseitig partizipierender geistiger Austausch selbstverständlich gewesen wäre. In Europa waren und wurden nach 1945 Weichen gestellt, die zu Entscheidungen führten, auf welche die Europäer selbst zunächst nur bedingt Einfluß zu nehmen vermochten. Dennoch hatte der Gedanke der europäischen Einigung den Zweiten Weltkrieg überlebt; er wurde nun sogar dringender und nachdrücklicher vorgetragen als zuvor.

Noch bevor der Krieg zu Ende gegangen war, hatte in Paris eine Konferenz europäischer Föderalisten (25. 3.1945) eindringlich auf die Notwendigkeit einer Föderation hingewiesen, wenn die Völker Europas ihre Zivilisation retten wollten. Einen wesentlichen politischen Impuls erhielt die Europa-Idee dann durch Churchills Züricher Rede vom 19. September 1946, wenngleich er den noch lange geltenden britischen Standpunkt deutlich machte, das Zusammenfinden der Völker Europas zwar zu fördern, sich selbst aber diesen „Vereinigten Staaten von Europa“ nicht anzuschließen. Als wichtigsten und ersten Schritt forderte Churchill eine dauerhafte Aussöhnung zwischen Frankreich und Deutschland; organisatorisch sollte die Bildung eines Europarates als erste Stufe der allmählichen Integration aller europäischen Staaten ins Auge gefaßt werden.

Bezeichnenderweise fand der Europagedanke in den kleineren europäischen Staaten, vor allem in den Niederlanden und der Schweiz, die entschiedensten Verfechter. So verabschiedeten europäische Föderalisten aus 13 Ländern auf ihrer Zusammenkunft vom 14./21. September 1946 in Hertenstein am Vierwaldstädter See das sog. Hertensteiner Programm: In 12 Punkten verlangten sie eine föderalistische demokratische Union aller Völker Europas auf der Grundlage der Menschenrechte, die Wahrung der spezifischen Kulturen, aber auch der Abtretung nationaler Souveränitätsrechte zur Sicherung des Friedens und zu einer gedeihlichen Zusammenarbeit.

Auf der Basis des Hertensteiner Programms gründete der Niederländer Henry Brugmans am 17. Dezember 1946 in Paris die „Union Europäischer Föderalisten“ (U. E. F.), einen Zusammenschluß von nationalen europäischen Bewegungen aus 16 Staaten. Die U. E. F. entfaltete in der

Folgezeit eine breite Aktivität mit dem Ziel eines freiheitlich-sozialistischen Europas, das Teil einer Weltföderation werden sollte. Konkretere Gestalt erhielten diese Vorstellungen in dem Entwurf einer europäischen Verfassung, der im Jahre 1948 in Rom verabschiedet wurde.

Trotz dieser Fortschritte bestand immer auch die Gefahr der Zersplitterung, weil eine Vielzahl neuer Gruppen einen je eigenen Weg zu einem vereinten Europa suchte. Dem zu begegnen war das Ziel eines Internationalen Komitees für die Koordinierung aller Aktivitäten zur Einheit Europas (1947). Dieses Komitee organisierte nicht nur den Internationalen Kongreß von Den Haag (7./10. Mai 1948), auf dem die europäische Idee weiter entwickelt wurde, sondern es gelang ihm auch mit der Gründung der „Europäischen Bewegung" im Oktober 1948 eine entscheidende Zusammenfassung der an einer Integration Europas interessierten Kräfte. Einzig die im September 1947 in Gstaad (Schweiz) auf Initiative Coudenhove-Kalergis gegründete Europäische Parlamentarier-Union blieb dieser Vereinigung fern; hier lebte die Idee der alten Pan-Europa-Bewegung fort, die nur ein Europa ohne Großbritannien als realistisch für die nahe Zukunft ansah. Der Zusammenschluß zur „Europäischen Bewegung" gewann besonders dadurch an Bedeutung, daß einflußreiche Politiker wie W. Churchill, A. de Gasperi, L. Blum und P. H. Spaak zu ihrem Präsidenten gewählt wurden.

Mehr und mehr kristallisierte sich in den folgenden Diskussionen, in die sich vor allem auch die Regierungen der Brüsseler-Pakt-Staaten einschalteten, die Absicht heraus, eine Europäische Beratende Versammlung (Frankreich/Belgien) sowie einen Europäischen Ministerrat (Großbritannien) als erste supranationale Institutionen zu errichten. In dieser Phase zeichnete sich jedoch ab, daß die Regierungen zunehmend die Initiative übernahmen. So sehr dieser Durchbruch zur politischen Entscheidungsebene begrüßt wurde, so bestand damit doch auch die Gefahr einer „Bürokratisierung" der europäischen Idee. Dem suchten „Europäische Bewegung" und „Europäische Parlamentarier-Union" mit ihrem gemeinsamen Memorandum vom 23. November 1948 zu begegnen. Allerdings hatte die Entfremdung unter den Siegermächten die wirtschaftliche und militärische Stabilisierung West-Europas in den Vordergrund gerückt und das ursprüngliche Ziel eines eigenständigen, gemeinsamen Werten verpflichteten Gesamteuropas verdrängt.

Mit Hilfe des Marshallplans (5. Juni 1947 verkündet), der ja erklärtermaßen ein europäisches Wiederaufbauprogramm (European Recovery Programm – ERP) war, versuchten die USA dem weiteren Verfall Europas Einhalt zu gebieten. Dieses Wirtschaftshilfeprogramm, das allen europäischen Staaten, einschließlich der Sowjetunion, angeboten worden war, mußten die osteuropäischen Staaten auf Druck der UdSSR zurückweisen (die Tschechoslowakei und Polen erklärten am 7./9. Juli 1947 ihren Verzicht), weil die sowjetkommunistische Seite dadurch eine zu starke wirtschaftliche Abhängigkeit von den USA befürchtete. Der Marshallplan förderte nicht nur den wirtschaftlichen Wiederaufbau von 16 westeuropäischen Staaten sowie der drei Westzonen Deutschlands, sondern damit auch die Zusammenarbeit dieser Länder untereinander und die engere Bindung Westeuropas an die USA. Gleichzeitig bedeuteten die Vorarbeiten (Bildung des „Committee of European Economic Cooperation" – CEEC in Paris vom 12. Juli 1947) zur Durchführung der Marshallplanhilfe wie auch die Errichtung der Organisation (OEEC) selbst vom 16. April 1948, daß ein Zusammenschluß Gesamteuropas auf lange Sicht nicht mehr realisierbar sein würde. Damit waren die Weichen für eine westeuropäische Integration gestellt.

Diese Integration schritt auf unterschiedlichen Ebenen und in – nicht immer koordinierten – Etappen fort. So schlossen sich Belgien, die Niederlande und Luxemburg bereits am 1. Januar 1948 zu einer Zollunion zusammen. Bald darauf (21. Januar) boten Großbritannien und Frankreich den drei Benelux-Staaten die Erweiterung ihres Verteidigungspaktes von Dünkirchen zu einem Bündnis für kollektive Sicherheit sowie wirtschaftliche und soziokulturelle Zusammenarbeit an. Am 17. März 1948 kam es daraufhin zur Unterzeichnung des Brüsseler Vertrages und damit zur Bildung der „Westunion". In den folgenden Monaten wurden die Gespräche und Verhandlungen im Rahmen einer „atlantischen Gemeinschaft", zur Bildung einer Verteidigungsunion Westeuropas mit den USA und Kanada, ausgeweitet und mit der Unterzeichnung der North Atlantic Treaty Organization (NATO) vom 4. April 1949 zum Abschluß gebracht. (Am 24. August 1949 trat dieses Bündnis von zunächst 10 westeuropäischen Staaten mit den USA und Kanada in Kraft.)

Diese Aktivitäten in Westeuropa haben indes die Sowjetunion, insbesondere nach der Ablehnung der Marshallplanhilfe, dazu bewogen, ihrerseits bilaterale Verträge über wirtschaftliche und militärische Zusammenarbeit innerhalb ihres Hegemonialbereichs abzuschließen bzw. zu initiieren. Eine erste supranationale Organisation schufen sich die UdSSR und die osteuropäischen Staaten für ihre wirtschaftliche Zusammenarbeit mit dem Rat für gegenseitige Wirtschaftshilfe (RGW/COMECON = Council for Mutual Economic Assistance) am 25. Januar 1949. Der RGW nahm noch im Jahre 1949 Albanien und 1950 die DDR auf.

Obwohl damit die wirtschaftliche und ideologische Spaltung Europas vollzogen war, setzte man in Westeuropa die Bemühungen um die Integration Europas im Sinne der Europäischen Bewegung fort. Auf Initiative der fünf Westunion-Staaten und Italiens kam es am 8. August 1949 zur offiziellen Gründung des Europarates in Straßburg, dessen wichtigste

Organe eine beratende parlamentarische Versammlung und ein Ministerkomitee der (ursprünglich 10 Gründerstaaten) mittlerweile 21 Mitgliedsländer bildeten. Mit dem Europarat war die erste integrierende europäische Organisation geschaffen, die, wenn auch politisch relativ schwach, doch den Willen zum weiteren Ausbau eines Vereinten Europas zum Ausdruck brachte; gleichzeitig bekundete man mit diesem Schritt, daß der Zusammenschluß Europas künftig als eigenständiges politisches Ziel neben der atlantischen Allianz gelten sollte. Dennoch gestaltete sich der weitere Weg zur europäischen Integration sehr mühsam, wenngleich dem Gründungsakt von 1949 eine gewisse Schubwirkung nicht abgesprochen werden kann.

Am 9. Mai 1950 unterbreitete der französische Außenminister Robert Schuman erstmals den Vorschlag einer gemeinsamen Behörde zwischen Frankreich und der Bundesrepublik zur Kontrolle der Erzeugung von Kohle und Stahl (Schuman-Plan). Über diesen Plan traten Frankreich und die Bundesrepublik zusammen mit den Benelux-Staaten und Italien am 26. Juni in konkrete Verhandlungen ein, die bereits am 18. April 1951 zur Unterzeichnung des Vertrages über die Errichtung der Europäischen Gemeinschaft für Kohle und Stahl (EGKS/Montanunion) führten. Die Montanunion stellte einen wichtigen Baustein für die vertrauensvolle Zusammenarbeit zwischen Frankreich und der Bundesrepublik dar; ebenso wirkte sie modellhaft für weitere europäische Kooperationsvorhaben.

Das Zusammenwachsen der europäischen Staaten vertieften und festigten sicherlich auch die Aufnahme der Bundesrepublik in den Europarat (5. Mai 1951 Vollmitglied), das Abkommen der 17 OEEC-Staaten, unter Einschluß der Bundesrepublik, die Europäische Zollunion (EZU) vom 19. September 1950 und nicht zuletzt – trotz aller Problematik – die Initiative des französischen Ministerpräsidenten René Pleven zum Aufbau einer Europäischen Streitmacht unter Einschluß deutscher Kontingente (24. Oktober 1950). Diese Erfolge und Ideen bewogen die sechs Außenminister der Montanunion schließlich auch (10. 2. 1952), die Versammlung der EGKS zu beauftragen, einen Vertragsentwurf für die Gründung einer Europäischen Politischen Gemeinschaft vorzulegen.

In dieser Phase war jedoch bereits deutlich geworden, daß Großbritannien (wie dies Churchill und Eden am 18. Dez. 1951 in Paris bekundet hatten) sich nicht bereit fand, nationale Souveränitätsrechte auf europäische Behörden zu übertragen. Dennoch setzten die sechs Montanunion-Staaten, ermuntert durch die Unterzeichnung des EVG-Vertrages (15. Juni 1952) und das Inkrafttreten des EGKS-Vertrages (25. Juli 1952), ihre bilateralen Beratungen auf Regierungsebene über die Schaffung einer Europäischen Politischen Gemeinschaft seit der Mitte des Jahres 1952 tatkräftig fort. Am 10. März 1953 konnte die Außenministerkonferenz der Montan-Staaten ihren Regierungen einen entsprechenden Verfassungsentwurf zuleiten. Dieser Entwurf sah die Institutionalisierung einer supranationalen politischen Autorität vor, deren Aufgabe es sein sollte, die nationalen Volkswirtschaften auszuweiten, die gemeinsame Sicherheit und die Menschenrechte innerhalb der Gemeinschaft zu gewährleisten. Ferner sollte diese politische Union ein Zwei-Kammer-System erhalten.

Das Scheitern der Europäischen Verteidigungsgemeinschaft durch die Ablehnung des Vertrages in der französischen Nationalversammlung (30. August 1954) bedeutete einen schweren Rückschlag für das europäische Einigungsstreben. Es ließ sich nicht übersehen, daß überall dort, wo die Abtretung nationaler Souveränitätsrechte an europäische Organe gefordert war, noch erhebliche Widerstände herrschten. Andererseits erhielten die europäischen Integrationsbemühungen fortan eine stark ökonomische Ausrichtung, weil man künftig das Schwergewicht auf die wirtschafts- und energiepolitische Zusammenarbeit legte – in der Hoffnung, damit die militärische und politische Kooperation günstig zu beeinflussen.

Die Weichen für den europäischen Einigungsprozeß waren jedoch bereits unumkehrbar gestellt. Deshalb mußten Ersatzlösungen für das Scheitern der EVG gefunden werden. Als Alternativen boten sich eine Erweiterung des Brüsseler-Vertrages, der Westunion zur Westeuropäischen Union (WEU), und – nach Erlangung der Souveränität – die Aufnahme der Bundesrepublik in die NATO an. Mit Hilfe der Pariser Verträge (Oktober 1954) gelang es, dafür die Wege zu ebnen, so daß mit deren Inkrafttreten am 5. Mai 1955 auch die WEU (durch die Aufnahme Italiens und der Bundesrepublik) begründet wurde. Am 9. Mai 1955 trat die Bundesrepublik dann der NATO bei.

Nachdem damit ein wichtiger Schritt zur Integration der Bundesrepublik in die europäische Völkergemeinschaft vollzogen und die europäische Einigungsbewegung aus ihrer Sackgasse herausgeführt worden war, ergriffen die Regierungen der Benelux-Staaten mit einem Memorandum zum weiteren Ausbau Europas auf den Gebieten des Verkehrs, der Energie- und Wirtschaftspolitik sowie der Sozialpolitik am 20. Mai 1955 die Initiative. Diese Anregungen griffen die Außenminister der Montanstaaten auf, die bei ihrer Konferenz in Venedig (29./30. Mai 1956) eine Sachverständigenkommission damit beauftragten, Vertragsentwürfe für die Bildung eines Gemeinsamen Marktes und die gemeinsame Nutzung der Atomenergie auszuarbeiten. Nach intensiven Beratungen, bei denen insbesondere die Behandlung der Gebiete in Übersee und des Interzonenhandels geklärt werden mußte, kam es am 19./20. Februar 1957 in Paris zu einer Einigung, so daß am 25. März 1957 die Verträge über die Europäische Wirtschaftsgemeinschaft (EWG) und die Europäische Atomgemeinschaft (EAG/Euratom) in Rom („Römische Verträge") unterzeichnet werden konnten. Am 1. Januar 1958 traten diese Verträge in Kraft; man hoffte damals zuversichtlich, mit diesem wirtschaftlichen Zusammenschluß den Keim für eine künftige politische Union gelegt zu haben, zumal sich die einzelnen Kommissionen (6./7. Januar), das Europäische Parlament (19./21. März 1958 – zu dessen Präsident Robert Schuman gewählt wurde) und ein gemeinsamer Gerichtshof (7. Okt. 1958) sehr rasch konstituierten.

Obwohl seit 1954 (21. Dezember) assoziiertes Mitglied der Montanunion, lehnte es Großbritannien ab, sich am weiteren wirtschaftlichen Integrationsprozeß Westeuropas zu beteiligen (25. März 1957), da es sich noch zu stark an das Commonwealth gebunden fühlte. Sein Vorschlag, die EWG in eine Freihandelszone der OEEC-Staaten einzugliedern, wurde von der Sechser-Gemeinschaft, insbesondere von Frankreich abgelehnt. Deshalb versuchte Großbritannien, die übrigen westeuropäischen OEEC-Staaten für eine „Kleine Freihandelszone" zu gewinnen. Am 4. Januar 1960 unterzeichneten Großbritannien, Schweden, Norwegen, Dänemark, Österreich, die Schweiz und Portugal den Vertrag über die European Free Trade Assoziation (EFTA), der am 3. Mai 1960 in Kraft trat. Ziel dieses Zusammenschlusses war ein Zollabkommen und möglichst unbehinderter Handel ohne Weiterentwicklung zu einer politischen Gemeinschaft.

Damit hatten sich bis 1960 in Europa drei Staatengruppen gebildet, deren lockerste Vereinigung die EFTA (sieben Länder) darstellte; ebenfalls wirtschaftliche Interessen, darüber hinaus aber der Wille zur politischen Einigung hatten die (sechs) EWG-Staaten zusammengeführt; daneben war es in Osteuropa zu einem wirtschaftlichen (RGW – 1949) und einem militärischen Bündnis (Warschauer Pakt – 1955) zwischen sieben bzw. acht osteuropäischen Staaten gekommen. Wenngleich der Integrationsgrad der einzelnen Organisationen sehr unterschiedlich war, muß man doch feststellen, daß Europa im Jahre 1960 von einer gesamteuropäischen Einigung weiter entfernt war denn je. Eine Überwindung dieser Spaltung ließ sich damals kaum absehen.

Immerhin existierte für Westeuropa als gemeinsame Klammer und Plattform der Europarat; seinem Wirken sind eine Vielzahl von Empfehlungen und eine Reihe wichtiger Konventionen zu verdanken, die durchaus die Idee eines gemeinsamen Europas förderten. Zu erinnern ist in diesem Zusammenhang an die Europäische Konvention zum Schutz der Menschenrechte und Grundfreiheiten (4. 11. 1950) und den hierzu eigens eingesetzten Gerichtshof (Jan. 1959), aber auch das Europäische Fürsorgeabkommen (11. 12. 1953) oder das Niederlassungsabkommen (13. 12. 1955), der Verzicht auf die Visumpflicht (15. 11. 1954), aber auch das

Übereinkommen zur friedlichen Beilegung von Streitigkeiten (29. 4. 1957) und schließlich die Europäische Sozialcharta (18. 10. 1961). Derartige Vereinbarungen wie auch die Chance, dieses Forum „zum Meinungsaustausch zu nutzen" (vgl. die Rede des britischen Außenministers S. Lloyd vom 21. Jan. 1960), prägten auf lange Sicht das gemeinsame Rechtsempfinden und das europäische Zusammengehörigkeitsgefühl, wodurch eine wesentliche Voraussetzung für die weitere europäische Verständigung aufrechterhalten blieb.

Quellen

Züricher Rede W. Churchills vom 19. September 1946

„... Wir müssen etwas wie die Vereinigten Staaten von Europa schaffen ... Ich spreche jetzt etwas aus, das Sie in Erstaunen setzen wird. Der erste Schritt bei der Neugründung der europäischen Familie muß eine Partnerschaft zwischen Frankreich und Deutschland sein ... Es gibt kein Wiederaufleben Europas ohne ein geistig großes Frankreich und ein geistig großes Deutschland...

Die Zeit ist vielleicht knapp ... Wenn es uns gelingen soll, die Vereinigten Staaten von Europa ... zu errichten, müssen wir jetzt damit beginnen ... Der erste Schritt ist die Bildung eines Europarates. Wenn zu Anfang auch nicht alle Staaten Europas willens oder in der Lage sind, der Union beizutreten, müssen wir uns dennoch ans Werk machen, diejenigen Staaten, die es wollen und können, zusammenzufassen und zu vereinen ... Bei dieser Aufgabe müssen Frankreich und Deutschland die Führung zusammen übernehmen. Großbritannien, das Britische Commonwealth of Nations, das mächtige Amerika und, ich hoffe, Sowjetrußland – dann wäre in der Tat alles gut – müssen die Freunde und Förderer des neuen Europas sein..."

Aus: Europa-Dokumente zur Frage der Europäischen Einigung. Hrsg. vom Forschungsinstitut der Deutschen Gesellschaft für Auswärtige Politik. Band 1. München 1962, S. 113 ff.

Das Hertensteiner Programm vom 14./21. September 1946

„... 4. Die Mitglieder der Europäischen Union übertragen einen Teil ihrer wirtschaftlichen, politischen und militärischen Souveränitätsrechte an die von ihnen gebildete Föderation.

5. Die Europäische Union steht allen Völkern europäischer Wesensart, die ihre Grundgesetze anerkennen, zum Beitritt offen.

6. Die Europäische Union setzt die Rechte und Pflichten ihrer Bürger...fest.

7. Diese Erklärung beruht auf der Achtung vor dem Menschen in seiner Verantwortung gegenüber den verschiedenen Gemeinschaften, denen er angehört...

11. Nur die Europäische Union wird in der Lage sein, die Unversehrtheit des Gebiets und die Bewahrung der Eigenheit aller ihrer Völker ... zu sichern.

12. Durch den Beweis, daß es seine Schicksalsfragen im Geiste des Föderalismus selbst lösen kann, soll Europa seinen Beitrag zum Wiederaufbau und zu einem Weltbund der Völker leisten."

Aus: Europa-Archiv 1951, S. 4246 f.

Gemeinsames Memorandum der Europäischen Bewegung und der Europäischen Parlamentarier-Union vom 23. November 1948

„... 2. Es versteht sich von selbst, daß keine praktische Maßnahme im Hinblick auf eine engere politische oder wirtschaftliche Integration Europas anders als durch förmliche Verträge zwischen den Regierungen ergriffen werden kann...

3. Es wäre jedoch ein bedenklicher Irrtum, wollte man alle Initiative den Regierungen überlassen und die Parlamente und Völker von jeder Teilnahme ausschließen...

4. Eine Europäische Beratende Versammlung wird vielleicht mitunter das Vorgehen der Regierungen kritisieren...

6. ... Sie kann (aber auch) unter den Völkern unseres Kontinents das Bewußtsein und den Stolz, Europäer zu sein, und den Sinn für ihre Brüderlichkeit und Solidarität fördern...

10. Die Europäische Beratende Versammlung wird in ihrer endgültigen Form alle Völker Europas zu vertreten haben. Jedoch macht es die gegenwärtige politische Lage notwendig, die Versammlung vorerst auf die Völker zu beschränken, die ihre Vertreter auf Grund demokratischer Methoden zu bestellen in der Lage sind...

23. Die britische Regierung hat die Gründung eines Ministerrates der europäischen Staaten vorgeschlagen...

25. Unter der wohlverstandenen Voraussetzung, daß der Europäische Ministerrat nicht an die Stelle der Beratenden Versammlung, sondern neben sie tritt, müßte der Plan ... ohne jeden Zweifel angenommen werden."

Aus: Europa-Dokumente, Bd. 1, S. 162 ff.

Satzung des Europarates vom 5. Mai 1949

„*Artikel 1:* (a) Der Europarat hat zur Aufgabe, eine engere Verbindung zwischen seinen Mitgliedern zum Schutze und zur Förderung der Ideale und Grundsätze, die ihr gemeinsames Erbe bilden, herzustellen und ihren wirtschaftlichen und sozialen Fortschritt zu fördern...

(d) Fragen der nationalen Verteidigung gehören nicht zu den Zuständigkeiten des Europarates...

Artikel 3: Jedes Mitglied des Europarates erkennt den Grundsatz der Vorherrschaft des Rechts und den Grundsatz an, daß jeder, der seiner Hoheitsgewalt unterliegt, der Menschenrechte und Grundfreiheiten teilhaftig werden soll...

Artikel 10: Die Organe des Europarates sind: das Ministerkomitee; die Beratende Versammlung...

Aus: Europa-Dokumente, Bd. 1, S. 367 ff.

Vertrag über die Gründung der Europäischen Gemeinschaft für Kohle und Stahl vom 18. April 1951

„... in dem Bewußtsein, daß Europa nur durch konkrete Leistungen, die zunächst eine tatsächliche Verbundenheit schaffen, und durch die Errichtung gemeinsamer Grundlagen für die wirtschaftliche Entwicklung aufgebaut werden kann, ...

entschlossen, an die Stelle der jahrhundertealten Rivalitäten einen Zusammenschluß ihrer wesentlichsten Interessen zu setzen, durch die Errichtung einer wirtschaftlichen Gemeinschaft den ersten Grundstein für eine weitere und vertiefte Gemeinschaft unter Völkern zu legen, die lange Zeit durch blutige Auseinandersetzungen entzweit waren, und die institutionellen Grundlagen zu schaffen, die einem nunmehr allen gemeinsamen Schicksal die Richtung weisen können,

haben (die Staatsoberhäupter durch die Bestellung von Bevollmächtigten) beschlossen, eine Europäische Gemeinschaft für Kohle und Stahl zu gründen...

Artikel 2: Die Europäische Gemeinschaft für Kohle und Stahl ist dazu berufen, im Einklang mit der Gesamtwirtschaft der Mitgliedstaaten und auf der Grundlage eines gemeinsamen Marktes ... zur Ausweitung der Wirtschaft, zur Steigerung der Beschäftigung und zur Hebung der Lebenshaltung in den Mitgliedstaaten beizutragen...

Artikel 7: Die Organe der Gemeinschaft sind:

- die Hohe Behörde, der ein Beratender Ausschuß zur Seite steht;
- die Gemeinsame Versammlung...
- der Besondere Ministerrat...
- der Gerichtshof..."

Aus: Europa-Dokumente, Bd. 2, S. 702 ff.

Regierungserklärung von Ministerpräsident René Pleven vom 24. Oktober 1950

„... Die Nationen, die den Atlantikpakt geschlossen haben ..., haben die Notwendigkeit erkannt, die Atlantische Gemeinschaft gegen jede mögliche Aggression auf einer Linie zu verteidigen, die so weit östlich liegt wie möglich...

Deutschland, das dem Atlantikpakt nicht angehört, ist dennoch aufgerufen, an dem sich daraus ergebenden Sicherheitssystem teilzunehmen...

Die Lösung des Problems eines deutschen Beitrages zu der gemeinsamen Verteidigung sollte ... gleichermaßen im Rahmen der Möglichkeiten einer sofortigen Aktion wie im Hinblick auf die Zukunft eines geeinten Europas gesucht werden...

... Die französische Regierung dachte, daß die Verwirklichung der Montanunion es ermöglichen würde, sich an den Gedanken einer europäischen Gemeinschaft zu gewöhnen, ehe die so delikate Frage einer gemeinsamen Verteidigung in Angriff genommen würde. Die Ereignisse in der Welt lassen ihr keine Frist...

Die Unterzeichnung der Montanunion wird sehr bald ... die Einmütigkeit von sechs Teilnehmerländern besiegeln ..., daß die Stahl- und Kohleindustrien Westeuropas nicht zu aggressiven Zielen benutzt werden können.

Sobald diese Unterschrift erreicht ist, ... schlägt (die französische Regierung) für eine gemeinsame Verteidigung die Schaffung einer europäischen Armee vor, die mit den politischen Institutionen eines geeinten Europas verbunden ist...“

Aus: Europa-Dokumente, Bd. 2, S. 812 ff.

Protokoll zur Änderung und Ergänzung des Brüsseler Vertrages vom 23. Oktober 1954

„... Von dem gemeinsamen Wollen beseelt, den Frieden und die Sicherheit zu festigen,

in dem Wunsche, zu diesem Zwecke die Einheit Europas zu fördern und seiner fortschreitenden Integrierung Antrieb zu geben,

in der Überzeugung, daß der Beitritt der Bundesrepublik Deutschland und der Italienischen Republik zu dem Vertrag einen neuen wesentlichen Schritt auf diesem Weg bedeutet ... (haben die Hohen Vertragschließenden Parteien) folgendes vereinbart:

Artikel I: Die Bundesrepublik und die Italienische Republik treten hiermit dem Vertrag in der durch dieses Protokoll geänderten und ergänzten Fassung bei...

Artikel IV: Artikel VIII des Vertrages ... wird wie folgt geändert:

1. Um den Frieden und die Sicherheit zu festigen und die Einheit Europas zu fördern ... sowie eine engere Zusammenarbeit zwischen den Mitgliedstaaten und mit anderen europäischen Organisationen zu unterstützen, setzen die Hohen Vertragschließenden Teile ... einen Rat ein...

2. Dieser Rat führt die Bezeichnung ‚Rat der Westeuropäischen Union‘...

Der Rat der Westeuropäischen Union erstattet einer Versammlung, die aus den Vertretern der Brüsseler Vertragsmächte bei der Beratenden Versammlung des Europarates besteht, jährlich einen Bericht über seine Tätigkeit...“

Aus: Europa-Dokumente, Bd. 2, S. 988 ff.

Vertrag über die Gründung der Europäischen Wirtschaftsgemeinschaft vom 25. März 1957

„... in dem festen Willen, die Grundlagen für einen immer engeren Zusammenschluß der europäischen Völker zu schaffen, ...

entschlossen, durch diesen Zusammenschluß ihrer Wirtschaftskräfte Frieden und Freiheit zu wahren und zu festigen, und mit der Aufforderung an die anderen Völker Europas, die sich zu dem gleichen hohen Ziel bekennen, sich diesen Bestrebungen anzuschließen,

haben (die Vertragschließenden Parteien) beschlossen, eine Europäische Wirtschaftsgemeinschaft zu gründen...

Artikel 2: Aufgabe der Gemeinschaft ist es, durch die Errichtung eines gemeinsamen Marktes und die schrittweise Annäherung der Wirtschaftspolitik der Mitgliedstaaten eine harmonische Entwicklung des Wirtschaftslebens innerhalb der Gemeinschaft, eine beständige und ausgewogene Wirtschaftsausweitung, eine größere Stabilität, eine beschleunigte Hebung der Lebenshaltung und engere Beziehungen zwischen den Staaten zu fördern, die in dieser Gemeinschaft zusammengeschlossen sind...“

Aus: Europa-Dokumente, Bd. 3, S. 1248 ff.

Rede des britischen Außenministers Selwyn Lloyd vor dem Europarat vom 21. Januar 1960

„... Die Tatsache, daß das Vereinigte Königreich und andere Staaten in Europa in der Richtung auf eine Integration nicht so weit gehen können, wie die sechs Staaten dies als ihre Absicht erklärt haben, bedeutet nicht, ... daß wir ... deren Existenz und Entwicklung nicht begrüßen...

Wir müssen einen Weg finden, auf dem der große Teil Europas, der außerhalb der Gemeinschaft steht, zusammen mit den Sechs zu der Idee der Einheit in Europa beitragen kann ... Die Gruppe der Sechs und die Gruppe der Sieben konnten noch nicht einmal einen Weg finden, um zusammenzukommen und miteinander zu besprechen, der dem einen oder dem anderen von uns nicht als gefahrdrohend ... erschienen wäre...

Die Vereinigten Staaten haben ihre Bereitschaft bekundet, in einer umgestalteten ... (OEEC) eine aktive Rolle zu übernehmen ... Sie (die OEEC) ist alles in allem ein Weg, der die Gewähr bietet, daß die Interessen und Bedürfnisse der Staaten, die weder der Gemeinschaft der Sechs noch der Gemeinschaft der Sieben als Mitglieder angehören, nicht vergessen werden und daß diese Staaten weiterhin die Möglichkeit haben, in den wichtigen Entscheidungen über wirtschaftliche Zusammenarbeit in Europa voll und ganz ihre Rolle zu spielen..."

Aus: Europa-Dokumente, Bd. 3, S. 1625 ff.

Fragen und Aufgaben

- ○ Skizzieren Sie die Ausgangskonstellation für die europäischen Integrationsbemühungen nach 1945.
- ○ Welche Bedeutung kam und kommt dem Europarat für den Prozeß der europäischen Einigung zu?
- ○ Das Ringen um einen Zusammenschluß der europ. Staaten muß im weltpolitischen Zusammenhang gesehen werden. Stellen Sie diese Problematik in den jeweiligen Beziehungen und Konsequenzen dar.
- ○ Beurteilen Sie das Ziel und die Anstrengungen, über eine dauerhafte Aussöhnung zwischen Frankreich und Deutschland zu einem vereinten Europa zu gelangen.
- ○ Zeigen Sie die Bedeutung auf, die dem Ringen um die Europäische Verteidigungsgemeinschaft zukommt. Berücksichtigen Sie dabei sowohl das politische Ziel als auch die Erkenntnisse, die aus dem Scheitern der EVG gezogen werden mußten.
- ○ Welche Hoffnungen und welche Sorgen verbanden sich mit der verstärkten wirtschaftlichen Integration Europas, die etwa seit der Mitte der 50er Jahre einsetzte?
- ○ Beurteilen Sie den europäischen Einigungsprozeß zu Beginn der 60er Jahre. War man dem Ziel der Integration näher gekommen oder hatte sich die Spaltung vertieft?

Wichtige Daten

19. September 1946
Winston Churchill schlägt in seiner Züricher Rede die Aussöhnung zwischen Frankreich und Deutschland sowie die Bildung eines Europarates als wichtigste Voraussetzungen für die Schaffung der „Vereinigten Staaten von Europa" vor.

21. September 1946
Verabschiedung des Hertensteiner Programms

8./10. Mai 1948
Erster Kongreß zur europäischen Einheit in Den Haag

28. Januar 1949
Beschluß der Westunion-Staaten zur Bildung eines Europarates. Offizielle Gründung 8. August 1949 in Straßburg

9. Mai 1950
Verkündung des Schuman-Plans

4. November 1950
Unterzeichnung der Europäischen Konvention der Menschenrechte und Grundfreiheiten

14. Mai 1955
Unterzeichnung des Warschauer Pakts

25. März 1957
Unterzeichnung der „Römischen Verträge" über die Bildung der EWG und der EAG (in Kraft: 1. Januar 1958)

Wichtige Begriffe

Europarat

Hertensteiner Programm

Westunion

Organization of European Ecconomic Cooperation (OEEC)

Rat für Gegenseitige Wirtschaftshilfe (RGW/COMECON)

Schuman-Plan

Europäische Gemeinschaft für Kohle und Stahl (EGKS/Montanunion)

Europäische Verteidigungsgemeinschaft (EVG)

Westeuropäische Union (WEU)

Warschauer Pakt

Europäische Wirtschaftsgemeinschaft (EWG)

Europäische Atomgemeinschaft (EAG/Euratom)

„Römische Verträge"

Wichtige Daten	Wichtige Begriffe
7. Oktober 1958 Konstituierung des Gerichtshofes der Europäischen Gemeinschaften in Brüssel	European Free Trade Association (EFTA) Europäischer Gerichtshof
Januar 1959 Konstituierung des Gerichtshofes für Menschenrechte in Straßburg	Europäischer Gerichtshof für Menschenrechte
20./21. Juli 1959 Beschluß über die Bildung einer kleinen Freihandelszone (European Free Trade Association–EFTA) in Stockholm, nachdem der Plan einer Freihandelszone der OEEC-Staaten scheiterte (in Kraft: 3. Mai 1960)	

Auswahlbibliographie

Quellen und allgemeine Darstellungen

Barraclough, Geoffrey: Die Einheit Europas als Gedanke und Tat. Göttingen 1964.

Brugmans, Henri: Skizze eines europäischen Zusammenlebens. Frankfurt a. M. 1953.

Bussmann, Bernhard u. a. (Hrsg.): Wege nach Gesamteuropa. Dokumentation der Beziehungen zwischen West- und Osteuropa 1943–1965. Köln 1960.

Cornides, Wilhelm: Neubeginn und Kontinuität der Europapolitik seit 1945. In: Europa-Archiv 10/1955, S. 7913–7920.

Coudenhove-Kalergi, Richard v.: Die europäische Nation. Stuttgart 1953.

Dankert, Jochen u. a.: Politik in Westeuropa. Integrationsprozesse vom Ende des 2. Weltkrieges bis zur Gegenwart mit 22 Tabellen und 10 Strukturschemata. Berlin 1975.

Forschungsinstitut der Deutschen Gesellschaft für Auswärtige Politik (Hrsg.): Europa. Dokumente zur Frage der europäischen Einigung. 3 Bände. München 1962.

Friedländer, Ernst: Wie Europa begann. Köln 1965.

Gasteyer, Kurt (Hrsg.): Einigung und Spaltung Europas 1942–1965. Eine Darstellung und Dokumentation Europas. Frankfurt a. M. 1966.

Habsburg, Otto v.: Entscheidung um Europa. Innsbruck 1953.

Hillgruber, Andreas: Europa in der Weltpolitik der Nachkriegszeit 1945–1963. München 1979.

Hüttenberger, Peter/Hoebink, Hein: Geschichte der europäischen Einigungsbewegung und der Europäischen Gemeinschaften. München 1981.

Jüttner, Alfred: Die europäische Einigung. Entwicklung und Stand. München 1966.

Laqueur, Walter: Europa aus der Asche. Geschichte seit 1945. München 1970.

Lipgens, Walter: Die Anfänge der europäischen Einigungspolitik. 1945–1950. Stuttgart 1977.

Ders.: Die Europäische Integration. Stuttgart 1983.

Reif, Hans: Europäische Integration. Köln 1962.

Rougemont, Denis de: Von der kulturellen Einheit zur politischen Einigung Europas. In: Merkur 12/1958, S. 601–607.

Schmitt, Walter: Zwischenrufe von der Seine. Die Entwicklung der Europapolitik und das deutsch-französische Verhältnis. Stuttgart 1958.

Siegler, Heinrich v.: Dokumentation der europäischen Integration. Band 1: 1946–1961 unter besonderer Berücksichtigung des Verhältnisses EWG-EFTA. Bonn 1961.

Ders: (Hrsg.): Europäische politische Einigung. 1949–1968. Dokumentation von Vorschlägen und Stellungnahmen. Bonn 1968.

Spaak, Paul-Henry: Das Ringen um die Zukunft Europas. Aufsätze. Zürich 1974.

Wagner, Wolfgang: Europa zwischen Aufbruch und Restauration. Die europäische Staatenwelt seit 1945. Lausanne 1970.

Europäische Organisationen

Armengaud, André: Der Schuman-Plan im ersten Stadium. Verschiedene Aspekte und ihre Folgen. In: Außenpolitik 3/1952, S. 712–720.

Bailey, Richard: Großbritannien und die Europäische Gemeinschaft für Kohle und Stahl. Der Assoziationsrat. Tätigkeiten und Zukunftsaussichten. In: Europa-Archiv 19/1964, S. 893–896.

Bethkenhagen, Jochen/Machowski, Heinrich: Der Rat für Gegenseitige Wirtschaftshilfe (RGW). Entwicklung, Organisation, Erfolge und Grenzen der Integration. Hannover 1975.

Breitner, Franz: Der Gerichtshof der Montangemeinschaft und seine Anrufung bei fehlerhaften Organakten. Hamburg [2]1954.

Breuer, Christel: Die europäische Zahlungsunion. Diss. Bonn 1952.

Brügel, J. W.: Der Konflikt zwischen Menschenrecht und Souveränität. Tragweite der Europäischen Konvention. In: Außenpolitik 6/1955, S. 650–659.

Coulson, Josef: EFTA 1959–1966. In: Außenwirtschaft 22/1967, S. 145–153.

Das Europa der Siebzehn. Bilanz und Perspektiven von 25 Jahren Europarat. Bonn 1974.

Der Europarat. 1949–1969. Struktur und Tätigkeit der Beratenden Versammlung. Bonn 1969.

Dittrich, Josef: Die europäische Zahlungsunion als Grundlage einer europäischen Integration. Marburg 1954.

EFTA. Übereinkommen zur Errichtung der Europäischen Freihandelsassoziation. Textausgabe mit Einführung. Baden-Baden 1975.

Groeben, Hans v.d.: Die Europäische Wirtschaftsgemeinschaft als Motor der gesellschaftlichen und politischen Integration. Tübingen 1970.

Hahn, Carl H.: Der Schuman-Plan. Eine Untersuchung im besonderen Hinblick auf die deutsch-französische Stahlindustrie. München 1953.

Hallstein, Walter: Der Schuman-Plan. Nachschrift des am 28. April 1951 gehaltenen Vortrags. Frankfurt a. M. 1951.

Hellmann, Rainer: Europäische Wirtschafts- und Währungsunion. Eine Dokumentation. Baden-Baden 1972.

Hoffmann, Emil: COMECON. Der gemeinsame Markt in Osteuropa. Opladen 1961.

Huebbenet, Georg v.: Die rote Wirtschaft wächst. Aufbau und Entwicklungsziele des COMECON. Düsseldorf 1960.

Kaiser, Karl: EWG und Freihandelszone. Leiden 1963.

Kielmannsegg, Johann A.: Der Vertrag über die Gründung der Europäischen Verteidigungsgemeinschaft. In: Europa-Archiv 7/1952, S. 5009–5019.

Krämer, Hans R.: Die Europäische Wirtschaftsgemeinschaft. Texte zu ihrer Entstehung und Tätigkeit. Frankfurt a. M. 1965.

Mackay, R. W.: Die Europäische Wirtschaftsgemeinschaft und die Europäische Freihandelsvereinigung. Eine britische Kritik. In: Europa-Archiv 14/1959, S. 695–701.

Die Menschenrechte in der Praxis des Europarates. Nachschlagewerk zur Europäischen Menschenrechtskonvention (1955–1967). Stuttgart 1972.

Noack, Paul: Das Scheitern der Europäischen Verteidigungsgemeinschaft. Entscheidungsprozesse vor und nach dem 30. August 1954. Düsseldorf 1977.

Ribi, Rolf: Das COMECON. Eine Untersuchung über die Problematik der wirtschaftlichen Integration sozialistischer Länder. Zürich 1970.

Robertson, Arthur H.: European institutions. Cooperation, integration, unification. London 1959.

Schopflin, George A.: EFTA. The other Europe. In: International Affairs 40/1964, S. 674–684.

Stossinger, Felix: Der Schuman-Plan. Ursprünge – Widerstände – Konsequenzen. In: Merkur 5/1951, S. 409–428.

Uschakow, Alexander: Der Rat für Gegenseitige Wirtschaftshilfe (COMECON). Köln 1962.

Weber, Jürgen: Der Europarat und Osteuropa. Entwicklung, Probleme und Möglichkeiten der Osteuropapolitik der Straßburger Organisation. Bonn 1972.

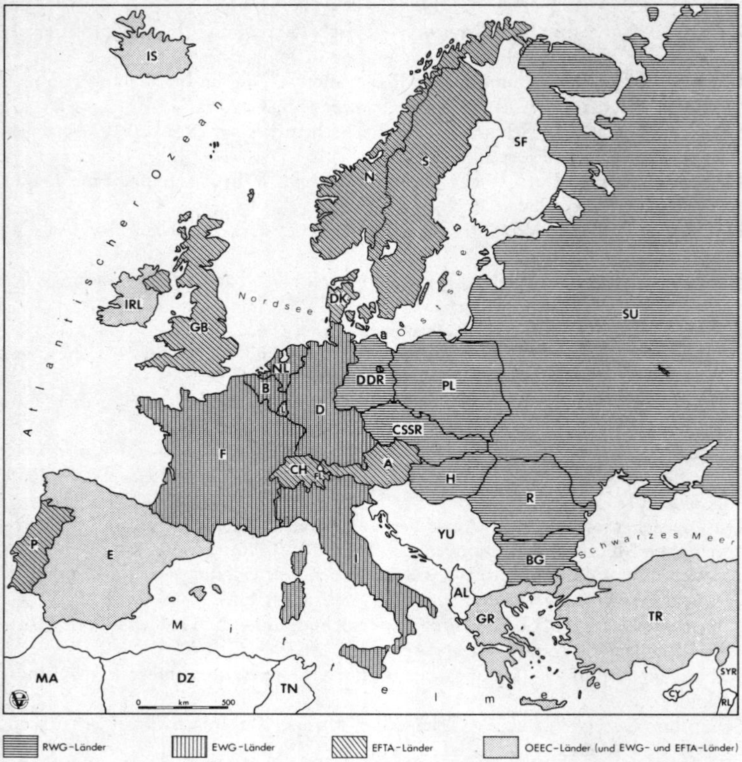

Europäische Zusammenschlüsse um 1960

12. Der Ausbau der europäischen Gemeinschaft

Der europäische Integrationsprozeß nahm nach 1960 keinen kontinuierlichen Verlauf. Obwohl sich der wirtschaftliche Zusammenschluß als sehr erfolgreich und attraktiv erwies, kam es im Hinblick auf den weiteren politischen Ausbau der Gemeinschaft bald zu kritischen Auseinandersetzungen, teilweise sogar zu gezielten Blockaden. Dennoch setzten sich der Gedanke und die Einsicht immer nachdrücklicher durch, daß dem erstarkten Europa auch eine politische Verantwortung gegenüber weniger prosperierenden Regionen bzw. noch unterentwickelten Ländern in der Welt zukäme.

Die rein ökonomische Entwicklung in der Sechser-Gemeinschaft während der Jahre 1958–1962 war beeindruckend. So stieg das Bruttosozialprodukt um 21,5 % gegenüber 11 % in Großbritannien und 18 % in den USA; die Industrieproduktion erzielte sogar eine Wachstumsrate von 37 %, während Großbritannien nur 14 % erreichte und die USA mit 28 % ebenfalls deutlich zurückblieben. Diese Erfolge veranlaßten die Europäische Kommission unter ihrem Präsidenten Walter Hallstein, sowohl den forcierten Ausbau der Wirtschaftsunion vorzuschlagen, als auch entsprechende Schritte zur engeren politischen Zusammenarbeit einzuleiten.

Die Attraktivität der EWG führte im Jahre 1961 zu einer Reihe von Assoziierungs- bzw. Beitrittsanträgen. So kam es am 9. Juli 1961 bereits zur Unterzeichnung eines Assoziierungsvertrages mit Griechenland; am 10. August stellten sowohl Großbritannien als auch Dänemark einen offiziellen Beitrittsantrag; am 19. Oktober ersuchten die neutralen Staaten Österreich, Schweiz und Schweden um Assoziierung an die EWG nach; am 28. Februar 1962 kündigte Norwegen seine Absicht an, der EWG beizutreten, und am 12. September 1963 schloß die EWG einen Assoziierungsvertrag mit der Türkei. Zunächst hatte es in der Tat den Anschein, als ob die EWG-Staaten nicht nur an der wirtschaftlichen Erweiterung (8. November 1961 Aufnahme der Beitrittsverhandlungen mit Großbritannien), sondern auch an der politischen Integration der Gemeinschaft lebhaft interessiert wären. So beauftragten die Staats- und Regierungschefs der sechs EWG-Staaten bei ihrer Zusammenkunft vom 10./11. Februar 1961 in Paris eine Kommission unter dem Vorsitz des französischen Diplomaten Christian Fouchet, ein Statut für eine engere politische Zusammenarbeit zu entwickeln und vorzulegen. Über den mehrfach geänderten Plan kam es zu keiner Verständigung (17. April 1962 definitives Scheitern). Unvereinbar standen sich die gegensätzlichen Konzeptionen gegenüber: Während insbesondere Belgien und die Niederlande die sofortige Einbeziehung Großbritanniens in die weiteren Verhandlungen über das Statut einer europäischen politischen Union verlangten, zeigte sich Frankreich unter de Gaulle nur bereit, einem „Europa der Vaterländer“ im Rahmen der Sechs zuzustimmen.

De Gaulle konnte sich Europa nur als einen lockeren Staatenbund von Nationalstaaten vorstellen, in dem kein Volk seine nationale Identität verlöre; dieses Europa sollte allenfalls auf Regierungsebene durch häufige Konsultationen Fragen von gemeinsamem Interesse behandeln. In der Konsequenz hätte diese Konzeption zu einer Abkehr von der ursprünglichen Idee des vereinten Europas als eines europäischen Bundesstaates geführt. Während nun de Gaulle seine Vorstellungen bei einer Ausweitung der Sechsergemeinschaft durch den Beitritt Großbritanniens erheblich gefährdet sah und deshalb die Verhandlungen (9. Januar 1963) scheitern ließ (womit er die EWG in eine ernste Krise stürzte), fand er in Konrad Adenauer einen Partner, der seinen Plänen aufgeschlossener gegenüberstand. Der deutsch-französische Freundschaftsvertrag, der am 22. Januar 1963 in Paris unterzeichnet wurde, sah regelmäßige Konsultationen vor. Gleichzeitig nährte der Abschluß dieses Vertrages aber auch jene Sorgen, die darin ein deutsch-französisches Übergewicht und negative Einflüsse auf die weitere europäische Integration befürchteten. Deshalb versah der Deutsche Bundestag – sehr zum Mißfallen de Gaulles – das Vertragswerk mit einer klärend-beschwichtigenden Präambel.

Die Ära de Gaulle (1958–1969) bedeutete für die europäische Integration eine Belastung. Zum einen gelang es nicht, die von der EWG-Kommission vorgeschlagene Agrarmarktfinanzierung zu realisieren (Frankreich reagierte auf diesen Vorschlag am 30. Juni 1965 mit seiner „Politik des leeren Stuhls“, als es am 6. Juli seinen Botschafter bei den Europäischen Gemeinschaften abberief). Zum anderen stimmte Frankreich dem neuerlichen Antrag Großbritanniens, Irlands und Dänemarks (10./11. Mai 1967) nicht zu, indem es die Verhandlungen (19. Dezember 1967) abermals scheitern ließ. Darüber hinaus entzog es seine Truppen dem NATO-Oberbefehl (1. Juli 1966) und boykottierte angesichts der Krise im Nahen Osten auch das Konsultationstreffen der WEU-Staaten in London (14. Februar 1969); auf diese Weise wollte de Gaulle offenkundig verhindern, daß Großbritannien über die WEU näher an die EWG herangeführt werden könnte. (Erst vom 5./6. Juni 1970 an arbeitete Frankreich in der WEU wieder mit.)

Auf der anderen Seite stellten sich die Fortschritte bescheiden dar bzw. wurde der Zusammenhalt der Gemeinschaft durch schmerzliche Kompromisse erkauft. Nach den Römischen Verträgen hätte vom 1. Januar 1966 an für alle Entscheidungen im Ministerrat das Mehrheitsvotum gelten sollen. Durch seine „Politik des leeren Stuhls“ erzwang de Gaulle im sog. Luxemburger Kompromiß, daß in Fragen von „sehr wichtigem Interesse" auch künftig die Einstimmigkeit erforderlich war, d. h. jeder Staat behielt ein Vetorecht. Frankreich nahm zwar daraufhin (29. Januar 1966) seine Mitarbeit wieder auf, drängte aber darauf, daß der bislang erfolgreiche und engagierte Präsident der EWG-Kommission, Walter Hallstein, seine Kandidatur für die Präsidentschaft der drei zum 1. Juli 1967 fusionierten europäischen Gemeinschaften zurückzog. Vorsitzender der Kommission der Europäischen Gemeinschaft/EG wurde der Belgier Jean Rey.

Gewisse Erfolge ließen sich in dieser Phase offensichtlich nur dort erzielen, wo wirtschaftliche und prestigeträchtige Interessen Frankreichs in die Waagschale fielen, so z. B. bei der Verständigung zwischen Frankreich, Großbritannien und der Bundesrepublik (26. September 1967) über den Bau des europäischen Großraumflugzeuges „Airbus" oder auch bei der vorzeitigen Inkraftsetzung der Zollunion zum 1. Juli 1968. Mit dieser Zollunion wurden zwar alle Binnenzölle für Agrar- und Industrieprodukte innerhalb der EG aufgehoben, nicht gelöst waren damit allerdings die Probleme der unterschiedlichen Steuergesetzgebung und der weiterhin voneinander abweichenden Konjunktur-, Struktur- und Währungspolitik. Aus diesem Grunde konnten auch die Grenzkontrollen nicht abgeschafft werden. Gerade die Bemühungen um eine Europäische Wirtschafts- und Währungsunion (am 25. Januar 1968 Veröffentlichung des Werner-Plans) verliefen wenig erfolgreich; einerseits wäre dadurch wohl zu deutlich die Funktion der D-Mark als „europäische Leitwährung" ebenso wie die teilweise recht beängstigende Schwäche des Franc zum Ausdruck gekommen, zum anderen sträubte sich Frankreich vor der Verwirklichung der Endstufe, die gemeinsame Entscheidungen für alle wichtigen wirtschaftspolitischen Fragen vorsah. Die Währungsprobleme verschärften sich indes, als die USA die Gold-Konvertibilität des Dollar aufhoben (23. Juni 1971). Nach zähem Ringen verständigte man sich in der „europäischen Währungsschlange" auf die Festlegung von Bandbreiten und Interventionskämpfen, um die europäischen Währungskurse untereinander relativ stabil zu halten (24. April 1972). Zusätzlich vereinbarten die Staats- und Regierungschefs auf ihrem Pariser Gipfeltreffen (19./20. Oktober 1972) zur Festigung der Währungs- und Wirtschaftsunion eine Koordinierung der Regional-, Sozial- und Energiepolitik; ferner verständigten sich die Finanzminister der Benelux-Länder, Frankreichs, Dänemarks und der Bundesrepublik auf ein gemeinsames „Floaten" gegenüber dem Dollar bei gegenseitig stabilen Wechselkursen (11./12. März 1973); zur Abstützung dieser währungspolitischen Zusammenarbeit wurde schließlich noch ein Europäischer Fonds geschaffen (3. April 1973).

All diese Maßnahmen verfielen rasch zur politischen Makulatur, als die erste Ölkrise (1973) die Weltwirtschaft erschütterte: So schied Frankreich am 19. Januar 1974 ganz aus dem europäischen Währungsverbund aus; Italien (7. Mai) und Dänemark (15. Mai) erhoben Sondersteuern bzw. fielen in eine nationale Finanzpolitik zurück. Damit waren nicht nur die Grundlagen der Zollunion zerrüttet, sondern gleichzeitig auch in erschreckender Weise die Defizite und Mängel an europäischer Solidarität bloßgelegt – die Länder der EG waren noch sehr weit von einem gemeinsamen politischen Handeln entfernt.

Die Finanz- und Währungskrise spitzte sich ständig zu und erreichte einen Höhepunkt, als sich die Bundesrepublik angesichts der mangelhaften Anstrengungen der EG-Partner zu stabilisierenden Maßnahmen weigerte, ihren Beitrag zur Finanzierung der Regionalfonds auszuweiten (25. September 1974). Erst am 9./10. Dezember 1974 gelang es den Staats- und Regierungschefs, eine gemeinsame Strategie zur Bekämpfung von Inflation und Rezession zu erarbeiten. Dadurch wurde es möglich, einerseits die zweite Ölkrise besser zu meistern, andererseits aber auch die Verhandlungen über die Ersetzung der Währungsschlange durch das „Europäische Währungssystem (EWS)“ erfolgreich abzuschließen (13. März 1979), das rückwirkend zum 1. Januar in Kraft trat. Mit Hilfe des „European Currency Unit“ (ECU), der Europäischen Währungseinheit, wurde eine künstliche Bezugsgröße für eine gemeinsame Verrechnungseinheit von allen Forderungen und Verbindlichkeiten innerhalb des EWS geschaffen; an diesem Europäischen Währungssystem der EG-Staaten nehmen gegenwärtig nur Großbritannien und Griechenland nicht teil.

Trotz des Zwanges zu einer stärkeren Koordination der Wirtschafts- und Währungspolitik, die vom EWS ausging, konnte damit gleichsam nur ein Wall zur Eindämmung eines weiteren Auseinanderdriftens der EG-Staaten errichtet werden; eine politische Integrationswirkung stärkeren Ausmaßes vermochte man dadurch noch nicht in Gang zu setzen. Hierbei erwiesen sich die nationalen Schwierigkeiten insbesondere in der Finanz- und Agrarpolitik, aber auch die vielfach wiederkehrenden nationalen Egoismen (Streit um Beitragssätze bzw. Ausgleichsabgaben und Subventionsanteile) als unüberwindliche Hindernisse.

Problematisch und zum Teil politisch nur noch schwer vermittelbar waren auch die negativen Folgen des gemeinsamen Agrarmarkts. Durch eine Fülle von Agrarmarktordnungen, die feste Preise ohne Rücksicht auf die entsprechende Nachfrage garantierten, war es zur Überproduktion landwirtschaftlicher Güter (Butter- und Fleischberge, Milch-Seen, Wein-, Obst- und Gemüseschwemmen) gekommen. Diese Überschüsse lagen in ihren Gestehungskosten z. T. beträchtlich über dem Weltmarktniveau, verursachten zusätzlich einen hohen Lagerhaltungs- bzw. gar Vernichtungsaufwand und wurden gelegentlich zu Dumpingpreisen in Drittländer exportiert.

Bislang konnte jedoch keine bedarfsgerechte landwirtschaftliche Güterproduktion bei angemessenen Erzeugerpreisen und befriedigenden Erlösen für die Landwirte in Form eines gerechten Anteils am sozialen und materiellen Wohlstand der Gemeinschaft erzielt werden. Die Vorschläge des Mansholt-Plans (18. Dezember 1968), dieses Ziel durch Schaffung lebensfähiger Betriebsgrößen, Produktionsbeschränkungen und Bereitstellung von Zuerwerbsarbeitsplätzen außerhalb der Landwirtschaft zu erreichen, stießen z. T. auf heftige Kritik und Ablehnung der Bauernverbände. Es stellt zweifellos ein großes politisches Problem dar, strukturpolitische, ökologische und soziale Ziele der politischen Integration miteinander in Einklang zu bringen. Solange es dafür keine zufriedenstellende Lösung gibt, werden die Probleme des Agrarmarktes (drei Viertel der Aufwendungen des gesamten EG-Haushalts!) die anderen politischen Aufgaben in den Hintergrund drängen und Fortschritte erschweren.

Trotz der skizzierten Schwierigkeiten übte die EG aufgrund ihrer wirtschaftlichen Erfolge eine beträchtliche Ausstrahlung und Anziehungskraft auf die übrigen europäischen Staaten aus – auch Breschnew anerkannte am 20. März 1972 die Realität dieser wirtschaftspolitischen Gemeinschaft, und am 5. Mai 1974 kam es zu ersten Kontakten mit dem RGW. Nach dem Regierungswechsel in Frankreich, der durch den Rücktritt de Gaulles ermöglicht wurde, erhielt die Europäische Gemeinschaft neue Impulse für ihre Erweiterung. Auf dem Gipfeltreffen in Den Haag (1./2. Dezember 1969) stimmte Pompidou der EG-Erweiterung zu. In der Folgezeit einigte man sich auch, dem EG-Parlament bestimmte Budgetrechte zuzubilligen und den gemeinsamen Markt aus supranationalen Mitteln zu finanzieren (2./7. Februar 1970); ebenso erhielt der EG-Haushalt insgesamt eigene Einnahmequellen (22. April 1970 – insbesondere Zölle, Agrarabschöpfungen und Anteile aus dem Mehrwertsteueraufkommen).

In dieser deutlich verbesserten Atmosphäre begannen am 30. Juni 1970 die Beitrittsverhandlungen mit Großbritannien, Irland, Dänemark und Norwegen, die am 23. Juni 1971 erfolgreich abgeschlossen werden konnten (Vertragsunterzeichnung am 22. Januar 1972). Nachdem Norwegen sich in einer Volksabstimmung gegen einen EG-Beitritt (Sept. 1972) entschieden hatte, erfolgte der Beitritt der übrigen drei Staaten offiziell zum 1. Januar 1973; für eine Übergangszeit von fünf Jahren galten indes eine Reihe von Anpassungsregelungen. Dies erleichterte auch die Assoziierungsabkommen (22. Juli 1972) mit den restlichen EFTA-Staaten Island, Österreich, Portugal, Schweden und der Schweiz sowie mit Finnland, die ebenfalls eine fünfjährige Übergangsfrist vorsahen, so daß am 1. Januar 1977 insgesamt 16 europäische Staaten in einer Freihandelszone zusammengefaßt waren.

Nachdem Griechenland bereits im Jahre 1961 ein Assoziierungsabkommen mit der EWG abgeschlossen hatte, dessen Wirkungen während der Zeit der Militärdiktatur praktisch jedoch ausgesetzt waren, kam es am 27. Juli 1976 zu offiziellen Beitrittsverhandlungen, die in eine Mitgliedschaft zum 1. Januar 1981 führten. So sehr man die Erweiterung der EG begrüßen muß, bringt doch gerade die „Süd-Erweiterung", d. h. die Aufnahme der europäischen Mittelmeerländer, eine Fülle von Problemen mit sich (unterentwickelte Regionen, Monokulturen, Strukturprobleme). Die Sorge um derartige Belastungen hat zweifellos auch dazu geführt, daß der Wunsch Portugals (28. März 1977) und Spaniens (28. Juli 1977) nach Voll-Mitgliedschaft von der EG nur zögernd aufgenommen wurde. Dennoch kamen die Verhandlungen nach acht Jahren am 29. März 1985 zu einem erfolgreichen Abschluß (Beitritt: 1. Januar 1986), so daß fortan die Europäische Gemeinschaft alle westlichen Demokratien mit Ausnahme der neutralen Länder sowie Norwegens und Islands umfaßt. Diese Zwölfergemeinschaft bedarf nun zweifellos der inneren Konsolidierung und des Einspielens von Gemeinsamkeiten, wenn es nicht zu Erosionserscheinungen größeren und gefährlicheren Ausmaßes kommen soll, wie sie sich durch das Ausscheiden Grönlands aus der Gemeinschaft (Referendum vom 23. Februar 1982) abzeichneten. Die wirtschaftliche Stabilisierung muß auch das Fundament für einen neuen mutigen Vorstoß zur politischen Union bereitstellen.

An Plänen dafür hatte es in der Geschichte der westeuropäischen Integration zwar nie gefehlt, ihre Realisierung fand jedoch selten den erforderlichen Rückhalt. So versuchte bereits Paul-Henri Spaak nach der ersten Euphorie des wirtschaftlichen Aufschwungs der frühen 60er Jahre und nach dem Fehlschlag des Fouchet-Plans, die verblassende Idee der politischen Union Europas durch ein kreatives dreijähriges Moratorium und eine eigens zu schaffende Dreierkommission in der Diskussion zu halten (9. Sept. 1964 – Spaak-Plan). Derartige Initiativen blieben jedoch während der Ära de Gaulle erfolglos, zum einen wegen der von Frankreich verfolgten Konzeption des „Europa der Vaterländer", zum anderen auch, weil sich die Lösung der ökonomischen Probleme und die Harmonisierung nationaler Unterschiede auf den verschiedenen politischen Gebieten (Verkehr, Steuern, Währung, Soziales usw.) schwieriger als erwartet darstellte. Aus diesen Gründen kam es erst am 27. Oktober 1970 zu einem neue Akzente setzenden Beschluß der EG-Außenminister in Luxemburg auf der Grundlage des Davignon-Berichts über die künftige Form der politischen Zusammenarbeit. Gerade in jener Zeitspanne wurden eine Vielzahl von Anregungen und Plänen für die politische Union Europas entwickelt; die höchsten Wellen schlug dabei wohl die unter dem Pseudonym „Wieland Europa“ von Ralf Dahrendorf in die Diskussion gebrachte Konzeption.

Dennoch blieben größere Fortschritte im Hinblick auf eine politische Union aus. Erst auf ihrer Konferenz in Paris (9./10. Dezember 1974) einigten sich die Regierungschefs der EG darauf, künftig als „Europäischer Rat“ dreimal jährlich zusammenzutreffen, um die politische Zusammenarbeit weiterzuentwickeln. Der Konferenz der Außenminister wurde in diesem Zusammenhang eine „impulsgebende und koordinierende Rolle“ übertragen. Schließlich faßte man für 1978 erste direkte Wahlen zum Europäischen Parlament ins Auge; hierbei meldeten jedoch Großbritannien und Dänemark Vorbehalte an. Diese Bedenken führten dazu, daß die ersten europäischen Direktwahlen erst in der Zeit vom 7.–10. Juni 1979 stattfinden konnten. Mit 61 % gab es dabei eine solide, indes nicht euphorische Wahlbeteiligung. Im Vorfeld dieser Wahlen kam es zu parteipolitischen Vereinigungen auf europäischer Ebene, die in ihrer politischen Integrationswirkung langfristig nicht unterschätzt werden dürfen. Dennoch bedeutete die Wahlbeteiligung zur zweiten Europawahl am 14.–17. Juni 1984 mit ca. 59,5 % eine herbe Enttäuschung – zweifellos auch ein Zeichen für die verbreitete Unzufriedenheit über die bisherigen Ergebnisse der politischen Integration Europas und über die relative Erfolglosigkeit des europäischen Parlaments, das an den gegebenen Machtstrukturen noch nichts Entscheidendes hatte ändern können.

Eindeutig liegen die politischen Gewichte beim Ministerrat/„Europäischer Rat“ als dem zentralen Entscheidungsorgan der Gemeinschaft; dem Parlament kommen nur beschränkte Budgetrechte, Frage- und Kontrollbefugnisse zu, so daß es von seiner Anlage und Kompetenz her bislang gar nicht *das* politische Integrationsorgan der Gemeinschaft werden konnte. Wohl hatte seit der Mitte der 70er Jahre das gute persönliche Verhältnis zwischen dem französischen Staatspräsidenten Giscard d'Estaing (Amtsbeginn: 19. Mai 1974) und Bundeskanzler Helmut Schmidt (16. Mai 1974) der europäischen Integrationsbewegung neuen Schwung verliehen, letztlich aber keinen entscheidenden Durchbruch verschaffen können. Nationale Egoismen und wirtschaftliche Probleme verhinderten immer wieder einen zügigen Ausbau zur politischen Union. Auch der vom belgischen Ministerpräsidenten Leo Tindemans am 29. Dezember 1975 dem Europäischen Rat übermittelte Bericht („Tindemans-Bericht“) über die „Europäische Union“, worin er trotz aller Schwierigkeiten (Rezession, Arbeitslosigkeit; schwindender politischer Wille, Europa zu schaffen) die Solidarität der europäischen Völker beschwor, die Übertragung von Kompetenzen und Ressourcen an supranationale Institutionen forderte, die Schaffung einer Verteidigungs-, Wirtschafts- und Währungsunion als unabdingbar darstellte und insbesondere die Stärkung des Europäischen Parlaments verlangte, auch dieses eindringliche und eindrucksvolle Plädoyer für Europa wurde zu keiner politischen Initialzündung des weiteren Integrationsprozesses.

Die halbjährigen turnusmäßigen Wechsel in der Präsidentschaft der EG trugen zudem viel dazu bei, daß nationale, z. T. sogar persönliche Schwierigkeiten den Fortgang der europäischen Einigung mehr hinderten als förderten. So blieb z. B. die feierliche Erklärung des EG-Gipfeltreffens in Stuttgart (19. Juni 1983) zur Europäischen Union weithin Deklamation, zumal in der zweiten Hälfte des Jahres 1983 die Präsidentschaft an Griechenland fiel. Sowohl das Gipfeltreffen in Athen (6. Dezember 1983) als auch das in Brüssel (20. März 1984) brachten keinerlei Fortschritte und drohten sogar das bislang Erreichte zu zerstören. Nur mit größten Anstrengungen und entsprechenden Kompensationen (Mittelmeerförderungsprogramm) gelang es schließlich den EG-Staaten, wirtschaftliche Probleme hintanzustellen und sich mit der Öffnung des Gemeinsamen Marktes für Portugal und Spanien der ursprünglichen Idee des politischen Zusammenschlusses von Europa zu erinnern.

Trotz innerer Probleme bei der Harmonisierung und beim Ausgleich nationaler sozioökonomischer, technischer und kultureller Unterschiede, trotz der Auseinandersetzungen um das politische Ziel und Selbstverständnis der Gemeinschaft hat die EG schon sehr früh auch außerhalb des Kontinents große Beachtung gefunden. Nachdem die USA zunächst vorrangig an einer politischen und militärischen Zusammenarbeit interessiert waren, suchten sie seit den 60er Jahren auch die wirtschaftliche Kooperation mit dem erstarkenden Wirtschaftspartner Europa. Im Rahmen des GATT (General Agreement on Tariffs and Trade) schlossen die USA und die EWG (7. März 1962) einen ersten Zollvertrag. Weitere Verhandlungen („Kennedy-Runde") führten 1967 zu der Übereinkunft, innerhalb der folgenden fünf Jahre die Zölle um 35 % abzubauen. Dieses wechselseitige verstärkte Bewußtsein des Aufeinanderangewiesenseins veranlaßte am 23. April 1973 den damaligen US-Außenminister Kissinger, den Vorschlag einer neuen Atlantik-Charta zu unterbreiten. Dadurch sollten die besonderen Beziehungen zwischen Amerika, Japan und den europäischen Verbündeten zum Ausdruck gebracht und angesichts der wachsenden Bedeutung Westeuropas besser aufeinander abgestimmt werden; ferner beabsichtigten die USA sich dadurch eine Teilnahme am wirtschaftlichen Aufschwung Europas zu sichern, während sie ihrerseits der Europäischen Gemeinschaft gewisse Eigeninteressen unabhängig von Globalinteressen der USA zubilligten. Auf ihrem Gipfeltreffen in Kopenhagen (14./15. Dezember 1973) verständigten sich die EG-Staaten auf eine Deklaration über ihre „europäische Identität“ und ihre Bereitschaft zum Atlantischen Dialog, so daß es am 26. Juni 1974 im Rahmen der NATO zur Unterzeichnung einer Erklärung über die Atlantischen Beziehungen kommen konnte.

Vermochten sich die europäischen Staaten, wenn auch im Verband von EG und NATO, hier zu einer gemeinsamen außenpolitischen Positionsbestimmung zusammenzufinden, so gelang dies bei anderen weltpolitischen Problemen nicht immer in gleichem Maße, vor allem aber bei weitem noch nicht mit dem entsprechenden Gewicht. Dennoch fehlte es nicht an gemeinsamen Stellungnahmen (Nahost, Apartheid, KSZE, UNO) und gemeinsamen Aktionen (Handelsverträgen, Wirtschaftshilfen). Von einer gemeinsamen Außenpolitik der Gemeinschaft konnte indes erst in Ansätzen gesprochen werden.

Am erfolgreichsten und wirkungsvollsten erwies sich der Zusammenschluß der westeuropäischen Staaten in der EG bei der Ausgestaltung der Beziehungen zu den Ländern der Dritten Welt. Eine wichtige Anregung hierzu war zweifellos von den USA ausgegangen, als sie die einstige OEEC, die ihre Aufgabe des Wiederaufbaus Europas erfüllt hatte, (unter Einschluß der USA und Kanadas) zur „Organization for Economic Cooperation and Development“ (OECD) mit dem speziellen Auftrag der Entwicklungshilfe umgestalteten. Das Abkommen hierzu war am 13./14. Dezember 1960 unterzeichnet worden.

Darüber hinaus haben die geographische Nähe, ähnliche Problemlagen, gemeinsame Interessen und, seit Mitte der 70er Jahre, auch das Streben nach einer gesicherten Ölversorgung, die EG bewogen, vorrangig zu den Mittelmeerstaaten besondere Beziehungen herzustellen. Diese waren zunächst zweiseitiger und recht unterschiedlicher Art; ab 1972 entwikkelten die EG-Staaten, wohl auch auf Drängen der EG-Kommission, eine gemeinsame und langfristige Mittelmeerpolitik, die den Übergang zu einer Zollunion und die Annäherung der wirtschaftspolitischen Grundsätze zum Ziel hatte. Mit der Türkei hatte es schon sehr früh (1963) ein Assoziierungsabkommen gegeben, das eine spätere Vollmitgliedschaft ins Auge faßte. Weitere Assoziierungsverträge, die allerdings zunächst nur den Übergang zu einer Zollunion vorsahen, kamen 1973 mit Malta und Zypern zustande, während Spanien (1970) und Portugal (1973) Handelsabkommen mit der EG schlossen, die eine Freihandelszone vorsahen und (seit 1986) in eine Vollmitgliedschaft erweitert wurden. Aber auch Israel (1975) und nahezu alle arabischen Mittelmeerstaaten (mit Ausnahme Libyens) sind mittlerweile durch Kooperationsabkommen mit der EG verbunden. So seit 1976 Marokko, Algerien und Tunesien, seit 1977 Ägypten, Jordanien, Syrien und Libanon; den besonderen Status berücksichtigend, seit 1980 Jugoslawien mit speziellen Bedingungen.

Noch bedeutsamer als die Kooperation mit den Mittelmeerländern dürfte sich langfristig die Koordination der EG-Staaten bei der Entwicklungshilfe gegenüber den Ländern der Dritten Welt auswirken. Bereits im Jahre 1963 (20. Juli) schlossen die damaligen sechs EWG-Staaten in Jaunde (Kamerun) ein Assoziierungsabkommen mit 18 afrikanischen Ländern (ehemalige Kolonien Frankreichs, Italiens und Belgiens); diese Zusammenarbeit wurde am 27. Juli 1969 um weitere fünf Jahre verlängert; im gleichen Jahr (24. Sept.) unterzeichneten Kenia, Uganda und Tansania ebenfalls Assoziationsabkommen mit der EG (sog. Arusha-Abkommen). Infolge der EG-Erweiterung um Großbritannien, Dänemark und Irland (1973) drängten eine Reihe von Commonwealth-Ländern auf eine engere Zusammenarbeit mit der EG. So kam es im Jahre 1975 zum ersten Abkommen von Lomé (Togo), in dem 46 Länder Afrikas, der Karibik und des Pazifischen Raumes (AKP-Staaten) einen gemeinsamen Handels- und Kooperationsvertrag mit der EG schlossen. Gegenüber dem 1. Entwicklungsfonds (1958) wurden die Mittel um das Fünffache (auf nahezu 10 Mrd. DM) aufgestockt. Die bereitgestellten Gelder waren ausschließlich projektgebunden und dienten vor allem Maßnahmen zur Verbesserung der Infrastruktur; ferner sah das Abkommen Ausgleichszahlungen zur Stabilisierung von Exporterlösen (STABEX) und Erleichterungen für Importe in die EG vor; dadurch übernahm die EG 54 % der Exporte und bestritt 44 % der Importe der AKP-Staaten insgesamt.

Ein weiteres Abkommen, 1979 ebenfalls in Lomé geschlossen, umfaßte bereits 60 Staaten. Die erfolgreiche Zusammenarbeit zwischen der EG und den AKP-Staaten führte schließlich 1984 (8. Dezember) zur Unterzeichnung von Lomé III; für die nunmehr 66 assoziierten AKP-Staaten stellt die EG für den Zeitraum von 1985–1990 in ihrem 6. Entwicklungsfonds nahezu 19 Mrd. DM zur Verfügung. Über die vorausgegangenen Abkommen hinaus, soll fortan der Entwicklung der Landwirtschaft mit dem Ziel einer gesicherten Eigenversorgung besondere Aufmerksamkeit geschenkt werden, wobei eine vorrangige Sorge den natürlichen Lebensgrundlagen zu gelten hat. Ferner wurde in den Lomé III-Konventionen auch ausdrücklich eine engere Zusammenarbeit auf kulturellem und sozialem Gebiet ins Auge gefaßt. Damit leistete die EG nicht nur einen wichtigen Beitrag zur Entwicklungshilfe, sondern setzte auch ein Zeichen weltweiter Solidarität und Verantwortung, das zweifellos ihr eigenes Selbstverständnis langfristig mitprägen wird.

Quellen

Abkommen über die Organisation für Wirtschaftliche Zusammenarbeit und Entwicklung (OECD) vom 14. Dezember 1960

„... (Die vertragschließenden Parteien) ... in der Erkenntnis, daß der wirtschaftliche Wiederaufbau und Fortschritt, zu dem ihre Teilnahme an der Organisation für Europäische Wirtschaftliche Zusammenarbeit weitgehend beigetragen hat, neue Aussichten eröffnet...

überzeugt, daß die wirtschaftlich weiter fortgeschrittenen Nationen zusammenarbeiten müssen, um die Entwicklungsländer nach besten Kräften zu unterstützen, ...

sind über folgende Bestimmungen zur Umgestaltung der Organisation für Europäische Wirtschaftliche Zusammenarbeit in die Organisation für Wirtschaftliche Zusammenarbeit und Entwicklung übereingekommen:

Artikel 1: Ziel der Organisation ... ist es, ...

a) in den Mitgliedstaaten unter Wahrung der finanziellen Stabilität eine optimale Wirtschaftsentwicklung und Beschäftigung sowie einen steigenden Lebensstandard zu erreichen und dadurch zur Entwicklung der Weltwirtschaft beizutragen,
b) in den Mitglied- und Nichtmitgliedstaaten, die in wirtschaftlicher Entwicklung begriffen sind, zu einem gesunden wirtschaftlichen Wachstum beizutragen..."

Aus: Forschungsinstitut der Deutschen Gesellschaft für Auswärtige Politik (Hrsg.): Europa. Dokumente zur Frage der europäischen Einigung. Band 3. München 1962, S. 1735 ff.

Staatspräsident de Gaulle zum Scheitern des Projekts einer Europäischen Politischen Union vom 15. Mai 1962

„... Es ist durchaus richtig, daß die Vorschläge Frankreichs zwei Einwände ausgelöst haben ... Gegner sagten uns ...: Ihr wollt das Europa der Vaterländer, wir aber ein supranationales Europa ... Es ist richtig, daß das Vaterland ein menschliches, gefühlsmäßiges Element darstellt und daß man Europa nur auf Elementen der Aktion, der Autorität, der Verantwortung gründen kann ... Denn Staaten allein sind hierfür zuständig, legitimiert und in der Lage, etwas zu verwirklichen ... Zum gegenwärtigen Zeitpunkt ist kein anderes Europa möglich als das der Staaten, außer natürlich dem der Mythen, der Phantasie, des Scheins ... es ist unmöglich, eine solche Einheit zu finden, da es heute in Europa keinen Föderator gibt, der in ausreichendem Maße die Macht, den Kredit und die Fähigkeit besäße. Also begnügt man sich mit einer Art Hybris, in der sich sechs Staaten verpflichten würden, sich den Beschlüssen einer gewissen Mehrheit zu unterwerfen ... Es gibt gegenwärtig keine Möglichkeit, zu erwirken, daß eine ausländische Mehrheit ihren Willen widerstrebenden Nationen aufzwingen könnte. Vielleicht gäbe es in diesem sogenannten integrierten Europa überhaupt keine Politik mehr ... Es gibt keine Zauberformel, ... etwas so Schwieriges wie ein geeintes Europa zu konstruieren. Machen wir daher die Realität zur Grundlage des Gebäudes..."

Aus: Heinrich v. Siegler (Hrsg.): Europäische politische Einigung 1949–1968. Dokumentation von Vorschlägen und Stellungnahmen. Band I. Bonn 1968, S. 163 ff.

Luxemburger Kompromiß vom 29. Januar 1966

„... 1. Stehen bei Beschlüssen, die mit Mehrheit auf Vorschlag der Kommission gefaßt werden können, sehr wichtige Interessen eines oder mehrerer Partner auf dem Spiel, so werden sich die Mitglieder des Rates innerhalb eines angemessenen Zeitraumes bemühen, zu Lösungen zu gelangen, die von allen Mitgliedern des Rates unter Wahrung ihrer gegenseitigen Interessen und der Interessen der Gemeinschaft ... angenommen werden können.

2. Hinsichtlich des vorstehenden Absatzes ist die französische Delegation der Auffassung, daß bei sehr wichtigen Interessen die Erörterung fortgesetzt werden muß, bis ein einstimmiges Einvernehmen erzielt worden ist...“

Aus: Claus Schöndube: Das neue Europa-Handbuch. Köln 1969, S. 206.

Schlußkommuniqué der Konferenz der Staats- und Regierungschefs in Den Haag vom 1./2. Dezember 1969

„... 4. Die Staats- bzw. Regierungschefs bekräftigen daher nachdrücklich ihren Glauben an die politischen Zielsetzungen, die der Gemeinschaft ihren ganzen Sinn und ihre Tragweite verleihen, sie bekunden ihre Entschlossenheit, dieses Unterfangen zu Ende zu führen ... Soll eine ungewöhnliche Quelle der Entwicklung, des Fortschritts und der Kultur nicht versiegen ..., so ist ... ein Europa unerläßlich, das Staaten in sich vereint, deren wesentliche Interessen bei Wahrung der nationalen Eigenart übereinstimmen, ein Europa, das seines eigenen Zusammenhalts sich gewiß ist...

Der Beitritt anderer Länder unseres Kontinents zu dieser Gemeinschaft ... würde zweifellos dazu beitragen, den Gemeinschaften (EWG, EGKS, EAG) zu Dimensionen zu verhelfen, die mehr und mehr dem heutigen Stand der Wirtschaft und der Technologie entsprechen ... Eine solche Entwicklung würde es Europa gestatten, seiner weltoffenen Tradition treu zu bleiben und seine Anstrengungen zugunsten der Entwicklungsländer zu steigern...“

Aus: Siegler (Hrsg.): Europäische politische Einigung ... Band II. Bonn 1973, S. 83 ff.

Bericht der EG-Außenminister an die Staats- und Regierungschefs über die Politische Zusammenarbeit (Luxemburger-Bericht) vom 27. Oktober 1970

„... *Erster Teil:* ... 10. Die gegenwärtige Entwicklung der Europäischen Gemeinschaften gebietet den Mitgliedstaaten eine Verstärkung ihrer politischen Zusammenarbeit...

So erscheinen den Ministern in erster Linie im Bereich der Abstimmung der Außenpolitik konkrete Anstrengungen erforderlich, um vor aller Welt darzutun, daß Europa eine politische Sendung hat. Die Minister sind überzeugt, daß ein

Fortschritt auf diesem Wege geeignet wäre, die Weiterentwicklung der Gemeinschaften zu fördern und den Europäern ein lebendigeres Bewußtsein ihrer gemeinsamen Verantwortung zu geben.

Zweiter Teil: Die Minister schlagen folgendes vor:

In dem Bestreben, Fortschritte auf dem Gebiet der politischen Einigung zu erzielen, beschließen die Regierungen, in der Außenpolitik zusammenzuarbeiten...

I. Diese Zusammenarbeit hat folgende Ziele:

- durch regelmäßige Unterrichtung und Konsultationen eine bessere gegenseitige Verständigung über die großen Probleme der internationalen Politik zu gewährleisten;
- die Harmonisierung der Standpunkte, die Abstimmung der Haltung und wo dies möglich und wünschenswert erscheint, ein gemeinsames Vorgehen zu begünstigen und dadurch die Solidarität zu festigen.

II. ... Auf Initiative des jeweils amtierenden Präsidenten kommen die Außenminister zumindestens alle sechs Monate zusammen. An Stelle der Ministertagungen kann eine Konferenz der Staats- und Regierungschefs einberufen werden ... Im Falle einer ernsten Krise oder besonderer Dringlichkeit wird zwischen den Regierungen der Mitgliedstaaten eine außerordentliche Konsultation abgehalten...

III. ... Ein aus den Leitern der Politischen Abteilungen gebildetes Komitee tritt mindestens viermal jährlich zusammen, um die Tagungen der Minister vorzubereiten und ihm von den Ministern übertragene Aufgaben zu erledigen...

VI. ... Um der politischen Einigung demokratischen Charakter zu geben, müssen die Öffentlichkeit und ihre Vertreter an ihr teilhaben...

Vierter Teil: ... Da die beitrittswilligen Staaten über die in diesem Bericht beschriebenen Ziele und Verfahren konsultiert werden und sie sich zu eigen machen müssen, sobald sie Mitglieder der Europäischen Gemeinschaften geworden sind, ist es notwendig, diese Staaten über die Entwicklung der Arbeiten der Sechs unterrichtet zu halten..."

Aus: Siegler (Hrsg.): Europäische politische Einigung ... Band II, S. 132 ff.

Plädoyer für ein Zweites Europa von „Wieland Europa" (Ralf Dahrendorf in: Die Zeit) vom 9./11. Juli 1971

„Mit den Verträgen von Rom und Paris hat eine Entwicklung der europäischen Integration begonnen, die vieles geleistet hat. Aber diese Entwicklung hat sich heute erschöpft...

Die supranationalen Illusionen der europäischen Anfänge haben sich als Hemmschuh, nicht als Antrieb realer politischer Zusammenarbeit erwiesen...

Das Erste Europa war durch einen gewissen institutionellen Dogmatismus gekennzeichnet ... Was Europa betrifft: Es wird am Ende in dem Maße real sein, in dem es getragen wird von seinen Gliedern. Ein Mehrheitsbeschluß ... kann einstweilen nur bedeuten, daß die Überstimmten eigene Wege gehen ... Denn es geht ... im zukünftigen Europa weder um supranationale Fiktionen noch um die bloße Addition der Nationen ...; es geht weder um Souveränitätsverzicht noch um unveränderte Ausübung der Souveränität. Es geht um den Versuch der gemeinsamen Ausübung der Souveränität der europäischen Nationen...

Nicht zufällig taucht der alte Gedanke der Bestellung eigener Europaminister in den Mitgliedstaaten immer wieder auf. Die Vorteile sind unbestreitbar. Im Rat ersetzen Europaminister sowohl die sachlich inkompetenten ... Außenminister als auch die politisch inkompetenten ... ständigen Vertreter; in den Mitgliedstaaten können die Europaminister die schwierige Aufgabe der Koordination zwischen den Ressorts besser wahrnehmen als ad hoc geschaffene Institutionen ... Europäische Regierung oder nicht – der Rat der Europaminister ist die charakteristische Institution des Zweiten Europa, so wie die Kommission die des Ersten Europa war...

Bleibt das demokratische Defizit, dessen Beseitigung schon wegen der politischen Bedingungen in der Wirtschaftsunion eine Voraussetzung des Zweiten Europa ist ... Direktwahlen zum Europäischen Parlament ändern überhaupt nichts ... Das Parlament braucht ... politische Aufgaben ... Das Verfassungsspielchen, wonach ein ohnmächtiges Parlament die Scheinregierung der Kommission ‚kontrolliert', muß aufhören...

Das Zweite Europa ist noch nicht fertig. Hüten wir uns vor dem Fehler des ersten, ihm eine perfektionistische Verfassung in die Wiege zu legen...

Der politische Gewinn des gemeinsamen Handelns der europäischen Staaten ist groß. Für einen erträglichen Einsatz an nationalen Interessen können wir diesen heute haben..."

Aus: Siegler (Hrsg.): Europäische politische Einigung ... Band II, S. 182 ff.

Vorschläge Henry Kissingers für eine neue Atlantik-Charta vom 23. April 1973

„... Die Vereinigten Staaten schlagen ihren atlantischen Partnern vor ..., eine neue Atlantik-Charta ... (auszuarbeiten) ... einen Plan, ... der ein neues Verhältnis zwischen den atlantischen Nationen schafft, an dessen Fortschritt auch Japan teilhaben kann...

In den atlantischen Beziehungen gibt es echte Probleme ... In den Wirtschaftsbeziehungen hat die Europäische Gemeinschaft in immer stärkerem Maße ihre regionale Wesensart betont; die USA hingegen müssen als Teil eines umfassenderen internationalen Handels- und Währungssystems handeln ... In unserer gemeinsamen Verteidigung sind wir immer noch nach dem Grundsatz der Einheit und Integration organisiert, aber unter radikal anderen strategischen Bedingungen. Die Diplomatie ist Gegenstand häufiger Konsultationen, im wesentlichen wird sie jedoch von traditionellen Nationalstaaten betrieben. Die USA haben globale Interessen und Verantwortungen. Unsere europäischen Verbündeten haben regionale Interessen ... Wir können es uns nicht mehr leisten, nationale und regionale Selbstinteressen ohne einen einigenden Rahmen zu verfolgen ... Das Aufkommen eines geschlossenen Handelssystems, das die Europäische Gemeinschaft sowie eine ständig wachsende Zahl anderer Länder in Europa, im Mittelmeerraum und in Afrika umfaßt, scheint zu Lasten der USA und anderer Länder zu gehen, die hiervon ausgeschlossen sind...

Für uns ist die europäische Einheit, was sie immer gewesen ist: nicht Selbstzweck, sondern ein Mittel zur Stärkung des Westens. Wir werden weiterhin die europäische Einheit als Komponente einer größeren atlantischen Partnerschaft unterstützen...

Die atlantische Einheit ergab sich immer am natürlichsten auf dem Gebiet der Verteidigung ... Eine ungezügelte wirtschaftliche Konkurrenz kann die Impulse für eine gemeinsame Verteidigung entscheidend schwächen..."

Aus: Siegler (Hrsg.): Europäische politische Einigung ... Band II, S. 320 ff.

Das „Dokument über die Europäische Identität", verabschiedet von der Konferenz der Staats- und Regierungschefs in Kopenhagen vom 14./15. Dezember 1973

„Die neun Mitgliedstaaten der Europäischen Gemeinschaft halten die Zeit für gekommen, ein Dokument über die europäische Identität auszuarbeiten, mit dem sie vor allem ihre Beziehungen zu den übrigen Ländern der Welt sowie ihre Verantwortlichkeit und ihren Platz in der Weltpolitik näher bestimmen wollen...

1. Die neun europäischen Staaten, deren Vergangenheit ebenso wie die egoistische Verteidigung falsch verstandener Interessen sie zur Zerrissenheit hätte drängen können, haben ihre Gegnerschaft überwunden und in Erkenntnis der fundamentalen europäischen Notwendigkeiten beschlossen, sich zusammenzuschließen, um das Überleben einer Zivilisation zu sichern, die ihnen gemeinsam ist ... Im Bewußtsein einer gemeinsamen Lebensauffassung, die eine Gesellschaftsordnung anstrebt, die dem Menschen dient, wollen sie die Grundsätze der repräsentativen Demokratie, der Rechtsstaatlichkeit, ... sowie der Achtung der Menschenrechte als die Grundelemente der europäischen Identität wahren...

2. Die Neun haben den politischen Willen, das europäische Einigungswerk zum Erfolg zu führen ... Gemäß den Beschlüssen der Pariser Konferenz bekräftigen die Neun ihre Absicht, vor Ablauf dieses Jahrzehnts die Gesamtheit ihrer Beziehungen in eine Europäische Union umzuwandeln...

4. Das europäische Einigungswerk, ... steht den anderen europäischen Nationen offen, die die Wertvorstellungen und Ziele der Neun teilen...

10. Bei der näheren Ausgestaltung einer gemeinsamen Politik gegenüber Drittländern wird sich die Gemeinschaft von den folgenden Grundsätzen leiten lassen:

(1) Als eigenständiges Ganzes handelnd, werden die Neun bemüht sein, harmonische und konstruktive Beziehungen zu diesen Ländern zu fördern; diese Beziehungen dürfen ihren Willen, auf dem Wege zu der Europäischen Union nach dem vorgesehenen Zeitplan voranzuschreiten, weder gefährden noch verzögern oder beeinträchtigen.

(2) In den künftigen Verhandlungen, ... müssen Rahmen und Verfahren so gewählt werden, daß der eigenständige Charakter des europäischen Ganzen gewahrt wird.

(3) In den bilateralen Kontakten mit anderen Ländern werden sich die Mitgliedstaaten der Gemeinschaft in steigendem Maße auf miteinander festgelegte gemeinsame Positionen stützen...

12. ... Die Gemeinschaft (beabsichtigt) ... schrittweise eine umfassende, weltweite Politik der Entwicklungshilfe zu verwirklichen...

14. Die bestehenden engen Bande zwischen den Vereinigten Staaten und dem Europa der Neun, die einem gemeinsamen Erbe entspringende Werte und Ziele teilen, bringen beiden Seiten Nutzen und müssen gewahrt bleiben. Sie berühren nicht die Entschlossenheit der Neun, als eigenständiges Ganzes aufzutreten...

22. Die Entwicklung der europäischen Identität wird sich nach der Dynamik des europäischen Einigungswerks richten. In den Außenbeziehungen werden die Neun vor allem bemüht sein, ihre Identität im Verhältnis zu den anderen politischen Einheiten schrittweise zu bestimmen. Damit stärken sie bewußt ihren inneren Zusammenhalt und tragen zur Formulierung einer wirklich europäischen Politik bei ... Diese Politik erleichtert auch die vorgesehene Umwandlung der Gesamtheit ihrer Beziehungen in eine Europäische Union."

Aus: Siegler (Hrsg.): Europäische politische Einigung ... Band III, S. 4 ff.

Bericht Léo Tindemans an den Europäischen Rat über „Die Europäische Union" vom 29. Dezember 1975

„... Warum hat der Europagedanke viel von seiner ursprünglichen Zündkraft und Dynamik verloren? ... Der Europagedanke ist zum Teil Opfer seiner Erfolge geworden ... Europa ist heute etwas Alltägliches geworden, es scheint den Reiz des Abenteuers eingebüßt zu haben. Unsere Völker ... stellen (aber auch) fest, daß sich die Politische Union nicht automatisch aus der Integration der Volkswirtschaften ergibt, und allzu viele fruchtlose Diskussionen stellen die Glaubwürdigkeit und Aktualität des gemeinsamen Unternehmens in Frage. Insofern ist der Europagedanke auch ein Opfer seiner Fehlschläge...

Die Öffentlichkeit in unseren Ländern wünscht kein technokratisches Europa. Die Europäische Union muß im täglichen Leben fühlbar werden und bürgernah sein...

Nach den Konsultationen in allen Mitgliedstaaten schlage ich vor, daß der Europäische Rat die einzelnen Komponenten der Europäischen Union wie folgt definiert:

1. Die Europäische Union impliziert, daß wir nach außen vereint auftreten. Wir müssen in allen wichtigen Bereichen unserer Außenbeziehungen, also Außenpolitik, Sicherheit, Wirtschaftsbeziehungen und Kooperation, gemeinsam handeln...
2. Die Europäische Union erkennt die wechselseitige Abhängigkeit des wirtschaftlichen Wohlstands unserer Staaten an und zieht die entsprechenden Konsequenzen: eine gemeinsame Politik im Wirtschafts- und Währungsbereich zur Verwaltung dieses Wohlstands, eine gemeinsame Politik für Industrie, Landwirtschaft, Energie und Forschung als Garantie für die Zukunft.
3. Die Europäische Union fordert eine wirkliche und wirksame Solidarität unserer Völker. Die Regionalpolitik korrigiert Entwicklungsunterschiede und gleicht die Zentralisierungseffekte der Industriegesellschaft aus. Durch Sozialmaßnahmen werden die Einkommensunterschiede gemildert...
4. Die Europäische Union kommt praktisch im täglichen Leben des Einzelnen

zum Ausdruck. Sie trägt dazu bei, seine Rechte zu schützen und seine Lebensverhältnisse zu verbessern.

5. Zur Erfüllung dieser Aufgaben erhält die Europäische Union Organe, die über die notwendige Autorität verfügen, um ein gemeinsames, umfassendes und zusammenhängendes politisches Leitbild zu entwickeln und ein wirksames Handeln zu ermöglichen, und die überdies die für eine demokratische Kontrolle erforderliche Legitimität besitzen...

6. ... Um das europäische Einigungswerk unverzüglich wieder in Gang zu bringen und ihm größere Glaubwürdigkeit zu verschaffen, stützt sie sich zunächst auf die politische Verpflichtung der Staaten, in verschiedenen Bereichen klar umrissene Maßnahmen durchzuführen, die aufgrund ihrer Bedeutung und ihrer Erfolgsaussichten ausgewählt werden..."

Aus: Siegler (Hrsg.): Europäische politische Einigung ... Band III, S. 210 ff.

Feierliche Deklaration zur Europäischen Union der Staats- und Regierungschefs der EG, Stuttgart, 19. Juni 1983

„... 1.1. Die europäischen Staats- und Regierungschefs bekräftigen ihre Verpflichtung, auf dem Weg zu einem immer engeren Zusammenschluß der Völker und Mitgliedstaaten der Europäischen Gemeinschaft voranzuschreiten; sie tun dies im Bewußtsein einer Schicksalsgemeinschaft und in dem Willen, die europäische Identität zu behaupten...

1.4. In dem Bestreben, die bisher im wirtschaftlichen wie auch im politischen Bereich erzielten Fortschritte ... zu festigen...

1.4.1. Stärkung und weiterer Ausbau der Gemeinschaften, die das Kernstück der Europäischen Union bilden...

1.4.2. Stärkung und Ausbau der Europäischen Politischen Zusammenarbeit durch Erarbeitung und Festlegung gemeinsamer Positionen und des gemeinsamen Vorgehens auf der Grundlage verstärkter Konsultationen im Bereich der Außenpolitik...

1.4.3.

- eine engere kulturelle Zusammenarbeit...
- eine Angleichung bestimmter Bereiche der Gesetzgebung...
- eine gemeinsame Analyse und ein abgestimmtes Verfahren, um den internationalen Problemen der öffentlichen Ordnung ... zu begegnen...

4.3 Die Staats- und Regierungschefs werden diese Deklaration einer allgemeinen Überprüfung unterziehen, sobald die erreichten Fortschritte auf dem Wege zur europäischen Einigung dies rechtfertigen, spätestens jedoch fünf Jahre nach Unterzeichnung der Deklaration..."

Aus: Europa-Archiv, 38/1983, S. D 420 ff.

Ergebnisse der Wahlen zum Europäischen Parlament 1979 und 1984

A) Erste Direktwahl vom 7.–10. Juni 1979 (9 Mitgliedsländer)
Zahl der zu wählenden Abgeordneten: 410
Wahlbeteiligung: 62 %

B) Zweite Direktwahl vom 14.–17. Juni 1984 (10 Mitgliedsländer)
Zahl der zu wählenden Abgeordneten: 434
Wahlbeteiligung: ca. 59,5 %

	1979	1984
Sozialistische Fraktion	113	130
Fraktion der Europäischen Volkspartei (Christliche Demokraten)	107	110
Fraktion der Europäischen Demokraten (Konservative)	64	50
Fraktion der Kommunisten	44	41
Liberale und Demokratische Fraktion	40	31
Fraktion der Europäischen Demokraten für den Fortschritt (Gaullisten, u. a.)	22	29
Fraktion für technische Koordinierung und Verteidigung der unabhängigen Gruppen und Abgeordneten	11	20
Europäische Rechte	-	16
Fraktionslose Abgeordnete	9	-
	410	434

Die Mandate verteilen sich auf die einzelnen Mitgliedstaaten: Frankreich, Großbritannien, Italien und Bundesrepublik: je 81; Niederlande: 25; Belgien und Griechenland: je 24; Dänemark: 16; Irland: 15; Luxemburg: 6.

Quellen: Schönbude: Europa-Taschenbuch, Bonn [7]1980, S. 439 ff. bzw. Staatsbürgerkundliche Arbeitsmappe, Zahlenbild 715280.

Fragen und Aufgaben

- ○ Stellen Sie die Ziele, Erfolge und Probleme der europäischen Einigungsbemühungen nach 1960 dar.
- ○ Skizzieren Sie das Verhältnis zwischen Europa und den USA im Rahmen der Atlantischen Gemeinschaft insbesondere seit dem wirtschaftlichen Erstarken der EWG.
- ○ Arbeiten Sie Gemeinsamkeiten und Unterschiede der Positionen von de Gaulle, „Wieland Europa" und Tindemans heraus, und reflektieren Sie diese auf dem Hintergrund der offiziellen Deklaration zur politischen Einheit Europas.
- ○ Diskutieren Sie die Problematik der politischen Union Europas unter den Aspekten der nationalen Souveränität, der existierenden supranationalen Institutionen und der globalen Konsequenzen.
- ○ Nehmen Sie Stellung zur Problematik des Europäischen Agrarmarktes. Berücksichtigen Sie dabei auch die soziostrukturelle Dimension dieses Politikbereichs.

- Welche Chancen und Probleme sehen Sie in der bislang praktizierten Möglichkeit der Direktwahl des Europäischen Parlaments?
- Gibt es eine „europäische Identität"? Erörtern Sie Ziel und politische Realität dieses Anspruchs.
- Beurteilen Sie den Beitrag der Europäischen Gemeinschaft zur Entwicklungshilfe.

Wichtige Daten	Wichtige Begriffe
13./14. Dezember 1960 Auf Anregung der USA wird die OEEC zur „Organization for Economic Cooperation and Development" (OECD) erweitert.	Assoziierung „Europa der Vaterländer" Staatenbund
20. Juli 1963 Abschluß eines Assoziierungsvertrages mit 18 afrikanischen Staaten in Jaunde	Bundesstaat „Politik des leeren Stuhls"
30. Juni 1965 Frankreich lehnt die Vorschläge zur Agrarmarktfinanzierung ab und reagiert mit der „Politik des leeren Stuhls".	„Luxemburger Kompromiß" Europäisches Währungssystem (EWS)
28./29. Januar 1966 „Luxemburger Kompromiß" sieht Einstimmigkeit in allen wichtigen Fragen vor; Frankreich nimmt Mitarbeit wieder auf.	European Currency Unit (ECU)
1. Juli 1967 Die europäischen Gemeinschaften fusionieren zur EG. Präsident der gemeinsamen Kommission wird Jean Rey.	Agrarmarktordnungen „Europäischer Rat" Europäische Identität
1. Juli 1968 Die Zollunion der EG tritt in Kraft.	„Organization for Economic Cooperation and Development" (OECD)
1./2. Dezember 1969 Die Staats- und Regierungschefs der EG einigen sich auf ihrem Gipfeltreffen in Den	Abkommen von Lomé

Wichtige Daten	Wichtige Begriffe
Haag auf die Erweiterung der Gemeinschaft.	AKP-Staaten
24. April 1972 Schaffung der „europäischen Währungsschlange“	
1. Januar 1973 Großbritannien, Dänemark und Irland treten der EG bei; Finnland, Österreich, Island, Portugal, die Schweiz und Schweden werden assoziierte Mitglieder.	
14./15. Dezember 1973 EG-Gipfel in Kopenhagen verabschiedet Erklärung über „europäische Identität“.	
10./11. März 1975 Erste Tagung des „Europäischen Rates“ (Zusammenkunft der Staats- und Regierungschefs der EG) in Dublin	
1. April 1976 Erstes Abkommen von Lomé mit 46 Staaten in Afrika, der Karibik und im Pazifischen Raum tritt in Kraft; EG leistet globale Entwicklungshilfe.	
7./10. Juni 1979 Erste Direktwahl zum Europäischen Parlament	
1. Januar 1981 Griechenland wird 10. Mitglied der EG.	
1. Januar 1986 Spanien und Portugal treten der EG bei.	

Auswahlbibliographie

Quellen und allgemeine Darstellungen

Dahrendorf, Ralf: Plädoyer für die Europäische Union. München 1973.
Erler, Georg: Die Krise der Europäischen Gemeinschaften. Europäischer Bundesstaat oder Europa der Vaterländer? Göttingen 1966.
Groeben, Hans v. d.: Aufbaujahre der Europäischen Gemeinschaft. Das Ringen um den Gemeinsamen Markt und die Politische Union (1958–1966). Baden-Baden 1982.
Hallstein, Walter: Die Europäische Gemeinschaft. Düsseldorf ^{5}1979.
Kaiser, Karl u. a.: Die EG vor der Entscheidung. Fortschritt oder Verfall. Bonn 1983.
Koppe, Karlheinz: Mehr Europa – Weniger Bürokratie. Eine Gemeinschaft erstickt an sich selbst. Kronberg/Ts. 1978.
Lipgens, Walter: Die Europäische Integration. Stuttgart 1983.
Ders./Schöndube, Claus: 44 Jahre Kampf um die Europäische Verfassung. Quellen 1939–1982. Bonn 1983.
Leonhardt, Holm A.: Europa konstitutionell. Politische Machtkämpfe in der EG 1950–1983. Hannover 1983.
Schöndube, Claus: Das neue Europa-Taschenbuch. Bonn ^{7}1980.
Schwarz, Jürgen: Der Aufbau Europas. Pläne und Dokumente 1945–1980. Bonn 1980.
Siegler, Heinrich v. (Hrsg.): Europäische politische Einigung. Dokumentation von Vorschlägen und Stellungnahmen. 3 Bände (1949–1976). Bonn 1968/1973/1977.
Statistisches Amt der EG (Hrsg.): Statistische Grundzahlen der Gemeinschaft. Luxemburg 1983.
Weidenfeld, Werner (Hrsg.): Nur verpaßte Chancen? Die Reformberichte der Europäischen Gemeinschaft. Bonn 1983.
Ders./Wessels, Wolfgang (Hrsg.): Jahrbuch der Europäischen Integration 1980 ff. Bonn 1981 ff.

Die Erweiterung der EWG

Biskup, Reinhold u. a. (Hrsg.): Spanien und die Europäischen Gemeinschaften. Stuttgart 1982.
Buck, Karl-Hermann: Griechenland und die Europäische Gemeinschaft. Erwartungen und Probleme des Beitritts. Bonn 1978.
Grohs, Gerhard u. a.: Portugals Beitritt zur Europäischen Gemeinschaft. Probleme der Europäischen Integration. Bonn 1972.
Gumpel, Werner (Hrsg.): Die Türkei auf dem Weg in die EG. Möglichkeiten und Probleme einer Vollmitgliedschaft der Türkei in der Europäischen Gemeinschaft. München 1979.
Haferkamp, Wilhelm: Chancen und Risiken der zweiten EG-Erweiterung. In: Europa-Archiv 32/1977, S. 617–626.

Hallstein, Walter (Hrsg.): Hauptprobleme des Beitritts von Großbritannien zur Europäischen Gemeinschaft. Bonn 1969.

Hasenpflug, Hajo/Kohler, Beate (Hrsg.): Die Süd-Erweiterung der Europäischen Gemeinschaft. Wende oder Ende der Integration? Hamburg 1977.

Kitzmüller, Erich u. a. (Red.): Die Krise um den Beitritt Englands. Düsseldorf 1969.

Pfaltzgraff, Robert: Britain and the European Community. 1963–1967. In: Orbis 12/1968, S. 87–120.

Toncić-Sorinj, Lujo: Was wird aus den Neutralen? Die Erweiterung der Europäischen Gemeinschaften, die Direktwahlen und die „Außenseiter". In: Europa-Archiv 32/1977, S. 701–710.

Wagner, Wolfgang: Die Zukunft der Europäischen Gemeinschaft nach ihrer Erweiterung. Wirtschaftliche Macht erfordert politische Form. In: Europa-Archiv 27/1972, S. 295–304.

Wallace, Wilhelm u. a.: Eine Gemeinschaft der Zwölf. Die Europäische Gemeinschaft und ihre Erweiterung nach Süden. In: Europa-Archiv 32/1977, S. 627–690.

Europäische Institutionen/Europawahl

Bangemann, Martin/Breber, Roland: Die Direktwahl, Sackgasse oder Chance für Europa? Analysen und Dokumente. Baden-Baden 1976.

Brüsek, Hans-Günther: Der Wirtschafts- und Sozialausschuß der Europäischen Gemeinschaften. Die institutionalisierte Interessenvertretung als Faktor der europäischen Integration. Rheinfelden 1979.

Grabitz, Eberhard/Läufer, Thomas: Das Europäische Parlament. Bonn 1980.

Karnofsky, Eva-Rose: Parteienbünde vor der Europa-Wahl 1979. Integration durch gemeinsame Wahlaussagen. Bonn 1982.

Niedermayer, Oskar: Europäische Parteien? Zur grenzüberschreitenden Interaktion polit. Parteien im Rahmen der Europ. Gemeinschaft. Frankfurt 1983.

Noel, Emile: Die Organe der Europäischen Gemeinschaften. Aufbau und Arbeitsweise, Kommission der EG. Brüssel 1982.

Sasse, Christoph: Regierungen, Parlamente, Ministerrat. Entscheidungsprozesse in der Europäischen Gemeinschaft. Bonn 1975.

Schmitt von Sysow, Helmut u. a.: Organe der erweiterten Europäischen Gemeinschaften – Die Kommission. Baden-Baden 1980.

Schöndube, Claus/Erfurth, Willi: Der schwierige Weg nach Europa. Bericht aus dem Europäischen Parlament. Bonn 1982.

Wessels, Wolfgang: Der Europäische Rat. Stabilisierung statt Integration? Geschichte, Entwicklung und Zukunft der EG-Gipfelkonferenzen. Bonn 1980.

Woyke, Wichard: Europäische Gemeinschaft – Europäisches Parlament – Europawahl. Opladen 1984.

Außenpolitik der EG

Andresen, Heinz, u. a.: Europa und die arabische Welt. Probleme und Perspektiven europäischer Arabienpolitik. Bonn 1975.

Boselli, Luigi: Die Beziehungen zwischen der Europäischen Gemeinschaft und Lateinamerika. In: Europa-Archiv 32/1977, S. 427–432.

Frisch, Dieter: „Lomé-III" – Das neue Abkommen zwischen der Europäischen Gemeinschaft und den AKP-Staaten. In: Europa-Archiv 40/1985, S. 57–68.

Hasenpflug, Hajo (Hrsg.): Europäische Gemeinschaft und Dritte Welt. Hamburg 1975.

Hartwig, Klaus Dieter: Verteidigungspolitik als Moment der westeuropäischen Integration. Frankfurt a. M. 1977.

Hengsbach, Friedhelm: Die Assoziierung afrikanischer Staaten an die Europäischen Gemeinschaften. Eine Politik raumwirtschaftlicher Integration? Baden-Baden 1977.

Höhns, Jan: Außenpolitik der EG-Staaten. Im Fall der KSZE. Geschichte, Struktur, Entscheidungsprozeß, Aktion, Möglichkeit und Grenzen. München 1978.

Lindemann, Beate: EG-Staaten und Vereinte Nationen. Die politische Zusammenarbeit der Neun in den UN-Hauptorganen. München 1978.

Loch, Theo M./Hasenpflug, Hajo: Die Assoziierungs- und Präferenzpolitik der EG. Ein Beitrag zur Entwicklungshilfe. Bonn 1974.

Puhl, Detlef: Mittelmehrpolitik der EG. Strukturschwächen des EG-Systems bei der Verwirklichung des Globalkonzepts. Kehl 1983.

Rumund, Reinhardt: Zusammengesetzte Außenpolitik: Westeuropa als internationaler Akteur. Kehl 1982.

Schulz, Eberhard (Hrsg.): Die Ostbeziehungen der Europäischen Gemeinschaft. Von nationalstaatlicher Politik zu gemeinsamer Verantwortung. München 1977.

Wirtschafts- und Währungsunion

Burkhardt-Reich, Barbara/Schumann, Wolfgang: Agrarverbände in der EG. Das agrarpolitische Entscheidungsgefüge in Brüssel und den EG-Mitgliedstaaten. Kehl 1983.

Hellmann, Rainer: Europäische Wirtschafts- und Währungsunion. Eine Dokumentation. Baden-Baden 1972.

Kasten, Hans: Die Europäische Wirtschaftsintegration. Grundlagen. München 1978.

Müller, Elisabeth: Atlantische oder Europäische Wirtschaftsgemeinschaft? Eine Untersuchung über die Bedeutung der Zollpolitik der Europäischen Wirtschaftsgemeinschaft für die Länder der Freihandelszone, USA und Kanada. In: Zeitschrift für die gesamte Staatswissenschaft 117/1961, S. 494–520.

Sattler, Andreas: Die Europäischen Gemeinschaften an der Schwelle zur Wirtschafts- und Währungsunion. Tübingen 1972.

Scharrer, Hans-Eckhardt/Wessels, Wolfgang (Hrsg.): Das Europäische Währungssystem. Bilanz und Perspektiven eines Experiments. Bonn 1983.

Stock, Walter: Die Europäische Wirtschafts- und Währungsunion, eine integrationspolitische Perspektive. Berlin 1972.

Tudyka, Kurt P.: Marktplatz Europa. Zur Politischen Ökonomie der Europäischen Gemeinschaft. Köln 1975.

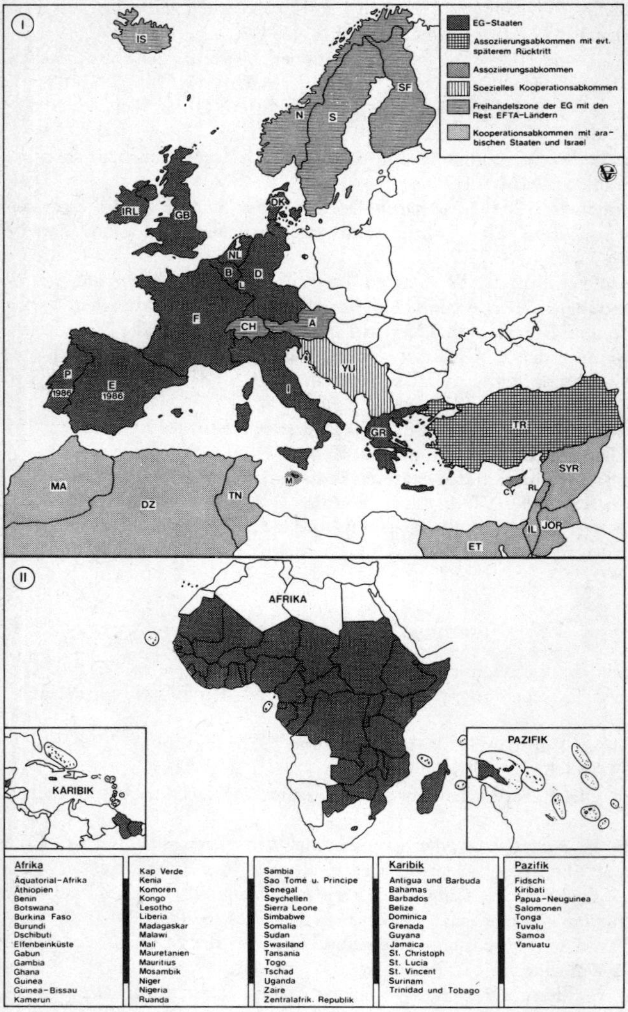

Die Europäische Gemeinschaft als internationaler Wirtschaftspartner/ I und II (durch das III. Abkommen von Lomé mit der EG assozziierte AKP-Staaten) (nach: Staatsbürgerkundliche Arbeitsmappe. © Erich Schidt Verlag, Berlin)

Probleme der Dritten Welt

13. Entkolonisation und Unabhängigkeitsprozesse

Das Ende des Zweiten Weltkriegs ließ die Entmachtung Europas insbesondere auch im Hinblick auf den Verfall der einstigen Kolonialreiche deutlich werden. Wie im 18. Jahrhundert die USA, im 19. Jahrhundert die lateinamerikanischen Länder, so suchten sich nun die Völker Südostasiens, des arabischen Mittelmeerraums, des Nahen Ostens und Schwarzafrikas nach und nach der Herrschaft der europäischen Kolonialmächte zu entziehen. Dieser Prozeß lief in den seltensten Fällen problemlos ab: Einerseits sträubten sich die Kolonialmächte gegen das Autonomiebegehren, andererseits erschütterten tiefgreifende Krisen oft rasch nach der Verkündung der Unabhängigkeit die jungen Staaten.

So zerfiel der indische Subkontinent, dem Großbritannien 1947 die Unabhängigkeit zugestehen mußte, in einen moslemischen (Pakistan, von dem sich nach heftigen Kämpfen im Jahre 1971 Ost-Pakistan als Bangla Desh abspaltete) und einen hinduistischen Teil (Indien, das immer wieder durch innere Unruhen erschüttert wurde, die im Jahre 1984 in der Ermordung der Ministerpräsidentin Indira Gandhi gipfelten). Im Jahre 1948 erhielten Burma und Ceylon (seit 1972 Sri Lanka) ihre staatliche Eigenständigkeit; gerade auch in Sri Lanka kam es zwischen dem senghalesischen und dem tamilischen Bevölkerungsteil wiederholt zu blutigen Zusammenstößen. Die Schwierigkeit, ehemalige Kolonialgebiete dauerhaft zu integrieren, kann auch exemplarisch an der Föderation Malaysias studiert werden, das 1957 aus hinterindischen Besitzungen als Malaya unabhängig und 1963 um Singapur und Nordborneo zum Staat Malaysia erweitert wurde; wenig später (1965) schied aber Singapur wieder aus diesem Staatsverband aus und suchte seine eigene Selbständigkeit.

Wesentlich konfliktträchtiger als die Entlassung aus der britischen Kolonialhoheit verliefen im übrigen Südostasien die Ablösungsprozesse von anderen Kolonialmächten, die meist zu einem radikalen Bruch mit dem ehemaligen Mutterland führten (Indonesien : Niederlande bzw. Indochina : Frankreich). Besonders in Indochina zeigte sich sehr deutlich, wie das Streben nach Unabhängigkeit die globalen Interessen der Großmächte auf den Plan rief. Nachdem es Frankreich nicht gelungen war, diese Region zu stabilisieren und zu befrieden (1945/46 waren Vietnam, 1949 Laos und Kambodscha entstanden, die nach der französischen Kapitulation von Dien-Bien-Phu im Jahre 1954 ihre Souveränität erhielten), engagierten sich die USA immer stärker, um ein Vordringen des Kommunismus zu verhindern. Mit dem Abzug der Amerikaner (1973) stießen nach der Wiedervereinigung Vietnams (1976) dessen Truppen bald nach Kambodscha vor (1978) und errichteten dort, wie 1977 in Laos, ein vietnamfreundliches kommunistisches Regime. Diese langjährigen kriegerischen und ideologischen Auseinandersetzungen haben ein ungeheueres Flüchtlingselend verursacht, daß die Probleme in dieser Region drastisch verschärfte.

Insbesondere britische und französische Interessen kollidierten mit den Unabhängigkeitsbestrebungen der Völker im Nahen Osten und im nordafrikanischen Raum. Schon vor dem Ende des Zweiten Weltkriegs stellte sich heraus, daß Frankreich seinen Mandatsverpflichtungen aus der Zeit des Völkerbundes über den Irak, Syrien und den Libanon nicht mehr gerecht zu werden vermochte; aber auch Großbritannien zeigte sich 1947 bei seinem Mandat über Palästina den Anforderungen nicht mehr gewachsen, das Gebiet zu befrieden. Als mit dem Erlöschen des Mandats 1948 und mit der gleichzeitigen Teilung des Landes durch die UNO der überwiegend durch jüdische Einwanderer besiedelte Teil Palästinas zum Staat Israel proklamiert wurde, setzte sogleich eine Reihe von kriegerischen Auseinandersetzungen ein, die bis in die jüngste Gegenwart andauern.

Die 50er Jahre sahen die Kolonialmächte Frankreich und England auch in Nordafrika auf dem Rückzug. Das ehemals italienische Kolonialgebiet Libyen, seit 1942/43 von französischen und britischen Truppen besetzt, erhielt 1951 seine Unabhängigkeit; 1956 wurden der Sudan aus der britischen sowie Marokko und Tunesien (nach heftigen Unruhen) aus der französischen Kolonialhoheit entlassen. Erbittert wehrte sich indes Frankreich gegen die Unabhängigkeit Algeriens, die erst nach einem blutigen Freiheitskampf und massivem Widerstand französischer Militärs 1962 unter Billigung von de Gaulle durchgesetzt werden konnte.

Sehr zögernd nur erwachte das Unabhängigkeitsstreben in Schwarz-Afrika. Mit Ausnahme von Liberia, das 1847 bereits mit Unterstützung der USA seine Unabhängigkeit erklären konnte, und der Südafrikanischen Republik (1910), dauerte die europäische Kolonialherrschaft für das übrige Afrika bis weit in die Zeit nach dem Ende des Zweiten Weltkriegs fort. Gegen Ende der 50er Jahre (Ghana 1957) erfaßte die Unabhängigkeitswoge dann zunächst zögernd, seit 1960 aber fast lawinenartig Schwarz-Afrika und veränderte die politische Landkarte dieses Kontinents radikal. Nur Spanien (Äquatorial-Guinea 1968) und Portugal (Guinea-Bissau 1974, Kapverden 1975, Sao Tomé 1975 und nach heftigen Erschütterungen Angola und Mozambik 1975) glaubten, ihre Kolonialherrschaft gegen den Strom der Unabhängigkeitsbewegung weiterhin aufrechterhalten zu können. Auch Italien (Somalia 1960) und Belgien (Ruanda-Urundi 1961, heute: Rwanda und Burundi; Belgisch-Kongo 1960) hatten zuvor ihren Kolonialgebieten die Unabhängigkeit gewähren müssen.

Gerade am Beispiel des Kongo (Zaire) läßt sich beispielhaft die Problematik des Unabhängigkeitsprozesses aufzeigen. So hatten es die Kolonialmächte meist versäumt oder auch bewußt vernachlässigt, eine einheimische politische Führungsschicht heranzubilden und das Land auf seine Selbständigkeit vorzubereiten. Das Zögern der Kolonialmächte und das Drängen des Kolonialvolkes verschärften dieses Dilemma zusätzlich. Am Tage der Unabhängigkeit fehlten deshalb die zur politischen Führung befähigten Politiker, zumindest standen sie selten in ausreichender Zahl zur Verfügung, oder sie waren teilweise in Rivalitäten verstrickt. Dadurch gelang es oft nicht, die sozialen Ungleichheiten und strukturellen regionalen Unterschiede zu bewältigen oder unter Kontrolle zu bringen, weshalb die Integration und die Konsolidierung von Bevölkerung und Land zum unlösbaren Problem wurde. Hinzu kamen nicht selten typische „Kolonialgrenzen", wodurch zerschnittene Stammesbindungen und Minderheitenprobleme bald zu innen- und außenpolitischen Kontroversen führten. In Ermangelung einer funktionstüchtigen Infrastruktur (Kommunikationswesen, Bewußtsein für legitime Herrschaft, politische Kultur) glaubte man, derartige Verstrickungen und Schwierigkeiten meist nur militärisch lösen zu können. Dabei suchten viele politische Führer entweder eigene ambitionierte Vorstellungen zu verwirklichen (Erziehungsdiktaturen) oder sich der militärischen Unterstützung auswärtiger Mächte zu versichern, wodurch sehr rasch neue Abhängigkeiten entstanden. Da das Eingreifen der Vereinten Nationen nicht immer und selten in der erhofften Schnelligkeit die ersehnte Befriedung brachte, fühlten die Großmächte sich oft zur Intervention herausgefordert, so daß die jungen Staaten in den Ost-West-Gegensatz hineingezogen zu werden drohten.

Viele solcher regionaler Konflikte, die infolge unzureichender Vorbereitung und kaum zu bewältigender Schwierigkeiten mit der Unabhängigkeit aufbrachen, erwiesen sich für die jungen Staaten als kaum lösbar, solange sie auf sich allein gestellt waren. Die oftmals langwierigen Auseinandersetzungen, die z. T. immer wieder aufflammten, brachten stets unabsehbare Leiden für die Zivilbevölkerung und trieben die betroffenen Länder selbst nicht selten bis an den Rand des Ruins. Andererseits barg die Unterstützung von außen die Gefahr des Verlustes der Unabhängigkeit. Insofern ging mit der Entkolonisations- und Unabhängigkeitsphase nach dem Zweiten Weltkrieg in vielen Regionen der Welt eine Fülle von z. T. langandauernden und immer wieder neu aufbrechenden Konflikten einher, die zwar unterschiedliche Ursachen und Dimensionen aufwiesen, stets aber das Ost-West-Gefüge und den Weltfrieden bedrohten. Dies galt vor allem für die Konflikte in Indochina und im Nahen Osten. Demgegenüber trugen die Kongokrise, der Zypernkonflikt (1962 unabhängig, 1974 türkische Invasion und Teilung, 1983 Ausrufung des türkischen Landesteils zur „Türkischen Republik Nordzypern"), der Streit zwischen Indien und Pakistan um Kaschmir, die Unruhen in Indonesien und insbesondere auch Separationskriege wie der Biafras gegen Nigeria (1967–70) deutlicher die Zeichen der kolonialen Hypotheken.

Für viele junge Staaten bedeutete die Unabhängigkeit, zumal dann, wenn sie der Kolonialmacht in einem erfolgreichen Befreiungskampf abgerungen werden mußte, eine wichtige Klammer und ein wesentliches Fundament der staatlichen Integration. Dem erfolgreichen Führer des Unabhängigkeitskampfes fiel dabei zumeist die Leitung des jungen Staatswesens zu. Nicht selten errichteten sie danach „Erziehungsdiktaturen": politische Herrschaftssysteme, die die einstige Befreiungsbewegung zur einzigen politischen Kraft des Landes erhoben, in Abkehr von der früheren Kolonialmacht einen ausgeprägten Nationalismus hervorkehrten und zur Meisterung der sozioökonomischen Probleme ein sozialistisch-planwirtschaftliches Wirtschaftssystem entwickelten. Zur weiteren Integration der Bevölkerung, zur Befriedigung nationaler Prestigebedürfnisse, nicht zuletzt auch zur Stabilisierung der Herrschaft diente der Aufbau und die Unterhaltung eines in der Regel überproportionalen Militärapparates. Schließlich drängten die jungen Staaten sehr darauf, in die Vereinten Nationen aufgenommen zu werden, weshalb sich deren Mitgliederzahl von 1945–1984 vervierfachte und von 30 auf 121 Länder anstieg.

Außenpolitischer Ehrgeiz, mangelnde innergesellschaftliche Integration, immense wirtschaftliche Versorgungs-, Entwicklungs- und Produktionsprobleme sowie machtpolitisches Prestigedenken stellten nicht selten die Ursachen, Gründe und Vorwände für einen politischen Umsturz dar, dies umso mehr, wenn rivalisierende Eliten oder das Militär die entscheidenden Führungsschichten stellten. Insofern konnten die unabhängig gewordenen Staaten oft auch deshalb, neben den immanenten Problemen, zu keiner kontinuierlichen Entwicklung finden.

Quellen

Die Unabhängigkeitserklärung von Indien und Pakistan vom 15. August 1947

„... Die unabhängigen Dominien von Indien und Pakistan werden mit Wirkung vom 15. August 1947 geschaffen ... Vom Tage des Wirksamwerdens des Machtüberganges wird die britische Regierung keine Verantwortlichkeit mehr für die Regierung irgendeines Gebietes besitzen, das jetzt zu Britisch-Indien gehört. Die Souveränität des Königs über die indischen Fürstenstaaten wird mit dem gleichen Datum aufhören ... Die indischen Fürstenstaaten werden mit dem Übergang der Macht völlige Handlungsfreiheit erhalten; sie können sich einem der beiden Dominien anschließen..."

Aus: Vertrags-Ploetz, Band 4A, S. 308 ff.

Rede Pandit Nehrus über die Aufgaben der von der Kolonialherrschaft befreiten Länder Asiens vom 9. Juni 1950

„.. Wir müssen unsere althergebrachten Ideale hochhalten. Wir müssen moderne Staaten schaffen, in denen das ganze Volk, welcher Rasse und welchem Glauben es angehören möge, eine gleiche Stellung und eine gleiche Verantwortung hat.

Die Länder Asiens haben das Kolonialjoch abgeschüttelt. Es ist dies eine der größten Errungenschaften unseres Zeitalters. Aber wir dürfen uns nicht in nationalistischer Selbstzufriedenheit damit begnügen. Die asiatischen Völker sollten so eng wie möglich mitarbeiten, um die Bemühungen für den Weltfrieden zu unterstützen...

Vergangene Zeiten haben Asien als eine Art Randgebiet der großen Welt angesehen. Sollte der Westen sich heute immer noch diesem Trugschluß hingeben, so wird er bald genug seinen Irrtum einsehen müssen...

Ich bin überzeugt, daß der Fortschritt ... davon abhängen wird, wie sehr wir uns die Lehren Mahatma Gandhis zu eigen machen. Fast immer haben die Völker ihre Freiheiten durch blutige Revolutionen erkämpft. Gandhi hat uns einen anderen Weg gezeigt. Seine Methode hat Blut, Tränen und Leid, den Haß und die Gewalt ... auf ein Mindestmaß reduziert. Dies ... mag uns eine Lehre sein, wenn wir die Probleme, denen wir heute gegenüberstehen, zu lösen bemüht sind..."

Aus: Vertrags-Ploetz, Band 4A, S. 633.

Rede von Séku Touré über ein unabhängiges Afrika vom Januar 1959

„... Wir wollen von der Unabhängigkeit Guineas so schnell wie möglich zu einem Zusammenschluß möglichst vieler westafrikanischer Staaten gelangen und allen noch unter fremder Kolonialherrschaft stehenden westafrikanischen Gebieten zur Unabhängigkeit verhelfen ...; weil Afrika nicht wirklich selbständig und lebensfähig werden kann, wenn seine schwarze Bevölkerung in die alten Kolonialgrenzen eingeschlossen bleibt ... Für uns heißt die Parole: Afrika zuerst! ... Nur eine

Konsequenz hat unsere koloniale, unsere jüngste Vergangenheit: Afrika wird den Afrikanern gehören ...

Die Freiheit der Afrikaner, die Einheit und Unabhängigkeit Afrikas ist eine Idee, die nicht an Grenzen haltmacht. Die Befreiung der Afrikaner in den Kolonien wird von innen kommen, sie werden durch die Kolonialgrenzen hindurchbrechen und zu uns stoßen. Das Wesentliche ist, daß eine Hoffnung da ist, ein Ziel, eine Idee, ein Programm: Die Einheit Afrikas in Unabhängigkeit..."

Aus: Vertrags-Ploetz, Band 4B, S. 605 ff.

Erklärung der Generalversammlung der Vereinten Nationen über die Gewährung der Unabhängigkeit an koloniale Länder und Völker vom 14. Dezember 1960

„Die Generalversammlung, ...

in Anerkennung des leidenschaftlichen Verlangens aller abhängigen Völker nach Freiheit sowie der ausschlaggebenden Rolle dieser Völker bei der Erlangung ihrer Unabhängigkeit,

in Anbetracht der zunehmenden Konflikte, die aus der Verweigerung oder Behinderung des Freiheitsstrebens dieser Völker herrühren und die den Weltfrieden ernsthaft bedrohen, ...

in der Erkenntnis, daß die Völker der Welt das Ende des Kolonialismus in allen Erscheinungsformen brennend wünschen,

in der Überzeugung, daß das Fortbestehen des Kolonialismus die Entwicklung der internationalen wirtschaftlichen Zusammenarbeit hemmt, die soziale, kulturelle und wirtschaftliche Entwicklung der abhängigen Völker behindert und dem Ideal der Vereinten Nationen von einem weltumfassenden Frieden entgegensteht, ...

in der Überzeugung, daß der Befreiungsvorgang unwiderstehlich und unwiderruflich ist und daß, um ernste Krisen zu vermeiden, dem Kolonialismus ... ein Ende gesetzt werden muß, ...

in der Überzeugung, daß alle Völker ein unwiderrufliches Recht auf volle Freiheit, auf die Ausübung ihrer Hoheitsbefugnisse und die Unantastbarkeit ihres nationalen Territoriums haben,

verkündet feierlich die Notwendigkeit, den Kolonialismus in allen Erscheinungsformen schnell und bedingungslos zu beeenden und

erklärt zur Erreichung dieses Zieles:

1. Die Unterwerfung von Völkern unter fremde Unterjochung, Herrschaft und Ausbeutung stellt eine Verleugnung der Grundrechte des Menschen dar...
2. Alle Völker haben das Recht auf Selbstbestimmung: kraft dieses Rechtes bestimmen sie frei ihre politische Gestalt und streben frei nach wirtschaftlicher, sozialer und kultureller Entwicklung.
3. Unzulängliche politische, wirtschaftliche, soziale und erzieherische Vorbereitung darf niemals als Vorwand zur Verzögerung der Unabhängigkeit dienen...
7. Alle Staaten beachten gewissenhaft und genau auf der Grundlage der Gleichheit, der Nichteinmischung in die inneren Angelegenheiten der anderen Staa-

ten, der Achtung vor den Hoheitsrechten aller Völker und ihrer territorialen Unantastbarkeit die Bestimmungen der Charta der Vereinten Nationen, der Allgemeinen Erklärung der Menschenrechte und der vorliegenden Erklärung..."

Aus: Klaus Hüfner/Jens Naumann: Das System der Vereinten Nationen. Düsseldorf 1974, S. 194 f.

Erklärung des UN-Generalsekretärs U Thant zur Eröffnung der I. UN-Konferenz für Handel und Entwicklung (UNCTAD I) in Genf vom 23. März 1964

„... Die Nachkriegsjahre haben die rasche politische Emanzipation der Kolonial- und Halbkolonialvölker gebracht ... Diese Gebiete entwickeln sich jedoch in Wirklichkeit nicht oder nicht schnell genug ... sie bleiben nicht nur immer weiter hinter den Industriestaaten zurück, sondern weisen in bestimmten Fällen einen – absolut gesehen – sinkenden Lebensstandard auf, vor allem wenn man das Bevölkerungswachstum berücksichtigt. Wir stehen vor dem Dilemma unserer Zeit, nämlich dem Umstand, daß politische Emanzipation nicht in entsprechend wünschenswertem Maße mit wirtschaftlichem Fortschritt einhergeht ...

Der Gegensatz zwischen den entwickelten und den unterentwickelten Teilen der Welt und das Bewußtsein dieses Gegensatzes bei den Völkern Asiens, Afrikas und Lateinamerikas, begleitet von zunehmendem politischen Erwachen bei gleichzeitig fortbestehender wirtschaftlicher Abhängigkeit und Armut, das sind ... die wirklichen Voraussetzungen dieser Konferenz.

Den Menschen auf der Welt wird offenbar heute – vielleicht zum erstenmal – bewußt, daß die materiellen Hilfsquellen der Erde ausreichen, um Armut, Unwissenheit und Krankheit zu beseitigen, wenn ... alle Mittel weltweiter Zusammenarbeit viel stärker als bisher angewendet werden könnten..."

Aus: Auswärtiges Amt (Hrsg.): Dritte Welt. Materialien zur Politik der Bundesrepublik Deutschland. Dokumentation. Bonn 1979, S. 106 f.

Fragen und Aufgaben

- Skizzieren Sie den Entkolonisationsprozeß nach 1945, und stellen Sie einige Problembereiche besonders heraus.
- Am Beispiel des Kongo lassen sich die Probleme des Unabhängigkeitsprozesses besonders deutlich aufzeigen. Erläutern Sie die Ursachen und Gründe für die dabei aufgetretenen Schwierigkeiten.
- Nennen Sie einige Konfliktherde in der Dritten Welt, und zeigen Sie dabei die jeweils spezifischen Defizite und kolonialen Hypotheken auf, mit denen die betroffenen Staaten konfrontiert sind.
- Erörtern Sie das Drängen und Verlangen nach politischer Unabhängigkeit angesichts der wirtschaftlichen Unterentwicklung vieler junger Staaten.

○ Welche Folgen und Probleme zeitigte die rasch ansteigende Zahl unabhängiger Staaten für diese selbst, ihre Region bzw. ihren Kontinent sowie die Gemeinschaft aller Völker?

Wichtige Daten

30. Oktober 1945
Indien wird in die Vereinten Nationen aufgenommen, obwohl es erst am 15. August 1947 offiziell seine Unabhängigkeit erhält.

2. April 1947
Großbritannien bringt das Palästina-Problem vor die Vereinten Nationen; die UN beschließen die Teilung des Landes (27. Nov.); daraufhin kündigt Großbritannien die Niederlegung seines Mandates für den 15. Mai 1948 an. Ben Gurion ruft daraufhin am 14. Mai den souveränen Staat Israel aus.

7. Mai 1954
Mit der Kapitulation der französischen Truppen von Dien-Bien-Phu endet die französische Kolonialherrschaft in Indochina.

6. März 1957
Ghana wird von Großbritannien in die Unabhängigkeit entlassen.

30. Juni 1960
Mit der Unabhängigkeit des Kongo (Zaire) kommt es zu langandauernden, blutigen Auseinandersetzungen. – 1960 wird zum „Jahr Afrikas“: 16 afrikanische Staaten erhalten ihre Unabhängigkeit.

14. Dezember 1960
Die Generalversammlung der UN verab-

Wichtige Begriffe

Entkolonisation

Mandatsgebiet

Erziehungsdiktatur

Sezessionskriege

Unabhängigkeit

Souveränität

Wichtige Daten

schiedet die Entschließung 1514: Erklärung über die Gewährung der Unabhängigkeit an koloniale Länder und Völker.

3. Juli 1962
De Gaulle erklärt nach einem erbittert geführten Befreiungskrieg von 1954–1962 Algerien für unabhängig.

21. September 1984
Als 159. Mitglied (und 121. Entwicklungsland) wird das am 1. Januar 1984 selbständig gewordene Brunei in die Vereinten Nationen aufgenommen.

Auswahlbibliographie

Allgemeine Darstellungen

Albertini, Rudolf v.: Europäische Kolonialherrschaft 1880–1940. Zürich 1976.
Cardoso, Fernando u. a.: Abhängigkeit und Entwicklung in Lateinamerika. Frankfurt a. M. 1976.
Falk, Richard/Wahl, P.: Befreiungsbewegungen in Afrika. Politische Programme. Köln 1980.
Gantzel, Klaus Jürgen (Hrsg.): Herrschaft und Befreiung in der Weltgesellschaft. Frankfurt a. M. 1975.
Grohs, G./Tibi, B. (Hrsg.): Zur Soziologie der Dekolonisation in Afrika. Frankfurt a. M. 1973.
Hanisch, Rolf/Tetzlaff, Rainer (Hrsg.): Historische Konstitutionsbedingungen des Staates in der Dritten Welt. Frankfurt a. M. 1981.
Illy, Hans F. u. a.: Diktatur – Staatsmodell für die Dritte Welt? Freiburg 1980.
Kilson, Martin (Ed.): New states in the modern world. Cambridge/Mass. 1975.
Meyns, Peter: Nationale Unabhängigkeit und ländliche Entwicklung in der 3. Welt. Berlin 1977.
Oertel, Ferdinand: Geburt einer neuen Welt. Entwicklungsvölker, Entwicklungshilfe. Essen 1962.
Rous, Jean: Chronique de la décolonisation. Paris 1965.
Sigmund, Paul E.: The ideologies of the developing nations. New York 1963.
Staley, Eugene: The future of underdeveloped countries. Political implications of economic development. New York 1961.

Spezielle Regionen

Bollinger, Armin: Widersprüche zwischen Unabhängigkeit und Dekolonisation in Lateinamerika. St. Gallen 1970.
Clissold, Stephan: Latin America. New world, third world. New York 1972.
Hirsch-Weber, Wolfgang: Lateinamerika. Abhängigkeit und Selbstbestimmung. Opladen 1972.
Kossok, Manfred: Zur Spezifik von Nationwerdung und Staatenbildung in Lateinamerika. In: Zeitschrift für Geschichtswissenschaft, 18/1970, S. 750–763.

Bretholz, Wolfgang: Aufstand der Araber. München 1960.
Evron, Yair: The Middle East. Nations, super-powers and wars. London 1973.
Reinartz, Ingomar (Hrsg.): Konflikt in Nahost. Dokumente, Materialien und Abkommen zur Entstehung und zum Verlauf des Konfliktes zwischen Israelis, Arabern und Palästinensern. Leverkusen 1979.
Sharabi, Hisham: Nationalism and revolution in the Arab world. Princeton 1966.

Albrecht, Reinhard: Asien zwischen West und Ost. Braunschweig ^{2}1960.
Brecher, Michael: The new States of Asia. London 1963.
Buss, Claude: The arc of crisis. Nationalism and neutralism in Asia today. New York 1961.
Choudhury, G. W.: India, Pakistan, Bangladesh and the major powers. Polities of a divided subcontinent. New York 1975.
Emerson, Rupert: From empire to nation. The rise of self-assertion of Asian and African peoples. Cambridge 1960.
Kroef, Justus M.: Südostasien zwischen Nationalismus und Kommunismus. Modell der Suche nach nationaler Identität. In: Moderne Welt, 7/1966, S. 235–254.
Pluvier, Jan: South-East Asia from colonialism to independence. New York 1974.
Wilson, Osmond: Das Ende des Kolonialismus und der Aufstieg neuer Nationen in Südostasien. In: Europa-Archiv, 10/1955, S. 8037–8052.

Ansprenger, Franz: Versuch der Freiheit. Afrika nach der Unabhängigkeit. Stuttgart 1972.
Carter, Gwendolen M.: Independence for Africa. London 1961.
Frankel, S. Herbert: Economic aspects of political independence in Africa. In: International Affairs, 36/1960, S. 440–446.
Gower, L. C. B.: Independent Africa. The challenge to the legal profession. Cambridge/Mass. 1967.
Lusignan, Guy de: French-speaking Africa since independence. London 1969.
Mushkat, Marion: Bemühungen zum Wesen des Kolonialismus und afrikanischen Nationalismus. In: Zeitschrift für Politik, 18/1971, S. 348–367.
Neather, Claus M.: Ein Kontinent sucht die Freiheit. Afrika zwischen den Großmächten. Frankfurt a. M. 1968.
Titze, Werner: Die Bilanz d. afrik. Jahres. In: Außenpolitik, 11/1960, S. 805–811.

14. Supranationale Zusammenschlüsse in der Dritten Welt

Die Abkehr von der ehemaligen Kolonialmacht und die Hochschätzung der nationalen Souveränität ließen die jungen Staaten trotz aller internen Schwierigkeiten vor allem darauf achten, in keine neuen Abhängigkeiten zu geraten. Dies galt grundsätzlich auch im Hinblick auf eine Einbindung in den Ost-West-Konflikt. Aus diesem Grunde kam es immer wieder zu regionalen, aber auch globalen Zusammenschlüssen mit dem Ziel, gemeinsame Interessen insbesondere gegenüber den Industrieländern zu vertreten. Aber auch auf internationaler Ebene versuchten sich die jungen Nationen bewußt als unabhängige „Dritte Welt“ darzustellen und ihre Selbstbestimmung angesichts der Rivalitäten der Supermächte und deren Paktsysteme zu wahren. Zweifellos ging es ihnen hierbei auch darum, die eigenen Probleme unbelastet lösen bzw. gemeinsame Forderungen nachdrücklicher (gerade in der UNO) erheben zu können. Solchen Bemühungen war und ist bislang jedoch nur ein geringer Erfolg beschieden; dennoch dürfen diese Anstrengungen nicht leichthin abgetan werden.

Die Anstöße für solche supranationale Zusammenschlüsse innerhalb der Dritten Welt entsprangen unter anderem geopolitischen, ethnischen, religiösen, aber auch strategischen Überlegungen. Als eines der stärksten Motive erwies sich der panarabische Gedanke, der seit dem Ersten Weltkrieg immer wieder Anstrengungen zur Bildung eines Arabischen Nationalstaats auslöste. Allerdings standen der Verwirklichung dieser Idee in aller Regel traditionelle Mißtrauenspotentiale, hegemoniale Ambitionen und persönliche Rivalitäten im Wege, so daß es im Jahre 1945 (22. März) nur zu einem lockeren Staatenbund zwischen Ägypten, Syrien, Libanon, Irak, Jordanien, Saudi-Arabien und dem Jemen als „Arabischer Liga“ kam. Wenngleich sich dieser Vereinigung im Laufe der Jahre weitere arabische Staaten anschlossen, so daß die Arabische Liga (einschließlich der PLO) mittlerweile 22 Mitglieder umfaßt, konnte das gesteckte Ziel, engere Beziehungen zwischen den arabischen Staaten herzustellen sowie gemeinsam die Unabhängigkeit und Souveränität der Mitglieder zu festigen, kaum erreicht werden. Die solidarisierende Klammer schien letztlich nur in der gemeinsamen Feindschaft gegen Israel zu bestehen; aber auch diese Solidarität kam in den kriegerischen Auseinandersetzungen nicht voll zum Tragen. Nach dem ägyptisch-israelischen Friedensschluß wurde Ägyptens Mitgliedschaft suspendiert (1979) und der Sitz der Arabischen Liga von Kairo nach Tunis verlegt.

Immer wieder sah sich die Arabische Liga zudem mit zwischenstaatlichen Konflikten konfrontiert, die durch Bürgerkriege (Libanon 1958/1976), Grenzstreitigkeiten (Algerien-Marokko 1976; Iran-Irak 1980), aber auch religiös-ideologische Gegensätze (Jemen 1962/1979, Iran 1979) ausgelöst wurden. Es fehlte ferner, vor allem in der Ära Nasser, nicht an Versuchen, auf der Ebene eines panarabischen Nationalismus und Sozialismus die „progressiven arabischen Republiken" zu vereinen. Zwar kam es hierbei oft nur zu kurzlebigen Zusammenschlüssen wechselnder Mitgliedstaaten, aber derartige Bemühungen riefen sogleich auch Gegenreaktionen der traditionalistischen, monarchischen Staaten hervor. – Derartige Impulse gingen nach dem Tode Nassers (1970) meist vom libyschen Staatschef Gaddafi aus, der einen kulturrevolutionären Sozialismus im Geiste des Koran verfolgte. Seine Bemühungen kulminierten nach dem israelisch-ägyptischen Friedensschluß (1979) in der Organisation einer Isolierungsfront gegenüber Ägypten.

Erfolgreicher als die politischen Unionsbemühungen verliefen die wirtschaftlichen Zusammenschlüsse. So gründeten 1964 Marokko, Algerien, Tunesien und Libyen ein Konsultativkomitee für wirtschaftspolitische Zusammenarbeit des Maghreb. Obgleich es 1967 zur Bildung eines Gemeinsamen Nordafrikanischen Marktes kam, der eine Liberalisierung des Handels und eine Harmonisierung der außenwirtschaftlichen Beziehungen vorsah, konnte auch diese wirtschaftliche Kooperation keine ausgreifenderen supranationalen Impulse setzen, zumal Libyen 1970 auf Druck Ägyptens aus diesem Wirtschaftsverband ausschied. Parallel zur wirtschaftlichen Kooperation der Maghrebstaaten gründeten ebenfalls 1964 13 arabische Staaten unter Einschluß der PLO den Rat für Arabische Wirtschaftseinheit, der sich seinerseits das Ziel eines Gemeinsamen Arabischen Marktes setzte. Wenngleich bis 1971 ein gewisser Abbau der Zoll- und Steuerschranken gelang, so scheiterte die Schaffung der Zollunion letztlich an unüberwindlichen Gegensätzen.

Am wirkungsvollsten erwies sich indes die 1960 gegründete Organization of the Petroleum Exporting Countries (OPEC), aus der heraus sich sieben arabische OPEC-Staaten mit drei weiteren arabischen Erdölförderländern zur Organization of Arab Petroleum Countries (OAPEC) zusammenschlossen. Als diese arabischen Ölförderländer im Rahmen des Nahostkonflikts (seit 1973) und der islamischen Revolution im Iran (seit 1979) das Erdöl als strategische Waffe einsetzten, zeigte sich nach innen zwar ein gewisser Solidarisierungseffekt (1977 Gründung eines Arabischen Währungs- und Entwicklungsfonds), nach außen aber tauchte die Gefahr eines verstärkten Engagements der Großmächte in dieser neuralgischen Region auf (UdSSR: Syrien, Afghanistan; USA: Israel, Ägypten, Libanon, Saudi-Arabien und Golfregion, verstärkt nach dem Sturz des Schah im Iran 1979).

Die innerarabischen Spannungen, nicht zuletzt durch den sozial-revolutionären Panarabismus hervorgerufen, haben die traditionell-orientierten arabischen Monarchen im Jahre 1966 unter dem saudischen König Feisal zur Gründung einer „Islamischen Allianz" bewogen. Auch dieser Zusammenschluß zeigte sich insgesamt nur als bedingt tragfähig; dennoch bereitete die Unterstützung, welche die ölreichen Monarchien den arabischen „Frontstaaten" nach der Niederlage des Juni-Krieges 1967 zukommen ließen, eine gewisse Solidaritätsbasis vor. Sie erfuhr durch die Brandstiftung in der El-Aksa-Moschee zu Jerusalem (1969) eine ungeheuere Ausweitung. So konnte im Mai 1971 die „Islamische Konferenz" geschaffen werden, die sich in ihrer „Islamischen Charta" von 1972 nicht nur die Unterstützung des palästinensischen Volkes zur Aufgabe machte, sondern die islamische Solidarität auch auf eine Förderung der wirtschaftlichen und kulturellen Zusammenarbeit ausdehnen wollte. Zwar errichtete die Islamische Konferenz (44 Mitglieder) eine Reihe gemeinsamer Institutionen (1972 Nachrichten-Agentur, 1974 Entwicklungsbank, 1975 Rundfunkorganisation, 1977 Solidaritätsfonds), aber ein gemeinsames politisches Sprachrohr oder gar ein Koordinationsinstrument des politischen Handelns vermochte diese Organisation jedoch ebensowenig zu werden wie all ihre Vorläufer. Die nationalen Interessen, die strukturellen und ideologischen Unterschiede waren in der Regel meist stärker als die Berufung auf gemeinsame religiöse oder ethnische Wurzeln.

In gewisser Weise ähnlich stellte sich die Problematik beim kontinentalen Zusammenschluß der afrikanischen Staaten zur Organization of African Unity (OAU) im Jahre 1963 dar. Auslösendes Moment war hierfür die Kongo-Krise. Man wollte angesichts dieser Erfahrungen ein gemeinsames Forum schaffen, derartige Konflikte auf kontinentaler Ebene, ohne Einmischung der ehemaligen Kolonial- oder außerkontinentaler Mächte zu lösen. Doch auch die OAU war nicht in der Lage, die in ihrer Charta beschworenen Prinzipien der Gleichrangigkeit, der Nichteinmischung in innere Angelegenheiten, der Souveränität und der territorialen Integrität durchzusetzen. Einig war man sich meist nur in den deklamatorischen Forderungen nach Entkolonisation des Kontinents, so daß die alljährlichen Zusammenkünfte der Staats- und Regierungschefs inzwischen mehr dem Austausch von Meinungen und Interessen dienen, aber kaum zu politischen Entscheidungen führen. Obwohl mittlerweile bis auf Südafrika und Namibia alle Staaten Afrikas der OAU angehören, gelang es bisher nicht, diese Organisation zur Stimme Afrikas zu machen.

Von einer in vielfacher Hinsicht günstigeren Situation konnten die lateinamerikanischen Länder ausgehen. Ihre Emanzipation von den Kolonialmächten lag schon wesentlich länger zurück, eine weitverbreitete iberoeuropäische Zivilisation hatte zu einer weitaus stärkeren Industrialisierung geführt (ohne jedoch die gravierenden sozialen Unterschiede und die Ursachen für die Massenarmut beseitigt zu haben), und schließlich war durch die konsequente Hegemonialpolitik ein relativ geschlossener wirtschaftlicher und politischer (jedoch nicht problemfreier!) Raum entstanden. Insofern führten in dieser Region pankontinentale (sprich: pan-amerikanische) Bestrebungen primär zu einem interamerikanischen Beistandspakt, den ein militärischer Aspekt deutlich beherrschte.

Die 1947 gegründete Organisation der Amerikanischen Staaten (OAS) verfolgte deshalb zunächst das Ziel, potentielle Aggressionen gemeinsam abzuwehren, sodann innerhalb der Region Konflikte friedlich beizulegen und schließlich die wirtschaftliche und kulturelle Zusammenarbeit zu fördern. Angesichts der zunehmenden Ost-West-Spannungen war nicht zu übersehen, daß die OAS von den USA zunehmend zu einem verstärkenden Instrument der Abwehr kommunistischer Infiltration ausgebaut wurde. Dies zeigte sich deutlich während der Kuba-Krise (Höhepunkt 1963), als die OAS 1962 in Punta del Este (Uruguay) den Kommunismus für unvereinbar mit ihren politischen Ordnungsvorstellungen erklärte und 1964 in Washington Kuba aus der OAS ausschloß.

Um kommunistischen Bestrebungen den Boden zu entziehen, verkündete Präsident Kennedy 1961 das Programm der „Allianz für den Fortschritt“, ein anspruchsvolles soziales und wirtschaftliches Entwicklungsprojekt für Lateinamerika. Obwohl dieses Programm zur Grundlage der Zusammenarbeit innerhalb der OAS erklärt wurde, konnte es seine Wirkung nicht entfalten. Zu tief und unüberwindlich erwiesen sich die sozialen Gegensätze in Lateinamerika, zu idealistisch und z. T. weltfremd wirkte die Menschenrechtspolitik von Präsident Carter vor allem in den autoritären Militärdiktaturen Südamerikas, und schließlich wurde die Politik der Partnerschaft immer wieder rasch durch US-amerikanische Interventionen (Guatemala 1954, Dominikanische Republik 1958, Chile 1973/74, Grenada 1983, Nicaragua seit 1979) beiseitegeschoben, wenn Interessen der Hegemonialmacht auf dem Spiele standen.

Dennoch fehlte es auch in der jüngsten Vergangenheit nicht an Versuchen, diese Region durch wirtschaftliche Aufbauprogramme zu stabilisieren. Hierbei lassen sich deutlich eigene Initiativen der lateinamerikanischen Staaten erkennen. So kam es bereits 1960 zur Gründung eines „Zentralamerikanischen Gemeinsamen Marktes“ (MCCA) sowie zur Schaffung einer „Lateinamerikanischen Freihandelsvereinigung“ (ALALC).

Beide wirtschaftlichen Vereinigungen standen von Anfang an auch unter dem erklärten Ziel, die politische Zusammenarbeit und Integration zu fördern. Eine bloße Wirtschaftsunion erstrebte hingegen der Anden-Pakt, der aufgrund der „Deklaration von Bogotá“ (1966) im Jahre 1969 gegründet wurde. Auch im karibischen Raum kam es 1968 zur Errichtung einer Freihandelszone (CARIFTA), die 1973 in eine Wirtschaftsgemeinschaft (CARICOM) umgewandelt wurde. Auf Initiative Mexikos schlossen sich schließlich im Jahre 1975 die meisten lateinamerikanischen Staaten zu einer umfassenden Wirtschaftsunion (SELA) zusammen, die die gegenseitige Konsultation und Zusammenarbeit in wirtschafts- und sozialpolitischen Fragen sowie die Vertretung gemeinsamer Interessen zu ihren Zielen erklärte.

Eine wichtige Klammer der Integration stellt in Lateinamerika seit jeher die katholische Kirche dar. Nachdem sie lange Zeit als Stütze der herrschenden Systeme und Strukturen fungierte, versteht sie sich mehr und mehr als „Kirche der Armen“. Dies schlägt sich auch in der wachsenden Bedeutung der „Theologie der Befreiung“ nieder. Da die Repräsentanten dieser theologischen Richtung mit der römischen Hierarchie immer wieder in Widerspruch geraten, könnte hieraus sehr bald ein neues Konfliktfeld entstehen, das sozioökonomische, politisch-humane (Menschenrechte) und religiöse Probleme miteinander vermengt aufbrechen ließe.

Wesentlich inhomogener als die durch vielfache Gemeinsamkeiten relativ geschlossenen Räume Lateinamerikas und Afrikas stellt sich der asiatische Kontinent dar. Selbst angesichts der Tatsache, daß auch dieser Erdteil weithin und überaus lange unter kolonialer Herrschaft stand, haben doch unterschiedliche Hochreligionen und Hochkulturen, Sozial- und Herrschaftsstrukturen, geopolitische Grenzen, aber auch die je spezifisch ausgeübte Kolonialherrschaft dazu geführt, daß diese Staaten mit der Unabhängigkeit sehr viel ausgeprägtere Identitätsprofile besaßen als viele andere. Es verwundert deshalb nicht, daß diese volkreichen Staaten, diese riesigen, aber auch z. T. abgeschotteten Land- und Inselreiche zunächst nicht das Bedürfnis verspürten, sich zum Schutze ihrer Souveränität in regionalen Pakten zusammenzuschließen. Eher war sehr bald ein gewisser überregionaler, ja globaler Führungsanspruch zu erkennen (Indien, China).

Erst gegen Ende der 60er Jahre kam es in Südostasien (1967) zwischen Thailand, Malaysia, Singapur, Indonesien und den Philippinen zur Association of South-East Asian Nations (ASEAN), einer Staatengemeinschaft, der sich 1984 auch Brunei anschloß. Bezeichnenderweise ging es den ASEAN-Mitgliedern nicht so sehr um die Wahrung ihrer Unabhängigkeit und Integrität, sondern sie wollten angesichts des in Vietnam tobenden Krieges, der damals schon ganz Indochina zu erfassen drohte, eine „Zone des Friedens, der Freiheit und der Neutralität“ schaffen. So stand am Anfang auch die wirtschaftspolitische Zusammenarbeit zum gegenseitigen Vorteil aller beteiligten Staaten; erst seit 1977 ist eine engere Abstimmung auch in außenpolitischen Fragen erkennbar. Der Zusammenschluß und die Zielsetzung der sechs ASEAN-Mitglieder erwiesen sich bislang als erfolgreich, obwohl auch sie mit erheblichen Problemen (Entwicklungsunterschiede, Bevölkerungswachstum, Flüchtlingsströme) konfrontiert sind. Dies läßt sich zweifellos auf den natürlichen Reichtum dieser Region, aber auch auf die gedeihliche partnerschaftliche Zusammenarbeit mit Japan, den USA und der EG zurückführen.

Die beiden „Großmächte" unter den Entwicklungsländern in diesem Raum haben ihre je eigene Faszination auf die übrigen Staaten der Dritten Welt ausgeübt. Als Union verschiedener Bundesstaaten (Indien) bzw. als „Reich der Mitte" mit vielen Kantonen (China) unterstrichen sie zum einen ihre Fähigkeit, unterschiedliche Provinzen in einem einheitlichen Staatsverband zu integrieren (wenngleich dies nicht immer problemlos verlief). Zum anderen – und das spornte weitaus mehr zur Nachahmung an – war es ihnen mehr oder minder aus eigener Kraft gelungen, die koloniale Bevormundung abzuschütteln und die Industrialisierung des Landes wie auch die Stabilisierung des politischen Systems zu erreichen.

Gerade Chinas eigenständiger Weg zum Kommunismus, der den Beweis zu erbringen schien, daß es auch einen Dritten Weg zwischen Ost und West gäbe, wurde so zum leuchtenden Vorbild vieler Staaten in der Dritten Welt. Hier bot sich offensichtlich ein Partner an, der keine Hegemonieabsichten hegte, sondern seine eigenen Erfahrungen einzubringen bereit war – noch dazu, als er sich auch von der Hegemonie der kommunistischen Führungsmacht UdSSR unabhängig halten konnte. Darüber hinaus wirkte die Mobilisierung der Massen sowohl zur agrarischen Entwicklung und zur Sicherung der Selbstversorgung des Landes als auch durch die Kampagne des „Großen Sprunges nach vorn", der die Industrialisierung vorantrieb, sowie durch die beeindruckende „Große Proletarische Kulturrevolution", die die Erziehung und Führung eines großen Volkes zur Verwirklichung einer großen Idee machbar erscheinen ließ, als erstrebenswertes und durchaus realisierbares Vorbild.

Die Entwicklungsländer übersahen dabei jedoch die spezifischen Vorgaben Chinas, das aus dem Reichtum seiner Ressourcen schöpfen konnte, eine historisch gewachsene nationale Identität nicht erst aufbauen mußte und als kulturell hochstehendes Volk auf eine weithin funktionierende Infrastruktur zurückgreifen konnte. Sie übersahen auch, daß derartige Entwicklungsanstrengungen eindeutig zu Lasten des Menschen gingen; der einzelne galt bei derartigen Aktivierungskampagnen wenig oder nichts; er konnte manipuliert, über ihn konnte total verfügt werden. (Nach Maos Tod (1976) setzte auch in China eine deutliche Abkehr von diesen Methoden ein; die Maxime der „permanenten Revolution" als mobilisierendes Element der Entwicklung wurde von den pragmatischen Technokraten unter Deng Xiaoping aufgegeben. Unter Beibehaltung des antisowjetischen Kurses öffnete sich das Land westlichem Kapital und westlicher Technologie und suchte einen „Pazifischen Akkord", d. h. Ausgleich und Kooperation insbesondere mit Japan und den USA.)

Im Gegensatz zu China, das erst relativ spät seine selbst auferlegte Isolation aufgab, trieb Indien von Anfang an eine weltoffene Politik. Nach der Ermordung Gandhis (1948) übernahm Jawaharlal Pandit Nehru die Führung des Staates. Nehru, der sich vor allem westlichen Traditionen verpflichtet fühlte, suchte einen demokratischen Sozialismus im Innern und eine unabhängige, bündnisfreie Politik nach außen zu verwirklichen; sein besonderes Ziel war dabei ein vertrauensvolles Verhältnis zu China. Exemplarischen Ausdruck fand diese Politik in dem 1954 mit China geschlossenen Abkommen über Tibet, in dem Nehru die fünf leitenden Prinzipien seiner außenpolitischen Vorstellungen verankerte: (1) gegenseitige Achtung der territorialen Integrität, (2) Nichteinmischung in die inneren Angelegenheiten, (3) Gleichberechtigung, (4) Friedliche Koexistenz und (5) Verzicht auf militärische Aggressionen.

Diese Politik behielt ihre relative Glaubwürdigkeit, bis sie durch die gewaltsame Eingliederung der portugiesischen Kolonie Goa (1961) in den indischen Staatsverband sowie das Ersuchen um westliche Waffenhilfe im indisch-chinesischen Krieg (1962) durch Nehru selbst desavouiert wurde. Mit seiner Annäherung an die UdSSR in den Auseinandersetzungen mit Pakistan (1966), die 1971 zum Abschluß eines Freundschaftsvertrags führte, verließ Indien schließlich selbst den Weg der Blockfreiheit und verspielte damit entscheidenden politischen Kredit in der Dritten Welt. Enorme innenpolitische Probleme und Unruhen, insbesondere in der Regierungszeit der Nehru-Tochter Indira Gandhi (1966–1977; 1980–1984), ließen den Führungsanspruch Indiens innerhalb der Dritten Welt nahezu gänzlich obsolet werden.

Dennoch war es gerade Indien, das in der Frühphase des Entkolonisationsprozesses nach dem Zweiten Weltkrieg den entscheidenden Beitrag zur Bildung der Bewegung der Blockfreien geleistet hatte. Wohl hatte es in der Zwischenkriegszeit bereits Ansätze für eine „Front der unterdrückten Völker Asiens" gegeben, die sich in den Kongressen von Berlin (1926) und Brüssel (1927) artikulierten. Nach dem Zweiten Weltkrieg zeigte sich aber, daß die europäischen Kolonialmächte nur zögernd bereit waren, ihre Versprechen einzulösen und den Kolonialvölkern für ihre Mithilfe beim Niederringen der Achsenmächte die Unabhängigkeit zu gewähren. Zudem deutete vieles darauf hin, daß eine subtile wirtschaftliche Bindung trotz der Entlassung in die politische Unabhängigkeit durchaus fortherrschen sollte. Schließlich war das Bestreben der Sowjetunion seit 1917 unverkennbar, die Kolonialvölker für die Durchsetzung der kommunistischen Weltrevolution zu gewinnen. Angesichts des sich zuspitzenden Kalten Krieges schien es den jungen Staaten für eine gedeihliche eigenständige Entwicklung jedoch dringend erforderlich, sich aus dem Bannkreis des Ost-West-Konflikts herauszuhalten und ihre Zukunft in einer Schicksalsgemeinschaft der Block- und Bündnisfreiheit zu suchen.

Ein erster organisatorischer Schritt hierzu erfolgte am 23. März 1947 auf der Asian Relations Conference in New Delhi, an der auch Staaten der Arabischen Liga teilnahmen. Auf ihrer Konferenz in Kairo (12. Dez. 1952) verständigten sich sodann zwölf afroasiatische Staaten erstmals auf die Grundsätze, im Ost-West-Konflikt auf strikte Neutralität zu achten und sich nicht in den Streit der Supermächte hineinziehen zu lassen. Damit war noch keine positive politische Zielaussage formuliert. Sie drängte sich jedoch förmlich auf, als die Großmächte bei der Indochina-Konferenz (1954) ohne Konsultation der Nachbarstaaten dieser Region ihre Friedensvorstellungen auferlegten. Aus diesem Grunde erfolgte die Einberufung einer Konferenz nach Bandung (Indonesien). Daran nahmen 1955 insgesamt 29 afroasiatische Staaten teil, die sich auf folgende Punkte einigten: Achtung der Menschenrechte, Wahrung der Souveränität und territorialen Integrität, Gleichheit aller Rassen, Verzicht auf Einmischung in innere Angelegenheiten, Recht auf Verteidigung, keine Verteidigungsbündnisse mit den Großmächten, keine aggressiven Akte, friedliche Konfliktregelung, Forderung der gegenseitigen Zusammenarbeit; Forderung nach allgemeiner Abrüstung und Verbot von Atomwaffen.

Hier und auch in der Folgezeit war deutlich die Handschrift Pandit Nehrus zu spüren. Er war es auch, der zusammen mit Nasser und Tito auf Brioni (Jugoslawien) im Jahre 1956 eine gemeinsame Erklärung zur Blockfreiheit ausarbeitete. Es schien, als könnte die Bewegung der Blockfreien tatsächlich zu einer Dritten Kraft in der Weltpolitik werden, vor allem als ihre 1. Konferenz in Belgrad (1961) zu einer Reihe von Fragen der Weltpolitik Stellung bezog, so u. a. für Kuba und den Kongo das Selbstbestimmungsrecht forderte, einen allgemeinen Stop der Atomwaffenversuche verlangte und eine friedliche Lösung des Deutschland- und Berlin-Problems vorschlug. – Schon bald aber traten ideologische Gegensätze auf, die insbesondere durch den chinesisch-sowjetischen Konflikt hervorgerufen wurden. Ferner zeigte es sich, daß bloße Blockfreiheit allein die entwicklungspolitischen Probleme dieser Staaten nicht zu lösen vermochte. Die zweite Konferenz der Blockfreien 1964 in Kairo, an der bereits 46 Staaten teilnahmen, erzielte in diesen Fragen nur noch einen bedingten Kompromiß. Einig war man sich weithin in den wirtschaftlichen Fragen und Forderungen, die man an die Industriestaaten stellte. Dabei versuchte man jedoch, die ökonomischen Probleme im Rahmen der UNO anzusprechen und durchzusetzen, weshalb man sich auch als „Gruppe der 77“ mit der Welthandels- und Entwicklungskonferenz (UNCTAD, 1964 in Genf gegründet) ein Instrumentarium schuf.– Die politischen Interessen hingegen wollte man stärker in der Bewegung der Blockfreien, außerhalb der UNO, als eigenständige Dritte Kraft zur Geltung bringen.

Auf Initiative Kubas kam es im Jahre 1966 zu einer Solidaritätskonferenz der „Entrechteten der Erde“. 82 Staaten waren sich darin einig, daß es einen existentiellen Kampf gegen imperialistische und kolonialistische Unterdrückung und Ausbeutung zu führen und zu bestehen gälte. Deutlich wurden hierbei die Versuche, die Industriestaaten weltweit auf die Anklagebank zu ziehen, gleichzeitig aber die Entwicklungsländer in das Schlepptau des Weltkommunismus zu nehmen. Diesen Versuchen konnte die Konferenz von Algier (1967) nur noch bedingt gegensteuern. Hier verurteilte die „Gruppe der 77“ in der „Charta von Algier“ zum einen die Handelspolitik der GATT-Länder (Kennedy-Runde), zum anderen aber auch die Entwicklungspolitik des Ostblocks und forderte Zollpräferenzen für Produkte aus den Entwicklungsländern sowie 1 % des jeweiligen nationalen Bruttosozialproduktes der Industriestaaten für Entwicklungshilfe.

Diese Gedanken wurden von der dritten Konferenz der Blockfreien (1970 in Lusaka) aufgegriffen und weiterentwickelt. Einig war man sich in der Verurteilung von Kolonialismus, Rassismus und neokolonialer Bevormundung und Ausbeutung. Aus diesen Gründen forderte man auch, die Entwicklungshilfe auf eine neue Basis zu stellen, d. h. eine „Neue Weltwirtschaftsordnung“ zu konzipieren. Diese Forderung wurde zum beherrschenden Thema der Folgejahre. Durch Preisgarantien, Entwicklungs- und Solidaritätsfonds wollte man insbesondere die westlichen Industrieländer in eine Solidargemeinschaft zur wirtschaftlichen Zusammenarbeit mit den Entwicklungsländern zwingen. Vorbildcharakter besaß dabei das OPEC-Kartell, das die Industrienationen seit 1973 in beträchtliche wirtschaftliche Schwierigkeiten gestürzt hatte. Man übersah hierbei jedoch die entscheidende Tatsache, daß eine Schwächung der Industriestaaten den unterentwickelten Ländern keineswegs zum Nutzen gereichte.

Dennoch wollte man nicht soweit gehen, wie dies Kuba auf der sechsten Gipfelkonferenz der Blockfreien (1979) in Havanna vorschlug, nämlich in den „sozialistischen Staaten die natürlichen Verbündeten der Nichtpaktgebundenen“ zu sehen. Vor allem Tito gelang es, diesen sowjetischen Zugriff auf die Bewegung der Blockfreien abzuwehren. Die

Majorität der blockfreien Staaten gab deutlich zu erkennen, daß ihre Hauptziele sich mit den Forderungen der „Gruppe der 77" (die mittlerweile auf 115 Mitglieder angewachsen war) nach einer neuen weltweiten entwicklungspolitischen Strategie deckten und sie dabei keinerlei politische Abhängigkeit wünschte.– In ihrer leidenschaftlichen „Botschaft von New Delhi", die sie auf der siebten Blockfreienkonferenz (1983) verabschiedeten, appellierten deshalb die dort versammelten Staats- und Regierungschefs an die Großmächte, das Wettrüsten einzustellen und sich zu einer Solidaritätsgemeinschaft mit den Entwicklungsländern bereitzufinden. Gleichzeitig zeigten sie Verständnis für die Schwierigkeiten der Industrieländer, in die diese durch die Weltwirtschaftskrise geraten waren, wiesen aber nachdrücklich darauf hin, daß die Entwicklungsländer noch weiter an den Rand der Katastrophe gedrängt worden seien. Angesichts dieser Sachlage forderten sie eine entschiedene Abkehr von bilateralen Entwicklungshilfeleistungen und deren Erweiterung zu einer Form des „aufgeklärten Multilateralismus", d. h. die „Schaffung der neuen Weltwirtschaftsordnung auf der Grundlage von Gerechtigkeit und Gleichheit."

Quellen

Liga der arabischen Staaten vom 22. März 1945

„... Art. 2: Der Zweck der Liga ist die Festigung der Beziehungen zwischen den Mitgliedstaaten und die Koordinierung ihrer Politik zum Ziele der Verwirklichung einer engeren Zusammenarbeit, ihrer Unabhängigkeit und Souveränität und, im allgemeinen, der Behandlung der die arabischen Länder angehenden Fragen und Interessen. Sie verfolgt ebenso den Zweck, im Rahmen des bestehenden Regimes und der in jedem einzelnen Staate herrschenden Bedingungen eine enge Zusammenarbeit zwischen den Mitgliedstaaten in folgenden Fragen zu gewährleisten:

a) Finanz- und Wirtschaftsfragen ...,
b) Verkehrsmittel ...,
c) kulturelle Fragen ...,
d) Fragen bezüglich (der) Nationalität ...,
e) soziale Fragen ...,
f) Fragen des Gesundheitswesens..."

Aus: Europa-Archiv 1957, S. 9790 ff.

Konferenz von Bogotá, Charta der Organisation der Amerikanischen Staaten (OAS) vom 30. 3./2. 4. 1948

„... *Artikel 1:* Die Amerikanischen Staaten rufen durch diese Satzung die Organisation ins Leben, die sie entwickelt haben, um zu einer Ordnung des Friedens und der Gerechtigkeit zu gelangen, ihre Solidarität zu fördern, ihre Zusammenarbeit zu verstärken und ihre Souveränität, ihre territoriale Unverletzlichkeit und ihre Unabhängigkeit zu verteidigen...

Artikel 4: Die Organisation der Amerikanischen Staaten proklamiert die folgenden wesentlichen Ziele...

a) den Frieden und die Sicherheit des Kontinents zu stärken;
b) mögliche Ursachen für Zwistigkeiten zu vermeiden und die friedliche Beilegung von Streitigkeiten zwischen den Mitgliedstaaten zu sichern;
c) eine gemeinsame Aktion dieser Staaten im Falle eines Angriffs zu organisieren;
d) für die zwischen ihnen auftauchenden politischen, rechtlichen und wirtschaftlichen Probleme eine Lösung zu finden; und
e) durch gemeinsames Vorgehen ihre wirtschaftliche, soziale und kulturelle Entwicklung zu fördern..."

Aus: Europa-Archiv 1956, S. 8696 ff.

Schluß-Kommuniqué der Asiatisch-Afrikanischen Konferenz von Bandung vom 24. April 1955

„... Die Asiatisch-Afrikanische Konferenz untersuchte die Lage Asiens und Afrikas und erörterte Wege und Mittel, durch die deren Völkern die größtmögliche wirtschaftliche, kulturelle und politische Zusammenarbeit erreichen könnten ...

(Sie) ... behandelte die Probleme abhängiger Völker ... (und) kam überein:

a) zu erklären, daß der Kolonialismus in allen seinen Formen ein Übel ist, das baldigst beseitigt werden sollte;
b) zu bestätigen, daß die Unterwerfung von Völkern unter fremdes Joch, Beherrschung und Ausbeutung eine Verletzung der fundamentalen Menschenrechte darstellen...
c) ihre Unterstützung der Sache der Freiheit und Unabhängigkeit aller solcher Völker zu erklären;
d) alle in Frage kommenden Mächte aufzurufen, solchen Völkern Freiheit und Unabhängigkeit zu gewähren...

Die Asiatisch-Afrikanische Konferenz hat sich eindringlich mit der Frage des Weltfriedens und der Zusammenarbeit befaßt... Frei von Mißtrauen und Furcht ... sollten die Nationen Toleranz üben und als gute Nachbarn miteinander leben und freundschaftliche Zusammenarbeit auf der Grundlage der folgenden Prinzipien fördern:

1. Achtung vor den fundamentalen Menschenrechten ...;
2. Achtung vor der Souveränität und der territorialen Integrität aller Nationen;
3. Anerkennung der Gleichheit aller Rassen und ... Nationen ...;
4. Verzicht auf Intervention ... in die inneren Angelegenheiten eines anderen Landes;
5. Achtung vor dem Recht jeder Nation, sich allein oder kollektiv ... zu verteidigen;

6a. Verzicht auf Vereinbarungen über kollektive Verteidigung, die den besonderen Interessen irgendeiner der großen Mächte dienen;
6b. Verzicht jedes Landes darauf, auf andere ... Druck auszuüben;
7. Enthaltung von Aggressionshandlungen oder -drohungen ...;
8. Regelung aller internationalen Streitigkeiten durch friedliche Mittel ...;
9. Förderung der gegenseitigen Interessen und der Zusammenarbeit;
10. Achtung vor dem Recht und vor internationalen Verpflichtungen..."

Aus: Europa-Archiv 1955, S. 7563 ff.

Entschluß der Außenminister-Konferenz der OAS in Punta del Este vom 31. Januar 1962

„I. ... Die auf der Achten Konferenztagung zusammengekommenen Außenminister der amerikanischen Staaten erklären, daß die Einheit des Kontinents und die demokratischen Institutionen heute in Gefahr sind.

Die Minister konnten feststellen, daß sich die subversive Offensive kommunistischer Regierungen ... verstärkt hat. Zweck dieser Offensive ist die Zerstörung der demokratischen Institutionen und die Errichtung totalitärer Diktaturen im Dienste außerkontinentaler Mächte ...

Die Grundsätze des Kommunismus sind unvereinbar mit den Grundsätzen des interamerikanischen Systems ...

V. Allianz für den Fortschritt. ... Die ... Außenministerkonferenz ... erklärt:

daß eine wesentliche Voraussetzung für die Erhaltung und Stärkung freier demokratischer Institutionen in den amerikanischen Republiken die unverzügliche und beschleunigte Durchführung präzedenzloser Maßnahmen zur Förderung der wirtschaftlichen und sozialen Entwicklung ist..."

Aus: Europa-Archiv 1962, S. 321 ff.

Charta der afrikanischen Einheit, verabschiedet auf der afrikanischen Gipfelkonferenz in Addis Abeba vom 22./25. Mai 1963

„Wir, die Staats- und Regierungschefs der Staaten Afrikas und Madagaskars, ... sind davon überzeugt, daß das Recht, sein Schicksal selbst zu gestalten, ein unabdingbares Recht aller Völker ist; ... Erkennen die Tatsache an, daß Freiheit, Gleichheit, Gerechtigkeit und Würde für die Verwirklichung der berechtigten Wünsche der afrikanischen Völker die Hauptziele sind; ... Sind gemeinsam entschlossen, das gegenseitige Verstehen und die Zusammenarbeit zwischen unseren Staaten entsprechend dem Streben unserer Völker nach Brüderlichkeit und Solidarität in einer größeren Einheit, die über ethnische und nationale Verschiedenheiten hinausgeht, zu festigen; ... Sind entschlossen, die schwer erkämpfte Unabhängigkeit wie auch die Souveränität und territoriale Integrität unserer Staaten zu bewahren und zu festigen und auch den Neokolonialismus in allen seinen Erscheinungen zu bekämpfen; ... Sind von dem Wunsch beseelt, alle Staaten Afrikas und Madagaskars von nun an vereint zu sehen, damit das Gedeihen und der Wohlstand ihrer Völker gesichert werden; ... Sind entschlossen, die Verbindungen zwischen unseren Staaten durch die Schaffung und Festigung gemeinsamer Institutionen zu stärken..."

Aus: Europa-Archiv 1963, S. 314 ff.

Gemeinsame Erklärung der 77 Entwicklungsländer („Gruppe der 77") zum Abschluß der UNCTAD I in Genf vom 16. Juni 1964

„... Die Entwicklungsländer betrachten ihre eigene Einheit ... als das herausragende Merkmal dieser Konferenz. Diese Einheit ist aus der Tatsache entstanden, daß sie angesichts der Grundprobleme der Entwicklung ein gemeinsames Interesse an einer neuen Politik für den internationalen Handel und die Entwicklung haben...

Die Entwicklungsländer sind fest davon überzeugt, daß es eine lebenswichtige Notwendigkeit ist, diese Einheit zu bewahren ... Sie ist ein unentbehrliches Instrument zur Durchsetzung neuer Auffassungen und neuer Arten des Vorgehens auf dem Gebiet der internationalen Wirtschaft. Diese Einheit ist auch ein Instrument, um den Bereich der Bemühungen um Zusammenarbeit auf internationalem Gebiet zu vergrößern ... Schließlich ist sie ein notwendiges Mittel für die Zusammenarbeit zwischen den Entwicklungsländern selbst...

Die Konferenz der Vereinten Nationen über Handel und Entwicklung kennzeichnet den Beginn eines neuen Zeit-Abschnitts in der Entwicklung der Entwicklung(spolitik). Eine derartige Zusammenarbeit muß als ein entscheidendes Instrument dienen, um die Teilung der Welt in Gebiete des Reichtums und in Gebiete unerträglicher Armut zu beenden. Diese Aufgabe ist die größte Herausforderung unserer Zeit..."

Aus: Auswärtiges Amt (Hrsg.): Dritte Welt. Dokumentation, S. 113 ff.

Gründung des Verbandes der südostasiatischen Nationen (ASEAN) in Bangkok vom 8. August 1967

Die vertragschließenden Staaten (Indonesien, Malaysia, Philippinen, Singapur, Thailand) „... sind sich des Bestehens gegenseitiger Interessen und gemeinsamer Probleme unter den Ländern Südostasiens bewußt und sind überzeugt von der Notwendigkeit, die bestehenden Bande der Solidarität und Zusammenarbeit weiter zu festigen;

... sind sich dessen bewußt, daß in einer zunehmend voneinander abhängigen Welt die hohen Ideale des Friedens, der Freiheit, der sozialen Gerechtigkeit und des wirtschaftlichen Wohlergehens am besten verwirklicht werden durch Förderung guten Verständnisses, guter Nachbarschaft und sinnvoller Zusammenarbeit unter den Ländern der Region, die durch Gemeinsamkeiten in der Geschichte und Kultur bereits miteinander verbunden sind;

ziehen in Erwägung, daß die Länder Südostasiens gemeinsam die primäre Verantwortung für die Stärkung der wirtschaftlichen und sozialen Stabilität der Region und die Sicherung ihrer friedlichen und fortschrittlichen Entwicklung tragen und daß sie entschlossen sind, ihre Stabilität und Sicherheit gegen äußere Störungen ... abzusichern, um ihre nationale Integrität ... zu wahren;

... und erklären hiermit:

... daß Ziel und Zweck des Verbandes sein sollen:

das wirtschaftliche Wachstum, den sozialen Fortschritt und die kulturelle Entwicklung in der Region durch gemeinsame Bemühungen im Geiste der Gleichheit und Partnerschaft zu beschleunigen, um die Grundlagen für eine glückliche und friedvolle Gemeinschaft der südostasiatischen Nationen zu stärken..."

Aus: Europa-Archiv 1967, S. D 503 ff.

Erklärung der islamischen Staats- und Regierungschefs in Rabat (Islamische Konferenz) vom 25. September 1969

„... Aus dem Glauben heraus, daß die Einheit des religiösen Bekenntnisses ein starker Faktor für die Annäherung und Verständigung ist, beschlossen die Staats- und Regierungschefs ..., die wirtschaftlichen, sozialen, ethischen und geistigen islamischen Werte zu wahren...

In dem Wunsche, die geistigen brüderlichen Bande zwischen ihren Völkern zu stärken, für die Erhaltung ihrer Freiheit, des Erbes ihrer gemeinsamen Zivilisation ..., in dem Wunsche, Wohlstand und Fortschritt zu verwirklichen und die Bedeutung der Freiheit in verschiedenen Teilen der Welt hervorzuheben, und entschlossen, gemeinsame Anstrengungen zum Schutz von Frieden und Sicherheit in der Welt zu unternehmen, erklären sie folgendes:

Ihre Regierungen sollen untereinander beraten zum Zweck einer engeren Zusammenarbeit und Hilfe auf dem geistigen, kulturellen, wissenschaftlichen und wirtschaftlichen Gebiet, entsprechend den unsterblichen Lehren des Islam. Ferner verpflichten sie sich, alle Streitfälle, die sich zwischen ihnen ergeben mögen, mit friedlichen Mitteln beizulegen..."

Aus: Europa-Archiv 1969, S. D 590 ff.

Schlußerklärung der sechsten Konferenz der Staats- und Regierungschefs blockfreier Länder in Havanna vom 3./9. September 1979

„... Die Staats- bzw. Regierungschefs (waren der Übereinstimmung), daß die wesentlichen Ziele der Blockfreien-Bewegung folgende sind:

Bewahrung der nationalen Unabhängigkeit, Souveränität, territorialen Integrität und Sicherheit der blockfreien Länder; Ausschaltung fremder Einmischung und Intervention in die inneren und äußeren Angelegenheiten von Staaten und der Anwendung und Androhung von Gewalt; Stärkung der Blockfreiheit als unabhängiger, außerhalb der Blöcke tätiger Faktor ... in der Welt; Beseitigung von Imperialismus und Kolonialismus, Neokolonialismus, Apartheid, Rassismus einschließlich Zionismus und aller Formen von Expansionismus ...; Unterstützung der nationalen Befreiungsbewegungen ...; Wahrung des Weltfriedens ...; Förderung der Einheit; Solidarität und Zusammenarbeit zwischen den blockfreien Ländern zwecks Verwirklichung der Ziele der Blockfreiheit, um auf diese Weise ihren wesentlichen Charakter zu wahren; Beendigung des Rüstungswettlaufes ...; baldige Errichtung der neuen Weltwirtschaftsordnung ...; Ausmerzung der Ungleichheit zwischen den entwickelten Ländern und den Entwicklungsländern ...; Errichtung eines demokratischen Systems der internationalen Beziehungen ...; Achtung und Wahrung der Menschenrechte und Grundfreiheiten; ... Auflösung der Großmacht-Pakte..."

Aus: Europa-Archiv 1979, S. D 655 ff.

„Botschaft von Neu-Delhi" der Staats- und Regierungschefs der siebten Konferenz der blockfreien Länder vom 4./12. März 1983

„... Wir, die Staats- und Regierungschefs der blockfreien Länder, appellieren an die Großmächte, dem Wettrüsten Einhalt zu gebieten ... Die blockfreien Länder, die für die Mehrheit der Menschheit sprechen, verlangen eine sofortige Beendigung des Hineintreibens in den Atomkonflikt...

Die Weltwirtschaftskrise, die in einigen der wichtigsten Industrieländern entstanden ist, hat wahrhaft globale Ausmaße angenommen ... (und) hat viele ... (Entwicklungs-)Länder an den Rand der Katastrophe gebracht.

Nie zuvor waren die wirtschaftlichen Geschicke der entwickelten und der Entwicklungs-Länder so eng miteinander verknüpft wie heute. Dennoch wenden sich viele reiche Nationen der Welt inmitten dieser allgemeinen Krise dem katastrophalen Bilateralismus ... statt dem aufgeklärten Multilateralismus zu...

... Die Krise, der unsere Zivilisation heute gegenübersteht, ist beispiellos in der Geschichte ... Wir appellieren an die Großmächte, ihr Mißtrauen aufzugeben und aufrichtige, vorausschauende Verhandlungen im Geiste gemeinsamen guten Willens aufzunehmen ... Vereint sind die Mitglieder der Blockfreien-Bewegung bereit, alles in ihrer Macht stehende zu tun, um zu diesem Prozeß beizutragen. Die Erde gehört uns allen – erhalten wir sie darum in Frieden und wahrer Brüderlichkeit und auf der Grundlage der Würde und Gleichberechtigung der Menschen."

Aus: Europa-Archiv 1983, S. D 344 ff.

Fragen und Aufgaben

- ○ Welche Erfolge zeitigten bislang die supranationalen Zusammenschlüsse unter den Entwicklungsländern? Differenzieren Sie nach Regionen und führen Sie entsprechende Beispiele an.
- ○ Skizzieren Sie die Ziele und Motive der verschiedenen Bemühungen um Zusammenschlüsse in der arabisch-islamischen Welt. Worin liegen die größten Schwierigkeiten?
- ○ Beurteilen Sie die Anstrengungen, zu einer Einheit Afrikas zu gelangen. Stellen Sie die Ziele und Hemmnisse dieser Bemühungen dar.
- ○ Beim Zusammenschluß der amerikanischen Staaten gibt es viele Gemeinsamkeiten, aber auch divergierende Interessen. Beurteilen Sie Chancen und Möglichkeiten der supranationalen Zusammenarbeit in dieser Region.
- ○ Vergleichen Sie die Bedingungen der asiatischen Staaten für eine su-

pranationale Kooperation mit jenen in Afrika und Lateinamerika. Welche Konsequenzen lassen sich daraus ableiten?

- Erörtern Sie die je spezifische Faszination Indiens und Chinas auf die Länder der Dritten Welt.
- Woher rühren die relativen Erfolge, die die ASEAN-Mitglieder durch ihre Kooperation erzielten?
- Skizzieren Sie die Ziele und die Entwicklung der Blockfreien-Bewegung, und beurteilen Sie deren weltpolitische Bedeutung.
- Innerhalb der Vereinten Nationen bemühen sich die Länder der „Gruppe der 77" um die Durchsetzung ihrer wirtschaftlichen Interessen. Nehmen Sie zu Zielen, Strategie und Effektivität dieses Vorgehens Stellung.

Wichtige Daten

22. März 1945
Gründung der Arabischen Liga (Ägypten, Irak, Jemen, Libanon, Saudi-Arabien, Syrien, Transjordanien)

30. April 1948
Errichtung der „Organization of American States" (OAS) in Bogotá (21 Staaten)

18.–24. April 1955
Konferenz von Bandung (Indonesien); 23 asiatische und afrikanische Staaten

14. September 1960
Erdölexportierende Länder (Iran, Irak, Kuweit, Saudi-Arabien, Venezuela) schließen sich zur „Organization of Petroleum Exporting Countries" (OPEC) zusammen.

1./6. September 1961
Erste Konferenz der Blockfreien in Belgrad

Wichtige Begriffe

„Dritte Welt"

Arabische Liga

Organization of the Petroleum Exporting Countries (OPEC)

Islamische Konferenz

Organization of African Unity (OAU)

Organization of American States (OAS)

Sistema Económico Latinoamericano (SELA)

Association of Southeast Asian Nations (ASEAN)

Blockfreien-Bewegung

Wichtige Daten	Wichtige Begriffe
22./25. Mai 1963 Auf ihrer Konferenz von Addis Abeba verabschieden 29 afrikanische Staaten die Charta der afrikanischen Einheit.	Bandung-Konferenz „Gruppe der 77“
23. 3./16. Juni 1964 Zum Abschluß der 1. UNCTAD-Konferenz in Genf verständigen sich 77 Entwicklungsländer („Gruppe der 77“) auf eine gemeinsame Wahrnehmung ihrer wirtschaftlichen Interessen.	
8. August 1967 In Bangkok gründen fünf südostasiatische Staaten (Thailand, Philippinen, Malaysia, Singapur und Indonesien) die „Association of South Asian Nations“ (ASEAN) zum Zwecke einer engeren wirtschaftlichen Zusammenarbeit.	
Mai 1971 Gründung der Islamischen Konferenz (auf der Grundlage der Beschlüsse von Rabat)	
3./9. September 1979 Sechstes Gipfeltreffen der Blockfreien in Havanna (Kuba); 92 Vollmitglieder	
7./12. März 1983 Auf ihrer siebenten Konferenz in Neu Delhi verabschieden die Blockfreien ihre „Botschaft von Neu-Delhi“, einen Appell zur weltweiten Zusammenarbeit.	

Auswahlbibliographie

Allgemeine Darstellungen

Baumann, Gerhard: Die Blockfreien-Bewegung. Konzept – Analyse – Ausblick. Melle 1982.

Bull, Headly: Neuverteilung von Reichtum oder Neuverteilung von Macht? Der Westen, die Dritte Welt und die Weltordnung. In: Europa-Archiv 32/1977, S. 95–101.

Geiger, Theodore: The conflicted relationship. The West and the transformation of Asia, Africa and Latin America. New York 1967.

Grubbe, Peter: Herrscher von Morgen? Macht und Ohnmacht der blockfreien Welt. Düsseldorf 1964.

Guiton, R. J.: Von Bandung bis Kairo. Das Zustandekommen der afro-asiatischen Zusammenarbeit. In: Europa-Archiv 16/1961, S. 301–312.

Jankowitsch, Odette: Neue Modelle zwischenstaatlicher Zusammenarbeit. Organisation und Institutionen der Blockfreien. In: Österreichische Zeitschrift für Außenpolitik 17/1977, S. 214–222.

Seitz, Konrad: Die Dritte Welt als neuer Machtfaktor der Weltpolitik. In: Europa-Archiv 30/1975, S. 213–226.

Singham, A. W. (Ed.): The nonaligned movement in world politics. Westport/Conn. 1978.

Triska, Jan F./Koch, Howard E.: Asian-African coalition and international organization. Third force or collective impotence? In: Review Politics 21/1959, S. 417–455.

Willetts, Peter: The non-aligned movement. The origins of a Third World Alliance. New York 1978.

Spezielle Studien

Brock, Lothar: Entwicklungsnationalismus und Kompradorenpolitik. Die Gründung der OAS und die Entwicklung der Abhängigkeit Lateinamerikas von den USA. Meisenheim 1975.

Cevallos, Gonzalo: L'intégration économique de l'Amérique latine. Genéve 1968.

Gerold, Rainer: Die Sicherung des Friedens durch die Organisation der Amerikanischen Staaten (OAS). Berlin 1971.

Hillekamps, Carl H.: Die Integrationszeile in Lateinamerika. In: Außenpolitik 17/1966, S. 216–225.

Prellwitz, Jürgen v.: Das „Bündnis für den Fortschritt". Zur Entstehung der Charta von Punta del Este. In: Europa-Archiv 16/1961, S. 725–734.

Sigmund, Paul E.: Latin American catholicism's opening to the left. In: Review Politics 35/1973, S. 61–76.

Agwani, M. X.: The Arab League. An experiment in regional organization. In: India Quarterly 9/1953, S. 355–367.

Fiano, André: Le développement économique du Maghreb. Paris 1967.
Hottinger, Arnold: Appell an den Islam. König Feisals Gegenoffensive in der arabischen Staatenwelt. In: Wort und Wahrheit 21/1966, S. 296–304.
Ders.: Die arabischen Staaten Nordafrikas. Hannover 1971.
Ders.: Die arabische Welt zwischen der Israel-Front und der „Erdölwaffe". In: Europa-Archiv 28/1973, S. 247–254.
Khalil, Muhammed: The Arab States and the Arab League. A documtary record. (2 Bde.) London 1962.
Nashashibi, Muhyi E.: Die panarabische Bewegung 1945–1970. Berlin 1977.
Williams, Maurice: The aid programs of the OPEC countries. In: Foreign Affairs 54/1975, S. 308–324.

Ake, Claude: Pan-Africanism and African government. In: Review Politics 27/1965, S. 532–542.
Andemicael, Berhanykun: The OAU and the UN. New York 1976.
Haller, Albert v.: Der Panafrikanismus als Element afrikanischer Politik und sein Gegensatz zum Kommunismus. In: Moderne Welt 7/1966, S. 262–271.
McKeon, Nora: The African states and the OAU. In: International Affairs, 42/1966, S. 390–409.
Nkrumah, Kuame: Africa must unite. New York 1963.
Nyerere, Julius: Politik und Ziele des Panafrikanismus. In: Internationale Politik, 14/1963, S. 1–4.
Traeder, Heide: Panafrikanismus und Staatsnationalismus. Untersuchungen zur Theorie und Praxis afrikanischer Politik bis zur Gründung der „Organisation für Afrikanische Einheit". Frankfurt a. M. 1975.

Bechtholdt, Heinrich: Indien oder China. Die Alternative in Asien. Stuttgart ²1961.
Dauth, Jürgen: ASEAN – Die Gemeinschaft der südostasiatischen Nationen. In: Aus Politik und Zeitgeschichte, B 8/1979, S. 31–46.
Herres, Franz R.: ASEAN – Ein Weg aus der Unterentwicklung? Grenzen und Möglichkeiten regionaler wirtschaftlicher Zusammenarbeit. München 1981.
Miller, John: Südostasien nach Vietnam. Sicherheitsprobleme im Schnittpunkt von Großmachtinteressen. In: Europa-Archiv 25/1970, S. 397–408.
Smith, Donald E.: South Asian politics and religion. Princeton 1966.
Wilson, Dick: The neutralization of Southeast Asia. New York 1975.

Heyke, Hans Eberhard: Die asiatisch-afrikanische Konferenz von Bandung vom 18.–24. April 1955. Zur Deutung der politischen Leitmotive und Kräfte. Köln 1964.
Kiesewetter, W.: On the conference of the nonaligned nations in Cairo. In: German foreign policy (Berlin/Ost), 1/1965, S. 12–22.
Komatina, Miljan: Die Themen von Colombo. In: Internationale Politik, 630/1976, S. 10–14.
Mates, Leo: The Concept of Non-Alignment. In: India Quarterly (Neu Delhi) 39/1983, S. 6–22.

Menys, Peter: Die Bewegung der blockfreien Länder nach der Gipfelkonferenz von Havanna. In: Europa-Archiv 1980, S. 89–98.
Sajjad, J. A.: Algiers Summit. A historic event. In: Indian and foreign review (Neu Delhi), 10/1973, S. 13–16.
Schleicher, Harry: Die Belgrader Konferenz der blockfreien Staaten vom 1. bis zum 6. September 1961. In: Europa-Archiv 1961, S. 525–530.
Tetzlaff, Rainer: Die Konferenz der Blockfreien in Lusaka. In: Außenpolitik, 11/1970, S. 684–696.
Zoll, Werner: Der Block der 75 Entwicklungsländer. In: Außenpolitik 15/1964, S. 517–523.

15. Eine Neue Weltwirtschaftsordnung zur Lösung des Nord-Süd-Konflikts?

Mit der Entlassung ehemaliger Kolonialgebiete in die politische Unabhängigkeit wurde zweifellos eine neue Dimension der Weltpolitik eingeleitet. Die Versuche, diese Neuankömmlinge auf der Weltbühne als arme, entwicklungsbedürftige, nicht-entwickelte oder unterentwickelte Länder zu bezeichnen, läßt die Hilflosigkeit und Unsicherheit erkennen, mit der die Industrienationen dieser Problematik zu begegnen suchten. Wenngleich man zur Kennzeichnung der Entwicklungsländer heute weder auf einheitliche rassische, klimatische, historische, demographische oder sozioökonomische Kriterien zurückgreifen kann, haben wir es vorwiegend doch mit den jungen Staaten zu tun, die sich als breiter Gürtel über die tropischen und subtropischen Gebiete der Erde hinziehen und in der Regel eine koloniale Vergangenheit hinter sich haben.

Man hat immer wieder versucht, den Begriff der „Unterentwicklung" zu definieren bzw. die entscheidenden Faktoren dafür in den Griff zu bekommen. Grundsätzlich gilt dabei, daß eindimensionale Erklärungs- oder Strategieansätze nicht ausreichen; notwendig wäre vielmehr ein mehrdimensionales Vorgehen, das sowohl den Zustand als auch Überwindungsstrategien aufzeigen könnte. Zu Recht wiesen Nohlen/Nuscheler (Handbuch der Dritten Welt) darauf hin, daß dieser umfassende Erklärungs- und Strategieansatz nicht gefunden werden kann. Es ist jedoch möglich, zumindest ein statisches Schema zu konzipieren, das die wesentlichen Faktoren von Unterentwicklung mit ihren wechselseitigen Beziehungen in einen Erklärungszusammenhang bringt, von dem man darüber hinaus aber keine Berücksichtigung der historischen und prozessualen Dimension erwarten darf. Dafür müßten spezielle Fallanalysen erstellt werden.

Unter diesen Vorbehalten kann man für die Unterentwicklung folgende Merkmale benennen (vgl. auch das Schema von M. Todaro):

– Die Entwicklungsländer lassen sich augenfällig durch ein hohes Bevölkerungswachstum kennzeichnen; die Ursachen hierfür liegen in einer hohen Geburtenrate, die sowohl spezifischen generativen Vorstellungen (Großfamilien) als auch niederen Einkommen (die zur Verfügung stehenden Einkünfte reiche für eine gesicherte Altersvorsorge nicht aus, weshalb man im Alter auf die Unterstützung durch die Kinder angewiesen bleibt) entspringt. Durch von außen eingeführte Gesundheitsvorsorgemaßnahmen wird zudem die Sterblichkeitsquote vermindert.

- Die hohe Bevölkerungszahl verursacht ein hohes Arbeitskräfteangebot, was Arbeitslosigkeit und Unterbeschäftigung forciert und zu niedriger Arbeitsproduktivität führt.
- Diese Folgen werden – direkt wie indirekt – dadurch verstärkt, daß das niedrige Einkommen keine Sparleistungen zuläßt, weshalb auch ein niedriges Investionsaufkommen vorliegt; dadurch werden arbeitssparende ausländische Technologien erforderlich, die ihrerseits die ohnehin geringe Arbeitsnachfrage im Inland zusätzlich vermindern.
- Ein Circulus vitiosus wird hinsichtlich der niedrigen Arbeitsproduktivität auch durch die geringen Einkommen hervorgerufen; sie verursachen sowohl eine schlechte Ernährungslage und damit eine niedrige Arbeitsmotivation als auch geringe Bildungschancen und dadurch mangelnde Fähigkeiten zur Krisenbewältigung.
- Die skizzierten Mängel schlagen sich als niedriger Lebensstandard, geringe Selbstachtung und begrenzte personale Freiheitschancen nieder. Zusätzlich verschärft werden sie sowohl in individueller wie in nationaler Hinsicht durch entsprechende Abhängigkeiten, Machtgefälle und ökonomische, technologische sowie kulturelle Verwundbarkeiten.

Diese Kennzeichen von Unterentwicklung machen deutlich, daß die Problematik der Entwicklungsländer nicht allein unter ökonomischem Primat gesehen werden kann. Neben den externen Faktoren für die Entwicklungsdefizite, die z. T. auf Versäumnisse der Kolonialpolitik der ehemaligen Mutterländer zurückzuführen sind, haben wir es auch mit endogenen (innergesellschaftlichen) Faktoren zu tun, unter denen das Desinteresse der herrschenden einheimischen Eliten an notwendigen strukturellen Veränderungen vielfach das Haupthindernis für positive Entwicklungen darstellt.

Die Unterentwicklung in der Dritten Welt kann nicht mehr auf lokale und regionale Ursachen zurückgeführt, sondern sie muß politisch wie wirtschaftlich in einer weltweiten Dimension gesehen werden. Die Entwicklungsländer sind nun unter anderem auch durch die bislang geltenden außenwirtschaftlichen Beziehungen, wie sie die GATT-Vereinbarungen festlegen, in eine zunehmende Verschuldung geraten, weil sich der Erlös aus ihren Exporten im Vergleich zu den Kosten für ihre Importe (terms of trade) beständig verringert hat. Hierdurch vergrößerte sich andererseits der Entwicklungsrückstand gegenüber den Industrienationen. Nach dem – zumindest kurzfristig sehr erfolgreichen – Modell der erdölproduzierenden Länder (OPEC) versuchten deshalb die Entwicklungsländer, sich in einer Solidargemeinschaft zu organisieren. Gewisse Erfolge zeichneten sich für diese Bemühungen erst mit der Herausbildung der

„Gruppe der 77" (seit 1963) sowie mit der Gründung der UN-Conference on Trade and Development (UNCTAD) im Jahre 1964 ab. Erst diese Zusammenschlüsse schufen die Basis für die Forderung nach Entwicklungsdekaden (die im Pearson-Bericht 1969 bereits nachdrücklich erhoben worden war) bzw. nach einer neuen Weltwirtschaftsordnung (1974), wobei sich die Entwicklungsländer gezielt des Forums und der institutionellen Möglichkeiten der Vereinten Nationen bedienten.

Die Gründung der UNCTAD und die Initiativen der „Gruppe der 77" haben zweifellos im Jahre 1966 (22. November) auch zu einer ersten gemeinsamen Organisation zwischen Industrie- und Entwicklungsländern im Rahmen der Vereinten Nationen geführt. So versuchten in der United Nation Industrial Development Organization (UNIDO) 25 Entwicklungsländer, 15 westliche und fünf östliche Industriestaaten ihre technische Hilfe für die Dritte Welt zu koordinieren. Dieses Bemühen endete aber auf der III. UNIDO-Konferenz in Neu Delhi im Jahre 1980 mit einem völligen Fehlschlag, weil es zu keiner Einigung über die Errichtung und die Höhe eines Industrialisierungsfonds kam.

Das Verlangen nach einer Neuen Weltwirtschaftsordnung zielte indes von Anfang an auf grundlegende Veränderungen, insbesondere auf Modifikationen hinsichtlich der Rohstoffabkommen, eine Neuordnung der Handelsbeziehungen, die Bereitstellung erhöhter Entwicklungshilfe zu günstigeren Bedingungen, eine Reform des Weltwährungssystems, eine raschere Industrialisierung der Entwicklungsländer, einen umfangreicheren Technologietransfer, gesicherte Getreidelieferungen zu niedrigen Kosten sowie die Einführung eines neuen Seerechts. Allen diesen Forderungen lag die Vorstellung zugrunde, den gegenwärtig gültigen Marktmechanismus in einer neugestalteten Weltwirtschaftsordnung weitgehend auszuschalten.

Den Kern der neuen Weltwirtschaftsordnung bildete folglich das sog. „Integrierte Rohstoffprogramm", durch das die Entwicklungsländer stabilere, lohnendere und gerechtere Preise erwarteten. Dieses Programm sollte insgesamt 18 Rohstoffe umfassen: Zinn, Kaffee, Kakao, Olivenöl, Zucker, Kautschuk, Rindfleisch, Bananen, Baumwolle, Tee, Phosphate, Mangan, Bauxit, Kupfer, Hartfasern, Tropenholz, pflanzliche Öle und Eisenerz. Man plante, dafür einen Rohstoff-Fonds einzurichten, der zu 68 % von den Industrieländern, zu 17 % von den Staatshandelsländern, zu 5 % von China und nur zu 10 % von den Entwicklungsländern selbst finanziert werden sollte; im entscheidenden Verwaltungsrat forderte man jedoch 47 % der Stimmenanteile für die Entwicklungsländer, 3 % für China und billigte den Industrieländern nur 42 %, den Staatshandelsländern sogar nur 8 % der Stimmen zu. Aus dem Fonds sollten einerseits die Lagerung der Rohstoffe sowie deren Preisstabilität finanziert, andererseits die Kosten für Forschung, Produktionsverbesserungen und Vermarktung bestritten werden.

Diese Konzeption einer Neuen Weltwirtschaftsordnung scheint den Entwicklungsländern indes nur auf den ersten Blick die erhofften Erfolge und Einkommensumverteilungen gewährleisten zu können. Mit großer Wahrscheinlichkeit müßten diese Ziele jedoch durch eine beträchtliche Überbürokratisierung der gesamten Weltwirtschaft und damit zwangsläufig durch eine wirtschaftliche Stagnation in den Industriestaaten erkauft werden (wie dies durch die Überziehung des Öl-Kartells bereits erkennbar geworden ist). Die Lagerung und Preisstützung von Rohstoffen dürfte erhebliche Mittel binden, die wichtigen Entwicklungsprojekten verloren gingen. Preisgarantien würden zu Überproduktion und entsprechenden Halden führen, was ebenfalls unnötige Kosten verursachte. Zudem ließen sich verschiedene Rohstoffe nur bedingt lagern; bei anderen, deren Preise künstlich hoch gehalten würden, käme es zweifellos zu Kompensationen (Recycling, Kunststoffe u. ä.). Ferner stünde zu erwarten, daß bei Ausschaltung der Marktmechanismen die Kapitalien überwiegend dort eingesetzt würden, wo dies lohnend erschiene. Dies hätte neben einer unkontrollierbaren Rohstoffspekulation wohl auch zur Folge, daß sich die Kluft zwischen den Entwicklungsländern selbst weiter vertiefte, d. h. die Länder der „Vierten Welt“ (Least Developed Countries) von denen der Dritten Welt bzw. gar den Schwellenländern gänzlich abgekoppelt würden. All dies kann nicht im Interesse der Entwicklungsländer liegen.

Wenngleich die Entwicklungsländer von ihrer Forderung nach einer Neuen Weltwirtschaftsordnung – in welcher Gestalt auch immer – bislang nicht abgingen, konnten sie sich doch auch nicht der Einsicht verschließen, daß eine derartige Neukonzeption zur Zeit nicht realisierbar ist. Einigkeit herrscht gegenwärtig darüber, das „Überleben zu sichern“. Unter dieser Zielsetzung drängte der 1980 vorgelegte Abschlußbericht der Nord-Süd-Kommission (Vorsitz Willy Brandt) auf eine entsprechende Prioritätenfolge von Sofortmaßnahmen, nämlich ausreichende Versorgung mit Nahrungsmitteln, sichere Energie, verläßliche Kapitalhilfen und ein gerechteres Handelssystem. Flankierend hinzukommen müßte eine schrittweise Veränderung des Ressourcentransfers, die ihren Niederschlag in einer auf multilateraler Partnerschaft basierenden entwicklungspolitischen Zusammenarbeit finden sollte. Auf globaler Ebene zeichnet sich eine derartige Lösung noch nicht ab, obwohl die UNO und die Weltbank hierzu bereits viel unternommen haben.

In diesem Zusammenhang muß man zweifellos auch auf die Bedeutung des Internationalen Währungsfonds (IFW) hinweisen. Dieser Unterorganisation der Vereinten Nationen (bereits 1944 gegründet) obliegen insbesondere die Förderung der internationalen Zusammenarbeit im Bereich der Währungspolitik, die Sorge um ein ausgeglichenes Wachstum des Welthandels, die Sicherung stabiler Währungen und die Gewährung von Krediten bei kurzfristigen Zahlungsbilanzschwierigkeiten einzelner Mitgliedstaaten. Während der IWF bis zum Zusammenbruch der Währungsordnung von Bretton Woods (1973) hauptsächlich die Sicherung fester Währungskurse im Auge hatte, sah er sich danach, vor allem auch durch das immense Anwachsen der Schuldenlasten der Entwicklungsländer (die 146 Mitgliedsländer setzen sich aus 20 Industrienationen, 12 erdölexportierenden Staaten und 114 Entwicklungsländern zusammen), zu entsprechenden Stützungsmaßnahmen gezwungen. Drückte in der ersten Phase (bis 1973) die Sorge um die Stabilität und Berechenbarkeit dem Welthandel das kapitalistisch-marktwirtschaftliche Siegel auf, so trug die Kreditvergabe unter strengen wirtschaftspolitischen Auflagen in der Zeit danach dem IWF u. a. den Vorwurf der unzulässigen Einmischung in die inneren Angelegenheiten der Schuldnerländer ein (zumal neben der Sowjetunion die meisten Ostblockländer dem IWF nicht angehören). Dennoch gelang es mit Hilfe dieser Politik, die internationale Verschuldungskrise wesentlich zu entschärfen, wenngleich die Problematik des wirtschaftlichen Nord-Süd-Gefälles und einer hierdruch mit verursachten Abhängigkeit nicht beseitigt werden konnte.

In dieser Hinsicht brachte auch das Gipfeltreffen der Staats- und Regierungschefs von 22 Industrie- und Entwicklungsländern (22./23. Oktober 1981) in Cancun (Mexiko) keinen entscheidenden Durchbruch. Immerhin scheint man erkannt zu haben, daß die bisherige Strategie, sich gegenseitig mit Maximalforderungen zu konfrontieren, dem Ziel der Entwicklungspolitik nicht dient. Eine gewisse Annäherung konnte jedoch dahingehend erzielt werden, gemeinsame Anstrengungen innerhalb der Vereinten Nationen zu unternehmen, um die Basis für globale Verhandlungen zu schaffen, „die Aussicht auf bedeutungsvolle Fortschritte" böten.

Ein konkreter Schritt in diese Richtung bedeutete indes die 1984 im Lomé-III-Abkommen fortgeschriebene und erweiterte entwicklungspolitische Zusammenarbeit zwischen der Europäischen Gemeinschaft und den Staaten des afrikanisch-karibisch-pazifischen Raumes (AKP-Staaten). In dieser Zusammenarbeit wird Entwicklungshilfe nicht mehr nur als ökonomisches Problem, sondern als eine humanitäre und solidarische Aufgabe betrachtet, die auch der Sicherung des Weltfriedens dient.

Quellen

Entschließung der Generalversammlung der Vereinten Nationen: Programm für internationale wirtschaftliche Zusammenarbeit, vom 19. Dezember 1961

„Die Generalversammlung ... (1) bestimmt das laufende Jahrzehnt zum Jahrzehnt der Vereinten Nationen für Entwicklung, in welchem die Mitgliedstaaten ... ihre Anstrengungen verstärken werden, ... um den Fortschritt in Richtung auf ein sich selbst tragendes Wachstum der Wirtschaft der einzelnen Nationen und ihrer sozialen Weiterentwicklung zu beschleunigen, derart, daß in jedem unterentwickelten Land eine wesentliche Steigerung der Zuwachsrate erreicht wird ..., jedoch mit dem Ziel einer jährlichen Zuwachsrate des gesamten Volkseinkommens von mindestens 5 Prozent am Ende des Jahrzehnts..."

Aus: Vereinte Nationen, Heft 5/1962, S. 157 f.

Gemeinsame Erklärung der 77 Entwicklungsländer zum Abschluß der Konferenz der Vereinten Nationen über Handel und Entwicklung (UNCTAD I, Genf 1964) vom 16. Juni 1964

„... 1. Die ... Entwicklungsländer sehen in der Konferenz der Vereinten Nationen über Handel und Entwicklung einen bedeutenden Schritt auf dem Wege zur Schaffung einer neuen und gerechten wirtschaftlichen Ordnung in der Welt...

2. Die grundlegenden Voraussetzungen der neuen Ordnung ... beinhalten, kurz zusammengefaßt, eine neue internationale Arbeitsteilung, die auf die beschleunigte Industrialisierung der Entwicklungsländer gerichtet ist...

10. ... Eine derartige Zusammenarbeit muß als entscheidendes Instrument dienen, um die Teilung der Welt in Gebiete des Reichtums und in Gebiete unerträglicher Armut zu beenden ... Die Ungerechtigkeit und das Versäumnis von Jahrhunderten müssen beseitigt werden. Die Entwicklungsländer erwarten von der gesamten internationalen Gemeinschaft Verständnis und Unterstützung bei diesem Bemühen."

Aus: Auswärtiges Amt (Hrsg.): Dritte Welt. Dokumente, S. 113 ff.

Empfehlungen des Pearson-Berichts zur Gestaltung der Entwicklungspolitik vom 30. Oktober 1969

Hauptziele der künftigen Entwicklungspolitik sollten sein:

„... 1. ein System für einen freien und ausgewogenen Welthandel zu schaffen. Die erste Voraussetzung für eine rasche internationale wirtschaftliche Entwicklung ist eine fortgesetzte kräftige Ausweitung des Welt-Handels. Viele Entwicklungsländer müssen sich jedoch in stärkerem Maße außenwirtschaftlich orientieren ... Der Handel zwischen den Entwicklungsländern sollte wesentlich ausgeweitet werden...

2. die Zuflüsse solcher ausländischer privater Investitionen zu fördern, die von gegenseitigem Nutzen sind...

3. eine bessere Partnerschaft, klarere Zielsetzung und einen besseren inneren Zusammenhang in der Entwicklungshilfe zu erreichen...
4. den Umfang der Entwicklungshilfe zu erhöhen ... Wir sprechen uns daher auch für 1 % (des Bruttosozialproduktes) aus, zu dem sich die Geber-Länder selbst schon seit langem verpflichtet haben, und empfehlen, daß es bis spätestens 1975 voll erreicht wird ... Im Jahre 1968 betrug dieser Prozentsatz im Durchschnitt 0,39 %...
5. das Problem der wachsenden Schulden lösen...
6. die Verwaltung der Entwicklungsländer leistungsfähiger zu gestalten...
7. die Technische Hilfe umzuorganisieren...
8. das Wachstum der Bevölkerung zu mindern...
9. der Hilfe für Erziehung und Forschung neue Impulse zu geben...
10. das System der multilateralen Entwicklungshilfe zu stärken..."

Aus: Markus Timmler: Können und Wollen. Die Strategie für das zweite Jahrzehnt der Entwicklung. Stuttgart 1972, S. 138 ff.

Beschluß der Generalversammlung der Vereinten Nationen für das zweite Entwicklungsjahrzehnt vom 24. Oktober 1970

„... 12. Die Regierungen erklären die siebziger Jahre zum zweiten Entwicklungsjahrzehnt der Vereinten Nationen und geloben, einzeln und gemeinsam, eine Politik zu betreiben, die darauf abzielt, eine gerechtere und sinnvollere weltweite wirtschaftliche und soziale Ordnung zu schaffen, in der sowohl die Nationen wie die einzelnen Menschen ... das Recht auf gleiche Chancen haben. Sie machen sich Ziele und Aufgaben der Dekade zu eigen und beschließen, Maßnahmen zu deren Verwirklichung zu treffen...

13. Da der eigentliche Zweck der Entwicklung ist, die Lebensmöglichkeiten für alle Menschen zu verbessern, kommt es darauf an, eine gerechtere Verteilung der Einkommen und des Reichtums zwecks Förderung von sozialer Gerechtigkeit und Produktionseffizienz herbeizuführen, den Stand der Beschäftigung beträchtlich zu erhöhen, die Verdienstmöglichkeiten stärker zu sichern, in den Bereichen Erziehung, Gesundheit, Ernährung, Wohnung und allgemeine Wohlfahrt die bestehenden Einrichtungen auszubauen und zu verbessern sowie für Umweltschutz zu sorgen. Qualitative und strukturelle Veränderungen in der Gesellschaft müssen daher mit einem raschen wirtschaftlichen Wachstum Hand in Hand gehen...

84. Ein wichtiger Teil der Arbeit während des zweiten Entwicklungsjahrzehnts wird darin bestehen, die öffentliche Meinung sowohl in den Industrie-Staaten wie in den Entwicklungsländern für die Unterstützung der vorgesehenen Ziele und Maßnahmen der Dekade zu mobilisieren ... Die ... Informationen sollen in erster Linie den Sinn für die gegenseitige Abhängigkeit und die Partnerschaft stärken, der der Konzeption der Dekade zugrunde liegt."

Aus: M. Timmler: Können und Wollen... S. 154 ff.

Resolution der Generalversammlung der Vereinten Nationen: Charta der wirtschaftlichen Rechte und Pflichten der Staaten vom 12. Dezember 1974

„... *Artikel 1:* Jeder Staat hat das souveräne und unveräußerliche Recht, sein Wirtschaftssystem sowie sein politisches, soziales und kulturelles System entsprechend dem Willen seines Volkes ohne Einmischung, Zwang oder Drohung irgendwelcher Art von außen zu wählen...

Artikel 5: Alle Staaten haben das Recht, sich in Organisationen von Grundstofferzeugern zusammenzuschließen, um ihre nationalen Volkswirtschaften zu entwickeln und dadurch eine stabile Finanzierung ihrer Entwicklung zu erreichen...

Artikel 6: ... Alle Staaten sind gemeinsam dafür verantwortlich, den regelmäßigen Fluß und Zugang aller Handelsgüter, die zu stabilen, lohnenden und gerechten Preisen gehandelt werden, zu fördern und dadurch zur gerechten Entwicklung der Weltwirtschaft beizutragen, wobei insbesondere die Interessen der Entwicklungsländer zu berücksichtigen sind...

Artikel 15: Alle Staaten haben die Pflicht, auf eine allgemeine und vollständige Abrüstung ... hinzuwirken und die (da)durch ... freigesetzten Hilfsquellen für die wirtschaftliche und soziale Entwicklung der Länder zu verwenden, wobei ein wesentlicher Teil als zusätzliche Mittel für die Entwicklungsbedürfnisse der Entwicklungsländer bereitzustellen ist...

Aus: Europa-Archiv 1975, S. D 364 ff.

Bericht der Nord-Süd-Kommission: Zusammenfassung der Empfehlungen vom 20. Dezember 1979

„... Es muß ein Aktionsprogramm aufgestellt werden, das Sofort- und langfristige Maßnahmen zusammenfaßt, um den Armutsgürteln Afrikas und Asiens und insbesondere den am wenigsten entwickelten Ländern zu helfen. Vorzusehen wären große regionale Projekte für die Nutzung von Wasser und Boden; Maßnahmen zur Gesundheitsvorsorge ...; Aufforderungsprojekte; Entwicklung der Sonnenenergie; Suche nach Bodenschätzen ...; Unterstützung der Industrialisierung und ... der Infrastruktur...

Massenhunger und Unterernährung müssen ein Ende haben ... Die Reform der Landwirtschaft ist in vielen Ländern von Wichtigkeit, um die landwirtschaftliche Produktivität zu erhöhen und um den Armen höhere Einkommen in die Hand zu geben...

In Anbetracht des Teufelskreises von Armut und hohen Geburtenraten meinen wir, daß das rasche Bevölkerungswachstum in Entwicklungsländern den Kampf gegen Hunger, Krankheit, Unterernährung und Analphabetentum noch dringlicher macht.

Wir meinen auch, daß Entwicklungspolitik nationale Bevölkerungsprogramme umfassen sollte...

Alle Seiten sollten zu Verhandlungen ... bereit sein, um das Wettrüsten unter Kontrolle zu bringen ... Militärausgaben und Waffenexporte könnten ein Element eines neuen Prinzips internationaler Abgaben für Entwicklungszwecke bilden...

Der Rohstoffsektor der Entwicklungsländer sollte durch größere Beteiligung dieser Länder an der Verarbeitung, dem Absatz und der Verteilung ihrer Rohstoffe einen größeren Beitrag zu ihrer Wirtschaftsentwicklung leisten.

Maßnahmen zur Stabilisierung von Rohstoffpreisen auf erträglichem Niveau sollten mit höchster Dringlichkeit in Angriff genommen werden...

Die internationale Staatengesellschaft sollte auf das Ziel einer internationalen Handelsorganisation hinarbeiten, die sowohl das GATT wie auch die UNCTAD in sich vereinigt.

Politiken, Vereinbarungen und Institutionen in den Bereichen wirtschaftlicher, finanzieller und Währungszusammenarbeit sollten vom Prinzip der Universalität geleitet werden ... Mehr Aufmerksamkeit sollte auf Aufklärung der Öffentlichkeit und der jüngeren Generation über die Bedeutung internationaler Zusammenarbeit verwandt werden..."

Aus: Das Überleben sichern. Bericht der Nord-Süd-Kommission. Köln 1980, S. 352 ff.

Kurzbericht der Kopräsidenten über das Treffen der Staats- und Regierungschefs aus 22 Industrie- und Entwicklungsstaaten in Cancun/Mexiko vom 22./24. Oktober 1981

„... Das Nord-Süd-Verhältnis wurde als eine der schwerstwiegenden Herausforderungen des nächsten Jahrzehnts gesehen, die sich in ihrer Verknüpfung mit der Wahrung des Weltfriedens für alle Regierungen gleichermaßen dringlich stellt.

Die Atmosphäre ... war außerordentlich konstruktiv und positiv. Von Anfang an war klar, daß wir nicht hier waren ..., um im Namen der übrigen Welt Beschlüsse zu fassen. Unsere Aufgabe bestand vielmehr darin, unsere Meinung zu diesen grundlegenden Problemen auf höchster Ebene deutlich zu machen, die Hauptprobleme zu erkennen und zu versuchen, mögliche Lösungen zu beurteilen und zu unterstützen ... Wir ergingen uns nicht in gegenseitigen Vorwürfen oder Schuldzuweisungen ... Wir meinen, daß es uns gemeinsam gelungen ist, einen Geist wahren Vertrauens unter uns zu schaffen...

Hinsichtlich der Substanz konzentrierten wir uns auf die Fragen ...: Nahrungsmittelsicherung und landwirtschaftliche Entwicklung; Grundstoffe, Handel und Industrialisierung, Energie sowie Währungs- und Finanzfragen..."

Aus: Europa-Archiv 1982, S. D 94 ff.

Abkommen zwischen der Gruppe der Staaten in Afrika, im Karibischen Raum und im Pazifischen Ozean (AKP-Staaten) und der Europäischen Gemeinschaft (Lomé III) vom 8. Dezember 1984

„... In dem Bestreben, auf der Grundlage völliger Gleichberechtigung zwischen Partnern und in ihrem gegenseitigen Interesse ihre enge und andauernde Zusammenarbeit im Geiste internationaler Solidarität zu verstärken; ...

in dem festen Willen, gemeinsam ihre Bemühungen zu verstärken, ein im Einklang mit dem Bestreben der internationalen Gemeinschaft nach einer neuen, gerechteren und ausgewogeneren Weltwirtschaftsordnung zur internationalen Zusammenarbeit und zur Lösung der internationalen, sozialen, geistigen und humanitären Probleme beizutragen; ...

haben (die hohen Vertrags-Parteien) beschlossen...:

Artikel 1: (Die Vertragsparteien) ... schließen das vorliegende Kooperationsabkommen, um die wirtschaftliche, kulturelle und soziale Entwicklung der AKP-Staaten zu fördern und zu beschleunigen und ihre Beziehungen im Geiste der Solidarität und im beiderseitigen Interesse auszubauen und zu diversifizieren.

Die Vertragsparteien ... bringen ihren Willen zum Ausdruck, ihre Bemühungen um die Schaffung eines Modells für die Beziehungen zwischen entwickelten Staaten und Entwicklungsländern im Hinblick auf eine gerechtere und ausgewogenere Weltwirtschaftsordnung zu verstärken und gemeinsam darauf hinzuwirken, daß den Grundsätzen ihrer Zusammenarbeit auf internationaler Ebene Geltung verschafft wird.

Artikel 2: Die AKP-EWG-Zusammenarbeit ... basiert auf folgenden Grundprinzipien:

- Gleichheit der Partner, Achtung ihrer Souveränität, beiderseitiges Interesse und gegenseitige Abhängigkeit;
- Recht jedes Staates, seine Entscheidungen auf politischem, kulturellem und wirtschaftlichem Gebiet selbst zu treffen;
- Sicherheit ihrer Beziehungen, die sich auf den Besitzstand ihrer Kooperationsregelung stützt.

Artikel 3: Die AKP-Staaten legen souverän die Grundsätze, Strategien und Modelle für die Entwicklung ihrer Wirtschaft und Gesellschaft fest.

Artikel 4: Durch die AKP-EWG-Zusammenarbeit werden die Bemühungen der AKP-Staaten um eine autonomere und sich selbsttragende Entwicklung auf der Basis ihrer sozialen und kulturellen Werte ... unterstützt...

Artikel 5: ... (Es) ... sind ... besondere Bemühungen vorgesehen, um die Entwicklung in den ländlichen Gebieten, die Ernährungssicherheit der Bevölkerung und die Wiederherstellung und den Ausbau der landwirtschaftlichen Erzeugung der AKP-Staaten zu fördern.

Artikel 6: Um die kollektive Autonomie der AKP-Staaten zu stärken, unterstützt dieses Abkommen ... die AKP-Staaten ..., um sich regional zu organisieren und ihre Zusammenarbeit ... auszubauen...

Artikel 7: Die Vertragsparteien erkennen die Notwendigkeit an, den am wenigsten entwickelten AKP-Staaten eine besondere Behandlung zuteil werden zu lassen und die besonderen Schwierigkeiten der AKP-Binnenstaaten und der AKP-Inselstaaten zu berücksichtigen...

Artikel 10: Die Zusammenarbeit zielt darauf ab, eine Entwicklung der AKP-Staaten zu unterstützen, die auf den Menschen ausgerichtet ist und in der Kultur der einzelnen Völker wurzelt. Sie unterstützt die Politiken und Maßnahmen, welche diese Staaten anwenden, um ihr menschliches Potential zu nutzen, ihre eigenen schöpferischen Fähigkeiten zu steigern und ihre kulturelle Identität zu fördern...

Artikel 12: Die Zusammenarbeit im landwirtschaftlichen Bereich zielt in erster Linie darauf ab, die Selbstversorgung und die Ernährungssicherheit der AKP-Staaten zu erreichen...

Artikel 14: Die Vertragsparteien erkennen die wichtige Rolle an, die die Industrie als Triebkraft bei der wirtschaftlichen und sozialen Entwicklung spielt ... Sie kommen überein, die industrielle Entwicklung der AKP-Staaten zu begünstigen, damit ... ihre kollektive Autonomie und die Vergrößerung ihres Anteils am Welthandel stärker zum Tragen kommt...

Artikel 18: Die allgemeine Handelsregelung ... stützt sich auf den Grundsatz des freien Zugangs der Ursprungserzeugnisse der AKP-Staaten zum Markt der Gemeinschaft, wobei besondere Bestimmungen für die landwirtschaftlichen Erzeugnisse ... vorgesehen sind...

Artikel 19: Die Gemeinschaft trägt zu den Entwicklungsbemühungen der AKP-Staaten durch eine ausreichende finanzielle Hilfe und eine angemessene technische Unterstützung bei...

Artikel 22: Die Organe dieses Abkommens sind der Ministerrat, der Botschafterausschuß und die Paritätische Versammlung..."

Aus: Abdruck des Auswärtigen Amtes, Bonn 1985.

Fragen und Aufgaben

- ○ Versuchen Sie die Komplexität von „Unterentwicklung" in ihren Faktoren und ihren dynamischen Zusammenhängen zu beschreiben.
- ○ Begründen Sie, weshalb zur Erklärung von Unterentwicklung eindimensionale Ansätze nicht ausreichen.
- ○ Erläutern Sie, weshalb man den Gegensatz zwischen Industrie- und Entwicklungsländern als „Nord-Süd-*Konflikt*" bezeichnen muß.
- ○ Welche Strategien verfolgten die Entwicklungsländer bislang, um ihre Unterentwicklung zu überwinden? Wie effektiv bzw. wie erfolgreich waren diese Anstrengungen?
- ○ Skizzieren Sie das Modell einer Neuen Weltwirtschaftsordnung, wie es vor allem von seiten der Entwicklungsländer gefordert wird, und beurteilen Sie dessen Chancen und Risiken.
- ○ Wie beurteilen Sie – neben allen Anstrengungen, die Ursachen von Unterentwicklung zu beheben – die Appelle an eine weltweite Solidarität und eine Sensibilisierung der Öffentlichkeit (insbesondere in den Industrieländern)?

Wichtige Daten

19. Dezember 1961
Generalversammlung der Vereinten Nationen verkündet die erste Entwicklungsdekade.

9.–18. Juli 1962
Erste Wirtschaftskonferenz von blockfreien Staaten und Entwicklungsländern in Kairo.

23. 3./16. 6. 1964
Erste UNCTAD-Konferenz in Genf

22. November 1966
Gründung der United Nations Industrial Development Organization (UNIDO)

30. Oktober 1967
Vorlage des Pearson-Berichts zur internationalen Gestaltung der Entwicklungspolitik

12. Dezember 1974
Die Generalversammlung der Vereinten Nationen verabschiedet die Charta der wirtschaftlichen Rechte und Pflichten der Staaten.

20. Dezember 1979
Die Nord-Süd-Kommission (Vorsitz: Willy Brandt) legt unter dem Titel: „Das Überleben sichern“ ihren Bericht vor.

22./23. Oktober 1981
Treffen von 22 Staats- und Regierungschefs aus Industrie- und Entwicklungsländern in Cancun (Mexiko) schafft neue Basis des Vertrauens.

Wichtige Begriffe

Unterentwicklung

Dritte Welt

Vierte Welt

Schwellenländer

Nord-Süd-Konflikt

terms of trade

Neue Weltwirtschaftsordnung

„Gruppe der 77“

UNCTAD

Pearson-Bericht

Entwicklungsdekaden

UNIDO

Charta von Algier

Nord-Süd-Kommission

Lomé-III-Abkommen

Wichtige Daten

7./12. März 1983
Staats- und Regierungschefs der Blockfreien beschwören in ihrer „Botschaft von Neu Delhi“ die globale gemeinsame Solidarität.

8. Dezember 1984
Unterzeichnung des III. Abkommens von Lomé, das erstmals von der Sorge um die Entfaltung des Menschen und der jeweiligen Nationalen Identität geprägt wird.

Auswahlbibliographie

Gesamtdarstellungen

Addicks, G./Brünning, H.-H.: Strategien der Entwicklungspolitik. Stuttgart 1979.
Auswärtiges Amt (Hrsg.): Dritte Welt. Materialien zur Politik der Bundesrepublik Deutschland. Bonn 1979.
Behrendt, Richard, F.: Soziale Strategie für Entwicklungsländer. Frankfurt 1965.
Berg-Schlosser, Dirk (Hrsg.): Die politischen Probleme der Dritten Welt. Hamburg 1972.
Betz, Joachim/Matthies, Volker (Red.): Jahrbuch der Dritten Welt. 3 Bde. München 1983/1985.
Bohnet, M. (Hrsg.): Das Nord-Süd-Problem. München 1971.
Brandt, Willy (Hrsg.): Bericht der Nord-Süd-Kommission. Das Überleben sichern. Köln 1980.
Dennhardt, J./Pater, S. (Hrsg.): Entwicklung muß von unten kommen. Reinbek 1980.
Engels, Benno/Khan, K./Matthies, Volker (Hrsg.): Weltwirtschaftsordnung am Wendepunkt: Konflikt oder Kooperation? München 1975.
Eppler, Erhard: Wenig Zeit für die Dritte Welt. Stuttgart [3]1971.
Grimm, Klaus: Theorien der Unterentwicklung und Entwicklungsstrategien. Opladen 1979.
Harrison, Paul: Die Zukunft der Dritten Welt. (Engl. Originalausgabe 1980) Reinbek 1984.
Heinz, W. S.: Menschenrechte und Dritte Welt. Frankfurt 1980.
Jonas, R./Tietzel, Manfred (Hrsg.): Die Neuordnung der Weltwirtschaft. Bonn 1976.

Landeszentrale für politische Bildung des Landes NRW (Hrsg.): Weltwirtschaftsordnung. Köln 1979.

Langhammer, Rolf J./Stecker, Bernd: Der Nord-Süd-Konflikt. Die Spielregeln der Weltwirtschaft im Brennpunkt. Würzburg 1980.

Matthies, Volker: Neue Weltwirtschaftsordnung. Opladen 1980.

Myrdal, Gunnar: Politisches Manifest über die Armut. Frankfurt 1972.

Nohlen, Dieter (Hrsg.): Lexikon der Dritten Welt. Baden-Baden 1980.

Ders./Nuscheler, Franz (Hrsg.): Handbuch der Dritten Welt. 8 Bände. Hamburg [2]1982.

Opitz, Peter J. (Hrsg.): Weltprobleme. München 1980.

Riegel, K.-G.: Politische Soziologie unter industrialisierter Gesellschaft: Entwicklungsländer. Wiesbaden 1976.

Schmidt, A. (Hrsg.): Strategien gegen Unterentwicklung. Zwischen Weltmarkt und Eigenständigkeit. Frankfurt 1976.

Senghaas, Dieter: Weltwirtschaftsordnung und Entwicklungspolitik. Plädoyer für Dissoziation. Frankfurt 1977.

Timmer, Markus: Können und Wollen. Die Strategie für das zweite Jahrzehnt der Entwicklung. Stuttgart 1972.

Tinbergen, Jan (Hrsg.): Der Dialog Nord-Süd. Informationen zur Entwicklungspolitik. Köln 1977.

Todaro, Michael P.: Economic Development in the Third World. London 1977.

Urff, W. von (Hrsg.): Wachstum, Einkommensverteilung und Beschäftigung in Entwicklungsländern. Berlin 1978.

Zwiefelhofer, Hans: Neue Weltwirtschaftsordnung und katholische Soziallehre. München 1980.

Spezielle Studien

Brandt, Willy (Hrsg.): Hilfe in der Weltkrise. Ein Sofortprogramm. Der 2. Bericht der Nord-Süd-Kommission. Hamburg 1983.

Datta, Asit: Welthandel und Welthunger. München 1984.

Evers, Hans-Dieter/Senghaas, Dieter/Wienholtz, Huberta (Hrsg.): Auf dem Weg zu einer Neuen Weltwirtschaftsordnung? Bedingungen und Grenzen für eine eigenständige Entwicklung. Baden-Baden 1983.

Ferdowsi, Mir A. (Hrsg.): Die Verträge von Lomé zwischen Modell und Mythos. München 1983.

Fritsch, Dieter: „Lomé III" – Das neue Abkommen zwischen der Europäischen Gemeinschaft und den AKP-Staaten. In: Europa Archiv 1985, S. 57–68.

Geiger, Wolfgang/Mansilla, H. C. F.: Unterentwicklung. Theorien und Strategien zu ihrer Überwindung. Frankfurt 1983.

Gerth-Wellmann, Hella: Die Lomé-Politik der Europäischen Gemeinschaft. Hintergründe, Inhalte, Ergebnisse und Perspektiven. München 1984.

Hohnholz, Jürgen H. (Hrsg.): Die Armut der ländlichen Bevölkerung in der Dritten Welt – Möglichkeiten zur Verbesserung der Lebensbedingungen. Baden-Baden 1980.

Krämer, Georg: Pädagogische Aspekte entwicklungspolitischer Öffentlichkeitsarbeit. Frankfurt 1980.

Küng, Emil: Der arme Süden und der reiche Norden. Ein Marshall-Plan für die Dritte Welt? Stuttgart 1981.

Matthies, Volker (Hrsg.): Süd-Süd-Beziehungen. Zur Kommunikation, Kooperation und Solidarität zwischen Entwicklungsländern. München 1982.

Müller-Godelfroy, Heinrich u. a.: Der neue Protektorismus – zur politischen Ökonomie von Handelsbeschränkungen gegenüber Fertigwarenexporten aus Entwicklungsländern. Bonn 1982.

Ruiger, Karlernst (Hrsg.): Perspektiven der Entwicklungspolitik. Tübingen 1981.

Simonis, Udo E. (Hrsg.): Entwicklungsländer in der Finanzkrise. Probleme und Perspektiven. Berlin 1983.

Ders. (Hrsg.): Ordnungspolitische Fragen zum Nord-Süd-Konflikt. Berlin 1983.

Späth, Lothar/Dräger, Heinrich (Hrsg.): Arbeitslosigkeit als Schicksal? Beschäftigungsprobleme in der Dritten Welt. Stuttgart 1983.

Timmler, Markus: Die Konferenz der „Gruppe 77" und die Charta von Algier. Köln 1968.

Zwiefelhofer, Hans (Hrsg.): Entwicklung heißt: Befreiung und Gerechtigkeit. Stellungnahmen aus der Katholischen Kirche in der Bundesrepublik Deutschland zur Dritten Welt. München 1983.

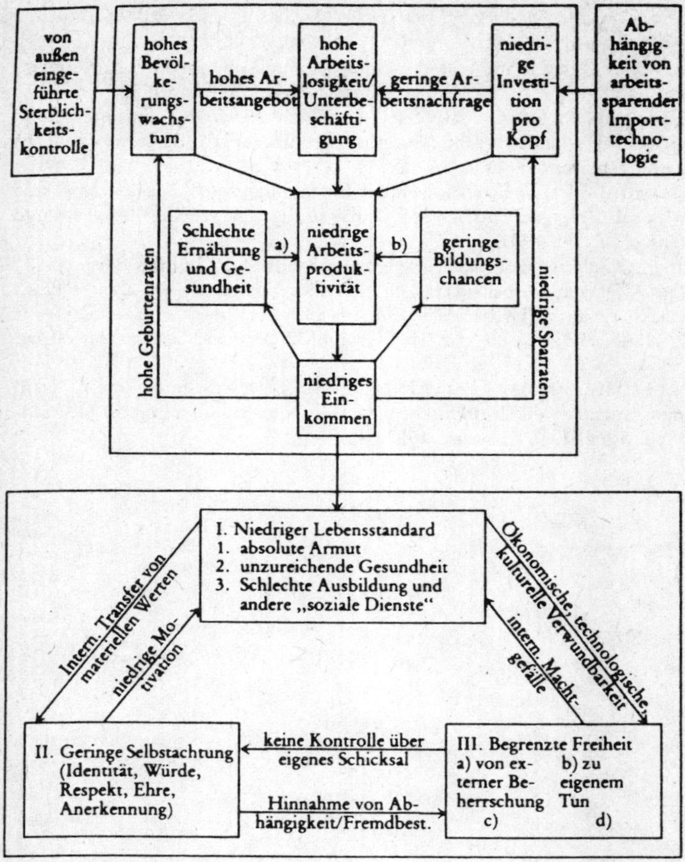

a) = niedrige Arbeitsmotivation

b) = unzulängliche Managementfähigkeiten

c) = Handel, private und öffentliche Hilfe, Technologie, Bildung, Werte und Lebensstil

d) = materieller Gewinn, Muße, Kontemplation, Schönheit, Lebensstil

Multidimensionales Faktoren-Schema von Unterentwicklung(nach Michael Todaro: Economic Development in the Third World. London 1977, S. 65. – (Aus: Nohlen, Dieter/Nuscheler, Franz (Hrsg.): Handbuch der Dritten Welt. Bd. 1 Hamburg ²1982, S. 46. © Hoffmann und Campe)

Die internationale Friedenssicherung

Der Zweite Weltkrieg endete nicht mit der bedingungslosen Kapitulation der deutschen Wehrmacht: In Ostasien setzten die Alliierten den Kampf gegen das japanische Kaiserreich bis in den Hochsommer fort. Die beiden Atombomben, die in Hiroshima und Nagasaki fast 200 000 Tote forderten, machten der Weltöffentlichkeit schlagartig bewußt, daß die Epoche der souveränen Nationalstaaten abgeschlossen war. An die Stelle der Außenpolitik und der Internationalen Beziehung trat die Weltpolitik. Sie machte aus vielen Staaten, die bis zum Ende des Zweiten Weltkriegs in der Regel ihre eigenen Interessen verfolgt hatten, eine Weltgesellschaft.

Die Glieder dieser Gesellschaft sind voneinander abhängig: Wirtschaftlich eingebunden in ein System internationaler Arbeitsteilung und politisch stets beeinflußbar durch die Aktionen und Reaktionen anderer Mächte und internationaler Organisationen, bleiben sie angewiesen auf den Friedenswillen und die Kooperationsbereitschaft der Staaten und Bündnissysteme mit konkurrierenden Zielen und Wertvorstellungen. Insofern haben alle Glieder der Weltgesellschaft ein gemeinsames Interesse an Frieden und Sicherheit bei unterschiedlichen staatlichen Interessen und Ausgangsbedingungen.

Die Weltgesellschaft ist hierarchisch gegliedert: Neben den Weltmächten stehen starke Partner- und Einzelstaaten, die das politische Gesamtsystem zu destabilisieren vermögen. Konflikte müssen regional begrenzt werden und erhalten dennoch eine große, auf die Supermächte ausstrahlende Bedeutung als „Stellvertreterkriege". Weltmächte, Atommächte und starke Weltwirtschaftsmächte sind nicht mehr Herr der eigenen Geschicke, sondern abhängig vom globalen System, von der Dritten Welt und den „Schwellenländern" an der Grenze zur Industrialisierung, zur Atombewaffnung und zur „Moderne". Die Weltgesellschaft zeichnet sich mithin nicht durch die Aufhebung von Gefahren für Frieden und Gleichgewicht, für Stabilität und Sicherheit aus: In ihr existieren vielfältige Abhängigkeiten, die im Gegensatz zu vorangegangenen Jahrhunderten nicht mehr militärisch gemildert oder beseitigt werden können. Mit den Atombombenexplosionen vom 6. und 9. August 1945 schien der Krieg „nicht mehr zu retten" zu sein, die Weltgesellschaft war auf eine möglichst gewaltlose Lösung ihrer internen Konflikte angewiesen. Damit schien eine alte Vision der Menschheit realisierbar geworden zu sein, die auch nach dem Ersten Weltkrieg große Anziehungskraft entfalten konnte: Der Weltfrieden sollte durch eine Organisation möglichst aller Nationen gesichert werden, die Gremien zur Erörterung gegensätzlicher einzelstaatlicher Interessenlagen und zur Entscheidung von Streitfragen vorsah. Internationale Gerichtsbarkeit, verbindliche Regeln für den zwischenstaatlichen Verkehr und sogar Ansätze einer übernationalen Zwangsgewalt in Form einer übernationalen „Friedenstruppe" sollten die Entstehung einer Weltinnenpolitik und damit das Ende der Epoche weltübergreifender Kriege ermöglichen.

Neben der Entwicklung einer überstaatlichen Friedensorganisation blieb den Einzelstaaten die Sicherung des Friedens durch Abrüstung, durch internationale Verhandlungen und Verträge, durch weltwirtschaftliche Verflechtungen und schließlich durch vertrauensbildende Maßnahmen untereinander und gegenseitig aufgetragen. Denn die Weltgesellschaft zeichnet sich nicht durch eine konfliktfreie Weltpolitik aus. Dazu sind die Interessen der Mächte und Blöcke zu gegensätzlich. Weltpolitik muß angesichts globaler Bedrohung und der von begrenzten Konflikten ausgehenden allgemeinen Gefährdung der Menschheit jedoch danach streben, die entstehenden Auseinandersetzungen gewaltfrei und unkriegerisch zu lösen.

16. Die Vereinten Nationen

Die Vereinten Nationen sollten als internationale Organisation ein System allgemeiner Sicherheit und Partnerschaft darstellen und „künftige Geschlechter vor der Geißel des Krieges" bewahren. Die Gründung ist nur vor dem Hintergrund der Erfahrungen zu verstehen, die die Welt mit dem Völkerbund gemacht hatte. Hatten 1919 die Vereinigten Staaten nicht die Verantwortung für das neue System kollektiver Sicherheit übernehmen wollen, so waren sie unter dem Eindruck der Auseinandersetzung mit den Achsenmächten und Japan entschlossen, eine internationale Friedensordnung zu gründen.

Bereits in der Erklärung des amerikanischen Präsidenten Roosevelt und des britischen Premierministers Churchill über die Friedensziele vom 14. 8. 1941, als „Atlantik-Charta" bezeichnet, wurden Grundlagen neuer internationaler Beziehungen angesprochen: freier Handelsverkehr, Freiheit der Meere, Abrüstung und Selbstbestimmungsrecht der Völker standen neben der Verteidigung des Status quo und der Verpflichtung zur gerechten Verteilung der Rohstoffe (vgl. S. 134 ff.) Die Moskauer Außenministerkonferenz endete mit einer Erklärung der „vier Großmächte" China, UdSSR, Großbritannien und USA zur Gründung einer globalen internationalen Organisation, deren Hauptziel die Friedenssicherung sein sollte. Während der Konferenz von Teheran bekräftigten Stalin und die beiden Führer der westlichen Alliierten, Roosevelt und

Churchill, diese Deklaration und beschlossen, im Zuge einer Vorbereitungskonferenz weitere Fragen zu klären. Diese Konferenz fand vom 21. 8. bis zum 7. 10. 1944 in Dumbarton Oaks statt und legte einen Satzungsentwurf vor, der allerdings nur das Hauptziel der Friedenssicherung fixierte. Meinungsverschiedenheiten betrafen vor allem die Verteilung des Einflusses in den Gremien der United Nations und die Berücksichtigung der Großmachtinteressen.

Kontrovers war auch die Verankerung der Menschenrechte in der Charta der Vereinten Nationen. Auf der Konferenz von Jalta konnten im Februar 1945 die Streitfragen gelöst werden. Stalin akzeptierte ein modifiziertes Vetorecht, Churchill und Roosevelt nahmen die Mitgliedschaft der Ukraine und Weißrußlands als Vollmitglieder hin. Ende Juni 1945 unterzeichneten die Vertreter der ersten fünfzig Mitgliedstaaten auf der Konferenz von San Francisco die Charta der Vereinten Nationen. Sie trat zum 24. 10. 1945 in Kraft.

Die Charta legte hohe Ziele fest: Erhaltung des Friedens in der Welt, Anerkennung der Menschenrechte, Entwicklung der Welt in sozialer und wirtschaftlicher Hinsicht. Weltweite Abrüstung, freundschaftliche Beziehungen unter Anerkennung von Gleichberechtigung und Selbstbestimmung zwischen Staaten und Rassen, aber auch Schutz des einzelnen Menschen und seiner Persönlichkeit. Diese Ziele bestimmten die Tätigkeit der Organe der UNO; gleichzeitig begrenzten sie aber auch Einfluß- und Einwirkungsmöglichkeiten, denn die Friedenssicherung war niemals das Monopol der UNO. Vielmehr wurde den einzelnen Staaten das Recht eingeräumt, sich gegen Angriffe von außen zu verteidigen und Selbstverteidigungsbündnisse zu schaffen. Die Anerkennung kollektiver und einzelstaatlicher Selbstverteidigung fand ihre Ergänzung im Verzicht auf den Eingriff in innerstaatliche Angelegenheiten. Dies bedeutete den Verzicht auf Interventionen gegen Menschenrechtsverletzungen, die in der Allgemeinen Erklärung der Menschenrechte vom 10. 12. 1948 abgelehnt worden waren. Auch der in seinen Menschenrechten beschränkte Bürger eines Staates kann sich dennoch nicht an die UNO wenden.

So liegen bereits in der Entstehungsgeschichte der Vereinten Nationen und in ihren Organisationsprinzipien die Ursachen für das erneute Scheitern der Völkerbundidee. Der moralische Anspruch geriet in Streit mit der innerstaatlichen und außenpolitischen Realität. Es entstand eine nicht zu lösende Diskrepanz, die auch das Selbstverständnis und die gegenüber den Vereinten Nationen eingegangenen Verpflichtungen der Staaten berührte. Die Mitgliedsstaaten konnten nicht zur Erfüllung ihrer Verpflichtungen gezwungen werden. Der Verzicht auf kriegerische Machtpolitik erfolgte nur freiwillig und kollidierte immer wieder mit dem einzelstaatlichen Egoismus und den Interessen der Supermächte.

Dennoch haben die Vereinten Nationen eine wichtige Funktion. Regelmäßig treffen sich Außen-, Wirtschafts- und Kulturpolitiker aller Nationen und diskutieren über die Grundzüge, die Folgen und die Perspektiven ihrer Politik. In der Generalversammlung erhalten auch die Vertreter kleinerer Staaten ein freies Mitspracherecht und vergleichsweise großen Einfluß auf der Grundlage des Prinzips der Stimmengleichheit. Die Generalversammlung kann Empfehlungen formulieren; Aktionen der UNO können jedoch nur im Sicherheitsrat beschlossen werden. Die Einzelstaaten können auf die Verwaltung der UNO und nicht zuletzt auf die Tochterorganisationen Einfluß ausüben. Insbesondere die Entwicklungsländer können ihre Position in den Organen und Gremien der UNO nutzen.

Andererseits sind viele Mitgliedsstaaten abhängig von den Supermächten und den Großmächten, die im Sicherheitsrat einen ständigen Sitz einnehmen und auch das Vetorecht besitzen. Sie bilden deshalb vielfach die Klientel dieser Mächte und übernehmen in den alljährlichen Generalversammlungen die globalen Strukturen des Kampfes um Macht und Einfluß. Auch der Generalsekretär ist zunehmend in die Abhängigkeit von Sicherheitsrat und Generalversammlung geraten und kann keine eigenständige Politik zur Sicherung des Weltfriedens und der internationalen Partnerschaft entwickeln. Er ist Mittler von Interessen und Positionen: Seine Stärke resultiert aus seiner moralischen Autorität und seiner Persönlichkeit.

Entscheidungszentrum ist der Sicherheitsrat, dem in erster Linie die Verantwortung für den internationalen Frieden obliegt. In ihm verwirklicht sich die Vormachtstellung der Großmächte USA, UdSSR, Großbritannien, Frankreich und China. Gegen das Veto auch nur eines dieser Staaten kann keine Entscheidung darüber fallen, ob ein kriegerischer Konflikt als Friedensbedrohung oder als Aggression einzuschätzen ist. Ebenso entscheidet der Sicherheitsrat über den Einsatz der UN-Friedenstruppen – internationale Verbände, die nicht unmittelbar in die militärischen Kämpfe eingreifen dürfen, sondern lediglich „Friedenszonen" zu sichern haben.

Angesichts der Einflußmöglichkeiten der Staaten mit ständigem Sitz im Sicherheitsrat und ihrer sich gegenseitig blockierenden Interessen ist es nicht überraschend, daß die Geschichte der UNO durch wenige Erfolge bei vielen Mißerfolgen und einen unaufhaltsamen Verlust politischer Wirkung gekennzeichnet werden kann. Die Entstehung einer „Weltinnenpolitik" erwies sich als irreale Utopie. Dennoch konnte mit Hilfe der Vereinten Nationen nach 1945 mancher Krisenherd eingedämmt werden. Politische Gegensätze konnten öffentlich erörtert und gemildert werden, und selbst die Supermächte waren abhängig von der Weltöffentlichkeit und Weltmeinung, die sich mit zunehmender Schwäche der UNO artikulierte. In Konfliktregionen blieb die UNO präsent. Allerdings versagte sie völlig vor der Aufgabe, die atomare Rüstung zu beschränken oder weltweite Abrüstungsmaßnahmen einzuleiten. So muß jede Bewertung zwiespältig sein: Die Wünsche des Jahres 1945, „eine Welt" zu schaffen, erfüllten sich nicht. Dennoch blieb die UNO eine schwache Hoffnung für alle, die in der Ächtung des Krieges eine Voraussetzung für Menschenwürde und das Überleben der Menschheit sahen.

Die friedensstiftende und -sichernde Funktion mußte deshalb von den einzelnen Mächten übernommen werden. Dies förderte die Verteidigung des Status quo: Die jeweiligen Einflußbereiche und Herrschaftszonen der großen Mächte sollten vom politischen und ideologischen Gegner respektiert werden. Die Ausgangsposition der USA war zunächst außerordentlich günstig, denn sie waren als militärische und wirtschaftliche Supermacht aus dem Zweiten Weltkrieg hervorgegangen. Deshalb versuchten sie, die Weltwirtschaft im liberalen Sinne zu prägen. Eine internationale Finanz- und Währungskonferenz verpflichtete 44 Staaten auf den amerikanischen Dollar als Leitwährung bei festen Wechselkursen und freier Konvertibilität. Dieses System von Bretton Woods behauptete sich bis zum Beginn der siebziger Jahre; es wurde durch ein allgemeines Zoll- und Handelsabkommen (GATT = General Agreement on Tariffs and Trade) ergänzt. Das GATT räumte allen Mitgliedsstaaten die Meistbegünstigungsklausel ein. Alle Vertragsstaaten erhielten gleich gute handelspolitische Vergünstigungen. So liberalisieren alle GATT-Staaten den Welthandel in einem bis dahin nicht gekannten Ausmaß.

Der neuen Weltwirtschaftsordnung entsprach in politischer Hinsicht die Vision einer „Pax Americana", einer umfassenden, von den USA garantierten Friedensordnung. Als sich die ursprünglich gehegte Hoffnung zerschlug, den Frieden durch eine amerikanisch-sowjetische Zusammenarbeit sichern zu können, wie sie in den Vereinten Nationen zum Ausdruck kam, mußte der Frieden durch Regionalpakte und zweiseitige Abkommen stabilisiert und mußten gleichzeitig die Einflußzonen der Supermächte zementiert werden. Trotz des Kalten Krieges, der sich nach 1945 abzeichnete und der die USA und die UdSSR im Kampf um die jeweilige Vormachtstellung aufeinanderprallen ließ, änderte sich an der Teilung der Welt nach 1945 nichts Grundlegendes. Lediglich die Kriegsgefahr konnte im Lauf der Jahrzehnte verringert werden, ohne daß die Kriegsfurcht die Völker und Menschen jemals verließ. Denn allen war bewußt, daß ein neuer Weltkrieg die Zerstörung der Welt und die Vernichtung des menschlichen Lebens bedeutete.

Quelle

Aus der „Charta der Vereinten Nationen“ vom 26. Juni 1945

... Artikel 1

Die Vereinten Nationen setzen sich folgende Ziele:

1. den Weltfrieden und die internationale Sicherheit zu wahren und zu diesem Zweck wirksame Kollektivmaßnahmen zu treffen, um Bedrohungen des Friedens zu verhüten und zu beseitigen, Angriffshandlungen und andere Friedensbrüche zu unterdrücken und internationale Streitigkeiten oder Situationen, die zu einem Friedensbruch führen könnten, durch friedliche Mittel nach den Grundsätzen der Gerechtigkeit und des Völkerrechts zu bereinigen oder beizulegen;

2. freundschaftliche, auf der Achtung vor dem Grundsatz der Gleichberechtigung und Selbstbestimmung der Völker beruhende Beziehungen zwischen den Nationen zu entwickeln und andere geeignete Maßnahmen zur Festigung des Weltfriedens zu treffen;

3. eine internationale Zusammenarbeit herbeizuführen, um internationale Probleme wirtschaftlicher, sozialer, kultureller und humanitärer Art zu lösen und die Achtung vor den Menschenrechten und Grundfreiheiten für alle ohne Unterschied der Rasse, des Geschlechts, der Sprache oder der Religion zu fördern und zu festigen;

4. ein Mittelpunkt zu sein, in dem die Bemühungen der Nationen zur Verwirklichung dieser gemeinsamen Ziele aufeinander abgestimmt werden.

Artikel 2

Die Organisationen und ihre Mitglieder handeln im Verfolg der in Artikel 1 dargelegten Ziele nach folgenden Grundsätzen:

1. Die Organisation beruht auf dem Grundsatz der souveränen Gleichheit aller ihrer Mitglieder.

2. Alle Mitglieder erfüllen, um ihnen allen die aus der Mitgliedschaft erwachsenden Rechte und Vorteile zu sichern, nach Treu und Glauben die Verpflichtungen, die sie mit dieser Charta übernehmen.

3. Alle Mitglieder legen ihre internationalen Streitigkeiten durch friedliche Mittel so bei, daß der Weltfriede, die internationale Sicherheit und die Gerechtigkeit nicht gefährdet werden.

4. Alle Mitglieder unterlassen in ihren internationalen Beziehungen jede gegen die territoriale Unversehrtheit oder die politische Unabhängigkeit eines Staates gerichtete oder sonst mit den Zielen der Vereinten Nationen unvereinbare Androhung oder Anwendung von Gewalt.

5. Alle Mitglieder leisten den Vereinten Nationen jeglichen Beistand bei jeder Maßnahme, welche die Organisation im Einklang mit dieser Charta ergreift; sie leisten einem Staat, gegen den die Organisation Vorbeugungs- oder Zwangsmaßnahmen ergreift, keinen Beistand.

6. Die Organisation trägt dafür Sorge, daß Staaten, die nicht Mitglieder der Vereinten Nationen sind, insoweit nach diesen Grundsätzen handeln, als dies zur Wahrung des Weltfriedens und der internationalen Sicherheit, erforderlich ist.

7. Aus dieser Charta kann eine Befugnis der Vereinten Nationen zum Eingreifen in Angelegenheiten, die ihrem Wesen nach zur inneren Zuständigkeit eines Staates gehören, oder eine Verpflichtung der Mitglieder, solche Angelegenheiten einer Regelung auf Grund dieser Charta zu unterwerfen, nicht abgeleitet werden; die Anwendung von Zwangsmaßnahmen nach Kapitel VII wird durch diesen Grundsatz nicht berührt.

Fragen und Aufgaben

- ○ Welche Interessen beeinflußten die Gründung der UNO?
- ○ Welche Faktoren bedingen die Schwäche der Vereinten Nationen?
- ○ Wie entwickelte sich das Kräfteverhältnis innerhalb der UNO?
- ○ Bedenken Sie den Wandel der UNO von einer Organisation im Spannungsverhältnis zwischen den Supermächten zu ihrer Rolle im Nord-Süd-Konflikt.
- ○ Welche Instrumente zur Friedenssicherung stehen der UNO zur Verfügung?

Wichtige Begriffe

Atlantik-Charta
Weltgesellschaft
Weltinnenpolitik
Vereinte Nationen
Friedenstruppen
Generalsekretär
Menschenrechte
Souveränität
Supermächte
Sicherheitsrat
Pax Americana
Kalter Krieg
Veto
Vollversammlung
UNESCO

17. Krisenherde der Weltpolitik

Die politische und ideologische Spaltung der Welt war besonders in der Mitte Europas sichtbar. Ein „Eiserner Vorhang“ teilte den Erdteil vom Nordmeer bis zum Mittelmeer und war besonders im besiegten Deutschen Reich und der ehemaligen Reichshauptstadt Berlin spürbar. Trotz aller Gegensätze und Konflikte, Spannungen und Gefahren brach in der Mitte Europas nach 1945 jedoch kein neuer Krieg aus. Vielmehr fanden die militärischen Auseinandersetzungen an der „Peripherie“ statt: Stellvertreterkriege lenkten den Blick auf Korea, den Nahen Osten, schließlich auf Südostasien. Die Weltöffentlichkeit empfand überdies die Berlin- und die Kuba-Krise als brisante Gefahr und letzte Schwelle vor dem bewaffneten Konflikt zwischen den Supermächten. Die Wandlungen innerhalb der Blöcke – in Polen und Ungarn auf der einen, in Mittelamerika auf der anderen Seite und schließlich die Verschärfung der Konflikte in Afrika seit den siebziger Jahren – entfalteten jedoch eine destabilisierende Wirkung und gefährdeten mit dem Status quo die Abgrenzung der Blöcke.

Die internationalen Konflikte der Nachkriegszeit folgten aus der Ost-West-Konfrontation oder entstanden aus regionalen, historisch bedingten Gegensätzen und zogen die Ost-West-Beziehungen in ihren Bann. Sie entzündeten sich an Auseinandersetzungen um Grenzfragen oder um die Gleichberechtigung ethnischer und religiöser Minderheiten. In der Regel führt jeder Versuch, die großen Konflikte nach 1945 zu verstehen, in die Vergangenheit – im Extremfall um Jahrtausende zurück. „Diese Erfahrung allein sollte Verächtern der älteren Geschichte und den Verfechtern einer meist ganz eng auf die Industrialisierung des je eigenen Landes beschränkten Wirtschafts- und Sozialgeschichte oder gar der Zeitgeschichte zu denken geben.“ (I. Geiss) So spiegeln die Auseinandersetzungen in der Dritten Welt in der Regel politisch und sozial nicht bewältigte Ereignisse und Entwicklungen der Vergangenheit, die Folgen „unbewältigter Eroberungen“ und der expansiven europäischen Kolonialherrschaft.

Aber auch innerhalb der Blöcke entstanden Spannungen, die nur historisch zu erklären sind und ihre Brisanz nicht zuletzt aus historischen Erfahrungen der betroffenen Bevölkerungsgruppen erhielten. Die bürgerkriegsähnlichen Auseinandersetzungen in Griechenland (1945–1949), in der Tschechoslowakei (1948) und schließlich in Polen und Ungarn (1956) spiegeln stets historisch entstandene ideologische Gegensätze.

Die wichtigsten internationalen Zusammenstöße ereigneten sich in Korea (1950–1953) und im Nahen Osten, wo seit 1948 insgesamt vier Kriege stattfanden, und schließlich in Vietnam. Die Gefahren eines atomaren

Krieges wurden 1962 während der Kuba-Krise sichtbar. Die Berlin-Krise ließ eine Konfrontation innerhalb Europas denkbar erscheinen. Diese Spannungen sind ebenso wie die wichtigen Regionalkonflikte zwischen Indien und Pakistan, zwischen China und Indien, schließlich zwischen Äthiopien und Somalia sowie zwischen dem Iran und dem Irak bis heute nicht endgültig entschärft und bleiben weiterhin von der Konfrontation und Kooperation zwischen den Weltmächten abhängig.

Einige dieser Krisenherde sind, wenigstens in Umrissen, in den vorangegangenen Kapiteln skizziert worden. An dieser Stelle beschränken wir uns deshalb auf die Kurzdarstellung von drei exemplarischen Konflikten: auf die *Berlin-Krise* wegen ihrer deutschlandpolitischen Bedeutung, auf die *Kuba-Krise* als Wendepunkt vom Kalten Krieg zur Kooperation der Supermächte und auf den *Nahost-Konflikt* wegen seiner auch heute noch anhaltenden Brisanz.

Die Berlin-Krise

Die deutsche Teilung war am stärksten in Berlin spürbar. Die ehemalige Reichshauptstadt stand unter alliierter Gesamtkontrolle. Als sich die Gründung eines Weststaats abzeichnete, zog sich die UdSSR aus dem Alliierten Kontrollrat zurück. Die Einführung der Westwährung am 24. 6. 1948 nahm die UdSSR zum Anlaß, die drei Westsektoren Berlins zu blockieren. Alle Land- und Wasserwege wurden gesperrt. Die Berliner Blockade spitzte die Auseinandersetzung zwischen den Supermächten erstmals zu und rückte die Wirklichkeit des „Kalten Krieges“ in das Bewußtsein der Weltöffentlichkeit.

Die Briten und Amerikaner versorgten Berlin durch eine Luftbrücke und konnten auf diese Weise verhindern, daß „Großberlin“ unter kommunistischen Einfluß geriet. Berlin wurde zum Symbol der freien Welt und der ideologischen Auseinandersetzung. In der Stadt breitete sich ein entschlossener Widerstandswille aus, der aus einem starken Antikommunismus gespeist wurde. In der deutschen Bevölkerung setzte eine breite Solidarisierung ein, die auch zunehmende Resonanz in den USA und in Westeuropa fand. Die Gesamtverantwortung der Westmächte für Berlin stand seit diesen Tagen niemals in Frage.

Die USA waren bei aller Entschiedenheit nicht bereit, für Berlin einen Krieg zu riskieren. Die Machtprobe sollte begrenzt bleiben und erhielt so vor allem eine symbolische Bedeutung. Auch die UdSSR vermied eine unkalkulierbare Eskalation. So wurde nach fast einem Jahr, am 12. 5. 1949, die Blockade beendet. Berlins Lage blieb freilich vorerst prekär: Kontrollen, Manöver und Machtdemonstrationen machten die Landwege keineswegs sicher oder kalkulierbar. Nicht selten nahmen die Grenzkontrollen viele Stunden in Anspruch. Die westlichen Zugangswege wurden später immer sicherer und konnten schließlich im Zusammenhang mit den Ostverträgen und dem deutsch-deutschen Grundlagenvertrag weitgehend normalisiert werden.

Die Beendigung der Blockade Berlins leitete einen „Zwischenakt" ein, der vor allem durch Kontroversen über die Zuordnung der beiden Teile Berlins zu den getrennten Teilen Deutschlands geprägt war. Die Rechtsangleichung zwischen Berlin (West) und der Bundesrepublik war das Ergebnis komplizierter institutioneller Prozesse: Jedes Gesetz des Bundes wurde eigens vom Abgeordnetenhaus übernommen. So konnte Rechtsgleichheit zwischen dem Westen Deutschlands und den westlichen Sektoren hergestellt werden. Die sowjetische Kontrollmacht reagierte allerdings scharf ablehnend auf jede Andeutung der Bundespräsenz. Sitzungen des Bundestags im Reichstagsgebäude, Staatsbesuche und vor allem die Wahlen von Bundespräsidenten in Berlin führten zu scharfen Protesten, Kontrollen der Zugangswege durch die DDR und zu Überschallflügen sowjetischer Düsenjäger über dem Westteil der Stadt. Die Einbindung Ost-Berlins in die DDR gestaltete sich hingegen unkomplizierter, nicht zuletzt wegen der Gunst der geographischen Verhältnisse. Seit dem Ende der fünfziger Jahre bezeichnete die DDR-Führung Ostberlin als „Hauptstadt der DDR" und führte sogar militärische Paraden in der einstmals entmilitarisierten Stadt durch.

Der „Zwischenakt" endete im Jahre 1958 in einer großen Krise, die im Zusammenhang einer allgemein verschärften Ost-West-Spannung gesehen werden muß. Zwischen 1954 und 1958 war die Bundesrepublik Deutschland endgültig in das westliche Verteidigungs- und Sicherheitssystem integriert worden. Die Entkolonialisierung hatte andererseits viele der westlichen Staaten geschwächt und partiell sogar gelähmt: Insbesondere Frankreich konnte sich als Kolonialmacht von der militärischen Niederlage in Südostasien und dem erbittert ausgefochtenen Algerien-Krieg nicht mehr erholen. Auch England verlor zusehends an Einfluß und konnte nicht immer die Dämme sichern, die vor dem Rückzug aus Ostafrika, dem Nahen und Mittleren Osten und in Asien errichtet worden waren. Die Behauptung der Kolonialherrschaft durch Spanien und Portugal führte ebenso zur Diskreditierung der westlichen Welt wie die Politik der USA in Süd- und Mittelamerika. Der „häßliche Amerikaner" wurde zum zeitspezifischen Typus einer fragwürdig gewordenen Lebensform.

Die Bundesrepublik Deutschland war in besonderer Weise auf den Schutz durch amerikanische Truppen und Waffen angewiesen. Gleichzeitig lehnte sie jede Anerkennung der deutschen Teilung ab und erhob einen „Alleinvertretungsanspruch" (Hallstein-Doktrin). Die Erbitterung über die „totalitären" Lebensverhältnisse im Osten nahm zu, als der sowjetische Ministerpräsident Chruschtschow im Herbst 1958 die Aufhebung der Besatzungsrechte in Berlin forderte und die Schaffung einer „entmilitarisierten Freien Stadt Westberlin" anregte. Für den Fall einer Weigerung der Westmächte kündigte er die Übertragung der vollen Souveränitätsrechte an die DDR an.

Die Westmächte und die Bundesregierung erteilten Chruschtschows Drohung eine deutliche Absage und bekräftigten ihren Willen, die Rechte der Alliierten in Berlin zu verteidigen. Diese Erklärung war für alle NATO-Staaten ebenso verbindlich, wie der sowjetische Ministerpräsident die Staaten des Warschauer Pakts auf seine Haltung verpflichtet hatte. Die scharfe Ablehnung der sowjetischen Vorschläge sollte allerdings nicht den internationalen Dialog beenden. Deshalb boten die Westmächte Verhandlungen über die Stellung Berlins im Zusammenhang mit Erörterungen über die deutsche Nation und die europäische Sicherheit an. Die UdSSR ging auf dieses Angebot insofern ein, als sie die Zuständigkeit für die Wiedervereinigung bei den beiden deutschen Staaten sah. Ihr ging es um eine Verbesserung des Status quo zu ihren Gunsten. Dennoch stimmte sie einem Außenminister-Gipfel in Genf zu. Die Westmächte legten einen Vierstufenplan vor: Wiedervereinigung Berlins, Wiedervereinigung Deutschlands, Aufbau eines europäischen Sicherheitssystems und schließlich Abschluß eines Friedensvertrages. Die Sowjetunion schlug statt dessen die Bildung eines gesamtdeutschen paritätisch besetzten Ausschusses vor, der die Anerkennung der Ostberliner Regierung zur Voraussetzung hatte. Lehnte der Westen diesen Vorschlag ab, so stellte die Ankündigung, die westlichen Truppen in Berlin stark zu reduzieren, doch ein Kompromißangebot dar, welches die Bonner Regierung stark beunruhigte.

Das Entgegenkommen in der Berlin-Frage fiel mit einem weiteren Verhandlungsangebot des amerikanischen Präsidenten Eisenhower zusammen. Er bot Chruschtschow direkte Gespräche im Rahmen eines Gipfeltreffens an. In Camp David endete der Gedankenaustausch zwischen den beiden mächtigsten Staatsmännern der Welt mit dem Wunsch, die Abrüstungsfrage intensiv zu erörtern. Gleichzeitig rückte der sowjetische Ministerpräsident vom ultimativen Charakter seiner Berlin-Forderungen ab. Eisenhower kam der russischen Ansicht entgegen und sagte, die Lage Berlins sei anormal und sollte in Verhandlungen geklärt werden. Allerdings müßten allseitig annehmbare Lösungswege gefunden werden. Adenauer warnte vor einer „Kapitulation vor den Sowjets" (11. 1. 1960) und konnte so die Haltung der Amerikaner modifizieren.

Die sowjetische Seite registrierte den amerikanischen Stimmungsumschlag und suchte nach einer Gelegenheit, die Gipfelgespräche platzen zu lassen. Der Abschuß eines amerikanischen Aufklärungs- und Spionageflugzeugs im Frühjahr 1960 tief im Innern der UdSSR bot den gesuchten Anlaß. Die Pariser Gipfelgespräche scheiterten und leiteten eine neue Phase frostiger Beziehungen ein. Ihr Höhepunkt war die bewaffnete Annexion Ostberlins durch den Bau der Berliner Mauer seit dem 13. August 1961. Notenwechsel und Drohungen waren vorausgegangen. Ende 1960 wurde erstmals der freie Zugang vom Osten in den Westen der Stadt behindert, um ein Treffen der Heimatvertriebenen in Westberlin zu behindern. Diese Beschränkung war ein Test, denn die Reaktionen der Westmächte zeigten, daß die Zugangswege nach Berlin vorrangig zu sichern waren. Auch die Sperrung des Ostteils der Stadt für Bundesdeutsche wurde hingenommen.

Die Wahl des dynamischen, jungen Präsidenten John F. Kennedy signalisierte einen Wandel im amerikanisch-sowjetischen Verhältnis. Chruschtschow und Kennedy trafen sich am 3. und 4. Juni 1961 in Wien zu „ernstesten Gesprächen" über Berlin. Kennedy stand zu dieser Zeit unter dem Eindruck einer fehlgeschlagenen Invasion von Exilkubanern auf Kuba („Schweinebucht-Landung") und einer Verschlimmerung der Lage in Laos. So schien er Chruschtschow nicht konzentriert gewachsen zu sein. Allerdings hatte er die Freizügigkeit des Zugangs nach Westberlin verteidigt, ohne jedoch eine Sperrung innerhalb der Stadt ausdrücklich abzulehnen.

In den Folgewochen schwoll einerseits die Flut von Flüchtlingen an, die nach Berlin strömten, andererseits eskalierte der Nervenkrieg: Die Sowjetunion drohte mit dem Abschluß eines separaten Friedensvertrages, die USA verstärkten ihre Truppen in der Stadt und in Europa. Schließlich betonte Kennedy, die USA würden ihre Rechtspositionen „selbst angesichts von Gewalt" zu wahren wissen.

Anfang August 1961 spitzte sich die Lage zu: Maßnahmen richteten sich gegen Ostberliner, die im Westen der Stadt arbeiteten. In Moskau verhandelten die Führer der Warschauer-Pakt-Staaten, und am 11. August 1961 ermächtigte schließlich die weitgehend machtlose Volkskammer der DDR die Regierung unter Ulbricht „zur Sicherung der Deutschen Demokratischen Republik und zur Unterbindung der von Westdeutschland und West-Berlin aus organisierten Kopfjägerei und des Menschenhandels". Zwei Tage später waren vollendete Tatsachen geschaffen: Soldaten der Nationalen Volksarmee (NVA) und Betriebskampfgruppen riegelten die innerstädtische Sektorengrenze ab, Menschengruppen sammelten sich auf den markanten Plätzen und demonstrierten für die Einheit der Stadt und die Freizügigkeit ihrer Bewohner. Die führenden Politiker handelten jedoch besonnen und signalisierten, daß sie die neuen Verhältnisse nicht gewaltsam in Frage stellen oder rückgängig machen wollten. Appelle zur Besonnenheit und Gelassenheit blieben vorherrschend, auch angesichts von Schüssen der DDR-Soldaten und Milizen und der beklagenswerten Todesopfer.

Die Berliner Bevölkerung war über die Haltung des Westens und der deutschen Bundesregierung unter Adenauer enttäuscht. Willy Brandt forderte in einem offenen Brief an den amerikanischen Präsidenten deutliche Maßnahmen. Sondersitzungen des Bundestages, Regierungserklärungen, Truppenverstärkungen und die Ankündigung eines Besuches des Präsidenten in der Stadt veränderten das Meinungsklima und bewirkten eine Beruhigung der öffentlichen Erregung. Am Mauerbau änderten diese Manifestationen nichts. Er bedeutete die Teilung der Stadt und stellte insofern eine tiefe Zäsur der Nachkriegsgeschichte dar. Jeder Berliner, der zunächst Freizügigkeit innerhalb der Stadtgrenzen von Großberlin genossen hatte, benötigte nun eine Aufenthaltsgenehmigung, wollte er den Ostteil der Stadt besuchen. Die Westmächte nahmen diesen einseitigen Hoheitsakt nicht hin und schlossen die Ostberliner Zweigstellen des Deutschen Reisebüros der DDR, welche die Passierscheinanträge bearbeiten sollten. Die Berlin-Krise hatte einen Tiefpunkt erreicht: Berliner blieben von Eltern, Geschwistern, Kindern und Freunden getrennt. Wer die Sektorengrenze zu wechseln suchte, riskierte sein Leben. Fluchthelfer, die zunächst nicht für Geld tätig wurden, wollten den Abgeschnittenen helfen und trugen letztlich zur allgemeinen Unsicherheit bei.

Eine Großstadt kann nicht als Insel überleben. Deshalb mußte nach 1961 ein Modus vivendi gefunden werden, der die Anbindung Westberlins an die Bundesrepublik Deutschland ermöglichte und den Bewohnern der Stadt Erleichterungen brachte. Da eine Änderung mit militärischen Mitteln undenkbar und unmöglich war, sollten durch eine „Politik der kleinen Schritte" Verbesserungen geschaffen werden. Berlin, zunächst Symbol der Spannungen zwischen Ost und West, sollte der Schauplatz eines allmählichen Wandels im Ost-West-Verhältnis werden. Bereits im September 1961 signalisierte Kennedy sein Interesse an einer „Erkundung konstruktiver Schritte in Richtung einer Entspannung". Der sowjetische Außenminister nahm das Angebot umgehend an. Kennedys Interview mit dem Schwiegersohn von Chruschtschow markierte die Position des Westens: Die Zufahrtswege nach Berlin mußten frei sein – die Verantwortung der Westmächte für den Westteil der Stadt durfte nicht in Frage gestellt werden. Schlagartig ließ jedoch das Interesse der Welt am Schicksal Berlins nach, als sich die Konfrontation zwischen den beiden Supermächten im Kuba-Konflikt zuspitzte. Für die Stadt Berlin war dies ein Vorteil, denn die USA bekräftigten in der Auseinandersetzung um Kuba ihre Entschlossenheit, Positionen des Westens durch eine Politik der Stärke zu behaupten. Dies setzte der sowjetischen Risikobereitschaft eine feste Grenze. Überdies definierten die USA ihren Interessenbereich. Auch dies markierte gegenüber der UdSSR feste Positionen. Schließlich beruhigte sich aber die Auseinandersetzung um Berlin. In den sechziger Jahren konnten allmählich Verbesserungen für die Berliner durch neue Besuchsregelungen erreicht werden. Seither wurde Berlin zum Maßstab für Entspannungschancen und -erfolge. So entschied sich in Berlin auch das Schicksal der Ostverträge, die in Europa Entspannung und Zusammenarbeit mit sich brachten.

Die Kuba-Krise

Wurde im Jahre 1956 die Niederschlagung des ungarischen Aufstands durch die Suez-Krise überschattet, so die Berlin-Krise 1961/62 durch eine sich rasch zuspitzende Krise um Kuba. Dort hatte Ende der fünfziger Jahre Fidel Castro das Regime des mit den USA eng verbündeten Batista gestürzt. Zunächst keineswegs prinzipiell feindlich gegenüber den USA gestimmt, wurde Castro angesichts der scharfen Ablehnung seiner Ziele durch die amerikanische Regierung und einen Boykott kubanischer Exportprodukte an die Seite der UdSSR getrieben. Unmerklich drohte somit in der Karibik ein sowjetischer Stützpunkt zu entstehen.

Die internationale Lage war seit dem Abschuß einer amerikanischen Aufklärungsmaschine über dem Ural-Gebirge im Mai 1960 und dem Scheitern der Pariser Konferenz angespannt. Die Spannung verstärkte sich durch die fehlgeschlagene Landung von Exilkubanern in der Schweinebucht. Ihr Unternehmen war vom amerikanischen Geheimdienst unterstützt worden. Deshalb war der Fehlschlag eine schwere Schlappe der amerikanischen Mittelamerikapolitik. Auch der Schock über die sowjetischen Weltraumerfolge – nach dem Start des ersten Satelliten Sputnik im Oktober 1957 folgte der erste Aufenthalt eines Menschen im Weltraum 1961 – beunruhigte die Amerikaner schwer. Der Zusammenhang zwischen der ohne konkrete Ergebnisse endenden Begegnung von Kennedy und Chruschtschow in Wien im Juni 1961 und dem Mauerbau im August 1961 mit der daraus folgenden Krise des Vertrauens vieler Deutscher zu Amerika war offensichtlich und vergrößerte die Unsicherheit des Westens. Auch die schmerzhafte, kriegerische und krisenhafte Entkolonialisierung Afrikas und die Unberechenbarkeit der neuen Staaten verstärkte das Gefühl, nicht mehr Herr der politischen Entwicklungen zu sein: Schließlich formierten sich im Herbst 1961 die blockfreien Staaten zur Konferenz der Neutralen in Belgrad und sahen im jugoslawischen Parteiführer Tito ihren Sprecher.

Am 14. Oktober 1962 entdeckten schließlich amerikanische Aufklärungsflugzeuge über Kuba rätselhafte Baustellen und Raketenstellungen, die rasch wuchsen und augenscheinlich nicht für Flugabwehrraketen, sondern für Mittelstreckenwaffen vorgesehen waren. Auf Kuba landeten in beträchtlicher Anzahl sowjetische Berater. Der amerikanische Funkverkehr konnte von ihnen ebenso abgehört werden, wie sie mit ihren Raketen die Warnfristen auf ein Minimum reduzierten. Im Extremfall konnten die USA nicht mehr auf einen Raketenangriff reagieren. Damit schien das System der Abschreckung zerstört, auf das sich die politische Stabilität weitgehend stützte.

Bereits zwei Tage später berief Kennedy ein Gremium sicherheitspolitischer Berater ein, das Executive Committee. Es sollte alle Alternativen der amerikanischen Politik diskutieren. Insbesondere die Zerstörung der Mittelstreckenbasen mußte ins Auge gefaßt werden. Auch eine Invasion wurde erwogen. Alle Überlegungen mußten im engsten Kreis angestellt werden, denn jede Publizität hätte den politischen Spielraum eingeengt. So trug Kennedy durch seine bewußte Zurückhaltung erheblich zur Eindämmung der Gefahr bei.

Die Motivation der sowjetischen Seite blieb unklar. Wollte Chruschtschow der Welt zeigen, daß die USA einen Teil ihres Führungswillens verloren hatten und die oftmals beschworene Verantwortung für einen Atomkrieg scheuen? War ihm an einem Ablenkungsmanöver im Hinblick auf seine Berlin-Pläne gelegen? Oder wollte Chruschtschow lediglich die kubanische Sicherheit erhöhen? Ging es ihm gar nur um den Aufbau von Verhandlungspositionen?

Entscheidende Gefahr signalisierte die letzte der möglichen Alternativen: Was würde geschehen, wenn es der UdSSR wirklich darum ging, das globale Gleichgewicht zu verändern und den atomaren Zaun amerikanischer Interkontinentalraketen zu unterlaufen. Aus einer Entfernung von knapp einhundert Seemeilen konnte die westliche Vormacht im Erstschlag empfindlich verletzt, wenn nicht gänzlich ausgeschaltet werden. Es war die Folge dieser umfassenden Bestandsaufnahme sowjetischer „Optionen“, daß schließlich innerhalb weniger Tage die Krise gebannt werden konnte.

An der Lösung waren auch die Sowjets beteiligt. Bis heute ist nicht bekannt, welche Gruppen innerhalb der Kremlführung miteinander rangen. Widersprüchliche Äußerungen verwirrten die Lage. Bereits im September 1962 hatte der Kreml mit einem Atomkrieg als Folge eines militärischen Angriffs auf Kuba gedroht. Eine Woche nach der Entdeckung der sowjetischen Raketenbasen knüpfte Kennedy in einer vielbeachteten Fernsehansprache an diese Formulierung an, als er jeden Angriff gegen eine Nation der westlichen Halbkugel als einen unmittelbaren Angriff auf das Territorium der USA erklärte. „Volle Vergeltung“ sollte die Folge sein.

schwert. Auch in Israel entstanden aus dem siegestrunkenen Nationalismus schwere Probleme. Der junge Staat, der um seine Anerkennung kämpfte, war über Nacht zur Besatzungsmacht geworden. Die Weltmeinung brachte zunehmend Verständnis für die Palästinenser auf. Die Anerkennung ihrer Lebensrechte war die Voraussetzung einer Friedenslö-

Diese Formulierung schloß die Invasion und den Luftangriff auf Kuba aus. Die Seeblockade erwies sich als das Mittel, um möglichst weit von direkter kriegerischer Aktion entfernt einen Abzug der Russen aus Kuba herbeizuführen. Deshalb proklamierte Kennedy die „Quarantäne" von Fidel Castros Einflußbereich. Die Weltöffentlichkeit wartete gebannt auf die sowjetische Reaktion: Einer dichten Sperrkette amerikanischer

sung in Nahost. Israels Politik war aber häufig durch die Mißachtung der Gefühle und Lebensrechte der Palästinenser charakterisiert.

Als die Israelis schließlich ihre Voraussetzungen einer Friedensregelung formulierten, regte sich bei den Arabern heftiger Widerspruch. Die Palästinenser erhielten zunehmend Zuspruch und Unterstützung, nicht zuletzt durch die großen Ölstaaten, die das „schwarze Gold" als Instrument ihrer Politik einsetzten. Israel war nicht bereit, die Grenzlinien von 1949 zu akzeptieren und sich vom Golan, aus Gaza und vom Westufer des Jordan zurückzuziehen. Seit dem Beginn der siebziger Jahre verschärften sich die Spannungen erneut. Vor allem versuchte die Sowjetunion, durch Waffenhilfe und wirtschaftliche Unterstützung Einfluß zu erlangen. Der Nachfolger Nassers, Anwar el Sadat, erklärte im Frühjahr 1973 offen, auf einen Krieg gegen Israel hinzuwirken, um militärisch den Status quo wiederherzustellen. Die israelische Regierung nahm diese Äußerung nicht ernst.

Deshalb gelang den arabischen Staaten im Oktober 1973 ein Überraschungserfolg. Während die Israelis ihr Versöhnungsfest feierten (Yom Kippur), schlugen sich ägyptische Verbände hinter die gut ausgebauten israelischen Verteidigungslinien auf dem Sinai. Syrische Verbände griffen die Golan-Höhen an. Erst nach mehreren Tagen konnten die Israelis eine erfolgreiche Verteidigung aufbauen und die arabischen Verbände zurückwerfen. Schließlich standen israelische Panzer auf der Westseite des Suez-Kanals. Nun griffen die Großmächte ein. Sie einigten sich auf einen Waffenstillstand, der als UNO-Resolution formuliert worden war. Damit war es den Ägyptern gelungen, den Konflikt zu internationalisieren und neben das militärische Übergewicht der Israelis das politische Gewicht der Großmächte zu stellen.

Der Anfangserfolg der Araber stärkte deren Selbstbewußtsein und ermöglichte auf dieser neuen Grundlage Friedensverhandlungen, die seit Ende 1973 in Genf stattfanden. Vier Jahre später sprach sogar der ägyptische Staatspräsident Sadat vor den Abgeordneten der Knesset und bot „Sicherheit und Frieden" an. Begin, der Ministerpräsident von Israel und Vertreter einer harten Linie gegenüber den Arabern, ging auf dieses Friedensangebot ein. Damit zeichnete sich die Anerkennung des Staates Israel ebenso wie der Verzicht auf kriegerische Zermürbungsversuche ab. Sadat setzte sich in der arabischen Welt schweren Angriffen aus. Terrorakte der Palästinenser nahmen zu, und auch fundamentalistische islamische Bewegungen bedrohten die Politik der Stabilisierung. Auch waren die Interessengegensätze zwischen Israel und Ägypten durch den Appell, auf kriegerische Mittel zu verzichten, keineswegs beseitigt. Weitere Verhandlungen sollten sie ausgleichen. Als ein Scheitern des ägyptisch-israelischen Ausgleichs drohte, schaltete sich der amerikanische Präsident ein:

Carter lud Sadat und Begin zu Gesprächen nach Camp David ein. Anfang September fanden die Verhandlungen statt und hatten Konturen einer Nahost-Friedensregelung zum Ergebnis. Zwischen Ägypten und Israel konnte ein Friedensvertrag abgeschlossen werden, der den Rückzug israelischer Verbände vom Sinai bedeutete. Der Vertrag wurde am 26. März 1979 in Washington geschlossen und machte erneut deutlich, daß die USA ein starkes Interesse an einer Beruhigung der Krisenzone Nahost hatten. Sie waren Moderator und Garant der neuen Friedensordnung und stützten so das Selbstverständnis der USA als „Weltpolizist". Israel behielt die Golan-Höhen und die „Westbanks", allerdings nicht definitiv, sondern lediglich faktisch. Damit waren durch den Friedensvertrag zwischen Ägypten und Israel zwar Teilkonflikte entschärft, aber keineswegs die Frage der Anerkennung Israels und die Gewährleistung seiner Sicherheit endgültig gelöst. Die israelische Siedlungspolitik und der Versuch, im Libanon eine Sicherheitszone zu schaffen, beunruhigen weiterhin den Nahen Osten und lassen heftige militärische Konflikte, Attentate und Anschläge jederzeit möglich scheinen.

Quellen

Aus dem Nordatlantikvertrag (NATO) vom 4. April 1949

„Die Parteien dieses Vertrags

bekräftigen erneut ihren Glauben an die Ziele und Grundsätze der Satzung der Vereinten Nationen und ihren Wunsch, mit allen Völkern und allen Regierungen in Frieden zu leben.

Sie sind entschlossen, die Freiheit, das gemeinsame Erbe und die Zivilisation ihrer Völker, die auf den Grundsätzen der Demokratie, der Freiheit der Person und der Herrschaft des Rechts beruhen, zu gewährleisten.

Sie sind bestrebt, die innere Festigkeit und das Wohlergehen im nordatlantischen Gebiet zu fördern.

Sie sind entschlossen, ihre Bemühungen für die gemeinsame Verteidigung und für die Erhaltung des Friedens und der Sicherheit zu vereinigen.

Sie vereinbaren daher diesen Nordatlantikvertrag:

Art. 1

Die Parteien verpflichten sich, in Übereinstimmung mit der Satzung der Vereinten Nationen jeden internationalen Streitfall, an dem sie beteiligt sind, auf friedlichem Wege so zu regeln, daß der internationale Friede, die Sicherheit und die Gerechtigkeit nicht gefährdet werden, und sich in ihren internationalen Beziehungen jeder Gewaltandrohung oder Gewaltanwendung zu enthalten, die mit den Zielen der Vereinten Nationen nicht vereinbar ist.

...

Art. 2

Die Parteien werden zur weiteren Entwicklung friedlicher und freundschaftlicher internationaler Beziehungen beitragen, indem sie ihre freien Einrichtungen festigen, ein besseres Verständnis für die Grundsätze herbeiführen, auf denen diese Einrichtungen beruhen, und indem sie die Voraussetzungen für die innere Festigkeit und das Wohlergehen fördern. Sie werden bestrebt sein, Gegensätze in ihrer internationalen Wirtschaftspolitik zu beseitigen und die wirtschaftliche Zusammenarbeit zwischen einzelnen oder allen Parteien zu fördern.

Art. 3

Um die Ziele dieses Vertrags besser zu verwirklichen, werden die Parteien einzeln und gemeinsam durch ständige und wirksame Selbsthilfe und gegenseitige Unterstützung die eigene und die gemeinsame Widerstandskraft gegen bewaffnete Angriffe erhalten und fortentwickeln.

Art. 4

Die Parteien werden einander konsultieren, wenn nach Auffassung einer von ihnen die Unversehrtheit des Gebiets, die politische Unabhängigkeit oder die Sicherheit einer der Parteien bedroht sind.

Art. 5

Die Parteien vereinbaren, daß ein bewaffneter Angriff gegen eine oder mehrere von ihnen in Europa oder Nordamerika als ein Angriff gegen sie alle angesehen werden wird; sie vereinbaren daher, daß im Falle eines solchen bewaffneten Angriffs jede von ihnen die Ausübung des in Artikel 51 der Satzung der Vereinten Nationen anerkannten Rechts der individuellen oder kollektiven Selbstverteidigung der Partei oder den Parteien, die angegriffen werden, Beistand leistet, indem jede von ihnen unverzüglich für sich und im Zusammenwirken mit den anderen Parteien die Maßnahmen, einschließlich der Anwendung von Waffengewalt, trifft, die sie für erforderlich erachtet, um die Sicherheit des nordatlantischen Gebiets wiederherzustellen und zu erhalten.

Von jedem bewaffneten Angriff und allen daraufhin getroffenen Gegenmaßnahmen ist unverzüglich dem Sicherheitsrat Mitteilung zu machen. Die Maßnahmen sind einzustellen, sobald der Sicherheitsrat diejenigen Schritte unternommen hat, die notwendig sind, um den internationalen Frieden und die internationale Sicherheit wiederherzustellen und zu erhalten.

Art. 6

Im Sinne des Artikels 5 gilt als bewaffneter Angriff auf eine oder mehrere Parteien jeder bewaffnete Angriff auf das Gebiet einer der Parteien in Europa oder Nordamerika, auf die algerischen Departements Frankreichs, auf die Besatzungsstreitkräfte einer Partei in Europa, auf die der Gebietshoheit einer Partei unterstehenden Inseln im nordatlantischen Gebiet nördlich des Wendekreises des Krebses oder auf die Schiffe oder Flugzeuge einer der Parteien in diesem Gebiet."

Aus dem Vertrag über Freundschaft, Zusammenarbeit und gegenseitigen Beistand zwischen der Volksrepublik Albanien, der Volksrepublik Bulgarien, der Ungarischen Volksrepublik, der Deutschen Demokratischen Republik, der Volksrepublik Polen, der Rumänischen Volksrepublik, der Union der Sozialistischen Sowjetrepubliken und der Tschechoslowakischen Republik (Warschauer Pakt) vom 14. 5. 1955

„Die Vertragschließenden Seiten haben beschlossen,

Unter erneuter Bekundung ihres Bestrebens nach Schaffung eines auf der Teilnahme aller europäischen Staaten, unabhängig von ihrer gesellschaftlichen und staatlichen Ordnung, beruhenden Systems der kollektiven Sicherheit in Europa, das es ermöglichen würde, ihre Anstrengungen im Interesse der Sicherung des Friedens in Europa zu vereinigen,

Unter gleichzeitiger Berücksichtigung der Lage, die in Europa durch die Ratifizierung der Pariser Verträge entstanden ist, welche die Bildung neuer militärischer Gruppierungen in Gestalt der „Westeuropäischen Union" unter Teilnahme eines remilitarisierten Westdeutschlands und dessen Einbeziehung in den Nordatlantikblock vorsehen, wodurch sich die Gefahr eines neuen Krieges erhöht und eine Bedrohung der nationalen Sicherheit der friedliebenden Staaten entsteht,

In der Überzeugung, daß unter diesen Bedingungen die friedliebenden Staaten Europas zur Gewährleistung ihrer Sicherheit und im Interesse der Aufrechterhaltung des Friedens in Europa notwendige Maßnahmen ergreifen müssen,

Geleitet von den Zielen und Grundsätzen der Satzung der Organisation der Vereinten Nationen,

Im Interesse der weiteren Festigung und Entwicklung der Freundschaft, der Zusammenarbeit und des gegenseitigen Beistandes in Übereinstimmung mit den Grundsätzen der Achtung der Unabhängigkeit und der Souveränität der Staaten, sowie der Nichteinmischung in ihre inneren Angelegenheiten,

Diesen Vertrag über Freundschaft, Zusammenarbeit und gegenseitigen Beistand abzuschließen.

Art. 1

Die Vertragschließenden Seiten verpflichten sich in Übereinstimmung mit der Satzung der Organisation der Vereinten Nationen, sich in ihren internationalen Beziehungen der Drohung mit Gewalt oder ihrer Anwendung zu enthalten und ihre internationalen Streitfragen mit friedlichen Mitteln zu lösen, daß der Weltfrieden und die Sicherheit nicht gefährdet werden. ...

Art. 2

Die Vertragschließenden Seiten erklären ihre Bereitschaft, sich im Geiste aufrichtiger Zusammenarbeit an allen internationalen Handlungen zu beteiligen, deren Ziel die Gewährleistung des Weltfriedens und der Sicherheit ist, und werden alle ihre Kräfte für die Verwirklichung dieser Ziele einsetzen.

Hierbei werden sich die Vertragschließenden Seiten dafür einsetzen, in Vereinbarung mit anderen Staaten, die eine diesbezügliche Zusammenarbeit wünschen, wirksame Maßnahmen zur allgemeinen Abrüstung und zum Verbot von Atom-, Wasserstoff- und anderen Massenvernichtungswaffen zu ergreifen.

Art. 3

Die Vertragschließenden Seiten werden sich in allen wichtigen internationalen Fragen, die ihre gemeinsamen Interessen berühren, beraten und sich dabei von den Interessen der Festigung des Weltfriedens und der Sicherheit leiten lassen.

Sie werden sich im Interesse der Gewährleistung der gemeinsamen Verteidigung und der Erhaltung des Friedens und der Sicherheit untereinander unverzüglich jedes Mal beraten, wenn nach Meinung einer der Seiten die Gefahren eines bewaffneten Überfalls auf einen oder mehrere Teilnehmerstaaten des Vertrages entsteht.

Art. 4

Im Falle eines bewaffneten Überfalles in Europa auf einen oder mehrere Teilnehmerstaaten des Vertrages seitens irgendeines oder einer Gruppe von Staaten wird jeder Teilnehmerstaat des Vertrages in Verwirklichung des Rechtes auf individuelle oder kollektive Selbstverteidigung in Übereinstimmung mit Artikel 51 der Satzung der Organisation der Vereinten Nationen dem Staat oder den Staaten, die einem solchen Überfall ausgesetzt sind, sofortigen Beistand individuell und in Vereinbarung mit den anderen Teilnehmerstaaten des Vertrages mit allen Mitteln, die ihnen erforderlich erscheinen, einschließlich der Anwendung von militärischer Gewalt erweisen. Die Teilnehmerstaaten des Vertrages werden sich unverzüglich über gemeinsame Maßnahmen beraten, die zum Zwecke der Wiederherstellung und Aufrechterhaltung des Weltfriedens und der Sicherheit zu ergreifen sind.

Von den Maßnahmen, die auf Grund dieses Artikels ergriffen wurden, wird dem Sicherheitsrat entsprechend den Bestimmungen der Satzung der Organisation der Vereinten Nationen Mitteilung gemacht. Diese Maßnahmen werden eingestellt, sobald der Sicherheitsrat die Maßnahmen ergreift, die zur Wiederherstellung und Erhaltung des Weltfriedens und der Sicherheit erforderlich sind.

Art. 5

Die Vertragschließenden Seiten kamen überein, ein Vereintes Kommando derjenigen ihrer Streitkräfte zu schaffen, die nach Vereinbarung zwischen den Seiten diesem auf Grund gemeinsam festgelegter Grundsätze handelnden Kommando zur Verfügung gestellt werden. Sie werden auch andere vereinbarte Maßnahmen ergreifen, die zur Stärkung ihrer Wehrfähigkeit notwendig sind, um die friedliche Arbeit ihrer Völker zu beschützen, die Unantastbarkeit ihrer Grenzen und Territorien zu garantieren und den Schutz gegen eine mögliche Aggression zu gewährleisten.

Fragen und Aufgaben

- Begründen Sie, weshalb jeder Konflikt zwischen den Supermächten die Anstrengungen zur Konfliktbegrenzung verstärken mußte.
- Was besagt die These, daß an die Stelle unmittelbarer Konfrontation der Großmächte der Stellvertreterkrieg tritt?

- Der „Eiserne Vorhang" teilt nicht nur Europa, sondern begrenzt auch die Handlungsspielräume der Supermächte. Bedenken Sie diese These im Zusammenhang mit der sowjetischen Interventionspolitik.
- Weshalb erscheint der Nahe Osten als ein weltpolitisch bedeutsames Krisendreieck?

Wichtige Begriffe

Stellvertreterkriege	Wasserstoffbombe
Schwellenmächte	Blockbildung
Status quo	Entstalinisierung
Entkolonialisierung	NATO
Regionalkonflikte	Warschauer Pakt
Peripherie	Blockadepolitik
Volksbefreiungsbewegungen	Gipfeltreffen; Gipfeldiplomatie
Containment	Passierscheinabkommen
Roll back	Genfer Friedensverhandlungen

18. Abrüstungsverhandlungen

Abrüstungsverhandlungen waren stets Bestandteil einer internationalen Friedensordnung. Bereits der nach dem Ersten Weltkrieg gegründete Völkerbund wollte durch eine allgemeine und weitgehende Abrüstung den Weltfrieden sichern. Die Abrüstungsbewegungen der Zwischenkriegszeit waren jedoch dadurch diskreditiert worden, daß die Pariser Friedensverträge den unterlegenen Mächten Deutschland und Österreich eine weitgehende Abrüstung auferlegten.

Vor allem die deutsche Regierung verlangte danach, das Versailler Vertragswerk zu revidieren. Zu diesem Zweck strebte sie nach einer Aufrüstung der Reichswehr. Die pazifistische Friedensbewegung der Zwischenkriegszeit, die in dem Physiker Albert Einstein einen der wichtigsten Wortführer fand, entwickelte bereits den Gedanken einer allgemeinen Abrüstung, um einen Gleichstand der politischen Systeme zu erreichen. Die Weltabrüstungskonferenz von 1932 zeigte jedoch, daß derartige Überlegungen vor allem von den Regierungen der Großmächte nicht geteilt wurden. Nach der Regierungsübernahme durch Adolf Hitler setzte eine neue Phase der Aufrüstung ein, die nur partiell durch Rüstungsbegrenzungsversuche wie das deutsch-britische Flottenabkommen gemildert wurde.

Obwohl die Appeasementpolitik des britischen Premierministers Chamberlain mit dem Angriff der deutschen Wehrmacht auf Polen endgültig gescheitert und auch die pazifistischen Bestrebungen diskreditiert waren, verlor sich niemals der Wunsch, eine weltweite Abrüstung zu initiieren. Die Gründung der Vereinten Nationen sollte einen geeigneten Rahmen schaffen. Dabei ging es vor allem um die atomare Abrüstung. Erstmals bot die Regierung der USA 1946 einen Produktionsstop für Atomwaffen an, wenn auch die anderen Staaten auf die Herstellung von Atombomben verzichteten. Weil die UdSSR sich durch die bereits hergestellten amerikanischen Atombomben bedroht wähnten, entsprachen sie nicht dem amerikanischen Begrenzungsangebot. Im Jahre 1949 zündeten die Sowjets die erste Atombombe. Nach Stalins Tod wurden erneut Abrüstungsgepräche initiiert. Sie erreichten Ende der fünfziger und Anfang der sechziger Jahre eine mit den weltpolitischen Konstellationen kaum in Einklang zu bringende Intensität. Strittig war nicht das Ziel nuklearer und konventioneller Abrüstung, sondern der Modus der Kontrolle. Eine umfassende Regelung gegenseitiger Kontrolle scheiterte an der Haltung der UdSSR. Die allgemeine Ernüchterung, nicht zuletzt unter dem Eindruck der Kuba-Krise, führte zum vorläufigen Abbruch der Abrüstungsgespräche. Die Mitglieder der Vereinten Nationen gaben sich mit dem

Scheitern der Gespräche aber nicht zufrieden. Sie forderten seit der Mitte der sechziger Jahre verstärkt neue Gespräche. Vor allem die Blockfreien verlangten eine Begrenzung der Rüstung. So hielt sich in der UNO die Idee der Weltinnenpolitik, die ursprünglich die Gedanken zur Gründung eines Weltstaates – „Völkerbund" oder UNO – beflügelt hatte. Diese Utopie hatte keine Chance der Realisierung. Deshalb mußten die Abrüstungsdiskussionen durch ein neues Denkmodell ersetzt werden: die Rüstungskontrolle und Rüstungsbegrenzung.

Die Abrüstungsverhandlungen zwischen 1962 und dem Ende der sechziger Jahre müssen als Einheit gelten, so sehr sie sich auch in einzelne Verhandlungsabschnitte gliedern. Im Mittelpunkt der Überlegungen standen Versuche, gemeinsame Interessen zu definieren und Verhandlungsgegenstände zu bestimmen. Dabei wirkte sich der technologische Sprung aus, den nicht zuletzt die großen Weltraumprogramme bewirkt hatten. Vor allem Mehrfachsprengköpfe und Raketenabwehrsysteme hatten die Furcht vor Überraschungsangriffen und Überrüstungsfolgen gesteigert.

Ein erster großer Erfolg der Verhandlungsdiplomatie war das Abkommen über die Einstellung von Atombombenversuchen in der Atmosphäre, im Weltraum und unter Wasser vom Juli 1963. Damit war eine wichtige Voraussetzung zur Reinhaltung der Luft und zur Nichtverbreitung von Atomwaffen geschaffen. Erst mehr als zehn Jahre später legten Nixon und Breschnew in einer Vereinbarung fest, auch die unterirdischen Atomversuche einzustellen, soweit eine Sprengkraft von mehr als 150 Kilotonnen zur Wirkung kam. In dieser Bestimmung wirkte sich, wie schon bei allen vorangegangenen Verhandlungen, die Frage der Begrenzungs*kontrolle* aus.

Von wegweisender Bedeutung wurden die bilateralen Verhandlungen über die Begrenzung von Massenvernichtungswaffen. Die SALT-Verhandlungen resultierten aus dem Vertrag über die Nichtverbreitung von Kernwaffen vom Juni 1968, in dem die Vertragspartner sich verpflichtet hatten, intensive Überlegungen über die Begrenzung der eigenen strategischen Rüstung anzustellen. Die Strategic Arms Limitation Talks (SALT) führten 1972 zum Abschluß eines grundlegenden Vertrags, der die Zahl der Abwehrsysteme begrenzte und überdies in der Art eines Zwischenabkommens erste Schritte zur Begrenzung strategischer Angriffswaffen vorbereitete: Für den Zeitraum von fünf Jahren wurden Höchstzahlen für die Aufstellung von Interkontinentalraketen und die Ausstattung von Atom-U-Booten festgelegt. Hauptvertragsziel war weniger, die Gleichwertigkeit der östlichen und westlichen Droh- und Abschreckungspotentiale festzuschreiben, als vielmehr, die Abschreckungsfähigkeit der beiden Blöcke festzuschreiben und auf diese Weise eine Expansion der Kapazitäten zu bremsen. Von grundsätzlicher Bedeutung war, daß die USA zum ersten Male die UdSSR als gleichberechtigte Weltmacht anerkannten. Damit hatte die in der Kuba-Krise sichtbar gewordene gemeinsame Verantwortung beider Staaten für den Weltfrieden auch einen politischen Ausdruck gefunden.

Im Zusammenhang mit den SALT-Verhandlungen standen weitere Verträge, etwa die Verringerung der Gefahr des unbeabsichtigten Ausbruchs eines Kernwaffenkrieges (1971) oder die Verhinderung von Seezwischenfällen (1972), schließlich der Vertrag zur Verhinderung eines Kernwaffenkrieges (1973). SALT war ein erster Schritt, der allerdings nicht überbewertet werden sollte. Die Begrenzung der weiteren Rüstung fiel nur mäßig aus; entscheidend war, daß nur die Produktion, nicht aber die Entwicklung neuer strategischer Waffen betroffen war. Das Verbot technologischer Waffenentwicklungen stellt sich seitdem als eine besondere Herausforderung: Vor neuen Verhandlungen werden die Entwicklungsmöglichkeiten neuer Waffensysteme akzentuiert. Damit drohen Abrüstungsgespräche in die „Droh-Politik" der Abschreckung integriert zu werden. Dies bedeutet nahezu unvermeidlich die Fortsetzung des technologischen Rüstungswettlaufs.

Nach dem Abschluß des SALT-I-Vertrags im Jahre 1972 verstärkten die Sowjets die Ausrüstung ihrer Rakten mit Mehrfachsprengköpfen. Die USA entwickelten zielgenaue Marschflugkörper und Mittelstreckenraketen, die ein Gegengewicht zu sowjetischen ballistischen Waffen darstellen sollten. Die SALT-II-Verhandlungen standen somit unter dem Eindruck neuer Rüstungsanstrengungen. Entscheidend war ferner die Integration der Verhandlungsproblematik in die amerikanische Innenpolitik. Nixon sah in den Vertragsverhandlungen eine innenpolitische Überlebensmöglichkeit. Sein Nachfolger Ford wollte sich durch die einsetzende Kritik an den SALT-Verhandlungen nicht belasten. Carter wollte seinerseits die Gespräche fortsetzen, glaubte andererseits aber der antisojwetischen Stimmung in der amerikanischen Bevölkerung entsprechen zu müssen und konnte die von ihm akzentuierte Menschenrechtskampagne nicht mit den Abrüstungsnotwendigkeiten und dazu unerläßlichen vertrauensbildenden Maßnahmen in Einklang bringen.

Die SALT-II-Gespräche begannen in der Mitte der siebziger Jahre. Bereits am 24. 11. 1974 hatten die USA und die UdSSR in der Erklärung von Wladiwostok Obergrenzen für Kernwaffenzahlen festgelegt und somit indirekt ein neues Vertragsziel formuliert: Es ging nicht mehr um gleichwertige Abschreckungsfähigkeit, sondern um gleichwertige Sicherheit auf der Grundlage paritätischer Abschreckungspotentiale. SALT II wurde im Juni 1979 von Breschnew und Carter in Wien unterschrieben, erlangte allerdings niemals Gültigkeit, weil der amerikanische Senat die

Ratifizierung nicht vollzog. So entschlossen sich die amerikanischen Präsidenten, den Vertrag ohne die notwendige parlamentarische Zustimmungsprozedur zu beachten. Der Vertrag entwickelte eine weitere Verhandlungsperspektive, zeichnete sich vor allem jedoch durch den Versuch aus, die Modernisierungsdynamik der Rüstung zu begrenzen. Abschußvorrichtungen sollten begrenzt, Neuentwicklungen erschwert werden.

Die Bedeutung von SALT II liegt weniger in der nachträglichen Rüstungsbegrenzung als in der Einengung von zukünftigen Rüstungszuwächsen. Insofern wird der numerische Rüstungswettlauf eingeschränkt. Problematisch erscheint den Staaten Westeuropas jedoch die Aussicht, ihre Sicherheit durch ein Abkommen der beiden Weltmächte zu verringern. Dies folgt nicht zuletzt aus der Fortsetzung der Rüstungsanstrengungen im Bereich strategischer U-Boot-Waffen und dem Zugeständnis, die Sowjetunion könne die technologische Rüstungslücke verringern und die Zielgenauigkeit und Effektivität ihrer Waffen erhöhen. Denn die Forcierung der Beweglichkeit von Waffensystemen war durch den Vertrag keineswegs ausgeschlossen. So betrachtet, mußte SALT II weitere Überlegungen zur Rüstungsbegrenzung und die Stärkung insbesondere europäischer regionaler Sicherheitsinteressen nach sich ziehen.

Der Gedanke einer auf Europa konzentrierten Rüstungskontrolle stimulierte die seit 1973 in Wien stattfindenden MBFR-Verhandlungen (Mutual Balanced Force Reductions) und die Konferenz über Sicherheit und Zusammenarbeit in Europa (KSZE). Beide Konferenzen gerieten zunehmend unter den Eindruck eurostrategischer Verteidigungsüberlegungen, wie sie aus SALT I und vor allem aus SALT II folgten.

Die Vorgeschichte der beiden Gesprächskreise weist in die Mitte der fünfziger Jahre zurück. Immer wieder waren Pläne zur militärischen „Ausdünnung“ Europas vorgelegt worden. Insbesondere der Plan des polnischen Außenministers Rapacki (1956) wurde intensiv diskutiert, weil er Differenzen innerhalb des Warschauer Pakts anzuzeigen schien. Verminderung von Streitkräften, Schaffung einer atomwaffenfreien Zone in Europa und Gewaltverzicht wurden zu zentralen Aspekten europäischer Sicherheitsdiskussionen. Einzelne Überlegungen wurden abrupt durch den Einmarsch sowjetischer Interventionstruppen in Prag beendet. Erst Anfang der siebziger Jahre wurden sie im Zusammenhang mit der neuen Ostpolitik der sozialliberalen Koalition wieder aufgenommen.

In der Budapester Erklärung vom 17. 3. 1969 hatten die Mitglieder des Warschauer Pakts Gespräche über europäische Sicherheit angeregt und auf das Signal von Reykjavik geantwortet. Die Budapester Erklärung steht somit am Beginn der KSZE-Gespräche, das Signal der NATO-Mitgliedsstaaten am Anfang der Mutual Balanced Force Reductions

(MBFR). Beide Themenkomplexe wurden begrenzt verhandelt, müssen aber stets in ihrem inneren Zusammenhang begriffen werden. Die KSZE-Gespräche fanden nach zweijährigen Verhandlungsrunden, die vom Sommer 1973 bis zum Sommer 1975 währten, mit der Unterzeichnung der Schlußakte von Helsinki am 1. 8. 1975 einen vorläufigen Abschluß. Die KSZE-Schlußakte behandelt die europäische Sicherheit, die wirtschaftliche, wissenschaftliche und technologische Kooperation in Europa, Fragen des Mittelmeerraums und die Zusammenarbeit in humanitären Bereichen, nicht zuletzt in Zusammenhang mit der Gewährung von Menschenrechten und der Sicherung der Informationsfreiheit. Die Staaten Europas verpflichten sich zur Anerkennung ihrer Souveränität und ihrer Grenzen, der Grundrechte und des Selbstbestimmungsrechts der Völker. Im Interesse einer Unterstützung vertrauensbildender Maßnahmen mit dem Ziel der Erhöhung von Sicherheit und Abrüstung soll die gegenseitige Information über Manöver und die Einladung von Beobachtern anderer Staaten liegen. Auch größere Militäroperationen sollen angekündigt werden. Dies war kein strahlendes Verhandlungsergebnis. Dennoch bot es eine wichtige Perspektive, denn die Kontakte zwischen den Staaten und Blöcken wurden stabilisiert und zugleich dauerhafter. So waren Fortsetzungen der Gespräche geplant. Sie führten zwar ebensowenig zu konkreten Ergebnissen wie zu einer grundlegenden Verbesserung der Lebensverhältnisse im Osten, ermöglichten aber doch immer wieder Gespräche zwischen den führenden Politikern Europas.

Abrüstungspolitisch konnten die KSZE-Verhandlungen und die Folgegespräche von Belgrad (1977) und Madrid (1980) nur das allgemeine Klima der Wiener MBFR-Gespräche verbessern. Denn diese Verhandlungen über eine beiderseitige ausgewogene Truppenreduzierung konnten nur auf der Grundlage eines wachsenden und festen Vertrauens über die Blockgrenzen hinweg gedeihen. Zwischen 1969 und 1972 hatten die Regierungen Europas in Einzelerklärungen den Verhandlungsrahmen abzustecken versucht. Am 31. 1. 1973 begannen in Wien die unmittelbaren Gespräche. Sie wurden mit Grundsatzerklärungen vom 30. 10. 1973 thematisch präzisiert, konnten aber bis heute nicht zum Abschluß gebracht werden. Die Schaffung eines ausgewogenen militärisch konventionellen Kräfteverhältnisses, stabiler Frieden und unverminderte Sicherheit, Gefahrenabbau und Mißtrauensverringerung waren umfangreiche, psychologisch schwierig zu verwirklichende Zielpunkte. Als Abrüstungsziel im engen Sinn hat der Truppenabbau zu gelten. Es litt unter der Verschränkung quantitativer und qualitativer Aspekte. Denn jeder Abbau mußte die Standards der Waffentechnik bedenken; dies machte eine lineare Verringerung der Truppenstärke von vornherein nahezu unmöglich. Vor allem die Westmächte forderten einen Gleichstand der Kräfte im konventionellen Bereich, während die UdSSR globale strategische Potentiale in Rechnung stellen wollte. So wurde die Truppenstärke zum zentralen Problem. 1976 legten die Warschauer-Pakt-Staaten erstmals Zahlen über ihre Truppenstärke vor und gaben zu erkennen, daß sie den Grundsatz der Parität anerkennen könnten. Daraufhin stelle sich eine extensive Diskussion über Truppen- und Waffenzahlen ein, weil Diskrepanzen in der gegenseitigen Einschätzung die Solidität der Denkmodelle bezweifeln ließen. Die MBFR-Verhandlungen konzentrierten sich unter dem Einfluß dieser Diskussion auf die Möglichkeiten eines Datenaustausches und rückten somit erneut die Kontroll- und Glaubwürdigkeitsproblematik in den Mittelpunkt der Debatten.

Die konkreten Fortschritte fielen nur gering aus und zeichneten sich vor allem durch ihren symbolischen Charakter aus. Dies zeigte sich nach dem einseitigen Abzug sowjetischer Truppen aus der DDR im Herbst 1979. Die Ergebnisse der MBFR-Verhandlungen sind bisher nicht bemerkenswert, sieht man von der Tatsache langfristiger Gespräche überhaupt ab. Vielleicht liegt in diesen Kontakten, die das gegenseitige Verständnis fördern und die gegenseitige Wahrnehmungsbereitschaft und -fähigkeit beeinflussen, ein Haupterfolg der multilateralen, NATO- und Warschauer-Pakt-Staaten berührenden Wiener MBFR-Verhandlungen. Es ist überdies fraglich, ob sich unabhängig von den Beziehungen der Weltmächte Teilentspannungen in Europa erreichen lassen. Denn Europa bleibt in besonderer Weise abhängig von den Spannungen der Welt. Dies zeigte sich 1973 nach dem Yom-Kippur-Krieg, als die Staaten Westeuropas wegen ihrer ölpolitischen Interessen verhindert waren, eine Israel unterstützende Politik zu betreiben.

Jede Verringerung der Truppenzahl in Europa läßt sich wegen der besonderen geographischen Lage dieses Erdteils in kurzer Zeit rückgängig machen. Möglicherweise könnte eine Verringerung der militärischen Präsenz einer der Weltmächte sogar in besonderem Maße einen Teil Europas zum Pfand der Garantiemacht des anderen Teils machen. Somit würde die Truppenreduzierung allein niemals das sicherheitspolitische Dilemma Europas lösen können.

Aus diesem Grunde setzten Ende der siebziger Jahre neue Überlegungen ein, die vor allem die Zunahme der sowjetischen eurotaktischen Waffensysteme und die Tendenz zur außenpolitischen Isolation in den USA reflektierten. In einer vielzitierten Rede forderte zunächst der deutsche Bundeskanzler Helmut Schmidt, die Konsequenzen einer faktischen Stagnation der realen Entspannungspolitik zu ziehen und die Verteidigungsfähigkeit der NATO zu erhöhen. Er wies schon 1977 in einer vielbeachteten Brüsseler Rede auf eine sich abzeichnende „Lücke" der Verteidigungsmöglichkeit Europas wegen der Mittelstreckenrüstung der UdSSR hin. Seine Rede sollte die USA ermuntern, die Verpflichtung zur Verteidigung Europas zu akzeptieren und die konstatierte „Lücke“ zu schließen. Der NATO-Doppelbeschluß vom Dezember 1979 wollte durch die Ankündigung von Nachrüstung und Waffenmodernisierung die europäischen Rüstungsanstrengungen der UdSSR bremsen. Der Entschluß, auch in Europa amerikanische Pershing-Mittelstreckenraketen und Marschflugkörper zu installieren, wurde mit dem Angebot gekoppelt, mit der Sowjetunion über Waffenreduzierungen in Europa zu verhandeln. Der Doppelbeschluß sollte einerseits die Rüstungsbereitschaft, andererseits den Abrüstungswunsch der Staaten Westeuropas deutlich machen.

Handelte es sich beim Doppelbeschluß zunächst um eine Ankündigung, auf die Fortsetzung der Aufstellung von russischen Raketen zu reagieren, so war damit zugleich ein Rüstungsautomatismus konzipiert. Er wurde wirksam, weil sich Abrüstungsverhandlungen nicht auf den europäischen Mittelstreckensektor erstreckten und die UdSSR ihre Lozierung von stationären und beweglichen Raketen fortsetzte. Deshalb wurden 1983 die ersten amerikanischen Mittelstreckenraketen und Marschflugkörper einsatzbereit gemacht. Damit war die von 1977 bis etwa 1979 währende dritte Entspannungsphase, die vor allem durch die Invasion der Roten Armee in Afghanistan und das Scheitern der SALT-II-Ratifizierung beendet worden war, endgültig abgeschlossen. Innerhalb der westlichen Allianz brachen unterschiedliche Interessen und Vorstellungen auf. Manche Zweifel richteten sich vor allem gegen die These von der gemeinsamen Sicherheitspartnerschaft von USA und Westeuropa. Die Staaten Westeuropas hatten im Zuge der Entspannungspolitik ihre eigenen Sicherheitsinteressen definiert und waren nicht mehr bereit, die Konfrontationspolitik der USA automatisch nachzuvollziehen. Allerdings ist unbestritten, daß Europa im Ernstfall allein von den USA verteidigt werden kann. Deshalb konzentrieren sich immer wieder die Überlegungen darauf, Einfluß auf die amerikanischen Entscheidungen durch Verfahren der Diskussion und Mitberatung im westlichen Bündnis zu finden. Auch sollen die Vereinigten Staaten enger an die westeuropäischen NATO-Staaten gebunden werden, um die Doktrin der Vergeltung, die trotz aller Differenzierung der NATO-Strategien niemals ungültig waren, glaubwürdig zu halten. Aus manchen Zweifeln westeuropäischer Regierungen erwuchsen am Beginn der achtziger Jahre Gefühle der Entfremdung und des Mißtrauens innerhalb des westlichen Bündnisses. Sie verstärkten in den USA die Neigung, nicht allein das Verteidigungsrisiko für Westeuropa zu tragen. In Zukunft werden die atlantischen Bündnispartner ihre gemeinsamen Interessen definieren müssen, um gegenüber dem Ostblock eine gemeinsame Haltung zu finden.

Das Ende der Entspannung?

Heute ist zweifelhaft, ob man überhaupt noch von Entspannungspolitik sprechen kann. Auch mehren sich Zweifel, ob angesichts neuer Spannungen, insbesondere im Nord-Süd-Verhältnis, die überkommene Entspannung im Ost-West-Konflikt überhaupt ausreichend den Weltfrieden sichern kann. Diese Zweifel sind um so ernsthafter, je mehr deutlich wird, daß es sich beim Nord-Süd-Konflikt vor allem um einen West-Süd-Konflikt handelt, der möglicherweise das weltpolitische Gewicht der UdSSR verstärkt.

Der militärische Machtzuwachs der Warschauer-Pakt-Staaten ist unbestreitbar. Er fußt insbesondere auf dem Ausbau eines Systems von Mittelstreckenraketen, die vor allem Europa bedrohen und die westliche Welt strategisch teilen. Denn die Möglichkeit, einen Systemkonflikt auf Europa zu konzentrieren, verstärkt die Aussicht, daß sich die USA im Ernstfall aus ihren gesamtatlantischen Verpflichtungen zurückziehen könnten. Auch die NATO-Strategie der flexiblen Antwort wird angesichts der konventionellen Stärke des Ostblocks zweifelhaft. In den siebziger Jahren konnte die UdSSR überdies ihre See- und Luftpräsenz entscheidend sichern. Deshalb ist heute unbestritten, daß die Sowjetunion in einzelnen Regionen dem Westen überlegen ist.

Die militärische Expansion des Ostblocks konnte von den Staaten des Westens nicht voll ausgeglichen werden, obwohl die von Richard Nixon eingeleitete amerikanische China-Politik neue weltpolitische Konstellationen vorbereitete. Der Westen scheint in politischer Hinsicht gelähmt zu sein, zum einen durch Teilkonflikte zwischen wichtigen NATO-Staaten wie Griechenland und der Türkei, zum anderen durch nationale Verteidigungsbemühungen, vor allem Frankreichs. Auch die innenpolitische Krise der USA im Zuge der Auseinandersetzungen um Rechtsverletzungen des amerikanischen Präsidenten Nixon (Watergate-Skandal) und einer nicht konsequent entwickelten Außenpolitik seines Nachfolgers Carter begünstigten die allgemeine Schwächung. Sie schien die weitere Expansion kommunistischer Interessen vor allem in Afrika (Angola und Äthiopien) zu erleichtern, weil sich in den USA als Reaktion auf das erfolglose Engagement in Vietnam eine isolationistische Bestrebung breit machte. Dieser Tendenz entsprach bald ein amerikanisches Desinteresse an weiteren Entspannungsbemühungen. Eine fehlende außen- und entspannungspolitische Gesamtkonzeption begünstigte das Scheitern der SALT-II-Verhandlungen.

In Westeuropa begünstigte die Kritik an der amerikanischen Außenpolitik eine Verweigerungstendenz und förderte Überlegungen, Europa stärker zu einem eigenständigen Faktor der Weltpolitik zu machen. Die

Forderung, „Europa zu europäisieren", kollidierte jedoch mit der Anstrengung, die USA wieder militärisch auf die Vergeltungsdoktrin der NATO zu verpflichten und sicherzustellen, daß jeder Angriff auf einen europäischen Bündnispartner wie ein Übergriff auf das Territorium der USA beantwortet würde.

Die Machtverschiebungen zugunsten der Sowjetunion, Wandlungen in der Dritten Welt und Veränderungen im militärischen Gleichgewicht zwischen den Blöcken begünstigten die Entstabilisierung der internationalen Beziehungen, wie sie in den siebziger Jahren im Zuge einer vielfältig dimensionierten Entspannungspolitik geschaffen worden waren. Unbestreitbar bleibt jedoch, daß die UdSSR trotz der Schwäche des Westens die Konfrontation in Europa nicht suchte oder verschärfte. Das Gleichgewichtssystem bewährte sich in Europa trotz der Spannungen an den Peripherien: im Nahen Osten, am Golf, in Afghanistan und in Südostasien sowie am Horn von Afrika und in Angola.

Die Zukunft wird erweisen, ob insbesondere die Außenpolitik der Bundesrepublik Deutschland weiterhin davon ausgehen kann, daß die Blockbildung und die gemeinsamen Verteidigungsbemühungen der NATO-Staaten nicht grundsätzlich die Politik der Entspannung verhindert. Dies wird nur möglich sein, wenn es gelingt, deutsche und europäische Interessen zu definieren und mit den Zielen und Vorstellungen der Weltmächte zu verbinden. Die Chance Europas liegt darin, daß hier die Konfliktlinie im Zentrum gegenseitiger Interessen verläuft und somit der Wunsch nach Milderung der Konfrontation stärker ist als in peripheren Regionen. Ob allerdings die Entspannung auf Dauer teilbar ist, wird sich erst im Laufe der achtziger und neunziger Jahre zeigen.

Gewaltverzicht bleibt dabei Voraussetzung politischer Bemühungen und ein wichtiges Mittel, den Frieden zu wahren. Ein Maximalziel muß die Festigung der Angriffsunfähigkeit beider Blöcke sein. Die Wege zu diesem Ziel sind unterschiedlich. Neben die Abschreckungsdoktrin tritt das Modell einer weitgehenden wirtschaftlichen Verflechtung, die beide Hemisphären voneinander abhängig werden läßt. Vielleicht wirken sich auch neue Modelle der Sicherheits- und Verteidigungspolitik aus, die danach streben, den kriegerischen Konflikt zu begrenzen. Gerade diese Verringerung der Reichweite von militärischen Konflikten führt aber dazu, daß der bisher undenkbare Krieg denkbar wird. Damit geraten Abgrenzungen von Offensiv- und Defensivkriegen ins Wanken. Möglicherweise rücken sogar wieder Überlegungen in den Vordergrund, Präventivschläge zu riskieren und damit in scheinbar letzter Minute Voraussetzungen für eine einseitige Hegemonialpolitik zu schaffen.

So sind am Ende der achtziger Jahre Entspannungs-, Abrüstungs- und Rüstungskontrollüberlegungen in die Krise geraten. Die allgemeine Unsicherheit verstärkt Angstvorstellungen und Friedensbestrebungen, die nachdrücklich daran erinnern, daß die Menschen in „einer Welt" wohnen und der Friede letztlich unteilbar ist.

Quellen

Aus dem „Vertrag über das Verbot von Kernwaffenversuchen in der Atmosphäre, im Weltraum und unter Wasser" (Moskauer Atomteststopabkommen) vom 5. 8. 1963

Die Regierungen der Union der Sozialistischen Sowjetrepubliken, des Vereinigten Königreichs Großbritannien und Nordirland und der Vereinigten Staaten von Amerika, im folgenden als „ursprüngliche Vertragsparteien" bezeichnet, ... sind wie folgt übereingekommen:

Art. I

(1) Jede Vertragspartei verpflichtet sich, Versuchsexplosionen von Kernwaffen und andere nukleare Explosionen zu verbieten, zu verhindern und nicht durchzuführen, und zwar an jedem ihrer Hoheitsgewalt oder Kontrolle unterstehenden Ort

a) In der Atmosphäre; jenseits der Atmosphäre einschließlich des Weltraums; sowie unter Wasser einschließlich der Hoheitsgewässer und der Hohen See;

b) in jedem anderen Bereich, wenn eine solche Explosion das Vorhandensein radioaktiven Schuttes außerhalb der Hoheitsgrenzen des Staates verursacht, unter dessen Hoheitsgewalt oder Kontrolle die Explosion durchgeführt wird. Hierbei gilt als vereinbart, daß die Bestimmungen dieses Buchstabens nicht den Abschluß eines Vertrags präjudizieren, der zum ständigen Verbot aller nuklearen Versuchsexplosionen einschließlich aller derartigen unterirdischen Explosionen führt, den die Vertragsparteien anstreben, wie sie in der Präambel dieses Vertrages festgestellt haben.

(2) Jede Vertragspartei verpflichtet sich ferner, die Durchführung von Versuchsexplosionen von Kernwaffen sowie anderer nuklearer Explosionen, die in einem der in Absatz 1 erwähnten Bereiche stattfinden oder die in dem genannten Absatz bezeichnete Wirkung haben würden, weder zu veranlassen noch zu fördern noch in irgendeiner Weise daran zu beteiligen, an welchem Ort es auch immer sei...

Art. IV

Dieser Vertrag hat unbegrenzte Geltungsdauer.

Jede Vertragspartei ist in Ausübung ihrer nationalen Souveränität berechtigt, von dem Vertrag zurückzutreten, wenn sie feststellt, daß durch außergewöhnliche, den Gegenstand dieses Vertrags berührende Ereignisse eine Gefährdung der lebenswichtigen Interessen ihres Landes eingetreten ist. Sie zeigt diesen Rücktritt allen anderen Vertragsparteien drei Monate im voraus an.

Aus dem „Vertrag über die Nichtverbreitung von Kernwaffen" vom 1. 7. 1968

Die diesen Vertrag schließenden Staaten, im folgenden als „Vertragsparteien" bezeichnet, ... sind wie folgt übereingekommen:

Art. I.
Jeder Kernwaffenstaat, der Vertragspartei ist, verpflichtet sich, Kernwaffen und sonstige Kernsprengkörper oder die Verfügungsgewalt darüber an niemanden unmittelbar oder mittelbar weiterzugeben und einen Nichtkernwaffenstaat weder zu unterstützen noch zu ermutigen noch zu veranlassen, Kernwaffen oder sonstige Kernsprengkörper herzustellen oder sonstwie zu erwerben oder die Verfügungsgewalt darüber zu erlangen.

Art. II.
Jeder Nichtkernwaffenstaat, der Vertragspartei ist, verpflichtet sich, Kernwaffen und sonstige Kernsprengkörper oder die Verfügungsgewalt darüber von niemandem unmittelbar oder mittelbar anzunehmen, Kernwaffen oder sonstige Kernsprengkörper weder herzustellen noch sonstwie zu erwerben und keine Unterstützung zur Herstellung von Kernwaffen oder sonstigen Kernsprengkörpern zu suchen oder anzunehmen.

Aus dem „Vertrag zwischen den Vereinigten Staaten von Amerika und der Union der Sozialistischen Sowjetrepubliken über die Begrenzung der Systeme zur Abwehr ballistischer Flugkörper" (Salt I; ABM-Vertrag) vom 26. Mai 1972

Art. I. (1) Jede Vertragspartei verpflichtet sich zur Begrenzung der Systeme zur Abwehr ballistischer Flugkörper (ABM) und zur Ergreifung sonstiger Maßnahmen im Einklang mit diesem Vertrag.

(2) Jede Vertragspartei verpflichtet sich, keine ABM-Systeme für eine Verteidigung des Hoheitsgebiets ihres Landes zu dislozieren und keine Grundlage für eine solche Verteidigung zu schaffen sowie keine ABM-Systeme für die Verteidigung eines einzelnen Gebiets zu dislozieren, es sei denn, daß dies in Artikel III dieses Vertrags vorgesehen ist.

Art. II. (1) Im Sinne dieses Vertrags ist ein ABM-System ein System zur Bekämpfung anfliegender strategischer ballistischer Flugkörper oder ihrer Grundbestandteile; es besteht gegenwärtig aus

a) ABM-Abfangflugkörpern, d. h. Abfangflugkörpern, die für eine ABM-Aufgabe gebaut und disloziert worden sind, oder Abfangflugkörpern eines Typs, der auf ABM-Eigenschaften getestet worden ist;

b) ABM-Abschußvorrichtungen, d. h. Abschußvorrichtungen, die für den Start von ABM-Abfangflugkörpern gebaut und disloziert worden sind, und

c) ABM-Radargeräten, d. h. Radargeräten, die für eine ABM-Aufgabe gebaut und disloziert worden sind, oder Radargeräten eines Typs, der auf ABM-Eigenschaften getestet worden ist.

(2) Zu den in Absatz 1 aufgeführten Bestandteilen des ABM-Systems gehören Bestandteile, die

a) einsatzbereit sind,
b) sich im Bau befinden,
c) sich in der Erprobung befinden,
d) überholt, instandgesetzt oder umgebaut werden oder
e) eingemottet sind.

Art. III. Jede Vertragspartei verpflichtet sich, keine ABM-Systeme oder ihre Bestandteile zu dislozieren, mit folgenden Ausnahmen:

a) Innerhalb eines ABM-System-Dislozierungsgebiets, das einen Radius von 150 Kilometern hat und dessen Mittelpunkt die Hauptstadt der Vertragspartei bildet, darf eine Vertragspartei folgendes dislozieren:

1. höchstens 100 ABM-Abschußvorrichtungen und höchstens 100 ABM-Abfangflugkörper in den Startstellungen sowie

2. ABM-Radargeräte innerhalb von höchstens sechs ABM-Radarkomplexen, wobei das Gebiet jedes Komplexes kreisförmig sein muß und einen Durchmesser von höchstens drei Kilometern haben darf.

b) Innerhalb eines ABM-System-Dislozierungsgebiets, das einen Radius von 150 Kilometern hat und in dem sich ICBM-Abschuß-Silos befinden, darf eine Vertragspartei folgendes dislozieren:

1. höchstens 100 ABM-Abschußvorrichtungen und höchstens 100 ABM-Abfangflugkörper in den Startstellungen,

2. zwei große ABM-Radargeräte mit phasengesteuerter Richtwirkung, deren Leistungsfähigkeit derjenigen entsprechender ABM-Radargeräte vergleichbar ist, die im Zeitpunkt der Unterzeichnung des Vertrags in einem ABM-System-Dislozierungsgebiet, in dem sich ICBM-Abschuß-Silos befinden, einsatzbereit oder im Bau sind, sowie

3. höchstens 18 ABM-Radargeräte, deren jeweilige Leistungsfähigkeit geringer sein muß als diejenige des kleineren der beiden obengenannten großen ABM-Radargeräte mit phasengesteuerter Richtwirkung.

Art. IV. Die in Artikel III vorgesehenen Begrenzungen gelten nicht für ABM-Systeme oder ihre Bestandteile, die für Entwicklungs- oder Versuchszwecke verwendet werden und die sich innerhalb vorhandener oder zusätzlich vereinbarter Versuchsgebiete befinden. Jede Vertragspartei darf insgesamt höchstens 15 ABM-Abschußvorrichtungen in Versuchsgebieten besitzen.

Art. V. (1) Jede Vertragspartei verpflichtet sich, keine ABM-Systeme oder Bestandteile zu entwickeln, zu erproben oder zu dislozieren, die see-, luft- oder weltraumgestützt sind oder als bewegliches System landgestützt sind.

(2) Jede Vertragspartei verpflichtet sich, keine ABM-Abschußvorrichtungen zu entwickeln, zu erproben oder zu dislozieren, von denen gleichzeitig jeweils mehr als ein ABM-Abfangflugkörper gestartet werden kann, keine dislozierten Ab-

schußvorrichtungen dahingehend zu ändern und keine automatischen oder halbautomatischen oder sonstigen ähnlichen Systeme für das rasche Nachladen von ABM-Abschußvorrichtungen zu entwickeln, zu erproben oder zu dislozieren.

Art. VI. Um die Wirksamkeit der in diesem Vertrag vorgesehenen Begrenzungen von ABM-Systemen und ihren Bestandteilen zu sichern, verpflichtet sich jede Vertragspartei,

a) Flugkörper, Abschußvorrichtungen oder Radargeräte mit Ausnahme von ABM-Abfangflugkörpern, ABM-Abschußvorrichtungen und ABM-Radargeräten nicht so auszurüsten, daß sie anfliegende strategische ballistische Flugkörper oder ihre Grundbestandteile bekämpfen können, und sie nicht auf ABM-Eigenschaften zu testen sowie

b) künftig keine Radargeräte zur Frühwarnung vor einem Angriff mit strategischen ballistischen Flugkörpern zu dislozieren, außer wenn sie an Standorten entlang der Grenze ihres Staatsgebiets liegen und nach außen gerichtet sind.

...

Aus dem „Vertrag zwischen den Vereinigten Staaten von Amerika und der Union der Sozialistischen Sowjetrepubliken über die Begrenzung strategischer offensiver Waffen" (SALT II) vom 18. Juni 1979

Art. I. Jede Vertragspartei verpflichtet sich im Einklang mit diesem Vertrag, strategische offensive Waffen quantitativ und qualitativ zu begrenzen, bei der Entwicklung neuer Typen strategischer offensiver Waffen Zurückhaltung zu üben und sonstige in diesem Vertrag vorgesehene Maßnahmen zu ergreifen.

Art. II. Für die Zwecke dieses Vertrags gilt folgendes:

(1) Abschußvorrichtungen für interkontinentale ballistische Flugkörper (ICBM) sind landgestützte Abschußvorrichtungen für ballistische Flugkörper, deren Reichweite größer ist als die kürzeste Entfernung zwischen der Nordostgrenze des Festlandteils des Hoheitsgebiets der Vereinigten Staaten von Amerika und der Nordwestgrenze des Festlandsteils des Hoheitsgebiets der Union der Sozialistischen Sowjetrepubliken, d. h. größer als 5500 Kilometer.

(2) Abschußvorrichtungen für U-Boot-gestützte ballistische Flugkörper (SLBM) sind auf einem atomgetriebenen U-Boot installierte Abschußvorrichtungen für ballistische Flugkörper oder auf einem U-Boot gleich welchen Typs installierte Abschußvorrichtungen für moderne ballistische Flugkörper.

(3) Als schwere Bomber gelten

a) derzeit auf seiten der Vereinigten Staaten von Amerika Bomber vom Typ B-52 und B-1 und auf seiten der Union der Sozialistischen Sowjetrepubliken Bomber vom Typ Tupolew-95 und Mjassischtschew;

b) künftig Bombertypen, welche die Aufgabe eines schweren Bombers ähnlich oder besser als die unter Buchstabe a aufgeführten Bomber erfüllen können;

c) Bombertypen, die für Marschflugkörper mit einer Reichweite von mehr als 600 Kilometer ausgerüstet sind; und

d) Bombertypen, die für ballistische Luft-Boden-Flugkörper ausgerüstet sind.

(4) Ballistische Luft-Boden-Flugkörper (ASBM) sind Flugkörper dieser Art, die eine Reichweite von mehr als 600 Kilometer haben und in einem Luftfahrzeug oder auf seinen äußeren Halterungen installiert sind.

(5) Abschußvorrichtungen für ICBM und SLBM, die mit mehreren gegen getrennte Ziele einsetzbaren Wiedereintrittskörpern (MIRV) ausgerüstet sind, sind Abschußvorrichtungen der Typen, die für den Start von mit MIRV ausgerüsteten ICBM oder SLBM entwickelt und erprobt wurden.

(6) ASBM, die mit MIRV ausgerüstet sind, sind ASBM der Typen, die mit MIRV im Flug erprobt wurden.

(7) Schwere ICBM sind ICBM mit einem Startgewicht bzw. einem Wurfgewicht, das größer ist als das der hinsichtlich des Startgewichts bzw. Wurfgewichts schwersten der leichten ICBM, die eine Vertragspartei zum Zeitpunkt der Unterzeichnung dieses Vertrags disloziert hat.

(8) Marschflugkörper sind unbemannte, mit eigenem Antrieb ausgestattete, gelenkte Trägermittel für den Waffeneinsatz, die ihren Flug auf dem größten Teil ihres Flugwegs durch Nutzung des aerodynamischen Auftriebs zurücklegen und die von Luftfahrzeugen aus im Flug erprobt oder in Luftfahrzeugen disloziert werden, d. h. luftgestützte Marschflugkörper (ALCM), oder Träger dieser Art, die in Artikel IX Absatz 1 Buchstabe b als Marschflugkörper bezeichnet werden.

Art. III. (1) Mit Inkrafttreten dieses Vertrags verpflichtet sich jede Vertragspartei, die Gesamtzahl der ICBM-Abschußvorrichtungen, SLBM-Abschußvorrichtungen, schweren Bomber und ASBM auf 2400 zu begrenzen.

...

Fragen und Aufgaben

- Bewerten Sie unterschiedliche Verteidigungskonzepte.
- Inwiefern drohen die Abkommen zur Begrenzung strategischer Waffen in Europa eine Verteidigungslücke entstehen zu lassen?
- Welche Bedeutung haben unterschiedliche Wahrnehmungsweisen und Feindbilder für die Rüstungsbeschränkungen?
- Bedenken Sie, weshalb die Frage der Waffenkontrolle den entscheidenden Bereich der Abrüstungsproblematik darstellt.
- Verschaffen Sie sich Klarheit über die Gleichzeitigkeit unterschiedlicher Verhandlungsziele in Europa und zwischen den Supermächten.

Wichtige Begriffe

Abschreckung	Rüstungsbegrenzung
Abrüstung	Rüstungskontrolle
Rüstungswettlauf	Truppenabbau
Rüstungslücke	SALT I

Wichtige Begriffe

SALT II	Rüstungsmodernisierung
MBFR-Verhandlungen	Nachrüstung
Drohpolitik	Dislozierung
Vertrauensbildende Maßnahmen	

Wichtige Daten zum Teil „Die internationale Friedenssicherung"

8. 5. 1945	Bedingungslose Kapitulation der deutschen Wehrmacht
26. 6. 1945	Unterzeichnung der Charta der Vereinten Nationen
6. 8. 1945	Abwurf der ersten Atombombe auf Hiroshima
23. 11. 1946	Beginn des Indochina-Krieges
15. 8. 1947	Unabhängigkeitserklärung von Indien
14. 5. 1948	Gründung Israels
24. 6. 1948	Beginn der Berlin-Blockade
15. 8. 1948	Proklamation der Republik Korea (VR)
14. 7. 1949	Erster sowjetischer Atombombenversuch
25. 6. 1950	Ausbruch des Korea-Krieges
16. 11. 1952	Erste Zündung einer Wasserstoffbombe in den USA
27. 7. 1953	Ende des Korea-Krieges
21. 7. 1954	Teilung Vietnams auf der Genfer Konferenz beschlossen
Okt. 1956	Ungarn-Aufstand
29. 10.–6. 11. 1956	Suez-Krieg
4. 10. 1957	Start eines ersten Weltraumsatelliten durch die Sowjets
27. 11. 1958	Sowjetische Berlin-Note
5. 5. 1960	Abschuß eines amerikanischen Spionage-Flugzeugs über dem Ural
Juni–September 1960	Höhepunkt der Kongo-Krise
20. 1. 1961	Beginn der Präsidentschaft von John-F. Kennedy
3. 6. 1961	Treffen von Chruschtschow und Kennedy in Wien
14. 3. 1962	Beginn der Genfer Abrüstungsverhandlungen
14.–28. 10. 1962	Kuba-Krise

20. 6. 1963	Einrichtung eines „heißen Drahtes" zwischen USA und UdSSR
5. 8. 1963	Abkommen über die teilweise Beendigung von Kernwaffenversuchen
7. 2. 1965	Amerikanische Luftangriffe auf Nordvietnam
Juni 1967	Sechstagekrieg in Israel
1. 7. 1968	Vertrag über die Nichtverbreitung von Kernwaffen
1970	SALT-I-Verhandlungen; MBFR-Verhandlungen
25. 10. 1971	VR China wird Mitglied der UNO
26. 5.	Unterzeichnung des SALT-I-Vertrages
27. 1. 1973	Waffenstillstand in Vietnam
Juli 1973	Eröffnung der KSZE-Konferenz
30. 10. 1973	Beginn der MBFR-Verhandlungen in Wien
Okt. 1973	Yom-Kippur-Krieg führt zum Ölboykott
1. 8. 1975	Unterzeichnung der KSZE-Akte
1977	Verlängerung des SALT-I-Vertrages; Beginn der KSZE-Nachfolgekonferenz in Belgrad
1. 1. 1979	Aufnahme diplomatischer Beziehungen zwischen den USA und der VR China
26. 3. 1979	Ägypt.-israelischer Friedensvertrag
Juni 1979	Unterzeichnung des SALT-II-Vertrages
12. 12. 1979	Nachrüstungsbeschluß der NATO
27. 12. 1979	Einmarsch sowjetischer Truppen in Afghanistan
11. 11. 1980	2. KSZE-Nachfolgekonferenz in Madrid

Auswahlbibliographie

UNO

Hüfner, K. u. Naumann, J.: Das System der Vereinten Nationen. Eine Einführung. Düsseldorf 1974.

Wolfrum, R. u. a. (Hrsg.): Handbuch Vereinte Nationen. München 1977.

Zieger, G.: Die Vereinten Nationen. Hannover 1976.

Geschichte der Weltpolitik

Czempiel, E. O. u. Schweitzer, C. C.: Weltpolitik der USA nach 1945. Einführung und Dokumente. Opladen 1984.

Görtemaker, M.: Die unheilige Allianz. München 1979.

Grosser, A.: Das Bündnis. Die westeuropäischen Länder und die USA seit dem Krieg. München 1982.

Kaiser, K. u. Schwarz, H. P. (Hrsg.): Weltpolitik. Strukturen, Akteure, Perspektiven. Stuttgart 1985.
Link, W.: Der Ost-West-Konflikt. Stuttgart 1980.
Loth, W.: Die Teilung der Welt. Geschichte des Kalten Krieges 1941–1955. München 1982[3].
Nolte, E.: Deutschland und der Kalte Krieg. Stuttgart 1985[2].
Walpuski u. Wolf, D. A. O.: Einführung in die Sicherheitspolitik. Ein Lehr- und Studienbuch. München 1979.
Wassmund, H.: Grundzüge der Weltpolitik. Daten und Tendenzen. München 1982.

Abrüstung und Rüstungskontrolle

Forndran, E.: Rüstungskontrolle. Friedenssicherung zwischen Abschreckung und Abrüstung. Düsseldorf 1970.
Ders.: Probleme der internationalen Abrüstung. Frankfurt u. Berlin 1970.
Ders.: Abrüstung und Rüstungskontrolle. Berlin 1981.
Haftendorn, H.: Abrüstungs- und Entspannungspolitik zwischen Sicherheitsbefriedigung und Friedenssicherung. München 1979.
Kewenig, W. A. (Hrsg.): Abschreckung und Entspannung. Berlin 1977.
Lutz, D. S. (Hrsg.): Sicherheitspolitik am Scheideweg? Baden-Baden 1982.
Schubert, K. von (Hrsg.): Sicherheitspolitik der Bundesrepublik Deutschland. Dokumentation 1945–1977. 2 Bde., Köln 1979.
Schwarz, K.-D. (Hrsg.): Sicherheitspolitik. Bad Honnef 1976.

Eine sehr übersichtliche bibliographische Information bietet der Ausstellungskatalog: 30 Jahre Bundeswehr 1955–1985. Friedenssicherung im Bündnis. Hrsgg. v. Militärgeschichten Forschungsamt Freiburg. Mainz 1985, S. 343–402.

Personenregister

Sachregister

Uwe Hameyer

Pädagogische Ideenkiste Primarbereich

mit Beiträgen von A. Böttger, A. Döring, R. H. Evans, K. Frey, H. Hagstedt, W. Jank, S. Jesumann, K. Kilian, B. Köhler, E. Kohls, I.-M. Kohls, D. Kraft, C. Larsson, J. Lege, H. Meyer, C. Papenhagen, U. Schäfer, H. Schreier, S. Schröder, U. V. Schwarz, H.-J. Steensen, C. Strüfing, E. Wolf.

Körner Verlag
Herausgeber der PROFILE-Reihe: Uwe Hameyer

Die Pädagogische Ideenkiste zum Primarbereich entstand im Rahmen der PWK - Pädagogische Werkstatt Kiel. Die Werkstatt ist eine Einrichtung an der Pädagogischen Hochschule Kiel; die PH wird vorausssichtlich ab April 1994 in die Erziehungswissenschaftliche Fakultät der Universität Kiel überführt. Die PWK wird von Uwe Hameyer und Waldemar Pallasch geleitet.

Ein Ziel besteht darin, neue Formen der Zusammenarbeit von Schule und Lehrerbildung zu fördern. Die Pädagogische Ideenkiste ist eine Grundlage für die Zusammenarbeit und den Erfahrungsaustausch. Der vorliegende Band enthält daher zahlreiche Anregungen von Studierenden, Lehrerbildnern und Fachleuten aus der Schulpraxis. Die Ideenkiste erscheint als Materialienband der Werkstattreihe namens PROFILE - *Projektorientierte Materialien für Innovatives Lernen.*

Uwe Hameyer, Professor für Pädagogik in Kiel, hat PROFILE in Zusammenarbeit mit dem Körner Verlag gegründet und betreut die Reihe.

Eckernförder Str. 259, 24119 Kronshagen
Gestaltung: Körner Verlag GmbH
Druck: Pirwitz Druck & Design
Printed in Germany
1. Auflage
ISBN 3-929 237-09-1

Dieses Buch ist auf 100% chlorfrei
gebleichtem Papier gedruckt

Zur Ideenkiste

Die Pädagogische Ideenkiste - im Folgenden PIK genannt - enthält Hinweise auf praktische Unterrichtshilfen und Werkstattmaterialien zum Primarbereich. Die Beiträge sind für Studium und Praxis gedacht.

Wir möchten mit PIK einen Leserkreis ansprechen, der nicht nur über Theorien Bescheid wissen will, sondern auch pädagogisch-anschauliche Konkretisierungen in Bereichen sucht, die in pädagogischen Nachschlagewerken ausgespart sind:

- *Wo finde ich Anregungen für Unterrichtsprojekte?*
- *Was ist eine Lernkartei? Wer bietet welche an?*
- *Wie richte ich ein ökologisches Schulgelände ein?*
- *Was ist COLLEG eigentlich?*
- *Wozu ist Freinet-Pädagogik gut?*
- *Wie gestalte ich einen Wochenplan?*
- *Wann richte ich Lernstationen ein?*
- *Was wissen wir heute über »gute« Schulen?*

Studierende sind gerade in ihren ersten Semestern an konkreten Materialien und Hinweisen zur pädagogischen Arbeit interessiert. Wir möchten durch PIK die Berufsfeldorientierung in der Lehrerbildung unterstützen. Durch den »doppelten« Adressatenkreis - nämlich Studium *und* Schulpraxis - soll der Übergang von der Hochschule in die spätere Arbeitssituation erleichtert oder doch wenigstens »begleitet« werden, soweit das mit schriftlichem Material überhaupt möglich ist. Wir setzen dabei auf den Impulscharakter von PIK für den Primarbereich. Eine Ideenkiste zur Sekundarstufe I ist geplant (1995).

Inhalt

Schlüssel zur Ideenkiste

Uwe Hameyer

Ich kenne kaum jemand, dem nicht wiederholt Zettel aller Art mit wichtigen Hinweisen, Notizen und Kopien durcheinandergeraten und alsbald abhanden kommen. Im Studium und während der schulpraktischen Anfangszeit häufen sich pädagogische Wissensstücke, die in unserer Zettelwelt verstreut sind. Vielen von uns ist es oft nicht leicht gefallen, im eigenen Wissens- und Erfahrungsdurcheinander zurechtzufinden.

Dies ist ein Grund für die Entwicklung einer Pädagogischen Ideenkiste. Sie kann zwar nicht Ordnung schaffen, wohl aber sonst zerstreute Information übersichtlich zusammentragen. Wir wenden uns mit dieser Kiste namens PIK an Pädagoginnen und Pädagogen in Lehrerbildung und Schulpraxis, die Aktuelles zur Grundschule in einem handlichen Band nachschlagen möchten.

Mit der Ideenkiste möchten wir auf wichtige Unterrichtsmaterialien hinweisen, publizierte Berichte über Unterrichtsprojekte bekannt machen, Lernkarteien vorstellen, über Lernbausteine zum Sachunterricht informieren, Forschungsergebnisse über innovative Schulprofile zusammenfassen, Literaturhinweise abdrucken und dergleichen.

Die Ideenkiste ist ein *praktisches Handbuch für Studium und Schule*. Studierende und Schulpraktiker sind zugleich angesprochen, denn beide suchen handfestes Orientierungswissen. Im Lehrerstudium möchten wir diese Form der Information konsequenter einbeziehen. Zunächst beschränken wir uns dabei auf den Primarbereich. Dadurch lassen sich die Interessen der Adressaten leichter bündeln, und der Band wird nicht noch umfangreicher. Eine Ideenkiste zur Sekundarstufe I wird vorbereitet. Sie erscheint 1995.

Bei der Entwicklung einer Ideenkiste sind wir auf Beiträge aus Studium und Schule angewiesen. Schließlich soll eine Ideenkiste Impulse aus dem Schulfeld aufnehmen und natürlich Problemlösungen enthalten, wenn man nur richtig in ihr sucht. Wir werden dabei nicht auf Reflexion, Theorie und Konzeptionelles verzichten, ist doch eine gute Ideenkiste immer auch Wegweiser über das Tagesaktuelle hinaus. Ausgangs- und Bezugspunkt ist die praktisch-konzeptionelle Schulentwicklung im weitesten Sinne des Wortes.

Sie können selbst an einer späteren revidierten Ausgabe der Ideenkiste eventuell mitwirken. Wir meinen es ernst mit der Einladung. Dabei kommt es uns auf Beiträge an, die knapp formuliert sind, in verständlicher Sprache dargestellt und Themen betreffen, welche für Studierende und Schulpraktiker zugleich bedeutsam sind. Das kann zum Beispiel ein exemplarischer Bericht zur Entwicklung einer Region sein, in der drei Schulen bei der Planung von Betriebspraktika zusammenarbeiten. Ein weiteres Beispiel wäre eine Übersicht von epochalunterrichtlichen Beispielen aus Ihrer Schule, vielleicht ergänzt durch Ansätze aus Nachbarschulen, oder Sie schildern die Umgestaltung des Schulhofgeländes an Ihrer Schule unter Beiziehung von Skizzen oder Fotografien. Bitte senden Sie Ihre Vorschläge und Kritik direkt an den Körner Verlag, der die Post an den Herausgeber weiterleitet. Die Verlagsadresse ist im Impressum aufgeführt.

Unterricht im Profil Innere Differenzierung

Uwe Hameyer

In der heutigen Kindheit vollzieht sich ein rapider Sozialisationswandel. Fast jedes vierte Kind wird von alleinerziehenden Eltern betreut, die Zahl der Kleinstfamilien steigt und die »Wochenendfamilie« wird bei vielen Kindern zum Normalfall. Das verlockende Medienangebot füllt Zuwendungslücken aus, die übrigens nicht notwendigerweise bei Alleinerziehenden entstehen, sondern sich überall dort auftun, wo Eltern keine »natürliche« Zeit für Gespräch und Spiel mit ihren Kindern finden. *Cloer* berichtet von einer Tagung im Niedersächsischen Kultusministerium am 31. Oktober 1991 über die veränderte Kindheit (s. auch *Faust-Siehl/Schmitt/Valtin* 1990). Die heutige Kindheit sei arm an Arbeits- und Verantwortungserfahrung, arm an gefahrloser Erkundung der Umwelt, arm an Erfahrung, daß Anstrengung Glück bedeutet, geschwister- und zuwendungsarm, bezugspersonenarm. Auf der anderen Seite sei sie zu reich an materiellen Werten, zu reich an passiver Unterhaltung und zu reich an Überbehütung (»verinselte Kindheit«), zu reich an Überfremdung kindlicher Zeitrhythmen (verplante Kindheit), zu reich an symbiotischen Erziehungsarrangements (Ein-Eltern-Familien) (*Cloer* 1992, 49).

Was hat das mit innerer Differenzierung zu tun, werden Sie denken. Da Kinder ihre Erfahrungen und Erlebnisse mit in die Schule nehmen - ob wir das wollen oder nicht -, müssen wir uns auf diesen Strukturwandel einstellen. Innere Differenzierung von Unterricht ist eine pädagogische Antwort auf die *sich auffächernde Erfahrungsvielfalt* und den *Zuwachs an Heterogenität im Lernvoraussetzungsbereich.* In der Schule wird deutlich, was die soziale Wirklichkeit der Kinder prägt: Unkonzentriertheit und Aggressivität, reduzierte Eigentätigkeit, monotonisierte Erfahrungsräume, unkontrolliertes Anspruchsdenken, neue Identifikationsvorbilder und die Mediatisierung der kindlichen Umwelt, hoch organisierte Zeiteinteilungssysteme im Alltag der Familien und der Schwund originaler Begegnung. Erfahrungs- und Erlebniskontinuität erhalten Risse. Traditionelle Zuwendungsmuster wandeln sich, und offensichtlich prägt sich Zuversicht beim Kind nicht in der Weise aus, wie es für das Grundvertrauen notwendig ist. *Hentig* formuliert diesen Wandel sozialer Wirklichkeit so:

> »Die Welt erscheint verkleinert, zerstückelt, an- und abschaltbar, in absurder Mischung, ohne Zusammenhang in sich und erst recht nicht mit der Wirklichkeit. Dabei ist sie aufregend, extrem, glanzvoll und elend, übertrifft in allem meine kleine erlebbare Umwelt und macht sie unbedeutend« (*Hentig* 1976, 38).

Weder die Beispiele noch das Zitat repräsentieren die Komplexität der Situation. Und doch zeigen sie Wichtiges an - sozialer Wandel erzeugt veränderte Wirklichkeiten und Aktionsräume für Kinder. Kinder nehmen ihre Handlungs- und Erwartungsmuster gleichsam als »Handgepäck« täglich mit in die Schule. Die Differenzierung der sozialen Wirklichkeit spiegelt sich in der gedehnten Variationsspanne von Verhaltensschemata in der Schule. Aufgrund der Differenzierung sozialer Entwicklungsmuster der Kindheit wächst die Heterogenität in der Klasse. Lernvoraussetzungen für Unterricht sehen heute wesentlich anders aus als vor einem Jahrzehnt.

Der *Heterogenitätszuwachs* erweist sich im pädagogischen Alltagsgespräch vielfach als Last. Was sollen wir - so fragen sich Lehrerinnen und Lehrer - angesichts der Konzentrationsunfähigkeit unserer 7- und 8-Jährigen tun? Wie gehen wir mit Aggression und Gewalt um? Wohin führt uns die Multikulturalität? Wie können wir behinderten und nicht behinderten Kindern beim gemeinsamen Lernen gerecht werden? Bei aller Nachdenklichkeit vergessen wir dabei jedoch leicht, daß Heterogenität immer schon Alltag gewesen ist. Denken Sie an Landschulen. Fünf Jahrgänge in einer Klasse waren keine Seltenheit. Auch heute gibt es jahrgangsübergreifende Klassen, die aus *pädagogischen* Gründen eingerichtet worden sind. Jenaplanschulen und kleine Schulsysteme auf dem Lande sind mit dieser Praxis vertraut. Wie dem auch sei - eine beachtliche Spannbreite unterschiedlicher Lernbiographien ist eine didaktische und strukturelle Herausforderung. Eigentlich verlangt gerade diese Situation die pädagogische Kunst der inneren Differenzierung von Unterricht und die Bereitstellung individualisierter Lernangebote.

Begriff: Innere Differenzierung

Was aber ist das genau: innere Differenzierung von Unterricht - auch Binnendifferenzierung genannt? Innere Differenzierung bezieht sich auf unterschiedliche Lerngelegenheiten im gleichen Raum, zur gleichen Zeit, bei derselben Lehrperson und mit den Kindern einer Jahrgangsklasse - im Unterschied zur äußeren Differenzierung (s. zum Beispiel *Bönsch* 1989 und *Diederich* 1983). Differenzierung ist eine methodische, didaktische oder organisatorische Maßnahme, durch die der Unterricht dem Kind in bezug auf Lernfähigkeit, Motivierbarkeit, Interessen und Neigungen individuell oder gruppenweise angepaßt wird (siehe *Böhm* 1988, 151). Eine Lerngruppe, die aus Kindern mit unterschiedlichen Lernvoraussetzungen besteht, erhält ein Aufgabenangebot, das ihren Leistungsmöglichkeiten und Interessen entspricht. Die Aufgaben können sich nach Schwierigkeitsgrad und Zeitaufwand unterscheiden. Es kann sich dabei auch um eine abgestufte Lehrhilfe sowie Arbeits- und Anschauungsmittel handeln.

Eine Form der inneren Differenzierung besteht darin, den Unterricht *zieldifferent* zu planen. Bei diesem Ansatz erreichen Kinder einer Lerngruppe oder Klasse unterschiedliche Ziele in unterschiedlichen Zeiträumen. Sie lernen Unterschiedliches, ohne den Klassenverband zu verlassen oder nach Leistungskriterien eingeteilt zu werden. Zieldifferentes Lernen ist gerade bei der Integration von behinderten Kindern eine geeignete Methode, um das gemeinsame Lernen zu schützen.

Abb. 1: Aus einem Dinosaurierprojekt

Eine andere Form der inneren Differenzierung besteht darin, ähnliche oder identische Ziele über unterschiedliche Methoden zu erreichen. Wenn Sie zum Beispiel Dinosaurier in der 3. Klasse als Projekt durchnehmen, so werden Sie vermutlich mehrere Optionen anbieten und Gruppen bilden. So beschäftigt sich eine Lerngruppe mit der Zeitleiste, eine andere recherchiert alles über Dinosaurier in eigenen Büchern und in Werken aus der Stadtbücherei. Eine dritte fertigt Steckbriefe von Dinosauriern an und interviewt Eltern, was diese eigentlich über einzelne Arten wissen. Eine vierte Gruppe erfindet Geschichten über Dinosaurier und modelliert ein Fantasieszenario mit Dinosauriern aus Knetmasse. Das gemeinsame Ziel könnte darin bestehen, zur Selbsttätigkeit im Umgang mit Information zu erziehen, kreatives Handeln und Gestalten anzuspornen und das Vorstellen der Arbeitsergebnisse in der Klasse zu üben - *das Lernen lernen* also als pädagogische Leitidee. Bei diesem Projekt eignet sich jede Gruppe spezielles Wissen in unterschiedlichen Bereichen an. Dieses Wissen tauschen die Kinder nachher aus (s. Bonk/Bruhn 1993).

Ursprung: Reformpädagogik als geistige Quelle

Die Notwendigkeit innerer Differenzierung wurde in der Reformpädagogik längst vorgedacht. *Maria Montessori* hat sich in ihrer Anthropologie des Kindes für den Schutz seiner je besonderen Individualität eingesetzt. Seine Persönlichkeit sei das »Zentrum«, aus dem heraus Lernen immer so intensiv stattfindet, wie es die »Peripherie« ermögliche. Die Peripherie als Lernumgebung - Lernmedien sind Teil davon - sei differenziert bereitzuhalten. Schließlich sollen nicht alle Kinder alles in derselben Zeit auf dieselbe Art lernen müssen.

Konkrete Gestalt nahm die innere Differenzierung im Dalton-Plan von *Helen Parkhurst* an (1905). Sie gliederte das Lernen in überfüllten Klassen mit Kindern verschiedener Leistungsfähigkeit, Begabung und Entwicklungsstufe, um dem Einzelnen besser gerecht zu werden. Gegenstandswinkel wurden eingerichtet (—> *räumliche Differenzierung*). Den Kindern wurden individuell zugeschnittene Aufgaben gestellt *(Besuden* 1968). Damit sollte verhindert werden, »daß alle Schüler die gleiche Arbeit in der gleichen Zeit ausführen müssen« (ebenda, 11). Rezitation - so die Losung - müsse durch individualisierten Unterricht ersetzt werden. Altersstufengegliederte Klassen wurden aufgelöst. Es entstanden Klassenräume, in denen individuelle Arbeit bevorzugt stattfand oder Schülergruppen in Laboratorien und Fachzimmern lernten. *Experimentieren und Erfahren wurden zum durchgängigen Lernprinzip.* Gegenstände waren nicht mehr in Schränken verschlossen, sondern für alle Kinder zugänglich. Dazu zählten Apparate, Instrumente, Modelle, Karten, Tabellen und mannigfaltige Bücher.

Abb. 2: Aufgabenklärung im Gesprächskreis (Grundschule Groß-Wittensee)

Berthold Otto (1914) beklagt in seiner Abhandlung über Gesamtunterricht die Zersplitterung des menschlichen Geistes durch die Wissenschaften. Spezialistentum wachse ins Uferlose. Der Gesamtunterricht wolle dieser Gefahr begegnen. Kinder seien immer Suchende und Forschende. Dem müsse man im Unterricht Rechnung tragen. Das sei nicht durch ein einheitliches Weltbild möglich, sondern man müsse auf jedes einzelne Kind eingehen, seine Vorstellungen herausfinden und als Lernbasis respektieren. Die Erzieher müssen in jedem Kinde die Möglichkeit der höchsten geistigen Entwicklung als vorhanden anerkennen. Wir müssen uns so benehmen, als ob wir mit jedem ungeschickten Eingriff die Menschheit eines großen Geistes berauben könnten (i.w.S. ebenda, S. 126). Otto geht es um *Erlebnisreichtum*, wenn Kinder unterschiedlichen Alters im Gesamtunterricht Erfahrungen austauschen. Andererseits will er die gegenseitige Verständigung über eigene Erlebnisse fördern.

Die Grundlage des Gesamtunterrichts besteht im *Respekt vor den verschiedenen Interessen der lernenden Menschen.* Von gegenseitiger Achtung und Duldung ist die Rede. Das Verschiedene ist dabei die unterschiedliche Interessens- und Erfahrungslage des Kindes, das nun im Rahmen der Verständigung untereinander zur vollen Geltung gelangen kann. Die Kinder sollen wechselseitig Fragen stellen und nach der Frage eines anderen Kindes sich selbst einbringen. Steuerung durch den Lehrer wird auf ein Minimum reduziert. Die innere Differenzierung vollzieht sich in diesem Modell fast automatisch durch die gewährte Themen- und Interessenoffenheit. Jeder kann das vorbringen, was ihm wichtig oder interessant erscheint.

Einige Jahrzehnte später attackiert *Martin Wagenschein* die Perlenkettenpädagogik. Es gehe nicht an, Unterricht nur an der vermeintlichen Wissenslogik auszurichten und von einer »sachimmanenten« Reihenfolge des Lernens von Wissen auszugehen. Innere Differenzierung verlange stets die Einbeziehung der Lernenden, ihrer Interessen und Vorerfahrungen, ihrer Stärken und Motivation. Nur im Zusammenspiel dieser Komponenten könne die Pädagogik wirksam sein; differenzierte Lernhilfen sollten dabei immer die Entstehung des Gelernten und der Vorstellungsgebäude des Kindes beachten. In der *genetischen Methode* als einer zentralen Lehrform solle das Kind durch geschickte »sokratische« Fragen in Dialoge verwickelt werden, in denen es Merk-Würdigkeiten (wieder)-entdecke, erstaunliche Phänomene deute und Widersprüchliches zu lösen versuche. Ich erwähne den genetischen Ansatz, weil er eine differentielle Kunst verlangt, nämlich exemplarische Themen so auszuwählen, daß jedes einzelne Kind mit seinen besonderen Lernerfahrungen aktiviert wird.

Gründe: Was innere Differenzierung leistet

Jede Lerngruppe - ganz gleich ob sie aus drei oder dreißig Kindern besteht - repräsentiert eine Bandbreite individuell variierender Lernleistungsprofile. Kinder können schon aus diesem Grund nicht alle zur gleichen Zeit dieselben Ziele erreichen (vgl. *Bloom*). Der Lernfortschritt eines jeden beruht auf unterschiedlichen Voraussetzungen, so zum Beispiel auf dem Vorwissen jedes Kindes und seiner Motivation, auf der momentanen Befindlichkeit und der Einstellung zur Schule, auf der Qualität des Unterrichts und den angebotenen Materialien und Methoden.

Differenzierungsmethoden müssen jedoch pädagogisch im einzelnen begründet sein. Die Hoffnung oder Zuversicht auf Erfolg für alle reicht nicht. Warum behandele ich die Kinder nicht gleich? Ohne Begründungsbasis sind Schwerpunktbildungen für verschiedene Kinder gar nicht möglich (siehe *Schittko* 1984, 39). Ich muß sagen können, was für alle grundbildend ist und was einige zusätzlich lernen. Was ist das Fundamentum? Was kommt hinzu? Wie stelle ich mich auf die unterschiedlichen Interessen und Leistungsspektren der Kinder ein? Für eine Schule ist diesbezüglich zweierlei zu fordern:

> »Sie muß alle Schüler auf die zentralen Fragen und Probleme in den Lebensbereichen Familie/Sozialisation, Freizeit/Kultur, Natur/Umwelt, Arbeitswelt/Wirtschaft und Gesellschaft/Politik vorbereiten und sie zu einer kritischen Auseinandersetzung mit ihrer Wirklichkeit und zur Bereitschaft für eine wünschenswerte Veränderung befähigen. Sie soll den Schülern zugleich ausreichend Möglichkeiten für eine individuelle Schwerpunktbildung und für die Entwicklung von Interessen/Neigungen bieten« (*Schittko* 1984, 39).

Folgende Funktionen binnendifferenzierten Unterrichts werden in der Literatur wiederholt genannt. Ich möchte sie lediglich aufführen, ohne an dieser Stelle Einzelheiten näher zu erläutern:

- (A) Erhöhung grundlegender Lernchancen für alle
- (B) Optimale Förderung des einzelnen Kindes
- (C) Verbesserung sozialer Integration
- (D) Vertiefung des Lernens in bestimmten Gebieten
- (E) Förderung der Durchlässigkeit
- (F) Anbahnung zielerreichenden Lernens

Für optimales Fördern sind Voraussetzungen zu schaffen, unter denen sich der Schüler intellektuell und sozial optimal, zumindest aber immer vergleichsweise gut oder besser entwickeln kann, als das außerhalb der Schule der Fall wäre (i.w.S. *Hurrelmann* 1989). Die Vertiefung ist auf entsprechende Lernangebote angewiesen. Aber auch auf der Schülerseite sind bestimmte Fähigkeiten verlangt, um etwas vertiefen zu können, zum Beispiel die Fähigkeit zu kritischem Wählen. Das Kind lernt, zwischen Lernangeboten auszuwählen und seine Wahl ggfs. zu korrigieren. Kinder können so an der Konzeption von Lernangeboten beteiligt werden (Mitplanung und Mitgestaltung von Lernsituationen und Projekten).

Entscheidungsebenen: Wonach differenziert wird

Innere Differenzierungsformen sind davon abhängig, wonach differenziert wird. Sie können beispielsweise nach sozialen Gesichtspunkten vorgehen, sei es bei der Zusammenstellung von Lerngruppen oder beim Wechsel von Sozialformen. Nachfolgend sind einige Entscheidungsebenen durch Stichworte erläutert:

Abb. 3: Was machen Wespen im Winter? (Grundschule Groß-Wittensee)

Soziale Differenzierung

Einzel- oder Gruppenarbeit, Gesprächskreis, Plenardiskussion, Lernen durch Spiel, experimentieren zu zweit, Aktionsformen mit der ganzen Klasse undsoweiter

Methodische Differenzierung

zum Beispiel experimentieren, erkunden, beobachten, jemanden interviewen, Informationen suchen, etwas bauen und gestalten, szenisch etwas darstellen, eine Aktion planen, mit Texten arbeiten, eine Fallstudie verfassen, an einem Projekt mitwirken

Mediale Differenzierung

zum Beispiel durch Musikinstrumente, AV-Medien, Lernkarteien und Lernscheiben, durch Schulbücher und Selbstlernmaterialien, durch Montessori-Lernhilfen und Lernspiele, durch Laborgeräte und Computer.

Thematisch-intentionale Differenzierung

Das Ziel der Stunde oder Unterrichtseinheit und auch das Thema können unterschiedlich ausgestaltet sein (Näheres s. Abb. 5).

Ausbau von Handlungs- und Erlebnismöglichkeiten

zum Beispiel Anbahnung erlebnisintensiver Lernanlässe auf Exkursionen, Besuch eines Fernsehstudios, andere Formen originaler Begegnung, Erlebnisse während einer Klassenreise; dann auch handlungsorientiertes Lernen in der Klasse; stärkere Verbindung kognitiver, sozialer und emotionaler Dimensionen des Lernens.

Abb. 4 bringt einige Entscheidungsebenen der inneren Differenzierung in einen Überblick. Solche Listen sind problematisch, wenn sie nur abgehakt werden. Es ist nicht sinnvoll, jede Unterrichtsstunde nach allen Ebenen zu planen. Wohl aber geht es um Akzentsetzungen und eine didaktisch begründete Auswahl der Entscheidungsebene oder um Kombinationen innerer Differenzierungsformen.

Lernziele
Themen und Inhalte
Vorwissen
Erfahrungen und
Interesse
Lernvermögen
Unterrichtsmethoden
Sozialformen
Lerntätigkeiten
Lernhilfen
Arbeitsmaterialien
Lernzeit
Diagnoseformen

Abb. 4:
Entscheidungsebenen
der Binnendifferenzierung

Abb. 5: Der Themenstern »Licht«

Anhand eines exemplarischen Beispiels möchte ich darstellen, wie ein einfacher Differenzierungsplan aussehen könnte. Ich nehme das Leitthema »Licht erforschen«. Solche Leitthemen sind Anlegestellen für fächerübergreifenden Unterricht und Denkimpulse, die in der Lernplanung genauer differenziert werden müssen. Leitthemen werden handlungsspezifisch formuliert, um das aktive Lernen des Kindes - das reflektierte *»Learning by Doing«* - zu unterstreichen. In handlungsspezifischen Wendungen wie »Gesund leben - sich wohl fühlen«, »Wünschen und Träumen« oder »Gemeinsam lernen« - vorläufige Beispiele aus der Lehrplanrevision in Schleswig-Holstein - kommt das *»Aktive«* zum Ausdruck. Nicht allein das Sach- oder Lerngebiet ist entscheidend; die Qualität von Unterricht wird durch die Art und Weise bestimmt, wie ein Lernfeld durch Selbsttätigkeit erschlossen und ausgestaltet wird.

Das Leitthema kann in einem *Themenstern* abgebildet werden - ein erster inhaltlicher Differenzierungsschritt. Nehmen wir das Beispiel »Licht erforschen« mit all seinen Assoziationen. Licht erforschen - das hat etwas mit Schatten zu tun, mit Kerzenlicht und dem Aufbau der Kerzenflamme, mit Schattentheater und Schattenrissen, mit Sonne, Mond und Sternen, mit Leuchttürmen und Leuchtzeichen. Dann denke ich an scheinbar entgegengesetzte Aspekte wie Advent und Fotografie, Regenbogen erklären können und Laternen bauen, biblische Geschichten und Prismaexperimente, an Lichtgeschwindigkeit und Scherenschnitte, an Regenbogengeschichten und die schwedische Lichtkönigin, an Taschenlampen und Blitze, an Lichteffekte auf dem Jahrmarkt und Licht als »Pflanzennahrung«, an Lichtspiel und Laser. Der Themenstern in Abb.5 zeigt Teilaspekte davon.

Themensterne können Sie leicht mit Kindern zusammenstellen, zum Beispiel im Gesprächskreis oder durch »Zettelwahl«. Kinder tragen ihre Einfälle bereitwillig zusammen. Ihre Ideen und Vorschläge können Sie in einem zweiten Schritt dahingehend beratend durchgehen, wer aus der Klasse sich mit welchem Aspekt aus diesem Themenkanon genauer beschäftigen möchte. Eine Auswahl und Koordination bestimmter Teilthemen für projektorientierte oder epochalunterrichtliche Arbeitsformen ist meistens angesagt.

Wie kommen Sie nun aber mit Hilfe eines solchen Themensterns an die Realität von Unterricht näher heran? Überlegen Sie doch einfach, wie eine methodische Differenzierung der Themenschwerpunkte aussehen würde. Mittels einer *Differenzierungs-*

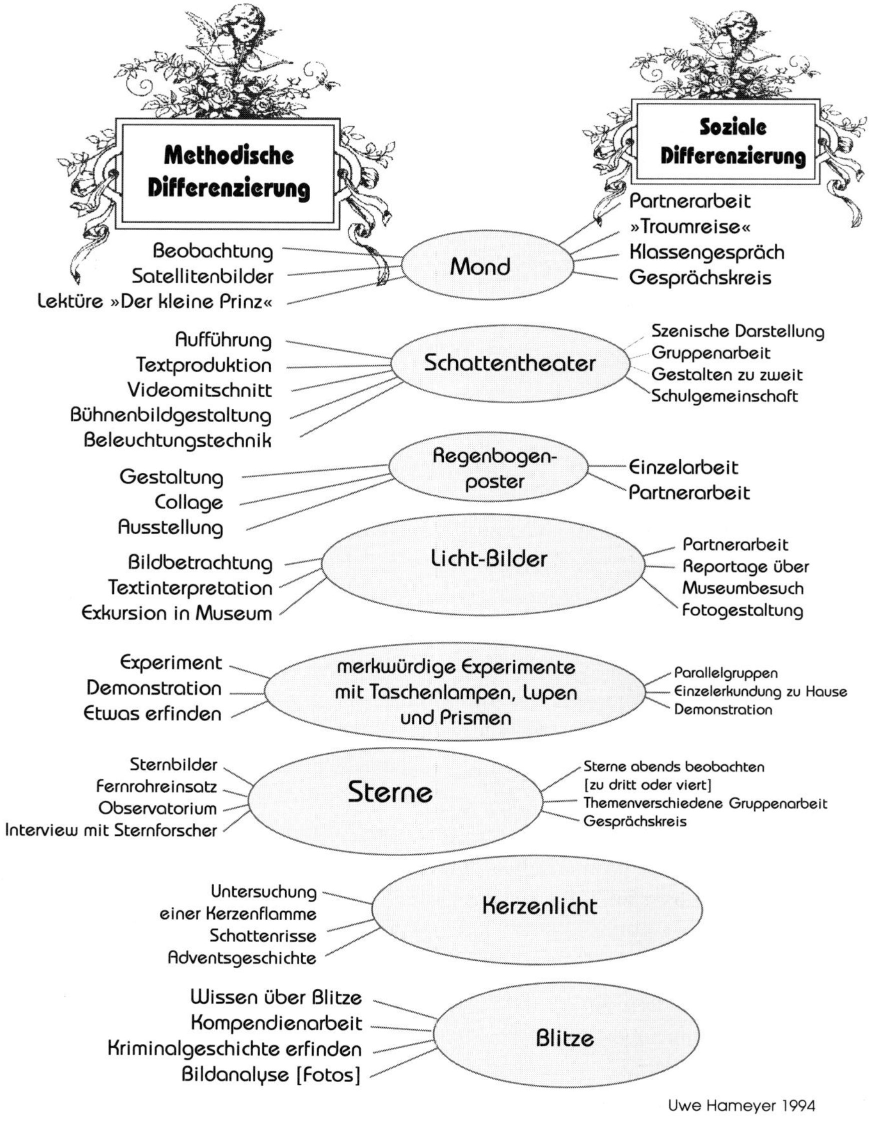

Abb. 6: Differenzierungslandkarte »Licht erforschen«

landkarte halten Sie Ihre Vorstellungen fest (s. Abb. 6). So entsteht fast spielerisch eine weitere Differenzierung nach Methoden und Sozialformen. Selbstverständlich sind der Gestaltung und Ausführlichkeit solcher Differenzierungslandkarten kaum Grenzen gesetzt. Jeder wird sein eigenes Modell erst im Laufe der Zeit finden. Hilfreich sind solche Visualisierungen allemal - übrigens auch in der Arbeit mit Studierenden, nicht nur in der Grundschule.

Themenstern und *Differenzierungslandkarte* können Sie in Ihrer Unterrichtsplanung durch einen dritten Schritt weiter entfalten, indem Sie eine *Ideenkartei* anfertigen, in der Sie festhalten, was alles möglich ist, wenn Sie die Unterrichtseinheit über mehrere Wochen durchführen wollen, jedoch noch nicht genau wissen (können), was wann zu tun ist. Eine didaktische Ideenkartei hat übrigens den Vorteil, später wieder zu Rate gezogen werden zu können; Sie halten Ideen fest, die Sie später wieder aufnehmen. So entsteht ein Ideenpool, der eine auf längere Sicht ökonomischere Unterrichtsplanung ermöglicht. Auf einer didaktischen Ideenkartei könnten Sie jedes Leitthema in der ersten Rubrik näher ausführen, Illustrationen und Konkretisierungen notieren sowie Grundfertigkeiten beziehungsweise Schlüsselqualifikationen festhalten, die Ihnen wichtig sind, zum Beispiel wenn Sie sich mit dem Leitthema Feuer, Wasser, Luft und Erde befassen wollen. Ob Sie in ganzen Sätzen etwas festhalten oder durch Stichworte, das alles ist persönliche Sache.

Ideenkartei: Leitthema »Feuer, Wasser, Luft und Erde erforschen«

Dieses Leitthema - für fächerübergreifenden Unterricht geradezu prädestiniert - könnte ein Schwerpunkt der Klasse 2 oder 3 sein. »Erforschen« hat viele Ansichten, darunter eine experimentelle *und* literarische, eine emotionale *und* technische, eine imaginative *und* konkret-operationale. Feuer als Urphänomen wird die Gefühlswelt der Kinder ansprechen, aber auch ihr Interesse an erstaunlichen Merk-Würdigkeiten des Feuers.

Wasser kann in seiner ästhetischen Dimension erschlossen werden (Wassertropfen in Gegenlicht, Wasserorgel, Schönheit seichter Wasseroberflächen auf dem Wattenmeer) oder auch durch Sprache und Bewegung. Grundelemente wie Wasser und Feuer aktivieren Entdeckerfreude, und das Kind kann vor allem im Projekt lernen, inwieweit sein Leben selbst aus Grundelementen besteht oder durch diese geprägt ist. Der Lebensraum des Kindes, aber auch epochaltypische Ereignisse und Herausforderungen, sind ohne diese Grundelemente und ohne Erklärungen der Eingriffe des Menschen in den Wasserhaushalt der Erde oder die Luftqualität nicht zu verstehen.

Unterrichtsideen und Beispiele

Kinder können ihre »Traum-Bilder« von Feuer malen, sich Wasser-Gedichte ausdenken, die Bedeutung von Luft für unser Leben erörtern, Wasserknappheit in anderen Erdteilen behandeln, obere Erdschichten des Schulgeländes untersuchen, Wasseruhren erfinden, eine Flugzeughalle besichtigen und sich im Interview mit Flugzeugingenieuren berichten lassen, wieviel Luft eine Boing 747 auf einem Transatlantikflug ansaugt und erhitzt. Feuerwerk und Lagerfeuer, Wasser als Energiequelle, Ballonfahrt und Science Fiction sind Themen, die sich fächerübergreifend anbieten ebenso wie: In Geröllfeldern auf Spurensuche gehen; das Leben der Erde um Jahrmillionen zurückdrehen [vielleicht auch einen Kalender der Erdentwicklung seit dem Urknall ausdenken]; Quellwasser trinken; die Wasserorgel in einem Spielpark aufsuchen; untersuchen, welche Lebewesen sich in der Erde unter einer Gehsteigplatte befinden; Ausgedachtes gestalterisch umsetzen; einen Ballon bauen und steigen lassen; ein Drachenfest planen; Feuer-Geschichten ausdenken und auf Tonband aufzeichnen; Feuerzeichen der Sioux entschlüsseln; die örtliche Feuerwehr auf den Schulparkplatz einladen, um den Löschwagen von innen kennzulernen; ein Wasser-Puzzle austüfteln; den Wasserverbrauch unserer Haushalte erfragen, sei es durch Prospektmaterial, Fragen zuhause oder durch eine Umfrage, die in der Klasse vorbereitet wird. Bei allen Möglichkeiten eignen sich die Kinder fachspezifisches Wissen an. Prozessuale Fähigkeiten, um etwas erforschen zu können, und soziale Kompetenzen sind dabei mindestens so bedeutsam wie das sogenannte Sachwissen, mit dem sich die Kinder beim aktiven Lernen intensiv auseinandersetzen.

Grundfähigkeiten - Schlüsselqualifikationen

Projekte, Fallstudien, Interviews, Gestaltungsaktivitäten, einfache Literaturproduktion - das alles findet seinen Platz bei dieser fächerübergreifenden Einheit. Die Kinder lernen, wichtige Informationen zu suchen und auszuwerten, zu zweit oder zu dritt ein kleines Experiment durchzuführen, über Beobachtetes in der Klasse oder zuhause zu berichten, selbsttätig geduldig etwas herauszufinden, auch natürlich etwas schriftlich festzuhalten, etwas Erstaunliches zu »erforschen« und dabei ihre

Neugier in konkrete Erkenntnis- und Suchschritte umzusetzen, außerschulische Erkundungen mitzuplanen und daraus zu lernen, neu Erkanntes oder Beobachtetes schön zu finden, sich in Ruhe mit etwas zu befassen undsoweiter.

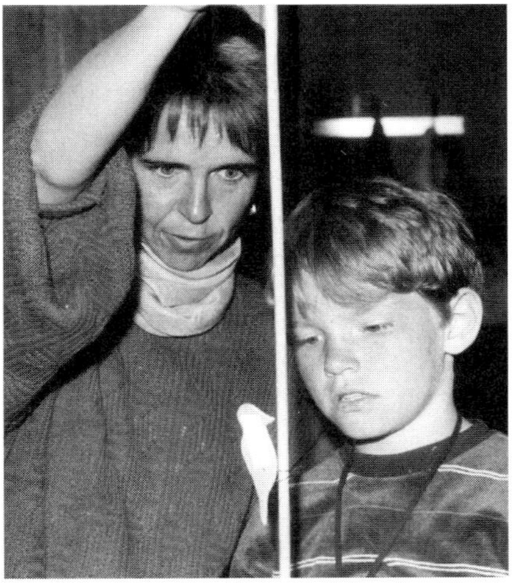

Abb. 7: Beim Experimentieren.

Zusammenfassung: Aktives Lernen als Leitidee

Habe ich die Absicht, eine Lerngruppe durch Differenzierung zu fördern, so muß ich mich mit den bisher erworbenen Handlungsschemata als Teil der Lernbiographie des einzelnen Kindes befassen. Jedes Kind hat in bestimmten Handlungskontexten gelernt und vielleicht auch etwas verlernt. Es unternimmt dabei den Versuch, neues Wissen und Erfahrungen in sein vorhandenes Bezugs- und Ordnungssystem einzubinden. Innerhalb solcher Handlungsschemata findet Lernen statt.

Wenn Lernen als eine Folge von Handlungsprozessen verstanden wird, so sind es Verhaltensweisen, »die Maßnahmen und Sachen bewußt einsetzen, um ein Ergebnis zu erreichen« (*Aebli* 1987, 185). Das Geschirrwaschen z. B. ist eine Handlung, nicht aber das Stolpern, das Reiben eines entzündeten Auges ist eine Handlung, nicht aber das Weinen oder das Zusammenzucken nach einem plötzlichen grellen Laut (i.w.S. *Aebli* 1987, 185). Nur wenn ich den Unterricht und damit die neuen Erfahrungs- und Wissensmöglichkeiten für Kinder sinnvoll gestalte, habe ich eine Chance, auf die Handlungsschemata der Kinder einzuwirken. Sie sind integraler Bestandteil der Lernbiographie. Daher bin ich durch Differenzierung gefordert, die Kinder immer wieder zum aktiven Lernen anzuleiten und Situationen zu schaffen, in denen jedes Kind auf seine Weise möglichst aktiv tätig sein kann. »Learning by Doing« ja, aber immer auch reflektiert, und das hatte Dewey stets mitgemeint.

Exkurs: Zielerreichendes Lernen

Ein übergreifendes Ziel innerer Differenzierung ist zielerreichendes Lernen. Die Kinder erhalten bei diesem Modell die Chance, ihrem Lerntempo und ihrem Vorwissen entsprechend ein grundlegendes Wissen zu erreichen. Über Förderangebote können Sie bestimmte Ziele situationsadäquat besser vermitteln und vertiefen. Differenzierung in Modellen zielerreichenden Lernens lassen sich unter dem Blickwinkel der Wechselwirkung von Schülermerkmalen und Unterrichtsmethoden betrachten (*Schwarzer/Steinhagen* 1975). Die Verfasser haben Vorschläge für einen *adaptiven Unterricht* unterbreitet. Adaptiver Unterricht »bedeutet die Schaffung einer möglichst optimalen Lernumwelt für jeden Schüler, während bei der herkömmlichen Differenzierung die Schüler danach ausgesucht werden, wie sie am besten zu einem vorgegebenen Unterricht (fixed treatment) passen« (*Schwarzer/Steinhagen* 1975, 15).

Im vereinfachten Fall haben wir es mit zwei unabhängigen Variablen zu tun, der Unterrichtsmethode und den Persönlichkeitsmerkmalen. Dies wird als ATI-Modell bezeichnet (*aptitude-treatment-interaction*). Nach diesem Modell steht die Methode in Wechselwirkung mit den Persönlichkeitsmerkmalen des jeweiligen Kindes. Sind beide Variablen gut aufeinander abgestimmt, steigt die Wahrscheinlichkeit des Lernerfolgs. Einfacher ausgedrückt bedeutet adaptiver Unterricht oder ATI die Anpassung von Methoden an individuelle Unterschiede der Kinder, Medien und Organisationsformen - ein Grundsatz innerer Differenzierung. ATI ist von der Leitidee her nichts anderes, denn bei der inneren Differenzierung geht es auch darum, den individuellen Voraussetzungen zum Beispiel durch Methodenvariation gerecht zu werden.

Die ATI-Forschung wurde vor allem aus den Vereinigten Staaten in die deutsche Diskussion gebracht. Bereits in den sechziger Jahren entstanden dazu Experimente und Untersuchungen. Eine der besten Übersichten auch in methodisch-kritischer Hinsicht ist der Beitrag von *Flammer* (1978) und der Einleitungsbeitrag von *Schwarzer* und *Steinhagen* (1975). Flammer bemängelt allerdings, daß viele Untersuchungen nicht auf einer Systematik von Unterrichtsmethoden aufbauen und daher Überlappungseffekte zwischen den Methoden entstehen, die die Interpretation der Daten erschwert, zumal wenn es um Unterschiede zwischen eher deduktiven und eher induktiven Methoden geht, deren Unterschiede in einigen Untersuchungen differentiell nicht beachtet wurden.

Dennoch sind einige Ergebnisse aufschlußreich. Deduktiver Unterrichtsstil komme, so Flammer, vor allem älteren und intelligenteren Kindern entgegen, während schwächere und auch ängstliche Kinder auf induktiven Unterricht besser ansprechen (vgl. *Flammer* 1978). Man könne vermuten, daß induktive Lehrformen für den intelligenteren Schüler unnötige Umwege enthalten, die aber dem Schwächeren helfen, mit dem Gegenstand schrittweise vertraut zu werden und sich so vorzubereiten, Prinzipien und integrative Übersichten schließlich auch zu verstehen (i.w.S. *Flammer* 1975, 38 im Band von *Schwarzer/Steinhagen* 1975). Ängstliche Kinder würden effektiver lernen, würde man sie häufiger ermutigen und ihre Gedächtnisspanne in kleinen Schritten »auffrischen«.

Bei allem ist zu beachten, daß stets zwei Variablen in Verbindung gebracht werden, während Lernerfolg nach heutigem Erkenntnisstand von einem komplexen Variablensatz abhängig zu sein scheint, nämlich Intelligenz, Methodenwahl, Persönlichkeitsmerkmale, Motiviertheit, Memoriertechnik, Problemlösestrategien, Transfermuster, Ängstlichkeit, persönliche Lernzeit, Vorwissen des Kindes. Nicht immer können wir in der Praxis alle Faktoren steuern - vielleicht ist das gut so. Aber solides Wissen um diese Komplexität bringt uns in der Planung binnendifferenzierten Unterrichts ein Stück weiter.

Wechsel von Lernformen

Uwe Hameyer

Bild- und Szenenwechsel im Zehn-Sekunden-Takt - dieses Flimmermodell medialer Informationsflut ist aus Kino, Fernsehen und Video-Clips bekannt. Bei Werbespots reduzieren sich Kurzzeitabschnitte nochmals auf einen Bruchteil des aus Fernsehfilmen Gewohnten. Bei einer Sache verweilen, sich in etwas überlegt hineinversetzen, eine Situation genau betrachten, etwas bedacht aufnehmen - das alles ist bei solchen Kommunikationsformen nahezu unmöglich. Die Frequenzmaximierung des Informationswechsels verbietet dieses.

Wenn in der Grundschule von *Methodenwechsel*, vom Wechsel der Lernformen oder auch von *Methodenvielfalt* die Rede ist, so dürfen diese Prinzipien nicht mit dem pädagogischen Trugschluß »Möglichst-viel-Unterschiedliches-zur-gleichen-Zeit« in eins gesetzt werden. Der Methodenwechsel in der Klasse ist im Kontrast zum »Flimmermodell«, bei dem permanenter Szenentausch stattfindet, auf vertiefende Aneignung angelegt. Damit sind wir eigentlich bei einem Kernthema der inneren Differenzierung von Unterricht - s. im vorherigen Abschnitt - angelangt. Methodenwechsel ist eine Grundlage der Ausrichtung des Lehr- und Lernprozesses an individuellen Besonderheiten der Kinder. Nicht jedes Kind lernt gleich gut im Klassengespräch oder nach der Projektmethode, und nicht jede Methode ist geeignet, die Vielschichtigkeit eines Themas gleich gut zu beleuchten. Wir müssen in der pädagogischen Praxis stets versuchen, eine Optimierung des Lehr- und Lernangebotes - und damit auch der methodischen Vielfalt - im Hinblick auf die Lerngruppe herzustellen.
Das kann man noch anders ausdrücken. Methodenwechsel hat eine *doppelseitige Erschließungsfunktion*. Zum einen muß sich jeder Unterricht auf das Vorwissen und die Lernschwierigkeiten des Kindes einstellen (—> *Individualisierung*). Andererseits erscheint ein Thema erst dann interessant, wenn es wirklich von unterschiedlichen Seiten beleuchtet und erschlossen wird (—> *Differenzierung auf intentionaler und thematischer Ebene*). Ich möchte das an einem Beispiel erläutern.

Beispiel »Kommunikation«. Nehmen wir an, im Primarbereich geht es um das Lernfeld »Kommunikation«. Kommunikation kommt aus dem Lateinischen, abgeleitet vom Wort *communis*, das Gemeinschaft oder Zusammenleben bedeutet. In diesem Wort ist munis, die Mauer, enthalten. Communis bezieht sich auf die mit einer Mauer umgebene Gemeinschaft, auf die Gemeinde oder Stadt etwa, die gegen äußere Gefahren geschützt wird; innerhalb der geschützten Stadt kann sich das Leben entfalten. Kommunikation können wir als Grunddaseinsfunktion oder Topos betrachten, im Rahmen dessen sich Themen oder Projekte differenzieren lassen. Signale als Grundphänomen der Kommunikation sind Teil des menschlichen Miteinanders. Ohne die Fähigkeit, kommunikative Beziehungen zu anderen Menschen aufnehmen zu können, begeben wir uns in Isolation und verlieren die Fähigkeit, andere zu verstehen und uns verständlich zu machen.

Abb. 1: Lernspiele als Unterrichtsmethode

Das Lernfeld »Kommunikation« können wir nach Leit- und Teilthemen aufgliedern. Ich denke an Teilthemen wie *Rauchzeichen als Verständigungssystem unter Indianern*, an das *Geheimnis der Runen*, an *lautloses Reden durch Körpersprache*, an die Herstellung eines *Morseapparates* oder an Unterrichtsthemen wie etwa »*Das verflixt fixe Fax*« oder »*Können Tiere wirklich sprechen*?«. Dann ist da der gesamte Bereich von *Klopf- und Lichtsignalen*, mit denen sich Kinder mit großer Begeisterung befassen. Dieses Projekt könnte im Schulgelände, aber auch in der Klasse, durchgeführt werden. Gegebenenfalls denken sich Kinder eine Notation »Klopf- und Lichtzeichen für bestimmte Bedeutungen«.

Weitere Dimensionen, unter denen das Lernfeld Kommunikation erschlossen werden könnte, sind *Sprachsignale der Wale* - über Hunderte von Kilometern von Angehörigen einer Walfamilie wahrzunehmen. Die *Pfeifsprache in Gebirgsregionen* wie auf Gomera gehört in das Lernfeld Kommunikation genauso wie Signale zwischen Menschen. Übrigens gibt es eine Funkkollegeinheit »Anthropologie heute«, in der die 23. und 24. Sendung über Signale zwischen Menschen berichtet. Entscheidend ist bei diesen Aspekten ihre Reichhaltigkeit, was die methodische Umsetzung anbelangt. Ohne auf die Themen einzeln einzugehen, wird doch auf den ersten Blick deutlich, daß jedes Thema durch eine didaktisch sinnvolle Kombination unterschiedlicher Lernformen am besten erschlossen werden kann. Die Abb.2 illustriert eine unter vielen Möglichkeiten:

Abb. 2: Signale durch Körpersprache

In AKTIF, einem Lernangebot für Sachunterricht und naturwissenschaftliche Fächer, haben wir eine Unterrichtseinheit über »Kommunizieren mit Geräuschen und Tönen« aufgenommen, in der Signalsysteme mit einfachen Mitteln von Kindern - und Erwachsenen - selbst ausgedacht werden. Die Experimentieranordnung und das Lernen zu zweit legen in gewisser Weise fest, was bei diesem Thema möglich ist und was nicht. Die Anordnung eines kleinen Experiments zu zweit wäre allein nicht ausreichend; die Erfahrungen der Gruppen lassen sich im Gesprächskreis austauschen; vielleicht wird die Lehrerin zudem einen Minivortrag einbringen, in dem sie von ähnlichen Kommunikationsformen in der Wirklichkeit erzählt. Wenn der Wechsel von Lernformen gezielt durchgeführt wird, ist diese Einheit übrigens sehr gut auch für lernbeeinträchtigte Kinder geeignet (*Hameyer/Dudek/Friis/Hameyer* 1992).

Abb. 3: Entnommen aus AKTIF, *U. Hameyer/Dudek/Friis/B. Hameyer* (1992) - Unterrichtseinheit »Kommunizieren mit Geräuschen und Tönen«, S. 9.

Die Auflistung der Kommunikationsthemen zeigt, daß dieses Lernfeld nicht nur über eine enorme thematische Spannweite verfügt. Die Themen selbst implizieren unterschiedliche Methoden. Dem Implikationstheorem aus der Didaktik folgend sind Thema und Vermittlungsmethode nicht gelöst voneinander zu betrachten. Während zum Beispiel zwischenmenschliche Signale sicher nur unzulänglich durch Nachlesen eines Abschnittes im Schulbuch zu verstehen sind, sondern Beobachtung und Erfinden eigener Signale sich als Methode anbietet, so ist umgekehrt die Entscheidung für bestimmte Methoden oder Sozialformen wie etwa Gruppenarbeit nicht für jedes Thema gleich gut geeignet.

Ich möchte damit noch etwas anderes andeuten. Beim Thema des *Morseapparates* etwa sollen die Kinder selbst etwas herstellen. Lernen durch Selbertun, durch konstruktiven Umgang mit einer Sache, ist das Ziel. Bei den *Indianerrauchzeichen* könnte es etwas anderes sein: die Auseinandersetzung mit einer ethnographischen, in der Geschichte immer wieder unterdrückten Minderheit, dessen Kultur weitgehend verdrängt worden ist. Am Beispiel der Rauchzeichen könnten die Kinder exemplarisch lernen, wie Menschen unter schwierigen Lebensbedingungen etwas Faszinierendes und Existentielles erfinden, was vielleicht auch im kleinen die Kinder selbst einmal durchspielen.

Beim *Telefax* geht es wahrscheinlich um eine andere thematische Dimension, nämlich ein expandierendes Kommunikationssystem kennenzulernen, mit diesem im Unterricht oder anderenorts zu arbeiten, es ausprobieren zu können, aber auch die problematischen Seiten der Einführung solcher Systeme in die Erörterung einzubeziehen. Beim Telefaxthema werden die Kinder kaum über Buchunterricht begeistert werden können. Die Projektmethode ist eher angemessen oder auch eine Erkundung in Firmen oder Elternhäusern, die ein Fax besitzen.

Jedes Thema kann mit unterschiedlichen Methoden angegangen werden. Es gibt keine Paarzuordnungen in der Weise, daß eine bestimmte Thematik immer nur mit einer bestimmten Methode gelernt würde. Diese Vorüberlegung soll klarstellen, daß wir bei jeder Themenwahl im Unterricht immer auch zugleich Methodenentscheidungen einbeziehen, ob wir das uns eingestehen oder nicht. Umgekehrt kann die Option für bestimmte Methoden Akzente bei der Auswahl und Differenzierung eines Themas setzen, so etwa, wenn ich Kindern Gelegenheit bieten möchte, wichtige Informationen selbst zu suchen, Erkundungen anzustellen oder mit allen Sinnen zu lernen. Solche Leitideen prägen die Themenauswahl.

In Lehrerbildung und Schule wird die Bedeutung professioneller Methodenkompetenzen noch weitgehend unterschätzt. Es setzen sich nahezu häufig abstrakte

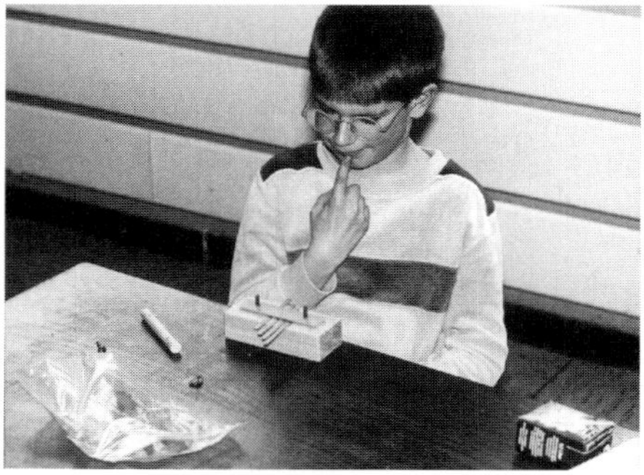

Abhandlungen über Unterrichtsmethoden durch und begrifflich-deklaratives Wissen. Die Gefahr liegt auf der Hand, nämlich an der Oberfläche zu verharren, weil eben nur Begriffe gelernt werden - Wissen mit Erwähnungscharakter überwiegt dann. Die Studierenden lernen in solchen Fällen, daß es unterschiedliche Methoden gibt und auf welche Aspekte es bei diesen Methoden ankommt. Sie lernen aber nicht, die Methoden selber anzuwenden. Die Hochschuldidaktik und schulpraktische Studien sind der Ort, wo wir stärker berufsfeldorientierte Qualifikationen sichern sollten. Die Darstellung ist zugespitzt, trägt aber dann, wenn verlangt wird, daß Studierende im Laufe ihrer Lehramtsstudienzeit an der Hochschule mindestens sechs bis acht Unterrichtsmethoden oder Organisationsformen von Unterricht kennenlernen, beherrschen und reflektivieren können sollten. In diesem Bereich liegt ein Defizit. Wir möchten in diesem Abschnitt nicht bei der Feststellung von Defiziten stehenbleiben, sondern vor allem in den Kapiteln über Projektmethode, Gesprächskreis usw. ausführlicher darstellen, wie solche Methoden aussehen und praktisch umsetzbar sind.

Erkunden durch Selbsttätigkeit

Uwe Hameyer

Erkunden ist gezieltes Entdecken - etwas auf-decken oder enthüllen, Neues herausfinden; von Entdeckerfreude angespornt sein, die »Entdeckung der Langsamkeit« von Nadolny lesen, die Maya-Kultur für sich entdecken. Dieser Prozeß ist mit gerichteter Aufmerksamkeit verbunden. Etwas Merk-Würdiges oder Erstaunliches wird erkundet; beides treibt Entdecker an. Erkundungsprozesse signalisieren voranbewegendes Weitersuchen. Gemeint ist ein aktiver Aneignungsprozeß beim Lernen, geleitet und - hoffentlich - auch begleitet von einer ursprünglichen Freude an der selbst herbeigeführten Erkenntnis. Etwas erkunden macht den meisten Kindern ausgesprochene Freude - Frey spricht von einer »faszinierenden Unterrichtsmethode« (*Frey* 1993). Durch Erkundungsprozesse entwickeln Kinder eigene Vorstellungen von ihrer Erfahrungswelt und den darin aufgespürten Phänomenen. Sie üben sich auf ihren »Erkundungsreisen« im Problemlösen.

So entstehen allmählich neue Sichten auf ein erstaunliches Phänomen, das immer schon auf Erklärung »wartet« - ganz im Sinne von *Wagenschein*. Die Kinder lernen, etwas selbständig »anzupacken« und dabei ihre eigene Kreativität zu entfalten. Sie vollziehen etwas für sich persönlich Spannendes.

Erkunden als pädagogische Leitidee

Erkunden als Lernmethode hat nicht nur eine ausgeprägte pädagogische Tradition, sondern ist heute längst zu einer nicht mehr wegzudenkenden Leitidee grundlegender Bildung im Sachunterricht geworden, auch wenn diese Leitidee unter verschiedenen Nomenklaturen erscheint (s. *Einsiedler/Rabenstein* 1985). *Dewey* hat sich bereits um die Jahrhundertwende für das aktiv-explorierende Suchen als einer Methode der *denkenden* Erfahrung ausgesprochen. Das Kind strebe danach, etwas selbst herauszufinden. Es entfalte dadurch einen *tätigen Sinn für Verantwortlichkeit*, wenn es einzelne Schritte selbst planen lerne.

lernen durch Selbertun ist auf reflektive Anstrengungen angewiesen

Darin enthalten ist die Fähigkeit, Problemlöseideen auszudenken, die das Kind selbsttätig umsetzt und deren Resultate es reflektiert. Der Kerngedanke des »Learning by Doing« wurde von Dewey dabei immer - was leider oft in der Diskussion unterdrückt wird - mit *reflektiver* Anstrengung verbunden. Die richtungslose blinde Beschäftigung mit einem Gegenstand allein sei nicht bildend. Phänomene beobachten, dabei etwas Neuem begegnen *und* das Entdeckte interpretieren - auch im Sinne der kognitiven Modellbildung - sind komplementäre Sichtweisen (*Krumm/Scharf* 1992). Erst die Einsicht in komplementäre Sichtweisen führt zur Eingliederung naturwissenschaftlicher Denkweisen und technischer Verfahren in die Lebenswelt (i.w.S. ebenda, S. 20).

Vom Grundgedanken ähnlich formulieren das deutsche Reformpädagogen wie *Gaudig* (1911), *Hilker* (1924), *Porger* (1925) oder auch *Petersen* (1927; zusammenfassend vgl. den ausgezeichneten Band von *Röhrs* 1986); allerdings werden dabei noch recht verschiedene Vorstellungen vom Lernen des Kindes, von seiner Anthropologie, zugrunde gelegt.

Erkunden als Leitidee einer grundlegenden Bildung im Primarbereich erfährt gegenwärtig eine reformpädagogische Renaissance, sei es im Wochenplanunterricht (s. stellvertretend *Wallrabenstein* 1991) oder in Verbindung mit offenen Lernformen (*Schwarz* 1987 ; *Kasper* 1989), bei der Freiarbeit und im experimentellen Sachunterricht (vgl. Beiträge dazu in *Hameyer/Lauterbach/Wiechmann* 1992, *Schreier* 1993 und das Themenheft GRUNDSCHULE 9/1992).

Hinrichs betrachtet die Methode der Kunde in Anlehnung an Spranger als eine topographische Denkweise, die im Sinne von Topos als Ort mit Tätigkeiten wie *Erkunden, Erkundigen, Aufzeichnen, Beschreiben und Berichten* verbunden ist. Bereits Alexander von Humboldt habe von dieser Methode der Kunde in Gestalt seiner Reiseberichte Gebrauch gemacht. Die Methode bedeutet, »an den Ort des Geschehens zu gehen« (*Hinrichs* 1991, 34).

Erkunden von etwas subjektiv Neuem durch selbsttätiges Nachforschen

Der Mensch wird beim Erkunden zum Forscher. Daher ist dieser Ansatz für die Elementarbildung unentbehrlich. Erkunden verlangt nach Anschauung des Gegenstandes und nach tätigem Umgang mit ihm. Beim Erkunden befindet sich das Kind auf dem Weg, sich direkte Kunde zu verschaffen durch Entdecken, Beobachten, durch staunende Haltung aus der Nähe. »Täglicher Umgang, tägliches Üben, Ausprobieren im Lebenszusammenhang und abgesondertes Probieren....andererseits« gehören dazu (ebenda, 34). - Erkunden heißt eine originäre Begegnung schaffen und dabei etwas herausfinden, das zwar grundsätzlich nicht eine Erkenntnis sein muß, aber für den Suchenden noch unbekannt ist. Es geht beim Erkunden um etwas *subjektiv Neues*, das ich durch selbsttätiges Nachforschen für mich erstmals entdecke.

Erkundungen werden in all diesen Modellen und Ansätzen nicht einfach des Spaßes wegen angesetzt, sondern haben einen didaktisch klar umrissenen Standort in einer Unterrichtskonzeption, die immer auch andere Grundformen des Lehrens und Lernens einbezieht. So kann es sein, daß Kinder erst dann ein Naturgebiet näherhin erkunden sollen, nachdem sie im

Sachunterricht gelernt haben, welche Pflanzenformationen und welche Bäume in diesem Gebiet unterschieden werden können. Die Erkundung hat in diesem Fall eine rekonstruktive Funktion. Die Kinder sollen das gleichsam wiedererkennen können, was sie im Grundsatz kennen, und der Lehrer muß ebenfalls lernen, nämlich wie sich solche Erkundungsarrangements umsetzen lassen (s. *Akker* 1988).

Eine andere Form des Erkundens besteht darin, ein Gebiet ohne Strukturierungshilfen für sich neu zu erschließen. Die Kinder werden in solchen Fällen keinen vorgängigen Unterricht erhalten, allenfalls eine allgemeine Hilfe zur Orientierung im Naturgebiet, mehr nicht. Ihre Aufgabe besteht darin, Fauna und Flora nach eigenen Beobachtungen näher kennenzulernen, Spezies zu unterscheiden oder zu vergleichen, vielleicht auch Gesteinsfundstücke mitzunehmen und dann in der Klasse im Gesprächskreis gemeinsam herauszufinden, um welches Gestein es sich handelt - durchaus im Sinne der »sorties enquêtes« nach *Freinet* (s. *Laun* 1982 und *Baillet* 1983).

Eine wiederum andere Erkundungssituation ist das »Erforschen« eines Stadtteils, einer Bibliothek oder Tischlerei, des Tierparks oder auch des Eiscafés um die Ecke. Natürlich besteht dabei die Möglichkeit, Menschen im Stadtteil nach ihrer Tätigkeit, nach Wünschen, Meinungen oder auch nach ihrem Wohlbefinden zu befragen, wobei es oft sinnvoll ist, die Befragung anzuleiten, damit die Kinder die Zeit effektiv nutzen können, auf eventuelle Schwierigkeiten vorbereitet sind und vor allem auch eine Stütze erhalten, wie Fragen in einem Interview oder einem Gespräch überhaupt formuliert werden. Ein kleiner vorgängiger Probelauf in der Klasse empfiehlt sich je nach Klassensituation.

Selbsttätigkeit des Kindes als pädagogische Leitidee

Die Reformpädagogik begründete die auf Erkundung aufbauende »Selbsttätigkeit des Kindes« als pädagogische Leitidee - heute ist diese kaum noch umstritten, im Gegenteil: Längst wurde ihr amtliche Würde zuteil. Ich erinnere an die Tübinger Beschlüsse (1951) - *Wagenschein* war an ihrer Formulierung beteiligt. Die Empfehlungen des *Deutschen Ausschusses für das Erziehungs- und Bildungswesen* (1960) und des *Deutschen Bildungsrats* (1970) fordern ausdrücklich entdeckende Formen des Unterrichts. Der *Bildungsgesamtplan* (1973) und verschiedene Empfehlungen der Kultusministerkonferenz meinten Ähnliches, wenn sie von der Notwendigkeit »offener« Lernformen sprechen. Erkundendes Lernen durch reflektiertes Selbertun gehört also längst zum soliden Bestand pädagogischer Erkenntnis. Die Umsetzungspraxis in den Fach- und Lernbereichen der allgemeinbildenden Schule allerdings oszilliert erheblich.

Das Nachhinken der Umsetzungspraxis verwundert nur auf den ersten Blick, denn wir wissen aus Innovationsstudien, daß in der Schule nur dann etwas Neues umgesetzt wird, wenn die Anwender damit ausreichend vertraut sind (*Miles/Ekholm/Vandenberghe* 1987) und es als wegweisend erachten (*Fullan* 1991; *Hameyer* 1993 und *Hameyer/Akker/Anderson/Ekholm* 1994). Das lustvolle Sich-Einlassen auf die Kunst, für Kinder interessante Formen der Selbsttätigkeit in den eigenen Unterricht einzubinden, wird eben immer noch überschattet von einem Sammelsurium flüchtiger Einwände; das im Lehrplan geforderte Stoffpensum biete keinen Raum für Spielereien; andere meinen, sie würden doch längst nach dieser Methode unterrichten, obwohl bei genauerem Hinsehen das oft eben nicht der Fall ist.

Ich möchte angesichts dieser Kontroverse an einem didaktischen Beispiel veranschaulichen, wie man »Erkunden durch Selbsttätigkeit« als tragfähige Leitidee im Sachunterricht aufgreifen und einlösen kann. Das Beispiel ist AKTIF, ein Lernangebot für die 3. bis 7. Klasse für Sachunterricht und

Abb. 1: Erkunden zu zweit im Dinosaurierprojekt, Grundschule Altenholz

naturwissenschaftlich-technische Fächer (*s. U.Hameyer/Dudek/Friis/B.Hameyer 1992 und Hameyer* 1987).

Bevor ich auf das Beispiel genauer eingehe, soll die Dimension der Selbsttätigkeit beim Erkunden mit Hinweisen auf die pädagogische Tradition näherhin dargestellt werden.

Erkunden durch Selbsttätigkeit

Selbsttätiges Lernen durch Erkunden natürlicher, technischer oder sozialer Phänomene ist - wie bereits angeführt - keine neue Idee. *Dewey* betrachtete Bildung als *aktiven Prozeß reflektiven Lernens durch Selbertun.* Das Kind müsse mit dem Lerngegenstand geistig *und* operativ umgehen, um bedeutungsvolle Erfahrungen zu erschließen. Der unerbittliche Streit zwischen *Kilpatrick* und *Woodhull* in Amerika mit Vertretern klassischen Buchunterrichts (vgl. *Knoll* 1987) zeugt von der Entschlossenheit eines Plädoyers für tätiges Lernen im naturwissenschaftlichen Unterricht. Dieser sei längst schon verkrustet; nichts hätte man aus der pragmatischen Theorie von *Dewey* oder *Kilpatrick* gelernt.

Lernen durch Selbsttätigkeit wurde auch in Europa zu einem Nukleus der Reformpädagogik. Denken Sie an die »Schule der Selbsttätigkeit« von *Gaudig* (1911) und an *Montessoris* Mahnung (1928), jedes Kind wolle wissen, wie es selbst etwas herausfinden könne - auf den *Weg zum Ziel* komme es an und nicht auf festgelegtes Wissen, das doch nur auswendig zu lernen sei. Nicht der Besitz geistigen Gutes sei bildsam, sondern die bedeutungsvolle Aneignung des Wissens.

von der Sachlogik zu lebenspraktischem Unterricht: Selbsttätigkeit

Galt die Verstandesbildung in der Aufklärungszeit - die »contemplatio« - als Richtschnur aller Pädagogik, so setzte Montessori die *experimentierende Methode* dagegen. Der Erzieher solle für das einzelne Kind konkrete Handlungsanlässe schaffen, aktivierende Lernumgebungen herstellen und experimentell herausfinden, welche Lernsituationen für die Ansprüche jedes einzelnen Kindes am besten geeignet sind: *Vom Primat der Sachlogik zu lebenspraktischem Unterricht, vom reproduktiven Lernen zur Selbsttätigkeit.* Dieser Gedanke ist durchaus europäisch. In Belgien und in den Niederlanden, in Frankreich und im norddeutschen Raum, auch in Skandinavien wurden in den zwanziger Jahren Werke veröffentlicht und Schulen aufgebaut, die diesen Jahrhundertgedanken der Selbsttätigkeit aufgriffen und umsetzten. Im damaligen Europa entstand eine rege Diskussion und ein teils sogar institutionalisierter länderübergreifender Erfahrungsaustausch.

organologische Theorie des Wachsenlassens

Ellen Key zählt zu den schwedischen Befürwortern eines entdeckungsbetonten Individualismus. Jedem Kind müsse eine universale Bildsamkeit zugestanden werden. Auf ein »natürliches Wachsenlassen des Kindes« komme es an. Der Erzieher solle nicht fortlaufend in die Entwicklung des Kindes eingreifen. Für eine gute Individuation des Kindes sei es erstrebenswert, »eine im äußeren sowie im inneren Sinn schöne Welt zu schaffen, in der das Kind wachsen kann« (*Key* 1992, 113). Mit dieser teils *organologisch ausgerichteten Theorie des Wachsenlassens* ist das Bild von den Samenkörnern verbunden, die alles zum späteren Sein bereits enthalten würden. Dieses Bild wird auf das Kind übertragen, das in einer fruchtbaren und vertrauensvollen Umgebung aufwachsen solle. Die Bildung des Kindes vollziehe sich, diesem Verständnis folgend, überhaupt erst durch Selbstbildung oder Selbsttätigkeit.

Das Thema der grundlegenden Bildung klingt an. Die einseitige Lernschule zur Schule der Tat umwandeln, nannte das *Lay* (1908, 25). Heute wird das von *Hartmut von Hentig* ähnlich gesehen, der »den Menschen stärken und die Sachen klären« will. Die Primärerfahrung sei wiederherzustellen, Eigeninitiative zu fördern, das Selbstwertgefühl auszubauen, auf veränderte Kindheit sei einzugehen, der Unterricht sei lebendiger zu gestalten und die Kinder seien wieder konsequenter zur Zusammenarbeit anzuleiten.

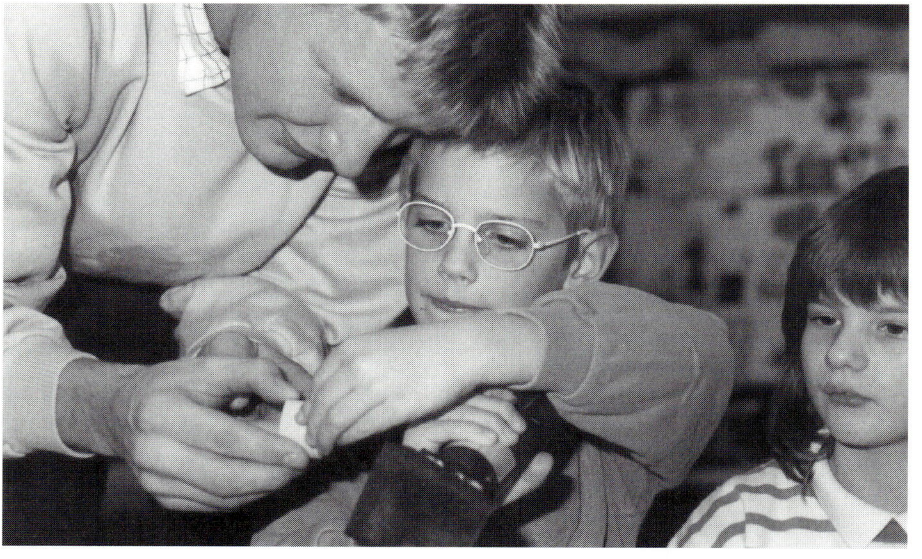

Abb. 2: Materialerkundung beim Projektlernen in der Grundschule Felm

Der *rein darbietende* und *kontemplative* Buchunterricht steht zur Disposition. Wie sagte Kerschensteiner noch? »Man kann die Pferde wohl zur Tränke führen, aber nicht zum Trinken, man kann die Menschen zwar zum Handeln, aber nicht zum Wollen zwingen« (1926, zitiert nach *Pfeuffer* 1933, 16). An *Gegenständen*, so Kerschensteiner, sollen die Kinder lernend tätig sein.

Theorie entdeckenden Lernens nach Bruner

Schwab (1962) und *Bruner* (1970, vertiefend vgl. *Neber* [3]1981) haben später aus lernpsychologischer Sicht die Theorie Entdeckenden Lernens weiter entfaltet. Bruner nimmt an, daß Entdeckung, stamme sie nun beiläufig von einem Kind oder vom Forscher, der das Randgebiet seiner Domäne beackere, ihrem

Wesen nach eine Frage des Neuarrangierens und Umformens von Material in einer Weise sei, welche es ermögliche, über das so zusammengetragene Material hinaus zu neuen Einsichten zu gelangen.

produktive Rolle des Irrtums beim Entdecken

Etwas Neues wirklich verstehen sei für Kinder leichter, wenn sie neue Einsichten dadurch gewinnen, daß sie Material selbsttätig umformen. Dabei ist der Irrtum als Baustein der Erkenntnis zentral. Der Irrtum ist bei der Selbsttätigkeit sowenig ausgeschlossen wie beim inneren Denken. Zur produktiven Rolle des Irrtums beim Entdecken siehe *Copei* (1953, 38ff.). Der Irrtum ist verschränkt mit diskursivem und intuitivem Denken. Aus diesen Formen drängt der Lernende im Rahmen seiner Fragehaltung vorwärts und antizipiert Lösungsmöglichkeiten, setzt sich auch gegen Widerstände durch.

Erkunden als Entdeckungsmethode

In der Grundschule - allerdings nicht nur dort - sind lebensbedeutsame Erfahrungssituationen als Anlässe für erkundendes Lernen pädagogisches Gebot. Das Kind kann in solchen Situationen Bezüge zu sich selbst durch konkretes Tun herstellen, etwas besser verstehen lernen, seine Zeit selbst einteilen, Bedeutsames von Unwichtigem unterscheiden und nicht zuletzt dadurch ausgeprägte Freude am operativen Lernen entwickeln (*Hameyer* 1994). Das Kind lernt etwas, indem es selbst-tätig beobachtet, erstaunliche oder merkwürdige Phänomene zu erschließen sucht und nicht mehr ausschließlich durch künstlich-kognitive Inhalte beansprucht wird.

Daraus entsteht innere Spannung und - hoffentlich - auch ein kognitiver Konflikt, den das Kind aufzulösen trachtet, solange der kognitive Widerspruch - das noch Ungeklärte - lösbar zu sein scheint (s. *Berlyne* 1960). Ein Reiz oder eine konkrete Motivation muß da sein, damit sich die Kinder mit dem Erstaunlichen problemlösend auseinandersetzen können, beziehungsweise um einen »fruchtbaren Moment im Bildungsprozeß« (*Copei* 1930) entstehen zu lassen. Dieser aktive Denk- und Lernprozeß ist es, der intrinsische Motivation verursacht. Der Grund liegt darin, daß das Lerngeschehen für das Kind persönlich bedeutsam ist und es sein eigenes Vorwissen einbringen kann. Daher hat die Methode des Erkundens durch Entdeckendes Lernen für die Grundschule immer schon einen besonderen Stellenwert eingenommen.

Abb. 3: Erkunden im Schulgarten Groß-Wittensee

Zur Methode des Erkundens zählen spontan-kreative Handlungen ebenso wie die zielgerichtete Analyse des betreffenden Sachverhalts, dann das Wissen über Wege, wie eine sinnvoll eingegrenzte Aufgabenstellung gelöst werden kann, die Fähigkeit, Zusammenhänge herzustellen und mit Hilfe einfacher Versuchsordnungen Vermutungen über Relationen zu überprüfen oder solche zu entdecken. Solche Elemente des Entdeckens unterstützen grundlegendes Lernen. Sie sind im Sinne einer grundlegenden Bildung für typische Alltagssituationen ebenso bedeutsam wie für die Arbeits- und Lebenswelt.

Erkundendes Entdecken in der Grundschule bedeutet damit immer auch, Lernsituationen zu schaffen, die diese Freude am Entdecken aktivieren können, sei es durch kognitiven Konflikt, durch die Befassung mit erstaunlichen Phänomenen, durch konstruktive Selbsttätigkeit beim Erfahrungslernen und dergleichen. Diesbezüglich lassen sich Entdeckungsformen unterscheiden, die beim Erkunden eine je unterschiedliche Rolle einnehmen, je nach Erkundungsort:

Beim Beobachten Merk-Würdiges erkennen
Selbsttätig etwas Interessantes herausfinden
Erstaunliche Phänomene aufschlüsseln
Neue Erfahrungsräume selbständig erschließen
Die eigene Umwelt erkunden
Aus Experimenten Schlüsse ziehen
Einen »komischen« Widerspruch auflösen
Spielerisch etwas Neues ausdenken
Eigene Ideen in Konstruktionen umsetzen
Etwas Faszinierendes genauer untersuchen
Ideen für spannende Experimente prüfen

Beispiel AKTIF

Wie lassen sich nun Methoden des Erkundens durch aktives Entdecken in der Grundschule einsetzen? Ich möchte an einem Beispiel aus AKTIF verdeutlichen, wie wir diesen Gedanken in Gestalt didaktischer Materialien zu konkretisieren versuchen. Dabei geht es um eher gelenkt-entdeckende Lernformen; *Strukturbildung beim Unterrichtsaufbau* steht nicht im Widerspruch zu der *Eigentätigkeit* und wachsenden Eigenverantwortlichkeit des Kindes beim Lernen. Beides sind Komplementärstücke guten Unterrichts.

AKTIF Ausgehend vom Grundgedanken des Erkennens durch Selbertun - durch Selbsttätigkeit im einfachen Experiment - hatte das IPN vor fünf Jahren einen Satz von Unterrichtseinheiten namens AKTIF veröffentlicht. *Alle Können Teilhaben an Ideen und Fertigkeiten* ist die Bezeichnung dieses Lernangebots, das für den Sachunterricht und naturwissenschaftliche Fächer der 3. bis 7. Klasse vorgesehen ist

(*Hameyer/Dudek/Friis/Hameyer* [2]1992). 36 AKTIF-Unterrichtsbausteine wurden während der Entwicklungsphase in über 70 Klassen erprobt (Bremen, Niedersachsen, Schleswig-Holstein), wiederholt verbessert und erstmals 1986 veröffentlicht. Federführend bei der Entwicklung und Erprobung von AKTIF war das Institut für die Pädagogik der Naturwissenschaften (IPN) an der Universität Kiel mit dem Verfasser dieses Beitrags als Projektleiter. Kernstück jeder Einheit sind exemplarische Unterrichtsbeispiele zum gelenkt-entdeckenden Lernen in der Schule.

Abb. 4: Fortbildung mit AKTIF

AKTIF-Konzeption

Entdeckendes Lernen im AKTIF-Unterricht zeichnet sich durch hohe Aktivität der Lernenden aus. Die Kinder sollen zum Beispiel ein Thema aus der Technik, ein Problem aus der Alltagswelt oder ein Naturphänomen zunehmend selbsttätig und eigenverantwortlich erkunden. Dabei lernen sie, Phänomene genau zu beobachten, Befunde zu notieren und diese anderen Kindern verständlich mitzuteilen. Sie lernen auch, etwas Erstaunliches zu verstehen, Merk-Würdiges zu vergleichen, durch Konstruktion und Experiment ihr Wissen zu erweitern. Die Übersicht zu den Unterrichtsbausteinen ist auf der gegenüberliegenden Seite abgebildet.

AKTIF ist ein Lernangebot, das zum selbsttätigen Entdecken und »forschenden« Lernen dieser Art anregt - ein Ansatz, der mit *Bruner*, einem Hauptvertreter der Theorie entdeckenden Lernens, verbunden ist. Eine Entdeckung sei beim Kind ebenso wie beim Forscher ihrem Wesen nach eine Tätigkeit des Neuarrangierens und Umformens von Material in einer Weise, die über das zusammengetragene Material hinaus neue Einsichten erschließe. Von diesem Grundgedanken Bruners ausgehend haben wir drei pädagogische Leitideen als Bezugspunkte für die 36 Unterrichtsfolgen oder -bausteine ausgearbeitet (siehe Abb. 5):

A

Entdeckendes Lernen durch Selbsttätigkeit

B

Experimentieren in Partnerarbeit

C

Umweltbezug im fächerverbindenden Unterricht

Abb. 5: Pädagogische Leitideen von AKTIF

Jede Unterrichtsfolge unterbreitet Vorschläge für einfache Experimente, die die Kinder meist eben zu zweit ausführen können. Natürlich ist Spielraum vorhanden, die Experimente abzuwandeln, wenn das vom Unterricht oder der Lernausgangssituation her geboten scheint.

Wichtig ist bei allem die Notwendigkeit, durch präzise Unterrichtshinweise und Beispiele jene zu unterstützen, die sich in diesem Gebiet eher nicht vertraut fühlen und nur dann von Entdeckungs- und Erkundungsmethoden Gebrauch machen, wenn sie sich in den natur-wissenschaftlich-technischen Themen einigermaßen auskennen. Auf diesem Hintergrund entstanden viele Experimentierbeispiele, die insgesamt mindestens 250 Unterrichtsstunden ausmachen - je nach Schwerpunkt, Lernarrangement und Differenzierungsabsicht können es mehr werden.

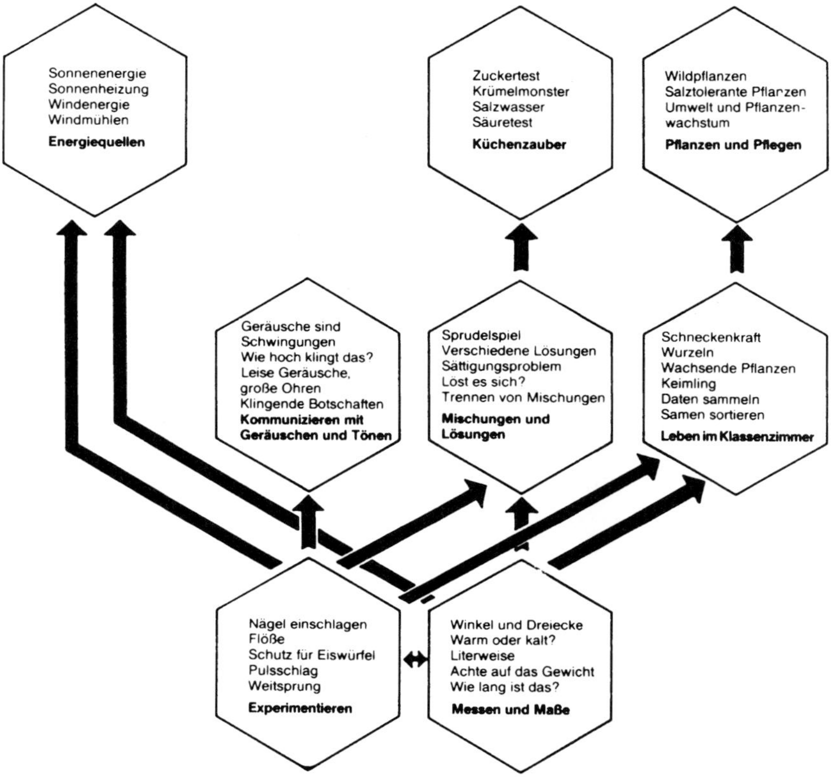

Abb. 6: Bausteine von AKTIF

Ein entscheidendes Merkmal von AKTIF ist der *modulare Aufbau*. Die Einheiten und Bausteine können weitgehend unabhängig voneinander eingesetzt werden, was für die Erfinder dieses Curriculums eine besondere Herausforderung mit sich brachte. Nachfolgend (Abb. 7) sind einige praktische Themenbeispiele aus AKTIF aufgelistet. Bei allen Themen untersuchen oder erkunden die Kinder selbst etwas. Sie gehen ihren Vermutungen nach, sie überprüfen Hypothesen in einem Experiment oder durch Beobachten, und in einigen Fällen geht es auch um das Herstellen von Gegenständen, die ihrerseits Ausgangspunkt für Experimente sind - so zum Beispiel eine selbst gefertigte Windmühle oder die Sonnenheizung.

Flösse bauen

Windmühle erfinden

Sonnenheizung bauen

Puls messen

Pflanzen pflegen

Salzwasser untersuchen

Nahrungskette verstehen

NACHRICHTEN ÜBERMITTELN

GERÄUSCHVERSTÄRKER EINSETZEN

PLÄTZCHEN BACKEN

SALAT HERSTELLEN

Abb. 7: Themenbeispiele aus AKTIF

Umsetzung in Schule und Lehrerbildung

In fast allen Bundesländern werden AKTIF-Materialien in Schule oder Lehrerbildung eingesetzt; in einigen Fällen wird AKTIF in Lehrplänen empfohlen, so etwa in Bremen. Auf zahlreichen Fortbildungskursen, die wir seit 1986 auf Anfrage der Bundesländer durchführten, hat sich gezeigt, daß Lehrerinnen und Lehrer den besten Zugang zu solchen Materialien immer dann finden, wenn sie die Experimente, Beobachtungstätigkeiten und praktischen Konstruktionen selbst ausprobieren können.

Meistens reichen drei oder vier einfache Experimente aus, um sich ein Bild von dem zu machen, was AKTIF verlangt. Dadurch entsteht eine durch Eigenerfahrung herbeigeführte Zielklarheit und damit gekoppelt die Zuversicht in die Durchführbarkeit der Unterrichtsvorschläge in der eigenen Klasse; zumeist haben die Lehrkräfte bei intensiver Auseinandersetzung neue Ideen eingebracht, die noch besser auf die besondere Situation ihrer Lerngruppe zugeschnitten sind.

Ein AKTIF-Unterrichtsbeispiel

Um die didaktisch-methodische Konzeption zu verdeutlichen, sei auf ein Beispiel aus der Einheit »Mischungen und Lösungen« hingewiesen. Bei der »60-Sekunden-Sensation«, die der Unterrichtsfolge »Sprudelspiel« zuzuordnen ist, beschäftigen sich die Kinder mit einer chemischen Reaktion. Zunächst erhalten sie die Möglichkeit, die mitgebrachten Materialien zu untersuchen. Dies erfolgt zunächst eher ungerichtet. Sie äußern Vermutungen, was man damit machen kann, tauschen Erfahrungen und Kenntnisse aus, während sie die Substanzen mit bekannten Stoffen aus dem täglichen Leben (z. B.

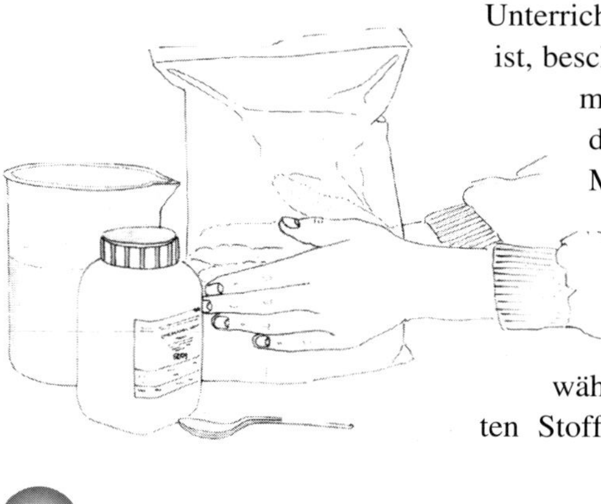

Natron mit Puderzucker, Calciumchlorid mit kleinen Eiswürfeln oder Eisbonbons) vergleichen und Eigenschaften der Stoffe nennen.
Erst nach dieser Erkundungsphase werden die Kinder aufgefordert, aufgrund ihrer Vermutungen über die Eigenschaften der bereitgestellten Materialien experimentelle Aufgabenstellungen zu formulieren. In diesem Fall z. B. so: »Wie kann ich aus zwei Stoffen einen neuen Stoff herstellen?« Die Probleme des Mischens werden im Gespräch erörtert und teilweise von einigen Kindern ausprobiert und veranschaulicht.

Abb. 8: Windmühle aus AKTIF

Anschließend diskutieren sie, wie sie den neuen Stoff lösen können. Die Schwierigkeiten beim Lösen und die Handhabung der verschiedenen Arbeitsmittel werden gemeinsam besprochen. Vermutungen bzw. Äußerungen über ein zu erwartendes Ergebnis bleiben im Raum stehen und lauten z. B. »Explosion, Zaubertrank, Verfärbung.« Erst jetzt, nachdem allen Kindern die Aufgabenstellung klar ist, nämlich eine selbst hergestellte Mischung in Lösung zu bringen, holen sie sich die notwendigen Materialien und richten ihren Arbeitsplatz ein.

Die vorgeschlagene Arbeitsform, die sich für Entdeckendes Lernen anbietet, ist das Experiment in Partnerarbeit. Vorteile dieser Arbeitsform liegen darin, daß die Schüler sich gegenüber ihrem Partner leichter spontan äußern, wiederholt initiativ werden können und nicht immer an Aufforderungen durch die Lehrkraft gebunden sind, wie dies im Klassenverband der Fall ist. Die Kinder sind in der kleinen Lerngruppe darauf angewiesen, sich gegenseitig zu helfen. Sie befolgen (oder erlernen) dabei grundlegende Regeln der Interaktion. Sie lernen, sich im Gespräch mit Mitschülern verständlich zu machen und genau auszudrücken und bestimmen in ihrer Kleingruppe das Arbeitstempo, vorzugsweise nach Maßgabe individueller Lerngeschwindigkeit und Lernvermögen. Sie planen zu zweit die Schrittabfolge im Experiment und überlegen, wie sich das Problem am besten lösen läßt.

Abb. 9: Kinder einer 3. Klasse beim Experimentieren, Grundschule Arsten in Bremen

Während der Experimentierphase hält sich der Lehrer weitgehend zurück. Durch die Zielvorstellung, die er für seinen Unterricht entwirft, und durch die Auswahl von Arbeitsmitteln und Hilfestellungen greift er allerdings lenkend in das Unterrichtsgeschehen ein. Wichtig ist, daß den Kindern dabei genügend Raum für Eigeninitiative bleibt. Variiert z. B. die Schrittabfolge im Experiment bzw. wird nicht sorgfältig genug gearbeitet, sind in den verschiedenen Arbeitsgruppen unterschiedliche Ergebnisse zu erwarten. Wichtig ist, daß der Lehrer oder die Lehrerin in diesem Fall nur beobachtet und oder korrigiert, denn die Kinder erlangen beim Vorstellen und Vergleichen der Ergebnisse selbst wertvolle Erkenntnisse und lernen, diese unterschiedlichen Ergebnisse zu deuten.

Durch die Selbsttätigkeit der Kinder ist ein Entdeckungsprozeß in Gang gesetzt worden. Dabei sind sie stark emotional beteiligt. Sie erkennen die Chance, etwas für sich Sinnvolles, Einsichtiges oder Interessantes tun zu können. Die Folge davon ist, daß das Erinnerungsvermögen und die Erziehung der Sinne durch das gelenkt-entdeckende Lernen erheblich gesteigert werden kann (*Brauer-Schröder 1987* und *Kuhlmann* 1987).

Das Unerwartete und Überraschende, nämlich die ausgelöste chemische Reaktion, die zu einem schnell anschwellenden Plastikbeutel führt, machen es möglich, den Bezug zum täglichen Leben herzustellen. Fragen wie: »Kann man alle Stoffe miteinander mischen?« wecken den Umweltgedanken und lösen Diskussionen aus. - Am Ende einer Stunde steht die Ergebnissicherung. Diese kann auf verschiedene Weise erfolgen. Da die Kinder sich hinsichtlich ihrer Merkfähigkeit unterscheiden, sollte die Ergebnisdarstellung bzw. -sicherung auch vielfältig sein. Dies kann verbal, schriftlich und bildlich sein. Der Lehrer kann das breite Spektrum der Ergebnisdarstellung nutzen und variieren, damit er den unterschiedlichen Schülerinteressen, Fähigkeiten und Neigungen gerecht wird.

Anschließend wird den Kindern ein Luftballon gezeigt. Ohne große Schwierigkeiten leisteten sie den Transfer und beobachteten die Gasbildung und das damit verbundene Aufblasen des Luftballons. An dieser Stelle kann der Unterricht zum Abschluß gebracht werden. Es ist aber ebenfalls denkbar, mit selbst herzustellenden Wasserbällen ein kleines Wettspiel zu initiieren. Das Lernangebot ist in dieser Hinsicht und auch in Bezug auf den Ablauf und die Organisation einer Unterrichtsstunde völlig offen und läßt dem Lehrer Raum für eigene Ideen. (ausführlicher zu dieser Unterrichtsfolge s. *Hameyer/Heuper/Teichert* 1989).

Bestellungen von AKTIF sind an das IPN zu richten: Institut für die Pädagogik der Naturwissenschaften (IPN) an der Universität Kiel, Olshausenstr. 62, 24098 Kiel. Das Gesamtwerk kostet 25 DM zuzügl. Versand. Auf Anfrage erhalten Sie ein kostenloses Informationsblatt.

Abb. 10: Grundschule Felm bei Kiel

Lernen an Stationen

Herbert Hagstedt

> »Wenn wir bedenken, daß die Methode des Unterrichts der einzig bleibende Eindruck der ganzen Schulzeit ist - die Stoffe wechseln, und einer verdrängt immer die Wirkung des anderen - dann müssen wir in der Art und Weise der geistigen Einwirkung auf die Schüler das Wesentliche des Problems (der Arbeitsschule) erblicken« (*Gansberg* 1911, 258).

Auch wenn Fritz Gansberg schon vor 80 Jahren einen weiten Begriff von Methode angesprochen haben mag - Schule als Institution hat Methode - seine Idee einer guten Schule, der Arbeitsschule, ist die Idee einer Reform der »methodischen Kleinwelt« geblieben (*Bienzeisler* 1986). In der aktuellen Diskussion um Innovationsprozesse in der Grundschule kann man nun einen neuerlichen Versuch sehen, im erziehungswissenschaftlichen Diskurs eine gute Schule zu entwerfen, die im wesentlichen durch ihre differenzierten und variantenreichen Vermittlungsformen unser pädagogisches Gewissen beruhigt. Einen Aspekt davon möchte ich näher beleuchten: Das Lernen an Stationen im Sinne von Lerngarten-Modellen.

Lerngarten-Modelle

Auf der Suche nach idealtypischen Beschreibungen für offen gestaltete Lernlandschaften und anregende Umgebungen gibt es immer wieder Spuren, die auf Fröbels Konzept eines freitätigen Selbstunterrichts in einem Garten für Kinder hindeuten. Diese Spuren haben mich bewogen, für alle schulökologischen Konzepte den Begriff »Lerngarten« zu wählen. Der Lerngarten ist die in der Theorie offener Erziehung am phantasievollsten variierte, in der Praxis am häufigsten zu beobachtende Unterrichtsform.

Die ökologische Idee vieler Reformpädagog/Innen, ihre direkte Steuerung über die eigene Person vor-sichtig zurückzunehmen und die Kinder stattdessen in einer Art didaktischem Garten lernen zu lassen, zieht sich wie ein grüner Faden durch die Geschichte der Reformschulen. »To direct by indirection«, »die Umgebung selbst gibt Lernanstöße« ist das pädagogische Glaubensbekenntnis der Lerngarten-Befürworter. Deweys learning environments, Montessoris proportionierte Gegenstände in vorbereiteter Umgebung, Decrolys Interessenszentren oder Freinets Ateliers sind nur die bekanntesten historischen Vorläufer für die Lerngarten-Modelle. Fast alle Lerngärten der neuen Schulen gehen in ihrer Weiterentwicklung über orthodoxe Nachbildungen hinaus. Erfreulicherweise findet sich in vielen Klassenräumen ein eigenes Lerngarten-Konzept, in dem verschiedene reformpädagogische Stränge integriert sind.

Worin manifestiert sich nun die Offenheit dieses Konzepts? Anstelle eines einheitlichen, über den Lehrer vermittelten Arbeitsauftrags an alle Lernenden gibt es immer gleichzeitig mehrere Erfahrungs- und Handlungsalternativen, unter denen ausgewählt werden kann. Der Lerngarten bietet den Kindern eine hochgradige Diversifizierung ihrer Arbeitsplätze. Alle Materialangebote sind in der Regel nur einmal zuhanden. Die Lehrerin hat die verschiedenen Bereiche des Gartens so gestaltet, daß ein »bewegter Unterricht« *(Petersen)* möglich wird. Die Kinder wechseln von Zeit zu Zeit ihren Arbeitsplatz im Lerngarten, wobei sie über Aufgabenfolge und Arbeitsrhythmus weitgehend mitbestimmen. Aus der Lehrerperspektive wird dieses differenzierende Arrangement erlebt als eine Art »Simultanunterricht« (*Mayer-Behrens 1983*), der stark umgebungsgelenkt ist und dadurch die Lehrerin weit stärker verplant als im nicht-offenen Unterricht. Bevor ich nun meine Thesen zur Planbarkeit dieses methodischen Modells entwickle, ist genauer zu untersuchen, inwieweit sich die Lerngartentypen unterscheiden lassen nach dem Grad ihrer Institutionalisierung bzw. nach dem Grad der Selbstorganisation. Ich werde im folgenden vier verschiedene Modelle idealtypisch skizzieren und dazu jeweils konkrete Unterrichtsbeispiele vorstellen.

Lerngarten-Typ 1: Das Stationen-Modell

Zu einem bestimmten Rahmenthema werden gezielt sehr unterschiedliche Materialien vorausgewählt und in einem didaktischen Arrangement zusammengestellt. Im Idealfall gibt es immer mehr Stationen als Kindergruppen, also einen gewissen Überhang an freien Arbeitsplätzen. Auf unterschiedlichen Wegen können sich die Kinder durch das Gesamtangebot hindurcharbeiten, indem sie in beliebiger Reihenfolge die Materialstationen durchlaufen. Durch dieses Rotationskonzept entsteht eine große zeitliche Flexibilität und zugleich eine inhaltliche Variabilität. An jeder

Station finden sie einen anderen Materialtyp. Die Vielfalt der Materialien hat den vorteilhaften Nebeneffekt, daß die Kinder sich nicht ständig als direkte Konkurrenten sehen und Leistungsvergleiche anstellen. Die Aufgaben an den Materialstationen können genau festgelegt sein und einen bestimmten Materialumgang verlangen: hier gibt es etwas zu entdecken, dort gibt es eine Konstruktionsaufgabe. Untersuchungstisch und Info-Ecke, Beobachtungsstation und Übungskästen können nebeneinander angeordnet sein. *Gabriele Faust-Siehl* hat z. B. zum Thema »Zeit« 19 Lernstationen vorgestellt, die zirkelförmig aneinandergereiht waren (*Faust-Siehl* 1989). Es kann aber auch für das gesamte Arrangement ein Tätigkeitsschwerpunkt gesetzt werden, z. B. nur Experimentierstationen zum gleichen Phänomenkreis oder ausschließlich Übungsstationen, aber ebenfalls mit wechselnden Materialtypen (vgl. *Wallaschek* 1989).

In Kassel haben wir die ersten Erprobungen und Unterrichtsversuche mit dem Stationenmodell im Sachunterricht gemacht. Im Forschungsprojekt »Kinder entdecken Naturphänomene« wurde ein Konzept für einen Experimentierzirkel mit insgesamt 14 Materialstationen entwickelt (*Hagstedt/Spreckelsen* 1988). Dieses Stationenmodell war nach dem Prinzip der variierenden Phänomenpräsentation aufgebaut. Zur Zeit führen wir Unterrichtsversuche mit einem lösungsoffenen Ansatz zum Thema »Körpergeometrie« durch. In der Grundschulwerkstatt werden 8 bis 9 Materialstationen aufgebaut, die die Kinder einem Wechselbad der Wahrnehmung geometrischer Formen aussetzen. Die Aufgaben an den jeweiligen Stationen werden von den Kindergruppen selbst gefunden. Sie können z. B. eine Spielregel zu den Materialien erfinden, ein Bauwerk errichten und dazu eine Bauzeichnung erstellen, eine Aufgabe für Mitschüler formulieren oder in einem freien Text ihre geometrischen Phantasien verarbeiten (*Hagstedt* 1990).

Lerngarten-Typ 2: Das Büffet-Modell

Anders als beim Stationenlernen, wo ein von der Lehrerin zusammengestelltes, aufeinander abgestimmtes, aber auch in gewisser Weise abgegrenztes Materialarrangement im Mittelpunkt steht, wird beim Büffetmodell die Auswahlentscheidung von den Lernenden getroffen. Potentiell benötigte Materialien sind in der Regel im Klassenraum zwar auch zuhanden, in offenen Regalen, auf bereitgestellten Ressource-Tischen, in Themenkisten oder anderswo. Der Lernende muß sich aber seinen Arbeitsplatz zunächst erst einmal einrichten und stellt sich selbst das zusammen, was er für sein Vorhaben braucht. Der offene Klassenraum als freigegebenes Materialbüffet fordert viel stärker zur Mitplanung heraus: nötige Materialüberlegungen werden dem Lernenden nicht abgenommen, sondern durch ein Überangebot an potentiell verwendbaren Gegenständen geradezu provoziert. In der Grundschulwerkstatt der Gesamthochschule sind überaus erfolgreiche Unterrichtsversuche gerade mit dem Büffetmodell gemacht worden. So wurden von einer 1. Klasse Balancierer gebaut. Den Kindern wurde nur die Idee vorgestellt, aus Gegenständen ihrer Wahl eine kleine Figur herzustellen, die balancieren, auf einer Flasche oder auf einem Seil das Gleichgewicht halten kann. Vorbereitet worden war ein Materialbüfffet mit allerlei Alltagsgegenständen, Abfall- und Naturmaterial - eine Mischung von leichten Gegenständen (Styropor, Korken, Wattekugeln...) und besonders schweren Materialien (Bleistücke aus der Druckerei, Metallringe, Steine ...).

Gerade bei großer Variationsbreite und Reichhaltigkeit ist eine übersichtliche Präsentation der Materialien unbedingt erforderlich, sonst kann das Büffet sehr schnell zum Wühltisch werden. Die Kinder konnten selbst handgreiflich die Schwerpunkte verlagern, mit ihren Fingern das Gleichgewicht ertasten, durch Umbau oder Materialtausch die Balancierer stabilisieren. Über ein ähnliches Beispiel mit einer 4. Klasse hat Johannes Eucker berichtet (*Eucker* 1988).

Bei einem anderen Unterrichtsversuch mit dem Büffet-Modell wurde das Freie Experimentieren in der Welt der Spiegel erprobt. Die Schüler hatten auf ihren Arbeitstischen zwei ausgewiesene Flächen: Ein (schwarzes) Experimentierfeld und ein (weißes) Dokumentierfeld. Die Versuchsanordnungen konnten frei gewählt werden. Ihre Arbeitsmaterialien konnten sie sich am Büffet-Tisch selbst zusammenstellen: Spiegelreste und Spiegelkacheln zur Gegenüberstellung, Hohlspiegel, Spiegelfolien, Pappröhren, Knete, Knöpfe, Pappkästen usw. Trotz dieser für sie fremden Sozialform und der ungewohnten Aufgabe, selbst Aufgaben finden zu müssen und ihre Arbeitsprozesse zu dokumentieren, lassen sich die Kinder auf die offene Unterrichtsform ein (*Bohnerth/Hagstedt* 1990).

Lerngarten-Typ 3: Das Arbeitsplan-Modell

Im Gegensatz zum Büffetmodell liegt diesem Lerngartentyp ein festeres Auftragskonzept zugrunde. Es gibt genaue Materiallisten und ein detailliert beschriebenes Arbeitsprogramm. Die Arbeitsaufträge (Experimentiervorschläge,

Untersuchungsschritte, Baupläne, Beobachtungsaufgaben, Bastelanleitungen) können z. B. auf Karteikarten formuliert sein. Möglich sind aber auch individuellere, vom Lehrer differenzierte Aufgabenprogramme und Arbeitsvorschläge nach Art der »Assignments« im Dalton-Plan. Durch die Verbreitung von Wochen- und Tagesplan-Konzepten in innovativen Grundschulen einerseits, die Überschwemmung des Lehrmittelmarktes mit Erkundungskarteien und Experimentierkarten andererseits ist das Arbeitsplanmodell gerade im Sachunterricht schon sehr häufig anzutreffen. Die Kinder arbeiten weitgehend lehrerunabhängig und karteikartengesteuert an verschiedenen Themen oder an Teilaspekten eines Rahmenthemas. Ein Lerngarten nach dem Arbeitsplanmodell läßt sich z. B. mit Hilfe der aus dem Englischen übersetzten und adaptierten Kartei »Look« oder mit Hilfe der Kartei »Natur begreifen« einrichten (*Wiebel* 1987). Jede Arbeitskarte enthält eine Materialliste (»Du brauchst«), Sachinformationen und eine ausführliche Beschreibung der vorgeschlagenen Arbeitsschritte. Die Kinder können sich die benötigten, in der Regel unverschulten, Materialien selbst in der Schule zusammensuchen, von zu Hause mitbringen, bei Bekannten besorgen. Durch dieses Konzept der Verwendung von nicht-didaktisierten Gegenständen bleibt der Lerngarten nicht auf die Schulräume beschränkt. Die Kinder können ähnliche Experimente auch mit eigenen Ressourcen zu Hause nachbauen oder weiterentwickeln.

Das Arbeitsplan-Modell über Karteikarten als Strukturierungs- und Organisationshilfe scheint auf den ersten Blick weniger offen zu sein. Wir haben aber in der Grundschulwerkstatt verschiedene Versuche gemacht, Karteikarten von Schülern selbst herstellen zu lassen. Für Erkundungen im Wald und Wasseruntersuchungen sind Starter-Kärtchen mit Blankokarten vermischt worden, die für die Kinderideen reserviert sind (*Hagstedt* u.a. 1989). Auch für den Geometrieunterricht und für die Produktion freier Texte sind ähnliche Erprobungen mit Kindern aller Altersstufen im Grundschulbereich durchgeführt worden. Die bisherigen Ergebnisse ermutigen dazu, Arbeitskarteien zu öffnen und im Unterrichtsprozeß langsam wachsen zu lassen (*Hagstedt* 1989). Möglich sind auch Mischformen mit karteikartengesteuerten Versuchen und Angeboten zum freien Experimentieren und freien Untersuchen.

Lerngarten-Typ 4: das Werkstattmodell

Bei diesem Lerngartenmodell ist der Grad der methodischen Öffnung besonders variabel. Es gibt weder feste Arbeitsplätze noch gezielte Themenvorgaben oder

Arbeitsaufträge. Stattdessen wird vom Lernenden verlangt, daß er sein persönliches Lernmotiv findet, ein eigenes Arbeitsprogramm entwickelt, auch ein originales Produktziel für sich definiert und selbstverantwortlich seinen gesamten Lernprozeß organisiert. Mit diesen Zielsetzungen gerät das Modell immer auch automatisch an die Grenzen von Unterricht. Es weist prinzipiell über schulisches Lernen - auch in seinen offensten Formen - hinaus. Die selbsteingerichteten Arbeitsateliers, die wir aus der Freinetpädagogik kennen, sind ebenfalls in erster Linie für ein im Prinzip autonomes, zumindest kinderweise lehrerfreies Lernen gedacht, das seine Strukturierung durch das Werkstattangebot erhält. In vielen Grundschulklassen ist der erste Schritt zur Öffnung über ein Schreibatelier gelaufen. Viele kleine Institutionen vom Klassenbriefkasten über die Wandzeitung und die Litfaßsäule bis zum Klassenbrief und zum Geschichtenbuch schaffen Anlässe zum freien Schreiben, denen sich kein Kind entziehen kann. Neue Stempelmaschinen und alte Schreibmaschinen, Schuldruckerei und Computer laden ein zur alltäglichen Produktion freier Texte und Gedichte. Die Werkstatt wird somit zum »Ausdrucksmittel der verschiedenen Sprachen der Schüler« (*Koranda* 1980). Durch die Veröffentlichung in der Schulzeitung oder in der Klassenzeitung der Woche bekommt das eigene Werk für das Kind eine andere Wertigkeit. Der Klassenraum wird zur Verlagsstube und die Lehrerin zur Redakteurin, die 24 Autoren zu betreuen hat.

The gentle art of non-teaching« verlangt Schwerstarbeit von der Lehrerin und einen besonderen Mut zur Vernachlässigung von Kindern mit geringem Steuerungsbedarf. *Jacob L. Moreno* hatte schon 1934 zu zeigen versucht, daß Kinder erst im Alter von 8-9 Jahren »reif« genug seien, ohne direkte Lehrersteuerung zu arbeiten. Heute wissen wir aus vielen Untersuchungen zu »independent studies« und »self-direct group work« in den USA und anderswo, daß dies keine Frage des Altersminimums ist, sondern in erster Linie eine Frage der Bereitschaft des Lehrers, seine Lernhilfen ungleich zu verteilen. Wir haben die Möglichkeit gehabt, im Rahmen eines dreijährigen Forschungsprojektes ein in dieser Hinsicht radikales Werkstattmodell zu untersuchen. Erprobt wurde ein Angebotskonzept, das zu einer größtmöglichen Selbststeuerung von Aktivitäten in einer offenen Kinderwerkstatt führen sollte. Die Lernenden hatten die Möglichkeit zum konkreten Gestalten und zum technischen Konstruieren nach eigenen Produktideen. Geboten wurde ein disponibles Lernarrangement aus dem Technik-Bereich: Werkzeug und Werkstoff zum Arbeiten mit Holz, Demontagematerialien, Technik-Baukasten, Holzbausteine u.a.. Drei Jahre lang, von Schuljahr 2 bis 4, hatten die Kinder einer Grundschulklasse die Werkstatt für sich (1 Unterrichtsstunde pro Woche). Es gab für diese Werkstattarbeit keine Lernziele und im Prinzip nur Lehrerhilfen auf Nachfrage, keine Aufgabenstellung und auch keine Produktmotive durch entsprechende Vorgaben von Lehrerseite (Prototypen, Bildimpulse o. ä.). Ein Polytechnik-Lehrer war zwar ständig anwesend, beschränkte sich aber vorwiegend auf Beobachtungs- und Dokumentieraufgaben (Protokollierung, Intervallfotografie). In dieser offenen Anregungssituation wurde also drei Jahre lang ohne Lehrersteuerung gearbeitet. Tatsächlich haben die Kinder den Lehrer für eine Aufgabenfindung auch nicht gebraucht. Die Ausdrucksmöglichkeiten der Werkstatt waren so verlockend, daß zu keinem Zeitpunkt ein Nachlassen der Arbeitsmotivation festgestellt werden konnte. Die Kinder arbeiteten nach der natürlichen Methode, ihren persönlichen Artikulationsmöglichkeiten entsprechend. Die entstandenen Arbeiten zeichneten sich dadurch aus, daß sie viele biographische Spuren enthielten und in authentischen Spielzusammenhängen verwandt wurden.

Zwischenbilanz

Nach der Vorstellung der vier methodischen Modelle, die ich dem Lerngarten-Typus zugerechnet habe, will ich nun eine erste Zwischenbilanz zu ziehen versuchen. Unter dem Aspekt der Planbarkeit möchte ich drei Fragerichtungen ansprechen:

A. Welche Möglichkeiten gibt es, die Kinder in die Lerngartenplanung einzubeziehen? Gibt es Lerngartenmodelle, die eine eigene Aufgabenfindung ausschließen?
B. Wieviel didaktischer Kunstdünger wird in den verschiedenen Lerngärten verwendet? Welche Lerngärten gedeihen weitgehend durch raffinierte Materialarrangements?
C. Wie kann die Lernkontrolle in den verschiedenen Lerngärten organisiert werden? Welche Erfahrungen gibt es mit dem Dokumentieren eigener Arbeitsprozesse?

Zu A: Selbstdifferenzierung durch eigene Aufgabenfindung

Ob nun ein Buchstabentag nach dem Stationenmodell durchgeführt wird oder ein Theatertag nach dem Werkstattmodell geplant ist, immer wird es diverse Möglichkeiten geben, Kinder als Garten-Architekten in die Vorbereitung einzubeziehen, z. B. durch das Sammeln und Mitbringen von Gegenständen, die einen Bezug zu dem jeweiligen Thema haben und zugleich einen persönlichen Zugang ermöglichen. Lerngärten wachsen mit den Ideen und Fundstücken der Kinder, mit wertvollen Leihgaben und kleinen Schenkungen. Kinder sind reich, ihre Zimmer quellen über von Sachbüchern und Experimentierkästen, Zauberutensilien und Werkzeug. Werden sie nur frühzeitig in die Beratung der Lerngartengestaltung einbezogen, so können sie durch ihre Gegenstände auf die Schwerpunktsetzung Einfluß nehmen.

Unterrichtsversuche mit verschiedenen Schulklassen in der Grund-schulwerkstatt haben gezeigt, daß keineswegs nur Materialien mit impliziten Aufgabenstrukturen wie bei Montessori in den Lerngärten zu verwenden sind. Vielmehr bestätigte sich die Vermutung, daß die in allen Lerngartenmodellen schlummernden Möglichkeiten zur Selbstdifferenzierung durch eigene Aufgabenfindung offenbar keineswegs ausgeschöpft sind. Selbst Schulklassen, die bisher über keinerlei Erfahrungen mit freier Arbeit verfügten und nur gewohnt waren, im Unterricht Aufgaben zu bearbeiten, die von der Lehrerin gestellt werden, nutzten die Differenzierungsgelegenheit voll aus. Konfrontiert mit der für den ganzen Vormittag getroffenen Arbeitsvereinbarung, in der freien Auseinandersetzung mit den verschiedenen Materialien selbst Aufgaben für sich und für Mitschüler zu finden, arbeiteten die Kinder äußerst konzentriert und produktiv. Es entstanden anspruchsvolle Untersuchungsdesigns und komplizierte Bauzeichnungen, phantasievolle Spielregeln und hochinteressante Fragen an Mitschüler. Alle Aufgaben wurden schriftlich auf Blankokarteikarten festgehalten, die an den Materialstationen deponiert waren. Den Kindern wurde lediglich gesagt, daß ihre Aufgabenidee für andere Arbeitsgruppen dokumentiert und in Form einer Arbeitskarte zugänglich gemacht wird.

Zu B: Minimierung des didaktischen Kunstdüngers

Lerngärten brauchen weit weniger didaktischen Kunstdünger als andere Unterrichtsformen. Durch die Variierung der Materialien, die anregungsreiche Umgebung und die damit gegebenen diversen Handlungsalternativen und Aktivitätswechsel ist kein zusätzliches künstliches Motivationsrepertoire erforderlich. Hinzu kommt, daß in bestimmten Bereichen der Lerngärten »Gegenstände mit persönlichem Verhältnis« zu finden sind, die ihre Attraktion aus ihrer Unschulmäßigkeit beziehen. Gleichwohl ist die erforderliche Planungskompetenz auf Lehrerseite - wie bei allen offenen Unterrichtsformen - außerordentlich hoch. Ein Lerngarten verlangt - gerade wenn Wildblumen und »Unkräuter« in ihm wachsen dürfen (d. h. wenn er besonders viel unstrukturiertes Zeugs enthält) - besondere Pflege.

Dieser hohe Grad an Planungskompetenz kann nur selten dadurch verringert werden, daß ein Teil der didaktischen Verantwortung an Fertigteile delegiert wird. Die persönliche Entscheidung, den eigenen Unterricht zu öffnen und einen Lerngarten zu gestalten, ist auch eine Entscheidung für eine höhere Planungsverantwortung. Als potentielle Absage an jede didaktische Versicherung durch Lehrwerke (*Hagstedt* 1990b) stellt sie die Lehrer vor eine Zerreißprobe, die wohl nur dann auszuhalten ist, wenn der Lerngarten als ein »Modell auf Zeit« zielspezifisch in einer methodischen Mischkultur angelegt wird.

Zu C: Dokumentierung des eigenen Lernprozesses

Wie können begründete Aussagen über den Lernstand der Kinder getroffen werden, wenn in vielen Ecken des Lerngartens gleichzeitig sehr unterschiedliche Aktivitäten ablaufen? Im Lerngarten wird es immer kontrollfreie Räume geben, und das ist gut so. Der Simultanunterricht zeigt der Lehrerin ihre Grenzen in Sachen Lernstandsfeststellung auf und läßt sie nach Alternativen suchen. Eine Kontrolle der Lernfortschritte ist im offenen Unterricht dennoch möglich, wenn die Kinder sich selbst an der Dokumentierung ihrer Arbeitsprozesse beteiligen. Das Festhalten der Erwartungen während der Einstiegsphase, die intervallförmige Protokollnotiz während der Untersuchungsschritte, die Aufzeichnung der Befunde, das Anlegen eines Projekttagebuches liefern markante Arbeitsspuren und können eine wichtige Entscheidungsbasis für die weitere Lernplanung werden. - Im Lerngarten brauchen die Kinder als Dokumentierhilfe wiederum »kleine Institutionen«, die sie nicht nur überhaupt daran erinnern, etwas festzuhalten, sondern die ihnen zugleich eine Strukturierungshilfe zur Selbstdokumentation geben.

Der Beobachtungskalender am Käfig der Rennmäuse, das Untersuchungstagebuch, die Experimentier- und Dokumentierfelder auf dem Arbeitstisch, das Schreibgespräch im Anschluß an eine Erkundung, die selbst hergestellten Karteikarten mit Konstruktionsüberlegungen und Bauzeichnungen sind kleine »Institutionen«, die den Kindern helfen, die eigene Lerngeschichte für einen Augenblick anzuhalten und Reflexionen über den momentanen Lernstand anzustellen. Diese individuellen Dokumentationen in schriftlicher Form werden ergänzt durch gemeinsame Vorstellungsrunden, durch den »Berichtkreis« (*Petersen*), durch »Würdigungsgespräche« (*Schwarz*) und Projektausstellungen, in die alle Kinder einbezogen werden.

Die Lerngartenmodelle wären ohne die Einplanung reflexiver Phasen nicht verantwortbar. Beim Thema »Welt der Spiegel« gab es z. B. eine etwa halbstündige Vorstellungsrunde zum Abschluß. Die Kinder gingen von Tisch zu Tisch. Die jeweiligen Bearbeiter erläuterten ihre freien Experimente, verteidigten Thesen und mußten auf Rückfragen der Mitschüler antworten, konnten ihre Produkte erläutern, ihre eigene Kommentierung vorlesen, entwickelten Theorien und Vorstellungen zur Weiterarbeit, bekamen Tips und Beifall für ihre Untersuchungsergebnisse - es war eine kritische Vernissage.

Mosaikbausteine aktiven Lernens

Uwe Hameyer

Zu Beginn des 20. Jahrhunderts hat die Reformpädagogik nachdrücklich betont, Kinder würden leichter lernen, wenn sie Unterricht mitgestalten könnten. Damit war nicht nur die unmittelbare Lernumgebung gemeint, sondern auch die Auswahl der Themen und Inhalte - je nach Angemessenheit des Lernzeitpunkts. Einen geeigneten Zeitpunkt für anstehende oder bevorzugte Lerntätigkeiten können Kinder durchaus selbst bestimmen, wenn es um die Auswahl von Arbeitsmaterialien, Lernkarteien oder Erkundungsgängen auf dem Schulgelände geht.

Wollen wir Kinder in differenzierter Weise zur Selbständigkeit und Entscheidungsfähigkeit erziehen, so bieten dazu Tages- oder Wochenpläne gute Möglichkeiten. *Katrin Kilian* wird einige Pläne vorstellen, ohne auf Details der pädagogischen Ursprünge dieses Ansatzes und auf die Wochenplanpraxis im speziellen einzugehen. Der nachfolgende Beitrag ist lediglich als Hinleitung zur Wochenplanarbeit zu verstehen - mit einer Reihe von Beispielen. *Janna Lege* sei herzlich gedankt für ihre Suche nach Wochenplänen, die sie in ihrer Examensarbeit ausführlich kommentiert und analysiert hat (*Lege* 1992).

Der Wochenplan

Katrin Kilian
Uwe Hameyer
Janna Lege

Wenn Sie Wochenplanunterricht erteilen, werden Sie damit bestimmte Ziele oder Vorstellungen verbinden. Sollen die Kinder lernen, ihre Arbeit selbständig einzuteilen? Möchten Sie sie zur Mitentscheidung anleiten? Suchen Sie inhaltliche Anregungen schülerseits für das, was in der Woche ansteht? Wollen Sie Wochenenderfahrungen einbeziehen, die im Wochenplan ihren Platz finden? Möchten Sie ein differenziertes Lernangebot für unterschiedliche Interessen, Lerntempi und Leistungsschwerpunkte aufstellen? Solche Leitideen deuten auf Voraussetzungen hin, die zwar bei jeder Planung von Unterricht eine Rolle spielen, bei der Wochenplanarbeit jedoch immer das Herzstück sind:

- Sie beabsichtigen, die Kinder bei ihren je besonderen Lernvoraussetzungen abzuholen und ein entsprechend differenziertes Lernangebot zu unterbreiten. Dieses Ziel erreichen Sie durch Vielfalt der Themen und Arbeitsmittel, die Sie im Wochenplan ausweisen, auch durch individualisierte Zuwendungszeiten und Beratung, denn Kinder arbeiten beim Wochenplan häufiger für sich beziehungsweise zu zweit oder dritt. Im derart polyzentrischen Unterricht bilden sich Gruppen und Aktionszentren. Dadurch erhalten Sie Beratungsspielraum und diagnostische Einsichten. Sie können das Lerngeschehen genau beobachten, einzelnen Kindern Rat geben, Lernhilfen individuell ausrichten und Ihre Beobachtungen für die Planung des kommenden Tages auswerten und nutzen. Die Persönlichkeit des einzelnen Kindes gerät beim polyzentrischen Unterrichtsgeschehen deutlicher in den Blick als in frontalunterrichtlichen Interaktionsformen. Die Leistungsstärken des Kindes werden besonders dann aktiviert, wenn es sich mit angemessenen Aufgaben und Herausforderungen anderer Art aktiv auseinandersetzt.

- Soziales Verhalten wie Rücksicht, Ordnung und Hilfsbereitschaft werden in der Wochenplanarbeit geschult und gefestigt. Das beginnt bereits im Morgenkreis, wenn Sie zum Beispiel in der ersten Stunde am Montag die Kinder über Erlebnisse aus der letzten Woche oder vom Wochenende berichten lassen und allmählich dazu überleiten, Themen, Projekte, Aufgaben und Besonderheiten der Woche gemeinsam zu beraten. Wer hat sich heute welche Schwerpunkte gesetzt? Bei welchen Schwierigkeiten ist Ihre Hilfe verlangt? Wer wird mit wem zusammenarbeiten?

- Ein Vorteil des Wochenplans besteht darin, daß sich Kinder am eigenen Lerntempo ausrichten können, die Ziele und Themen der Woche durch unterschiedliche Methoden oder Materialien bearbeiten, selber wählen, was sie an welchem Tag tun möchten und dabei lernen, Übersicht zu halten. Wer die schwierigsten Themen auf den Freitag legt, wird alsbald merken, daß er sich damit keinen Gefallen erweist. Kinder neigen übrigens eher dazu, besonders anspruchsvolle oder unangenehme Aufgaben vorzuziehen, damit sie nachher frei sind für die interessante Arbeit.

- Aus konkreten Lernsituationen entstehen oft nicht vorhersehbare Anlässe für Kinder, einer Beobachtung merkwürdiger Phänomene nachzugehen, Erstaunliches zu verstehen, Paradoxes aufzuschlüsseln oder Erkundungen zu planen, so etwa wenn es darum geht, die Fauna unter einem Gehsteigstein zu untersuchen. Diese Idee mag aus einem Klassengespräch über Ameisen hervorgegangen sein. Der flexibel strukturierte Wochenplan hat für solche Lernsituationen nicht nur Platz, sondern weist entsprechende Anlässe oder Betätigungsideen aus.

- Wenn Kinder die Chance bekommen, durch Selbsttätigkeit zu lernen und selbst Wichtiges im Unterricht mitbestimmen zu können, so entsteht daraus Zuversicht in die eigene Lern- und Planungsfähigkeit. Mit Hilfe von Wochenplanarbeit können solche Ziele eingelöst werden, jedoch nur dann, wenn sie behutsam eingeführt werden, wenn die Lehrer und Lehrerinnen von der Grundidee überzeugt sind und es als wichtig erachten, daß Kinder im Grundschulalter über forschendes Lernen und aktives Handeln im Unterricht eine faszinierende Lernfreude entwickeln und dadurch besonders effektiv lernen.

Wie beginnen Sie Wochenplanarbeit?

In der Regel bedarf es sowohl bei den Kindern als auch bei Lehrerinnen einer Eingewöhnungs- und Übungsphase, bis die neue Arbeitsform »Wochenplan« erfolgreich Anwendung findet. Eine Möglichkeit, die Kinder auf die Arbeit mit Wochenplänen vorzubereiten, besteht darin, über einen Zeitraum von ungefähr zwei Monaten im Umfang von vielleicht ein bis zwei Stunden pro Woche mit Tagesplänen zu arbeiten und dabei Freie Arbeit einzusetzen. Die Kinder können unter anderem Folgendes lernen:

- das Materialangebot für die Woche zu überblicken;
- sich für ein Material zu entscheiden;
- sich im Klassenraum frei zu bewegen, ohne andere Kinder zu stören;
- das benutzte Material wieder an seinen Platz zurückzubringen.

Andererseits hat der Lehrer Gelegenheit, seine Kinder besser kennenzulernen und über ihre Ausdauer, Konzentration, Kreativität, Hilfsbereitschaft und das Sozialverhalten Grundlegendes herauszufinden. - Ob der sofortige Beginn mit einem vollständigen Wochenplan günstig ist, können nur Sie selbst in Einschätzung der Klassensituation entscheiden. Schließlich kann auch ein allmählicher Aufbau zum Ziel führen. Hier zwei Wegbeschreibungen:

Das Sprungbrettmodell

Sie sind mutig und wollen das Neue konsequent einsetzen. Nur keine halben Sachen, werden Sie denken. Ein Sprung ins Wasser - warum nicht? Ihre Klasse erhält also gleich einen vollständigen Wochenplan mit differenzierten Aufgabenstellungen. Grundanforderungen und Pflichtaufgaben bemessen Sie derart, daß sie auch von Kindern mit ausgeprägten Leistungsschwächen bewältigt werden können. Ihr Mut setzt Zuversicht frei. Sie versuchen, mit Ihren Kindern einen kompletten Wochenplan zu erarbeiten. Dabei lernen Sie genauso weiter wie die Kinder neugierig sind, was sich hinter dieser Planungsstrategie wohl verbirgt. Über »Learning by Doing« können alle zu wichtigen Grunderfahrungen kommen, wenn Sie nicht gleich beim ersten Problem abbrechen, sondern über einige Zeit versuchen, Ihren eigenen Weg zu finden.

Abb. 1: Ein einfacher Tagesplan einer Grundschulklasse in Bremen

Das Etappenmodell

Beim Etappenmodell legen Sie zunächst den 1. Gang ein. Sie beginnen mit einem Tagesplan. Das Modell ist strukturähnlich, jedoch eben nur für zunächst einen Tag in der Woche ausgelegt. Dadurch können Sie besser einschätzen, wie die Kinder und Sie selbst mit dem Neuen umgehen, welche Reaktionen bei den Eltern und damit auch welche Gesprächsanlässe ausgelöst werden, wie in einem nächsten Schritt vielleicht zwei Tage einbezogen werden undsoweiter. - Sie können natürlich den Wochen- oder Tagesplan zunächst auf zwei Lernbereiche begrenzen, zum Beispiel Sprache und Mathematik. Vielleicht erweitern Sie schrittweise dieses Spektrum. So wächst das Unterrichts- und Aufgabenangebot in überschaubaren Schritten. Der umfassendere Wochenplanunterricht beginnt erst nach sorgfältiger Auswertung Ihres mehrmonatigen Etappenmodells.

Planung von Wochenplanarbeit

Für die Arbeit mit dem Wochenplan sollten Sie - je nach Umfang des Plans - für das 1. und 2. Schuljahr drei bis fünf Stunden, für das 3. und 4. Schuljahr vier bis acht Stunden Zeit vorsehen. Das Lernangebot wird dabei Inhalte und Ziele unterschiedlicher Fächer, darunter Sprache, Mathematik und Sachunterricht, einbeziehen. In der Abb. A sehen Sie ein Wochenplanbeispiel; weitere Illustrationen folgen weiter hinten in diesem Beitrag.

Aufbau von Wochenplänen

Jeder Wochenplan besteht aus verbindlichen Aufgaben und Wahlmöglichkeiten. Pflichtaufgaben beziehen sich auf Inhalte oder Tätigkeiten des betreffenden Fachs. Diese Aufgaben gelten für alle Kinder. Hinsichtlich besonders leistungsbeeinträchtigter Kinder empfiehlt es sich, diese Anforderungen differenziert auszuweisen. Zusätzlich können wahlfreie Aufgaben angeboten werden: Zusatzaufgaben für eine Differenzierung nach Leistung und Erkundungs- und Tätigkeitsideen für eine Differenzierung nach Neigung und Interesse. Natürlich müssen Sie Wochenpläne ihrem eigenen Stil entsprechend gestalten. Es gibt kein allgemeingültiges Modell. Trotzdem kann mit einigen Stichpunkten eine Orientierungshilfe skizziert werden (s. S. 73):

Wochenplan vom 10.4. – 14.4.89 Name:

Pflichtprogramm erledigt

(1) D – Arbeitsblatt : Aktiv-Passiv
(2) D – Lottospiel : zusammengesetze Adjektive
(3) Ma – Elektrokarte 56 oder 57
(4) Ma – „Neue Postgebühren" – Rechne Tabelle 1 oder 2
(5) SU – Wir weisen Stärke in Lebensmitteln nach
→ suche dir einen Partner
→ entscheidet euch für eine der vier Arbeitskarten
→ führt die Versuche durch und schreibt ein Protokoll

Wahlprogramm

(1) Ma – LÜK „1×13, 1×14"
(2) Ma – Knobelaufgaben „Post"
(3) Ma – Arbeitskartei
(4) SU – Hast du Lust, Kohlrabi in Eierkartons auszusäen?
(5) SU – Im Schulgarten müssen die Zwiebeln ausgesät werden. Melde dich bitte, wenn du Lust dazu hast.
(6) SU – Ist dir beim Experimentieren die Idee für einen eigenen Versuch gekommen? Überlege, was du brauchst. Melde dich vorher bitte.
(7) D – Geheimschrift
(8) D – Indianerkartei „Die neue Angel"

HA Ma
– Zauberheft : Rechne 1 Seite weiter
– Finde die „geheime Botschaft" (12)
– Buch S. 37, Nr. 5 und 6 (Venn-Diagramm und Kastendiagramm)
– Arbeitsbogen : gemischte Aufgaben (achte auf „deine" Aufgaben)

HA D
Mo : Kapitel 6 lesen und A_6 bearbeiten
Di : S. 141, Deutschbuch für Kinder : Ausdrucksgesten
Mi : Aktiv-Passiv, Arbeitsblatt 2, Teil a oder b
Do : Adjektiv-Domino

HA Su
Puzzle : Grundbausteine unserer Nahrung

Sammle Wellpappe zum Basteln.

Darfst du noch einen leeren Blumentopf mitbringen?

Was geschieht im Aquarium?

Abb. 2: Wochenplan an einer Bremer Grundschule (Jutta Schmidt)

Äußere Form

1. Übersichtlichkeit
2. Schiftbild
3. Farbliche Akzente
4. Motivierende Gestaltung

Formale Aspekte des Inhalts

5. Fächerbeteiligung
6. Kreuzliste für die Angabe des Bearbeitungsstandes
7. Angabe des Bearbeitungszeitraums
8. Numerierung der Pläne
9. Name des Kindes

Inhalt

10. klare Aufgabenstellung
11. Hinweise zur Bearbeitung
12. Hinweise zur Lösungskontrolle
13. Freie Arbeit im Angebot
14. Differenzierung
15. Persönliche Ansprache des Kindes
16. Raum für Kritik oder Selbstkritik des Kindes

Mit dem Plan durch die Woche

Während der Einführungsphase der Wochenplanarbeit empfiehlt es sich, zunächst den Plan mit allen Kindern gemeinsam zu lesen und Verständnisschwierigkeiten zu klären. Sind die Kinder mit dem Wochenplan-Unterricht vertraut, sollten Sie auf das kollektive Lesen des Plans verzichten. Die motivierende Kraft und die kommunikative Qualität des Plans entfalten sich erst, wenn das einzelne Kind dem Plan ohne vorgeschaltete Interpretationshilfe des Lehrers oder der Lehrerin spontan begegnet. Günstig ist es, wenn ein Teil der Klasse mit Sachunterricht, ein anderer mit Mathematik und ein weiterer Teil der Klasse mit Sprache beginnt, so daß sich in einem vorgegebenen Zeitraum die Bearbeitung verschiedener Aufgaben mit selbstgewählten Methoden und Partnern vollzieht, ohne daß es zu Engpässen durch Materialmängel, fehlende Kontrollblätter oder zur Monotonie gleichgearteter Verhaltensformen käme. *Bewegung im Raum* und *Wechsel der*

Sozialformen sollten für einen Teil der Kinder ausdrücklich toleriert sein. Hat eine Gruppe ihren Aufgabenbereich mit größerem Aktionsradius bewältigt, so kann sie zu Aufgaben mit mehr statischen Sozialformen übergehen und einer anderen Gruppe Raum und Bewegung überlassen. Sie haben währenddessen Zeit, Arbeitsverhalten und Leistungsentwicklung der Kinder zu beobachten und entsprechend zu unterstützen.

Auswertung vor dem Wochenende

Die erledigten Aufgaben werden abgeheftet. Die Kinder und der Lehrer setzen sich zusammen, stellen Ergebnisse vor, diskutieren Arbeitstechniken und vergleichen Erfolge. Schwierigkeiten kommen zur Sprache. Bücher und Materialien, die sich als besonders hilfreich erwiesen, werden hervorgehoben. Der Erfahrungsaustausch entwickelt sich zu einer umfangreichen Zusammenschau der behandelten Wochenplanthemen. Leistungsstarke Kinder finden ein sachkundiges Forum für die Darlegung ihrer erfolgreichen Bemühungen; andere erfahren den Gesprächskreis als Vertiefung und vergewissernden Rückblick, bei dem sich manche Unklarheit von allein löst. Jedes Kind gewinnt das Gefühl, eine beachtliche Aufgabe bewältigt zu haben.

Wenn die Kinder den Plan nicht schaffen

Es kann vorkommen, daß Kinder am Ende einer Woche den Pflichtplan nicht schaffen konnten. Warum? Manchmal liegt die Ursache beim Kind. Einige blockieren sich aus Mißerfolgsangst. Sie lernen recht langsam. Andere leiden unter einer Lern- und Konzentrationsschwäche oder können ihre Zeit nicht gut einteilen. Ihnen helfen Sie durch Beratung und Geduld. Sie können auch organisatorisch für Abhilfe sorgen, indem Sie solche Kinder von Wochenplanaufgaben befreien, die nicht unbedingt Voraussetzung für das weitere Lernen sind. Sie können natürlich auch zusätzliche Zeit vorsehen durch Förderstunden, Eckstunden in einer anderen Klasse oder durch Auftrag, die nicht erledigten Wochenplanaufgaben am Wochenende zu lösen.

Vielleicht liegt eine Ursache auch bei Ihnen, wenn zum Beispiel der Wochenplan zu umfangreich oder zu schwierig gehalten ist. War der Wochenplan zu komplex, können Sie ihn

- um einige Aufgaben kürzer fassen;
- ein oder zwei Stunden aus dem normalen Unterricht für Wochenplanarbeit abzweigen;
- die für Wochenplanunterricht fehlende Zeit am Anfang der folgenden Woche zur Verfügung stellen.

Hat sich der Plan als zu schwierig herausgestellt, können Sie Folgendes tun:

- den Wochenplanunterricht unterbrechen, den Schwierigkeiten nachgehen, Lösungsideen erarbeiten und gegebenenfalls eine reduzierte Form wählen;
- eventuell andere oder zusätzliche Medien bereitstellen, besseres Informationsmaterial vorhalten oder Medien anderer Art einbeziehen, zum Beispiel Kinderliteratur, Experimentiergeräte, Sachbücher, alte Uhren, Lupen zum Beobachten und Erkunden, Fundsachen vom Strand, eine Schreibmaschine, Knetmasse undsoweiter;
- vielleicht fehlen im Wochenplan Aufgaben oder Tätigkeiten, die nicht so anspruchsvoll sind.

Das dicke Ende? Kontrolle und Ergebnissicherung

Am Wochenende fragt man sich zu recht, wie die Fülle der im Wochenplanunterricht erbrachten Leistungen kontrolliert und gewürdigt werden kann. Mit Mut zur Lücke können Sie diesen Punkt nicht leichthin überfliegen. Unzureichende oder gänzlich fehlende Rückmeldungen haben Folgen. Da Lehrerinnen und Lehrer die Kontrolle der Wochenplanarbeiten allein tatsächlich nur schaffen können, wenn sie Zeit investieren, müssen beim Wochenplanunterricht drei Arten von Rückmeldungen kombiniert werden:

- Selbstkontrolle
- Kontrolle durch Kinder
- Kontrolle durch Lehrer

Selbstkontrolle

Selbstkontrolle ist im Wochenplanunterricht ein Kernstück der Ergebnissicherung. Ihr Bekräftigungswert ergibt sich aus der Freude über Lernfortschritte und dem selbständigen Erkennen eigener Fehler und Schwächen. Gewissenhafte Selbstkontrolle ist ein wichtiges Lernziel des Wochenplanunterrichts. Langfristig gesehen sollen Kinder sich selbst einschätzen lernen. Dabei helfen Kontrollblätter. Die Gefahr entsteht bei diesen jedoch dadurch, daß einige Kinder Ergebnisse abschreiben, ohne die dazugehörige Aufgabe gelöst zu haben. Meist handelt es sich um Kinder, die Mißerfolge fürchten oder alle Aufgaben schnell erledigen wollen. Eine Abhilfe unter vielen gegen dieses Verhalten ist das *Helfer-System*, bei dem leistungsschwächere Kinder durch leistungsstärkere betreut, ermutigt und gestützt werden.

Lernkontrolle durch Kinder

Mitschüler kontrollieren sich untereinander als Partner oder Tutoren. Präzise Anweisungen auf den Arbeitsblättern helfen, eine gewissenhafte und fürsorgliche Partnerkontrolle in die Wege zu leiten. Nicht jedes Kind ist für die Tutorenaufgabe geeignet. Selbst auf die leistungsstärkste Schülerin sollte man verzichten, wenn sie zur Überheblichkeit neigt. Eine von oben gereichte Hilfe ist für den Schwächeren eine Demütigung, die er nur widerwillig annimmt. - Kollektive Kontrolle durch die Klasse im Rahmen des Abschlußgesprächs bringt durch spontanen Beifall oder auch durch die Frage, was jemand eigentlich die ganze Woche über getan hat, besonders erziehungswirksame Rückmeldungen.

Kontrolle durch den Lehrer

Während des Wochenplanunterrichts ist es möglich, auf Rundgängen durch die Klasse die Arbeit der Kinder zu beobachten und zu kontrollieren. Bei einigen genügt ein Kopfnicken, ein ermunternder Zuspruch, andere benötigen sachdienliche Hinweise; manchmal sind Denkanstöße und weiterführende Hilfen zielführend. - Über die aktuelle Entwicklung der einzelnen Leistungen im Wochenplanunterricht gewinnen Sie durch die Rundgänge recht schnell ein deutliches Bild vom Lernstand. Dennoch kann es vor allem in der Anfangsphase der Wochenplanarbeit nützlich sein, den Überblick durch Beobachtungsbögen sachlich abzusichern. Sie können dann Ihre Lernhilfen noch genauer planen, weitere Wochenpläne können »maßgeschneiderter« werden.

Ein weiterer Schritt kann ein Diagnosebogen für »Problemkinder« sein. Durch kindzentrierten Wochenplanunterricht können Sie viele Beobachtungschancen wahrnehmen und ein besonderes Augenmerk auf Arbeits- und Sozialverhalten einzelner Kinder lenken. Die Kontrolle der Arbeitsblätter, die während der Woche in Ablagekörben gesammelt werden, können im Unterricht oder zu Hause erfolgen. Manche Fehler können so schon berichtigt werden, bevor die Blätter am Wochenende nach Fächern getrennt in Ordnern abgeheftet werden.

Freie Texte

Hier warten Kinder auf Rückmeldung des Lehrers. Wenn es unter Berücksichtigung der Schwerpunkte bei der Lehrerkontrolle nicht gelingt, alle Arbeitsergebnisse der Klasse zu kontrollieren, so ist es durchaus vertretbar, die Klasse hinsichtlich der Kontrolle je nach Größe zu teilen oder zu dritteln.

Wochenpläne konkret

Nachfolgend finden Sie fünf unterschiedlich gestaltete Wochenpläne. Diese Beispiele sollen zu eigenen »Erfindungen« anregen, mehr ist mit dem Abdruck nicht beabsichtigt; jeder praktische Einsatz von Wochenplänen beginnt ja immer mit einer *pädagogischen* Überlegung, die Sie auf ihre Klasse und auf die eigenen Ziele für Unterricht beziehen. Erst aus der pädagogischen Reflexion heraus konkretisiert sich das eigene Planungsmodell.

Mathematik

3. Klasse

Plan für 3 Tage

Name: ....

Datum: 9.12. – 11.12.91

		fertig	
Die Welt der Zahl 	S. 38 Nr. 9 und Nr. 11 Schreibe die Preisunterschiede ins Heft!		
gelbe Karte	Ergänzen bis zum nächsten Hunderter		
	Partnertraining: ☺☺ Wie groß ist der Unterschied?		
	☺☺ Würfelspiel: Wer überschreitet zuerst die 1000? (Startzahl: 500)		
	Übungsblatt ★★★★★		
	Rechenblatt mit Selbstkontrolle		
Karten	Karten auf dem Tisch ordnen ☺☺		
Kopfrechnen	Divisionsaufgaben (Teilaufgaben)		
Schablo	2 Karten		

Wochenplan A: Frau Blunk, Groß-Wittensee

Wochenarbeit 25

10.3. – 14.3.

① Schreiben: „Was ich über die Uhr weiß!" – schreibe dein Uhrenblatt fertig.

② Lesen: Übe deine Lesekarte.

③ Rechnen: Übe mit deinem Rechenlotto (mit der Eieruhr stoppen!)

④ und was du noch tun kannst:

- Spiele zum Hören, Sehen, Fühlen, Riechen, usw. mit den Studentinnen spielen
- eine Bildergeschichte schreiben; eine Puzzle-Geschichte schreiben
- Uhren-Bingo spielen
- Versuche mit den Augen machen: ist dein Auge zu langsam? Rollbilder, Farbkreisel, Zwirbelkärtchen .... (→ Ideenkiste)
- diese Woche zum Rechnen: LÜK Seite 18, Hasenspiel, Raupenspiel
- Osterbasteleien (→ Ideenkiste)

Viel Spaß!

Wochenplan B: entnommen aus Wallrabenstein 1991

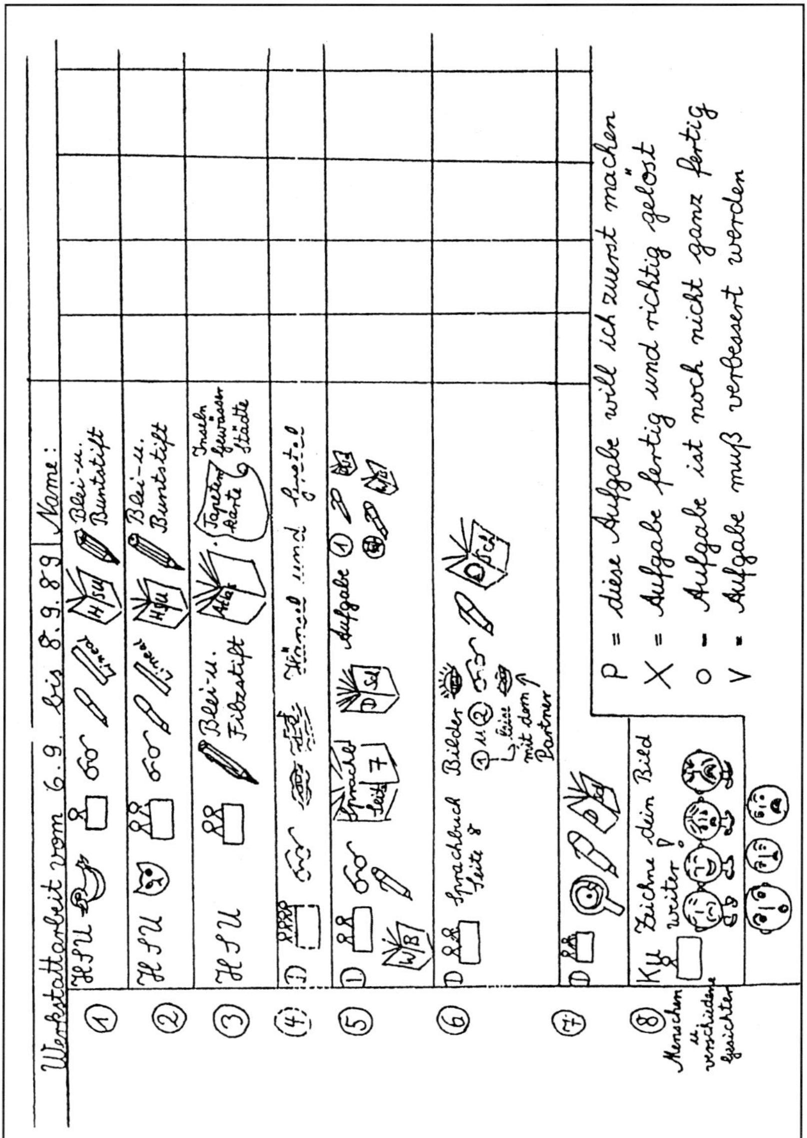

Wochenplan C: Udo Gigger, Lübeck

WOCHENPLAN D

3. Arbeitsplan vom 12. – 20. November 1991 | Name:

		erledigt	selbst kontrolliert		
Lesen	● Lesebuch, S. 52 „Entenjagd…"				
	● Leseb., S. 54 „Der Ritt…"				
	● Leseb., S. 55 „Seemannsgarn"				
	→ Bereite dich auf einen Text besonders gut vor! (Lesekreis)				
Schreiben	Spb., S. 30, ⑤				
	Spb., S. 32, ① ②				
	Spb., S. 32, ④				
	Spb., S. 32, ④⑤				
	Spb., S. 32, ④⑤⑥				
	Spb., S. 33, ②				
	Spb., S. 33, ④				
	Spb., S. 33, ⑤				
Diktatvorbereitung	● AB „Diktat, Übungsaufgaben" → Alle Aufgaben müssen bis 18. Nov. (einschließlich) erledigt sein! Erst wenn alle Aufgaben fertig sind, kannst du ein Kreuz machen!				
AB	Der Lügenbaron				
	Lügenverse				
	Herbst 1				
	Herbst 2				
	Herbst 3				

– 2 –

		erledigt	selbst kontrolliert		Lehrer!
AB	Kleine Zauberei…				
	Wir zaubern…				
Erzählen	Spb., S. 31, ① (Geschichtenheft)				
	○ Denke dir eine eigene Lügengeschichte aus!				
Angebot Freiarbeit	Lük-Kasten, dazu AB „Steht das Wort im Akkusativ?"				
	Lük-Kasten, „Gesucht das Akkusativobjekt?"				
	○ Grammatikkartei				
	○ Freiarbeit nach Wunsch				

Wie ich gearbeitet habe:

selbständig
partnerschaftlich
konzentriert
zügig

Wochenplan D: Karin Sieverding, Lübeck

„WOCHENPLAN“ für 20 Minuten 16.04.92

Name: ____________

Pädagogik	AB 1 Partnerarbeit	
	AB 2	
Mathe	Karteikarte 1 Partnerarbeit Primzahl ___	
	Karteikarte 2	
	Du kannst auch mit Würfeln rechnen.	
Erdkunde	Karteikarte 3 ______ km	
Musik	Karteikarte 5 Lösungswort -----	
Biologie	Karteikarte 4	
Deutsch	Kennst Du die folgenden Wörter und weißt, was sie bedeuten? Sonst informiere Dich doch mal! 1. KROKI 2. LAPILLI 3. LEHRAMTSANWÄRTER 4. LEHRAMTSKANDIDAT 5. Kol	
Englisch How do you do?	Versuche doch einmal etwas auf Englisch herauszukriegen. Suche Dir mindestens 2 Begriffe aus und versuche sie in einem Satz zu verwenden. 1. Tulpe 2. Karfreitag 3. Nilpferd 4. Frauenschuh 5. Butterblume Es gibt verschiedene Bücher, in denen Du suchen kannst.	
Freie Arbeit	Büchertisch	
	Spieletisch	
	Kannst Du einen Knopf an meine Tasche annähen?	
	Kannst Du mit Stäbchen Popcorn essen?	
	Kannst Du mit meinem Fotoapparat ein Bild von unserer Arbeit machen?	

Wochenplan E: Janna Lege

Wochenplan A

Ein sehr anschaulicher Wochenfachplan für Mathematik, der von der Verfasserin als Arbeitsplan bezeichnet wird. Die Gliederung in Spalten bietet gute Übersichtlichkeit. Die Fragen der Kinder, womit sie was erarbeiten, werden in den zwei ersten Spalten beantwortet. Die Kontrollspalten geben dem Kind und der Lehrerin Auskunft über den Stand der Arbeit und bieten Platz für motivierende Rückmeldung.

Wochenplan B

Bei diesem Wochenplan ist die persönliche Ansprache der Kinder hervorzuheben, verbunden mit der Aufforderung, den gesamten Körper am Lernen zu beteiligen.

Wochenplan C

Dieser Plan zeigt, daß bereits frühzeitig mit Wochenplanarbeit begonnen werden kann. Einfache Symbole ersetzen Text, so weit dies möglich ist. Einzelne Wörter fordern zum Lesenlernen auf, weil die Kinder gern genauere Hinweise verstehen möchten.

Wochenplan D

Dieser Plan hat keinen statischen Charakter, sondern gleicht sich den Bedürfnissen der Beteiligten an, um konfliktfreies Arbeiten zu ermöglichen. Dieser doppelseitige Plan zeigt den Stand einer vierten Klasse, die bereits seit dem ersten Schuljahr mit Wochenplänen umgeht. Die Differenzierung nach Farben - in diesem Druck leider nicht zu erkennen - hat sich bewährt, da keine festen Gruppen bestehen, sondern die Kinder ihren Fähigkeiten entsprechend immer wieder neu eingeteilt werden. Die Kontrollspalte gibt in Kombination mit der Rubrik »Wie ich gearbeitet habe« differenzierte Auskunft über das Lernverhalten des Kindes.

Wochenplan E

Eltern sollten mit Wochenplänen vertraut gemacht werden, um die pädagogische Arbeit in der Schule mitzubegleiten. Durch gründliche Information und Gespräche können Sie die Eltern für das notwendige Verständnis und die gewünschte Zusammenarbeit gewinnen. Am besten, Sie veranlassen die Eltern zur aktiven Auseinandersetzung mit Wochenplänen; auch Eltern lernen Neues durch konkretes Tun am besten kennen. Ein anschaulich differenzierter Wochenplan wird allen Kindern Erfolgserlebnisse vermitteln. Ein kleines Übungsbeispiel ist für solche Situationen geeignet.

Unter der Lupe

Nachfolgend stellen wir einige wenige Lesetips zusammen. Sie finden darin Anregungen zum Weiterlesen. Machen Sie zusätzlich Gebrauch von den unzähligen Lernmaterialien für Wochenplanunterricht, die Schulbuchverlage und - stärker noch - Verlage für Freiarbeit anbieten. Einige Verlagsadressen sind im Kapitel XI aufgeführt.

Bastian, J.: Freie Arbeit und Projektunterricht. Eine didaktische »Wiedervereinigung«. In: Pädagogik 45(1993)10, 6-9.

Claussen, C.: Wochenplanarbeit in der Grundschule - Möglichkeiten zu markanten Veränderungen der üblichen Unterrichtsplanung. In: Haarmann, D. (Hrsg.): Handbuch Grundschule. Band 1. Weinheim 1992, 223-239 (Beltz).

Gervé, F.: Freiarbeit. Beispiele - Materialien - Hilfen - Adressen. Lichtenau ^{4}1992 (AOL).

Groß, E.: Freies Arbeiten in weiterführenden Schulen. Donauwörth 1993 (Auer).

Hagstedt, H.: Schüler können machen, was ihre Lehrer wollen - Wochenplanerei: Zur späten Karriere eines betagten didaktischen Themas. In: paed extra (1987)10, 7 ff.

Huschke, P./Mangelsdorf, M.: Wochenplan-Unterricht. Praktische Ansätze zu innerer Differenzierung, zu selbständigem Lernen und zur Mitgestaltung des Unterrichts durch die Schüler. Weinheim 1988 (Beltz).

Kayser, A./Schäkel, L.: Kinder und Lehrer lernen: Freie Arbeit. Anregungen und Beispiele. Tips für Klassenraum und Materialien. Frankfurt ^{2}1986.

Mayer, W.G.: Freie Arbeit in der Primarstufe und in der Sekundarstufe bis zum Abitur. Heinsberg 1992 (Dieck).

Meier, R./Mayer-Behrens, H.: Freie Arbeit - Wochenplan. In: Die Grundschulzeitschrift 17(1988)2, 24-27.

Meis, R./Sennlaub, G. (Hrsg.): Feuer und Flamme. 99 Vorschläge zu Arbeitsmitteln für Freiarbeit und Wochenplan. Heinsberg 1984 (Dieck).

Riegel, E.: Freiheit braucht Training. Eine Schule integriert Freie Arbeit und Projektunterricht. In: Pädagogik 45(1993)10, 14-18.

Sennlaub, G. (Hrsg.): Mit Feuereifer dabei. Praxisberichte über Freie Arbeit und Wochenplan. Lesebuch für Grundschullehrer. Heinsberg ^{3}1987 (Dieck).

Strote, I.: Das Wochenplanbuch für die Grundschule. Lernen zwischen Pflicht und Kür. Heinsberg 1985 (Dieck).

Vaupel, D.: Wer auswählen gelernt hat, will dann auch mitbestimmen ... Wochenplan, Freie Arbeit und Projektunterricht integrieren. In: Pädagogik 45(1993)10, 20-23.

Wallrabenstein, W.: Offene Schule - Offener Unterricht. Ratgeber für Eltern und Lehrer. Reinbek ^{2}1991 (Rowohlt).

Wenzel, A.: Freiarbeit in der Grundschule. Bad Heilbrunn 1983 (Klinkhardt).

Der Morgenkreis

Claudia Papenhagen

Mit einem erlebnisbetonten Tagesbeginn in der Schule können wir positive Erwartungshaltungen bei Kindern und eine Disposition bewirken, das gemeinsame Leben in der Klasse aktiv mitzugestalten. Der Morgenkreis ist eine Arbeits- und Gesprächsform, die dieser Leitidee entspricht. Die Kinder und ihre Lehrerin sitzen auf Stühlen oder Kissen in Kreisform, um sich auf das Bevorstehende einzustimmen. Der Morgenkreis ist eine weithin praktizierte Institution, die das Selbstwertgefühl des Kindes anspricht und stärkt ebenso wie den Sinn für gemeinschaftliches Zusammensein, bei dem die Kinder einander Geschichten oder Alltagsepisoden erzählen, Tätigkeiten der Schulwoche planen und über diese entscheiden.

Sinn des Morgenkreises

Nicht nur im reformpädagogischen Unterricht nach *Peter Petersen* oder *Maria Montessori*, sondern auch in Schulen mit anderer Ausrichtung gehört diese Sozialform zum Alltag - entweder allmorgendlich, zu Wochenbeginn oder am Freitag gegen Wochenende. Der Handlungsspielraum für die Ausgestaltung eines Morgenkreises ist erheblich: Er reicht von besinnlichen Stilleübungen bis zu aktionsreichen Versammlungen mit attraktiven Darbietungen. Die Kinder bringen sich mit schulischen und außerschulischen Themen, die ihre Interessen, Erlebnisse, Wünsche und Ängste abbilden, in den Gesprächskreis ein. Sie kommen ihrem ausgeprägten Kommunikations- und Mitteilungsbedürfnis nach, was im normalen Unterricht leicht unbedacht als Unterrichtsstörung tituliert wird. Im morgendlichen Gesprächskreis findet das Kind Raum, seine Eindrücke und Meinungen mit anderen ganz legitim auszutauschen.

Im Morgenkreis lernen die Kinder *soziale Kommunikationsregeln und -muster*. Mit dieser Fähigkeit ausgestattet sind Kinder vorbereitet, mit anderen Gesprächspartnern in sachliche und persönliche Dialoge zu treten. Beim Morgenkreis lernen die Kinder, sich in der Großgruppe verständlich auszudrücken, einander aufmerksam zuzuhören, *argumentativ* zu reden und vor einem Publikum etwas gestisch und mimisch darzustellen. Eine Gesprächsführung auf fairer Basis verlangt natürlich die Einhaltung von Grundregeln der Interaktion. Sie dürfen zum Beispiel dem Gesprächspartner nicht ins Wort fallen oder an der Meinung bestimmter Personen desinteressiert sein.

Regeln und *Rituale* sind dabei zentral. Ich gehe auf diese später ein. Jetzt nur soviel - sie gewähren Kindern Schutz und Gewißheit, sich frei äußern zu können, auch wenn Kinder und Lehrerinnen die Lehr- und Lernintentionen des Unterrichtstages besprechen, schulische und außerschulische Aktivitäten planen oder Arbeitsergebnisse auswerten. So kann der Wochenplan offen miteinander beraten werden. Der Lehrer zeigt die Handhabung von Materialien oder Geräten, oder ein Kind berichtet vom Produkt seiner Arbeit. Hierbei bereitet sich jeder reflektierend vor, bevor man sich der eigentlichen Arbeit zuwendet. Mit Hilfe des allmorgendlichen Gesprächskreises wird das individuell Erworbene in die Gemeinschaft eingebunden. Dessen Wirkung strahlt auf das Individuum zurück. In diesem Sinne ist der Morgenkreis eine kreative Gestaltungs- und Erzählsituation für alle.

Anregungen für den Unterricht

Talkshows, Interviews oder Dialoge zeigen, daß der Mensch keineswegs nur sachlich argumentiert oder sich fair gegenüber seinem Gesprächspartner verhält. Beim dialogischen Sprechen geht es auch um Macht- und Prestigekämpfe sowie um ausgefeilte Rhetorik: Dem Menschen fällt es anscheinend nicht leicht, sich Fehler einzugestehen oder sich von Meinungen anderer überzeugen zu lassen. Ein wesentlicher Grund für dieses Verhalten liegt wahrscheinlich in der menschlichen Angst, vor anderen »das Gesicht verlieren zu können«.

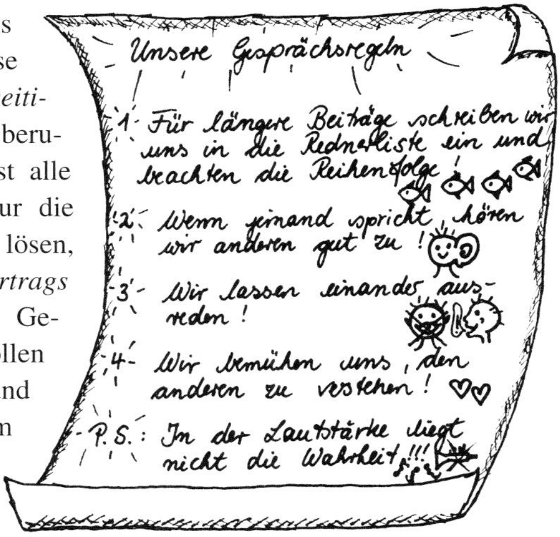

Daher ist es besonders für den Morgenkreis wichtig, daß sich schon Kinder gewisse Gesprächsregeln aneignen, die auf *gegenseitigem Respekt* und *Einfühlungsvermögen* beruhen. Im Gesprächskreis sollten möglichst alle Kinder zu Wort kommen, und nicht nur die redegewandten. Um solche Probleme zu lösen, hat sich die Ausarbeitung eines *Vertrags* bewährt. Dabei arbeitet jeder Gesprächsteilnehmer aktiv an einer sinnvollen Abmachung, die schriftlich festzuhalten und bindend zu unterzeichnen ist. Auf einem Plakat werden die Regeln für alle sichtbar dokumentiert. Beim Verstoß gegen die Redeordnung wird jeder daran freundlich erinnert. Dies schließt natürlich die Lehrerinnen und Lehrer ein, wenn sie den Modellcharakter ihres Vorbildseins ernst nehmen wollen. Anfänglich müssen Gesprächsregeln geübt werden. Man könnte das Wichtigste auf Pappkartonstreifen schreiben oder symbolisch andeuten und diese bei einem spontanen Verstoß hochhalten. Mittels dieser Erinnerungshilfe stört die Lehrerin den Gesprächsverlauf nicht. Die *Gesprächsmoderation* braucht nicht notwendigerweise der Unterrichtende zu übernehmen, obwohl er das Gespräch strukturierend steuern könnte. Zugunsten der Schüleraktivität kann eine Rednerliste erstellt werden. In diese formlose Liste tragen sich diejenigen Kinder ein, die längere Gesprächsbeiträge liefern wollen. In einigen Klassen gibt es auch das Amt der *Präsidentin* und das des *Sekretärs*, welches von Mal zu Mal wechselt. Die Präsidentin hat eine besondere Funktion: Sie eröffnet die Sitzung des Morgenkreises, z. B. mit einem Glockenzeichen, mahnt ihre Mitschülerinnen und Mitschüler zur Ruhe und Einsicht und ruft die zuvor angemeldeten Beiträge und die begleitenden Kommentare auf. Die Präsidentin der letzten Woche nimmt das Amt des Sekretärs entgegen. Ein Sekretär notiert den Gesprächsverlauf in einem Protokollbuch. Da im Morgenkreis nicht nur von persönlichen Erfahrungen, sondern auch von geplanten Aktionen, Konflikten

undsoweiter die Rede ist, mögen die Eintragungen im Protokollbuch von Nutzen sein. Somit hat so ein konsequent angelegtes Buch den Charakter eines *Klassentagebuchs*, auf dessen Ereignisse jederzeit zurückgegriffen werden kann, z.B. beim Elternabend.

Im übrigen vermögen auch kleine Erzählhilfsmittel, die Kinder zur Beteiligung am Gespräch zu ermutigen. Auf ganz simple und doch bedeutungsvolle Weise zeigen diese Hilfsmittel die jeweilige Erzählperson an, der - laut Redeordnung - große Aufmerksamkeit zu schenken ist.

Ein bestimmter Gegenstand bleibt solange in der Hand des Kindes, bis es seinen Redebeitrag abgeschlossen hat. Parallel zum Erzählvorgang wandert das Erzählhilfsmittel dann weiter. Die Schüler könnten z. B. einen bunten Stein oder einen Ball weiterreichen. In manchen Klassen wird hierzu auch ein *Erzählhölzchen* benutzt. Eine lustige Variante ist eine altmodische Kopfbedeckung, die den Gesprächsteilnehmern zeigt, wer das Wort hat. Anhand eines Wollknäuels kann man ein für Kinder spaßiges Beziehungsgeflecht arrangieren: Wenn die erzählende Person ihren Redebeitrag beendet hat, wirft sie das Knäuel zu dem nächsten Redekandidaten. Dabei verliert sie den Faden nicht, sondern behält ihn in der Hand, so daß am Ende der Gesprächsrunde ein aufregendes Fadengebilde entsteht. Dieses spinnennetzförmige Fadenwerk läßt sich auch spielerisch nutzen: Man kann die Fäden heben und senken, verschieben oder gar darunter stehen.

Der klassische Ablauf eines Morgenkreises geht vom Interesse und vom starken Mitteilungsbedürfnis des Kindes aus. Kinder bringen gern persönliche Gegenstände mit, sei es ihr kürzlich gelesenes Buch, ein Lieblingsauto oder Teddybären. Kinder wollen von eigenen Erlebnissen erzählen. Zudem stellen sie ihre selbständigen Aktivitäten anderen vor, seien es ihre Beobachtungen, Experimente, Entdeckungen oder sei es ihr im Lexikon nachgelesenes Wissen. Auch finden sie in diesem Rahmen Hilfe für die bisher unbeantworteten Fragen. So entstehen Impulse, die sich auf die Aktivität der anderen auswirken.

Eine andere anregende Möglichkeit ist es, außerschulische Personen als *Experten* zum Gespräch einzuladen. So kann ein Erwachsener oder auch ein sehr junger Mensch seine Erfahrungen zu einem bestimmten Sachverhalt schildern und die Fragen der Schulkinder beantworten. Beispielsweise berichtet eine Mutter von ihrem

Neuseelandaufenthalt und untermalt ihre Reisereportage mit einer Dia-Show, oder ein Zirkusdompteur erzählt von seinem sicherlich abenteuerlichen Leben.

Gesang und *Tanz* haben eine entkrampfende Wirkung, wenn sie unangestrengt betrieben werden. Gelingt es, die gelöste Haltung auf den weiteren Verlauf des Morgenkreises zu übertragen, so ist Wesentliches schon gewonnen. Für diese Art der Auflockerung bieten sich viele Lieder an, die mit Gitarre oder Flöte begleitet werden können. Das nun folgende stimmungsvolle hebräische Lied mag den sicherlich wenigen Pädagogen, die sich noch nicht mit der Klasse zu singen gewagt haben, hoffentlich frischen Auftrieb geben!

Französisch : Nous voulons paix pour le monde (3x)
Nous voulons paix, paix, paix pour tout le monde.

Türkisch : Biz barış istiyoruz (3x)
Biz herkez için barış istiyoruz.

Spanisch : Queremos paz en el mondo (3x)
Queremos libertad y paz e unitad.

Griechisch : Θälume irini ja olus (3x)
Θälume irini, irini stou kosmo.

Englisch : We want peace for the people (3x)
We want peace and kindness for all in the world

Deutsch : Wir wollen Frieden für alle (3x)
Wir wollen Frieden, Frieden, Frieden in der Welt.

(in Anlehnung an die Übersetzung der Käthe-Kollwitz-Schule in Frankfurt/Zeilsheim)

Selbstverständlich bietet gerade der Morgenkreis eine gute Möglichkeit, auf die zentralen *Ereignisse im Jahresrhythmus* eines Kindes einzugehen. Geburtstage zählen dazu. In der Mitte des Gesprächskreises könnte eine Kerze brennen. Die Kinder singen nach Wunsch und überreichen ein kleines Geschenk von der Klasse. Auch individuelle Leistungen und Außergewöhnliches wie z. B. die Geburt einer Schwester können gebührend gewürdigt werden.

Eine besonders wirkungsvolle, besinnliche Variante des Morgenkreises sind Momente der Stille. Die Unfähigkeit, sich zu sammeln und zur Ruhe zu kommen, ist eine Begleiterscheinung unserer Industriegesellschaft. Eltern und Lehrer klagen allerorts über mangelnde Konzentrationsfähigkeit und zunehmende Bewegungsunruhe in der Schule und Freizeit. In unserer schnellebigen Zeit, in der »action« angesagt ist, haben viele Lehrer Stilleübungen in der Klasse als Methode wiederentdeckt. Die Reformpädagogen *Rudolf Steiner* und *Maria Montessori* strebten beide eine *Pädagogik der Stille* an, um Entspannung, Konzentration und Ruhe in den schulischen Alltag zu integrieren. Nach dem Motto »In der Ruhe liegt die Kraft« mögen die nun folgenden Stilleübungen den Leser motivieren, in sich selbst und in den Kindern Ruhe wachsen zu lassen.

Lauschend Stille üben

Der Lehrer fordert hierbei seine Kinder auf, nichts zu tun außer sich auf Geräusche zu konzentrieren. Den Kindern sei es freigestellt, ob sie ihre Augen dabei schließen wollen oder nicht. Dann öffnet der Lehrer ein Fenster oder die Tür des Klasenzimmers. Nach 1 bis 2 Minuten beendet er die Übung, indem er flüstert, daß er vieles gehört habe, was sonst gar nicht mehr wahrgenommen werde. Nun erzählen die Kinder von ihren akustischen Eindrücken.

Eine Naturmaterialübung

Bei dieser Übung schließen die Kinder ihre Augen und nehmen ein Naturmaterial wie z. B. eine Baumrinde in die Hand. Dann können sie die Struktur ertasten, den Geruch wahrnehmen und auf das Geräusch achten, das entsteht, wenn man an einer Rinde kratzt. Es können auch mehrere Materialien umhergereicht und ertastet werden. Am Ende der Übung sind alle aufgefordert, die Gegenstände aus ihrem Erfahrungsschatz zu benennen und von ihren Assoziationen frei zu erzählen.

Stilles Grüßen

Ein Kind fängt an, indem es seinem Nachbarn einen Morgengruß ins Ohr flüstert, der wiederum an den nächsten weitergegeben wird. Das letzte Kind in der Kette spricht den Gruß laut aus.

Rücken-ABC

Die Kinder sitzen seitlich auf dem Stuhl, so daß sie ihrem rechten Nachbarn den Rücken zuwenden. Nun überlegt sich ein Kind ein kurzes, markantes Wort und schreibt die Buchstaben langsam auf den Rücken seines linken Nachbarn, der diese entsprechend seinen Wahrnehmungen weitergibt. Wie beim obigen Spiel wird auch hier am Ende das geheimnisvolle Wort genannt.

In erster Linie ist der Morgenkreis offen für aktuelle Anlässe aus dem Leben der Kinder und der Klassengemeinschaft. Jedoch ist es jedem Lehrer freigestellt, ob er nicht auch zusätzlich an sich künstliche Sprechsituationen schaffen will. Dieses sicherlich auch sprachfördernde Vorgehen hat den Vorteil, daß die Kinder lernen, sich auch mit Begebenheiten außerhalb ihres Erfahrungsbereichs zu beschäftigen, anstatt die Welt nur aus ihrer Sicht zu beurteilen. Ein Gesprächsanlaß könnte beispielsweise eine Konfrontation der Kinder mit Disziplinregeln früherer Schülergenerationen sein.

Verhaltensregeln in der Schule vor 100 Jahren:

* Aufstehen, wenn ein Lehrer den Klassenraum betritt!
* Still und gerade sitzen!
* Hände auf den Tisch legen!
* Nicht essen, miteinander reden oder lachen!
* Nicht mit den Füßen scharren!
* Nur den Platz verlassen, wenn es der Lehrer erlaubt!
* Aufstehen, wenn man aufgerufen wird, und im Stehen sprechen!
* In ganzen Sätzen reden!

=> Stellt euch vor, ihr seid die Schüler dieser Schule. Versucht, euch an die Regeln zu halten!

=> Fragt einmal alte Menschen nach den Regeln ihrer Schulzeit!

UND HEUTZUTAGE? Erfindet selbst wichtige Regeln!

Sprach- und phantasiefördernden Charakter haben *Kettengeschichten*, bei denen ein verheißungsvoller Anfangssatz vorgeben wird, aus dem sich von Kind zu Kind eine Geschichte entwickelt. Dieses Reihum-Erzählen ist eine geeignete spielerische Alternative, die die bloße Unterhaltung sinnvoll ergänzen kann. Außerdem lernen die Schüler dabei, zusammenhängend und reaktionsschnell zu erzählen und sich dabei auf das zuvor Gesagte zu beziehen.

Eine weitere Möglichkeit, den Morgenkreis abwechslungsreich zu gestalten, sind *Rollenspiele*. Bei dieser Spielart geben die Kinder ihre eigene soziale Identität auf, um »in die Haut eines anderen zu schlüpfen«. Natürliche Rollenspiele sind Kindern aus ihrem eigenen Spielschatz sehr wohl bekannt, z. B. Vater-Mutter-Kind-Spiele oder Doktorspiele. Bei den sozialen Rollenspielen in der Schule spielen dagegen mehr oder weniger gezielte Lernintentionen eine Rolle, beispielsweise eine erwünschte Empathie und Einstellungsveränderung in Konfliktsituationen. Bei dieser speziellen Spielform sollen die Kinder ihre Spielhemmungen vor einem Publikum ablegen und gleichzeitig ihre Ausdrucks- und Darstellungsfähigkeiten verbessern. Jedoch darf dabei nicht das weitverbreitete Vorurteil »Es kann eben nicht jeder Theater spielen« entstehen. Eine Bewertung der spielerischen Fähigkeiten sollte von vornherein ausgeschlossen sein.

Rollenspiel: „Das kommt in jeder Familie vor!"

zur Vorbereitung: Problemsituationen auf farbiges Papier schreiben. Dieses in so viele Teile schneiden, wie Mitspieler für eine Situation benötigt werden.

mögliche Problemsituationen:

1.) Jan hat Probleme mit der Rechtschreibung. Seine Diktate in der Schule sind nicht so gut. Vater, Mutter und Jan überlegen, was zu machen ist.
2.) Peter hat beim Einkaufen sein Portemonnaie mit 60 DM verloren. Zu Hause erzählt er seinen Eltern und seiner Schwester vom Mißgeschick.
3.) Corinna kommt nach der Schule drei Stunden zu spät nach Hause. Der ältere Bruder und die Mutter erwarten sie.
4.) Die Familie plant den 10. Geburtstag der ältesten Tochter. Beteiligt sind Mutter, Vater und drei Geschwister. (...)

Aufgabe: Jedes Kind zieht einen Papierstreifen und sucht dann die Kinder auf, die einen Streifen von derselben Farbe gezogen haben. Die einzelnen Gruppen sprechen kurz über das Ereignis und überlegen dabei, wie sie die Szene den anderen nachher vorspielen wollen.

Zum Nachdenken:
- Welche Ideen für die Gestaltung der Situation haben wir gefunden?
- Kenne ich ähnliche Probleme?
- Wie gehen wir mit solchen Problemen um?
- Wie fühle ich mich jetzt? (...)

nach: Klaus W. Vopel: Interaktionsspiele für Kinder. Teil 2
Isko-Press Hamburg

Ausblick

Die Ausgestaltung eines Morgenkreises beinhaltet so viele Variationen, daß es unmöglich ist, auf sie im einzelnen näher einzugehen. Vielleicht findet aber der Leser die eine oder andere Idee für seinen Morgenkreis anregend oder entdeckt denselben zum ersten Mal für sich und seine Klasse. Der Phantasie sind keine Grenzen gesetzt - auch nicht durch Richtlinien oder Lehrpläne. Dies allein sollte Grund genug sein, dem Morgenkreis einen gebührenden Platz in der Schule einzuräumen.

Lesebox

Garlichs, A. u.a.:	Alltag im Offenen Unterricht. Schriftenreihe Nr. 78 des Arbeitskreises Grundschule e.V. Frankfurt, o.J.
Halbfas, H.:	Religionsunterricht in der Grundschule. Zürich/Düsseldorf 1985 (Patmos).
Hetzel-Kiefner, G.:	Die schönsten Bräuche für Kinder. Ravensburg 1990 (Maier).
Kettenberger, O.:	Laßt und das Leben wieder leise lernen. Wuppertal 1977 (Krefel).
Mayer-Behrens, H.:	Grundschule - Haus für Kinder. Heinsberg 1987 (Dieck).
Montessori, M.:	Die Entdeckung des Kindes. Freiburg 1969.
Müller, Else:	Hilfe gegen Schulstreß. Reinbek ^{2}1990 (Rowohlt).
Portmann/Schneider:	Spiele zur Entspannung und Konzentration. München ^{2}1989 (Don Bosco).
Vogel, K.:	Interaktionsspiele für Kinder. Teil 1-6. Hamburg 1978 (ISKO-Press).
Wallrabenstein, W.:	Offene Schule - Offener Unterricht. Reinbek ^{2}1991 (Rowohlt).

Freiarbeit

Katrin Kilian

Der Begriff »Freie Arbeit« oder »Freiarbeit« ist nicht neu. *Freinet, Petersen* und *Montessori* sehen darin einen »Freiraum«, durch den Kinder Gelegenheit zu selbständiger Arbeit nach eigenem Rhythmus in Sozialformen ihrer Wahl erhalten. Freie Arbeit gilt als eine offene Form von Unterricht. Sie setzt didaktisch-methodische Differenzierung voraus; zumeist geht es bei den Themen und Lernangeboten um fächerübergreifende Aktivitäten. Gekennzeichnet ist Freie Arbeit durch Merkmale wie schrittweise ausgeweitete Entscheidungsfreiheit der Kinder und durch den *Arbeitscharakter der Lerntätigkeit*. Kinder können den Gegenstand ihres Lernens relativ frei auswählen, sich die Zeit des Lernens einteilen, über die Wahl von anderen Kindern für das Lernen zu zweit oder dritt befinden, der eigenen Option für das, womit sie sich näher beschäftigen möchten, folgen und über Produkte, die sie herstellen möchten, selbst bestimmen.

Natürlich sind Lehrerinnen und Lehrer gerade in solchen Situationen mit ihrer Hilfe und ihrem Rat besonders gefragt. Die Annahme, die Lehrerin sei durch Freiarbeit ausgeschaltet, ist eine Fehldeutung. Die Eigeninitiative und die Selbststeuerung des Lernens jedoch dürfen in der Tat von Lehrerseite nicht gestört werden. Kinder sollen ja gerade selbst ihren eigenen Weg sinnvollen ökonomischen Lernens herausfinden. Das notwendige Engagement, die Orientierungsfähigkeit und das Vertrauen in die eigene Leistungsfähigkeit sind nicht Voraussetzung der Freiarbeit, sondern selbst ihr in Schritten einzulösendes Ziel. Dieses Ziel ist abhängig von der Qualität aktivierender Freiarbeitssituationen und dem Interaktionsverhalten der Lehrerinnen und Lehrer. Das Bereitstellen von Optionen und Ideen, von Materialien und Lernkarteien, von Spielen und Geräten verlangt Auswahlentscheidungen und eine sehr sorgfältige Vorbereitung. Freiarbeit bedarf also einer besonders intensiven Gestaltungskompetenz der Lehrerinnen und Lehrer. Sie kann in unterschiedlicher Form organisiert sein:

- im Fachunterricht mit unterschiedlichen fachbezogenen Inhalten;
- mit Hilfe von Arbeits- oder Wochenplänen;
- als Arbeit mit im Klassenraum zugänglichen didaktischen Materialien;
- als Anfangs- oder Abschlußphase des täglichen Unterrichts;
- in klassen- oder jahrgangsübergreifenden Formen.

Leitideen zur Freiarbeit

Bevor Sie eine Methode der Organisation von Freiarbeit entwìckeln, sollten Sie folgende Punkte beachten beziehungsweise für sich persönlich klären und präzisieren:

- Kinder sind sehr verschieden; sie lernen nicht auf die gleiche Weise; alle wollen etwas leisten. Von welchem Bild des Kindes und seiner Bildsamkeit gehen Sie aus? Inwieweit ist diese Vorstellung kompatibel mit Grundsätzen der Freiarbeit?

- Anforderungsprofile machen pädagogischen Sinn, wenn alle Kinder ein Fundamentum erreichen können. Durch die Auswahl der bereitgestellten Materialien und Ihre Beratung der Kinder können Sie die Differenzierungsspanne für Freiarbeit so gut bemessen, daß jedes Kind an sich gerichtete Ansprüche von allein stellt, sei es aufgrund des besonderen Aufforderungscharakters von Lernspielen oder Lernkarteien, die wählbar sind, sei es aufgrund der kontinuierlichen Interessenbildung, die in freien Arbeitsphasen wächst und Ihnen die Chance bietet, beim Beobachten und bei Einzelgesprächen die Kinder genauer kennenzulernen.

Abb. 1: Projektunterricht an der Claus-Rixen-Schule in Altenholz

- Wir sollten uns von der Illusion frei machen, Lernen sei eine direkte Folge des Lehrens. Kinder werden durch viele parallel wirkende Faktoren mitgeprägt, darunter durch das eigene Interesse, durch Probleme zuhause, sicher auch durch verdeckte Traurigkeit oder Unzufriedenheit mit sich, durch belastende Erlebnisse, durch so verschiedene Dinge wie Kinderbücher, Freundschaften, Ängste und Erziehungsstile im Elternhaus. Die Lehre beziehungsweise der Unterricht ist eben nur *eine* Gestaltungsstelle im Verbund dieses Wirksystems, mehr nicht, und wir sollten beachten, die Kinder nicht als Objekte des Lehrens zu sehen. Sie haben ihre eigene Persönlichkeit. Kinder sind Subjekte Ihres Tuns und Lernens mit all den Fantasien und Träumen, mit je besonderen Fähigkeiten und Wünschen, auch eben mit der für Freiarbeit elementaren Motivation, selbst über etwas zu entscheiden und das eigene Lernen zu steuern.

Zur handwerklichen Seite von Freiarbeit

- Jedes Kind kann sich ein *Ringbuch (DIN A 4) mit Einlegeblättern* anlegen. In diesem Ringbuch kann allerlei notiert werden, nach eigenen Ideen und nach gemeinsamer Beratung, was in »meinem« Buch stehen könnte. Wofür ist sowas gut?

- Jedes Kind erhält einen Ablagekorb oder einen *stabilen Deckelkarton* in der Klasse, in dem alle noch nicht abgeschlossenen Arbeiten, Arbeitsblätter und Informationen aufbewahrt werden. Die Kinder können auch Geheimnisvolles aufbewahren, denn zum Karton - das ist Vereinbarung - hat nur der Besitzer Zugang.

- Anstelle von Schulheften besitzen die Kinder einen *Aktenordner (DIN A 4) mit Facheinteilung*. In diesem Ordner werden alle fertigen Arbeitsergebnisse aufbewahrt.

- Werkzeug wie Buntstifte, Schere und Klebstoff haben Kinder meistens selbst dabei. Eine Möglichkeit, fertige Arbeiten zu sammeln, bestünde darin, einen *Fächer-Briefkasten* in der Klasse aufzustellen, in den die Kinder im Verlauf der Woche alle Arbeitsergebnisse einwerfen. Am Ende der Woche erfolgt die Leerung, und der Lehrer nimmt die Blätter mit nach Hause. Am Wochenende werden die Schülerarbeiten durchgesehen. Die Kinder finden sie am Montagmorgen in ihren Ablagekörben. Die Rückmeldung über die angefertigten Arbeiten kann in unterschiedlicher Weise erfolgen.

- Manche Arbeiten werden vor der ganzen Klasse oder mit dem einzelnen Kind besprochen. Andere wiederum gehen in den Schülerablagekorb mit einem »grünen Strich« zurück: Wird die Arbeit für abgeschlossen oder ausreichend fortgeschritten befunden, kann sie im Ordner abgeheftet werden. Für besonders gute Arbeiten können sich Lehrer und Kinder auf ein anderes Zeichen, z. B. einen »grünen Punkt«, einigen. Arbeiten, die mit einem »roten Strich« versehen sind, werden korrigiert oder neu angefertigt. Danach kommen sie erneut in den »Briefkasten«.

- Um selbst die Übersicht zu haben, wie weit die einzelnen Kinder mit ihrer Arbeit sind, lohnt sich das Führen einer »Abhakliste« (Klassenliste mit Schülernamen und Kurztitel der anstehenden Schülerarbeit). Am Ende einer Unterrichtseinheit haben alle Kinder eine Reihe von gestalteten Arbeitsergebnissen, die in ihrem Aktenordner zusammengestellt sind.

Die Vorteile liegen auf der Hand: Aus den gesammelten Arbeitsergebnissen kann am Ende eines Themas oder eines Zeitabschnittes ein *eigenes kleines Buch oder eine Zeitung* entstehen, das die Kinder mit nach Hause nehmen oder in der Klassenbibliothek stehen lassen können. Aus den Schülerarbeiten entsteht ein Produkt. Das gibt der unterrichtlichen Arbeit neuen Sinn und erzeugt den Wunsch, möglichst »schöne« Arbeiten anzufertigen.

Damit die Kinder ihre Arbeits- und Lernfortschritte selbst kontrollieren können, erhalten sie vor jeder Themeneinheit ein Inhaltsverzeichnis, in dem alle Pflicht- und Wahlaufgaben aufgeführt sind, die die Kinder im Laufe einer gemeinsam festgelegten Zeit erledigen. - Zu den Arbeiten, die alle Kinder als gemeinsames Fundament anfertigen müssen, kommen noch Aufgaben für die Gruppenarbeit hinzu. Neben den Arbeiten für ein konkretes Thema ist es möglich, ein gemeinsam beschlossenes Monatsprogramm laufen zu lassen. Damit kann das sogenannte »Training« abgedeckt werden. Konkret bedeutet das: Kein Rechtschreibunterricht, der mit allen Kindern der Klasse gleichzeitig die Rechtschreibschwierigkeit »das/daß« behandelt, sondern:

- Jeden Monat schreibt jedes Kind 2 Übungsdiktate (Partnerdiktat oder »Kopfhörerdiktat«) und kontrolliert sich selbst bzw. läßt seinen Text von einem Klassenkameraden oder dem Lehrer korrigieren.

- Jeden Monat bearbeitet jedes Kind vier Karteikarten aus der Rechtschreib- und/oder der Ausdruckskartei, die in der Klasse stehen. Die Karten wählt es frei aus, kann sie selbst kontrollieren und trägt anschließend die Erledigung in eine aushängende Liste ein.

Dieses Mindestprogramm kann zu einem festen Bestandteil des Lehrens und Lernens werden. Die Kinder sollen mit den Arbeitsmitteln »ihr eigener Trainer« werden. Sie haben so die Möglichkeit, auf Lerndefizite gezielt einzuwirken, indem Sie entsprechende Fördermaterialien empfehlen oder bereitstellen.

Projektmethode

Karl Frey

Was ist ein Projekt?

In einem Projekt planen die Beteiligten selber, was sie tun und erreichen wollen. Sie beraten die verschiedenen Vorschläge. Dabei verständigen sie sich über das, was sie tun wollen. Sie führen den Plan selber aus. Die Beteiligten lernen dabei, realistische Ziele zu setzen, mit der Zeit umzugehen, Probleme arbeitsteilig anzupacken und ein Vorhaben zu Ende zu bringen. Viele Fachleute führen Projekte durch: Architekten, Elektroingenieure oder Reiseveranstalter. Das *pädagogische* Projekt enthält einige zusätzliche Komponenten. Diese Komponenten werden besonders geübt. Ein vollständiges pädagogisches Projekt besteht aus sieben Komponenten.

Attraktivere Unterrichtsmethode

Die Projektmethode ist eine der attraktivsten Unterrichtsformen. Sie erfüllt oberste Ziele unseres Bildungswesens: Erziehung zur Selbständigkeit, Kooperation und Kritikfähigkeit. Zudem lernen die Schüler in Projekten viel Fachwissen. Und: Was Ihre Schüler und Schülerinnen in einem Projekt lernen, vergessen sie nicht so schnell wie unsere Lehrervorträge.

Die sieben Komponenten müssen allerdings ganz klar hervortreten. Ein außenstehender Beobachter muß sie bemerken. Eine Exkursion ist kein Projekt. Laissez-faire hat nichts mit Projektunterricht zu tun. Und wer die letzten Stunden vor Weihnachten oder vor den Zeugnissen mit einem Projekt füllt, karikiert eine leistungsfähige Unterrichtsmethode. Mein Ratschlag: Unterziehen Sie sich der Mühe. Werden Sie eine gute Projektlehrerin, ein guter Projektlehrer.

Komponente 1: Projektinitiative

In der Projektinitiative äußern Lehrer oder Schüler eine Idee, eine Anregung, eine Aufgabe, ein Problem, ein bemerkenswertes Erlebnis oder einen Betätigungswunsch. Vielleicht wirft auch eine außenstehende Person eine Frage oder ein Problem auf. Für die Projektmethode ist entscheidend, daß die Initiative eine *offene Ausgangsposition* darstellt. Es geht um mehr als nur um die Anwendung von vorhandenen Wissensstücken oder von Lösungsalgorithmen. Die Schüler sollen ein Gebiet selber strukturieren lernen. Sie sollen nach Bearbeitungswegen suchen, die Informationsbeschaffung selber organisieren.

»Offene Ausgangssituation« der Projektinitiative bedeutet folgendes: Die Anwesenden müssen sich erst noch klar darüber werden, ob und in welcher Form sie die Projektinitiative aufgreifen. Auch wenn eine Projektinitiative auf dem Tisch liegt, ist die Durchführung des Projektes noch keine ausgemachte Sache. Erst in der folgenden Komponente klären die Anwesenden ab, ob die Projektinitiative sinnvoll ist. Sie entscheiden erst dann, ob sie die Initiative aufnehmen und zu einem Projekt entwickeln wollen. Es stört deshalb auch nicht, wenn zunächst beliebig viele Projektinitiativen auf den Tisch kommen.

Wie kommt man nun in der Schule zu Projektinitiativen? Es gibt zahlreiche Wege. Am beliebtesten sind die folgenden:

- Schüler und Lehrer machen Vorschläge.
- Die Anwesenden veranstalten ein Brainstorming.
- Während des Unterrichts entstehen die Ideen für Projekte (das setzt allerdings ein offenes Gesprächsklima voraus).
- Curriculum, Lehrplan, Lehrerkollegium oder Lehrbuch geben den Schülern Listen mit Projektinitiativen.

Am Anfang macht es nichts, wenn Sie selber die Projektinitiativen eingeben. Das geschieht zur Zeit auch noch bei den meisten Projekttagen. Mit einiger Projektpraxis wird es automatisch dazu kommen, daß die Schüler aktiv werden und Sie die Angst vor Gebieten verlieren, die Sie nicht kennen.

Resümee

Wesentlich sind zwei Punkte.

1. Die Projektinitiative kann von überall her kommen. Sie muß nicht von vornherein das fachliche Wissen enthalten. Das Thema muß nicht schon a priori bildungsträchtig sein. Bildung entsteht durch die Art und Weise, wie das Thema angegangen und aufbereitet wird. Es muß nicht Goethe und nicht Leibnitz/Newtons Differential sein. Auch mit dem Phänomen der natürlichen Strahlung oder der Krankheit von Nutzpflanzen läßt sich Bildung erzielen.

2. Die Projektinitiative stellt eine offene Ausgangssituation dar. Sie wird erst im Folgenden strukturiert, präzisiert, entwickelt oder abgelegt.

Komponente 2: Auseinandersetzung mit der Projektinitiative (Ergebnis Projektskizze)

Die erste Komponente bestand in der Sammlung von Vorschlägen. Jetzt gilt es zu klären, was sinnvoll und machbar ist. Die Schüler wählen (zusammen mit dem Lehrer) aus den Projektinitiativen eine aus. Sie präzisieren sie mit einigen Stichworten. Sie grenzen sie ein, formulieren sie genauer oder setzen Schwerpunkte. Ergebnis ist die *Projektskizze* (noch nicht der Projektplan, der die einzelnen Arbeitsschritte enthält). Die Projektskizze wird an der Wandtafel oder von einem Protokollanten festgehalten. Im voll ausgebauten Projekt besteht die Komponente 2 »Auseinandersetzung mit der Projektinitiative« aus drei Elementen.

(1) Rahmen vereinbaren
(2) Auseinandersetzen mit der Projektinitiative
(3) Projektskizze

(1) Rahmen vereinbaren

Wenn die Projektinitiativen auf dem Tisch liegen, beantwortet die Klasse einige der folgenden Fragen. Die Beantwortung nimmt fünf bis zehn Minuten in Anspruch.

1. Wie lange soll das gesamte Projekt dauern?
2. Wie lange soll die Auseinandersetzung mit der Projektinitiative dauern?
3. Soll es nur ein einziges gemeinsames Projekt oder mehrere Projekte von Untergruppen geben?
4. Welche Verfahrensregeln sollen gelten (z.B. Mehrheitsabstimmung oder Ausdiskutieren oder ...)?
5. Worauf soll geachtet werden, wenn man argumentiert?
   Dazu haben Sie bei den Instrumenten einen Regelsatz. Sind Ihre Schüler neu im Projektgeschäft, verteilen Sie eine Kopie. Nach einigen Beratungen stellen Ihre Schüler fest, welche Regeln davon für sie in diesem Projekt wichtig sind. Wir denken an eine bis maximal vier. Den Rest lassen sie weg.

> Das ist echte Pädagogik!! Sie als Lehrer/in klären auf. Die Schüler/innen beraten über den Sinn für Ihre jetzige Lebenssituation - hier für das Projekt. Aufgeklärt entscheiden sie selber über die Umsetzung für ihre Zwecke. So etwas nennen die pädagogischen Klassiker »Pädagogisches Verhältnis«.

6. Worauf soll beim Umgang miteinander geachtet werden? Beispiele: aktiv zuhören; Ichbotschaften senden; gute Schüler sollen die Schwächeren beraten.

Es ist wichtig, ein besonders sinnvolles Lerngebiet auszumachen. Dies soll herausgefunden und durch aktives Mittun bestimmt werden. Dieses Ziel wird nicht erreicht, wenn der Stärkste der Klasse, die Clique mit den meisten Mitgliedern oder das Mitglied mit der größten institutionellen Autorität einfach bestimmen, was getan werden soll. Deshalb soll die Auseinandersetzung mit der Projektinitiative in einem Rahmen ablaufen. Sie folgt den Regeln *rationalen Argumentierens*. Alle Beteiligten äußern Ihre Betätigungsinteressen. Sie lassen sich aufklären und geben alle Informationen. Ziel ist nicht der Interessensausgleich, sondern die Definition eines sinnvollen Betätigungsgebietes für einen Teil oder alle Anwesenden. Dadurch unterscheidet sich die pädagogische Beratung von einer politischen Debatte und auch von einer demokratischen Entscheidungsprozedur.

(2) Auseinandersetzung mit der Projektinitiative

Bei einem Projekt von beispielsweise 8 Stunden wird dieser Teil vielleicht 15 bis 30 Minuten dauern. Die Zeit ist erforderlich, um eine sachbezogene Motivation aufzubauen. In dieser Zeit wird nicht nur die Entscheidung für ein bestimmtes Projekt gefällt. Die Schüler lernen auch, ihre Interessen zu äußern und mit anderen abzustimmen.

(3) Projekt skizzieren

Die Projektskizze hält in wenigen Strichen fest, was getan werden soll. Sie grenzt ein, setzt Schwerpunkte, gibt eine Richtung an.

Auf jeden Fall beschreibt die Projektskizze noch nicht alle Tätigkeiten, die folgen sollen. Sie ist kein Betätigungsplan. Beim Anwenden der Projektmethode wird das Betätigungsgebiet erst allmählich aufgebaut. Die Projektskizze zeigt, daß die anvisierte Aufgabe strukturiert worden ist.

Abb. 1: Konstruktionsprojekt an der Grundschule Klein Nordende

Die Anwesenden haben die Projektinitiative gestaltet und eingerichtet. Sie haben angefangen, sie für sich mit Sinn und Leben zu füllen. In der dritten Komponente der Projektmethode werden sie die Projektskizze zu ihrem Betätigungsplan entwickeln oder - wie man auch sagt - einen Projektplan aufstellen.

(1) Projektinitiative

↓

(2) Auseinandersetzung mit der Projektinitiative in einem vorher vereinbarten Rahmen

→ möglicher Ausschluß

→ (Ablehnung der Projektinitiative)

Vereinbaren eines Rahmens

↓

Auseinandersetzung mit der Projektinitiative

↓

Projektskizze

Komponente 3: Entwicklung des Betätigungsgebietes (Ergebnis Projektplan)

Hier wird der erste Arbeitsplan erstellt. Zu diesem Zweck muß das Problem genauer definiert werden. Die geeigneten Verfahren sind ausfindig zu machen. Lösungsstrategien sind zu entwerfen. Wenn die Klasse die Projektskizze fixiert hat, stürmt sie also nicht einfach los und probiert, durch Versuch und Irrtum die Aufgabe zu lösen. Vielmehr wird ein Plan erstellt: *der Projektplan*. Entscheidend in dieser Komponente ist, *wie* der Projektplan zustandekommt. Die Teilnehmer müssen ihre Betätigungswünsche äußern können. Sie müssen sich Klarheit darüber verschaffen können, warum etwas getan werden soll. Es ist auch darauf zu achten, *welche* Gruppenmitglieder für bestimmte Tätigkeiten vorgesehen werden. Es müssen nicht immer alle alles tun, die Arbeiten können auch verteilt werden. Aber es sollte so sein, daß die einzelnen Tätigkeiten für die Betreffenden sinnvoll sind. Das Ziel ist verfehlt, wenn der ohnedies bekannte gute Sprecher die Texte vortragen darf und der handwerklich Geschickte den Kasten zusammenbaut, der gehemmte Schwache aber nur zum Teekochen abgestellt wird. Dasselbe gilt für Schüler, die gerne experimentell oder mathematisch arbeiten. In der 3. Komponente der Projektmethode wird ausgemacht und festgelegt:

wer im weiteren Verlauf des Projektes
welche Art von Tätigkeit
wie
warum
wann
wo durchführen wird.

Und hier finden Sie die Fragen mit Illustrationen.

1. *Wer soll künftig etwas tun?*

Was wird von *wem* erledigt? (z.B. die »Wasser«-Spezialisten; jene, die sonst nicht gerne rechnen; alle dasselbe; Gruppen, die folgendermaßen gemischt sind: ...)

2. *Welche Tätigkeiten*

(z.B. graphische Auswertung; Bilder zeichnen; Untersuchungsergebnisse darstellen; eine Geschichte erzählen; über ein Interview berichten)

3. *Wie*

Das »wie« bestimmt die Qualität von Tätigkeiten. (z.B. Verbalisieren des Tuns. Oder bestimmte Elaborationsgrade einer Tätigkeit. Nur Versuche, die von den Kindern erklärt werden können.)

4. *Warum*

Die Projektteilnehmer geben Gründe an, äußern Argumente, weshalb etwas getan werden soll.

5. *Wann*

(Z.B. Zeitplan innerhalb der verfügbaren Stunden; bis *wann* müssen die Einzelaktivitäten beendet sein?)

6. *Wo*

(Z.B. Ortsangabe, Umgebung oder Geräte für die Tätigkeiten.)
Wenn die Projektgruppe ihr Betätigungsgebiet entwickelt, müssen nicht immer alle sechs Fragen beantwortet werden. Am Anfang ist es natürlich ganz gut, wenn sich die Gruppe daran orientiert. Der Fragenkatalog gibt Sicherheit und verhindert planloses Draufloswerken. Pädagogisch gesehen sind die Fragen 1 und 4 die bedeutsamen.

Komponente 4: Verstärkte Aktivitäten im Betätigungsgebiet (oder: Ausführung des Projektplanes)

Die Komponente 4 der Projektmethode kann zwei Ausprägungen haben: Entweder führen die Beteiligten die geplante Aktivität aus. Sie realisieren den Plan. Oder: Die Lernenden verstärken ihre Aktivitäten, die sie bereits vorher mit Vorübungen, Probestücken, Simulationen und anderen Anlauftätigkeiten begonnen haben. Diese zweite Art entspricht all jenen Gebieten, bei denen Fertigkeiten, Know-How, Techniken, Verfahren, künstlerische Leistungen im Spiel sind. Zur Komponente 4 muß eigentlich nicht mehr viel gesagt werden. Wenn das Projekt sorgfältig aufgebaut worden ist, kann bei der Hauptaktivität im Betätigungsgebiet nicht mehr viel passieren. Dafür sorgen ja schon die zwei fixierten Zwischenergebnisse:

- Die *Projektskizze* am Ende der Auseinandersetzung mit der Projektinitiative

  und

- der *Betätigungsplan* oder Projektplan, der die Entwicklung des Betätigungsgebietes ab- schließt.

Komponente 5: Abschluß des Projektes

Häufig endet ein Projekt mit einem Produkt, z.B. einem funktionsfähigen Sonnenkollektor oder dem Steuerungsschema für ein Aufzugssystem. Ein solches Produkt markiert bewußt den Abschluß. Das Produkt wird im Projektplan in Aussicht genommen. Wenn es hergestellt ist, endet das Projekt. Ein solcher, bewußt gewählter Abschluß ist die erste Variante, ein Projekt zu beendigen. Daneben kennt die Projektmethode zwei andere Varianten. Nach der zweiten greifen die Teilnehmer die Projektinitiative wieder auf. Sie vergleichen den Endstand mit den Anfängen. Der Projektablauf wird noch einmal durchgesprochen. Oft werden daraus Lehren für die Zukunft gezogen. Nach der dritten Variante läuft das Projekt aus. Es mündet im Alltag. Produkte, Verfahren, neue Erkenntnisse gehen direkt in den Alltag über.

Oft kommen die Schüler mit dem Terminplan nicht aus. Dann kann man entweder seine Zielvorstellungen reduzieren oder auch nach einem »vorläufigen« Abschluß des Produktes außerhalb des Unterrichts weiterarbeiten. Bei einem Produkt Oberstufenverwaltung haben die Schüler nach dem geplanten Abschluß noch ein halbes Jahr an Verbesserungen gearbeitet, die sich in der Praxis als notwendig erwiesen. Allerdings: Projekte im Studium, Projekte in der Schule und in der Berufsausbildung sind Lernstücke. Die Lernenden können sich Fehler leisten. Wir sind nicht in einer Produktionsschule. Deshalb muß nicht jedes Projekt produktmäßig ein Hit werden. Haben Sie den Mut, Ihre Schüler und Schülerinnen die Frustration einer eigenen Fehlplanung erleben zu lassen.

Im Schema stellt sich die Komponente 5 folgendermaßen dar:

Beendigung durch bewußten (5)
Abschluß (1) oder durch Rückkoppelung zur
Projektinitiative (2) oder durch Auslaufenlassen (3)
(direkt oder indirekt Beteiligte, evtl. neue Adressaten)

Entweder (1) Bewußter Abschluß ←

oder (2) Rückkoppelung Projektinitiative ←

↓ oder (3) Auslaufen lassen

Komponente 6: Fixpunkte

Diese Komponente hat ihre Bedeutung vor allem in länger dauernden Projekten (in Mittelprojekten von zwei bis drei Tagen und in noch länger dauernden Großprojekten). Der Fixpunkt ist das Mittel gegen blinde Betriebsamkeit, Orientierungslosigkeit und fehlende Abstimmung zwischen einzelnen Gruppen. Der Fixpunkt dient als *organisatorische* Schaltstelle. Er wird bei Bedarf eingeschoben. Da die Projektmethode auf der einen Seite informelle, sich allmählich entwickelnde Aktivitäten anregt, muß sie auf der anderen Seite Hilfen zur Stabilisierung vorsehen. Der Fixpunkt hat eine solche Funktion. Im einzelnen haben Fixpunkte folgenden Zweck:

(1) Gegenseitige Information (z. B. wenn Untergruppen verschiedene Tätigkeiten verrichten)
(2) Planung des nächsten Schrittes (z. B. wenn der Betätigungsplan noch nicht alle Arbeiten festlegen kann oder keine vollständige Lösungsstrategie beschreibt)
(3) Mitteilung von Zwischenergebnissen
(4) Abstimmung zwischen den Beteiligten
(5) Protokolle, Dokumentationen (z. B. nach ausführlicher Feldarbeit)
(6) Orientierung (z. B. wenn in großen Projekten die Übersicht verlorengegangen ist)
(7) Einleitung eines Tempowechsels oder Änderung der Arbeitsweise
(8) Zeitplanung für die nächste Phase (z. B. in einer Projektwoche)
(9) Bestätigung und Neubestimmung der Zielsetzungen.

Als Erfahrungswert für mehrtägige Projekte gilt: täglich (vorteilhaft am Nachmittag oder Abend) eine halbe Stunde für den »Fixpunkt«. Vergessen Sie die Fixpunkte nicht! Die einzelnen Projektgruppen verbeißen sich sonst völlig in ihrer Arbeit. Sie vergessen alle anderen um sich herum. Sie arbeiten bis zur Erschöpfung, oft blind und ohne Revision der früheren Pläne. Verteilen Sie die Checkliste »Fixpunkt«. Eine Kopiervorlage haben Sie im Abschnitt Instrumente. Ein paar erklärende Worte genügen. Ihre Schüler, Lehrlinge oder Studenten können leicht damit umgehen.

Komponente 7: Zwischengespräch/Metainteraktion

In der Metainteraktion sprechen die Teilnehmer über das Normalgeschehen im Projekt. Die Teilnehmer unterhalten sich über das, was im Projekt geschieht. Leider verfügt die deutsche Sprache über keinen entsprechenden Ausdruck, deshalb auch das Fremdwort. Während der Fixpunkt der Organisation gilt, bezieht sich die Metainteraktion auf die pädagogische Sinngebung.

Die Komponente Metainteraktion hat eine zentrale Rolle im Projekt. Sie trägt dazu bei, daß das Tun bildendes Tun wird.

Messen, nachbauen, auswerten oder auch ableiten sind nicht automatisch pädagogisch wirkende Aktivitäten. Sie sind nicht von sich aus bildend. Vielleicht sind sie nur unverstandenes Nachmachen, vielleicht Tun, das sowieso alltäglich passiert, vielleicht bloße Routine.

Nun hängt die bildende Qualität des Projekttuns nicht allein von der Metainteraktion ab. In der Auseinandersetzung mit der Projektinitiative haben die Teilnehmer ihrem Tun eine Sinnrichtung gegeben. Sie haben die Projektinitiative zu ihrer eigenen Sache gemacht. Diese Wirkung kommt noch stärker in den Komponenten zwei und drei zum Tragen. Wenn die Projektteilnehmer die Initiative zu ihrem Betätigungsgebiet entwickeln, gehen sie auf die historisch gewachsenen Arbeitsbedingungen ein, legen die nötigen und für sie sinnvollen Aufgaben fest und stimmen die Arbeitsteilung ab. Darüber hinaus ist bei diesen ganzen Vorgängen die Art und Weise, wie es geschieht, von Bedeutung. So daß eben nicht nur jeder seinem liebgewordenen Hobby nachgeht. Die Aufgabe der Metainteraktion liegt auf derselben Linie.

Die Projektteilnehmer machen sich bewußt, was überhaupt abläuft.

Oft schaffen die Teilnehmer Distanz zu ihren Normal- und Hauptaktivitäten. Oft arbeiten sie ihre Beziehungsprobleme auf. Manchmal wiederholen sie einen gelungenen Strang. Und häufig gehen sie auf den vereinbarten Rahmen vom Anfang zurück. Dort wurde ja festgelegt, worauf man besonders achten muß, wenn man sich z.B. mit einer bestimmten Arbeitsmethode oder einer Argumentationsform beschäftigen möchte. Die Metainteraktion ist nun die Stelle, an der geprüft werden kann, wieweit diese Absicht realisiert werden konnte, wo es Schwierigkeiten gab, wo vielleicht vermehrte Anstrengungen nötig sind. Die Metainteraktion hat in der Regel einen der folgenden vier Schwerpunkte:

(1) Die Projektmitglieder besinnen sich auf ihren früheren Verständigungsrahmen aus der Komponente 2. (Wurde er eingehalten? Was ist zu revidieren? Was hat die Verständigung gebracht?)

(2) Die Projektmitglieder vertiefen einen Strang der ablaufenden Aktivitäten. Sie gehen einen Strang noch einmal durch. Sie lassen ihn Revue passieren, sie sprechen eine Phase manuellen Tuns noch einmal durch oder arbeiten in Zeichnungen auf, was in der gesprochenen Kommunikation passierte. Was erfolgreich verlaufen ist, wird bewußt gemacht.

(3) Die Projektmitglieder schaffen Distanz zum Normal- oder Hauptgeschehen. (Sie wechseln das Ausdrucksmedium, den Raum, bestimmte Verhaltensnormen. Sie machen einen Szenenwechsel.)

(4) Die Projektmitglieder arbeiten ihre Beziehungsprobleme auf. Die Projektmethode kehrt die Probleme zwischen den Beteiligten nicht unter den Teppich; ganz im Gegenteil: Die Konflikte sollen ruhig zutagetreten. Allerdings sind sie aufzuarbeiten.

Für sehr viele Schulklassen und Studentengruppen ist die Metainteraktion, wie sie die Projektmethode kennt, nichts besonderes. Sie praktizieren die konstruktive Auseinandersetzung über den Normalunterricht in den vielfältigsten Formen. Hat eine Projektgruppe diese Erfahrungsbasis noch nicht, dann sollte sie sich ruhig Zeit lassen und sich allmählich herantasten. In meinem Einführungsbuch habe ich ein Dutzend Vorübungen zusammengestellt. Es ist besser, erst später die Metainteraktion einzuführen als zu früh und sich für immer die Hände zu verbrennen.

Mit Schülern können Sie auch pragmatisch verfahren. Sie übersetzen den Begriff Metainteraktion mit *»Zwischengespräch«*. Geben Sie folgende Instruktion: In der nächsten Zeit macht Ihr 20 Minuten Pause. Nehmt den Fragebogen, den Sie vorbereiten, und diskutiert daraus drei Fragen, die Ihr wichtig findet. Macht das Zwischengespräch in Gruppen. Nicht mehr als fünf Leute in einer Gruppe.

Sie können sicher sein. Es funktioniert.

Grundmuster der Projektmethode

(dargestellt anhand eines idealisierten Projektablaufes)

Projektinitiative (1)

Auseinandersetzung mit der Projektinitiative in einem vorher vereinbarten Rahmen (direkt Beteiligte, evtl. indirekt Beteiligte) (Ergebnis = Projektskizze) (2)

möglicher Abschluß

Gemeinsame Entwicklung des Betätigungsgebietes (u.U. auch mit indirekt Beteiligten) (Ergebnis = Projektplan) möglicher Abschluß (3)

möglicher Abschluß

(Verstärkte) Aktivitäten im Betätigungsgebiet/Projektdurchführung (einzeln, in Untergruppen, in Gesamtgruppe) (4)

Im Verlauf des Projektes eingeschobene

Fixpunkte (6)

und

Metainteraktionen (7)

Beendigung durch bewußten Abschluß (1) oder durch Rückkoppelung zur Projektinitiative (2) oder durch Auslaufenlassen (3) (direkt oder indirekt Beteiligte, evtl. neue Adressaten) (5)

Entweder (1) Bewußter Abschluß

oder (2) Rückkoppelung Projektinitiative

oder (3) Auslaufen lassen

Literaturhinweise und Beispielsammlungen

Frey, K. mit Beiträgen von *Schäfer, U., Knoll, M., Frey-Eiling, A., Heimlich, U., Mie, K.*: Die Projektmethode. Weinheim [3]1990 (Beltz).
In diesem Band finden Sie alle relevanten Beispielsammlungen und Einzelbeispiele; vom Kindergarten bis zur Hochschule und Erwachsenenbildung.
Jüdes, U., Frey, K. (Hrsg.): Biologie in Projekten. Köln 1992 (Aulis)
Koerber, B.: Möglichkeiten und Probleme eines projektorientierten Informatikerunterrichts in der Sekundarstufe I. Paderborn 1978 (FOELL).
Mie, K., Frey K.: Physik in Projekten. [2]Köln 1989. (Aulis).
Münzinger, W., Frey, K. (Hrsg.): Chemie in Projekten. [2]Köln 1989. (Aulis).
Münzinger, W.: Projektorientierter Mathematikunterricht. Müchen 1977 (Urban und Schwarzenberg).
Schweingruber, R.: Das Projekt in der Schule. Bern 1979 (Haupt-Verlag).

Lernspiele

Solveig Schröder

Spiele in der Grundschule

Im Grundschulunterricht werden fast ausschließlich gelenkte oder angeleitete Spiele eingesetzt. Dem freien Kinderspiel wird in der Pause und selten in zusätzlich eingerichteten Spielstunden Zeit eingeräumt. Die dominierenden Spielgattungen während des Unterrichts sind Regelspiele und darstellende Spiele. Wenn auch der schulische Einsatz von Spielen in der Praxis zunimmt, so ist er doch nicht unumstritten. Häufige Einwände beklagen, daß Kinder durch Lernspiele »zum Lernen überlistet« würden, weil die Motivation, die sie an Lerninhalte heranführt, außerhalb des Sachverhaltes läge. So werde eine Spielbetätigung vorgetäuscht, obwohl im Unterricht eingesetzte Spiele eigentlich reine Arbeitsmittel seien. Zudem sei das Material starr und unbeweglich, so daß ein kreativer Umgang mit ihnen kaum möglich sei (s. *Fritz* 1991). Bevor ich auf diese Einwände eingehe, möchte ich erläutern, was eigentlich Lernspiele sind.

Als *Lernspiel* bezeichne ich alle Spielformen mit dem wesentlichen Bestandteil einer Lernintention. Die Lernintention ist ein gesetzter Zweck des Spiels, wobei die spielenden Personen von diesem Zweck nicht wissen. Somit ist die Forderung der Zweckfreiheit aus der Perspektive der Spielenden erfüllt, denn Schulkinder spielen Lernspiele aus Spaß am Spielen unabhängig von dem Lernzielcharakter des Spieleeinsatzes. Lernspiele zeigen auch ein weiteres Spielkriterium: den Wechsel von Spannung und Entspannung. Eine weitere Anforderung an das Lernspiel besteht darin, daß das Spiel nicht zu einem allein zweckgebundenen Arbeitsmittel reduziert wird (s. *Kluge* 1981, 70-73). Das Spiel muß aufgrund seiner Attraktivität zum Spielen auffordern, und die Lernziele dürfen nicht primär zum Zielpunkt des kindlichen Handelns werden.

Untersucht man die angebotenen Materialien und »Spielangebote« unter diesen Aspekten, so scheinen die genannten Einwände durchaus zutreffend. Doch spricht dies nicht prinzipiell gegen den Einsatz des Spiels im Unterricht, sondern nur gegen jene Spielmittel, die den Ansprüchen des Spiels nicht genüge leisten. Hingegen haben Lernspiele einige beachtliche Vorteile, die ihren Einsatz im Unterricht begründen.

Zunächst werden im Spiel zumeist alle Lerndimensionen angesprochen, was ansonsten nur schwer zu erreichen ist. Spielen beinhaltet kognitive, emotionale, soziale und psychomotorische Komponenten. Die Form des Spielens ist dem Kind angepaßt; Kinder spielen gern. Warum dem Kind diese Möglichkeit des Lernens im Unterricht verwehrt werden soll, ist nicht nachzuvollziehen.

Lernspiele - insbesondere Regelspiele - erleichtern zunehmend den Wechsel von Sozialformen bei Gruppen-, Kleingruppen-, Partner- und Einzelspielen. Regelspiele können mit etwas Phantasie in ihren Sozialformen geändert werden. Auch im Bereich der Differenzierung eröffnet das Lernspiel durch die oben genannten Aspekte vielseitige Möglichkeiten. Ein unterrichtstechnischer Vorteil besteht zudem darin, daß Spiele eher kurzzeitige, in sich geschlossene Einheiten bilden. Ihr Einsatz im Unterricht ist flexibel. Einige Faktoren sind allerdings bei der Vorbereitung von Lernspielen im Unterricht zu berücksichtigen:

Die Bedeutsamkeit für den Lerngegenstand

Im Spiel müssen die Lernziele deutlich sein. Sie sollen weder verschleiert noch beeinträchtigt werden. Spiel und Lernintention sind aufeinander abzustimmen. Beispielsweise läßt sich das Einüben des Einmaleins mit einem konfliktorientierten Rollenspiel nur schwer begründen. Das Spiel ist überschaubar und für alle Kinder verständlich zu gestalten. Wichtig ist zudem die Prüfung der Spielergebnisse durch in das Spiel integrierte *Selbst- und Fremdkontrolle*.

Die Eignung für Kinder

Das Spiel muß der Entwicklung, dem Erlebnishorizont und der Bedürfnislage des Kindes angemessen sein. Das Spiel sollte aktuell und vielfältig in seinen Spielmöglichkeiten sein. Es muß in bezug auf das Leistungsniveau, das Regelverständnis und die Ausdauer dem kindlichen Vorverständnis und seinen Handlungsmöglichkeiten entsprechen. Ein wichtiger Punkt ist dabei das Vergnügen und die Spielmotivation.

Die Angemessenheit des Spielecharakters

Das Spiel ist als solches zu sehen. Faktoren wie Freiwilligkeit, Selbstmotivation, Vergnügen und Zweckunbewußtheit sind zu gewährleisten. Technische und ästhetische Aspekte sollten zusätzlich berücksichtigt sein, wie z.B. Haltbarkeit, Variabilität und kindgerechte Gestaltung des Spiels.

Im folgenden Teil werden Spieltypen vorgestellt, die im Grundschulunterricht regelmäßig auftreten. Ziel ist es, exemplarische Beispiele zur Orientierung, Anregung und Hilfestellung für eine Materialsammlung in Ihrer Praxis aufzuweisen.

Regelspiele

Regelspiele sind die am häufigsten im Grundschulunterricht verwendeten Spiele. Unter Regelspielen werden alle Spiele zusammengefaßt, die fest vereinbarten Regeln folgen. Vereinbarungen werden entweder durch Außenstehende (also auch durch die beigelegten Spielbeschreibungen) oder durch die Spielenden selbst festgesetzt. Der Reiz besteht im Einhalten der Spielregeln und in der Spannung des Spiels. Verlauf und Ende der Regelspiele werden durch eingebaute Zufallskomponenten und das Können der Spielenden mitgeprägt (s. *Hielscher* 1981, 60). Regelspiele haben zumeist Wettbewerbscharakter. Unter der Rubrik »Kooperative Spiele« werden wir jedoch auch wettbewerbsfreie Spiele vorstellen. Einige Ziele von Regelspielen:

- Training von Konzentrations- und Merkfähigkeit
- Unterstützung kausalen logischen Denkens
- Förderung problemlösenden Handelns
- Einübung des Regelverständnisses
- Wissensaneignung im Bereich der dem Lernspiel zugrundegelegten Lerngebiete
- Ausbildung von Motorik und Feinmotorik
- Aufbau sozialen Verhaltens
- Einschätzung emotionaler Reaktionen bei sich selbst und anderen Mitspielern

Dieser Abschnitt ist auf die im Klassenzimmer vorhandenen Kleingruppenspiele beschränkt. Dabei können diese in ihrer Durchführung so flexibel gestaltet werden, daß auch Partner- und Einzelspiele mit ihnen möglich sind. Somit werden Sportspiele, Bewegungsspiele und Großgruppenspiele, darunter Mannschaftsspiele, ausgegrenzt.

Die angesprochenen Regelspiele werden in der Literatur im engeren Sinne als

»Lernspiele« bezeichnet. Sie lehnen sich stark an bekannte Gesellschaftsspiele an. Die Regeln und der Spielablauf sind identisch oder sehr ähnlich. Daher haben wir darauf verzichtet, die Regeln selbst zu erklären. Die Abweichungen bestehen in den mit Lerninhalten ergänzten Spielinhalten. Die Spiele haben besondere Einsatzmöglichkeiten:

- Einübung, Übertragung, Wiederholung und Kontrolle von Wissen
- Herstellung von Ordnungsbeziehungen
- Herstellung von Beziehungen zwischen Bekanntem
- Üben von Schnelligkeit und Sicherheit von Wissensabrufungen

Das Puzzle

Das Lernpuzzle enthält zu den einzelnen Puzzleteilen einen Spielplan, der in die gleiche Anzahl Felder unterteilt ist. Im Gegensatz zum Standardpuzzle haben die Puzzleteile eine identische Form. Sie sind zum Beispiel rechteckig. So muß die Zusammensetzung des Gesamtbildes geleistet werden, indem das Puzzleteil auf das entsprechende Feld des Spielplans gelegt wird. Hieran ist der Lerninhalt geknüpft: Das Lernpuzzle ist eine Möglichkeit, Paarbeziehungen herzustellen und einzuüben. Als Lernkontrolle entsteht aus den Puzzleteilen ein Bild. Gleichzeitig wird so eine Lernhilfe gegeben, indem einzelne Teile aufgrund des schon entstandenen Bildes plaziert werden können, ohne die Paarbeziehung herzustellen. - Die Sozialform des Spiels hängt von der Größe des Puzzles ab. Normalerweise bietet sich Einzel- oder Partnerarbeit an, da ein zu großes Puzzle demotivierend wirken kann. Beispiele für Einsatzmöglichkeiten:

Mathematik:

- Zuordnung von zu berechnender Aufgabe und dem Ergebnis
- Zuordnung zweier Einheiten einer Größe (g, kg)

Deutsch:

- Zuordnung von Bild und Wortbild

Sachkunde:

- Zuordnung von Frucht und Blattform zu einer Pflanze

Das Domino

Auch das Domino fördert die Bildung von Paarbeziehungen. Es wird nach Standardregeln gespielt, wobei die Bildinhalte auf den Spielsteinen lernzielorientiert geändert werden. Domino wird meist zu mehreren gespielt. Die Dominosteine sind oft neben den Lerninhalten mit einem fortlaufendem Bild (z. B. einer Schlange) versehen, so daß die Selbstkontrolle durch das spielende Kind ermöglicht wird. Gleichzeitig erhalten diese Bilder eine Lernhilfe, denn nun kann das passende Teil auch über das Bild gefunden und dann die Paarbeziehung hergestellt werden. Abwandlungen sind möglich, indem die Zuordnungen so gewählt sind, daß sich ein Ringschluß ergibt. Dadurch wird über diese Selbstkontrolle ein Einzelspiel mit gesicherten Ergebnissen möglich. Der Wettkampfcharakter und die Schnelligkeit des Spiels kann durch den Einsatz von mehreren Spielsätzen erhöht werden. Alle Mitspielenden erhalten einen Spielsatz. Ein zusätzlicher Spielstein wird in die Mitte gelegt. Wer zuerst alle eigenen Spielsteine richtig abgelegt hat, gewinnt das Spiel. Beispiele für Einsatzmöglichkeiten:

Mathematik:

- Zuordnung einer Punktmenge und der entsprechenden Zahl
- Zuordnung von Aufgabe und Ergebnis
- Zuordnung zweier Aufgaben mit identischem Ergebnis

Deutsch:

- Zuordnung von Bild und Wortbild
- Zuordnung von Wort und die grammatische Bestimmung

Sachkunde:

- Zuordnung von Bild und Namen des Tiers/der Pflanze

Das Memory

Diese in der Schule beliebte Spielform wird ebenfalls nur geringfügig abgeändert. Auch hier wird die Bildung von Paaren geübt. Hinzu kommt das Unterstützen von Merk- und Konzentrationsfähigkeit. Dieses Spiel sollte mindestens zu zweit gespielt werden, ist aber eigentlich ein Gruppenspiel. Lernkontrollen erfolgen so auch jeweils durch die Mitspielenden, da materialgebundene Lernkontrollen nicht eingebaut werden können, ohne den Lerneffekt zu nehmen. Beispiele für Einsatzmöglichkeiten: S. Puzzle, Domino.

Das Quartett

Im Quartett werden aus den Karten immer Vierergruppen mit einer gemeinsamen Eigenschaft gebildet. Durch das verdeckte Spielen werden gleichzeitig die Merkfähigkeit und das schlußfolgernde Denken gefördert. Das Quartett ist ein klassisches Gruppenspiel, so daß der Spielsatz ausreichend viele Vierergruppen enthalten muß. Die Prüfung der Ergebnisse erfolgt zumeist durch die Mitspielenden, da eine materialgebundene Lernkontrolle den Lernprozeß hemmen würde. Übrigens gibt es auch Terzetts oder Quintetts usw. Beispiele für Einsatzmöglichkeiten:

Mathematik:

- 4 Aufgaben mit demselben Ergebnis
- 4 gleiche Größen in verschiedenen Einheiten (z. B. m, dm, cm, mm)

Deutsch:

- 4 Deklinationsfälle eines Wortes (der Bus, des Busses...)
- 4 Worte desselben Falles (dem Mann, dem Hund...)
- 4 Substantive, 4 Verben, 4 Adjektive...

Sachkunde:

- 4 Säugetiere, 4 Vögel, 4 Fische, 4 Reptilien...
- Zu einer Pflanze das Blatt, die Blüte und die Frucht sammeln

Schwarzer Peter

Das Spiel wird wie Quartett gespielt. Dem Spielsatz wird eine zusätzliche Karte zugefügt, der »Schwarze Peter«. Ziel des Spiels ist es, den »Schwarzen Peter« bis zum Ende des Spiels losgeworden zu sein. Es ist auch möglich, diese Karte mit einer Aktion zu verbinden, z. B. einmal rückwärts um den Gruppentisch zu hüpfen. Kinder werden dazu selbst viele Einfälle haben. Eine weitere Abwandlung bestünde darin, den Schwarzen Peter als positive Karte zu definieren. Das Ziel des Spiels ist es dann, diese Karte zu erhalten, was durch angenehme Konsequenzen verstärkt werden kann, wie z. B. Spielkönig bis zum nächsten Spiel zu sein. Beispiele für Einsatzmöglichkeiten: S. Quartett.

Mau-Mau

Die Lernintention dieses Spiels ist es, gemeinsame Eigenschaften der Einzelkarten zu erkennen. Diese Eigenschaften werden vor dem Spiel festgelegt. Bei der Auswahl der Eigenschaften ist also mindestens eine aus dem Lernbereich zu wählen. Auch hier besteht die Möglichkeit, besonderen Karten eine Bedeutung zu geben, um so den Reiz des Spiels zu erhöhen. Auch dieses Spiel muß mindestens zu zweit gespielt werden, so daß eine Lernkontrolle durch die Mitspielenden erfolgt. Beispiele für Einsatzmöglichkeiten:

Mathematik:

- Zwei Aufgabenkarten haben dasselbe Ergebnis oder beinhalten dieselbe Ziffer.
- Zwei Aufgabenkarten haben dasselbe Ergebnis oder dieselbe Farbe.
- Zwei Aufgabenkarten haben dasselbe Ergebnis oder eine andere gemeinsame Eigenschaft.

Deutsch:

- Zwei Wortkarten beginnen mit demselben Buchstaben oder gehören zu demselben Sachbereich (Haus, Garten usw).
- Zwei Wortkarten haben dieselbe Endung oder dieselbe Farbe.
- Zwei Wortkarten haben dieselbe grammatische Eigenschaft oder eine andere gemeinsame Eigenschaft.

Sachkunde:

- Zwei dargestellte Tiere oder Pflanzen haben denselben Lebensraum oder gehören derselben Klasse an.

17 und 4

Auch dieses Gruppenspiel wird seinen Einsatz im Mathematikunterricht finden. Ziel ist es durch Addition der Spielpunkte auf den Karten einen Zahlenwert zu erreichen. Dieses Spiel fördert zusätzlich vorausschauendes Handeln. Im Mathematikunterricht kann der Zahlenbereich durch die Herstellung von Zahlenkarten erweitert werden.

Brettspiele

Brettspiele sind in fast allen Grundschulfächern bekannt. Sie setzen sich aus mehreren Setzsteinen, Würfeln, Spielchips, Spielkarten und dem Spielbrett zusammen. Ausgehend vom Start müssen die Setzsteine auf vorgezeichneten Wegen ins Ziel gebracht werden. Eine Variante besteht darin, möglichst viele Spielchips oder Spielkarten zu sammeln. Um wieviele Stationen der Setzstein jeweils bewegt werden darf, wird durch Würfeln bestimmt. Das Würfeln ist eine eingebaute Zufallskomponente, die das Spiel spannend macht. Bis zum Erlangen des Ziels müssen jedoch noch einige Aufgaben erfüllt werden. Zur Gestaltung der Aufgaben gibt es zwei grundsätzliche Möglichkeiten:

1. Die Aufgabe steht auf dem Spielplan bei der jeweiligen Station.

2. Die Stationen werden zu »Aktions-« oder »Ereignisfeldern«. Auf diesen Feldern müssen Spielkarten gezogen werden, die eine Handlungsanweisung beinhalten.

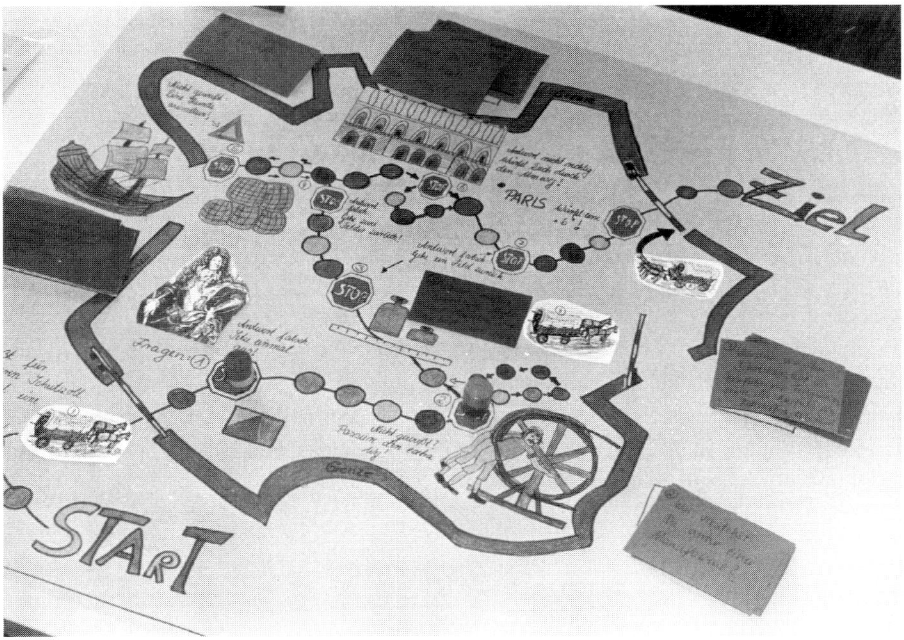

An diese Aufgabenstationen sind die eigentlichen Lerninhalte gebunden. Dennoch trägt es sehr zum Spielvergnügen bei, wenn diese Aufgabenkarten nicht rein lernzielorientiertes Wissen abfragen. Hier können andere witzige Fragen und Aktionen eingebaut werden. Prinzipiell ist es ebenfalls von großem Reiz für die Kinder, wenn die Aufgaben nicht rein leistungsorientiert sind. Deshalb dürfen ruhig Belohnungskarten eingebaut sein, wie z. B. ein Gutschein für einen Aufkleber. Oder sogar einmal keine Hausaufgaben?

Es gibt viele andere Möglichkeiten, in Brettspielen spannungserzeugende Elemente zu integrieren, die vom Zufall abhängig sind und verhindern, daß nur leistungsstarke Kinder gewinnen. Diese Spielfrustration erspart man leistungsschwächeren durch Aussetzstationen beziehungsweise Stationen, von denen aus zurückgegangen wird oder von denen ein Umweg abzweigt. Man kann auch Aufstiegsstationen einbauen.

Brettspiele sind Gruppenspiele für eine Gruppenstärke bis zu 6 Personen. Nehmen zu viele teil, besteht die Gefahr, daß die Spielrunden zu lang und damit zu langweilig werden. Ferner ergibt sich das technische Problem, daß das Spielbrett nicht mehr für alle erreichbar oder sichtbar ist. - Lernkontrollen lassen sich in dieser Spielform leicht gestalten. Entweder gibt es zu den Aufgabenkarten entsprechende Lösungskarten, wobei beide Karten durch ein Symbol auf der Rückseite gekennzeichnet werden, oder die Lösungen stehen bereits auf der Rückseite der Aufgabenkarten.

Ein Vorteil der Brettspiele besteht darin, daß das Spielbrett neu verwendet werden kann und daß nur die Aufgabenkarten ergänzt oder ausgetauscht werden müssen. Doch kann dies in einer Klasse nicht zu häufig genutzt werden; auch das spannendste Spielbrett wird mit der Zeit langweilig. Also bietet es sich an, die Spielbretter zwischen den Klassen auszutauschen. - Ein wesentlicher Faktor des Brettspiels ist die optische Gestaltung, die für die Attraktivität des Spiels verantwortlich ist. Viele Kinder können sich an der Gestaltung beteiligen. In Vertretungsstunden kann von Kindern ein Spiel selbst entworfen werden, was erstens sehr viel Spaß macht und zweitens sehr aufschlußreich für die Lehrkraft ist, wenn Kinder eigene Regeln und Spielbretter gestalten.

Kooperative Spiele

Kooperative Spiele sind Regelspiele, deren Anliegen darin besteht, hilfsbereites Verhalten durch Kooperation zu fördern. Kooperatives Verhalten liegt vor, wenn sich Personen gegenseitig helfen, ein gemeinsames Ziel zu erreichen und dabei eigene und fremde individuelle Ziele berücksichtigen. Die einzelne Person verhilft auch anderen zum Erreichen individueller Teilziele, wenn diese nicht dem gemeinsamen Ziel entgegenstehen. Kooperative Spiele sollen somit einen Ausgleich zu kompetitivem Verhalten schaffen. Gemeint ist Wettbewerbsverhalten, bei dem sich Individuen mit gleichem Ziel gegenseitig behindern, um selbst das Ziel zu erreichen. Es geht gleichfalls auch um um koalitives Verhalten. Gemeint ist hiermit kooperatives Verhalten in einer Gruppe, die im Wettbewerb zu außenstehenden Personen oder Gruppen steht. Vordergründiges Lernziel der kooperativen Spiele ist die Entwicklung der im Lehrplan verankerten kooperativen Fähigkeiten. Merkmale kooperativer Spiele (i.w.S. *Klippstein/Klippstein* 1978):

1. Es existiert ein gemeinsames Ziel, insbesondere das Bewältigen einer alle betreffenden Notsituation.
2. Die Spielenden gewinnen bzw. verlieren gemeinsam.
3. Nicht-kooperatives Verhalten ist zugelassen und wird nicht sanktioniert, die Gewinnchancen steigen aber mit zunehmendem kooperativen Verhalten.
4. Alle Spielenden sind unentbehrlich für den Spielgewinn, ihre Aufgaben sind gleichwertig.
5. Das Spiel verlangt niedrige kognitive Voraussetzungen.
6. Motivation soll durch Spannung mit Hilfe eines attraktiven Ziels und durch Zufallseinflüsse erzeugt werden.
7. Kooperatives Verhalten wird durch materielle Verstärker (z.B noch einmal würfeln) und soziale Verstärker durch die Gruppe bekräftigt. Beispiele: s. *Klippstein*. (*Klippstein* 1978).

Darstellende Spiele

Das darstellende Spiel ist eine Gattung all jener Spielformen, die durch Gestaltung, Nachgestaltung und Medienorientierung charakterisiert sind. Diese unterscheiden sich vom Regelspiel dadurch, daß nicht nach vereinbarten Regeln gespielt wird, sondern sich der Spielverlauf relativ frei entwickelt. Die Kunstform dieser Spielgruppe ist das Theater. Im folgenden sollen verschiedene schulrelevante Beispiele für das darstellende Spiel erläutert werden. Der Schwerpunkt wird hierbei auf das Rollenspiel gelegt, welches zum einen das im Unterricht am häufigsten eingesetzte ist, zum anderen aber innerhalb der darstellenden Spiele eine Sonderstellung einnimmt.

Beispiele für das darstellende Spiel

Die Beispiele unterscheiden sich durch die Dimension der Lenkung. Sie bewegen sich zwischen den Polen »textgebunden/nachgestaltend« und »improvisiert/frei gestaltend«.

Text- oder Schulbühnenspiele

Als Vorlage dient ein vorgeformter Text, dessen Inhalt und Regieanweisungen den Verlauf des Spiels bestimmten. Diese Form des Spiels ist oft mit einer Aufführung, z. B. zum Schulanfang, verbunden.

Selbst erarbeitete Stücke

Aufführungen oder Textspiele erzeugen in Kindern oft den Wunsch, ein Theaterspiel selbst zu erarbeiten. Die Handlung kann aus anderen Texten entnommen werden (Märchen...) oder frei erfunden sein. Das erarbeitete »Spielbuch« wird dann in ein darstellendes Spiel umgesetzt.

Stegreifspiele

Das Spiel wird ohne Text und ohne massive Eingriffe der Lehrkraft frei improvisiert. Es bedarf aufgrund der Spontanität auch keiner Requisiten.

Pantomime oder Scharade

Dies sind die nonverbalen Formen des darstellenden Spiels. Sie konzentrieren sich deshalb auf die Körpersprache. Auch diese Spiele werden meist spontan und ohne Vorlage gespielt.

Mediale Spiele [Masken-, Puppen-, Marionettenspiel]

Die Darstellung durch das Spiel wird über ein Hilfsmittel (Maske, Puppe, Marionette) vollzogen. Dadurch bleiben die Darsteller im Hintergrund, so daß von ihnen besondere motorische Fähigkeiten im Umgang mit dem Medium verlangt werden. Das mediale Spiel bewegt sich ebenfalls zwischen den genannten Polen.

Mit den beschriebenen Formen des darstellenden Spiels werden folgende übergeordnete Ziele verbunden:

- Die Angst vor experimentierendem und kreativem Handeln soll abgebaut werden.
- Das experimentierende und kreative Handeln soll gefördert werden.
- Die Phantasie des Kindes soll angeregt und gefördert werden.
- Die Erlebnisfähigkeit und das Einfühlungsvermögen des Kindes soll erweitert werden.
- Das Kind soll emotional sensibilisiert werden.
- Das kommunikative Handeln (s. *Kluge* 1981, 80-83) des Kindes soll gefördert werden.
- Der Bereich des sozialen Lernens soll durch das darstellende Spiel unterstützt werden.

Rollenspiele

Im Rollenspiel übernimmt das Kind fremde Rollen und versucht, diese durch eigene Erfahrungen oder Handlungsbeschreibungen zu füllen. Das Rollenspiel geht auf die Rollentheorie zurück. Rollen sind durch Verhaltenserwartungen bestimmt, die mit bestimmten Positionen in einem Sozialsystem verbunden sind. Es ist Kindern möglich, sowohl spontane als auch gelenkte Rollenspiele zu spielen. Im spontanen Rollenspiel erfüllt das Kind bereits einige soziale Voraussetzungen, wie den möglichen Perspektivenwechsel und das Erkennen von Rollenmerkmalen. In der Schule wird fast ausschließlich das gelenkte Rollenspiel angewandt. Es hat sich hierfür folgendes Grundmuster durchgesetzt, das in Abwandlungen in allen gelenkten Rollenspielen angewandt wird.

1. Motivations- und Aufwärmphase
2. Aktions- bzw. Spielphase
3. Reflexionsphase

Das gelenkte Rollenspiel unterliegt schwerpunktmäßig dem sozialen Lernen. Das hiermit verfolgte Leitziel ist es, Menschen zum Umgang mit anderen und zum kommunikativen Handeln zu befähigen. Dies soll dadurch erreicht werden, daß es den Schülerinnen und Schülern ermöglicht wird, angst- bzw. repressionsfrei Erfahrungen im Bereich der menschlichen Kommunikation zu machen, die Zusammenhänge rational zu erkennen und das durchspielte Rollenverhalten kritisch zu reflektieren, um so zu weiteren Handlungsmöglichkeiten zu kommen. Als Grobziele sind zu nennen:

- Einübung von sozialen Grundfähigkeiten (Empathie, Rollendistanz)
- Entwicklung von Kritikfähigkeit
- Förderung des Sprach- und Sprechvermögens
- Befähigung zu rationaler und argumentativer Auseinandersetzung
- Bewußtmachung von gesellschaftlich geprägten Vorurteilen

Das Rollenspiel scheint mit zunehmender Vereinzelung des Kindes aufgrund seiner Lebensumwelt (Kleinfamilie mit Einzelkind, Leben in der Großstadt, Technisierung des Spielzeugs) von großer Bedeutung für die Schule zu sein. Trotz aller guten Vorsätze darf aber auch das Rollenspiel nicht zu einer problembeladenen, rein lernzielorientierten Arbeitsmethode gebraucht werden. Auch hier ist die Spielsituation zu beachten. Insbesondere sollten Freiwilligkeit, intrinsische Motivation, ungelenkte Improvisation und unverkrampfte Spielatmosphäre beachtet werden. Empfehlenswert ist, folgende Punkte zu überdenken:

1. Die Schülerinnen und Schüler sollten an der Vorbereitung und Durchführung beteiligt werden, wobei die Lehrkraft aus pädagogischen Gründen eingreift.
2. Es sollten möglichst viele an den Rollen beteiligt werden, nicht nur die spiel- und sprachbegabten Schülerinnen und Schüler.
3. Die persönliche, kommunikative und gesellschaftliche Seite des Spiels sollte berücksichtigt werden (s. *Kluge* 1981, 85-86).

Literaturhinweise

Flitner, A.: Spielen - Lernen. München [2]1973 (Piper).
Hielscher, H.: Spielen macht Schule. Heidelberg 1981 (Quelle & Meyer).
Kluge, N.: Spielen und Erfahren. Bad Heilbrunn 1981 (Klinkhardt).
Schiffler, H.: Schule und Spielen. Ravensburg 1976 (Otto Maier).
Klippstein, E./ Klippstein, H.: Soziale Erziehung mit kooperativen Spielen. Bad Heilbrunn 1978 (Klinkhardt).

Erkundung

Uwe Hameyer

Im Kapitel 2 habe ich Formen des Erkundens durch Selbsttätigkeit ausführlicher dargestellt. In diesem Abschnitt werde ich lediglich auf grundlegende Merkmale der Erkundung als einem Mosaikbaustein aktiven Lernens mit ein paar Beispielen eingehen. Jede Erkundung vollzieht sich an einem bestimmten Ort. Welche Orte oder Lernstationen einbezogen werden, ist Sache der Unterrichtsplanung; Erkundungsanlässe können jedoch auch während des Lernprozesses entstehen, zum Beispiel die Erkundung einer in Schulnähe gelegenen Geröllhalde hinsichtlich interessanter Gesteinsfunde. Betriebs- und Naturerkundungen, Stadtteil- und Gerümpeleckenerkundungen auf dem häuslichen Dachboden sind zumeist von längerer Hand geplant. Nachfolgend werde ich auf einige Erkundungsfelder exemplarisch eingehen.

Abb. 1: Kinder erkunden einen Teich auf dem ökologisch gestalteten Gelände der Grundschule Felm bei Kiel

Erkundungsfeld Schulgelände

Schulen sind in den letzten Jahren dazu übergegangen, das ihnen zustehende Gelände nicht nur als Spielzone zu gestalten, sondern ökologische Lernstationen einzurichten. Abb. 1 zeigt, wie Kinder einer 3. Klasse am Schulteich, durch den ein kleiner Schulbach geleitet wird, Erkundungen vornehmen. Sie führen ein Experiment durch und können, je nach Bedarfssituation, die im naheliegenden Blockhaus zur Verfügung stehenden Mikroskope oder andere Materialien verwenden. Dieser mit Elternhilfe geleistete Aufwand wurde durch Sponsoren unterstützt. Nicht immer müssen Gelände so phantastisch umgestaltet werden. Wenn Sie mit kleinen Schritten beginnen, können die Kinder mit anpacken und über ihre Grundschulzeit Verantwortung für die »eigene« Schule aufbauen. Auch in Felm entstanden solche Lernstationen in vielen kleinen Teilschritten (s. *Strüfing* 1992). Jede Innovation braucht Zeit. Sie »wächst« nicht von allein weiter, sondern erfordert beharrliches Engagement und die Fähigkeit, in schwierigen Zeiten Widerstände zu überwinden (s. *Hameyer* 1992 und *Hameyer/Akker/Anderson/Ekholm* 1994).

Ein Schulgelände brauchen Sie also nicht in aufwendigen Formen perfekt herrichten. Es kann genauso gut ein seit Jahren brachliegender Schulgarten sein, bereits verwildert und fast schon dschungelähnlich undurchdringlich -, ein vorzügliches Feld für motivierende Erkundungs- und Gestaltungsaktivitäten. Sie können in solchen Fällen mit den Kindern, Gärtnerinnen, Architekten und Eltern gemeinsam Ideen entwickeln, wie der Schulgarten instandgesetzt werden könnte und wie Sie die Kosten berechnen. Möglicherweise grenzt Ihre Schule an eine Gärtnerei mit einem Areal für Sträucher und Bäume aller Art. Leicht vorzustellen, welche Vielfalt an Erkundungssituationen sich in der Gärtnerei anbieten. Da wäre es sogar möglich, eine strukturierte Erkundung so vorzubereiten, daß die Kinder die Gärtnerin mit einem Tonbandgerät interviewen oder Sie in Zusammenarbeit mit dem Gärtner eine Gärtnerei-Rallye veranstalten. Bei der Rallye geht es darum, bestimmte Pflanzen oder Blattformen, vielleicht auch Verstecktes in der Gärtnerei, auf Erkundungsgängen zu entdecken.

Sie können noch etwas ganz Anderes auf dem Schulgelände erkunden lassen, nämlich besonders interessante Steine, sofern sich dieses bei Ihrem Schulgelände anbietet, oder auch die Vielfalt von Flora und Fauna im Boden an sonnigen und schattigen Stellen. Oder lassen Sie die Kinder herausfinden, ob sich eigentlich Leben unter

Gesteinsplatten befindet. Sie vereinbaren allerdings vorher mit dem Hausmeister, daß die Platten allen Sicherheitsbestimmungen gehorchend rechtzeitig bis zur Pause wieder an Ort und Stelle zurückgelegt werden. Es ist faszinierend, was alles an »Krabbelwesen« sich unter einer Gehsteigplatte zeigt.

Erkundungsfeld Strand

Ein weiteres aufschlußreiches Erkundungsfeld ist der Strand. Gemeinsame Exkursionen zum nahegelegenen Strand bieten sich an, oder Kinder erzählen über Mitgebrachtes vom Strandaufenthalt am Wochenende. Sie können in der Klasse ein kleines Strandmuseum einrichten oder einen Erkundungstisch, auf dem sie über mehrere Wochen ihre »Fundsachen« vom Strand oder zu anderen Themen auslegen. Damit schaffen Sie lebendige Erzähl- und Erkundungsanlässe im Klassenzimmer.

Abb. 2: Ein Monatstisch [Gorch-Fock-Schule Kiel]

Freinet hat solche Tischmuseen in seiner Pädagogik der école active zum festen Bestandteil einer lebendigen Lernumwelt erklärt. Die Abb. 2 zeigt einen Monatstisch, der in unseren Schulen fast überall bekannt ist. Vom Strand, aber auch von anderen Erkundungsfeldern, werden gesammelte Gegenstände, die die Kinder mitbringen, ausgelegt.

Erkundungsfeld Lehrpfad

Viele Gemeinden, Umweltschutzverbände, Waldjugendvereine, Zusammenschlüsse zum Schutz des Waldes und dergleichen haben Lehrpfade vor allem in Waldgebieten, aber auch in Niederungen, eingerichtet. Machen Sie Gebrauch von diesen Angeboten. Sie sind für Erkundungen, ganz gleich ob diese angeleitet sind oder spontan stattfinden, bestens geeignet. Eine Dokumentation von Lehrpfaden wäre sehr hilfreich. Mir ist ein Nachschlagwerk dazu nicht bekannt. Allerdings können Sie in grundlegenden Büchern zur Erkundung manchen Tip erhalten (für diese Hinweise bedanke ich mich herzlich bei Günter Eulefeld):

Eulefeld, G.: Versuche im Rahmen der Umwelterziehung. In: Grundschule 12(1980)4, 175-180.

Landeszentrale für Umweltaufklärung (Hrsg.): Umwelterziehung. Beispiele aus der Schulpraxis. Mainz 1991 (Pädagogisches Zentrum Bad Kreuznach).

Pädagogisches Zentrum Bad Kreuznach (Hrsg.): Handlungsorientierte Umwelterziehung in Zusammenarbeit mit außerschulischen Partnern. Bad Kreuznach 1992 (Pädagogisches Zentrum).

SZU (Hrsg.): Wald erleben, Wald verstehen. Zofingen 1982.

Zeitschrift *Das Schullandheim* slh 146-1989 - Heft 1
slh 147-1989 - Heft 2
slh 155/156 - 1992 - Heft 1/2

Zimmerli, E.: Freilandlabor Natur. Zürich 1980 (WWF, darin Kap. 6 und 7.2 über Naturlehrpfade).

Erkundungsfeld Schullandheim

Thielemann (1992) unterbreitet interessante Ideen für die Erkundung von Lernorten im Umfeld von Schullandheimen. Dazu zählen Wald, Gebirge, Heide oder Gebiete nahe der Küste. Hier geht es darum, das Lernen mit allen Sinnen zu stärken, draußen wieder sehend zu werden, durch freie Erkundungsaufgaben eine Natursensibilisierung zu schaffen, sich im genauen Betrachten und Beobachten zu schulen, innerhalb der Gruppe die Zusammenarbeit zu fördern, Erfahrungen auszutauschen, miteinander etwas zu versuchen und Vertrauen in der Gemeinschaft zu erfahren (i.w.S. 172f.). Interessant sind die von Thielemann vorgeschlagenen Sammelspiele für die Erkundung des Lebensraums Wald. Die Kinder bekommen eine Liste mit Dingen, die sie draußen suchen sollen. Zum Material gehören Suchlisten, Jutebeutel, Plastikbeutel oder Briefumschläge, Zettel oder Pappschildchen sowie Bleistifte. Vier Suchlisten sind auf den nachfolgenden Seiten abgebildet (entnommen aus *Thielemann* 1992, 174-177).

DAS GROSSE SUCHEN IM WALD

Suchliste A

Sammelt nur Dinge, die in die Beutel oder Umschläge passen (Ausnahme: Aufgabe 11). Es müssen nicht alle Aufgaben gelöst werden. Erfüllt aber mindestens sieben und vergeßt nicht die Nummer 12.

1. Einen Knochen
2. Vier Blätter mit gewelltem, gebuchtetem oder tief eingeschnittenem Rand (siehe Abbildung!)
3. Etwas Rauhes
4. Etwa 6 Gegenstände, die zusammen die Farben des Regenbogens ergeben (Rot-Orange-Gelb-Grün-Blau-Violett)
5. Etwas, das ein Geräusch macht
6. Fünf verschiedene Moose oder Flechten
7. Fünf verschiedene Beweisstücke, daß Tiere in der Gegend sind
8. Etwas, von dem Ihr überhaupt nicht wißt, was es sein könnte
9. Einen Stachel oder einen Dorn
10. Etwas, das für die Natur wichtig ist
11. Einen möglichst langen Grashalm unbeschädigt mitbringen
12. Einen Waldgeist
    (Je nachdem, was Ihr Euch darunter vorstellt; es darf auch etwas gebastelt oder gelegt werden. Wer erfindet eine Geschichte oder ein Gedicht über ihn?)

Thielemann, 1991

Abbildung zur Aufgabe 2

DAS GROSSE SUCHEN IM WALD

Suchliste B

Sammelt nur Dinge, die in die Beutel oder Umschläge passen (Ausnahme: Aufgabe 11). Es müssen nicht alle Aufgaben gelöst werden. Erfüllt aber mindestens sieben und vergeßt nicht die Nummer 12.

1. Eine Feder
2. Sechs verschiedene Blätter mit einem gezackten Rand (siehe Abbildung!)
3. Etwas Weiches oder Flauschiges
4. Sieben Pflanzenteile unterschiedlicher Grünfärbung
5. Etwas, das kräftig nach Wald riecht
6. Fünf verschiedene Gräser oder grasartige Pflanzen
7. Sechs verschiedene Früchte oder Samen
8. Etwas, das Euch besonders beeindruckt (Vorsicht: nichts Lebendes!)
9. Ein angeknabbertes Blatt (nicht von Euch!)
10. Einen natürlichen Wärmespender
11. Einen möglichst langen Grashalm unbeschädigt mitbringen
12. Einen Waldgeist (Je nachdem, was Ihr Euch darunter vorstellt; es darf auch etwas gebastelt oder gelegt werden. Wer erfindet eine Geschichte oder ein Gedicht über ihn?)

Thielemann, 1991

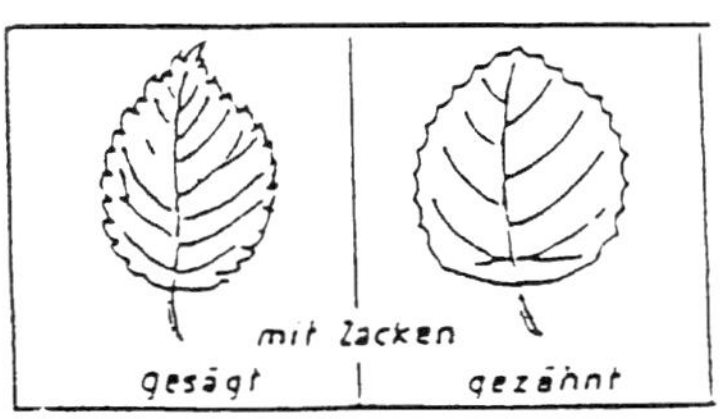

Abbildung zur Aufgabe 2

DAS GROSSE SUCHEN IM WALD

Suchliste C

Sammelt nur Dinge, die in die Beutel oder Umschläge passen (Ausnahme: Aufgabe 11). Es müssen nicht alle Aufgaben gelöst werden. Erfüllt aber mindestens sieben und vergeßt nicht die Nummer 12.

1. Ein Stück Eierschale
2. Mindestens drei Blätter, die aus mehreren Blättchen zusammengesetzt sind (siehe Abbildung!)
3. Etwas vollkommen Gerades
4. Sieben Naturgegenstände in verschiedenen Brauntönen
5. Etwas Schönes
6. Sechs blühende Kräuter (Blumen)
7. Fünf verschiedene Beweisstücke, daß Menschen in der Gegend waren
8. Etwas, was Euch an Euch selbst oder an zu Hause erinnert
9. Ein Stück Baumrinde
10. Etwas Natürliches, das nutzlos ist
11. Einen möglichst langen Grashalm unbeschädigt mitbringen
12. Einen Waldgeist
   (je nachdem, was Ihr Euch darunter vorstellt; es darf auch etwas gebastelt oder gelegt werden. Wer erfindet eine Geschichte oder ein Gedicht über ihn?)

Thielemann, 1991

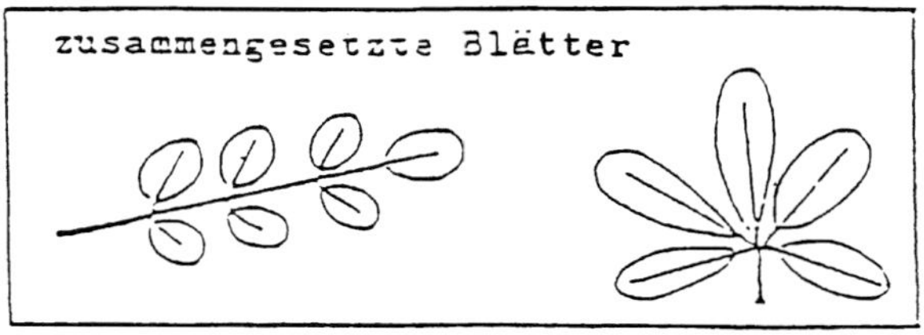

Abbildung zur Aufgabe 2

DAS GROSSE SUCHEN IM WALD

S u c h l i s t e D

Sammelt nur Dinge, die in die Beutel oder Umschläge passen (Ausnahme: Aufgabe 23). Es müssen nicht alle Aufgaben gelöst werden. Erfüllt aber mindestens zehn und vergeßt nicht die Nummer 24

1. Eine Feder
2. Acht Blätter mit besonders auffälligen oder ungewöhnlichen Formen
3. Sieben Blätter unterschiedlicher Grünfärbung
4. Vier blühende Pflanzen, die verschieden riechen
5. Mindestens vier verschiedene Gräser
6. Genau 100 Exemplare einer Sache
7. Etwas, das ein Geräusch macht
8. Sieben Naturgegenstände in verschiedenen Brauntönen
9. Vier verschiedene Beweisstücke dafür, daß Tiere in der Gegend sind
10. Etwas Natürliches, das nutzlos ist
11. Vier verschiedene Früchte oder Samen
12. Einen Stachel oder einen Dorn
13. Etwas Schönes
14. Fünf von Menschen hinterlassene Abfallstücke
15. Vier verschiedene Moose und Flechten
16. Ein angeknabbertes Blatt (nicht von Euch!)
17. Etwas Weiches
18. Etwas, das kräftig nach Wald riecht
19. Etwas Weißes
20. Etwas, das Euch besonders beeindruckt (Vorsicht: nichts Lebendes!)
21. Etwas, was Euch an Euch selbst oder an zu Hause erinnert
23. Einen möglichst langen Grashalm unbeschädigt mitbringen
24. Einen Waldgeist (je nachdem, was Ihr Euch darunter vorstellt; es darf auch etwas zusammengestellt, gebastelt oder gelegt werden)

Thielemann, 1991

Infothek didaktischer Materialien

Uwe Hameyer

Die kindliche Faszination an merkwürdigen Naturphänomenen ist gerade im Primarbereich nahezu grenzenlos. Viel zu wenig noch wird die Neugier des Kindes in der Schule angesprochen und für produktives Lernen genutzt. Helmut Schreier hat phantastische Ideen in einfacher Sprache zusammengestellt, wie wir im Sachunterricht - aber auch darüber hinaus - das Lernangebot bereichern können. Entdeckendes Lernen durch genaues Beobachten beim selbst durchgeführten Experiment und bei der Lösungssuche ist dabei angesagt.

Der besondere Reiz seiner zumeist verblüffenden Experimente besteht darin, daß die Kinder diese selbst durchführen können. Der Vorbereitungsaufwand ist problemlos, weil die erforderlichen Materialien und Utensilien leicht zu beschaffen sind. Mit den Experimentalknobeleien liefert Helmut Schreier nicht nur einen wesentlichen Beitrag zum *praktischen Lernen* im Sachunterricht; er bietet eine Fundgrube für alle, die *Vertretungsstunden* erteilen. Sämtliche Experimente kommen aus der Praxis. Sie können teils auch mit unteren Jahrgängen der Sekundarstufe durchgespielt werden, wobei die pädagogische Entscheidung über die Einbindung der betreffenden Idee in den Unterricht sowieso immer bei den Lehrern und Lehrerinnen liegt. Die Experimentalknobeleien bieten bei allem spannende Lernanlässe. Sie verlangen das Gespräch über Erklärungsversuche, Hypothesen und Annahmen zur Deutung des jeweiligen Phänomens (weitere Experimente sind veröffentlicht in *Schreier* 1993).

Auf umfangreiche wissenschaftliche Abschnitte hat Helmut Schreier verzichtet, weil es zunächst auf die kreative Lernsituation ankommt. In dieser Weise richtig verstanden eröffnet der Einsatz dieser Experimente auch in der Lehrerbildung vorzügliche Gesprächs- und Lernmöglichkeiten. In der Lehrerbildung brauchen wir nicht zuletzt deshalb solche Materialien und Ideen, weil für das Hauptfach Sachunterricht viel zu wenig Personal zur Verfügung steht. Es gibt sogar Bundesländer, in denen nicht einmal Professuren für Sachunterricht eingerichtet wurden. Daher sind wir auf solche praktischen Initiativen mit exemplarischem Wert besonders angewiesen.

Experimentierknobelkiste

Helmut Schreier

Der Verfasser dieses Beitrags freut sich über jeden Hinweis ähnlicher Experimentalideen und Knobeleien. Bitte wenden Sie sich direkt an ihn, zumal ggfs. ein Folgeband vorbereitet wird.

Prof. Dr. Helmut Schreier
Horandstieg 36b
22559 Hamburg
Tel.: 040/811289

Die Idee zur Sammlung solcher Experimente entstand infolge des 1990 veranstalteten IPN-Symposiums über *Innovationsprozesse in der Grundschule*. Die komplette Sammlung erschien Ende 1993 beim Körner Verlag in dieser PROFILE-Reihe (*Schreier* 1993).

Erfindungen entwerfen

Gegeben

Einige Bögen Papier, Stifte zum Zeichnen.

Aufgabenstellung

Die folgenden Probleme können in Geschichten eingekleidet dargestellt werden. Oft genügt aber die Aufgabenstellung selbst. Die Ergebnisse können ausgestellt und vorgeführt, sie sollten von den Zeichnern genauer erläutert werden.

- Bau eine bessere Mausefalle!
- Wiege einen Elefanten!
- Entwirf eine Maschine, die kämpfende Katzen und Hunde voneinander trennt!
- Entwirf ein hundesicheres Briefträger-Fahrrad!
- Erfinde eine überflüssige Maschine!
- Verbessere den menschlichen Körper!
- Bau ein Haus schneller!
- Entwirf eine Fitness-Anlage für Hunde!

Wie sieht die Maschine im Innern aus?

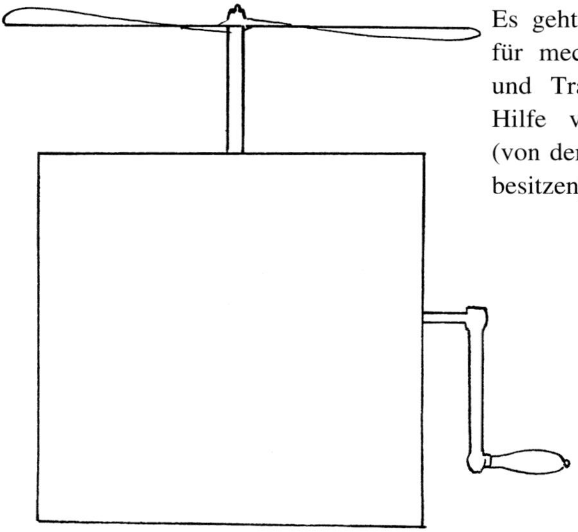

Es geht um das Vorstellungsvermögen für mechanische Vorgänge. Zahnräder und Transmissionsriemen können mit Hilfe von entsprechenden Baukästen (von den Kindern, die solche Baukästen besitzen) vorgeführt werden.

Zeichne den inneren Mechanismus dieser Windmaschine!
(Erschwert) Zeichne den inneren Mechanismus so, daß sich der Propeller viele Male dreht, wenn die Kurbel einmal herumgedreht wird!
(Kreativ) Zeichne, welche witzigen und unglaublichen Ereignisse sich im Innern tatsächlich abspielen!

Die Zeichnungen werden nebeneinander an die Wand geklebt und erläutert (dabei auch korrigiert). Die Kinder können selbst ähnliche Aufgaben erfinden.

Die »schwimmende« Stecknadel

Gegeben

Stecknadeln, Büroklammern, evtl. Rasierklingen, Trinkgläser oder Schalen, Kanne mit Wasser, Spülmittel, Lösch- bzw. Zeitungspapier.

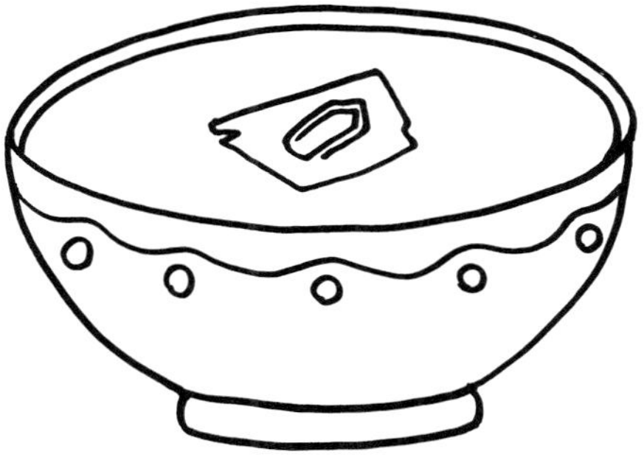

Aufgabe

Wer kann die Stecknadel so auf die Wasser-Oberfläche (eines mit Wasser gefüllten Glases oder einer wassergefüllten Schale) legen, daß sie nicht untergeht?
Wenn man zuerst einen Fetzen Löschpapier (oder Zeitungspapier) auf die Wasseroberfläche legt, und dann die Stecknadel oder Büroklammer oder Rasierklinge darauf, kann man abwarten, bis der Papierfetzen sich voll Wasser gesogen hat und untergeht; dann liegt die Nadel allein auf der Oberfläche.

Varianten, Ausbaumöglichkeiten:

Die Wölbung des Wassers am Rande der Nadel beobachten und abzeichnen. Bilder vom Wasserläufer (Käfer, der auf der Oberfläche des Wassers läuft) betrachten und erklären.
Ein Glas Wasser vorsichtig bis zum Rande füllen und dann tropfenweise mehr Wasser hinzugeben; es entsteht ein »Wasserberg«: Wer baut den höchsten Wasserberg? Wer kann die schwerste Nadel zum »Schwimmen« bringen?
Mit Hilfe eines Hölzchens (Zahnstocher) einen winzigen Tropfen Spülmittel auf die Wasseroberfläche geben: Die Nadel versinkt sofort, der Wasserberg fällt sofort in sich zusammen; der Wasserläufer würde untergehen, selbst eine Ente müßte versinken.
Evtl. das Konzept »Oberflächenspannung« erklären: Brücken bilden sich zwischen den einzelnen winzigen Wasserteilchen; sie werden durch das Spülmittel chemisch zerstört. Wer kann den Unterschied zwischen »Schwimmen« und »Von der Oberflächenspannung getragen werden« erklären und mit Hilfe eines kleinen Schiffchens vorführen?

Kartondeckel hält Wasser im Glas

Gegeben

Trinkgläser, Wasser, Kartons, Glasscheiben, Plastikfolie (jeweils postkartengroß)

Aufgabe

Erkläre, wieso das Wasser im Glas bleibt, wenn ich das Glas halb voll Wasser fülle, mit dem Karton abdecke, meine linke Hand darauf lege, das Glas mit der rechten Hand emporhebe und umdrehe und schließlich meine linke Hand von dem Kartonstück fortnehme!
Probier es selber!
Sind Unterschiede zu beobachten, wenn das Glas »gestrichen voll« mit Wasser gefüllt oder wenn nur gerade eben der Boden bedeckt ist? Zeigen sich Unterschiede, wenn man anstelle des Kartonstücks eine Glasscheibe nimmt? Funktioniert es auch mit Seifenlauge, mit Essig, mit Öl?

Warnung

Es handelt sich hier um ein »echtes Rätsel«, denn die in manchen Physikbüchern gegebene Erklärung, wonach der äußere Luftdruck das Wasser im Glase hält, würde ein Teil-Vakuum im Innern des Glases voraussetzen, das es aber tatsächlich nicht gibt: Der Luftdruck im Innern ist so hoch wie außen; die Sache funktioniert auch, wenn das Glas vollkommen mit Wasser gefüllt ist. Allerdings: Wenn das Glas mit einer harten Fläche - etwa einer Glasscheibe - abgedeckt wurde, ist zu beobachten, daß die Wassermasse zwischen dem Rand des umgedrehten Glases und der Scheibe für eine winzige Strecke »für sich« bleibt, umgeben nur von Luft: Ob hier ein Schlüssel zum Verständnis des Vorganges liegen könnte?

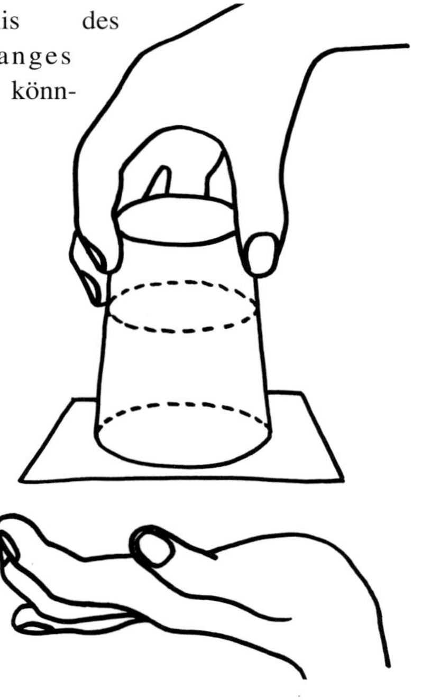

Kerzen herstellen

Benötigtes Material

Viele Kerzenreste, Heizquelle (Kochplatte), Kochtöpfe, hohe, schlanke Konservendosen (Würstchendosen o.ä.), Dochte, Backförmchen aus Alufolie; Zeitungspapier zum Auslegen.

Idee

Kerzenreste im Wasserbad (Konservendose in wassergefülltem Kochtopf auf der Heizquelle) schmelzen, Dochte am unteren Ende mit kleinen Gewichten (Büroklammern) beschweren und in das geschmolzene Wachs eintauchen, herausziehen, antrocknen lassen, wieder eintauchen; die Kerze nimmt jedesmal ein Stück Umfang zu: Kerzen-Ziehen.

Kerzen-Gießen: Docht in der Mitte des Bodens des Backförmchens mit knetbarem Wachs ankleben, Backförmchen mit dem Wachs ausgießen.

Kontext und Ausbaumöglichkeiten

Das Kerzen-Ziehen als Manufaktur-Arbeit arrangieren, bei der ein Rhythmus für die Arbeitsgruppe vorgegeben ist. Unter welchen Bedingungen können die meisten Kerzen hergestellt werden? Geräte zur Kerzen-Herstellung im Museum betrachten.

Die Säure des Regens messen

Benötigtes Material

Meß-Stäbchen (Indikationsstreifen) zur Bestimmung des pH-Wertes etwa im Bereich von 3 - 7 und Farbkarte, Glas mit sauren Gurken, Schwefelfäden aus der Drogerie, Einmachglas mit Deckel; Einrichtung einer Meßstation zur Messung des Sauren Regens: Einmachglas, Weckring, Besenstiel.

Idee

Das Konzept pH-Wert mit Hilfe der Frage einführen: Wie sauer sind die Sauren Gurken? (Erklären, Messen)
Wasser fingerhoch in Einmachglas füllen und den pH-Wert messen. Ein Stück Schwefelfaden, wie man es früher zum Sterilisieren von Fässern und Marmeladengläsern benutzte, in dem Einmachglas entzünden und abdecken, so daß die blaue Flamme erlischt und im Innern des Glases ein beißender Nebel entsteht, schütteln, bis sich der Nebel in dem Wasser aufgelöst hat. Erklären, daß die Abgase auf ähnliche Weise am Himmel in den Regen gelangen und als Saurer Regen herabfallen (Zeichnung). Den pH-Wert erneut messen.
Projekt zur Messung der Säure des Regens planen: Meßstationen (Besenstiel in den Boden gesteckt, Einmachglas mit Weckring am oberen Ende befestigt, regelmäßig nachmessen und Glas auswaschen, evtl. Korrespondenz-Klasse in einer anderen Stadt, in einem anderen Land bitten, ähnliche Untersuchung durchzuführen, Ergebnisse vergleichen).

Kresse und Licht

Benötigtes Material

Schuhkartons mit Deckel, Blumenerde, Kressesamen, evtl. Blumentöpfe, Sonnenblumenkerne, Rhizinus- und Eukalyptus-Saat

Idee

Boden des Schuhkartons fingerdick mit Blumenerde bedecken, Kressesamen darüber streuen, mit Wasser anfeuchten; bei den verschiedenen Schuhkartons mit der Schere je ein Loch in der Größe eines Fünf-Mark-Stückes in die Seitenwand bzw. die Stirnwand bzw. an einer Stelle in den Deckel einschneiden, den Karton mit dem Deckel verschließen und auf die Fensterbank oder an einen anderen Platz so aufstellen, daß Licht durch das Loch einfallen kann. Der Kressesamen bildet nach dem Auflaufen eine Art Rasen, bei dem jedes der Stengelchen wie ein Pfeil auf das Lichtloch hinzuweisen scheint.

Kontext, Ausbaumöglichkeiten

»Pflanzen wachsen nach dem Licht«, Beobachtungen bei den Blumen auf der Fensterbank, die in ihren Töpfen immer wieder umgedreht werden, und bei den Blättern an den Bäumen, die sich dem Licht zuwenden. »Pflanzen brauchen Licht«. Rasen mit drei Kacheln oder Folienstücken abdecken und nach einer Woche das erste, nach der zweiten Woche das zweite, nach der dritten Woche das dritte Stück entfernen, zeichnen und beschreiben, was geschehen ist. »Was wird aus der Kresse?« - Kresse zu einem Teil verzehren (Salat, Kresse-Quark mit Pellkartoffeln) und einzelne Pflänzchen in Blumentöpfe, später evtl. in ein Garten-Beet umpflanzen. Andere Pflanzen säen und ihr Wachstum beobachten. Wegen raschen Wachstums besonders geeignet sind Sonnenblume, Rhizinus und Eukalyptus.

Regenbogenfarben finden

Material

Zerschnipseltes Buntpapier in den Regenbogenfarben; großer Karton

Verfahren

Draußen in der Natur wird den Kindern folgende Geschichte erzählt: Vor ein paar Tagen bei einem Spaziergang sei hier der herrlichste Regenbogen erschienen, aber plötzlich in sich zusammengebrochen und auf die Erde gestürzt. Es sei gelungen, ein paar Splitter vom Regenbogen aufzusammeln. (Jetzt wird das zerschnipselte Buntpapier angeboten.) Wer kann Naturdinge herbeibringen, auf die der Regenbogen abgefärbt haben mag? (Pflanzen ausreißen ist verboten.) In zehn Minuten bringen die Kinder Blätter, Rindenstücke, Steinchen und andere Naturdinge, die der Farbe ihres Schnipsels entsprechen. Diese werden auf dem großen Karton in Form eines Regenbogens angeordnet und evtl. festgeklebt.

Kontext

Die vielen intensiven Naturfarben werden zu Bewußtsein gebracht. Gespräche über die Funktion der Farben schließen sich an. Der Unterschied zwischen Natur- und Kunstfarben kann thematisiert werden. Die Aktivität »Ostereier mit Naturfarben färben« (S. 85) kann angeschlossen und die breite Palette von Naturfarben vorgestellt werden.

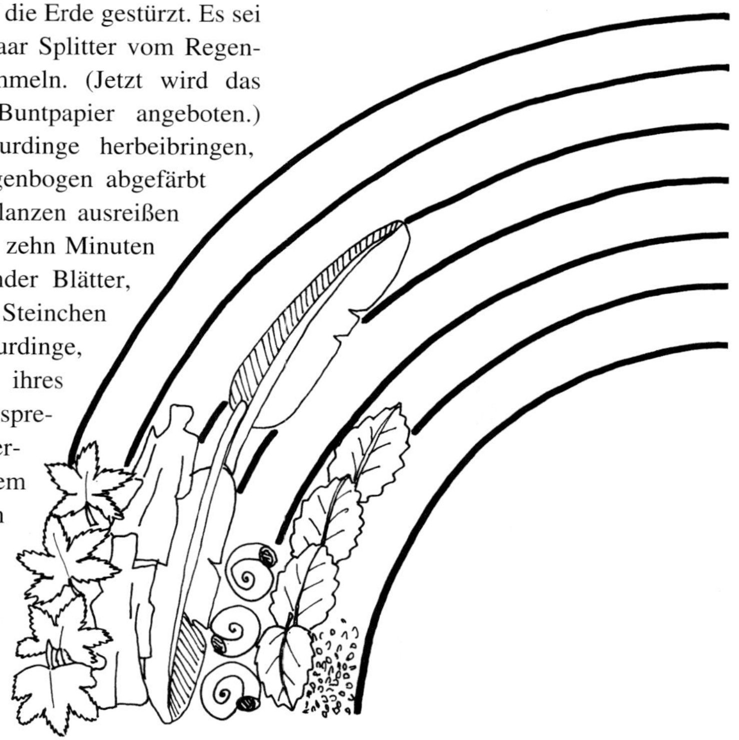

Montessori-Lernhilfen in einer Integrationsklasse

Anke Böttger

Pädagogische Leitideen Montessoris

In meinem Kurzbeitrag und Erfahrungsbericht werde ich die unterrichtspraktische Dimension einiger Montessori-Materialien beleuchten. Dabei beziehe ich mich auf eigene Erfahrungen aus einer schleswig-holsteinischen Integrationsklasse an der Grundschule in Klein-Nordende. Zunächst jedoch will ich auf die pädagogischen Leitideen eingehen, die *Maria Montessori* ihrer Anthropologie des Lernens zugrundelegt, betonen diese doch besonders eindrücklich die reformpädagogischen Besonderheiten des praktischen Einsatzes von Montessori-Lernmaterialien.

Maria Montessori unterscheidet in ihrer Anthropologie des Kindes zwischen dem »Zentrum« seines Geistes, das je individuell verschieden und unantastbar vor dem Zugriff des Erziehers zu schützen sei, und der »Peripherie« des Kindes. Die Sinne und Motorik des Kindes bilden gleichsam eine Brücke zu seiner eigenen Peripherie - heute würden wir von seiner »Außenwelt« oder seinem »Lernumfeld« sprechen. Das Zentrum ist als der innerste Teil der kindlichen Persönlichkeit vorzustellen, von dem *jede* spontane Handlung ausgeht. An der Peripherie manifestiert sich zum Beispiel die Auswahl der Lernmittel, die das Kind in seinem »Zentrum« beschlossen hat. Eine produktive Interaktion zwischen »Zentrum« und »Peripherie« führt zur Entwicklung des kindlichen Geistes.

Die Lehrerin kann die Peripherie durch Bereitstellung didaktischer Entwicklungsmaterialien mitgestalten, auf diese Weise interessante Lernsituationen schaffen und beratend-helfende Impulse setzen; das Zentrum jedoch bleibt in der kindlichen Persönlichkeit geborgen und geschützt. Erzieher haben in diesem inneren Bereich des Kindes nichts zu suchen. Das Zentrum ist eine unangetastete Zone der kindlichen Persönlichkeit. Schließlich soll das »weltoffene« Kind selbsttätig lernen und sich so entfalten, wie es seiner Persönlichkeit und seinem Willen entspricht. Werde dem Kind das Gefühl für seine eigene Würde gegeben, so werde es sich frei fühlen.

Die didaktischen Materialien ermöglichen die Selbstentfaltung durch Selbsterziehung als dem eigentlichen Ziel des Prozesses (»autoeducatione«). Materialien sollen wie eine Leiter wirken, die dem Kind eigenständige Schritte zur Selbstverwirklichung gewährt. »Diesem Material ist gleichsam der Geist eigen, durch den das Kind geprägt werden soll« (*Röhrs* ^{3}1991, 234).

Das Kind wird als ein Wesen betrachtet, das nach einem »inneren Bauplan« mehrere »sensible Phasen« durchläuft, die von geistigen Bedürfnissen des Kindes geprägt sind. Sensible Phasen umschreiben unterschiedliche Formen des Gerichtetseins auf Lernvorgänge in Begegnung mit der Umwelt. Eine »gesunde« Entwicklung des Kindes tritt ein, wenn es jene Sinnesreize an der Peripherie in Form des Montessori-Materials aufnehmen kann, die den jeweiligen Bedürfnissen - Montessori spricht von »Sensitivitäten« oder Empfänglichkeiten - seines Zentrums entsprechen.

Eine »*Polarisation der Aufmerksamkeit*« tritt dann als Bewußtseinsphänomen ein, wenn die sensible Phase, in der sich das Kind befindet, mit dem Materialangebot übereinstimmt, das ihm zur Verfügung steht. Das Kind konzentriert seine Kräfte in diesem Fall auf eine Sache oder Handlung und organisiert mit diesem Vorgang seine Psyche. Das geschilderte Phänomen stellt einen zentralen Aspekt der Montessori-Pädagogik dar, weil alles pädagogische Bemühen nach Montessori im Ziel gipfelt, diese Bewußtseinserscheinung beim Kind zu erreichen.

Sobald das Kind gewisse Phasen der Polarisation der Aufmerksamkeit durchlaufen hat, tritt die kindliche »*Normalisation*« ein. Durch den Zustand der Verinnerlichung während der Arbeit läßt sich das Kind nicht mehr von äußeren Faktoren bestimmen. Es kann sich dadurch vollkommen auf seine Entwicklungsbedürfnisse konzentrieren und erreicht auf diese Weise eine physische und psychische Gesundheit, die sich z. B. in der kindlichen Arbeitsliebe und Selbständigkeit äußert. Wenn das Kind jedoch durch Eingriff des Erwachsenen an seiner Peripherie nicht jene Sinnesreize aufnehmen kann, die seiner aktuellen sensiblen Phase entsprechen und somit die Polarisation der Aufmerksamkeit nicht eintritt, unterliegt das Kind dem Prozeß der »*Deviation*«. Eine Deviation drückt sich in kindlicher Unkonzentriertheit und Aggression aus. Eine Wiedervereinigung der körperlichen und geistigen Kräfte des Kindes kann nach Montessori nur durch die Polarisation der Aufmerksamkeit erfolgen.

Auf diesem Hintergrund sind praxisbezogene Gestaltungselemente Montessoris einzuordnen, zu denen natürlich die Lernmaterialien zählen. Diese und der Erzieher bilden zusammen die »*Vorbereitete Umgebung*«, die das Bindeglied zwischen Kind und Außenwelt darstellt. Die vorbereitete Umgebung soll die Interessen des Kindes in erster Linie durch ein reiches Angebot an Tätigkeitsmomenten hervorrufen, um durch die freie Wahl der Aktivitäten zu einer geistigen Unabhängigkeit vom Erzieher überzuleiten.

Der Erzieher ist in Montessoris Pädagogik als Teil der »Vorbereiteten Umgebung« anzusehen und gilt als Bindeglied zwischen dieser und dem Kind. Er ist kein Lehrer im herkömmlichen Sinne, sondern eher ein »Leiter« der natürlichen Kräfte und kindlichen Entwicklungsbedürfnisse. Dadurch daß der eigentliche Teil der Erziehungsaufgabe der Vorbereiteten Umgebung zukommt, hat eine Umpolung der Aufgabe von der Lehrperson auf die Sache stattgefunden. Zu den Aufgaben und Qualifikationen des Montessori-Erziehers sind die Ausführungen von *Helming* (1958) und *Standing* weiterführend.

Die Entwicklungsmaterialien sind zentraler Baustein im Konzept von Montessori. Um diese genauer in ihrem Differenzierungs- und Individualisierungspotential zu verstehen, seien zunächst die praxisbezogenen Prinzipien der »Freien Arbeit« und der »freien Bewegung« angesprochen. Die Freie Arbeit ermöglicht dem Kind, entsprechend den Bedürfnissen seiner sensiblen Phasen den jeweiligen Lerngegenstand, das individuelle Lerntempo und den Lernpartner in der Vorbereiteten Umgebung zu wählen. Durch diese frei gewählte optimale Relation zwischen Stimulus und innerer »Sensitivität« kann die Polarisation der Aufmerksamkeit beim Kind eintreten. Die Merkmale und Zielsetzung der Freien Arbeit sind genauer dargestellt in *Helming* (1958) und *Holtstiege* (1977). Die freie Bewegung des Kindes ist für die Vorbereitete Umgebung zentral, da nach Montessori nur durch die einheitliche intellektuelle und motorische Förderung des Kindes die Polarisation der Aufmerksamkeit eintreten kann.

Das folgende Schema visualisiert die Beziehungen der genannten gegenständlichen Elemente (kreisförmige Darstellung) und der ungegenständlichen Elemente (kastenförmige Darstellung) in der »Vorbereiteten Umgebung«.

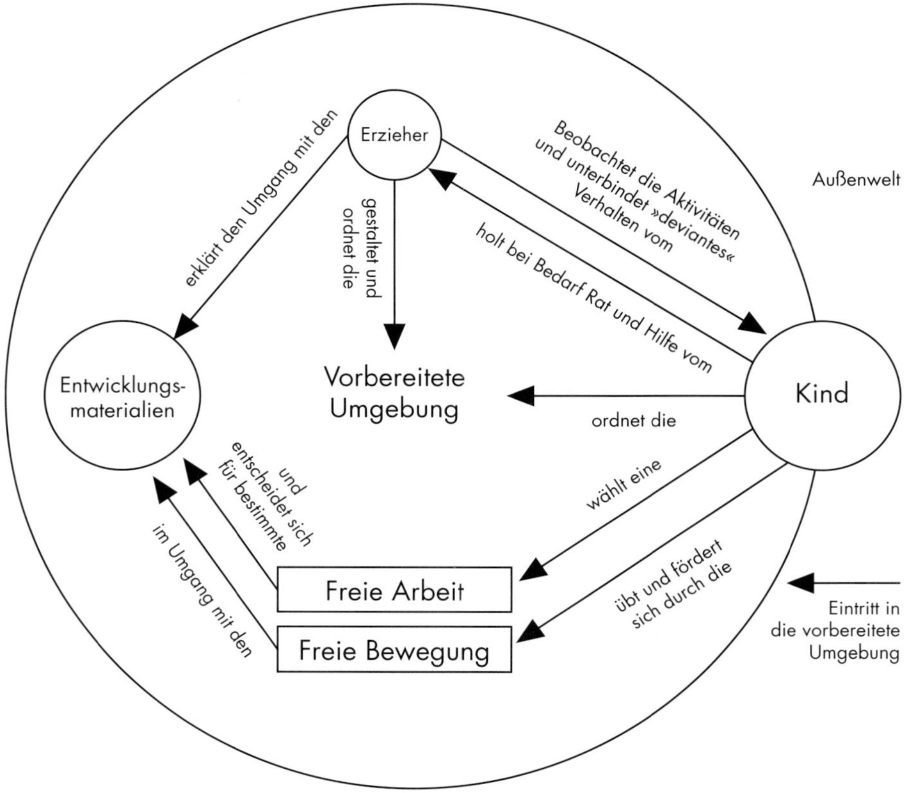

Die Entwicklungsmaterialien und ihre Bedeutung als Lernhilfe in einer Integrationsklasse

Das Material ist ein Förderungsprogramm, das mit den sensiblen Phasen des Kindes abgestimmt ist und nur bei vorschriftsmäßiger Anwendung zum Eintreten der kindlichen Polarisation der Aufmerksamkeit führt. Suchen wir nach einer Einteilung der Materialien, so ergeben sich u.a. die Gruppe der *Sinnesmaterialien* (z.B. die »Geräuschbüchsen«), die dem Kind zur Ordnung seiner Sinneserfahrungen verhelfen und seine Wahrnehmungsfähigkeit schärfen sollen. Zweitens sind die *Sprachmaterialien* (z. B. die »Sandpapierbuchstaben«) und *Mathematikmaterialien* zu nennen (siehe weiter unten).

Zu den Merkmalen des Materials zählt die *immanente Fehlerkontrolle*, bei der die Kinder anhand des Ergebnisses selbst ihre Leistung überprüfen können und somit vom Erzieher unabhängig werden. Dieser Aspekt ist für behinderte Kinder einer Integrationsklasse insofern besonders relevant, als sie sich einer aus ihrer Behinderung resultierenden intensiveren Betreuung durch den Erzieher zeitweilig entziehen und ein Gefühl der Selbständigkeit im Lernprozeß erlangen können. Auf diese Weise erhalten behinderte Kinder, die im Alltag oftmals auf die Hilfe ihrer Mitmenschen angewiesen sind, die Möglichkeit, sich in einer Situation unabhängigen Arbeitens als selbständiges Individuum zu entfalten.

Auch die Entwicklungsmaterialien sind nach einem Ordnungsprinzip gestaltet, bei dem die einzelnen Lerngegenstände mit steigendem Abstraktionsgrad aufeinander aufbauen und durch ihre Kombinationsmöglichkeiten den Lerneffekt für das Kind erhöhen. Durch die aufbauende Struktur des Materials eignet es sich sehr gut für die *gemeinsame Förderung von nichtbehinderten und behinderten Kindern*. Beispielsweise kann es für ein lernbehindertes Kind kein Ausdruck von »Leistungsversagen« sein, wenn es im Mathematikunterricht den Montessori-Rechenrahmen als Lernhilfe benutzt. Die Tatsache, daß auch nicht behinderte Kinder dieses Material in einem frühen Lernstadium verwenden, muß dem Kind den Eindruck vermitteln, daß es unter vergleichbaren Bedingungen arbeitet. Außerdem haben behinderte und nicht behinderte Kinder jederzeit die Möglichkeit, auf Materialien früherer Lernstufen zurückzugreifen, so daß die Wiederholung und Festigung individueller Lerninhalte jederzeit erfolgen kann.

Ein weiteres Merkmal ist das *Prinzip der isolierten Schwierigkeit im Material*: Aus vielseitigen Reizeinflüssen der kindlichen Außenwelt wird ein Gehalt im jeweiligen Material isoliert, mit dem sich das Kind unter Eintritt der Polarisation der Aufmerksamkeit lernend auseinandersetzen kann.

Von besonderer Bedeutung für das behinderte Kind ist die Tatsache, daß die Entwicklungsmaterialien ein kinästhetisches Lernen herbeiführen (von Montessori wird es als »Muskelgedächtnis" benannt), das motorisch gestörte oder sinnesgeschädigte Kinder beim Lernen unterstützt. Beispielsweise erhält ein behindertes Kind beim Lösen von Additionsaufgaben im Mathematikunterricht eine Vorstellung vom Mengenbegriff, indem es bestimmte, später noch genauer beschriebene Perlen verwendet und diese in ihrer Anzahl nicht nur visuell, sondern auch taktil erfaßt.

Aus den genannten Eigenschaften des Materials ergibt sich folgende Bedeutung für die Entwicklung des Kindes: Indem das Material von konkreten Erfahrungen des *Begreifens* stufenweise zu Abstraktionen - zu Be-Griffenem - im kindlichen Geist führt, erlangt das Kind allmählich eine innere Ordnungsvorstellung, die es später auf die Außenwelt übertragen kann. Darüber hinaus haben die Entwicklungsmaterialien die Funktion, beim Kind »progressive Interessen« (*Holtstiege* 1977) zu wecken. Das individuelle Lernniveau kann der Erzieher durch die Materialwahl des Kindes erkennen, wobei er Rückschlüsse auf das Zentrum des Kindes zieht. Die innere Entwicklung des letzteren läßt sich schließlich als *materielle Spur* (*Böhm* 1971, 145) an der kindlichen Peripherie verfolgen.

Im folgenden rekonstruiere ich einen kurzen Einblick in die materiellen Spuren von Mathematik-Materialien, die von nicht behinderten und behinderten Kindern im Grundschulalter verwendet worden sind (s. *Böttger* 1993 und *Francke* 1992). Die Reihenfolge der aufgeführten Lerngegenstände stellt die allgemeine intellektuelle Entwicklung der Kinder im Fachbereich Mathematik dar. Zur Visualisierung dient die Bildfolge mit den Fotos 1 bis 4.

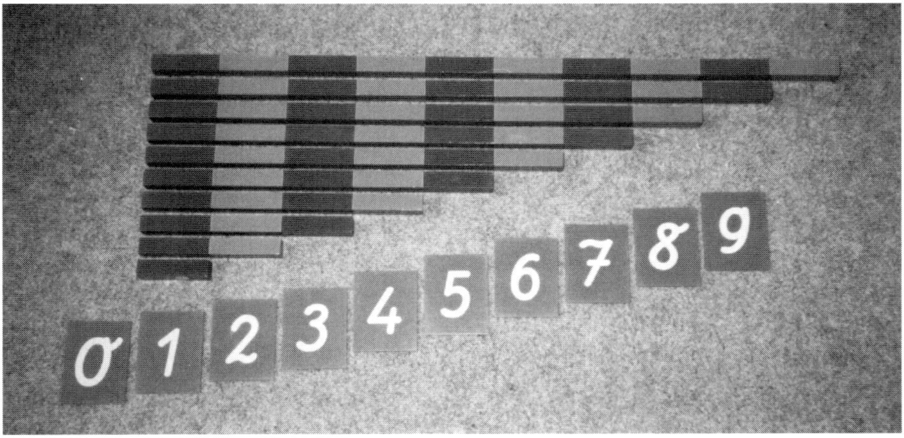

Foto 1: Die Kombination der »Numerischen Stangen« mit den Sandpapierziffern.

Im ersten Schuljahr wird der Zahlenbegriff mit Hilfe von Montessoris »Numerischen Stangen« eingeführt. Diese zehn Stangen sind durch Farbunterschiede in Einheiten eingeteilt, wobei jede Stange nach der Anzahl ihrer Einheiten benannt wird. Die isolierte Schwierigkeit des Zahlenbegriffs wird durch das Ordnungsprinzip im Material geübt: Dadurch, daß jede Zahl durch eine entsprechend große Stange dargestellt wird, lernt das Kind die Namen und die Reihenfolge der Zahlen. Als immanente Fehlerkontrolle dient dem Kind die Anzahl der Abschnitte, wenn alle zehn Stangen untereinander angeordnet sind. Im Umgang mit diesem Material finden behinderte und nichtbehinderte Kinder gleichermaßen eine bedeutsame Lernhilfe, da der Zahlenbegriff durch die Plastizität und die ansprechende Farbgebung der Stangen anschaulich eingängig wird.

In der nächsten Entwicklungsstufe lernen die Kinder mit Hilfe der »Sandpapierziffern« die Zeichen zu den bereits erworbenen Zahlen auf haptisch-visuelle Weise kennen. Diese Ziffern können mit den Numerischen Stangen kombiniert werden und erhöhen so durch die zweifach angesprochenen Sinne ihren Lerneffekt. Sehbehinderte Kinder haben die Möglichkeit, ihre visuelle Beeinträchtigung durch die taktile Lernerfahrung mit diesem Material auszugleichen. Motorisch gestörte Kinder üben intensiv durch Nachfahren der Zahlen mit dem Finger die für sie schwer erlernbare Schreibbewegung der Zahlen.

Foto 2: Die »Spindel« in Kombination mit den »Sandpapierziffern«.

Eine Erweiterung der beschriebenen isolierten Schwierigkeiten findet sich im Material der »Spindeln«. Spindeln sollen auf Kästen mit einer Fächereinteilung der Zahlenfolge von null bis neun entsprechend verteilt werden. Das Lernziel dieses Materials besteht in einem Transfer des Zahlenbegriffs auf Mengen, die sich aus einzelnen Gegenständen aufbauen. Die immanente Fehlerkontrolle besteht in den fehlenden oder übriggebliebenen Spindeln. Die Sandpapierziffern können mit den Spindeln kombiniert werden, wobei der Zahlenbegriff für das Kind dreifach verdeutlicht wird: Visuell an der Rückwand der Spindelkästen, haptisch-visuell im Mengenbegriff in der Form der Spindeln und haptisch-visuell durch die hinzugeordneten Sandpapierziffern. An dieser Stelle wird wiederum deutlich, wie effektiv die Materialien durch das zweikanalige Lernen als Lernhilfe für behinderte Kinder genutzt werden können.

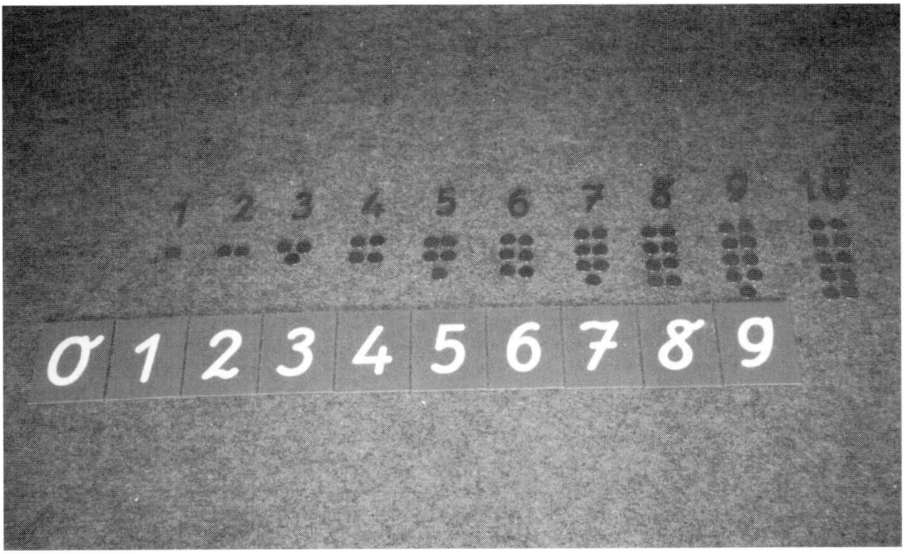

Foto 3: Die »Ziffern und Chips« in Kombination mit den »Sandpapierziffern«.

Als viertes Material zur isolierten Schwierigkeit des Zahlenbegriffs verwenden die Kinder Montessoris »Ziffern und Chips«. Der aufbauende Charakter des Materials wird insofern deutlich, als auch dieser Lerngegenstand die Lernziele der bereits erwähnten Materialien umfaßt. Hierbei sollen die Ziffern von eins bis zehn und die dazugehörigen Chips vom Kind einander zugeordnet und somit die Differenzierung zwischen Paar und Unpaar, also zwischen geraden und ungeraden Zahlen, erlernt werden. Diese Übung dient als indirekte Vorbereitung für die Zahlendivision, wobei die immanente Fehlerkontrolle wie bei den Spindeln durch fehlende oder übriggebliebene Chips erfolgt. Auch bei diesem Material ist eine Kombination mit den anderen beschriebenen Materialien möglich. Die Tatsache, ein neues Material mit seinen veränderten Lernanreizen jederzeit mit bekannten Materialien früherer Lernstufen kombinieren zu können, erleichtert im besonderen auch dem behinderten Kind den Lernvorgang.

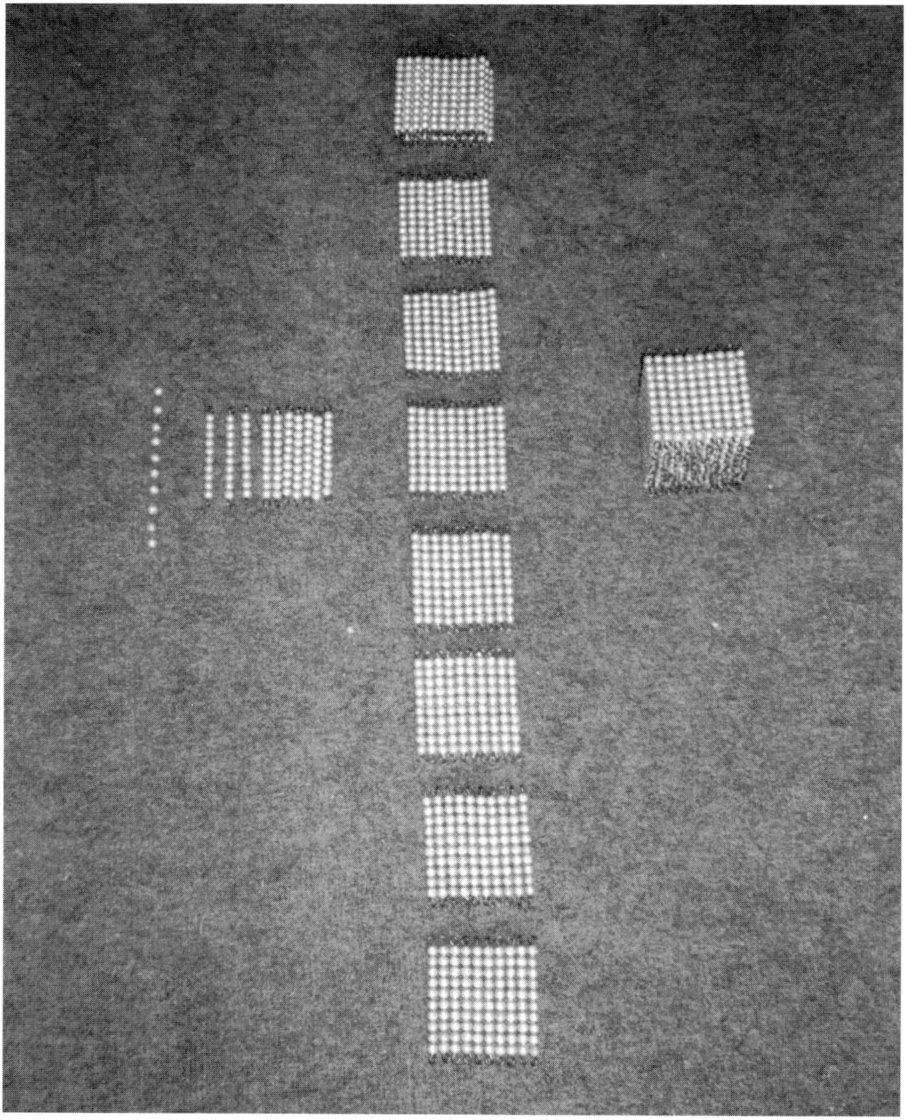

Foto 4: Das Material »Perlen« mit Einerkugeln, Zehnerstäbchen, Quadraten und Kubus

Kinder, die den Lernvorgang beherrschen, können sich in der folgenden sensiblen Phase mit Montessoris Material zur Einführung in das Dezimalsystem befassen. Mit Hilfe der Perlen erlernt das Kind auf anschauliche Weise die Namen und Beziehungen zwischen mathematischen Kategorien. Hierbei können Zehnerstäbchen mit zehn Perlen zu Quadraten mit zehn Zehnerstäbchen und diese wiederum zu Kuben aus zehn Quadraten kombiniert werden. Auch an diesem Lerngegenstand kann das Kind die mathematischen Kategorien visuell und taktil be-greifen. Als problematisch erweist sich in diesem Fall die Tatsache, daß bei der Anwendung des Materials z. T. feinmotorische Fähigkeiten der Kinder vorausgesetzt werden, die diese noch nicht immer erbringen können. So besteht z. B. für ein motorisch gestörtes Kind die Schwierigkeit darin, die Perlen taktil zu differenzieren. Ansonsten ist dieses Material gerade für behinderte Kinder als unerläßliche Lernhilfe in der Arbeit mit dem Mathematikbuch zu bewerten, da abstrakte Zahlen jederzeit durch den Mengenbegriff der hinzugeordneten Perlen veranschaulicht werden können.

Die materielle Spur der Mathematik-Materialien wird im Rahmen dieser Ausführungen nicht weiter verfolgt, da die Grundprinzipien der Entwicklungsmaterialien und ihre Bedeutung für ihren Einsatz in einer Integrationsklasse damit wohl ersichtlich geworden sind. Zusammenfassend läßt sich feststellen: Nach einem immanenten Ordnungsprinzip bauen die Lerngegenstände mit zunehmendem Abstraktionsgrad aufeinander auf und erhöhen ihren Lerneffekt durch ihre Kombinationsmöglichkeiten. Da das Material beim Kind ein *kinästhetisches Lernen* herbeiführt, eignet es sich insbesondere auch als Lernhilfe für behinderte Kinder. Die Entwicklungsmaterialien gelten entgegen weit verbreiteter Auffassung nicht als das einzige und unumgängliche Grundprinzip der Montessori-Pädagogik, sondern sind stets im Zusammenhang mit ihren theoretischen und praxisbezogenen Prinzipien zu verstehen.

Literatur zum Weiterlesen

Böhm, W.:	Maria Montessori. Texte und Diskussion. Bad Heilbrunn 1971 (Klinkhardt).
Heiland, H.:	Maria Montessori. Reinbek 1991 (Rowohlt).
Helming, H.:	Montessori-Pädagogik. Freiburg [13]1989.
Holtstiege, H.:	Modell Montessori. Freiburg 1977 (Herder).
Standing, E. M.:	Maria Montessori. Leben und Werk. Frankfurt am Main (Deutsche Montessorigesellschaft)

Freinet-Ideen zum aktiven Lernen

Claudia Papenhagen

In diesem Beitrag finden Sie praktische Anregungen für einen Unterricht nach Freinet. Arbeiten von Céléstin Freinet haben mich angeregt, reformpädagogische Impulse bei der Entwicklung konkreter Lernhilfen zu nutzen um Karteien im Sinne von Freinet zu gestalten. Um jedoch den Hintergrund deutlich zu machen, will ich auf die Biographie von Freinet kurz zu sprechen kommen - eine Einsichtnahme in die Lebens- und Gedankenwelt Freinets versuchen. Diese Gedankenwelt hat sein pädagogisches Handeln maßgeblich geprägt.

Nachfolgend zeige ich Beispiele von Arbeitskarteien für das selbständige Lernen. Diese Karteien sind typisch für die Freinet-Pädagogik aktiven Lernens. Ich werde auf Klassenkorrespondenzen eingehen und zeigen, wie Wandzeitungen und Arbeitspläne nach Freinet verstanden werden können. Weiterhin stelle ich die Handlungsmöglichkeiten mit einer Schuldruckerei dar, die mit seinem Namen verbunden wird. Zuletzt nenne ich Kontakte, Adressen und Literaturhinweise besonders für diejenigen, die sich mit Freinet beschäftigen möchten.

Céléstin Freinet (1896-1966) - Facetten aus seinem Leben und Wirken

Am 15. Oktober 1896 wird Freinet als Sohn verarmter südfranzösischer Kleinbauern geboren. Er führt ein bescheidenes, naturverbundenes Leben, welches in der Folgezeit seine Lebensphilosophie und seinen pädagogischen Werdegang mitbestimmt. Schon als junger Mensch empfindet Freinet die Schule als einen Ort, an dem am eigentlichen Leben vorbei gelehrt und gelernt wird. Darüber hinaus leidet er - wie so viele Schülerinnen und Schüler seiner Zeit auch - unter den körperlichen Züchtigungen und den ihm langweilig erscheinenden Lehrbüchern und Unterrichtsmethoden. Vom Willen beseelt, die Schule zu ändern, entscheidet er sich, den Berufsweg des Volkschullehrers einzuschlagen.

Freinet-Foto aus: Zülch, M.: Lehrer und Schüler verändern die Schule. Bilder und Texte zur Freinet-Pädagogik. Frankfurt 1980.

Seine Lehrerausbildung wird unterbrochen, als er mit 18 Jahren zum Militärdienst in den 1. Weltkrieg eingezogen wird. Zwei Jahre später kehrt Freinet desillusioniert und mit schweren Schußverletzungen vom Schlachtfeld zurück. Da er nicht als 100% Schwerbeschädigter sein Dasein als Frührentner fristen will, bewirbt er sich um eine Anstellung als Lehrer in einem kleinen Dorf in den Seealpen Südfrankreichs. Dort findet er nicht die günstigsten Lern- und Lehrbedingungen vor: Der Klassenraum, in dem er unterrichtet, wirkt düster, schmutzig und ärmlich. Sehr schnell wird ihm klar, daß der von ihm praktizierte Frontalunterricht ohne Beziehung zum Leben der Kinder steht und daß seine Schülerinnen und Schüler sich vor allem für Angelegenheiten außerhalb des Klassenzimmers interessieren. Zudem zwingt ihn sein Lungensteckschuß, einen Unterrichtsstil zu finden, der ihn stimmlich und körperlich entlastet.

Auf der Suche nach Anregungen stößt er bald auf reformpädagogische Schriften, deren Ideen er auf Studienreisen durch Europa und durch die ehemalige Sowjetunion kennenlernt, darunter *Hermann Lietz* und *Peter Petersen*. Freinet trifft sich nun mit führenden Reformpädagogen, ist aber bald enttäuscht: Er mißtraut ihren überreich ausgestatteten Versuchsschulen mit »Laboratoriumscharakter« und verweist auf die Tatsache, daß ein Großteil der Schülerinnen und Schüler aus sozialschwachen Verhältnissen stammt, deren finanzielle und soziale Probleme nicht genügend berücksichtigt werden. Dogmatische pädagogische Konzepte lehnt er ab. Für ihn erweist sich eine Theorie erst dann als sinnvoll, wenn ein Lehrer diese ohne großen Kosten- und sonstigen Aufwand in die Praxis umsetzen kann.

Freinet macht sich die Forderungen *Kerschensteiners* zu eigen, die Schule der Zukunft solle eine Arbeitsschule sein, und er setzt sich mit den Studien des belgischen Arztes *Décroly* auseinander. Sein Motto »par la vie - pour la vie« hat er sich in abgewandelter Form zu eigen gemacht: par la vie - pour la vie - pour le travail, also gleichsam durch das Leben - für das Leben - für die Arbeit lernen. Ein ursprüngliches Aktivitätsbedürfnis sei bei jedem Menschen vorhanden; dieses fördert die Selbstverwirklichung des einzelnen.

Freinet will einen lebendigen Unterricht. Er erkundet mit den Schülerinnen und Schülern die sie umgebende Natur, organisiert Erkundungen bei Handwerkern und Bauern undsoweiter. Dort sammeln die Kinder interessante Eindrücke, über die sie in der Schule berichten. Um sie stärker für das geschriebene Wort zu gewinnen, experimentiert Freinet mit einer Handdruckerpresse, die später zum Symbol der Freinet-Bewegung wird. Alte Schulbücher setzt er in seinem Unterricht nicht ein, sondern erprobt »freie Texte«, die die Kinder selbst in Situationen und aus Anlässen ihrer Wahl verfassen. Unterlage, Orthographie und Schrift spielen nach Freinet keine Rolle. Im freien Schreiben kann das Kind seine Gedanken »frei von der Seele« schreiben.

Außerhalb des schulischen Bereichs engagiert sich Freinet für eine Veränderung der bestehenden Verhältnisse: Er beteiligt sich beispielsweise an der Gründung von Produktionsgenossenschaften, um die Armut der Kleinbauern und Pächter zu mildern. Er ist aktives Mitglied der Gewerkschaft, zeitweise auch der Kommunistischen Partei Frankreichs, und ein Sympathiesant der Antikriegsbewegung Clarté. Später gründet Freinet eine internationale pädagogische Bewegung, die *Ecole Moderne* mit dem Ziel, einen Erfahrungsaustausch unter reformaufgeschlossenen Lehrerinnen und Lehrern zu ermöglichen. Sie sollen sich über neue pädagogische Ideen sowie selbst ausgedachte Lehr- und Lernmittel frei beraten können.

Noch zu Lebzeiten erfährt Freinet ein internationales Echo. 1930 bestanden mehrere Schulkooperativen im Ausland. Die Schulkooperativen fühlen sich der Freinet-Methode verpflichtet und arbeiten danach. Zur Entstehungszeit der Schulkooperativen stellen sich jedoch auch Verleumdungen rechts-reaktionärer Kräfte ein, die an seinem politischen und sozialen Engagement Anstoß nehmen. Weil seine Schülerinnen und Schüler einen freien Text über den betrunkenen Pastor bei einer Kirchenfeier verfassen, wird dieses Ereignis zum Anlaß genommen, Freinet aus dem Schuldienst zu entlassen. Gewillt, dem Unrecht zu trotzen, erichtet er mit seiner Frau ein Landerziehungsheim nach dem Vorbild von *Hermann Lietz* und *Paul Geheeb*. In dieser Privatschule bei Cannes finden Kurse zur Aus- und Weiterbildung von Freinet-lehrern statt. Dann aber wird er vom Vichy-Regime als politisch unsicher eingestuft, verfolgt und in ein Internierungslager geschickt. Man plündert seine Schule. Erst nach Kriegsende kann Freinet seine pädagogische Arbeit wieder aufnehmen und Interessenten in der experimentellen Schule empfangen.

1948 wird das *Institut Coopératif de l'Ecole Moderne* gegründet, in dem Lehrerinnen und Lehrer arbeiten, um landesweit Arbeitsmittel und -techniken zu entwerfen, zu erproben und herzustellen und um Seminare sowie Arbeitsgruppen zu organisieren. 1961 ruft er die *Fédération Internationale des Mouvements de l'Ecole Moderne* ins Leben. Diese Föderation gilt als die Dachorganisation für einzelne Schulkooperativen für Freinet-Schulen aus etwa 40 Ländern.

Céléstin Freinet hat Ideen praktischer Unterrichtsarbeit von anderen Pädagogen aufgegriffen und weiter ausgearbeitet. Ein von Freinet gern studierter Reformpädagoge ist *Olivier Décroly*, der die Aufsätze seiner Schülerinnen und Schüler von diesen selbst drucken ließ. Die persönliche Leistung von Freinet liegt darin begründet, daß er Ideen anderer in die pädagogische Praxis umzusetzen verstand und dadurch ein sinnvolles Ganzes entstand. Freinet war durchaus Praktiker seines Metiers und wirkt noch heute als Quelle und Wegweiser für eine phantasievolle, kindgerechte Pädagogik des aktiven Lernens.

Seit der Studentenbewegung Ende der 60-er Jahre erlebt die Freinet-Bewegung eine »Renaissance«. Ihr Konzept ist besonders deshalb beliebt, weil es nicht dogmatisch ausgerichtet ist, sondern die Freinet-Interessierten regelrecht auffordert, es abzuwandeln. Ein Personenkult um Freinet besteht nicht wie bei Montessori das der Fall ist. Von Anfang an war Freinet um kooperative Zusammenarbeit auf gleichberechtigter Basis bemüht. Sein Anliegen gegenüber Kindern war es, diese zu kritikfähigen Menschen zu erziehen, welche den Wert der geistigen Arbeit mit dem der manuellen gleichzusetzen wußten. Sie sollten zum freien mündlichen und schriftlichen Ausdruck aktiviert werden.

Freinets Arbeitskarteien

Der Grundlehrstoff soll nach Freinet in Arbeitskarteien umgesetzt sein, um die Kinder zur Eigenverantwortlichkeit und Selbstkontrolle zu erziehen. Durch den Einsatz von Arbeitskarteien läßt sich der individuelle Lernfortschritt eines Kindes leichter feststellen, denn nun steht dieses nicht mehr im unmittelbaren Vergleich zum Klassendurchschnitt oder geht gar in der großen Masse unter, sondern sein persönlicher Fortschritt steht im Mittelpunkt.

Die Karteikarten, vorzugsweise in Din-A-5 Format, sollten numeriert werden und nach Fächern, Schwierigkeitsgrad und Schulalter geordnet sein. Wendekarten, bei denen die Lösung auf der Rückseite steht, Lösungsschlüssel, Kontrollfolien und anderes können Hilfsmittel für die geforderte Selbstkontrolle und -korrektur sein. Die Karteikarten selbst sollten möglichst lebensnah und phantasievoll gestaltet werden. Anweisungen seien knapp und verständlich zu formulieren, um Lernprozesse zu stützen. - Die folgenden Beispiele verschiedener Karteien mögen Anregung bieten, selbst einmal ansprechende und persönliche, auf die eigene Klasse individuell abgestimmte Karteien zu erfinden.

1 Naturerkundungskartei

In diese Kartei wird das aufgenommen, was in der Natur an Wissenswertem und Interessantem von Kindern zu erforschen ist.

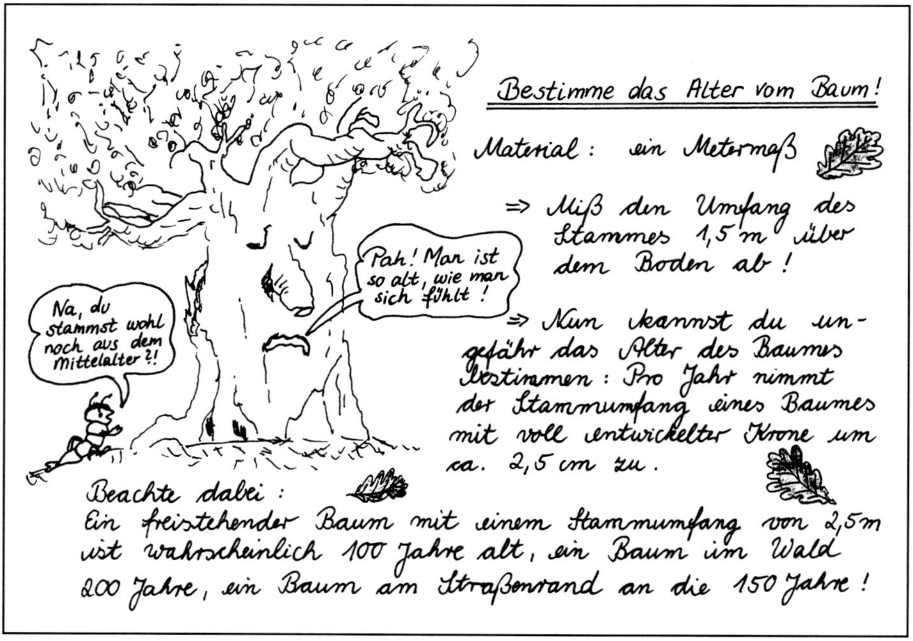

2 Karteien »Gemeinsam untersuchen und erkunden«.

Diese Kartei bezieht sich im Gegensatz zur Naturerkundungskartei auf Erforschungsmöglichkeiten, die im Schulgebäude oder auf dem umliegenden Gelände genutzt werden können.

Geheimschrift:

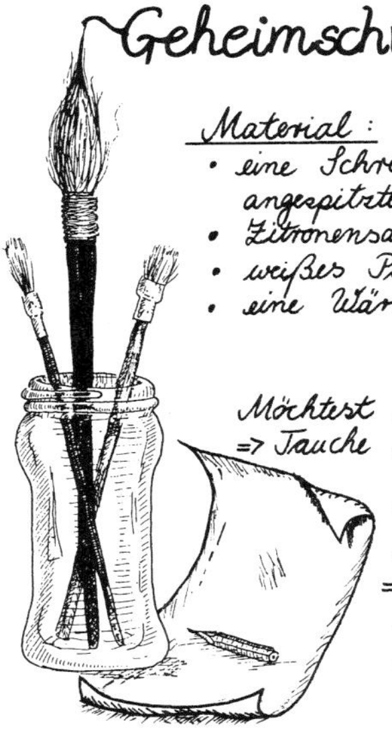

<u>Material:</u>

- eine Schreibfeder oder ein angespitztes Streichholz
- Zitronensaft
- weißes Papier
- eine Wärmequelle (eine Kerze oder ein Bügeleisen)

Möchtest Du eine geheime Botschaft verschicken?

⇒ Tauche eine Schreibfeder oder ein Streichholz in Zitronensaft und schreibe damit. Wenn der Text trocken ist, sieht man ihn nicht mehr!

⇒ Wenn Du den Text lesen möchtest, so halte das Papier über eine Kerze oder bügle es.

Pflanze ein Bäumchen!!

<u>Du brauchst:</u>

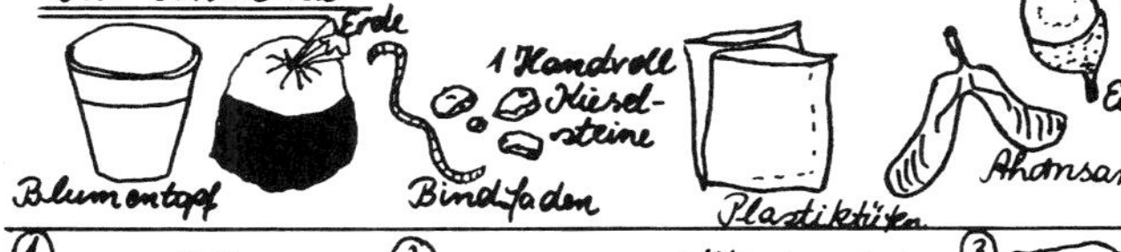

(1.)

→ Samen über Nacht in Warmwasser einweichen
→ Schäle dann die Schalen vorsichtig ab!

(2.)

→ Kiesel auf dem Topfgrund lassen Wasser besser abfließen
→ Blumenerde auffüllen
→ Erde gut befeuchten

(3)

→ Tüte hält die Samen feucht
→ Topf in die Sonne stellen!

(4.)

→ Sobald der Sämling erscheint, nimmst du die Tüte ab! → 1-2 mal in der Woche gießen / anfeuchten!
→ die Keimzeiten sind unterschiedlich lang (z.B. Eichel: 2 Monate) sei geduldig!

(5.)

→ Grabe ein Loch in den Garten und setze den Sämling samt Erdballen dort hinein!
→ Erde anklopfen und gut angießen!

3 Eine »Kartei für Neugierige«

Diese Kartei bezieht sich auf den kindlichen Alltag und nimmt das wie selbstverständlich geforderte Wissen auf, welches ein Kind braucht, um den kleinen Aufgaben, Hinweisen und Symbolen des Alltags begegnen zu können, z.B. bestimmte Verkehrsschilder.

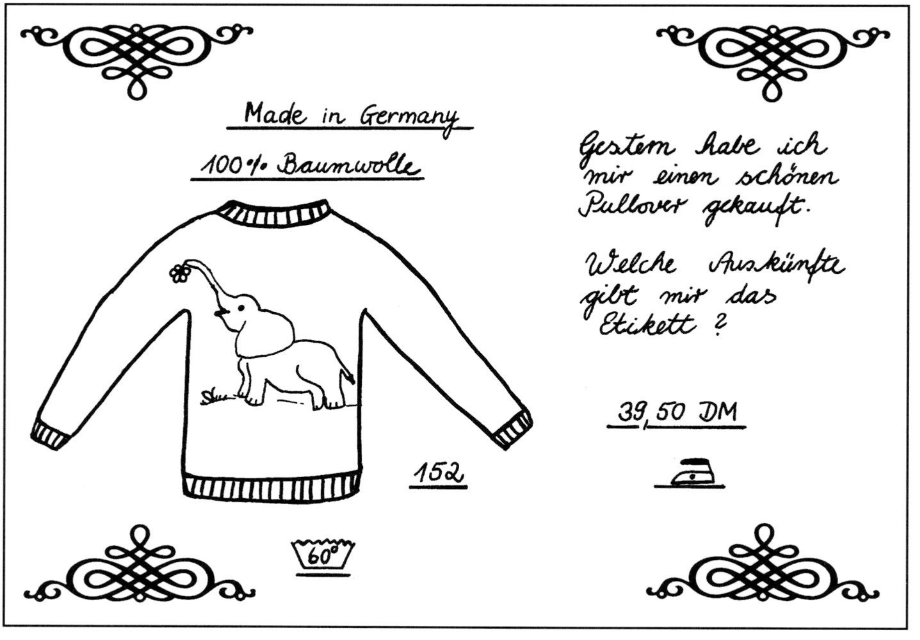

4 Gedichtekartei

Dieser Name spricht für sich. Anhand dieser Kartei kann ein Kind ein Gedicht verinnerlichen, es auswendig lernen oder abschreiben, seine Gedanken dazu malen oder ein eigenes Gedicht verfassen.

Schreib das Gedicht ab!
Kleb ein Foto dazu, und
mal einen schönen Rahmen.

Ich

Ich stehe
manchmal
neben mir
und sage
freundlich
DU zu mir
und sag
DU bist
ein Exemplar
wie keines
jemals
vor dir war
DU bist
der Stern
der Sterne
Das hör ich
nämlich gerne

Jürgen Spohn

5 Persönlichkeitskartei

In diese Kartei können Schulkinder, Lehrer und Personen außerhalb des Schulbereichs, die für Kinder eine bestimmte Bedeutung haben, aufgenommen werden. Da ist zum Beispiel der Kioskbesitzer an der gegenüberliegenden Straßenseite der Schule oder »Der kleine Vampir«. Hier geht es um die persönlichen Vorlieben und Abneigungen, die es möglich machen, sich selbst und andere besser zu verstehen.

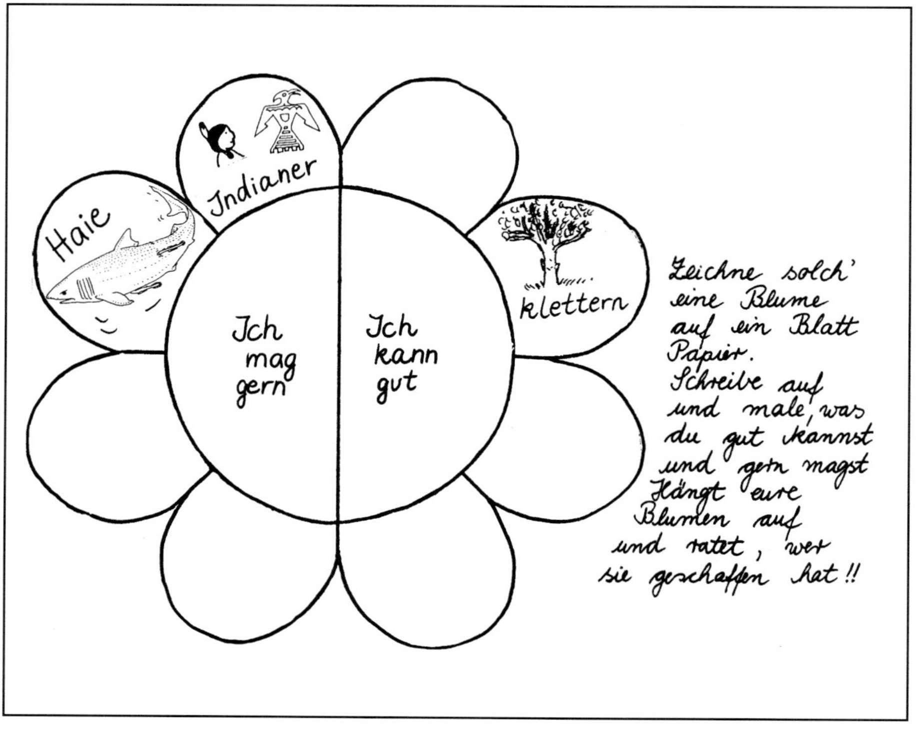

6 Klassenlesekartei

Bei einer Klassenlesekartei ist die Lektüre für Kinder weitgehend persönlich aufbereitet. Die Kartei informiert über Hobbies, Vorzüge, Lieblingsessen und andere Interessen jedes einzelnen Kindes. Dafür sollte man von jedem Kind ein passendes Foto erhalten, dieses auf eine Karteikarte kleben und einen geeigneten Text verfassen. Die Kartei kann nach verschiedenen »Lesestärken« differenziert aufgebaut sein.

Auf diesem Bild sitzen Nils und sein kleiner Freund Bläcki gemeinsam auf dem Sofa. Da haben sich zwei gefunden: Beide erkunden liebend gerne ihre Umgebung und spielen Verstecken, obwohl der kleine Frechdachs Bläcki häufig die Spielregeln mißachtet. Am liebsten mag Bläcki mit einem Tennisball spielen. Nils muß diesen dann von sich werfen, und Bläcki rennt bellend hinterher. Und wenn Nils aus der Schule kommt, wartet Bläcki schon vor der Tür. Was für ein Empfang! Bläcki ist ein wahrer Schatz der Familie Schakala.

7 Bilderkartei

In dieser Kartei sammeln Lehrer und Schüler größere Fotos, eigene oder aus Zeitschriften entnommene, Kunstpostkarten (z.B. von Janosch oder Hundertwasser) oder selbst gemalte Bilder. Diese dienen als Bildimpulse, die zum freien Schreiben anregen, oder sie nützen dem einfachen Innehalten im Strom der Eindrücke und Erfahrungen.

Freies Schreiben

Freinet lehnt die Arbeit mit Schulbüchern im Unterricht ab. Schulbücher seien nicht kindgemäß, und sie würden das Interesse des Kindes kaum ansprechen anders als bei *freien Texten*, die von einem natürlichen Mitteilungs- und Kommunikationsbedürfnis des Kindes ausgehen, soweit Lehrer und Lehrerinnen diesem Bedürfnis nur genügend Freiraum lassen und den Unterricht nicht mit Wissensstoff überfrachten. Kinder sollen sich in ihrer Persönlichkeit und ihrer freien Geisteshaltung ausdrücken lernen. Darüber hinaus fordert Freinet, daß das Verfassen eines freien Textes unabhängig ist von

- festgesetzten Orten,
- vorbestimmten Zeitpunkten,
- genormten Heften und Schreibutensilien,
- Bewertungen der Orthographie und
- Festlegungen der Schriftsetzung.

Maßgebend ist immer der Ausdruck, den das Kind selbst gewählt hat, um seine Gedanken mitzuteilen. Deshalb unterliegt der freie Text nicht sogleich den ästhetischen und intellektuellen Kriterien von Erwachsenen. Im Vergleich zu Schulbüchern haben freie Texte einen klaren Vorteil, da sie ungelenkt sind und das Interesse des einzelnen Kindes unmittelbar aktivieren: Einen eigenen Text zu verfassen und ihn entsprechend zu gestalten ist spannend und vermag sich eher im Gedächnis einzuprägen als eine Lektion aus dem Schulbuch. Das Kind kann den Umfang seines Textes und sein Arbeitstempo weitgehend selbst bestimmen, und es lernt dabei, Schwierigkeiten und Kummer »von der Seele« zu schreiben.

Mehrmals in der Woche tragen die Verfasser freier Texte, die Kinder also, ihre Werke der Klasse vor. Nach einer gemeinsamen Korrektur der Rechtschreibfehler können Kinder den Text mit Lettern in Buchstabenschrift setzen, um ihn schließlich mit einer einfachen Handpresse zu drucken. Die Schuldruckerei vermittelt den Kindern die Gewißheit, daß ihre Worte so ernst genommen werden, daß die Texte es »wert« sind, für die Öffentlichkeit vervielfältigt zu werden (z. B. durch eine Klassenzeitung). Ein positiver Nebeneffekt des Buchdrucks kann im übrigen so eintreten: Dadurch, daß die Kinder schon früh mit der Druckerei vertraut sind, verstehen sie - womöglich früher als andere in ihrem Alter - aus eigener Erfahrung, daß

Tatsachen oft einseitig oder gar fehlerhaft wiedergegeben werden. - Einige Ideen für das Verfassen von freien Texten mögen die nun folgenden sein:

- Die in der freien Arbeit entstandenen Kindertexte, die das Leben der Klasse widerspiegeln, können in einer *Klassenzeitung* zusammengestellt werden. Diese könnte auch freie Bilder (d.h. ohne Themenvorgabe), Arbeits- und Untersuchungsergebnisse, Spiele oder Gruppentexte enthalten.

- Jedes Kind könnte sich eine *Eigenfibel* ausdenken, in die es interessante Erlebnisse, schöne Gedichte, leckere Rezepte oder Berichte aus dem Schulalltag einträgt und diese entsprechend illustriert.

- Die Kinder könnten handlungsorientiert Glückwunschkarten oder Einladungsbriefe verfassen und gestalten. Ein *Wochentagebuch* könnte in der Gemeinschaft entstehen und vom Schulleben, vom Wetter, vom Spruch der Woche und von Geburtstagen berichten.

- Das Kind kann sich ein Wort ausdenken, z. B. Nacht, Glück, Wald und passend dazu seine *Assoziationen* aufschreiben. Aus allen Wörtern, die ihm gut gefallen, könnte es wiederum einen Text oder ein Gedicht schreiben.

- Man könnte auch *Erzählungen erfinden*, die von einem Traum, einem lustigen Spiel, einem Streich, von einer Verwandlung oder einer Schatzsuche, von einem Inselleben oder einem Geheimnis handeln. Der Phantasie sind dabei keine Grenzen gesetzt.

- Für die *Briefpartnerschaft* oder für andere Adressaten könnten Briefe verfaßt werden, um Freundschaften zu vertiefen.

- Nicht zu vergessen sind interessante *Bildimpulse*, zum Beispiel Fotos, Plakate oder eigene Bilder, die - falls nötig - den entscheidenden Auslöser für einen freien Text oder eine Geschichte darstellen.

Die Briefpartnerschaft mit einer anderen Klasse

Die Klassenkorrespondenz bietet Kindern die Möglichkeit authentischer Kommunikation. Sie verbindet Klassen untereinander, oft auch mit einer im Ausland. Dadurch entstehen persönliche, ausbaufähige Beziehungen zwischen Kindern der eigenen Schule und ausländischen Kindern. Die Korrespondenz kann zwischen zwei Kindern als auch zwischen den beiden Klassen allgemein stattfinden, z.B. über den Austausch der Klassenzeitungen. Kinder sind bei dieser natürlichen Kommunikation sehr engagiert, denn solche Aktionen sind schülerorientiert und interessengerichtet: Die Kinder können sich selbst mitteilen, aber auch etwas im Gegenzug erhalten, nämlich eine Antwort. Einige Ideen für die Klassenkorrespondenz:

- Persönliche Briefe
- Klassenzeitung
- Cassetten
- Fotos
- Geschenke aller Art
- Gedruckte Texte
- Alben
- Untersuchungsergebnisse
- Dias
- Tonbandaufnahmen

Der Wochenarbeitsplan

Ein weiteres Element eines Freinet-orientierten Unterrichts ist der individuelle Wochenarbeitsplan. Jedes Kind trägt in diesem Plan seine Arbeit ein, welche sie sich für die kommende Woche vorgenommen hat. Falls erforderlich kann der Lehrer nach eigenem Ermessen unterstützend eingreifen. Dieser Arbeitsplan orientiert sich am Interesse des Kindes. Die erbrachten Leistungen werden vom Kind selbst in der »Fieberkurve« festgehalten, d.h. es schätzt seine Leistung allwöchentlich unter einem bestimmten Lernaspekt selbst ein, setzt entsprechend seiner Wertung einen Punkt an bestimmter Stelle und verbindet die gesetzten Punkte miteinander, so daß eine »Fieberkurve« entsteht. Diese Selbsteinschätzung wird zuletzt sowohl von der Lehrkraft als auch von den Eltern zur Kenntnisnahme unterschrieben. Ein Wochenarbeitsplan kann inhaltlich nicht nur für die einzelnen Schüler verbindlich sein, sondern auch für die gesamte Klasse (zum Wochenplan siehe den gleichlautenden Beitrag in Kapitel II).

Weitere Arbeitsplaninhalte:

- Gedichte
- Gruppenprojekt
- Musik
- Tanz
- Diktat
- Vokabeln
- Theater
- Puppenspiel
- Schreibmaschine
- Cassette
- Korrespondenz
- Tierhaltung
- Sport
- Spiele
- und dergleichen mehr

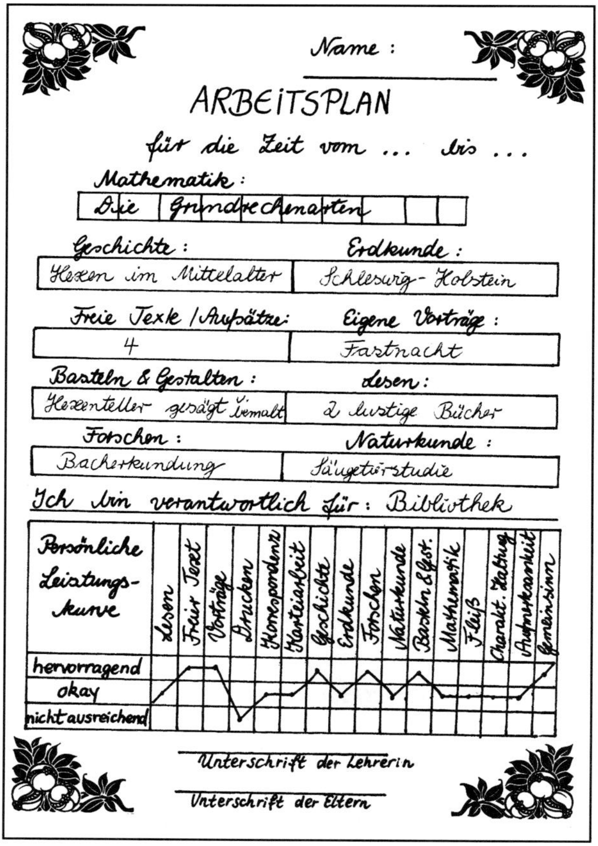

Name :

ARBEITSPLAN

für die Zeit vom ... bis ...

Mathematik: Die Grundrechenarten

Geschichte: Hexen im Mittelalter

Erdkunde: Schleswig-Holstein

Freie Texte / Aufsätze: 4

Eigene Vorträge: Fastnacht

Basteln & Gestalten: Hexenteller gesägt u. bemalt

Lesen: 2 lustige Bücher

Forschen: Backerkundung

Naturkunde: Säugetierstudie

Ich bin verantwortlich für: Bibliothek

Persönliche Leistungskurve: Lesen, Freie Texte, Vorträge, Drucken, Korrespondenz, Karteiarbeit, Geschichte, Erdkunde, Forschen, Naturkunde, Basteln & Gest., Mathematik, Fleiß, Charakt. Haltung, Aufmerksamkeit, Gemeinsinn

hervorragend / okay / nicht ausreichend

Unterschrift der Lehrerin

Unterschrift der Eltern

Wandzeitungen

Für Freinet ist die Wandzeitung ein besonderes Kommunikationsmittel, denn diese unterstütze demokratische Entwicklungsprozesse innerhalb einer Klassengemeinschaft. Jedem Kind bietet sie Raum für Vorschläge, Kritik und positive Bemerkungen. Wer sich darin unter Angabe ihres Namens eintragen möchte, kann vor der Klassenversammlung ihre Anmerkungen näher erläutern. Daraufhin sind alle Kinder aufgefordert, sich zum entsprechenden Thema zu äußern. Sie sollen lernen, sowohl Schönes und Bemerkenswertes hervorzuheben als auch über strittige Fragen konstruktiv zu diskutieren. Somit fühlen sich alle Kinder für das Wohlergehen der Klassengemeinschaft verantwortlich und können sich sicher sein, daß Entscheidungen »von unten« nicht nur toleriert, sondern auch erwünscht sind.

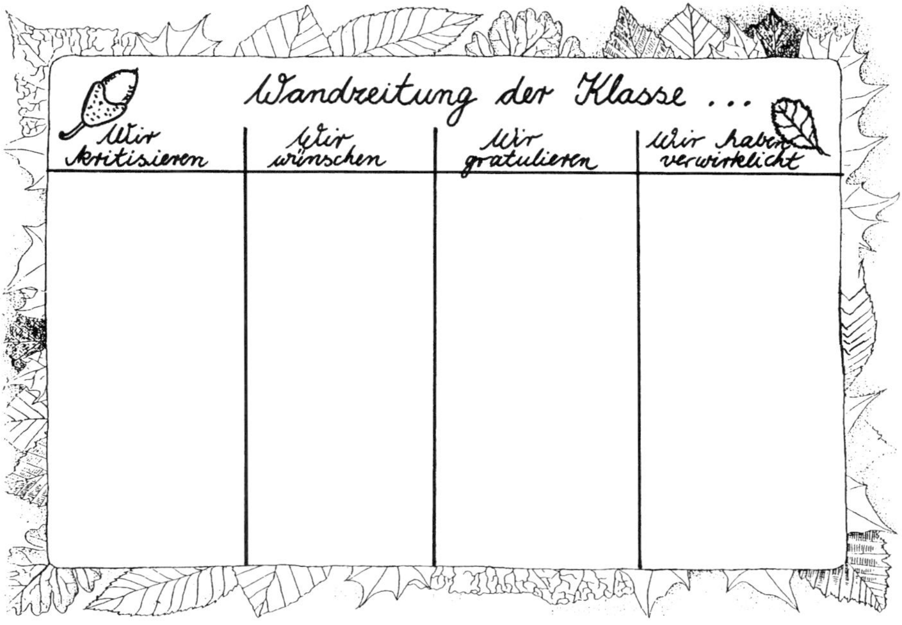

Freinet-Kontaktadressen

Nicht nur im romanischen Sprachraum, sondern weltweit haben sich Lehrerinnen und Lehrer zusammengefunden, die sich austauschen möchten. Sie treffen sich in lokalen Gruppen, Kooperativen und Fortbildungsseminaren, in denen sie neues Lernmaterial erstellen, persönliche Erfahrungen austauschen, miteinander feiern und dadurch die pädagogischen Vorstellungen Freinets weiterentwickeln. Eine bundesweite Zeitung namens »Fragen und Versuche« existiert. Sie ist über den Materialvertrieb der Pädagogik-Kooperative in Bremen zu beziehen. Nachfolgend führe ich einige Adressen auf, die für einen Freinet-orientierten Unterricht stehen und bei Fragen weiterhelfen können:

Pädagogik-Kooperative e.V.
Materialvertrieb
Goebenstr. 8
28209 Bremen

Archiv
Examensarbeiten zur Freinet-Pädagogik
Dr. Ingrid Dietrich
Uni/Ges.-Hochschule
Duisburg, FB 2
Lotharstr. 65
47057 Duisburg

Internationaler Verband
der Freinet-Bewegung (FIMEM)
Sekretariat Gitta Kovermann
Wilhelm-Leuschner-Str. 6b
45665 Recklingshausen

Literaturbox

Hänsel, D. : Handlungsspielräume. Portrait einer Freinet-Gruppe. Weinheim 1985.

Jörg, H. (Hrsg.) : Céléstin Freinet: Die moderne französische Schule. Paderborn 1976.

Jörg, H. : Praxis der Feinet-Pädagogik. Paderborn 1981.

Koitka, C. (Hg.) : Freinet-Pädagogik. Unterrichtserfahrungen im Umgang mit »freien Texten«, »Selbstverwaltung«, »Klassenzeitung«, »Korrespondenz« u.a.. Berlin^2 1989.

Laun, R. : Freinet - 50 Jahre danach. Dokumente und Berichte aus drei französischen Grundschulklassen. Heidelberg ^{2}1983.

Vasquez, A. u.a.: Vorschläge für die Arbeit im Klassenzimmer - die Freinet-Pädagogik. Reinbek bei Hamburg 1976.

Zülch, M. : Lehrer und Schüler verändern die Schule. Bilder und Texte zur Freinet-Pädagogik. Herausgegeben vom Arbeitskreis Grundschule und dem Materialvertrieb der Pädagogik-Kooperative Bremen. Frankfurt 1980.

AKTIF-Experimente -
36 Unterrichtsbausteine für den Sachunterricht und naturwissenschaftliche Fächer

Uwe Hameyer

Sich für entdeckendes Lernen in der Schule auszusprechen ist leicht. Wir wissen jedoch aus Forschung und Praxis, daß die erfolgreiche Umsetzung dieser Lernmethode von mehreren Voraussetzungen abhängt. Dazu zählen geeignete Unterrichtsmaterialien und Differenzierungshilfen, die Impulse für den Unterricht setzen. Ausgehend vom Grundgedanken des Erkennens durch Selbertun - durch Selbsttätigkeit im Experiment - hatte das Institut für die Pädagogik der Naturwissenschaften (IPN) an der Universität Kiel 1986 einen Satz von Unterrichtseinheiten namens AKTIF veröffentlicht. ***A**lle **K**önnen **T**eilhaben an **I**deen und **F**ertigkeiten* ist der Name dieses Lernangebots, das für den Sachunterricht und naturwissenschaftliche Fächer der 3. bis 7. Klasse gedacht ist (*Hameyer/Dudek/Friis/Hameyer* ²1992). Kernstück jeder Einheit sind exemplarische Unterrichtsbeispiele zum gelenkt-entdeckenden Lernen. Die Bausteine wurden in über 70 Klassen erprobt (Bremen, Niedersachsen, Schleswig-Holstein).

> *Hameyer, U./Dudek, H./Friis, H./Hameyer, B.:* Naturwissenschaften AKTIF (Alle Können Teilhaben an Ideen und Fertigkeiten). Lernangebot Sachunterricht und naturwissenschaftliche Fächer 3. bis 7. Klasse. Kiel [1986] ²1992 (Schmidt & Klaunig). Die AKTIF-Box enthält 36 Unterrichtsbausteine in 8 Heften, einen Kommentarband und eine Aufbewahrungsmappe.

AKTIF-Konzeption

Einige Elemente von AKTIF habe ich bereits im Kapitel II über das Erkunden durch Selbsttätigkeit dargestellt. Entdeckendes Lernen in der AKTIF-Konzeption zeichnet sich durch experimentelle Aktivitäten der Kinder aus. Sie sollen zum Beispiel ein Thema aus der Technik, ein Problem aus der Alltagswelt oder ein Naturphänomen zunehmend selbsttätig und eigenverantwortlich erkunden. Dabei lernen sie, Phänomene genau zu beobachten, Befunde zu notieren und anderen mitzuteilen; sie lernen auch, etwas Erstaunliches zu verstehen, Merk-Würdiges zu vergleichen, durch Konstruktion und Experiment zu lernen.

Abb. 1: Etwas zu zweit herausfinden

Vom Grundgedanken des aktiven Lernens durch Entdecken ausgehend haben wir drei pädagogische Leitideen als Bezugspunkte für die 36 Unterrichtsfolgen (siehe Abb. 2) ausgearbeitet:

- Entdeckendes Lernen durch Selbsttätigkeit
- Experimentieren in Partnerarbeit
- Umweltbezug im fächerverbindenden Unterricht

Bildung durch aktives Lernen

Pädagogische Gründe für das Lernen in der Schule gehen von der Annahme aus, daß sich Bildung als aktiver Prozess vollziehe. Reformpädagogen haben auf dieser Grundlage ihre Theorien der Selbsttätigkeit und des entdeckenden Tuns formuliert. Ich denke an *Gaudigs* Schule der Selbsttätigkeit (1904 und 1969), an den Jenaplan (Petersen), und auch die Pädagogik von *Fröbel* stellt das Prinzip der Selbsttätigkeit in das Zentrum des Lernprozesses. In der amerikanischen Pädagogik haben *Dewey* und *Parkhurst* Unterrichtsmethoden kritisiert, die vorwiegend rezeptives Lernen abverlangen. Sie schlugen vor, die Kinder individuell zu fördern und ihnen ein größeres Maß an Freiheit einzuräumen, sich selbständig und durch konkretes Tun mit Problemen auseinanderzusetzen. Aus den Schriften von *Dewey* ging der Plan für Projektlernen hervor - gegenwärtig am entscheidensten weiterenwickelt und curriculumtheoretisch begründet von *Frey* (1993). Ein wesentlicher Einfluß ist später den Arbeiten von *Schwab* (1962) und *Bruner* (1970) über entdeckendes Lernen zuzuschreiben. Ihrer Ansicht nach steigert entdeckendes Lernen die intellektuellen Fähigkeiten und das Selbstvertrauen. Es erlaube den Übergang zu intrinsischer Motivation und vermittele heuristische Methoden. Auch die Behaltensleistungen würden gefördert.

In AKTIF haben wir uns für ein Modell *gelenkt-entdeckenden Unterrichts* entschieden, eine Mischung aus vorstrukturierten Lernabschnitten und offener Lernsituation. Innerhalb der Experimentierabschnitte von AKTIF können die Kinder zunehmend selbst entschei

1 **Experimentieren**
Weitsprung
Pulsschlag
Schutz für Eiswürfel
Flöße
Nägel einschlagen

2 **Messen und Maße**
Wie lang ist das?
Literweise
Achte auf das Gewicht
Warm oder kalt?
Winkel und Dreiecke

3 **Leben im Klassenzimmer**
Samen sortieren
Daten sammeln
Keimling
Wachsende Pflanzen
Wurzeln
Schneckenkraft

4 **Pflanzen und Pflegen**
Umwelt und Pflanzenwachstum
Salztolerante Pflanzen
Wildpflanzen

5 **Mischungen und Lösungen**
Trennen von Mischungen
Löst es sich?
Verschiedene Lösungen
Sättigungsproblem
Sprudelspiel

6 **Küchenzauber**
Säuretest
Salzwasser
Krümelmonster
Zuckertest

7 **Kommunizieren mit Geräuschen und Tönen**
Klingende Botschaften
Leise Geräusche, große Ohren
Wie hoch klingt das?
Geräusche sind Schwingungen

8 **Energiequellen**
Windmühlen
Windenergie
Sonnenheizung
Sonnenenergie

Abb. 2: Schaubild AKTIF

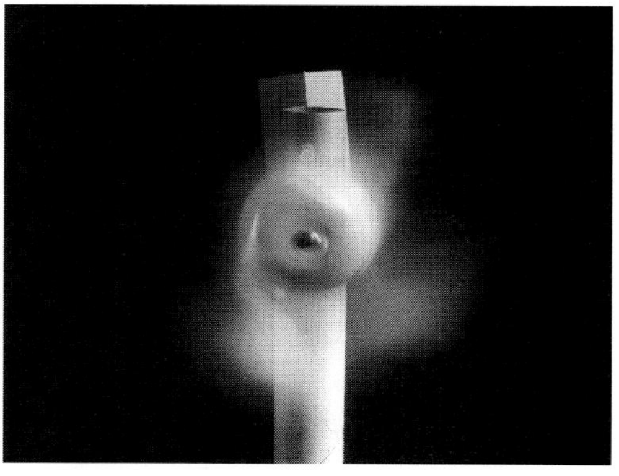

den, wie sie sich mit den Materialien weiter befassen wollen und bestimmte Aufgaben lösen. Die meisten Tätigkeiten und Versuche fordern *multisensorielles Lernen*, die Aktivation mehrerer Sinnesgebiete. Sprachliches Handeln, die Notierung des Beobachteten, das Be-Greifen von Sachen und das Herstellen von Zusammenhängen bilden eine produktive Einheit. Folgende Tätigkeiten spielen eine zentrale Rolle: Sich sozial verhalten, das eigene Tun sinnvoll organisieren, zielführende Fragen stellen, Beobachtungen in Bild und Sprache fassen, Selbstvertrauen und Toleranz entwickeln; Phänomene genau beschreiben, mit Geräten messen, schätzen, vorhersagen, protokollieren, Daten interpretieren, Schlußfolgerungen ziehen, vergleichen, Experimente erfinden, Probleme lösen usw. sind Grundlemente aktiven multisensoriellen Lernens. Sachwissen (wissen, daß) und methodisches Wissen (wissen, wie) werden in diesem Ansatz kombiniert. Aus der Denk- und Lernpsychologie sind analoge Unterscheidungen bekannt. *Deklaratives Wissen*, so heißt es dort, bezieht sich auf die Sachebene der Begriffe und ihrer Beziehungen untereinander, prozedurales Wissen im Sinne von Prozeßfertigkeiten auf die Gesamtheit erforderlicher Operationen. Hier nun einige Lernziele aus AKTIF, die beides verbinden:

- Trinkhalme als Längenmaße benutzen und auf Vorteile normierter Maße schließen.
- Eine Häufigkeitstabelle für die Begründung einer Vorhersage auswerten.
- Blumensamen zum Keimen bringen und den Keimungsvorgang während einer Woche regelmäßig beobachten.

- Begleiterscheinungen bei Lösungsvorgängen untersuchen (Aufsteigen von Gasbläschen; Erwärmung).
- die Vibration einer Lautsprechermembran fühlen.
- Aktivitäten von Hefe untersuchen.
- Das Volumen des entstehenden Gases bei Hefe mit einem selbstgebauten einfachen Meßgerät bestimmen.

Die Beispiele lassen erkennen, daß unterschiedliche Konkretisierungsgrade gewählt wurden. Die Lernzielspalte in jeder Unterrichtsfolge verschafft einen geordneten Überblick zur vorgesehenen Strukturierung des Unterrichts und zeigt, was die Kinder alles tun können. Ein Unterrichtsbeispiel zur Veranschaulichung dieses Ansatzes ist im Kapitel II im Abschnitt über Erkunden durch Selbsttätigkeit abgedruckt.

Die Mehrzahl europäischer Länder hat den Computer als pädagogisches Medium in der Grundschule seit Jahren eingeführt. Die Kultusministerkonferenz bei uns zögerte jedoch, dieses Medium für Grundschulen zugänglich zu machen. Mittlerweile laufen Modellversuche und »stille« Initiativen im Primarbereich, die bereits jetzt erkennen lassen, da der Computer nicht nur bei der speziellen Förderung von Teilleistungsschwächen eine wichtige Funktion übernehmen kann, sondern auch als ein modernes Arbeitsmittel den Kindern enorm viel Freude bereitet und leistungssteigernd wirkt. Auch kompliziertere Inhalte können auf dem Computer spielend erlernt werden; zudem bietet der Computer gute innere Differenzierungsmöglichkeiten (vgl. *Hameyer* 1987).

Eine Reihe wichtiger Lernprogramme und auch eine Konzeption zur Informationstechnischen Grundbildung (ITG) wurden im sonderpädagogischen Bereich in der zweiten Hälfte der 80er Jahre entwickelt und auch im Rahmen von Modellversuchen verfeinert, darunter die ITG von COMPASS (*Hameyer/Borchmann-Welle/Waldner* 1990). COMPASS ist ein Modellversuch, den wir in Schleswig-Holstein durchführen konnten (s. *Hameyer* 1987 und *Hameyer/Waldow* 1987). Im Bereich der Grundschule sei auf Arbeiten von *Mitzlaff/Wiederhold* (1990), *Brügelmann* (1985), *Hameyer* (1987), *Hameyer/Walter* (1988) und auf den Modellversuch in Nordrhein-Westfalen hingewiesen.. Sämtliche Ansätze berufen sich direkt oder indirekt auf die Empfehlungen der Bund-Länder-Kommission für Bildungsplanung und Forschungsförderung zur Informationstechnischen Grundbildung in Schule und Ausbildung (BLK 1984).

Nachfolgend finden Sie eine Programmübersicht für den Primarbereich von Dieter Kraft, Schulleiter an einer Grundschule in Kiel. Die Liste wurde Anfang 1993 erstellt. Zwischenzeitlich sind weitere Programme auf dem Markt erschienen; vermutlich haben sich einige Preise geändert. Wir können nicht auf monatlich sich einstellende Änderungen eingehen; die Liste ist lediglich als Orientierungshilfe für den Praktiker gedacht.

Uwe Hameyer

Computerlernprogramme

Dieter Kraft

Das Medium »Computer« wird für eine gezielte unterrichtliche Nutzung seit ungefähr 1986 in unseren Schulen eingesetzt. Der Einstieg der verschiedenen Schularten bzw. einzelner Schulen in die Computeranwendungen verlief in unserem Land im Gegensatz zu vielen unserer europäischen Nachbarn sehr uneinheitlich. Durch eine nicht vorhandene Standardisierung der technischen Systeme kam es zu den unterschiedlichsten Hardwareanschaffungen (Computer, Monitor, Drucker). Dadurch war zwangsläufig die eingesetzte Software (Computerprogramme) ebenso wenig untereinander kompatibel. Die rasanten Entwicklungen im Hardwarebereich innerhalb der letzten vier Jahre vom Homecomputer (z.B. C-64/128 von Commodore) zum Personalcomputer (IBM PC und Kompatible) für jedermann bewirkten einen ebenso rasanten Wandel im Softwarebereich. Die (Lern)-Programme der »ersten Softwaregeneration« nutzen die technischen Möglichkeiten der neueren Geräte nicht, was umgekehrt ausgedrückt bedeutet, daß die neuesten Softwareentwicklungen auf den älteren Rechnern nicht mehr oder nur bedingt lauffähig sind.

Durch die beschriebenen rasanten Veränderungen, wie wir sie in der Neuzeit in keinem anderen technischen Bereich in der Kürze der Zeit miterleben konnten, ergeben sich in unseren Schulen sehr unterschiedliche Ausstattungen. Diejenigen, die sich früh den neuen Medien zuwandten, Anlagen kauften und dadurch auch Wegbereiter waren, haben inzwischen teilweise veraltete Computeranlagen. Ein Computerleasing, wie es größtenteils im Bereich der sogenannten »freien Wirtschaft« praktiziert wird, dagegen gewährleistet die ständige Anpassung an die neusten Systeme. Leider ist diese Form von Gerätebeschaffung aus Kostengründen z.Zt. für Schulen noch nicht möglich.

Schulen, die erst später oder jetzt den Computereinstieg wählten, entschieden sich für den inzwischen zum Industriestandard gewordenen Personalcomputer (IBM PC oder IBM PC Kompatible). Aber selbst innerhalb dieses Standards hat die ständige Weiterentwicklung des Prozessors für eine »Mehrklassengesellschaft« gesorgt. Die inzwischen alten XT-Rechner (8086-Prozessor) und AT-Rechner (80286-Prozessor) reichen nur noch für einfachste und einfache Softwareanwendungen. Neuere Programme oder moderne graphische Betriebsoberflächen (z.B. Windows) lassen sich vernünftig erst auf den neueren 386iger-Rechnern (80286-Prozessor) und 486iger-Rechnern (80486-Prozessor) einsetzen. In den Laboren der Hardwareproduzenten laufen schon Computer mit noch wesentlich schnelleren Prozessoren (586-Prozessoren usw.).

Die Softwareentwicklung hängt der Hardwareentwicklung verständlicherweise immer hinterher. Es gibt zum jetzigen Stand nur wenige Programme, die die technischen Möglichkeiten der neuesten Rechner voll nutzen. Das wird sich aber schnell ändern. So darf Ende 1992 getrost die Behauptung aufgestellt werden, daß in spätestens zwei Jahren sämtliche Neuentwicklungen unter der Benutzeroberfläche WINDOWS laufen werden, die schon jetzt erhebliche Anforderungen an die Hardware stellt (nach Möglichkeit schnellen 286iger oder 386iger Prozessor (DX) mit 33 MHz bis 50 MHz, 8 MB Arbeitsspeicher und schneller Festplatte (< 17 ms) mit großer Speicherkapazität (mindestens 200 MB). Wie in all den Jahren vorher gibt es bei der Beratung »Welche Hardware für mich« viele Meinungen. In diesem wie in anderen Bereichen hat sich immer gezeigt, daß die Kaufentscheidung »Viel Hardware für wenig Geld« nicht unbedingt die richtige war oder ist. Da mit der Weiterentwicklung der Geräte ein ständiger Preisverfall einherging, sind selbst moderne Anlagen einigermaßen erschwinglich.

Die folgenden Aufstellungen von Lernprogrammen, die erfolgreich im Primarbereich einzusetzen sind, umfaßt auch die gesamte Hardwarepalette, die heute im Grundschulbereich vorzufinden ist. Auch Schulen, die mit älteren Systemen arbeiten, werden immer noch Programme erwerben können, die einen sinnvollen Computereinsatz in den verschiedenen Unterrichtssituationen ermöglichen. Das Medium ist in unseren Schulen für die Schülerinnen und Schüler einfach zu interessant, als daß wir darauf verzichten könnten.

Die Softwaraufstellung umfaßt vier Spalten:

a) Name des Lernprogramms mit Kurzbeschreibung
b) Computertyp (eventuell mit Prozessorangabe)
c) Preise (mit '*' bedeutet Schulrabatt)
d) Anbieterkürzel

Die Softwareliste erhebt keinerlei Anspruch auf Vollständigkeit. Ähnlich wie der Hardwarebereich verändert sich auch der Softwaremarkt ständig, so daß es vor einer Bestellung immer notwenig ist, den Händlernachweis und die Preisangaben zu überprüfen. Vor dem Kauf sollte auch darauf geachtet werden, ob es inzwischen eine neuere Version des Programms gibt, ob der Hersteller einen Updateservice anbietet und ob es zum Programm eine Demoversion gibt. Die Händler verschicken in der Regel aus kopiertechnischen Gründen keine Software (Vollversionen der Programme) zur Ansicht. Daher sollten bei teureren Programmen eventuell vorher Anwender der Software auf die Programmtauglichkeit hin befragt werden. Ebenso ist es möglich, im Rahmen von verschiedenen Fortbildungsveranstaltungen Lernsoftware kennenzulernen, so daß dadurch die Kaufentscheidung erleichtert wird.

Es bleibt zum Abschluß dieser Einführung festzustellen, daß es ebensowenig das ideale Lernprogramm wie das ideale Unterrichtsbuch gibt. Erst eine kleine Auswahl an Lernprogrammen für gleiche Fachbbereiche und Altersstufen ermöglichen ein sinnvolles Arbeiten. Dadurch lassen sich auch die verschiedenen Stärken der Lernprogramme leichter herausfiltern und einsetzen. Die Erfahrung hat gezeigt, daß Kinder mit verschiedenen Lernprogrammen sehr unterschiedliche Lernerfolge zu verzeichnen hatten. Programme, die wir Erwachsenen als besonders tauglich ansahen, waren bei einigen Schülerinnen und Schülern nur wenig beliebt oder umgekehrt. Duch verschiedene Programmstrukturen fühlten sich die Kinder sehr unterschiedlich motiviert, was sich wieder positiv oder negativ auf den Arbeitserfolg auswirkte. Da die Preise von einigen guten Programmen unter 100,– DM liegen, sollte es daher nicht schwierig sein, für die nötige Programmvielfalt zu sorgen. Bei der Preiskalkulation im Rahmen von Computerneuanschaffungen ist dringend zu empfehlen, die Softwarekosten zu berücksichtigen. Ebenso sollten die Fachleiter/Innen bei der Etatverteilung jedes Jahr an den Auf- und Ausbau einer »Softwaresammlung« denken.

Programm mit Kurzbeschreibung *Fachbereich: Deutsch*	**Computertyp**	**Preis**	**Anbieter**
Karolus1 Lernprogramm zur Schulung der Rechtschreib- und Leseleistungen, sehr gute Ergänzung zum Kieler Rechtschreibaufbau kann sowohl mit vorgegebenen wie mit selbsterst. Wortdateien geübt werden	PC XT, AT, 386	98,00 DM	VER
Karolus2 Ergänzung zum Programm »Karolus1«	PC XT, AT, 386	98, 00 DM	VER
Kieler Lesetrainer 1, 2 und 3 Für alle Leseanfänger, Leselernversager, Analphabeten und leserechtschreib-schwache Schülerinnen und Schüler	C-64/C-128	pro Diskette 59,00 DM alle 3 Disk. 139,00 DM	VER
Kieler Rechtschreibtrainer 1, 2, 3 und 4 Rechtschreibübungsprogramm für alle Schularten, gute Ergänzung zum Kieler Rechtschreibaufbau	C-64/C-128	pro Diskette 59,00 DM alle 4 Disk. 186,00 DM	VER
Gleitzeile 1 Förderung zum Lesenlernen mit Dateien nach dem Kieler Leseaufbau, die Schriftzeichen gleiten über den Bildschirm (weitere Textdisketten können nachbestellt werden)	C-64/C-128 PC XT, AT, 386	79,00 DM 169,00 DM	PAG
Gleitzeile 2 Rechtschreibförderung für alle Stufen und Schwierigkeitsgrade (Weitere Textdisketten können nachbestellt werden)	C-62/C-128 PC XT, AT, 386	79,00 DM 169,00 DM	PAG
LESE-ZEILE V3.0 Übungsprogramm zur Steigerung der Segmentierfähigkeit beim Lesen- und Schreibenlernen, mit Sprachkarte Nutzung digit. Sprachausgabe, Wortschatz gemäß dem Kieler Leseaufbau zusätzl. erhältlich (130,00 DM)	PC XT, AT, 386	385,00 DM	KÖR
Silben 2000 Lese- und Rechtschreibtrainer	PC XT, AT, 386	94,00 DM	PAG
Alphalex 2000 Lese- und Rechtschreibtrainer	PC XT, AT, 386	94,00 DM	PAG
Krypto 2000 Lese- und Rechtschreibtrainer	PC XT, AT, 386	94,00 DM	PAG
MNemo 2000 Lese- und Rechtschreibtrainer Konzentrationsspiel	PC XT, AT, 386	94,00 DM	PAG
Buchstabenspecht 2000 Lese- und Rechtschreibtrainer (alle Progr. der Serie 2000) 5 Disketten	PC XT, AT, 386	94,00 DM 378,00 DM	PAG
Duo 3000 gramm. Übungen, der Ausdruck von Arbeitsbögen möglich	PC XT, AT, 386	94,00 DM	PAG
Hadula 3000 Silbengliederungsprogramm	PC XT, AT, 386	94,00 DM	PAG
Diktat 3000 Diktatübungen mit ganzen Texten alle Programme der Serie 3000 (3 Disketten)	PC XT, AT, 386	94,00 DM 226,00 DM	PAG
Rechtschreibtrainer 1 Übungen zur Rechtschreibung an einfachen Texten	PC XT, AT, 386	*99,95 DM	COT
Story Corner PC Deutsch Autorenprogramm für Textkonstruktionen, Üben von Diktaten	PC XT, AT, 386	62,00 DM	PAG

Programm mit Kurzbeschreibung ***Fachbereich: Deutsch***	**Computertyp**	**Preis**	**Anbieter**
Deutschübungen verschiedene Übungen in den Bereichen Wortschatz, Diktat und Wortarten	C-64/C-128	114,00 DM	PAG
Budenberg D1a optische Differenzierungen, Lesetraining/Synthese	PC XT, AT, 386	10, 00 DM	EMM
Budenberg D2a Lesetraining, Wörtersuchen, Rätsel, Wortarten	PC XT, AT, 386	10,00 DM	EMM
Budenberg D3a	PC XT, AT, 386	10,00 DM	EMM
Mano mit dem Lesepfeil ein Textverarbeitungsprogramm speziell für Kinder große Schriftzeichen gleiten in einem individuell gestalteten Text auf dem Bildschirm vorbei	PC XT, AT, 386	89,00 DM	COM
Der lustige Briefkasten die Kinder lernen die Schrift als attraktive Möglichkeit der Kontaktaufnahme kennen	PC XT, AT, 386	89,00 DM	COM
Cobra Rechtschreibprogramm mit der Möglichkeit, eigene Lerndateien einzugeben	PC XT, AT, 386	*180,00 DM	COT
Richtig Schreiben Trainings- und Autorenprogramm zur deutschen Rechtschreibung und Zeichensetzung Daten-Diskette zu »Richtig Schreiben«	PC XT, AT, 386	*119,70 DM * 49,70 DM	COT
Deutsch-Tools Rechtschreibung spielerisch gelernt – unterteilt in 4 Programme: • *Tüftler* • *Labyrinth* • *Agent* • *Knobeln*	PC XT, AT, 386	*je Modul/ Diskette 194,00 DM	COT

Programm mit Kurzbeschreibung ***Fachbereich: Mathematik***	**Computertyp**	**Preis**	**Anbieter**
Primo Übungen zu den Grundrechenarten, Arbeit am Zahlenstrahl, Zahlennachbarn, das Programm ermöglicht auch die Herstellung von Arbeitsbögen	PC XT, AT, 386	95,00 DM	KÖR
Mavis V3.2 Übungen zu den Grundrechenarten, Arbeit am Zahlenstrahl, Zahlennachbarn, Zahlenraten, das Programm ermöglicht auch die Herstellung von Arbeitsbögen	C-64/C-128	55, 00 DM	KÖR
Rechenmax Übungen zu den schriftlichen Rechenverfahren der Grundrechenarten	C-64/C-128	79,00 DM	HEU
Lübecker Einmaleins 4000 Übungsprogramm zum vielfältigen Erlernen der Einmaleinsreihen	PC XT, AT, 386	94,00 DM	PAG
Rechenkönig vielseitiges Übungsprogramm zu den Grundrechenarten	PC XT, AT, 386	98,00 DM	PAG
Rechenkönig – Spielekiste Zusatz zu dem Programm »Rechenkönig«, Sammlung interessanter und sinnvoller Spiele	PC XT, AT, 386	69,00 DM	PAG
Prima 16 Grundübungen bzw. Spiele für die Klassenstufen 1 bis 3	PC XT, AT, 386	99,00 DM	PAG
Plus 1 Programm (nur für Lehrkräfte) zum Herstellen von Arbeitsbögen	PC XT, AT, 386	98,00 DM	PAG
Rechnen mit Fahrstuhlführer Felix Felix vermittelt Fertigkeiten in folgenden vier Übungsbereichen (Klassenstufe 1 bis 5) • Modul Strichrechenarten • Modul Punktrechenarten • Modul Sachrechnen • Modul Geometrie	PC XT, AT, 386 oder Amiga	je Modul/ Diskette 89,00 DM	COM
Rechenladen ein spielerisches Programm zu den Grundrechenarten, die Idee des Kaufladens liegt diesem Übungsprogramm zugrunde	PC XT, AT, 386	98,00 DM	COM
Budenberg M1a Addition und Subtraktion im Zahlenraum bis 20, dazu Münzbereich	PC XT, AT, 386	10,00 DM	EMM
Budenberg M2a Addition und Subtraktion im Zahlenraum bis 100, einzelne und gemischte 1*1 Reihen, dazu Münzbereich	PC XT, AT, 386	10,00 DM	EMM
Budenberg M3a Zahlenraum bis 1000 dazu Münzbereich (ähnl. Progr. wurden auch für C-64/C-128 vom gleichen Anbieter entwickelt)	PC XT, AT, 386	10,00 DM	EMM
Grundrechenarten verschiedene Übungen zu den mündl. und schriftl. Rechenverfahren	C-64/C-128	65,00 DM	PAG

Programm mit Kurzbeschreibung *Fachbereich: Lernspiele*	**Computertyp**	**Preis**	**Anbieter**
Lernspiele 11 verschiedene Programme, u. a. „Stadt, Land, Fluß«	C-64/C-128	48,00	HEU
Bambino erste Buchstaben und Zahlen Grafiken illustrieren bekannte Gegenstände, für Kinder von 4 bis 8 Jahren	PC XT, AT, 386	79, 95 DM	MSP
Bambino erstes Rechnen die Kinder rechnen mit Symbolen und Grafiken für Zahlen, spielerisches Lernen, f. Kinder von 4 b. 8 Jahren	PC XT, AT, 386	79,95 DM	MSP
Lalipur die Kinder sollen spielerisch lernen, einen Grundwortschatz richtig zu lesen u. zu schreiben Modul 1. und 2. Schuljahr Modul 3. und 4. Schuljahr	PC XT, AT, 386	je Modul/ Diskette 89,00 DM	COM
Spielend Lernen 1 – 8 bunte und aufregende Lernprogramme für Kinder bis zu 6 Jahren	PC XT, AT, 386	* 64,95 DM	COT
Spielend Lernen 2 – 8 bunte und aufregende Lernprogramme für Kinder von 6 bis 8 Jahren	PC XT, AT, 386	*64,95 DM	COT

Anbieter-Liste

Kürzel	Hersteller oder Vertrieb	PLZ	Anschrift	Telefon
COM	Comet Verlag	47057	Duisburg 1, Pappenstr. 34 Postfach 100249	0521-97190
COT	co Tec, Computergestütz. Lernen	83022	Rosenheim, Prinzregentenstraße 41	08031-34067
EMM	Emmig, Klara	51143	Köln 90 An der Wielermaar	02203-85563
HEU	Heureka Teachware	81241	München Bodenseestraße 19	089-8208989
KÖR	Körner Verlag	24119	Kiel, Eckernförder Straße 259	0431-542072
MSP	Markt & Technik Softwarepartner	85540	Haar bei München, Hans-Pinsel-Straße 9b	089-46130
PAG	Lehrmittel Antje Pagenstecher	23795	Bad Segeberg, Beethovenweg 5	04551-81683
VER	Veris Verlag GmbH	24105	Kiel, Feldstraße 96 Postfach 4372	0431-83061

Anmerkung:
Alle Anbieter berechnen zusätzlich zu den genannten Preisangaben in der Regel noch Porto- und Verpackungsgebühren von unterschiedlicher Höhe.

COLLEG - Dokumentation Sachunterricht

Uwe Hameyer

Es ist schon fast erstaunlich, wenn in den Schulen heutzutage immer noch beklagt wird, man wolle gern entdeckende Lernformen und Materialien einsetzen, sofern man doch nur Beispiele hätte. Wir wissen, daß in den Zeitschriften und auf dem Büchermarkt gerade zu diesem Bereich zahlreiche Anregungen veröffentlicht worden sind. Das AKTIF-Lernangebot, welches ebenfalls in diesem Kapitel vorgestellt wird, zählt zu diesem Bereich.

Die Klage über die angebliche Knappheit an didaktischen Materialien zum entdeckenden und erkundenden Sachunterricht hat uns veranlaßt herauszufinden, ob es denn stimme, daß das Fehl dermaßen groß sei. Schon die erste Literaturdurchsicht macht deutlich: Die veröffentlichte praktische Fantasie über erkundend-aktives Lernen im Sachunterricht wird bei weitem unterschätzt. Die Durchsicht der Fachjournale zeigt, daß gerade zu diesem Themengebiet fortlaufend Beiträge veröffentlicht werden. Kaum eine Publikation - jedoch nicht umgesetzte Praxis - im Primarbereich, in der nicht die Selbsttätigkeit des Kindes direkt oder indirekt angesprochen ist.

Sehen wir uns die Situation im Sachunterricht genauer an. Im HSU der Bundesländer werden allenfalls 8 bis 20 Prozent der verfügbaren Unterrichtszeit auf naturwissenschaftlich-technische Themen verwendet (*Schreier* 1992). Inwieweit diese Zeit aktiv-erfahrungsorientiert genutzt wird, ist noch nicht weiter erforscht. Was hinlänglich vertraut zu sein scheint ist die formulierte Hilflosigkeit aus dem Schulalltag: Woher bekomme ich wirklich gute Ideen und Umsetzungshinweise?

Fest steht für uns auf diesem Hintergrund: Bereits veröffentlichte Unterrichtsbeispiele müssen besser zugänglich gemacht werden. Zu diesem Zweck haben wir Anfang 1991 einen Pilotversuch namens COLLEG begonnen - »Computergestützte Dokumentation von Lehr- und Lernhilfen für die Grundschule - Bereich Sachunterricht«. Es handelt sich um ein praxisgestütztes Entwicklungsforschungsprojekt im Primarbereich. Das Projekt wird von der Ministerin für Frauen, Bildung, Weiterbildung und Sport des Landes Schleswig-Holstein gefördert. Die Arbeit erfolgt in Zusammenarbeit mit dem IPN - Institut für die Pädagogik der Naturwissenschaften (IPN) an der Universität Kiel. Standort der Dokumentation ist zur Zeit die Pädagogische Werkstatt an der Pädagogischen Hochschule Kiel. Eine spätere Anbindung an ein Verteilernetz in Schleswig-Holstein und auch anderen Bundesländern ist denkbar.

Worum es bei COLLEG geht

In der COLLEG-Dokumentation werden Lehr- und Lernhilfen für den Sachunterricht auf je zwei A-4-Seiten dargestellt. Diese Seiten - COLLEG-Blätter genannt - können am Computer eingesehen werden. Sie werden später, thematisch geordnet, auch in schriftlicher Version zugänglich sein. Beispiele für COLLEG-Blätter finden Sie auf den folgenden Seiten. Nach diesem Muster werden alle einschlägigen Zeitschriften für Sachunterricht ab 1980 durchgesehen und ausgewertet. Die folgenden COLLEG-Blätter wurden von *Gudrun Ebert, Christiane Möller* und *Julia Stamer* zusammengestellt. Die Themen enthalten allerdings nur partiell den Erkundungsaspekt. Wir dokumentieren derzeit Lehr- und Lernhilfen, die diesbezüglich einen klar erkennbaren Schwerpunkt setzen:

Collegblatt 0193 A

Bibliographie

Verfasser:	Kieffer, E.
Sachtitel:	Ameisen - fleißige Waldbewohner.
Quelle:	In: Lehrer Journal, Grundschulmagazin 4 (1989) 5, S. 15- 18.
Verlag:	
ISBN_NR:	
Literaturart:	Unterrichtsanregung
Bibliothek:	Pädagogische Hochschule Kiel

Lerngebiet

Thema:	Waldameisen
Ziele:	Aufgaben der Ameisen kennenlernen Notwendigkeit der Existenz der Ameisen erkennen Ameisen und Ameisenhügel untersuchen und beobachten
Tätigkeiten:	Ameisen beobachten, Interview durchführen, Arbeitsblatt bearbeiten
Methoden:	Unterrichtsgang, Unterrichtsgespräch, Stillarbeit
Sachschlüssel:	Natur Wald, Tiere Waldameisen

Lernmittel

Materialien:	Diareihe über Ameisen, Lupen, Pinzetten, Lackmuspapier
Medien:	Dia-Projektor, Tafel
Orig. Begegnung:	Unterrichtsgang (Ameisenhügel im Wald)

Hinweise

Klassenstufe:	4. Schuljahr
Lerngruppe:	Schulklasse beliebiger Größe
Zeitaufwand:	2- 3 Unterrichtsstunden sowie einen Vormittag
Ähnl. Themen:	
Informationen:	Bedeutend für eine erfolgreiche Durchführung des Waldganges ist es, daß die Schüler bereits mit Arbeitsmaterialien wie Lupe und Pinzette umgehen können, und daß sie - unter Anleitung - Arbeitsweisen wie 'Beobachten' und 'Untersuchen' durchführen können.

Collegblatt 0193 B

Didaktische Konzeption

Nach Betrachtung eines Dias (Ameisenhügel) steuert der Lehrer in einem gelenkten Unterrichtsgespräch auf die Problemfrage zu. Die Schüler äußern spontan Vermutungen und Meinungen und erkennen, daß ihnen zur genauen Beantwortung der Frage viele Informationen fehlen. Daraufhin beschließen sie, sich selbständig Informationen zu besorgen und einen Erkundungsgang zu machen. Es erfolgt eine Einteilung der Schüler in Gruppen und eine Verteilung von Aufgaben. Während des Unterrichtsganges werden mit dem Förster Ameisenhügel aufgesucht und schriftliche Aufgaben eines Arbeitsblattes bearbeitet. Anschließend kommt es zur Befragung des Försters. Die Auswertung der Exkursion erfolgt mit Hilfe einer Diaserie, den eigenen Waldzeichnungen und den Antworten, die sie auf der Exkursion erhalten hatten. Durch den Einsatz des unterschiedlichen Anschauungsmaterials erfolgt eine Auswertung der Einzelerkenntnisse, u. a. wird ein Plakat erstellt. Die Ergebnissicherung erfolgt durch das Entwerfen von Kontrastbildern: Wald mit Ameisen/ Wald ohne Ameisen.

Erprobungsbasis

Textbeispiel

Lösungsplanung
"Im freien Unterrichtsgespräch erkennen die Schüler, daß ihnen genaue Informationen fehlen. Sie wollen Waldameisen beobachten, Ameisenhügel untersuchen, einen Förster befragen und Sachbücher zu Rate ziehen. In Stillarbeit sammeln die Schüler Fragen/ Aufgaben und ordnen sie in drei Gruppen:
- Untersuchungen und Beobachtungen
- Fragen an den Förster
- Herausschreiben aus Büchern.

Bereits im Klassenzimmer erfolgt die Einteilung in Gruppen nach der Anzahl der vorhandenen Ameisenhügel und die Verteilung der Aufgaben innerhalb der Gruppen (...). Dann stellen die Schüler im Unterrichtsgespräch Regeln für das Verhalten im Wald, insbesondere in der Umgebung der Ameisenhügel zusammen." (S. 16)

Abbildung

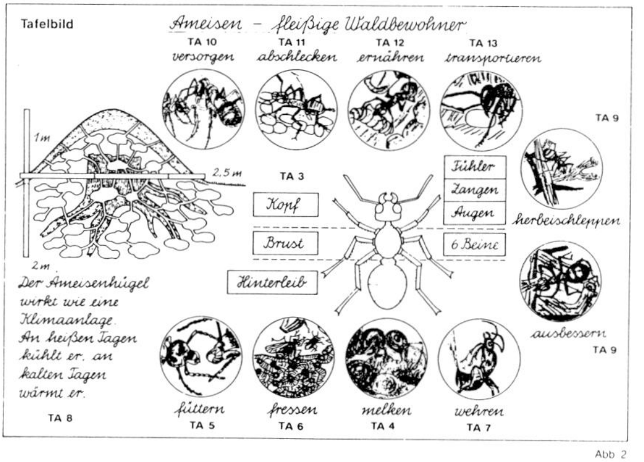

Abb 2

Collegblatt 0354 A

Bibliographie

Verfasser: Moers, E.

Sachtitel: Unterrichtsdarstellung des Projektes "Der Wichernwald in Dorsten" unter Einbeziehung der Schulbibliothek (3./4. Schuljahr).

Quelle: In: Sachunterricht und Mathematik in der Primarstufe
17(1989) 3,
S. 98- 102.

Verlag:

ISBN_NR:

Literaturart: Unterrichtsprojekt

Bibliothek: Institut für die Pädagogik der Naturwissenschaften

Lerngebiet

Thema: Wald

Ziele: Sich in der Bibliothek zurechtfinden und sie nutzen
Den Wald als direkte Lebensumgebung kennenlernen

Tätigkeiten: In der Bibliothek stöbern, Waldspaziergänge machen, Informationen sammeln

Methoden: (Klein-) Gruppenarbeit, Unterrichtsgespräch, Unterrichtsgang, Erkundung

Sachschlüssel: Natur
Wald
Lebensraum

Lernmittel

Materialien: Heft, Kleber, Bücher, Zeitungen, Karten

Medien: Tafelbild

Orig. Begegnung: Der Wichernwald in Dorsten (und jeder andere Wald)

Hinweise

Klassenstufe: 3./4. Schuljahr

Lerngruppe: Schulklasse, Arbeitsgemeinschaften

Zeitaufwand: Mehrere Unterrichtsstunden

Ähnl. Themen:

Informationen: Bei dieser Einheit handelt es sich um ein Projekt mit den Schwerpunkten Wald und Bibliotheksarbeit. Da das Thema Wald nicht fremd ist, kann man die Schüler und Schülerinnen in spielerischer Form über ihre fünf Sinne mit verschiedenen Details des Waldes vertraut machen. Verschiedene Elemente des Sachunterrichtes werden in dieser Einheit verknüpft. Einmal ist es "Wohnumgebung und Heimatort", dann die "natürliche und gestaltete Umwelt" und der "Mediengebrauch".
Folgende Punkte sind für die Autorin Grundsätze für die Unterrichtsgestaltung. Die *Handlungsorientierung* hilft die Lebenswirklichkeit erschließen. Die Kinder lernen Verfahren (Entdecken, Dialog führen, Gestalten, Verstehen und Festigen). Handeln ist Grundlage kindlichen Lernens. Durch *Differenzierung* werden allen Kindern Lernanreize geboten und Lernprozesse ermöglicht. *Außerschulische Lernorte* bieten konkrete Anschauungen und unmittelbares Erleben. Das *fächerübergreifende Arbeiten* ist Grundlage für projektorientierten Unterricht. Hausaufgaben sind ein festes Element und werden differenziert gestellt.

Collegblatt 0354 B

Didaktische Konzeption

Als Einstieg dient ein gemeinsamer Spaziergang durch den Wald. Sachinformationen über Größe und Lage werden vom Lehrer gegeben. Erste Daten werden in die Hefte eingetragen. Daraufhin kann das Stadtarchiv aufgesucht werden. Die Kinder können mit einiger Anleitung dort weitere Informationen erforschen. In Kleingruppem werten die Schülerinnen und Schüler die Ergebnisse aus. In der Schulbibliothek lassen sich Sagen und Legenden der Heimatgegend finden. Ein weiterer Unterrichtsgang kann gemacht werden mit der Zielsetzung, Blätter, Gräser und Früchte zu sammeln, die später gepreßt, aufgeklebt und in Gruppenarbeit anhand von Büchern bestimmt und beschriftet werden. Am Nachmittag können die Kinder in Kleingruppen weitere Kleintiere beobachten. Die Ergebnisse werden zusammengefaßt, in die Hefte übernommen und mit weiteren umfassenden Informationen ergänz Am Nachmittag können Interwievs über den Wald als Erholungsort mit Spaziergängern im Wald gemacht werden, d aufgezeichnet und später in der Klasse ausgewertet werden. Ein Förster klärt weitere Fragen.

Erprobungsbasis

Dieses Projekt hat die Autorin mit ihrer Klasse erprobt. Im 2. Schuljahr nach Beendigung des Leselernprozesses begann sie, die Schüler in die (Schul-) Bibliothek einzuführen udn weckte damit Interesse an Büchern und Nachschlagewerken. Im 3. Schuljahr hat sie die Schüler unter Einbeziehung der (Schul-) Bibliothek das Thema Wald am Beispiel des nahegelegenen Wichernwaldes anhand spezieller Aspekte bearbeiten lassen. Sie hat arbeitsteilig arbeiten lassen, dann aber wieder ruhige Phasen im Klassenverband eingelegt, so daß die eizelnen Gruppen ihre Ergebnisse vortragen konnten. Bei diesem Projekt wurden eigentlich alle Schülerinnen und Schüler individuell motiviert und zeigten somit ihre Stärken.

Textbeispiel

"Die Arbeit in der Bibliothek hatte für das Projekt einen hohen Stellenwert. Erst durch das Nachschlagen in der Literatur wurden die Schüler über bestimmte Dinge, wie Bezeichnung und Herkunft der Pflanzen, Tiere und Bäume, aber auch über die geschichtliche Entwicklung des Wichernwaldes mit seinen Sagen und Legenden informiert. Sie lernten das Buch als Informationsträger kennen und machten es sich zunutze. Der Weg zur Sachlichkeit wurde durch Bücher unterstützt. In der Schulbibliothek war das Arbeiten der Kinder konzentriert und zielstrebig. Die Arbeitsatmosphäre war eine andere, als die im Klassenraum. Die Zeit dort verging den Kindern oft viel zu schnell. Sie hätten noch gern länger in den Büchern "gewühlt"." (S. 102)

Abbildung

Collegblatt 0163 A

Bibliographie

Verfasser: Eckert, E. und R.

Sachtitel: Unsere Trinkwasserversorgung.

Quelle: In: Sachunterricht und Mathematik in der Primarstufe
15 (1987) 10,
S. 440- 446, 455- 456.

Verlag:

ISBN_NR:

Literaturart: Unterrichtssequenz

Bibliothek: Institut für die Pädagogik der Naturwissenschaften

Lerngebiet

Thema: Trinkwasserversorgung

Ziele: Vorgänge der Trinkwassergewinnung verstehen
Den Weg des Trinkwassers bis ins Haus nachvollziehen
Das Funktionieren des Wasserhahnes verstehen

Tätigkeiten: Exkursionen durchführen, Bau einer Wasserleitung zeichnen, Versuche durchführen u. a.

Methoden: Unterrichtsgespräch, Unterrichtsgänge, Stillarbeit, Versuche, Demonstrationsversuche

Sachschlüssel: Umwelt
Grundwasser
Trinkwasser, Trinkwasserversorgung

Lernmittel

Materialien: Folie, Arbeitsbögen, Versuchsmaterialien, Zeitungsausschnitte, Filme

Medien: Overhead-Projektor, Tafel

Orig. Begegnung: Erkundung eines Wasserwerks, Exkursion zu Quellen, Brunnen, Wasserschutzgebieten o. ä

Hinweise

Klassenstufe: 3./ 4. Schuljahr

Lerngruppe: Schulklasse beliebiger Größe

Zeitaufwand: 7 Unterrichtseinheiten (2x 90 min, 4x 45 min, 1 Exkursionstag)

Ähnl. Themen: 1, 44, 88, 101, 124, 155, 167, 312, 313, 314, 315

Informationen: Den Grundschülern soll die wichtige Bedeutung des Wassers zugänglich gemacht werden. Dabei geht es nicht darum, die moderne technisch aufwendige Trinkwasserversorgung bis ins Detail zu besprechen, sondern Grundkenntnisse zu vermitteln. Die Schüler sollen Grunderfahrungen zur Wasserleitung und zum Wasserwerk machen und auf die Probleme des Wasserverbrauchs und des Gewässerschutzes hingewiesen werden.
Voraussetzung zur Behandlung dieser Thematik ist, daß die Schüler den natürlichen Wasserkreislauf kennen sollten.
Zur Behandlung dieser Unterrichtssequenz werden 7 Unterrichtseinheiten vorgeschlagen, wobei lediglich die vierte Unterrichtseinheit wegen der Demonstrationsversuche hinreichend beschrieben wird. Die übrigen Einheiten bieten mehrere Unterrichtsanregungen.

Collegblatt 0163 B

Didaktische Konzeption

Zu Beginn wird der natürliche Wasserkreislauf wiederholt, um auf die neue Thematik zu sprechen zu kommen, die mit Hilfe von Folien- und Tafelskizzen aufgearbeitet wird. Unterrichtsgänge zu Quellen o. ä. bieten sich an.
In der folgenden Stunde wird den Schülern im Unterrichtsgespräch verdeutlicht, wie aus Grundwasser Trinkwasser wird. Zur Veranschaulichung bietet sich die Besichtigung eines Wasserwerkes an. Die anschließende Unterrichtseinheit bearbeitet die Frage, wie das Trinkwasser in die Häuser gelangt; veranschaulicht wird die Thematik mit Folienzeichnungen. Zur bisherigen Ergebnissicherung bearbeiten die Schüler ein Arbeitsblatt. In der 4. Einheit geht es darum, eine Wasserleitung nachzubauen, die Schüler überlegen selbständig nach Konstruktionsvorschlägen, die im folgenden Gespräch aufgearbeitet werden. Der Bau wird als Demonstrationsversuch durchgeführt. Folie und Arbeitsbogen dienen der Wiederholung. Die folgenden drei Einheiten basieren auf Unterrichtsgesprächen, in denen die Thematik vertieft wird.

Erprobungsbasis

Die Schüler lernten zum Teil am direkten Anschauungsobjekt. Mit Hilfe mehrerer Demonstrationsversuche wurde ihnen die Thematik zugänglich gemacht, und sie konnten selbständig auf die Ergebnisse schließen.

Textbeispiel

"Zu Beginn der Stufe des Laborierens (zusammenwirkender/ darbietender Unterricht) baut er mit einigen Schülern auf seinem Pult die Versuchsanordnung auf. Wenn nötig, kann er zu Hilfestellung die Folie noch einmal kurz dazu aufblenden. Beim Aufbau sorgt der Lehrer dafür, daß der Wasserspiegel im Hochbehälter etwas tiefer liegt als der Wasserhahn. Nun gießt er einen Teil des zur besseren Sicht mit Kaliumpermanganat rot gefärbten Wassers vom großen Becherglas in den Trichter, wobei er darauf achtet, daß er die Klemme erst kurz bevor diese mit Wasser versorgt wird, schließt, um so Störungen durch zu viel aufgestaute Luft zu vermeiden. Die Schüler beobachten dabei und sagen, was sie sehen. Danach ruft der Lehrer einen Schüler auf und weist ihn an: "Komme heraus und stelle dir vor, du bist jetzt im 4. Stock eines Hauses. Drehe den "Wasserhahn" auf und sage, was du siehst!" Er stellt fest, daß der "Wasserhahn" zwar mit Wasser versorgt wird, aber trotzdem bestenfalls nur tropft." (S. 446)

Abbildung

Quelle: Sachunt. und Mathem. in der Primarstufe, 15 (1987) 10, S. 446, Arbeits- und Ergebnisblätter.

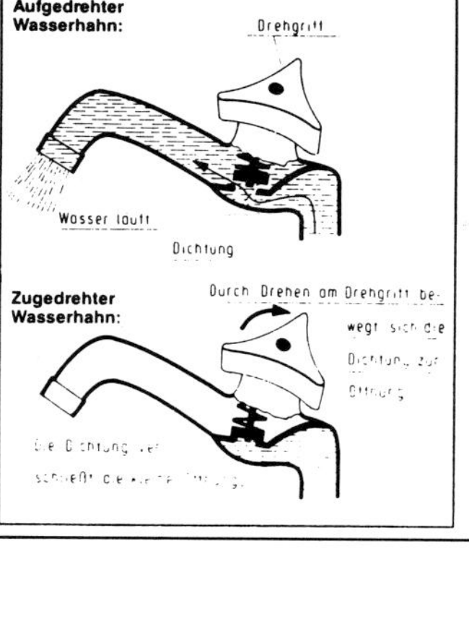

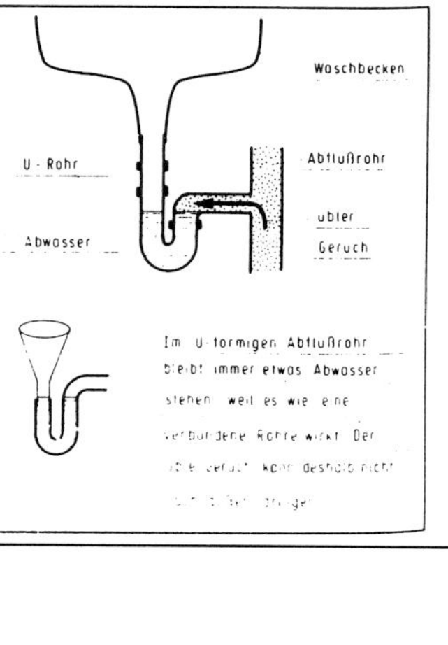

Collegblatt 0165 A

Bibliographie

Verfasser: Glaser, T.

Sachtitel: Der Schreiner macht ein neues Regal für unser Klassenzimmer.

Quelle: In: Lehrer Journal, Grundschulmagazin
2 (1987) 7+ 8,
S. 19- 21.

Verlag:

ISBN_NR:

Literaturart: Unterrichtseinheit

Bibliothek: Pädagogische Hochschule Kiel

Lerngebiet

Thema: Der Schreinerberuf

Ziele: Die Arbeit eines Handwerkers erfahren
Produkte und Werkzeuge des Schreiners kennenlernen
Den Wert des Schreinerhandwerkes erkennen

Tätigkeiten: Arbeitsbogen bearbeiten

Methoden: Unterrichtsgang, Unterrichtsgespräch, Partnerarbeit

Sachschlüssel: Gesellschaft
Beruf
Handwerker, Schreiner

Lernmittel

Materialien: Arbeitsblatt, Werkzeuge, Maschinen, Bilder von Werkzeugen und Maschinen, Wortkarten

Medien: Tafel, Overhead-Projektor, Tonbandgerät

Orig. Begegnung: Besuch einer Schreinerwerkstatt

Hinweise

Klassenstufe: 3. Schuljahr

Lerngruppe: Schulklasse

Zeitaufwand:

Ähnl. Themen:

Informationen:

Collegblatt 0165 B

Didaktische Konzeption

Über ein Tonband werden Geräusche aus einer Schreinerwerkstatt eingespielt und von den Schülern mit Spontanreaktionen begleitet. Grundlage für die Erarbeitung dieses Themas ist das neue Regal für die Klasse, welches vom Schreiner gemacht werden soll. Aus den Erfahrungen der Schüler werden die verschiedenen Produkte des Schreiners erarbeitet und die Einzigartigkeit der Stücke festgestellt. In Partnerarbeit überlegen die Schüler, welche Werkzeuge und Maschinen ein Schreiner braucht. Im Unterrichtsgespräch werden die Ergebnisse gesammelt und an Ralobjekten (z. B. im Werkraum) präsentiert. In Gruppen erarbeiten die Schüler die Arbeitsschritte zur Erstellung des Regals. Die Sicherung erfolgt in Einzelarbeit.

Erprobungsbasis

Textbeispiel

"2. Teilziel: Der Schreiner braucht Werkzeug und Maschinen. L: All diese Dinge kann Herr ... nicht mit der Hand herstellen. Die Schüler überlegen in Partnerarbeit, welche Werkzeuge und Maschinen er braucht. Im Unterrichtsgespräch nennen die Schüler die Gegenstände, zeigen sie vor, soweit sie im Werkraum der Schule vorhanden sind, erklären ihre Funktion und Handhabung, kleben entsprechende Bilder und Wortkarten an die Tafel (siehe Abb.): Säge, Meterstab, Winkeleisen, Stemmeisen, Hammer, Raspel, Feile, Schraubenzieher, Kreissäge, Hobelmaschine, Schleifmaschine, Bohrmaschine, Fräsmaschine etc.
Zur Kontrolle werden Bilder und Wortkarten bei verdeckter Tafelanschrift vertauscht, die Schüler ordnen wieder richtig zu. Zu Hause kleben sie aus Katalogen entsprechende Bilder zu den Namen auf das Arbeitsblatt." (S. 20)

Abbildung

Quelle: Lehrer Journal, Grundschulmag., 2 (1987) 7 + 8, S. 20.

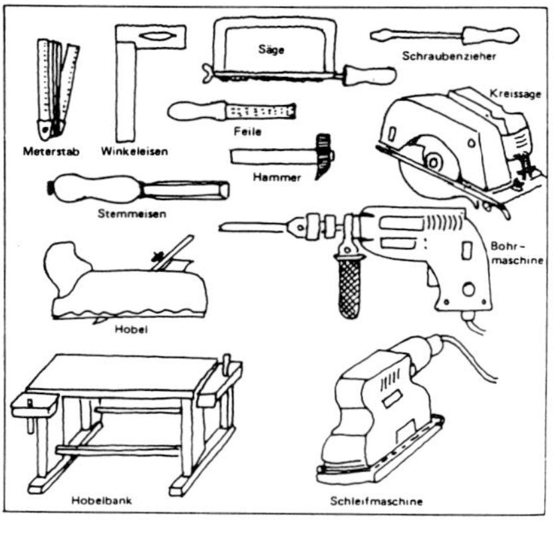

Collegblatt 0159 A

Bibliographie

Verfasser: Krebber, M./ Marder, E.

Sachtitel: Es brennt!

Quelle: In: Lehrer Journal, Grundschulmagazin
54 (1986) 4,
S. 153- 156.

Verlag:

ISBN_NR:

Literaturart: Unterrichtseinheit

Bibliothek: Pädagogische Hochschule Kiel

Lerngebiet

Thema: Brandbekämpfung

Ziele: Einsicht in das Zusammenwirken von menschlicher Organisation und Technik erhalten
Brandschutzmaßnahmen kennenlernen
Spezialisierung der Brandbekämpfung kennenlernen

Tätigkeiten: Feuerwehrleute befragen, Museum besichtigen, Experimente durchführen

Methoden: Gruppengespräche, Gruppenarbeit, Unterrichtsgang

Sachschlüssel: Natur
Naturgefahren
Feuer, Feuerbekämpfung

Lernmittel

Materialien: Texte über das Feuerlöschwesen, Einsatzberichte einer Feuerwehr, Eimer, Wasser

Medien: Tafel, Overhead-Projektor, evtl. Filme

Orig. Begegnung: Besuch bei der Feuerwache, evtl. Besuch im Heimatmuseum

Hinweise

Klassenstufe: 4. Schuljahr

Lerngruppe: Schulklasse beliebiger Größe

Zeitaufwand: 2 Vor- und Nachmittage plus ca. 4 Unterrichtsstunden

Ähnl. Themen: <0119>, <0148>, <0162>, <0229>

Informationen: Im Sachunterricht wird traditionell ein Gang zur Feuerwache vor Ort durchgeführt. Die vorliegenden Unterrichtsvorschläge zeigen auf, wie dieser Unterrichtsgang sinnvoll in einen größeren Zusammenhang eingeordnet werden kann.

Collegblatt 0159 B

Didaktische Konzeption

Am Anfang der Beschäftigung mit dem Thema "Brandbekämpfung" steht ein Besuch bei der Feuerwache. Da bei einer solchen Besichtigung nicht alle Tätigkeitsfelder der Feuerwehr erfaßt werden können, werden anschließend im Unterricht Einsatzbereiche der Feuerwehr aufgearbeitet. Die Fragen, die bei der Bearbeitung der Texte aufkommen, können anschließend einem eingeladenen Feuerwehrmann gestellt werden. Wenn die Möglichkeiten gegeben sind, bietet es sich an, den Bezug zur Vergangenheit mit Hilfe eines Besuches im Heimatmuseum herzustellen. In diesem Zusammenhang wird auf die Art und Weise der Brandbekämpfung in früher Zeiten eingegangen. Weitere Informationen erhalten die Schüler durchB Befragung älterer Menschen. Um den Schülern zu verdeutlichen, wie mühsam die Brandbekämpfung früher war, wird ein Versuch zum Löschwassertransport per Eimerkette durchgeführt.

Erprobungsbasis

Dem Unterricht lagen bei der Durchführung sehr gute Bedingungen zugrunde:
1. Vater einer Schülerin war Berufsfeuerwehrmann (Befragung)
2. Im Heimatmuseum gab es alte Feuerwehrspritzen zur genauen Veranschaulichung
3. Großvater eines Kindes war Gründungsmitglied der Freiwilligen Feuerwehr des Ortes vor 50 Jahren (Befragung).

Textbeispiel

"Einsatzberichte der Feuerwehr Münster
Ein Besuch der Feuerwache - egal wie groß sie ist - vermittelt den Kindern nur einen begrenzten Ausschnitt der Tätigkeit. Ein wesentliches Merkmal der modernen Feuerwehr ist aber die Einsatzbreite. Dieser Aspekt ist nur durch Einsatzberichte, die die Tätigkeit über einen längeren Zeitraum beschreiben, zu vermitteln. Daher haben die Schüler ergänzend zum Unterrichtsgang entsprechendes Material der Berufsfeuerwehr Münster bearbeitet. Sie waren besonders erstaunt über die verschiedenartigen Einsätze, die sie sonst nicht mit den Aufgaben der Feuerwehr in Verbindung gebracht hätten. All die so gesammelten Informationen wurden abschließend in der Befragung des Vaters einer Mitschülerin, der bei einer auswärtigen großen Feuerwache als Berufsfeuerwehrmann arbeitet, bestätigt und z. T. vertieft. Deutlich wurde den Kindern dabei auch der Unterschied zwischen der Freiwilligen Feuerwehr und der Berufsfeuerwehr." (S. 155)

Abbildung

Collegblatt 0076 A

Bibliographie

Verfasser: Noll, E. und H.

Sachtitel: Strand, Dünen, Watt
Landschaftentwicklung im Küstenbereich.

Quelle: In: Geographie heute
9 (1988) 63,
Heftmitte ff.

Verlag:

ISBN_NR:

Literaturart: Erkundungsgänge

Bibliothek: Institut für die Pädagogik der Naturwissenschaften

Lerngebiet

Thema: Nordseeküste

Ziele: Strand und Dünen erkunden
Spülsaum kennenlernen
Watt erforschen

Tätigkeiten: Beobachtungen und kleine Versuche durchführen, Arbeitsbögen bearbeiten

Methoden: Erkundungsgänge, Gruppenarbeit, Experimente, Partnerarbeit

Sachschlüssel: Natur
Nordsee
Strand, Spülsaum, Dünen, Watt

Lernmittel

Materialien: Arbeitsblätter, Versuchsmaterialien, z.B. Thermometer, Windmesser, Glasrohr u.a.

Medien:

Orig. Begegnung: Erkundungsgänge

Hinweise

Klassenstufe: 3./4. Schuljahr

Lerngruppe: Schulklasse beliebiger Größe

Zeitaufwand:

Ähnl. Themen:

Informationen: Die vorliegende Einheit beschäftigt sich nicht mit einem durchstrukturierten Unterrichtsentwurf, sondern bietet Ansatzpunkte für einige Erkundungsgänge mit dementsprechenden Beobachtungsaufgaben. Die vorgeschlagenen Versuche sind im Freien durchzuführen und lassen sich gut in den Unterricht einbringen, z. B. während einer Projektwoche oder während einer Klassenfahrt.
Da Zeit- und Materialaufwand nicht unerheblich sind, ist eine genaue Planung und Vorbereitung durch den Lehrer unbedingt notwendig.

Collegblatt 0076 B

Didaktische Konzeption

Die Schüler sollen das Thema "Strand, Dünen, Watt" auf drei Erkundungsgängen bearbeiten: Erkunden von Strand und Spülsaum, Erkunden der Dünen und Erkunden des Wattes. Die einzelnen Versuche und Beobachtungsaufträge werden in Partner- oder Gruppenarbeit durchgeführt. Dazu erhalten die Schüler einzelne Arbeitsblätter als Orientierungshilfen oder für spezielle Aufträge. Ein abgestecktes Untersuchungsfeld wird von ihnen in unterschiedlichen Schritten erforscht. In den nächsten Arbeitsschritten müssen sie mit Hilfe von verschiedenen Instrumenten, z.B. Thermometer, Wind- und Belichtungsmesser weitere Versuche durchführen.

Erprobungsbasis

Textbeispiel

"Ermittle die Wasseraufnahmefähigkeit des Sandes, der Böden an verschiedenen Standorten: ein Blumentopf oder ein Glasrohr ist bis zu einer bestimmten Höhe - stets gleich - mit der jeweiligen Probe (nasser, trockener Sand, Boden der Weißdüne, der Graudüne, der Braundüne) zu füllen.
Schütte 150 ml Wasser durch die Probe und fange den Rest wieder in einem Meßzylinder auf.
Notiere die Anfangsmenge, die du hineingeschüttet hast, und die Menge des aufgefangenen Wassers. Der Unterschiedentspricht der Wasseraufnahmefähigkeit des Bodens. Wodurch entstehen die Unterschiede? Welche Bedeutung haben sie für die Pflanzen?" (S. III)

Abbildung

Collegblatt 0056 A

Bibliographie

Verfasser: Appel, C.

Sachtitel: Besuch auf dem Wochenmarkt.

Quelle: In: Lehrer Journal, Grundschulmagazin
4 (1989) 9,
S. 11- 12.

Verlag:

ISBN_NR:

Literaturart: Unterrichtseinheit/ Unterrichtsgang

Bibliothek: Pädagogische Hochschule Kiel

Lerngebiet

Thema: Der Wochenmarkt

Ziele: Den Wochenmarkt als eine Möglichkeit des Einkaufes und seinen Besonderheiten kennenlernen
Sozialen und gesellschaftlichen Aspekt des Wochenmarktes beurteilen können
Waren des Wochenmarktes kennenlernen

Tätigkeiten: Wochenmarkt besuchen, Arbeitsaufträge erfüllen, Fotos anfertigen

Methoden: Unterrichtsgespräch, Unterrichtsgang, Gruppenarbeit, Stillarbeit, Stuhlkreis, Vortrag

Sachschlüssel: Gesellschaft
Wochenmarkt
Nahrung, Menschen

Lernmittel

Materialien: Arbeitsblatt, Folie

Medien: Overhead-Projektor, Fotoapparat

Orig. Begegnung: Besuch auf dem Wochenmarkt

Hinweise

Klassenstufe: 2. Schuljahr

Lerngruppe: Schulklasse beliebiger Größe

Zeitaufwand: Vorbereitungsstunde, Besuch auf dem Wochenmarkt, Nachbereitungsstunde

Ähnl. Themen: <0080>

Informationen: Im Anschluß an das Thema "Einkaufen im Supermarkt" bietet es sich an, diese Unterrichtseinheit durchzuführen. Der "Wochenmarkt" wird nicht mehr durch Händler und Bauern geprägt und nicht ausschließlich nur zum Kauf von frischen Waren aufgesucht, er bietet trotzdem eine ideale Gelegenheit zum Austausch von Neuigkeiten. Er stellt einen wichtigen Teil der alltäglichen Heimat dar. Diese Unterrichtseinheit versucht, "den Kindern von all dem etwas bewußt zu machen und auf sie übergehen zu lassen." (S.11) Es empfielt sich ein Besuch auf dem Wochenmarkt, wobei folgendes im Vordergrund stehen sollte: "Das Sammeln von Eindrücken und das Erfassen und Ordnen des vielfältigen Warenangebotes." (S. 11)

Collegblatt 0056 B

Didaktische Konzeption

Die Stunde beginnt im Stuhlkreis, die Schüler berichten über eigene Erfahrungen mit dem Einkaufen auf dem Wochenmarkt. Der folgende Unterrichtsgang wird im Unterrichtsgespräch vorbereitet. Da die Vielzahl der Waren und Beobachtungen nicht von einem Schüler bewältigt werden können, werden gruppenweise Arbeits- und Beobachtungsaufträge vergeben. Während des Unterrichtsganges (Wochenmarktbesuch) werden die Aufträge bearbeitet und zusätzlich Einzelheiten fotografisch festgehalten. Die Auswertung des Marktbesuches erfolgt im Klassenzimmer. Die Ergebnisse werden auf einem Arbeitsbogen gesichert. Im Unterrichtsgespräch und mit Hilfe eines Lehrervortrages wird deutlich gemacht, daß sich der Wochenmarkt im Laufe der Jahrzehnte verändert hat.

Erprobungsbasis

Die Schüler haben während des Marktbesuches ordnungsgemäß in Gruppen gearbeitet, Einzelheiten mit dem Fotoapparat festgehalten, Zeichnungen und Notizen gemacht, so daß bei der anschließenden Nachbetrachtung des Marktbesuches auf Einzelheiten und auf Beobachtungen der Schüler zurückgegriffen werden konnte.

Textbeispiel

"Erarbeitung
Teilschritt 1: Einteilung der Beobachtungsaufträge
Impuls: Da du dir allein nicht alles merken kannst, müssen wir uns etwas überlegen.
Schüler: Wir müssen uns aufteilen. Jeder muß etwas ganz besonders gut anschauen.
Arbeitsaufträge:
1. Schreibe (Merke dir) 10 Waren auf, die du auf dem Markt gesehen hast.
2. Schau dir die Menschen auf dem Markt genau an und merke dir eine Person besonders gut." (S. 11)

Abbildung

Nach: Wir erleben die Geschichte, 1. Band, Bayerischer Schulbuch-Verlag — Abb 2

Quelle: Lehrer Journal, Grundschulmagazin, 4 (1989) 9, S.12.

Collegblatt 0025 A

Didaktische Konzeption

Ausgangspunkt für die Arbeit am Schulweiher sollte die Vorbereitung für den ersten Unterrichtsgang sein. Wichtig ist die richtige Zusammenstellung der Unterrichtsamterialien. Zur Vorbereitung und Durchführung können die Arbeitsbögen helfen. Es liegen ebenfalls Arbeitsbögen bei, die ein Kennenlernen und einen ersten Kontakt mit den Tieren im Weiher erleichtern. Bestimmungsbücher und Bildtafeln sind als zusätzliche Hilfe für weitere Unterrichtsgänge unerläßlich. Die Infoblätter dienen den Schülern und Schülerinnen als Hilfen, sich auch inhaltlich und sprachlich mit einem Tier näher zu befassen.

Erprobungsbasis

Die Grund- und Hauptschule Groß Schülper hatte zum Zeitpunkt der Entstehung des Artikels den Weiher bereits seit zwei Jahren. Neue Pflanzen und Tiere sind ohne besonderes Zutun hinzugekommen. Somit kommt es auch öfter vor, daß sowohl die Schüler als auch der Lehrer nicht immer Antworten auf einige Fragen haben. Dies ist nach Aussagen des Autors völlig legitim.
Zu den Arbeitsvorlagen: Mit Begeisterung haben die Schüler Abbildungen ausgeschnitten und haben Nahrungsbeziehungen hergestellt. Die Grundlage des Systems der Lebensgemeinschaften also "Fressen und Gefressen werden" machte die Schüler betroffen unf weckte ihr Mitleid. Dies ließ sich jedoch mit HIlfe der Arbeitsbögen versachlichen.

Textbeispiel

"Wer mit Schülerinnen und Schülern am Weiher arbeitet, wird oft um Antworten verlegen sein. Er wird lernen müssen, gemeinsam mit Schülerinnen und Schülern zu lernen, gemeinsam mit ihnen auf "echte Fragen echte Antworten" zu finden. Für uns alle soll der Schulweiher ein realer Lernort sein, an dem man sich in Geduld üben muß, um selbständig Beobachtungen anstellen und Kenntnisse und Erfahrungen sammeln zu können. So kann der Schulweiher tatsächlich zum Ort handlungsorientierten und schülerzentrierten Unterrichts werden. Der Schulweiher ist gewiß Gelegenheit, entdeckendes und forschendes Lernen im Sachunterricht zu fördern. " (S. 6)

Abbildung

Quelle: Praxis Grundschule, (1989) 3, S.8.
Ausschnitt aus dem Arbeitsbogen "Fangen und Beobachten"

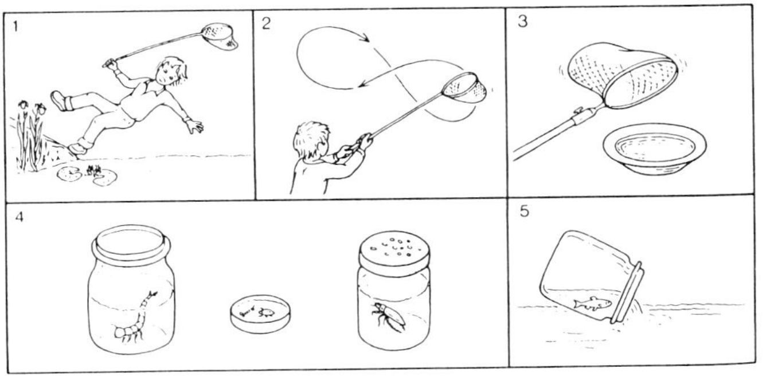

Überlege, welche Hinweise dir die Abbildungen 1-5 geben.

Collegblatt 0025 B

Bibliographie

Verfasser: Sandrock, F.

Sachtitel: Entdecken und forschen am Schulweiher.
Verlegenheit oder Gelegenheit?

Quelle: In: Praxis Grundschule
(1989) 3,
S. 6- 20 + S. 29- 44.

Verlag:

ISBN_NR:

Literaturart: Projekt, Arbeitsvorlagen

Bibliothek: Institut für die Pädagogik der Naturwissenschaften

Lerngebiet

Thema: Den Schulweiher entdecken und erforschen

Ziele: Schulweiher als realen Lernort kennenlernen
Beobachtungen anstellen und damit Kenntnisse und Erfahrungen sammmeln
Den Schulweiher als ein Stück Naturschutz begreifen

Tätigkeiten: Tiere und Pflanzen beobachten, Material sammeln, Arbeitsbögen bearbeiten

Methoden: Unterrichtsgänge

Sachschlüssel: Natur
Schulweiher, Naturschutz
Nahrungsketten

Lernmittel

Materialien: Beobachtungbögen, Arbeitsblätter, Infoblätter, Sammelkartei

Medien:

Orig. Begegnung:

Hinweise

Klassenstufe: 4. Schuljahr (aber auch für 2. und 3. Schuljahr geeignet)

Lerngruppe: Schulklasse beliebiger Größe + Lehrer

Zeitaufwand:

Ähnl. Themen: <0002>,<0003>,<0006>,<0064>, <0295>, <0317>

Informationen: Plan des Autors ist es, daß die Arbeiten am Schulweiher projektartig und fächerübergreifend oder in Form von Projekttagen über einen bestimmten Zeitraum erfolgen. Die Materialien sollen nur helfen, einen richtigen Zugang dazu zu finden. Sie sind somit nicht als Handlungsanweisung gedacht. Die Reihenfolge der Materialien ist nicht zwangsläufig so vorzunehmen. Der Lehrer selber sollte entscheiden welcher Arbeitsbogen für die jeweilige Klasse geeignet ist.

Collegblatt 0194 A

Bibliographie

Verfasser: Junker, C.

Sachtitel: Wir erspielen Naturverständnis im Lernort Wald.

Quelle: In: Lehrer Journal, Grundschulmagazin
4 (1989) 7/8,
S. 17- 19.

Verlag:

ISBN_NR:

Literaturart: Unterrichtsanregung/ Waldquiz in Verbindung mit einem Waldgang

Bibliothek: Pädagogische Hochschule Kiel

Lerngebiet

Thema: Der Wald

Ziele: Die vielfältigen Bereiche des Waldes kennenlernen
Mit Umweltproblemen am Beispiel Wald umgehen können
Verständnis für den Wald und für die Natur entwickeln

Tätigkeiten: Waldquiz lösen, Lieder singen

Methoden: Freies Entdecken vor Ort

Sachschlüssel: Umwelt
Wald
Waldquiz

Lernmittel

Materialien: Quizaufgaben, Preise, Erfrischungen bzw. Mittagessen

Medien:

Orig. Begegnung: Waldgang

Hinweise

Klassenstufe: 1./ 2. Schuljahr

Lerngruppe: Mehrere Schulklassen (1. und 2. Schuljahr)

Zeitaufwand: Ein Vormittag

Ähnl. Themen: <50>,<65>,<66>,<67>,<77>,<160>,<192>,<250>,<294><307>

Informationen: Die vorliegende "Originale Begegnung" (S. 17) ist in Anlehnung an Empfehlungen des bayrischen Landwirtschaftsministeriums, der Schutzgemeinschaft Wald, der Jagdgenossenschaften usw. konzipiert worden. Die Schutzgemeinschaft Deutscher Wald stellt Arbeitsmaterial zur Verfügung. Neben der Beschaffung dieses Materials sind zusätzlich andere organisatorische Dinge zu erledigen, wie das Gewinnen des Elternbeirats zur aktiven Beteiligung, die Festlegung der Waldroute, die Gruppeneinteilung und Zuordnung der Helfer durch ein Lehrerteam usw.
Das durchzuführende Waldquiz setzt voraus, daß die Schüler in vorangegangenen Stunden ausführlich in das Themengebiet 'Wald' eingeführt worden sind.

Collegblatt 0194 B

Didaktische Konzeption

Der Vormittag beginnt mit einer Eröffnungsrede durch den Rektor oder leitenden Lehrer. Anschließend kommt es zu der etwa 2 1/2-stündigen Durchführung des Quizes, bei der die Schüler in kleinen Gruppen mit einer Begleitperson den Wald durchstreifen. Beim Eintreffen der Gruppen am Zielpunkt erhalten sie Erfrischungen, und die Gewinner werden bekannt gegeben. Nachdem die Preise verteilt wurden, wird anschließend ein gemeinsames Lied zum Thema 'Wald' gesungen.

Erprobungsbasis

Textbeispiel

" Planungsabschnitte
1. Information des Rektors, Festlegen des Durchführungstermins
2. Parallellehrer und Erstklaßlehrer für die Beteiligung gewinnen.
3. Informationsmaterial beschaffen - ...
4. Gewinnen des Elternbeirats für aktive Beteiligung
5. Mitteilungsbriefe an
   - Geschäftsleute bezüglich Spenden für Preise. (...)
6. Lehrer legen in Zusammenarbeit mit Forstbeamten und Hilfspersonen die Route fest.
7. Gruppeneinteilung und Zuordnung der Helfer durch Lehrerteam (eventuell auch Eltern).
8. Durchführungspersonal (...) markieren die Strecke und richten die entsprechenden Stationen ein." (S. 17)

Abbildung

Collegblatt 0297 A

Bibliographie

Verfasser:	Lieb, E.
Sachtitel:	Vom Alter der Menschen und der Bäume. Die Upstedter Linde.
Quelle:	In: Unterricht Biologie 8 (1984) 100, S. 14- 19.
Verlag:	
ISBN_NR:	
Literaturart:	Unterrichtsentwurf
Bibliothek:	Institut für die Pädagogik der Naturwissenschaften

Lerngebiet

Thema:	Alte Bäume der Heimat und ihre Geschichte
Ziele:	Erkennen, daß alle Lebewesen eine Geschichte haben Wissen, daß Geschichte Veränderung in der Zeit und Lebensgeschichte Alterung bedeutet Verstehen, warum Menschen einzelnen Bäumen einen nicht meßbaren Wert zuweisen
Tätigkeiten:	Arbeitsblatt bearbeiten, Geschichte einiger Bäume erforschen, Informationen besorgen
Methoden:	Unterrichtsgespräch, Lehrervortrag, Stillarbeit, Erkundung, Gruppenarbeit
Sachschlüssel:	Natur, Gesellschaft Geschichte, Lebensgeschichte Alterung, Veränderungen

Lernmittel

Materialien:	Arbeitsblätter, Dias, Folie
Medien:	Tafel, Overhead-Projektor
Orig. Begegnung:	Erkundungsgang zu alten Bäumen und direkte Befragung von Menschen

Hinweise

Klassenstufe:	3./ 4. Schuljahr
Lerngruppe:	Schulklasse beliebiger Größe
Zeitaufwand:	3 Unterrichtsabschnitte
Ähnl. Themen:	<22>, <93>, <253>, <316>
Informationen:	Mit dieser Unterrichtseinheit kann ein Einstieg in die Vergangenheit bzw. Heimatgeschichte erreicht werden, denn anhand der vielfältigen Beziehungen zwischen Baum und Menschheit kann man durch die Lebensgeschichte des Baumes auch die Heimatgeschichte zurückverfolgen. Die vorliegende Unterrichtseinheit ist für die Primarstufe entwickelt worden, läßt sich jedoch mit kleinen Veränderungen auch in der Sekundarstufe I verwirklichen.

Collegblatt 0297 B

Didaktische Konzeption

Zu Beginn äußern sich die Schüler zu einem Bild der Upstedter Linde (Folie). Der Lehrer liest verschiedene Erzählungen dieses Baumes vor, um seine Lebensgeschichte zu verdeutlichen. Die Einzelheiten werden an der Tafel im anschließenden Unterrichtsgespräch aufgearbeitet. Im 2. Abschnitt werden zunächst Daten und Entwicklungen dem Lebenslauf der Linde zugeordnet. Diesen Arbeitsschritt vollziehen die Schüler vorerst auf einem Arbeitsbogen und anschließend an der Wandtafel. Der Schwerpunkt der 3. Einheit liegt auf dem Erkundungsgang des Standortes und der Geschichte alter Bäume. Die Erkundungsziele und weitere Einzelheiten werden zuvor anhand eines Fragebogens besprochen. Im abschließenden Unterrichtsgespräch werden die Erkundungsergebnisse zusammengetragen. Die Schüler sollen gemeinsam für einen Baum, über den sie viel Material bekommen haben, eine Lebensgeschichte schreiben. Gruppenweise können Zeichnungen des Baumes angefertigt werden.

Erprobungsbasis

Textbeispiel

"3. Unterrichtsabschnitt
Der vielleicht reizvollste Teil dieser Unterrichtseinheit ist die Erkundung des Standortes und der Geschichte alter Bäume in der Heimat der Schüler. In der Orientierungsstufe kann man zusätzlich von den Schülern feststellen lassen, welchen Gefährdungen die Baumgreise ausgesetzt sind und welche konkreten Pflegemaßnahmen (Absperrungen, Verankerungen u. a.) ergriffen wurden, um den Baum zu retten (...).
Bevor die Schüler sich über die alten Bäume in ihrem Ort informieren, sollten die Erkundungsziele anhand eines Fragebogens (...) besprochen werden. Geklärt werden muß auch, wer Auskunft über Standort, Alter und Geschichte der heimatlichen Baumgreise geben kann (z. B. heimatgeschichtlich interessierte Kollegen, Förster, Katasterbeamte, Naturschutzbeauftragte)." (S. 16)

Abbildung

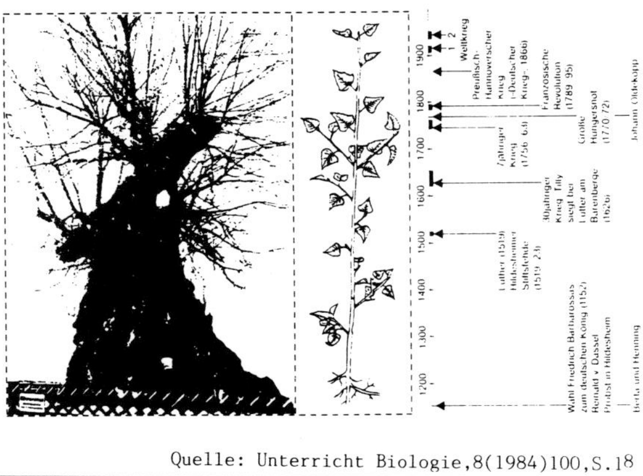

Quelle: Unterricht Biologie,8(1984)100,S.18

PROFILE

Der Computer bietet die Möglichkeit, Unterrichtseinheiten zu bestimmten Themen nach eigenem Wunsch zusammenzustellen und auszudrucken. Wir werden solche Themenübersichten in der Werkstattreihe PROFILE veröffentlichen. Auf die erste Publikaton dieser Art sei an dieser Stelle hingewiesen:

> *Ebert, G./Hameyer, U./Kraft, D.*: Umweltbildung in der Grundschule. Eine COLLEG-Dokumentation von Lernhilfen für den Sachunterricht. Kiel 1994 (Körner Verlag).

Sicher können wir die Praxis nicht grundlegend durch schriftliche Übersichten ändern, zumal bekannt ist, daß das Wissen über Neues noch nicht die Anwendung des Erlernten nach sich zieht. Dennoch: In Schulpraxis und Lehrerbildung brauchen wir dringend einen Informationsservice zu interessanten Unterrichtshilfen, die Elemente des Entdeckens und Erkundens im Unterricht stärken. Die erfaßten Lehr- und Lernhilfen tun das auf unterschiedliche Weise, und es ist nicht unsere

Absicht, die Einheiten nach einem streng einheitlichen Didaktikansatz auszuwählen. Wir möchten die didaktische Vielfalt der Ansätze gewährleisten, allerdings unter dem Vorbehalt, daß bei den ausgewählten Unterrichtseinheiten immer die aktive Begegnung mit naturwissenschaftlich-technischen Themen betont wird. Elemente der Erkundung durch Selbsttätigkeit müssen klar ausgewiesen sein. Mit unserer COLLEG-Dokumentation möchten wir auf solche Lernhilfen aufmerksam machen. Später werden wir Themenanalysen der dokumentierten Lernhilfen durchführen können.

Woher die Unterrichtseinheiten stammen

COLLEG ist ein zeitlich begrenztes Vorlaufprojekt, das Grundlagen der praxisorientierten Dokumentation von Unterrichtseinheiten näher erforschen soll. Die Kapazitäten reichen noch nicht für eine fortlaufend aktualisierte Dokumentation. Immerhin aber sind bereits jetzt nahezu 500 Lehr- und Lernhilfen in COLLEG zugänglich. Insgesamt fanden wir in den einschlägigen Zeitschriften ab 1980 mehr als 2100 Unterrichtseinheiten, die nach pädagogischen Gesichtspunkten ausgewählt werden. - Wir werten folgende Zeitschriften aus:

- Arbeitslehre
- arbeiten + lernen
- Die Grundschule
- Geographie heute
- Geographische Rundschau
- Grundschulmagazin
- Grundschulzeitschrift
- Neue Schulpraxis
- Praxis der Naturwissenschaften Biologie
- Praxis Geographie
- Praxis Grundschule
- Sachunterricht und Mathematik in der Primarstufe
- Umweltlernen
- Unterricht Biologie
- Unterricht Chemie
- Unterricht Physik
- Zeitschrift für Technik im Unterricht

Wir werden später andere Publikationen und Textsorten hinzunehmen. Gesucht sind Experimentierhinweise, technische Konstruktionen, erstaunliche Phänomene und Alltagsknobeleien, die die Selbsttätigkeit des Kindes ansprechen. Aus dem Bereich der Geographie werden Beispiele aufgenommen, die auf Sachunterricht verweisen und Aspekte naturwissenschaftlich-technischer Art erschließen. Beispiele: »Wetter«, »Regen«, »Schnee«, »Wasser«, »Polarexkursion«, »Wolken«.

Wonach die Einheiten ausgewählt werden

Wir gehen bei der Auswahl von folgenden Aspekten des Sachunterrichts aus: Sind naturwissenschaftlich-technische Themen enthalten? Werden Fragen der Umwelterziehung angesprochen? Sind Elemente des Entdeckenden Lernens, der Selbsttätigkeit, des Experiments oder der Erkundung enthalten? Erhalten die Kinder Gelegenheit zum aktiven und erfahrungsbestimmten Lernen?

Wie die Datenbank aufgebaut ist

Natürlich kann nicht nur der- oder diejenige mit COLLEG arbeiten, die mit Computern umgehen können. Wir haben von vornherein vorgesehen, durch die schriftliche Version einen breiten Interessentenkreis anzusprechen. Wer jedoch die Vorteile des Computers nutzen will, wird feststellen, daß die Recherche nach mehreren Kategorien und Schlüsselbegriffen besonders komfortabel ist. Wir entwickeln derzeit ein Vorschlagspaket, wie die Datenbank regional genutzt werden könnte, sei es in Lernwerkstätten, durch Diskettenversand, im Rahmen regionaler Lehrerfortbildung oder auch durch Vernetzung oder Mailboxsysteme. Allerdings ist eine Voraussetzung dazu eine finanziell und personell solide Verankerung des Projekts. Diese Verankerung ist noch nicht gewährleistet.

Wie ich COLLEG nutzen kann

COLLEG kann in unterschiedlichen Nachfragesituationen weiterhelfen. Wir möchten das anhand folgender Beispiele im Sinne einer Zukunftssicht deutlich machen:

Beispiel I

Mitglieder einer Lehrplankommission überlegen sich, ob für die neuen Leitideen, die sie beschließen wollen, bereits ausreichende Erfahrungen und Unterrichtseinheiten vorliegen, auf die sie in Handreichungen oder im Lehrplan verweisen könnten. Einige möchten darüber hinaus wissen, wer in Schleswig-Holstein bereits früher einmal Lehr- und Lernhilfen zum Sachunterricht veröffentlicht hat. Eine Anfrage bei COLLEG könnten wir innerhalb kurzer Frist beantworten, sofern die Datenbank fortlaufend aktualisiert werden kann; dazu ist natürlich geschultes Personal erforderlich - derzeit erledigen diese Arbeit Studierende, die gründlich eingewiesen wurden.

Beispiel 2

Anläßlich einer schulinternen Fortbildung im Kreis Nordfriesland wird die Durchführung eines Unterrichtsprojekts über Wattenmeer und Naturschutz beschlossen. Die Beteiligten wollen Vorschläge für den Sachunterricht unterbreiten. Es stellt sich die Frage nach der Ausgangssituation und Bestandsaufnahme dessen, was bereits existiert. Dies wäre ein klassischer Fall, die COLLEG-Datenbank in Anspruch zu nehmen.

Beispiel 3

Nehmen wir an, eine Lehrerin einer Grundschule in Augsburg hat den Sachunterricht einer 3. Klasse zu Schuljahresbeginn gerade neu übernommen. Sie hat die 2. Lehramtsprüfung abgeschlossen und bislang nur wenige Erfahrungen in diesem Fach sammeln können. Auf dem Hintergrund dessen, was der Lehrplan empfiehlt, möchte sie die Kinder selber kleinere Experimente durchführen lassen, weil sie von der Motivationswirkung überzeugt ist. Die COLLEG-Datenbank könnte in diesem Fall zweifach nützlich sein: (a) eine bereits zu diesem Thema verfügbare Übersicht von Unterrichtseinheiten und Lernhilfen bereitstellen, und (b) zweitens könnte die Lehrerin sich zu den Stichwörtern »Schülerexperiment« und »entdeckendes Lernen« alle Unterrichtseinheiten für die 3. Klasse ausdrucken lassen.

Beispiel 4

In der zweiten Phase bietet eine Seminarleiterin einen Kursus über Sachunterricht an. Sie interessiert sich vor allem für Lernstationen auf dem Schulgelände und möchte ein sachunterrichtliches Entwicklungs- und Erkundungsprojekt durchführen und sucht Ratschläge dazu. Bei entsprechender Anfrage würden wir ihr nicht nur die veröffentlichten Ansätze und Literaturquellen nennen, sondern auf Wunsch auch Adressen mitteilen, wo bereits Erfahrungen mit der Einrichtung von Biotopen auf dem Schulgelände gesammelt worden sind.

Beispiel 5

Worauf muß ich eigentlich achten, wenn ich als Schulleiterin jene Kolleginnen und Kollegen unterstütze, die Sachunterricht mit Experimentiermaterialien in umgestalteten Klassenräumen durchführen möchten? Gibt es Erfahrungsberichte, die dazu nützliche Tips und Hinweise anbieten? In solchen und ähnlichen Beispielen kann COLLEG nicht mit Datenbankrecherchen dienen, jedoch mit praktischen Innovationsberichten aus Schulen, die wir sammeln und zugänglich machen wollen.

Schluß

Erkunden ist eine aktive Lernform, die nicht nur dem Heimat- und Sachunterricht vorbehalten ist. In jedem Fach können wir uns solche Lernanlässe vorstellen, selbstverständlich auch in der Sekundarstufe I und II. Die Unterrichtsliteratur hat inzwischen viele Beispiele zugänglich gemacht, und wir werden diese Beispiele für die Grundschule im Rahmen von COLLEG fortlaufend auswerten.

Die Forschung über entdeckendes Lernen und über Erkundungsformen als aktive Erkenntnismöglichkeit jedoch ist nicht sonderlich fortgeschritten. Mindestens folgende Erkenntnisbereiche sind vertiefend zu bearbeiten: (a) Wie kann man Erkundungssituationen in unterschiedliche Unterrichtsmuster effektiv einbinden, und welcher Erschließungswert kommt ihnen zu? Diese Frage sollte in verschiedenen Schulfächern untersucht werden, auch im Sekundarbereich. (b) Was wissen wir über die Bedeutsamkeit und Effektivität des Erkundens aus bisherigen Analysen inwieweit können wir diesen Aspekt in Zukunft stärker betonen? Dazu sollten wir den gegenwärtigen Forschungsstand zum Entdeckenden Lernen und zum Erkunden aufarbeiten, denn selbst die US-amerikanischen Forschungsübersichten (z.B. *Kersh/Wittrock* 1969; *Bredderman* 1983; *Shymanski/Kyle/Alport* 1983 und *Schrenberger/Russell* 1986) sind älteren Datums und berücksichtigen nicht die europäische Tradition und Praxis. Es gibt also einiges im Forschungsfeld zu tun; dennoch sind wir in der Gestaltung pädagogischer Fantasie darüber, wie Erkundungselemente den Unterricht bereichern können, ein ganzes Stück weiter, und es lohnt sich, daraufhin die Zeitschriften und pädagogischen Werke sorgfältig durchzusehen.

Lernspiele im Unterricht an der Grundschule Neudorf mit Hans-Jessen Steensen (rechts im Bild)

Lernhilfen zum Selbermachen

Uwe Hameyer

Nachfolgend sind fünf Lernspiele zum Selbermachen abgedruckt. Sie entstanden in der Grundschule Neudorf bei Kiel. Sie werden in der Praxis - übrigens auch mit Eltern - nicht nur einfach so eingesetzt, sondern sind als Differenzierungs- oder Förderhilfe besonders geeignet. Von den Kindern werden sie besonders geschätzt. Der Verfasser, Schulleiter *Hans-Jessen Steensen*, verfügt über einen phantastischen Fundus solcher Ideen. Seine »Lernspielkiste« umfasst derzeit über 75 Spiele unterschiedlichen Schwierigkeitsgrades. Die Spiele werden mittlerweile auch in der Lehrerbildung mit großem Erfolg eingesetzt. Kinder und Studierende finden gleichermaßen Freude, Lernspiele selbst zu bauen oder neue zu erfinden. Ich möchte auf die Besonderheit dieser Lernspiele hinweisen, weil mit ihnen nicht nur die Freude am Lernen gesteigert werden kann, sondern Kinder mit Teilleistungsschwächen in besonderer Weise angesprochen sind.

Wenn Sie mit dem Spieleerfinder Kontakt aufnehmen möchten, wenden Sie sich am besten an seine Privatadresse: *Hans-Jessen Steensen*, Wilhelm-Lehmann-Str. 28, 24340 Eckernförde, Tel. 04351 - 43673.

Hinzuweisen ist auf sein Lernspielebuch, das beim Körner Verlag erscheint (Herbst 1994).

Pädagogische Ideenkartei

Uwe Hameyer
Claudia Papenhagen

Studienanfänger wissen, wovon sie reden, wenn vom Orientierungschaos in den ersten Studienmonaten die Rede ist. Zumeist behelfen sie sich mit detektivischem Spürsinn, um im Informationsdschungel einen Pfad zu Lichtungen auszumachen. Ähnlich verhält es sich gerade in den ersten Wochen der Unterrichtstätigkeit nach dem Studium.

Die Hochschulsituation ist bekannt: Studierende blättern zunächst mit gelassener Gestik süffisanten Unverständnisses im Engzeilengemenge der Handouts. Eine geläufige Überlebenstechnik liegt auf der Hand - Im aufgeregten Gruppentalk vergewissert man sich des gemeinsamen Entsetzens. Aus einem subjektiv empfundenen Leidensdruck formiert sich Solidarität. Wie nur ist es möglich, uns derart im Regen stehen zu lassen? Eine gute Portion Ironie brodelt aus den Gesprächen an die Oberfläche. Allenfalls tröstet das Gefühl, es gehe allen so. Natürlich muß jeder lernen, seinen eigenen Studienplan zu erstellen, die passenden Bausteine zur richtigen Zeit zu finden. Dennoch bleibt der schale Geschmack von Hilflosigkeit. Aus dieser Hilflosigkeit können sich Studierende lösen, wenn mindestens zwei Regeln eingehalten werden (von denen allerdings nur eine in der Macht der Studierenden steht); die folgenden Passagen sind dem gleichlautenden Artikel der Verfasser aus der Grundschule 1992/10 entnommen:

1. Jede Hochschule ist in der Pflicht, ihr Veranstaltungsangebot und die Studienerfordernisse verständlich darzustellen. Klarheit in Sprache und Konzeption gehören dazu ebenso wie die überzeugende Präsentation dessen, was angeboten wird. Die Studierenden sollen schließlich für das Studium gewonnen und begeistert werden. Das jedoch ist eine didaktische Aufgabe der Hochschulen - genauer gesagt der Dozentinnen und Dozenten.

2. Auch die Studierenden können etwas tun. Sie können zum Mittel der Selbsthilfe greifen - und das gilt auch für Lehrerinnen und Lehrer in der schulischen Praxis. Wenn Studierende nicht gleich im ersten Semester und

LehrerInnen nicht gleich im ersten schulpraktischen Jahr beginnen, wichtige pädagogische Informationen systematisch zu ordnen und beieinander zu halten, verlieren sie rasch den Überblick. Im Studium und erst recht im Schulfeld ist jeder selbst aufgefordert, an einer der wichtigsten Schlüsselqualifikationen zu arbeiten, nämlich an der Kunst, gründlich zu erlernen und zu beherrschen, wo welche Information zu welchem Problem rasch zu finden ist.

In unserem Beitrag möchten wir nicht über die allgemeinen Schwierigkeiten der ersten Schritte im Studium reden, sondern auf eine praktische Methode solcher Selbsthilfe hinweisen, die sich jeder rasch aneignen kann. Es geht um die *Pädagogische Ideenkartei.*

Information en masse

In Seminaren und Kolloquien, in Vorlesungen und Werkstätten, in Kursen und Einzelgesprächen an der Hochschule hat sich eine ungeordnete Hinweiskultur breitgemacht - das sieht zum Beispiel so aus: »Das Buch von Langeveld über die Anthropologie müssen Sie unbedingt lesen« ... »Sehen Sie sich den Aufsatz zur didaktischen Analyse in der Grundschulzeitschrift einmal an - Es muß doch 1988 gewesen sein, oder war es 1985? Jedenfalls gucken Sie mal ...« ... »Für Projektunterricht gibt es ausgezeichnete Beispiele. In der nächsten Stunde bringe ich was mit« ... [leider hatte der Dozent sein Versprechen nicht eingehalten].

Aber auch Merk-Würdiges wird oft nur beiläufig erwähnt, während es eigentlich wert ist, wirklich gemerkt zu werden, zum Beispiel wenn ein Dozent sagt: »Die Einführung des elektrischen Stromkreises beginne ich oft mit folgender Rahmenhandlung«, oder: »Sehen Sie sich doch mal das Angebot des Verlags für Freiarbeit durch. Sie finden darin interessante Tips für den Unterricht«, oder: »Zur Diagnostik müssen Sie folgende Instrumente kennen«.

Ideenkartei als Informationsbörse

Ideen aller Art werden täglich weitergereicht. Teilweise sind sie unvollständig zitiert oder nicht so dargestellt, daß man sie noch in zwei Jahren gut in Erinnerung hätte. Ideen, Anregungen und Merkpunkte aller Art sind viel zu bedeutsam, als daß sie rasch wieder in Vergessenheit geraten sollten. Daher lohnt es sich, wenn Sie gleich im ersten Semester beziehungsweise bei Aufnahme der Unterrichtstätigkeit für sich selbst eine Ideenkartei erfinden, in der Sie für sich oder auch zu zweit das in Stichworten aufzeichnen, was sie besonders interessant finden und später wiederholt brauchen.

Wochenthemen mit Bastelvorschlägen / Aktionen

I Schattenspiele erfinden, bauen und spielen
II Der Hamster unserer Klasse (Nagetier tuschen)
III Wir ernähren uns vollwertig (Rezepte erproben)
IV Das Wetter (Drachen oder Laterne bauen)
V Indianische Lebensweise (Perlenkette, Weben)
VI Fremde Länder in unserer Klasse (Befragen, Tänze)
VII Umweltschutz (Besuch einer Umweltorganisation)
VIII Das Leben in unserer Stadt verändert sich (Ausstellung)
IX Situation der alten Menschen in unserer Stadt (vor Ort)
X Die Wichtelmänner (Theater spielen und aufführen)
XI Der Zirkus (Gipsabdruck)
XII Hexen (Sägearbeit mit Sperrholz)
XIII Vögel unserer Heimat (Bau von Nistkästen, Vogelfutter)
XIV Massentierhaltung oder glückliches Huhn (Bauernhofbesuch)
XV Die Jahreszeiten (Blätter pressen, Decke bedrucken)
XVI Jonas (wir schreiben und malen den Inhalt der Geschichte)

In einer Ideenkartei - zum Beispiel im DIN A 5-Format - könnten Sie farblich zum Beispiel folgende Kategorien unterscheiden:

- Literaturübersichten
- Lernspiele
- Tips aus dem Praktikum
- Pädagogische Zitate
- Lernmaterialien und Bestelladressen
- Pädagogische Videofilme
- Grundbegriffe
- Erstaunliche Experimente
- Resultate aus der Schulforschung
- Testkartei mit Stichworten
- Adressen für später
- Ideen für Projekte
- Umgestaltete Klassenräume

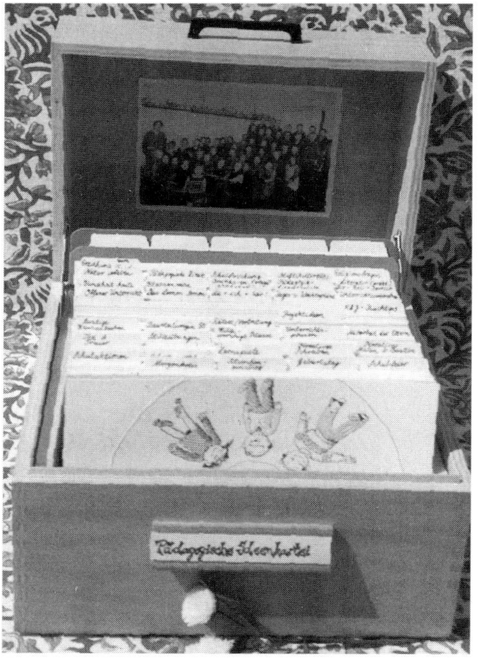

Diese Liste enthält ausgewählte Beispiele, mehr nicht. Immer geht es bei der Pädagogischen Ideenkartei um Themengebiete, die über den Tag oder das Semester hinaus bedeutsam sind, sei es im Hinblick auf spätere Referate, Studien oder Examensarbeiten, sei es vor allem im Hinblick auf die berufspraktische Tätigkeit in Unterricht und Schule. Es ist nie zu spät, sich eine praktische Informationsbörse, die auf Ihre eigenen Bedürfnisse zugeschnitten ist, aufzubauen, auch wenn der beste Zeitpunkt immer der Studienbeginn ist.

Der Aufwand ist nicht groß, und wenn die Kartei regelmäßig vervollständigt wird, können Sie auf lange Sicht Zeit sparen. Ein durchaus ökonomisches Modell also, die Pädagogische Ideenkartei. Sie sollten allerdings die Kartei wöchentlich aktualisieren - besser noch die Abstände sind kürzer bemessen. Vielleicht brauchen Sie 10 Minuten täglich. Und wenn Sie zusätzlich einmal monatlich einen halben Tag in der Bibliothek drei oder vier einschlägige Zeitschriften nach neuen Unterrichtseinheiten durchsehen, verfügen Sie über einen sehr guten Informationsstand.

Es ist nicht entscheidend, ob Sie eine Ideenkartei allein erstellen oder zu zweit »eröffnen«. Auch das Format ist Ansichtssache. Wichtig für Sie ist allein die Entscheidung, während des gesamten Studiums gleichsam begleitend sich dieser kleinen Mühe zu unterziehen. Die unschätzbaren Vorteile werden Sie rasch spüren. Nachfolgend sind einige Beispiele und Hinweise ausgeführt, die aus der Studienpraxis stammen. Es handelt sich um den Erfahrungsbericht einer Lehramtsstudentin (*Claudia Papenhagen*). Wir würden uns freuen, wenn aus der Lehrerbildung und Schulpraxis Rückmeldung kommt. Sowohl Kritik am Beitrag ist erwünscht, aber auch die Ergänzungsidee oder die Beschreibung einer anderen Dokumentationsmethode.

Erfahrungen mit dem Aufbau einer Ideenkartei

Claudia Papenhagen

Wider die Ideenflut - so könnte mein Erfahrungsbericht überschrieben sein (s. *Hameyer/Papenhagen* 1992). Als Studentin an der Pädagogischen Hochschule Kiel habe ich mir eine Ideenkartei ausgedacht, mit der herumstreunende Informationen »eingefangen« werden. Auf diese Weise wird allerlei Wissenswertes dokumentiert, was ich schnell wieder auffinde.

Als zukünftige Lehrerin oder als Lehrer haben Studierende den Wunsch, den Schulalltag mit frischem Elan und Idealismus zu beginnen und aktiv mitzugestalten. Schließlich möchten Studierende auch nach ein paar Wochen anstrengender Unterrichtsarbeit enthusiastisch und phantasievoll den Kindern gegenübertreten können. Aber nicht nur der Blick zur späteren Berufstätigkeit, sondern auch die vorerst anstehenden Schulpraktika oder das Referendariat geben Anlaß, Zeitschriften, Bücher und Skripte nach originellen Einfällen durchzuforsten.

Doch wer hat es nicht schon selbst erlebt: Zuerst dieses Glücksgefühl, besonders spannende und in die Praxis umsetzbare Vorschläge gefunden zu haben, später das Abheften dieses Ideenguts, dann aber die leidliche Feststellung, daß einem nur noch Zufall, Glück, labyrinthisches Suchen oder Intuition helfen können, das einmal Abgelegte rechtzeitig und vollständig wiederzufinden. Ein Rezept für den unermüdlichen Kampf gegen die menschliche Vergeßlichkeit drückt sich in dem berechtigten Sprichwort aus: *Wer das Leck in seinem Boot nicht früh genug zustopft, der darf sich nicht wundern, wenn das Boot untergeht.*

Das Geheimnis des Nicht-Untergehens in der massiven Ideen- und Zettelflut liegt dementsprechend in der so oft verpönten, bürgerlichen Tugend namens Ordnung, die in diesem Zusammenhang eine positive Rolle zugewiesen erhält.

Um den Überblick zu bewahren, habe ich mir eine Kartei angelegt, welche im Vergleich zum Computer zum einem wesentlich billiger ist, zum anderen das Eigenschöpferische fördert und durch ihre unkomplizierte Handhabung besticht. Ein Karteikasten läßt sich mit ein wenig Geschick aus Karton oder Sperrholz herstellen, so daß man sich lediglich Karteikarten, am besten in DIN-A5-Form, und Registerkarten, die auf der Rückseite das spezifische Thema anzeigen, zulegt.

Je umfangreicher eine Ideenkartei mit der Zeit wird, desto vielfältiger ist die Bandbreite der pädagogischen Tips. Die Themeninhalte meiner Ideenkartei sind sicherlich sehr auf meine persönlichen Interessen und Bedürfnisse zugeschnitten und nicht immer ausgereift, doch mögen sie als Anregung behilflich sein. Den Schwerpunkt habe ich auf den Schulalltag gesetzt:

- du + ich = wir
- Lehr- und Lernmittel
- Lernspiele
- Schulaktionen und -feiern
- schöne Sprüche
- das Lernen lernen
- Natur erleben
- originelle Hausaufgaben
- Rätsel / Vertretung
- Beurteilungen von SchülerInnen
- Pausen
- Mitarbeit der Eltern
- Tages- und Wochenpläne
- Kreatives Malen und Schreiben
- Offener Unterricht
- Projektideen
- Klassenraumgestaltung
- Adressen von Initiativen und Freiverlagen

Mögliche Formen der Schülerselbstkontrolle:

- Aufgaben- und Sachfragenkartei
- Stöpselkarten
- Kreuzworträtsel mit Lösungsbuchstaben
- Arbeitsbogen mit Faltkante (die Lösung steht auf dem rechten, nach hinten weggeklappten Rand)
- Wendekarten (auf der Vorderseite = Aufgabe, auf der Rückseite = Lösung)
- Drehscheiben (im Fenster erscheint die Aufgabe, beim Weiterdrehen die Lösung)

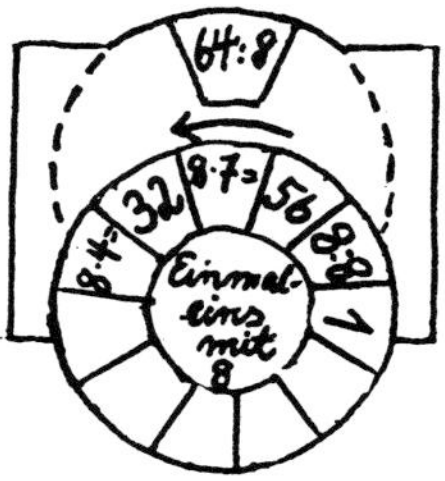

- Mathematische Malbilder
- Sandbuchstaben zum Ertasten nach Montessori
- Lük-Kasten (Lük = Lerne-Übe-Kontrolliere)
- Kantenpuzzle 9·9 =81
- Scrabble aus dem Grundwortschatz

Sehr relevant erscheint mir der Themenbereich »Konflikte« aller Art und deren Prävention. Dieses Gebiet kann z. B. repräsentiert sein durch:

- Stilleübungen
- Demokratisierung des Unterrichts
- Hilfe - unruhige Klasse
- Tod und Trauer

„Gesprächsformeln" mit ermutigendem Effekt

(1) Als Gesprächspartner integrieren:
=> „Wie gefällt Dir das?"

(2) Selbstwertgefühl geben:
=> „Wie schön, daß wir uns auf Dich verlassen können!"

(3) Den Fortschritt hervorheben:
=> „Du bist viel besser geworden in ..."

(4) „Anerkennung betonen und Grenzen setzen:
=> „Ich mag Dich, aber ..."

(5) „Selbständigkeit" betonen:
=> „Das hast Du ja ganz ohne meine Hilfe geschafft!"

(6) Etwas Unerwartetes feststellen:
=> „Du kannst prima ..."

(7) Den Wert erwähnen:
=> „Du hast recht ..."

(8) „Als Partner akzeptieren: „Ich kann nicht alleine ..."

Von großer Bedeutung haben sich Adressen- und Literaturlisten erwiesen. Dazu folgende Vorschläge:

- praxisbezogene Literatur der einzelnen Fächer
- Buchtips für Kinder und Jugendliteratur
- Initiativen / Kooperativen
- Verlage und Lehrmittelvertriebe

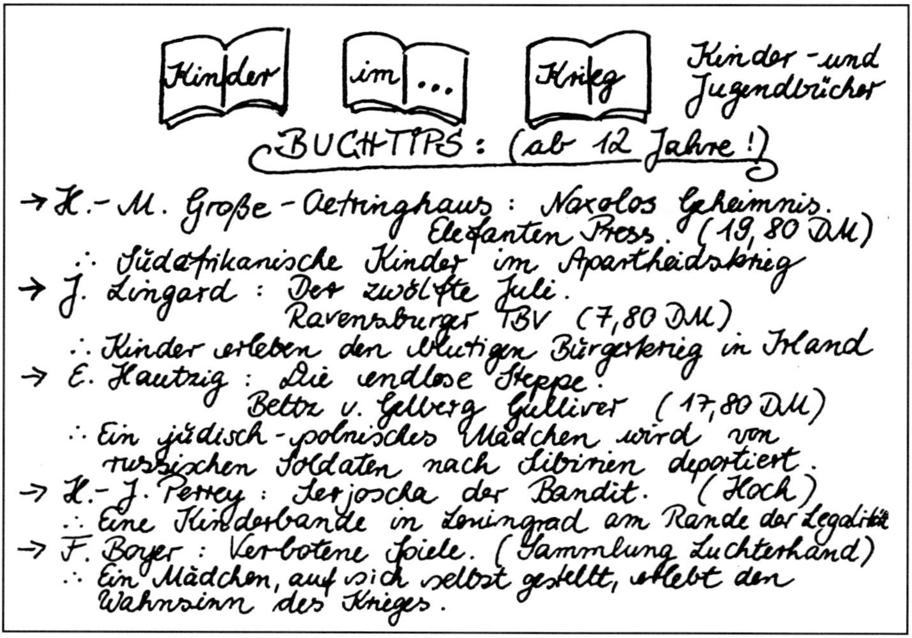
Kinder im ... Krieg

Kinder- und Jugendbücher

BUCHTIPS: (ab 12 Jahre!)

→ H.-M. Große-Oetringhaus: Naxolos Geheimnis.
Elefanten Press. (19,80 DM)
∴ Südafrikanische Kinder im Apartheidskrieg
→ J. Lingard: Der zwölfte Juli.
Ravensburger TBV (7,80 DM)
∴ Kinder erleben den blutigen Bürgerkrieg in Irland
→ E. Hautzig: Die endlose Steppe.
Beltz u. Gelberg Gulliver (17,80 DM)
∴ Ein jüdisch-polnisches Mädchen wird von russischen Soldaten nach Sibirien deportiert.
→ H.-J. Perrey: Serjoscha der Bandit. (Hoch)
∴ Eine Kinderbande in Leningrad am Rande der Legalität
→ F. Boyer: Verbotene Spiele. (Sammlung Luchterhand)
∴ Ein Mädchen, auf sich selbst gestellt, erlebt den Wahnsinn des Krieges.

Zur Schulpädagogik - diese Kartei befindet sich erst im Aufbau - habe ich mit folgenden Themen begonnen:

- Kindheit
- Erkenntnisse aus der Forschung
- pädagogische Zitate
- multikulturelles Lernen

Der Wert einer Ideenkartei liegt nicht nur darin begründet, daß mit einem Griff die gewünschte Auskunft vorliegt, sondern auch darin, daß man sie flexibel handhaben kann: Änderungen oder Ergänzungen können sofort in die bestehende Ordnung eingefügt und überholte Karten entfernt werden. Zudem ist die Ideenkartei noch auf eine andere Weise handlich: Ist man z. B. auf Materialsuche in Bibliotheken, so kann die Eintragung direkt auf der mitgenommenen Karteikarte vorgenommen werden, was offensichtlich mit einem Computer nicht möglich ist. Mir hat es Spaß gemacht, eine persönliche Ideenkartei anzulegen, und ich profitiere oft von dieser -

und sei es nur, um an Telefonnummern von MitstudentInnen zu gelangen. Zum Schluß sei noch ein enormer psychologischer Effekt, den ich an mir selbst erfahren habe, erwähnt: Die Ideenkartei vermittelt die innere Sicherheit und Gewißheit, eine persönliche Systematik in der Fülle der Informationsflut erreicht zu haben, um in brenzligen Situationen Frau oder Herr der Lage zu sein.

Kindsein ist süß?

Tu dies! Tu das!
Und dieses laß!
Beeil dich doch!
Heb die Füße hoch!
Sitz nicht so krumm!
Mein Gott, bist du dumm!
Stopf's nicht in dich rein!
Laß das Singen sein!
Du kannst dich nur mopsen!
Hör auf zu hopsen!
Du machst mich verrückt!
Nie wird sich gebückt!
Schon wieder 'ne Vier!
Hol doch endlich Bier!
Sau dich nicht so ein!
Das schaffst du allein!
Mach dich nicht so breit!
Hab jetzt keine Zeit!
Laß das Geklecker!
Fall mir nicht auf den Wecker!
Mach die Tür leise zu!
Laß mich in Ruh!

Kindsein ist süß?
Kindsein ist mies!

Susanne Kilian

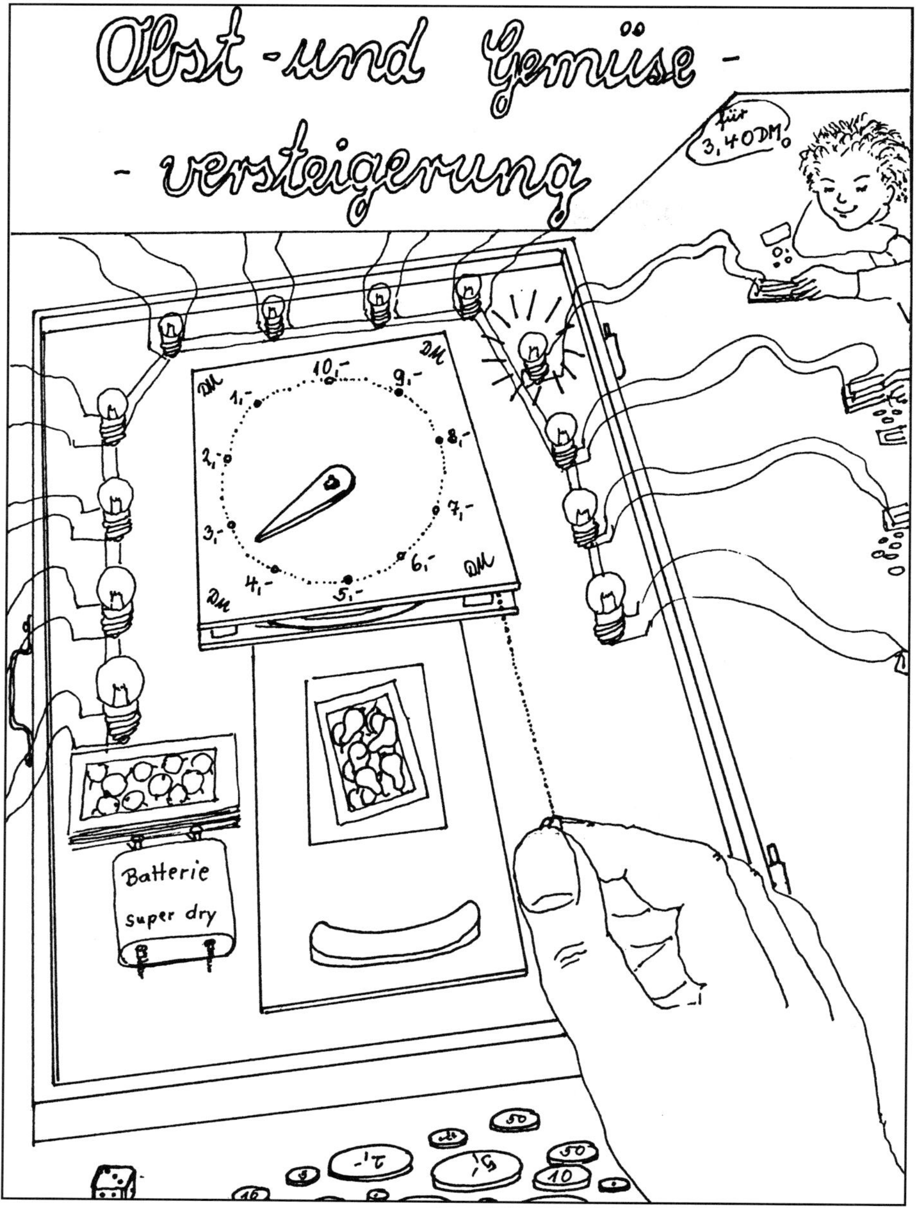
Obst-und Gemüse-
-versteigerung
für 3,40 DM
DM
10,-
9,-
1,-
8,-
2,-
7,-
3,-
6,-
4,-
5,-
Batterie
super dry
50
10

Obst- und Gemüseversteigerung

Hans-Jessen Steensen

Auf einer Auktion geht es bekanntlich sehr spannend zu, da man dort die Waren nicht zu einem festgelegten Preis erwirbt, sondern sie erst in einem nervenaufreibenden Verfahren ersteigern muß. Es gilt, den Wert der Ware richtig einzuschätzen und das Gebot zum günstigsten Zeitpunkt abzugeben. Das ist nicht ganz leicht, denn das möchten alle, die an der Versteigerung teilnehmen.

Bei dem vorliegenden Aktionsspiel werden »Kisten« mit Obst und Gemüse versteigert. Ca. 30 Spielkärtchen, auf denen Bananen, Wurzeln, Salat usw. gezeichnet sind, können ersteigert werden. Als Spieleinsatz erhält jeder »Kunde« 10,- DM. Der Auktionator stellt die «Uhr» auf DM 10,-, zieht an der Schnur, so daß sich der Zeiger auf DM 9,-, DM 8,-, DM 7,- ... usw. zubewegt. Wer kaufen will, muß »STOP«! rufen, oder - falls das Spiel mit einer elektrischen Anlage versehen ist - den Schalter betätigen, so daß das dazugehörige Lämpchen aufleuchtet. Bezahlt werden muß nun der Preis, den der Zeiger angibt. Wer zu früh »STOP!« ruft oder sein Lämpchen einschaltet, kauft zu teuer, wer zu lange wartet, geht leer aus! Während des Spiels ändert sich ständig die Marktsituation, denn manche Spieler haben zum Beispiel kein Geld mehr, um mitbieten zu können, oder der Auktionator legt zur Abwechselung zwei oder gar drei Kisten auf einmal auf das Versteigerungsfeld. So bleibt die Spannung bis zum Schluß erhalten: Eine Kiste Äpfel, die anfangs vielleicht für 4,- DM ersteigert wurde, ist dann schon für 1,50 DM zu haben. Das lockt nun auch die vorsichtigsten Käufer aus der Reserve!

Sind alle »Kisten« verkauft, wird eine vorläufige Bilanz gezogen. Jeder nennt die Anzahl der Kisten und die Summe, die er bezahlt hat. Der Spielleiter trägt die Angaben in eine Tabelle ein, die bei der Schlußabrechnung Aufschluß gibt über Erfolg oder Mißerfolg.

Name	Kisten	bezahlt	
Klaus	4	8,10 DM	
Ute	3	7,20 DM	
Jörg	3	9,10 DM	

Ute hat auf jeden Fall günstiger eingekauft als Jörg. Aber wie steht es mit Klaus? Und die wichtigste Frage: Wie hoch ist der Gewinn oder der Verlust? Auch in der Wirklichkeit kann kein Händler ohne ein gewisses Risiko leben: Die Ware - gerade bei Obst und Gemüse - kann verfaulen, weil sie schon überreif ist, oder der Händler muß die Preise senken, weil ein Überangebot ihn dazu zwingt. Deswegen wird bei diesem Spiel der Preis, zu dem die Ware weiterverkauft werden kann, ausgewürfelt. Würfelt der Spielleiter zum Beispiel eine DREI, dann sieht die Gewinn- und Verlustrechnung für die Kinder folgendermaßen aus:

Name	Erlös bei Weiterbildung	Gewinn / Verlust
Klaus	12,- DM	+ 3,90 DM
Ute	9,- DM	+ 1,80 DM
Jörg	9,- DM	- 0,10 DM

Gewinner ist Klaus.

Anmerkung

Dieses Spiel ist besonders gut geeignet für den Mathematikunterricht im 3./4. Schuljahr. Trainiert wird dabei in besonderem Maße das Kalkulieren mit Geld, eine Fähigkeit, die von großer Bedeutung für richtiges marktwirtschaftliches Verhalten ist. Aber auch das Rechnen kommt nicht zu kurz: Ständig muß gewechselt oder richtig herausgegeben werden, und bei der gemeinsamen Gewinn- und Verlustrechnung sind alle interessiert beteiligt.

Tips zum Bau des Spiels

Wichtigster Bestandteil ist die Versteigerungsuhr. Sie muß stabil gebaut und gut zu handhaben sein. Die elektrische Anlage ist entbehrlich, deswegen hier nur der Hinweis, daß alle Lämpchen und Schalter parallel geschaltet sind und von einer 4,5 Volt-Batterie gespeist werden. Beim Spielgeld handelt es sich um im Lehrmittelhandel erhältliche Plastikmünzen. Das Obst und das Gemüse habe ich auf Spielkärtchen gezeichnet und mit einer Klebefolie vor Abgriff geschützt. Auf den Bildern ist noch die »alte« Uhr zu sehen. Für eine möglichst exakte Baubeschreibung habe ich eine neue gebaut, die aus stabilerem Material besteht und leichter nachzubauen ist.

Material

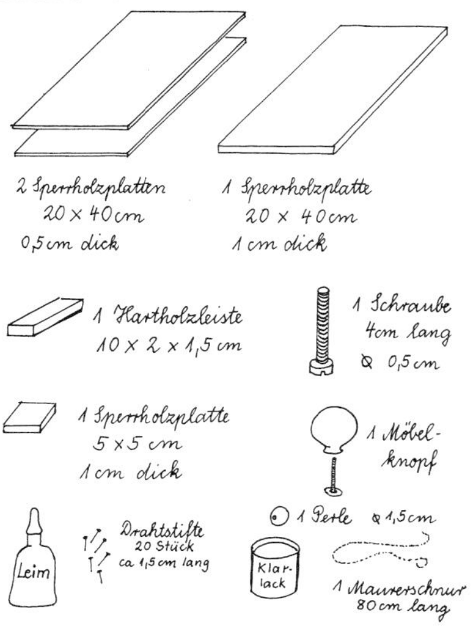

Werkzeug

Stichsäge, Laubsäge, Bohrer, Hammer, Schraubendreher, Zirkel, Lineal, Bleistift, Filzstift, Pinsel

Arbeitsgänge

1. Formen aussägen mit der Stichsäge (möglichst aus allen drei Platten gleichzeitig)

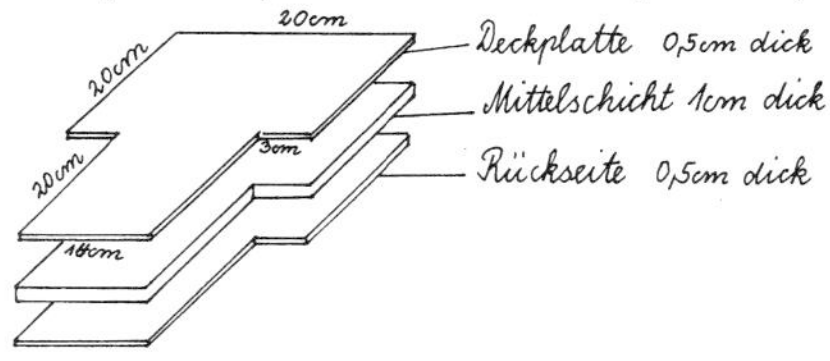

2.

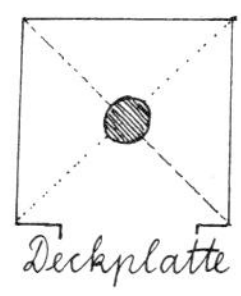

Mitte markieren
Kreis zeichnen ⌀ 5,2 cm
Kreis aussägen

3.

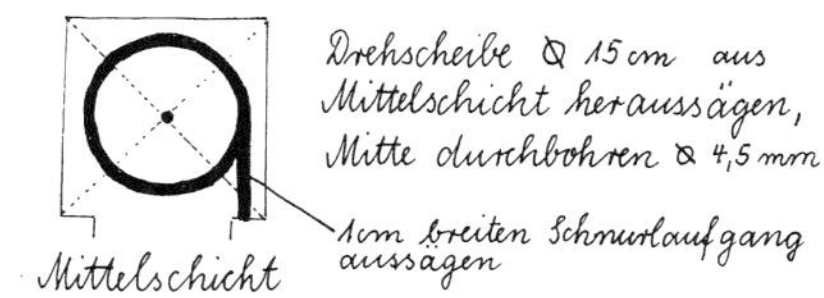

Drehscheibe ⌀ 15 cm aus Mittelschicht heraussägen,
Mitte durchbohren ⌀ 4,5 mm

4.

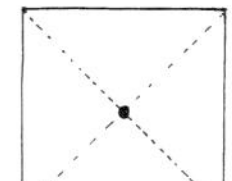

Mitte durchbohren ⌀ 1 cm
(⌀ abhängig vom ⌀ des Schraubenkopfes)

5.

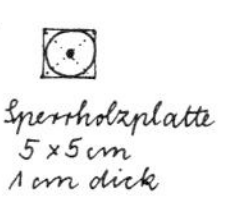

Kreisscheibe ⌀ 5 cm aus der kleinen Sperrholzplatte heraussägen
Mitte durchbohren ⌀ 4,5 mm

6.

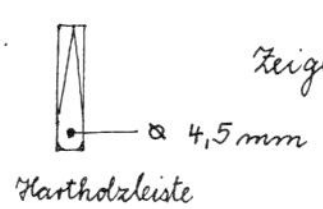

Zeiger aussägen, möglichst senkrecht durchbohren

7.

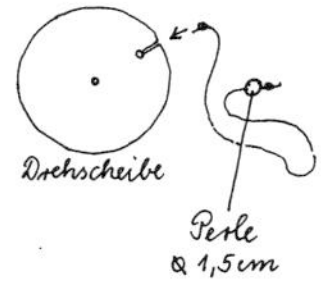

kleines Loch und Gang in die Drehscheibe sägen, Maurerschnur knoten und hineindrücken

8.

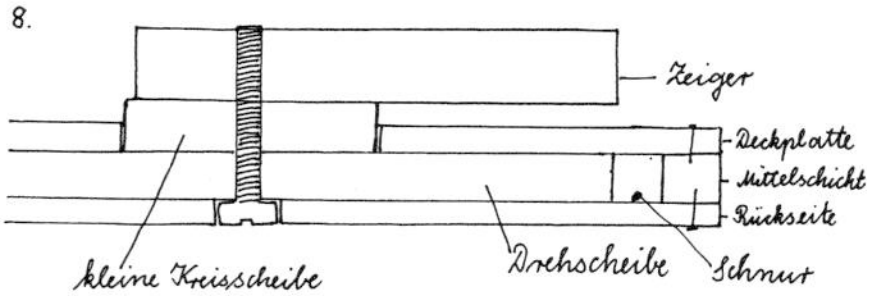

Schraube durchdrehen + Leim zwischen Zeiger und kleiner Kreisscheibe sowie zwischen kleiner Kreisscheibe und Drehscheibe
Schnur in den Gang legen
Schichten zusammennageln

9. Ziffernblatt gestalten

10. Werkstück schleifen + lackieren

11. Möbelknopf als Haltegriff montieren

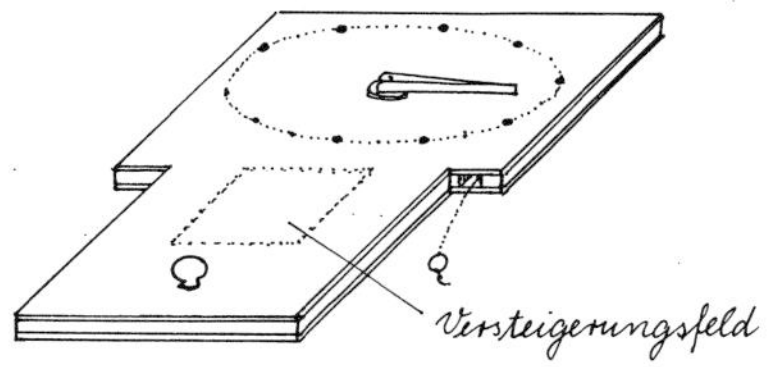

Das Spiel beginnt, eine Kiste Bananen wurde schon ersteigert, und auch für die zweite hat sich ein Aufkäufer »gemeldet«. Aber sind 4,40 DM nicht zu teuer? Die Kinder schauen skeptisch drein. Vielleicht denken sie noch an das letzte Spiel, als der Wiederverkaufspreis bei nur 1,- DM lag? Schließlich möchte keiner gerne Verluste machen! Außerdem müssen sie mit ihren 10-DM Spieleinsatz haushalten ...

Diesmal ist Daniel der Spielleiter. Noch hat keiner gedrückt. Tim (3. Schj.) wartet gespannt auf einen besseren Preis. Bisher ht er noch kein Gebot abgeben können. Die anderen waren schneller, vielleicht aber auch nur leichtsinniger. Das wird die Endabrechnung klären ... Stefan und ein anderer Daniel sollen aufpassen, daß richtig gerechnet und herausgegeben wird. Sie gehören ebenfalls wie der Spielleiter zum 4. Schj..

Musch-Spiel

Hans-Jessen Steensen

Das »Musch-Spiel« habe ich von meiner Großmutter gelernt. Wir spielten es in den Adventswochen, in einer Zeit, als Bäckereien und andere Geschäfte noch nicht überfüllt waren mit Süßigkeiten und sonstigen Leckereien.Wenn der Duft von Plätzchen und Gewürzen in unsere Nase stieg, dann hatte die »Musch-Saison« begonnen. Unsere Großmutter backte speziell dafür kleine halbrunde Plätzchen, die sie zum Spielen spendierte.Süßigkeiten sind heutzutage keine Mangelware mehr, so daß man sie durch vieles andere ersetzen kann, ohne daß von dem Reiz des Spiels etwas verloren geht.Für unsere Schule habe ich ein Lernspiel daraus gebaut. Die Korken mit Einmaleinsaufgaben können zwar nicht verspeist werden, erfüllen aber durchaus ihren Zweck.

Spielregeln

für ca. 3 bis 15 Mitspieler

Fünf Korken werden auf das Spielfeld gestellt.
Ein Spieler dreht sich um. Währenddessen zeigt ein anderer Spieler auf einen der fünf Korken. Das soll der »Muschkorken« sein.
Nun darf der Spieler, der sich umgedreht hatte, sein Glück versuchen:
Er greift nach einem Korken; ist es ein »harmloser«, und löst er die darauf stehende Aufgabe, darf er ihn behalten und weitermachen.
Aber wehe, wenn er den »Muschkorken« erwischt! Dann rufen alle laut »Musch!« und der nächste Spieler ist an der Reihe.
Die entnommenen Korken werden ersetzt und »Musch!« neu bestimmt. Wer die vier »harmlosen« Korken richtig gegriffen hat, darf den »Muschkorken« zur Belohnung auch noch nehmen.

Tips zum Bau des Spiels

Außer Korken sind sicherlich auch viele andere Materialien gut geeignet. Bekleben Sie beide Seiten der Korken mit unterschiedlich farbigem Papier, bevor Sie die Aufgaben und auch das Ergebnis (auf die Rückseite) schreiben. Für ein Spiel genügen ca. 50 bis 100 Korken.

Aufgaben-Beispiele

1. Additionen und Subtraktionen im Zahlenraum 1 - 20

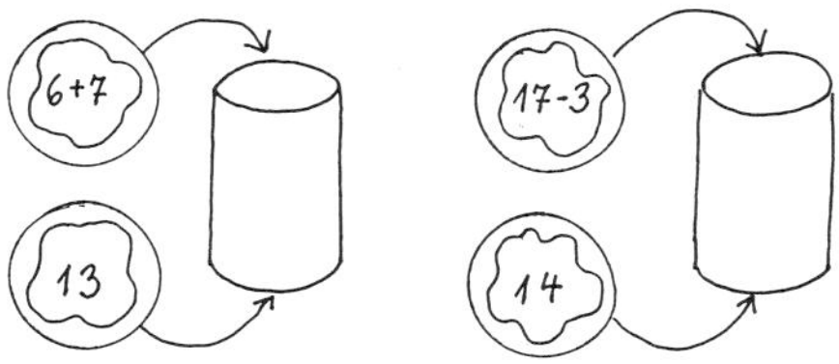

5. Großes Einmaleins (Malaufgaben)

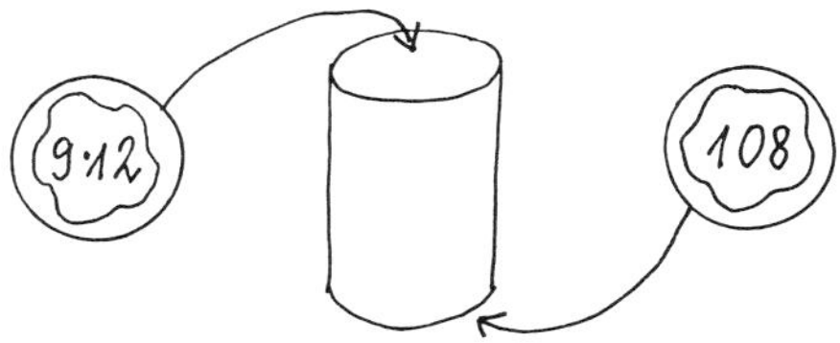

2. Zehner-Überschreitungen

6. Zehner-Einmaleins

3. Kleines Einmaleins (Malaufg.)

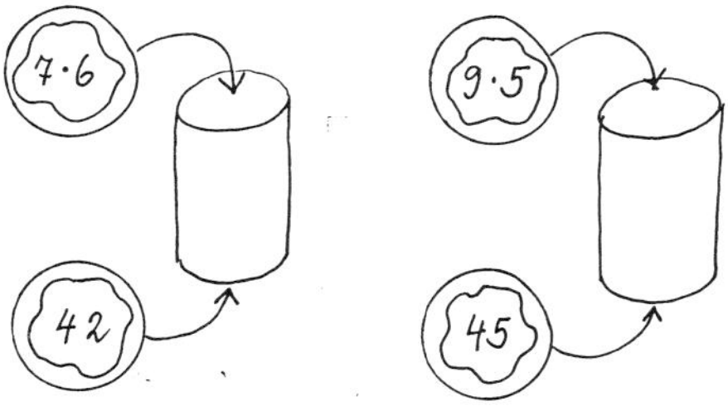

Beispiel für ein «Musch-Feld»:

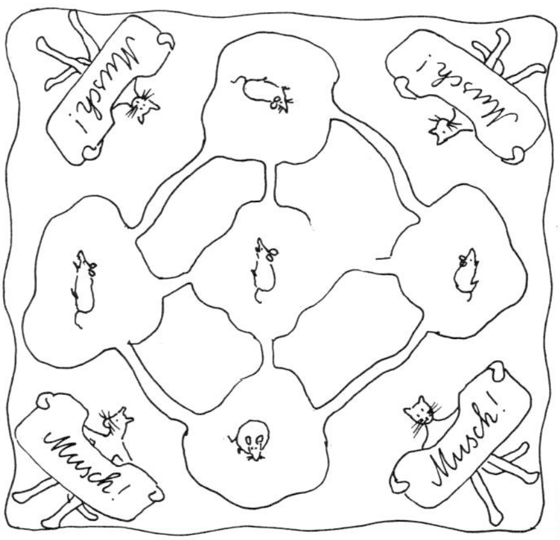

4. Kleines Einmaleins (Teilaufg.)

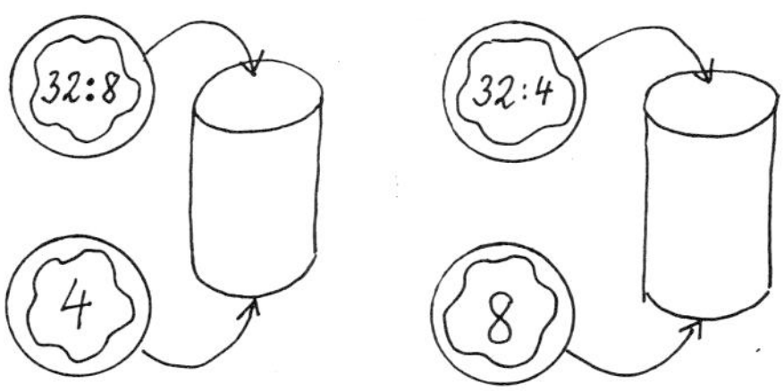

Welche Aufgabe wird Martin zuerst ausrechnen? Eine leichte oder schwere? - darüber grübelt Anja gerade nach, denn als seine Nachbarin darf sie den Muschkorken bestimmen.

Die Korken mit den leichteren Aufgaben scheinen Martin zu gefährlich zu sein. Hoffentlich täuscht er sich da nicht...

Glück gehabt!

Ein Glücksrad zum Rechnen

Ein Glücksrad zum Rechnen

Hans-Jessen Steensen

Haben Sie schon einmal ein Grücksrad gedreht? Vielleicht auf dem Jahrmarkt oder anläßlich eines Volksfestes? Verkleinert gebaut trägt es zur Belebung des Mathematikunterrichtes bei. Nahezu alle Übungsaufgaben können damit trainiert werden. Auf dem abgebildeten Glücksrad sind 10 Zahlen (100 - 1 000) vermerkt. Ein dazugehöriger Container enthält eine Vielzahl an Kärtchen, auf denen Aufgaben gestellt sind. Die Zahlen stellen die Ergebnisse der Aufgaben dar. Um das Glücksrad herum werden ca. 12 Kärtchen gelegt, dann wird der Kreisel von einem der Mitspieler, der gerade an der Reihe ist, gedreht. Das Rad hält an, es zeigt z. B. die Zahl 1000. Welche Aufgabenkarte erzielt dieses Ergebnis? Der Schüler sucht, die anderen Kinder dürfen mithelfen.

Es kann sein, daß nicht nur ein Kärtchen 1 000 als Ergebnis aufweist. Wer Glück hat, findet evtl. mehrere. Gleichwohl kann es passieren, daß kein passendes Kärtchen dabei ist. Wer am Schluß die meisten Karten »ergattert« hat, ist Sieger. Nicht selten gewinnt ein Schüler, der sonst nur schwache Leistungen erbringt. Auf der Rückseite jeder Karte steht das Kontrollergebnis, so daß Kinder auch ohne LehrerIn spielen können.

Tips zum Bau des Spiels

Vielleicht hilft Ihnen jemand beim Bau des Spiels, wenn Sie selber nicht alle Arbeiten ausführen können, weil Ihnen z. B. der Bohrständer fehlt. Auf jeden Fall kann dieses Spiel im Werkunterricht gebaut werden, eine gut lösbare Aufgabe für ein 7. - 9. Schuljahr. Die Arbeit wird Ihnen gut gelingen, wenn Sie die folgenden 4 Punkte beachten:

1. Materialauswahl
2. Senkrechte Bohrung
3. Schleifen der Kreiselspitze
4. Klebefolie

zu 1.

Ich habe gute Erfahrungen mit Sperrholz (mindestens 8 mm dick), dem kräftigen Draht eines Reinigungsbügels, 8 mm dickem Rundholz und stabilen Goldnägeln mit rundem Kopf gemacht.

zu 2.

Es ist nicht einfach, freihändig eine exakt senkrechte Bohrung durchzuführen. Das gelingt Ihnen nur mittels eines Bohrständers, in den Sie die Bohrmaschine einspannen. Schon eine geringe Gradabweichung führt zu einem «Eiern» des Kreisels.
Benutzen Sie den Bohrständer auch zum Vorbohren der Nägel!
Wählen Sie für alle Bohrungen eine um ca. 0,5 mm dünnere Bohrernadel als Rundholz oder Nägel dick sind. Dann lassen sich Rundholz und Nägel noch gut in das weichere Sperrholz hineinschlagen oder hineindrehen.

zu 3.

Spannen Sie das Rundholz für den Kreisel in die Bohrmaschine, um die Spitze gleichmäßig rund zu schleifen (auf Sandpapier), oder benutzen Sie dafür einen Schleifteller mit einer Schleifscheibe!
Korrigieren Sie per Handschliff evtl. Unebenheiten, die einen unruhigen Lauf bewirken!

zu 4.

Bitte überziehen Sie die Aufgabenkärtchen und die Kreiselscheibe mit Klebefolie (transparent). Das schützt vor Abgriff und Ausbleichen der Farben.

Material

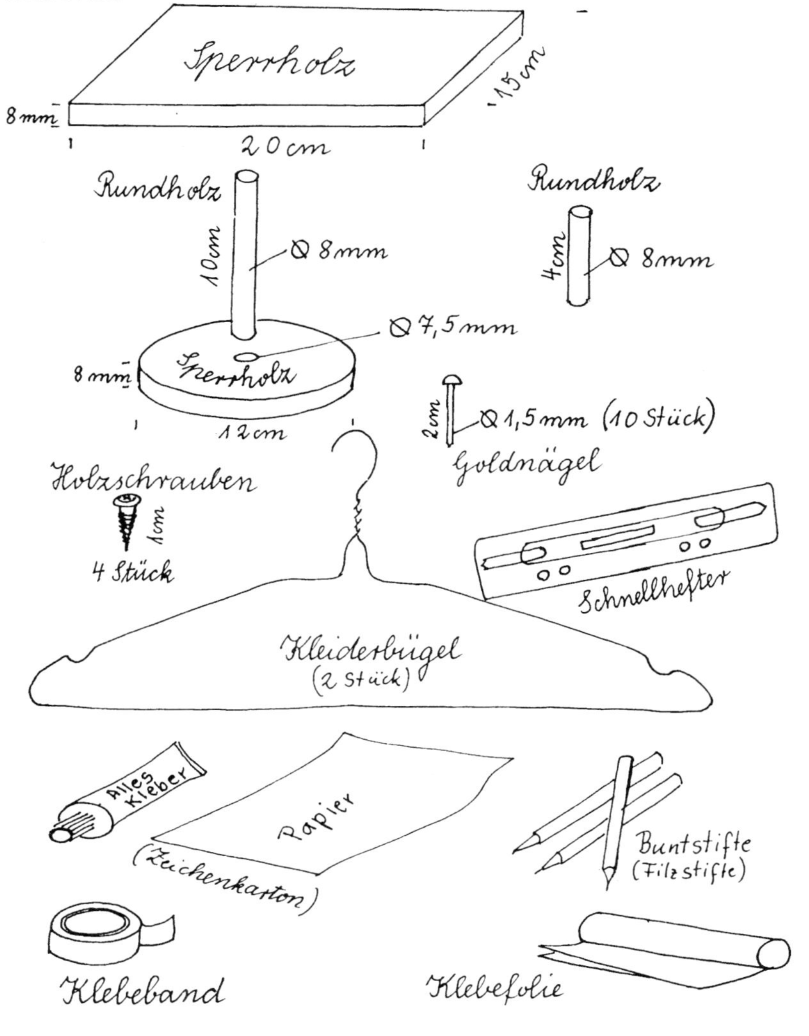

Werkzeug

Laubsäge, Bohrmaschine + Bohrständer, Rundzange, Kombizange, Hammer, Sandpapier (Feile), Schraubendreher, Schere.

Arbeitsgänge

1. Sperrholzplatte und Kreiselscheibe aussägen
2. Kanten nachschleifen
3. Rundhölzer abhängen
4. Rundholzspitze für den Kreisel schleifen
5. Kreiselscheibe durchbohren
6. Rundholz eindrehen (evtl. Hammer zur Hilfe nehmen)
7. Haken vom Kleiderbügel abkneifen
8. Draht geradebiegen
9. Draht ablängen (ca. 25 - 30 cm lang)
10. Draht biegen (2 Ösen als Führung für den Kreisel und 2 Ösen für die Schrauben zur Befestigung auf der Platte)
11. Draht festschrauben
12. Kreisel einpassen (Rundholz aus- und eindrehen)
13. Probeläufe
14. Korrekturen (Draht nachbiegen, Scheibenhöhe verstellen)
15. Draht für Container ablängen (55 - 60 cm)
16. Container biegen, dabei Maße der Kartengröße anpassen

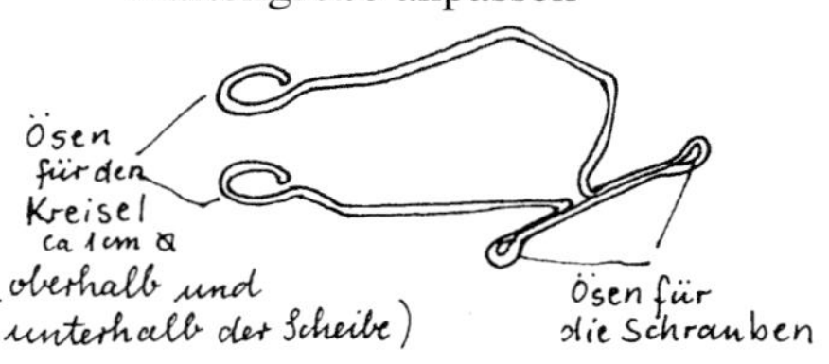

17. Container festschrauben
18. Deckblatt für Kreiselscheibe aufkleben
19. Klebefolie darüberziehen
20. Bohrlöcher für Nägel markieren + vorbohren

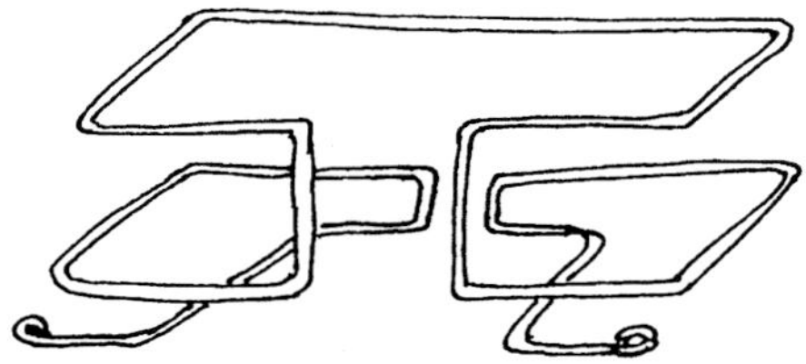

21. Nägel gleichmäßig tief einschlagen
22. Kleines Rundholz einkerben (Laubsäge!) ca. 1 cm tief
23. Streifen als «Zunge» aus Schnellhefter schneiden (ca. 5 cm lang) + einklemmen
24. Bohrloch für kleines Rundholz markieren (ca. 3 cm von der Kreiselscheibe entfernt)
25. Grundplatte durchbohren

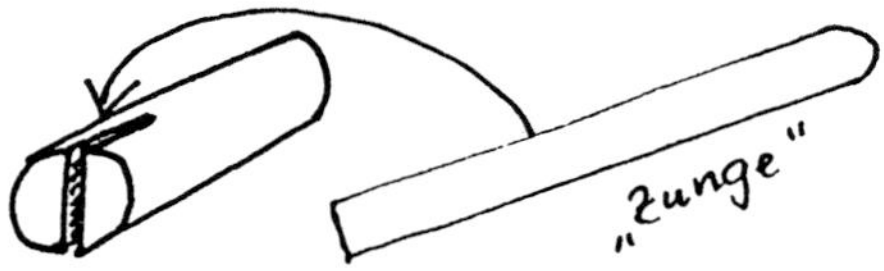

26. Rundholz (+ Zunge) einschlagen
27. «Zunge» einstellen + festkleben
28. Karten ausschneiden, evtl. durch Zeichenkarton verstärken
29. Karten mit Klebefolie überziehen
30. Rand der Grundplatte mit Klebe- oder Gewebeband «verzieren».

Zum Kopieren

Hunderter-
- Spiel

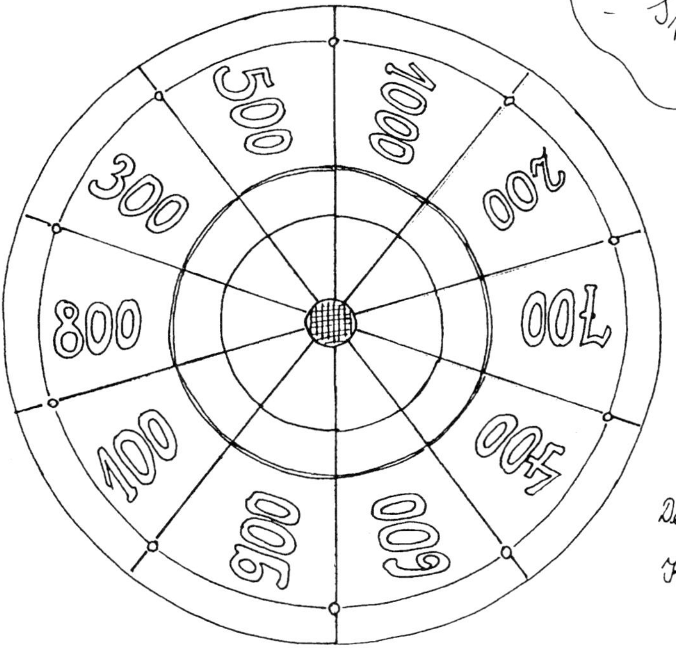

Deckblatt für die
Kreiselscheibe

Kopiervorlagen entsprechend vergrößern, Karten bitte falten, Vorder- und Rückseiten zusammenkleben, evtl. durch Zeichkarton verstärken!
Karten anmalen, mit Klebefolie überziehen!

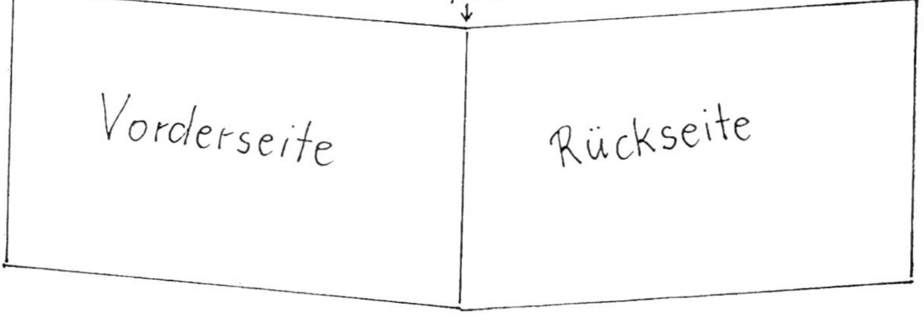

20 20 20 20 20	100
25 25 25 25	100
50 50	100
100 100	200
50 50 50 50	200

40 40 40 40 40	200
150 150	300
100 100 100	300
60 60 60 60 60	300
100 100 100 100	400

200 200	400
80 80 80 80 80	400
250 250	500
100 100 100 100 100	500
125 125 125 125	500

300 300	600
200 200 200	600
150 150 150 150	600
350 350	700
175 175 175 175	700

100 100 100 100 100 100 100	700	300 300 300	900
400 400	800	225 225 225 225	900
200 200 200 200	800	500 500	1000
160 160 160 160 160	800	250 250 250 250	1000
450 450	900	200 200 200 200 200	1000

Ein passendes Aufgabenkärtchen hat Annika schon gefunden. Ob es wohl noch eines gibt? Alle suchen eifrig mit.

Das Spiel beginnt. Gespannt suchen alle nach dem richtigen Kärtchen. Kai-Ole ist aufgestanden, um besser sehen zu können. (Daniel hat etwas zum Papierkorb gebracht, neugierig schaut er ebenfalls zu.)

Deckblatt für folgende Übungsaufgaben

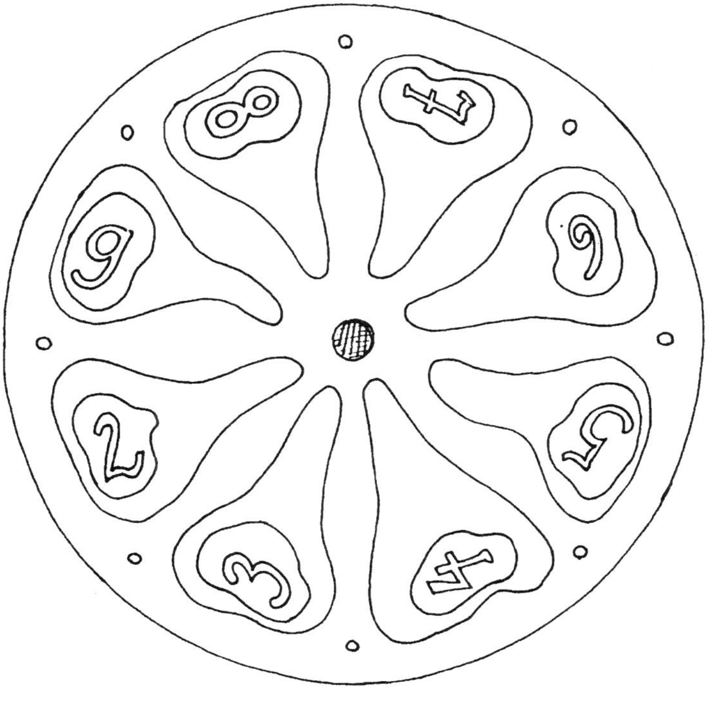

1. Additionen z. B. | 2 + 3 | usw.

2. Subtraktionen z. B. | 9 − 4 | "

3. Divisionen z. B. | 24 : 8 | "

4. Mengendarstellungen 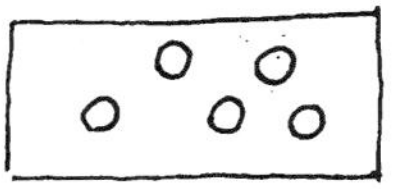 "

Geeignet für

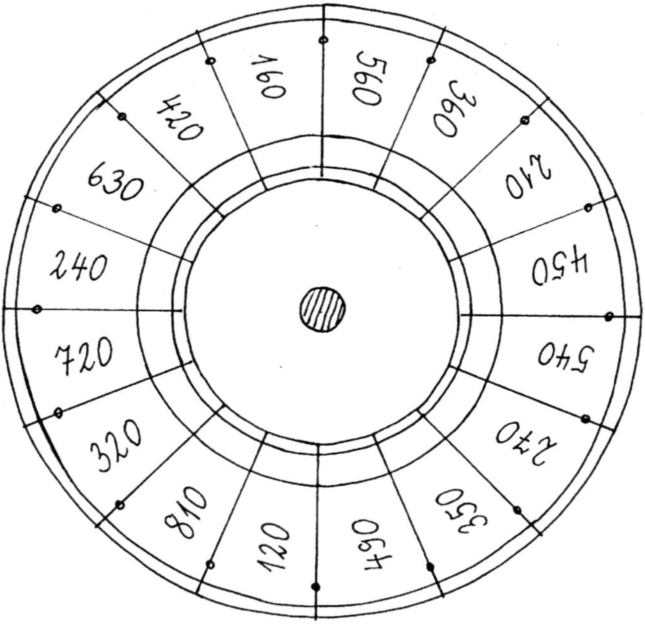

Bei allen Kasten: Ergebnis auf der Rückseite notieren!

1. Multiplikationen (Zehnereinmaleins) z. B. 9 · 70 usw.

2. Hunderter - Über und Unterschreitungen z. B. 190 + 20, 500 - 10 usw.

Glücksrad als Zeiten-Spiel

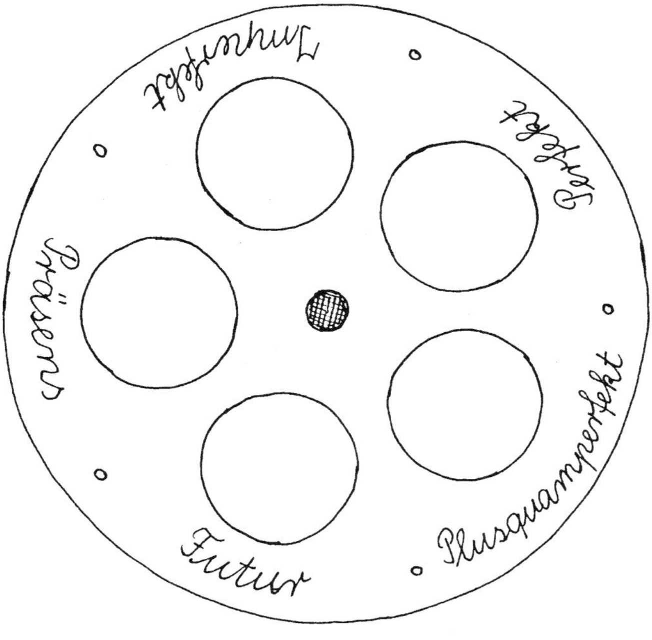

Konjugationen zuordnen z. B.

ich springe	ich sprang	usw.

oder

du betrügst	du betrogst	usw.

Zur Kontrolle Zeit auf Rückseite notieren!

Hunderter - Spiel

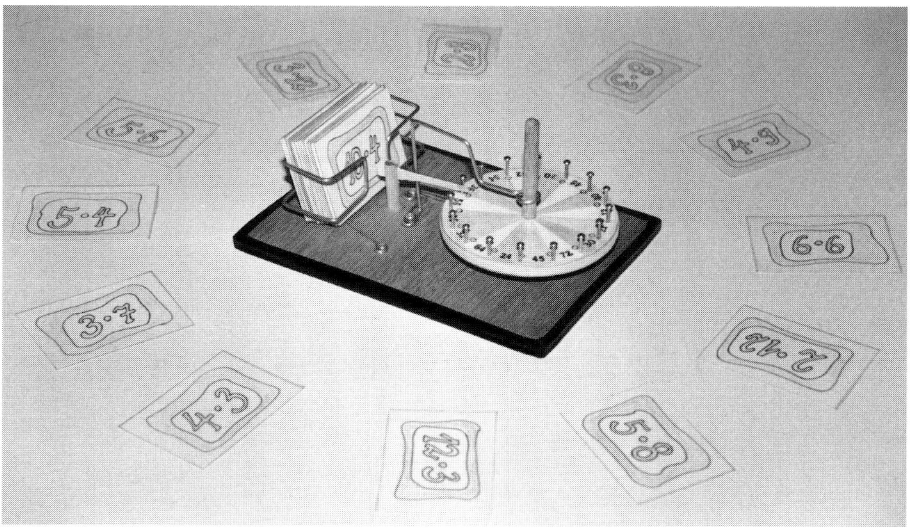

1 x 1 - Spiel

Zehnereinmaleins

1 x 1 Divisionsspiel

Zeiten - Spiel

Das Bilderspiel

Hans-Jessen Steensen

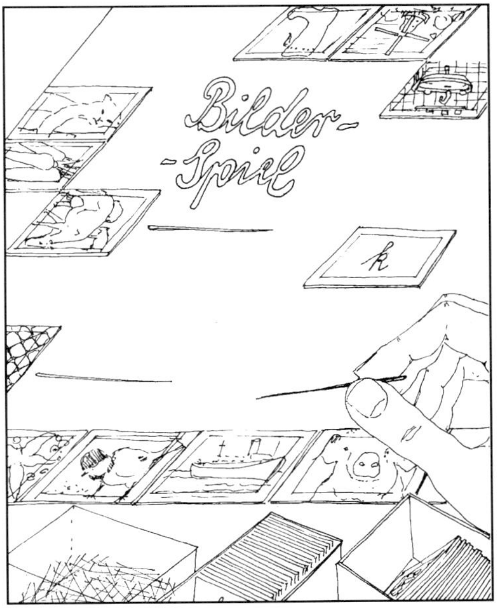

Jeder Mitspieler bekommt ca. 8 Bilderkärtchen zugeteilt. Er legt sie an die Kante seines Tisches. Dann zieht der Spielleiter ein Buchstabenkärtchen, z. B. »k«.
Wer Glück hat, kann ein dazu passendes Bild auslegen, (z. B. Kuh, Kacheln, Waschbecken) und erhält dafür ein Gewinnerstäbchen. Für falsch ausgelegte Bilder gibt es Punktabzug! Dann werden die herausgelegten Kärtchen zurück an den Rand gezogen, und ein neuer Buchstabe wird in die Mitte gelegt. Nach ca. dreimaligem Auslegen werden alle 8 Bilder zum linken Nachbarn weitergeschoben. Zum Schluß werden die Stäbchen gezählt und der Gewinner ermittelt. Dieses Spiel zwingt zum deutlichen Artikulieren und eignet sich besonders gut für die Förderung von lese-rechtschreibschwachen Schülerinnen und Schüler.

Tips zum Bau des Spiels

Die Hauptarbeit besteht darin, gut geeignete Motive für die Bilder zu suchen. Man findet sie in Zeitungen, Zeitschriften, Katalogen usw. Günstig zu erwerben sind die Stäbchen (z. B. bunte Häppchenspieße, die in großer Anzahl verpackt in vielen Lebensmittelgeschäften zu finden sind). Seit über 15 Jahren spielen wir bereits mit den Bildkärtchen. Sie sind immer noch in einem guten Zustand, da sie durch starke Pappe + Klebefolie geschützt wurden.

Werkzeug

Lineal, Bleistift, Filzstifte, Schere, Teppichmesser (Ziehklinge), Unterlage.

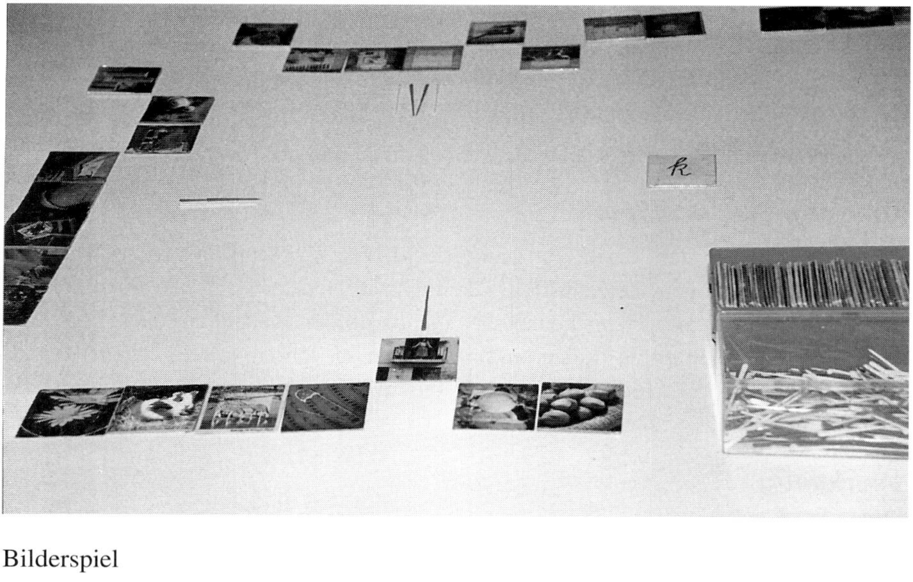

Bilderspiel

Material

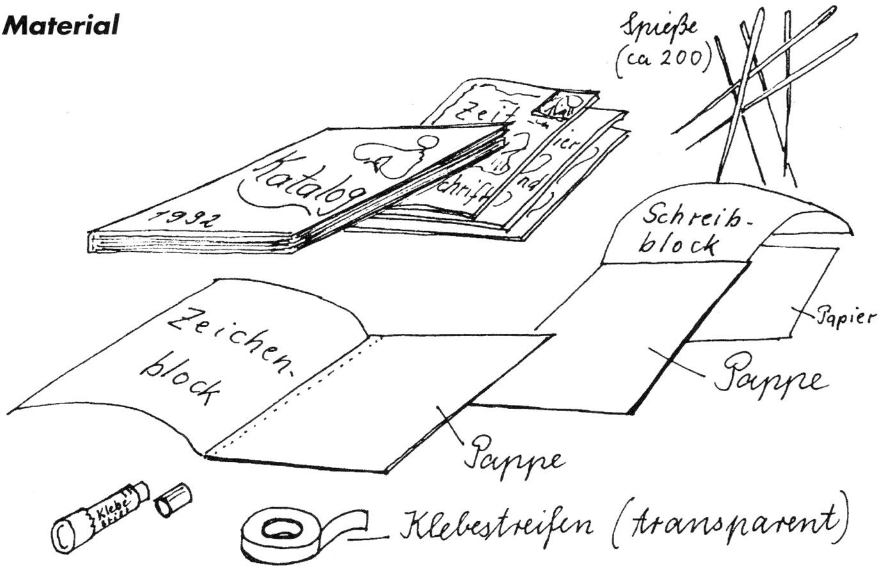

Arbeitsgänge

1. Quadratgitter auf Pappe zeichnen
2. Quadrate ausschneiden
   (Lineal + Teppichmesser!)
3. Bildmotive ausschneiden

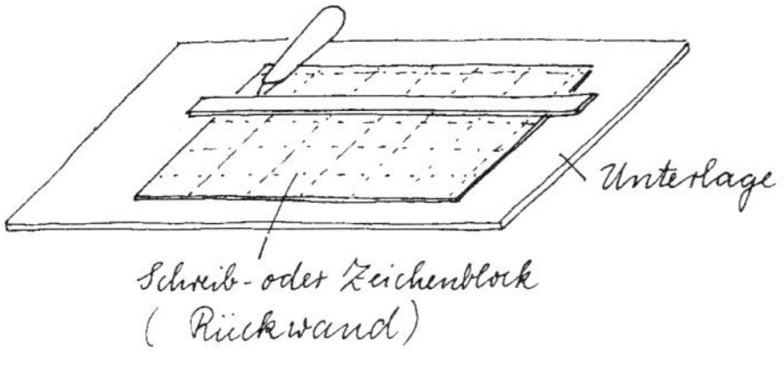

4. Motive aufkleben

5. Rand mit Klebeband verstärken
6. Ecken einschneiden + Klebestrei-

fen umlegen
7. Buchstabenkärtchen fertigen

Das Briefmarkenspiel

Hans-Jessen Steensen

Briefmarken sind kleine Kunstwerke. Sie zieren Briefe, Postkarten, Päckchen oder Pakete. Ein Sammler wirft sie nicht einfach weg, sondern löst sie sorgfältig ab, um ihnen einen Ehrenplatz in seinem Briefmarkenalbun zu geben. - Er ist sogar bereit, sie speziell für diesen Zweck zu kaufen.

Die Sammelleidenschaft ist an kein Alter gebunden. Auch Kinder können sich für dieses Hobby begeistern.

Das Rechnen mit Briefmarken ist interessant und abwechslungsreich, da die Zahlen als Wertangaben in Verbindung stehen zu den unterschiedlichsten Motiven. Auch der Poststempel fördert die Konzentration des Betrachters, so daß es sich lohnt, bei der Herstellung der Spielkarten das Umfeld mit auszuschneiden.Bei dem abgebildeten Briefmarken-Spiel sind die Spielregeln nicht festgelegt. Lassen Sie deshalb auch die Kinder Vorschläge machen! Eine interessante Aufgabe für den Deutschunterricht.

Fünf Beispiele

1. höchster Wert (1 x, 2 x, 3 x drehen)
2. möglichst nahe an 5,-, 6,-, 7,- herandrehen
3. Wer über 10,- DM kommt, scheidet aus + wer am weitesten davon entfernt bleibt
4. Paare ablegen (Dreier / Vierer ...) (Wert gleich, Motiv gleich, Herkunft usw.)
5. Drehen + tauschen, bis man möglichst viele gleiche Motive hat (Gesamtwert entscheidet)

Vor Spielbeginn sollten die Karten gemischt und ca. 12 davon um die Drehscheibe herumgelegt werden. Entnommene Karten werden durch neue (vom Stapel) ersetzt. Der Zeiger kann wie ein Kreisel gedreht oder durch Anschubsen in Gang gesetzt werden.

Tips zum Bau des Spiels

Die Teile aus Holz (Zeiger + Lagerscheibe) sind verhältnismäßig schnell gebaut, zeitaufwendiger ist das Sammeln der Briefumschläge mit möglichst abwechslungsreichen Briefmarken. Das Ausschneiden (z. B. mit einer Zickzackschere) und Aufkleben geht wiederum sehr rasch.

Werkzeuge

Laubsäge, Bohrer, Teile (Sandpapier), Zickzackschere (Schere), Zirkel, Lineal, Lackpinsel.

Das Briefmarkenspiel

Die böse 13 - Spielregeln in der 3. Klasse erfinden

Arndt Döring

Dieses kleine Spiel ist für 1 oder 2 Unterrichtsstunden geeignet. Die Idee habe ich dem Buch »Mein neues Sprachbuch« 4. Schuljahr, Schrödel 1985 Kap. 8, entnommen. Ich werde auf die Erfahrungen mit diesem Spiel eingehen und kurz schildern,

worum es geht. Alles weitere ist der Phantasie des Anwenders überlassen. Zunächst informieren sich die Kinder über das Spiel, sei es im Klassengespräch oder im Gesprächskreis. An der Tafel sind die Spielelemente - auf Karton aufgemalt - mit Magneten befestigt. Nach ersten Vermutungen über die Spielart erfinden die Kinder Regeln und entwickeln anschließend die Bedeutung von 7 Ereignisfeldern; die ersten Spielzüge finden gleich danach statt - eben nach den von den Kindern aufgestellten Regeln.

Das Würfelspiel »Die böse 13« ist ein Regelspiel für Gruppen zu dritt oder viert. Die Kinder sind gehalten, die Spielregeln im Verlaufe des Spiels nicht zu verändern. Der Spielplan »Die böse 13« unterscheidet sich von einer Spielanleitung insofern, als er weder das Regelverhalten der Spieler noch den genauen Ablauf determiniert. Der Plan enthält lediglich Spielhinweise in Form von Bildern und Zeichen, deren Bedeutungen von den Gruppen zu vereinbaren sind.

Die *Böse 13* setzt sich aus einer Start- und Zielfläche sowie 22 Hüpffeldern zusammen, die in Zahl und Ereignisfelder unterschieden sind. Dabei fordern 7 Ereignisfelder mit negativen und positiven Funktionen zum selbständigen Entwickeln von Spielbedingungen bzw. -regeln auf. Spielvoraussetzungen:

- Spielmaterial (1 Plan, pro Spieler eine Figur, Würfel)
- Anzahl der Spieler (z. B. 4 Spieler)
- Spielanfang (z. B., wer eine 6 würfelt, fängt an)
- Spielende (z. B., wer zuerst das Ziel erreicht, gewinnt)

Durch die Auseinandersetzung mit dem Spiel werden die Kinder angeleitet, einen Vorgang klar und sachlogisch darzustellen sowie den Empfänger der Information einzubeziehen. Das Spiel ist für das Regelerfinden gut geeignet. Im Mittelpunkt steht die Erörterung und Festlegung des Spielverlaufs. Die Entscheidungen darüber erfolgen nach einem gemeinsamen Gesprächseinstieg in den Gruppen. Jeweils 3 bis 5 Kinder bilden eine Spielgruppe. So geht es zum Beispiel darum, verschiedene Regeln für die 7 Ereignisfelder herauszufinden. Da die Kinder bereits zu Beginn des Unterrichts das Spielfeld sehen, können sie sich leicht vorstellen und beraten, wie die Regeln aussehen würden. Die tätige Auseinandersetzung mit den Spielelementen kommt der natürlich Spielfreude des Kindes in diesem Alter entgegen. Nachdem die Start- und Zielbedingungen erarbeitet worden sind, erhalten die Kinder in der Gruppe ausreichend Zeit, um Spielregeln zu erfinden und das Spiel erprobend »auszutesten«.

Natürlich kann das Spiel auch zu zweit durchgeführt werden. Allerdings gerät dabei die Entwicklung von Sozialfähigkeiten und Gemeinschaftsinnn aus dem Blick: Spielerfahrungen können die Kinder besser sammeln, wenn sie sich zu dritt oder viert auf die Verständigungsnotwendigkeiten einlassen.

Erfahrungen mit selbstgebauten Lernspielen

Hans-Jessen Steensen

In diesem Kurzbeitrag fasse ich einige Erfahrungen zusammen, die ich bei der praktischen Verwendung meiner selbstgebauten Lernspiele in der Grundschule sammeln konnte. Die Ergebnisse sind als Mini-Fallstudie aus einer Schule zu betrachten. Generalisierte Erkenntnisse lassen sich aus ihnen nicht ableiten; zudem möchte ich die Leser mit dem Bericht lediglich ermutigen, sich selbst auch einmal näher mit Lernspielen zu befassen. Warum dies so lohnenswert ist, wird sicher deutlich, wenn Sie die folgenden Seiten lesen. Die Erfahrungen beziehen sich auch auf die oben dargestellten fünf Lernspiele. Weitere Beispiele erscheinen Ende 1994 in dieser PROFILE-Reihe als Lernspiele-Buch (*Steensen* 1994). Nun zu den Spieleerfahrungen:

- Kinder, die normalerweise eine lange Anlaufzeit benötigen, wenn sie Aufgaben aus dem Rechenbuch lösen sollen, eilen zum Spieltisch, sind plötzlich hellwach und rechnen die gleichen Aufgaben erstaunlich schnell aus.
- Kinder, die für die Regeln der Grammatik nur schwer zu begeistern sind, drehen in den Pausen den Kreisel, um die Bestimmung der Wortarten zu üben.
- Kinder, die häufig Streit miteinander haben, helfen sich in der Spielrunde gegenseitig.
- Kinder, die eine Geburtstagsfeier gestalten wollen, leihen sich Spiele aus, die gespickt sind mit schwierigen Einmaleinsaufgaben.
- Kinder, die eingentlich keinen Förderunterricht benötigen, bewirken durch Einschaltung ihrer Eltern eine Teilnahme daran in der Hoffnung, an einem der beliebten Spiele teilnehmen zu dürfen.
- Kinder, die bei Klassenarbeiten häufig schlecht abschneiden, gewinnen bei Reaktionsspielen gegen intellektuelle Riesen.
- Kinder, die sich in der mündlichen Beteiligung zurückhalten, nutzen jede sich bietende Chance, um zu gewinnen.
- Kinder, die nicht verlieren können und immer zu den besten gehören wollen, lernen ihre Grenzen kennen.

- Kinder, die handwerklich geschickt und künstlerisch begabt sind, lassen sich inspirieren, erfinden selber Spiele.
- Kinder, die beim Spiel gut abschneiden wollen, zeigen auch im »normalen« Unterricht eine erhöhte Leistungsbereitschaft. Sie »trainieren« für ein Punktspiel.
- Kinder, die wenig entschlußfreudig sind, korrigieren diese Schwäche über das Spiel, mit dem Gedanken im Hinterkopf: Spiel ist kein Ernst und zu verlieren keine Schande!
- Kinder, die beim Spielen auch den Lehrer verlieren sehen, fügen sich umso leichter in ihr eigenes Schicksal, wenn Fortuna ihnen grollt.
- Kinder, die zu Hause viel auf sich gestellt sind und deren einziger Unterhalter der Fernseher ist, lernen durch das gemeinsame Spiel eine aktivere Form der Kommunikation kennen.
- Kinder, die sich in den Ferien häufig langweilen, freuen sich auf den ersten Schultag insbesondere auf das erste gemeinsame Spiel.
- Kinder, die als Aus- oder Übersiedler zu uns kommen, tauen beim Spiel auf, rechnen erfolgreich mit und begreifen erstaunlich schnell die Spielregeln, obwohl sie unsere Sprache noch nicht verstehen.
- Kinder, die ungern Aufträge übernehmen, helfen willig mit beim Aus- und Einpacken der Spiele.
- Kinder, die zu Hause Materialien entdecken, die weggeworfen werden sollen, retten sie vor der Mülltonne, weil sie sich vorstellen können, daß daraus ein Spiel entstehen könnte.
- Kinder, die sich schlecht konzentrieren können, widmen sich voll dem Spiel und wachsen über sich hinaus.

Wie entsteht eine Idee zum Bau eines Lernspiels?

Ein Beispiel: Für lese- und rechtschreibschwache Kinder in einer Förderschule suchte ich geeignetes Bildmaterial, um den Grundwortschatz zu festigen, insbesondere jedoch, um das Heraushören bestimmter Vokale und Konsonanten zu trainieren. Farbenfrohe, lebendige Bilder schwebten mir vor, in den Schulbüchern fand ich jedoch vorwiegend gezeichnete, vielleicht noch kolorierte Beispiele, verteilt über mehrere Seiten. Erinnert wurde ich an meine Grundschulzeit, als wir zum Kennwort »Stuhl« eine Zeichnung an der Bilderleiste hängen hatten. Es war ein »Schulstuhl«, dargestellt in seiner einfachsten Grundform, losgelöst von seiner Umgebung, entbunden von seiner Funktion! Ich gab die Suche auf.

Tage, Wochen oder Monate später - ich weiß es heute nicht mehr so genau - sah ich in einer Illustrierten wieder einen Stuhl, diesmal aber in einem gemütlichen Kinder-

zimmer stehend. Darauf saß ein goldiger Teddy, der freundlich in die Welt blinzelte. Das Bild gefiel mir, ich schnitt es aus. Dann faszinierte mich ein Foto von einer Elefantenherde, die durch die Savanne trabte. Ein Elefant paßte in der Bildgröße zum Stuhl ... Allmählich stapelten sich sich die Bilder mit gelungenen Einzelmotiven auf meinem Schreibtisch, und ich konnte mir schon gut einen interessanten Unterricht damit vorstellen. Aber irgendwie zögerte ich noch, diese »Kostbarkeiten« mit in die Schule zu nehmen, um sie innerhalb weniger Unterrichtsstunden zu »verwirtschaften«, denn viel länger hätte das dünne Papier den intensiven Blicken der Kinder wohl nich standgehalten. Um die Bilder vor Abgriff zu schützen, zerschnitt ich deshalb die Rückseiten mehrerer Zeichenblöcke in 5 x 5 cm große Quadrate, klebte die Bilder darauf und verstärkte die empfindlichen Ränder durch Tesafilm. In gleicher Qualität fertigte ich dann Buchstabenkärtchen mit den Vokalen und Konsonaten an, die die Kinder beim Sprechen heraushören sollten. Gut ausgerüstet nahm ich alles mit in die Schule. Für die Bilder konnten die Kinder sich sehr begeistern, sie stellten dazu viele Fragen, das Zuordnen zu den Buchstaben und das von mir beabsichtigte genaue Sprechen empfanden sie jedoch eher als lästig.

Trotzdem war ich unzufrieden mit der Stunde, denn die Kinder hatten mit großem die Bilder betrachtet und aufmerksam zugehört, als ich u. a. von der unterschiedlichen Jagdweise der Geparden, Leoparden, Tiger und Löwen erzählte. Aber eigentlich wollte ich ja eine Deutschstunde und keine Sachkundestunde geben ... Mit einem Packen bunter Stäbchen versucht ich es am nächsten Tag erneut. Wir setzten uns gemeinsam um vier Tische herum, jedes Kind bekam 8 Bildkärtchen zugeteilt, ein Buchstabenkärtchen wurde gezogen und in die Mitte gelegt. Dafür gab es »zur Belohnung« ein grünes, rotes oder gelbes Stäbchen.

Ein neuer Buchstabe wurde gezogen, und plötzlich hörte man die Kinder halblaut sprechen und ganz deutlich artikulieren, als wenn sie die Bildgegenstände durchbuchstabierten. Eine fieberhafte Suche begann ... Wer Glück hatte, entdeckte den ausgelegten Buchstaben in mehreren seiner Bilder. Wer einen Fehler machte und dafür ein Stäbchen zur Strafe zahlen mußte, kontrollierte beim nächsten Mal genauer nach. Als Lehrer brauchte ich kein Kind mehr zum Sprechen zu bewegen, das konnten die bunten Stäbchen viel besser. Ich spielte stattdessen mit und freute mich über jedes gewonnene bunte Stäbchen. Die Kinder akzeptierten das, denn zum Gewinnen gehörte hauptsächlich Glück. Und nur sehr selten hatte ich die besten Karten ... Das Spiel hat auch heute noch nicht von seinem Reiz verloren!

Welche Kriterien muß ein Lernspiel erfüllen?

Damit auch ein leistungsbeeinträchtige Kinder Freunde am Lernspielen haben, dürfen sie nicht nur den Intellekt ansprechen. Auch Herz und Hand sollten berücksichtigt werden: der Mut zu raschen Entschlüssen sowie die Geschicklichkeit beim Reagieren. Das Lernspiel darf nicht nur dem Wissen unterworfen werden, einer der folgenden Faktoren sollte immer eine wichtige Rolle spielen:

- Glück
- Geschicklichkeit
- Taktik
- Kombinationsfähigkeit
- bildhaftes Gedächtnis.

In einigen Spielen habe ich versucht mehrere dieser Faktoren miteinander zuverbinden, aber das kann technisch schwierig werden und ist auch nicht unbedingt erforderlich. Für den Anfang genügen kleine Karten-, Würfel-, Lege-, Kreisel- oder Puzzelspiele, die mit einem Lernprogramm kombiniert werden. Ganz oben in der Beliebtheitsskala rangieren verständlicherweise die spektakulären Reaktionsspiele. Ein Hafen, der per Knopfdruck in Sekundenschnelle gesperrt werden kann, um »Piratenschiffe« am Auslaufen zu hindern, begeistert Kinder stärker als weniger aufwendig konstruierte Würfelspiele. Ein solches Spiel kann deshalb mit schwierigsten Lernprogrammen »gefüttert« werden, die Kinder verlangen trotzdem immer wieder danach.

Werbung für den Selbstbau

Mir fällt es heute nicht schwer, für den Eigenbau eines Lernspiels zu werben, auch wenn es manchmal sehr lange dauern kann, bis ein gutes Spiel fertiggestellt ist und mit in den Unterricht eingebracht werden kann. Wenn man jedoch gutes Material nimmt, und es entspechend schützt durch Farbe, Lack oder Klebefolie, dann hält ein so gebautes Spiel vile Jahre. Es ist jederzeit einsetzbar, man braucht in den Pausen nicht so viel am Kopierer zu stehen, man spart Papier und schont die Nerven.

Mehr als 40 Lernspiele habe ich bisher gebaut. Sie befinden sich noch alle in einem guten Zustand, obwohl manche schon älter als zehn Jahre sind und häufig eingesetzt wurden. Inzwischen bieten die Lehrmittelverlage eine breite Palette guter Lernspiele an. Die Kinder spielen gerne mit ihnen, aber trotzdem behält das vom Lehrer oder der Lehrerin selbstgebaute Spiel seinen außergewöhnlichen Reiz. Kinder spüren den Unterschied. Sie wissen die Mühe zu schätzen, die man sich gemacht hat, um ihnen das Lernen zu erleichtern. Manche Kinder empfinden es sogar als etwas ganz besonderes, mit einem Spiel zu spielen, das man nicht kaufen kann, das nicht mit Geld zu bezahlen ist, und das es nur einmal - nämlich bei ihnen in der Schule - gibt.

Die Kinder lernen das Spiel als etwas kennen, das aus ihnen heraus gestaltet werden kann. Sie bestimmen das Spiel, sie können die Lernprogramme dafür aussuchen und die Spielregeln festlegen. Die Kinder können das, was ihnen nicht gefällt, kritisieren und anschließend miterleben, daß die Spielregeln geändert werden. Sie lernen Spiele zu durchschauen, sie zeichnen, schneiden, kleben und bauen ihre eigenen Spiele. Vielleicht lassen sie sich später nicht so leichtfertig von einem Spielautomaten die Bedingungen diktieren.

Projektstudio

- *Projekt »Kinder in Europa«*
- *Projekt »Filmmusik erfinden«*
- *Projekt »Sonne - Erde - Mond«*
- *Projekt »Dinosaurier erforschen«*
- *Projekt »Neue Medien im Sachunterricht«*
- *Projektideen »Lehrerbildung«*
- *Projektideen »Literaturbox Praxis«*

In einem Studio finden Produktionen statt. Sie kennen sicher Beispiele aus Film und Fernsehen, aus der Modebranche und aus Architektenstudios, aus Zeichenbüros und videotechnischen Produktionsstätten - oder etwa nicht? Dann sollten Sie alsbald ein Projekt mit Ihren Schülerinnen und Schülern planen, denn dieses Erfahrungsfeld ist außerordentlich spannend. Wer möchte nicht einmal hinter die Kulissen von Produktionsstätten blicken, in denen etwas hergestellt wird, mit dem wir täglich beschäftigt sind?

Was ein Studio mit Projektlernen zu tun hat

In Studios entsteht also etwas Neues, was in genau durchdachter Zusammenarbeit aller Mitwirkenden entsteht. Die Produktion ist nicht planungslos, sondern erfolgt in verantwortlicher Regie einzelner Personen oder Teams. Durchaus ähnlich verhält es sich bei einem Projekt in der Schule. Aufgrund einer Projektinitiative entstehen Ideen und Umsetzungspläne. Die Lehrerin und Kinder entscheiden, welchen Schwerpunkt sie bilden und wie das Ergebnis der Produktion vielleicht aussehen könnte. Schnell wird begriffen, daß das Ziel ohne abgestimmte Zusammenarbeit nicht zu erreichen ist. Projektplanung bedeutet zugleich: Ideen austauschen, sich anregen lassen, etwas Ungewöhnliches verwirklichen, aktiv etwas herstellen, über längere Zeit an einem gemeinsamen Werk arbeiten, problematische Episoden durchhalten und Konflikte lösen.

Projekte erfreuen sich gerade in der Grundschule großer Beliebtheit. Sie sind in den meisten Schulen zu einem festen Bestandteil des Jahreslernangebots geworden. Von einem Projekt geht für die Kinder große Faszination aus. Diese Faszination ist natürlich mit den Leistungsprofilen und -möglichkeiten jedes einzelnen Kindes verbunden. Kinder spüren sehr rasch Anerkennung und gewinnen Zutrauen, wenn Sie in ihren persönlichen Fähigkeiten und Interessen gefordert sind. Damit wächst in der Regel ihr Engagement für die gemeinsame Sache. Projektlernen verlangt daher immer soziales Lernen, verantwortlichen Umgang miteinander, Verständnis für andere Sichtweisen, kommunikative Kompetenz, gemeinschaftliches Lernen.

Worum es im Projektstudio geht

Das Projektstudio dieser Ideenkiste ist nun nicht in erster Linie eine Anleitung, wie man Projekte macht, sondern gewährt Einsicht in erprobte Projektpraxis. Sie können nachvollziehen, wie Projekte entstehen. Die Autorinnen und Autoren haben ihre Projekte kurz porträtiert, mit praktischen Anregungen ausgestaltet und erläutert, wie sich Projekte im Schulalltag umsetzen lassen. Den Autorinnen und Autoren sei besonders gedankt für diese Mühe, denn in der Ideenkiste geht es um die konkrete Gestalt von Schule, um Impulse und anregende Hilfen, nicht zuletzt auch um Beispiele, aus denen Sie für die eigene Praxis oder auch für das Studium lernen können. Projekte entstehen überall dort, wo neue Wege pädagogischer Praxis kooperativ beschritten werden. Dies trifft für Lehrerbildung und Schulpraxis gleichermaßen zu. Das Drehbuch Praktisches Lernen ist eines unter vielen Beispielen, wie Projekte sich in der Schule immer mehr ausbreiten (*Verein Praktisches Lernen und Schule* 1994). Überall entstehen neue Initiativen zum praktischen Lernen, zur effizienteren Umsetzung unseres Wissens heute, sei es in kleineren, sei es in aufwendigeren Projektformen. Eine Übersicht veröffentlichter Projekte für die Grundschule haben wir in diesem Projektstudio abgedruckt. An dieser Stelle sei dem Urheber der Literaturliste, *Ulrich Schäfer*, herzlich gedankt.

Beispiel für typische Projektthemen

Was aber sind eigentlich typische Projektthemen? Da ist das Beispiel eines studentischen Arbeitskreises, umweltpädagogische Lehrangebote in Eigenregie zu unterbreiten. Dann denke ich an die vielen kleinen Projekte in Seminaren, damit die Studierenden auf ein Ziel oder Produkt gerichtet sich besser kennenlernen, arbeitsteilig vorgehen und gemeinsam lernen. Im Schulbereich werden pädagogische Tage eingerichtet oder ein Musikprojekt in der Grundschule durchgeführt. Aber auch der Versuch eines Kollegiums, pädagogische Möglichkeiten zum Abbau von Aggressivität und Gewalt in der Schule einzurichten, kann als Projekt betrachtet werden. *Karl Frey* hat im Kapitel III bereits präzisiert, was unter einem Projekt verstanden wird und wie Sie Projekte planen können.

Lassen Sie sich nun anregen von der Vielfalt dessen, was wir in diesem Projektstudio abbilden. Ausführlichere Dokumentationen finden Sie in COLLEG, einer computergestützten Dokumentation von Unterrichtseinheiten für den Sachunterricht (s. *Hameyer* 1993). Aus dieser Dokumentation wird eine Zusammenstellung zur Umweltbildung in der Grundschule veröffentlicht (*Ebert/Hameyer/Kraft* 1994). Projektbausteine und fächerübergreifende Materialien zum Thema »Lebenswelten« erscheinen 1994 (*Bäßler/Eisenberg/Rheinländer u.a.* 1994). In diesen Materialien sind die Themen »Vertrautes und Fremdes«, »Gesundheit«, »Spuren«, »Zeit und Raum« sowie »das Alte und das Neue« für Projekte ausgelegt. Für die Grundschule ist ein Projektebuch von *Christine Strüfing* geplant (*Strüfing* 1994).

Projekt »Kinder in Europa«

Christine Strüfing

Das folgende Projekt wurde 1993 an einer kleinen Grundschule in Schleswig-Holstein über mehrere Wochen durchgeführt. Als fächerübergreifendes Projekt ist es ein Versuch, das Thema »Europa« mit 9- und 10jährigen Kindern zu erschließen. Die nachfolgende Darstellung ist eine Erzählskizze der Projektidee mit Hinweisen aus der Unterrichtspraxis. Einzelheiten und eine ausführliche Dokomentation erscheinen 1994 (*Strüfing* 1994).

Wir lernen für ein gemeinsames Europa

Völkerverständigung als Leitidee

Fremde Kulturen entdecken, sich mit Sitten und Gebräuchen unserer europäischen Nachbarländer auseinanderzusetzen muß auch unseren Grundschulkindern gerade in der jetzigen Zeit ermöglicht werden. Nicht nur das Zusammenwachsen Europas zwingt uns, diesen pädagogischen Auftrag ernst zu nehmen, sondern auch das Ziel, Toleranz und Solidarität zu lernen, um das Miteinander mit Menschen anderer Sprachen, Kulturen und Lebensweisen zu ermöglichen. Kinder sollten früh an Themen der Völkerverständigung und Multikulturalität herangeführt werden - nicht nur dort, wo durch neue Erfahrungsfelder im Rahmen besonderer Maßnahmen dieses verlangt wird.

Wie konnte ich das Thema »Völkerverständigung« erschließen? In einer Zusammenarbeit mit dem Berliner Lignau-Verlag nahm ich teil an einem Arbeitsprojekt »Kinder stellen Europa vor«. Es entstand eine Cassettenreihe mit Abenteuercharakter, die besonders für die 7-12-jährigen Hörer gedacht ist. In monatlicher Folge werden zunächst über zwölf europäi-

sche Nachbarländer vorgestellt, und zwar in der Weise, daß fünf Kinder aus Deutschland - in dem jeweiligen Land unterwegs - zufällig in einen spannenden Kriminalfall verwickelt werden. Dabei werden dann - quasi nebenbei - die vielfältigen Seiten des Abenteuerlandes den Hörern nahegebracht. Aus einem beiliegenden bunt bebilderten Sammellexikon erfahren die Kinder zum Beispiel etwas über den Schulalltag, die Freizeitgestaltung oder auch über die Geschichte des jeweiligen Landes.

Gemeinsam mit zwei Praktikanten der Pädagogischen Hochschule Kiel nahmen wir das Hörspiel *Der Feuerteufel von Akrotiri* zum Anlaß, unsere Reise durch Europa bis nach Griechenland beginnen zu lassen, um die Lebensumstände in dem jeweiligen Land zunächst aufzuzeigen und um sie dann auf ihre Alltagssituationen zu übertragen und mit den ihrigen zu vergleichen.

Übersicht zum Unterrichtsbeispiel Klasse 2 bis 4

Eingestiegen sind wir in das Thema mit der Frage, was wir in den bevorstehenden Ferien unternehmen werden. Einige Kinder wünschten sich anläßlich des kühlen Wetters bei uns ein Land, in dem es wärmer ist, in dem man sich erholen, spielen und schon baden könnte. Dabei berichteten einige Schüler von ihren Reisen in europäische Länder, so daß schon ein entscheidender Anknüpfungspunkt für unser Projektvorhaben entstand. Über ihre bisherigen Reiseziele wollten wir ihnen den Begriff »Europa« näherbringen, d. h. wir konnten somit daran anknüpfen, daß Europa für uns eine besondere Bedeutung hat. Einige unserer Zweitkläßler meinten zunächst, es sei *ein* Land, andere wieder ergänzten dieses mit dem Hinweis, es gehören mehrere Länder dazu. Wir wollen an dieser Stelle nicht auf die einzelnen Beiträge eingehen, sondern vielmehr zusammenfassend feststellen, daß insbesondere in der Klasse 2 der Wunsch entstand, einzelne Länder näher kennenzulernen, um etwas über die Lebensweise anderer Kinder zu erfahren.

Hörspiel über Griechenland

Nicht nur durch die Umfrage wurden die Motivation und das Interesse für diesen Themenbereich geweckt, sondern eine große Begeisterung entstand anschließend an das Hörspiel. Nun stand fest, daß die erste Reise nach »Griechenland« erfolgen sollte. Um in der zweiten Klasse noch mehr den erlebnisbetonten Moment anzusprechen, dabei Phantasie und Vorstellungsvermögen zu wecken wählten wir zwei Identifkationsfiguren aus, die zukünftig unsere Reise begleiten sollten. »Paulchen und Pauline« bestiegen einen Ballon, der von unserer kleinen Schule startete und uns Schritt für Schritt in die »weite Welt« führte. In der 4. Klasse begann unsere Europareise mit dem Flugzeug, das uns dann an eine ganze Reihe von fachlichen Zielen heranführte (Kartenverständnis, Darstellung von Landschaftsformen, Himmelsrichtungen, Legende). Eine vergrößerte Europakarte wurde mit Ländernamen ergänzt und das erste Reiseziel von Felm bis Athen gekennzeichnet.

Der *Feuerteufel von Akrotiri* ließ unsere Kinder landschaftliche Auffälligkeiten entdecken, wies sie auf Umweltprobleme hin und führte zu einer Neugier, mehr Einzelheiten über das Land zu erfahren. Wir hatten es einfach, denn das Sammellexikon bot uns umfassende Möglichkeiten, Wissenswertes zu vertiefen. Mittlerweile hatten wir durch Reiseunternehmen, Botschaften, Organisationen und Verbände zahlreiche Materialien erhalten, die den Kindern für ihre Projektwand zur Verfügung gestellt wurden. Landschaftsbilder wie Küsten, Dorfleben, Tempel und Ruinen wurden zusammengetragen. Selbst begrenzte Themen, die zunächst einem spezifischen Lernbereich zugeordnet sind, ließen im Verlauf vielfältige Verknüpfungen zu. Fächerübergreifendes Arbeiten hat sich hier nicht nur als sehr sinnvoll erwiesen, sondern als Projektmethode Erschließungsformen geboten, die helfen, europäische Dimensionen erfahrbarer zu machen. Das wurde zum Beispiel in den Klassen gemacht:

Deutsch

● Hörspiel:	*Der Feuerteufel von Akrotiri*
● Gedichte:	*Ausländer* und *Spur im Sand*
● Texte:	Märchen *Ein Bündel Weintrauben* Sagen (*Raub der Europa*)
● Schreiben:	Phantasiegeschichten, Geschichten beenden, Rezepte aufschreiben.

Heimat- und Sachkunde

- Einführung in die Europakarte mit Atlas und Wandkarte (Kinder stellen Karten her: Länder, Hauptstädte, Fahnen, Erzeugnisse für den Markt)

- Das Alltagsleben (Familie, Kinder, Schulleben, Gastfreundschaft)

- Geschichte und Kultur (Tempelbau, Alltagsleben im alten Griechenland)
- Umweltprobleme Klimabedingungen (bedrohte Regionen, Waldbrandgefahr)
- Ökonomische Verhältnisse (Tourismus, touristische Attraktionen, Ferienziele, Griechenland deckt den Tisch)

Musik

- So singt und spielt man anderswo (Kinderlieder und Kinderspiele)

Religion

- Feste und Feiern (Ostern in Griechenland)

Sport

- Olympische Spiele
(Sportliche Wettkämpfe im alten Griechenland)

Verfügungsstunde

- Griechenland bittet zu Tisch mit griechischem Bauernsalat, Suflaki, Fladenbrot. Sirtaki.

Europa als Angelegenheit aller Kinder

Unsere Europaecke hatte noch lange ihren Platz in unserer Klasse. Sie weckte in uns nicht nur den Wunsch, als nächstes Reiseziel Griechenland zu wählen, sondern es kam die Frage auf, wann wir unseren Ballon in das nächste europäische Land fliegen lassen würden. Ein neues Hörspiel ist im Werden und die Neugier, weitere Abenteuer zu erleben, bei allen vorhanden. Aber was glauben wir mit diesem Projekt darüber hinaus erreicht zuhaben? Sicherlich haben wir einen Baustein setzen können, um das Verständnis füreinander und untereinander zu vertiefen; vielleicht führt das Projekt auch dazu,daß Europa zu einer Angelegenheit aller, auch der Kinder, wird.

Projekt »Filmmusik erfinden«

Cecilia Larsson

Grundschulkinder vertonen einen Film

Das Fernsehen prägt die Freizeit von Kindern und Erwachsenen in Deutschland in nachhaltiger Weise. Kinder verbringen durchschnittlich mindestens zwei Stunden täglich vor dem Fersehapparat; manchenorts sind höhere Werte anzusetzen. Am Wochenende verdoppelt sich diese Zahl (vgl. *Rogge* 1990)[1]. Über die Hälfte aller Kinder sieht mehr als zwei Stunden fern, jedes dritte Grundschulkind bis zu vier Stunden täglich. Jedes

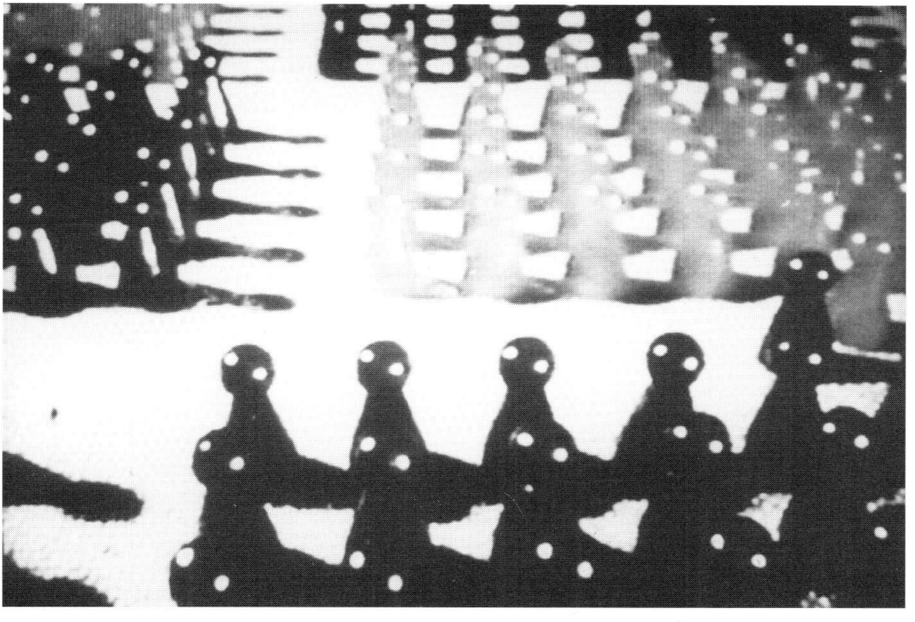

Abb. 1: Halmafiguren im Zeichentrickfilm

achte mehr als vier Stunden. In den USA werden Werte bei 7 bis 8 Stunden täglich erreicht.

Jedes dritte Kind zwischen 8 und 11 besitzt einen eigenen Fernseher

Die Häufigkeit des Fernsehkonsums korreliert mit der Sozialschichtzugehörigkeit. Kinder aus höheren sozialen Schichten sehen weniger fern als ihre Altersgenossen aus sozial »niedrigeren« Schichten (vgl. ebenda). Das liegt an der erheblich größeren Skepsis gegenüber dem Medium in höheren Sozialschichten. Trotzdem ist heute der Besitz von Fernsehgeräten beinahe »haushaltsdeckend« (vgl. ebd., S. 17). Das heißt: Etwa 99% aller Haushalte besitzen mindestens ein Fernsehgerät. Jedes dritte Kind im Alter von acht bis elf Jahren nennt ein Fernsehgerät sein eigen.

Unabhängig von Geschlecht und Sozialschicht ist Fernsehen die häufigste Freizeitbeschäftigung der Kinder heute, auch wenn das tatsächliche Maß schichtenspezifisch unterschiedlich ist. Ein Modellversuch, der in der Reihe »Kinder und Medien« beschrieben wird, untersucht Kinder im Stadtbereich Dortmund. Es ist jedoch anzunehmen, daß Untersuchungen in anderen Städten und Bundesländern zu ähnlichen Ergebnissen gelangen würden. Ob eine Untersuchung von Kindern, die auf dem Lande wohnen und die noch ungehinderten Zugang zur »freien Natur« haben, dasselbe Resultat hätte, bleibt offen (vielleicht auch deswegen, weil das auf den mit Abstand kleinsten Teil der Kinder unseres Landes zutrifft). Sicher ist jedoch, daß wir es, wo auch immer wir unterrichten, mit Kindern und Jugendlichen zu tun haben werden, die einen nicht unerheblichen Teil ihrer Freizeit vor dem Fernseher verbringen.

Unterhaltungskonsum bei Kabelfernsehen steigt rapide an

Die große Verbreitung von Videorecordern und Kabelfernsehen hat zwar statistisch gesehen die tägliche Fernsehzeit nur um 16 Minuten verlängert (vgl. ebd.), sie hat jedoch eine entscheidende Veränderung in der Auswahl der von Kindern gesehenen Programme geführt. »Wenn Kinder aus den 23 Kabelangeboten auswählen, dann sind es fast ausschließlich Fernsehkanäle, die auf Unterhaltung und Spannung abzielen, wie SAT 1 und RTL plus« (*Rogge* 1990, 18). Der Anteil an Kindern, die Kindersendungen ansehen, nimmt in verkabelten Haushalten rapide ab (vgl. ebd.). Es hat sich also nicht nur der allgemeine Konsum von Filmen und Sendungen vergrößert; auch das Spektrum dessen, was gesehen wird, hat sich verbreitert.

Die Antwort der Pädagogik auf das Konsumverhalten im Fernseh- und Videobereich kann sich nicht darauf beschränken, die Statistiken zu beklagen oder gar zu ignorieren. Wir müssen die Tatsache sehen und uns verstärkt mit den Wirkungen und Folgen des Fernsehens sowie mit den Medien selbst auseinandersetzen - auch in der Lehrerbildung.

Nur selten haben Kinder die Möglichkeit, Gesehenes richtig zu verarbeiten. Meines Erachtens liegt die Aufgabe der Schule darin, geeigneten Raum zu schaffen, um mit den Schülern Strategien zum Bewältigen des Gesehenen zu entwickeln. Das gilt insbesondere auch für die Grundschule.

Dafür müssen Fragen wie Aufbau und Struktur, Absicht und Dramaturgie von verschiedenen Sendungen (nicht nur des Werbefernsehens) zum Unterrichtsthema gemacht werden. Das sind Fragen, die sich in mehreren Fächern gut ansprechen lassen.

Filmmusik hat eine große manipulative Wirkung

Durch den Fernsehkonsum werden die Kinder täglich mit sehr viel Musik konfrontiert, die sie jedoch meist unbewußt aufnehmen. Musik-Clips und MTV bilden hierbei eine Ausnahme. Überall dort, wo Musik verwendet wird, beeinflußt sie maßgeblich die Wirkung der Filme auf die Zuschauer. Häufig werden Szenen erst durch den gezielten Einsatz von Musik auch wirklich spannend und dramatisch.

Das unbewußte Aufnehmen von Musik durch das Fernsehen prägt auch die Einstellung der Kinder zu ihr (das macht sich im besonderen Maße die Werbung zunutze). Häufig lernen Kinder erst durch das Fernsehen differenzierte musikalische Zusammenhänge kennen (vgl. »Banjo«. Lehrerband 5/6 [Küntzel u.a.] sowie »Musikkontakte« [Jung], Lehrerband). Da ihnen jedoch die Verarbeitungsmöglichkeit fehlt, sind sie durch die Musik leicht zu manipulieren.

Der Musikunterricht kann Verarbeitungsmöglichkeiten bieten. Dafür muß die Filmmusik deutlicher ins Bewußtsein der Kinder gerückt werden. Sie sollen erfahren, wie Musik eingesetzt wird, wie sie wirkt und funktioniert.

Die Lehrbücher für das Fach Musik sehen das Thema »Filmmusik« erst ab der sechsten Klasse vor (vgl. »Banjo«, Lehrerband 5/6). Sämtliche Lehrbuchkonzeptionen für Musik sind jedoch in den 70er Jahren erschienen und gehen daher von einem ganz anderen Grad des Fernsehkonsums aus, als er heute üblich ist.

In Anbetracht der gegenwärtigen Fernsehgewohnheiten halte ich es für notwendig, das Thema bereits in der Grundschule zu behandeln, gerade weil den Kindern noch die Möglichkeit einer selbständigen intellektuellen Verarbeitung von Manipulationen durch das Fernsehen fehlt.

2. Das Projekt »Filmmusik erfinden«

2.1 Vorüberlegungen zum Projekt

Ausgehend von diesen Überlegungen ist das Filmmusikprojekt entstanden. Es ist dem Fach Musik zugeordnet, kann aber insgesamt als fächerübergreifend angesehen werden. Auch setzt die Durchführung nicht ein umfangreiches musikalisches Fachwissen voraus. Es genügt, wenn man das Musikinstrumentarium der Schule, in der man arbeitet, kennt (Orff-Instrumente usw.) und die Kinder in die Handhabung der Instrumente einweisen kann. Um die Filmmusik deutlicher ins Bewußtsein der Kinder zu rücken, hielt ich es für erforderlich, daß die Schüler selbst die Möglichkeit erhalten, bewegte Bilder zu vertonen und ihnen dadurch Aussagekraft zu verleihen. Das war Ziel und Inhalt des Projekts »Filmmusik«.

Die Filmvertonung ermöglicht einen kreativen Umgang mit Musik

Wird einmal Filmmusik thematisiert, indem die Kinder selbst eine herstellen, so wird ihre Aufmerksamkeit auf sie gelenkt. Sie nehmen sie also überhaupt erst wahr. Und da sie selbst versuchen, durch Klänge bestimmte Wirkungen zu erzeugen, wird es für sie leichter, »echte« Filmmusik in ihrer Intention zu durchschauen. Die Filmvertonung ermöglicht einen kreativen und zugleich zielorientierten Umgang mit Musik. Die Durchf*f*ürung der Unterrichtseinheit als Projekt bietet sich an, damit die Kinder in möglichst konzentrierter Weise selbständig arbeiten können.

Da ich das Projekt in einer schleswig-holsteinischen Grundschule durchgeführt habe, beziehe ich mich im Folgenden auf den Lehrplan dieses Landes. Das Thema läßt sich aber ebenso gut in den Plänen anderer Länder unterbringen. Es würde jedoch zu weit führen, sie hier im einzelnen alle aufzuführen.

Im Lehrplan für den Musikunterricht in der Grundschule und Vorklasse taucht das Thema »Musik im Fernsehen« oder »Filmmusik« ebensowenig explizit auf wie im Lehrplan des Faches für die Orientierungsstufe oder für die Hauptschule (vgl. Lehrpläne des Faches Musik für die genannten Stufen in Schleswig-Holstein, erschienen 1978[2], 1976[3] und 1986[4]). Im Lehrplan für die Grundschule findet sich jedoch der Vorschlag für das Einbeziehen des Themas in den Unterricht (...»die Funktion der Musik in Fernseh- und Rundfunksendungen«[5]) unter der Hauptrubrik »Musik in unserer Umwelt«.

Das Thema läßt sich außerdem in den Bereichen »Musik und Programm« und »Die Entstehung von Musik« unterbringen. Auch der Bereich »Notation von Musik« wird behandelt, da die Kinder im Laufe ihrer Arbeit eine Art Klangpartitur ent-

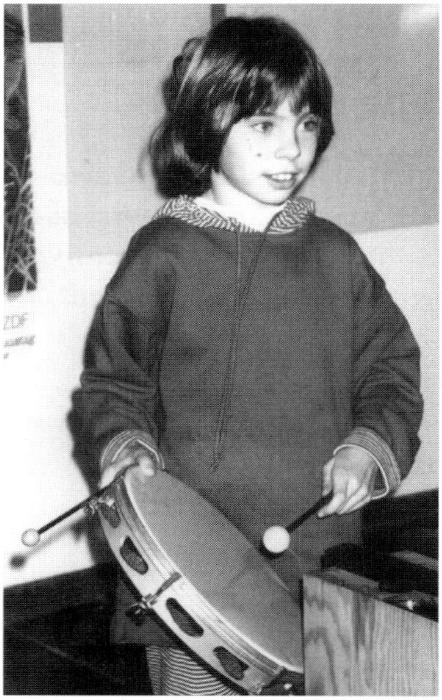

wickeln müssen, um ihre Musik und das Zusammenspiel zu koordinieren. Durch den Umgang mit Instrumenten wird die Sensibilität der Kinder für Musik sowie ihre Feinmotorik geschult.

2.2 Inhalt und Voraussetzungen

Der konkrete Inhalt des Projektes war die Vertonung des Filmes »Eskalation« von Jürgen Haacks. Es handelt sich hierbei um einen ca. fünfzehn Minuten langen Animationsfilm (Trickfilm). Die Darsteller sind Halmafiguren. Der Film beginnt mit einem Streit und endet mit einem totalen Krieg und dem Zusammenbruch des gesamten im Laufe des Films entstandenen »Halmastaates«[6]. Das Thema ist also sehr komplex und aktuell. Erscheinungsformen von Macht, Gewalt und Konflikten können durch dieses Projekt auf dem Erfahrungshintergrund der Kinder artikuliert werden. Es bietet sich an, den Unterricht dazu fächerübergreifend zu gestalten.

Kinder sind von ihren Seh- und Hörerfahrungen geprägt

Im Original handelt es sich um einen Film, in dem nicht gesprochen wird. Statt dessen übernimmt die Musik auch die Rolle der Sprache. Im Unterricht habe ich eine Kopie ohne Ton eingesetzt, so daß die Kinder nicht von der Originalmusik beeinflußt werden.

Die Erwartungen der Kinder an ihre Musik sind ohnehin stark von ihren bisherigen Seh- und Hörerfahrungen geprägt. Sie wollen, daß ihre Musik ähnlich klingt wie das, was sie aus dem Fernsehen gewohnt sind. Ein breites Instrumentenangebot und wenig (am besten keine!) Einschränkungen in bezug auf das, was den Kindern als Klangerzeuger erlaubt ist, kann dabei helfen, einen möglichst vollen Klang zu erzielen.
Ich habe das Projekt in einer kleinen Grundschule auf Sylt

durchgeführt. Die Schule hat nur etwas über 30 Kinder, die auf zwei Klassen verteilt sind: die kombinierten Klassen 1/2 und 3/4. Die Kinder der Klasse 3/4 haben im Laufe von etwa fünf Wochen das Projekt durchgeführt.

Die Klasse besteht aus insgesamt fünfzehn Kindern, von denen acht in der dritten und sieben in der vierten Klasse sind. Das Lernklima in der Klasse ist sehr positiv.

Die Schule arbeitet mit Wochenplänen und Freiarbeitsphasen in offenen Arbeitsformen. Die Kinder sind gewöhnt, selbständig zu arbeiten. Dabei bilden sie häufig Kleingruppen und lösen ihre Aufgaben gemeinsam. Unterrichtseinheiten werden öfter in Form von Projekten durchgeführt, so daß diese Form der inensiven Auseinandersetzung mit einem Thema auch nicht unbekannt war. Insgesamt waren also die Voraussetzungen für die Arbeit mit der Filmmusik sehr gut.

Die Kinder müssen ihre Arbeit selber gestalten können

Die Schule erfüllte außerdem auch die räumlichen und technischen Voraussetzungen für die Durchführung. Es gab einen separaten Raum, in dem die Instrumente und die technischen Geräte aufgebaut und für die Dauer des Projektes gelassen werden konnten. Die Schule hat einen Fernseher mit Videorekorder, einen Kassettenrekorder und Mikrophone. Zusätzlich wurden eine Kopie des Films ohne Ton und einige Leerkassetten für die Musik gebraucht.

Das Projekt sollte stark schülerorientiert durchgeführt werden. So ließen sich die einzelnen Stunden nicht genau vorplanen; sie entstanden im Laufe der Arbeit und ergaben sich jeweils aus den vorhergehenden Stunden. Die Kinder sollten ihre Vorgehensweise selbst bestimmen können. Ich wollte sie dabei nur beraten und ihnen mit Hilfe zur Seite stehen. Planbar im traditionellen Sinne waren insofern nur die Einführungs- und die Aufbereitungsstunden, die auf die Vertonung folgten.

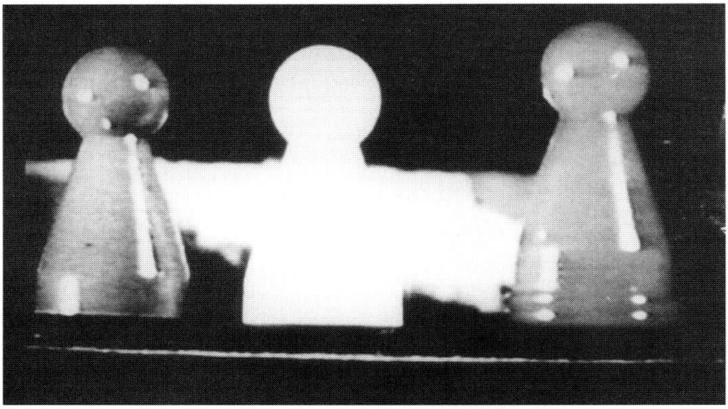

1. Gelb und Grün (links) beginnen den Streit mit Rot (rechts). Gleich werden sie Rot in den Abgrund (vom Tisch) stürzen.

2. Rot hat sich mit Blau verbündet. Zu viert haben sie die beiden Grüngelben (aus 1) gestellt und stürzen sie nun ihrerseits in den Abgrund. Der Konflikt beginnt zu eskalieren.

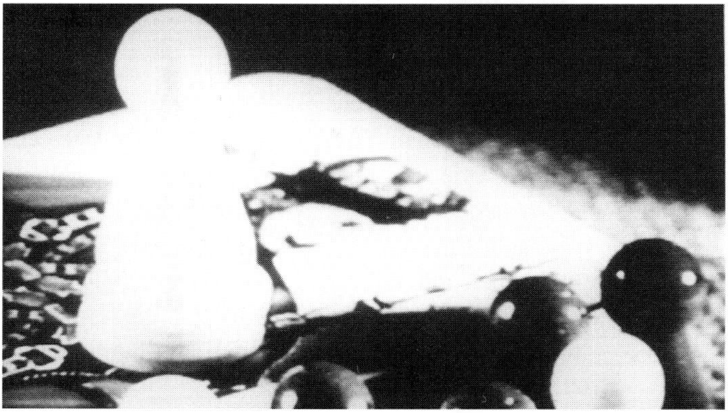

3. Grün und Gelb haben Verstärkung geholt, und ihr Anführer gibt den Befehl, aus Spielkarten eine Festung zu bauen.

4. Grün und Gelb haben den Bau der Festung abgeschlossen. Blau und Rot haben eine Armee gesammelt und marschieren auf die Festung (im Bildhintergrund) zu.

5. Von den Türmen und Mauern der Spielkartenfestung blicken die Grüngelben auf die in Schlachtordnung aufmarschierten Formationen der Rotblauen hinab.

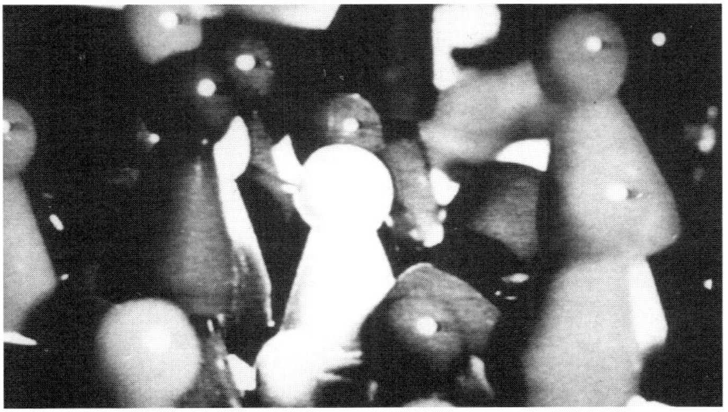

6. Rotblau hat die Festung erstürmt; die Schlacht ist in vollem Gange, Dabei steigen die kämpfenden Figuren wie Hütchen aufeinander.

3. Durchführung des Projekts

Die vorbereitende Phase: Einführung des Orff-Instrumentariums

Die Kinder hatten noch nie mit dem Orff-Instrumentarium der Schule gearbeitet. Das war ihnen vollkommen neu und mußte zunächst eingeführt und geübt werden, damit der Phantasie keine Grenzen dadurch gesetzt waren, daß sie die Möglichkeiten der Instrumente nicht kannten.

Die erste Woche haben wir deshalb damit verbracht, uns an das Orff-Instrumentarium zu gewöhnen. Wir haben uns die einzelnen Instrumente angesehen und sie in ihren klanglichen Möglichkeiten ausprobiert.

Musik kann Ausdrucksmittel für Stimmungen und Gefühle sein

Als wir das Stadium des reinen Herumprobierens abgeschlossen hatten, versuchten die Kinder, in kleinen Instrumentengruppen bestimmte Sachverhalte, wie Empfindungen oder Wetter, klanglich darzustellen. Sie mußten sich genau überlegen, wie man zum Beispiel Traurigkeit auf den Instrumenten hörbar machen kann. Welche Möglichkeiten gibt es da, und für welche entscheiden wir uns in unserer Gruppe, weil wir das Gefühl in dieser Weise am besten darstellen können? Jede Gruppe führte ein Gefühl oder eine Wetterlage nach Wunsch vor, während die anderen raten mußten, was dargestellt wurde.
Anfangs fiel dies den meisten Kindern sehr schwer, da ihnen die musikalische Ausdrucksform noch gänzlich neu war. Aber nach den ersten Versuchen ging es schon sehr viel besser, die Phantasie kam stärker ins Spiel, und die einzelnen Gruppen profitierten hörbar von einander.

Für diese erste Phase der »Eingewöhnung« in das Thema haben wir insgesamt etwa zwei Schulstunden gebraucht (soweit man das in einer Schule, die ohne Klingelzeichen und ohne 45-Minutenphasen arbeitet, sagen kann).

3.2. Der Film wird eingeführt

Kinder »vertonen« automatisch Handlungen, die sie sehen

In der zweiten Woche begann dann die Arbeit am Film. Ich habe zunächst der gesamten Klasse den Film ohne Ton gezeigt. Die Kinder waren sofort sehr interessiert und engagiert. Daß der Ton fehlte, fiel ihnen natürlich sofort auf, und sie machten alle möglichen Vorschläge, wie das wohl käme. Da die Bilder von den »lebendigen« Halmasteinen jedoch sehr fesselnd sind, kamen sie bald über den fehlenden Ton hinweg. Stattdessen begannen sie schnell, ihn durch allerlei selbstproduzierte Geräusche zu ersetzen. Das war mehr als ich mir erhofft hatte. Einige Szenen erhielten so schon beim ersten Ansehen eine recht überzeugende klangliche Begleitung.

Nach dem Film hatten die Kinder einen großen Gesprächsbedarf. Das Thema des Films ist ja nicht besonders optimistisch und sein Ende erst recht nicht (Zerstörung des »Halmastaates« durch den Krieg zwischen den Parteien Rot/Blau und Gelb/Grün). Da die Figuren jedoch keine Gesichter haben und insofern keine Personen werden, mit denen man sich identifizieren könnte, und da der »Staat« ein riesiges Kartenhaus in einem nächtlichen Wohnzimer ist, bestanden verschiedene Möglichkeiten der Interpretation durch die Kinder:

Der Film konnte einerseits als Spielschlacht angesehen werden, als großartiges Nachspiel dessen, was viele Kinder im Kleinen selbst zuhause spielen. Dann ist die Zerstörung am Ende höchstens bedauerlich, weil der Aufbau der riesigen Kartenburg doch sicherlich mit so viel Mühe verbunden war. Die Handlung konnte aber auch schon übertragen und als Darstellung von menschlichen Konflikten bis hin zum Krieg gesehen werden. In dem Falle hat der Zusammenbruch eine ganz andere, wenn auch hier mehrdeutige Bedeutung.

Der Film kann moralisch betrachtet werden: soetwas passiert eben leicht, wenn man sich streitet und wenn keiner klug ge-

nung ist nachzugeben (Übertragung auf Streitereien zwischen den Kindern selbst). Die moralische Botschaft wäre dann: Streit führt nur zu Zerstörung und Unglück. Es ist besser, sich zu vertragen.

Er könnte aber auch als Spiegel menschlichen Verhaltens schlechthin gesehen werden. Dann könnte seine Botschaft sehr fatalistisch und negativ gedeutet werden.

Die Übertragung auf Geschehnisse, die die Kinder jeden Tag durch verschiedene Nachrichtensendungen zu sehen bekommen (über die aber auch in den meisten Fällen nicht weiter gesprochen wird), war eine weitere mögliche Wirkung des Filmes. Im Grunde hatte ich auf diese Wirkung spekuliert, da die Kinder in der Schule noch keine Möglichkeit erhalten hatten, das zu besprechen und zu verarbeiten, was ihnen seit Monaten täglich in allen öffentlichen Medien präsentiert wurde: der Krieg in Jugoslawien.

Filme müssen stets aus verschiedenen Perspektiven betrachtet werden

Einige Kinder haben sofort genau dieses Thema aufgegriffen (und übrigens auch den Golfkrieg), was für mich ein deutliches Zeichen dafür war, daß diese Fragen keineswegs an ihnen vorbeigehen und daß ein großer Gesprächsbedarf besteht. Andere Kinder hielten sich in dieser Gesprächsrunde zurück und hörten nur zu.

Wir überlegten, welche Aussage der Film wohl habe und was sein Name, »Eskalation«, bedeuten könnte. Nachdem wir den Handlungsverlauf noch einmal besprochen hatten, war es nicht mehr schwer, den Titel zu erraten und das Fremdwort mit Bedeutung zu füllen.

Am Ende dieser ersten Phase der Arbeit mit dem Film habe ich den Kindern erzählt, daß ich vorhätte, den Film mit ihnen gemeinsam zu vertonen. Zusammen haben wir überlegt, wie wir an diese Aufgabe herangehen könnten. Wir haben zunächst die Instrumente, die wir in der Schule kennengelernt hatten aufgezählt, und es wurden schon viele Vorschläge für deren Einsatz gemacht. Dann haben die Kinder erzählt, welche Instrumente und Klangerzeuger sie zuhause hätten und wie man diese einsetzen könnte. Wir haben uns darauf geeinigt, daß sie so viele Instrumente wie möglich mit zur Schule bringen sollten, damit wir für unsere Filmmusik eine große Auswahl erhielten. So hatten wir außer dem Orff-Instrumentarium noch eine ganze Reihe weiterer »Klangerzeuger« zur Verfügung: Flöten und Kinder-Keyboards, ein Akkordeon und einiges mehr. Das Instrumentarium war am Ende so groß und vielfältig,daß nicht alles zum Einsatz kam.

3.3 Die Gruppenarbeitsphase

Wir arbeiten in Kleingruppen

Nun sollte die Arbeit beginnen. Der Film ließ sich vom Inhalt her in drei etwa gleich lange Abschnitte gliedern. Die Klasse wurde in drei Gruppen à fünf Schüler geteilt, und jeder Gruppe wurde durch Los ein Abschnitt des Filmes zugeteilt. Durch die Einteilung in kleineren Gruppen erhoffte ich mir, daß alle Kinder die Möglichkeit erhalten sollten, aktiv mitzuarbeiten und ihre Ideen einzubringen. Die Aufteilung des Films in Fünf-Minuten-Abschnitte sollte bewirken, daß die Kinder durch die Filmlänge nicht überfordert wurden. Auch bekam auf diese Weise jede Gruppe einen anderen Abschnitt mit erheblichen inhaltlichen Unterschieden, so daß am Ende kein qualitativer Vergleich zwischen den einzelnen Gruppen entstand, sondern statt dessen ein gemeinsames Resultat; *eine* Filmmusik, zusammengesetzt aus den drei separat erarbeiteten Teilen.

Jede Gruppe arbeitete von nun an für sich.

2 bis 3 Stunden pro Woche Projektarbeit

Da die Kinder jeden Morgen eine Freiarbeitsphase haben, habe ich die Gruppen nacheinander aus der Klasse nehmen können, um mit ihnen jeweils etwa 45 Minuten arbeiten zu können, während die anderen sich weiterhin mit ihren Wochenplänen beschäftigten. So entstand keine Konkurrenz um die Instrumente und die technischen Geräte. Jede Gruppe arbeitete zwei bis drei Schulstunden pro Woche an der Filmmusik.

Zunächst mußte sich jede Gruppe intensiv mit seinem Teil des Films auseinandersetzen. In der ersten Phase der Gruppenarbeit wurde mit den Instrumenten zu den Bildern experimentiert. Es wurden verschiedene Klänge, Melodien und Stimmungen ausprobiert, aus denen mit der Zeit konkrete Vorschläge entstanden.Nun mußte der Film in genaue Abschnitte geteilt werden, denen dann die Klänge zugeordnet werden konnten. In dieser Phase wurde heftig diskutiert und immer wieder ausprobiert.

Da wir nicht durchgängig nur an der Filmmusik arbeiteten, sondern zwischen den einzelnen Arbeitsphasen manchmal mehrere Tage lagen, wurde den Kindern bald klar, daß die Arbeitsergebnisse zwischendurch immer niedergeschrieben werden mußten, damit die Ideen nicht verlorengingen. Eine richtige graphische Partitur, wie ich sie mir am Anfang meiner Arbeit erhofft hatte, ist allerdings dabei nicht entstanden. Die Kinder brauchten nur einzelne Stichpunkte zur Sicherheit; den Rest behielten sie im Kopf. Sie spielten durchweg direkt zu den laufenden Bildern und hatten insofern beim Spielen selbst gar keine Zeit, auf irgendeine Partitur zu achten. Ein genaueres Dokumentieren des musikalischen Verlaufes schien ihnen nur angebracht, wenn man vorhätte, die Musik einige Monate oder

gar Jahre später wieder aufzunehmen. Ich habe nicht darauf gedrängt, eine Partitur zu entwickeln, da mir für diese Einheit andere Lernziele wichtiger erschienen.
Die Kinder haben nun ihre Musik immer und immer wieder

geprobt, haben Rollen verteilt und ihr Zusammenspiel immer weiter verbessert. Ich hatte dabei eine beratende Funktion. Ich wollte mich so weit wie möglich zurückhalten und nur dabei helfen, die Arbeit sinnvoll zu organisieren. Zu Beginn der Arbeit mußte ich jedoch noch recht häufig aktiv eingreifen, damit gute Ideen nicht verlorengingen oder sich die Kinder zu sehr verzettelten. Mit der Zeit wurden die Kinder aber immer selbständiger, und ich konnte mich weitgehend darauf beschränken, die technischen Geräte zu bedienen, Einsätze zu geben und die Gruppe bei der Arbeit zu beobachten.

Die Kinder wurden im Laufe der Arbeit immer genauer und

wählerischer. Die Motivation nahm also nicht ab, sondern blieb erhalten. Einsätze wurden geprobt, bis sie genau im richtigen Moment kamen, und erst als sich die Kinder richtig sicher fühlten, haben wir eine erste Aufnahme gemacht. Das war natürlich in jeder Gruppe ein erster Höhepunkt. Jede machte zwei oder drei Aufnahmen, aus denen wir eigentlich gemeinsam den besten für die endgültige Version auswählen wollten. Da ich jedoch nur noch wenige Tage an der Schule hatte und wir das fertige Produkt noch gemeinsam betrachten und besprechen wollten, habe ich die »Vollmacht« bekommen, die besten Teile herauszusuchen, um sie dann zusammenzuschneiden.

3.4. Die Abschlußphase

In der letzten Phase des Projektes haben wir uns dann die fertige Filmmusik zum Film angehört und angesehen. Die ganze Klasse war sehr gespannt und voller Erwartung. Bisher hatten sie nur ihren eigenen Abschnitt der Filmmusik gehört; jetzt kamen auch die der anderen Gruppen dazu, und zwar so, daß gar nicht mehr so deutlich wurde, wann die Gruppe wechselte. Außerdem waren die Kinder nun zum ersten Mal Zuhörer ihrer eigenen Musik. Auch das war sehr spannend. Die Reaktionen der Kinder waren durchweg sehr positiv. Sie waren mit ihrem Werk zufrieden.

Die neue Filmmusik »erzählt« die Handlung

Zum Vergleich habe ich ihnen nun die Originalmusik zum Film, geschrieben und gespielt von Peter Haacks, dem Bruder des Filmemachers, vorgespielt. Der Originalton ist auf einem recht avancierten Studio-Synthesizer gemacht und ist natürlich perfekt abgemischt und insgesamt der allgemein bekannten Filmmusik sehr viel ähnlicher als die der Kinder. Ich befürchtete ein wenig, daß sich die Kinder von der technischen Perfektion und dem bombastischen Klang der Originalmusik würden ablenken lassen, aber sie ließen sich nicht davon beeindrucken und gingen gleich auf interpretatorische Fragen ein. Sie stellten schnell fest, daß ihre Musik sehr viel mehr auf

anderen Unterricht sind Motivation und Engagement des Lehrers viel entscheidender.

Anmerkungen

1. Im folgenden werden die Ergebnisse der in der Reihe »Kinder und Medien« beschriebenen Untersuchung des »Instituts für Schulentwicklungsforschung« (IFS) der Universität Dortmund referiert. Die Untersuchungen wurden von Prof. H.-G. Rolff geleitet. In der Untersuchung vom Jahre 1986/87 wurden 830 Grundschulkinder im Alter zwischen acht und elf Jahren zu ihren Fernsehgewohnheiten (ihrer Mediennutzung) befragt. Zusätzlich wurden die Eltern der Kinder befragt. Insgesamt haben 850 Eltern die Fragebögen ausgefüllt und zurückgeschickt.
2. Lehrplan Grundschule und Vorklasse
3. Lehrplan Orientierungsstufe
4. Lehrplan Hauptschule
5. vgl. Lehrplan Grundschule und Vorklasse für das Land Schleswig-Holstein, 1978, S.9.
6. Zum Inhalt des Films: In einem nächtlichen Wohnzimmer erwachen die Halmafiguren zum Leben. Die drei ersten Erwachten beginnen schnell einen Streit, der sich im Laufe des Films ausweitet. Rot und Blau bilden eine Partei und Gelb und Grün die andere. Die Parteien holen sich immer mehr Teilnehmer, so daß die Zahl der Beteiligten rasch wächst. Beide Parteien versuchen, sich eine Kartenburg zu bauen, die natürlich auch umkämpft wird und die mehrmals den Bauherren wechselt. Grün/Gelb gelingt es schließlich, die Burg fertigzustellen: Es ist eine riesenhafte, beinahe zimmerfüllende Kartenstadt geworden. Auf dem Tisch vor der Stadt formieren sich die Rot/Blauen. Sie marschieren mit einem riesigen Heer auf und blasen schließlich zum Angriff. Es folgt eine heftige Schlacht, die Rot/Blauen dringen in die Stadt ein, und schließlich bricht das gesamte Kartenhaus in sich zusammen und die

Halmafiguren purzeln durcheinander. Eine Karte fällt auf das Objektiv der Kamera und es wird dunkel. In der Schlußeinstellung gleitet die Kamera über das Schlachtfeld. Karten und Figuren liegen durcheinander auf dem Tisch. Die Kamera gleitet in die Dunkelheit ab.

Literatur

1. *Rogge, J.-U.*: Kinder und Medien. Band 1. Hannover 1990 (Niedersächsisches Kultusministerium).
2. *Küntzel, G. et al.*: Banjo. Musik 5/6. Lehrerband. Stuttgart 1978 (Klett).
3. *Jung, H.* (Hrsg.): Musikkontakte. Arbeitsbuch für den Musikunterricht. Band 1. Lehrerhandbuch. Frankfurt 1984.
4. *Huland, W. in: Günther, U./Ott, T./Ritzel, F.* (Hrsg.): Musikunterricht 1-6. Weinheim und Basel 1982 (Beltz).

Lehrpläne des Landes Schleswig-Holstein für das Fach Musik:

- Lehrplan Grundschule und Vorklasse, Kiel 1978.
- Lehrplan Orientierungsstufe, Kiel 1976.
- Lehrplan Hauptschule, Kiel 1986

Projekt »Sonne - Erde - Mond«

Schau hinein in unsere Welt

Christine Strüfing

Himmel und Erde gehören zu Erlebnisbereichen, die Kinder sehr früh kennenlernen und die sie am meisten beeindrucken. Das Thema wird gelegentlich abgelehnt. Zu wenig Möglichkeiten sehe man, diesen Bereich entdeckend und handlungsorientiert zu gestalten; es bestehe ein zu hoher Anspruch aufgrund des erforderlichen astronomischen Vorwissens usw. Ich habe das Thema über einen fächerübergreifenden Ansatz erarbeitet und denke, dadurch die interessanten Aufschlüsse, die das Thema bietet, einfangen zu können. Die Wissenschaftsorientierung in diesem Ansatz wird verbunden mit dem Versuch,

immer zunächst vom Kenntnisstand und Interesse der Kinder auszugehen. Sachverhalte und Lebensbereiche werden aus dem kindlichen Vorverständnis heraus erarbeitet und dann in Auseinandersetzung mit naturwissenschaftlichen Grundorientierungen weiter entfaltet. Damit ist folgendes gemeint:

- Die Kinder erkennen, daß Aussagen nicht nur im Zusammenhang mit einem, sondern im Zusammenhang mit einer ganzen Reihe von Sachverhalten Gültigkeit haben können.
- Die Kinder beziehen eigene Erfahrungen von Zusammenhängen zum Thema mit ein und überprüfen ihre Aussagen und Vermutungen.
- Die Kinder finden Antworten auf ihre Fragen, um mehr zu verstehen und mehr zu wissen.[1]

Um die Lebendigkeit des Unterrichtsgeschehens nicht durch ausschließlich wissenschaftsorientierte Inhalte zu unterdrücken, werden Aspekte des kindlichen Tuns wie basteln, malen, gestalten oder drucken einbezogen, damit Einsichten aufgrund konkreten Handelns gewonnen werden.

Religion, Deutsch und Kunst arbeiten zusammen

Nicht nur der Sachunterricht nimmt die Vorstellungen der Kinder über diesen Bereich auf, ordnet diese und erweitert sie. Ich verbinde das Thema von vornherein mit dem Unterricht in Religion, Deutsch und Kunst auf fächerübergreifender Basis. Die Kinder werden auf ihre Verantwortung für Mitmenschen und Umwelt angesprochen, um auf Möglichkeiten verantwortlichen Handelns im unmittelbaren Lebensbereich hingeführt zu werden.

Die komplette fächerübergreifende Einheit kann nicht abgedruckt werden. Aus Platzgründen ist es nur möglich, Teilbereiche der Einheiten vorzustellen. Aus diesem Grund wähle ich Stunden aus, die den Einstieg in die Thematik verdeutlichen und den Kindern durch eigene Aktivitäten viel Freude bereiten.

Fächerübergreifende Unterrichtseinheit Klasse 4

Die Stunden gliedern sich wie folgt:

Heimat- und Sachkunde *»Sonne - Erde - Mond«*

1. Stunde: Das Rätsel des Anfangs
2. Stunde: Unsere Erde (Die Erde ist eine Kugel) Größenverhältnisse von Sonne, Erde, Mond
3. Stunde: Die Sonne ermöglicht das Leben auf der Erde
4. Stunde: Die 9 Planeten und die Sonne
5. Stunde: Der Mond. (Die Bewegungen von Sonne, Erde, Mond, Erkenntnisse durch Wissenschaft und Raumfahrt)

Religion *»Gottes Schöpfung - unsere Umwelt«*

1. Stunde: Die Wunder unserer Welt
2. Stunde: Leben in der Schöpfung
3. Stunde: Das altorientalische Weltbild
4. Stunde: Wissen, daß Menschen zu allen Zeiten nach dem Anfang der Welt gefragt haben
5. Stunde: Kennenlernen der biblischen Schöpfungsgeschichte und ihre Bedeutung bedenken
6. Stunde: Schöne Welt - Bedrohte Welt

Deutsch

- Aktion »Das lesende Klassenzimmer «
- Wasser, Luft und Erde - und wir sind mittendrin
- Das Märchen Die Kinder in der Erde
- Unser Beitrag So schön ist unsere Welt

Kunst

- Gestaltung einer Erdkugel nach dem Märchen » Die Kinder in der Erde«

Unterrichtsabschnitte im Heimat- und Sachunterricht

1. Block - Das Rätsel des Anfangs

In der ersten Stunde wird anhand einer Bildbetrachtung aus dem Buch »Das Rad der Zeit« von *Antoni Boratynski* der Zugang zur Diskussion über ihre Vorstellungen »Zum Anfang« angestrebt. Ich halte diesen Weg für wünschenswert, da er sich zunächst nicht an einer reinen Wissenvermittlung orientierte. Die Kinder erkennen rasch, daß sich hierbei bereits Fragestellungen »nach dem Rätsel des Anfangs« ergeben. Dabei führen einige Antworten in die »Glaubensrichtung« (—> »Gott hat die Welt erschaffen«), wiederum andere sprechen naturwissenschaftliches Grundwissen an (—> Raumfahrt und Astronomie). Das Tafelbild »Das Rätsel des Anfangs« führt zu einem von den Kindern geäußerten Meinungsbild, welches wir in folgende Bereiche aufgliedern:

Religion

- Glaube
- Gott
- Beobachtungen

Wissenschaft

- Beobachtungen
- Forschung
- Experimente
- Raumfahrt

Weltvorstellung im eigenen Bild

Das Meinungsbild wird mit folgendem Text festgehalten: Unsere Erde gibt es nicht schon immer, aber sie ist unvorstellbar alt. Wissenschaftler können sogar ausrechnen, wie alt. Wodurch sie jedoch entstanden ist, das weiß niemand ganz genau. Die Gestaltung eines eigenen Bildes oder eines nach der Buchvorlage beendete die Stunde.

Das Interesse bei einigen Kindern zeigt, daß sie nach Vorstellungen bzw. Vermutungen fragen. Ich nehme diesen Hinweis auf und erarbeite zwei Arbeitsbögen in Anlehnung an das Buch. Ein Informationstext führt zu der folgenden Stunde:

- »Am Anfang war nur Licht«
- »Der Feuerball erkaltet«
- »Unsere Erde«

Ein weiterer Gedanke ergibt sich für die Erarbeitung dieses Themas. Die biblischen Vorstellungen der Menschen von früher sollen anhand des altorientalischen Weltbildes im Rahmen des Religionsunterrichtes erarbeitet und vertieft werden.

2. Block - Die 9 Planeten und die Sonne

Die vorlaufenden Stunden im Sachkunde- und Religionsunterricht haben das Interesse spürbar geweckt, so daß einige Kinder nach weiteren Planeten fragen. Ich merke zu diesem Zeitpunkt, daß es mehr in die Wissenschaftsrichtung geht, so daß ich nach kreativen Möglichkeiten suche, um die Thematik aufzulockern. Das Buch »Mein erstes Buch von Himmel und Erde« von *Joe Kaufmann* kommt mir dabei zur Hilfe, ebenso das Pop-up-Bilderbuch »Reise zu den Planeten«.

Nachgestaltung von Planeten

Das neue Bild des Sonnensystems führte zunächst zu einer stillen Betrachtung und anschließend zu Schüleräußerungen wie: »Die Raumfahrt hat uns geholfen, mehr über die Planeten zu erfahren.« »Die einzelnen Planeten liegen unterschiedlich entfernt von uns und der Sonne«. Das Vorwissen aus der 3. Stunde verhilft uns, einiges daraufhin in bezug auf das Leben auf den Planeten abzuleiten. Bei einigen Kindern entsteht die Vermutung, daß ein Mensch niemals einige Planeten erreichen werde. Trotzdem besteht der Wunsch, das Planetensystem selbst einmal nachzugestalten.

Ein Arbeitsbogen wird mit einer blauen Farbe besprüht, die Planeten werden in unterschiedlicher Größe und Farbe eingefügt. Wissenswertes notieren die Kinder in Merktexten und ergänzen das mit weiteren Beiträgen aus in der Klasse zugänglichen Sachbüchern.

Die Grenzen menschlicher Möglichkeiten, die diese Stunde aufzeigt, führen mit der folgenden Stunde zu der Erkenntnis, daß der Mensch doch einen entscheidenden Schritt in seinem Wissen weitergekommen war, als *Neil Armstrong* mit folgenden Worten den Mond betrat: »Für einen Menschen ist es nur ein kleiner Schritt, für die Menschheit aber ein gewaltiger Sprung«.

Die Faszination auf der Seite der Kinder zeigt, daß die geplanten Stunden nicht ausreichen. Die thematisierten Sachverhalte lassen sich leicht durch vielfache Gestaltungsarbeiten erweitern. Das handlungsorientierte Arbeiten und die Tatsache, daß das Vorwissen und die Erfahrungen der Kinder dabei besondere Berücksichtigung finden, erleichtern den Weg zu wissenschaftsorientierten Behandlung von Sachverhalten. Diese können durch Texte, Photos, Dias und einen abschließenden Besuch im Planetarium zugänglicher gemacht werden.

Unterrichtsabschnitte in Evangelischer Religion

3. Block: Das altorientalische Weltbild

Die Kinder vergleichen das altorientalische Weltbild mit den heutigen Erkenntnissen (blauer Planet). Sie erkennen altorientalische Vorstellungen auf dem Hintergrund des damaligen Wissensstands. Folgende Erkenntnisse werden deutlich:

- Das antike Weltbild unterscheidet sich von unserer heutigen Erkenntnis.
- Das antike Weltbild gründet nicht auf naturwissenschaftlichen Erkenntnissen, sondern betrachtet die Erde und den Menschen innerhalb der Welt. Dabei werden zwei Absichten des Weltbildes erkennbar, die anthropologische und die theologische. Erstere

sieht den Menschen in seiner Rolle auf Erden, die zweite zeigt die Zugehörigkeit Gottes zur Welt.

Eine Abbildung des altorientalischen Weltbildes wird auf den Overheadprojektor gelegt, eine Erzählung aus dem babylonischen Schöpfungsmythos folgt. Der Aufbau des altorientalischen Weltbildes wird anschließend mit dem heutigen Kenntnisstand verglichen. Im folgenden werden die Sachkundestunden und ihre Bildmaterialien einbezogen, so daß die Kinder selbst entdecken, daß die Raumfahrt die Forschungsmöglichkeiten erweitert und zu einem neuen Bild des Sonnensystems geführt haben. Abschließend wird das altorientalische Weltbild beschriftet.

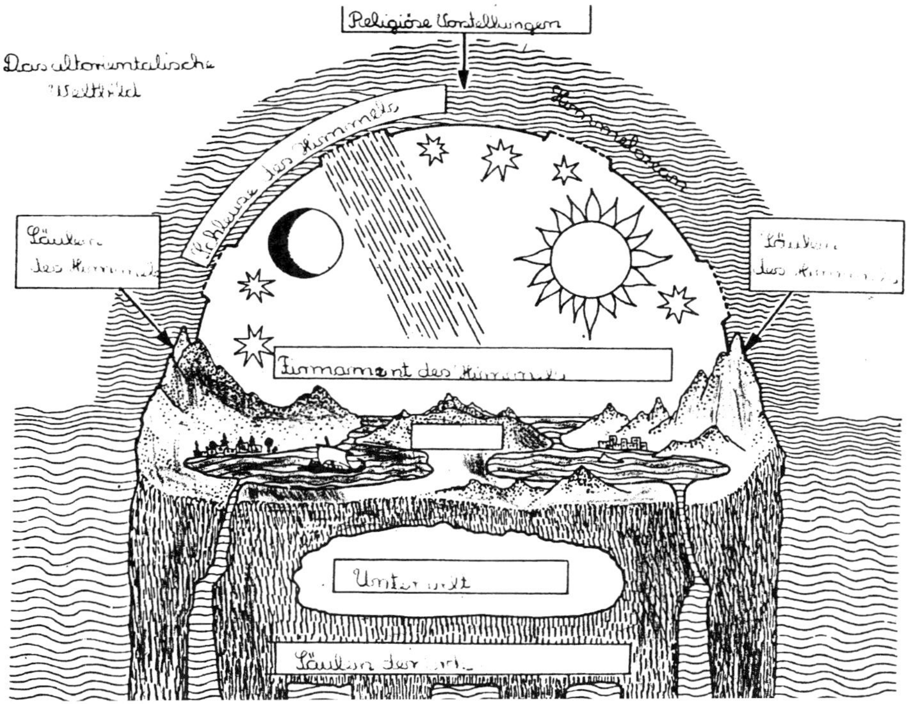

4. Block - Die biblische Schöpfungsgeschichte

Am Beispiel der Schöpfungserzählungen kann das Arbeiten mit biblischen Texten erlernt und geübt werden. Die Kinder erkennen, daß Struktur und Aussage von verschiedenen Komponenten abhängig sind: Herkunft, Stand, Weltbild, Absicht des Verfassers. Das leitet zu der Aufgabe über, daß die unterschiedlichen Fragestellungen sowohl der Naturwissenschaften als auch der Bibel erörtert werden müssen: (*Wie* ist die Welt entstanden? - naturwissenschaftliche Theorie) Ergänzend dazu wird die andersartige Frage der Bibel dargestellt - (*Wer* hat die Welt erschaffen?) Gerade hierzu ergeben sich weitere elementare Grundfragen menschlicher Existenz:

- Was hat Gott mit mir zu tun?
- Wie steht es zwischen Gott und Mensch?
- Was will Gott von mir?

Die Antwort auf diese Fragen, die uns die Schöpfungserzählung Gen 1,1 - 2,4a liefert, sind als Glaubensaussagen des Vol-

kes Israel zu verstehen. Folgt man jedoch den vertretenen Interpretationen, so lassen sich aus ihnen in mehrfacher Hinsicht Orientierungen für unser heutiges Welt- und Selbstverständnis finden. Gerade zu diesem Punkt können Kinder in der Auseinandersetzung von Konflikt und Entscheidung zu eigenen Antworten finden.

Schülervortrag, Lernspiel und Unterrichtsgespräch

Um den Schöpfungsbericht nicht nur durch ein alleiniges Vorlesen zu erarbeiten, bereichern kreative Elemente die Arbeit. Folgende Verbindungselemente sind zum Beispiel möglich: *Schülervortrag, Lernspiel* und *gebundenes Unterrichtsgespräch.* Die Erschaffung der Welt sollte optisch vor den Kindern entstehen. Zu diesem Zweck zerlege ich das ihnen bekannte Weltbild in Einzelelemente. In einem bunten Durcheinander sollen diese Teile auf der Grundlage des Schöpfungsberichts Gen. 1,1 - 2,4b wieder zusammengebaut werden. Einige Kinder lesen nun den Genesistext abschnittweise vor. Anschließend suchen andere Kinder die Papierteile und -figuren heraus, die zum vorgelesenen Text passen und heften diese an die Tafel.

Der letzte Abschnitt wird zunächst ausgespart und mit der Provokation eingeleitet: »Nun ist die Welt eigentlich fertig. Es gibt Meere, Seen, Berge und Land, Bäume, Fische und Vögel.« Die Kinder wenden ein, daß der Mensch noch fehle. Mit der Ergänzung des Menschenpaares wird bei der Darstellung auf dem Hintergrund des altorientalischen Weltbildes folgende theologische Aussage deutlich: »Der Mensch ist das Ziel der Schöpfung«. Die Bedeutung kann in einer weiteren Hinsicht entfaltet werden: »Gott hat den Menschen aber nicht nur erschaffen, sondern auch noch etwas zu ihm gesagt.« - Belegstelle im Text: Segen und Schöpfungsauftrag. Die Gesamtstundenplanung ist mit den didaktischen-methodischen Überlegungen sowie der Exegese veröffentlicht in der Zeitschrift für christliche Erziehung und Kultur (1985, Heft 1 bis 4 und Heft 1, 1986, Hrsg. vom Bund Evangelischer Lehrer in Schleswig-Holstein).

Lehrervorlage: Fotokarton Maße ca. 100 x 65 weiß. Der Photokarton wird mit Lackfarben besprüht und in hell/dunkelblauen Farben nuanciert. (Dunkelheit/Licht). Die Bildteile des altorientalischen Weltbildes werden mit einem sogenannten »Storchenvogel« (—> Marabu Pantograph) vergrößert. Pflanzen, Tiere, Menschen werden von mir auf farbiges Papier auffotokopiert (z. B. Bäume grünes Papier, Tiere wurden angemalt oder ebenfalls mit Spray behandelt). Die Einzelteile des Weltbildes befestigen Kinder mit Magneten an der Tafel.

Schülervorlage: Die Einzelteile weden für die Kinder verkleinert. Bild auf Format A 3 fotokopiert. Die Rückseite des Arbeitsbogens zeigt den Genesis-Text zeit- und altersgemäß für die Klasse 4.

Arbeitsmittel: Schere, Klebe, Buntstifte.

Unterrichtsplanung Deutsch

- »Das lesende Klassenzimmer«
- »Wasser, Luft und Erde«
- »wir sind mittendrin«
- Das Märchen »Die Kinder in der Erde«
- Unser Beitrag »So schön ist unsere Welt«

Der Börsenverein des Deutschen Buchhandels e. V. Frankfurt forderte im vergangenen Jahr zu dem obengenannten Bereich zu einem Wettbewerb auf, an dem wir uns mit unserer 4. Klasse beteiligten. Im Zusammenhang mit diesem Thema erarbeitete ich mit meiner Klasse das genannte Märchen. Es erzählt, wie mit Hilfe von Kindern eine Utopie zur Wirklichkeit wird: Wie die gute alte Erde von ihrer Not erlöst wird und als Schützende und gleichzeitig des Schutzes Bedürftige wieder hoffen kann. Im folgenden werden die Texte der Kinder

Verantwortung gegenüber Mitmenschen und Umwelt

ihre Auseinandersetzung mit diesem Thema »Schöne Welt - Bedrohte Welt« deutlich machen und sicherlich dabei den Gesamteindruck einer Identifikation und Distanz zur Verantwortung gegenüber Mitmenschen und Umwelt dokumentieren. Hierzu ist anzumerken, daß wir seit 1988 unsere Schule »naturnah« gestalten. Die einzelnen Handlungsräume wie Schulgarten, Bach, Teich, Wald und Spielräume gehören in das tägliche Umfeld unserer Schulkinder. Jedes Vorhaben kann durch Eigentätigkeit, Erkunden, Entdecken, Probieren und inhaltliche Aufklärung verknüpft werden. Die Handlungsräume zwischen innen und außen sind so eingerichtet, daß das eigene Tun überschaubar bleibt. So können sich die Kinder sowohl mit ihrer Schule als auch mit dem gemeinsamen Tun identifizieren. Das Ergebnis dieses Anliegens ist, daß sie grundlegende Erfahrungen der Einflußnahme und der Stärkung des Selbstvertrauens machen.

Im Deutschunterricht hat sich im Laufe meiner 4 Jahre mit meiner Klasse ein umfangreiches Geschichtenbuch ergeben. Viele Tiere, die sich auf unserem Gelände beobachten lassen, vermitteln im Rahmen von schönen Kinderbüchern nicht nur Sachwissen, sondern regen die Phantasie der Kinder an.

Eine umfassende Literaturangabe befindet sich in den Zeitschriften »Zum Beispiel« Hefte 1-4 1985 und Heft 1/85 - *Strüfing, C.*: Gottes Schöpfung - Unsere Umwelt.

Projekt »Dinosaurier erforschen«

Robert H. Evans

Dinosaurier sind für Grundschulkinder ein spannendes Thema. Zumeist wird es unter dem Aspekt kindlicher Phantasie und zeichnerischen Könnens abgehandelt. Wir können das Thema mit 9- und 10-jährigen Kindern jedoch auch im Hinblick auf wissenschaftliche Entwicklungen erarbeiten. Jungen und Mädchen haben ein starkes Interesse an diesen urzeitlichen Lebewesen. Daher können sie leicht durch eine Reihe von Aufgaben geführt werden, in denen sie zum Entdeckenden Lernen aufgefordert sind. Ich möchte das anhand eines Miniprojekts veranschaulichen.

Da Dinosaurier nur mit Hilfe von Fossilien - teils auch durch andere Nachweisversuche - rekonstruiert werden können, sind solche Studien ein exzellentes Beispiel für grundlegende Methoden, denen sich Wissenschaftler bedienen und die in ihren Elementarformen durchaus Kindern zugänglich sind. Alles, was wir wissen, von den Atomen bis zu den Sternen, lernen wir auch durch wissenschaftliche Erkenntnisse, indem wir Beweise aus zweiter Hand heranziehen. Dinosaurier bieten Kindern ein Modell dessen, wie Wissenschaftler Dinge herausfinden, die sie noch nicht kennen und daher mit den Sinnen augenscheinlich gar nicht begreifen können. Beginnen Kinder bei ihrem eigenen Körper, können sie in den folgenden Aufgaben Rückschlüsse sowohl über ihre eigenen Biomechanismen als auch über die der längst ausgestorbenen Dinosaurier treffen. Sie müssen überzeugend nachvollziehbare Schlüsse ziehen, um etwas über Lebewesen herauszufinden. Weil entsprechende Aufgaben den Kindern ermöglichen, neue zutreffende Informationen selbst zu erschließen, sind es Aufgaben für *forschendes Lernen durch Entdeckungsmethoden.* Deren Vorteil gegenüber eher traditionellem Lernen, wo Lehrer oder Texte die zentralen Informationsträger und -übermittler sind, besteht in der Chance, Informationen besser zu behalten und im eigenen Wissen zu verankern. Dies ist beim Entdecken leichter möglich, weil Kinder neue Informationen selbständig herausfinden oder herstellen. Darüber hinaus ermöglichen Methoden, denen sich die Kinder bei ihren Entdeckungen bedienen, einen interessanten Zugang zu elementaren Möglichkeiten wissenschaftlicher Arbeit. Auf diese Weise gewinnen Kinder für sich persönlich bedeutungsvolle Erfahrungen mit »echten« wissenschaftlichen Methoden und Erkenntnisformen, wenn wir dabei eben nur nicht zu kompliziert und zu »wissenschaftlich« vorgehen.

Materialien:
1 Fotokopie jeder Abbildung
1/2 m Faden
1 Radiergummi
1 Schere
1 Rolle Tesafilm
1 Bleistift

Die folgenden Aufgaben sind für Kinder gedacht. Die Aufgaben und Graphiken können ohne weiteres fotokopiert und in der Klasse weiter verwendet werden. Ein Copyright ist mit dem Erwerb dieses Buchs gewährleistet. Die Aufgaben bauen aufeinander auf. Sie sollten daher in der vorgegebenen Reihenfolge bearbeitet werden. Vorgesehen sind sie zum Einsatz in Gruppen zu zweit oder dritt; sie lassen sich jedoch auch einzeln lösen.

Werden die Resultate anschließend gesammelt und verglichen, so kann dabei die Genauigkeit von Messungen und Berechnungen diskutiert werden. Vielleicht denken sich die Kinder Vorschläge zur Erhöhung der Genauigkeit ihrer Methoden aus. Ergebnisübersichten für Lehrerinnen und Lehrer finden sich am Ende. Materialien, die jede Gruppe bzw. jedes Kind benötigt, sind in der Randspalte links auf dieser Seite genannt.

Ist der Dinosaurier auf zwei oder vier Beinen gegangen?

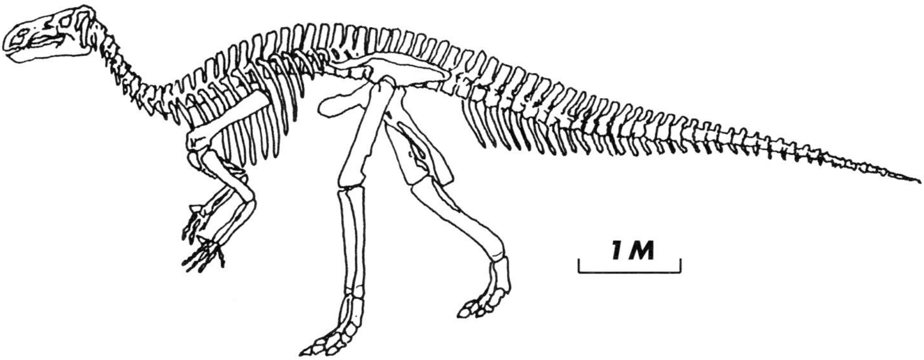

Abb. 1: Rekonstruktion eines Dinosaurierskeletts

Den Körperschwerpunkt entdecken

Abb. 1 zeigt das Skelett eines großen Dinosauriers. Die Kinder könnten etwa so zur Reflexion aufgefordert werden. *»Ihr könnt leicht erkennen, daß dieser Dinosaurier vier Beine hat. Könnt Ihr sagen, ob er nur auf zwei Beinen gegangen ist so wie wir es heute tun? Oder hat er manchmal zwei Beine benutzt und manchmal vier so wie ein Känguruh? Oder ist er meistens auf vier Beinen gegangen so wie ein Hund? Was meint Ihr dazu? Eine Art, dies herauszufinden, ist zu schauen, wo der Schwerpunkt des Dinosaurierkörpers liegt.«*

Wie fühlt es sich an, wenn mein Schwerpunkt sich verändert?

Lassen Sie ein Kind aus Ihrer Gruppe langsam auf den Knien auf dem Fußboden umherkrabbeln wie ein vierbeiniges Tier. Ein weiteres Kind nimmt vorsichtig in der Mitte des Rückens vom »Krabbler« Platz. Dieses Kind belastet den Krabbler vorn stark. Ist es leicht oder eher schwierig für den Krabbler, die Hände zu heben und wie ein zweibeiniges Tier zu gehen? So ist es, wenn man seinen Schwerpunkt zwischen Hals und Taille hat. Nun lassen wir das sitzende Kind vorsichtig auf dem Hinterteil des Krabblers Platz nehmen. Dies belastet die Beine des Krabblers zusätzlich. Ist es schwieriger oder leichter, die Hände zu heben und wie ein zweibeiniges Tier zu gehen? So ist es, wenn man seinen Schwerpunkt nahe der Taille hat.

Gegen eine Wand gelehnt.

Jedes Kind erfährt seinen eigenen Körperschwerpunkt

Jetzt lassen wir jemand anderen mit dem Rücken an einer Wand stehen. Seine Absätze und sein Hinterteil sollen die Wand berühren. Legen Sie ein Buch ca. 60 cm entfernt von der Wand vor das stehende Kind. Dann lassen Sie es das Buch aufheben, ohne seine Absätze oder sein Hinterteil von der Wand zu nehmen. Was passiert? Wenn es sich bückt, verlagert sich sein Schwerpunkt. Wenn der Schwerpunkt sich von der Wand weg verlagert und nicht mehr über seinen Füßen liegt, kommt der Schüler mit zwei Beinen nicht mehr aus. Lassen Sie jeden aus der Gruppe auf diese Weise ein Buch aufheben. Vielleicht möchten Sie auch versuchen, sich zu bücken und das gleiche Buch aufzuheben, ohne an der Wand zu stehen. Wo liegt der Unterschied? Warum gibt es einen Unterschied?

Laßt uns herausfinden, wo der Schwerpunkt eines Menschen liegt, der sich bückt, um ein Buch aufzuheben!

Die Schüler können herausfinden, daß der Schwerpunkt des aufrechten Kindes nahe der Taille ist, was es nach den Regeln zu einem zweibeinigen Tier macht. Der Schwerpunkt der gebückten Figur sollte sich über der Taille befinden, aber nicht so hoch wie der Streifen auf dem T-Shirt des Kindes. Der Schwerpunkt des Kindes auf allen vieren sollte sich auf dem Streifen ungefähr in der Mitte zwischen Hals und Taille befin-

Abb. 2a

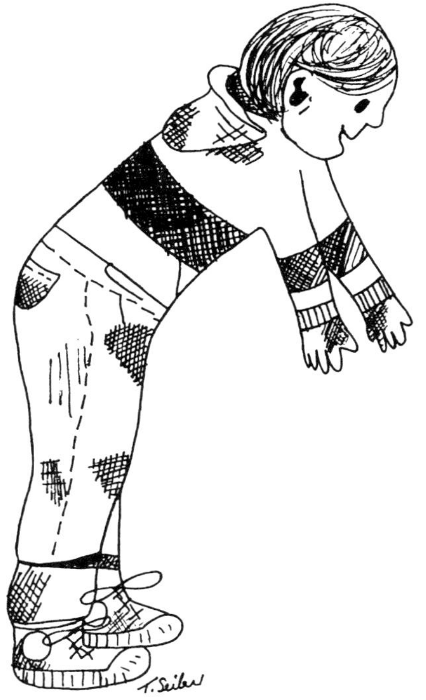

Abb. 2b

Abb. 2c

den. Daher sollten die Schüler die drei ausgeschnittenen Figuren folgendermaßen beschriftet haben: das aufrechte Kind mit C, das leicht gebückte mit D und A für die krabbelnde, ausgeschnittene Figur. Helfen Sie den Kindern zu verstehen, wie der Schwerpunkt sich von den Beinen zum Unterleib hin verlagert, während sich die Position des Kindes verändert. Diese Positionen sind vergleichbar zu denen verschiedener Tiere, und sie repräsentieren verschiedene Arten von Körperabstützung.

Abb. 3: Zeichnung eines stehenden Kindes. Die Figur wird mit dem Kopf nach oben aufgehängt

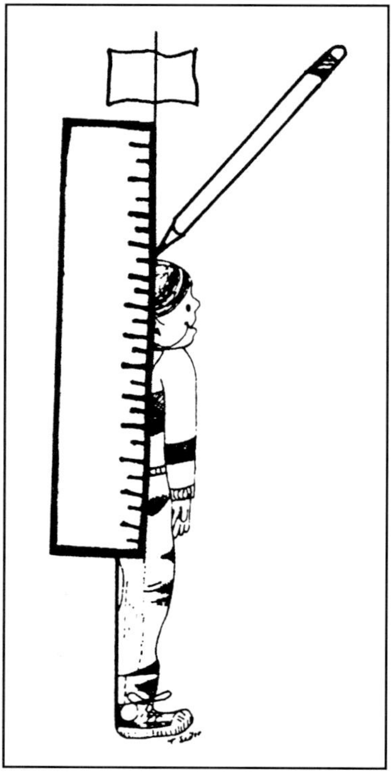

Abb. 4: Zeichnung des stehenden Kindes.

Stellen Sie sicher, daß die Kinder alles überstehende Papier von den drei Kinderbildern wegschneiden, da überschüssiges Papier den Schwerpunkt der Figuren verändern würde. Prüfen Sie auch, ob Ihre Kinder die ausgeschnittenen Figuren richtig am Faden und an der Wand anbringen. Achten Sie darauf, daß sie nicht zuviel Tesafilm benutzen, da dies die Gewichte ebenfalls verändern würde. Genaue Anbringungspunkte sind nicht so wichtig, aber die Linien, die am Faden entlang in der gleichen Richtung gemalt werden, sind sehr wichtig.

Sie können Zeichnungen von Menschen verwenden, um wirklich herauszufinden, wo der Schwerpunkt unserer Körper liegt. Wenn man Bilder von Menschen betrachtet, die sich bücken, um ein Buch aufzuheben, können wir beobachten, wie sich der Schwerpunkt verlagert. Fertigen Sie am besten eine vergrößerte Kopie jeder der auf der Seite abgebildeten Zeichungen an und schneiden diese ohne Rand aus. Hängen Sie jetzt das erste Bild von dem stehenden Kind mit Hilfe eines Fadens und etwas Tesafilm so auf, daß es mit dem Kopf nach oben »an der Wand baumelt«. Wenn das ausgeschnittene Bild aufhört, sich zu bewegen, ziehen Sie mit einem Bleistift eine gerade Linie am Band entlang am Körper herunter bis zu den Füßen. Die Abbildung 4 zeigt, wie man das macht.

Abb. 5: Zeichnung des stehenden Kindes. Die Figur wird nun mit der Rückseite nach oben aufgehängt

Die Linie sollte in genau der gleichen Richtung gezeichnet werden, in die auch die Schnur hängt. Es hilft, ein Lineal vorsichtig an die hängende Schnur und dann über den Körper zu halten. Der Schwerpunkt der Ausschneidefigur wird sich auf dieser Linie befinden. Jetzt hängen Sie die ausgeschnittene Figur an einer anderen Schnur auf, die an ihrer Rückseite angebracht wird.

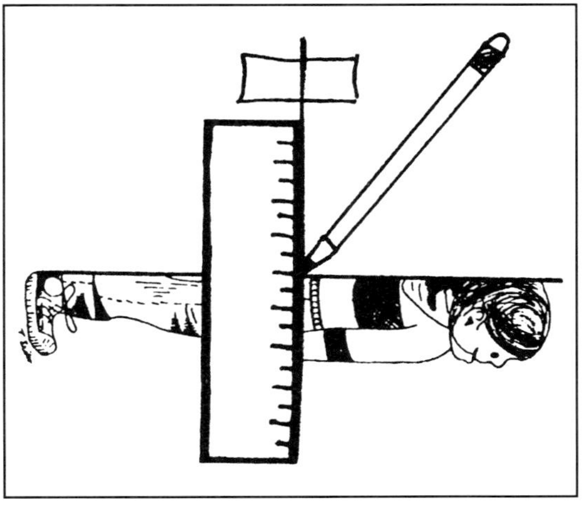

Abb. 6: Zeichnung des stehenden Kindes.

Diese neue Linie sollte die erste irgendwo schneiden. Schauen Sie, wo sich die zwei Linien, die Sie gezeichnet haben, schneiden. Dieser Punkt ist der Schwerpunkt der ausgeschnittenen Person. Benutzen Sie die folgenden Regeln, um herauszufinden, ob das Kind auf zwei oder vier Beinen geht.

A: Wenn der Schwerpunkt ungefähr zwischen Hals und Taille ist, geht es wahrscheinlich auf allen Vieren so wie es vorhin der Krabbler getan hat.

B: Wenn der Schwerpunkt sich nahe der Taille befindet, aber nicht darüber, geht es wahrscheinlich meist auf seinen Beinen, aber manchmal auch auf allen vieren.

C: Wenn sich der Schwerpunkt genau bei der Taille befindet, geht es wahrscheinlich meist auf seinen Beinen wie vorhin der zweite Krabbler.

Was habt Ihr herausgefunden? Wie geht das Kind normalerweise? Stimmt Eure Antwort mit dem überein, was Ihr schon wußtet?

Über die Methode zur persönlichen, bedeutungsvollen Erfahrung

Benutzt jetzt dieselbe Methode, den Schwerpunkt der anderen beiden Ausschneidefiguren zu finden! Wenn Ihr alle drei gefunden habt, seht Euch die Schwerpunkte in allen dreien an. Ordnet sie in der richtigen Reihenfolge, um zu zeigen, wie der Schwerpunkt sich verlagert, während die Person versucht, ein Buch aufzuheben. Malt die Buchstaben, der zu den ausgeschnittenen Figuren passenden Regel auf die Ausschneidefiguren auf.

Die Schüler sollten entdecken, daß der Schwerpunkt des aufrechten Kindes nahe der Taille ist, was es nach den Regeln zu einem zweibeinigen Tier macht. Der Schwerpunkt der gebückten Figur sollte sich über der Taille befinden, aber nicht so hoch wie der Streifen auf dem T-Shirt des Kindes. Der Schwerpunkt des Kindes auf allen vieren sollte sich auf dem Streifen ungefähr in der Mitte zwischen Hals und Taille befinden. Daher sollten die Kinder die drei ausgeschnittenen Figuren folgendermaßen beschriftet haben: das aufrechte Kind mit C, das leicht gebückte mit B und A für die krabbelnde, ausgeschnittene Figur. Helfen Sie den Kindern, zu verstehen, wie der Schwerpunkt sich von den Beinen zum Unterleib hin verlagert, während sich die Position des Kindes verändert. Diese Positionen sind vergleichbar zu denen verschiedener Tiere, und sie repräsentieren verschiedene Arten von Körperabstützung und -stabilität.

Also, ist der Dinosaurier auf zwei oder vier Beinen gegangen?

Die gewonnene Erkenntnis kann auf das Tierreich übertragen werden und liefert so die Lösung

Jetzt werden wir dieselbe Methode anwenden, um herauszufinden, wie der Dinosaurier wahrscheinlich gegangen ist. Zuerst müssen wir dem Dinosaurierskelett vom allerersten Bild einen Körper geben. Malt die Umrisse eines Körpers um die Knochen des Dinosaurierskeletts herum, um ihm Muskeln und Haut zu geben. Laßt ihn wie ein normales Tier aussehen, so daß also große Knochen große Muskeln und kleine Knochen kleine Muskeln bekommen. Vielleicht wollt Ihr den Dinosaurier sogar bunt anmalen.

Wenn Ihr einen richtig echt aussehenden Dinosaurier habt, schneidet ihn an der Haut entlang aus, ohne einen Rand zu lassen. Jetzt hängt ihn mit Faden und Tesafilm an der Wand auf, so wie die anderen ausgeschnittenen Figuren. Zeichnet eine Linie, während er am Kopf aufgehängt ist. Zeichnet noch eine Linie, während der Dinosaurier am Hinterteil aufgehängt ist. Seht nach, wo sich die Linien kreuzen. Benutzt die Regeln von vorhin, um zu sehen, ob er auf zwei oder vier Beinen gegangen ist.

Was habt Ihr herausgefunden? Ist es das, was Ihr am Anfang geraten habt?

Auf genau diese Weise können Wissenschaftler herausfinden, wie längst ausgestorbene Dinosaurier ihre Beine benutzt haben. Weil wir diese Methoden kennen, um Schwerpunkte von Menschen zu finden, wissen wir auch, daß genau dieses ebenso mit Dinosauriern funktioniert. Eure Lehrerin wird Euch mehr über den Dinosaurier erzählen oder Ihr werdet vielleicht selbst Geschichten erfinden, in Büchern nachlesen oder andere Dinosaurier-Projekte durchführen.

Erwartungen an Lehrerinnen und Lehrer

Die Kinder erkennen ihre eigene Arbeit als »echte« wissenschaftliche Methode

Abhängig vom Grad der Selbständigkeit Ihrer Schülerinnen und Schüler werden Sie wahrscheinlich deren Fortschritt in dieser Aufgabe an verschiedenen Punkten beobachten wollen. Wenn es große Unterschiede in ihren Zeichnungen gibt, könnten Sie anregen, alle Zeichnungen von Schwerpunkten zu vergleichen, um Fehler zu vermeiden. Außerdem wäre es nützlich, die Ursachen für verschiedene Ergebnisse zu diskutieren.

Es ist sehr wichtig, daß die Umrisse, die die Schüler um das Skelett herum gemalt haben, realistisch gegenüber der gegebenen Knochengröße sind. Wissenschaftler glauben, daß der Körper dieses Dinosauriers in Hüfthöhe all die Knochen zwischen den Beinen einschließt; der Körper muß also groß genug für diese Knochen sein. Genau wie beim Menschen haben große Knochen (die Oberschenkel) mehr Muskeln um sich herum als kleine Knochen (Finger). Die Schwerpunktmessungen Ihrer Schüler (egal, wo genau der Faden angebracht wurde) werden zeigen, daß der Schwerpunkt genau beim oder kurz vor dem Hüftgürtel liegt. Also geht der Dinosaurier primär auf zwei, gelegentlich aber auch auf vier Beinen. Dies paßt zu Regel B und ist vergleichbar zu dem Kind in der gebückten Position.

Mehr über Dinosaurier

Nachdem diese Übungen beendet sind, sollten Ihre Schüler nicht nur etwas über diesen Dinosaurier wissen, sondern auch etwas darüber wie Wissenschaftler die Physik nutzen, um etwas über die Struktur und das Verhalten lange ausgestorbener Arten zu erfahren. Vielleicht interessiert es die Schüler, daß die Knochen, mit denen sie gearbeitet haben, von Ignanodons, das sind Ornithischier (Vogelbecken-Dinosaurier), stammen, welches die ersten Dinosaurier waren, die in Großbritannien um 1820 entdeckt und beschrieben wurden.

Aufgabenvariation

Die Kinder lernen nicht nur etwas über Dinos

Sie können auch mit Hilfe von kleinen Dinosaurier-Plastikmodellen drei Schwerpunktversuche durchführen. Hängen Sie sie einfach an zwei Seiten ihres Körpers auf und zeichnen Sie Linien, um ihren Schwerpunkt zu finden. Vielleicht haben einige Schüler solche Modelle zu Hause und würden diese gerne einmal für weiterführende Übungen mitbringen.

Literaturhinweise

1. *Alexander, R. Mcneill*: Dynamics of Dinosaurs and Other Extinct Giants. New York 1989 (Columbia University Press).
2. *British Museum of Natural History*: Dinosaurs and their Living Relatives. London 1979, S. 39.
3. *Evans, Robert H.*: The Physics of Dinosaurs. In: The Physics Teacher 28 (1990) 6.
4. *Gardom, Tim & Milner, Angela*: Dinosaurier – Wie sie lebten – warum sie ausstarben. Niederhausen/Ts. 1993 (Bassermann).
5. *Mackness, Brian*: Irre Seiten – Dinos aktiv. Mülheim 1993 (Verlag an der Ruhr).

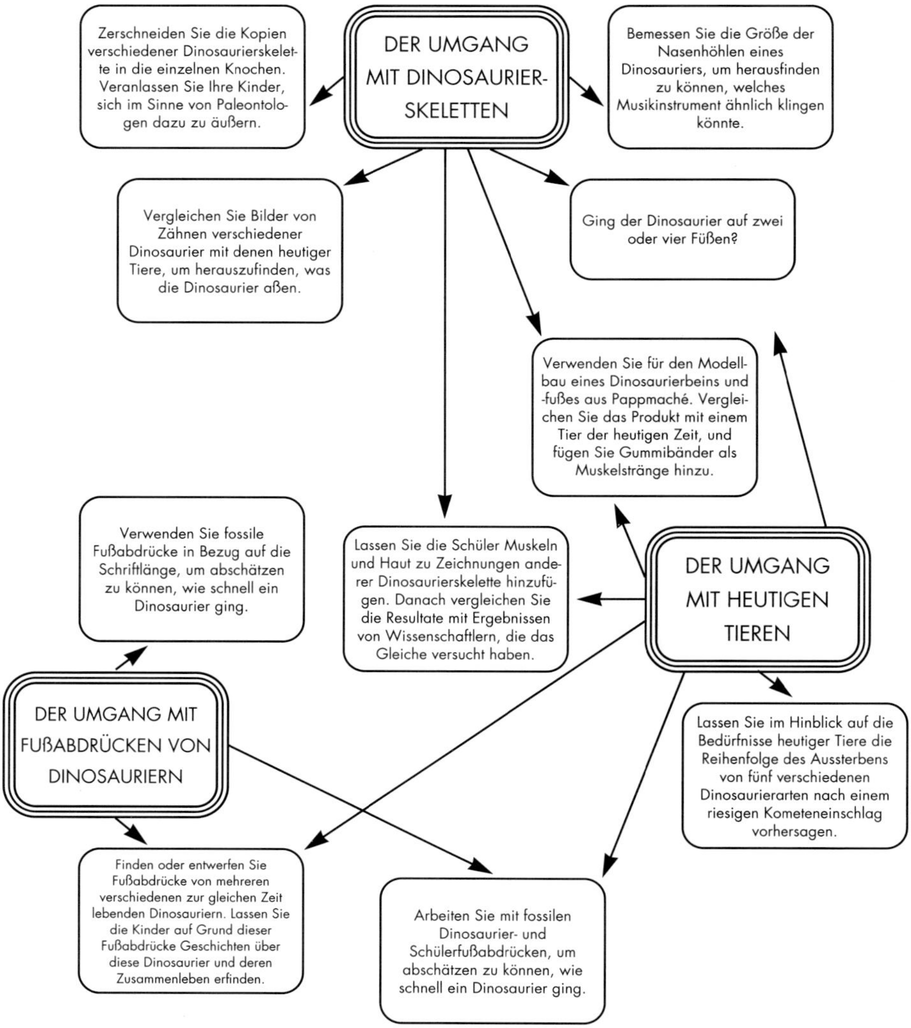
DER UMGANG MIT DINOSAURIER-SKELETTEN
Zerschneiden Sie die Kopien verschiedener Dinosaurierskelette in die einzelnen Knochen. Veranlassen Sie Ihre Kinder, sich im Sinne von Paleontologen dazu zu äußern.
Bemessen Sie die Größe der Nasenhöhlen eines Dinosauriers, um herausfinden zu können, welches Musikinstrument ähnlich klingen könnte.
Vergleichen Sie Bilder von Zähnen verschiedener Dinosaurier mit denen heutiger Tiere, um herauszufinden, was die Dinosaurier aßen.
Ging der Dinosaurier auf zwei oder vier Füßen?
Verwenden Sie für den Modellbau eines Dinosaurierbeins und -fußes aus Pappmaché. Vergleichen Sie das Produkt mit einem Tier der heutigen Zeit, und fügen Sie Gummibänder als Muskelstränge hinzu.
Verwenden Sie fossile Fußabdrücke in Bezug auf die Schriftlänge, um abschätzen zu können, wie schnell ein Dinosaurier ging.
Lassen Sie die Schüler Muskeln und Haut zu Zeichnungen anderer Dinosaurierskelette hinzufügen. Danach vergleichen Sie die Resultate mit Ergebnissen von Wissenschaftlern, die das Gleiche versucht haben.
DER UMGANG MIT HEUTIGEN TIEREN
DER UMGANG MIT FUßABDRÜCKEN VON DINOSAURIERN
Lassen Sie im Hinblick auf die Bedürfnisse heutiger Tiere die Reihenfolge des Aussterbens von fünf verschiedenen Dinosaurierarten nach einem riesigen Kometeneinschlag vorhersagen.
Finden oder entwerfen Sie Fußabdrücke von mehreren verschiedenen zur gleichen Zeit lebenden Dinosauriern. Lassen Sie die Kinder auf Grund dieser Fußabdrücke Geschichten über diese Dinosaurier und deren Zusammenleben erfinden.
Arbeiten Sie mit fossilen Dinosaurier- und Schülerfußabdrücken, um abschätzen zu können, wie schnell ein Dinosaurier ging.

Projekt »Neue Medien im Sachunterricht«

Uwe Hameyer

Zahlreiche Bundesländer revidieren derzeit ihre Lehrpläne. Ein indirekter Grund ist in den veränderten Sozialisationsmustern der Kindheit und des Jugendalters zu suchen. Erfahrungswelten ändern ihre inneres und äußeres Erscheinungsbild. Strengere ökonomische Eckdaten fordern zum Umdenken heraus. Sozialstruktureller Wandel und demographische Umschichtungen, Multikulturalität und neue Erziehungsmuster - das alles sind ausgewählte Stichworte zur Beschreibung einer Ausgangssituation, aus der heraus Grundschulkinder Erfahrungen mitbringen, deren Qualität und Quantität wir vor einem Jahrzehnt so nicht vorausgesehen hatten. Damit eröffnen sich neue Erwartungshorizonte auf Kinder- *und* Elternseite. Im medialen Bereich werden konsumlastige Gewohnheitsmuster aufgebaut, die die Schule zu neuen Formen pädagogischer Praxis veranlassen, zumal mit dem steigenden Konsumangebot ein Informationsangebot einhergeht, das bestimmte Sachverhalte vielfach eindringlicher und subjektiv spannender darbietet als es die Schule kann.

Epochaltypische Schlüsselprobleme als ein Bezugspunkt

Lehrplanleute, Schulbuchverfasser und Materialentwickler werden auf diese Herausforderungen neue Antworten suchen. Eine Möglichkeit besteht darin, epochaltypische Kernprobleme, wie sie *Klafki* (1991) beschrieben hat, in die Schulzielanalyse einzubeziehen. Eines der epochaltypischen Kernprobleme unserer Zeit sieht Klafki in technologischen Veränderungen im Informations- und kommunikativen Bereich. Durch die Informatisierung werden klassische Unterschiede in Raum und Zeit weitgehend obsolet. Globale Kommmunikationssysteme verändern den wirtschafltichen und privaten Bereich. Eine bislang ungekannte Vernetzungsdichte im Informationssektor führt zu Umstrukturierungsprozessen.

Grund- und Sonderschulen werden sich nicht auf das Wissen *über* neue Kommunikationssysteme beschränken können, wenn sie auf solche epochaltypischen Schlüsselprobleme authentisch eingehen wollen. Sich mit medial erzeugten Erwartungshorizonten nur gedanklich auseinanderzusetzen reicht nicht. Das Problem hat eine tiefere Wurzel. Zu sehr sind unsere Emotionen und pragmatischen Komponenten des Handelns mit der Ratio verschränkt, als daß wir uns mit der schlichten Addition eines neuen Wissensgebiets zum schulischen Fächerkanon zufrieden geben könnten. *Vester* hat diesen Punkt in seiner Lernbiologie des Menschen unmißverständlich herausgearbeitet. Die Aufnahme und Speicherung von Information werde stark durch deren emotionalen Gehalt beeinflußt. Verbinden wir Lerninhalte mit Freude, Erfolgserlebnis, Verliebtsein, Neugier, Spaß oder Spiel, werden positive Hormonreaktionen aktiviert, deren Effekt ein doppelter sei: »Beim späteren Abrufen werden die gleichen Emotionen wieder mit abgerufen und erleichtern nunmehr auch die Weiterverarbeitung der Information« (*Vester* 1992, 51). Wir müssen, so Vester, wesentlich konsequenter versuchen, die Ablösung des Geistigen vom Körperlichen zu überwinden. Unsere Schule sei viel zu ausgeprägt intellektgebunden, was sich längst als völlig ineffizient herausgestellt habe.

Vernetztes Lernen mit allen Sinnen

Grundbildung ist wesentlich mehr als intellektuell gesteuertes Wissen. Aktives Lernen als eine Form des multisensoriellen Erwerbs von Grundbildung ist auf Handlungs- und Orientierungsfähigkeit ausgerichtet. Die emotionale Komponente spielt dabei eine entscheidende Rolle. Kategoriales Wissen erübrigt sich bei allem natürlich nicht, wie manche befürchten, sondern konstituiert sich gerade erst im vernetzten System des Lernens mit allen Sinnen - und Emotionen sind zentraler Bestandteil davon. Das konkrete Tun des Kindes ermöglicht gerade erst den individuellen Aufbau von Wissen und ist nicht etwa nur motivatorische Technik. Das sollten wir beachten, wenn die Konsum- und Medienwelt in der Schule behandelt wird.

Was aber ist das Besondere an dieser Konsum- und Medienwelt? Und was ist an ihr eigentlich verwerflich? Auf jeden Fall versteht sie sich auf eine raffinierte Verführungskunst, mit »flimmernden« Illusionen Konsumenten anzulocken. Wir nehmen, was kommt und finden es gut, überwiegend sogar faszinierend und aufregend. Die Produktion von Erlebnissen über Medien erzeugt »sekundäre« Befriedigung - zumindest dem Anschein nach, ganz gleich, ob wir an das fahrige Durchblättern schwergewichtiger Kataloge von Versandhäusern denken, an das Durchtackern zahlloser Fernsehprogramme, an manischen Videokonsum oder die Sucht auf Computerspiele. Der Intellektuelle distanziert sich naserümpfend von einem derlei suspekten Habitus in unserer Medienwelt. Bestenfalls seien es Sekundärerfahrungen, die der Mensch in solchen Alltagssituationen gewinnen könne, und was sei das schon?

Hat Angst vor Neuen Medien mit Nostalgie zu tun?

Aber können wir dessen so sicher sein? Ist dies nur ein nostalgischer Standpunkt des Intellektuellen? Unterliegen wir einer naturromantischen Verklärung? Ist es wirklich erstrebenswert, das Primäre nur dort zu sehen, wo der Mensch mit Natur und anderen Menschen direkt in Kontakt tritt? Hat Industrielles, Künstliches, Mediales eine vergleichsweise negative Wertigkeit in der bildungsbürgerlichen Ethik? Schrecken wir vor einer beunruhigenden Jahrtausendwende zurück, weil diese völlig andere Erfahrungsmöglichkeiten und moralische Standards eröffnet, die wir vielleicht ahnen, aber nicht berechnen können und auch nicht wahrhaben wollen, obwohl sie aus Szenarien heraus vorstellbar geworden sind? Finden wir sie schlicht schrecklich, weil wir nicht wissen oder zumindest unsicher sind, weil sie neue Erfahrungsspektren nach sich ziehen?

Für mich ist offen, ob mediale Welten und Wirklichkeiten nicht schon heute eine Dimension *primärer* Erfahrungen enthalten, ob wir das gut finden oder nicht. Jedenfalls werden wir diskutieren müssen, inwieweit mediale Erfahrungen nur als vermittelte und damit sekundäre gelten können oder ob sie auch Primärqualitäten erreichen aufgrund der direkten Gestaltbarkeit künstlicher Wirklichkeiten. Wenn ein Produzent multimediale Computersysteme am Mischpult einsetzt, um ästhetische Überblendwirklichkeiten und visionäre Illusionen in Digitalästhetik zu verdichten, so bedient er sich eines Systems, das er durchaus manipulieren kann, ohne zu wissen, wie multimediale Systeme, sein Arbeitsinstrumentarium also, konstruiert wurden. Mit Sekundärwissen über solche Systeme kann er seine Ziele erreichen. Direkte emotionale Verbundenheit mit technischen Systemen braucht er dazu nicht.

Indirekte und direkte Erfahrung ist sicher Definitionssache, aber nicht nur das. Für pädagogisches Handeln ist mehr darin enthalten: eine *aufklärende Grundbildung für alle* könnte ja bedeuten, die Produkte unserer Medienwelt nicht nur als Wissen in der Schule abzubilden, sondern moderne Medien, darunter auch multimediale Systeme, instrumentell einzusetzen, mit ihnen methodisch-konkret zu arbeiten, sie in den Dienst des gemeinsamen Interesses zu stellen - kurzum *mit Medien durch aktives Lernen etwas Eigenes zu gestalten* oder einer eigenen Idee nachzugehen.

mediale Kommunikations- und Gestaltungsfähigkeit

Ich bin sicher, im Primarbereich müssen wir das Bildungsangebot um eine *mediale Kommunikations- und Gestaltungsfähigkeit* erweitern. Diese Fermate für mediale Themen ist *grundlegender* Ruhe- und Angelpunkt, von dem aus didaktisch-methodische Variationen und Improvisationen ausgehen, die im Vorwege nicht festgelegt werden sollen. Dem technischen Fortschritt können wir ohnehin nicht nachhasten, indem wir möglichst schnell alles das in der Schule behandeln, was aktuelles Zeitungs- und Kolumnenwissen darstellt. Leitgedanke der medialen Kommunikationsfähigkeit ist doch die überlegt *schöpferische, also tätige Auseinandersetzung mit modernen Kommunikationsmitteln einschließlich ihrer kritischen Reflexion.*

Abb. 1:Projektideen bei dem Einsatz Neuer Medien im Sachunterricht.

Mein Beitrag soll provozierender Impuls sein. Mit der Ideenlandkarte weise ich einen Themenfächer aus, dessen Realisation zur Anbahnung einer medialen Kommunikations- und Gestaltungsfähigkeit beisteuern könnte. Die Ideenlandkarte ist im Rahmen der Lehrplanrevision in Schleswig-Holstein entstanden. Noch haben wir die zumeist fächerübergreifenden Themen nicht in Gestalt didaktischer Bausteine weiter ausgearbeitet. Es wäre interessant, wenn die Leser in den Themen eine Ermunterung zur Kritik und Konstruktion sehen. Kritik insofern, als überlegt wird, ob und wie - wenn überhaupt - solche Themen primarbereichsfähig sind; Konstruktion meint die Entwicklung von Umsetzungsbeispielen und Unterrichtseinheiten.

Es wäre schön, wenn Sie uns Ihre Kritik und didaktischen Umsetzungsideen zuleiten. Am besten wählen Sie die Verlagsadresse für die Korrespondenz - siehe Impressum. Ich kann mir vorstellen, Anregungen und Ausweitungen zu solcher Ideenlandkarte, vielleicht auch gänzlich neue didaktische Ideencollagen, später gesondert zusammenzustellen.

Die Landkartenthemen entstanden exemplarisch-intuitiv; System steckt eher in ihrem latenten methodischen Aufbau, denn sie wurden überwiegend als Projekte mit Erkundungs- und Gestaltungscharakter formuliert. Ihr Bildungswert für eine mediale Kommunikations- und Gestaltungsfähigkeit liegt in der Qualität des pädagogischen *Prozesses*. Also nicht etwas über bestimmte Medien aus einem Buch lernen, sondern im aktiv-gestalterischen Umgang mit »neuen« *und* »alten« Medien selbst etwas schaffen. Plakativ ausgedrückt: Wirklichkeiten nicht nur verstehen, sondern selbst eigene Wirklichkeiten erzeugen. *Aktives Lernen durch Konstruktion bedeutungsvoller Wirklichkeiten* ist die Grundidee. Mir scheint darin die Chance eines spannenden Experiments nicht nur für die kommende Generation von Lehrplänen und Lernhilfen zu liegen, sondern auch für die Gestaltung einer *école active*, für die Entwicklung medialer Lernhilfen und fächerübergreifender Leitthemen, die Selbsttätigkeit fordern und fördern, für das reflektierte Lernen durch Selbertun. Reformpädagogik und Neue Medien gehen in diesem Bereich gut zusammen. Sie würden zu neuen pädagogischen Wirklichkeiten gelangen. Gegenwart lernt aus der Geschichte; hierin liegt der Aufforderungswert für Schulforscher und didaktische Architekten.

Zurück zur Ideenlandkarte. Sie ist vornehmlich für den Sachunterricht konzipiert, kann jedoch ohne weiteres fachübergreifend genutzt werden. Eine weitere Landkarte nehme ich für den Bereich Textiles Werken hinzu, allerdings vornehmlich für Sek I gedacht. Bei beiden Landkarten handelt es sich nur um *Skizzen* von kleinen Wirklichkeitsausschnitten, deren Bildungsbedeutsamkeit jedoch außer Zweifel steht. Der Wirlichkeitsausschnitt »Neue Medien« ist bereits heute ein zentraler Sektor der Lebenswelt des Kindes. Es geht um die Frage, inwieweit 9- und 10-Jährige in den medialen Sektor durch aktives Lernen Einblick nehmen können und sollen. Den Zukunftsaspekt können wir dabei nicht ausklammern, denn viele neue Lehrpläne erscheinen erst in zwei oder drei Jahren; dann werden wahrscheinlich 25 bis 40 Prozent aller Haushalte über Faxgeräte und andere Kommunikationssysteme verfügen. Der Prozentanteil im Computerbereich liegt wesentlich höher.

Erkundungsprojekte für aktives Lernen

Die Mehrzahl der Themen wird sich am besten in Gestalt von Projekten realisieren lassen. Wir haben bei der Formulierung darauf geachtet, daß die Themen zumeist auch als Erkundungsprojekte ausgelegt werden können. Im Sinne aktiven Lernens sollen die Kinder immer wieder in Situationen hineinversetzt werden, wo sie selbständig recherchieren, eigene Pläne entwerfen, Ideen austauschen, sich arbeitsteilig unterstützen, etwas herstellen und Medienkritik aus ihrem Erfahrungswissen heraus vortragen. Es geht nicht darum, *über* Sachen zu reden, sondern die Kinder wirklich mit einem Faxgerät kommunizieren zu lassen, verschiedene Kommunikationsformen durchzuspie-

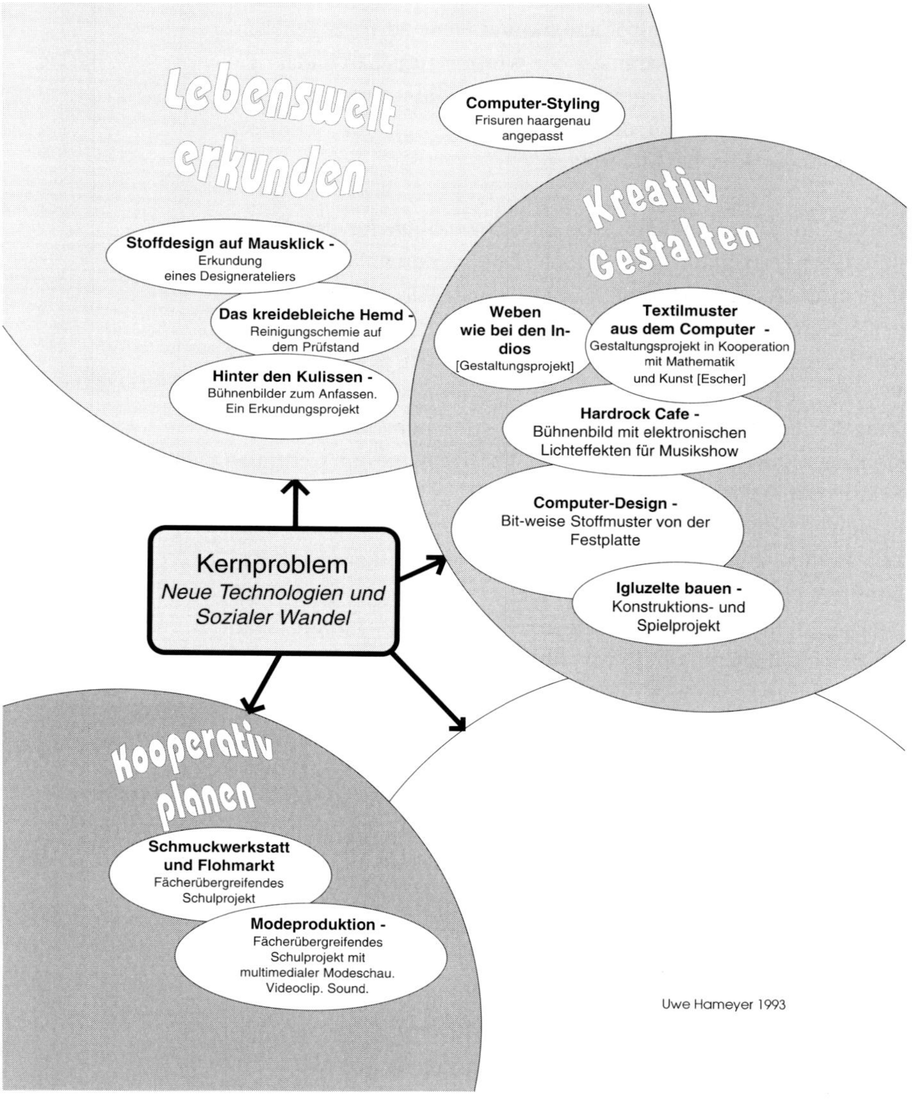

Abb. 2: Projektideen für den Einsatz Neuer Medien im Textilen Werken

len, den Zahnarzt aufzusuchen, um sich nach Laserstrahltechnologie im Interview zu erkundigen, ein kleines Videoclip-Drehbuch für die Dokumentation einer selbst gebauten ökologischen Lernstation auf dem Schulgelände zu verfassen und umzusetzen, und dergleichen.

Lernen durch konkret Tun ist eine Leitidee, die allerdings nicht dahingehend mißzuverstehen ist, daß reine Tätigkeit bereits bildenden Wert hätte. Es kommt auf die *reflektive* Auseinandersetzung mit einer Sache beziehungsweise einem Wirklichkeitsauschnitt an. Die neuen Medien bieten diesbezüglich interessante Erfahrungsfelder, für die sich Kinder leicht begeistern. Wir wissen jedoch auch, daß einige der eher utopisch anmutenden Themen auf der Ideenlandkarte nur dann praxisrelevant sind, wenn die Lehrerinnen und Lehrer mit ihnen ausreichend vertraut und auf Projektarbeit neugierig sind.

Didaktische Bausteine zur Illustration von Projektideen

Dazu brauchen wir *didaktische Bausteine*, die konkrete Hinweise enhalten, wie solche Themen erschlossen werden können, welche Voraussetzungen zu schaffen sind, welche Basisinformationen und Grundkenntnisse ich als Lehrerin oder Lehrer brauche, welche Umsetzungsmethoden empfehlenswert sind, welche Erfahrungsstücke aus der Praxis genutzt werden können und wie ich die medialen Projektthemen in eine Didaktik des Erkundens durch Selbsttätigkeit einbinde. Damit wird klar: Die Ideenlandkarte ist nicht mehr als ein allererster Schritt, vorläufig-tastend, aber auch auffordernd, etwas Neues zu wagen, gehört doch das Wagnis pädagogischer Innovation zum professionellen Lehrersein.

Projekte in der Lehrerbildung

Ideen zum praktischen Lernen in der Hochschule

Uwe Hameyer

Nicht nur angesichts rapide wachsender Studentenzahlen ist es an der Zeit, unsere Lehrangebote attraktiver zu gestalten. Wir sollten eigene Forderungen ernst nehmen, die wir anderen stellen - so etwa, wenn wir Methodenvielfalt oder Projektlernen im Unterricht anmahnen. Die Studierenden haben ein Recht auf eine methodisch spannende Lehre gerade in Zeiten »überlaufender« Statistiken. An Wissen mangelt es nicht. Hochschuldidaktische Zentren haben dazu längst ihre Vorschläge unterbreitet. Ich denke an Zentren wie die in Berlin oder Hamburg, Zürich oder Bielefeld. Anregungen für praktisches Lernen in der Hochschule und anderen Lernorten finden Sie zum Beispiel in den Schriften von *Cohn* zur themenzentrierten Interaktion (1975) sowie in methodisch interessanten Einführungsbänden von *Brocher* (1980), *Döring* (1988 und 1991), *Gardner* (1989), *Knoll* (1986), *Langmaack/Braune-Krickau* (1989), *Lehner/Ziep* (1992), *Schulz von Thun* (1981 und 1989) und *Wahl/Wölfing/Heger* (1991).

Situation der Hochschuldidaktik heute

Die eigene Praxis umzugestalten ist nicht immer leicht. Erstens haben Dozentinnen und Dozenten selbst nur begrenzt Erfahrungen in diesem Bereich gesammelt. Zweitens stehen dem *situativen Projektmodell* in der Hochschuldidaktik klassische Studienprofile und vielfach unzulängliche Raumverhältnisse entgegen. Beim genaueren Hinsehen jedoch können wir oft mehr verändern als vermutet. Wer vom Projektlernen in der Hochschule überzeugt ist, wird alsbald feststellen: Die Studierenden sind fasziniert und mit Ausdauer bei der Sache, wenn wir die klassische Referatsmethode durch praktische Lernformen und situative Methoden umgestalten.

Situatives Projektmodell in der Hochschule

Wir brauchen gerade in der Hochschule Lernsituationen, bei denen »Learning by Reflective Doing« im Sinne von *Dewey* zur Geltung kommt. Wer den Weg themenzentrierter Reflexion durch praktisch-situatives Lernen geht, wird schnell vom Einfallsreichtum auf studentischer Seite fasziniert sein. Beim Situationsansatz ist es durchaus möglich, die Wissenslogik und den bedeutungsvollen Aufbau von Theorien nachvollziehbar zu machen, denn ich schaffe ja gerade erst in konkreten Projektsituationen pädagogische Bedeutungskerne und Anlegestellen für wissenschaftliches Denken. Einmal oder mehrfach ausprobiert wird es schwer fallen, vom situativen Ansatz der Projektmethode abzurücken, auch wenn der Vorbereitungsaufwand diese Arbeitsform nicht immer ermöglicht. Wie dem auch sei, wir sollten es auch in der Hochschule immer mit Methodenvielfalt halten ....

Ich habe für diesen Beitrag einige Projektideen ausgewählt, die ich meinen Studenten in Mittel- oder Hauptseminaren anbiete. Zumeist ist die Ausgangsidee - Projektoption genannt - auf einer A-4-Seite als Impuls skizziert. Nach Kennenlernen dieser Optionen ist es an der Gruppe, aus dem Impuls etwas zu gestalten und einen Projektplan zu erstellen. Diesem Projektmodell liegt das Ziel zugrunde, Theorie und Praxis besser zu verzahnen. Vor allem sollen die Studierenden sich auf Erkundungs- und Gestaltungssituationen in pädagogischen Handlungsfeldern ihrer Wahl einlassen und selbsttätig pädagogisch-kreativ gestalten. Die Projektmethode eignet sich für diesen Zweck ausgezeichnet.

Die Seminarteilnehmerinnen und -teilnehmer werden zunächst in die Projektmethode eingeführt und auf einen Zeitabschnitt von etwa 5 bis 6 Semesterwochen vorbereitet, in dem sie ein

Projekt ihrer Wahl bearbeiten - zumeist zu dritt oder viert. Nach einer themenzentrierten Kennenlernphase planen und entscheiden sie gemeinsam. Die Arbeit wird in der Gruppe abgestimmt, Aufträge werden vereinbart und Detailfragen erörtert. Gegen Semesterende präsentiert jede Gruppe ihr Ergebnis während einer *Poster Session* in der Pädagogischen Werkstatt und auf dem angrenzenden Pausenareal der Hochschule. Solche Halbtagsausstellungen sind für Studierende und Dozenten enorm spannend. Wir setzen dabei auch auf Erlebnisqualität mit allerlei Musik, Aktion und Kulinarischem.

Die Präsentation soll inhaltlich so attraktiv sein, daß sich möglichst viele Besucher Anregungen für die spätere Praxis merken. Dieser Überzeugungsschritt ist zentral, denn auch später müssen Lehrer und Lehrerinnen andere gewinnen, wenn sie neue Wege beschreiten. Innovationen brauchen das überzeugende Argument, sachliche Klarheit, leichte Nachvollziehbarkeit in ihren Kernpunkten und anspornende Anschaulichkeit (s. *Hameyer* 1993; *Hameyer/Akker/Anderson/Ekholm* 1994).

Jede Gruppe bearbeitet eine *Projektoption*. Beispiele für Projektoptionen werde ich auf den folgenden Seiten vorstellen. Die Gruppen entscheiden, wie sie die Option bearbeiten wollen und welches Produkt sie ansteuern. Der Dozent berät und unterstützt auf Anfrage. Dabei wissen alle Gruppen, daß von ihnen folgende Ergebnisse erwartet werden, die weitgehend selbständig zu erreichen sind (vgl. Projektleitfaden auf nächster Seite).

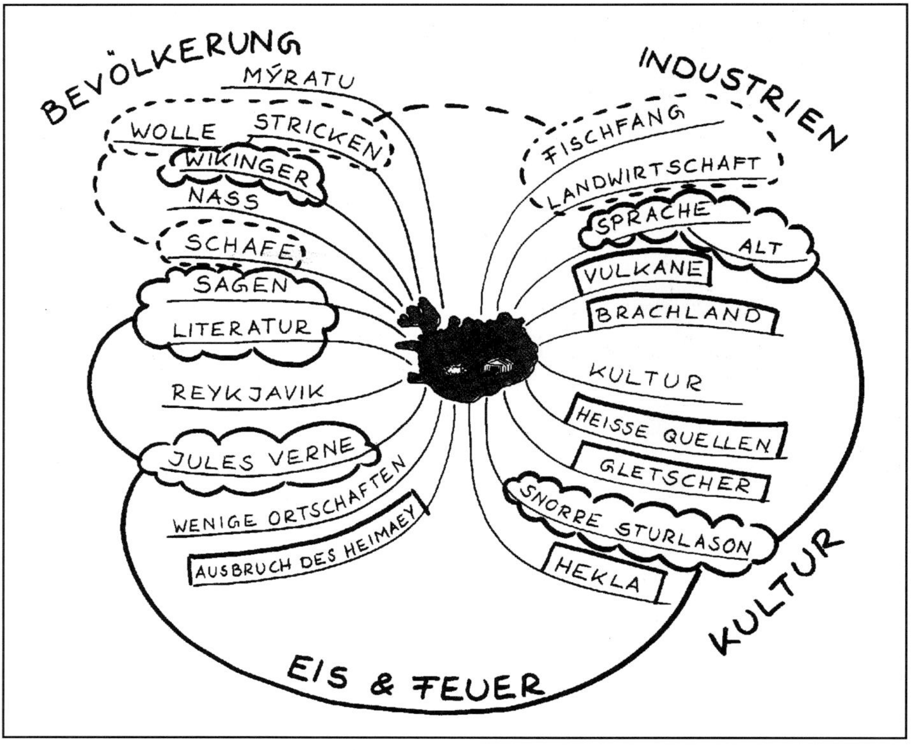

Abb. 1: Beispiel einer Ideenlandkarte (Svanfesson 1993, S.48)

Projektleitfaden

1. Projektposter

Veranschaulichen Sie Ihr Projekt auf A 1 oder A 2 Plakatkarton unabhängig davon, ob Sie noch andere Darstellungsformen und Medien verwenden. Die Hauptideen, Projektresultate, vielleicht auch besondere Seiten des Gruppenprozesses sollten erkennbar sein. Mit Hilfe des Posters können Sie Ihr Projekt auf der Projektausstellung vorstellen. Natürlich bieten sich dann auch andere Methoden an, so etwa, wenn Sie ein Literaturcafe »eröffnen« wollen oder Lernspiele erfinden. Beachten Sie bei allem, das Ergebnis überzeugend vorzustellen und möglichst viele von uns zum Nachmachen anzuspornen.

2. Projektergebnis

Im Mittelpunkt steht das von Ihnen erstellte Produkt oder Medium, zum Beispiel alternative Grundrisse für ein Lernstudio, ein didaktischer Baustein für die Nutzung Neuer Medien im Kunstunterricht, ein veranstaltetes Literaturcafe mit Programmübersicht für zwei Monate oder der Interviewleitfaden mit einer Tonbandaufzeichnung von Schülergesprächen auf dem Pausengelände.

3. Projektdokumentation

Als Gruppe erstellen Sie eine übersichtliche schriftliche Dokumentation - eine Beschreibung des Projekts auf einigen Seiten. Dazu gehören z.B. die Ziele mit einer Ideenskizze, der pädagogische Rahmen, eventuell eine Bauanleitung für Zeitmaschinen, die sich Kinder im Sachunterricht ausdenken könnten, Literaturhinweise aller Art, die Beschreibung eines selbst ausgedachten Lernspiels oder einer Kartei für ökologische Lernstationen. Ein Vorteil solcher Dokumentationen besteht darin, den Besuchern Ihres Projektstands weiterführende Information anbieten zu können; und wahrscheinlich werden Sie selbst Ihr Projekt ohnehin für spätere Anlässe festhalten wollen.

4. Ideenlandkarte

Ihr Ergebnis soll für die pädagogische Praxis geeignet sein. Erfinden Sie eine Ideenlandkarte, aus der hervorgeht, wie Sie Ihr Projekt in der Schule umsetzen würden: Tips, Unterrichtshinweise, Projekteinbindung, Ansiedlung in welchem Fach, Eignung für welche Klassen, Voraussetzungen undsoweiter.

Bei den Projektangeboten eignen sich die Studierenden Grundwissen über Innovationsbedingungen im Schulfeld an und verbinden dieses Wissen mit pädagogischer Umsetzungsphantasie. Jedes Projektangebot ist erläutert und teils auch mit Literaturhinweisen versehen. Sie sollen aber selbst weitersuchen und sich nicht auf die Hinweise allein stützen.

Projektseminare sind immer auf aktive Mitarbeit aller Studierenden und einen *informellen* Vertrag zuverlässiger Mitarbeit über die gesamte Projektspanne angewiesen. Wir handeln diesen Vertrag zu Seminarbeginn aus. Den Studierenden wird sodann mitgeteilt, welche Ziele mit dem Seminar beabsichtigt sind und inwieweit Sie elementare, überwiegend aktuelle Innovationsbereiche aus der Schule exemplarisch erschließen können. Ein Ziel besteht darin, sich in den Gruppenprojekten mit einem Innovationsbereich näher vertraut zu machen und Spezialliteratur für die Projektarbeit auszuwerten. Die Gruppenprozesse münden in die Entwicklung eines Produkts (zum Beispiel Plan, Ideenskizze, Interview, Leitfaden, Lernspiel). Dadurch können die Studierenden Ihre Handlungsfähigkeiten verfeinern und das Orientierungswissen über das Innovationsfeld Schule erweitern.

Aufbau professioneller Fähigkeiten zur Kommunikation

Innovationen sind keine Sache vornehmlich individueller Reflexion, sondern immer eine Angelegenheit sozialer Lernprozesse aller Beteiligten. Daher brauchen die Studierenden *professionelle Fähigkeiten der Kommunikation.* Sie müssen Interaktionsprozesse verstehen und planen können, andere für Ihre Idee mit Argumenten gewinnen, den eigenen Ansatz in aller Klarheit darstellen, nicht gleich aufgeben, wenn nicht auf Anhieb Zuspruch kommt, und sie müssen wiederholt verdeutlichen, worum es im Detail geht - eine transparente Folgeabschätzung ermöglichen. So können sie in einem Projekt grundlegende innovative Fähigkeiten lernen und verfeinern - aber nur, wenn sie aktiv mitwirken und nicht warten, bis irgend jemand ein Referat hält. Von Konsumhaltungen müssen sie Abschied nehmen. Das fällt übrigens nicht immer leicht.

Präsentation von Projektergebnissen zentral

Die *Präsentation des Projekts* kann auf der Posterausstellung oder im Plenum sehr unterschiedlich aussehen. Manche drucken *Handouts*, andere verfassen ein kleines *Projektbuch* oder eine Dokumentation, wiederum andere konstruieren ein *umstruktuiertes Klassenzimmer oder Pausengelände*. Es entstehen *Pläne* und *Ideenlandkarten, Empfehlungen für die Praxis* und *didaktische Bausteine*, *Lernspiele* und *Materialdokumentationen*. Bei der Präsentation wissen die Studierenden: Sie müssen für Ihre Sache eintreten und andere überzeugen - durch Argument oder Visualisation, durch konkretes Beispiel oder gekonnten Kurzvortrag, durch den Aufbau einer Schulfunkstation oder eine szenische Episode, durch Fallstudien oder selbst gedrehte Videoclips, durch kreative Computerinstallationen oder aufgezeichnete Interviews mit Grundschulkindern.

Nachfolgend sind Projektoptionen aufgelistet, die ich an der Pädagogischen Hochschule Kiel in Verbindung mit der dortigen Pädagogischen Werkstatt (*Hameyer/Pallasch/Reimers* 1993) teils mehrfach ausprobieren konnte. Es wäre sehr hilfreich und interessant, wenn Sie sich angeregt fühlten, einiges davon selbst einmal einzusetzen und uns ihre Ideen zuzusenden. Das wäre eine konkrete Möglichkeit ortsübergreifenden Austausches in Sachen Projektmethode und Hochschuldidaktik.

Projektoption 1

Lernstudio in der Haupt- oder Realschule. Konzeption und Umsetzungsidee

Sie können sich vielleicht vorstellen, daß es für Schülerinnen und Schüler interessant ist, sich so etwas wie ein eigenes Lernstudio einzurichten. Was aber wäre das eigentlich aus Ihrer Sicht? Was würden sich die Kinder oder Jugendlichen darunter vorstellen? Auf welche Ideen würden sie kommen? In der Literatur finden Sie Beispiele [siehe Info-Materialien - die Studierenden erhalten schriftliche Materialien vorab ausgehändigt. Ahmen Sie jedoch noch so interessante Beispiele nicht einfach nach. Viel aufregender sind eigene Ideen. Vielleicht nehmen Sie Kontakt zu einer Schule auf, an der eine Lernwerkstatt oder ein Lernstudio besteht, oder Sie erkundigen sich nach Lernstudios an beruflichen Schulen [Kontakt: Manfred Marwede, Bildungsministerium Kiel].

Interview mit Landtags-abgeordneten

Vielleicht wollen Sie eine Landtagsabgeordnete interviewen, die für die Berufsbildung und damit auch für Lernstudios zuständig ist. Sie meinen, Abgeordnete hätten keine Zeit? Machen Sie einen Versuch. Oft ist über unsere Tagesbesorgnisse hinaus viel mehr möglich, als Sie denken. Vielleicht können Sie sich ein Lernstudio ansehen - in Rendsburg oder Flensburg beispielsweise.

Ihre Konzeption sollte nicht nur einen Einrichtungsplan enthalten, sondern auch eine Literaturbox mit Hinweisen auf nützliche Adressen, eine pädagogische Begründung Ihres Modellvorschlags; und warum nicht auch ein »Aktivitäten-Szenario« für praktisches Lernen in Ihrem Lernstudio entwerfen? - Einer von Ihnen könnte einen Einrichtungsplan für das Lernstudio zeichnen und einen Vorschlag unterbreiten, wie das Studio in Zusammenarbeit mit anderen Kolleginnen und Kollegen später auf- oder ausgebaut werden würde, gegebenenfalls mit Eltern und Fachleuten. Vielleicht entsteht eine Initiative aufgrund Ihres Kontaktes mit einer Schule, an der Sie über das Semester hinaus mitwirken?

Projektoption 2

Integration von Behinderten. Pädagogische Gründe - praktische Realisierungsansätze - Erkundung vor Ort mit Interview und Dokumentation

In Schleswig-Holstein werden behinderte und von Behinderung bedrohte Kinder und Jugendliche mit anderen vielfach gemeinsam unterrichtet. »Gemeinsames Lernen« und »Integration« sind die Stichworte. Machen Sie sich kundig, worum es dabei geht [s. *Bleidick* 1988; *Sander* 1992; *Valtin/Sander/Reinartz* 1991; *Haeberlin u.a.* 1990; *Mohr* 1993; *Füssel/Kretschmann* 1993], wie die Integration organisatorisch gelöst wird [—> unterschiedliche Modelle], und wo in Schleswig-Holstein Versuche gestartet wurden. Sprechen Sie mit Auskunftspersonen [Studierende, Dozenten aus dem Heilpädagogischen Institut, zum Beispiel Studiendirektor Helmut Friis, dann auch Seminarleiterinnen und Schulleiter, Frau Pluhar im Ministerium oder Frau Hausotter aus der Beratungsstelle für Integrationsfragen - BIS in Kiel].

Erkundungen vor Ort sind zentral

Eine Erkundung vor Ort ist erwägenswert. Beachten Sie bei der Erkundung, sich vor dem Besuchstermin gut zu informieren. Nur begründete, genau überlegte Fragen helfen weiter. Was Sie leicht anlesen können, braucht Sie während des Interviews und der Erkundung nicht zu belasten. Finden Sie selbst heraus, welche Schulen für einen Besuch in Frage kommen. Erst wenn Sie wirklich nicht weiter wissen, werde ich Ihnen Schulen nennen.

Überlegen Sie sich vor dem Schulbesuch, wie die Projektdokumentation aussehen könnte, was Sie eigentlich herausfinden wollen, mit welchen Erkenntnisinteressen sie in das Schulfeld gehen und wer wofür Verantwortung übernimmt.

So wird es leichter sein, die kurze Zeit in der Schule effektiv zu nutzen. Bei Ihren Recherchen können Sie sich übrigens Examensarbeiten zur Integrationsproblematik ansehen, die in den letzten Semestern entstanden sind.

Projektoption 3

Auf dem Weg zur ökologischen Schule - Entwicklung einer Ideenlandkarte für Projekte im geöffneten Unterricht

Dieses Projekt hat eine besondere Note. Sie können die Grundschule in Matzlow, Nähe Rostock, auf der Grundlage eines dortigen Besuchs beraten. Solche Formen praktischen Lernens zählen zum Interessantesten, was ich Ihnen in der Lehrerbildung anbieten kann.

Das Projektumfeld. Die Grundschule Matzlow befindet sich im Aufbruch. Kindern, die zu einem erheblichen Teil aus problematischen Familiensituationen stammen, will man dort besonders attraktive Lernangebote unterbreiten, um der wachsenden Gewalt und dem enormen Video-Konsum entgegenzutreten. Die Schule selbst, geleitet von Frau Burchard, möchte sich in kleinen Projekten auf den Weg zu einer ökologisch ausgerichteten Schule machen. Das Kollegium hat sich andere Schulen angesehen, die ähnlich arbeiten, darunter die Grundschule Hamberge bei Lübeck und die Gorch-Fock-Schule in Kiel.

Matzlow verfügt über ein großes Schulgelände und einen Schulgarten. Im Dorf besteht ein Ortsmuseum, das auch für pädagogische Situationen genutzt werden könnte. Innere Differenzierung ist eine Methode, die zunehmend in dieser Schule und auch in den benachbarten Real- und Hauptschulen Anklang findet.

Beratung einer »Schule im Umbruch« konkretes Ziel

Projektziel. Kooperative Entwicklung von Ideenlandkarten und Unterrichtsprojekten. Sie entwerfen Ideen zu Unterrichtsprojekten für ökologische Aktivitäten der Kinder. Dazu können Sie Literatur sichten, andere Hilfen oder Dokumentationen nutzen und Fachleute für ökologisches Lernen konsultieren [Tips bekommen Sie - übrigens unbedingt den Arbeitskreis Umwelterziehung an der PH einbeziehen!]. Sprechen Sie mich an, bevor es losgeht, um für das »Handgepäck« gegebenenfalls noch das eine oder andere »Werkzeug« mitzubekommen.

Fahrt nach Matzlow. Auf jeden Fall sollte in diesem Projekt eine Fahrt nach Matzlow eingeplant sein. Machen Sie von dieser interessanten Möglichkeit Gebrauch. Die Adresse: Grundschule Matzlow, Schulleiterin: Frau Burchard - Parchimer Str. 9 - 19372 Matzlow. Für die Fahrt nach Matzlow brauchen Sie gut 3 Stunden. Ich kann mir vorstellen, daß Sie dort kostengünstig untergebracht werden. - Ich möchte dieser Projektoption nichts vorwegnehmen. Es soll Ihre Sache sein, was Sie aus dem Projekt machen. Drei Studierende sollten beteiligt sein. - Das Kollegium in Matzlow wird von Frau Bauhoff, Seminar für evangelische Theologie und ihre Didaktik der PH Kiel, intensiv beraten. Diese Projektinitiative geht auf Frau Bauhoff zurück. Sie ist gern bereit zu helfen und ist in dieser Sache sehr engagiert.

Projektoption 4

Einrichtung eines Gewächshauses. Konstruktion - fachübergreifende Umsetzung - Nutzungsmöglichkeiten

Ein Gewächshaus auf dem Schulgelände könnte viele pädagogische Funktionen erfüllen - praktisches Lernen in Verbindung mit Biologieunterricht oder im Fächerverbund fördern, Gemüse für das tägliche Schulfrühstück liefern, im Mathematikunterricht die Jahreskalkulation von Anbau- und Bewirtschaftungskosten erstellen, das »Lernen mit Kopf, Herz und Hand« an einem konkreten Fall über längere Zeit unterstützen. Sie können selbst weitere Schwerpunkte ausdenken, ganz gleich, ob mit oder ohne gesundheitserzieherischem Anspruch.

Kontaktaufnahme mit aktuellem Modellversuch

Sofern Sie an dem Aspekt der Gesundheitserziehung interessiert sind, sollten Sie ein Gespräch mit Prof. Dr. Ines Heindl, Pädagogische Hochschule Flensburg, einplanen. Vorher empfiehlt es sich, einige Arbeiten zur Gesundheitserziehung zu studieren. Maßgebliche Beiträge und Veröffentlichungen zur Gesundheitserziehung stammen aus einem schleswig-holsteinischen Modellversuch, den Frau Prof. Dr. Heindl in Zusammenarbeit mit Prof. Dr. Homfeldt, Universität Trier, betreut. Fast 30 Schulen sind beteiligt. Das ist ein gute Ausgangssituation für Ihr Projekt, zumal einige Schulen in der Nähe Kiels gelegen sind.

Vielleicht haben Sie Interesse, eine Schule aufzusuchen, die mit dem Bau eines Gewächshauses Erfahrungen gesammelt hat, zum Beispiel die Realschule mit Hauptschulzweig in Wesselburen oder näher gelegene Standorte. In Wesselburen wird die Betreuung des Schulfrühstücks mit den Gewächshausaktivitäten schon seit Jahren verzahnt. Die ganze Schule ist beteiligt. Was halten Sie von einer Fahrt zu dieser Schule oder von einem Interview mit dem Projektleiter? Die Initiative liegt bei Ihnen.

Hospitation an einer Schule mit selbstgebautem Gewächshaus

Projektoption 5

Literatur-Cafe. Pädagogische Einordnung - Realisierungsformen gemeinwesenorientierte Angebote Implementationsplan für eine Mehrjahresspanne

Schule ist nicht nur Unterricht, sondern ein vielschichtiges Erfahrungsfeld für die gesamte Zeitspanne, die ein Kind in der Schule verbringt. Bereits die Reformpädagogik hat besonderen Wert auf das Schulleben gelegt. Was ist eigentlich mit Schulleben gemeint? Schauen Sie nach, was die Literatur dazu sagt [s. *Auernheimer* 1984; *Prior* 1985; auch unter dem Stichwort »community school«; *Herz* hat dazu veröffentlicht; in pädagogischen Journalen ist dieses Thema neuerdings wieder aufgenommen].

Gesprächsform und Literatur zum Anfassen

Ein Literatur-Cafe - vielleicht erfinden Sie einen geeigneteren Namen - kann einen wesentlichen Beitrag zu einem lebendigen Schulleben erbringen. Es vereint mehrere pädagogische Ziele, darunter den Ausbau gemeinwesenorientierter Lernangebote und die Kooperation mit Künstlern der Region. »Literatur zum Anfassen« wird geboten, die Kinder können sich in angenehmer Atmosphäre neue Erfahrungen aneignen, sie werden zur Literaturproduktion angeregt, Gesprächsforen finden statt und dergleichen. Lassen Sie sich ein Programm einfallen, was alles in Verbindung mit einem Literatur-Cafe in der Schule getan werden kann.

Vergessen Sie nicht, in Ihrem Programm auszuweisen, in welchen Schritten und mit welcher Unterstützung das Cafe aufgebaut wird, wer es betreut, wie und wo es eingerichtet wird, was ausgeschenkt wird, welche fächerübergreifenden Möglichkeiten der Zusammenarbeit und des Erfahrungsaustauschs geschaffen werden.

Projektoption 6

Schulinterne Radiostation. Idee - Realisation - Umsetzungsschritte

In einer Haupt- oder Realschule könnten Sie Zuspruch finden, wenn es um den Aufbau einer eigenen kleinen »Sendestation« geht. Natürlich sind damit erhebliche Vorbereitungen verbunden, auch fachliche Klärungen im Kollegium und mit Gesprächspartnern aus dem Schulumfeld. Auf die überzeugende Initiative kommt es an und auf eine realistische Zeitspanne bis zur ersten schulinternen Sendung.

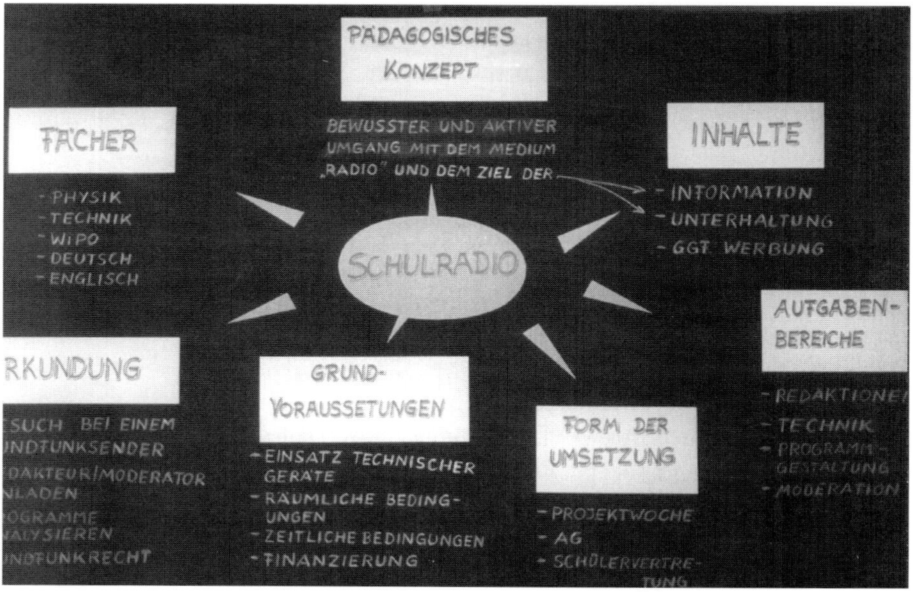

Rundfunkstation einrichten

Vielleicht verfügt die Schule, wo Sie die Station »im Geiste« einrichten wollen, noch über ein Schulfunknetz. Das können Sie nach Rücksprache mit der Schulleitung einbeziehen. Es geht aber nicht nur um die technische Realisation. Die pädagogischen Leitideen und Aktivitäten sind entscheidend und auch der Weg, wie Sie das Ziel erreichen. Auf jeden Fall bietet eine Rundfunkstation phantastische Lernanlässe für fächerübergreifende Zusammenarbeit. Lassen Sie sich konkrete Themen und Tätigkeiten einfallen, die durch den »Magnet Rundfunkstation« zu einem neuen Profil der betreffenden Schule beitragen können.

Die konkrete Vision können Sie auf dem Poster mit ganz unterschiedlichem Akzent darstellen - als Mind-Mapping, Tätigkeitsprofil, im beschrifteten Schaubild, vielleicht auch als Stufenmodell, aus dem hervorgeht, in welchen Etappen die Station entsteht. Auf Ihre kreativen Ideen - und Schulfunkproduktionen? - bin ich gespannt.

Projektoption 7

Projektarbeit in der 9. Klasse - Entwicklung einer Konzeption in Zusammenarbeit mit einer Hauptschule

In Preetz können Sie mit Herrn Senft ein Hauptschulprojekt mitbetreuen. Sie lernen dabei, wie man Schülerinnen und Schüler über Projektunterricht für bestimmte Sachthemen begeistern kann: Herr Senft verfügt über langjährige Erfahrungen in diesem Bereich, ist als Mitarbeiter der Lernwerkstatt an der Gorch-Fock-Schule in Kiel bestens gerüstet, hat mit seiner Klasse bereits einen 2. Preis eines landesweiten Wettbewerbs zum Praktischen Lernen in der Schule gewonnen und - was entscheidend ist - sich bereiterklärt, uns zu helfen.

Ziel. In Absprache und Zusammennarbeit mit Herrn Senft beraten Sie die anstehende Projektarbeit in seiner 9. Klasse.

Die Thematik kann in der Geographie, Biologie, in Wissenschaft/Politik und auch Deutsch einen Schwerpunkt finden. Möglicherweise geht es um die Initiierung eines Projekts zur Planung einer Nahverkehrskonzeption, in der Taxis den Kurzstreckentransport zu überregionalen Bushaltestellen übernehmen würden. Das könnte spannend sein und eröffnet die Möglichkeit, daß Schülerinnen und Schüler Busfahrer interviewen, eigene Ideen entwickeln, Preiskalkulationen anstellen und dergleichen.

Kontext. Die Projektarbeit findet in der 9. Klasse einer Hauptschule mit 12 Schülerinnen und Schülern in Preetz statt. Sie können in diesem Projekt wichtige Erfahrungen vor Ort sammeln, die Sie in spannender Form für die Projektausstellung im Seminar aufbereiten. Adresse: Friedrich-Ebert-Schule Preetz, Ulrich Senft, Lohmühlenweg 34, 24211 Preetz, Tel. 04342/1098.

Projektoption 8

Computer in der Grundschule. Pädagogische Leitideen - Ansatzpunkte - Beispiele für Programmanwendungen

Computer haben sich in fast allen Schulbereichen durchgesetzt. Lediglich die Grundschule zögert noch. Erforschen Sie in diesem Projekt nicht nur Pro und Kontra, sondern beziehen Sie praktische Erfahrungen aus dem Primarbereich ein. So können Sie selber herausfinden, welche Grundschulen in Schleswig-Holstein mit Computern arbeiten. Wenden Sie Ihre Recherchierkunst an, um an die Adressen zu kommen. Kommen Sie nicht weiter, helfe ich Ihnen.

Eine ergänzende Tätigkeit in diesem Projekt ist das Kennenlernen von Software, die für Grundschulen geeignet ist. Sie können Auskunftspersonen ansprechen, zum Beispiel Schulleiter Dieter Kraft von der Grundschule Friedrichsort. Herr Kraft ist bietet bei uns im Sommersemester ein Informationstechnisches

Praktikum an. Er ist Experte auf diesem Gebiet. Sicher werden Sie auch Studentinnen oder Studenten ansprechen, die von Computern etwas verstehen.

Im Projekt könnten Sie eine Empfehlung verfassen, aus der hervorgeht, welche Leitideen und Computerprogramme in der Grundschule eingesetzt werden können, in welchen Situationen das geschehen kann und welchen Rat Sie Anfängern unter den Lehrkräften erteilen. - Als Informationsquellen können Sie folgende Werke verwenden:

Altermann-Köster/Holtappels/Kanders/Pfeiffer/de Witt (1990); *BLK* (1984); *Brügelmann* 1985; *Kraft* (1988), *Mitzlaff/Wiederhold* (1988); *Hackethal* (1987); *Hameyer* (1987a und 1987b); *Hameyer/Walter* (1988);. *Hameyer/Borchmann-Welle/Waldner* (1990); *Papert* (1985).

Weitere Hinweise sind in einer Literaturliste zusammengestellt, die Sie bei mir erhalten.

Projektoption 9
Schulklima messen

Im Alltagsjargon sprechen wir von guter »Atmosphäre«, von gutem Betriebsklima, wenn sich jemand an seiner Arbeitsstätte wohl fühlt. Inzwischen sind Methoden und Instrumente bekannt, mit denen wir das Schul- und Klassenklima messen können. In der Schule sollten wir schließlich besonderen Wert darauf legen, daß sich Kinder und Kollegium wohl fühlen, weil das Wohlbefinden zum Erfolg pädagogischer Arbeit beiträgt.

In diesem Projekt können Sie sich Ergebnisse aus der Schulklimaforschung ansehen und selbst ein kleines Instrument oder einen Klimaleitfaden erstellen [s. *Aurin* 1990; *Austin/Holowenzak* 1990; *Bessoth/Schmidt* 1986; *Schmuck* 1977; eventuell Herrn Bolte aus dem IPN als sich verständlich ausdrückenden Experten für die Analyse von Klassenklima interviewen oder ihn um Beratung oder auch seine Instrumente bitten. Adresse kann ich Ihnen nennen]. Am besten, Sie studieren vorhandene Modelle und Systeme gründlich, bevor es an die eigene Arbeit geht. Wenn Sie einen Leitfaden oder eine Einschätzungsskala entwickeln, sollten Sie bedenken, wie damit eine Schule umgehen könnte. Eine andere Möglichkeit: Sie wenden den Leitfaden auf unser Seminar an, um herauszufinden, wie nach der ersten Halbzeit die Studierenden das Angebot aufnehmen, und ob die Projektarbeit Freude macht oder belastet.

Projektoption 10

Lerndiagnostik in der Grundschule. Formen und Instrumente kontinuierlicher Lerndiagnose - Beispiele und Umsetzungsmöglichkeiten

Die Frage der Diagnose von Lernergebnissen und Lernfortschritten ist im Flusse. Nicht nur neue Methoden und Instrumente haben die Diskussion angeregt, sondern auch die Einsicht, daß wir unsere Lehr- und Lernhilfen wesentlich besser auf das einzelne Kind ausrichten können, wenn wir rechtzeitig wissen, wo seine Lern- oder Verständnisschwierigkeiten liegen.

Natürlich berühren Art und Qualität der Lerndiagnose die Frage nach Berichtszeugnissen. Sie sollten sich jedoch nicht nur mit Berichtszeugnissen beschäftigen, es sei denn, Ihre Arbeitsteilung gewährt diese Möglichkeit. Im Mittelpunkt dieses Projekts stehen Beispiele und Umsetzungsmöglichkeiten für einfache Formen der Lerndiagnose. Eine Orientierungshilfe bietet zum Beispiel der Band von *Kleber* [s. Literaturverzeichnis für das Seminar; weiterhin *Ingenkamp* 1987; *Ingenkamp/Jäger* 1990; *Reimers* 1989; *Hartig* 1992 - Schriftliche Hausarbeit, PH Kiel]. Sie können zur Illustration zwei oder drei Unterrichtsbeispiele ausdenken, an denen Sie dem Plenum erläutern, welche Formen der Lerndiagnose relativ einfach anzuwenden sind.

Projektoption 11

Ökologische Meßstation auf dem Schulgelände. Pädagogische Grundlage - Konstruktionspläne Kooperative Nutzung in mehreren Fächern Veröffentlichung von Meßergebnissen

Kaum etwas ist interessanter für den Schulunterricht als ein konkreter Anlaß für praktisches Lernen. Eine ökologische Lernstation gehört dazu. Denken Sie sich einen Plan aus, wie eine ökologische Meßstation aussieht, wie man sie in den Unterricht einbindet, was alles gemessen werden kann, wer die Station betreut und pflegt, wer beim Bau berät oder mitwirkt und dergleichen. Es bietet sich an, ergänzend dazu eine kleine Unterrichtsreihe auszudenken, wie die Meßstation genutzt wird. Was machen die Kinder konkret in der Station? Wie wird das Lernen mit Fachunterricht gekoppelt? Was geschieht mit den Meßergebnissen? Wird die Station von einer oder mehreren Schulen genutzt?

In der Literatur gibt es dazu Beispiele und Anregungen. Sehen Sie einschlägige Zeitschriften durch, darunter auch die »Schule 5-10«. In den zurückliegenden Jahrgängen hat dort Prof. Dr. Schreier einen interessanten Aufsatz über Meßstationen veröffentlicht. Achtung: In diesem Projekt kommt es vorrangig auf eigene Ideen an; Literaturstudium kann und soll anregen, mehr nicht.

Projektoption 12

Aggressionsabbau in der Schule. Pädagogische Gestaltungsmöglichkeiten und ein konkretes Beispiel aus dem Bereich schulischer Freizeitangebote

Wie sieht eine Schule aus, der es gelingt, Aggressionspotentiale von Kindern und Jugendlichen abzubauen oder einzudämmen? Sie sollten diese Frage nicht auf abstrakter Ebene angehen, sondern einen Schwerpunkt in der Gestaltung von Freizeit- und Pausenangeboten setzen. Gemeint ist der Aktionsbereich »Schulleben« und nicht Unterricht.

Setzen Sie sich zunächst mit der Frage auseinander, was mit Aggression gemeint ist. Die Zeitschriften sind im Moment voll davon. In Schleswig-Holstein wurde vor wenigen Wochen eine Studie über Gewalt an unseren Schulen durchgeführt und veröffentlicht. Sie erhalten die Studie bei der Pressestelle des Bildungsministeriums. Dieses Dokument ist hilfreich. Sie finden darin weiterführende Literaturhinweise.

Auf informierter Basis können Sie Ihr Verständnis von Aggression pädagogisch fokussieren. Ohne klare Definitionen wird es kaum gelingen, pädagogische Ideen und Massnahmen auszudenken. Beachten Sie bei allem, daß allgemeine Sätze wie »die Kinder sollen auf dem Schulgelände mehr spielen können« unzureichend sind. Wirkungsvoll wird Ihr Vorschlagspaket erst dann sein, wenn Sie konkret benennen, worin das Spieleangebot besteht, wer Geräte bereitstellt, welche Geräte oder Materialien benötigt werden, welche Sicherheitsmaßnahmen zu beachten sind, wer aus dem Kollegium für die Gesamtbetreuung sorgt, wie das Spieleangebot mit dem Unterricht gekoppelt wird, was Sie sich von einem attraktiven Spieleangebot für Aggressionsabbau versprechen und wie sie Ihre Hypothesen begründen.

Wie auch bei anderen Projekten können Sie sich in Ihrem Fall eine direkte Erfahrungsbasis schaffen, zum Beispiel durch ein gut vorbereitetes Interview mit einer Schulleiterin oder einer Mentorin. Vielleicht kommt auch ein Rundgespräch mit Schülerinnen und Schülern in Betracht. Allerdings müssen Sie injedem Fall genauestens vorbereitet sein mit Ihren Fragen und Themen, die dann zur Diskussion stehen. Möglicherweise brauchen auch andere Projekte eine Kurzschulung im Interviewen. Ist das der Fall, wenden Sie sich an mich. Wir können einen kleinen Kurs für Interessenten anbieten.

Die Aggressionsproblematik verleitet leicht zum Abgleiten in Details. Erstellen Sie rechtzeitig einen Projektplan, wann wer welche Aufgabe übernimmt und wie die Teilresultate zu einem Mosaik zusammengefügt werden.

Projektoption 13

Lernort Bauernhof - Projekt für die Grundschule mit Exkursion

Zu diesem Thema entstand eine Examensarbeit von Dörte Kahl. Frau Kahl wohnt selbst auf einem Bauernhof, der bereits einige Exkursionen und Projekte »mitgemacht« hat. Vielleicht nehmen Sie zu Frau Kahl oder auch dem Bauernhof Kontakt auf. Frau Kahl würde sich über Ihren Besuch freuen: Dörte Kahl, Horststr. 32, 25524 Oelixdorf, Tel. 04821/91151.

Einer Projektidee in Verbindung mit der Erkundung von Bauernhöfen und den Tagesabläufen sind keine Grenzen gesetzt. Sie sollten beachten, Ihre Entscheidung nicht zu weit zu fassen. Etwas gründlicher zu erkunden ist aufschlußreicher als in vielfältigen Eindrücken zu ersticken. Vielleicht wollen Sie sich selbst mit Ihrem Projekt für einige Tage auf diesem Bauernhof einquartieren? Aus Erfahrung lernen bedeutet, das wesentlich besser ermessen zu können, was später einmal mit Kindern oder Jugendlichen möglich ist. - Übrigens gibt es ein Manual aller Bauernhöfe in Schleswig-Holstein, die sich für Exkursionen anbieten. In diesem verdienstvollen Werk ist alles beschrieben, was diese Bauernhöfe ermöglichen - von der Unterkunft bis zur Anzahl der Personen, die übernachten können, ist alles übersichtlich dokumentiert:

Projektoption 14

Feste Grundschulzeiten. Voraussetzungen und Umsetzungsideen für eine schleswig-holsteinische Kleinstadtschule einer ländlichen Region

In vielen Bundesländern haben Ministerien und Gemeinden Feste Grundschulzeiten eingeführt. Was das genau ist können Sie in neueren Aufsätzen von Grundschuljournalen nachlesen. Dieses Thema ist auch Gegenstand eines Sammelbands des Arbeitskreises Grundschule. Grundidee: Die Kinder von etwa 8 bis 13 Uhr in der Schule betreuen, auch wenn der Unterricht erst um 9 beginnt und bereits um 11.35 endet. Da viele Eltern vormittags beruflich gefordert sind, können sie ihrer Tätigkeit zumindest von 8 bis 13 Uhr nachgehen. Vor allem alleinerziehende Eltern - überwiegend Frauen - finden im Modell Fester Grundschulzeiten Entlastung.

Befassen Sie sich mit den pädagogischen und gesellschaftlichen Begründungen für Feste Grundschulzeiten. Beziehen Sie praktische Durchführungsbeispiele ein und sehen Sie sich auch mal eine betreffende Schule an. Allerdings reicht es nicht, solchen Schulen schlicht einen neugierigen Besuch abzustatten. Sie sollten präzise Fragen im Reisegepäck mitnehmen, vielleicht auch einen Interviewleitfaden und eine Kamera. Beachten Sie die Notwendigkeit des Einverständnisses, bevor Sie Fotos machen oder Interviews durchführen werden.

Die Präsentation Ihres Projektergebnisses wird Ihnen keine Probleme bereiten. Sie werden sich zwischen mehreren originellen Methoden entscheiden müssen. Beraten Sie allerdings rechtzeitig über das angezielte Produkt, die Arbeitsverteilung und den Präsentationsmodus. Schließlich wollen Sie möglichst viele auf der Poster Session für Ihr Modell überzeugen.

Projektoption 15

Schulleben. Ideen und Programmvorschläge für die Aktivierung von Schulleben.

Spiele, Feste, Feiern - das sind Aspekte von Schulleben. Gleichwohl ist nach Ihrem Verständnis Schulleben vielleicht noch etwas ganz anderes. Sehen Sie sich in der Literatur um, was unter Schulleben verstanden wird [s. *Lassahn* 1979; *Kultusminister NW* 1988; *Wittenbruch* 1991; andere], welche Ausgestaltungsmodelle für Sie besonders interessant sind und welche drei Schwerpunkte Sie bilden würden, wenn Sie an Ihrer späteren [fiktiven] Schule beauftragt würden, einen Vorschlag für die Verbesserung des Schullebens in den kommenden zwei Jahren auszuarbeiten.

Begründen Sie Ihr Vorschlagspaket. Wie gewinnen Sie das Kollegium für Ihre Ideen? Welche Widerstände sind zu erwarten, und wie werden Sie mit diesen umgehen? Schulleben spielt übrigens in der Reformpädagogik eine zentrale Rolle. Sie können sich auf das eine oder andere Argument oder Beispiel der Reformpädagogik beziehen, sofern Sie hier einen Akzent setzen.

Projektoption 16
Umweltschutz in der Grundschule

Dieses Thema ist nahezu unerschöpflich. Mittlerweile gibt es unzählige Anregungen und Bücher dazu. Sehen Sie sich in der Literatur um und machen Sie sich auf den Weg zu eigenen Ideen. Hierzu nur Stichworte:

Müllsammelaktion mit Kindern der 3. Klasse; Aufstellung eines Papiercontainers auf dem Schulgelände; Verbot einwegverpackter Getränke in der Schule; getrennte Müllsammlung durch zusätzliche Papiertonnen; Aufstellung einer Umweltordnung für Lehrerinnen und Lehrer; Öko-Expedition an die Förde; Projektwoche mit Angeboten wie:

- *Anlage eines Biogartens*
- *Gesundes Frühstück*
- *Windenergieprojekte*
- *Müllmonster-Spektakel*
- *Jahreszeit - Lebenszeit*
- *Kiel - eine radfahrunfreundliche Stadt?*

Projektoption 17
Gesundheitsförderung konkret - Lernstationen in der Schule

In Schleswig-Holstein wurde im Juli 1993 ein Modellversuch zur Gesundheitsförderung an Schulen abgeschlossen. An diesem Versuch waren 28 Schulen beteiligt unter der Leitung von Prof. Dr. Ines Heindl. Der Modellversuch ist beispielhaft für das, was Gesundheitsförderung konkret in Schulen ausmachen kann, wie man entsprechende Ziele umsetzt und welche Hindernisse dabei zu überwinden sind. Sie können sich an Frau Heindl mit der Bitte um Rat oder auch mit einem Interview wenden. Hier ist ihre Adresse: Prof. Dr. Ines Heindl, Pädagogische Hochschule Flensburg, Mürwiker Str., 2390 Flensburg.

Konkret zum Projekt. An der Auguste-Viktoria-Schule in Flensburg sind verschiedene Lernoptionen eingerichtet, die für gesundheitsfördernde Maßnahmen wichtig sind. Solche Lernoptionen gibt es teilweise auch in anderen Schulen. Die Auguste-Viktoria-Schule oder andere aus Schleswig-Holstein sind mit Sicherheit bereit, mit Ihnen zusammenzuarbeiten. Sie könnten zum Beispiel eine kleine Fallstudie über folgende Projekte erstellen, die an einzelnen Schulen zur Zeit noch laufen:

- Labyrinth der Sinne
- Öko-Tip-Kasten
- Phantasiereisen
- Schulcafé
- Jugendwaldheim-Aufenthalt
- Waldgänge mit dem Forstwirt

Weitere Hinweise für Projekte im Rahmen der Gesundheitsförderung entnehmen Sie der Literatur [ich kann Ihnen bei Bedarf Tips geben; besser noch, Sie rufen Frau Heindl an]. Denken Sie an eigene Ideenlandkarten, die Sie in der Gruppe entwickeln und gleichsam als Beratungsangebot mit in die Besuchsschule nehmen. Dort können Sie mit den Lehrern und Lehrerinnen, natürlich auch mit Kindern, diskutieren, was von Ihren Ideen durchgeführt werden könnte und inwieweit die Schule Interesse an Ihren Vorschlägen hätte.

Projektideen »Literaturbox Praxis«

Recherchiert von Ulrich Schäfer

Herr Schäfer hat eine Recherche zum Thema »Projekte in der Grundschule« erstellt, die wir der folgenden Liste zugrunde legen. Wir drucken die Projektübersicht nicht nur, weil sie die Vielfalt der Themen und Möglichkeiten für Projektarbeit in der Grundschule vor Augen führt, sondern konkrete Anregungen bietet, welche Themen im Primarbereich projektorientiert bearbeitet werden könnten. Die Zitationsweise des Literatursystems von Ulrich Schäfer haben wir übernommen. - Natürlich kann die Ende 1992 durchgeführte Recherche nicht vollständig sein. Sie ist praktische Hilfe im Sinne eines Ideenpools zum »Durchstöbern« - für Studierende, Lehrerinnen und Lehrer, Fachleiter, Lehrplanfachleute, Didaktiker und Fortbildner.

Alsheimer, Gabriele: Wir bauen die Traumstadt Schlumpfhausen. Unterrichtsprojekt im 2. Schuljahr: Spielen, entdecken, gestalten. In: Grundschule, 13 (1981) 4, S. 156-159.

Apeltauer, Ernst: Plätzchen backen. Beschreibung zweier Projekte. In: Sachunterricht und Mathematik in der Primarstufe, 13 (1985) 11, S. 421-426.

Auer, Gisela von: Projekt »Wir gestalten unseren Klassenraum. Ein Erfahrungsbericht aus einem dritten Schuljahr.« In: Die Grundschule, 11 (1979) 11, S. 531-533.

Autorengruppe Grundschulprojekt Gievenbeck (Hrsg.): Angstbewältigung durch medienkundliche Projekte? In: Grundschule, 15 (1983) 8, S. 22-24 und 41-46.

Bairlein, Sigrid: Meine Nachbarn. Projekt »Heimatheft«. 2. Schuljahr Sachunterricht. In: LehrerJournal Grundschulmagazin, 3 (1988) 5, S. 11-12.

Baldus, Helga: Die Einführung einer Schulklasse in projektorientiertes Arbeiten. In: Tymister, Hans Josef (Hrsg.): Projektorientierter Deutschunterricht. Düsseldorf: Schwann 1975, S. 55-67.

Balhorn, Heiko: Was bedeutet (Sprach-)Handeln in projektorientierten Lehr-Lern-Situationen? In: Unterrichtswissenschaft, 5 (1977) 3, S. 222-236.

Barnebeck, Gudrun/Marquardt, Brunhilde: Umwelterziehung in der Grundschule. Das Beispiel Spielplatz. In: Lauterbach, Roland (Hrsg.): Sachunterricht zwischen Alltag und Wissenschaft. Frankfurt a. M.: Arbeitskreis Grundschule 1982, S. 214-229.

Bartnitzky, Horst: Schulfest - ein Schulprojekt. In: Grundschule, 14 (1982) 3, S. 120 - 121.

Bauer, Lothar: Orientierungsübung auf einem Ortsplan, verbunden mit der Lösung einer Sachaufgabe (Übertragung eines Unterkunftsverzeichnisses). Durchgeführt in einer 4. Klasse im Schullandheim Pleynstein, Bayern. In: Projektarbeit im Schullandheim. 1/. 2., überarb. Aufl. Regensburg: Walhalla und Praetoria Verl. 1980, S. 151-159.

Bäumler-Zeuner, Susanne: Klangliche und bildliche Darstellung eines Gedichtes. Beispiel eines fächerübergreifenden Unterrichtsprojektes. In: Grundschule, 23 (1991) 10, S. 48-57.

Beck, Gertrud/Schubert, Marga/Wolff, Paul: Gemeinsamer Lernerfolg: Projekte. 4. Schuljahr. Frankfurt a. M.: Hirschgraben-Verl. 1976. 55 S.

Becker, Bärbel: Der Josa mit der Zauberfiedel. Vom Märchenbuch zum Schattenspiel. In: Grundschule, 23 (1991) 3, S. 23-25.

Becking-Behler, Heike: Von einer, die auszog, das Fürchten zu verlernen. Angst als Thema in der Grundschule. In: Grundschule, 21 (1989) 7-8, S. 57-60.

Behrens, Frank: Das Projekt »Arbeit« in der Grundschule. München: List 1974. 165 S.

Bei den Interessen der Kinder ansetzen. Medien im projektorientierten Unterricht. In: Erichson, Christa (Hrsg.): Mediengebrauch in der Grundschule. Frankfurt a. M.: Arbeitskreis Grundschule 1977, S. 235-259.

Benker-Wienands, Udo: Unser Frühjahrskalender. In: Grundschule, 24 (1992) 3, S. 28-29.

Benner, Dietrich/Ramseger, Jörg: Erziehender Unterricht und Projekte. In: Grundschule, 15 (1983) 8, S. 9-12.

Benner, Dietrich/Greiling, Gertraud: Das Schulwegprojekt. In: Die Grundschule, 13 (1981) 8, S. 329-332.

Berg, Martin: Soziales Lernen und Sprachförderung in der Grundschule. Wiesbaden: Hessische Landeszentrale für Politische Bildung 1972. 69 S.

Bernhard, Georg/Schreier, Helmut: Ansätze einer projektorientierten Arbeitsweise, dargestellt am Thema »Verhalten von Mehlwürmern«. In: curriculum konkret, 4 (1976) 1, S. 58-74.

Bernhardt, Georg: Weshalb wächst B. so schnell? Projektorientierter Unterricht mit einem 4. Schuljahr. In: Schreier, Helmut (Hrsg.): Geographie im Primarbereich. Braunschweig: Westermann 1976, S. 40-42 und 45.

Bernhauser, Johannes: Die »Lebende Wand«. In: Die Grundschule , 11 (1979) 8, Beilage. Dritte Welt in der Grundschule, 1 (1979) 1, S. 15-17.

Beyrau, Ettine/Wiegmann, Dagmar: Mit Projektwochen eine Schule entwickeln. In: Grundschule, 23 (1991) 6, S. 25-27.

Biermann, Christine (Mitarb.)/Büttner, Gerd (Mitarb.)/Lenzen, Dieter (Mitarb.)/Schulz, Gerhild (Mitarb.): Ernährung, Körperwahrnehmung und soziales Lernen. In: Grundschullehrer, (1986) 5, S. 38-39.

Biermann, Christine: Der »lange Dünne« und die »kleine Dicke« - Messen und Wiegen. In: Grundschullehrer, (1986) 5, S. 4-5.

Blaum, Leonhard/Pollak, Anneliese/Stöcker, Brigitte: Heimat. In: LehrerJournal Grundschulmagazin, 4 (1989) 9, S. 8-10.

Bleul, Roswitha: Vom Regelspiel zur Spielgestaltung. Spielideen im 4. Schuljahr. In: Die Grundschule , 11 (1979) 6, S. 254-258.

Bock, Ulla/Schernikau, Heinz; Das Werkstattprojekt als Grundlage einer Betriebserkundungin einem 4. Schuljahr. In: Die Arbeitslehre, 12 (1981) 3, S. 119-130.

Böhm, Peter/Edlinger, Gerti/Mayer, Margit: Unterrichtsprojekt: Krieg und Frieden. In: Freie Lehrerstimme, 88 (1982) 2, S. 20-22 + 24: 3, S. 22-23.

Boll, Fritz/Weber, Heribert: Primarstufe und Religionsunterricht. Anfänge eines reformierten Religionsunterrichts in der Praxis. In: ru - Zeitschrift für die Praxis des Religionsunterrichts, 2 (1972) 3, S. 136-140

Bönsch, Manfred: Zum pädagogischen Sinn des Projektunterrichts in der Grundschule. In: Die Grundschulzeitschrift, 3 (1989) 29, S. 29-33.

Bötefür, Gunild: Kinder in aller Welt. (4. Schuljahr). Frankfurt a. M.: Hirschgraben 1974. 52 S.

Brem, Christiane: Zirkus als Spiel. Kinderzirkus Palamakus lädt ein. In: LehrerJournal Grundschulmagazin, 4 (1989) 2, S. 37-38.

Brokemper, Peter/Roth-Hoffmann, Inga: Bunt gegen Grau. Schüler verändern ihren Arbeitsplatz Schule. Malaktion. In: betrifft: erziehung, 15 (1982) 7-8, S. 31-39.

Bruckner, Gerd: Das Gewächshaus im Klassenzimmer. Projekt zum Sachunterricht. In: Lehrerzeitung Baden-Württemberg, 36 (1982) 13-14, Beilage. Die Unterrichtspraxis, 15 (1982) 4, S. 25-30.

Bültzingslöwen, Dorothea von/ Burk, Karlheinz: Arbeitsstätten der Eltern: Die Metzgerei, 3. Schuljahr. In: Burk (Hrsg.): Lernorte außerhalb des Klassenzimmers. 1. Frankfurt a. M.: Arbeitskreis Grundschule 1980, S. 49-63.

Bunte, Barbara: »Wir machen ein Fotobilderbuch«. Bericht über projektorientierten Unterricht in einer 3. Klasse. In: Kunst und Unterricht, (1976) 37, S. 35-38.

Cadenbach, Rolf: Deutsche und türkische Kinder erkunden ihren Stadtteil. Ein Projektbericht aus einer »Nachbarschaftsgrundschule«: Ergebnisse eines Projektberichtes. In: Sachunterricht und Mathematik in der Primarstufe, 16 (1988) 2, S. 82-92: 5, S. 231-234.

Claussen, Claus: Die Klasse stellt ein Umweltspiel her. In: Grundschule, 14 (1983) 3, S. 34-37

Dahmen, Bianca/Hubbauer, Monika: Unsere Indianer-Olympiade. Ein Projekt für die 2. Klasse. In: Grundschule, 22 (1990) 5, S. 24-25.

Dehn, Mechthild/Castrup, Karl Heinz: Vorbereitende und begleitende Übungen und Projekte. Der andere Teil des Leselehrgangs. In: Grundschule, 14 (1982): S. 421-425.

Diener, Beatrix: Umweltbilderbuch: Wir helfen Fritz, dem Frosch. Ein Projekt. 1. und 2. Schuljahr Kunsterziehung. In: LehrerJournal Grundschulmagazin, 3 (1988) 5, S. 25-26.

Diener, Beatrix: »Frederick« - ein Bilderbuch von Leo Lionni. Jugendliteratur als Ausgangspunkt projektorientierten Unterrichts. 2.-3. Schuljahr Kunsterziehung. In: LehrerJournal Grundschulmagazin, 4 (1989) 3, S. 29-31.

Diener, Beatrix: Aktiv die Umwelt gestalten. Jugendliteratur als Ausgangspunkt kreativer Gestaltung. 2.-3. Schuljahr. Kunsterziehung, Deutsch. In: LehrerJournal Grundschulmagazin, 5 (1990) 5, S. 31-32.

Diener, Beatrix: Pasteten im Schnee. Ein etwas anderes Weihnachtsspiel. 2.-4. Schuljahr fächerübergreifender Unterricht. In: LehrerJournal Grundschulmagazin, 5 (1990) 10, S. 33-34.

Diener, Beatrix: Wir machen einen Gruselfilm: »Von einem, der auszog, das Fürchten zu lernen«. Ein Unterrichtsprojekt. In: LehrerJournal Grundschulmagazin, 5 (1990) 3, S. 49-51.

Dietl-Dittmar, Sabine: Drei Jahre Regenwurmfarm. In: Die Grundschulzeitschrift, 5 (1991) 44, S. 18-19.

Dietrich, Jochen: Beim Laufen schlägt das Herz schneller. Unterrichtsmodell Primarstufe (4. Schülerjahrgang). In: Unterricht Biologie, 2 (1978) 20, S. 14-22.

Dietrich, Regina/Salmann-Waterkotte, Hanne: Ein Wintergarten in der Klasse. In: Grundschule, 24 (1992) 3, S. 23-25.

Dietrich, Wolf/Kupisch, Barbara: Wir machen einen Gespensterfilm. AV-Medien im projektorientierten Deutschunterricht der Grundschule. In: Diskussion Deutsch, 11 (1980) 51, S. 78-79.

Drab, Anita: Natürliche Schreibanlässe in Projekten. In: Unterrichtsbeispiele für Deutsch in Klasse 4. Stuttgart: Klett 1981, S. 158-167.

Dressel, Eberhard/Goth, Sigrid: Fächerübergreifender Unterricht: RU-gesellschaftswissenschaftlich orientierter Sachunterricht. Thema: Das behinderte Kind. Eine projektorientierte Unterrichtseinheit in der Grundschule (4. Schuljahr). Erfahrungsbericht. In: ru - Zeitschrift für die Praxis des Religionsunterrichts, 4 (1974) 4, S. 187-192.

Drittes Schuljahr - Projekt »Wir bauen eine Stadt«. In: Richtlinien und Lehrpläne für die Grundschule. Schulversuch in Nordrhein-Westfalen. Wuppertal: Henn 1969, S.320-326.

Drögemüller, H.:Projektorientierter Deutschunterricht. Beispiele für ein viertes Schuljahr. In: Hoppe, Otfried (Hrsg.): Aspekte des Deutschunterrichts in der Grundschule. Kronberg: Scriptor 1977, S. 53-63.

Duncker, Ludwig/Götz, Bernd: Was heißt: »an Schülerinteressen anknüpfen«? Zur Problematik des Einstiegs in Projekte. In: Grundschule, 18 (1986) 11, S. 46-50. Preisler-Wüstemann, Annegret: ... /laßt uns Freunde sein! Projektwochen mit Ausländerkindern in einer Kasseler Ganztagsschule. In: Grundschule, 19 (1987) 1, S. 24-26.

Eckermann, Adolf: Wir begründen eine Championzucht. Analyse eines Unterrichtsvorhabens aus dem Lebensraum der Landwirtschaft. In: Bayerische Schule, 22 (1969) 16, S. 374-377.

Eckert, Rudolf: Wir korrespondieren mit einer europäischen Partnerklasse. Ein Unterrichtsprojekt für einen 3. und 4. Jahrgang. In: Sachunterricht und Mathematik in der Primarstufe, 20 (1992) 2, S. 86-89.

Edschmid, Ulrike: Notizen über ein Projekt. In: Erichson, Christa (Hrsg.): Mediengebrauch in der Grundschule. Frankfurt a. M.: Arbeitskreis Grundschule 1977, S. 315-319.

Eimer, Josef: Wir helfen dem Wald durch Nistkästen. In: Grundschullehrer, (1986) 5, S. 14-15.

Eissfeld, Doris/Schwartz, Erwin: »Suchst Du auch einen Freund?« Bildtexte für ein Buchprojekt. In: Grundschule, 10 (1978) 04, S. 146-151.

Ellen, Ingrid: Lernen mit allen Sinnen. Erfahrungsbericht über eine Projektarbeit im 3. Schuljahr. In: Grundschule, 24 (1992) 4, S. 69.

Erhard, Norbert/Köpfelsberger, Rosmarie: Kinder kommt im Rudel zum Zirkus Pumpernudl. In: Handbuch zum Schulalltag. Reinbek: Rowohlt 1982, S. 415-428.

Erziehender Unterricht und Projekte. (Themenheft). In: Grundschule, 15 (1983) 8, S. 9-24 und 41-55.

Everts, Gisela: Erfahrungen mit Projektunterricht. In: Alten, Gisela von (Mitarb.) (u. a.): Laborschule Bielefeld. Reinbek: Rowohlt Taschenbuch Verl. 1977, S. 300-320.

Fährmann, Willi: Lesen macht Laune. In: Die Grundschule, 11 (1979) 10, S. 473-476.

Filsner, Franz H.: Der Schulnaturgarten. Bericht über das Projekt an der Grundschule Weismain. In: Grundschulmagazin, 11 (1984) 9, S. 3-6.

Fischer, Doris: In diesem Dorf ist vieles anders. Ein Praxisbericht zur »Lebenden Wand«. In: Die Grundschule, 11 (1979) 8, Beilage Dritte Welt in der Grundschule, 1 (1979) 1, S. 18-20

Fischerkeller, R.: Projektwoche in Benglen. Jubiläum 150 Jahre Volksschule. In: Schweizerische Lehrerzeitung, 127 (1982) 47, S. 1952.

Flohr-Stein, Christa/Wellen, Rainer: Grundschulprojekt Bergisch-Gladbach. »Kooperatives Lehrertraining und projektorientierter Unterricht«. In: Hoffmann, Ekkehart-Ulrich (Hrsg.): Schulversuche in der Grundschule. Frankfurt a. M.: Arbeitskreis Grundschule 1979, S. 59-75.

Forstbauer, Gisela: Projekt »Grand Canyon Suite. Ein Musikstück wird Programm«. 4. Schuljahr Musik. In: Grundschulmagazin, 7 (1992) 1, S. 33-36.

Freie Schule Frankfurt. Report über einen Schulversuch in Frankfurt und die Anstrengungen der Bürokratie, ihm das Wasser abzugraben. In: Hauptwache, (1976) 1, S. 6-11

Frenken, Hubert: Mit der Kamera in der Grundschule. Ein Filmprojekt zum Umweltschutz. In: Grundschule, 20 (1988) 9, S. 18-20.

Fresle, Franz/Kurowski, Ewald/Zepp, Josef: Die »Handlungseinheit« im geographisch orientierten Sachunterricht. In: Knübel, Hans (Hrsg.): Neue Wege im Geographieunterricht. Braunschweig: Westermann 1975, S. 10-15.

Fuchs-Brüninghoff, Elisabeth: »Wir schreiben ein Buch«. Unterrichtsprojekt im 4. Schuljahr. In: Balhorn, Heiko (Hrsg.): Sprachunterricht. 2 bis 4. München: Urban und Schwarzenberg 1981, S. 63-73.

Galli, Walter/Pfliege, Rudolf/Tybl, Rolf: Vorschlag zum Aufbau eines Sachunterrichtsprojekts »Möglichkeiten der Produktion« (3. Klasse). Unter Beteiligung der Fächer Deutsch, Soziallehre, Geschichte, Erdkunde, Biologie, Naturlehre. In: Tybl (Hrsg.): Handbuch zum Unterricht. Grundschule. Starnberg: Raith 1973, S. 514-536.

Garlichs, Ariane: Spaziergang mit den Sinnen. Einladung zu einer Walderkundung. In: Die Grundschulzeitschrift, 4 (1990) 38, S. 23-25.

Garms, Gabriele/Aschenbrenner, Christian: Zeit erleben, Geschichte erfahren. Wir richten ein Schulmuseum ein. In: Grundschule, 20 (1988) 5, S. 20-23.

Geck, Martin: Musik und Tanz um's ABC. Ein Projekt für den Anfangsunterricht. In: Grundschule, 23 (1991) 3, S. 26-29.

Gerlich, Elfriede: Wir backen Weihnachtsherzen. In: Die Unterstufe, 38 (1991) 11, S. 319-320.

Gerr, Hans E.: Projektorientierter Grundschulunterricht. In: LehrerJournal Grundschulmagazin, 3 (1988) 5, S. 2-4.

Gerr, Hans E.: Offener Unterricht. 3.3. Der Projektunterricht. In: LehrerJournal Grundschulmagazin, 4 (1989) 7-8, S. 10-13.

Gesing, Harald: Schach in der Grundschule? Ein Projektbericht. In: Sachunterricht und Mathematik in der Primarstufe, 16 (1988) 5, S. 192-196.

Götze-Emer, Brigitte/Deterding, Rita: Eine Reise ins Mittelalter. Unterrichtsprojekt für Kinder von 5-8 Jahren. In: Grundschule, 20 (1988) 5, S. 9-12.

Grauel, Gabriele: Ein neuer Spielplatz in unserem Dorf. Schüler planen mit. In: Grundschule, 13 (1981) 4, S. 160-162

Grauel, Gabriele: Unsere Schule verändert sich. In: Grundschule, 17 (1985) 5, S. 38-41.

Greiling, Gertraud/Ramseger, Jörg: Erziehender Unterricht und Mathematik: Widerspruch oder Herausforderung? In: Grundschule, 15 (1983) 8, S. 52-55.

Grimm, Helga: Kinder erfahren ihr Klassenzimmer. Ein Projekt zur Klassenzimmergestaltung. In: Grundschullehrer, (1986) 11, S. 10-12.

Grüneisl, Gerd: Mini-München: Spielstadt für Kinder - eine Schule des Lebens. In: LehrerJournal Grundschulmagazin, 4 (1989) 7-8, S. 10-13.

Gudjons, Herbert: Projektunterricht - was ist das? In: Die Unterstufe, 38 (1991) 11, S. 309-312.

Gundlach, Margarete: Klanggeschichten mit selbstgebauten Instrumenten. Musikunterricht im 3. und 4. Schuljahr. In: Die Grundschule, 14 (1982) 5, S. 225-227.

Gundlach, Margarete: Kohring, Rosalinde; Prahlad, ein Junge in Indien. In: Die Grundschule, 14 (1982) 5, Beilage Dritte Welt in der Grundschule, S. 3-9.

Günzel, Hildegund: Unser Weihnachtsbasar. Ein Projekt für Lehrer, Eltern und Kinder. In: Grundschule, 15 (1983) 9, S. 25-27.

Hagstedt, Herbert/Purmann, Ernst: Auf dem Weg zu einem 'schüleraktiven' Unterricht. In: Grundschule, 17 (1985) 5, S. 22-23.

Hagstedt, Herbert: Reformpädagogische Ketzereien. In: Grundschule, 17 (1985) 5, S. 50-51.

Hagstedt, Herbert: »Wenn der Opa nicht geholfen hätte«. Zeitzeugen im Unterricht. In: Die Grundschulzeitschrift, 4 (1990) 38, S. 26-29.

Hagstedt, Herbert: Eltern als Lehrer auf Zeit. In: Grundschule, 17 (1985) 5, S. 44-46.

Hagstedt, Herbert: Zeit für Projekte. In: Die Grundschulzeitschrift, 4 (1990) 38, S. 4-6.

Hameyer, U./Dudek, H./Friis, H./Hameyer, B.: Naturwissenschaften AKTIF (Alle Können Teilhaben an Ideen und Fertigkeiten). Lernangebot Sachunterricht und naturwissenschaftliche Fächer 3. bis 7. Klasse. Kiel [1986] ^{2}(1992) (Schmidt & Klaunig).

Hameyer, U./Dudek, H./Friis, H./Hameyer, B.: Naturwissenschaften AKTIF - Unterrichtseinheit »Messen und Maße«. Kiel [1986] ^{2}(1992) (Schmidt & Klaunig).

Hameyer, U./Dudek, H./Friis, H./Hameyer, B.: Naturwissenschaften AKTIF - Unterrichtseinheit »Leben im Klassenzimmer«. Kiel [1986] ^{2}(1992) (Schmidt & Klaunig).

Hameyer, U./Dudek, H./Friis, H./Hameyer, B.: Naturwissenschaften AKTIF - Unterrichtseinheit »Pflanzen und Pflegen«. Kiel [1986] ^{2}(1992) (Schmidt & Klaunig).

Hameyer, U./Dudek, H./Friis, H./Hameyer, B.: Naturwissenschaften AKTIF - Unterrichtseinheit »Mischungen und Lösungen«. Kiel [1986] ^{2}(1992) (Schmidt & Klaunig).

Hameyer, U./Dudek, H./Friis, H./Hameyer, B.: Naturwissenschaften AKTIF - Unterrichtseinheit »Küchenzauber«. Kiel [1986] ^{2}(1992) (Schmidt & Klaunig).

Hameyer, U./Dudek, H./Friis, H./Hameyer, B.: Naturwissenschaften AKTIF - Unterrichtseinheit »Kommunizieren mit Geräuschen und Tönen«. Kiel [1986] ^{2}(1992) (Schmidt & Klaunig).

Hameyer, U./Dudek, H./Friis, H./Hameyer, B.: Naturwissenschaften AKTIF - Unterrichtseinheit »Energiequellen«. Kiel [1986] ^{2}(1992) (Schmidt & Klaunig).

Hameyer, U./Dudek. H./Friis, H./Hameyer, B.: Naturwissenschaften AKTIF - Unterrichtseinheit »Experimentieren«. Kiel [1986] ^{2}(1992) (Schmidt & Klaunig).

Hameyer, U./Heuper, W./Teichert, M.: Mit AKTIF entdecken und experimentieren. In: Sachunterricht und Mathematik in der Primarstufe, 17(1989)10, 466-470.

Hameyer, U.: Entdeckendes Lernen im Sachunterricht an Schulen für Lernbehinderte. Konzeption und Bausteine von AKTIF (Alle Können Teilhaben an Ideen und Fertigkeiten).In: Zeitschrift für Heilpädagogik, 28 (1987)6, 1-21.

Hameyer, U.: Pädagogische Ideenkiste Primarbereich. Kiel 1994 (Körner).

Handlungsorientierter Deutschunterricht. Ingendahl, Werner (Mitarb.) (u. a.): Heidelberg: Quelle u. Meyer 1977.

Hänsel, Dagmar: Projektunterricht als Veränderung von Lehrerinnen und Lehrern. In: Die Grundschulzeitschrift, 4 (1990) 38, S. 32-35.

Hänsel, Dagmar: Darstellung eines Innovationsprojekts: Sachunterricht als lernübergreifender, offener Unterricht. In: Hänsel: Didaktik des Sachunterrichts. Frankfurt a. M.: Diesterweg 1980. S. 123-153.

Hansen, Renate: Klassenzeitung. In: Unterrichtsbeispiele für Deutsch in Klasse 4. Stuttgart: Klett 1981, S. 168-182.

Hasler, Herbert: Wir richten unsere Wohnung ein. Beispiel für einen Projekt-Unterricht. In: Die Grundschule, 11 (1979) 9, S. 388-392.

Hässner, Manfred: »Is echt stark, aber was lernen wir hier eigentlich?« Rock-Musik mit Verhaltensauffälligen - Ein Projektbericht. In: Westermanns pädagogische Beiträge, 33 (1981) 6, S. 255-257.

Haubrich, Hildegard/Haubrich, Hartwig: Der Ort, in dem wir leben. Eine Einheit des Sachunterrichts im 3. Schuljahr Baden-Württembergs. In: Praxis Geographie, 9 (1979) 2, S. 62-65.

Hein, Jürgen: Unterrichtsprojekt »Kinderbuch im dritten Schuljahr«. In: Pielow, Winfried (Hrsg.): Theorie und Praxis im Deutschunterricht. München: Kösel 1975, S. 46-73.

Heinemann, Horst: Schülerbilderplan. Religionsunterricht im 1. - 4. Schuljahr. In: Informationen zum Religionsunterricht, 9 (1977) 2, S. 19-22.

Heinemann, Horst: Schöpfung. Zur Vorbereitung von Unterrichtsprojekten in der Grundschule. In: Informationen zum Religionsunterricht , 12 (1980) 3, S. 2-13.

Heller, Lilo: Hunger in der Welt. In: Unterrichtsbeispiele für Deutsch in Klasse 3. Stuttgart: Klett 1981, S. 218-248.

Hellweger, Sebastian: Laborschule in Bielefeld. Bericht eines ehemaligen Lehrers aus dem Erfahrungsbereich Naturwissenschaften. In: Westermanns pädagogische Beiträge , 31 (1979) 2, S. 74-78.

Herbert, Michael: Morgenkreis, Tagesplan, Wochenplan, Vorhaben, Projekte. Unterrichtsformen für den offenen Unterricht. In: Die Grundschulzeitschrift, 1 (1987) 1, S. 12.

Herbold, Christine: Wir gestalten unsere Spielpause. Zur Planung eines fächerübergreifenden Unterrichtsprojekts im 3. Schuljahr. In: Kretschmer, Jürgen (Hrsg.): Sport- und Bewegungsunterricht. 1-4/. München, Wien, Baltimore, Md.: Urban und Schwarzenberg 1981, S. 190-206.

Hermann, Heinz-Dieter: Mathematik im Projektunterricht. In: Ästhetik und Kommunikation, 6-7 (1975-76) 22-23, S. 88-103.

Hettenhausen, Elke: Gesund leben - gesund ernähren. In: Die Unterstufe, 38 (1991) 11, S. 318.

Hinkel, Herrmann: »Z. B. Wetzlar«. Erkundung einer fremden Stadt. Ein Unterrichtsprojekt in einem 4. Schuljahr. In: Die Grundschulzeitschrift, 2 (1988) 16, S. 20-22.

Hinkel, Herrmann: Die Geschichte mit dem Ball. In: Die Grundschulzeitschrift, 5 (1991) 46, S. 14-19.

Hinkel, Inge/Hinkel, Herrmann: Projekt »Tomate«. Puppenspiel im 3. Schuljahr. In: Die Grundschule, 12 (1980) 12, S. 528-532.

Hochhuth, Maili u.a.: Haushalt früher und heute - ein Klassenmuseum entsteht. In: Die Grundschulzeitschrift, 4 (1990) 38, S. 20-22.

Holl, Waltraud: Erinnerungen einer Großmutter an den Schulalltag. Erfahrungen aus dem Grundschulprojekt »Wir gestalten eine Ausstellung zum Thema 'Schule gestalten - gestern, heute und morgen'«. In: Sachunterricht und Mathematik in der Primarstufe, 20 (1992) 4, S. 151-157.

Hopkins-Knörich, Annelie: »Ist der Bach sauber oder schmutzig?« In: Die Grundschulzeitschtift, 4 (1990) 38, S. 16-19.

Huber, Rosemarie: Kommt mit ins Märchenland. Bericht über ein achtwöchiges Märchen-Projekt in einem 2. Schuljahr. In: Grundschule, 19 (1987) 12, S. 42-48.

Hund, Ulrike: Kinder als Stundenplaner. Eine Schulleiterin erzählt. In: Grundschule, 17 (1985) 5, S. 42-43.

Hüttermann, Armin: Unser Stadtteil Hörnle. In: Sachunterricht und Mathematik in der Primarstufe, 15 (1987) 6, S. 244-254.

Jansen, Gerd: Was hat die Barbie-Puppe mit der Architektur zu tun? Ein Unterrichtsvorhaben im 3. Schuljahrgang zur Produkt- und Baugestaltung. In: Sachunterricht und Mathematik in der Primarstufe, 10 (1982) 7, S. 243-254, 8, S. 278-284.

Janssen, Gerda/Tiemann, Klaus: Projekt »Stadtmodell«. In: Cassube, Gerhard (Hrsg.): Beiträge der Geographie zum Sachunterricht in der Primarstufe 1974, S. 16-25.

Jeker, Peter: Schülerzirkus auf Tournee. Eine Projektarbeit auf der Unterstufe der Primarschule. In: Schweizerische Lehrerzeitung, 126 (1981) 37.

Junker, Christel: Wir gestalten unseren Pausenhof. 1. Schuljahr Sachunterricht. In: LehrerJournal Grundschulmagazin, 3 (1988) 5, S. 9-10.

Kaiser, Astrid: Federn wärmen, Federn fliegen, Federn schmücken. Eine Projektwoche im ersten Schuljahr. In: Sachunterricht und Mathematik in der Primarstufe, 18 (1990) 4, S. 162 und 171-176.

Kanzler, Eberhard: Vogelschutz vorm Klassenfenster. In: Die Grundschulzeitschrift, 5 (1991) 44, S. 20.

Käpnick, Friedhelm/Wessolowski, Silvia: Paul bereitet seine Geburtstagsfeier vor. Ein Beispiel für projektorientiertes Arbeiten. In: Die Unterstufe, 38 (1991) 10, S. 276-278.

Kariger, Paul: »Wolfgang ist krank«. Eine Woche Gesamtunterricht im ersten Schuljahr. In: Die Scholle, 34 (1966) 1, S. 2-11

Käsler, Adalbert/Harter, Renate: Unser Schulhof soll von einem »Schlägerhof« zu einem »Spielhof« werden. Unterrichtsprojekt im Rahmen der »Sozialen Studien« eines dritten Schuljahrs. In: Sachunterricht und Mathematik in der Grundschule, 1 (1973) 1, S. 23-25.

Kentner, Elise/Wasmuth, Gudrun: »Bilder aus der Türkei«. Ein Projektbeginn für türkische und deutsche Kinder. In: Die Grundschule, 12 (1980) 2, S. 80-82.

Kentner, Elise/Wasmuth, Gudrun: »Wir haben auch Indianer in der Klasse«. Ein Indianerprojekt für türkische und deutsche Kinder. In: Die Grundschule, 12 (1980) 8; Beilage Dritte Welt in der Grundschule, 2 (1980) 3, S. 13-15.

Keppler, Cordula: Projekt »Wohnen«. Teilergebnisse des BLK-Projekts »Reduzierung von Lern- und Verhaltensstörungen in der Grundschule«. Versuch eines Projektunterrichts in der 4., 5. und 6. Jahrgangsstufe der Maria-Montessori-Grundschule in Berlin-Tempelhof. Seitz, Christiane (Mitarb.)/Helm, Christiane (Mitarb.)/Pietz, Monika (Mitarb.)/Walter, Vera (Mitarb.): In: Reinartz, Anton (Hrsg.): Schulschwache Kinder in der Grundschule. 2. Frankfurt a. M.: Arbeitskreis Grundschule 1978, S. 41-51.

Kersting-Sommer, Annemarie: Ansätze zu projektorientiertem Unterricht in einer Schule für Erziehungshilfe (Sonderschule). In: Tymister, Hans Josef (Hrsg.): Projektorientierter Deutschunterricht. Düsseldorf: Schwann 1975, S. 168-176.

Kiefer, Eva/Selnar, Petra: Bücher in der Schule. Betrachtungen eines Projektversuches. In: LehrerJournal Grundschulmagazin, 3 (1988) 10, S. 37-38.

Kilian, Carola: Die Wandzeitung als Unterrichstvorhaben in einem vierten Schuljahr. In: Sachunterricht und Mathematik in der Primarstufe, 8 (1980) 6, S. 218-226.

Klafki, Wolfgang: Grundschule. 1.-4. Schuljahr. Einleitung des Herausgebers. In: Klafki (Hrsg.): Unterrichtsbeispiele der Hinführung zur Wirtschafts- und Arbeitswelt. Düsseldorf: Bagel 1970, S. 15-17.

Klassenvorhaben - Projektwochen. (Heftthema). In: Grundschule, 17 (1985) 5, S. 22-28 und 33-51 und 54.

Klawuhn, Karola/Platzek, Maria: Wohnbezirk als Erfahrungs- und Erlebnisraum. In: Die Grundschulzeitschrift, 2 (1988) 16, S. 11-14.

Kleen, Gabi/Knippelmeyer, Werner: Mit Spielwerkstätten eine Schule entwickeln. In: Grundschule, 23 (1991) 6, S. 22-24

Knauer, Sabine: Vom Rahmenplan zur Unterrichtsplanung. Ein Beispiel aus dem Unterricht zum Thema »Der Zoo«. In: Die Unterstufe, 38 (1991) 11, S. 326-328.

Knauf, Annegret/Knauf, Tassilo: Klassenraumgestaltung als Erfahrungsprozess. In: Burk, Karlheinz (Hrsg.): Wieviele Ecken hat unsere Schule? Frankfurt a. M.: Arbeitskreis Grundschule 1979, S. 136-141.

Knauf, Annegret/Knauf, Tassilo: Projekt »Spielplatz. Eine langfristige Unterrichtsreihe in einer 3. - 4. Klasse«. In: Kunst und Unterricht, (1974) 25, S. 30-34.

Knauf, Annegret/Knauf, Tassilo: »Die Landschaft wird jeden Tag verändert - Wir müssen aufpassen«. Über sinnliche Erfahrungen und Aneignung der Wirklichkeit. In: Kunst und Unterricht, (1978) 50, S. 27-31.

Knauf, Annegret/Knauf, Tassilo: Das Burgprojekt. Schülerorganisierter Unterricht in einer 4. Klasse. In: Staudte, Adelheid (Hrsg.): Ästhetische Erziehung. 1-4.München, Wien, Baltimore, Md.: Urban und Schwarzenberg 1980, S. 68-88.

Knauf, Annegret: Freizeit: Wirklichkeit und Veränderung. Ein gemeinsames Projekt mit Stadt- und Landkindern im 2. und 4. Schuljahr. In: Hemmer, Klaus-Peter (Hrsg.): Sachunterricht: Gesellschaft. 1 bis 4. München, Wien, Baltimore, Md.: Urban und Schwarzenberg 1982, S. 48-66.

Knauf, Anngret: Kinderspielplätze. Unterrichtsprojekt in einer 3. Klasse. In: Soziales und emanzipatorisches Lernen. Frankfurt a. M.: Arbeiteskreis Grundschule 1975, S. 117-128.

Knauf, Anngret/Knauf, Tassilo: Industriearbeit. Unterrichtsprojekt in einer 4. Klasse. In: Soziales und emanzipatorisches Lernen. Frankfurt a. M.: Arbeitskreis Grundschule 1975, S. 129-143.

Knoll, Carla/Ebertshäuser, Marlies: Engagiert für die Umwelt. Schüler einer zweiten Klasse entwerfen ein Umweltspiel. In: Grundschule, 24 (1992) 4, S. 62-63.

Köhler, Bernd: Helfen wir beim Essen Tiere quälen? Erkundung unterschiedlicher Systeme »moderner« Hühnerhaltung. In: Köhler (Hrsg.): Sachunterricht: Natur. 1 bis 4. München, Wien, Baltimore, Md.: Urban und Schwarzenberg 1981, S. 181-217.

Kohlhepp, Bernd/Scheufele, Ulrich: Theaterarbeit im Schulalltag. In: Grundschule, 23 (1991) 6, S. 36-38.

Kohls, Eckhard: Pflicht? Neigung? Interesse? Projektunterricht einer »offenen« Grundschule. In: Grundschule, 21 (1989) 11, S. 57-59.

Köpfelsberger, Rosmarie: Geschichte spielen, Geschichte lernen in der Schule. Eine projektorientierte Unterrichtseinheit. München: Pädagogische Aktion 1980.

Koranda, Josef: Gleichnisse aus der Bibel und das Leben der Kinder unter dem Gesichtspunkt der Kreativität im Religionsunterricht. Ausschnitt aus einem Unterrichtsprojekt in der Grundschule. In: ru - Zeitschrift für die Praxis des Religionsunterrichts, 4 (1974) 1, S. 23-27.

Kötter, Heiner: Vorhang auf und Manege frei für den »Circus Thymiani«. In: LehrerJournal Grundschulmagazin, 4 (1989) 7-8, S. 69-70.

Kraft, Peter: Unsere ABC-Bücher. Ein Unterrichtsvorhaben im 1. Schuljahr. In: Grundschule, 19 (1987) 9, S. 29-32.

Kramer, Werner: Ein Vorhaben der ganzen Schule. In: Westermanns pädagogische Beiträge, 7 (1955) 10, S. 500-509.

Kretschmer, Jürgen: Der Zirkus Appelloni präsentiert. Schüler gestalten eine Zirkusaufführung. In: Grundschule, 14 (1982) 10, S. 478-482.

Kretschmer, Jürgen: Manege frei! Anregungen und Hilfen für die Planung und Durchführung eines Projektes »Zirkus« mit Grundschülern. In: Sportpädagogik, 6 (1982) 6, S. 24-29.

Kretschmer, Jürgen: Spielen mit Hockeyschlägern. Vom Hockeyspiel zum Minigolf. In: Kretschmer (Hrsg.): Sport- und Bewegungsunterricht. 1 bis 4. München, Wien, Baltimore, Md.: Urban und Schwarzenberg 1981, S. 207-222.

Kretschmer, Jürgen: Wir bauen unseren Spielplatz selbst. Unterrichtseinheit aus einem 2. Schuljahr. In: Kretschmer (Hrsg.): Sport- und Bewegungsunterricht. 1 bis 4. München: Urban und Schwarzenberg 1981, S. 172-189.

Kretschmer, Jürgen: Wir turnen auf einem selbstgebauten Spielplatz. In: Sportpädagogik, 4 (1980) 5, S. 22-25.

Krick, Wilhelm: Vorhaben - Wiese und Weide. In: Ganzheitliche Bildung (Oberursel), 1 (1950) 6, S. 185-186.

Kühn, Irene: Vorhaben »Robinson«. Ein Arbeitsbericht aus dem 3. und 4. Schuljahr. In: Die Schule, 4 (1949) 4, S. 191-195.

Kulick, Hartmut: Auch Kater haben Träume. Ein Buch entsteht. In: Grundschule, 17 (1985) 5, S. 27-28.

Kummetat, Renate: Pausenhofunfälle und Pausenhofgestaltung. Ein Unterrichtsprojekt. München: Bundesverband der Unfallversicherungsträger der öffentlichen Hand 1982. (Schriftenreihe des BAGUV zur Theorie und Praxis der Unfallverhütung und Sicherheitserziehung in Schulen und Kindergärten.)

Kupfer-Schreiner, Claudia: Wir machen eine Klassenzeitung. In: Sachunterricht und Mathematik in der Primarstufe, 19 (1991) 5, S. 226-233.

Laging, Ralf: Herr Fischer ist nicht tot. Mit Kinderaugen durch den Stadtteil. In: Die Grundschulzeitschrift, 4 (1990) 38, S. 14-15.

Lange, Elke: Hundertzwanzig Schnecken im Klassenzimmer. In: Grundschule, 18 (1986) 3, S. 26-31.

Lange, Ulrike/Purmann, Ernst: Und gefeiert wird doch. Eine Klasse findet sich. Und so stand es nicht im Stundenplan. In: Grundschule, 17 (1985) 5, S. 33-35.

Leimbach, Rolf: »Unser Buch vom Wasser«. In: Die Unterstufe, 38 (1991) 11, S. 320-321 und I-VIII.

Lepping, Franz-Josef: Schulgeschichte von Schülern für Schüler. In: Grundschule, 17 (1985) 4, S. 38-39.

Lerby, Judith: Projektorientierter Deutschunterricht durch Lehramtsanwärter? 4. Schuljahr, »Fußballtore«. In: Tymister, Hans Josef (Hrsg.): Projektorientierter Deutschunterricht. Düsseldorf: Schwann 1975, S. 79-92.

Ley, Anneliese: Mehrperspektivischer Sachunterricht zum Thema »Geschlechtserziehung«. In: Sachunterricht und Mathematik in der Primarstufe, 8 (1980) 1, S. 10-15.

Liepe, Jürgen: Papier machen aus Altpapier. Ein handlungsbezogenes Unterrichtsprojekt. In: Lauterbach, Roland (Hrsg.): Sachunterricht zwischen Alltag und Wissenschaft. Frankfurt a. M.: Arbeitskreis Grundschule 1982, S. 176-185.

Lindemann, Gerd: »Fernseherziehung im Schullandheim Obersteinbach«. Bericht über Unterrichtsprojekte in einer Grund- und Hauptschule. In: Projektarbeit im Schullandheim. 3. überarb. Aufl. Regensburg: Walhalla und Praetoria 1980, S. 217-308.

Lorber, Gisela: Vom Planspiel zum Projekt: Umgestaltung eines Klassenuzimmers. In: Kasper, Hildegard (Hrsg.): Vom Klassenzimmer zur Lernumgebung. Ulm: Vaas 1979, S. 41-69.

Lübbering, Anton: Grundschulkinder gestalten ein Vorhaben. In: Schola, 6 (1951) 4, S. 301-306.

Lubig, Evelin/Rörig, Evelyn/Lachmann, Gabriele: Was interessiert türkische Schüler an dem Unterrichtsthema »Feuerwehr«? Ein Praxisbericht. In: Lauterbach, Roland (Hrsg.): Sachunterricht zwischen Alltag und Wissenschaft. Frankfurt a. M.: Arbeitskreis Grundschule 1982, S. 242-252.

Ludwig, Harald: Gemeinwesenorientierte Grundschule und interkulturelle Erziehung. In: Sachunterricht und Mathematik in der Primarstufe, 15 (1987) 12, S. 560-566.

Lüneberg, Ulrike/Hampel, Martina: Neues von den Wawuschels. Ein Spiel mit Puppen. In: Grundschule, 17 (1985) 5, S. 24-26.

Marder, Erhard/Nährig, Rita: Projektthema »Pferde«. Beispiel eines standortbezogenen Unterrichts. In: Lauterbach, Roland (Hrsg.): Sachunterricht zwischen Alltag und Wissenschaft. Frankfurt a. M.: Arbeitskreis Grundschule 1982, S. 186-196.

Maron, Wolfgang/Ley, Werner: Geschichtliche Lernorte außerhalb der Schule. Ein ortsbezogenes Projekt zum historischen Lernen in der Grundschule. In: Sachunterricht und Mathematik in der Primarstufe, 11 (1983) 10, S. 384-354.

Mayer, Werner Guido: Projektunterricht in der Primarstufe. Planung und Durchführung eines mehrperspektivischen Sachunterrichts in der Primarstufe mit Empfehlungen zu Studium und Fortbildung. Limburg: Frankonius 1978. 239 S.

Mayrhofer, Hans: Erlebtes Museum. Spielerische Erfahrung über die Vergangenheit und den Ort, wo sie anschaulich wird. In: Hemmer, Klaus-Peter (Hrsg.): Sachunterricht: Gesellschaft. 1 bis 4. München, Wien Baltimore, Md.: Urban und Schwarzenberg 1982, S. 67-96.

Meier, Richard: Projektunterricht. In: Unterricht heute, 20 (1969) 3, S. 91-94.

Meier, Richard: Projektunterricht. In: Unsere Volksschule, 19 (1968) 7, S. 267-274.

Mentzel, Ortrud: Stahl, Hannelore: Mit Projekten den Unterricht verändern. Initiativen in den neuen Bundesländern. In: Grundschule, 23 (1991) 6, S. 12-14.

Mertlich, H.: Das Projekt »Die Mittelweser«. Ein Arbeitspaket für das Schullandheim »Weser«, das bei Bad Eilsen entsteht. In: Das Schullandheim, (1972) 84, S. 18-35; 85, S. 13-21.

Messelken, Ingrid: Dickel-Oloff, Antje: Bremer Stadtmusikanten - neu belebt. In: Die Grundschulzeitschrift, 4 (1990) 39, S. 24-27.

Meyer, Ernst: Die Durchführung eines erdkundlichen Unterrichtsvorhabens. In: Die neue Landschule, 2 (1951-52) 12, S. 495-501.

Mick, Elisabeth/Lina Mirolina: Theaterprojekt mit einem 3. und 4. Schuljahr. In: Grundschule, 22 (1990) 7-8, S. 71-73.

Modelle für den Deutschunterricht in der Grundschule. Praxis des projektorientierten Unterrichts. Mit 13 ausgearbeiteten Themen. Dietrich, Wolf (Hrsg.) (Mitarb.)/Kupisch, Barbara (Hrsg.) (Mitarb.)/Ende, Barbara von (Mitarb.)/Frye, Karl (Mitarb.)/Henning, Renate (Mitarb.)/Hoffmann, Brigitte (Mitarb.)/Klute, Ulrike (Mitarb.)/Lusebrink, Bärbel (Mitarb.)/Rigol, Rosemarie Mathilde (Mitarb.)/Weckesser, Barbara (Mitarb.). Freiburg, Basel, Wien: Herder 1978.

Möglichkeiten von Kunstunterricht. Erfahrungen bei der Durchführung eines Unterrichtsprojekts für türkische und deutsche Kinder in einer Kreuzberger Grundschule. Projektgruppe »Türkische Kinder an Berliner Schulen« (Hrsg.): In: Ästhetik und Kommunikation (Reinbek), 4 (1973-74) 12, S. 28-46.

Mörs, Edelgard: Unterrichtsdarstellung des Projektes »Der Wichernwald in Dorsten« unter Einbeziehung der Schulbibliothek (3.-4. Schuljahr). In: Sachunterricht und Mathematik in der Primarstufe, 17 (1989) 3, S. 98-102.

Mörs, Edelgard: »Umwelt und seine Freunde« oder »Wie eine Schulklasse das Müllproblem in den Griff bekommt«. In: Sachunterricht und Mathematik in der Primarstufe, 18 (1990) 3, S. 107-111.

Mörs, Edelgard: »Vier A klärt auf«. Ein Videoprojekt zur Gewässerverschmutzung. In: Grundschule, 20 (1988) 9, S. 56-57.

Mörs, Edelgard: Durchführung eines Projektes »Wald erleben, Wald verstehen« mit der Klasse 1 b der Wichernschule. In: Sachunterricht und Mathematik in der Primarstufe, 17 (1989) 6, S. 253-254.

Mörs, E.: Hinführung einer Grundschulklasse zur Erstellung eines Videofilms zum Umweltschutzthema »Gewässerverschmutzung«. In: Sachunterricht und Mathematik in der Primarstufe, 17 (1989) 10, S. 470-471.

Müller, Erhard Peter: Projektorientierter Leseunterricht. Praxis des sinngerichteten Lesens II. In: Müller: Lesen in der Grundschule. München: Oldenbourg 1978, S. 82-93.

Müller, Irmingard/Schuhmann, Reinhard/Süßmilch, Ute: Musik- und Bewegungserziehung. Gestaltungsorientierte Projekte für die Grundschule. München: Ehrenwirth 1981.

Nalepa, Christine: Am Mittwoch gibt es frische Brötchen! In: Die Grundschulzeitschrift, 4 (1990) 38, S. 30-31.

Neubauer, Hartmut/Sandfuchs, Renate/Sandfuchs, Uwe: Grundschüler fotografieren im Schullandheim. Bericht über ein Projekt mit Schülern einer 4. Klasse. In: Projektarbeit im Schullandheim. Regensburg: Walhalla und Praetoria 1980, S. 1-72.

Neukäter, Heinz: Projektorientiertes Lernen in der schulischen Arbeit mit verhaltensgestörten Schülern. In: Sonderpädagogik, 10 (1980) 4, S. 151-158

Newig, Jürgen: Das Projekt »Vermittlung eines weltweiten topographischen Grobrasters in der Grundschule mit Hilfe des Globus«. In: »Tagung der Fachleiter für Erdkunde, Leiter von didaktischen Seminaren, und Professoren-Dozenten der Didaktik der Geographie« vom 7.-10. Januar 1975 in der Reinhardswaldschule. Fuldatal: Hessisches Institut für Lehrerfortbildung, Hauptstelle Reinhardswaldschule 1975, S. 44-50.

Nünnke, Gisela/Unger, Brigitte: Zwei dritte Klassen machen eine Bildgeschichte. Ein fächerübergreifendes Projekt. In: Kunst und Unterricht, (1978) Sonderheft, S. 179-181.

Oberliesen, Rolf: Schreibwerkzeuge. Technische und gesellschaftlich-historische Erfahrungen - ein Sachunterrichtsprojekt in der 2. Klasse. In: Die Grundschulzeitschrift, 5 (1991) 47, S. 14-16.

Ockert, Heidelind: Verklanglichung einer Geschichte. Projekt im Musikunterricht für eine 3. Klasse. In: Das Landschulheim, (1975) 96, S. 59-65.

Oomen, Ingelore: Kasperle und Kochrezepte. Beispiele für projektorientiertes Arbeiten mit ausländischen Kindern. In: Deutsch lernen, (1981) 1, S. 55-67.

Oster-Hornung, Rosemarie: Die Verwandlung des Feuerdrachens. Schüler schreiben ein Theaterstück fürs Sommerfest. In: Grundschule, 19 (1987) 7-8, S. 42-45

Packen wir's an - Projektunterricht. (Heftthema). In: LehrerJournal Grundschulmagazin, 3 (1988) 5, S. 2-28.

Pastewka, Sabine: Wir schreiben ein Kochbuch. Beispiel: Gespräch im Aufsatzunterricht. In: Die Grundschule, 13 (1981) 7, S. 290-293.

Peisker, Mechthild: Das Märchenbuch der 4 a. Differenziertes Arbeiten für ein gemeinsames Projekt. In: Grundschule, 14 (1982) 1, S. 22-24.

Peter, Emil/Ullrich, Günter: Werden wir richtig informiert? Ein mediendidaktisches Unterrichtsprojekt aus dem gesellschaftspolitischen Bereich des Sachunterrichts eines 4. Schuljahres. In: Pädagogische Welt, 29 (1975) 8, S. 466-473.

Petersen, Ursel: Schüler gestalten ein Sportfest. Ein Unterrichtsversuch im 4. Schuljahr. In: Die Grundschule, 11 (1979) 6, S. 254-258.

Petzelt, Matthias: Darstellung verschiedener Projekte zum naturwissenschaftlichen Sachunterricht in der Bundesrepublik Deutschland - Schwerpunkt: Ökologie - Umweltschutz. In: Lauterbach, Roland (Hrsg.): Naturwisenschaftlich orientierter Sachunterricht im Primarbereich. Weinheim, Basel: Beltz 1976, S. 215-254.

Piening, Georg: Kinder als Forscher. Ein Beitrag zu dem Komplex: Pädagogische Vorhaben. In: Die neue Volksschule in Stadt und Land, 4 (1952-53) 3, S. 95-101.

Pohlmann, Barbara/Quandt, Rolf: Kinder wünschen sich einen fahrradfreundlichen Stadtteil. Eine projektorientierte Unterrichtsreihe. In: Grundschule, 24 (1992) 2, S. 14-16.

Pommerin, Gabriele: Klassenzeitungen - damit man sich besser kennenlernt. In: Ausländerkinder in Schule und Kindergarten, 2 (1981) 4, S. 27-30

Pommerin, Gabriele: Klassenzeitungen - damit man sich besser kennenlernt. In: Ausländerkinder in Schule und Kindergarten, 2 (1981) 4, S. 27-30.

Popp, Walter/Wenzel, Christel/Wenzel, Hermann: Erziehung zur Handlungsfähigkeit: Kinderspielplatz »Ziegelburren«. In: Hemmer, Klaus-Peter (Hrsg.): Sachunterricht: Gesellschaft. 1 bis 4. München: Urban und Schwarzenberg 1982, S. 190-208.

Porcham, Werner: Projektunterricht »Lesen«. In: Jugend und Buch, 25 (1976) 1, S. 1-5.

Priebe, Hiltrud: Planungsaufgabe »Grundschulbibliothek«. Ein fächerübergreifendes Projekt in der Primarstufe. In: Die Grundschule, 7 (1975) 7, S. 383-387.

Priebe, Hiltrud: Interessenorientierte Projekte im Sachunterricht der Grundschule. In: Kunert, Christian (Hrsg.): Beispiele zum offenen Unterricht. München: Kösel 1979, S. 31-41.

Priebe, Hiltrud: Protokoll eines Lernprozesses für Schüler und Lehrer. »Interessen- und Freundschaftsthemen«. In: Die Grundschule, 10 (1978) 1, S. 27-31.

Prior, Harm: Was kommt nach der 4. Klasse? Der Übergang in die Sekundarschule. In: Hemmer, Klaus-Peter (Hrsg.): Sachunterricht: Gesellschaft. 1 bis 4. München: Urban und Schwarzenberg 1982, S. 144-162.

Projektarbeit im Landschulheim. 3. Fotografieren, Filmen, Fernseherziehung. 2. überarb. Aufl. Verband deutscher Schullandheime (Hrsg.). Regensburg: Walhalla und Praetoria 1980. VIII, 398 S.

Projektarbeit im Schullandheim. Geographie. Verband deutscher Schullandheime (Hrsg.): Regensburg: Walhalla und Praetoria 1980.

Projektorientierter Unterricht in der Grundschule. Geschefsky, Gaby (Mitarb.)/Hänsel, Dagmar (Mitarb.)/Kälmeyer, Anne (Mitarb.)/Wienkowski, Peter (Mitarb.). In: betrifft: Erziehung, 15 (1982) 10 - extra, S. 10-14 und 16-20.

Projektorientiertes Sachlernen in der »offenen Schule«: das Beispiel der Laborschule Bielefeld. Knauf, Tassilo (Mitarb.)/Alten, Gisela von (Mitarb.)/Busse, Marianne (Mitarb.)/Glasenapp, Marianne (Mitarb.)/Hüsing, Ilse (Mitarb.). In: Ziechmann, Jürgen (Hrsg.): Sachunterricht in der Diskussion. Braunschweig: Westermann 1980, S. 166-218.

Projektwoche Juli neunzehnhundertsechsundachtzig: ein neuer Schulhof für Grundschule Aue-Wingeshausen. In: Grundschule, 19 (1987) 1, S. 44

Purmann, Ernst: Die Umgehungsstraße. In: Burk, Karlheinz (Hrsg.): Lernorte außerhalb des Klassenzimmers. 2/. Frankfurt a. M.: Arbeitskreis Grundschule 1981, S. 77-87.

Purmann, Ernst: Grundschüler machen einen Film über den Hausmeister. In: Handbuch zum Schulalltag. Reinbek: Rowohlt Taschenbuch 1982, S. 18-30.

Purmann, Ernst: Kinder als Experten. In: Die Grundschulzeitschrift, 4 (1990) 38, S. 11-13.

Purmann, Ernst: Projektarbeit als Alltag in Jenaplan-Schulen. Beobachtungen in den Niederlanden. In: Grundschule, 17 (1985) 5, S. 47-49.

Purmann, Ernst: Rechtliche Rahmenbedingungen für Projektwochen. In: Grundschule, 17 (1985) 5, S. 36-37.

Rabenstein, Rainer/Haas, Fritz: Erfolgreicher Unterricht durch Handlungseinheiten. Das methodische Modell der »Handlungseinheit« im Sachunterricht der Unterstufe. Bad Heilbrunn, Obb.: Klinkhardt 1965.

Radkau, Joachim: Erfahrungen aus Unterrichtsprojekten »Kriegsalltag am Heimatort 1939-1945«. Lokalhistorische Ansätze zu einer elementaren Friedenserziehung in Unterklassen (4.-7. Schuljahr). In: Geschichte in Wissenschaft und Unterricht, 29 (1978) 12, S. 807-832.

Ramseger, Jörg: Kinder und alte Leute. Eine (teilweise) gescheiterte Begegnung. In: Grundschule, 15 (1983) 4, S. 39-41.

Reichwein, Adolf: Schaffendes Schulvolk. Stuttgart: Kohlhammer 1937.

Reiff, Lore: Klassenfahrt nach Räbke. Mathematisch-sachunterrichtliches Projekt. In: Die Grundschulzeitschrift, 5 (1991) 42, S. 20-21.

Reiss, Rosemarie/Wahlmann, Udo: Projekt »Gesunde Lebensweise«. Erste Erfahrungen aus dem Projektunterricht. In: Die Unterstufe, 37 (1990) 12, S. 249-250.

Reuter, Ulla: Tierplastiken als Spielobjekte für ein Schulfest. In: Die Grundschule, 13 (1981) 10, S. 422-425.

Rindfleisch, Franz: Neue Wege in der Kunsterziehung der Grundschule: Projektorientiertes Lernen. In: Ehrenwirth Grundschulmagazin, 2 (1975) 11, S. 7-10.

Röber-Siekmeyer, Christa: Planung und Durchführung von schüler- und projektorientiertem Arbeiten in der Grundschule. In: Praxis Deutsch, (1982) Sonderheft, S. 60-62.

Röber-Siekmeyer, Christa: Das Stammbäume-Buch der Klasse 3 a. Ein Sachunterrichtsprojekt in einer Klasse mit Kindern deutscher und ausländischer Eltern. In: Sachunterricht und Mathematik in der Primarstufe, 17 (1989) 11, S. 506-511.

Röber-Siekmeyer, Christa: Was kostet ein Karussell? Projektunterricht und Identitätsbeweis. In: Grundschule, 15 (1983) 8, S. 47-50.

Rodler, Horst: Aktion Abenteuerspielplatz. Ein fächerübergreifendes Projekt in einer 4. Jahrgangsstufe. In: Ehrenwirth Grundschulmagazin, 8 (1981) 7, S. 5-8.

Rodler, Horst: Projekt »Kinderbuch als Klassenlektüre«. In: Grundschulmagazin, 13 (1986) 7, S. 3-6.

Rose, Jürgen: Kollegiumsaufgabe: Umwelterziehung. Wir erfreuen uns an der Natur. Ein Bericht aus der Schulpraxis. In: Grundschule, 24 (1992) 3, S. 14-16.

Röseler, Richard: Projektunterricht mit dem Sprachbuch - Möglichkeit oder Widerspruch? In: Kohtz, Karin (Hrsg.): Lebensnaher Unterricht. Frankfurt a. M.: Arbeitskreis Grundschule 1978, S. 79-84.

Rosenkranz-Hirschhäuser, Sylvia: Aus alt wird neu. Zu unserem Projekt »Altpapierrecycling«. In: Grundschule, 23 (1991) 12, S. 34-35.

Rösler, Heide: Wir wollen tanzen können. Eine Einführung in das Tanzen in einem 3. Schujahr. In: Kretschmer, Jürgen (Hrsg.): Sport- und Bewegungsunterricht. 1 bis 4. München, Wien, Baltimore, Md.: Urban und Schwarzenberg 1981, S. 157-171.

Rude, Christa: Ein Bilderbuch entsteht. Die Mäuse, die Glück gehabt haben.Eine Geschichte der Klasse 1c. In: Grundschule, 16 (1984) 10, S. 32-35.

Rudolf, Anita/Warwitz, Siegbert: Der Theorie-Praxis-Bezug im fächerübergreifenden Projektunterricht. In: Karl, Herbert (Hrsg.): Theorie in der Sportpraxis. Schorndorf: Hofmann 1980, S. 200-205.

Rüger, Hildegund: Grundschüler von heute - Europäer von morgen. In: Grundschulmagazin, 7 (1992) 7-8, S. 10-14.

Ruoff, Claudia: Mit Kindern die Natur erleben. Ein Projektbericht. In: Grundschule, 22 (1990) 5, S 22-23.

Sander, Annette/Dörr, Jochen: Projekt »Aufkleber. Eine Sammelleidenschaft wird zum Unterrichtsthema«. In: Grundschule, 22 (1990) 1, S. 35-38.

Sander, Rudolf: Unterrichtsvorhaben »Konserven, Konservierungsindustrie«. In: Ganzheitliche Bildung, 15 (1964) 8, S. 251-253.

Sartoris, Klaus: Geometrische Figuren im Pausenhof. 1. Schuljahr Sachunterricht. In: LehrerJournal Grundschulmagazin, 3 (1988) 5, S. 17-18.

Sartoris, Klaus: Wasser - was ich schon immer wissen wollte. Ein Arbeitsbeispiel für den Projektunterricht in der Grundschule. 2. Schuljahr Sachunterricht. In: Lehrer Journal Grundschulmagazin, 3 (1988) 12, S.11-12.

Sauer, Helga/Jaudzims, Gerlinde: Kinder in Europa. Ein Schultag in Belgien. 2. Schuljahr Sachunterricht. In: Grundschulmagazin, 7 (1992) 7-8, S. 17-20.

Sawitzki, Gerda: Umweltschutz beginnt im Pausenhof. 3. Schuljahr Sachunterricht. In: LehrerJournal Grundschulmagazin, 3 (1988) 5, S. 13-14.

Schaack, Ernst: Einsatz audiovisueller Medien bei der Erschließung des Lernortes »Bäckerei«, 4. Schuljahr. In: Burk, Karlheinz (Hrsg.): Lernorte außerhalb des Klassenzimmers. 1. Frankfurt a. M.: Arbeitskreis Grundschule. Band 45.

Scheel, Barbara: Material des Projektes »Schule«. Dokumentation. In: Scheel: Offener Grundschulunterricht. Weinheim, Basel: Beltz 1973, S. 101-134.

Scheer, Alfred: Projekt »Musik«. Eingangsstufe der Laborschule Bielefeld. In: Die Grundschule, 11, (1979) 8, S. 362-365.

Schemel, Sabine/Schemel, Manfred: Projektunterricht für die Kinder oder mit ihnen? In: Grundschulunterricht, 39 (1992) 7-8, S. 13-15.

Schenk, Harald: Packen wir's an. Projekte in der Grundschule. In: LehrerJournal Grundschulmagazin, 3 (1988) 5, S. 6-8.

Scherm, Michael: Wie kommt es zu einem Unterrichtsprojekt? 3. Schuljahr. »Eine Klasse zieht um«. In: Tymister, Hans Josef (Hrsg.): Projektorientierter Deutschunterricht. Düsseldorf: Schwann 1975, S. 68-78.

Schewski, Erika/Claus, Sabine: Familie, Wohnen, Straße. Spielprojekt mit dem Material Ton in einer türkischen Vorbereitungsklasse (3. Schuljahr) zur Spracherweiterung und Sprachvertiefung. In: Kunst und Unterricht, (1982) 73, S. 30-33.

Schiebold, Uta: Bewußter Umgang mit Müll. In: Die Unterstufe, 38 (1991) 11, S. 312-313.

Schivelbusch, Gerda/Claussen, Claus: Ägypten ohne Lernziele. Kinder machen ihr eigenes Projekt. In: Grundschule, 20 (1988) 5, S. 24-26.

Schleip, Heide: Menschen, die für uns da sind. Ein Projekt. 2. Schuljahr Kunsterziehung. In: LehrerJournal Grundschulmagazin, 3 (1988) 5, S. 27-28.

Schleip, Heide: Spielen auf dem Schulhof. Schulhofgestaltung als Projekt. 4. Schuljahr Kunsterziehung. In: LehrerJournal Grundschulmagazin, 6 (1991) 6, S. 49-50.

Schlotthaus, Werner: Nachrichten senden. In: Die Grundschule, 6 (1974) 8, S. 322-323.

Schmack, Ernst: Projektunterricht in der Grundschule. In: Rutt, Theodor (Hrsg.): Primarstudien. Saarbrücken: Universitäts- und Schulbuch; Kastellaun: Henn 1976, S. 137-187.

Schmidt, Christa: Unsere Umwelt fängt im Klassenzimmer an. In: Grundschule, 20 (1988) 9, S. 56-57.

Schmidt, Hermann: Talsperrenbau in Brunskappel. Einsatz audiovisueller Medien bei der Erschließung des Lernortes »Planungsgebiet für eine Talsperre« (4. Schuljahr). In: Burk, Karlheinz (Hrsg.): Lernorte außerhalb des Klassenzimmers. Frankfurt a. M.: Arbeitskreis Grundschule 1981, S. 127-141.

Schmidt, Kai: Ein Baby ist da! In: Die Unterstufe, 38 (1991) 11, S. 317.

Schmidt, Karin: ABC für Schulanfänger. 1. Schuljahr. Deutsch: Lesen. In: LehrerJournal Grundschulmagazin, 5 (1990) 4, S. 19-20.

Schmidt, Karin: Im Lendenschurz auf Büffeljagd. Zwei Projekttage »Indianer«. In: LehrerJournal Grundschulmagazin, 2 (1987) 4, S. 37-38.

Schmitt, Annelie: Aspekte zum Projekt »Wohnen, Bauen, Planen« im Unterricht der Grundschule. In: Ebinger, Reinhold (Hrsg.): Reflektierte Schulpraxis. Villingen: Neckar Verlag 1973, G 31 und G 40.

Schmitt, Frauke: Sahrlichs, Ariane: Von der Grundschule zur Orientierungsstufe. Ein Projekt mit Schülern, Lehrern, Eltern. In: Grundschule, 16 (1984) 5, S. 38-39.

Schmitt, Rudolf: Toleranz - Kooperation - Solidarität. Göttinger Primarstufenprojekt zum Lernbereich »Dritte Welt« - ein dokumentarischer Überblick. In: Die Grundschule , 11 (1979) 8, Beilage Dritte Welt in der Grundschule, 1 (1979) 1, S. 3-11.

Schnaak, Ernst: Arbeitsbedingungen erkunden. Mit Fotoapparat und Kassettenrekorder. Projektwoche »Hamburger Hafen«. Sachunterricht, 4.-5. Schuljahr. In: Die Grundschulzeitschrift, 1 (1987) 5, S. 49-51.

Schneider, Peter: Projektmethode und Epochenunterricht. Beispiele aus der Waldorfpädagogik und der Hibernia-Schule. In: Kath, Fritz (Hrsg.): Arbeiten mit Projekten. Alsbach: Leuchtturm 1980, S. 25-28.

Schneider, Wolfgang: »Du gehörst dazu!« Ein Projekt »Behinderte Kinder unter uns«. In: Die Grundschule , 7 (1975) 9, S. 471-475

Schreier, Helmut: Betrifft: Luftverschmutzung. Beitrag zu einem Projekt über den Umweltschutz in der Grundschule. In: Unterricht heute, 24 (1973)), S. 408-419.

Schreier, Helmut: Sich selber sehen. Elemente für ein Unterrichtsprojekt mit humanbiologischem Akzent im 3. Schuljahr. In: Die Grundschule, 11 (1979) 6, S. 241-244.

Schröder-Riecke, Edda: Falsch angefangen? Über ein gescheitertes Projekt. In: Grundschullehrer, (1986) 11, S. 10-12.

Schubert, Marga: Projektorientiertes Lernen durch differenzierte Materialangebote zum Thema »Fernsehen«. In: Beck, Gertrud u.a.: Gemeinsamer Lernerfolg: Projekte. Frankfurt a. M.: Hirschgraben 1976, S. 17-26.

Schüler und Lehrer erarbeiten ein Modell: Projekt »Schulhof -Spielhof«. Bonn, Anneliese (Mitarb.)/Kleinschmidt, Christel (Mitarb.)/Richter, Horst (Mitarb.)/Scheffer, Ursula (Mitarb.): In: Die Grundschule, 8 (1976) 1, S. 40-46.

Schultheis, Rita: So' ne Bohne - gar nicht ohne! In: Grundschule, 24 (1992) 3, S. 26-27.

Schulz, Gerhild: Mein gesundes Kochbuch. In: Grundschullehrer, (1986) 5, S. 36-37.

Schumak, Richard: Projektunterricht als erziehende und schülerorientierte Unterrichtsform. In: Münchner Lehrerzeitung, 30 (1977) 12, S. 168-170.

Schwab, Renate: Das Märchen vom Schneemädchen. Ein kreatives Unterrichtsprojekt. 3. Schuljahr Deutsch. In: LehrerJournal Grundschulmagazin, 6 (1991) 7-8, S. 41-42.

Seidel, Günter: Aufführung zum Elternabend »Rhabarber, Rhabarber«. In: Grundschule, 17 (1985) 12, S. 32-35.

Semmerling, Rüdiger/Bachmann, Friedlinde: Mit Fragen überleben. Ein Gespräch. In: Grundschule, 23 (1991) 6, S. 22-24.

Semmerling, Rüdiger: Mit Projektlernen zum pädagogischen Programm. Eine Betrachtung zum Thema: Projekt Lernen oder Projektlernen? In: Grundschule, 23 (1991) 6, S. 16-19.

Siebert, Ortrud: Umweltschutz - ein Unterrichtsprojekt im Rahmen der »Gesellschaftslehre« eines 4. Schuljahres. In: Sachunterricht und Mathematik in der Grundschule, 1 (1973) 7, S. 299-305.

Simon, Eva: »Jeder schenkt und bekommt geschenkt«. Theaterprojekt mit Kindern aus einer 2. und 4. Klasse. In: Grundschule, 18 (1986) 7-8, S. 38-41.

Smidt, Elke/Smidt, Thomas: Sexualerziehung in der Grundschule. Starnberg: Raith 1974. 94 S.

Soll, Wilfried: Eine Wandzeitung für die ganze Schule. Episoden aus dem Schulalltag. In: Grundschule, 14 (1982) 12, S. 619-622.

Spangenberg, Edith: Wir schreiben ein Leselernbuch. In: Grundschule, 20 (1988) 5,S.9-12.

Spindler-Steudtner, Ingrid: Umweltwoche in der Grundschule. In: LehrerJournal Grundschulmagazin, 4 (1989) 10, S. 39-40.

Spitta, Gudrun/Gerhäusser, Christina: Lernspielkarten für den Erstleseunterricht. Beispiel für die Anwendung eines vereinfachten Siebdruckverfahrens im Rahmen eines klassenübergreifenden Projekts in Grund- und Hauptschulen. In: Kunst und Unterricht, (1975) 34, S. 18-21.

Sprachprojekte. 2. Schuljahr. Schlotthaus, Werner (Mitarb.)/Balhorn, Heiko (Mitarb.)/ Drögemüller, Horst (Mitarb.) /Grönwoldt, Peter (Mitarb.)/Röseler, Richard (Mitarb.). Braunschweig: Westermann 1974.

Sprachprojekte. 3. Schuljahr. Schlotthaus, Werner (Mitarb.)/Balhorn, Heiko (Mitarb.)/ Drögemüller, Horst (Mitarb.)/Grönwoldt, Peter (Mitarb.). Braunschweig: Westermann 1975.

Sprachprojekte. 4. Schuljahr. Schlotthaus, Werner (Mitarb.)/Balhorn, Heiko (Mitarb.)/ Drögemüller, Horst (Mitarb.)/Grönwoldt, Peter (Mitarb.)/Hoppe, Otfried (Mitarb.)/Röseler, Richard (Mitarb.). Braunschweig: Westermann 1976.

Stahl, Hannelore: Projektunterricht erlebt. In: Die Unterstufe, 37 (1990) 12, S. 247-248.

Stahl, Hannelore: Mein Kalender. In: Die Unterstufe, 38 (1991) 11, S. 324-325.

Stange, Sabine/Stange, Horst-Martin: Fotogramme helfen, die Wirklichkeit zu begreifen. Ein Bericht über ein Einführungsprojekt in der 4. Klasse einer Schule für Lernbehinderte. In: Garborini, Norbert (Hrsg.): Fotografie im Kunstunterricht. Frankfurt a. M. (usw.): Diesterweg1981, S. 13-19.

Stankewitz, Winfried: Rollenspiel und Schultheater. Zur Überwindung des folgenlosen Rollenspiels (Unterrichtsprojekte aus dem 8. und 4. Schuljahr). In: Tymister, Hans Josef (Hrsg.): Projektorientierter Deutschunterricht. Düsseldorf: Schwann 1975, S. 114-143.

Steck, Angelika: Ein Buch über und für unsere Klasse. Bericht über eine projektorientierte Unterrichtsreihe im 1. Schuljahr. In: Kunst und Unterricht, (1982) 71, S. 30-32.

Steib, Irmgard: Projekt »Wir machen eine Fernsehsendung«. In: LehrerJournal Grundschulmagazin, 5 (1990) 3, S. 13-14.

Stöckelmann, Rainer: Sexualerziehung - ein Langzeitprojekt. In: Köhler, Bernd (Hrsg.): Sachunterricht: Natur. 1 bis 4. München: Urban und Schwarzenberg 1981, S. 76-94.

Stößinger, Jutta: Eine Schule, in der keiner sitzenbleibt. Dicke Brieftasche nicht entscheidend. Wirklich kein Bedarf? Pädagogischer Versuch in Sachsenhausen. Behörden ziehen nicht mit. In: Frankfurter Rundschau, 31 (1975-11-14) 265, S. 9-10

Szagun, Anna-Katherina: Unterricht über »Dritte Welt«. Einige Versuche, Kenntnisse und Einsichten einmal nicht nur über den Kopf zu vermitteln ... In: Die Grundschule, 14 (1982) 11; Beilage Dritte Welt in der Grundschule, S. 3-6.

Terpinc, Boris: Entwicklungspädagogik als Projektarbeit. In: Zeitschrift für Entwicklungspädagogik, 2 (1979) 2, S. 25-33.

Theunissen, Georg: »Theaterprojekt« in der Schule für Erziehungshilfe - ein Beitrag zur ästhetischen Erziehung bei Verhaltensauffälligen. In: Zeitschrift für Heilpädagogik, 33 (1982) 5, S. 278-289.

Thierfelder, Ursula: »Die Pause«. Schulfunk im Unterricht eines 1. Schuljahres. In: Erichson, Christa (Hrsg.): Mediengebrauch in der Grundschule. Frankfurt a. M.: Arbeitskreis Grundschule 1977, S. 235-243.

Thoms, Heide: Hier wächst etwas auf unserer Fensterbank. In: Die Unterstufe, 38 (1991) 11, S. 313-314.

Tymister, Hans Josef: Strafarbeiten? Umgang mit amtlichen Mitteilungen und Verfügungen in einer 3. Klasse. In: Westermanns pädagogische Beiträge, 26 (1974) 12, S. 676-678.

Übach, Gerd/Welkert, Hans-Joachim: Streit um die Bahnhofsstraße - ein Projekt in der vierten Klasse der Primarstufe. In: Sachunterricht und Mathematik in der Primarstufe, 7 (1979) 12, S. 469-476.

Uchronski, Reinhild: Vorschulkinder besuchen die Schule. Ein fächerübergreifendes Unterrichtsprojekt. Sachkunde, 1. Jahrgangsstufe. In: Grundschulmagazin, 13 (1986) 4, S. 7-8.

Upmeier, Helga: Arbeitsvorhaben »Wir wollen Blumenbänke herstellen« und »Wir malen unsere Blumenbänke an«. In: Stieger, Karl: Die Schule als Brücke zur modernen

Arbeitswelt. Stuttgart: Klett 1962, S. 46-60 Vorhaben; »Blumenbank«; Arbeitsvorhaben; Exkursion; - (Auch) In: Klafki, Wolfgang (Hrsg.): Unterrichtsbeispiele der Hinführung zur Wirtschafts- und Arbeitswelt. Düsseldorf: Bagel 1970, S. 19-32.

Vieregg, Hildegard: Der Knappe Günther wird zum Ritter geschlagen. In: Grundschule, 18 (1986) 7-8, S. 46-48.

Vohmann, Ulrike: Unser Schüler-Eltern-Sportfest. In: Sportpädagogik, 5 (1981) 3, S. 13-19.

Voigt, Hartmut: Unterrichtsprojekt »Markt für Neuenrade. Ein Beitrag zum schülerorientierten Sachunterricht im dritten Schuljahr«. In: Sachunterricht und Mathematik in der Primarstufe, 9 (1981) 5, 183-194; 6, S. 231-239.

Völker, Diethelm: Das Projekt »Wie ist dies? Wie ist das? Wissen macht Spaß!« In: Materialien für den Sachunterricht auf der Grundstufe. Frankfurt a. M.: Arbeitskreis Grundschule 1970, S. 80-97.

Vontobel, Jacques: Kinder entdecken ihre Gemeinde. Heimatkunde als soziale Gegenwartskunde. Vorschläge für Unterrichtsthemen aus der sozialen Lebenswelt des Schülers. Koller-Teufer, Margrit (Mitarb.)/Meier, Hans Rüdi (Mitarb.)/Pestalozzianum Zürich. Projekt Gegenwartsbezogene Sozialthemen (Hrsg.): Zug: Klett und Balmer 1981.

Vortisch, Stephanie: Kinder spielen die Geschichte ihrer Stadt. In: Grundschule, 20 (1988) 5, S. 27-19.

Wagner, Josef: Unsere Milchtütenautos. Projekt »Wir bauen Starrachsenfahrzeuge«. In: Grundschule, 22 (1990) 5, S. 31-34.

Wahlmann, Udo: Projektunterricht in Heimatkunde - machbar und möglich. In: Die Unterstufe, 37 (1990) 1, S. 245-247.

Walkstein, Gudrun/Silkenbeumer, Rainer: Fernsehen in der »Medien-Ecke« selbst gemacht. Von Schülern der jahrgangsübergreifenden Klasse 1a-2a in der IGS Hannover-Roderbruch. In: Burk, Karlheinz (Hrsg.): Wieviele Ecken hat unsere Schule? Frankfurt a. M.: Arbeitskreis Grundschule 1979, S. 210-221.

Wallrabenstein, Wulf: Ein Hörspiel selber herstellen. Sprachförderung mit Musik im 4. Schuljahr. In: Grundschule, 11 (1979) 1, S. 38-40.

Warwitz, Siegbert: Spielerziehung in Projektform. In: Sportpraxis in Schule und Verein, 22 (1981) 9, S. 170.

Wasmuth, Gudrun: Familien für's Album - früher und heute. Unterrichtsprojekt mit alten Familienfotos an einer Grundschule. In: päd. extra, (1978) 6, S. 42-44.

Waterkotte, Hanne: Ein Buchprospekt für Mitschüler. Unterrichtsprojekt im 2. Schuljahr. In: Grundschule, 20 (1988) 1, S. 41-43.

Weber, Hartwig: Mut zur Phantasie. Kinder lernen über Kinder. Kinder lernen über sich und ihre Schulsituation, über Kinder in Randgruppen und in der Dritten Welt. Unterrichtseinheiten, Arbeitsmaterialien, Lernideen. Lopez, Luis Antonio (Ill.)/Terpinc, Boris. Reinbek: Rowohlt 1979.

Weigle-Haarmann, Christel/Meier, Kurt: Texte finden, vorbereiten, gestalten. Umgang mit Texten. In: Grundschule, 18 (1986) 10, S. 23-25.

Wengenroth, Bärbel: Ein Versuch handlungsorientierter Schreiberziehung. In: Ingendahl, Werner (Hrsg.): Erziehungsziel: Sprachliche Verständigung. Bochum Kamp 1978, S. 227-247.

Werdermann Maxeiner, Margitta: Die Wiese - ein Lernort für Großstadtkinder (3. Schuljahr). In: Burk, Karlheinz (Hrsg.): Lernorte außerhalb des Klassenzimmers. 2. Frankfurt a. M.: Arbeitskreis Grundschule 1981, S. 45-59.

Werner, Elisabeth: Die Umgestaltung einer Schulküche in einen Kunstraum. In: Burk, Karlheinz (Hrsg.): Wieviele Ecken hat unsere Schule? Frankfurt a. M.: Arbeitskreis Grundschule 1979, S. 246-256.

Wetter und Mensch. Bericht über ein Projekt in der Lehrerausbildung. Braun, Axel (Mitarb.)(u.a.): In: Sachunterricht und Mathematik in der Primarstufe, 18 (1990) 1, S. 39-45.

Wiesener, Gerhard: Kinder im »Untergrund«. Erfahrungs- und Erlebnisraum U-Bahn. 3.-4. Klasse. In: Die Grundschulzeitschrift, 2 (1988) 16, S. 23-26.

Wilimsky, Helmut: Wir bestimmen Pflanzen für eine schmackhafte Wildkräutersuppe. 3. Schuljahr. Sachunterricht, Deutsch: Sprachbetrachtung. In: LehrerJournal Grundschulmagazin, 5 (1990) 4, S. 13-15.

Wilimsky, Helmut: Wir gehen mit dem Wasser sparsam um. In: Die Unterstufe, 38 (1991)11, S. 322-324.

Wirschnitzer, Karin: Die Post. Eine Projektwoche in Klasse 2. In: Die Unterstufe, 38 (1991) 11, S. 315-316 und 328.

Wirth, Heide (Mitarb.)/Hornig, Traute (Mitarb.)/Kaiser, Monika (Mitarb.)/Steiner, Beate (Mitarb.)/Straeb, Barbara (Mitarb.): »Es war einmal in Heppenheim«. Ein Projekt aus der Geschichte unserer Stadt. In: Grundschule, 24 (1992) 7-8, S. 40-42.

Wolde, Dagmar: Projektansatz »Fernsehgewohnheiten« in einem 4. Schuljahr. In: Ingendahl, Werner (Hrsg.): Erziehungsziel: Sprachliche Verständigung. Bochum: Kamp 1978, S. 248-269.

Wolff, Paul: Schüler organisieren Unterrichtsprojekte. In: Beck, Gertrud: Schubert, Marga: Wolff: Gemeinsamer Lernerfolg: Projekte. Frankfurt a. M.: Hirschgraben-1976, S. 27-34.

Wolter, Margit: Reden allein reicht nicht! Aktion einer 4. Grundschulklasse. In: Die Grundschule , 14 (1982) 5, Beilage Dritte Welt in der Grundschule, S. 10-13.

Wolter-Pfingsten, Traute: Lernen im Zoo für Kinder und Erwachsene. In: Grundschule, 22 (1990) 7-8, S. 12-16.

Zeidler-Hurek, Luise: Unser Klassenbilderbuch. Ein Projekt vom Schulanfang bis zur vierten Klasse ... In: Grundschule, 22 (1990) 6, S. 55.

Zeit für Projekte. (Heftthema). In: Die Grundschulzeitschrift, 4 (1990) 38, S. 4-35.

Ziechmann, Jürgen: Unterrichtsprojekt im Sachunterricht »Das Fliegen«. Ein Vergleich zweier Unterrichtsmodelle zum selben Thema. In: Sachunterricht und Mathematik in der Primarstufe, 11 (1983) 2, S. 38-48.

Ziechmann, Jürgen: Projektunterricht - veraltetes Muster oder innovatives Element der Unterrichtspraxis? Mehr als rezensierende Bemerkungen zu den Bemühungen von Karl Frey, die Projektmethode wieder ins Gespräch zu bringen. In: Sachunterricht und Mathematik in der Primarstufe, 12 (1984) 3, S. 82-87.

Ziechmann, Jürgen: Friedenspädagogik im offenen Unterricht auf der Primarstufe. In: Sachunterricht und Mathematik in der Primarstufe, 14 (1986) 6, S. 207-216.

Ziegler, Angelika: Wir backen Waffeln für Terre des Hommes. Ein sachrechnerisches Unterrichtsbeispiel aus der 3. - 4. Jahrgangsstufe im Zuge eines Unterrichts- und Hilfsprojektes über und für Kinder in der 3. Welt. In: LehrerJournal Grundschulmagazin 4 (1989) 12, Beilage Blätter für Lehrerfortbildung, S. 1-4 u 8.

Zöger, Else: »Ausländer in unserer Stadt« als Leitthema einer Grundschule. Gemeinschaftsgrundschule Auf dem Alten Kamp, Bochum. In: Ausländer in unserer Stadt. Bonn: Deutsche UNESO-Kommission 1977, S. 28-81.

Innovationsmagazin

Magazin bedeutet Vorratsraum oder Lagerhaus. Im journalistischen Bereich ist ein Magazin mit bebilderter Unterhaltung verbunden, sei es in Gestalt einer Sendung im Fernsehen oder eines Journals. Wir möchten mit unserem Sondermagazin beide Aspekte verbinden. Es geht um die Aufbewahrung wichtiger neuer pädagogischer Ideen wie z. B. Topic Work und Fremdsprachenbegegnung. Diese Ideen sollen in der Ideenkiste zugänglich gemacht werden, wobei wir ähnlich wie in den anderen Kapiteln auch um Illustration, um Bebilderung im ursprünglichen Wortsinn Magazin, bemüht sind.

Drei Themen wurden aufgenommen. Einmal handelt es sich um Topic Work, einen didaktischen Ansatz aus der angloamerikanischen Pädagogik. In den letzten Jahren wurde dieser Ansatz im Sachunterricht bei uns diskutiert und auch mehrfach in Veröffentlichungen erwähnt. Die Ähnlichkeit zur Projektmethode liegt auf der Hand, und dennoch gibt es Unterschiede, die Sabine Jesumann herausarbeitet. Im Zentrum von Topic Work steht ein Thema, das zumeist über eine längere Zeit bearbeitet wird wie etwa Feuer oder Wasser. Topic Work und Epochalunterricht, das deutet dieser Hinweis bereits an, gehören zusammen.

Fremdsprachenbegegnung in der Grundschule ist ein zweiter Teil, in dem sich Uta Vanessa Schwarz um die Darstellung unterschiedlicher Formen der methodischen Umsetzung bemüht. In der Grundschule muß kein neues Fremdsprachenfach eingerichtet werden, um dieser didaktischen Forderung gerecht zu werden. Fast jedes Bundesland hat solche Elemente mittlerweile umgesetzt. Es gibt nur noch wenige Länder, in denen diese pädagogische Idee am Anfang seiner Realisation steht (Hamburg, Schleswig-Holstein). Wir hoffen, mit diesem Beitrag ein Signal für die Notwendigkeit gerade angesichts des zusammenwachsenden Europas zu setzen.

In dem Beitrag »Was wir über gute Schule wissen« wird versucht, aktuelle Forschung über erfolgreiche Innovationen im Schulfeld zugänglich zu machen. Konkret wird dort über ein vergleichendes Projekt berichtet, in dem es darum geht, entdeckungsorientierte Lernformen im Sachunterricht nicht nur konsequent umzusetzen, sondern auch in die Kultur der Schule über längere Zeit einzubinden. Die Forschung über Qualität von Schule wird angesprochen.

TOPIC WORK

Ursprünge des didaktischen Ansatzes namens »Topic Work« sind in Grossbritannien zu finden. Der Lehrplan für schottische Primarschulen (1991) bezieht eine Reihe von »Topics« ein. Oftmals werden in der schottischen Primarschule nur vier oder fünf Topics jährlich im Sachunterricht behandelt (-->»Environmental Studies«).

Topic Work ist für fächerübergreifenden Epochalunterricht bestens geeignet beziehungsweise setzt diese Form sogar voraus. Ähnlichkeiten zur Projektmethode liegen auf der Hand, wobei auch Querverbindungen zum Spiralcurriculum nach *Bruner* bestehen insofern, als ein Thema wiederholt unter je neuem Akzent oder Blickpunkt vertiefend weiter entfaltet wird.

Zerstreutes, auf Fächer verteiltes Wissen wird durch Topics gleichsam »zurückgebündelt«, neu vernetzt und im Rahmen einer Erfahrungseinheit für praktisches Lernen neu gestaltet. Dieser Aspekt ist gerade im Hinblick auf die Grundbildungsdebatte in europäischen Ländern interessant: Dort wird gefordert, die Zersplitterung des Schulwissens wieder in konsequentere Formen des ganzheitlichen Lernens mit allen Sinnen zurückzuführen. Dazu zählt die Entwicklung grundlegender Fähigkeiten und Schlüsselqualifikationen auch als Antwort auf epochaltypische Schlüsselprobleme (*Klafki* 1991). Die Lehrplanrevision in Schleswig-Holstein macht sich dieses Modell zu eigen.

Der *Storyline Approach* ist eine spezielle Methode von Topic Work. Es geht um die Entfaltung oder Erschliessung von Themen entlang eines Handlungsleitfadens. Ausgangspunkt kann eine Geschichte sein oder eine Situation, in die sich die Kinder hineinversetzen. Entscheidend ist jedoch nicht die Geschichte selbst, sondern die ihre Entwicklung in Handlungsfeldern und -bezügen durch praktisches Lernen. Bei Topics wie etwa »Planet Erde«, »Wasser«, »Computer«, »Wikinger« oder »Feuer« können Grundfertigkeiten – in der Curriculumdiskussion als heuristische Ziele bekannt – eingelöst werden. Darunter fallen zum Beispiel das forschende Entdecken, das Konstruieren und Bauen, das Erkunden und auch das systematische Vergleichen. Das schottische Curriculum ist diesbezüglich sehr interessant, weil es von zwei Prozeßfähigkeiten dieser Art im Zentrum ausgeht: »Investigating« und »Designing« sowie »Making«.

Der nachfolgende Beitrag von *Sabine Jesumann* führt sehr anschaulich aus, was eigentlich unter Topic Work zu verstehen ist, wie die Schotten mit dieser Methode im Unterricht umgehen und inwieweit auch in unseren Grundschulen Topic Work eine wichtige pädagogische Funktion verspricht.

Topic Work zum Anfassen -

Fächerübergreifendes Lernen im themenzentrierten Unterricht

Sabine Jesumann

Europa bereichert - Ein Blick in andere Schulsysteme

Was führt eine Lehramtsstudentin im Winter ins nasse Schottland? Es ist das Interesse an einer bestimmten Form des themenzentrierten Unterrichts namens *Topic Work*. Diese Form hat in Schottland, genauer in Glasgow am Jordanhill College, als *Storyline Approach* ihren Ursprung. Sie ist bei uns als *Methode Glasgow* oder als Lernen in Handlungs- oder Erfahrungsfeldern bekannt geworden. Ich werde in diesem Beitrag den englischen Namen verwenden, der mir wesentlich aussagekräftiger scheint als die mir bekannten Übersetzungen in die deutsche Sprache.

Im Hinblick auf offenen Unterricht ist der themenzentrierte, projektähnliche Unterricht Schottlands besonders interessant. Mit dem Vorsatz, mehr darüber zu erfahren, habe ich Anfang 1992 zwei Monate in Schottland verbracht, wo ich mir bei Besuchen mehrerer Primary Schools ein genaueres Bild dieser Unterrichtsform machen konnte.

Ein Besuch bei den Wikingern. Themenzentrierter Unterricht – Storyline Approach versus Web Approach

»Wir haben gerade das Topic Wikinger«, begrüßt mich eine Gruppe von Kindern und erklärt mir alles auf der Stelle. »Das sind die Wikingerfamilien, die hier am Ort leben. Das Mädchen habe ich gemacht,« erläutert ein Kind und zeigt auf einen Wandfries, auf dem der Ort mit seinen Bewohnern als Collage zu erkennen ist. Ein anderes Kind fällt ihr ins Wort: »Wir bereiten uns gerade auf eine große Fahrt vor und müssen alle nötigen Dinge besorgen.« In den Familiengruppen erstellen die Kinder eine Liste der Dinge. Anschließend beginnen Handel und Tausch. Was die Kinder zu dieser Zeit noch nicht wissen, erzählt mir die Lehrerin nach der Unterrichtsstunde: Die Wikinger werden nicht auf Fahrt gehen, denn Feinde werden den Ort überfallen. Wie werden sich die Dorfbewohner wehren? Das ist das Problem, mit dem die Kinder konfrontiert sein werden.

Ein Thema, also ein *Topic*, wie in diesem Fall die Wikinger, beruht auf einer Handlung, dessen Handlungsfaden von der Lehrerin festgelegt ist. Dieser Ansatz steht für *Storyline Approach*. Storyline bedeutet Handlungsfaden. Storyline Approach ist *eine* Ausformung von Topic Work. Zu ihr im Kontrast steht *Web Approach*. Ein Thema wird in den Mittelpunkt des Unterrichts aller Fächer gestellt.

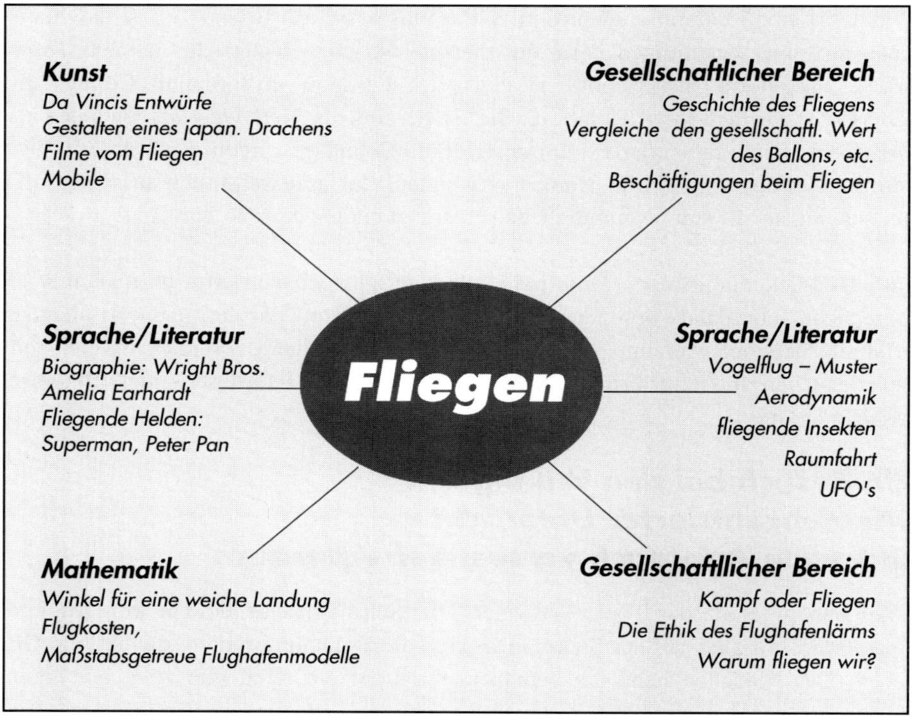

Abb. 1: Modell eines interdisziplinären Konzepts Web Approach (vgl. *Bell/Fifield* 1991; Übersetzung der V., S. J.).

Wie Abb. 1 zeigt, kann z.B. »Fliegen« in den verschiedenen Fachbereichen unter je besonderen Fachaspekten thematisiert werden, wobei allerdings keine Verknüpfungen zwischen den Fächern bestehen müssen. Dieser netzartige Aufbau - *web* bedeutet Netz - ist kennzeichnend für themenzentrierten Unterricht. Er erinnert stark an den Gesamtunterricht. Diese Art des fächerübergreifenden Arbeitens wirkt häufig gezwungen. Im Gegensatz dazu lösen sich die Fächer beim Storyline Approach völlig auf. Die Lernsituation gleicht den Umständen des Lebens, das ohnehin nicht nach Fächern untergliedert ist. Ohne daß sie es wissen, erfüllen die Kinder Lernziele verschiedener Fächer. Sie stehen aber in einem inhaltlichen Zusammenhang. Wie etwa muß ein Schiff gebaut sein, damit es schwimmt? Ein naturwissenschaftlicher Lernbereich ist »Schwimmen und sinken«. Die Wikinger feiern auch Feste. Lernziele des musischen Bereichs können leicht integriert werden.

Ein solches Thema wird epochal-fachübergreifend behandelt. Alle Fächer wie Sprachunterricht, Mathematik, musische Fächer (expressive arts) und Heimat- und Sachunterricht (environmental studies) sind an dem Thema beteiligt. Die Anteile der einzelnen Fächer werden unterschiedlich gewichtet sein. So handelt es sich bei dem Wikingerthema um ein geschichtsbasierendes Topic.

Während eines Schuljahres werden in der Regel 4 große Topics, jeweils eines pro Quartal, über einen Zeitraum von mehreren Wochen behandelt. Manche Schulen haben einen Topic-Plan, der Topics nach Fachschwerpunkten wie z.B. Lektüre, Naturwissenschaft, Heimat, Geschichte oder Ich und Umwelt ordnet und bei der Auswahl der Inhalte die Besonderheiten der Umgebung der Kinder berücksichtigt. Ein solcher Plan entspricht häufig dem Prinzip des Spiralcurriculums und ist vergleichbar mit einem Stoffverteilungsplan.

Jahrgänge	Ich und die anderen Gesellsch./Gesundh./Reli.	Die nähere Umgebung	Zeit/Geschichte	Naturwissenschaft Experimente	Lektüre u. Schreibanlässe
Primary 1 - 3	Ich Meine Familie Sich fit fühlen Sich schlecht fühlen Das Wesen, das in meine Schule kam.	Im Stadtpark In und um meiner Schule In meiner Straße Urlaub in Elgin (=Heimatort)	Ein Kind im Spiegel der Zeit Ablauf wiederkehrender Ereignisse Feste u. Feiern In die Zukunft	Wasser Wind Licht/Schatten Farbe Ernährung Räder Holz Heiß/kalt	„My Pet" „Jim the Postman" „Mr Togs the Tailor" „When Willy went to the Wedding" „Zeralda's ogre „The owl that was..." „Gift from Winklesea" „Sam the sealion"
P 4 - 5	Neues Zuhause (Entstehung) Familie gesellschaftl. Ereignisse im Jahreslauf z.B. Flohmarkt Gesundheit	Unser Fremdenverkehrsamt (Fischen, Destillerien, Wollverarb.) Unsere Schule Unser Garten	Identifikationsmuster (Gesehen durch eine Person od. Familie in einer anderen Zeit) Wichtige Zivilisationen Elgin - eine mittelalterl. Stadt Vor 50 Jahren	Wasseruntersuchung Transport Erde, Feuer, Luft } Elemente Fliegen	„The BFG" „The sea is singing" „The House under the stairs" „Charlotte's Web"
P 6 - 7	Erwachsen werden (pers. Entwicklung) Gesundheitsbewußt leben Pflichten der Gemeinschaft gegenüber	Der Fluß Lossie Der Reiseleiter Besuch im Heimatmuseum Klassenfahrt	Wie wir gelebt haben: 1854 - 1900 1902 - 1926 1936 - 1953 1954 - 1978 Berühmte Schotten Aktuelle Ereignisse	Energie/öffl. angewandt Umweltschutz/Umweltverschmutzung Kommunikation	„The Cay" „The Desperate Journey" „The Giant under the Snow" „The finding" „The House of 60 Fathers" „When the sirens wail" „The Freedom Machine" „The silver sword"
Primary School Bishopmill, Elgin					

Abb.2: Topic-Plan der Primary School Bishopmill (Elgin) und Topic-Plan der Mosshaed Primary in Bearsden/ Glasgow – Schuljahr 1991/92.

Wie baue ich Topics auf? Kennzeichen des Storyline Approach

Wichtigstes Merkmal der Methode ist der Handlungsfaden, also die storyline. Durch Topics zieht sich jeweils ein Handlungsfaden, dessen Ablauf und Ende den Lehrerinnen und Lehrern bereits zu Beginn des Unterrichtsvorhabens bekannt sind. Die Lehrerinnen und Lehrer initiieren die Geschichte und fordern die Kinder durch Schlüsselfragen zu strukturiert vorgegebenen Aktivitäten auf. Wie sich die Bewohner vor den herannahenden Feinden schützen wäre ein Schlüsselfragenbeispiel. Die Art der Aktivität wird durch die Handlung festgelegt. Durch ihre Kreativität nehmen die Kinder teil an der Gestaltung der Geschichte und lassen sie zu ihrer Geschichte werden. Die Qualität eines Topics beruht auf dem Bedeutungsreichtum des Inhalts im Hinblick auf die Ziele. Der Ablauf eines Handlungsfadens läßt sich in 4 Schritte gliedern:

1. Ort und Zeit der Handlung festsetzen
   (»setting the scene in time and place«)

2. Menschen und Tiere erfinden und gestalten
   (»introduce people and animals«)

3. Das tägliche Leben inszenieren
   (»figure out a way of life«)

4. Ereignisse inszenieren, mit denen die Kinder fertig werden müssen
   (»cause incidents to occur which have to be dealt with«)

Mit der Vorgabe von Ort und Zeit der Handlung setzt der Lehrer den grundlegenden Rahmen des Unterrichtsvorhabens fest. Soll es einen gesellschaftlich-sozialen Schwerpunkt erhalten, so bietet es sich an, vom direkten Umfeld der Kinder, dem Heimatort, auszugehen und die Geschichte in der Gegenwart zu plazieren. Die Kinder sind aufgefordert, jeweils in Gruppen Familien zu gestalten (erste Aktivität). Die Menschen, um die es geht, werden durch die Kinder eingeführt. Sie bestimmen, welchen Charakter die Familien mit ihren Mitgliedern haben. Es beginnt eine Form des Rollenspiels. Jedes Kind kreiert eine Person aus Pappe, Stoff und Wolle. Der Lehrer gibt die Struktur vor: Alle Kinder erhalten ein gleich groß zugeschnittenes Stück

Karton, das den Maßstab vorgibt. Die Lehrperson gibt Information und Hilfen zum grundsätzlichen Gestaltungsweg, um eine gewisse Einheitlichkeit zu erreichen, die für das spätere weitere Arbeiten wichtig ist. Das Vorgeben von einfachen Körperformen wie Kreis, Quadrat, Rechteck und Dreieck kann den Kindern bei der Gestaltung der Figur eine Hilfe sein. Den Kindern wird Material wie Stoffreste, Wolle, Seidenpapier und anderer kleiner Schnickschnack zur Verfügung gestellt. Wichtig ist eine gute Vorbereitung der Materialien und Organisation. Die Wolle kann für die Haare, Stoff für die Bekleidung verwendet werden. Dies wird auf die vorgezeichnete Papierfigur aufgeklebt. Ist die Figur fertiggestellt, wird sie ausgeschnitten und mit einem Namen versehen.

Abb.3: Entstehungsschritte einer Collage-Figur

Die Familien-Gruppe überlegt sich einen Familiennamen. Die Figur nimmt Form an. Von dem jeweiligen Kreateur wird eine Biographie der Person erstellt, die Mitschülern Informationen über Name, Geburtstag, Alter, Adresse, Familienstand und Beruf gibt. Hier vermittelt der Lehrer eine Struktur, die gleichzeitig eine Vorbereitung auf das spätere Leben ist, das Ausfüllen von Formularen. Es ist hier aber in einen realitätsnahen Sinnzusammenhang gebracht, der jedoch etwas Spielerisches hat. Diese Art des Rollenspiels, das nun beginnt, bietet dem Lehrer oder der Lehrerin eine Unterrichtssituation, in der sie Familie und Familienverhältnisse thematisieren können, ohne in die Privatsphäre einzugreifen und ohne Kinder, die in ungeregelten Familienverhältnissen leben, durch persönliche Betroffenheit zu verletzen. Den Kindern bietet sich die Möglichkeit, ihre eigenen Probleme, verpackt als die Probleme der Figur, anzusprechen und Lösungsmöglichkeiten zu erfahren, die sie für sich selber nutzen können, ohne sich anderen offenbaren zu müssen. Gestalter und Figur dürfen jedoch nie soweit miteinander verschmelzen, daß eine Reflexion und kritische Auseinandersetzung nicht mehr möglich sind.

Während der Phase der Gestaltung der Figuren, ihrer Charaktere und Biographien ist der Lehrer in einer sonst seltenen Situation, in der des Unwissenden. Solange die Erklärungen der Kinder im Kontext schlüssig sind, hat der Lehrer kein Recht, etwas als falsch oder richtig zu bewerten. Eine Situation, die auch für Kinder meist ungewohnt, jedoch sehr reizvoll ist.

Wichtig für das weitere Vorgehen ist die Präsentation der Figuren im Klassenraum. Es hat sich bewährt, eine Familie jeweils auf einen Bogen Tonpapier so zu befestigen, daß einzelne Figuren wieder ablösbar sind (Haftkleber), um sie im weiteren Unterrichtsvorhaben wieder einzusetzen.

Abb.4: Präsentation der Familie

Diese vorhandenen Familien bieten eine Fülle von Lernsituationen. Beispiele:

- Eine Person wird von der Lehrerin herumgezeigt mit der Aufforderung, sie genau zu betrachten. Dann läßt sie sie verschwinden mit der Aufgabenstellung: »Ihr habt sie zuletzt gesehen. Gebt eine Personenbeschreibung.«

- Eine Person wird beschrieben, die Kinder müssen herausfinden, zu welcher Figur die Beschreibung paßt.

- Zwei Figuren treffen sich. Jede hat eine Sprechblase und eine Gedankenblase. Mögliches Lernziel: Gesagtes und Gedachtes müssen nicht übereinstimmen. Eine Gesprächssituation kann entwickelt werden in Form eines Comics.

- Einsetzen von Photokopien der Figuren, z.B. als Paßbild. Gestalten eines Ausweises. Welche Informationen muß er enthalten?

- Weitere Varianten sind möglich.

Abb.5: Figuren auf ein Blatt gelegt und photokopiert. Die Kinder entwickeln dazu im Comic-Stil ein Gespräch

Als nächster Schritt kann die Straße, in der alle Familien wohnen, gestaltet werden. Jede Familien-Gruppe »baut« ihr Haus. Vorgeschnittene Tonpapiere sorgen für die nötige Struktur. Die Häuser werden in einer Reihe nebeneinander an einer Wand des Klassenraumes aufgehängt. Die Familien-Gruppen erklären ihre Häuser. Nachbarschaftsverhältnisse können besprochen werden. In dieser Phase beschäftigen sich die Kinder damit, das tägliche Leben in den Familien und in der Straße näher zu untersuchen und zu beschreiben. Der Gebrauch aller Sinne wird angesprochen zur Erforschung ihrer eigenen Umgebung und Mitwelt, die sie nun aufmerksamer betrachten werden, und zum Ausdrücken ihrer Ideen. Ist die alltägliche Routine soweit erfaßt, tritt das ebenso zum Alltag Gehörende ein: Es passiert etwas. Was passiert, liegt in der Hand des Lehrers:

- Ein Einbruch hat stattgefunden. Was ist zu tun? Was wurde gestohlen? Was ist besonders wertvoll in unserem Haus?
- Ein Fest soll stattfinden. Was wird gefeiert? Planung ...
- Eine Autobahn soll durch die Straße geführt werden, einige Häuser sind vom Abriß betroffen. Was ist zu tun, welche Alternativen gibt es?
- Ein Haus brennt. Was ist zu tun?
- In ein leeres Haus, das der Lehrer in der Zwischenzeit erstellt hat, ziehen neue Nachbarn ein. Was erwarten wir von guten Nachbarn? Wie werden sie begrüßt? Die neuen Nachbarn werden vom Lehrer bestimmt. Seine Entscheidung ist vom Unterrichtsziel abhängig, ob es z.B. eine ausländische Familie, eine Familie mit einem körperlich behinderten Kind oder eine sozial schwache Familie ist.
- Weitere Varianten sind möglich.

Die storyline, der Handlungsfaden also, ist eine Kette, auf der wie auf einem Faden Aktivitäten wie Kugeln aneinandergereiht sind. Manchmal können auch zwei oder drei Fäden parallel zueinander laufen - zum Beispiel wenn eine Gruppe, zusammengesetzt aus einem Mitglied jeder Familie, die neuen Nachbarn in Figur und Charakter erschafft und die übrigen eine Willkommensparty vorbereiten.

Besonderes an Topic Work - Gründe für Lernen in Erfahrungsfeldern

Topic Work als Storyline Approach thematisiert die Mitwelt der Kinder weder unterteilt noch zerlegt nach Fächern, sondern nach Erfahrungsfeldern. Die Umwelt des Menschen läßt sich gliedern in verschiedene Bereiche des Lebens, in denen der Mensch bestimmte Erfahrungen gemacht, Wissen erworben und Zusammenhänge erkannt hat (siehe *Mayer,* S. 34/104).

> Z. B. Markt: Was ist das? Wer geht dorthin? Was wird verkauft? Wie läuft der Handel ab? Wo kommt die Ware her? Wo geht sie hin?
>
> Oder *Krank sein*: Welche Krankheiten gibt es? Welche Nachteile hat es, krank zu sein? Was macht der Arzt? Wie kommt man ins Krankenhaus? Was passiert dort? Wie wird man gesund?

Jedes Kind hat Erfahrungen in solchen Bereichen gesammelt und kann sein Wissen in den Unterricht einbringen. Topics thematisieren Erfahrungsfelder. Sie basieren auf Erfahrungen, die die Kinder artikulieren oder aktivieren können. Sie kreieren ein Modell der Welt, in dem Menschen zu handeln haben. In dieser Welt treten Probleme auf, die zum Teil durch den Lehrer oder die Lehrerin in Form von Schlüsselfragen (*key questions*) angesprochen werden. Schlüsselfragen bilden den Startpunkt jeder Aktivität; sie haben einen hohen Bedeutungsgehalt in storylines. Schlüsselfragen sind solche, die auch die Lehrerinnen und Lehrer nicht automatisch beantworten können.

Schlüsselfragen sollten nicht auf das Abfragen von Wissen gerichtet sein, sondern Erfahrungen der Kinder erschließen, denn wenn Wissen mit Erfahrungen verknüpft ist, dürfte es gut sein, Schlüsselfragen zuerst auf Erfahrungen hin auszurichten (vgl. *Vos* 1992, S.14). Zur Lösung werden Hypothesen aufgestellt, und es wird versucht sie umzusetzen; die Umsetzung wird überprüft. Die von den Kindern gestaltete Welt zeigt dem Lehrer beziehungsweise der Lehrerin, was sie bereits von der Welt wissen. Ein Lehrer kann nicht mit dem Ziel des zu Lernenden beginnen. Das Kind kann es in seiner Welt, zusammengesetzt aus all seiner Theorie und seinen Erfahrungen darüber, wie diese Welt funktioniert, nicht begreifen; es muß sich dorthin entwickeln. Der Lehrer kann diese Entwicklung beobachten.

Da das Kind sich den eigenen Kontext dessen schafft, was es lernen will, ist es selbst mit einbezogen und entwickelt eine höhere Motivation. Weil das Modell immer an der Wirklichkeit ausgerichtet ist, hat es eine grundlegende Bedeutung für das Handeln des Kindes in seiner Umwelt. Der Praxisbezug und die Zukunftsrelevanz sind eindeutig vorhanden. Die Welt baut sich auf aus den Vorstellungen, Theorien und Ideen ihrer Mitglieder. Sie lernen am Modell das Leben der wirklichen Welt. Fehler richten keinen Schaden an, bieten aber einen Reichtum an Erfahrungsmöglichkeiten. Die Probleme, die in den Topics thematisiert werden, sind realistisch. Die Modelle, die von den Kindern zur Lösung entworfen werden, müssen zwar nicht der Realität entsprechen, jedoch innerhalb der Simulation funktionsfähig sein. Es bietet sich beispielsweise an, einen Experten zu besuchen oder ihn in die Klasse einzuladen. Er kann Fragen und Probleme der Kinder, die bei der Beschäftigung mit der Sache entstanden sind, vielleicht klären. Eine Bewertung des entwickelten Modells durch den Experten wird von den Kindern mit größerem Interesse aufgenommen werden als eine Bewertung des Lehrers.

Während dieser Aktivitäten verändern, überarbeiten und kritisieren die Kinder ihre eigenen Theorien über »Welt« in ihren Köpfen. Unterrichtsinhalte werden in bereits vorhandene kognitive Strukturen eingeordnet. Die Kinder eignen sich Strategien an, die sie »lebensfähiger« machen. Hauptlernziel der Methode sind nicht faktenorientierte Inhalte, denn Fakten ändern sich in kürzester Zeit, sondern der Erwerb von Fertigkeiten, Fähigkeiten, Strategien und sozialer Kompetenz - Schlüsselqualifikationen der heutigen Zeit.

Storyline Approach - typisch schottisch?

Man könnte meinen, die sprichwörtliche Sparsamkeit der Schotten hat zur Entwicklung dieser Methode geführt, denn hier kommen viele wichtigen pädagogischen Ideen und Forderungen der heutigen Zeit in nur einer Methode zum Tragen. Einige davon habe ich bereits in der vorangegangenen Darstellung angesprochen. Ich will hier die für mich wichtigsten und überzeugendsten noch einmal hervorheben.

- Storyline Approach ist in ihrem Kern kindorientiert. Der Ansatz beruht auf Erfahrungen des jeweiligen Lernenden, und diese werden in den Unterricht integriert. Der Lernende ist somit beteiligt an der Gestaltung von Unterricht; durch seine emotionale Bindung ist er motiviert.
- Mit Hilfe der Schlüsselfragen wird ein Problembewußtsein geschaffen. Im weiteren Verlauf kann der Lernende Strategien und Fertigkeiten zur Problemlösung erwerben, die für seine Zukunft von praktischer Bedeutung sein können.
- Während der Arbeiten am Topic entsteht gemeinschaftlich ein Produkt, zu dem jeder individuell seinen Teil beigetragen hat. Jeder kann individuell gefordert und gefördert werden, und trotzdem entsteht etwas gemeinschaftlich. Das bietet ein besonders gutes Lernfeld zum Aufbau sozialer Kompetenzen.

Eine Unterrichtsform auch für deutsche Schulen?

Aus der bisherigen Darstellung wird deutlich, daß eine Trennung der Inhalte nach Fächern kaum noch möglich ist. Viele Lehrer mögen darin die Schwierigkeit des Praktizierens der Methode sehen. Fest steht, daß ein Lehrer mit möglichst großem Stundenanteil und vielen Fächern in einer Klasse Vorteile hat. Als Kernfächer können sicher Heimat- und Sachunterricht, Deutsch, Werken und Kunst genannt werden. Ein Lernen in dieser Form, orientiert an der realen Welt und nicht gegliedert nach Fächern, kommt den Kindern mehr entgegen, beinhaltet eine höhere Motivation und führt somit zu besseren Lernerfolgen als herkömmliche Unterrichtsmethoden.

Nicht nur das Konzept der Methode hat mich überzeugt, sondern vor allem die Begeisterung, mit der Schülerinnen und Schüler am Thema arbeiteten. Für mich steht daher fest, daß ich, sobald sich die Möglichkeit dazu ergibt, versuchen werde, diese Methode im Unterricht umzusetzen - zu Anfang vielleicht nur in Elementen und kleinen Schritten. Wichtig in diesem Zusammenhang: Storyline Approach erhebt nicht den Anspruch, jeden Inhalt vermitteln zu wollen und zu können. Sie ist nur erfolgreich mit sinnvoll ausgewählten Inhalten und in Ergänzung zu anderen Unterrichtsformen. Trotz vieler Regularien an deutschen Schulen, die es in Schottland nicht gibt, ist es möglich, mit dieser Unterrichtsform in unseren Schulen zu arbeiten. Beginnen Sie schrittweise und probieren Sie einfach aus, aber beginnen Sie – den Kindern zuliebe!

Adresse für Materialien des EED:

Maurin Gwin-Kwant, Secretary Primary Education Department - EED of the National Institute for Curriculum Development (SLO), Boulevard 19453 7511 AA Enschede, The Netherlands.

Fremdsprachenbegegnung in der Grundschule – Deutsch auf Englisch

Uta Vanessa Schwarz

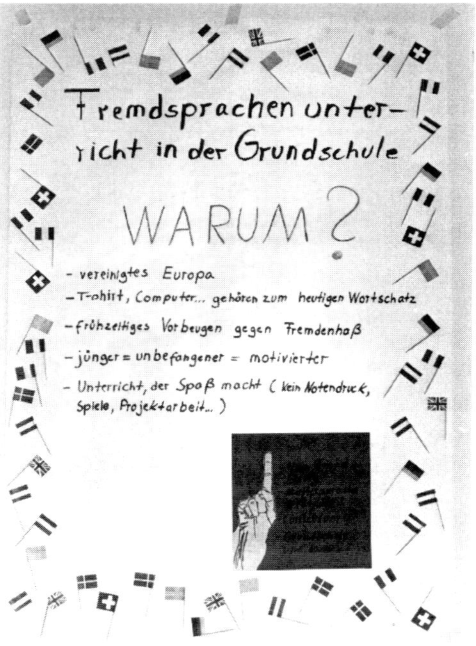

In der heutigen Zeit stehen sich die Menschen aus verschiedenen Ländern so nah wie nie zuvor. Nicht nur wirtschaftliche und politische Abkommen werden geknüpft, sondern freundschaftliche und private Verbindungen zwischen Menschen verschiedener Nationen finden immer mehr Anklang. Daher ist es in dieser Zeit des Zusammenwachsens wichtig, die Fremdsprachenbegegnung im Primarbereich nachhaltiger auszubauen. Diese sollte so früh wie möglich beginnen und den Kindern so einfach wie möglich gemacht werden. Dabei sollte man sich nicht den typischen Methoden des Fremdsprachenunterrichts bedienen, sondern Möglichkeiten solcher Begegnungen können ganz unkonventionell im Rahmen des Deutschunterrichts oder eines anderen Faches bzw. im fächerübergreifenden Unterricht stattfinden.

Das Thema »Fremdsprachenbegegnung in der Grundschule« und die Art des Vorkommens von Fremdsprachen war bis vor einiger Zeit ein in Vergessenheit geratenes Thema, das momentan jedoch wieder höchste Aktualität aufweist. Denn zur Zeit werden in fast allen Ländern der Bundesrepublik Überlegungen zum Früherwerb einer Fremdsprache in der Grundschule angestellt. Die Versuche der 60er und 70er

Jahre zum Frühbeginn von Fremdsprachen an Grundschulen konnten sich nicht etablieren. Einerseits lag das an den damals zu hohen Erwartungen, die an den Frühbeginn gestellt wurden, andererseits wurde das Scheitern auf »fehlende organisatorische Voraussetzungen« (*Stellwag* 1990, 55) zurückgeführt. Doch diese weniger ermutigenden Erfahrungen mit dem Frühbeginn einer Fremdsprache aus den 60er und 70er Jahren erscheinen heute auf der Grundlage der neueren methodischen Entwicklung des Fremdsprachenunterrichts in einem anderen Licht. Im Hinblick auf Europa verspricht der Frühbeginn einer Fremdsprache eine unabhängigere Zukunft und größere Chancen für den weiteren Werdegang der Kinder. »Angesichts der Tatsache, daß Europa ein vielsprachiges Gebilde ist, dessen kulturelle Vielfalt erhalten bleiben muß, wenn innerer Friede gewährleistet werden soll,« so fordert K. Schröder, »ist ein breit angelegter und möglichst ausgewogener schulischer Fremdsprachenunterricht mit dem Ziel einer möglichst unverkürzten transnationalen Kommunikation ein wichtiges Instrument der Friedenssicherung.«(*Schröder* 1991, 78)

Je eher Kinder mit dem Erwerbeiner neuen, für sie fremden Sprache beginnen, desto besser für sie, denn das Aufnehmen von Information und der zumeist unbewußte Umgang mit einer Fremdsprache fallen Grundschulkindern besonders leicht. Sie lernen Menschen, ihre Gewohnheiten und Gegebenheiten anderer Länder und Kulturen und deren sprachliche Eigenheiten kennen, dabei werden Hemmungen oder Vorurteile im Umgang mit fremden Völkern abgebaut. (Vgl. *Landesinstitut für Schule* und *Weiterbildung* 1985, 94)

Sprech- und Bewegungsspiele

The »Count Down«

Dies ist ein Spiel für die ersten Stunden. Es eignet sich zum ersten *Einüben der englischen Zahlen und Laute* und ist bei den Jüngsten sehr beliebt. Nach dem gemeinsamen »Count Down« von 10 bis 0 beginnt in der Rakete geheimnisvolles Leben. Alle sprechen mit:

> *rumble, rumble, rumble* (mit den Füßen trampeln)
> *joggle, joggle,* joggle (auf den Stühlen hin- und herwackeln)
> *bubble, bubble, bubble* (mit den Händen Blasen zeigen)
> *crackle, crackle, crackle* (auf den Tisch trommeln)
> *clapp, clapp, clapp* (auf die Tischplatte klatschen)
> *wheeze, wheeze, wheeze* (mit steigender Stimme)

hiss, hiss, biss (hoch und zischend)
pang! (klatschend aufspringen)
ooooooh! (mit beiden Armen in der Luft nach der Rakete zeigen).

Worte und Bewegungen können beliebig ergänzt werden.

Betrachtet man den Fremdsprachenerwerb für Kinder im Grundschulalter aus psychologischer bzw. neurologischer Sicht, so kommt man ebenfalls zu dem Ergebnis, daß Kinder im jüngeren Alter (d.h. jünger als zehn Jahre) eine Fremdsprache besser als ältere Kinder erlernen und behalten. Die Gehirnbeschaffenheit eines achtjährigen Kindes ist weitaus günstiger für das Sprachenlernen als bei älteren, zudem entfallen die mit der Pubertät auftretenden Schwierigkeiten bei Jugendlichen. Ein sogenanntes »Fehlerbewußtsein« älterer Kinder kennt ein jüngeres Kind nicht so stark. Zusätzlich sind jüngere Kinder eher bereit und interessiert, eine Fremdsprache zu sprechen.

Die Muttersprache einer recht hohen Anzahl von Grundschulkindern in Deutschland ist in der heutigen Zeit nicht Deutsch, und auch die Lebenswirklichkeit von Grundschulkindern ist anders und vielseitiger geprägt im Vergleich zu den 60er oder 70er Jahren. Der aktuelle Wortschatz ist längst nicht mehr auf die Muttersprache begrenzt, schon von frühester Kindheit an werden die Kinder durch Fernsehen, Radio, Computer und elektronische Medien oder Spiele geprägt. Hierbei kommen sie häufig mit der Sprache Englisch in Kontakt. Englische Wörter finden im aktiven Wortschatz der Kinder Platz, ganz natürlich und wie »eingedeutscht« verwenden sie Worte aus allen Bereichen des Lebens wie z.B. Cornflakes, Hot Dog, Cheeseburger, Spray, Jeans, Sweatshirt, Poster, Skateboard, Jeep, Enterprise usw. (*Landesinstitut für Schule und Weiterbilung* 1985, 42-43)

Kinder bereichern ihre Erfahrungswelt, wenn sie früh mit fremden Sprachen in Kontakt kommen, je früher und intensiver die Begegnung mit fremden Sprachen und kulturellen Einflüssen, desto besser.

Wie konkret diese sprachliche Begegnung mit einer Fremdsprache aussieht und welche pädagogischen Ziele dabei sinnvoll sind, darüber besteht in der gegenwärtigen Diskussion noch keine Einigkeit. Offensichtlich jedoch geht es nicht mehr um die Einrichtung von Lernkursen wie in den 60er und 70er Jahren. Es handelt sich heute um das Prinzip der »Sensibilisierung für Sprache(n) – Language Awareness« und nicht um die Etablierung von Fremdsprachenfächern in der Grundschule. Sprachbegegnung kann als »Vorstufe, Hinführung oder Begleitprinzip für Fremdsprachenunterricht« (Alig 1992, 1011) angesehen werden.

Diese Sensibilisierung ist der zumeist erste Kontakt mit einer Fremdsprache. Der Kontakt kann und sollte dann so motivierend und abwechslungsreich sein, daß die Kindermit Freude an der Fremdsprache in ihrer folgenden schulischen Laufbahn weiterlernen wollen. Lieder, Reime oder Spiele dienen dieser motivierenden Begnung. (Vgl. Landesinstitut für Schule und Weiterbildung 1985, 68, 69, 94)

Französisch:

Frère Jaques,
Frère Jaques,
Oormez-vous?
Dormez-vous?
Sonne les matines,
Sonne les matines,
Ding, dong, dong,
Ding, dong, dong.

Türkisch:

Tembel cocuk,
Tembel cocuk,
Kalk artik!
Kalk artik!
Okul vakti geldi
Okul vakti geldi
Ding , dang, dong!

Freie Übersetzung:

(Faules) Träges Kind

Steh' endlich auf!
Es ist Zeit für die Schule

Eventuell auftretenden Befürchtungen, der Früherwerb einer Fremdsprache stelle eine Gefahr für die Muttersprache dar, ist zu entgegnen, daß Fremdsprachenlernen zu einem besseren Bewußtsein der eigenen Sprache führt und somit Kindern auch hilft, sprachgewandter zu werden und ein besseres Sprachgefühl zu entwickeln.

Warum Englisch?

Bei der Frage nach der Wahl der ersten Fremdsprache gibt es zwiespältige Meinungen. Lassen Eltern die noch relativ jungen Kinder allein entscheiden, so daß die Kinder einfach nach Gefühl auswählen oder sollten Eltern im Hinblick auf die Zukunft ihrer Kinder die Entscheidung treffen? Bei der Beantwortung dieser Frage darf man sich nicht zu stark von irgendwelchen Wertvorstellungen leiten lassen. Die Kinder müssen in erster Linie Spaß an fremden Sprachen finden. Oftmals hilft bei einer Entscheidung für eine entsprechende Fremdsprache das jeweils zur Verfügung stehende Lernangebot. Wenn Eltern jedoch einmal diese konstruierte Hilfestellung außer Acht lassen, hat man normalerweise zwischen zwei Sprachen, dem Englischen und dem Französischen, zu wählen, da sich unter anderem die Kunstsprache »Esperanto« nicht durchsetzen konnte.

Eine Einführung des Englischen als Grundsprache hätte z. B. zur Folge, daß keine Entscheidungsfreiheit und Selbstbestimmung mehr gewährleistet wären. Diese Entscheidungsfreiheit ist aber das wichtigste Element bei der Wahl für den Frühbeginn einer Fremdsprache. Und es gibt unterschiedliche und gegensätzliche Meinungen bei der Entscheidung für die erste Fremdsprache; nicht jeder entscheidet sich für die Weltsprache Englisch. Für viele ist diese Tatsache kein Grund, sich einer »Massenbewegung« anzuschließen. Zudem ist Frankreich einer der wichtigsten Handelspartner Deutschlands und, kulturell betrachtet, bietet das Französische eine lange Tradition. Die Zahl der Menschen, die Französisch als Muttersprache beherrschen, ist zwar nicht so groß, doch liegt Französisch nach Englisch an zweiter Stelle der Verbreitung.

Ausschlaggebend für die Wahl einer anderen Sprache als Englisch ist demzufolge »die Wahrscheinlichkeit persönlicher Begegnung und beruflicher Verwendungsmöglichkeiten« (*Maier* 1991, 13) besonders bei der Wahl für das Französische. Weiterhin führt Maier auf, daß »Frankreich unmittelbares Nachbarland« sei, ebenso ein »beliebtes Reiseziel und wichtigster Wirtschaftspartner der exportorientierten Bundesrepublik. Es gibt kein Länderpaar, zwischen dem auch nur annähernd so viele Städtepartnerschaften, Schulpartnerschaften und Austauschmöglichkeiten bestünden, wie zwischen Deutschland und Frankreich.« (*Maier* 1991, 13) Trotz dieser gewichtigen Fakten gegen Englisch als erster Fremdsprache gibt es Gründe, die für das Fach Englisch sprechen. Unter anderem ist *Reisener* der

Ansicht, daß »Englisch an Grundschulen die Innovationsbemühungen am ehesten, am konsequentesten und nutzbringendsten zum Erfolg führen vermag«. (*Reisener* 1992, 15) Diese Auffassung kann mit verschiedenen Argumenten belegt werden, die unter anderem von Reisener in seinem »Plädoyer für Englisch« angeführt sind.

Ein Großteil der Bevölkerung spricht Englisch als Muttersprache, fast ebenso groß ist der Anteil der Bevölkerung, der Englisch als Zweitsprache spricht, auch Geschäfts- und Fachsprachen sind größtenteils in Englisch (u.a. Computersprache, Konferenzsprachen auf internationalen Kongressen, etc.). Zudem ist Englisch die Sprache der Geschehnisse, die auch oder vor allem Kinder und Jugendliche beeinflußt. Z.B. ist Englisch die Sprache der gängigen Popmusik, deren Ursprung wohl in England zu suchen ist, ebenso wird Englisch bei der Verständigung internationaler Sportbegegnungen (nicht nur Olympiaden) gesprochen.

Zusätzlich wurde Englisch durch die politischen Geschehnisse der letzten Jahre immer weiter in den Vordergrund gerückt, dieses wird durch die noch lange nicht abgeschlossene Annäherung des Ostens an den Westen deutlich. »Englisch ist heute das, was im Mittelalter das Lateinische war: »Lingua franca«, also internationale Bildungs- und Verkehrssprache« (*Reisener* 1992, 19). Sie ist zudem eine Mischsprache vieler kultureller Einflüsse und ist unbestritten die wortreichste Sprache dieser Erde.

Doch trotz dieser Vorzüge sollte man darauf bedacht sein, daß Englisch- , Französisch- oder Russischunterricht nur auf Wunsch der beteiligten Kinder, Eltern und Lehrer gelernt und gelehrt wird. Eine von »oben« diktierte festgelegte erste Fremdsprache für Kinder an deutschen Grundschulen würde der individuellen Situationen einzelner Schulen und Regionen nicht notwendigerweise entsprechen.

Grundlagen, Schwierigkeiten und Bedingungen des Englischen in Grundschulen

In nahezu allen Bundesländern stellen Regierende, Lehrer, Eltern oder Schüler zur Zeit zumindest Überlegungen zum primaren Fremdsprachenunterricht bzw. zu Begegnungen mit fremden Sprachen in Grundschulen an. Doch Unklarheit herrscht noch über die Art der Begegnung. Wie schon erwähnt, zählen die Versuche der 60er und 70er Jahre nicht zu den erfolgversprechendsten. Doch heute ist man sich in erster Linie darüber einig, daß andere Erwartungen an eine Begegnung mit

Fremdsprachen in Grundschulen gestellt werden. Der Unterricht soll vor allem Lehrern und Kindern Spaß machen. Es müssen nicht unbedingt überqualifizierte Fachkräfte zur Verfügung stehen, die die jeweiligen fest eingeplanten Stunden leiten. Jede »normal« ausgebildete Lehrkraft besitzt die Fähigkeit, Wissen zu vermitteln. Und somit dürfte es auch nicht allzu schwierig sein, mit einigem Interesse an der Sache, interessante und abwechslungsreiche Begegnungen mit fremden Kulturen und Sprachen zu vermitteln.

Jedoch darf dadurch nicht der Eindruck entstehen, der Bedarf an Aus-, Fort- und Weiterbildung von Lehrerinnen und Lehrern wäre geschmählert oder nicht mehr vorhanden. Je größer das Wissen über die Art der Wissensvermittlung für Englisch in der Primarstufe, desto besser ist der Unterricht für die Kinder, aber auch für die Lehrkraft selbst. Dem für einige Kritiker sich stellenden Problem der Kluft im Übergang von der Primarstufe zur Sekundarstufe ist zu entgegnen, daß es auf die Wege der Sprachvermittlung ankommt. Es darf nicht auf fest im Lehrplan verankerte Englischstunden von speziellen Fachlehrern mit scharf abgegrenzten Lehr- und Lernzielen hinauslaufen. Vielmehr findet die Sprachvermittlung in Form von grob im Zeitverlauf eingeplanten Begegnungsphasen statt, die der Klassenlehrer oder die Klassenlehrerin in ihren eigenen Unterrichteinbaut. Klassenlehrer sind mit der Klasse vertraut und haben die Möglichkeit, den Unterricht in kleinere Phasen aufzuteilen. Auch im Rahmen des Sachunterrichts in der Grundschule kann man teils fächerübergreifend zweisprachig vorgehen. Die Klassenlehrerin entschließt sich beispielsweise für ein Projekt zum Themenkomplex »Indianer« bzw. »Native Americans«. Diese Einheit gewährleistet die Einbeziehung vieler Sinne beim Lernen. Zudem ist es ein sehr komplexes Thema, das individuellen Neigungen freien Raum bietet, den die Kinder dann zielgerichtet selbständig erforschen können. Hierzu kann dann auch eine Einheit bezüglich einer »indianischen Namensgebung« gemeinsam erörtert werden, indem z.B. Arbeitsbögen in der Klasse verteilt werden, auf denen Indianer bei der Ausführung verschiedener Tätigkeiten zu sehen sind. Dabei spielt die indianische Namensgebung oftmals eine große Rolle bezüglich der einzelnen Persönlichkeiten, auf die vielfältig eingegangen werden kann. Hierbei begegnen die Kinder englischen Begriffen oder auch der alten amerikanischen Geschichte als landeskundlichem Aspekt wie von selbst. Man kann auch hierzu erneut mit Hilfe eines Liedes zum Beispiel auch im Musikunterricht der englischen Sprache begegnen. Denn neben deutschen Liedern sollen die Kinder auch Lieder in anderen Sprachen kennenlernen. Der Aufbau einer solchen Begegnungsphase könnte folgendermaßen aussehen: (*Vgl. Landesinstitut für Schule und Weiterbildung* 1985,23-25)

Lehrer	Schüler	Medien
zählt laut one, two, three, four, five und zeigt dabei die entsprechende Anzahl Finger	zählen laut mit -	Fingergesten, Karten mit den Zahlen 1 - 10, Tafelbild Finger
zeigt Zahlenkarten in beliebiger Reihenfolge, erweitert Zahlenreihe bis 10 vorwärts, rückwärts	nennen die Zahlen im Chor oder in der Gruppe, Einzeln	
let's sing a song about 10 little indians Look, these are Indian boys and Indian girls.	Schüler sprechen nach im Chor	Tafelskizze, Folie
One little, two little, three little Indians, four little, five little, six little Indians, seven little, eight little, nine little Indians, ten little Indian boys (girls).	Schüler sprechen nach	mimische Darstellung: little – big
now children listen and-let's sing	hören zu und singen mit eigener Stimme	Schallplatte

Der Lehrer, der heutzutage mit dem Frühbeginn des Englischunterrichts schon in der Grundschule startet, hat keine methodischen Vorschriften. Doch da er mit noch kleinen, relativ ungeduldigen, aber auch schnell zu begeisternden Menschen zusammenarbeitet, liegt es auf der Hand, daß ein häufiger Methodenwechsel das unterrichtliche Geschehen beherrschen sollte. Den größten Anteil dieses unterrichtlichen Geschehens nimmt der aktive, mündliche Sprachgebrauch ein. Am häufigsten werden Lieder, Reime, Zungenbrecher, Morgenkreise und Spiele oder auch Erzählungen wie zu der Indianereinheit verwendet. Hier werden den Schülern unbewußt Teile des Wortschatzes, einfache Strukturen und bestimmte Eigenarten der fremden Sprache vermittelt, und vor allem werden die Bereiche der Motorik, Rhythmik und Musik stark einbezogen. Während der Englischphasen im Unterricht sollte ein Wechsel zwischen den Lautsystemen vermieden werden. Daher ist es empfehlenswert, allen Kindern englische Namen zu geben, die während der gesamten Grundschulzeit beibehalten werden. Möglichst das gesamte englische Lautsystem sollte bei der Auswahl der Vornamen vertreten sein. Viele andere Teilbereiche des Frühbeginns wie z.B. Dialoge oder Landeskunde sind in Reimen, Gedichten oder Liedern integriert. Wenn Lehrerinnen oder Lehrer sie vor ihrer Verwendung sorgfältig prüfen, haben sie viele Vorteile, die darin bestehen, »daß sich das Kind mit ihrer Hilfe daran gewöhnt, längere Sätze und Intonationskurven zu produzieren . . . , diese Texte sind besonders geeignet, nicht nur um kindgemäße Inhalte zu festigen, sondern auch die Sprachmelodie zu pflegen . . . , nicht vergessen werden darf weiterhin, daß viele Kinderreime und Lieder nicht nur als Rezitationstexte gedacht sind, sondern mit Mimik, Gestik, rhythmischem Klatschen, Spielhandlungen und Tanz einhergehen.« (*Maier* 1991, 156). Diese Elemente gehören zu den unverzichtbaren Bedingungen der primaren Fremdsprachenvermittlung. Da die Prijorität auf der mündlichen Sprachvermittlung basiert, findet eine Verständnisüberprüfung auf spielerische Art und Weise statt.

Der Umgang mit einer fremden Sprache fördert das Verständnis für die eigene Sprache. So können Kinder während der Deutschstunde ein Plakat mit englischen Worten, die schon bekannt sind, erstellen, was folgendermaßen ausehen könnte:

> **»Englische Wörter, die Ihr schon kennt:«**
> *basketball – enterprise – poster – cornflakes – skateboard – computer – hot dog – game boy – hi – cheeseburger toast – I love you – sweatshirt – jeans – rock 'n roll*

Diese Art des Unterrichts verhindert auch die Annahme oder Forderung, der primare Englischunterricht sei ein sogenannter »Vorkurs« für die Sekundarstufe. Ich stelle an den primaren Englischunterricht nicht den Anspruch auf einen alles umfassenden Englischunterricht, sondern möchte ein grundlegendes Interesse an fremden Sprachen und Kulturen fördern. Es sollten dazu Grundsteine für eine fremdsprachliche Kompetenz bzw. Kommunikationsfähigkeit gelegt werden. Im Folgenden stelle ich einige Arbeitsanregungen vor, die ein »Language Awareness« bei den Kindern schaffen und mit denen man ganz unverbindlich im »normalen« Grundschulunterricht arbeiten kann, sich dabei aber schon etwas in den Sphären der primaren Englischvermittlung bewegt:

- Englische Begrüßungslieder, Spiele (Farben- oder Ratespiele), Reime, Zungenbrecher (siehe Literaturhinweise)
- Englische Namensverteilung und gegenseitige Begrüßung
- Wörter aus der englischen Sprache an der Tafel sammeln, die die Kinder schon kennen (durch das Radio, Fernsehen oder den Computer)
- Wörter kategorisieren und Plakate erstellen
- Englischen oder amerikanischen Gast in die Klasse einladen
- Handpuppe verwenden, die nur Englisch spricht
- Bildreihen, Dias oder Videoaufzeichungen aus England oder den USA zeigen
- Englische/amerikanische Speisen oder Getränke vorstellen
- Aktuelle Ereignisse aus dem englischsprachigen Raum besprechen
- Kulturelle Eigenheiten oder Trends vorstellen lassen, die die Kinder durch Interviews kennengelernt haben
- etc., etc.

Resümee

Der Frühbeginn des Englischunterrichts ist pädagogisch kaum noch umstritten. Nicht nur vor dem Hintergrund der politischen Notwendigkeit des Sprachenlernens oder der beruflichen Zukunft, sondern auch wegen der Erweiterung des eigenen geistigen Horizonts und als Beitrag zur Völkerverständigung und zum Abbau kultureller Barrieren bietet sich Fremdsprachenbegegnung an. Veränderte, umstrukturierte und verbesserte Anforderungen an den Frühbeginn des Englischunterrichts machen es eigentlich Lehrern, Schülern, Eltern und der Schulleitung einfacher, hiermit zu beginnen. Zwar ist damit nicht nur ein erheblicher organisatorischer Aufwand verbunden (u.a. Lehrerfort- bzw. weiterbildung oder -ausbildung), sondern auch der persönliche Einsatz jedes einzelnen, der daran beteiligt ist, wird gefordert. Ansätze hierzu gibt es heute schon mehr als vor zehn Jahren, doch der eigentliche Erfolg bzw. Durchbruch hat noch nicht stattgefunden. »In der Bundesrepublik Deutschland und in den anderen europäischen Ländern wird das frühe fremdsprachliche Lernen zu den bildungspolitischen Schwerpunkten der 90er Jahre zählen. Eine einsprachige Grundschule ist nicht mehr zeitgemäß. Was allerdings getan werden soll, mit welchen Zielen und auf welchen Wegen, darüber gibt es offenkundig noch erheblich

Differenzen.« (*Kühl* 1992, 23). Dieses Zitat spiegelt die momentane Lage wider. Eigentlich ist man sich über die Durchführung und die Unumgänglichkeit des primaren Englischunterrichts einig, doch das »wie« ist noch ungeklärt. »Gewinn und Nutzen von einem Leben im gemeinsamen europäischen Haus« werden vor allem die haben, die sich ohne Scheu und Mängel in möglichst zwei Fremdsprachen flüssigverständigen können und gegenüber Fremden offen sind. Die Vorverlegung des Fremdsprachenbeginns in die Grundschule und ein Einstieg in diesen Lernbereich . . . ist ein notwendiger, erster Schritt auf dem Wege, dieses Ziel zu erreichen. (*Gompf* 1991, 27). Natürlich steht dabei die Arbeit mit der Muttersprache immer im Vordergrund, dieses bietet Vorteile, und positive Ergebnisse lassen sich durch richtige Förderung immer erzielen, doch wer heutzutage immer noch mit Hemmpunkten wieder mangelnden Lehrerqualifikation oder dem Übergang von der Primar- zur Sekundarstufe oder mit der Gefahr für die Muttersprache argumentiert, ist entweder nicht hinreichend über die heutige Methodenvielfalt informiert oder versteht die Zeichen der Zeit nicht. Denn dieses Aufgabenfeld mit allen Zielen und Methoden ist ein allumfassender Bildungsauftrag, der uneingeschränkt für alle Kinder aller Grundschulen gelten muß.

Literaturverzeichnis

Alig, F.: Language Awareness – Phantom oder Allheilmittel? In: Die Grundschulzeitschrift 1992

Gompf, G.: Didaktische Ansätze des Frühlernens von Fremdsprachen. In: Loccumer Protokolle 63/90. Frühes Fremdsprachenlernen – Schulreform für Europa. Kirchliche Verwaltungsstelle Loccum 1991

Kühl, R.: Fremdsprachenlernen in der Grundschule.– Ein Überblick. In: Die Grundschulzeitschrift 1992

Landesinstitut für Schule und Weiterbildung (Hrsg.): Begegnung mit Fremdsprachen in der Grundschule. Beispiel Englisch. Soest 1985 Soester Verlagskontor

Maier, W.: Fremdsprachen in der Grundschule. Eine Einführung in ihre Didaktik und Methodik. Berlin und München 1991 Langenscheidt

Reisener, H.: Ein Plädoyer für Englisch. In: Die Grundschulzeitschrift (1992) 56

Schröder, K.: Fremdsprachen im Primar- und Sekundarbereich. In: Bausch, K.-R. u. a. (Hrsg.): Handbuch Fremdsprachenunterricht. Tübingen 1991 UTB für Wissenschaft, Große Reihe

Stellwag, H.: Fremdsprachen früh beginnen. In: Grundschul Magazin (1990) 5. Jahrgang

Tips zur Praxis

Hessari, R. / Hill, D.: Practical ideas for multicultural learning and teaching in the primary classroom. London 1990.
Landesinstitut für Schule und Weiterbildung (Hrsg.): Begegnung mit Fremdsprachen in der Grundschule. Beispiel Englisch. Soest 1985.
Maier, W.: Fremdsprachen in der Grundschule. Eine Einführung in ihre Didaktik und Methodik. Berlin und München 1991.
Strange, D.: Chatterbox, Pupil's Book 1. Oxford 1989 (Oxford University Press).
Strange, D.: Chatterbox, Activity Book 1. Oxford 1989 (Oxford University Press).

Was wir über gute Schulen wissen – Ergebnisse aus Fallstudien über forschendes Lernen im Sachunterricht

Uwe Hameyer

Forschendes Lernen ist eine weltweit anerkannte Leitidee der Schule. Die amerikanische und europäische Reformpädagogik haben ihr nicht nur entscheidende Impulse verliehen, sondern auch die praktische Seite des *Lernens durch Selbertun* im Schulfeld mitgeprägt. Durch aktives Nachforschen herausfinden, wie eine Windmühle funktioniert, eigene Wasserexperimente auswerten, merk-würdige Naturphänomene entschlüsseln, das Verhalten der Frösche über einen längeren Zeitraum studieren, den Spuren von Jahrmillionen in interessanten Gesteinsfunden nachgehen - das alles sind Beispiele für entdeckendes Lernen durch »nachforschende« Selbsttätigkeit im Sachunterricht.

Wenn solche Beispiele bekannt sind, warum denn dann noch etwas untersuchen, was längst Praxis zu sein scheint? Nun, wir wissen aus Berichten zum Sachunterricht, dass dem nicht so ist. Forschendes Lernen kann man von seiner konzeptionellen und von der praktischen Seite betrachten. Die Umsetzung forschenden Lernens ist längst nicht so verbreitet wie die zahlreichen Publikationen es vermuten lassen. Forschendes Lernen setzt wie jede andere Methode mindestens zweierlei voraus: (1) solide praktische Fantasie bei der Entwicklung aktivierender Lernsituationen für forschendes Entdecken 9- und 10-jähriger Kinder sowie (2) vertrautes Grundwissen auf der Lehrerseite über die Lerngebiete, die die Kinder erforschen sollen oder können. Auch wenn Kinder sich manches selber aneignen, wenden sie sich immer wieder mit präzisen Fragen zur Sache an den Lehrer oder die Lehrerin.

Diese Bedingungen sind mitverantwortlich für die Tatsache, daß wichtige naturwissenschaftlich-technische Themen oder Phänomene im Sachunterricht oft eben nicht behandelt werden, auch wenn sie im Lehrplan stehen. Wir waren daher an der Frage interessiert, was Schulen konkret tun, um solche Hürden zu überwinden.

Internationale Studie

Auf diesem Hintergrund hat das Institut für die Pädagogik der Naturwissenschaften (IPN) an der Universität Kiel 1988 eine internationale Studie zur Praxis der Umsetzung der oben illustrierten Leitidee begonnen. Wir wollten herausfinden, was eigentlich eine Grundschule auszeichnet, der es gelungen ist, die Leitidee »Forschendes Lernen durch Selbsttätigkeit« konsequent über längere Zeit im Sachunterricht der 9- und 10-jährigen Kinder einzulösen.

Vier Länder beteiligen sich am Fallstudienvergleich: die Niederlande mit Prof. Dr. Jan van den Akker (Universität Twente), Schweden mit Prof. Dr. Mats Ekholm (Universität Göteborg/Karlstad), die USA mit Prof. Dr. Ron Anderson (Universität Colorado, Boulder) und Deutschland mit Prof. Dr. Uwe Hameyer (IPN/-Pädagogische Hochschule Kiel) als Initiator und Leiter des Projekts. Die Beratung erfolgt durch Prof. Dr. Karl Frey (ETH Zürich) und Prof. Dr. Matthew Miles (Center for Policy Research, New York). Wir nannten das Projekt *IMPACT – Implementing Activity-Based Science Teaching in Elementary Schools.* Ziel ist die Untersuchung eher »kleiner« Innovationen über ihre gesamte Laufzeit »von der Quelle bis zur Mündung«. Im Mittelpunkt steht das adaptive Durchhalten der einzelnen Schule bei ihrem Bemühen, im Sachunterricht die Selbsttätigkeit des Kindes zu unterstützen und dazu notwendige Bedingungen auf Schulebene zu schaffen. Die Innovationsschritte solcher Schulen als »sich selbst korrigierende Systeme« bis zur Umsetzung des Neuen auf Dauer umfassen in den 15 IMPACT-Schulen eine mittlere Zeitspanne von 4 bis 6 Jahren.

Ziele von IMPACT

Der Untersuchungsansatz ist einfach: Aus Biographien erfolgreicher Langzeitinnovationen im Primarbereich lernen und die Handlungsmuster an solchen Schulen auswerten. Die Schule ist unsere Untersuchungseinheit mit dem Untericht als zentralem Aktionsfeld. Gleichwohl wurde alsbald deutlich, daß die Unterrichtsqualität eng mit unterrichtsübergreifenden Interaktions- und Entscheidungsprozessen gekoppelt ist. Wir konnten entsprechende Erfahrungen aus dem OECD-Projekt über

»International School Improvement« namens ISIP nutzen (s. *Velzen/Miles/Ekholm/Hameyer/Robin* 1985).

Schule als Innovationsort

Wir wählten »normale« Schulen aus, nicht den Modellversuch oder das große Reformwerk. Im einzelnen ging es um folgende Fragen:

- *Was unternimmt eine Grundschule, die nicht über gesonderte Versuchsmittel verfügt, den Sachunterricht ein Stück weit im oben skizzierten Sinn umzugestalten?*
- *Wie gelingt es, die Selbsttätigkeit des Kindes beim Erkunden naturwissenschaftlich-technischer Phänomene schrittweise auszuweiten?*
- *Welche Unterrichtsmuster und Differenzierungsformen werden zu diesem Zweck realisiert?*
- *Inwieweit beteiligen sich die Kinder an der Planung von Unterricht - zum Beispiel in Projektstunden, im Wochenplanunterricht oder auch in »normalen« Unterrichtsangeboten?*
- *Was unternimmt die Schulleitung, um schulinterne Innovationsprozesse zu unterstützen? Welche Einflüsse führen auf das Umfeld der Schule zurück (Eltern, Behörden, Bildungspolitik, Verbände)?*

Forschendes Lernen konkret

In den Schulen haben wir Aktivitätsprofile im Sachunterricht analysiert, Beispiele für Forschendes Lernen dokumentiert und verglichen, vor allem auch zu präzisieren versucht, wie die Selbsttätigkeit des Kindes im Sachunterricht aktiviert wird. Unsere Instrumente und Interviews richteten sich diesbezüglich auf folgende Komponenten des Entdeckens durch Selbsttätigkeit: systematisches Beobachten, Erkunden und Experimentieren im Klassenzimmer, auf dem Schulgelände oder anderenorts; aktive Beteiligung der Kinder an den Themen und Aktivitäten; Einsatz unterschiedlicher Lernhilfen und Medien, die für forschendes Lernen besonders geeignet sind; dann auch selbst etwas bauen, konstruieren oder herstellen; mit Hilfe von Interviews oder anderen Methoden der Informationssuche etwas erforschen und das eigene Wissen dadurch anreichern.

Abb. 1: Kinder beim Konstruieren, Grundschule Felm

Blick in die Fallstudien

Grundlage sind strukturierte Fallstudien zu jeder Schule, die zur Zeit ausgewertet und 1994 veröffentlicht werden (*Hameyer/van den Akker/Anderson/Ekholm* 1994; zum Aufbau einer Fallstudie (siehe die nebenstehende Abb.). Anschließend werden ausgewählte Zwischenergebnisse kurz dargestellt. Diese Ergebnisse enthalten Indikatoren für eine »gute« Schule. Gemeint sind Schulen, denen ist im besonderen Bereich des Entdeckenden Lernens gelungen ist, eine Innovation über viele Jahre auf Dauer zu stellen. IMPACT rekonstruiert die Biographie solcher Innovationen an 15 »erfolgreichen« Schulen.

A Durchführung der Fallstudie
Auswahl der Schule
Erhebungsplan
Daten und Feedack

B Porträt der Grundschule
Das Schulprofil
Die Innovation
Die Grundsätze
Der Kontext
Das Curriculum
Der Unterricht

C Praxis entdeckenden Unterrichts
Selbsttätiges Entdecken
Themen im Sachunterricht
Illustrationsstunden

D Einflüsse auf das Lernen
Die Kinder
Das Kollegium
Die Schule

E Umsetzung in der Schule
Einstieg
Exploration
Umstrukturierung
Routine
Regelpraxis

F Wirkungen und Ausblick
Wirkungen in der Schule
Zukünftige Schritte

G Interpretation

Abb. 2: Aufbau einer IMPACT-Fallstudie

Die Zwischenergebnisse beruhen überwiegend auf der Teilauswertung der deutschen IMPACT-Schulen. Ergebnisse sind als Indikatoren formuliert, die zentrale Tätigkeitsprofile der Schulen widerspiegeln. Diese Tätigkeiten und Entscheidungen werden in der Untersuchung vierfach gruppiert:

Programm
Prozess
Person
Kontext

Mit »Programm« sind die Innovationsziele gemeint. Welche Ziele will die Schule durch die Förderung der Selbsttätigkeit erreichen? Der Aspekt des »Prozesses« deutet auf Lösungswege. Wurden zum Beispiel die Stundentafel umgestellt und Lernmaterialien gemeinsam entwickelt? Wie sahen die Entscheidungsprozesse im Kollegium aus? Bildeten sich neue Koordinationssysteme heraus? Der »Kontext« ist die Schule und ihr Umfeld, wo solche Prozesse ablaufen. Die Kategorie »Person« schliesslich betrifft die Beteiligten, ihre Erwartungen, Wünsche, Einstellungen, Besorgnisse und Fähigkeiten. Ich konzentriere mich im folgenden auf das, was die Prozessqualität dieser Schulen auszeichnet.

Zielklarheit sichern

»Nur wenn ich weiß, was ich will und verständlich mache, wohin die Reise geht, kann ich andere gewinnen« - so und ähnlich äußerten sich die Interviewten. Zielklarheit ist keine Sache der Deklaration. Zielklarheit verlangt direkte Auseinandersetzung mit dem Neuen, sei es durch Hospitation in der eigenen Schule oder Berichte im Kollegium, durch Erfahrungsaustausch oder Materialien, die zeigen, worauf es ankommt und wie forschendes Lernen in konkreten unterrichtlichen Situationen möglich ist: Zielklarheit durch Nachvollziehbarkeit und Authentizität des Exemplarischen.

Am Bewährten ansetzen

Umsetzungsprobleme sind beharrliche Stehaufmännchen. Sie müssen wiederholt angepackt werden: Wie ist Unterrichten zu zweit möglich? Was ist stundenplantechnisch zu tun, um Hospitationen zu erleichtern? Kommt nichts abhanden, wenn Experimentiergeräte in den Klassen zugänglich sind? Die IMPACT-Schulen schützen nicht nur Expeditionen in neues Terrain, sondern auch bewährte Praxis. Abgrenzende

Parteinahme für nur einen Standpunkt oder eine bestimmte Methode war fast nie anzutreffen. Diese Merkmale zeigen bereits, daß sachunterrichtliche Innovationen faktisch weit über die »Sache« und die Gestaltung von Unterricht hinausweisen.

Methodenvielfalt gewährleisten

Selbsttätigkeit oder Forschendes Lernen sind kein exklusives geistiges Eigentum unermüdlicher Schulreformer. In nahezu jedem klassischen Unterricht sind Komponenten der Selbsttätigkeit möglich. In unseren Schulen fanden wir fast nie die Reinform, sondern zumeist ein methodisches Sandwich: Selbsttätigkeit eingebunden in Gruppenarbeit und darbietende Information, in Gesprächskreis, Schülerbericht und Einzelarbeit, in außerschulische Erkundung und Elternarbeit.

Klassenräume umgestalten

Innenaufnahmen umgestalteter Klassenräume zeigen: die Klassen sind zumeist bunt und offen ausgestaltet - Gruppentische, Gesprächskreiszone, Lernmitteltheken als Raumteiler, Geräte aller Art, eine Sitz- und Theaterecke, Seitentische zur Ab- und Auslage von Mitbringseln und Schülerarbeiten. Einige Flächen sind mit Teppich ausgelegt. Solche Lernumwelten sind einladend-freundlich, beweglich und im Sinne von Pestalozzi eine »behagliche Wohnstube«.

Abb. 3: Umgestaltete Klassenzimmer, Grundschule Felm

Feedback sicherstellen

Nun dreht sich nicht immer alles um Unterricht. Schule gestalten ist komplexer. Eltern sind zu beraten, mit der Schulbehörde ist zusammenzuarbeiten (in allen Fällen fanden unsere Schulen besondere Unterstützung bei der Schulaufsicht), gemeinsame Projekte sind zu planen, mit Gemeinde- oder Stadtvertretern ist zu sprechen, Umbauten sind mitzugestalten, ein Schulgeländabschnitt ist instandzusetzen, für das Schulklima muß etwas getan werden.

Vernetzt Denken

Mit vernetztem Denken ist gemeint, nicht nur einen Aspekt ins Auge zu fassen, sondern die Folgen des Eingriffs in das System Schule rechtzeitig beurteilen zu können, um Aktionen abzustimmen. Die Einführung des Wochenplans an einer Bremer Grundschule wurde zum Beispiel nicht nur von den Zielen her durchdacht, sondern mit den Besonderheiten der betreffenden Schule und mit den Überlegungen der Eltern harmonisiert. Diese Aufgaben brauchen nicht nur Zeit, sondern ein gut funktionierendes Rückkopplungssystem, damit alle voneinander lernen und eben nicht »die« Schule, sondern ihre Schule gemeinsam gestalten: »owning the new« nennen das die amerikanischen Kollegen.

Konsistenz herstellen

Ein weiteres Merkmal der Schulen ist die Tatsache, daß *Wissen*, *Können* und *Wollen* systematisch ineinandergreifen. Reines Wissen über eine neue Methode bewegt nichts, auch nicht der Wunsch, die Schule zu öffnen. Wir haben in allen Fällen festgestellt, daß die eigene Praxis im Rhythmus des Könnenszuwachses, des Willens zum Weitermachen und der Zuversicht, daß Ziel und Weg richtig sind, stufig ausgebaut wird. Auch dieser Aspekt bezieht sich nicht nur auf die Unterrichtspraxis im engeren Sinne, sondern gehört zum Umgestalten einer Schule in ihrer ganzen Vielfalt dazu.

Reflexivität steigern

Die Lehrerinnen und Lehrer der IMPACT-Schulen sind sehr selbstkritisch. Sie sind keine Externalisierungsakrobaten, die jegliche Ursache für Probleme bei anderen suchen und sich selbst ausblenden. Sie suchen die Kritik anderer und ziehen daraus Schlüsse. Diese »reflective practitioners« gestehen sich unzureichendes Wissen ein; sie sind willens, weiterzulernen und neue Herausforderungen anzupacken; ihre Grundhaltung zeichnet sich durch Empathie, Reflexionsfähigkeit und pädagogisch-ermutigende Handlungsweise aus.

Neuartige Lösungen suchen

Die von uns untersuchten Schulen schaffen Spielräume, schützen Innovationen vor externen Zugriff und fördern explorativen Initiativgeist. Expeditionen in unerforschtes Gebiet werden durch die Schulleitung geschützt. Angriffe aus dem Kollegium oder von außen sind eher selten, weil das ganze Kollegium stufenweise einbezogen wird, ohne unter Beteiligungsdruck zu stehen.

Ausblick

Die an diesen Schulen umgesetzten und grosßenteils selber ausgedachten Beispiele für forschendes Lernen sind nicht nur didaktisch hoch interessant, sondern überwiegend in die Kultur der Schule eingebunden, in das Schulleben und die Elternarbeit, in die Kooperation mit anderen Kolleginnen und Kollegen. Praktisch-forschendes Lernen ist auch mit bescheidenen Mitteln möglich, wenn Unterricht nicht als Schneckenhaus betrachtet wird, in das man sich – vor Außeneinflüssen vermeintlich geschützt – zurückzieht. Lernen in der Schule ist etwas, was im Unterricht und in der ganzen Schule sowie ihrem Umfeld stattfindet (ausführliche Informationen über die Forschungsergebnisse s. *Hameyer/Akker/Anderson/Ekholm* 1994).

Wenn man so an Innovationen herangeht, können wir von forschenden Lernmethoden erwarten, dass Kinder wieder Eigeninitiative zu entwickeln lernen und ihr Selbstwertgefühl stärken, daß sie lernen, wo wichtige Informationen zu finden sind, dass sie ihren eigenen Lernprozeß teils selbst steuern, und daß sie immer wieder zur Zusammenarbeit angeleitet werden. Aus Untersuchungen über Aggression und Gewalt wissen wir heute, daß ein geringes Selbstwertgefühl und der Mangel an Anerkennung durch wichtige Bezugspersonen zu den mit auslösenden Faktoren aggressiven Verhaltens zählen. Forschendes Lernen bekommt auf diesem Hintergrund erneute Aktualität.

Atelier für aktivierende Klassenräume

Uwe Hameyer

Wer in den letzten Jahren verfolgt hat, was sich im Primarbereich wandelt, der stellt auf jeden Fall eine veränderte Physiognomie von Klassenräumen fest. Wir brauchen keine Experimentalschulen mehr aufzusuchen, um zu lernen, wie aktivierende Lernumwelten beschaffen sein können, wie sie in Lernzonen eingeteilt werden, wo Kinder kreativen Tätigkeiten nachgehen, welche Differenzierungsmaterialien zum aktiven Lernen gebraucht werden und was sonst alles gestalterisch aus einem normalen Klassenzimmer entstehen kann. In diesem Bereich hat sich an unseren Schulen fast schon eine stille Revolution durchgesetzt, wenn wir das Tempo mit dem üblichen »Geländegang« von Innovationen vergleichen. In der Grundschule heute finden wir nicht mehr nur die kustodiale Anordnung von Sitzbänken – eine Architektonik der

Abb. 1: Klassenzimmer mit Raumteiler und Gruppentischen in der Grundschule Hamburg-Wegenkamp

hierarchischen Übersicht und Kontrolle –, sondern auch bunte Lernlandschaften mit Raumteilern und Konstruktionszonen, mit Leseecken und Experimentiermaterialien, mit ausgestellten Projektergebnissen und flexiblen Sitzordnungen, mit Terrarien und Aquarien, mit Lernspielen und Lesekisten, mit allerlei Werkzeug, Schreibmaschinen und Utensilien von zuhause, mit Aufbewahrungsboxen und Naturecken.

In meinem Kurzbeitrag möchte ich ausgewählte Facetten lebendig gestalteter Lernräume in Foto und Graphik vorstellen. Einige entstanden in Seminararprojekten an der Pädagogischen Hochschule Kiel, andere in norddeutschen Schulen. Die Bilder deuten den Ateliercharakter an, der jeden Versuch kennzeichnet, wenn etwas neu gestaltet wird. Die Ateliereinsichten sollen zu eigenen Ideen herausfordern. Die Abbildungen werden kommentarlos abgedruckt; eine »Collage« kann eben nur lautlose, damit jedoch nicht weniger wirksame Anstöße geben.

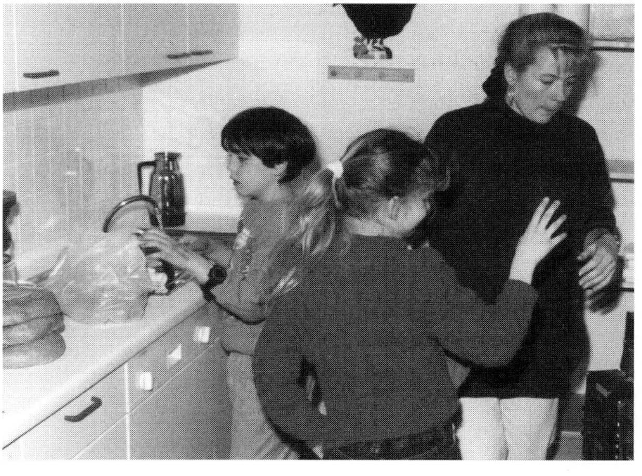

Abb. 2 + 3: Lernecke und Schulküche, die offen zugänglich ist für alle Klassen (Grundschule Felm bei Kiel)

Abb. 4: Collage von Lernstationen (Schule an der Vahr in Bremen und Grundschule Wegenkamp , Hamburg. Experimentiertisch in der Lernwerkstatt »Büffelstübchen« in Bremen)

Wie können die ersten Schritte aussehen?

Vieles kann ohne abschreckenden Riesenaufwand gelöst werden. Sie sollten nicht auf staatliche Zuschüsse warten und solange die Hände in den Schoß legen. Mit kleinen Umstellungen, die wenig Mühe kosten, erreichen Sie auch ohne administrative Prozeduren interessante Wirkungen, zumal wenn Kinder ihrer Klasse - und der Hausmeister - am Umbau beteiligt werden. Sie müssen nicht sofort eine phantastische »Traumlernlandschaft« ansteuern. Mit Hilfe von Eltern können Sie schrittweise etwas Gemeinsames schaffen, das später von allen mit betreut wird, weil es um geteilte Verantwortung geht.

Abb. 5: Bei der gemeinsamen Planung neuer Grundrisse (Lernwerkstatt an der Gorch-Fock-Schule in Kiel mit Ulrich Senft)

Ich habe das Thema der Umgestaltung von Klassenräumen mit Studierenden mehrfach durchgenommen. Wie sich Studentinnen und Studenten ihre Klasse vorstellen, das zeigen zum Beispiel die Abbildungen 7 und 8. Auch Sie könnten ihre Einfälle aufzeichnen, auf Farbkarton in einem kleinen Planspiel durchtesten (s. Abb. 5) oder Legosteine Ihrer Kinder für Ihre »Ideenfabrik« ausleihen (s. Abb.6).

Abb. 6: Lernräume mit Lego gestalten (PH Kiel)

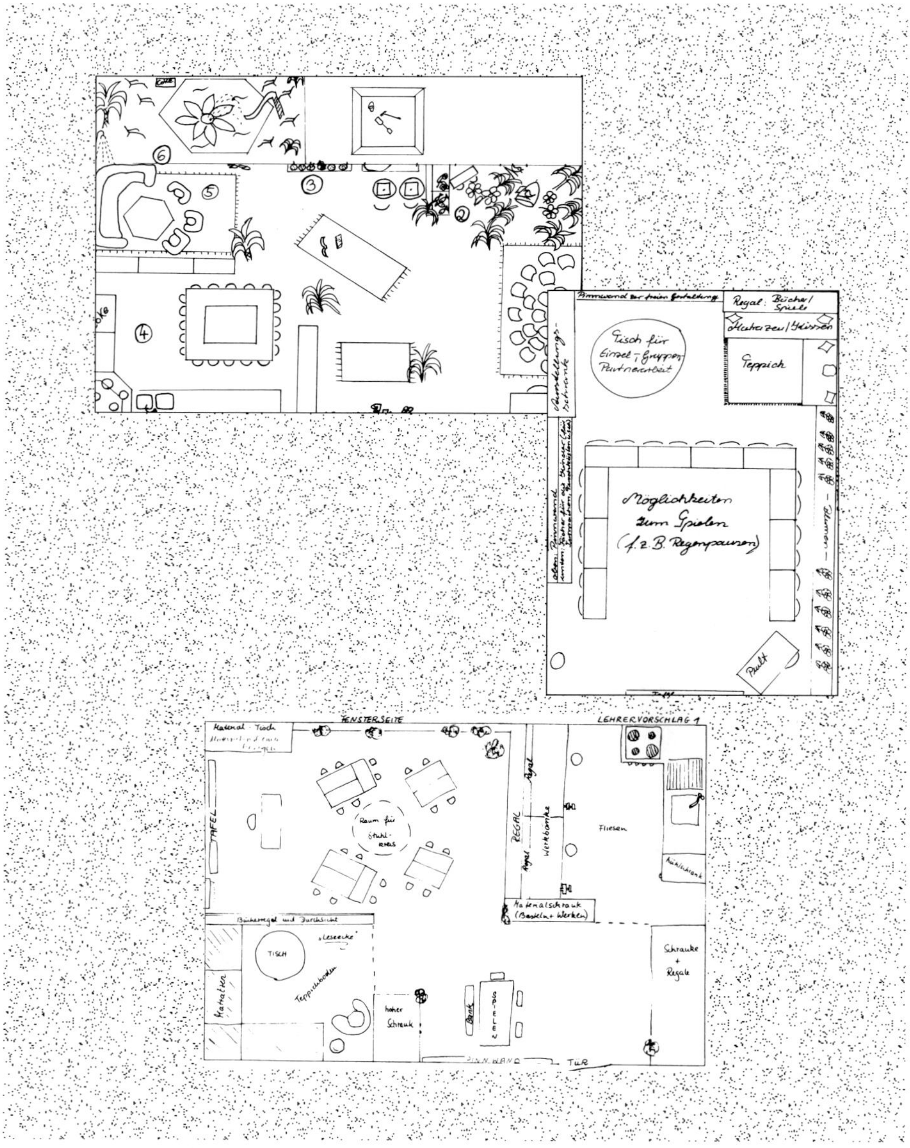

Abb 7.: Klassenraumgrundrisse, von Kieler Studenten entworfen

Abb. 8: Im »pädagogischen Architektenbüro« (Studierende der PH Kiel)

Wozu eigentlich Klassenräume umgestalten?

Immer wieder werden Sie bei Ihren Plan- und Gedankenspielen feststellen, daß es ohne pädagogische Leitideen gar nicht geht. Wenn Sie den äußeren Rahmen verändern, macht es nur Sinn, wenn Sie sich davon etwas Sinnvolles versprechen. Das Wohlbefinden allein reicht als Argument nicht aus. Die äußere Gestalt muß mit einer inneren korrespondieren.

Bedenken Sie bei allem, daß ein Klassenzimmer nicht nur Arbeitsstätte ist, sondern Lebensraum für Kinder. Die Kinder verbringen mit ihren Lehrerinnen und Lehrern in der Klasse einen beträchtlichen Teil der Woche. Ausdauerndes Lernen mit Freude kann durch eine aktivierende Lernumwelt gefördert oder teils überhaupt erst herbeigeführt werden. Dazu gehören auch so einfache Dinge wie die Ausstellung von Druckwerken, die die Kinder in der Lernwerkstatt oder Schuldruckerei anfertigen können (s. Abb. 9).

Abb. 9: Dokumentation eines Projekts der Klasse 2 an der Schule Wegenkamp (Hamburg)

Kinder wollen selber sehen und anderen zeigen, was sie können, was sie leisten, was sie herstellen. In Verbindung damit sind folgende Gründe in Gestalt von Thesen zu beachten, die für einen lebendigen Klassenraum sprechen, jedoch näherer Untersuchung und Überprüfung bedürfen:

- Wenn sich das Kind in einer vertrauten Umwelt wohlfühlt und diese beeinflussen kann, hat es ein ausgeprägtes Interesse an dem, was in dieser Umwelt geschieht, und es ist eher bereit, Verantwortung zu übernehmen als ohne diese Mitwirkungsmöglichkeit.

- Aktivierende Lernumwelten zeichnen sich auch dadurch aus, daß vielfältige Medien und Schülerprodukte zugänglich sind. Die Kinder müssen nicht erst in Labore oder entfernte Bibliotheken gehen, um sich Informationen und Arbeitsmittel zu beschaffen.

- Die zugänglichen Materialien im Klassenzimmer schaffen Lernanlässe. Dieses ist z.B. dann der Fall, wenn mitgebrachte Fundsachen vom Strand für zwei Wochen ausgelegt sind und in aller Ruhe betrachtet werden können. Ein anderes Beispiel ist die Experimentierecke, wo Materialien gesammelt werden, mit denen die Kinder in Freiarbeitsphasen oder auch im regulären Unterricht etwas bauen. Auf diese Weise entsteht eine kleine Erfinderwerkstatt in der Schule.

- Das klassische Bild von einer Schule als einer monoton getünchten »farblosen« Institution kann korrigiert werden. Wohlbefinden ist schließlich eine wichtige Vorausetzung für aktive Beteiligungsformen im Unterricht.

Die Liste der Argumente könnte man ohne weiteres fortsetzen. Ich möchte den theoretischen Rahmen für aktivierende Lernräume jedoch nicht an dieser Stelle aufspannen, weil die Erfahrung lehrt, daß die konkrete Auseinandersetzung mit etwas Neuem die stärkste Motivation für eigenes Tun auslöst. Der Leser möge dabei immer bedenken, daß wir es uns zu Hause ebenfalls gemütlich machen, uns wohl fühlen wollen, wenn wir lesen oder lernen, wenn wir uns unterhalten, wenn wir uns mit Musik befassen - ganz gleich, ob mit eine Bach-Präludium, mit Be Bop oder Hard Rock. Andere fühlen sich besonders dann wohl, wenn sie im eigenen Zimmer von Postern umgeben sind und ein orientalisches Räucherstäbchen beim Teetrinken mit dem Freund oder der Freundin für athmosphärische Faszination sorgt. Wiederum andere brauchen die Schreibmaschine oder den Computer neben ihrem Arbeitstisch und die Regale voller Bücher. Jeder von uns ist freischaffender Architekt des eigenen Lebensraums, wo wir etwas lernen und leisten - wo wir uns eben wohlfühlen möchten.

Wer sich ausführlicher mit der Entwicklung des Klassenraums zu einem gestalteten Lernort beschäftigen möchte und weitere Beispiele sucht, sei verwiesen auf das Buch von Mayer-Behrens über die Grundschule als einem Haus für Kinder (*Mayer-Behrens* 1987). Die Klassenraumgestaltung wird in diesem Bändchen als Ausdruck einer anderen Lern- und Arbeitskonzeption abgehandelt. Gestaltete Lernumwelten, das zeigt auch dieses Bändchen, sind Ausdruck eines pädagogischen Grundverständnisses, bei dem die innere Differenzierung und das Lernangebot für unterschiedliche Interessen und Leistungsprofile der Kinder im Mittelpunkt stehen.

Abb. 10: Druckerei in der Lernwerkstatt an der Gorch-Fock-Schule, Kiel, mit Studentinnen der PH Kiel, deren Pädagogische Werkstatt namens PWK mit der Gorch-Fock-Werkstatt einen lockeren Kooperationsverbund bildet.

»Ein Klassenraum ist ein Arbeitsraum, er maß also sachliches, zielgerichtetes Arbeiten ermöglichen. Er ist aber auch Lebensraum: Schüler und Lehrer bringen einen beträchtlichen Teil des Tages darin zu. Dazu brauchen sie einen Wohnraum, einen Ort, an dem man sich wohlfühlen kann. Ich gehe davon aus, daß ein solcher Raum Ängste abbaut und das Lernklima verbessert; und ich gehe umgekehrt davon aus, daß Unfreundlichekeit, Häßlichkeit, Kälte oder Unsauberkeit eines Raumes bei Schülern und Lehrern Unwohlsein, Angst, Aggression verstärken und somit das Lernen behindern und das Lehren erschweren. Wir brauchen also Räume, die liebevoll eingerichtet sind: hübsch, behaglich, gepflegt. Wir brauchen Räume mit einer Ausstattung, die dem Spieltrieb von Kindern entgegenkommt. Und schließlich brauchen wir Räume, die voller Anregungen für möglichst selbständiges Lernen sind.« (Mamat 1989, 37 f.).

Ideen und Beispiele aus Ihrer Praxis zur Umgestaltung von Klassenräumen möchte ich sammeln und zu einem späteren Zeitpunkt zusammenstellen. Bitte zeichnen Sie Ihr Beispiel auf einer A-4-Seite auf. Wenn Sie uns diese zusenden, erhalten Sie die später geplante Zusammenstellung zugeschickt. Ergänzungsillustrationen in Form von Fotographien und anderen Medien ist natürlich willkommen.

Planungsberater Unterricht

Es gibt keinen Weg. Man muß gehen.
Luigi Nono

Auf den folgenden Seiten werden didaktische Orientierungshilfen zur Planung und Reflexion von Unterricht vorgestellt. Mit den Beiträgen ist Perspektivenvielfalt beabsichtigt. Ein auserwähltes Modell gibt es nicht. Weil jede Unterrichtsstunde immer etwas Einzigartiges hat, das sich einem Schema entzieht, kann ein Planungsmodell lediglich Anstösse vermitteln und Übersicht schaffen. Mit den Modellen praktisch zu arbeiten und daraus eigene Muster zu entwickeln - das ist mit dem »Planungsberater« anvisiert unter dem Vorbehalt, den authentisch-offenen Charakter pädagogischer Realität nicht in Schemata zu ersticken.

Planungsmodelle und Beobachtungsinstrumente sind immer nur so gut, wie sie die individuelle Prägung einer Unterrichtsstunde nicht verstellen, sondern gerade ermöglichen und weitergestalten. Bei allem kann niemandem die Entscheidung abgenommen werden, eine eigene Form der Vorbereitung von Unterricht zu finden. Handlungsmuster, Phasen, Abläufe, Zeitrhythmen - all das läßt sich nicht festlegend vorzeichnen. Strukturierungshilfen und Planungsmodelle können jedoch vor allem folgendes leisten: Klarheit über Ziele und Themen herstellen, den Zeitrahmen bestimmen, pädagogische Alternativen anbieten, Tips aller Art vorhalten, Differenzierungsformen planen, eine Reihenfolge wichtiger Handlungsschritte durchdenken, diagnostische Komponenten ausarbeiten. Immer geht es um viele Wege und Möglichkeiten, um eine interessante Vielfalt pädagogischer Interaktionen und nicht um die vermeintlich einzig mögliche Lösung. Was wir planen, müssen wir ausprobieren, auf den Prüfstand stellen, mit anderen beraten und entsprechend verändern, Wege suchen. Die eigene Erfahrung ist Prüfung und Korrektiv, nicht ein formales Schema.

So etwa können wir Luigi Nono mit seiner Feststellung verstehen, es gebe keinen Weg. Man müsse ihn gehen. Die Lebendigkeit aktivierender Unterrichtsformen ist zwar nicht strukturfeindlich, braucht aber die Faszination des Spontanen, das Sich-Einlassen auf Überraschendes, die Neugier auf Ungeplantes, vor allem das unfestgelegte Gespanntsein auf die Persönlichkeit und das Lernverhalten jedes einzelnen

Kindes. Unter diesem Aspekt sind die Unterrichtsvorbereitungsmodelle, die Strukturierungshilfe und der Beobachtungsleitfaden zu verstehen. Vorsicht ist dann geboten, wenn sich jemand verleiten lassen würde, Unterricht haargenau so aufzubauen, wie es ein Modell oder Schema vorsieht.

Der Beobachtungsleitfaden ist eine Erprobungsversion, die noch nicht »fertig« ist. Sie wird trotzdem abgedruckt, weil ich an Erfahrung und Kritik interessiert bin, um die kommende Version zu verbessern. Dabei wäre unter anderem die Frage zu stellen, inwieweit dieser Leitfaden auch bei der Planung von Unterricht verwendet werden könnte. Was man beobachtet, sollte zumindest ansatzweise in der Planung angelegt sein, es sei denn, ich möchte Unterrichtende mit unvertrauten Gesichtspunkten »überfallen«. Anregungen zur Verbesserung des Leitfadens und der anderen Modelle schicken Sie bitte an folgende Adresse:

Uwe Hameyer
Caprivistr. 20
D-24105 Kiel

Leitfaden

zur Beobachtung von Unterricht

Entwurf

Uwe Hameyer

Der Leitfaden ist ein einfaches Beobachtungsinstrument für schulpraktische Studien und Weiterbildung. Hauptanwender sind Studierende, die grundlegende Gestaltungsmerkmale von Unterricht genauer kennenlernen wollen. Lesen Sie bitte die Seiten 2 bis 4 und die Fragen genau durch, bevor Sie den Leitfaden einsetzen.

Es geht beim Einsatz des Leitfadens *nicht* um Zensierung von Lehrerverhalten; der Leitfaden dient ausschließlich der *Schulung von Beobachtungssinn* bei Praktikantinnen und Praktikanten. Sie sollen gleichsam auf *Spurensuche* im komplexen Handlungsfeld »Unterricht« gehen. Dabei lernen sie, Unterricht mit Hilfe ausgewählter Kategorien besser zu verstehen und nicht nur zufällig das aufzuzeichnen, was ihnen gerade »in den Sinn« kommt.

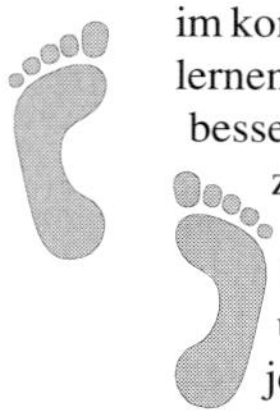

Mit Hilfe ihrer Aufzeichnung können Studierende unterrichtliche Handlungsmuster entwickeln. Das jedoch ist nur möglich, wenn sie ihre Beobachtungen nicht für sich behalten, sondern im Gespräch untereinander und mit der Lehrerin oder dem Lehrer austauschen. Dabei sind die *Gren-zen des Einsatzes solcher Leitfäden* stets zu beachten. Es geht nicht um statistische Vergleiche. Berechnet wird nichts. Ihre Eintragungen sind allein zur eigenen Schulung und als Impuls für ein Gespräch über Unterricht gedacht.

Jede Beobachtungsdimension im Leitfaden ist in *Kategorien* unterteilt (Fragen, Stichwörter und »Indikatoren« für unterrichtliches Handeln). Solche Kategorien bieten praktische Anhaltspunkte zur Beobachtung und Beschreibung von Unterricht.

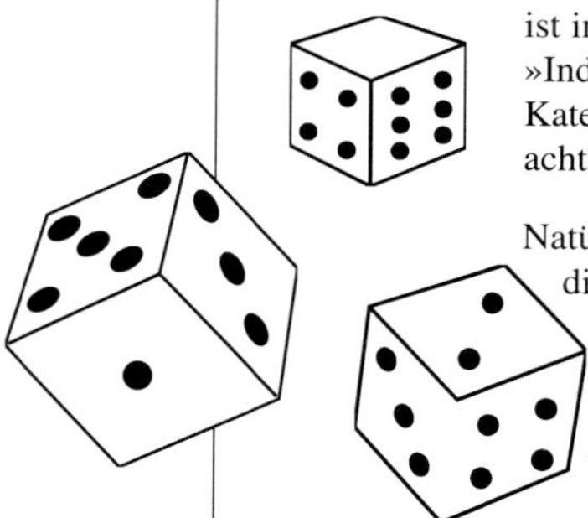

Natürlich können nicht alle wichtigen Beobachtungsdimensionen in einem Leitfaden Platz finden. Greifen Sie sich am besten *zwei* Dimensionen heraus, auf die Sie sich in der Unterrichtsstunde konzentrieren. Sie müssen nicht mit der ersten Kategorie über Unterrichtsziele beginnen.

Unter dem Aspekt *einer* Unterrichtsdimension beobachten Sie das Lehr- und Lerngeschehen am besten über *15 bis 20 Minuten*. Danach können Sie sich eine weitere Dimension vornehmen. Zumeist überfordert die Anwendung von mehr als zwei Dimensionen pro Unterrichtsstunde unsere Aufmerksamkeitsspanne. Während der *15 bis 20 Minuten* beobachten Sie den Unterricht unter Beiziehung von Kategorien, Fragen, Stichwörtern und Indikatoren, die Sie unter den Dimensionen aufgelistet finden.

Die meisten Dimensionen sind mit Kästchen oder Feldern für Notizen versehen. Sie können dort den Ausprägungsgrad der betreffenden Dimension nach eigener Schreibweise festhalten - zum Beispiel stehen drei Sterne für einen hohen Ausprägungsgrad, zwei für einen mittleren undsoweiter.

Sie können sich selbst weitere Dimensionen und Stichwörter ausdenken, zumal der vorliegende Leitfaden den Unterricht ohnehin nie vollständig abbilden kann. Ein Leitfaden impliziert immer nur ein *Modell von Wirklichkeit.* Dieses Modell erschließt die Unterrichtswirklichkeit nur unter bestimmten Aspekten. Dabei ist Ihr eigener Standpunkt wichtig , wenn Sie über Ihre Beobachtungen und die Grenzen des Leitfadens sprechen.

In der *nachbereitenden Erörterung* mit den Lehrerinnen und Lehrern beziehungsweise Studierenden, die den beobachteten Unterricht erteilten, sollten Sie die Ausschnitthaftigkeit Ihrer »Befunde« im Blick behalten, wieder das Ganze, die Zusammenhänge, sehen lernen; und vergessen Sie nicht: Zur produktiven Rückmeldung gehört grundsätzlich die *ermutigende Sichtweise.* Sie sollten sich klar zu dem äussern, was Sie besonders gut fanden und auf der anderen Seite sorgfältig begründen. Warum und inwieweit Sie sich bestimmte Elemente des beobachteten Unterrichts auch anders vorstellen können, müssen Sie ebenfalls gut begründen. Schließlich geht es

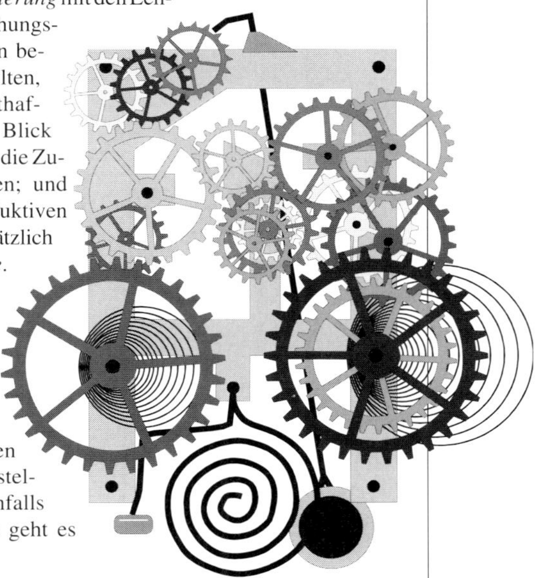

im Auswertungsgespräch um das *Weiterlernen aller Beteiligten.*

Nochmals: Der Leitfaden ist weder Forschungsinstrument noch Kriterienraster zur Beurteilung von Lehrerverhalten, sondern praktische Hilfe für Sie, um das Unterrichtsgeschehen unter ausgewählten Gesichtspunkt en zu beobachten und genauer zu verstehen.

Vieles wird im Leitfaden unzulänglich sein. Bitte helfen Sie bei der Weiterentwicklung, indem Sie mir Kritik, Änderungsvorschläge und Zusätze mitteilen - am besten an folgende Adresse:

Prof. Dr. Uwe Hameyer
Pädagogische Hochschule Kiel
Institut für Pädagogik
Olshausenstr. 75
D - 24118 Kiel
Tel 0431/8801567
Fax 0431/8801588
Fax 0431/8801567

1 Unterrichtsziele

Diesen Punkt 1 gehen Sie am besten Schritt für Schritt durch. Es ist ganz einfach. Sie sehen sich die Fragen zu den fettgedruckten Kategorien an und vergeben anschließend eine Wertung.
Drei Sterne bedeuten *in allen Fragen zutreffend*, zwei Sterne für *überwiegend zutreffend* und ein Stern für *nur teils zutreffend*.
Kreuzen Sie keinen Stern an, so ist das Ergebnis negativ: die betreffende Kategorie wurde in diesem Fall von dem Lehrer oder der Lehrerin nicht beachtet.

Zielklarheit
Ziele vorgestellt und erläutert?
Auswahl begründet?
Zusatzhinweise unterbreitet?
Schülerinnen und Schüler beteiligt?

Lernkontinuität Unterricht nicht mit zu vielen Zielen überladen?
Logik aufbauender Lernschritte eingehalten?
Am Vorwissen der Schüler und Schülerinnen angesetzt?
Weitere Lernvoraussetzungen beachtet? Welche?

Bedeutsamkeit
Interessante Inhalte und Themen behandelt?
Erfahrungswelt des Kindes aufgegriffen?
»Originale« Begegnung ermöglicht?
Bezüge zu epochaltypischen Schlüsselproblemen hergestellt?
Themen auf Lebenssituationen bezogen?

Schwierigkeitsgrad
Weitgehend *Alle* Schüler/Innen gefordert und gefördert?
Individualisierte Lernhilfen eingesetzt? *Welche?*

Ganzheitlichkeit
Sach- und sozialbezogene Ziele verbunden?
Fachübergreifende Bezüge eingeplant?
Praktische Handlungssituationen vorgesehen?

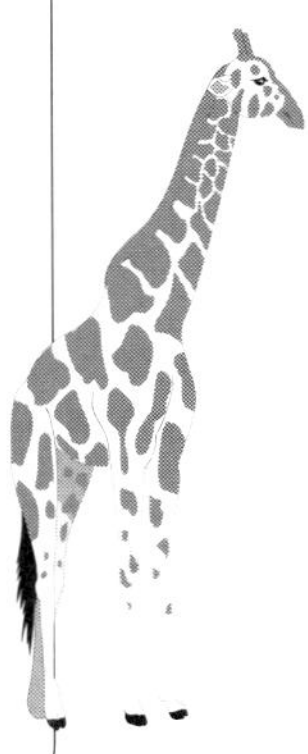

2 Lernausgangslage

- Lernvoraussetzungen einbezogen? Welche?
- Vorstellungswelt des Kindes aktiviert?
- Für zielgerechte Lernbedingungen gesorgt?
- Die Kinder zu eigenen Ideen angeregt?
- Emotionale Befindlichkeit des Kindes beachtet?

Notizen

Greifen Sie vielleicht zwei Aspekte zur Lernausgangslage heraus und erörtern Sie diese genauer. Das Symbol der Waage weist auf die Notwendigkeit hin, bei Ihren Notizen »gerecht« zu sein, also die Vielschichtigkeit der Situation einzubeziehen, in der nicht immer alles beachtet werden kann.

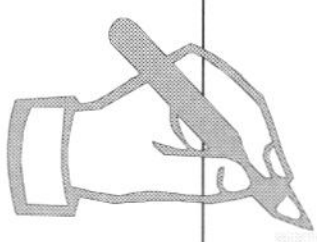

3 Formen der Selbsttätigkeit

Halten Sie ein Beispiel für eher entdeckende Formen der Selbsttätigkeit fest, das Sie als Anregung für Ihre spätere Praxis interessant finden. Sie können dabei an Lernsituationen denken, bei denen einige der folgenden Tätigkeiten wichtig sind:

bauen - konstruieren
formen - gestalten
beobachten - erkunden
knobeln - rätseln
experimentieren - vergleichen
Regeln aufstellen - spielen
untersuchen - erforschen
usw.

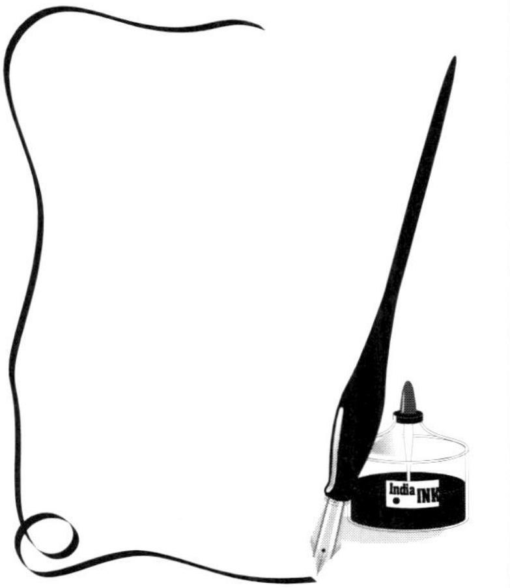

4 Interessante Arbeitsmittel und Medien

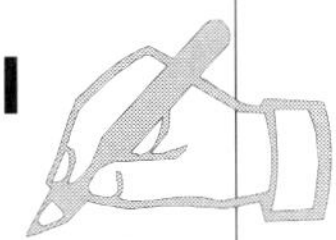

5 Spontaneität im Unterricht

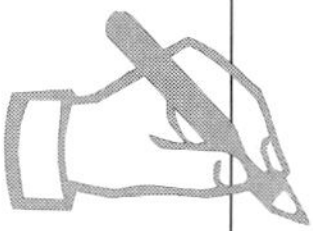

Unterrichtsplan aufgrund unvorhergesehener Situationen abgewandelt?
Freiräume gewährt? Zum Beispiel für:
Lern- und Rollenspiele
Entspannungsübungen
Spontane Ideen aus der Klasse
Erzählte Kindergeschichten
Überraschende Ereignisse
Weitere:

6 Binnendifferenzierung

Versuchen Sie herauszufinden, nach welchen der folgenden Gesichtspunkte im Unterricht differenziert wird. Am besten, Sie notieren im grauen Eintragungsfeld ein oder zwei Beispiele.

Unterrichtsziel
Thema
Lehr- und Lernmethode
Neigung/Schülerinteresse
Leistungsvermögen
Sozialform
Lernhilfe/Material
Lernzeit

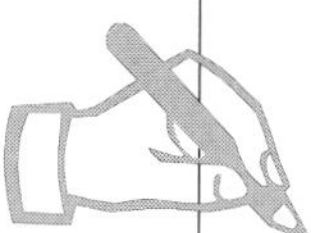

Beispiel:

7 Aktivierung

- *Alle* Schüler/Innen aktiviert?
- Selbständigkeit gefördert?
- Zur Eigeninitiative angehalten?
- Schüler helfen untereinander?
- Aufgaben eingeteilt?
- Verantwortung übertragen?

8 Unterrichtssprache

- Verständlichkeit?
- Sprache des Kindes?
- Sinnliche Erfahrung?
- Passung von Sprache und Sache?

Frageverhalten

- stellt nur eine Frage zur Zeit
- ermutigt zum aktiven Frageverhalten
- geht auf Zwischenfragen ein
- beachtet jede Frage oder jeden Beitrag
- wartet länger als 3 Sekunden auf Schülerantwort
- beantwortet Fragen im Unterricht nicht vorschnell
- fügt anspruchsvolle Fragen ein
- setzt Fragelernkarten ein
- vergewissert sich des Noch-nicht-Verstandenen
- vermeidet Suggestivfragen
- wartet mit »schwierigen« Fragen

9 Interaktionsmuster

- Lehrerin wechselt ihren Standort in Klasse
- Lehrerin greift Einwände von Schülern auf
- Lehrerin geht auf Kind ein
- Lehrerin sammelt spontane Einfälle
- Lehrerin fördert Dialoge
- Lehrerin und Schüler befolgen gemeinsame Regeln
- Lehrerin variiert Lerntempo

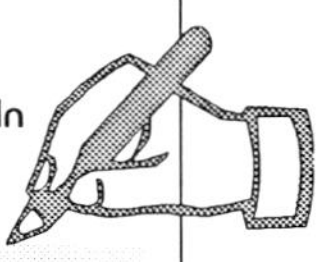

10 Umfeldbezug

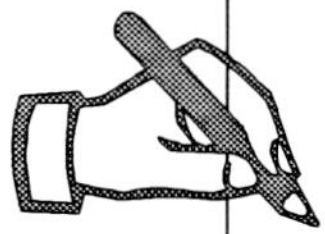

- Exkursion
- Eltern als Experten
- Inforecherchen in der Schule
- Einbeziehung des Schulgeländes
- Stadtteilarbeit
- Erkundung
- Museum
- Sonstiges

11 Lernhilfe

- ❑ Langsame Schüler/Innen besonders gefördert?
- ❑ In unerwarteten Situationen improvisiert?
- ❑ Zu Bewertung und Stellungnahme veranlasst?
- ❑ Verschiedene Sichtweisen respektiert?
- ❑ Über den Unterricht diskutiert? (Metakommunikation)
- ❑ Gesprächsfähigkeit ausgebildet?

12 Klassenraumgestaltung

Materialien

darunter Karteien, Lernspiele, Bastelmaterialien, Baukastensysteme, Experimentalgeräte, Gegenstände aus der Welt des Kindes, Literatur, eine Uhrensammlung und andere didaktisch interessante »Kuriositäten«, Kinderbücher, Aquarium, Terrarium, Wandzeitung, Computer usw.

Anregungswert des Klassenraums

Schätzen Sie den pädagogischen Anregungswert des Klassenraums aus Ihrer Sicht ein.
Begründung? [Mündlich erläutern]

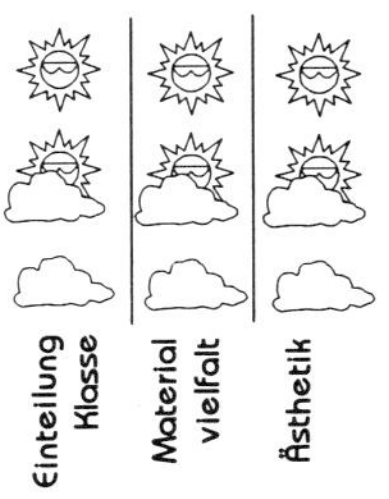

Gestaltungsbesonderheiten

Zeichnen Sie den Grundriß vom Klassenraum mit seinen Besonderheiten. Tragen Sie Bemerkenswertes an, was Sie für später als Anregung festhalten möchten.

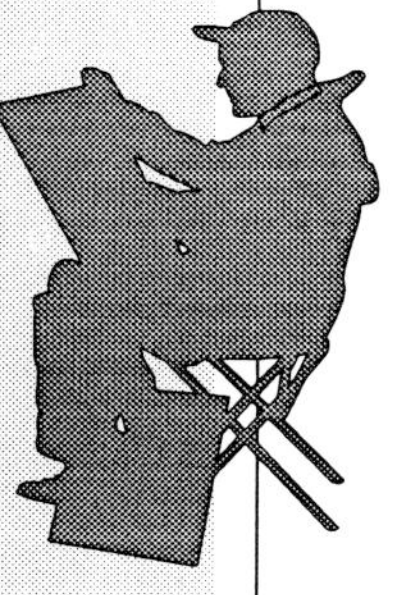

13 Einzelbeobachtung

Die Beobachtung einer Schülerin oder eines Schülers über eine Episode von vielleicht 10 bis 20 Minuten kann sehr aufschlußreich sein. Vielleicht finden Sie dabei etwas Besonderes heraus, wenn Sie auf einen der folgenden Punkte achten:

- Konzentrationsdauer
- Unterrichtsbeteiligung
- Körpersprache
- Gruppenverhalten
- Lernprobleme

Sonstiges

14 Lerndiagnose

- ☐ Vorkenntnisse ermittelt?
- ☐ Leistungsspitzen beachtet?
- ☐ Beratungssituationen im Unterricht herbeigeführt?
- ☐ Kinder mit Lernschwächen gefördert?
- ☐ Erfahrungen und Ergebnisse gemeinsam erarbeitet?
- ☐ Leistung im Hinblick auf Lernfortschritt weiterführend bewertet?
- ☐ Materialien mit Selbstkontrolle eingesetzt?
- ☐ Um- und Irrwege als Bestandteil des Lernens genutzt?

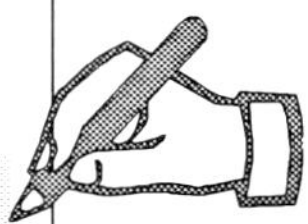

15 Unterrichtsklima

Markieren Sie im Thermometer, wie Sie die Beteiligung der Schülerinnen und Schüler am Unterricht einschätzen.

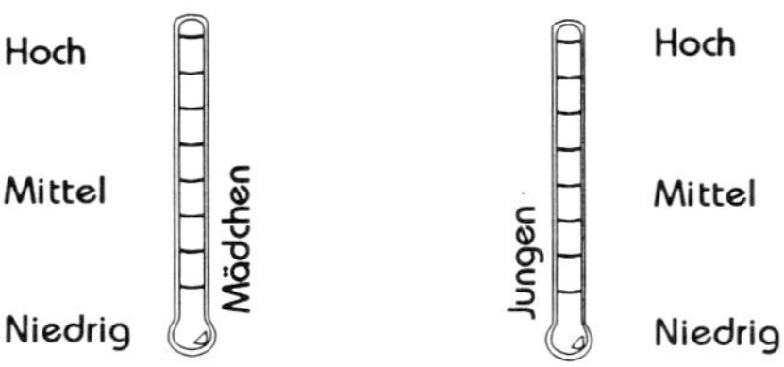

Markieren Sie im Thermometer die Häufigkeit bekräftigender Zuwendungen der Lehrerin zu den Kindern.

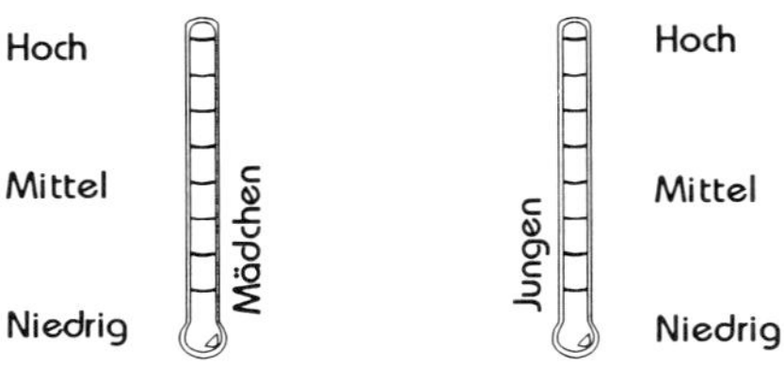

Markieren Sie im Thermometer, wie Sie die Motivation der Schülerinnen und Schüler in dieser beobachteten Unterrichtsstunde einschätzen.

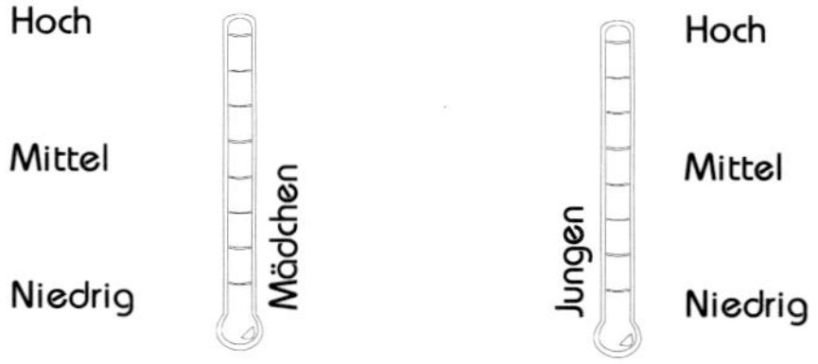

Markieren Sie im Thermometer, wie hoch Sie den Spielraum für die Kinder einschätzen, den sie hatten, um im Verlauf der Unterrichtsstunde eigene Überlegungen und Ideen zu verfolgen.

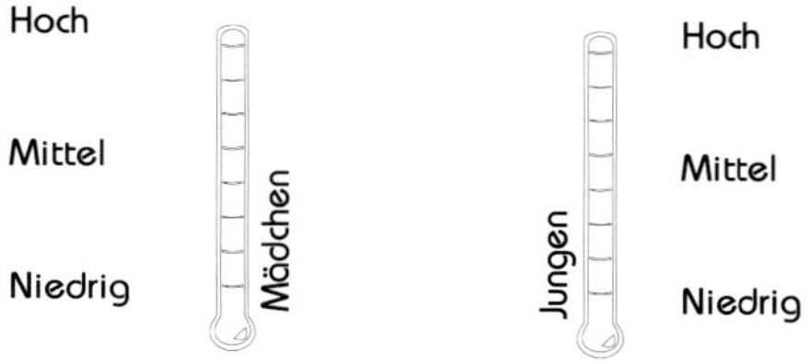

Die Kreisfläche entspricht einer Unterrichtsstunde. Tragen Sie bitte die aus Ihrer Sicht wichtigsten Abschnitte der Unterrichtsstunde in Gestalt von Segmenten in die Kreisfläche ein. Kennzeichnen Sie jedes Segment mit einem Buchstaben und schreiben Sie daneben, wie Sie den betreffenden Unterrichtsabschnitt bezeichnen. Die Segmente sollen in ihrer Größe dem zeitlichen Anteil an der Unterrichtsstunde in etwa entsprechen.

Handlungskompetenz: **Den Schülern zuhören**				
Lfd. Nr.	Verhaltensindikatoren	Unt.-Entwurf Vor-handen	Ergan-zung	Durchführung beobachtet
1	Der **Lehrer** wendet sich dem sprechenden Schüler zu	( )	( )	( )
2	..... konzentriert sich auf den sprechenden Schüler	( )	( )	( )
3	..... achtet auf die nichtverbalen Zeichen	( )	( )	( )
4	..... läßt den Schüler ausreden	( )	( )	( )
5	..... ermutigt den sprechenden Schüler	( )	( )	( )
6	..... regt weiterführende Beiträge durch »Türöffner« an	( )	( )	( )
7	..... beschreibt markante Aussagen durch Schlüsselbegriffe und merkt sie sich	( )	( )	( )
8	..... vergewissert sich, ob man den Schüler verstanden hat	( )	( )	( )
9	..... vergewissert sich durch eine Zusammenfassung, daß er den Schüler verstanden hat	( )	( )	( )
10	..... blockt einen Schüler ab, ohne ihn zu verärgern	( )	( )	( )
11	..... schreibt sich Stichworte zu Schülerbeiträgen auf	( )	( )	( )
12	..... greift auch im späteren Unterricht auf einen Schülerbeitrag zurück	( )	( )	( )
13	..... sagt im Anschluß an den Unterricht dem Schüler, was ihm am Beitrag gefiel	( )	( )	( )
14	.....	( )	( )	( )
15	.....	( )	( )	( )

Aufgrund eines gemeinsamen Planungsgesprächs wird vereinbart, daß der Beobachter sich auf die folgenden Indikatoren besonders konzentriert:
1. ( ) 2. ( ) 3. ( ) 4. ( ) 5. ( )

Beobachtungen zu den obigen Indikatoren sind nach Möglichkeit auf einem eigenen Bogen festzuhalten. Die Beobachtungen erfolgten aufgrund einer
( ) direkten Beobachtung ( ) Videoaufnahme ( ) Tonbandaufnahme

Quelle: In Anlehnung an BECKER u. a. 1980, S. 121 (Erläuterungen: S. 117–123)

Handlungskompetenz:	**Anspruchsvolle Frage- und Problemstellungen einbringen** (siehe auch Prüfliste Nr. 3)			
Lfd. Nr.	Verhaltensindikatoren	Unt.-Entwurf Vor-handen	Ergän-zung	Durchführung beobachtet
1	Der **Lehrer** hält den Anteil geschlossener Fragen sehr gering	( )	( )	( )
2	..... konzentriert sich auf wenige bedeutsame Fragen	( )	( )	( )
3	..... stellt Fragen, die für seine Schüler sehr anspruchsvoll sind	( )	( )	( )
4	..... formuliert seine Fragen verständlich	( )	( )	( )
5	..... stellt erst eine neue Frage, wenn die vorhergehende beantwortet ist	( )	( )	( )
6	..... läßt den Schülern Zeit zum Nachdenken und zum Antworten	( )	( )	( )
7	..... schreibt schwierige Fragen an die Tafel (oder auf ein Arbeitsblatt)	( )	( )	( )
8	..... stellt keine Suggestivfragen	( )	( )	( )
9	..... stellt schwierige Fragen erst, wenn er sich der Kenntnisse vergewissert hat	( )	( )	( )
10	..... läßt die Schüler Fälle lösen und Entscheidungen treffen	( )	( )	( )
11	..... stellt zur Beantwortung schwieriger Probleme Arbeitsgruppen zusammen	( )	( )	( )
12	..... trainiert Arbeitstechniken, damit die Schüler schwere Aufgaben lösen können	( )	( )	( )
13	.....	( )	( )	( )
14	.....	( )	( )	( )
15	.....	( )	( )	( )

Aufgrund eines gemeinsamen Planungsgesprächs wird vereinbart, daß der Beobachter sich auf die folgenden Indikatoren besonders konzentriert:
1. ( ) 2. ( ) 3. ( ) 4. ( ) 5. ( )

Beobachtungen zu den obigen Indikatoren sind nach Möglichkeit auf einem eigenen Bogen festzuhalten. Die Beobachtungen erfolgten aufgrund einer
( ) direkten Beobachtung ( ) Videoaufnahme ( ) Tonbandaufnahme

Quelle: In Anlehnung an BECKER 1986, S. 165 (Erläuterungen: S. 162 – 166)

Handlungskompetenz: **Mit Schülern über den Unterricht sprechen**

Lfd. Nr.	Verhaltensindikatoren	Unt.-Entwurf Vor-handen	Ergän-zung	Durchführung beobachtet
1	Der **Lehrer** spricht mit den Schüler über den nachfolgenden Unterricht	( )	( )	( )
2	..... spricht mit den Schülern über den laufenden Unterricht	( )	( )	( )
3	..... spricht mit den Schülern über zurückliegenden Unterricht	( )	( )	( )
4	..... spricht offen soziale Konflikte an	( )	( )	( )
5	..... legt beabsichtigte Leistungsmessungen offen	( )	( )	( )
6	..... spricht über die Hausaufgaben	( )	( )	( )
7	..... berät über die Rahmenbedingungen des Unterrichts (Zeit, Ort, Dauer)	( )	( )	( )
8	..... spricht besondere Aktivitäten ab	( )	( )	( )
9	..... redet über die mangelnde Gesprächsbereitschaft	( )	( )	( )
10	..... läßt eine Prioritätenliste über die zu behandelnden Themen erstellen	( )	( )	( )
11	..... wertet eine Schülerbefragung zum Unterricht gemeinsam aus	( )	( )	( )
12	..... läßt die Schüler Vorschläge zur Verbesserung von deren Verhalten machen	( )	( )	( )
13	.....	( )	( )	( )
14	.....	( )	( )	( )
15	.....	( )	( )	( )

Aufgrund eines gemeinsamen Planungsgesprächs wird vereinbart, daß der Beobachter sich auf die folgenden Indikatoren besonders konzentriert:

1. ( ) 2. ( ) 3. ( ) 4. ( ) 5. ( )

Beobachtungen zu den obigen Indikatoren sind nach Möglichkeit auf einem eigenen Bogen festzuhalten. Die Beobachtungen erfolgten aufgrund einer

( ) direkten Beobachtung ( ) Videoaufnahme ( ) Tonbandaufnahme

Quelle: In Anlehnung an BECKER 1986, S. 220 (Erläuterungen: S. 217–222)

Nach dem Unterricht: Besprechung und Reflexion

Der Einsatz des Leitfadens zahlt sich erst dann richtig aus, wenn Sie über Ihre Beobachtungen sprechen, sei es mit der Lehrerin oder dem Lehrer, sei es mit anderen Studenten. Die *gründliche Reflexion* ist der Augenblick, wo Sie neue Einsichten gewinnen. Die beste Möglichkeit bietet das Gespräch mit der Lehrkraft gleich nach der Stunde. Es geht auch später am Tag. Nehmen Sie sich mindestens 10 Minuten Zeit. Im Nachbereitungsgespräch sollten Sie zweierlei versuchen:

Gehen Sie in die Einzelheiten dessen, was Sie beobachteten. Präzise Reflexion und der Versuch, die betreffende pädagogische Situation zu verstehen, sind die besten Voraussetzungen für eine erfolgreiche Auswertung.

Sagen Sie Ihrem Kommilitonen oder Ihrer Kommilitonin, was Sie aus dieser Stunde mitnehmen - sei es eine überzeugende pädagogische Einsicht, einen konkreten Tip für die Praxis, einen Merkpunkt zur Unterrichtssprache, einen Hinweis auf interessante Unterrichtsmaterialien oder eine Einstiegsgeschichte, die Sie noch nicht kannten.

Ich betone nochmals: Merken Sie sich *einen* Punkt, *eine* Einsicht. Das reicht in der Regel. Dann haben Sie etwas gelernt und einen pädagogischen Gewinn aus der kleinen Beobachtungsübung gezogen. Ein beiläufiger Rat noch. Legen Sie sich am besten ein kleines *Notizbüchlein* zu (Format A 6 oder A 7). Sie können dieses »pädagogische Tagebuch« problemlos mit sich führen und die wichtigsten Punkte darin festhalten. Dadurch entlasten Sie Ihr Langzeitgedächtnis. Das Tagebuch hat auch in 10 Jahren seinen praktischen Wert. Wenn Sie diesen Rat für jede Unterrichtsstunde durchhalten, sind Sie ein effektiver Beobachter und der beste eigene Fortbildner.

Literaturbox

Becker, G. E.: Prüflisten zur Planung und Auswertung von Unterrichtssituationen. In: Bessoth, R. (Hrsg.): Schulleitungshandbuch. Band 4. Neuwied 1987, 43.22 (Luchterhand).

Becker, G. E./Clemens-Lodde, B./Köhl, K.: Unterrichtssituationen. München 1980 (Urban & Schwarzenberg).

Becker, G. E.: Auswertung und Beurteilung von Unterricht. Weinheim 1986 (Beltz).

Bessoth, R.: Lehrerberatung - Lehrerbeurteilung. Neuwied 1986 (Luchterhand).

Grell, J.: Techniken des Lehrerverhaltens. Weinheim 1974 (Beltz).

Killait, B.: Verfahren und Instrumente zur Unterrichtsbeobachtung. In: Bessoth, R. (Hrsg.): Schulleitungshandbuch Band 4. Neuwied 1984, 44.03 (Luchterhand)

Bachmair, G.: Unterrichtsanalyse. Weinheim 1977 (Beltz).

Füglister, P./Messner, H.: Instrument zur Unterrichtsbeurteilung. In: Bessoth, R./Metz, H. (Hrsg.): Lehrerbeurteilung. Frankfurt 1976 (Deutsches Institut für Internationale Pädagogische Forschung).

Kleber, E. u. a.: Beurteilung und Beurteilungsprobleme - eine Einführung in Beurteilungs- und Bewertungsfragen in der Schule. Weinheim 1976 (Beltz).

Pallasch, W.: Unterrichtsbeobachtung - Hilfen für das Lehrerverhalten zur Unterrichtsgestaltung durch Schüler. In: betrifft:erziehung (1983) 6, 35-42.

Rosenshine, B./Furst, N.: The use of direct observation to study teaching. In: Travers, R. (ed.): Second handbook of research on teaching. Chicago 1973, 122-184 (Rand McNally).

Tausch, R./Tausch, A.-M.: Wesentliche Dimensionen von Lehrern, Dozenten, Erziehern in Erziehung und Unterricht. In: Die Deutsche Schule 67 (1975), 121-129.

Zifreund, W. (Hrsg.): Training des Lehrerverhaltens und Interaktionsanalyse. Weinheim 1976 (Beltz).

Porter, A. C./Brophy, J.: Synthesis of research on good teaching. Insights from the work of the Institute for Research on Teaching. In: Educational Leadership 45 (1987/88) 8, 74-85.

Notizen

Handlungsorientierte Unterrichtsplanung

Werner Jank
Hilbert Meyer

Hilbert Meyer möchte ich herzlich danken für die Erlaubnis, aus seinem zusammen mit Werner Jank veröffentlichten Buch über didaktische Modelle (*Jank/Meyer* 1991) einige Seiten zitieren zu können, auf denen ein handlungsorientiertes Planungsmodell für Unterricht ausgeführt ist. Die Beispiele 1 und 2 auf den folgenden Seiten resultieren eigentlich aus einem Arbeitsauftrag, den Jank und Meyer den Lesern ihres Buchs stellen; auf einem Poster sind bunt durcheinander gewürfelte Begriffe zur Unterrichtsplanung abgebildet. Diese sollen geordnet werden. Auf den folgenden Seiten geben wir die Resultate dieser Sortieraufgabe wieder mit einem kurzen Textteil (entnommen aus dem oben zitierten Band, S. 404-407).

Beispiel 1

1. Bild der Lerngruppe
- Lernvoraussetzungen der SchülerInnen
- Interessen der SchülerInnen
- Interaktionsverhalten der SchülerInnen

2. Bisher erteilter Unterricht
- Einordnung der Stunde in die Unterrichtseinheit
- Organisatorische Voraussetzungen
- Ausblick auf die Fortsetzung der Unterrichtseinheit

3. Sachanalyse
- Fachwissenschaftlicher Zusammenhang und Grundlagen
- fachliche Struktur des Themas

4. Didaktische Analyse
- Richtlinienvorgaben
- Bedeutung des Themas für die Schülerinnen
- »Methodische Leitfrage«
- Begründung der Inhaltsauswahl
- Zur didaktischen Reduktion

5. Lernziele
- Kognitive, affektive, psychomotorische Lernziele oder:
- fachliche Lernziele
- soziale Lernziele

6. Methodische Überlegungen
- Unterrichtsschritte und ihre didaktischen Funktionen
- »Gelenktstellen« zwischen den Unterrichtsschritten
- Handlungsmuster
- Sozialformen
- Planungsalternativen
- Medien

7. Geplanter Stundenverlauf
- Zeitplan
- Raster zum Stundenverlauf
- Anhang

8. Anhang
- Literaturverzeichnis
- Sitzplan
- Tafelbild
- Arbeitsblatt

Beispiel 2

1. Zur Wahl des Arbeitshemas der Unterrichtseinheit

- Richtlinienvorgaben
- »Methodische Leitfrage

2. Voraussetzungen

- 2.1 Voraussetzungen der Unterrichtseinheit
  Fachwissenschaftlicher Zusammenhang und Grundlagen
  Richtlinienvorgaben
  Organisatorische Voraussetzungen
  Ausblick auf die Fortsetzung der Unterrichtseinheit
  Lernvoraussetzungen, Interessen, Motivation und
  Interaktionsverhalten der Schülerinnen
- 2.2 Stellung der Stunde in der Unterrichtseinheit
  Einordnung der Stunde in die UE
  Fortsetzung der UE

3. Didaktisch-methodischer Begründungszusammenhang der Stunde

- 3.1 Lehrziele und Lehrinhalte
  Begründung der Inhaltsauswahl
  Methodische Leitfrage
  fachliche Ziele - soziale Ziele
  eventuell fachspezifische Arbeitsmethoden
  eventuell Zusammenfassung zu einer Lehrzielliste
- 3.2 Mögliche Handlungsziele der Schülerinnen
  Bezugnahme auf Lernvoraussetzungen, Interessen, Motivation
  unter Interaktionsverhalten der Schülerinnen
  Handlungsziele
- 3.3 Mögliche Handlungsergebnisse der Stunde
  Handlungsergebnisse
  Verhältnis zwischen Lehrzielen, möglichen Handlungszielen
  und möglichen Handlungsergebnissen

4. Methodischer Gang der Stunde

- 4.1 Unterrichtsschritte und ihre didaktischen Funktionen
  methodische Idee der Stunde
  Unterrichtsschritte und ihre didaktischen Funktionen
  Gelenkstellen zwischen den Unterrichtsschritten
  Planungsabsprachen/Verständigung mit den SchülerInnen über
  den Unterrichtsablauf
  (gemeinsame) Unterrichtsauswertung
- 4.2 Handlungsmuster und Sozialformen
  Handlungsmuster
  Sozialformen
  Medien
  organisatorische Voraussetzungen
- 4.3 Planungsalternativen

5. Verlaufsplan in der Übersicht

6. Anhang

- Literaturverzeichnis
- eventuell Arbeitsblätter, Protokolle vorausgegangener Arbeitsabsprachen mit den SchülerInnen, Wandzeitungen, Fotos usw.

Die erste der beiden Gliederungen (Beispiel 1) entspricht der, die an den Studienseminaren für das gymnasiale Lehramt in Niedersachsen weitgehend üblich ist (Didaktische Analyse und Methodische Überlegungen können an manchen Seminaren in Niedersachsen zu einem Kapitel zusammengefaßt werden, an anderen Seminaren ist eine solche Zusammenfassung verpönt). An den drei Begriffen der Sachanalyse, Didaktischen Analyse und Methodischen Überlegungen ist zu erkennen, daß diese Gliederung eine gewisse Nähe zu Klafkis Bildungstheoretischer Didaktik von 1958 und zu seinen bildungstheoretischen Vorläufern (etwa H. Roth) aufweist – auch wenn im Seminaralltag wohl nur selten auf diese Nähe eingegangen wird und vielleicht manche Seminar- und Fachleiter/innen schon längst vergessen haben, daß sie diese Begriffe von dort entlehnt haben.

Die zweite Gliederung (Beispiel 2) setzt die im Planungsraster zum Handlungsorientierten Unterricht entwickelte Planungsstrategie in einen schriftlichen Entwurf um. Schon aus der Gliederung wird sichtbar, daß zum Teil ganz andere Schwerpunkte gesetzt werden (z. B. gibt es keine eigenständige »Sachanalyse«, während die Handlungsspielräume der Lehrerin bzw. des Lehrers und Überlegungen zur Ergebnissicherung nun ausdrücklich thematisiert werden). Es zeigt sich aber auch, daß der weitaus größere Teil der enthaltenen Begriffe in beiden Gliederungen ohne Probleme untergebracht werden kann. Wiederum andere Schwerpunktsetzungen ergaben sich bei Verwendung der Begriffe der Struktur- und der Faktorenanalyse aus der Lehrtheoretischen Didaktik oder bei Verwendung der aus Klingbergs Didaktik stammenden Begriffe. Aber auch in solche Entwürfe könnte ein Großteil der Begrifffe im Kasten oben problemlos integriert werden.

Mit anderen Worten: Das, was Ihnen für Ihre Planung wichtig erscheint, können Sie in Gliederungsrastern unterschiedlicher theoretischer Ausrichtung unterbringen. Jedoch ist mit dem Wechsel der Gliederungsbegriffe und ihrer Abfolge in der Regel ein Wechsel der Schwerpunktsetzung verbunden.

An vielen Seminaren gibt es ein einheitliches Gliederungsschema für schriftliche Stundenentwürfe. Wer daran rüttelt, muß dies zumeist ausführlich rechtfertigen, an manchen Seminaren riskiert er sogar schlechtere Noten. Wir empfehlen Ihnen deshalb, sich frühzeitig im Referendariat über die bei Ihnen übliche Gliederung zu informieren und dann mögllichst oft anläßlich eines (unbenoteten) Fachleiterbesuchs diese Gliederung – als Übung – in Stichworten inhaltlich auszufüllen. Denn der Versuch, ein ganz anderes Schema einzuführen, ist riskant. Das liegt nicht nur an der Bequemlichkeit der Ausbilder: Sie müssen bedenken, daß die Seminar- und Fachleiter/innen oft mehrere Lehrproben an einem einzigen Tag sehen. Eine neue, ungewohnte Gliederung und ihre Konsequenzen zu verstehen und kritisch zu durchdenken, erfordert aber Zeit und Ruhe, weil dazu die Literatur, die den Hintergrund dieser neuen Gliederung bildet, in Erinnerung gerufen oder überhaupt erst gelesen werden müßte. Und Zeit und Ruhe sind vor allem zu den Prüfungszeiten Mangelware. Dazu kommt: Wenn Prüfer/innen immer wieder einen neuen Vorschlag für eine Gliederung des Unterrichtsentwurfs präsentiert bekommen. Es ist daher auch ein Gebot der gerechteren Zensurenfindung, wenn Referendare/innen sich, oft gegen ihren inneren Willen, dem ungeschriebenen Gesetz beugen und der im Seminar gewohnten Gliederung folgen. Weil Sie aber in fast jeder möglichen Gliederung Ihre Stichworte zur Unterrichtsplanung und -durchführung mehr oder weniger vollständig unterbringen und stärker oder schwächer betonen können, lohnt es sich unserer Meinung nach in der Regel nicht, über die Frage der Gliederung Konflikte mit den Seminar- und Fachleiter/innen zu riskieren – zumal es an konfliktträchtigen Feldern im Referendariat ohnehin nicht mangelt.

Planung offenen Unterrichts

Für offene Formen von Unterricht sind nur wenige Modelle bekannt, nach denen eine Stunde oder eine Unterrichtseinheit vorbereitet werden kann. In der Schulpraxis dominieren immer noch klassische Planungsschemata, auch wenn offener Unterricht als eine grundlegende Form des Lehrens und Lernens längst breite Anerkennung findet. Anerkennung setzt natürlich Kontroversen voraus, auch wenn es dabei manchmal so scheint, als ob offener Unterricht noch um seine Rechtfertigung kämpfen müsse, während rigide frontalunterrichtliche Unterrichtsmuster immer noch unbeirrt als Vergleichsstandard herangezogen werden, um etwas Neues zu beurteilen, obgleich konsequente Schlüsse aus der Kritik an frontalunterrichtlichen Mustern mehr als überfällig sind. Die Frage, wer beziehungsweise welche Praxis sich eigentlich zu rechtfertigen hat, ist durchaus berechtigt. Wer Unterrichtskritik vorträgt, hat diese immer auch auf die eigene Praxis zu beziehen. Das gilt übrigens für alle »Parteien« und Standpunkte.

Zur Einarbeitung in offenen Unterricht und die Öffnung von Schule verweise ich auf das Standardwerk von *Wallrabenstein* (1991). Es ist allemal lesenwert und bietet einen Fächer exemplarischer Anregungen und Tips aus der Praxis. Weiterhin sind die unzähligen Beispiele zum geöffneten Unterricht zu nennen, die in der *Grundschulzeitschrift* und in *Die Grundschule* veröffentlicht werden. Auch finden Sie im pädagogischen Sachbuchangebot mittlerweile gute Werke, die erläutern, was zu tun ist, damit offene Formen schulischen Lehrens und Lernens erfolgreich sind. An einem neuen Band dazu arbeitet derzeit Wulf Wallrabenstein.

Ungeklärt ist die Frage, wie Unterricht vorbereitet wird, wenn verschiedene Dimensionen der Offenheit aktualisiert werden sollen, wenn beispielsweise das Differenzierungsangebot vergrößert wird, die Wahlmöglichkeiten für Kinder verstärkt oder die Materialvielfalt mit entsprechenden Wahlentscheidungsbefugnissen auf der Kinderseite ausgeweitet werden soll. Dabei ist eine Erkenntnis sicher: Je konsequenter ich versuche, Unterrichtsprozesse zu öffnen, desto stärker ist der vorstrukturierende Aufwand. Für viele ist diese These unverständlich. Sie ist unter Hinweis auf die Planungsqualität zu beleuchten. Wenn ich Lernangebote stärker auf die individuellen Voraussetzuungen der einzelnen Kinder vorbereiten möchte, so muß ich mir im Vorwege viel mehr Gedanken als Lehrerin oder Lehrer darüber machen, was eigentlich im Unterricht den Kindern geboten wird, welche unterschiedlichen Materialien ich

brauche, und wie es mir gelingt, die Wahlfähigkeit der Kinder so zu stärken, daß sie das eigene Entwicklungs- und Leistungsprofil beim schulischen Lernen immer selbst auch im Auge behalten. Die Qualität der differentiellen Strukturierung offenen Unterrichts besteht darin, das Lernangebot in seiner Vielfalt und seinem Anregungsreichtum so vorzubereiten, daß Kinder unterschiedlicher Ausgangssituation damit etwas Produktives anfangen können. Das eben meine ich mit differentieller Strukturierung, ohne die ein professionell geöffneter Unterricht kaum möglich ist. Komplizierter ausgedrückt verlangt eine hohe Kontingenz von Lehr- und Lernprozessen – also eine immer auch anders als geplant mögliche Variation des Unterrichts – genaue Überlegungen, welche Handlungs- und Entscheidungsalternativen zur Verfügung stehen sollen. Als Planer offenen Unterrichts muß ich in Optionen und Möglichkeiten denken und diese bereit halten, wenn es auf sie ankommt. Das ist der enorme vorstrukturierende Aufwand, von dem die Rede ist. Mit laissez faire hat Öffnung nichts zu tun, ganz im Gegenteil.

Um die Planung geöffneter Formen des Unterrichts geht es auch im Beitrag von Inge-Marie und Eckhard Kohls. Beide stellen eine übersichtliche Strukturierungshilfe für Unterricht zur Diskussion. In ihrem Modell, das den Übergang zu einem geöffneten binnendifferenzierenden Unterricht markiert, unterscheiden sie zwischen der Phase des gemeinsamen Einstiegs, der selbsttätigen Aneignung und der gemeinsamen Auswertung. Dieses Modell wurde in Schleswig-Holstein an vielen Schulen eingesetzt. Die Autoren sind an Vorschlägen interessiert, wie man solche Formen für geöffneten Unterricht verbessern kann.

Uwe Hameyer

Vorbereitung offenen Unterrichts

Inge-Marie Kohls
Eckhard Kohls

Das nachfolgende Modell ist ein Entwurf für den Aufbau »kurzer« Vorbereitungen von offenen Unterrichtsformen oder -abschnitten. Es handelt sich um eine Planungshilfe beim Übergang zu geöffneten Formen eines binnendifferenzierenden Unterrichts. Diese Strukturierungshilfe ist als Entwurf zu verstehen. Sie wird im Rahmen des IPTS eingesetzt - Landesinstitut Schleswig-Holstein für Praxis und Theorie der Schule.

Strukturierung von Unterricht

1. Phase: Gemeinsamer Einstieg

Pädagogische-didakt. Absichten	Methodische Folgerungen
• an vorlaufenden Lernprozessen anknüpfen • Projekte aufnehmen und fortsetzen • Informationen zum Thema geben • Unterricht rhythmisieren • binnendifferenzierende Lernaufgaben darstellen • Verantwortlichkeiten übertragen • Lernaufgaben zuweisen (an Gruppen oder einzelne Kinder)	• Vorerfahrungen der Kinder aktivieren • Thema für Kinder bedeutsam machen • Unterricht transparent gestalten (Zeitraster; Piktogramm; Tagesplan undsoweiter) • gemeinsame Erlebnisse schaffen oder austauschen • Begegnungen ermöglichen • durch direkte Ansprache verbindlich sein • Phase 2 inhaltlich und organisatorisch vorbereiten

2. Phase: Selbsttätige Aneignung

Pädagogische-didakt. Absichten	Methodische Folgerungen
• differenzierte Lernaufgaben selbständig erarbeiten in Einzel-, Partner- oder Gruppenarbeit • den selbständigen Umgang mit Arbeits- und Differenzierungsmaterialien anbahnen • als Lernhelfer Aufgaben übernehmen • Ergebnisse selbständig überprüfen	• Kinder zur aktiven, individuell angemessenen Auseinandersetzung mit dem Lernstoff anleiten • zu möglichst lehrerunabhängigem Arbeiten erziehen • schriftlich gestellte Aufgabenstellungen verstehen und anderen erklären können • besprechen, wo und wie sinnvoll geholfen werden kann • Umgang mit Kontrollverfahren einüben
(Lehrer als Beobachter und Helfer)	*Individuelle Lernwege finden / Lernschwierigkeiten wahrnehmen / Lernhilfen planen und bereitstellen*

3. Phase: Gemeinsame Auswertung

Pädagogische-didakt. Absichten	Methodische Folgerungen
• Arbeitsergebnisse vorstellen • unterschiedliche Ergebnisse und Meinungen integrieren • Ergebnisse auswerten • Rückblick und Ausblick • neue Vorhaben gemeinsam planen	• Anstrengungen gemeinsam einschätzen und würdigen • das Gelernte zusammenfassen und sichtbar machen • das Gelernte festhalten und berichtigen • Ergebnisse für Kinder bedeutsam machen (z. B . durch ästhetische Gestaltung, Veröffentlichung usw.) • Lernprozesse als Aneignungsprozesse bewußt machen • zur Mitbeteiligung an der Vorausplanung ermutigen

Handzettel

zur Planung geöffneter Unterrichtsformen - Praxis kann Praxis verbessern

Dieser Handzettel ist natürlich kein Ersatz für die Unterrichtsplanung. Vielleicht sehen Sie in einigen Punkten Anregungen und auch Perspektiven für pädagogische Diskussionen in Ihrer Schule.

- Haben Sie schon einmal darüber nachgedacht, inwieweit Sie das selbständige Lernen Ihrer Schülerinnen und Schüler im Unterricht berücksichtigen? Können Sie sich vorstellen, diese Lernform in Ihrer Praxis zu intensivieren?
- Beginnen Sie in Ihrem Fach, Arbeits- und Differenzierungsmaterialien zusammenzustellen und offen auszulegen.
- Als günstig hat es sich erwiesen, mit 90-Minuten-Phasen ein bis zweimal in der Woche zu beginnen, um selbständiges Lernen anzubahnen und zu stützen.
- Sollten Sie sich entschließen, »offene Phasen« täglich einzurichten, könnten Sie mit einer Kollegin oder einem Kollegen in Ihrer Klasse eng zusammenarbeiten.
- Wie denken Sie darüber, Ihren Klassenraum in eine Lernwerkstatt umzuwandeln beziehungsweise als aktivierende Lernumgebung weiter auszugestalten? Was würden Sie konkret tun? Womit würden Sie beginnen? Auf welche Ziele kommt es Ihnen dabei in erster Linie an? Welchen Rat und welche Unterstützung bräuchten Sie? Wo würden Sie Unterstützung suchen oder erwarten?
- Glauben Sie, daß Sie Ihre Schülerinnen und Schüler dahin führen können, selbst zu entscheiden, wann sie ihr Wochenpensum erledigen wollen?
- Hätten Sie Lust, Eltern als Helfer in einige Vorhaben einzubeziehen? Wie würden Sie vorgehen, und was versprechen Sie sich konkret davon? Wobei konkret könnten Eltern Ihrer Meinung nach helfen? Kennen Sie Beispiele aus anderen Klassen oder Schulen? Was finden Sie an diesen Beispielen überzeugend und anregend für Ihre eigene Praxis?
- Wie gelingt es Ihnen, sich selbst häufiger aus der lenkenden Rolle zu entlassen, um die Mitverantwortung der Kinder zu stärken?
- Was halten Sie davon, das Lernen und Leisten in den ersten Grundschuljahren ohne Zensuren zu begleiten? Inwieweit würde dadurch Konkurrenzdenken abgebaut? Wie werten Sie das persönlich?
- Haben Sie bereits Maßnahmen eingeleitet, die das Voneinander-Lernen der Kinder fördern? (—> Helfersysteme)

Modell für den Übergang zu einem geöffneten Unterricht -

Ein Entwurf

Eckhard und Inge-Marie Kohls

I. Zu den Bildungszielen

1. In welchem größeren curricularen Zusammenhang steht das Vorhaben?
   1.1 Welche Lehrplan-Ziele werden abgedeckt?
   1.2 Welche Fächer/bzw. Fachziele sind betroffen?
   1.3 Was wollen/sollen sie erleben, erfahren, gestalten...? (emotional-soziale Dimension)
2. Was können sie schon?
   Was soll folgen? (Didaktische Lernausgangslagenbeschreibung)

II. Zum Lerninhalt

1. Warum soll das Thema als Lerninhalt vorstrukturiert werden?
   Was hat es mit den Lerninteressen der Kinder zu tun?
2. Welche Teilleistungen sind für die selbsttätige Erarbeitung/Aneignung notwendig? (Strukturanalyse)
3. Welche grundlegenden Zugriffsweisen (Lernstufen) sind möglich? (Lerntheorie)

III. Zu den Lernangeboten und Methoden

1. Welche vorstrukturierten Lernangebote mache ich?
   (»Lernumwelt Klassenzimmer«/Lebenswirklichkeit)
   1.1 Welche gezielten Lernaufgaben stelle ich? (Differenzierung)
2. Wie sind die Lernangebote/Lernaufgaben - im Augenblick - arrangiert?
3. Was können Kinder selbständig erarbeiten?
   3.1 Welche einführenden Informationen muß ich geben?
   3.2 Welche Lernhilfen biete ich einzelnen Kindern an?
4. Worauf will ich bei der Lernbeobachtung der Gruppe/einzelner Kinder besonders achten?
5. Wie werden die (vorläufigen) Lernergebnisse präsentiert und verwertet?

V. Zur Organisation des Unterrichts und Nachbereitung

1. in dieser Woche
   1.1 an diesem Tag
   1.2 in diesem »Ausschnitt«
2. Welche Situation will ich bewußt anbahnen?
   (Kreisgespräch/Gruppenarbeit/Partnerarbeit etc.)
3. Welche Beobachtungen/erreichten Lernstände kann ich notieren?
   3.1 Was kann im Stoffverteilungsplan (nachträglich) ergänzt werden?

Didaktische Strukturierungshilfen

Eingangs möchte ich mich bei Dr. Erika Wolf - Gastprofessorin an der Hochschule für Bildende Künste in Berlin, und bei der Deutschen Lehrerzeitung bedanken. Dort hat mich Prof. Dr. Ursula Drews beim Ersuchen der Abdruckgenehmigung eines Auszugs aus einer Serie von Arbeitshilfen für Referendare, die 1993 erschienen ist, nachhaltig unterstützt. Wir übernehmen Beiträge aus dieser Serie als Faksimile. Daher wurde die Zitationsweise im Original belassen und nicht an das Muster der Ideenkiste angeglichen.

Frau Wolf präsentiert eine sehr anschauliche, praxisfeldorientierte Strukturierungshilfe, in der grundlegende Kategorien didaktischer Planung von Unterricht auf kleinstem Raum die Komplexität des Lernfelds überzeugend profilieren. Der besondere Wert dieser Hilfen besteht im Integrationscharakter: eher bindende und eher offene Formen von Unterricht werden zugleich angesprochen, und das auf völlig undogmatische Art. Auf die Erfahrungen mit diesen Hilfen wie natürlich mit den anderen Beiträgen zu diesem Kapitel bin ich sehr gespannt.

Den Unterricht gliedern und ihn öffnen - Artikulationsmöglichkeiten, dargestellt in einem Strukturdiagramm

Erika Wolf

Abdruck aus
Deutsche Lehrerzeitung 9/93 – mit freundlicher Genehmigung

Artikulation - ein in der didaktischen Literatur vielfältig durchleuchteter, in der täglichen Unterrichtspraxis wenig benutzter Begriff. Seit *Herbart* (1776 bis 1841) und bis in die Gegenwart bezeichnet »Artikulation« die Gliederung, die Strukturierung, den methodischen Weg von Unterrichtsabläufen mit Blick auf themenimmanente Strukturen, auf Zielorientierungen, auf den Medieneinsatz, auf Lerngesetzmäßigkeiten (vgl. hierzu: *Maras, R.*: Unterrichtsgestaltung in der Grundschule heute. Donauwörth: Auer Reiher 38, 4.1992, S. 29 ff, und *Meyer, H.*: Unterrichtsmethoden I. Frankfurth/M.: Scriptor, 1987, S. 156 f).

Auch in der Routine des Alltags gliedern sich Lehrer ihren Unterricht, bauen ihn nach Phasen oder Lernschritten auf, halten Medien bereit und überdenken die Möglichkeiten ihres Einsatzes. An den Schulen in Deutschland dominiert der frontal angelegte lehrgangsorientierte Unterricht. Von dieser Gegebenheit wird im Strukturdiagramm zunächst ausgegangen. Es ist auf viele Fächer bezogen und auf alle Schularten und Klassenstufen anwendbar. Von daher ist nicht Trennschärfe das Darstellungsziel, sondern das Aufzeigen von Möglichkeiten, Tendenzen, Beispielhaftem. Jede der drei Phasen kann verschiedene Funktionen haben. Das gilt besonders für inhaltsorientierte, prozeßorientierte, schüleraktivierende Vermittlungsformen. Der Dreh- und Angelpunkt im Hinblick auf Lenkung und Öffnung ist die Entscheidung über die Sozial- und Kooperationsformen.

Im Frontalbereich sind das Plenum und der einzelne Schüler angesprochen; bei wechselden Sozialformen arbeiten und kommunizieren Schüler miteinander. Es entwickeln sich vielfältige Möglichkeiten zur Differenzierung. Dreiphasig angelegter Unterricht muß nicht gleichförmig und öde sein. Die im Strukturdiagramm (siehe unten) scheinbar festgeschriebenen Handlungsformen sind bei der Planung und Durchführung von Unterricht immer wieder neu und anders kombinierbar.

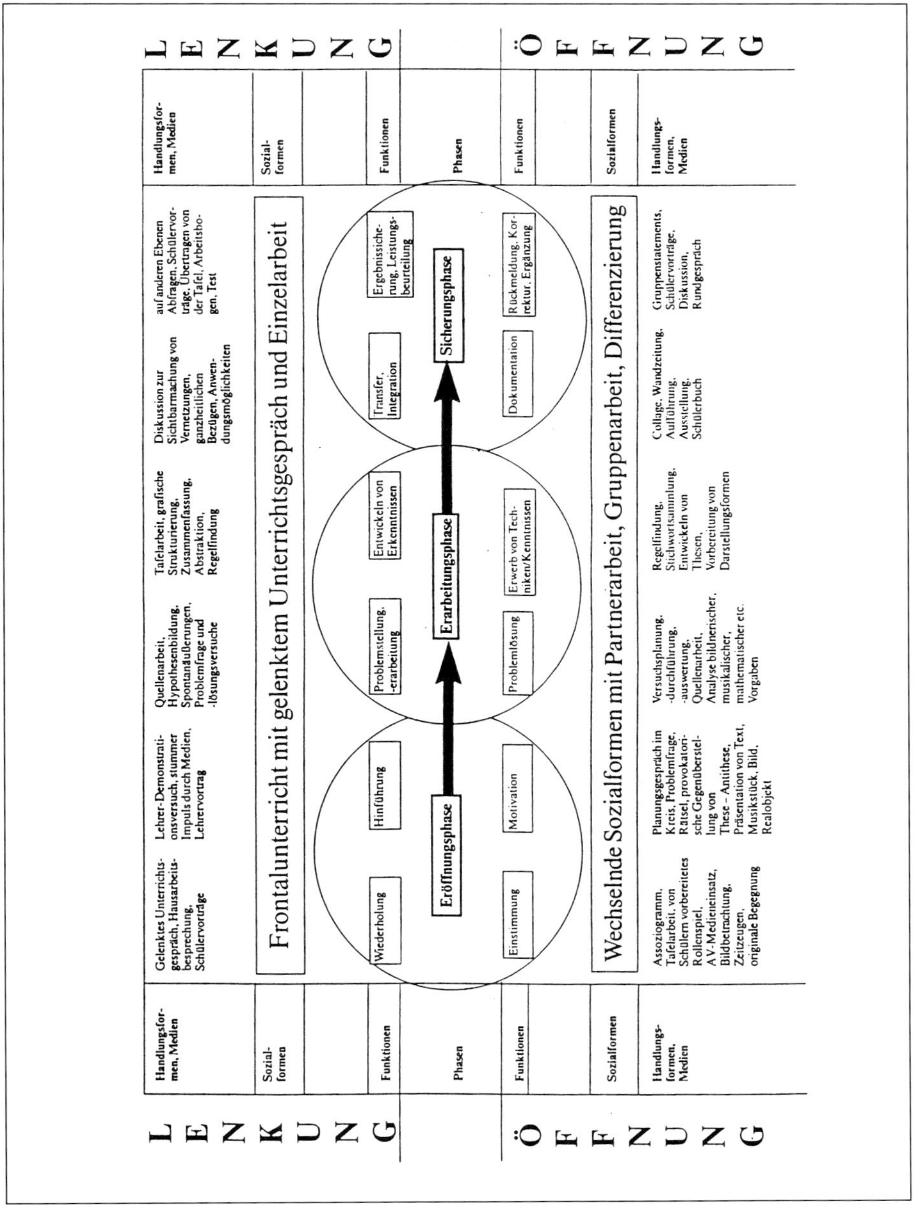
LENKUNG
Handlungsformen, Medien
Gelenktes Unterrichtsgespräch, Hausarbeitsbesprechung, Schülervorträge
Lehrer-Demonstrationsversuch, stummer Impuls durch Medien, Lehrervortrag
Quellenarbeit, Hypothesenbildung, Spontanäußerungen, Problemfrage und -lösungsversuche
Tafelarbeit, grafische Strukturierung, Zusammenfassung, Abstraktion, Regelfindung
Diskussion zur Sichtbarmachung von Vernetzungen, ganzheitlichen Bezügen, Anwendungsmöglichkeiten
auf anderen Ebenen Abfragen, Schülervorträge, Übertragen von der Tafel, Arbeitsbogen, Test
Sozialformen
Frontalunterricht mit gelenktem Unterrichtsgespräch und Einzelarbeit
Funktionen
Wiederholung
Hinführung
Problemstellung, -erarbeitung
Entwickeln von Erkenntnissen
Transfer, Integration
Ergebnissicherung, Leistungsbeurteilung
Phasen
Eröffnungsphase
Erarbeitungsphase
Sicherungsphase
ÖFFNUNG
Funktionen
Einstimmung
Motivation
Problemlösung
Erwerb von Techniken/Kenntnissen
Dokumentation
Rückmeldung, Korrektur, Ergänzung
Sozialformen
Wechselnde Sozialformen mit Partnerarbeit, Gruppenarbeit, Differenzierung
Handlungsformen, Medien
Assoziogramm, Tafelarbeit, von Schülern vorbereitetes Rollenspiel, AV-Medieneinsatz, Bildbetrachtung, Zeitzeugen, originale Begegnung
Planungsgespräch im Kreis, Problemfrage, Rätsel, provokatorische Gegenüberstellung von These – Antithese, Präsentation von Text, Musikstück, Bild, Realobjekt
Versuchsplanung, -durchführung, -auswertung, Quellenarbeit, Analyse bildnerischer, musikalischer, mathematischer etc. Vorgaben
Regelfindung, Stichwortsammlung, Entwickeln von Thesen, Vorbereitung von Darstellungsformen
Collage, Wandzeitung, Aufführung, Ausstellung, Schülerbuch
Gruppenstatements, Schülervorträge, Diskussion, Rundgespräch

Denken in Strukturen – Strukturiert denken. Arbeitshilfen für Referendare

Erika Wolf

Abdruck aus
Deutsche Lehrerzeitung 13/93
mit freundlicher Genehmigung

Didaktische Prinzipien - didaktische Regeln. Strukturierungshilfe: Strukturdiagramm

Die Hospitation war das Thema des sechsten Beitrags dieser Folge (DLZ 8/93). Es wurde angeregt, bei Hospitationen unter den besonderen Merkmalen des Unterrrichts auch die Beachtung didaktischer Prinzipien aufzunehmen. Was sind didaktische Prinzipien? Es sind Grundsätze unterrichtlichen Handelns, Leitlinien für die Unterrichtsplanung und -organisation, die sich nicht auf ein Konzept zurüchführen zu lassen. Ihre Kenntnis gilt als entscheidende Hilfe, ihre angemessene Berücksichtigung als Qualitätskriterium für die Gestaltung von Unterricht.

Die Ausarbeitung, Formulierung und Anwendung didaktischer Prinzipien ist von vielen Faktoren abhängig. Im auf S. 94 stehenden Strukturdiagramm werden beispielhaft drei Einflußfaktoren - Gesellschaft, Schule, Wissenschaft - in ihrer Interdepedenz und ihrer Einwirkung auf didaktischer Prinzipien als Setzungen, als Postulate, aufgezeigt. Didaktische Regeln als immer wieder zu reflektierende Handlungsvorhaben für Unterricht und Erziehung werden abgeleitet. Ein Anspruch auf Vollständigkeit besteht dabei nicht.

Mit diesem Überblick über didaktische Prinzipien und Regeln, in dem nochmals eine Art Gesamtschau auf Unterricht, auf seine Planung und Gestaltung erfolgt, wird die Serie für Referendarinnen und Referendare beendet. Sie sollte helfen, den Unterricht in seiner Vielgestaltigkeit besser zu durchschauen und gedanklich zu strukturieren. Dazu dienten auch die unterschiedlichen Arten grafischer Darstellung, die bewußt eingesetzt wurden.

Daß manches in der Wirklichkeit anders abläuft als beispielsweise in den Strukturdiagrammen vorgedacht, ist weder auszuschließen noch unerwünscht. Aber gedankliche Klarheit ist eine wichtige Voraussetzung, ganz unterschiedliche Unterrichtssituationen gemeinsam mit den Schülerinnen und Schülern zu bewältigen.

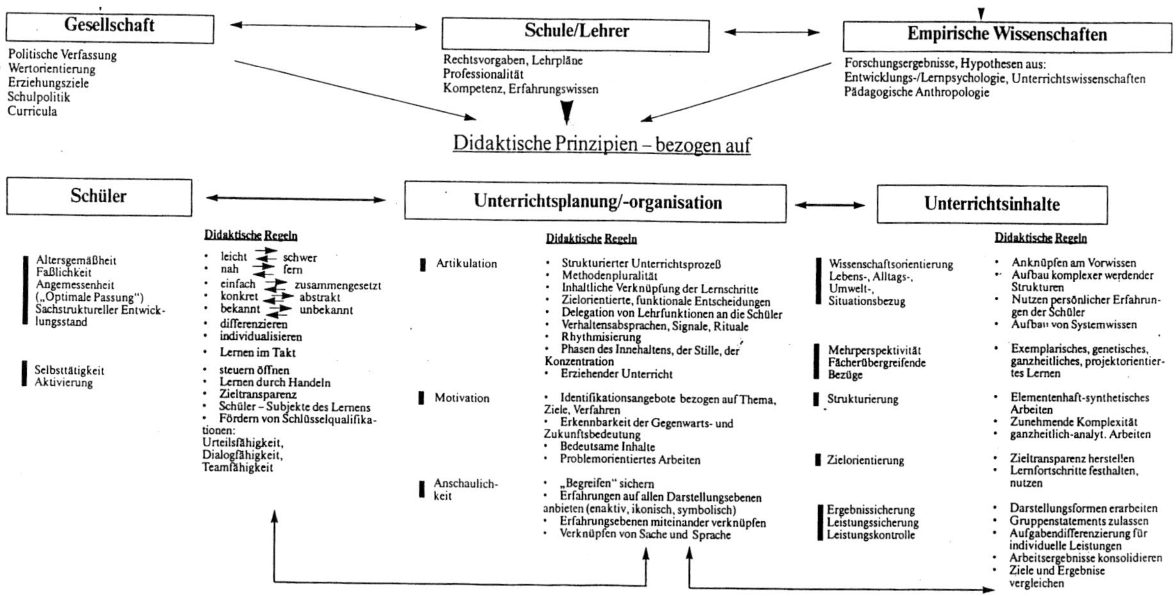
Gesellschaft
Politische Verfassung
Wertorientierung
Erziehungsziele
Schulpolitik
Curricula
Schule/Lehrer
Rechtsvorgaben, Lehrpläne
Professionalität
Kompetenz, Erfahrungswissen
Empirische Wissenschaften
Forschungsergebnisse, Hypothesen aus:
Entwicklungs-/Lernpsychologie, Unterrichtswissenschaften
Pädagogische Anthropologie
Didaktische Prinzipien – bezogen auf
Schüler
Unterrichtsplanung/-organisation
Unterrichtsinhalte
Altersgemäßheit
Faßlichkeit
Angemessenheit
(„Optimale Passung")
Sachstruktureller Entwicklungsstand
Selbsttätigkeit
Aktivierung
Didaktische Regeln
leicht – schwer
nah – fern
einfach – zusammengesetzt
konkret – abstrakt
bekannt – unbekannt
differenzieren
individualisieren
Lernen im Takt
steuern öffnen
Lernen durch Handeln
Zieltransparenz
Schüler – Subjekte des Lernens
Fördern von Schlüsselqualifikationen:
Urteilsfähigkeit,
Dialogfähigkeit,
Teamfähigkeit
Artikulation
Motivation
Anschaulichkeit
Didaktische Regeln
Strukturierter Unterrichtsprozeß
Methodenpluralität
Inhaltliche Verknüpfung der Lernschritte
Zielorientierte, funktionale Entscheidungen
Delegation von Lehrfunktionen an die Schüler
Verhaltensabsprachen, Signale, Rituale
Rhythmisierung
Phasen des Innehaltens, der Stille, der Konzentration
Erziehender Unterricht
Identifikationsangebote bezogen auf Thema, Ziele, Verfahren
Erkennbarkeit der Gegenwarts- und Zukunftsbedeutung
Bedeutsame Inhalte
Problemorientiertes Arbeiten
„Begreifen" sichern
Erfahrungen auf allen Darstellungsebenen anbieten (enaktiv, ikonisch, symbolisch)
Erfahrungsebenen miteinander verknüpfen
Verknüpfen von Sache und Sprache
Wissenschaftsorientierung
Lebens-, Alltags-, Umwelt-, Situationsbezug
Mehrperspektivität
Fächerübergreifende Bezüge
Strukturierung
Zielorientierung
Ergebnissicherung
Leistungssicherung
Leistungskontrolle
Didaktische Regeln
Anknüpfen am Vorwissen
Aufbau komplexer werdender Strukturen
Nutzen persönlicher Erfahrungen der Schüler
Aufbau von Systemwissen
Exemplarisches, genetisches, ganzheitliches, projektorientiertes Lernen
Elementenhaft-synthetisches Arbeiten
Zunehmende Komplexität
ganzheitlich-analyt. Arbeiten
Zieltransparenz herstellen
Lernfortschritte festhalten, nutzen
Darstellungsformen erarbeiten
Gruppenstatements zulassen
Aufgabendifferenzierung für individuelle Leistungen
Arbeitsergebnisse konsolidieren
Ziele und Ergebnise vergleichen

Denken in Strukturen – strukturiert denken. Arbeitshilfen für Referendare (X)

Vom Handeln zum Erwerb geistiger Kompetenz – Medien als Mittler (Fortsetzung)

Stadien der kognitiven Entwicklung in Anlehnung an die Stufenlehre Piagets

Formal-logische Operationen
Schüler leisten systematische, systematisierende, strukturierende, abstrahierende Denkoperationen. Ohne konkreten Rückgriff auf Erfahrungswissen und aktuelle Wahrnehmungsinhalte sind Sprache und Symbole Grundlage begrifflichen Denkens. Diese Stufe scheint nicht universell erreichbar zu sein.

Formale Operationen (ab 12 Jahre)
Schüler können verinnerlichte konkrete Operationen aktualisieren. Handlungen müssen nicht mehr durchgeführt; sie können erinnert werden, Handlungsabläufe können antizipiert, Handlungselemente vielfältig neu kombiniert werden, Hypothesenbildung, Problemlösung und Arbeitsstrategien bedürfen nicht mehr des konkreten Einzelfalles.
Zunehmende Sprachkompetenz hilft aktuelle Wahrnehmung und innere Bilder einordnen, koordinieren, systematisieren.
Sie unterstützt Gedächtnisleistungen, fördert Interaktionsmöglichkeiten mit der Umwelt und eröffnet Wege zu deduktivem Lernen.

Konkrete Operationen (7 bis 12 Jahre)
Kinder brauchen auf dieser Stufe äußere Handlungen, Wiederholungen von Handlungsabläufen, um Handlungserfahrungen zu erwerben und damit „verinnerlichte" Handlungen verfügbar zu haben. Diese Abfolge ist von grundlegender Bedeutung für den Aufbau kognitiver Strukturen. Vom Konkreten, vom Gegenständlichen ausgehend, werden zunehmend Denkoperationen möglich, die nicht mehr ausschließlich auf äußeres Handeln angewiesen sind, sondern auch verbal angeleitet werden können. Intelligent verstehende Operationen, Wahrnehmung und Spracherwerb bilden eine Einheit.

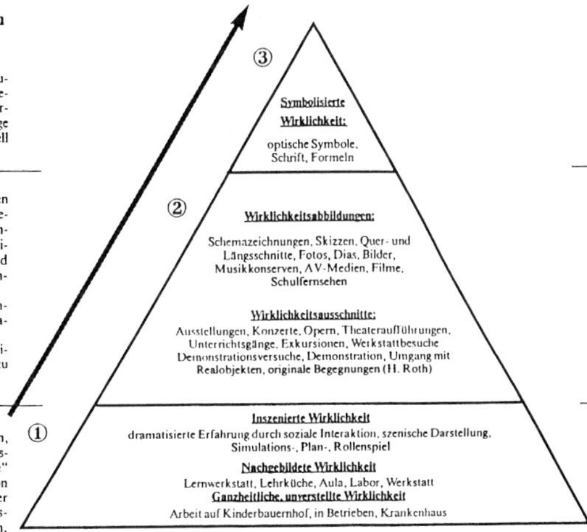

Von der Realität zur Abstraktion - drei Stufen des Lernens. Darstellung in Anlehnung an den Erfahrungskegel von E. Dale
Quelle: Peterßen, W. H.: Handbuch der Unterrichtsplanung, München 1982

Erfahrungs-, Darstellungs-, Repräsentationsebenen in Anlehnung an den Erfahrungskegel (Dale)

Symbolische Erfahrungen
Mit Erfahrungen auf den vorangegangenen Ebenen wurden Verinnerlichungsprozesse geleistet, die abstraktes Denken, ein „Arbeiten ohne Stütze" (Aebli), das Lernen auf der Grundlage sprachlicher, mathematischer, grafischer Zeichen ermöglichen. Arbeiten auf der Ebene 3 kann nur auf Lernen innerhalb der unteren Stufen aufbauen.

Ikonische Erfahrungen
Die Unmittelbarkeit nimmt weiter ab, über didaktisierte Realitätsausschnitte, über vornehmlich ikonisch/bildhaft vermittelte Elemente von Wirklichkeit werden durch die Medien im wesentlichen die Fernsinne (Auge und Ohr) angesprochen. Betrachten, Beobachten, Hören ermöglichen Erfahrungen auf abstrakterer Ebene. Verinnerlichte Handlungen auf der vorangegangenen Ebene I schaffen die Voraussetzungen für ein Lernen und Denken auf höherem Niveau. Reale Gegenstände, Modelle, Filme, Bilder, Skizzen, Tonaufzeichnungen, grafische Darstellungen können mit gespeicherten Vorstellungsbildern verknüpft, ganzheitlich zugeordnet und damit verstanden werden. Bewegliche Bilder - Filme, AV-Medien, Schulfernsehen – reproduzieren Wirklichkeit. Außerschulische Veranstaltungen lassen an Wirklichkeitsausschnitten teilhaben.

Direkte Erfahrungen
Auf der ersten Ebene wird bei abnehmender Direktheit ganzheitlich gearbeitet. Auch nachgebildete, inszenierte Wirklichkeit beachtet das Primat des Selber-Tuns, fördert die Interaktion zwischen Subjekt (Schüler) und Objekt, fordert die aktive Auseinandersetzung mit der sozialen und dinglichen Umwelt. Mit allen Sinnen, auch den Nahsinnen (Tasten, Fühlen, Schmecken, Riechen) wird Welt erschlossen. Versuch und Irrtum sind erlaubt und helfen, Methoden der Entdeckung zu erkennen und einzuüben. Exemplarisches Lernen und sprachliches Handeln führen auf den Weg zu geistiger Kompetenz.
Erika Wolf

Treffpunkt Lernwerkstatt

Wer sich mit Lernwerkstattarbeit beschäftigt, kommt um offenes Lernen nicht umhin. Vielleicht gibt es so viele verschiedene Vorstellungen von Offenheit wie Vertreter dieser Position. Ich möchte in diese Diskussion an dieser Stelle nicht eintreten, lediglich auf die Tatsache hinweisen, daß Lernwerkstätten in Deutschland zur Öffnung von Unterricht und zur Binnendifferenzierung eines breiten Lernangebotes einen wesentlichen Beitrag geleistet haben. Ohne diese nicht mehr wegzudenkende Institution »Lernwerkstatt« hätte die Schule auf entscheidende Impulse verzichten müssen. Die Lernwerkstattbewegung hat sich professionalisiert; sie ist Mit-Wegbereiter von inneren Reformen in der Grundschule und neuerdings auch in der Sekundarstufe I. Das satirische Graphik-Apercu - in einer Werkstatt selbst entstanden - ist nicht nur lustig, sondern steht auch für die Offenheit des reflektiven Umgangs von Lernwerkstattleuten mit sich selbst. Das gehört zur guten Profession.

Die folgenden Beiträge beleuchten Aspekte der Lernwerkstattarbeit. Wir hätten gern auch eine Adressenliste aller Lernwerkstätten aufgenommen. Karin Ernst aus Berlin arbeitet an einer aktualisierten Fassung, die zum Druckzeitpunkt leider noch nicht fertiggestellt werden konnte. Die Liste erscheint in einem Buch über Lernwerkstätten, das der Arbeitskreis Grundschule 1994 herausbringt.

Die Lernwerkstatt -

Standpfeiler Innerer Schulreform mit Illustrationen aus Schleswig-Holstein

Eckhard und Inge-Marie Kohls

Lernwerkstätten bieten einen strukturellen Gestaltungsrahmen für die Innere Schulreform. Die Öffnung von Schule wird durch ein stabiles Netz regionaler Lernwerkstätten grundlegend gestärkt und bereichert. In Schleswig-Holstein wurde ein solches Netz von Lernwerkstätten an den Regionalseminaren des IPTS aufgebaut (s. *Kohls* 1990). Das IPTS ist das Landesinstitut Schleswig-Holstein für Praxis und Theorie der Schule. Durch die organisatorische und personelle Zuordnung der Lehrerfortbildung (III. Phase) und der Lehramtsanwärterausbildung (II. Phase) finden diese beiden Abschnitte der Lehrerbildung unter einem Dach statt.

Die Mitglieder des IPTS versehen ihre Arbeit im Bereich der Aus-, Fort- und Weiterbildung in Personalunion. Daher liegt es nahe, Lernwerkstätten für beide Bereiche zu nutzen. Die Weiterentwicklung der Grundschule ist in Zusammenarbeit mit der Sonderschule im Rahmen innovativer Fortbildungsarbeit der Nährboden, auf dem die »Lernwerkstätten-Bewegung« im nördlichsten Bundesland ihren Anfang genommen hat und hoffentlich auch trotz empfindlicher Einschnitte im Bildungsbereich fortgeführt wird.

Lernwerkstätten erwerben institutionelles Profil

Inzwischen haben auch die Lernwerkstätten den Gang durch die Institutionen angetreten; und ihr Gegenentwurf zur etablierten Lehrerfortbildung hat bundesweit eine fortbildungsdidaktische Diskussion ausgelöst. Wir können heute von einer Lernwerkstatt-Bewegung sprechen, die zu einem wichtigen Motor der Inneren Schulreform im Gebiet des »Offenen Unterrichts« werden könnte beziehungsweise partiell schon geworden ist. Zwar ist Lernwerkstatt auch eine Ideenbörse für das Anwendungsfeld »Arbeits- und Differenzierungsmaterialien«; ihre Stärken entwickelt sie aber erst dann, wenn es gelingt, die Besonderheiten von »Werkstatt-Lernen« erfahrbar zu machen, didaktische Arbeitsmaterialien kennenzulernen, ihre Eignung für bestimmte Lernprozesse zu erkunden, sich über Möglichkeiten ihres Einsatzes in Freiarbeitsphasen auszutauschen, die Materialbeschaffenheit von Materialien zu prüfen und ihren Aufforderungscharakter im Hinblick auf Selbsttätigkeit, Selbstkontrolle, Selbstdifferenzierung oder Anbahnung von Sozialformen näher zu untersuchen. Das alles sind Ansprüche, die nicht allein durch Präsentation oder visuellen Konsum vermittelbar sind.

Als nach einer kräftebindenden Aufbauphase das Ahrensburger Leitungsteam in selbstverordneter Supervision eine Zwischenbilanz über unterschiedliche Begegnungsformen mit Lernwerkstatt zog, schälte sich folgendes Resultat heraus: Nicht die Präsentation von Materialien oder die Information über Neues allein bewegen etwas. Daher galt dem Tätigwerden der Werkstattbesucher ein besonderes fortbildungsdidaktisches Interesse. Die Arbeitshypothese der beiden Leiterinnen der Ahrensburger Lernwerkstatt lautete: Erst wenn es gelingt, die Besucher am Standort »Lernwerkstatt« oder im Lehrerkollegium in Gruppenarbeit zu »verwickeln« und sie zur Selbsttätigkeit zu veranlassen, wird Lernen lebendig. Erst dann entstehen kreative Situationen für innovatives Lernen von Erwachsenen, das auf ihre Berufssituation abgestellt ist.

Seither ist das »Verwickeln« zu einer fortbildungsdidaktischen Metapher geworden, die ein zumeist vorstrukturiertes Geschehen beschreibt, das sich direkt auf die Adressaten bezieht und mit dem Betreten der Lernwerkstatt beginnt. Nach einer unaufdringlichen Anleitungsphase mündet dieser Prozeß in ein »Learning by Doing« ein und endet in einer gemeinsamen Auswertungsphase bei Kaffee oder Tee. Das Simulieren schulischer Lernprozesse fand in Workshops »rund um die Lernwerkstatt« ein fortbildungsdidaktisches Erprobungsfeld. Hatten Fortbildnerinnen und Fortbildner des IPTS in früheren Jahren bereits Werkstätten in »privateigenen PKWs« an Tagungsstätten und in Schulen transportiert, um anschaulich auf etwas Neues hinweisen zu können, so erreichten diese Formen doch nur selten den Anregungswert von Lernlandschaften, wie wir sie heute in Lernwerkstätten kennen. Gleichwohl waren die mobile »Kisten- und Korb-Didaktik« sowie die vielerorts eingerichtete »Lehrer-Schüler-Druckerei« prägende Vorläufer des Werkstattgedankens.

Lernwerkstatt als Ausbildungsort

Neben der arbeitsaufwendigen Einrichtung der Räumlichkeiten fanden intensive seminarinterne Werkstattgespräche zwischen den Leiterinnen von Lernwerkstätten und den hauptamtlichen Studienleiterinnen und Studienleitern des IPTS statt. Zunehmend bezogen die Studienleiterinnen und Studienleiter die Lernwerkstatt in ihre Fortbildungsarbeit ein. Es bedurfte mehrerer Begegnungen, bis aus dem Nebeneinander ein Miteinander von Lernwerkstatt und Seminar-Fortbildung wurde. Obwohl in Ahrensburg die Lernwerkstatt sogar räumlich mit den Aus- und Fortbildungseinrichtungen unter einem Dach lebte - diese Lernwerkstatt wurde inzwischen an einern anderen Ort verlegt - , gab es Berührungs- und Zuständigkeitsängste, die nicht frei waren von Kritik an der eigenen Institution.

Der »Durchbruch« gelang, als die Leiterinnen der Lernwerkstatt sich entschlossen, in einer Nachmittagsbegegnung das bewährte »Verwickeln« auf das eigene Seminarkollegium anzuwenden, und zwar in Form des offenen »Stationenverfahrens« (s. Beitrag von Hagstedt in diesem Buch) zum Werkstatt-Thema »Zeit«. Ohne an dieser Stelle die vielfältigen Lernformen bei den »Zeit«-Stationen näher beschreiben zu wollen, war zu erkennen, daß die offene »Verwicklung« Wirkungen zeitigte. Zwanglos konnten aus den Erfahrungen im Umgang mit aktivierenden Lernarrangements didaktisch-methodische Diskurse eröffnet werden, die in dem Ausruf einer Studienleiterin gipfelten: »Dieses Verwickeln müssen wir unbedingt auch mit Lehramtsanwärterinnen und Lehramtsanwärtern machen!« Die Einbeziehung der Lernwerkstatt in das Ausbildungscurriculum der Lehramtsanwärter war beschlossene Sache.

Die Vorzüge einer Lernwerkstatt als Lernort für Auszubildende sind offenkundig: Die Gestaltung kindlicher Lernprozesse im Kontext offenen Unterrichtens findet hier beste Bedingungen. Diejenigen, die über Jahre »Bringer« von Fort- und Ausbildung an immer wechselnde Orte waren, erlebten die Entlastungsfunktion von Lernwerkstattarbeit am intensivsten: Es ist effektiver, die Menschen zu den Materialien und Lernsituationen kommen zu lassen als andersherum.

Aus der Sicht der Nutzer von Lernwerkstätten müssen zu diesem Gesichtspunkt weitere Attraktionen hinzukommen, damit sich die Wege lohnen. Die freiwillige Lehrerfortbildung ist insofern ein guter Gradmesser, als hier »mit den Füßen« abgestimmt wird: Erst wenn Lehrkräfte zum zweiten Mal die Lernwerkstatt besuchen, hat sie nachhaltiges Interesse geweckt. Die Wiederholbarkeit, ein wichtiges Kriterium kindlichen Lernens, ist eine weitere fortbildungsdidaktische Absicht, die gerade auch in der Lehramtsanwärterausbildung zum Tragen kommt.

Lehramtsanwärterinnen in der Lernwerkstatt: Ausbildungsdidaktik vor neuen Fragen

Wenn das Aufsuchen der Lernwerkstatt mit Ausbildungsgruppen fester Bestandteil der Berufssozialisation in der II. Phase der Lehrerbildung geworden ist, dann können diese Begegnungen nur insofern als freiwillig gelten, als ihr Zustandekommen große Zustimmung fand. Insofern war der Probelauf über die Fortbildung ein geeignetes Korrektiv. Der Zusammenhang von III. und II. Phase der Lehrerbildung ist in

Schleswig-Holstein (und inzwischen in einigen anderen Bundesländern) institutionell und personell gesichert, weil die haupt- und nebenamtlichen Studienleiterinnen des IPTS in beiden Bereichen professionell tätig sind. Wenn nicht im Ausnahmefall Studienleiter auch in der I. Phase mit Lehrabordnungen eingesetzt sind, gilt, daß eine Kontinuität der Berufsbefähigung zwischen dem zweiten und dritten Teil leichter vermittelt werden kann als zum Hochschulstudium. So konnten die in den letzten Jahren von der regionalen Lehrerfortbildung initiierten Innovationen im Umfeld des »Offenen Unterrichts« direkter in die Berufsausbildung der Lehramtsanwärterinnen und Lehramtsanwärter einbezogen werden. Die Vorerfahrungen der Beteiligten waren reflexions- und handlungsleitend. Man überlegte gemeinsam, wie und an welchen Inhalten, aber auch in welchem zeitlichen und organisatorischen Bezugsrahmen Auszubildende am wirksamsten zu verwickeln seien. Folgende Grundannahmen waren konsensfähig:

- Den Anfang machten die Ausbildungsgruppen im Bereich »Schulpädagogik«, die als Einzelgruppen mit 5 bis 8 Auszubildenden oder als zusammengelegte Doppelgruppe mit einem Seminartag starteten. Dieser Seminartag wird von den Leiterinnen der Lernwerkstatt und den Studienleiterinnen und Studienleitern gemeinsam geplant und begleitet.

- Fächerübergreifende Themen wie zum Beispiel »Zeit« werden im *Stationenmodell* (s. Beitrag Hagstedt, in diesem Band) mit hohen Anteilen entdeckenden praktischen Lernens gewählt, um auch im handlungs- und berufsfeldorientierten Erfahrungsbezug des Erwachsenenlernens ein Gegengewicht zu der weiterhin in der I. und II. Phase vorherrschenden fachdidaktischen Berufssozialisation zu bilden. In den Fachseminaren ist dann mehrkanaliges Lernen angesagt. Dieses Lernen erfolgt in wesentlichen Bereichen materialgestützt, wobei Grundsätze der Binnen- und Zieldifferenzierung in projektorientierten Unterrichtseinheiten beachtet werden.

- Hier wie dort sollen in den Spuren des Schüler-Lernens »Bausteine offenen Unterrichtens« miteinander in Beziehung gesetzt, in ihrer wechselseitigen Bedingtheit erkannt und hinsichtlich ihrer praktischen Umsetzung in kleinen Schritten teilerprobt werden.

Diese Grundannahmen beschreiben zugleich die Arbeitshypothese, daß Auszubildende im Referendariat über weite Strecken ein durchaus ähnliches Arbeitsverhalten zeigen wie ihre routinierten Kolleginnen und Kollegen in der Lehrerfortbildung. In dem Bewußtsein, daß mit der hier begonnenen Integration der Lernwerkstättenarbeit in die Lehramtsanwärter-Berufssozialisation nur ein Erprobungs-Ausschnitt des vernetzten vielgestaltigen Geflechts von Schulentwicklung, Fortbildung, Ausbildung, Forschung und Schulpraxis beschrieben wird, fragten die Ausbilder nach dem ersten Durchgang dieser berufsfeldorientierten Erweiterung:

- **Frage 1**. Worin unterschieden sich die Lehramtsanwärterinnen und Lehramtsanwärter als Besucher der Lernwerkstatt von ihren langerfahrenen Berufskolleginnen und -kollegen - und wo verhielten sie sich analog?

- **Frage 2**. Was kann Lernwerkstatt im Hinblick auf spätere eigenverantwortliche Lehrertätigkeit leisten?

- **Frage 3**. Was wäre unter ausbildungsdidaktischen Gesichtspunkten wünschenswert?

Zwei Interviews - anstelle gesicherter Ergebnisse

Der Erprobungszeitraum eines Jahres ist zu kurz bemessen, um übergreifende Geltungsansprüche zu formulieren. Und das Besondere von Lernwerkstätten in ihrer Vielgestaltigkeit zu benennen, erscheint verfrüht. Für den Bereich der Lehrerausbildung läßt sich jedoch eines festhalten: Lernwerkstätten bieten für alle Aus- und Fortzubildenden eine wesentliche Erweiterung handlungsorientierter Berufssozialisation. Das bestätigen Eindrücke aus der Sicht von Mitarbeiterinnen und Mitarbeitern aus Lernwerkstätten, die nachfolgend aufgrund durchgeführter Interviews skizziert sind.

- **Frage 1.** Gleichlautend antworteten die beiden Leiterinnen der Lernwerkstatt Ahrensburg in Schleswig-Holstein auf die erste Frage: (1) Die Auszubildenden lassen sich leicht »verwickeln«. (2) Sie nehmen den Raum der Lernwerkstatt schnell in »Besitz«. (3) Sie gehen vorbehaltlos an die »Sachen« heran. (4) Sie arbeiten bereitwillig in Gruppen oder als Partner. (5) Sie bekunden freimütig das Neuartige des schülerorientierten Zugangs. (6) Sie vergleichen ihre Eindrücke weniger mit ihren eigenen praktischen Erfahrungen. (7) Sie entwickeln didaktische Phantasie und haben ein hohes Interesse, Erprobungsmaterial in ihrem eigenen Unterricht einzusetzen.

● **Fragen 2 und 3.** Die zweite Frage veranlaßte die Ausbildnerinnen und Ausbildner zur Aufzählung bewährter Berufsmerkmale und idealtypischer Ansprüche an Lehrertätigkeit. Da die Ausbildung im Grund- und Hauptschulbereich von Anfang an einen hohen eigenverantwortlichen Unterricht bis zu 12 Wochenstunden enthält, seien nur zwei Äußerungen wiedergegeben, die unmittelbar aus zwei bis drei Begegnungen in der Lernwerkstatt wirksam werden konnten: Obenan rangierte der unterrichtliche Erfahrungsaustausch ausgehend von einem hohen didaktisch-methodischen Anregungspotential der Arbeits- und Differenzierungsmaterialien. Nach einer Phase eigenaktiver Herstellung von »passenden« Materialien für selbstgesteuerte Lernformen konnte das Interesse an der Bewertung ihres Einsatzes in der Praxis weitgehend das an bloßer Rezeption ablösen. Die Wiederholbarkeit didaktischer Arrangements und der mit ihnen verbundenen passenden Interaktionsformen in Lernlandschaften wurde für erwachsene Lerner als ein stabilisierendes Element erweiterter Berufsfähigkeit erachtet. Das ausbildungsdidaktische Gespräch wurde am nachhaltigsten beeinflußt durch das folgende Statement: »Wann immer möglich, sollte praktisches Tun den Ausgangspunkt pädagogisch-didaktischer Reflexionstätigkeit sein.«

Die Äußerungen der Lehramtsanwärterinnen und Lehramtsanwärter zu den Fragen 2 und 3 nach mehrmaligem Besuch der Lernwerkstatt werden hier zusammengefaßt mitgeteilt: (1) Analog zu ihren erfahrenen Berufskolleginnen und -kollegen nannten sie den Aspekt der »didaktischen Passung« von Arbeitsmaterialien und die »Möglichkeiten und Grenzen materialgesteuerten Lernens« im Kontext der »Öffnung des Unterrichts« am häufigsten. (2) An zweiter Stelle rangierte die Selbsterfahrung bei der Simulation offener Lernformen mit Wochenplan-Struktur (s. *Kohls* 1990), die sich sowohl auf das Methodenrepertoire selbständigen Tuns als auch der handlungsorientierten Anregung unterschiedlicher Sozialformen richtete. (3) Von vielen wurde das gemeinsame Planen von projektorientierten Unterrichtseinheiten sowie deren Durchführung und Reflexion in einer »Curriculum-Werkstatt« angeführt. - Unter ausbildungsdidaktischen Gesichtspunkten erschienen den Referendaren ferner wünschenswert:

- Lernwerkstatt-Arbeit zusammen mit ihren Mentorinnen und Mentoren praktisch zu erproben, um sich über Anwendungen im Klassenraum besser verständigen zu können.

- Seminar- und Ausbildungsveranstaltungen möglichst kontinuierlich handlungspraktisch im Sinne von Werkstattarbeit in Lernlandschaften zu realisieren.

- Materialien, Ideen und »handwerkliche« Anregungen aus der Lernwerkstatt auf ihren Ausbildungsunterricht zu übertragen. Manche liehen sich Arbeits- und Differenzierungsmaterialien aus bzw. stellten sie – gelegentlich zusammen mit Eltern – selbst her.

Das schulische Leben und Lernen bleibt der Zielpunkt dieser Maßnahmen. Lernwerkstatt als Lernort handlungs- und erfahrungsorientierter - sich wechselseitig befruchtender - Lehreraus- und -fortbildung regt nicht nur Lehrerinnen und Lehrer an, sondern schafft *Diskursanlässe für Ausbildner.* Offene Lernformen in Ausbildungsschulen und im Fortbildungsangebot bilden den Hintergrund für die Erneuerung des Ausbildungscurriculums. Das ausbildungsdidaktische Einbeziehen der Lernwerkstatt in die Berufssozialisation der Lehramtsanwärter erscheint selbstverständlich, bedarf aber längerfristiger Erprobungen. Lernwerkstattarbeit muß unter andragogischen Gesichtspunkten ihre berufsqualifizierenden Impulse überprüfen und darf sich nicht in Opposition zu einer unerläßlichen pädagogischen Reflexionspraxis verstehen.

Lehramtsanwärterausbildung im berufsfeldorientierten Bezugsrahmen sollte neben *Lehren, Unterrichten, Erziehen* die anderen Handlungsfelder *Beraten, Innovieren* und *Organisieren/Verwalten* und *Beurteilen* nicht vernachlässigen. In dem Maße, wie Lernwerkstatt auch die übrigen Berufsfelder integriert, könnte sie zum Erprobungsfeld theoriegeleiteter Handlungspraxen und basisorientierter Innovation werden, insbesondere im Umfeld institutionalisierter Aus- und Fortbildung als einem sich selbst korrigierenden System.

Blick in die Praxis - Eine Binnenperspektive

> »Das hat mir Spaß gemacht. Die Zeit vergeht viel schneller, wenn man selbst etwas tun kann«. »Alles, was mit Physik zu tun hat, habe ich bisher nicht verstanden. Heute habe ich gelernt, daß ich auch einiges begreifen kann. Ich glaube, ich hatte nie die Chance, selber etwas herauszufinden. Mir wurde immer gezeigt, wie es gehen muß, und ich durfte es allenfalls nachmachen«. »Ehrlich gesagt, am Anfang habe ich mich nicht besonders wohlgefühlt. Ich wußte nicht, was ich eigentlich sollte. Die vielen Angebote, und ihr habt euch völlig zurückgenommen. Aber dann habe ich angefangen, ein paar von den Versuchsanleitungen auszuprobieren. Die haben mir geholfen, mich auf die Sachen einzulassen. Ich glaube, die Kinder in der Schule brauchen zunächst auch Anleitungen. Sie haben es genausowenig wie ich gelernt, zu experimentieren und selbst Fragen zu entwickeln.«

Dies sind einige Äußerungen von Lehrerinnen und Lehrern aus einem Workshop zum Entdeckenden Lernen mit dem Thema: »Vom Spiegel zum Kaleidoskop«. Der

Workshop wurde in einer Lernwerkstatt durchgeführt. Die Beteiligten haben an sich selbst erfahren, was offene entdeckende Lernformen sind und was sie bewirken können. Solche Erfahrungen sind wichtige Voraussetzung, um schulische Praxis nicht nur bewältigen, sondern bewußt verändern zu können.

Die Öffnung und Demokratisierung von Schule und Unterricht, die Berücksichtigung neuer Inhalte und Technologien, der Ausbau fach- und schulartübergreifender Zusammenarbeit und die gemeinsame Unterrichtung von behinderten und nichtbehinderten Schülerinnen und Schülern setzen neue Lehrerqualifikationen voraus. Selbst weitreichende bildungspolitische Vorgaben, wie sie zum Beispiel im schleswig-holsteinischen Schulgesetz in der Fassung vom 13.3.1990 verankert sind, können einen tiefgreifenden Veränderungsprozeß in der Schullandschaft nur bewirken, wenn sie einhergehen mit adäquaten Aus-, Fort- und Weiterbildungsmaßnahmen. Mit der Institutionalisierung von Lernwerkstätten wurde im Land Schleswig-Holstein ein entscheidender Schritt vollzogen, diese innovativen Herausforderungen in eine fortdauernde Schulpraxis zu übersetzen.

Lernwerkstätten als Schaltstellen innerer Schulreform

Die nachfolgend genannten Beispiele aus dem Veranstaltungsangebot der Lernwerkstätten in Schleswig-Holstein mögen einen Eindruck davon vermitteln, wie durch die dort geleistete Arbeit Innovationsimpulse gesetzt werden. In Workshops zum Entdeckenden Lernen wurden zum Beispiel folgende Themen angeboten:

- »Vom Spiegel zum Kaleidoskop«;
- »Zeit«;
- »Fliegen«
  mit Betonung selbstgesteuerter Formen des individuellen und gemeinsamen Ler nens durch handelnden Umgang mit konkreten Materialien;
- »Vom Stempeln zum Drucken«
  mit einer Komponente zur Herstellung von Stempelbuchstaben für Schulanfän ger; Arbeit mit der Freinet-Druckerei;
- »Stilleübungen mit Kindern«
  »Städte-Reisen« mit erfahrungsbezogenen Lernformen in Handlungsfeldern nach der Glasgow-Methode (s. d Beitrag über *Topic Work* von S. Jesumann in diesem Band);

- »Wege zu offenen Unterrichtsformen im Fremdsprachenunterricht« für Lehrkräfte der Sekundarstufe I.

Regelmäßige Öffnungszeiten in allen Werkstätten des Landes ermöglichen den Besuchern, sich durch die vorgehaltenen Arbeits- und Differenzierungsmaterialien für eine schülerorientierte Aufbereitung ihres Unterrichts inspirieren zu lassen. In der Lernwerkstatt Kisdorf in Schleswig-Holstein etwa finden Besucher Ausstellungstische mit fächerübergreifenden Unterrichtsmaterialien zu jahreszeitlich abgestimmten Themenbereichen. An den Öffnungstagen werden Beratungsgespräche gesucht, z. B. zu Fragen wie Klassenraumgestaltung und Organisation geöffneten Unterrichts, zu Anschaffungskriterien für Differenzierungsmaterialien, zur Gestaltung individualisierender Lernangebote, zur Frage der Unterstützung von Kindern mit Lernschwierigkeiten, zur Planung zieldifferenter Unterrichtseinheiten mit fächerübergreifendem Charakter.

Eine nicht unwesentliche Rolle als Schaltstellen der inneren Schulreform nehmen die Lernwerkstätten in Schleswig-Holstein dadurch wahr, daß sie nicht nur der Klärung sachbezogener Fragestellungen, sondern zugleich auch der Stärkung der Menschen als Träger der Reform dienen wollen. Kommunikative Begegnungen bei Kaffee und Keksen in gemütlich eingerichteten »Klönecken« fördern den Erfahrungsaustausch und die wechselseitige Ermutigung.

Eine Typologie von Lernwerkstätten

I ***Lernwerkstatt als Begegnungs imd Beratungsstätte***
Austausch und Beratung von Lehrkräften aller Schularten

II ***Lernwerkstatt als Veranstaltungsort***
Unterschiedliche Veranstaltungstypen, z. B. »workshops«

III ***Lernwerkstatt als Informations- und Präsentationsstätte***
Raum, in dem Arbeits- u. Differenzierungsmaterialien für offenes Unterrichten n. systemat. Aspekten präsentiert werden

IV ***Lernwerkstatt als Modell-Klassenraum***
Ort, an dem offener Unterricht und Integration gesehen bzw. erprobt werden

V ***Lernwerkstatt als Erfahrungsfeld für Erwachsenenlernen***
Erprobungen/Simulation offener Lernformen für Lehrkräfte/ »Bausteine offenen Unterrichts«

VI ***Lernwerkstatt als Curriculumwerkstatt***
Ort, an dem zieldifferentes Unterrichten und integratives Lernen geplant, durchgeführt und evaluiert werden können

PWK

Pädagogische Werkstatt Kiel

Konzeption und Arbeitsgebiete

1993-95

Uwe Hameyer
Waldemar Pallasch
Heino Reimers

499

PWK – Pädagogische Werkstatt Kiel

Uwe Hameyer

Die Pädagogische Werkstatt Kiel wurde an der Pädagogischen Hochschule Kiel am 2. Juni 1993 eröffnet. Sie besteht zur Zeit aus lediglich einem mittelgroßen Gruppenraum mit einer kleinen Medien- und Computerzone; im Heilpädagogischen Institut der Pädagogischen Hochschule Kiel wurde ein entsprechender Raum mit Fördermaterialien und anderen Differenzierungshilfen eingerichtet.

Die Pädagogische Werkstatt bietet Gelegenheit zu praktischem und forschendem Weiterlernen sowie projektorientierter Zusammenarbeit. Wir laden Studierende und Fachleute aus Schule, Hochschule, Fort- und Weiterbildung, Schulaufsicht, Wirtschaft und Öffentlichkeit zur Nutzung des im Ausbau befindlichen Angebots und zur Mitarbeit ein.

- Sie können sich zum Beispiel über Schulentwicklung und -innovation fortbilden.
- Sie können Veranstaltungsangebote wahrnehmen, in denen in Tandems gelernt wird, die gemischt zusammengesetzt sind (Studierende u. Lehrkräfte).
- Sie können an Projekten, Workshops und Kursen mitwirken.
- Sie können Rat einholen: Wo zum Beispiel gibt es Unterrichtseinheiten zum entdeckenden Lernen im Sachunterricht der 3. Klasse? Oder: Was kann Supervision für Lehrerinnen und Lehrer leisten, die im Unterricht stärker differenzieren und individualisieren möchten?

Die Arbeit der Pädagogischen Werkstatt ist für alle Schularten und -bereiche offen. Im Zentrum stehen zur Zeit die Grundschule und Sekundarstufe I. Die meisten Veranstaltungen und auch Projekte sind bereichsübergreifend ausgewiesen.

Mit der Lernwerkstatt an der Kieler Gorch-Fock-Schule (Schulleiterin Frau Pagel) führen wir Seminare, Praktika und Workshops durch (Irene Koch, Gudrun Schröder, Ulrich Senft). Die Zusammenarbeit kommt beidem zugute: Lehrerbildung und Schule. Studierende denken bei ihren Begegnungen mit Schule nicht nur über Unterricht nach, sondern stellen ihr Wissen in der Praxis auf den Prüfstand. Umgekehrt kann die PWK dort unterstützen, wo ihre speziellen Arbeitsschwerpunkte angesprochen sind.

Grundlegend für die Werkstattarbeit sind Entwicklungs- und Forschungsprojekte, in denen Wissenschaft, Lehrerbildung, Schule und andere Institutionen über längere Zeiträume zusammenarbeiten – zum Beispiel im Bereich der Supervision und Schulentwicklung sowie bei der Dokumentation von Materialien für den Sachunterricht.

Zu unseren Hauptpartnern zählen Schulen. Zur Zeit entwickeln wir verschiedene Formen der Zusammenarbeit mit Schulen und anderen pädagogischen Einrichtungen. Mit der Grundschule Felm – Nähe Kiel – beispielsweise haben wir vereinbart, im Rahmen gemeinsamer Projekte als »Studienschule« mitzuarbeiten – unter anderem mit den auf dem Schulgelände eingerichteten Lernstationen für sachunterrichtliche Naturerkundungsprojekte.

Mit der Grundschule Neudorf besteht eine ähnliche Kooperation, bei der insbesondere das Lernspiel im Mittelpunkt steht. Der Schulleiter, Hans-Jessen Steensen, veröffentlicht in Verbindung mit der PWK ein Lernspielbuch (1994). Alle Lernspiele sind erprobt und für Studierende bei Praktika, Fallstudien und Examensarbeiten zugänglich. Die aus den ausgezeichneten Lernspielen resultierenden Impulse sind für Lehrerbildung und Schule von unschätzbarem Wert.

Über die Studienschule Felm wurde im November 1991 ein Fernsehfilm gesendet, an dem die PWK beratend mitgewirkt hat. Wir führen mit Felm übrigens schon seit 1990 im Bereich »Sachunterricht« und »Computereinsatz« gemeinsame Projekte durch. Studierende können semesterbegleitend an der Gestaltung von Unterricht und Schulleben in Abstimmung mit dem Kollegium und der Schulleiterin, Christine Strüfting, mitwirken, sei es im Rahmen von Praktika, »außerhalb der Reihe«, bei der Erstellung von Studien/Examensarbeiten, neuerdings auch bei der förderpädagogischen Arbeit mit behinderten Kindern.

Die Grundschule macht von Dokumentationen der Pädagogischen Werkstatt intensiven Gebrauch. Außerdem werden gemeinsame Projekte zum Sachunterricht mit der Schulleiterin Christine Strüfing durchgeführt.

Ähnliche Kooperationsformen mit anderen Schulen sind im Raum Kiel, später auch im Kreis Rendsburg-Eckernförde und anderen Kreisen, vorgesehen. darunter auch Schulen aus dem Bereich der Sek I. Die Fritz-Reuter-Grundschule in Kiel-Friedrichsort (Schulleiter Dieter Kraft), die Grundschule Groß-Wittensee (Schulleiterin Frau Blunck) und Neudorf (Schulleiter Hans-Jessen Steensen) zählen zum festen Kreis der kooperierenden Schulen.

Die Fritz-Reuter-Grundschule in Kiel-Friedrichsort arbeitet mit der PWK unter anderem im Bereich der Dokumentation von Unterrichtseinheiten für den Sachunterricht, bei der Entwicklung eines multimedialen Lernbausteins für die Grundschule und bei der Beratung von Lernspielideen zusammen. Ohne diese Kooperation wäre es gar nicht möglich gewesen, das Sachunterrichtsprojekt *COLLEG* zu realisieren (s. Kap. IV)

Abb. 1: Grundschule Groß-Wittensee

Arbeitsschwerpunkte

Derzeit besteht die Pädagogische Werkstatt aus folgenden vier Arbeitsgebieten:

- **COLLEG –** Eine computergestützte Dokumentation von Lehr- und Lernhilfen für die Grundschule, Schwerpunkt Sachunterricht
  Uwe Hameyer, Dieter Kraft, Gudrun Ebert,
  Christina Möller, Julia Stamer, u. a.

- ***Persönlichkeitsorientiertes Lehren und Lernen***
  Waldemar Pallasch, Heino Reimers u. a.

- ***Differenzierungsbausteine und Förderhilfen***
  Helmut Friis

- ***Neue pädagogische Reihe PROFILE –***
  Projektmaterialien für Innovatives Lernen
  herausgegeben von *Uwe Hameyer*

COLLEG

Das COLLEG-Projekt wird von Prof. Dr. Uwe Hameyer, PH Kiel, sowie Dieter Kraft, Rektor der Fritz-Reuter-Grundschule in Kiel-Friedrichsort, geleitet. Die Finanzierung der Vorlaufphase erfolgt aus Mitteln der Ministerin für Bildung, Wissenschaft, Kultur und Sport des Landes Schleswig-Holstein. Wir erstellen Materialübersichten zu ausgewählten sachunterrichtlichen Themen. Im Mittelpunkt stehen dabei Unterrichtseinheiten,die die Selbsttätigkeit des Kindes im naturwissenschaftlich-technischen Bildungsbereich des Sachunterrichts betonen.

Die Forschungs- und Entwicklungskomponente von COLLEG entsteht in Zusammenarbeit mit dem Institut für die Pädagogik der Naturwissenschaften (IPN) an der Universität Kiel. Ergebnisse von COLLEG werden für Grundschulen und Lernwerkstätten in Schleswig-Holstein, aber auch überregional, zugänglich sein. Für das Design und die Erprobung der Dokumentation beschränken wir uns zunächst auf Unterrichtseinheiten zu folgenden Gebieten: Naturwissenschaflich-technische Phänomene im Sachunterricht, Ökologie, Schülerexperiment, Entdeckendes Lernen durch Selbsttätigkeit im Sachunterricht.

Thematische Übersichten erscheinen ab 1993 in der Materialienreihe der PWK namens PROFILE – Projektorientierte Materialien für Innovatives Lernen. Die erste veröffentlichte Übersicht wird zum Thema »Umweltbildung in der Grundschule« erscheinen (*Ebert/Hameyer/Kraft 1994*).

Persönlichkeitsorientiertes Lehren und Lernen

Diese Komponente der PWK wird von Prof. Dr. Waldemar Pallasch und Dipl.-Päd. Heiner Reimers betreut.

Berufsalltag als Konfrontation mit der eigenen Persönlichkeit

Ein Ausgangspunkt der Überlegung, erfahrungsorientiertes Lernen im Rahmen ihres beruflichen Alltags und vor allem während des Unterrichts sehr stark mit Aspekten ihrer eigenen Persönlichkeit konfrontiert zu sein, die innerhalb und außerhalb des Unterrichts allein nicht konstruktiv verarbeitet werden können. Eine Pädagogische Werkstatt kann einen Beitrag dazu leisten, in diesem »individualpsychologischen Vakuum des Berufsalltags« einen Freiraum zur Verfügung zu stellen, in dem diese individuellen Erfahrungen bewußt mit anderen Kolleginnen und Kollegen (und durch geschulte Trainerinnen und Trainer begleitet) reflektiert werden können.

Der Wunsch von Lehrerinnen und Lehrern nach persönlichkeitsorientierter Fortbildung ist nicht neu. Selbsterfahrungskurse, Encounter-Trainings und gruppendynamische Trainings aller Schulen und Richtungen, z. T. mit stark therapieorientiertem Charakter, hat es auch besonders für den schulischen Bereich seit zwei Jahrzehnten ständig gegeben. Diese Angebote waren jedoch häufig ausschließlich an der Person der jeweils Betroffenen und ihrer Beziehungen interessiert.

Berufsbegleitende persönlichkeitsorientierte Selbstreflexion

Lehrerinnen und Lehrer äußern in diesem Zusammenhang sehr häufig den Wunsch nach einer begleitenden Fortbildung als berufsbegleitende persönlichkeitsorientierte Selbstreflexion, welche diese Veränderungen im schulischen Bereich und die damit für viele von ihnen neuen Erfahrungen einbezieht. Traditionelle Verfahren der Fortbildung im persönlichkeitsorientierten Bereich müssen sich neuen Anforderungen stellen. So muß z. B. ein methodisch-didaktisches Lehrverhaltenstraining im Sinne des Microteaching Erfahrungsräume schaffen, in denen unterschiedliches Verhalten im Rahmen der Anleitung und Begleitung von selbstbestimmten Lernprozessen eingeübt werden kann. Diese Art von Training kann zwar noch Übungssituationen bieten, muß sich jedoch von der Vorstellung verabschieden, ein bestimmtes Lehrverhalten erzeuge bestimmte Lernverhaltensweisen, also müsse ich doch dieses Lehrverhalten trainieren.

Lernen durch Interaktion

Lernen durch Interaktion ist im Sinne der Prinzipien »Partizipation« und »Ganzheitlichkeit« eine zentrale Kategorie persönlichkeitsorientierter Pädagogischer Werkstattarbeit: Lernen durch Interaktion versteht soziales und auch kognitives Lernen in erster Linie nicht nur als einen Prozeß individueller, sondern vor allem auch ganzheitlicher, interaktioneller Umweltbewältigung und -aneignung. Methodisch bedeutet dies für die Angebote im Rahmen erfahrungsorientierter pädagogischer Werkstattarbeit, möglichst immer ein Arrangement zu treffen, daß eine hohe Interaktionsdichte zwischen den Teilnemerinnen und Teilnehmern entstehen läßt, die über das übliche Miteinanderreden weit hinausgeht.

Abb. 2: Differenzierungsbausteine und Fördermaterialien

Mitarbeiter vom Institut für Heilpädagogik und von drei fachdidaktischen Instituten/Seminaren der Pädagogischen Hochschule Kiel sind in Verbindung mit der Lernwerkstatt der Gorch-Fock-Schule in Kiel und einigen Schulen der Seminar- und Sekundarstufe an der Zusammenstellung und Entwicklung von Differenzierungsmaterialien beteiligt. Die Bausteine unterstützen schülerorientierten Unterricht. 1993 bis 1995 geht es um den Auf- und Ausbau von

- DIFF-Infos mit systematisierten Verzeichnissen bzw. Magazinen förderdiagnostischer Verfahren und Hilfen;
- DIFF-Infos, die einen Überblick über Programme und Angebote zum Aufbau elementarer und weitgehender Lese-Rechtschreibfähigkeiten bei erschwertem Lernen in unterschiedlichen Altersgruppen geben;
- DIFF-Infos, die einen Überblick über strukturierende Lernhilfen für zieldifferentes Unterrichten von mathematischen Inhalten der Grund- und Hauptschule leisten.

In DIFF-Seminaren sollen Lehrkräfte und Studierende Grundstrukturen von Differenzierungsbausteinen in den vorgenannten Bereichen exemplarisch selbst entwickeln und realisieren. Darin ist insbesondere das Projekt »Schuldruckerei« einbezogen.

DIFF-Beispiele aus den Bereichen der DIFF-Infos sowie Ergebnisse der DIFF-Seminare werden in einem Raum des Instituts für Heilpädagogik, der der PWK angeschlossen ist, zugänglich gemacht.

Ansprechperson ist
StudDir i. H. Helmut Friis • Heilpädagogisches Institut der PH Kiel
Olshausenstraße 75 • 24118 Kiel

Abb. 3: Spiele für innovatives Lernen

PROFILE – Eine Werkstattreihe

Jede gute Schule ist um aktives Lernen bemüht. Mosaikbausteine aktiven Lernens sind fächerübergreifender Unterricht und Projektmethode, Wochenplanarbeit und selbsttätiges Erkunden. Aktives Lernen zäht zu den bewährten Formen des » Learning by Doing«. Wieder mit Kopf, Herz und Hand lernen ist ein Leitmotiv; Lehr- und Lernprozesse spannend gestalten. Dabei stehen offene und strukturierte Unterrichtsformen nicht im Gegensatz, zueinander, im Gegenteil: Struktur und Offenheit gehören zusammen, wenn wir mit vernetztem Denken und Handeln ernst machen wollen. Kinder und Jugendliche leben heute in einer veränderten Erfahrungs- und Medienumwelt. Gerade weil dadurch auch die Schule in vielem anders geworden ist, brauchen wir neue Zukunftsperspektiven für aktives Lernen und vernetzte Unterrichtsbausteine.

Anders sind aktuelle Herausforderungen kaum noch zu meistern. Wir benötigen überzeugende Beispiele für Lernhilfen, die zum aktiven beziehungsweise Praktischen Lernen anleiten. Uwe Hameyer hat dazu PROFILE mit dem Körner Verlag gemeinsam gegründet und die Betreuung der Reihe übernommen.

Was PROFILE-Materialien sind

In der PROFILE-Reihe werden Planungshilfen und Werkstattmaterialien für die Gestaltung von Innovationen im Schulfeld veröffentlicht. Gute Tradition und Erfahrungswissen werden dabei stets eingebunden. Zu den Prudukten zählen:

- Unterrichtsbausteine
- Praktische Planungshilfen
- Innovationsstudien
- Berichte zur Schulentwicklung
- Spiele mit anderen Medien

PROFILE-Publikationen fördern aktives Lernen in Schule und Lehrerbildung. Die Autorinnen und Autoren verbinden Forschungswissen mit praktischer Phantasie und langjähriger Erfahrung aus der Umsetzung schulischer Innovationen.

Wozu PROFILE

In vielen Schulen hat sich zum Beispiel die Lernumgebung erheblich gewandelt. Schulklassen sehen oft schon wie ein Lernatelier aus, in dem sich die Kinder sehr wohl fühlen. Offene Lernformen setzen sich dort durch, wo sie gekonnt und in kleinen Schritten eingeführt werden. PROFILE bietet Hilfen an, die diesen Prozeß begleiten.

Schule besteht jedoch nicht nur aus Schulklassen. Wir wissen, daß eine gute Schule viele Seiten hat, die auszugestalten sind – das Kollegium, die Eltern, die Behörde, dann natürlich das Schulleben und das Schulklima insgesamt. Diese Faktoren von Schule sind faktisch ein vernetztes System.

PROFILE veröffentlicht Planungshilfen zur Schulentwicklung, die diese Erkenntnis aufgreifen. Beides – Unterrichtsbausteine und Planungshilfen – werden wir auf neu-

Abb. 1: Während einer von der PWK betreuten pädagogischen Exkursion mit Schulleitern und einer Schulrätin in den Niederlanden; Schulrätin Frau Bischoff im Gespräch mit Prof. Dr. van den Akk.er

estem Forschungsstand in allgemeinverständlicher Sprache als PROFILE-Materialien anbieten.Bei allem wird pädagogische Phantasie mit Realitätssinn verbunden. Auf innovativen Geist verzichten wir dabei keineswegs: Die Bände vereinen Praktikabilität und Perspektive. Beides gehört zusammen – der Unterrichtsbaustein und die pädagogische Vision, die Lernhilfe für Sachunterricht und die Innovationsstudie über Schulentwicklung in der Region.

Für wen PROFILE

Die Materialien sind für Schule und Lehrerbildung gedacht. Der besondere Reiz einzelner Bände ist ihre Originalität. Nahezu alle Autoren wissen genau, wo »der Schuh wirklich drückt«, weil sie die Praxis kennen. PROFILE wendet sich an alle, die in Lehrerbildung und Schule neue Impulse suchen; Schule und Lehrerbildung erhalten damit ein Forum für konstruktiven Erfahrungsaustausch. Die einzelnen Bände bilden ein Mosaik unterschiedlicher Themen, und die Konzeption ist hinreichend offen, um allen etwas zu bieten.

ILESA - ein Netzwerk für Sachunterricht

Christiane und Bernd Köhler

Hinter der Initiative »Lebendiger Sachunterricht« (ILESA) steht die Vision eines weitverzweigten Informationssystems, das Kolleginnen und Kollegen aus Schule, Fortbildung, Studienseminar, Universität und Behörde untereinander verbindet und Lernorte, Sachunterrichtswerkstätten, Schulen und Ausbildungplätze miteinander vernetzt.

Die Initiative begann als Gegenreaktion auf eine alltägliche Berufserfahrung. Wenn wir mit KollegInnen anderer Institutionen zusammentrafen, erlebten wir immer wieder neu, wie anregend ein persönliches Gespräch, wie inspirierend ein fachlicher Erfahrungsaustausch und wie ermutigend gelegentliche Kooperation sein können. Aber wider besseres Wissen wurden Chancen der Zusammenarbeit in Hamburg nicht ausgeschöpft. Es schien weniger an innovativen Ideen und Erfahrungen für den Sachunterricht, sondern eher an einer regionalen Infrastruktur zu fehlen, über die Reformkräfte koordiniert und potenziert werden. Wir fühlten uns an die Geschichte von der Rübe erinnert, die sich nur mit vereinten Kräften aus der Erde ziehen ließ. Wir haben auch an die Zellen der Bienen gedacht, die erst im Verbund eine funktionsfähige Wabe ergeben, und an das komplizierte Zusammenspiel im Bienenstaat, das für die Produktion von Honig Voraussetzung ist.

ILESA baut Brücken, wo Lehrerbildung in Phasen zerfällt, und unterstützt eine Öffnung der betroffenen Institutionen zueinander. Der Ansatzhebel ist denkbar einfach: sich in der Praxis treffen und gemeinsam etwas »anpacken«, im Schulgelände, Klassenzimmer, Stadtteil oder Museum, in der Lehrerfortbildungsveranstaltung oder im Uniseminar; z. B. die geplante Sachunterrichtswerkstatt unterm Dach; die Einrichtung eines Umwelt-Ateliers; den Bau einer Wetterstation; die Gestaltung einer »Forscherecke« im Schullandheim; die Aktualisierung einer auf dem Schulboden aufgestöberten Gesteinssammlung; die Idee, im Schulgelände ein »Feld« mit wechselnder Fruchtfolge zu bestellen; die Erschließung eines außerschulischen Lernortes; das Untersuchungsdesign zum Experimentieren von Grundschulkindern usw. Die Initiative trägt dazu bei, daß sich Menschen aus verschiedenen Arbeitsbereichen themen-

oder aufgabenbezogen »an einen Tisch« setzen. Kooperative Praxis führt zu echten Fragen. Vor Ort stößt man auf Probleme, die herausfordern. Es gibt Wahrnehmungen, die nachdenklich machen. Wo Anspruch und konkretes Handeln nicht übereinstimmen, sind Widersprüche aufzulösen. Kurzum: Sachunterrichtsprojekte, die institutionsübergreifend zur gemeinsamen Sache werden, verlaufen als Prozeß, der im Wechselspiel von Handlung und Reflexion zu Erfahrungen führt, die wiederum Ausgangspunkt neuer Lernprozesse werden - eine ununterbrochene Einladung zum Mit-, Um- und Weiterdenken.

Erste Zwischenbilanz

Einzelne Schulen entwickeln sich zu Zentren eines lebendigen Sachunterrichts, zu regionalen Anlaufstellen, wo man sich trifft und austauscht. Zugleich erfahren sie selbst - im Verbund mit anderen - Rückhalt und innovative Anstöße.

Die wachsende Vernetzung auf personaler Ebene ermöglicht »konzertierte Aktionen« zur Verbesserung der Sachunterrichtspraxis in Schule, Aus- und Weiterbildung und wirkt belebend und anregend in alle Institutionen zurück, die an diesem Prozeß teilhaben. Jeder steigert die Kompetenz in seinem spezifischen Arbeits- und Verantwortungsbereich.

Der nächste Schritt, auf den sich ILESA-Kräfte konzentrieren, ist die Einrichtung einer Zentrale, in der die Fäden des Netzwerks zusammenlaufen: Umschlagplatz von Theorie und Praxis; Kontaktbörse für Schule und Ausbildung; Entwicklungsabteilung, in der Antworten auf offene Fragen gesucht werden; Ideenschmiede für die Inszenierung neuer Projekte; Werkstatt z. B. für die Herstellung von Medien; Archiv u. a. zur Dokumentation von Unterricht; Mustermesse: Schaustücke dessen, was sich vor Ort bewährt hat; Galerie für Ausstellungen; Vermittlung bei Sachunterrichtsvorhaben; Infozentrale der Hamburger Sachunterrichts-Szene u. s. w.

ILESA setzt auf den sprichwörtlichen Stein, der ins Wasser geworfen, seine Kreise zieht. Die Initiative wird weiter Fuß fassen, ohne einen Zeit- oder Beteiligungsdruck auszuüben. Wir hoffen, daß steter Tropfen wirklich den Stein höhlt, und halten es mit einer Devise von Uwe Hameyer: Kontinuität ist Proviant zum Durchhalten!

Kontaktadresse: *Christiane und Bernd Köhler*
Unnastr. 9, 20253 Hamburg

Adreßbuch

In diesem Kapitel sind Adressen von Verlagen zusammengestellt, die Differenzierungsmaterialien und Software für nahezu alle Lernbereiche anbieten. Die Auswahl beschränkt sich auf Anbieter, die vor allem Lernhilfen für offene Unterrichtsformen veröffentlichen. Vollständig kann die Liste natürlich nicht sein. Des weiteren enthält das Kapitel eine Übersicht wichtiger Zeitschriften im Primarbereich.

Anbieter von Lernmaterialien

Vorweg ein Hinweis auf ein besonders nützliches Nachschlagewerk – SCHUBRA 93/94. Dieses Schulbranchenbuch erscheint jährlich. Sie können es im Abonnement erhalten. Es ist für Studium und Schule ein nützliches Nachschlagewerk mit Adressen von Verlagen, Firmen und Institutionen, mit einem kleinen Schulrechtsführer, mit Hinweisen auf Schülerwettbewerbe und einer Übersicht zu Fachzeitschriften aller Art. Dann sind darin Stiftungen, Verbände und Vereine aufgelistet sowie Materialhinweise zum Thema Umwelt und Schule. Wo kann ich Spiel- und Spielplatzgeräte bekommen? Wie plane ich einen Schulgarten? Solche Fragen werden konkret beantwortet.

AOL-Verlag
Freiarbeitsmaterialien
Waldstr. 18
77839 Lichtenau
Tel.: 07227/4349
Fax: 07227/8284
Freiarbeit Klassenpakete;
Kartei NATUR BE-GREIFEN;
ABC-SCHUL-Anfang.

Cornelsen Verlag
Mecklenburgische Straße 53
14197 Berlin
Tel. 030/897850
Fax 030/89785587

Diesterweg Verlag
Wächtersbacher Str. 89
60386 Frankfurt
Tel. 069/420810
Fax 069/42081100
Unterrichtswerke; Lernkarteien für differenziertes Arbeiten;
Buch über »gute« Schulen.

edacta
Lehr- und Lernmittel
Käswasserstr. 45
90562 Kalchreuth
Tel. 0911/5665581
Fax 0911/5665671
Lehrbücher; Lernprogramme;
Lehrmittel für Freiarbeit.

KALEIDOSKOP
Pädagogisches Atelier
Regentenstr. 53
51063 Köln
Tel.: 0221/616943
Fax: 0221/6201764
Selbstlernkarteien;
Freiarbeitsmaterialien;
Lernhilfen für offenen Unterricht;
Bausteine für Projektlernen.

Klett Schulbuchverlag
Rotebühlstr. 77
70178 Stuttgart
Tel.: 0711/6672555
Fax: 0711/6159017
Differenzierungsmaterialien für alle Lernbereiche; Lernkarteien; Lernspiele; Sachunterrichtswerke und Schulbücher.

Körner Verlag
PROFILE Reihe und
SAIL Lernsoftware
Eckernförder Str. 259
24119 Kronshagen
Tel.: 0431/542085
Fax: 0431/5463910

Bietet ab Ende 1993 eine neue Reihe namens PROFILE an. In dieser Reihe erscheinen Materialien zum Sachunterricht und zu anderen Lernbereichen in der Grundschule und Sekundarstufe I. Ergänzt wird das Angebot durch Studien und Berichte zur Schulentwicklung sowie praktischen Dokumentationen von Lernhilfen für die Schule.

Maccani, Hertha
Grenzstraße 412
CH-9430 St. Margarethen
071/636501
Fröbel-Lehrmittel.

Ökotopia
Spielevertrieb und Verlag
Hafenweg 26
48155 Münster
0251/661035 (Telefon)
0251/63852 (Telefax)
Ökotopia ist ein Fachverlag für Spiele und Umwelterziehung: Ökologie im Schulalltag; unsere Umwelt entdecken; das Umweltspielebuch; Schulspielkartei; Werkbuch Naturbeobachtung; Solaranlagen und Selbstbau; das Umweltschnippelbuch.

Pädagogik-Kooperative e. V.
Verein bundesdeutscher
Freinet-Pädagogen
Goebenstr. 8
28209 Bremen
Tel.: 0421/344929
Lernkarteien; Lernspiele und andere Spiele; Lernscheiben; Schuldruckereien; Materialien für offenen Unterricht; Arbeitsbögen.

Raabe Verlag
Redaktion Schule
Rotebühlstr. 51A
70178 Stuttgart
Tel. 0711/629000

Riedel Lehrmittelhaus
Unter den Linden 15
72762 Reutlingen
Tel. 07121/337385
Fax 07121/370143
Montessori-Materialien; Lehrmittel für Behinderte.

Sauros Verlag
Marienstr. 87
50825 Köln
0221/5504611
Frei Arbeit; Arbeitskarten.

Sigrid Persen Verlag
Dorfstr. 14
21640 Horneburg/N.E.
04163/6770
Bergedorfer Kopiervorlagen; Mitmach-Texte; Bergedorfer Klammerkarten.

Verlag an der Ruhr
Alexanderstr. 54
Postfach 102251
45472 Mühlheim/Ruhr
Tel.: 0208/495040
Fax: 0208/4950495
ANU-Verzeichnis der Umwelt zentren in Deutschland 1992/93, 250 S. Das Buch ist Ergebnis eines Projekts der Arbeitsgemeinschaft Natur- und Umwelterziehung, gefördert von WWF, Naturschutzbund Deutschland, LBV Stiftung Naturschutz Berlin. Auf jeder Seite ist ein Steckbrief für die betreffenden Umweltzentren zu finden. Das ANU-Verzeichnis ist ein Nachschlagewerk für Pädagogen, die praktische Unterstützung, Information oder Beratung zur Umwelterziehung suchen. Der Band enthält über 200 Adressen mit Angaben zu Zielen, Aufgaben, Trägern, Ausstattung, Themenschwerpunkten und Methoden der jeweiligen Zentren.

Verlag Im Hollen
Klaus D. Kasper
Hollen 51
27327 Martfeld
Tel.: 04255/455
Freiarbeitsmittel.

Westermann-Schulbuchverlag
Georg-Westermann-Allee 66
38104 Braunschweig
Tel. 0531/7080
Fax 0531/708248
Differenzierungsmaterialien für alle Lernbereiche; Lernkarteien und Lernspiele; Sachunterrichtswerke und Schulbücher.

Softwareanbieter

CoMet
Software für die Schule
Pappenstr. 34
47057 Duisburg
Tel.: 0203/3787101
Fax: 0203/3787225

COMPLEX
Lernsoftware
Benrodestr. 12
40597 Düsseldorf
Tel.:0211/712995

COTEC
Computergestütztes Lernen
Prinz Regenten Str. 41
83022 Rosenheim
Tel. 08031/34067
Fax: 08031/34179

eswe
Software Verlag
Nils Hollberg
Sommerfelder Str. 4
53639 Königswinter
Tel.: 02244/80661
Fax: 02244/81375

Klett Schulbuchverlag
Redaktion Software
Rotebühlstr. 77
70178 Stuttgart 1
Tel.: 0711/6672555
Fax: 0711/6159017

Körner Verlag
SAIL Software
PROFILE Reihe
Eckernförder Str. 259
24119 Kronshagen
Tel.: 0431/542085
Fax: 0431/5463910

Teachware u. Schulungsprogramme
Senftenauer Str. 101
80689 München
Tel.: 089/703415
Fax: 089/703424

Westermann-Schulbuchverlag
Georg-Westermann-Allee 66
38104 Braunschweig
Tel. 0531/7080
Fax 0531/708248
Differenzierungsmaterialien für alle Lernbereiche; Lernkarteien und Lernspiele; Sachunterrichtswerke und Schulbücher.

Nützliche Adressen

Arbeitsgemeinschaft ökologischer Forschungsinstitute
Alexanderstr. 17
53111 Bonn
Tel.: 0228/630129
Fax: 0228/693075

Alarmtelefon Umwelt
0228/441505
Amnesty International
Heerstr. 178
53111 Bonn
Tel.: 0228/650981
Fax: 0228/630036

BUND
Bund für Umwelt- und Naturschutz Deutschland e. V.
Im Rheingarten 7
53225 Bonn
Tel.: 0228/400970
Fax: 0228/4009740

Deutsches Kinderhilfswerk
Zum Hechtgraben 1
13051 Berlin
Tel. 06161/2831287
Initiiert Lehr- und Lernmittel, zum Beispiel Kassetten mit Begleitmaterialien unter dem Aspekt »Kinder in Europa«.

Deutscher Naturschutzring (DNR)
Kalkuhlstr. 24
53227 Bonn
Tel.: 0228/441505
Fax: 0228/442277
DGU

Deutsche Gesellschaft für Umwelterziehung
Frauenthal 25
20149 Hamburg
Tel.: 040/4106921

Greenpeace
Vorsetzen 53
20459 Hamburg
Tel.: 040/311680
Fax: 040/31186141

Montessori-Zentrum
Rochusstr. 145
50827 Köln
Tel.: 0221/534026

Naturschutzbund Deutschland e. V.
Bundesgeschäftsstelle
Herbert-Rabius-Str. 26
53225 Bonn
Tel.: 0228/975610
Fax: 0228/9751190

Öko-Institut
Binzengrün 34a
79114 Freiburg
Tel.: 0761/473031
Fax: 0761/475437

Ökozentrum Bonn
Heerstr. 20a
53111 Bonn
Tel.: 0228/692220
Fax: 0228/631124

Robin Wood e.V.
Erlenstr.34-36
28119 Bremen
Tel.: 0421/500405
Fax: 0421/500421

Studienkreis Schule - Wirtschaft
Uerdinger Str. 58-62
40474 Düsseldorf
Tel.: 0211/4573246
Fax: 0211/4573144

WWF Umweltstiftung -
WWF Deutschland
Hedderichstr. 110
60596 Frankfurt/Main
Tel.: 069/6050030
Fax: 069/617221

Wichtige Zeitschriften im Primarbereich

Die Grundschule
Westermann Schulbuch-Verlag GmbH
38104 Braunschweig
Tel. 0531/708382
Fax 0531/708248

Die Grundschulzeitschrift
Friedrich-Verlag
30926 Seelze
Tel. 0511/400040
Tel. 0511/4000426

Die Sonderschule
Luchterhand-Verlag
56564 Neuwied
Tel. 02631/8010

Grundschulmagazin
Ehrenwirthverlag
Postfach 801343
80336 München
Tel. 089/4112240

Grundschulunterricht
Pädagogischer Zeitschriftenverlag
Lindenstraße 54a
Postfach 269
10107+66 Berlin
Tel. 030/20343431
Tel. 030/20343446

Praxis Grundschule
Westermann Schulbuchverlag
38104 Braunschweig
Tel. 0531/708382
Fax 0531/708248

Sonder-Schulmagazin
Ehrenwirthverlag
Postfach 801343
80336 München
Tel. 089/539193

Literaturverzeichnis

Adams, R.S./Biddle, B.J.: Realities of teaching. New York 1970 (Holt, Reinhart & Winston).

Aebli, H.: Zwölf Grundformen des Lehrens. Stuttgart [1983]1987 (Klett-Cotta).

Akker, J. van den: The teacher as learner in curriculum implementation. In: Journal of Curriculum Studies 20(1988)1, 47-55.

Alig, F.: Language awareness - Phantom oder Allheilmittel? In: Die Grundschulzeitschrift (1992).

Altermann-Köster, M./Holtappels, H.G./Kanders, M./Pfeiffer, H./de Witt, C.: Bildung über Computer? Informationstechnische Grundbildung in der Schule. München 1990 (Juventa).

Andreas-Hoole, I.: Reise zu den Planeten. München 1990 (Südwest).

Auernheimer, R.: Gemeinwesenorientierung. In: *Lenzen, D.* (Hrsg.) Enzyklopädie Erziehungswissenschaft, Band 6. Stuttgart 1984, 314ff (Klett-Cotta).

Aurin, K.: Gute Schulen - worauf beruht ihre Wirksamkeit? Bad Heilbrunn 1990 (Klinkhardt).

Austin, G. R./Holowenzak, S. B.: Erwartungen - Führung - Schulklima. Sichtung der Untersuchungen über beispielhafte Schulen. In: Aurin, K.: Gute Schulen - worauf beruht ihre Wirksamkeit? Bad Heilbrunn 1990, 46-63 (Klinkhardt).

Baillet, D.: Freinet - praktisch. Beispiele und Berichte aus Grundschule und Sekundarstufe. Weinheim 1983 (Beltz).

Bäßler, H./Eisenberg, F./Rheinländer, Mathias u.a.: Lebenswelten. Didaktische Bausteine für Hauswirtschaft, Kunst, Musik, Textiles Werken. PROFILE-Reihe. Kiel 1994 (Körner, in Vorbereitung).

Bambach, H.: Erfundene Geschichten erzählen es richtig. Lesen und Leben in der Schule. Konstanz 1989 (Faude).

Barr, I.: Die Methode Glasgow. Courses in Schleswig-Holstein 1986. An evaluation report by I. Barr. Consultative committee on the curriculum. EAS Scotland. Glasgow 1986 (Polykopie).

Bell, S./Fifield, K.: An introduction to the storyline method. Portland 1991.

Bellack,H./Kliebard, H.M./Hyman, R.T./Smith, F.L.: The language of the classroom. New York 1966 (Teachers College Press).

Berlyne, D.E.: Konflikt, Erregung, Neugier [engl. 1960]. Zur Psychologie der kognitiven Motivation. Stuttgart 1974 (Klett).

Bessoth, R./Schmidt, H.-J.: Das Organisations-Klima-Instrument (OKI). In: Bessoth, R./Schmidt, H.-J. (Hrsg.): Schulleitung - Ein Lernsystem. Personal - Schulklima 34.24. Neuwied 1986 (Luchterhand).

Besuden, H. u.a.: Pädagogische Pläne des 20. Jahrhunderts. Bochum o.J. [1968] (Kamp).

Bey, J.-P.: Fortbildung konkret: Lehrer erleben sachunterrichtliches Lernen. In: Sachunterricht und Mathematik in der Primarstufe (1984), 312-316.

Bienzeisler, R.: Der Bremer Reformpädagoge Fritz Gansberg. Ein Beitrag zur Historiographie der Reformpädagogik. Bochum 1986.

Bleidick, U.: Betrifft Integration: Behinderte Schüler in allgemeinen Schulen. Konzepte der Integration: Darstellung und Ideologiekritik. Berlin 1988 (Marhold).

Böhm, W. (Hrsg.): Maria Montessori. Texte und Diskussionen. Bad Heilbrunn 1971 (Klinkhardt).

Böhm, W.: Differenzierung. In: Böhm, W. (Hrsg.): Wörterbuch der Pädagogik. Stuttgart 1988, 151 (Kröner).

Böttger, A.: Montessori-Pädagogik als Alternative. Möglichkeiten und Probleme bei der Einführung in die Regelschule: Eine Fallstudie über eine Integrationsklasse der Grundschule Klein Nordende-Lieth. Staatsexamensarbeit. Kiel 1993 (Pädagogische Hochschule Kiel).

Bohnerth, S./Hagstedt, H.: Sachlichkeit und Phantasietätigkeit. In: Schwedes, H. (Hrsg.): Erziehung zur Sachlichkeit im Sachunterricht der Grundschule. Bremen 1990 (Universität).

Boratynski, A.: Das Rad der Zeit. München 1981 (Sellier).

Brauer-Schröder, M.: Krümelmonster. Unterrichtsausschnitte zum entdeckenden Sehen. In: Hameyer, U. (Hrsg.): AKTIF - Erfahrungsberichte und Studien. Kiel 1987, 52-58 (Schmidt & Klaunig).

Bredderman, T.: Effects of activity-based elementary science on student outcomes: A quantitative synthesis. In: Review of Educational Research 53(1983)4, 499-518.

Brocher, T.: Gruppendynamik und Erwachsenenbildung. Braunschweig 1980 (Westermann).

Brügelmann, H.: Video-Fibeln und elektronische Arbeitsblätter. In: Grundschule (1985)4/5, 10-13/14-18.

Bruner, J. S.: Der Prozeß der Erziehung [1960]. Düsseldorf 1970 (Schwann).

Bruner, J.S.: Entdeckendes Lernen [1963]. In: Holtmann, A. (Hrsg.): Das Sozialwissenschaftliche Curriculum in der Schule. Opladen 1972, 87-101 (Leske).

Bund-Länder-Kommission für Bildungsplanung: Bildungsgesamtplan. Band I. Stuttgart 1973 (Klett).

Bund-Länder-Kommission für Bildungsplanung und Forschungsförderung (BLK): Rahmenkonzept für die Informationstechnische Grundbildung in Schule und Ausbildung. Dokument K 43/84. Bonn 1984 (BLK-Geschäftsstelle).

Cloer, E.: Bericht über eine Tagung im Niedersächsischen Kultusministerium am 31. Oktober 1991 über veränderte Kindheit. In: Grundschulzeitschrift 6(1992)51, 49.

Cohn, R. C.: Von der Psychoanalyse zur themenzentrierten Interaktion. Stuttgart 1975 (Klett-Cotta).

Copei, F.: Der fruchbare Moment im Bildungsprozeß [1930]. Heidelberg 1950 (Quelle & Meyer).

Deutscher Ausschuß für das Erziehungs- und Bildungswesen: Empfehlungen und Gutachten. Sechste Folge, darin »Bemerkungen zur Arbeit der Grundschule« [1960]. Stuttgart o.J. (Klett).

Deutscher Bildungsrat: Strukturplan für das Bildungswesen. Empfehlungen der Bildungskommission. Bonn 1970 (Bundesdruckerei).

Dewey, J./Kilpatrick, W. H.: Der Projektplan. Weimar 1935.

Dewey, J.: Experience and education [1935]. New York 1963 (McMillan).

Dittrich, A.: Warum wird das Schulbuch im Unterricht immer mehr vernachlässigt? Analyse einiger Schulbücher. Schriftliche Examensarbeit. Kiel 1992 (Pädagogische Hochschule Kiel).

Döring, K. W.: Lehren in der Weiterbildung. Ein Dozentenleitfaden. Weinheim 1988 (Beltz).

Döring, K.W.: Praxis der Weiterbildung. Weinheim 1991. (Beltz).

Dreeben, R.: The school as a workplace. In: Travers, R. M. (ed.): Second handbook of research on teaching. Chicago 1973, 450-473 (Rand McNally).

Düker, H./Tausch, R.: Über die Wirkung der Veranschaulichung von Unterrichtsmitteln auf das Behalten [1957]. In: Döring, K.W. (Hrsg.): Lehr- und Lernmittelforschung. Weinheim 1971 (Beltz).

Ebert, G./Hameyer, U./Kraft, D.: Umweltbildung in der Grundschule. Eine COLLEG-Dokumentation von Lernhilfen für den Sachunterricht. PROFILE-Reihe. Kiel 1994 (Körner, in Vorbereitung).

Egan, D.E./Greeno, J.G.: Acquiring structure by discovery and rule learning. In: Journal of Educational Psychology 64 (1973), 85-97.

Eigler, G. u.a.: Grundkurs Lehren und Lernen. Weinheim 1973 (Beltz).

Einsiedler, W./Rabenstein, R. (Hrsg.): Grundlegendes Lernen im Sachunterricht. Bad Heilbrunn 1985 (Klinkhardt).

Eucker, J.: Mit den Händen denken - der Balancierer zwischen Phantasie und Technik. In: Die Grundschulzeitschrift 19(1988)2.

Evans, R. H.: The Physics of dinosaurs. In: The Physics Teacher 28(1990)6.

Fatzer, G.: Ganzheitliches Lernen. Humanistische Pädagogik und Organisationsentwicklung. Paderborn 1987 (Jungfermann).

Faust-Siehl, G./Schmitt, R./Valtin, R. (Hrsg.): Kinder heute - Herausforderung für die Schule. Dokumentation des Bundesgrundschulkongresses 1989 in Frankfurt/M. Frankfurt 1990 (Arbeitskreis Grundschule).

Faust-Siehl, G.: Lernen an Stationen. In: Grundschule 21(1989)3.

Flammer, A.: Individuelle Unterschiede im Lernen. Weinheim 1975 (Beltz).

Flammer, A.: Wechselwirkung zwischen Schülermerkmalen und Unterrichtsmethoden - eine zerronnene Hoffnung? In: Mandl, H./Krapp, A. (Hrsg.): Schuleingangsdiagnose. Neue Modelle, Annahmen und Befunde. Göttingen 1978, 113-120 (Hogrefe).

Francke, U.: Eine Theorie im Zentrum - Montessori-Pädagogik in einer Regelschule. In: Hameyer, U./Lauterbach, R./Wiechmann, J. (Hrsg.): Innovationsprozesse in der Grundschule. Fallstudien, Analysen und Vorschläge zum Sachunterricht. Bad Heilbrunn 1992, 240-244 (Klinkhardt).

Freinet, C.: Les méthodes naturelles dans la pédagogie moderne. Paris 1956 (Bourrelier).

Freinet, C.: Pädagogische Texte (hrsg. von Boehncke, H. und Hennig, C.). Reinbek 1980 (Rowohlt).

Frey, K./Frey-Eiling, A.: Allgemeine Didaktik. Zürich ^{5}1992 (Eidgenössische Technische Hochschule).

Frey, K.: Die Projektmethode. Weinheim ^{5}1993 (Beltz).

Fritz, J.: Zum Lernen überlisten? In: Spielmittel (1991), 96-101.

Fullan, M.: Change processes and strategies at the school level. In: The Elementary School Journal 85(1985)3, 391-421.

Fullan, M.: The new meaning of educational change. New York 1991 (Teachers College Press).

Füssel, H.-P./Kretschmann, R.: Gemeinsamer Unterricht für behinderte und nichtbehinderte Kinder. Gutachten im Auftrag der Max-Traeger-Stiftung. Witterschlick/Bonn 1993 (Wehle).

Gansberg, F.: Demokratische Pädagogik. Leipzig 1911.

Gardmin, H.: Himmel und Erde. 1981 (Tessolff).

Gardner, H.: Dem Denken auf der Spur. Stuttgart 1989.

Gardom, T./Milner, A.: Dinosaurier: wie sie lebten - warum sie ausstarben. Niederhausen 1993 (Bassermann).

Garlichs, A. u.a.: Alltag im Offenen Unterricht. Frankfurt/M. (Arbeitskreises Grundschule).

Garlichs, A./Hagstedt, H.: Mathematik als 1. Fremdsprache. Kassel 1990.

Gaudig, H.: Die Schule der Selbsttätigkeit [1911]. Herausgegeben von L. Müller. Heilbrunn 1963 (Klinkhardt).

Gerner, B.: Das exemplarische Prinzip. Darmstadt [1963] 1970 (Wissenschaftliche Buchgesellschaft).

Gompf, G.: Didaktische Ansätze des Frühlernens von Fremdsprachen. In: Loccumer Protokolle 63/90. Frühes Fremdsprachenlernen - Schulreform für Europa. Kirchliche Verwaltungsstelle Loccum 1991.

Hackethal, R.: Computer als Lese- und Schreiblernhilfen bei Leselernversagen. In: Hameyer, U. (Hrsg.): Computer an Sonderschulen. Weinheim 1987, 109-116 (Beltz).

Haeberlin, U./ Bless, G./ Moser, U./ Klaghofer, R.: Die Integration von Lernbehinderten. Versuche, Theorien, Forschungen, Enttäuschungen, Hoffnungen. Bern 1990 (Haupt).

Hagstedt, H. (Hrsg.): Kinder entdecken die Schriftsprache. Beiträge zur Internationalen Fachtagung am 1. März 1986. Kassel 1986.

Hagstedt, H.: Karteien wachsen lassen. Ein Plädoyer für die Öffnung von Arbeitskarteien. In: Die Grundschulzeitschrift 1(1987)1.

Hagstedt, H.: »Steine tragen keinen Schulstempel«. In: Die Grundschulzeitschrift 20(1988)2.

Hagstedt, H.: Kinder entdecken geometrische Welten. In: Dokumentations-Band zum Frankfurter Grundschulkongreß. 1990a (Arbeitskreis Grundschule).

Hagstedt, H.: Lernwerkstätten - Neue Lebensräume für Lehrerinnen? In: päd extra und demokratische erziehung 5(1990b)3.

Hagstedt, H.: Wenn Opa nicht geholfen hätte. Zeitzeugen im Unterricht. In: Die Grundschulzeitschrift 4(1990c).

Hagstedt, H./Spreckelsen, K.: »Es hat irgendwie alles einen Sinn«. Kindergedanken über die Natur. In: Hofgeismarer Protokolle. Band 247. Hofgeismar 1988.

Hagstedt, H./Purmann, E./Weber, K.-H.: Erkundungskartei »Wald und Wasser«. Eine halbfertige Ideenkartei für Grundschulkinder zur erlebnisorientierten Umwelterschließung. Bremen 1989 (Pädagogik-Kooperative).

Halbfas, H.: Religionsunterricht in der Grundschule. Zürich 1985 (Patmos).

Hameyer, U.: Entdeckendes Lernen im Sachunterricht. Konzeption und Bausteine von AKTIF. In: Lange, O./Freitag, D. (Hrsg.):Problemlösender Unterricht IV. Oldenburg 1987a, 172-213 (Universität Oldenburg).

Hameyer, U.: Entdeckendes Lernen im Sachunterricht an Schulen für Lernbehinderte. In: Zeitschrift für Heilpädagogik 28(1987b)6, 1-21.

Hameyer, U.: Planning to institutionalize a new science curriculum. In: Miles, M.B./Ekholm, M./Vandenberghe, R. (eds.): Lasting school improvement. Exploring the process of institutionalization. OECD Publication. Leuven 1987c, 221-239 (Acco).

Hameyer, U.: Computer im Klassenzimmer. Ein Schulporträt und was US-Forscher herausfanden. In: COMPASS (1987d)3, 27-35.

Hameyer, U.: Grundbildung im Sachunterricht - Ein Orientierungsversuch. In: Die Grundschule (1992a)9, 10-15.

Hameyer, U.: COLLEG - Eine praxisorientierte Dokumentation für den Sachunterricht. In: Die Grundschule (1992b)9, 36-38.

Hameyer, U: COLLEG Sachunterricht. Materialien für Schule und Lehrerbildung. Kiel 1992c (Pädagogische Werkstatt an der PH Kiel und IPN - Institut für die Päd. der Naturwissenschaften [IPN] an der Universität Kiel).

Hameyer, U.: Innovation in Schritten. Ergebnisse zur Selbsterneuerungsfähigkeit von Grundschulen in den Niederlanden, Deutschland, Schweden und USA. In: Holtappels, H. G. (Hrsg.): Lernkultur an Sekundarschulen. Werkheft 42. Dortmund 1993, 73-94 (Institut für Schulentwicklungsforschung).

Hameyer, U.: Discovery learning in the primary school. Using what we know about sustained curriculum renewal in four countries. In: Westrhenen, J. van et al. (ed.): Integrating knowledge in the secondary school [provisional Title]. Amsterdam 1994a (forthcoming).

Hameyer, U.: Innovationen in der Grundschule. In: Kohls, E. (Hrsg.): Handbuch Grundschule. 1994b (Dieck, im Druck).

Hameyer, U./Dudek, H./Friis, H./Hameyer, B.: Naturwissenschaften AKTIF - Alle Können Teilhaben an Ideen und Fertigkeiten. Lernangebot Sachunterricht und naturwissenschaftliche Fächer 3. bis 7 Klasse. 36 Unterrichtsbausteine. Kiel [1986] ^{2}1992 (Schmidt & Klaunig).

Hameyer, U. in Zusammenarbeit mit R. Lauterbach, H.J. Waldow (Hrsg.): Computer an Sonderschulen. Weinheim 1987 (Beltz).

Hameyer, U./ Waldow, J.: Using the computer in special education. Current approaches and practices in the Federal Republic of Germany. Kiel 1987 (Institute for Science Education).

Hameyer, U./Walter, U.: Lernsoftwaredokumentation Lernbehinderten-/Förderpädagogik. Bonn/Kiel 1988 (Bundesminister für Bildung und Wissenschaft/ Institut für die Pädagogik der Naturwissenschaften).

Hameyer, U./Heuper, W./Teichert, M.: Mit AKTIF entdecken und experimentieren. In: Sachunterricht und Mathematik in der Primarstufe 17(1989)10, 466-470.

Hameyer, U./Borchmann-Welle, F./Waldner, J.: Informationstechnische Grundbildung in der Förderpädagogik. Stuttgart 1990 (Metzler).

Hameyer, U./Lauterbach, R./Wiechmann, J. (Hrsg.): Innovationsprozesse in der Grundschule. Fallstudien, Analysen und Vorschläge zum Sachunterricht. Bad Heilbrunn 1992 (Klinkhardt).

Hameyer, U./Papenhagen, C.: Die Pädagogische Ideenkartei. In: Die Grundschule (1992)10, 13-14.

Hameyer, U./Pallasch, W./Reimers, H.: Pädagogische Werkstatt Kiel. Konzeption und Arbeitsgebiete 1993 bis 1995. Kiel 1993 (zu beziehen über PH Kiel - PWK - Prof. Dr. Uwe Hameyer, Olshausenstr. 75, 24118 Kiel, 7 DM).

Hameyer, U./Akker, J. van den/Anderson, R./Ekholm, M.: Portraits of productive schools. An international study of institutionalizing activity-based practices In elementary science. New York 1994 (SUNY Press, forthcoming).

Hartig, S.: Richtend Werten. Das Berichtszeugnis als mögliche Form der Schülerbewertung in der Grundschule. Staatsexamensarbeit. Kiel 1992 (Pädagogische Hochschule Kiel).

Heiland, H.: Maria Montessori. Reinbek 1991 (Rowohlt).

Helming, H.: Montessori-Pädagogik. Freiburg 1958.

Hentig, H. von: Was ist eine humane Schule? München 1976 (Hanser).

Hentig, H. von: Die Menschen stärken, die Sachen klären. Stuttgart 1985 (Reclam).

Herber, H. J.: Innere Differenzierung im Unterricht. Stuttgart 1983 (Kohlhammer).

Hessari, R. / Hill, D.: Practical ideas for multicultural learning and teaching in the primary classroom. London 1990.

Hetzel-Kiefner, G.: Die schönsten Bräuche für Kinder. Ravensburg 1990 (Maier).

Hielscher, H.: Spielen macht Schule. Heidelberg 1981 (Quelle & Meyer).

Hilker, F. (Hrsg.): Deutsche Schulversuche. Berlin 1924 (Schwetschke).

Hinrichs, W.: Heimatbindung, Heimatkunde, Ökologie im nationalen und europäischen Kontext. Bonn 1991 (Kulturstiftung).

Holtstiege, H.: Modell Montessori. Freiburg 1977 (Herder).

Huland, W.: Musikunterricht 1-6. In: Günther, U./Ott, T./Ritzel, F. (Hrsg.): Weinheim und Basel ^{5}1982.

Hurrelmann, K.: Differenzierung. In: Lenzen, D. (Hrsg.): Pädagogische Grundbegriffe. Band 1. Reinbek 1989, 318-320 (Rowohlt).

Ingenkamp, K.: Zeugnisse und Zeugnisreform in der Grundschule aus der Sicht empirischer Pädagogik. In: Olechowski, R./Persy, E. (Hrsg.): Fördernde Leistungsbeurteilung. Wien 1987, 38-79 (Jugend und Volk).

Ingenkamp, K./Jäger, R. (Hrsg.): Tests und Trends. Weinheim 1990 (Beltz).

Jank, W./Meyer, H.: Didaktische Modelle. Frankfurt 1991 (Scriptor).

Jüdes, U./Frey, K. (Hrsg.): Biologie in Projekten. Köln 1992 (Aulis).

Jung, H. (Hrsg.): Musikkontakte. Arbeitsbuch für den Musikunterricht. Band 1. Lehrerhandbuch 4. (Hirschgraben).

Kasper, H.: Laßt die Kinder lernen. Braunschweig 1989 (Westermann).

Kaufmann, J.: Mein erstes Buch von Himmel und Erde. Ravensburg 1982 (Maier).

Kerschensteiner, G.: Theorie der Bildung. Leipzig 1926 (Teubner).

Kersh, B.Y./Wittrock, M.C.: Learning by discovery: An interpretation of recent research. In: DeCecco, J.P. (Ed.): The Psychology of language, thought and instruction. New York 1969, 394-402.

Kettenberger, O.: Laßt uns das Leben wieder leise lernen. Wuppertal 1977 (Krefel).

Key, E.: Das Jahrhundert des Kindes [1900, dt. 1902]. Weinheim 1992 (Beltz).

Kilpatrick, W.H.: The Project method. In: Teachers College Record 19(1918), 319-335.

Klafki, W.: Grundzüge eines neuen Allgemeinbildungskonzepts. Im Zentrum: Epochaltypische Schlüsselprobleme. In: Klafki, W.: Neue Studien zur Bildungstheorie und Didaktik. Zeitgemäße Allgemeinbildung und kritisch-konstruktive Didaktik. Weinheim [1985]²1991, 43-81 (Beltz).

Klafki, W./Stöcker, H.: Innere Differenzierung des Unterrichts. In: Zeitschrift für Pädagogik 22(1976), 497-523.

Kleber, E.W.: Diagnostik in pädagogischen Handlungsfeldern. München 1992 (Juventa).

Klippstein, E./Klippstein, H.: Soziale Erziehung mit kooperativen Spielen. Bad Heilbrunn 1978 (Klinkhardt).

Kluge, N.: Spielen und Erfahren. Bad Heilbrunn 1981 (Klinkhardt).

KMK (Konferenz der Kultusminister der Läder der Bundesrepublik Deutschland): Tendenzen und Auffassungen zum Sachunterricht in der Grundschule (Bericht des Schulausschusses). In: Einsiedler, W./Rabenstein, R. (Hrsg.): Grundlegendes Lernen im Sachunterricht. Bad Heilbrunn 1985, 117-125 (Klinkhardt).

Knoll, H. J.: Kurs- und Seminarmethoden. Weinheim 1986 (Beltz).

Knoll, M.: »Naturwissenschaft ist Projektwissenschaft«. Zur Geschichte der Projektmethode in den USA vor 1918. In: Zeitschrift für internationale erziehungs- und sozialwissenschaftliche Forschung 4(1987)2, 298-313.

Köhler, B.: Natur zum Anfassen. Geheimnisse von Fundstücken - Impulse für den Sachunterricht. PROFILE-Reihe. Kiel 1994 (Körner, in Vorbereitung).

Koerber, B.: Möglichkeiten und Probleme eines projektorientierten Informatikunterrichts in der Sekundarstufe I. Paderborn 1978 (FEOLL).

Kohls, E.: Lehrerfortbildung mit Wochenplanstruktur. In: Die Grundschulzeitschrift 4(1990)/35.

Koranda, J.: Schule als Werkstatt. Erfahrungen liegen auch auf dem Schulweg. In: Grundschule 12(1980)10.

Kraft, D.: Welche Hardware für mich? Computersysteme im Vergleich. In: Compass (1988)4, 38-45.

Krumm, B./Scharf, V.: Bildung durch Chemieunterricht - Gedanken über die Ziele und Wege eines zeitgemäßen Chemieunterrichts. In: Scharf, V. (Hrsg.): Zur Professionalisierung der Chemielehrerbildung. Perspektiven und Konsequenzen für die Lehrerbildung. Essen 1992, 13-22 (Westarp).

Kühl, R.: Fremdsprachenlernen in der Grundschule - Ein Überblick. In: Die Grundschulzeitschrift 1992

Kuhlmann, C.: Entdeckendes Lernen und Basisqualifikationen - Entdecken von Wirklichkeiten. In: Hameyer, U (Hrsg.).: AKTIF - Erfahrungsberichte und Studien. Kiel 1987, 134-144 (Institut für die Pädagogik der Naturwissenschaften).

Kultusminister des Landes Nordrhein-Westfalen (Hrsg.): Rahmenkonzept - Gestaltung des Schullebens und Öffnung von Schule. Düsseldorf 1988 (Kultusministerium).

Kultusministerium (Hrsg.): Lehrplan Grundschule und Vorklasse. Kiel 1978 (Schmidt & Klaunig).

Kultusministerium (Hrsg.): Lehrplan Orientierungsstufe. Kiel 1976 (Schmidt & Klaunig).

Kultusministerium (Hrsg.): Lehrplan Hauptschule. Kiel 1986 (Schmidt & Klaunig).

Küntzel, G. et al.: Banjo. Musik 5/6. Lehrerband 3. (Hirschgraben).

Landesinstitut für Schule und Weiterbildung (Hrsg.): Begegnung mit Fremdsprachen in der Grundschule. Beispiel Englisch. Soest 1985 (Soester Verlagskontor).

Langmaack, B./Braune-Krickau, M.: Wie die Gruppe laufen lernt. Anregungen zum Planen und Leiten von Gruppen. Ein praktisches Lehrbuch. München 1989 (Verlagsunion).

Lassahn, R. (Hrsg.): Das Schulleben. Bad Heilbrunn 1979 (Klinkhardt).

Laun, R.: Freinet - 50 Jahre danach. Dokumente und Berichte aus drei französischen Grundschulklassen. Heidelberg 1982 (Meichsner & Schmidt).

Lay, W. A.: Experimentelle Pädagogik mit besonderer Rücksicht auf die Erziehung durch die Tat. Leipzig 1908 (Teubner).

Lege, J.: Wochenplanarbeit in der Grundschule. Ein Vergleich unter dem Gesichtspunkt der Differenzierung mathematischer Lernangebote. Staatsexamensarbeit. Kiel 1992 (Pädagogische Hochschule).

Lehner, M./Ziep, K.-D.: Phantastische Lernwelt. Vom »Wissensvermittler« zum »Lernhelfer«. Eine Ideensammlung für Dozenten, Trainer und Lehrer in der Weiterbildung. München 1992 (Deutscher Studienverlag).

Letschert, J.: Topic work - A storyline approach. European Association for Educational Design (EED). März 1991 (Polykopie).

Loser, F.: Methodische Differenzierung des Unterrichts durch Differenzierung von Unterrichtsmethoden. In: Menck, P./Thoma, G. (Hrsg.): Unterrichtsmethode. München 1972, 43-64 (Kösel).

Mackness, B.: Irre Seiten. Dinos aktiv. Mülheim 1993 (Verlag an der Ruhr).

Maier, W.: Fremdsprachen in der Grundschule. Eine Einführung in ihre Didaktik und Methodik. Berlin und München 1991 (Langenscheidt).

Mamat, H.: Schulen brauchen ein Programm - und jede Schule braucht ihr eigenes Programm. Heinsberg 1989 (Dieck).

Mayer W. G.: Projektunterricht in der Primarstufe. Limburg o.J..

Mayer-Behrens, H.: Freie Arbeit in der Grundschule. Dorsten 1983.

Mayer-Behrens, H.: Grundschule - Haus für Kinder. Heinsberg 1987 (Dieck).

Meyer zu Uptrup, K.: Zeit mit Gott. Stuttgart 1982 (Steinkopf).

Mie, K./Frey, K.: Physik in Projekten. Köln ²1989 (Aulis).

Miles, M.B./ Ekholm, M./ Vandenberghe, R.: Lasting school improvement. Exploring the process of institutionalization. OECD Publication. Leuven 1987 (Acco).

Mitzlaff, H./Wiederhold, K.A.: Computer im Grundschulunterricht. Hamburg 1990 (McGraw Hill).

Mohr, H. (Hrsg.): Integration verändert Schule. Konzepte der Arbeit sonderpädagogischer Förderzentren. Hamburg 1993 (Hamburger Buchwerkstatt).

Montessori, M.: Selbsttätige Erziehung im frühen Kindesalter. Stuttgart [1928] 1930 (Hoffmann).

Montessori, M.: Die Entdeckung des Kindes. Freiburg 1969.

Müller, E.: Hilfe gegen Schulstreß. Reinbek 1992 (Rowohlt).

Münzinger, W.: Projektorientierter Mathematikunterricht. München 1977 (Urban und Schwarzenberg).

Münzinger, W./Frey, K. (Hrsg.): Chemie in Projekten. Köln ^{2}1989 (Aulis).

Neber, H. (Hrsg.): Entdeckendes Lernen. Weinheim ^{3}1981 (Beltz).

Neber, H./Wagner, A.C./Einsiedler, W. (Hrsg.): Selbstgesteuertes Lernen. Weinheim 1978 (Beltz).

Neber, H.: AKTIF im Blickfeld kognitivpsychologischer Forschungsergebnisse zum entdeckenden Lernen. In: *Hameyer, U.*: AKTIF - Erfahrungsberichte und Studien. IPN-Materialien. Kiel 1987, 192-206 (IPN).

Niermann, J.: Methoden der Unterrichtsdifferenzierung. Düsseldorf 1981 (Schwann).

Otto, B.: Gesamtunterricht. Der Begriff des natürlichen Unterrichts. Oldenburg 1914.

Papert, S.: Mindstorms - Kinder, Computer, Neues Lernen. Reinbeck 1985 (Rowohlt).

Parkhurst, H.: Education on the Dalton Plan. London 1926 [reprint] (Bell & Sons).

Pausewang, G.: Die Kinder in der Erde. Ravensburg 1988 (Maier).

Petersen, P.: Der Kleine Jena-Plan [1927]. Braunschweig 1963 (Westermann).

Pfeuffer, J.: Die Idee der Selbsttätigkeit in der modernen Arbeitsschulbewegung, speziell bei Gaudig und Kerschensteiner. Diss. Würzburg 1933.

Porger, G. (Hrsg.): Neue Schulformen und Versuchsschulen. Leipzig 1925.

Portmann/Schneider: Spiele zur Entspannung und Konzentration. 2 München 1992 (Don Bosco).

Prell, S./Schiefele, H./Ulich, D.: Leistungsdifferenzierung und individuelle Förderung. München 1972 (Oldenbourg).

Prior, H.: Sozialformen des Unterrichts. In: Lenzen, D. (Hrsg.): Enzyklopädie Erziehungswissenschaft. Band 4. Stuttgart 1984, 143-161 (Klett-Cotta).

Reich, H.: Sonne, Mond, Sterne. Luzern 1984 (Kinderbuchverlag).

Reimers, H.: Von der Beobachtung und Dokumentation der Lernentwicklung zum Berichtszeugnis. Kiel 1989 (Schmidt & Klaunig).

Reisener, H.: Ein Plädoyer für Englisch. In: Die Grundschulzeitschrift (1992) 56.

Rendell, F./Bell, S.: Warum epochaler Gesamtunterricht? Bemühen um schülerorientierten Unterricht in Schottland. In: Tymister, H.J.: Deutschunterricht 5-10. München 1980, S.156-172 (Urban & Schwarzenberg).

Rendell, F.: Topic study. How and why. Jordanhill College. o.J.

Rogge, J. : Kinder und Medien. Band 1. 1990 (Niedersächsisches Kultusministerium).

Röhrs, H. (Hrsg.): Die Schulen der Reformpädagogik heute. Handbuch reformpädagogischer Schulideen und Schulwirklichkeit. Düsseldorf 1986 (Schwann).

Röhrs, H.: Die Reformpädagogik. Ursprung und Verlauf unter internationalem Aspekt. Weinheim ³1991 (Deutscher Studien Verlag).

Roth, H.: Die »originale Begegnung« als methodisches Prinzip. In: Roth, H.: Pädagogische Psychologie des Lehrens und Lernens. Hannover ¹⁵1976, 123f. (Schroedel).

Sander, A.: Behinderte Kinder - gesondert oder integriert fördern? In: Haarmann, D. (Hrsg.): Handbuch Grundschule. Band 1. Weinheim 1992, 139-151 (Beltz).

Scharf, V. (Hrsg.): Zur Professionalisierung der Chemielehrerbildung. Perspektiven und Konsequenzen für die Lehrerbildung. Essen 1992, 13-22 (Westarp).

*Scheuerl, H.:*Die Exemplarische Lehre. Tübingen 1958 (Niemeyer).

Schittko, K.: Differenzierung in Schule und Unterricht. München 1984 (Ehrenwirth).

Schmuck, R. et al.: The Second handbook of organizational development in Schools. Palo Alto, CAL 1977 (Mayfield).

Schreier, H.: Erstaunliche Experimente. In: Grundschule 24(1992a)9, 16-24.

Schreier, H.: Sachunterricht der Primarstufe seit 1980 - eine Übersicht zu Forschung, Entwicklung und Erprobung in der Bundesrepublik Deutschland. Hamburg 1992b (Polykopie).

Schreier, H.: Der Mehlwurm im Schuhkarton. 60 Experimente und Knobeleien für den Sachunterricht. Kiel 1993 (Körner).

Schrenberger, M./Russell, T.: Elementary science as a little added frill: A report of two case studies. In: Science Education 70(1986)5, 519-538.

Schröder, K.: Fremdsprachen im Primar- und Sekundarbereich. In: Bausch, K.-R. u.a. (Hrsg.): Handbuch Fremdsprachenunterricht. Tübingen 1991 (UTB).

Schultz, M.: Selbsttätigkeit. In: Die Praxis der Landschule 38(1929)1, 1-6..

Schulz von Thun, F.: Miteinander reden. Stile, Werte und Persönlichkeitsentwicklung. Reinbek 1989 (Rowohlt).

Schulz von Thun, F.: Miteinander reden. Störungen und Klärungen. Reinbek 1981 (Rowohlt).

Schwab, J.J.: The teaching of science as enquiry. In: Schwab, J.J./Brandwein, P.M.(eds.): The teaching of science. Cambridge 1962.

Schwänke, U.: Die exemplarische Anwendung schulischer Lehr-, Lernverfahren in der Lehrerausbildung. Bericht über ein laufendes Projekt. In: Tymister, H.J.: Deutschunterricht 5-10. München/ Wien/ Baltimore 1980, S.192-207 (Urban & Schwarzenberg).

Schwänke, U.: Aktivierung von Teilnehmern in der Erwachsenenbildung. Zwei praktische Vorschläge. In: Facetten (1990)2, S. 3ff.

Schwarz, H.: Prinzipien und Formen einer offenen Grundschule. Empfehlungen für die Regelschule. Friedrich Forum 2. Seelze 1987 (Friedrich).

Schwarzer, R./ Steinhagen, K. (Hrsg.): Adaptiver Unterricht. München 1975 (Kösel).

Schweingruber, R.: Das Projekt in der Schule. Bern 1979 (Haupt).

Shymanski, S./Kyle, W.C./Alport, J.M.: The effects of new science curricula on student performance. In: Journal of Research on Science Teaching 20(1983), 387-404.

Standing, E.M.: Montessori, Leben und Werk (Hrsg. P. Scheid). Frankfurt/M. o.J. (Selbstverlag der Deutschen Montessori-Gesellschaft).

Stellwag, H.: Fremdsprachen früh beginnen. In: GrundschulMagazin 5(1990).

Stollberg, D.: Lernen, weil es Freude macht. Eine Einführung in die themenzentrierte Interaktion. München 1982 (Kösel).

Strange, D.: Chatterbox. Pupil's Book 1. Oxford 1989 (University Press).

Strange, D.: Chatterbox. Activity Book 1. Oxford 1989 (University Press).

Strüfing, C.: Auf dem Wege zur »kleinen Grundschule - heute«. In: Görtz, B./Meiers, K. (Hrsg.): Die kleine Grundschule - Politische Notlösung ohne pädagogisches Rezept? Mehr gestalten als verwalten. Teil 7. Frankfurt 1989 (Arbeitskreis Grundschule).

Strüfing, C.: Schritt für Schritt zur naturnahen Schule. In: Hameyer, U./Lauterbach, R./Wiechmann, J. (Hrsg.): Innovationsprozesse in der Grundschule. Fallstudien, Analysen und Vorschläge zum Sachunterricht. Bad Heilbrunn 1992, 245-251 (Klinkhardt).

Strüfing, C.: Das Projektebuch. Fächerübergreifende Beispiele aus der Grundschule. PROFILE-Reihe. Kiel 1994 (Körner, in Vorbereitung).

Strüfing, C./Schilke, K.: Naturkundlicher Freilandunterricht in der Grundschule. In: Faust-Siehl, G./Schmitt, R./Valtin, R. (Hrsg.): Beiträge zur Reform der Grundschule. Frankfurt 1989 (Arbeitskreis Grundschule).

Svantesson, I.: Mind Mapping und Gedächtnistraining. Bremen 1993 (PLS Verlagsgesellschaft)..

Thielemann, H.: Naturdinge suchen, erleben und gestalten. Aus der Arbeit im Schullandheim. In: Schreier, H. (Hrsg.): Kinder auf dem Wege zur Achtung vor der Mitwelt. Heinsberg 1992, 172-189 (Dieck).

Thomsen, U.: Der Stern auf dem wir leben. Ravensburg 1981 (Maier).

Valtin, R./ Sander, A./ Reinartz, A.: Gemeinsam leben - gemeinsam lernen. Frankfurt 1984.

Velzen, W.G. van/ Miles, M.B./ Ekholm, M./ Hameyer, U./ Robin, D.: Making school improvement work. A conceptual guide to practice. OECD Publication. Leuven 1985 (Acco).

Verein Praktisches Lernen und Schule (Hrsg.): Drehbuch Praktisches Lernen. Projekte im Porträt. PROFILE-Reihe. Kiel 1993 (Körner).

Vester, F.: Leitmotiv vernetztes Denken. Für einen besseren Umgang mit der Welt. München ³1992 (Heyne).

Vopel, K.: Interaktionsspiele für Kinder. Teil 1 bis 6. Hamburg 1978 (ISKO-Press).

Vos, E.: Can you help Stephany? On the posing of key questions, within the storyline approach to primary education. Gouda 1992 (EED - European Association for Educational Design).

Vos, E.: Steve Bell's secret notebook to create learning. 1991 (EED - European Association for Educational Design).

Wagenschein, M.: Der Vorrang des Verstehens. Pädagogische Anmerkungen zum mathematisierenden Unterricht. In: Der Mathematische und Naturwissenschaftliche Unterricht 26(1973)7, 385-392.

Wagenschein, M.: Verstehen lehren. Weinheim [1968]^{7}1982 (Beltz).

Wahl, D./Wölfing, W./Heger, D. u. a.: Erwachsenenbildung konkret. Lehrphase des Dozententrainings. Weinheim 1991 (Beltz).

Wallaschek, U.: Individuelles Arbeiten und Üben im Lernzirkel. In: Grundschule 21(1989)2.

Wallrabenstein, W.: Offene Schule - Offener Unterricht. Reinbek [1991]^{2}1993 (Rowohlt).

Weinert, F.E.: Selbstgesteuertes Lernen als Voraussetzung, Methode und Ziel des Unterrichts. In: Unterrichtswissenschaft (1982), 99-114.

Wiebel, K.H.: Natur be-greifen [Deutsche Version von Georg Mills: Science Skills. Glasgow 1981]. Lichtenau 1987ff. (AOL).

Wittenbruch, W.: Schulleben - »Grundschule als Lebensort für Kinder«. In: Haarmann, D. (Hrsg.): Handbuch Grundschule. Band 1. Weinheim 1991, 199-212 (Beltz).

Zacharias, V.: Wasser, Feuer, Luft und Erde. 1981 (Ellermann).